PERCEPTION ET RÉALITÉ

Une introduction
à la psychologie des perceptions

Sous la direction de
André Delorme et Michelangelo Flückiger

PERCEPTION ET RÉALITÉ

Une introduction à la psychologie des perceptions

gaëtan morin
éditeur

Catalogage avant publication de la Bibliothèque nationale du Canada

Vedette principale au titre :

Perception et réalité : une introduction à la psychologie des perceptions

Comprend des réf. bibliogr. et un index.

ISBN 2-89105-807-0

1. Perception. 2. Réalité – Aspect psychologique. 3. Perception visuelle. 4. Sens et sensations. 5. Comportement spatial. I. Delorme, André. II. Flückiger, Michelangelo, 1939- .

BF311.P47 2003 153.7 C2003-940803-5

Tableau de la couverture : Sans titre
Œuvre de Jean-Pierre Lafrance

Multidisciplinaire, Jean-Pierre Lafrance s'adonne non seulement à la peinture, qui demeure son moyen d'expression privilégié, mais aussi à la sculpture, à l'estampe, à l'installation et à l'assemblage.

À travers l'abstraction de ses tableaux apparaissent certaines structures qui guident le regard vers d'autres lieux plus évocateurs. La sensibilité de l'artiste se reflète dans la luminosité des couleurs et dans la richesse des textures.

On trouve les œuvres de Jean-Pierre Lafrance à la Galerie Michel-Ange de Montréal.

Révision linguistique : Ghyslaine Archambault
Monique Paquin

Mise en pages : Gaétan Lapointe de chez Infographie G.L.

Gaëtan Morin Éditeur ltée
171, boul. de Mortagne, Boucherville (Québec), Canada J4B 6G4
Tél. : (450) 449-2369

Nous reconnaissons l'aide financière du gouvernement du Canada par l'entremise du Programme d'aide au développement de l'industrie de l'édition (PADIÉ) pour nos activités d'édition.

Gouvernement du Québec – Programme de crédit d'impôt pour l'édition de livres – Gestion SODEC.

Imprimé au Canada 5 6 7 8 9 10 TN 12 11 10 09 08 07

Dépôt légal 3e trimestre 2003 – Bibliothèque nationale du Québec – Bibliothèque nationale du Canada

Liste des auteurs

Martin Arguin, Ph.D.
Professeur
Département de psychologie
Université de Montréal
Agent de recherche
Centre de recherche
Institut universitaire de gériatrie de Montréal

Benoît G. Bardy,
Doctorat et Habilitation en Sciences du mouvement
Professeur
Institut universitaire de France et
Centre de recherches en sciences du sport
Université Paris-Sud XI

Bernard Baumberger, D.Ps. (Ph.D.), Ing. EIG
Maître assistant
Laboratoire de psychologie expérimentale
des perceptions
Université de Genève.
Chargé de recherche
Haute École pédagogique Vaudoise

John A. Boeglin, D.Ps.
Professeur
Faculté Saint-Jean
Université de l'Alberta

Claude Bonnet, D.Sc. nat.
Professeur
Faculté de psychologie et des sciences
de l'éducation
Université Louis-Pasteur
Institut de physique biologique (CNRS)

Pierre Bovet, D. 3e cycle, D. d'État Ps.
Professeur
Faculté de psychologie et des sciences
de l'éducation
Université de Genève

Annik Charnallet, D.Ps. cogn., DESS Ps. clin.
Neuropsychologue
Centre hospitalier universitaire de Grenoble
Chargée de cours
Université Pierre Mendès France de Grenoble

André Delorme, D.Ph. (Ps.)
Professeur
Département de psychologie
Université de Montréal

Michelangelo Flückiger, D.Sc.
(mention en Psychologie génétique)
Professeur
Laboratoire de psychologie expérimentale
des perceptions
Université de Genève

Simon Grondin, Ph.D.
Professeur
École de psychologie
Université Laval

Jacques Lajoie, Ph.D.
Professeur
Département de psychologie
Université du Québec à Montréal

Marion Luyat, D. 3e cycle Ps.
Maître de conférences
Université Charles-de-Gaulle (Lille 3)

Christian Marendaz, Doctorat et Habilitation
à diriger les recherches en Psychologie cognitive
Professeur
Université Pierre Mendès France de Grenoble

Théophile Ohlmann, D. d'État Ps.
Professeur
Université Pierre Mendès France de Grenoble
Membre du Laboratoire de psychologie
et neurocognition (CNRS)

Stéphane Rousset, D.Ps. cogn.
Maître de conférences
Université Pierre Mendès France de Grenoble

Arlette Streri, D. d'État ès L. et Sc. hum.
Professeure
Laboratoire « Cognition et développement »
Institut de psychologie
Université René Descartes – Paris V

Remerciements

Nous tenons à remercier de tout cœur nos collègues qui, en tant que coauteurs, ont participé avec enthousiasme à la rédaction de cet ouvrage collectif et ont accueilli patiemment nos remarques parfois exigeantes. Notre gratitude s'adresse aussi à l'équipe de Gaëtan Morin, en particulier à son directeur éditorial, Stéphane Lavoie, pour son chaleureux accueil à notre ouvrage, ainsi qu'à Dominique Page qui, comme chargée de projet, a démontré une efficacité et une bonne humeur remarquables tout au long de la démarche éditoriale. Nos remerciements s'adressent aussi à Luc Granger qui, à titre de directeur du Département de psychologie de l'Université de Montréal, nous a grandement encouragés dans notre entreprise et nous a constamment facilité la tâche. Il n'a pas ménagé ses efforts pour fournir à André Delorme les meilleures conditions pour réaliser son projet. En outre, afin d'optimiser la collaboration entre les codirecteurs de l'ouvrage, il a recommandé aux instances de l'Université d'accueillir Michelangelo Flückiger au Département de psychologie en qualité de professeur invité et il s'est assuré par surcroît qu'on lui fournisse à chacune de ses visites à Montréal tous les moyens nécessaires à son travail d'édition.

André Delorme et Michelangelo Flückiger,
Montréal et Genève, août 2003

Avertissement

Dans cet ouvrage, le masculin est utilisé comme représentant des deux sexes, sans discrimination à l'égard des hommes et des femmes, et dans le seul but d'alléger le texte.

Avant-propos

L'objectif principal de ce livre est d'introduire un large public (étudiants, scientifiques et divers professionnels) à *l'étude scientifique* de la psychologie des perceptions en démontrant comment les concepts théoriques s'articulent avec les preuves expérimentales. L'approfondissement a été limité à des notions essentielles afin que le texte reste accessible au lecteur profane en psychologie. Dans cette perspective, les bases élémentaires du fonctionnement des perceptions sont aussi exposées accompagnées, au besoin, des étapes historiques ayant permis des progrès théoriques marquants. Cet avant-propos contient quelques remarques préliminaires visant à faire mieux saisir l'esprit de l'ouvrage.

Pourquoi un ouvrage *collectif*? Au vu de l'extension des connaissances actuelles en perception, nous nous sommes vite aperçus, en tant que directeurs de l'ouvrage, que nous avions intérêt à faire appel à des collègues œuvrant en Europe ou en Amérique. Si les auteurs choisis pour rédiger les divers chapitres partagent tous une expérience d'enseignement universitaire sur les perceptions, ils se distinguent par contre par la diversité de leurs appartenances théoriques. La préparation d'un tel collectif d'auteurs constituait un véritable défi dans la mesure où il ne fallait s'attendre ni à une démarche parfaitement linéaire et ni non plus à la production d'une œuvre monolithique.

C'est le rapport entre *réalité* et *perception* qui a été proposé à tous les auteurs comme articulation de base pour exposer les diverses thématiques des chapitres. Selon les thèmes traités et les options théoriques des auteurs, le sens et la place accordés par chacun d'entre eux à l'exposé de cette relation sont assez différents. Alors que certains ont explicitement abordé cette question, d'autres ont plus simplement illustré par des exemples le type de contact avec la réalité pris en charge par la perception. Cette réalité n'est pas forcément celle des physiciens, ni celle des chimistes, des géomètres ou des physiologistes ; c'est plutôt celle avec laquelle l'être vivant est en contact perceptif constant et avec laquelle il doit composer pour assurer sa survie et s'adapter à son univers. On la qualifie parfois de « réalité objective », mais dans le contexte qui nous occupe , elle ne prend une signification que dans la mesure où elle est accessible à la perception. L'ouvrage se veut didactique et vise en ce sens à souligner tout autant les implications théoriques que les implications pratiques des liens entre les perceptions et la réalité. Nous souhaitons ainsi susciter l'interrogation chez le lecteur et lui fournir une base de discussion solide sur le sujet. On ne s'étonnera donc pas d'y trouver des textes qui accordent une large part à la diversité des explications et à des théories souvent contrastées, voire contradictoires, ainsi qu'aux choix méthodologiques qui les sous-tendent.

La perspective choisie est celle d'une introduction à la *dimension psychologique* et à l'organisation des conduites mises en œuvre pour atteindre certaines finalités s'appuyant sur les perceptions. Cette option n'exclut naturellement pas le recours fréquent aux apports d'autres disciplines telles que la physiologie, la neurologie, l'informatique ou la physique. Cependant, la référence à des données anatomophysiologiques ou à des modèles neuroréductionnistes interviendra principalement lorsqu'il s'agira d'assurer une présentation assez complète des variables pertinentes et de la diversité des approches dans le domaine de la perception.

En tant qu'ouvrage d'*introduction*, ce livre doit refléter l'état actuel des connaissances, sans négliger toutefois les aspects plus classiques, souvent susceptibles d'expliquer le développement de problématiques récentes. Il ne s'agit donc pas de privilégier à tout prix les dernières publications en date. Un ouvrage comme celui-ci met l'accent sur les recherches et les données toujours pertinentes et actuelles malgré des remises en cause d'écoles et l'élaboration de nouvelles approches. Cette stratégie fournira des éléments de réponse indispensables aux questions que chacun d'entre nous peut se poser sur le fonctionnement des perceptions. Pour celui qui vise à acquérir une certaine compétence dans le domaine, il s'agira par contre d'utiliser cette diversité des approches pour saisir les possibilités d'intégration théorique et développer ainsi un certain esprit critique, condition indispensable pour acquérir une rigueur scientifique dans la réflexion sur les perceptions.

Sur le plan du *contenu,* soulignons d'abord que l'ouvrage comporte trois parties. La *première partie*, qui rassemble les trois premiers chapitres, traite essentiellement des fondements théoriques et méthodologiques de la psychologie de la perception. Le premier chapitre aborde, dans une perspective historique, les diverses problématiques soulevées par la question des rapports entre perceptions et réalité, et les deux autres traitent respectivement des approches théoriques et des méthodologies qui caractérisent ce champ d'étude. Les six chapitres de la *deuxième partie* traitent des modalités sensorielles et de leurs mécanismes d'interaction. Contrairement à de nombreux autres ouvrages qui se limitent à la perception visuelle, nous avons choisi d'accorder un espace important aux diverses modalités sensorielles. Il nous a semblé en effet impossible de traiter de l'ensemble des perceptions sans prendre en compte la variété des substrats neurosensoriels en cause. De plus, nous considérons que, tout en étant intégrée dans le processus perceptif global, chaque modalité sensorielle constitue un mode original d'accès au réel, et donc d'élaboration du percept. Enfin, sous le titre général de *mécanismes perceptifs*, la *troisième partie* de l'ouvrage porte sur les grandes dimensions de la réalité perceptive que constituent l'espace, le mouvement, le temps et la forme, ainsi que sur des thématiques essentielles telles que le développement perceptif, les rapports de réciprocité entre perception et action, et les mécanismes de la sélectivité perceptive.

Cet avant-propos se termine par des remarques d'ordre général sur des questions que pourrait susciter la lecture du livre. Il s'agit d'abord de considérer la spécification des niveaux d'analyse de la perception, qui devrait permettre au lecteur de mieux situer les approches théoriques particulières des divers chapitres. Il sera ensuite question de quelques perspectives d'avenir sur l'orientation de la recherche en perception.

Le lecteur trouvera tout au long de l'ouvrage des descriptions détaillées du fonctionnement des perceptions, mais leur diversité pourrait rendre difficile la compréhension globale de leur rôle effectif. Les divers niveaux d'analyse utilisés pourraient en effet conduire à une vision morcelée alors qu'ils concernent le plus souvent les multiples aspects d'un processus perceptif unitaire. Un parallèle avec la biologie peut contribuer à éclairer cette question. L'étude d'un organisme peut se situer à l'échelle de la cellule, de l'organe ou de l'individu et faire appel à des moyens très différents qui vont de la biochimie et de la microscopie à l'anatomie et à la physiologie, ou encore au repérage des relations avec d'autres êtres vivants. De la même façon, tout percept englobe des niveaux d'organisation distincts, mais participant tous, à divers titres, à un processus d'ensemble. Celui-ci peut globalement être défini comme dépendant d'un système qui maintient le contact d'un individu avec le monde environnant et qui assure son adaptation à cet environnement. Afin d'atteindre cet objectif, ce système assume d'innombrables rôles qui correspondent à autant de niveaux possibles d'analyse du processus perceptif. À titre d'exemple, nous allons illustrer au moins trois d'entre eux qui peuvent être mis en œuvre successivement ou en parallèle. Un *premier rôle* est d'abord dévolu aux systèmes sensoriels et, notamment, aux récepteurs qui réagissent directement aux stimuli environnementaux et qui agissent comme des interfaces en transformant les énergies en des influx nerveux qui sont ensuite traités par le système nerveux central et, en particulier, le cerveau. Ce rôle est loin d'être élémentaire puisqu'il s'exerce dès l'activation des capteurs sensoriels au moyen d'interactions complexes pour toutes les modalités perceptives. Quant à l'influence ultérieure des centres corticaux sur des tâches perceptives bien définies, elle peut être établie par une cartographie réalisable grâce aux techniques de potentiels évoqués d'électroencéphalographie et d'imagerie cérébrale, souvent combinées avec les observations de nature neuropsychologique. Dans les chapitres qui vont suivre, certains auteurs accordent une importance particulière dans leurs efforts explicatifs à ces composantes neurophysiologiques des perceptions et, notamment, à cette fonction d'interface entre l'organisme et l'environnement qu'elles assument. Un *deuxième rôle* de régulation concerne la prise en charge de toute cette information perceptive sur le milieu ambiant ou l'organisme lui-même. C'est ainsi qu'elle peut être utilisée pour gérer une multitude d'actions contribuant à l'orientation et à la survie de l'individu dans son milieu. L'étude de ce rôle particulier de la perception est le centre d'intérêt des auteurs qui se définissent par une certaine proximité avec le courant théorique s'attachant à la compréhension du couplage action-perception et à l'écologie optique. La perception contribue enfin, dans un *troisième rôle,* à notre connaissance du monde, et l'analyse de cette partie du processus est fréquente chez les développementalistes qui étudient par exemple la découverte de certaines propriétés des objets chez les enfants de divers âges. Pour obtenir plus de détails sur la façon dont la perception exerce ces rôles, on pourra se reporter à l'exposé des *principales approches théoriques* du deuxième chapitre du présent ouvrage.

En résumé, au-delà de la pluralité des niveaux d'analyse, ces divers aspects des perceptions s'intègrent dans un système remplissant conjointement les fonctions principales suivantes: en premier lieu, la perception intervient comme *interface* de traitement des informations prélevées dans l'organisme lui-même et le milieu extérieur; en deuxième lieu, elle joue un rôle de *régulateur* de gestes ou de déplacements en cours et de planificateur d'actions futures; en troisième lieu, la perception est aussi un *instrument de connaissance* fournissant des éléments pouvant, dans certains cas, être intégrés dans des représentations, des interprétations et une réflexion opératoire (ou mentale).

Pour clore cet avant-propos, nous proposons quelques éléments touchant les trois domaines de recherche qui nous apparaissent actuellement les plus actifs en perception. Ces remarques permettront au lecteur de cadrer d'emblée des problématiques susceptibles de développements importants dans les prochaines années. Notons que chacun de ces domaines s'attache essentiellement et de façon prédominante à l'étude de l'une des fonctions perceptives décrites dans le paragraphe précédent. Ce schéma simplifié permettra aussi de saisir les diverses perspectives des chapitres subséquents en référence à ces niveaux de fonctionnement. Le rôle d'interface neurophysiologique des perceptions est le plus souvent le domaine d'études privilégié de la neuropsychologie. Pour l'écologie optique, c'est le rôle de régulateur des actions en rapport avec l'environnement qui est le centre d'intérêt tandis que les écoles de l'approche cognitive mettent l'accent sur l'accès aux connaissances.

Naturellement, cette classification n'est utile qu'en première approximation puisqu'on assiste actuellement à une intégration interdisciplinaire croissante de concepts et de procédés utilisés à l'origine dans un seul domaine. Pendant longtemps, la neurophysiologie ne s'attachait par exemple qu'à l'analyse des mécanismes nerveux permettant l'activation musculaire à partir de messages sensoriels. Dans une perspective plus moderne, ce n'est plus uniquement le traitement conduisant du stimulus à la réponse qui est recherché. Le domaine s'est élargi à la capacité du système nerveux à extraire des invariants ou des régularités dans l'abondance de sollicitations parvenant aux organes des sens. Les progrès dans cette nouvelle approche, souvent investie par des psychologues, dépendent en partie du perfectionnement des moyens d'étude de l'activité cérébrale, notamment par les méthodes d'imagerie décrites au chapitre 3. Le rôle d'interface des perceptions va donc concerner le traitement d'informations de nature plus riche, mais c'est encore le substrat neurosensoriel qui reste en général le principal point d'intérêt. Les centres d'étude utilisant la neuroimagerie se multiplient donc dans la plupart des laboratoires et laissent présager encore de nombreuses découvertes.

Quant au rôle de régulateur d'actions de la perception, l'élaboration de modèles théoriques a permis de mieux cerner l'utilité possible de certaines informations prélevées dans l'environnement. Simultanément, l'amélioration des méthodes d'enregistrement et de décomposition de gestes complexes a affiné la description d'actions qui, auparavant, n'étaient considérées que dans leur globalité. La psychologie de la perception a donc pu passer d'une étude des réactions à celle de véritables enchaînements d'actions organisés à partir des perceptions. Depuis quelques années, cette perspective entraîne dans le monde entier l'ouverture d'innombrables laboratoires centrés sur la relation entre perception et action. Leurs recherches aboutissent à des résultats qui font reculer les limites du champ d'intervention des perceptions.

Enfin, en assumant le rôle d'un instrument de connaissance, la perception s'avère un sujet d'étude privilégié pour la psychologie cognitive qui s'associe de plus en plus souvent avec les neurosciences tant sur le plan théorique que sur le plan instrumental. Dans ce champ aussi, la tendance actuelle est à la multidisciplinarité, et l'on assiste fréquemment à la réunion de chercheurs en perception qui, pour élaborer des modèles connexionnistes, par exemple, s'associent avec des experts en enregistrements cérébraux et des spécialistes du développement de l'enfant. Ici encore, c'est une instrumentation intégrant les techniques d'investigation modernes chez le nouveau-né avec les méthodes d'imagerie qui fournira les données les plus originales.

En conclusion, tributaire du progrès des technologies de pointe, la recherche (actuelle et future) en perception qui se situe dans ce courant de pensée s'articule autour de modèles explicatifs de nature intégrative faisant souvent appel à des systèmes de représentations internes. Ceux-ci contribuent, au moyen d'opérations mentales et de diverses formes de stockage mnémonique d'informations, aux capacités d'anticipation et de prévision de l'effet de certains stimuli du milieu externe.

La formation de spécialistes en perception va donc certainement requérir de façon croissante des apprentissages assez diversifiés allant des méthodes de calcul numérique utilisées pour élaborer certains modèles explicatifs, à la psychologie cognitive et aux bases biologiques et génétiques des comportements. Cet ouvrage fournit des éléments de base sur la plupart de ces aspects afin que le lecteur profane en ces domaines dispose de solides références pour construire sa propre vision d'ensemble concernant les connaissances actuelles en perception.

André Delorme et Michelangelo Flückiger
Montréal et Genève, mai 2003

Table des matières

CHAPITRE 5 La vision des couleurs

JOHN A. BOEGLIN

CHAPITRE 6 L'audition

PIERRE BOVET

CHAPITRE 7 La somesthésie

Simon Grondin

CHAPITRE 8 Les sens chimiques

Claude Bonnet

CHAPITRE 9 L'intermodalité

ARLETTE STRERI

PARTIE 3 Les mécanismes perceptifs

CHAPITRE 10 L'organisation perceptive

ANDRÉ DELORME

CHAPITRE 11 La reconnaissance des scènes, des objets et des visages

CHRISTIAN MARENDAZ, STÉPHANE ROUSSET ET ANNIK CHARNALLET

CHAPITRE 12 La perception de la troisième dimension et de la taille

ANDRÉ DELORME ET JACQUES LAJOIE

CHAPITRE 13 La perception de l'orientation

MARION LUYAT ET THÉOPHILE OHLMANN

CHAPITRE 14 La perception du mouvement et des événements

ANDRÉ DELORME

CHAPITRE 15 Le contrôle visuel des déplacements

BENOÎT G. BARDY

CHAPITRE 16 Le développement des perceptions

MICHELANGELO FLÜCKIGER

CHAPITRE 17 La perception du temps

SIMON GRONDIN

CHAPITRE 18 L'attention sélective

MARTIN ARGUIN

PARTIE 1 Les fondements théoriques et méthodologiques

CHAPITRE 1 Perception et réalité

ANDRÉ DELORME

INTRODUCTION

Pourrions-nous imaginer a priori façon plus simple ou plus directe que la suivante de définir la perception : notre fenêtre sur la réalité ou le canal qui nous la transmettrait telle qu'elle est, dans toute son évidence (comme on dit parfois d'une chose qu'elle « tombe sous le sens »)? Nous ne devrions pas chercher longtemps pour trouver des preuves convaincantes de notre accès direct au réel. Il suffirait de regarder autour de nous, d'écouter, de toucher, de humer ou de goûter pour nous conforter dans notre conviction que nous percevons le réel tel qu'il est ou du moins tel que nous l'imaginons. À moins que cette constatation ne nous porte à conclure tout simplement que nous sommes constitués biologiquement pour percevoir les choses de cette façon. Néanmoins, dès que nous tentons d'élaborer une véritable description ou explication du processus perceptif, les choses se compliquent, comme on le constatera d'ailleurs tout au long de cet ouvrage.

À seule fin de définir la problématique du présent chapitre, considérons provisoirement que ce processus comporte globalement trois composantes principales : 1) les stimuli liés aux dimensions de l'environnement (y compris l'organisme), qui ont la propriété de déclencher des réponses dans les systèmes sensoriels ; 2) les processus sensoriels constitués par la chaîne des événements physiologiques déclenchés par la stimulation et qui forment l'interface entre les stimuli et la sensation ; 3) les percepts ou les sensations qui représentent le volet psychologique du processus. Il faut toutefois inclure aussi dans le mécanisme perceptif les activités multiples de sélection des informations sensorielles ainsi que les interactions entre les perceptions et les actions, qui sont indispensables à notre adaptation à l'environnement. Il faut bien convenir en effet que, dans ce processus, nous agissons en tant que participants et non pas seulement en tant que récepteurs passifs.

Par ailleurs, chacune des composantes mentionnées soulève des interrogations concernant notre accès au réel. 1) Le stimulus doit-il être considéré tout simplement comme la réalité à percevoir ? 2) Le message véhiculé par les sens n'est-il qu'une simple copie de la réalité ? 3) Le percept témoigne-t-il d'une connaissance consciente et objective de cette réalité ? Il faut toutefois rappeler que la stimulation, le système sensoriel et la perception sont de trois ordres différents. Le stimulus est physique, le processus sensoriel, physiologique, et le percept, psychologique. Comment s'établit le lien entre ces trois instances ? En d'autres mots, comment parvient-on à en tirer une perception de la réalité ? C'est là la première question à laquelle il faut tenter de répondre. La seconde concerne le degré de fiabilité de nos perceptions ; elle est bien sûr particulièrement cruciale quand il s'agit d'expliquer les illusions. Enfin, pourrions-nous affirmer que les perceptions sont toujours conscientes ? Voilà les principales questions abordées dans ce chapitre. Comme on le verra par ailleurs tout au long de cet ouvrage, les réponses à ces interrogations sont souvent multiples, voire contradictoires, suivant les perspectives et les approches théoriques adoptées.

1.1 DU STIMULUS À LA SENSATION : UNE BARRIÈRE PHYSIOLOGIQUE

La distinction entre stimulus et sensation ne pose théoriquement aucun problème. Cependant, elle n'est pas toujours évidente dans la conversation courante alors qu'on ne tient généralement pas compte du fait que la couleur est une sensation, et donc une dimension psychologique, et que c'est la caractéristique spectrale de l'onde électromagnétique qui en constitue le stimulus physique.

Percevoir consiste-t-il simplement à accéder aux stimuli par les sens ? C'est de la physiologie naissante qu'a surgi au XIXe siècle une première réponse à cette question alors que Johannes Müller formulait en 1838 sa *Loi de l'énergie spécifique des nerfs* appelée aussi « loi de Müller ». Suivant cette loi, nous n'avons d'accès direct ni à la lumière ni à la vibration sonore, pas plus d'ailleurs qu'à la température des objets ou à l'aiguille qui produit la douleur. Nous n'accédons qu'à des sensations visuelles, somesthésiques, auditives, etc. (voir l'encadré 1.1), c'est-à-dire aux variations de l'état de nos nerfs sensoriels. Il ne faut cependant pas en conclure que les sensations sont indépendantes des propriétés du stimulus. L'intensité de la sensation est en règle générale liée à celle du stimulus, ce qui montre bien qu'il est malgré tout possible d'étudier rigoureusement la liaison entre une échelle physique, celle d'un stimulus, et une échelle psychologique, celle de la sensation. C'est là l'objectif que s'est fixé Gustav Fechner (1966 [1866]) en créant la psychophysique. Cependant, même si elle permet d'établir un lien mathématique entre stimuli et sensations, la procédure psychophysique ne témoigne nullement d'un accès direct au stimulus puisque les causes physiques de l'amplitude de la stimulation sont essentiellement différentes de celles, physiologiques, de l'intensité de la sensation.

En dépit de son ancienneté, le principe défendu par Müller suivant lequel on ne peut accéder directement au stimulus conserve son actualité. Voici ce qu'écrivait tout récemment Lazorthes (1999, p. 3), un neurochirurgien :

> Nous admettons que les choses sont telles que nous les percevons. En fait, notre représentation du monde extérieur est fausse. Elle est le produit de notre cerveau : les couleurs, les sons,

ENCADRÉ 1.1
La loi de Müller

En 1838, le physiologiste allemand Johannes Müller (1965 [1838]), que l'on considère comme le père de la physiologie, propose un principe qui aura des répercussions importantes sur les conceptions de la perception: la Loi de l'énergie spécifique des nerfs. *Cette loi affirme en substance que l'organisme vivant n'a pas d'accès direct au monde extérieur; il n'a conscience que de l'état de ses nerfs sensoriels. En plus d'affirmer que la perception passe par les sens, ce principe confirme l'importance de la sensation, première étape du processus perceptif, tout en minimisant l'importance du stimulus dans ce processus. Selon Müller, si nous voyons l'éclair et entendons le tonnerre, ce n'est pas tant parce que l'éclair est lumineux et le tonnerre sonore, que parce que le premier produit une impulsion dans le nerf optique alors que l'autre stimule plutôt le nerf acoustique. Il fait remarquer à ce propos que certains stimuli comme l'électricité peuvent affecter tous les sens[1]. Il constate enfin que les influx nerveux qui véhiculent dans le cerveau les messages sensoriels ne conservent rien des énergies physiques (lumineuses, sonores, etc.) dont ils émanent et que les nerfs qui les transmettent ne présentent pas entre eux de différences qualitatives majeures. Au moment d'énoncer ce principe, Müller n'est pas en mesure d'établir si cette spécificité se limite aux nerfs sensoriels ou si elle concerne plutôt les aires sensorielles du cerveau où aboutissent ces nerfs. Ce ne sera que plus tard, lorsqu'on aura pu démontrer la spécificité de ces aires, que le principe leur sera appliqué.*

1. La portée de cette donnée apparaît cependant limitée lorsqu'on prend en compte l'existence du «stimulus adéquat» qui consiste dans la forme d'énergie correspondant de façon spécifique à l'excitabilité directe d'un système sensoriel donné. Exemple: le rayonnement lumineux est le stimulus adéquat du système rétinien.

> par exemple, n'existent pas dans la nature tels que nous les voyons et les entendons. [...] Bref, ce que nous percevons ordinairement du monde dépend étroitement des activités limitées de notre cerveau et de nos sens.

On pourrait tirer de la loi de Müller plusieurs autres principes qui soulèvent des discussions et des remises en cause, même à l'égard des théories actuelles de la perception. Tout d'abord, n'étant qu'une simple énergie, le stimulus ne peut fournir qu'une information limitée de la réalité objective. Il s'agit donc d'une composante généralement essentielle au déclenchement du processus sensoriel (la vision sans stimulation lumineuse demeure bien sûr un cas rarissime), mais qui ne joue pas un rôle aussi décisif dans la détermination du percept. Les sens ne sont donc ni des fenêtres sur la réalité, ni des canaux qui nous la transmettent, pas plus que des filtres qui n'en laisseraient passer qu'une partie ou encore des transformateurs qui ne feraient qu'en modifier l'intensité. Les récepteurs sensoriels sont plutôt des transducteurs qui transforment les énergies physiques en influx nerveux.

En outre, la loi de Müller légitimait une hypothèse, longtemps soutenue depuis, selon laquelle les sensations révélées par les systèmes sensoriels représenteraient les seuls véritables contacts avec la réalité. On verra cependant que cette primauté des sensations sera contestée ultérieurement par plusieurs théories (la théorie de la Gestalt, le béhaviorisme et la théorie écologique de Gibson), et ce pour des raisons diverses.

1.2 PLUSIEURS SENS. PLUSIEURS RÉALITÉS?

1.2.1 Les différences intersensorielles

Loin d'être unitaires et de nous parvenir par un seul canal, les données sensorielles sont véhiculées simultanément par les divers canaux que constituent les sens. Même si elles collaborent au processus perceptif, les diverses modalités sensorielles s'avèrent à l'analyse très différentes les unes des autres. Leurs différences ne dépendent pas uniquement des structures des organes récepteurs qui les génèrent ou de la nature des stimuli auxquels elles réagissent normalement. Les modalités se distinguent aussi les unes des autres par la nature de l'information qu'elles extraient de l'environnement et par leurs stratégies de « cueillette d'information ». Chaque modalité présente donc des spécialisations propres et des compétences qui semblent a priori exclusives, comme on le verra d'ailleurs plus en détail dans les différents chapitres consacrés à chacune d'elles.

1.2.2 Un percept multimodal ou amodal ?

Si notre accès au monde était limité aux sensations enregistrées par chaque modalité sensorielle, faudrait-il en conclure que nous ne connaissions à la naissance que des mondes sensoriels très peu liés entre eux et à partir desquels il nous fallait construire une réalité perceptive unique ? William James (1950 [1890]) dramatisait la stimulation multimodale en affirmant que le bébé dont les yeux, les oreilles, le nez, la peau et les entrailles sont assaillis simultanément «ressentira tout ceci comme une grande confusion de sensations [*blooming buzzing confusion*] » (p. 488)[2]. Selon James, ce n'est qu'avec le développement que s'effectue l'unification spatiale permettant que la main simultanément vue et touchée devienne une seule main ressentie. Cette position est souvent critiquée aujourd'hui. Cependant, si le problème a pu être posé dans ces termes à l'époque, c'est sans doute parce que les sens étaient alors considérés comme de simples modalités réceptives plutôt que comme des modalités attentionnelles exploratrices, telles que définies plus tard par Piéron (1955), puis Gibson (1966).

Dans ce nouveau contexte, il devenait beaucoup plus simple de concevoir les sens comme étant tournés vers une réalité unique plutôt que multiple. Dans la perspective classique d'une perception fondée sur la sensation, le lien intermodal n'est cependant pas automatique et doit être appris, une idée partagée encore aujourd'hui par de nombreux auteurs. En s'appuyant sur une autre approche théorique, il devient néanmoins possible de concevoir une perception qui transcende les modalités. Ainsi, pour Gibson (1966), percevoir consiste essentiellement à tirer de l'information d'une réalité qui s'avère unique, même si on y accède par plusieurs voies. La taille de l'objet que l'on touche et voit à la fois et la parole que l'on entend et lit sur les lèvres du locuteur fournissent des perceptions d'événements uniques tirés d'informations redondantes véhiculées par deux modalités. Gibson défendra l'idée que des perceptions de ce genre sont «amodales », en ce sens qu'elles portent sur une information commune à plus d'un sens. Cet accès amodal au réel transcende-t-il les sensations ? Est-il inné ou appris ? Ces questions demeurent complexes et sont encore débattues aujourd'hui (voir Stoffregen et Bardy, 2001, ainsi que le chapitre 9 du présent ouvrage). Les développements récents de la neurophysiologie cérébrale ont apporté des arguments nouveaux appuyant l'hypothèse de liaisons intermodales automatisées puisqu'on a trouvé, par exemple au niveau des collicules, des neurones trimodaux, c'est-à-dire qui réagissent de façon vicariante à des stimuli affectant trois modalités : la vision, l'audition et la somesthésie (Stein et Meredith, 1993). Il n'y a cependant pas de preuves formelles que ces cellules multimodales existent de façon innée.

1.3 L'INTROSPECTION : UNE ANALYSE DES SENSATIONS

Lorsqu'il crée, en 1879 à Leipzig, le premier laboratoire de psychologie expérimentale, qui doit établir la psychologie comme une discipline scientifique, Wilhem Wundt (voir Bringmann et Tweney, 1980) compte parmi ses objectifs principaux l'étude expérimentale des perceptions. Il utilise à cette fin l'«ana-

---

2. Les citations – y compris le texte des figures – tirées d'ouvrages étrangers sont des traductions libres des auteurs.

lyse introspective », qui consiste à décomposer le percept en ses éléments constitutifs, les sensations, et l'intègre à sa « méthode expérimentale ». Par le fait même, il inclut des données de conscience dans son étude qui se veut résolument scientifique. On aurait dû s'attendre à ce que cette analyse introspective, en tant que réception « naïve » des données sensorielles, soit d'une grande facilité[3]. Cependant, les choses se sont avérées plus compliquées. L'attitude introspective requiert un entraînement rigoureux et comporte des pièges, dont celui que Titchener (un de ses élèves qui émigrera en Amérique) appellera l'« erreur du stimulus » et qui consiste, pour le sujet effectuant une analyse introspective, à prendre pour une sensation ce qui relève de la connaissance qu'il a de la nature du stimulus (voir Watson, 1963). L'analyse introspective présente, par ailleurs, une autre difficulté. Les observateurs pratiquant l'introspection aboutissent parfois à des descriptions différentes de contenus semblables. Il apparaissait dès lors périlleux de vouloir fonder une science sur des données incertaines. L'analyse introspective sera par la suite critiquée pour plusieurs autres raisons. Elle le sera par le mouvement béhavioriste qui, tout en ayant comme Wundt pour objectif de donner à la psychologie un statut scientifique, se présentait comme une solution de rechange permettant d'échapper aux faiblesses de l'introspection. Cependant, la solution béhavioriste ne règle pas vraiment le problème puisqu'elle exclut la conscience du processus. Le percept devient alors une « réponse » ou une donnée comportementale, c'est-à-dire une réaction ou un comportement mesurable rigoureusement, mais que l'on n'ose pas interpréter. L'analyse introspective n'a pas été éliminée pour autant ; on la verra réapparaître sous d'autres formes, notamment celle d'une analyse « phénoménale » des perceptions (plutôt que des sensations). Finalement, le procédé le plus utilisé aujourd'hui dans les études scientifiques des perceptions consiste à enregistrer et à mesurer des comportements et des conduites (voir le chapitre 3), mais les descriptions verbales en font fréquemment partie.

3. William James, qui ne souscrivait pas à cette approche introspective, émettra l'avis que de telles sensations immédiates ne peuvent être réalisées que dans les premiers jours de la vie et qu'elles sont impossibles à réaliser par l'adulte compte tenu des contenus mémoriels et des associations qu'il a acquis (1950 [1890]).

1.4 CAPTER LA RÉALITÉ OU L'INFÉRER ?

Si l'on ne prend conscience ni des stimuli ni des sensations, comment accède-t-on à la réalité ? Deux positions s'opposent sur ce terrain : l'une affirme que la réalité objective est « inférée perceptivement », l'autre, qu'elle est captée directement. Tout en ayant leurs racines dans le XIXe siècle, ces théories sont encore bien vivantes en ce début du XXIe siècle.

1.4.1 Copier le réel ?

Reproduisons-nous le monde physique comme le fait l'appareil photo, la caméra ou le système d'enregistrement sonore ? Ou bien apprenons-nous plutôt à prédire les perceptions à partir de nos expériences et des résultats de nos actions sur l'environnement ? Paradoxalement, ces deux types de solutions contradictoires furent constamment proposées sous une forme ou sous une autre depuis que cette problématique existe. Sans prétendre en refaire l'historique, notons néanmoins que cette idée d'une copie de la réalité semble la plus ancienne (voir l'encadré 1.2). On continue néanmoins aujourd'hui de se questionner tant sur les décalages que sur les similitudes qui existent entre l'information physiologique et les perceptions ainsi que sur les liens unissant les processus physiologiques et les processus perceptifs. Par ailleurs, l'hypothèse d'une base quasi cognitive de la perception continue représente elle aussi une avenue privilégiée pour bien des théoriciens de la perception.

1.4.2 Des inférences perceptives inconscientes

C'est paradoxalement à un physiologiste qui fut l'un des plus grands de son époque, l'Allemand Hermann von Helmholtz, que l'on doit d'avoir formulé

ENCADRÉ 1.2
Le percept, une copie de la réalité ?
Une hypothèse qui remonte à l'Antiquité

La conception d'une copie du réel par les sens se retrouve déjà chez les présocratiques pour qui toute sensation est un «contact des semblables». Pour Empédocle (Robin, 1963), par exemple, la couleur du feu n'est visible que parce que du feu se trouve «embusqué» dans l'œil et le son est audible grâce à une «clochette» (un bourgeon de chair) suspendue dans l'oreille et qui se balance sous l'impulsion des mouvements de l'air extérieur. On note donc déjà l'idée d'une reproduction de la réalité dans les systèmes sensoriels, mais aussi la possibilité que nos perceptions soient à l'image de ce qui se produit dans nos sens.

La description que fait Kepler de l'image rétinienne a sûrement eu une influence importante sur cette thèse voulant que la perception s'appuie sur une sorte de copie de la réalité. Kepler avait pu prouver que l'image rétinienne est inversée et il affirmait que «sur la surface concave blanche de la rétine [...] le vert est reproduit en vert, et en général les choses sont reproduites dans leur couleur» (1604, cité par Crombie, 1964, p. 111). On se rendait toutefois compte que la copie n'est pas toujours conforme aux perceptions. Pourquoi voit-on le monde à l'endroit alors que les images rétiniennes sont inversées ? Comment expliquer qu'avec deux images rétiniennes on ne voit pas double ? Fallait-il penser comme le faisait Buffon en 1749 que le nourrisson de six à huit semaines voit les choses inversées et les voit doubles (Morgan, 1977) ?

Pourtant, dès 1637, Descartes avait mis en garde contre l'idée que l'esprit puisse avoir besoin, pour percevoir les objets, d'en obtenir une copie. Il alléguait «qu'il y a plusieurs autres choses que des images qui peuvent stimuler notre pensée, comme par exemple les signes et les paroles, qui ne ressemblent en aucune façon aux choses qu'elles signifient» (1953 [1637], p. 204). Il concédait néanmoins l'existence de ressemblances entre l'objet et son image transmise au cerveau en faisant remarquer cependant, à titre d'exemple, que «suivant les règles de la perspective, souvent elles [les images] représentent mieux des cercles par des ovales que par d'autres cercles ; et des carrés par des losanges que par d'autres carrés» (1953 [1637], p. 204).

une étonnante proposition qui suscite depuis des débats tant chez les philosophes que chez les psychologues. Cette proposition affirme que, loin d'être un simple constat de la réalité fondé sur les données sensorielles, la perception serait plutôt le résultat d'*inférences perceptives inconscientes fondées sur l'expérience* (voir l'encadré 1.3). C'est en abordant la question des processus visuels dans son ouvrage intitulé *Optique physiologique* que Helmholtz (1989 [1867]) bâtit sa théorie en constatant notamment que la physiologie permet d'expliquer les sensations déclenchées dans les récepteurs, mais qu'elle est loin de fournir une explication complète et satisfaisante des mécanismes de la perception. Comme on le verra, les progrès impressionnants réalisés depuis par la neurophysiologie visuelle n'ont pas pour autant réduit l'importance de cette thèse.

Nous avons si fortement l'impression à travers nos expériences perceptives quotidiennes de capter la réalité plutôt que de la deviner que le concept pourrait a priori nous rebuter. Pourquoi invoquer ainsi un processus indirect pour expliquer des phénomènes qui nous paraissent si directement accessibles ? Dans la perspective de Helmholtz et des empiristes de son époque, ce détour semble nécessaire du fait que ni le stimulus ni la sensation ne sont porteurs de signification. Alors que le stimulus n'est qu'une énergie physique, la sensation ne se définit que par sa magnitude (ou intensité) et sa qualité. C'est l'inférence perceptive qui, en combinant les sensations

ENCADRÉ 1.3
L'inférence inconsciente selon Helmholtz

L'un des exemples choisis par Helmholtz (1989 [1867]) pour illustrer son point de vue concerne la localisation spatiale. Imaginons un objet présenté quelque part dans mon champ visuel. Comment puis-je décider perceptivement s'il se trouve en haut, en bas, à ma gauche ou à ma droite? La réponse spontanée pourrait être que l'information me vient de la région rétinienne stimulée. Mais encore faudrait-il que j'aie déjà une connaissance de la relation entre la localisation rétinienne et la localisation dans l'environnement, ce qui selon lui est loin d'être prouvé. La solution que propose Helmholtz peut se formuler comme suit: «J'ai pu constater dans le passé que chaque fois qu'un objet stimulait une région donnée de ma rétine, il se trouvait à ma droite. Ce que j'ai d'ailleurs pu vérifier par le toucher. Je pourrai donc, chaque fois que l'image d'un objet stimulera cette même région rétinienne, conclure perceptivement que l'objet en cause se trouve à ma droite.» On pourrait rétorquer que ce type d'inférence ressemble beaucoup plus à un raisonnement qu'à une perception. Helmholtz avait prévu l'objection en affirmant que l'inférence perceptive diffère de l'inférence intellectuelle à plus d'un titre.

Tout d'abord, cette inférence est inconsciente. D'ailleurs, le raisonnement que nous venons d'énoncer n'avait pour but que d'en illustrer la logique. Contrairement à la proposition logique ordinaire qui s'appuie sur des données conscientes, l'inférence perceptive n'est consciente que dans sa conclusion. Les prémisses constituées par les sensations ainsi que par le contenu mémoriel de l'expérience antérieure et sur lesquelles se fonde la conclusion échappent au sujet percevant. Il est tout à fait conscient de percevoir un objet à sa droite, mais sans connaître la source de ce jugement. Il pourrait théoriquement fonder ce jugement sur une déduction consciente, mais on considérera qu'il s'agit alors d'un acte intellectuel plutôt que perceptif. L'inférence perceptive est néanmoins «coercitive» en ce sens qu'elle n'est pas modifiable par la connaissance que l'on aurait de la situation. Le fait de connaître la dimension réelle de la lune n'affecte pas la perception qu'on en a. De même, la connaissance du caractère illusoire d'un phénomène n'empêchera pas de percevoir l'illusion. Loin d'être accessible directement à la perception, la réalité résulte donc, selon Helmholtz, d'un processus inférentiel, mais de nature perceptive, une idée qui a eu depuis une influence considérable sur les théories en psychologie de la perception et demeure aujourd'hui au centre des débats dans ce domaine.

avec des représentations, construira le percept. C'est là l'assise d'une conception «empiriste» (voir le chapitre 2) de la perception. Le jeune enfant n'ayant que des sensations ne disposerait pas des données nécessaires à une perception efficace de l'environnement.

Cette idée de l'insuffisance des données sensorielles sera reprise par les empiristes modernes. Comment peut-on percevoir le monde tridimensionnel à partir d'images rétiniennes bidimensionnelles? Pourquoi le monde nous paraît-il stable alors que les images que nous en recevons bougent à chacun de nos mouvements? Comment expliquer que les objets semblent garder leur couleur en dépit des variations d'éclairage? Pourquoi le monde ne paraît-il pas s'incliner quand nous inclinons la tête? Dans chacun de ces cas, le percept, c'est-à-dire la perception que nous en avons, diffère des données rétiniennes. La position helmholtzienne affirmait fournir une réponse à ces diverses questions.

Cette thèse soutenant que les perceptions reposent sur des quasi-raisonnements inconscients a été fortement critiquée. On lui reprochait de faire dépendre la perception, une fonction primitive, d'une autre fonction plus évoluée: l'intelligence, de reposer sur des données inaccessibles parce qu'inconscientes et d'être pour le moins difficilement applicable aux animaux, et même aux nourrissons.

Les approches inférentielles modernes

La théorie inférentielle a néanmoins survécu jusqu'à nos jours quoique sous des formes diverses et elle n'a pas perdu de sa vigueur. Le paradigme a changé dans certains cas ainsi que la terminologie (on parlera de «suppositions inconscientes», de «catégorisations inconscientes» ou d'«hypothèses inconscientes», etc.), mais la thèse fondamentale subsiste. Helmholtz n'avait sans doute jamais imaginé l'extension considérable donnée à son concept au cours du siècle suivant. C'est cette thèse qui a fait naître l'idée que les perceptions de distance ou celles de l'identité des formes ou des visages reposent sur la détection d'«indices», que la perception de la taille exige une prise en compte de la distance et que celle de la stabilité de l'environnement exigerait divers calculs inconscients servant à neutraliser les effets des mouvements relatifs de l'observateur. C'est aussi ce concept qu'on invoquera pour expliquer comment des facteurs non perceptifs tels que les besoins, les valeurs, la personnalité, la pression sociale, la culture, etc., peuvent intervenir dans le processus perceptif.

Au milieu du XXe siècle, on a assisté aux États-Unis, dans le domaine de la recherche en psychologie de la perception, à l'émergence d'un mouvement perceptif qu'on a appelé le «New Look». Il avait pour objectif d'évaluer le rôle de déterminants non perceptifs dans la perception et il se situait dans le prolongement de la théorie inférentielle. Retenons à titre d'exemples deux théories issues de ces mouvements : le *transactionnalisme* d'Ames (élaboré notamment par Ittelson, 1960) et la *théorie de l'hypothèse* de Bruner et Postman.

Le transactionnalisme

Les transactionnalistes, qui s'intéressent particulièrement à la perception de la profondeur spatiale (voir Ittelson, 1960), considèrent la perception comme une sorte de «transaction» ou d'échange entre la stimulation et l'organisme qui débouche sur ce qu'ils appellent la «supposition» perceptive. Cette supposition, qui se produit de façon inconsciente, est tributaire de la probabilité d'occurrence d'un phénomène donné et elle est pondérée par l'expérience. On retrouve là une conception probabiliste de la perception, déjà présente dans la position helmholtzienne. Pour les transactionnalistes, les divers «indices» (*cues*) perceptifs contenus dans la stimulation et sur lesquels un sujet percevant peut fonder sa perception de la profondeur ne sont pas absolument fiables. Ils en concluent que la perception serait en quelque sorte une création fondée sur l'expérience individuelle. Il s'agit là d'une théorie subjectiviste de la perception qu'ils préciseront d'ailleurs davantage en affirmant que la supposition perceptive est déterminée par la signification de la situation pour le sujet percevant ainsi que par les buts spécifiques qu'il vise au moment de faire son choix perceptif. Ittelson soutenait en outre que la perception est un événement privé, personnel et strictement incommunicable puisque chacun perçoit à partir d'un point d'observation qui lui est propre et en ayant des buts personnels. Comment dès lors en tirer des généralités ? Selon lui, cela est possible parce qu'il existe des zones de recouvrement entre des perceptions individuelles, puisque deux individus peuvent avoir perçu le même événement en étant rapprochés dans l'espace et le temps et en ayant des buts communs.

La théorie de l'hypothèse

La théorie de l'hypothèse de Bruner (1951) et Postman (1951) (voir aussi Allport, 1955) représente une extension importante du concept d'inférence inconsciente. Elle soutient non seulement que les perceptions sont des hypothèses inconscientes, mais aussi qu'en plus de s'appuyer sur l'expérience passée, elles dépendent d'une variété de facteurs non perceptifs tels que la motivation, les besoins, les valeurs personnelles, la personnalité, la pression sociale, etc. (voir Francès, 1985). Afin de mieux mettre en relief l'influence de ces variables, les chercheurs choisissaient sciemment des stimuli flous, ambigus ou incertains tels que des projections d'images hors foyer, des présentations très brèves d'images au moyen d'un tachistoscope, des taches d'encre sans signification, des figures à contenu ambigu, etc. Ils considéraient un stimulus clair et trop bien défini comme un facteur limitatif en regard du processus perceptif qu'ils souhaitaient mettre en évidence.

Finalement, dans les études réalisées dans le cadre du transactionnalisme ou de la théorie de l'hypothèse, les composantes associées aux caractéristiques de l'objet utilisé comme stimulus ou aux propriétés des systèmes sensoriels ne jouaient qu'un rôle secondaire en regard des autres composantes personnelles.

La logique de la perception

La définition helmholtzienne de la perception est parfois qualifiée de quasicognitive. Elle représente à cet égard une référence intéressante pour certaines approches cognitivistes modernes de la perception. Rock, par exemple, commence son ouvrage intitulé *The Logic of Perception* en formulant l'hypothèse que «la perception est intelligente en ce sens qu'elle se fonde sur des opérations semblables à celles qui caractérisent la pensée» (1983, p. 1). Parmi ces opérations, on retrouve l'inférence inconsciente, mais aussi la résolution de problèmes et la mise en relation. Il ne s'agit, bien sûr, que d'analogies entre des processus perceptifs et des processus intellectuels, plutôt que d'une supposition suggérant que la perception puisse dépendre de la pensée[4]. Cependant, selon Rock, le processus perceptif ne se fonde pas vraiment sur un apprentissage, comme l'affirmait Helmholtz. Il prend plutôt appui sur des connaissances intuitives, ce qui nous renvoie à Descartes, qui, lui, défendait la thèse de l'existence d'idées innées.

1.5 NOS PERCEPTIONS SONT-ELLES FIABLES ?

La précision remarquable des performances de l'acrobate, de l'athlète ou de l'artiste témoigne de l'efficacité des systèmes sensoriels à guider l'activité humaine. Néanmoins, on a découvert un nombre important d'illusions qui affectent la plupart des gens. En outre, aucune des modalités sensorielles n'est complètement à l'abri de telles erreurs. Quelle que soit notre conception des mécanismes perceptifs, l'existence de ces illusions pose problème. Comment expliquer ce qui apparaît comme des ratés dans nos tentatives de percevoir la réalité objective ?

1.5.1 Les illusions dues à des causes physiologiques

Certaines illusions sont causées par un mécanisme physiologique connu ne présentant pas d'anomalie, d'autres sont la conséquence de troubles neuropsychologiques. Les phénomènes de contraste de clarté et de contraste de couleur entrent dans la première catégorie. Ils sont généralement associés à des particularités de fonctionnement des systèmes sensoriels. Les effets consécutifs de mouvement, d'inclinaison ou de fréquence spatiale en font aussi partie, mais ils sont plutôt liés au fonctionnement cérébral. On les attribue à des conditions de stimulation inhabituelles affectant un système sensoriel ou une composante cérébrale.

On a observé aussi une grande variété d'illusions dues à des anomalies cérébrales. L'un des cas les plus remarquables concerne l'illusion du «membre fantôme» chez des patients ayant subi l'amputation d'un membre. Le patient éprouve des sensations somesthésiques de douleur, mais aussi de pression tactile, de chaleur ou de froid dans le segment absent du membre amputé. On a également montré récemment (Ramachandran et Hirstein, 1998) que des stimulations tactiles ou thermiques sur le côté du visage de patients amputés d'un membre produisaient des sensations à la fois dans le membre absent et sur le visage. C'est évidemment dans le centre cérébral que se trouve dans ce cas la source de l'erreur de localisation.

Les neuropsychologues rapportent une grande variété d'illusions visuelles associées aussi à des atteintes cérébrales et auxquelles on a donné des noms spécifiques. La *dysmorphopsie* concerne une illusion de déformation, la *micropsie*, un rapetissement apparent de la taille, la *macropsie* son accroissement, la *téléopsie* un éloignement apparent des objets et la *pélopsie* l'illusion de rapprochement. L'*alloesthésie*, ou *allesthésie*, est une illusion de localisation qui consiste à localiser un objet dans la région symétrique opposée de son champ visuel. Il existe aussi

4. On trouve cette même forme d'analogie chez Arnheim (1969) qui, dans son ouvrage intitulé *Visual Thinking* (La pensée visuelle) utilise des concepts empruntés aux processus cognitifs pour décrire les processus perceptifs.

une forme somesthésique de cette illusion qui consiste à localiser la sensation cutanée du côté opposé du corps, symétriquement à celui de la stimulation (Labrecque, 1987). Une autre illusion étonnante, mais méconnue, consiste à percevoir épisodiquement l'environnement inversé (Solms, Kaplan-Solms, Saling et Miller, 1988). Le patient voit soudain son univers visuel en train de basculer. L'effet, qui produit évidemment beaucoup d'anxiété, n'est heureusement pas permanent. Le patient n'a qu'à fermer brièvement les yeux pour que la scène redevienne normale.

1.5.2 Des illusions psychologiques, mais auxquelles le normal n'échappe pas

On aurait pu, bien sûr, multiplier les exemples d'illusions explicables par des perturbations physiologiques, mais il en existe encore davantage qui ne sont liées ni à des anomalies physiologiques ni à des particularités de fonctionnement d'un système sensoriel ou d'une composante cérébrale spécifique. Ces illusions, qui touchent la plupart des personnes normales, sont qualifiées généralement d'erreurs de jugement perceptif. Les «illusions géométriques» sont les plus étudiées. Elles furent découvertes, pour la plupart, au XIXe siècle par des pionniers de l'étude expérimentale des perceptions tels que Wundt, Titchener, Helmholtz, Hering, Delbœuf, Müller-Lyer, dont elles portent d'ailleurs le nom (voir la figure 1.1). Leur découverte pose évidemment un problème aux théoriciens de la perception, puisqu'on ne peut pas prétendre expliquer les perceptions correctes sans fournir aussi une explication des illusions. Cependant, ces illusions servent plutôt d'outils pour l'étude expérimentale des processus perceptifs. L'ouvrage de Robinson (1972) offre la recension sans doute la plus

FIGURE 1.1 *a) Illusion des cercles d'Ebbinghaus/Titchener.* Le cercle central de gauche paraît plus gros que celui de droite à cause des rapports de taille avec les cercles qui les entourent. *b) Illusion de Delbœuf.* 1. Le cercle intérieur du modèle de gauche paraît plus gros que celui du modèle de droite. L'explication classique est que c'est parce qu'il y a à gauche un effet d'assimilation du cercle intérieur à celui qui l'entoure (sous-estimation de la différence entre les deux), alors qu'à droite il y a plutôt un contraste entre les deux cercles concentriques. 2. Double assimilation. Le cercle extérieur du modèle de gauche paraît plus petit que le cercle intérieur du modèle de droite. Le premier est assimilé au cercle qui l'entoure. Selon Piaget (1961), le principe du contraste suffirait à expliquer tant la forme 1 que la forme 2 de l'illusion, à condition de supposer que la mise en relation dans chaque paire de cercles concentriques ne concerne pas leurs grandeurs respectives, mais plutôt le diamètre du cercle intérieur et l'épaisseur de l'anneau. *c) Illusion de la perspective.* La même silhouette a servi pour produire les trois personnages. Ils paraissent néanmoins de tailles différentes à cause du contexte fourni par la perspective. *d) Illusion de Ponzo.* Les deux traits horizontaux sont égaux, mais ils paraissent de tailles différentes. On considère généralement que cette illusion est attribuable à la suggestion de profondeur fournie par le contexte. Cette interprétation est cependant contestée par Gillam (1980, 1995). *e) Illusion de Müller-Lyer.* Dans chaque exemple, la ligne à «pennures internes» (pointes de flèche) paraît plus courte que celle «à pennures externes». *f) Illusion de Shepard (1990).* Un effet de perspective particulièrement frappant. Les quadrilatères formant les dessus de table sont identiques et donc parfaitement superposables. Reproduit avec la permission de Lawrence Erlbaum Associates. *g) Illusion de Zöllner.* Les lignes obliques ne semblent pas parallèles, alors qu'elles le sont physiquement. Comme l'illusion de Hering, celle-ci peut s'expliquer par un effet de tendance vers l'orthogonalité. *h) Illusion de Hering.* Les lignes horizontales paraissent incurvées alors qu'elles sont droites et parallèles. À première vue, on serait porté à croire que la courbure illusoire se produit essentiellement vers le milieu des traits parallèles. Cependant, en cachant la partie centrale, on se rend compte qu'il subsiste un resserrement des parallèles aux deux extrémités. Puis, en recouvrant ces extrémités de manière à ne maintenir visible que la partie centrale, on constate que la distorsion centrale est relativement minime. Ce type d'effet d'angle peut s'expliquer par ce que Rausch (1952, cité par Vurpillot, 1963) appelait la «tendance vers l'orthogonalité», c'est-à-dire la propension que l'on a à ramener les angles aigus et les angles obtus à des angles droits. Cette tendance serait liée au fait que nous vivons dans un environnement composé principalement d'objets et de surfaces rectangulaires. Comme ces surfaces sont vues le plus souvent en perspective, elles projettent visuellement des angles aigus et obtus que nous corrigeons perceptivement en les ramenant spontanément à des angles droits. *i) Illusion de Poggendorf.* Le segment oblique inférieur ne semble pas orienté dans le même axe que le segment supérieur. Il existe plusieurs explications à cette illusion dont, comme pour les deux précédentes, celle de l'effet de tendance vers l'orthogonalité. *j) Illusion de la verticale.* Dans la figure en T inversé, la verticale paraît plus longue que l'horizontale, ce qui n'est pas le cas pour le T incliné à 90°. Cependant, comme le fait remarquer Piaget (1961), l'effet de verticalité n'est qu'une composante de l'illusion. Le contraste entre la verticale et chacun des segments horizontaux, qui sont plus courts qu'elle, contribue de façon très importante à la surestimation de celle-ci. *k)* L'illusion produite par la forme en équerre est beaucoup moindre que celle produite avec le T inversé.

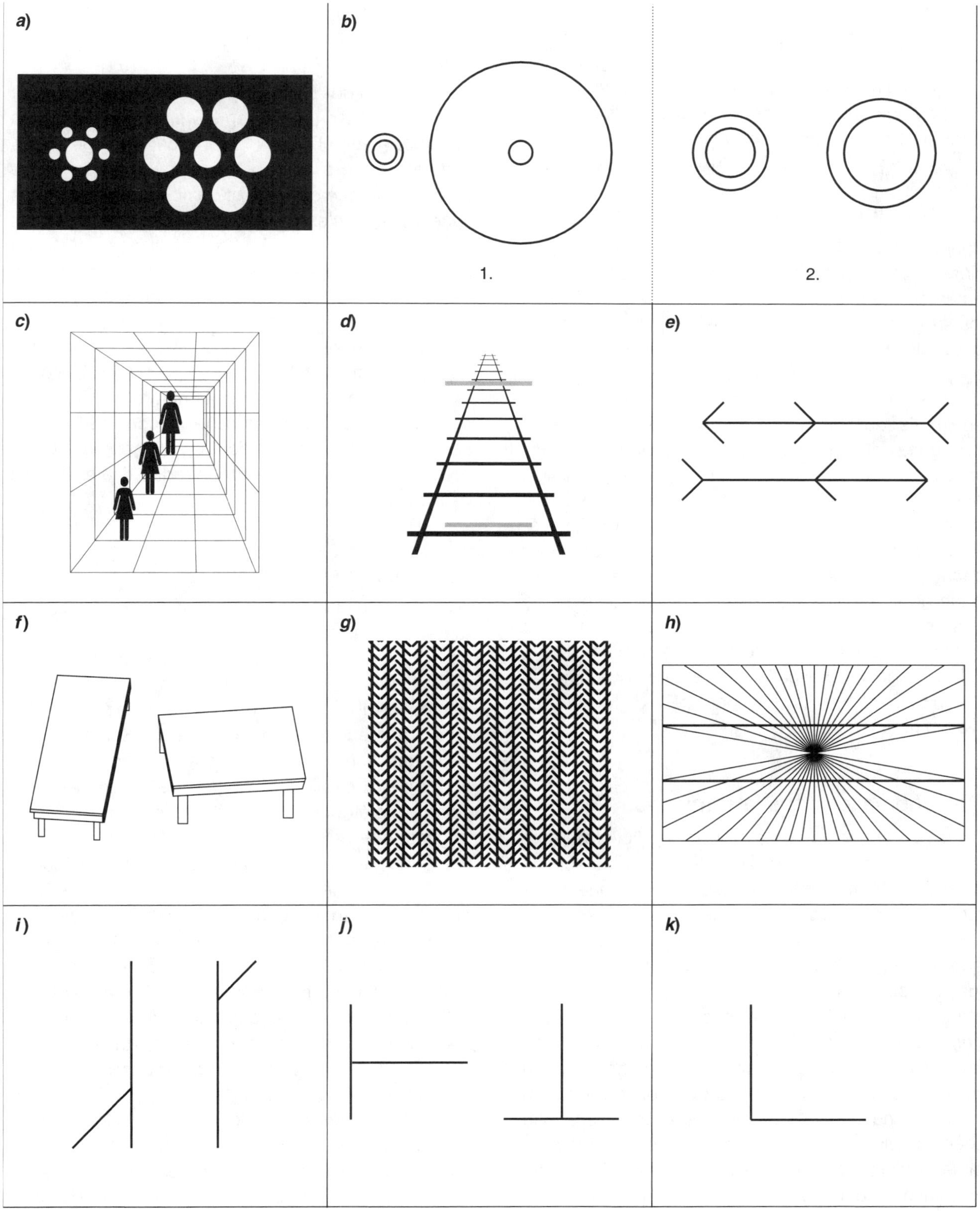
a)
b)
1.
2.
c)
d)
e)
f)
g)
h)
i)
j)
k)

vaste sur le sujet. On trouve aussi dans l'ouvrage de Ninio (1998) des discussions très intéressantes sur ces phénomènes d'illusion géométrique. À quoi attribuer ces illusions? À des erreurs de jugement du sujet ou aux anomalies de stimulation qu'elles comportent? Les avis sont partagés.

Des hypothèses perceptives erronées

Pour Richard L. Gregory (1973, 1980, 1997), les illusions psychologiques sont dues à des «hypothèses erronées» de la part du sujet. Adoptant une thèse inspirée de Helmholtz, il affirme que, tout comme on peut faire de fausses inférences intellectuellement, on peut aussi en faire sur le plan perceptif. Ainsi dans le cas de l'illusion de Ponzo (voir la figure 1.1 en *d*)), l'erreur perceptive s'explique selon lui par le fait que la convergence des lignes suggère une profondeur, ce qui porte à estimer la longueur des lignes parallèles comme s'il s'agissait d'objets situés à des distances différentes en profondeur. L'illusion résulterait donc d'une application erronée du «mécanisme de constance» (perceptive). Dans un espace tridimensionnel, ce mécanisme permet de compenser perceptivement le rapetissement de la projection optique dû à l'éloignement. Notons que, selon Gregory, l'explication ne vaut pas que pour l'illusion de Ponzo, mais aussi pour celle de Müller-Lyer (voir la figure 1.1 en *e*)).

Des anomalies dans la stimulation

James J. Gibson adopte à propos des illusions impliquant la perspective une explication assez semblable à celle de Gregory, mais il se refuse à y voir une erreur attribuable au sujet; il l'attribue plutôt au caractère anormal de la stimulation. Il fait remarquer à cet égard que l'illusion est habituellement produite dans des situations où il y a une ambiguïté ou un appauvrissement de la stimulation. Par exemple, l'illusion de la perspective (voir la figure 1.1 en *c*)) vient selon lui du fait qu'un dessin représentant la profondeur a un double statut. Il est un objet à deux dimensions (un tracé sur une surface plane) et la représentation d'une scène à trois dimensions. Le sujet percevant tend habituellement à résoudre cette ambiguïté en choisissant la solution tridimensionnelle. En fait, pour produire une perception semblable à partir d'un environnement tridimensionnel, il faudrait trois personnages de tailles différentes.

À propos des illusions géométriques comportant des comparaisons de longueurs, notamment celle de Müller-Lyer, Gibson (1966) reconnaît que l'information relative à la longueur d'une ligne se trouve modifiée lorsque celle-ci est combinée avec d'autres lignes et que c'est seulement en isolant les lignes horizontales des pennures dans l'illusion de Müller-Lyer que ces lignes devraient apparaître égales. Gibson est néanmoins sceptique face au procédé, qui, selon lui, «exigerait une sorte d'attention sélective bien spéciale» (1966, p. 313). En d'autres mots, ce serait parce qu'on réagit aux stimuli illusoires comme s'il s'agissait de scènes naturelles plutôt que de dessins géométriques qu'on succombe aux illusions géométriques, une position qui appuie la thèse écologique, sans vraiment contredire finalement les explications de Gregory.

Une approche relationnelle

Jean Piaget (1961) s'est intéressé tout particulièrement aux illusions géométriques et y a consacré de très nombreuses études expérimentales. Loin de penser comme Gibson que l'illusion ne constitue que l'exception, il a été amené à partir de ses études à affirmer qu'elle constitue plutôt la règle. Son approche de la question est par ailleurs à la fois remarquable et unique. Il explique en effet une quinzaine d'illusions géométriques à partir d'un même mécanisme: le contraste. Selon lui, on est porté malgré soi, en présence de modèles constitués par des éléments de grandeurs différentes, à *établir des relations entre ces éléments* en exagérant leurs différences. L'illusion d'Ebbinghaus/Titchener (voir la figure 1.1 en *a*)) illustre bien ce principe. On pourrait cependant objecter que la relation de taille donne aussi lieu à des sous-estimations des différences quand celles-ci sont relativement minimes, comme dans certaines formes de l'illusion de Delbœuf (voir 1 et 2 dans la figure 1.1, en *b*)). Selon Piaget cependant, même ces cas s'expliquent par des effets de contraste. Mentionnons aussi l'illusion de la verticale qui, pour Piaget, comporte également une forte composante de mise en relation des grandeurs entre les éléments qui la composent quand elle est présentée sous la forme d'un T (voir la figure 1.1 en *j*)). Les recherches de Piaget n'ont pas porté que sur les effets de rapports de grandeurs (qu'il appelait «effets de champ»). Il a aussi mesuré les effets de la durée de présentation d'une figure d'illusion sur le degré d'illusion perçu et observé ainsi que plusieurs illusions qui produisaient un effet plus marqué en vision tachistoscopique (présentation de la figure durant une fraction de seconde) qu'en observation en durée de vision libre. En outre, il a mesuré l'évolution des illusions avec l'âge chez des groupes d'enfants âgés généralement de 7 à 13 ans. Il a observé non seulement que les illusions évoluent en fonction de l'âge, mais aussi que, loin d'être simplement linéaire, l'évolution présentait dans bien des cas une courbe à maximum.

Si le caractère relationnel de la perception concerne les illusions, on le retrouvera aussi bien à propos de la couleur, de la distance ou du mouvement.

1.5.3 La fiabilité des perceptions

Que conclure de tout ceci sur la fiabilité des perceptions ? La perception est-elle trop incertaine pour assurer une connaissance appropriée de la réalité ? Ou, pour reprendre la question dans les termes de la philosophie traditionnelle : Si les sens peuvent ainsi être trompés par des illusions, comment peut-on être certain qu'ils ne nous trompent pas constamment ? À cette question de la philosophie traditionnelle qu'on appelle l'«argument de l'illusion», Cutting et Vishton (1995) répondent par ce qu'ils nomment l'«argument de l'évolution». Selon cet argument : «[...] si les sens étaient trop fréquemment trompés, nous, en tant qu'espèce, aurions sûrement disparu depuis longtemps» (p. 71).

Il faut bien convenir toutefois que l'argument demeure limité puisque, au cours de l'évolution, des illusions comme celle du camouflage (où l'objet apparaît confondu dans le contexte plutôt qu'altéré par celui-ci) ont pu contribuer tout autant à protéger qu'à léser certaines espèces animales. D'ailleurs, les exemples sont nombreux d'espèces vulnérables qui ont survécu grâce au camouflage ou à la simulation (Hinton, 1973).

1.6 SOMMES-NOUS TOUJOURS CONSCIENTS DE NOS PERCEPTIONS ?

Le concept d'inférence inconsciente supposait que les prémisses de l'inférence perceptive sont inconscientes et que seule sa conclusion est parfaitement consciente. Pour les tenants de théories fondées sur les inférences inconscientes, une inférence portant sur des contenus perçus cesse d'être perceptive pour devenir cognitive dès qu'elle se fonde sur des prémisses conscientes. Une autre question a surgi cependant. La conclusion du processus perceptif est-elle toujours consciente ?

1.6.1 La perception subliminale

Ce sont d'abord les problèmes soulevés par l'étude des effets de la motivation et des besoins sur la perception qui ont mis cette question en évidence. On s'appliquait alors à démontrer par exemple que des stimuli intéressants sont plus facilement reconnus que des stimuli neutres et que des stimuli anxiogènes donnent lieu au contraire à des élévations du seuil de reconnaissance, phénomène que l'on appelle la «défense perceptive». Ces observations constituent cependant un paradoxe. Pour percevoir plus difficilement un stimulus menaçant, ne fallait-il pas en avoir perçu au préalable le caractère menaçant ? Dans l'affirmative, il aurait donc fallu d'abord «percevoir pour ne pas percevoir» ? Une façon de résoudre cette contradiction consistait alors à supposer que la première perception est «subliminale», c'est-à-dire en deçà du seuil de conscience. Ce nouveau concept de perception subliminale a donné lieu à des études expérimentales et à des débats durant plusieurs décennies (voir Dixon, 1971). L'un des procédés les plus courants consistait à présenter à des vitesses trop rapides pour être perçues consciemment (au moyen d'un tachistoscope) des stimuli susceptibles d'agir sur le comportement du sujet. Non seulement obtenait-on fréquemment des résultats positifs, mais on observait même parfois qu'un stimulus subliminal pouvait s'avérer plus efficace qu'un stimulus conscient. On a cru dès lors possible d'utiliser la stimulation subliminale à des fins de publicité ou même de thérapie comportementale, mais les résultats furent souvent décevants et l'engouement pour la publicité subliminale et le traitement subliminal a décliné. Toutefois, l'intérêt théorique et expérimental pour le subliminal est encore bien présent (voir Channouf, 2000).

1.6.2 La vision aveugle (*blindsight*)

Des observations en neuropsychologie ont plus récemment posé à nouveau le problème de la perception inconsciente, mais dans une perspective fort différente. L'étude de patients atteints de troubles neuropsychologiques a révélé l'existence de perceptions inconscientes, ce qui repose, quoiqu'en termes différents, la question de la conscience perceptive. Le premier type de cas concerne des personnes souffrant d'atteintes dans l'aire visuelle du cerveau. Théoriquement, une personne affectée par une lésion dans cette région du cerveau devrait être fonctionnellement aveugle dans la partie correspondante de son champ visuel. De fait, quand on lui présente une cible dans la partie aveugle de son champ, elle affirme ne rien percevoir. Si cette cécité touche une zone nettement délimitée, on peut dire que cette zone est l'équivalent d'un trou visuel appelé «scotome». Une personne affectée d'un scotome dans le centre de son champ visuel ne perçoit cependant nullement ce vide comme un trou. Il faut utiliser des procédés systématiques de mesure au moyen d'un périmètre pour déterminer la forme et l'étendue du scotome. Étonnamment, on a pu observer que certaines discriminations visuelles demeurent possibles dans le champ aveugle de ce type de patient, et cela, sans que le sujet en prenne vraiment conscience; il a l'impression de deviner plutôt que de réellement percevoir. C'est ce que l'on appelle la «vision aveugle» (*blindsight*) (voir Weiskrantz, Warrington, Sanders et Marshall, 1974).

1.6.3 La reconnaissance inconsciente des visages

Les patients atteints de prosopagnosie sont incapables de reconnaître des personnes connues et même des parents proches uniquement à leur visage. Lorsqu'ils parviennent à les reconnaître à partir d'autres indices tels que la voix, ils continuent néanmoins à ne trouver rien de familier à leur visage. Ce syndrome est présent chez des personnes présentant un dommage bilatéral dans la région occipitotemporale du cerveau. Des études de Tranel et Damasio (1985) ont permis de démontrer que ces patients pouvaient néanmoins faire une distinction inconsciente entre les photos de personnes familières et celles de personnes non familières. Même si les patients ne reconnaissaient pas les personnes familières, la mesure électrodermale démontrait une réaction différente selon le degré de familiarité.

1.6.4 La détection inconsciente chez l'héminégligent

Des lésions dans le lobe pariétal droit du cerveau produisent parfois un syndrome qualifié d'«héminégligence». Les personnes présentant ce syndrome ont des comportements qui témoignent d'une incapacité à prêter attention aux perceptions normalement contrôlées par la région cérébrale, qui se trouve lésée dans leur cas. Ainsi, ils seront par exemple portés à se buter sur les objets situés à gauche dans leur environnement, à ne raser que la partie ipsilésionnelle (c'est-à-dire la partie droite dans le cas présent) de leur visage et à ne lire que la partie ipsilésionnelle d'une phrase. Malgré les apparences, les informations provenant de la région spatiale négligée ne sont pas entièrement perdues (Peru, Moro, Avesani et Aglioti, 1996). Une analyse approfondie permet de révéler que des patients héminégligents tiennent compte néanmoins des stimuli qui affectent la partie contralésionnelle de leur champ visuel (Marshall et Halligan, 1988).

Les divers exemples que nous venons de présenter font plus que confirmer l'existence de perceptions inconscientes, ils posent le problème de la définition de la nature de la conscience et des mécanismes qui la sous-tendent. Sur le plan fonctionnel, la conscience ne se résume-t-elle qu'à une question d'attention? Sur le plan physiologique, la conscience a-t-elle une localisation cérébrale ou est-elle dispersée dans l'ensemble du cerveau? Les progrès des méthodes d'enregistrement de potentiels évoqués ont stimulé l'intérêt des psychophysiologistes pour l'étude des processus physiologiques sous-jacents à la conscience perceptive. Crick (1994) présente un point de vue original sur cette question. On trouve aussi dans l'ouvrage de Palmer (1999) une analyse très détaillée et approfondie de la question de la conscience visuelle.

CONCLUSION

On se rend compte finalement que la perception n'est pas une simple fenêtre ouverte sur la réalité, et cela, non seulement parce que cette réalité n'est plus physique quand on en prend conscience, mais aussi parce qu'elle cesse alors d'être physiologique, contrairement à ce que suggère la proposition de Müller.

Au XIXe siècle, les modalités sensorielles apparaissaient comme les composantes déterminantes des perceptions et le concept de sensation comme central au processus. On est maintenant plutôt porté à accorder le rôle dominant à l'information, une information contenue dans l'environnement, mais à laquelle on accède par les sens et le cerveau. La variété des modalités sensorielles soulève néanmoins des questions. Accède-t-on par chacun des sens à des réalités différentes ? Dans l'affirmative, comment en arriver à une expérience unique ? Une première réponse à cette question consiste à dire que la perception transcende les modalités sensorielles et s'avère donc amodale. Mais tous les sens n'accèdent pas à toutes les dimensions du réel. Nous ne voyons pas les sons et ne touchons pas les odeurs. Dans ces cas, il faut aussi considérer que chacun des sens a sa spécialité et peut ainsi accéder à une facette particulière du réel.

Une autre question concerne l'information contenue dans la réalité. Est-elle captée directement ou faut-il plutôt l'inférer ? La réponse est loin de faire l'unanimité, comme on le constatera au chapitre suivant. En outre, quelle signification faut-il donner aux phénomènes d'illusions concernant notre rapport au réel ? Faut-il y voir une indication des limites du système perceptif ? Les psychologues de la perception y ont trouvé aussi des instruments d'étude et des révélateurs des processus perceptifs. Les exemples ne manquent pas, en effet, de phénomènes illusoires dont on a tiré des hypothèses, voire des explications, à propos de mécanismes de la perception.

Enfin, on constate que la conscience perceptive, qui ne suscitait plus guère d'intérêt depuis que les béhavioristes lui ont substitué leur approche centrée sur l'observation de comportements, redevient une thématique de plus en plus importante au fur et à mesure qu'on éprouve la nécessité de distinguer les perceptions conscientes de celles qui se situent hors du champ de la conscience. Ceci repose la question du rôle de la conscience dans la perception. Faut-il prendre conscience du perçu pour percevoir ? Ce sont les psychophysiologistes qui se penchent sur la question naguère oubliée du siège de la conscience perceptive et ils croient disposer aujourd'hui des moyens de la résoudre.

LECTURES RECOMMANDÉES

CHANNOUF, A. (2000). *Les images subliminales*. Paris: Presses Universitaires de France.
CRICK, F. (1994). *L'hypothèse stupéfiante : à la recherche scientifique de l'âme*. Paris : Plon.
HELMHOLTZ, H. VON (1989 [1867]). *Optique physiologique*. Sceaux : Éditions Jacques Cabay.
NINIO, J. (1998). *La science des illusions*. Paris : Éditions Odile Jacob.
ROCK, I. (1983). *The logic of perception*. Cambridge, MA : Bradford Books / MIT Press.
STOFFREGEN, T.A., et BARDY, B.G. (2001). On specification and the senses. *Behavioral and Brain Sciences*, *24*, 195-261.

CHAPITRE 2

La problématique et les courants théoriques

André Delorme et Michelangelo Flückiger

INTRODUCTION

Lorsqu'on a voulu faire de la psychologie une science, on a cru possible de réaliser en même temps une unité de vues sur les processus psychologiques, mais cet objectif est loin d'être atteint. Les divergences philosophiques issues d'une longue tradition ne se sont pas estompées pour autant. Il en a émergé de nouvelles théories défendant des thèses opposées, mais qui se sont avérées finalement souvent plus complémentaires que contradictoires. Aussi, en nous limitant à une théorie et en ignorant les autres, nous risquerions de laisser tomber tout un pan des problématiques essentielles et de leurs solutions. Il n'est pas rare d'ailleurs que des concepts et des paradigmes propres à une théorie soient retenus par des théories concurrentes.

Dans le domaine de la perception, on peut observer trois tendances bipolaires qui subsistent encore maintenant. La première concerne les caractéristiques des «données de base» sur lesquelles se fondent les théories. On y constate une opposition entre élémentarisme et globalisme. La seconde porte sur les conceptions (explicites ou non) relatives à la genèse et au développement des perceptions à propos desquelles on distingue entre nativisme et empirisme. Enfin, la troisième tendance dichotomique a trait à la nature du processus perceptif à propos duquel on fait la distinction entre processus direct et processus indirect. Ces oppositions ne représentent évidemment que les pôles extrêmes d'échelles continues.

Alors que ces tendances bipolaires font l'objet de la première partie de ce chapitre, la seconde partie porte sur quatre approches qui nous semblent caractériser les théories dominantes actuelles : l'approche développementale, l'approche psychophysiologique, l'approche cognitive, appelée aussi «computationnelle», et l'approche écologique. Ces approches diffèrent entre elles par leurs origines tant contextuelles que conceptuelles. Il s'ensuit que, selon qu'on aura opté pour l'une ou l'autre, on ne se posera pas forcément les mêmes interrogations, on ne proposera pas les mêmes paradigmes et on ne sera pas porté à choisir les mêmes priorités sur le plan scientifique. Il demeure néanmoins essentiel de comparer ces approches, afin d'en mieux faire ressortir l'originalité des objectifs. C'est ce que nous essaierons de faire dans ce chapitre.

Considérons d'entrée de jeu que, pour le développementaliste, c'est dans la séquence temporelle des conduites, des comportements ou de l'acquisition des compétences que se trouvent les réponses à ces interrogations. C'est plutôt en s'orientant vers les processus cérébraux et leurs localisations que le psychophysiologiste trouvera pour sa part l'explication des perceptions. Quant à l'approche cognitive ou computationnelle, c'est en élaborant des modèles théoriques et en testant parfois leur validité par des moyens informatiques qu'elle construit ses théories. Enfin, c'est par son étude des rapports entre l'individu (humain ou animal) et son environnement que l'approche écologique aborde la question des mécanismes des perceptions ainsi que celle des rapports entre perception et action. On constatera toutefois qu'il existe de nombreux exemples d'approches mixtes. Il est possible, par exemple, d'étudier le développement dans une perspective psychophysiologique ou cognitive, ou encore d'opter pour des modèles cognitifs fondés sur des réseaux neuronaux. De même, les auteurs intéressés par l'approche écologique présentent pour la plupart un fort intérêt pour la question du développement, etc.

2.1 LES TENDANCES

2.1.1 Les données de base : élémentaires ou globales ?

La méthode habituellement choisie pour aborder l'étude scientifique d'un phénomène ou d'un processus consiste à en analyser les principales composantes ou données de base. La question se pose alors de déterminer à quelle échelle se situer pour obtenir l'information pertinente au regard du problème étudié. Par exemple, la chimie d'une substance comestible exige une analyse à l'échelle moléculaire et celle des propriétés d'une substance radioactive, une analyse à l'échelle atomique. En revanche, on choisirait, pour étudier un phénomène climatique ou géopolitique, de partir de composantes d'un tout autre ordre et que l'on peut qualifier de macroscopiques.

Pour la perception humaine ou animale, les possibilités sont multiples et l'on observera en conséquence que les points de départ varient d'une théorie à l'autre. Ainsi, on distingue facilement à cet égard entre une tendance que l'on qualifie d'élémentariste ou d'atomiste, et qui choisit comme point de départ l'étude de composantes élémentaires sinon microscopiques, et une autre plus globaliste qui considère d'abord les structures d'ensemble.

Synthétiser des sensations : une vue élémentariste

La théorie structuraliste formulée par Titchener vers les années 1900 aux États-Unis (voir Watson, 1963) et qui affirme que les sensations sont les éléments fondamentaux des perceptions a été la plus élémentariste des théories de la perception. Titchener, qui considérait l'analyse introspective des sensations comme une méthode essentielle d'étude des perceptions, avait pour ambition de créer une sorte de table de Mendeleïev des sensations, ce qui devait déboucher sur une sorte de «chimie mentale». Cette théorie a donné lieu à son époque à des expériences intéressantes. Par exemple, on essayait de synthétiser des sensations tactiles complexes (*blendtouch*) à partir de sensations tactiles plus élémentaires. C'est ainsi que Bentley (mentionné par Boring, 1942), un élève de Titchener, réussit vers 1900 à synthétiser l'impression perceptive du «mouillé» à partir de simples sensations tactiles de pression et de froid. D'autres expériences du genre furent réalisées sur les perceptions de l'huileux, du collant, du moite, etc. On devait sans doute considérer à l'époque que la réussite de telles synthèses constituait une argumentation en faveur de la théorie structuraliste.

La Gestalt : une perception qui transcende les sensations

Cependant, même si Titchener a formé de nombreux psychologues américains, sa théorie ne lui a pas survécu, et cela pour différentes raisons. Le béhaviorisme naissant se voulait une solution de rechange à l'étude introspective des sensations dont il dénonçait la subjectivité. En outre la théorie de la Gestalt, venue d'Allemagne et qui allait se développer aux États-Unis, affichait une vive réaction contre une conception de la perception fondée sur une analyse des sensations.

C'est, en effet, en opposition à cette thèse élémentariste postulant que les sensations représentent une étape incontournable du processus perceptif que les théoriciens de la Gestalt affirmeront que la perception globale de la forme précède celle de ses éléments. Le reproche que ces théoriciens adressaient aux élémentaristes, c'était d'effectuer des découpages arbitraires dans les perceptions pour s'attacher aux composantes fictives de celles-ci plutôt qu'à leurs composantes essentielles (Köhler, 1964). Sans entrer dans le détail de leur argumentation, qui sera examinée ultérieurement, mentionnons l'exemple remarquable que constitue le principe de transposition. Suivant ce principe, on peut modifier chaque élément d'une Gestalt et en maintenir néanmoins la forme ou l'organisation (voir l'encadré 2.1). Selon les gestaltistes, ce phénomène peut être considéré comme un «invariant» étant donné que la forme est conservée en dépit des variations de ses éléments. Or, loin de résulter d'une construction, comme le supposerait un empiriste, cet invariant est, d'après les gestaltistes, perçu directement.

ENCADRÉ 2.1
L'invariance perceptive

*Le principe de transposition est sans doute celui qui illustre le mieux les préoccupations des gestaltistes. Ce principe affirme tout simplement qu'une forme peut subsister, même quand on en modifie tous les éléments, à condition qu'on en préserve la structure générale. Ce concept, énoncé d'abord par Ehrenfels, un prégestaltiste, fait référence au principe bien connu de la transposition musicale d'une mélodie. Une modification importante mais systématique des notes composant une mélodie, comme l'élévation d'un octave, maintient intégralement la forme mélodique, même si la fréquence des notes se trouve alors doublée, alors que des variations beaucoup plus légères mais non systématiques des notes suffiraient à rendre la mélodie méconnaissable. Ehrenfels en concluait qu'il fallait ajouter à la liste des qualités des sensations la qualité de forme (*Gestaltqualität*). Les gestaltistes en ont fait une loi perceptive de la Gestalt, mais sans accepter le concept de qualités de sensation (Köhler, 1964).*

Le principe de transposition s'applique aussi à la vision : lorsqu'on transpose une forme en modifiant sa taille sans changer ses proportions, des caractéristiques telles que la rondeur, l'angularité et la minceur de ses éléments sont maintenues. Ce principe s'applique aussi aux représentations picturales. Une scène représentée dans une peinture murale demeure la même en version réduite, qu'il s'agisse d'un tableau, d'une photo ou d'un timbre-poste. De la même manière, une scène réelle est tout aussi facilement transposée sur un minuscule écran de télé (Arnheim, 1954). Finalement, en vertu de ce principe, on passe outre aux données sensorielles élémentaires pour ne s'attacher qu'aux caractéristiques formelles.

En affirmant l'importance de ce principe de transposition, Köhler critique une autre position soutenant que l'organisation perceptive impliquée par la vision est une activité intellectuelle. Köhler (1964) évoque à ce propos des expériences de Lashley démontrant que les animaux (qu'on ne peut accuser d'usage abusif de l'inférence !) transposent eux aussi. Pour la théorie de la forme, le principe de transposition est un principe d'« invariance » qui transcende les données sensorielles élémentaires.

La théorie écologique a abordé elle aussi diverses questions mettant en cause l'invariance perceptive classique. L'une d'elles concerne la façon de détecter l'unité et la stabilité d'une scène visuelle à travers les mouvements constants de la stimulation rétinienne liés aux mouvements de l'œil. Comment s'effectue l'unification des vues successives d'une même scène ? Il s'agit d'un problème relativement complexe pour qui conçoit la perception de la scène changeante comme une succession d'instantanés. L'autre solution proposée par Gibson consiste à concevoir que le système visuel ait plutôt la propriété d'enregistrer le flux continu des événements. Gibson souscrit en cela à la thèse de Johansson (1978) pour qui la rétine de l'œil est un détecteur de mouvement plutôt qu'un détecteur d'image.

Dans la perspective gibsonienne, ces mouvements associés à celui du sujet ne créent pas de confusion dans le donné perceptif, ils favorisent au contraire la détection des invariants de l'image changeante et en révèlent ainsi la structure. Il faut noter cependant que cette conception des transformations d'image n'est pas acceptée unanimement et que l'on trouve aussi des analyses computationnelles de transformations d'images appliquées à des situations de mouvement apparent (voir Palmer, 1999).

Une perception globale de l'environnement

Une théorie plus récente, la théorie dite « écologique » de J.J. Gibson (1950, 1966, 1986 [1979]) est, peut-on dire, encore plus globalisante que la théorie de la Gestalt. Pour Gibson, ce n'est pas simplement la forme, mais c'est le *réseau optique* définissant la stimulation fournie par l'espace ambiant qui est considéré comme une donnée visuelle globale. En outre, au lieu de se limiter à étudier les structures statiques, Gibson analyse également les structures dynamiques, notamment celles dont le mouvement est occasionné par les déplacements du sujet. Or ces mouvements ne sont pas considérés comme des causes d'interférence dans la prise d'information, mais comme des sources d'information sur l'invariance. Gibson a développé considérablement la notion d'invariance et l'on peut considérer à cet égard que sa position se trouve en continuité avec celle du gestaltisme, même si, comme on le verra plus loin, elle en diffère sur de nombreux autres points.

Considérons pour l'instant un cas simple : celui des mouvements visuels occasionnés par les mouvements corporels et la locomotion. Comment en arrive-t-on à percevoir le monde stationnaire dans ces conditions (une question sur laquelle on reviendra dans le chapitre 14), mais surtout, comment parvient-on à une perception unifiée et cohérente de la scène visuelle ? Or, c'est en interprétant le phénomène en termes de *détection d'invariant* qu'on peut échapper là aussi à une solution constructiviste et donc élémentariste de la question (voir l'encadré 2.1).

En définitive, les approches globalistes postulent implicitement que, au lieu de fonder son analyse sur une lecture littérale de la stimulation, le système perceptif dispose de raccourcis qui lui permettent d'accéder directement à des données relativement complexes. Faisant valoir que le point de départ de l'expérience perceptive se situe à un niveau de plus grande complexité, les globalistes reprocheront aux élémentaristes leur simplification excessive de la nature des données de base du processus perceptif. Du même coup ils seront portés à juger excessive la complexité des mécanismes perceptifs que les élémentaristes se voient obligés de postuler pour expliquer comment des perceptions phénoménales riches et complexes peuvent résulter de données pauvres telles que les sensations. Mais le débat ne s'arrête pas là, parce que les empiristes modernes, notamment ceux qui ont adopté une approche computationnelle, reprocheront aux «globalisants» de ne pas tenir compte de ce que l'empirisme considère comme des étapes essentielles du processus perceptif. Ainsi, pour Palmer (1999), l'organisation perceptive, qui, selon les gestaltistes, précède la perception de l'identité de la forme, se trouve à être, dans bien des cas, déclenchée par la détection de celle-ci. De même, Marr (1982) souscrira aux variables d'ordre supérieur qui sont accessibles directement selon Gibson, mais en les considérant comme le résultat d'un traitement de l'information.

Des vues analytiques plus récentes

Le principe de découpages élémentaires caractérise aussi bien des théories récentes. Pour Julesz (1962) (voir aussi le chapitre 10), qui a étudié notamment la perception de textures visuelles générées par ordinateur créant une impression de surface, cette perception visuelle de la texture est précédée d'une vision préattentive de ses éléments (qu'il appelle des «textons»). Aussi, pour Barlow (1972), un neurophysiologiste qui a énoncé une théorie psychophysiologique des processus visuels cérébraux, c'est le neurone qui contient l'information fondamentale pertinente à l'explication de ces processus et qui en constitue l'unité de base. Enfin, c'est dans le domaine de l'identification des objets qu'on s'attend à trouver une approche élémentariste, dans la mesure où l'identité de la forme relève en grande partie de la perception de ses composantes. C'est d'ailleurs une telle approche qu'on trouve à cet égard chez Biederman (1987), qui appelle ces composantes «géons» (*geometrical ions*) (voir le chapitre 11). L'importance de la perception globale n'est pas pour autant en déclin. Des études expérimentales concernant des formes pouvant être perçues soit à partir de leurs éléments ou d'abord globalement (Navon, 1977) indiquent plus souvent une «précédence du global» sur le local (l'élémentaire) que l'inverse (voir aussi le chapitre 11).

2.1.2 La genèse et le développement : des perceptions innées ou acquises ?

La problématique traditionnelle

La problématique traditionnelle concernant la nature des perceptions nous renvoie constamment à la distinction entre l'inné et l'acquis. Doit-on apprendre à percevoir dès la naissance, comme l'affirmerait un empiriste radical, ou possède-t-on à la naissance des capacités perceptives essentiellement comparables à celles de l'adulte, comme le laissaient entendre certains nativistes ? Le débat a d'abord été philosophique alors qu'on opposait à l'empirisme des associationnistes anglais les idées innées de Descartes et les catégories de Kant, mais les argumentations ont changé avec l'émergence de la psychologie expérimentale et les progrès constants de la physiologie. Pour Helmholtz, qui, bien que physiologiste, a décrit des processus perceptifs en termes d'inférences inconscientes, et Berkeley, qui considérait que l'espace visuel est tributaire d'associations au «tangible», la position empiriste se justifiait par l'insuffisance des données sensorielles visuelles à rendre compte de la richesse de l'expérience perceptive. L'autre position, notamment celle de Hering, affirmait qu'il existe dans la physiologie sensorielle des propriétés (notamment les «signes locaux» rétiniens) susceptibles d'expliquer des perceptions spatiales sans qu'on ait à recourir à l'apprentissage ou à l'association.

En termes modernes, ceci reviendrait à dire que le nouveau-né serait en quelque sorte préprogrammé. Un autre argument des nativistes consistait à faire remarquer les compétences perceptives exceptionnelles que manifestent dès leur naissance certains animaux. Pourquoi l'humain devrait-il apprendre dans le détail ce que l'animal sait d'emblée dès la naissance? Certains nativistes concéderont toutefois qu'un tel apprentissage a pu se réaliser chez l'animal, mais en soutenant que c'est au fil de l'évolution qu'a dû se produire cette émergence. Malheureusement, le débat s'est déroulé pendant longtemps sans qu'on ait pu trouver des preuves chez le nourrisson. La conviction était très répandue que les capacités perceptives de ce dernier n'étaient pas vraiment comparables à celles de l'adulte. À cet égard, l'opinion courante que le nouveau-né serait presque aveugle devait bien servir la thèse empiriste. Pour expliquer, par ailleurs, l'émergence plus tardive de certaines fonctions, les nativistes invoquaient la maturation biologique qui s'avère plus lente chez l'humain que chez l'animal. Certains empiristes s'appuieront quant à eux sur les données optiques pour formuler leurs opinions sur le développement des perceptions. Buffon (1971 [1749]) croyait, par exemple, que même lorsque le système oculaire du nourrisson apparaît fonctionnel, le bébé continue de voir le monde inversé, à cause du caractère inversé de ses images rétiniennes, et aussi de le voir double. Beaucoup plus récemment, soit en 1902, Bourdon (mentionné par Hochberg, 1962) considérera que, à cause de son incapacité de percevoir la profondeur, le nouveau-né devrait voir les objets se contracter lorsqu'ils s'éloignent et s'amplifier lorsqu'ils se rapprochent.

L'argumentation moderne

Évidemment tout ceci pouvait être affirmé sans qu'on y oppose de véritables objections, à une époque ou l'on n'était pas en mesure de faire des vérifications chez le nourrisson. Le développement, au cours des dernières décennies, de méthodes ingénieuses et efficaces pour l'étude des réactions perceptives et des conduites du nourrisson et du nouveau-né a permis de mettre en évidence l'existence de compétences perceptives enfantines naguère insoupçonnées, ce qui a entraîné une remise en question de nombreuses idées reçues concernant l'ontogenèse des perceptions. Par ailleurs, les progrès considérables réalisés concernant la physiologie cérébrale des systèmes sensoriels ont contribué à remettre en cause la problématique traditionnelle relative à la dichotomie inné/acquis. Tout d'abord on a pu démontrer l'existence, dans le cerveau visuel, de différents types de champs récepteurs jouant apparemment le rôle d'unités spécialisées dans la détection de l'orientation, du mouvement ou de la disparité. Dans la mesure où certaines étaient présentes dès la naissance, on pouvait en conclure à une préprogrammation du système. On a démontré cependant que la privation sensorielle réalisée à une certaine période dite critique du développement avait un effet dévastateur sur ces composantes. On en a conclu que l'efficacité du système requérait un échange avec l'environnement. On pourrait y voir un argument en faveur d'un retour à l'empirisme. Il ne faut cependant pas confondre ces échanges biologiques essentiels à l'intégrité des systèmes sensoriels avec les mécanismes d'apprentissage perceptifs.

Dès lors, la question de distinguer ce qui doit être appris de ce qui ne l'exige pas demeure ouverte. Cependant, il importe de bien définir ce que l'on entend par apprentissage. Pour le gestaltiste qui s'affiche nativiste, l'apprentissage perceptif existe, mais il consiste à décomposer les structures plutôt qu'à les composer. Pour la théorie écologique de Gibson, l'apprentissage joue un rôle important dans le développement, au point qu'on aurait pu y voir une conception empiriste du développement. Cependant il faut souligner que l'apprentissage perceptif, tel qu'on le conçoit dans une perspective écologique, est fort différent de celui de l'approche empiriste. Qu'il suffise de rappeler, à cet égard, que pour l'empiriste classique les sens sont fondamentalement des capteurs d'énergie. Les données de base auxquelles a accès le sujet percevant se réduisent à des sensations qui, en soi, ne sont guère porteuses d'information. Le rôle de l'apprentissage perceptif dans ce contexte est de parvenir à réaliser toute la richesse de l'expérience perceptive à partir de ces données pauvres. Cet apprentissage sera réalisé par une construction fondée sur l'image, l'association, l'idée, la connaissance empirique, etc. C'est ce que Gibson et Gibson (1955) qualifient d'apprentissage par enrichissement. Cependant, pour le mouvement écologique, les sens sont des capteurs d'information plutôt que d'énergie. L'environnement contient toute la richesse d'information à laquelle les sens peuvent accéder et l'apprentissage perceptif consiste à capter cette information. Il s'agit donc pour les auteurs précités d'un apprentissage discriminatif ayant pour but l'extraction des invariants susceptibles d'améliorer l'accès perceptif à l'environnement.

2.1.3 La perception est-elle directe ou indirecte ?

Les origines de l'hypothèse de la perception directe

Le terme «perception directe» est aujourd'hui généralement associé aux conceptions de l'approche écologique par opposition à celles des approches computationnelles et cognitivistes. Si le terme est relativement récent, le concept qu'il recouvre est beaucoup plus ancien. Les introspectionnistes prétendaient accéder directement aux sensations élémentaires telles que celles de la couleur, de la chaleur, de la hauteur tonale, alors que les perceptions plus complexes telles que celles du mouvement, de la forme, de l'espace, etc., qui en résultaient n'étaient pas pour eux des perceptions directes. Cependant, déjà pour Hering qui s'oppose à l'approche empiriste de Helmholtz, la perception de la distance est aussi directe que celle de la couleur parce que la structure rétinienne comporte aussi des signes locaux spécifiant la distance (voir Hochberg, 1962). De même, Mach introduit le terme «sensation de mouvement» (Johansson, 1978) pour bien marquer que le mouvement visuel est perçu directement et ne résulte pas d'une composition d'espace et de temps. Dans un cas comme dans l'autre, on postulait l'existence de structures physiologiques relativement périphériques spécialisées dans ces perceptions. Pour les gestaltistes, c'est la Gestalt qui est perçue directement. Dans leur optique, c'est la démarche introspectionniste qui apparaît indirecte. Il faut cependant noter que, pour les gestaltistes, la forme perçue directement n'est pas la forme objective du stimulus, ni non plus sa projection telle qu'elle est enregistrée par le système récepteur, mais elle correspond plutôt à la forme physiologique déterminée par l'organisation corticale; c'est ce qu'ils appellent l'«isomorphisme psychophysiologique» (ou psychophysique). À cet égard, il s'avère donc que cette perception n'est pas aussi directe qu'ils ne l'affirment.

Pourquoi défendre l'idée d'une perception indirecte ?

Au départ, la raison principale a trait au fait que les données d'entrée (que certains appelleront l'«*input*») sont insuffisantes pour rendre compte du produit final: le percept. Il doit donc s'établir un lien entre le donné sensoriel et d'autres données pour que s'établisse le percept. Dans l'approche traditionnelle, ces autres données consistent en des inférences ou des perceptions d'une autre nature et que l'on doit prendre en compte, comme lorsqu'on corrige l'impression de rapetissement de la taille d'un objet due à l'éloignement en se fondant sur la distance apparente de cet objet. À un niveau plus complexe, les approches modernes de traitement de l'information, que l'on qualifie aussi d'«approches computationnelles», postuleront l'existence de nombreuses étapes entre les données d'entrée (l'*input*) et le percept (l'*output*). Il faut associer à tout cela le concept de représentation qui accompagne le processus. Suivant les tenants d'une approche inférentielle, un animal ou une personne doit, pour percevoir le monde, s'en construire une représentation interne (Bruce et Green, 1993).

L'approche directe suppose donc que la perception ne requiert ni inférence ni représentation. De ce point de vue, la théorie écologique partage les objections gestaltistes à l'égard des conceptions empiristes. Cependant Gibson n'adhère pas non plus au détour physiologique de la théorie de l'isomorphisme. Pour lui, l'organisation ne se réalise pas dans le cerveau, elle est contenue dans le réseau optique ambiant et l'objectif est de la capter directement. Dans la logique de cette optique, le processus ne consiste pas à traiter l'information, mais à la «cueillir» (*pick up*). Il s'agit donc d'un processus en une seule étape et, pour en marquer le caractère direct, Gibson (1966) utilise le concept métaphorique de la *résonance*: un concept qui ne manquera pas de soulever des objections chez les tenants de l'approche indirecte.

2.2 LES PRINCIPALES APPROCHES THÉORIQUES

Une autre façon de classer les courants explicatifs des perceptions consiste à caractériser les principales démarches qui se dégagent dans les recherches sur la perception. Nous présenterons donc successivement quatre mouvements ou approches théoriques de l'étude des perceptions : les approches développementale, psychophysiologique, cognitive et écologique. Deux remarques s'imposent quant au choix de ces quatre catégories. En premier lieu, certains chercheurs utilisent dans leur réflexion des concepts empruntés à divers courants, et leur appartenance principale à un groupe ne doit pas être considérée de façon trop exclusive ou rigide. En second lieu, une chronologie sur le plan historique est difficile à établir puisqu'il existe de nombreuses superpositions et résurgences de concepts dans l'évolution des interprétations des perceptions.

2.2.1 L'approche développementale

Dans tous les champs d'étude de la psychologie contemporaine, c'est pour les perceptions que l'ancrage biologique et cognitif des explications reste le plus marqué, aux dépens des facteurs culturels et sociaux. Depuis un peu plus d'une vingtaine d'années, en effet, la recherche sur le développement des perceptions a subi une transformation radicale qui se caractérise d'abord par deux nouveaux moyens d'investigation. En premier lieu, la mise au point de méthodes d'enregistrement de conduites très précoces a fourni sur le plan comportemental un panorama beaucoup plus complet des capacités cognitives présentes dès la naissance. En second lieu, les techniques d'imagerie cérébrale fonctionnelle et de potentiels évoqués commencent à montrer *in vivo*, et au cours de la première année déjà, diverses modifications sur le plan de la maturation neuronale. Pour les chercheurs intéressés surtout aux déterminants physiologiques du développement, l'objectif des études sur la genèse des perceptions ne consistait évidemment pas à se questionner sur le rôle de la mémoire dans l'inférence perceptive, mais plutôt à définir les apports respectifs de l'organisme (*nature*) et de l'environnement ou de l'expérience (*nurture*) dans le fonctionnement perceptif du nouveau-né et du nourrisson.

Les perceptions précoces et leur développement

Un enjeu théorique d'une telle importance a fourni aussi au cours des dernières décennies une formidable stimulation scientifique et les divers laboratoires consacrés à l'étude expérimentale du développement des perceptions ont rivalisé de créativité pour imaginer des techniques d'enregistrement de conduites observables bien avant l'apparition du langage. On a ainsi démontré, de façon irréfutable, non seulement l'existence de compétences perceptives surprenantes immédiatement après la naissance pour la vision, mais aussi la présence d'une réactivité sensorielle importante dans les autres modalités chez le fœtus.

Vu l'évidence d'une émergence étonnamment précoce de compétences perceptives une position empiriste stricte serait désormais difficilement défendable. On constate toutefois que certains mécanismes sensoriels génétiquement prédéterminés sont susceptibles d'être modifiés par l'expérience. L'influence d'une expérience précoce sur le cours du développement perceptif peut varier considérablement selon les perceptions concernées, comme l'illustre la figure 2.1.

Dans cette figure où le niveau de développement perceptif est représenté en ordonnée et l'âge en abscisse, la ligne verticale en pointillé représente le début d'accès à l'expérience. Les courbes en pointillé illustrent différents développements réalisables sans expérience. Les contours continus représentent pour leur part différentes formes d'apports de l'expérience. Si l'on s'intéresse, par exemple, à la vision binoculaire, le début d'accès à l'expérience pourrait consister dans l'*input* journalier normal présent dès l'ouverture des yeux du bébé le jour de sa naissance. D'autres formes intermédiaires de combinaisons sont naturellement imaginables entre les cinq « types de base » décrits dans la figure. Ainsi la facilitation et la syntonisation pourraient s'associer comme cette dernière le ferait avec l'induction. Il est donc admis maintenant que ces positions ne sont pas

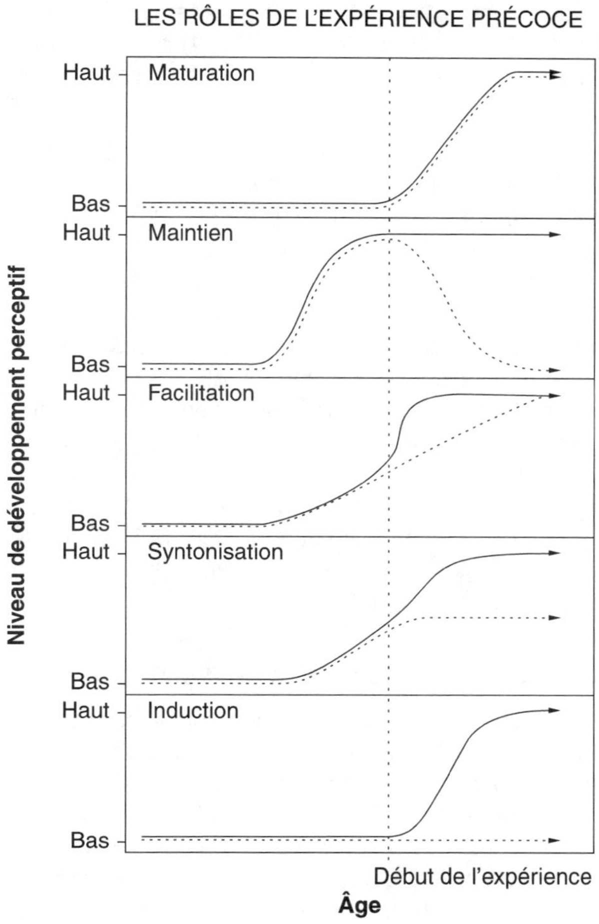

FIGURE 2.1 *Cinq formes schématiques d'influence de l'expérience sur un phénotype donné.* La ligne pointillée verticale indique sur l'abscisse de l'âge le moment théorique du début d'intervention d'une expérience particulière. Dans chacun des cinq exemples, des valeurs qui augmentent sur l'ordonnée représentent un niveau de développement perceptif croissant. Les courbes en trait continu figurent les cas de présence d'une expérience spécifique alors que pour les courbes en pointillé l'expérience est absente. De haut en bas, on trouve successivement les cas de maturation, de maintien, de facilitation, de syntonisation et d'induction. *Source:* Aslin et autres (1981, p. 50). © 1981. Reproduit avec la permission d'Elsevier Science.

exclusives, mais souvent complémentaires pour expliquer les faits obtenus dans de nombreux contextes d'observation (Schiffman, 1996).

Cependant, la dichotomie entre constructivisme et innéisme continue d'exister chez les empiristes modernes (Gordon, 1997). Les affrontements restent vifs entre les tenants des perceptions directes et les cognitivistes (Gardner, 1993). Le concept de constructivisme, qui ne s'applique guère au nouveau-né, est toutefois invoqué implicitement pour rendre compte du fait que certaines perceptions sont acquises plus tardivement. On a observé par exemple que les bébés de cinq mois sont insensibles aux indices picturaux de profondeur tels que la perspective ou la taille connue des objets, alors que leurs comportements démontrent une prise en compte de ces indices à sept mois. L'explication initiale de Yonas et Granrud (1984) concernant ces délais dans le développement invoquait la maturation, mais on propose maintenant un mécanisme d'apprentissage associé aux capacités de locomotion autonome de l'enfant qui commence à ramper vers six mois (Kellman, 1995, p. 341 et 356).

La perception de la taille chez le nourrisson

Le problème de la perception de la «constance de la taille» chez le nourrisson illustre de façon remarquable les défis que posent l'étude de la genèse et du développement des mécanismes perceptifs ainsi que l'apport de nouvelles méthodologies dans l'étude de cette question.

La problématique de la constance de la taille

Le grand physiologiste Helmholtz se souvient qu'étant enfant il avait demandé à sa mère pourquoi les soldats d'une garnison se trouvant au loin sur les remparts avaient l'air de petites poupées. Cette réaction était basée sur la taille dite «projective» (ou rétinienne), qui diminue avec l'éloignement, et l'on constate que, même si l'on «connaît» la taille normale d'un soldat, le rapetissement apparent dû à la distance peut surprendre. Le problème d'accéder à la taille réelle est encore plus ardu avec des objets inconnus, mais l'on constate que, malgré la diminution de l'angle visuel sous-tendu avec la distance, un adulte peut, en règle générale, reconstituer de façon satisfaisante la dimension effective d'un objet.

Cependant deux questions essentielles subsistent concernant, d'une part, la nature du processus de perception de la constance de la taille et, d'autre part, le moment de son émergence dans le développement.

Sur le plan théorique, Piaget formulait le problème à peu près dans les termes suivants. Étant donné que, comme l'affirmait Berkeley, la perception de la distance n'est pas uniquement accessible par la vision mais exige l'apport du toucher, l'acquisition de la constance de la taille, qui implique une compensation pour la distance, ne devrait pas être acquise avant l'achèvement des coordinations entre vision et préhension (Piaget, 1937). C'est en découvrant que l'objet qu'il tient dans sa main et qu'il éloigne et approche tour à tour ne varie pas tactilement que le nourrisson détecterait la constance de la taille en dépit de l'éloignement. Selon ce point de vue, le processus de perception de la constance de la taille ne pourrait débuter qu'après la coordination entre vision et préhension, soit entre trois et six mois, et cela, grâce à une mise en correspondance entre les claviers perceptif, visuel et tactilo-kinesthésique (Piaget et Inhelder, 1966). Des recherches utilisant des conduites tactilo-kinesthésiques du nourrisson ont donné des résultats compatibles avec cette hypothèse, mais elles se sont évidemment avérées inapplicables à des sujets plus jeunes.

Des réactions plus précoces

Cependant, si l'on n'admet pas que le bébé doit avoir manipulé un objet pour construire l'invariance de ses propriétés, il devient légitime de rechercher des manifestations de la constance de la taille dès l'âge de deux mois. La démarche implique la possibilité d'obtenir une forme de réponse assez consistante chez un bébé si jeune. C'est l'emploi par Bower du conditionnement opérant (ou instrumental) qui a ouvert l'investigation avec une première expérience qui a eu un énorme retentissement scientifique. Bower y conditionne des enfants de six à huit semaines à tourner la tête à l'apparition d'un cube de taille donnée et utilise comme renforcement l'apparition de l'expérimentatrice préalablement cachée et qui fait «coucou» à l'enfant. Les conditions expérimentales utilisées lui permettent de conclure que le nourrisson présente un début de perception de la constance de la taille avant même de pouvoir manipuler des objets. L'originalité de ces expériences déclenche une telle tempête de commentaires, tant sur l'adéquation des méthodes que sur les interprétations fournies, qu'il est impossible de les résumer ici. On trouvera de larges discussions de ces résultats aussi bien chez des auteurs d'inspiration piagétienne (Bresson et Schonen, 1977 ; Hatwell, 1986 ; Vurpillot, 1974) que chez des auteurs d'inspiration gibsonienne (Hofsten, 1982 ; Lockman, 1990 ; Spelke, 1976).

Une étude plus récente de Slater, Mattock et Brown (1990) utilisant la méthode d'habituation, une autre méthode largement utilisée pour le nourrisson (il en sera question plus en détail au chapitre suivant) démontre l'existence d'une perception de la constance de la taille même chez le nouveau-né. Ces résultats expérimentaux, qui témoignent des progrès majeurs réalisés dans les méthodologies appliquées aux nourrissons, posent évidemment de nouveaux défis aux théoriciens. Il en sera question plus loin. Actuellement les recherches sur le nourrisson abordent de nouveaux domaines parfois controversés tels que le sens de la numérosité et tentent de préciser les limites écologiques en continuelle expansion du monde enfantin (Rochat, 2001).

Les apports de la psychophysiologie

La période actuelle se caractérise aussi par l'élaboration d'une liste constamment complétée et remise à jour de centres hémisphériques spécialisés dans certaines formes de traitement d'une information visuelle extrêmement circonscrite (voir le chapitre 4). Depuis les célèbres cartes anatomiques du cortex cérébral élaborées par Brodmann au début du siècle (Habib, 1995), on dispose maintenant d'un ensemble, encore provisoire, dépassant largement 70 centres reconnus chez les primates, auxquels s'ajoutent plus de 1000 connections (Tovée, 1996). L'étude du développement des perceptions n'a pas échappé à cette tendance, et l'exposé des données obtenues sur cette question nécessiterait un livre entier. On mentionnera donc, pour ne citer qu'un exemple, l'hypothèse d'une différence entre les entités neuronales de reconnaissance des visages individuels et celles décodant les faciès d'une espèce (Schonen et Deruelle, 1993).

2.2.2 L'approche psychophysiologique

L'apport de la physiologie

On peut difficilement aborder l'étude psychologique d'un phénomène perceptif sans se questionner aussi sur son substrat physiologique. Il n'est pas rare en effet que les données disponibles sur le substrat physiologique d'un phénomène perceptif doivent être prises en compte dans l'explication d'un phénomène psychologique. Prenons à titre d'exemple le cas de la stéréoscopie. Helmholtz expliquait ce phénomène en invoquant son mécanisme perceptif d'inférence inconsciente (voir le chapitre 1). Il s'agissait dans ce cas particulier d'une mise en relation (inconsciente) fondée sur l'expérience entre les images disparates vues par chaque œil. À la même époque, Hering proposait une explication postulant plutôt l'existence de *signes locaux opposés* dans des régions correspondantes de chaque œil (Hochberg, 1962). Ces auteurs du XIXe siècle ne disposaient pas alors de données sur les mécanismes cérébraux de la stéréoscopie. On sait cependant maintenant, grâce aux expériences de Julesz (1965) (voir la figure 12.19), qu'il est possible de percevoir du relief en utilisant des stimuli qui ne comportent pas de formes perceptibles monoculairement. On a démontré en outre qu'il existe au niveau cérébral, tant chez le chat (Barlow, Blakemore et Pettigrew, 1967) que chez le macaque (Hubel et Wiesel, 1970), des neurones qui réagissent spécifiquement à la disparité binoculaire.

Ces découvertes fournissent de nouvelles données dont il faut tenir compte dans l'étude de cette problématique, bien qu'elles ne règlent pas le problème de la perception du relief stéréoscopique. On sait que la disparité ne représente qu'une des nombreuses sources d'information concernant la perception de la profondeur et qu'elle ne domine pas forcément les autres. Par exemple, il devrait suffire d'inverser les images d'un stéréogramme pour inverser la disparité, et partant le relief, c'est-à-dire pour faire voir les bosses en creux et les creux en bosses. Or l'inversion ne produit pas forcément ces résultats. On ne peut pas par exemple, avec un tel procédé, amener un observateur à voir un visage en creux, comme s'il s'agissait de l'intérieur d'un masque (voir Gregory, 2000).

La perception du mouvement visuel n'est pas sans analogie avec la perception du relief. Elle fut d'abord considérée comme une perception de changement de localisation dans le temps, ce qui devait implicitement exiger une mise en relation entre une perception d'espace et une perception de temps. Mach, qui n'était pas d'accord avec cette interprétation, préférait parler de sensation, entendant par là que le mouvement serait perçu aussi directement que l'est la couleur. La mise en évidence plus récente de l'existence de voies cérébrales spécialisées pour le mouvement (voir Zeki, 1993) et de troubles neuropsychologiques affectant la perception du mouvement sans affecter celle de l'espace, semble confirmer l'assertion de Mach. Là aussi la physiologie apporte des données utiles à la discussion des processus de la vision cinétique, même si on est encore loin de pouvoir expliquer les phénomènes de mouvements complexes appelés «événements» cinétiques (voir le chapitre 14).

La théorie de Hebb

L'explication physiologique n'est toutefois pas forcément une solution de rechange à la thèse empiriste. En fait, la première théorie psychophysiologique formelle formulée par D.O. Hebb en 1949 (traduction: Hebb, 1958) s'affirmait résolument empiriste. Au lieu de postuler une préprogrammation des structures physiologiques présentes dans le cerveau, Hebb essayait d'en expliquer la genèse. Partant des processus cérébraux connus à son époque concernant le développement synaptique, il proposait notamment le mécanisme d'acquisition de l'identité de la forme.

Les nouvelles idées sur le cerveau et les sens

Les apports nouveaux de la physiologie survenus au cours du XXe siècle à travers les découvertes de nombreux chercheurs ont modifié considérablement les idées traditionnelles concernant le fonctionnement des systèmes sensoriels et du cerveau.

Les sens ne sont pas que des récepteurs passifs

Les sens étaient considérés traditionnellement comme des récepteurs et les voies sensorielles comme étant porteuses d'afférence vers les centres cérébraux, ce qui amenait à concevoir les systèmes sensoriels comme essentiellement passifs, le volet actif que constitue l'efférence étant plutôt réservé à la motricité. Or on se rend compte de plus en plus maintenant que des systèmes sensoriels tels que la vision, l'audition et la somesthésie comportent aussi un volet efférent qui joue un rôle important dans l'entrée d'informations sensorielles, soit en bloquant la réceptivité à certains stimuli soit en facilitant l'entrée d'autres stimuli.

Des cellules multimodales

Une autre opinion communément répandue et qui découlait naturellement de la loi de Müller voulait que les neurones issus d'une voie sensorielle donnée ne reçoivent des influx que d'une modalité sensorielle, des liens intersensoriels ne devant naturellement s'établir que dans des centres d'association. Or, on a pu enregistrer dans certains neurones individuels des réponses à des influx pouvant venir de deux ou même de trois modalités sensorielles (voir Stein et Meredith, 1993). Concrètement, un même neurone pouvait réagir à une stimulation auditive venant d'une direction donnée, mais aussi à une stimulation visuelle ou somesthésique ayant la même origine. De telles observations ne peuvent qu'amener à se questionner de nouveau sur le mécanisme d'établissement de liens intermodaux, alors qu'on était porté traditionnellement à expliquer ceux-ci par des effets d'apprentissage associatif.

La modularité de la vision

La vision peut-elle être considérée comme un véhicule unique d'information? Traditionnellement, il apparaissait aller de soi qu'une forme tridimensionnelle telle qu'un objet rouge en mouvement soit transmise au cerveau par un seul canal: la voie visuelle. Cependant les recherches sur la physiologie du système visuel révèlent une différenciation de fonctions qui apparaît déjà dans les couches rétiniennes. En outre, les études électrophysiologiques réalisées par Hubel et Wiesel ont permis de conclure que les dimensions couleur, contour, mouvement et profondeur sont traitées séparément par des neurones spécialisés dans le cerveau visuel du primate. On en a donc conclu que ces paramètres sont traités en parallèle par le cerveau et il en est ressorti une *conception modulaire* du cerveau visuel (Livingston et Hubel, 1988). S'appuyant sur ces données, certains auteurs ont inclu cette première phase de traitement dans leur modèle de traitement de l'information en formulant l'hypothèse que ces données d'entrée sont captées à un niveau préattentif. C'est le cas notamment pour les textons utilisés par Julesz afin de produire ses textures visuelles et dont il fut question plus haut. Cependant, ce traitement en parallèle de propriétés du stimulus a posé un problème qui préoccupe encore théoriciens et chercheurs, celui de l'unification de ces informations au niveau cérébral, soit ce qu'on appelle le «*binding problem*». Il en sera question au chapitre 10.

La modularité visuelle et les troubles neuropsychologiques

La modularité visuelle ne se traduit pas seulement par des spécificités neuronales puisque l'on a démontré l'existence, dans le cerveau visuel, d'un nombre important de sous-composantes présentant des spécialisations fonctionnelles. Ainsi, Van Essen, Anderson et Felleman (1992) ont trouvé que le cortex visuel comprend une multiplicité d'aires spécialisées dans des fonctions visuelles spécifiques, ce qui est de plus en plus confirmé par des techniques d'imagerie cérébrale et des données neuropsychologiques. On se retrouvait donc avec une description du cerveau visuel fort différente de ce qu'on aurait pu imaginer quelques décennies auparavant.

En outre, on a mis en évidence l'existence de troubles neuropsychologiques qui appuient l'hypothèse de la modularité du système visuel. Ainsi trouve-t-on des cas de patients manifestant l'un ou l'autre des quatre troubles perceptifs suivants: l'achromatopsie (cécité chromatique) d'origine cérébrale (Zeki, 1993); l'akinétopsie (déficience de la perception du mouvement; Zihl, Cramon et Mai, 1983); l'agnosie de la forme; le trouble de perception de la profondeur (Zeki, 1993). On a pu aussi démontrer que ces troubles neuropsychologiques sont, comme bien d'autres d'ailleurs, causés par des perturbations cérébrales locales.

La plasticité cérébrale

Le postulat de Hebb concernant les mécanismes de développement des processus cérébraux présumait déjà d'une plasticité du système nerveux central chez l'humain. Cependant, cette plasticité ne devait concerner que le tout jeune enfant et l'on tenait pour acquis que le cerveau adulte ne laissait plus de place à des modifications. Cependant, les études portant sur le fonctionnement cérébral des personnes affectées d'un handicap sensoriel et sur leur utilisation de mécanismes de compensation confortent de plus en plus une hypothèse voulant qu'il y ait plasticité cérébrale bien au-delà de la petite enfance.

Le type de cas le plus frappant est sans doute celui de la perception du membre fantôme décrit par Ramachandran et dont il fut question dans le chapitre précédent. L'auteur attribue ces modifications sensorielles à des changements cérébraux, témoignant de la grande plasticité de la zone somatosensorielle cérébrale.

La plasticité cérébrale peut prendre plusieurs formes. Elle peut se manifester par l'invasion cérébrale de zones inoccupées. Chez l'aveugle, l'aire visuelle inutilisée peut être occupée par des fonctions du système auditif ou du système tactile. Par exemple, l'aire visuelle d'un aveugle-né peut recevoir des données d'entrée venant des lobules pariétaux inférieurs ayant pour fonction la localisation auditive. L'individu handicapé compense ainsi son déficit visuel et peut s'avérer meilleur qu'une personne voyante dans une tâche de localisation auditive (voir Lessard, Paré, Lepore et Lassonde, 1998). On a aussi trouvé des preuves d'utilisation somesthésique de l'aire visuelle chez des aveugles occupés à la lecture du braille (Cohen et autres, 1997). On rapporte également que l'aire auditive des sourds est envahie par des fonctions visuelles (Neville et Bavelier, 1996).

Dans certains cas, la plasticité cérébrale se révèle par une amplification de la zone cérébrale concernée par une fonction donnée. On cite fréquemment à ce propos le cas du violoniste dont la région cérébrale reliée à l'activité du majeur de la main gauche était plus importante que ce qu'on trouve généralement chez des personnes ne pratiquant pas cet instrument (Elbert et Rockstroh, 1996).

La plasticité cérébrale a aussi un intérêt pratique puisque, en plus de favoriser le développement de mécanismes de compensation chez les handicapés sensoriels, elle facilite la réadaptation de personnes ayant subi un dommage cérébral lors d'un accident.

Conclusion

Cet échantillonnage forcément restreint de quelques découvertes réalisées par des chercheurs ayant opté pour une approche psychophysiologique nous permet déjà d'entrevoir l'intérêt de celle-ci ainsi que l'importance que peuvent revêtir ces nouvelles données même pour le théoricien ou le chercheur qui a opté pour une approche psychologique ou cognitive. Cependant, bien que le XXe siècle nous ait appris que nous ne percevons pas que par nos sens, mais que nous le faisons surtout par notre cerveau, il ne faut pas en conclure que l'explication ultime des perceptions se trouve dans la physiologie cérébrale, car nous n'aurions alors que quitté le terrain de la psychologie pour celui de la physiologie. En fait le véritable objectif de la psychophysiologie, c'est d'établir un pont entre la physiologie et la psychologie. À cet égard, bien des questions subsistent. Comment l'excitation d'un récepteur devient-elle une sensation ? Comment la disparité produit-elle une perception de relief? Comment l'événement cérébral devient-il un événement perceptif ? Finalement, la difficulté majeure qui se pose au psychophysiologiste ne se situe ni dans le psychologique ni dans le physiologique, mais dans le lien même que l'on tente d'établir entre ces deux réalités. Peut-être ne trouvera-t-on jamais les réponses à ces questions. Quoi qu'il en soit, la psychophysiologie ne saurait atteindre ses objectifs sans tenir compte des apports constants des deux disciplines.

2.2.3 L'approche cognitive

Les origines

Autour des années 1960, les psychologues assistent avec étonnement, et avec incrédulité pour quelques-uns, à certains événements qui formeront le point de départ de ce que l'on qualifiera plus tard de « révolution cognitive ». Concrètement, c'est aux États-Unis, lors d'un symposium[1] sur la théorie de l'information, que naît la science cognitive. L'originalité de cette réunion de chercheurs tient à ce qu'ils viennent d'horizons très différents, et qu'ils adoptent tous des termes issus des systèmes de communication pour décrire la perception et les activités de la pensée. De façon très schématique, disons que les stimuli deviennent des entrées à l'intérieur d'un système (*inputs*), que

1. Au Massachusetts Institute of Technology, en 1956.

les récepteurs sont souvent qualifiés de «capteurs», que la sensation effectue un traitement d'information et que la perception est associée à diverses unités de mémoire, alors que la réponse est qualifiée de «sortie» (*output*). Le schéma de base consiste à imaginer qu'en perception visuelle, par exemple, nous effectuons un certain nombre d'opérations mentales sur toute entrée d'information attachée à un événement, laquelle est ainsi transformée en une information de sortie liée aux réponses des sujets. Dans la même optique, l'année précédente, deux professeurs de Pittsburg annonçaient à leurs étudiants qu'ils venaient d'inventer une machine à penser, capable de démontrer un théorème mathématique (Newell et Simon, 1956; Newell et autres, 1958). Cette machine, mieux connue maintenant sous le nom d'ordinateur, véhicule de l'information comme tout système de communication, à l'aide de multiples codages, et un nombre croissant de chercheurs subit à divers degrés l'influence de cette métaphore informatique qui permet d'analyser et de décomposer les processus mentaux suivant des règles précises. L'explication du comportement fera donc appel à des structures internes permettant le codage et la transformation de l'information prélevée dans l'environnement; de ce point de vue, l'hypothèse d'une médiation oppose clairement les modèles cognitifs aux théories des perceptions directes. L'activité cognitive s'appuie sur des représentations mentales que l'on s'efforce de décrire avec des schémas, des règles ou des images pouvant avoir une relative autonomie par rapport aux conduites psychologiques dont elles rendent compte.

Cependant, en Europe, de nombreux théoriciens tels que Broadbent, Craik, Luria, Piaget ou Vygotsky font déjà appel à divers systèmes de représentations internes et ce n'est pas l'introduction du concept de structure mentale qui présente l'innovation majeure de la psychologie cognitive de cette époque. En effet, sur le plan scientifique, une révolution correspond à l'avènement de perspectives radicalement différentes et en rupture avec les méthodes et les concepts régnants (Kuhn, 1970). C'est donc plus particulièrement le contenu même des représentations, considérées comme l'aboutissement d'une série de calculs internes pouvant ressembler à ceux produits par un ordinateur, qui constitue l'innovation majeure directement liée aux progrès de l'informatique.

Le modèle de l'ordinateur et la cybernétique

Pour mieux comprendre la nature de la métaphore de l'ordinateur, il est nécessaire de situer celle-ci dans le contexte historique et culturel de la fondation en 1960, par J. Bruner et G. Miller, du Center for Cognitive Studies de Harvard (Bruner, 1988). Depuis près d'un demi-siècle, aux États-Unis, une grande partie de la psychologie adhérait aux conceptions béhavioristes classiques selon lesquelles le comportement de l'individu constitue une réponse entièrement déterminée par les stimulations et les renforcements de l'environnement. Dans cette doctrine, aucun rôle n'est reconnu aux forces internes d'organisation des structures et des représentations mentales, qui sont considérées comme des entités superflues, même au titre de simples hypothèses de travail. Cette conception avait déjà été mise en cause à diverses reprises par l'école de la psychologie de la forme, par exemple. Ainsi les premières démonstrations des gestaltistes sur l'importance de l'organisation perceptive avaient passablement ébranlé le modèle de stimulus-réponse puisque des phénomènes comme le mouvement apparent sont clairement identifiés comme une propriété émergente du monde réel.

Alors que, pour les béhavioristes, tout ce qui touche à des modèles mentaux est problématique parce qu'inobservable, pour les cognitivistes, il s'agit bien moins de s'intéresser aux stimulations ou aux réactions qu'elles provoquent que de comprendre par quels processus internes l'individu est arrivé à élaborer certaines réponses. Pour résoudre un problème, les sujets procéderaient donc suivant des règles comparables à celles d'un système de traitement de l'information, ce qui implique un fonctionnement indirect tant de la perception que de l'action. Ce traitement (que l'on appelle parfois «computation») est en effet basé sur une représentation interne de l'environnement et de certains objets.

Si la *représentation* a d'abord été assimilée par les psychologues à un simple état mental, elle est progressivement devenue une notion définissable mathématiquement. Le cas le plus facile à saisir est celui d'un isomorphisme dans lequel existe une fonction de correspondance complète entre deux ensembles pouvant consister par exemple, pour l'un, dans une expérience sensorielle, et pour l'autre, en une structure cérébrale possédant une similitude avec cette sensation. Actuellement, cette approche physiologique n'a plus la faveur des chercheurs qui ont abandonné l'idée de trouver un «correspondant» électrique constituant une sorte de calque ou de modèle de la forme perçue, mais on notera que les neurosciences continuent à compléter le catalogue des zones corticales «activées» par certaines formes particulières, comme des visages, et pouvant aussi être considérées comme des Gestalts. Certains principes perceptifs de la théorie gestaltiste sont par ailleurs amplement utilisés par les chercheurs contemporains, qui tentent de formaliser des lois n'ayant à l'origine qu'un intérêt descriptif, et dans ce sens l'héritage du gestaltisme est encore très vivant (Rock et Palmer, 1991, p. 64).

Des modèles du cerveau

La continuation naturelle des premières tentatives de simulation du fonctionnement neuronal par des machines consiste dans la recherche d'une plus grande similitude avec l'organisation du système nerveux central. Comme les humains sont munis de deux yeux

ENCADRÉ 2.2
Le cerveau et l'ordinateur

La possibilité d'une relation étroite et d'ordre physique entre un ordinateur et le cerveau est à la base d'un débat épistémologique qui n'est pas encore achevé. Il n'y a en effet pas de contradiction entre le fait d'affirmer que le cerveau n'est pas un ordinateur et la possibilité que ce dernier puisse servir à la construction d'une machine «perceptrice» et même possédant certaines formes de conscience (Edelman, 2000).

Il existe globalement deux positions distinctes et une multitude d'ouvrages (Bonnet, 1984; Caverni et autres, 1988; Vergnaud, 1991) sur ce seul problème des rapports entre les organismes et la machine, si l'on exclut ceux qui clament que l'ordinateur n'est qu'une fiction ne permettant aucune comparaison avec le cerveau. Il y a d'une part le point de vue de Wiener, selon lequel une analogie peut être établie sur la seule base d'un isomorphisme mathématique, alors que McCulloch ne s'intéresse qu'aux machines «naturelles» dont les règles logico-mathématiques doivent pouvoir s'incarner dans la matière de l'organisme (Dupuy, 1999). Cette confrontation sur le statut d'un modèle explicatif en sciences humaines, apparue au moins depuis les années 1950, pourrait être résumée plus simplement comme l'opposition entre les objectifs de l'ingénieur qui cherche avant tout un instrument de calcul efficace (est-ce que cela marche?) et ceux de beaucoup de biologistes et de psychologues qui cherchent une preuve ontologique de la réalité d'existence d'un automate (que sont les machines?). Il faut aussi noter que le modèle de l'ordinateur n'est pas unanimement reconnu comme la seule source d'inspiration des sciences cognitives puisque la cybernétique, avec la création de systèmes d'auto-organisation s'équilibrant grâce à des boucles de rétroaction, a fourni sur le plan théorique des éléments conceptuels fondamentaux pour la compréhension de la pensée humaine. Ainsi, de même qu'en informatique les logiciels sont analysables indépendamment de la machine électronique sur laquelle ils tournent, on peut aisément concevoir que, dans une certaine mesure, les processus mentaux soient aussi accessibles indépendamment d'une connaissance de la structure du cerveau. Il faut enfin relever que l'élaboration de modèles théoriques dans l'étude de la cognition ne s'est pas seulement effectuée en empruntant à l'informatique les principes de fonctionnement de l'ordinateur pour les appliquer à l'étude du système nerveux. La situation d'influence inverse est aussi largement attestée puisque de nombreux chercheurs en intelligence artificielle s'inspirent de propriétés reconnues des systèmes biologiques pour construire leurs machines. On trouve dans cette ligne les projets de construction de réseaux neuromimétiques et connexionnistes.

dont on sait qu'ils produisent des images rétiniennes disparates, on a tenté depuis longtemps de reproduire cette discordance avec divers dispositifs optiques tels que les stéréoscopes ou des *Viewmasters*. Ces appareils nous permettent d'exploiter de fines différences entre deux images simultanées du même objet, alors qu'un nouveau-né, avant l'âge de huit semaines, commence par être perturbé par ces disparités qui ne sont pas d'emblée informatives pour lui. Plus récemment, c'est au moyen de l'informatique qu'il a été possible de reproduire des capacités de vision stéréoscopique sur une machine (Pettigrew, 1990). Les algorithmes utilisés dans un réseau d'ordinateur (fusion.net) sont efficaces, mais il n'est pas certain que leur organisation physique reproduise des connexions neuronales dans le cerveau. Toutefois, ces programmes marchent et la profondeur est bien restituée; le «comportement» du réseau artificiel imitant la stéréoscopie est même soumis à une illusion de fausses correspondances comparable aux erreurs systématiques caractéristiques de la vision stéréoscopique. D'autres réseaux artificiels ont été construits pour la reconnaissance des visages ou la discrimination entre une mine et un rocher immergés, par exemple, et ces systèmes peuvent être «entraînés» jusqu'à ce qu'ils deviennent fiables (Churchland, 1999). On peut aussi construire des machines qui, en plus de leurs capacités de décodage, miment des systèmes sensorimoteurs complets. L'exemple le plus connu est celui de la machine baptisée «DECtalk» et ultérieurement «NETtalk» qui rend accessibles aux aveugles des textes écrits en les lisant à haute voix au moyen d'un synthétiseur de parole (Rosenberg et Sejnowski, 1987). On pourrait penser à première vue que l'on quitte ici le domaine des sciences humaines pour entrer dans celui de l'ingénierie puisque, de toute évidence, la machine ne «comprend» pas ce qu'elle lit et que les paroles émises, tout en étant intelligibles pour un auditeur, sont pour elle dépourvues de signification. Toutefois, la recherche du mécanisme de transposition des lettres en phonèmes intéresse tout autant le psychologue des perceptions (voir le chapitre 6) qui fournira des éléments de comparaison issus de l'étude des conduites humaines. C'est d'ailleurs souvent dans des laboratoires de psychologie que sont élaborées ces machines. D'autre part, ces applications de modèles abstraits à l'origine peuvent être analysées en termes de compétences et d'adéquation du comportement à un environnement donné, ce qui réduit considérablement les frontières arbitraires entre des disciplines parfois considérées comme indépendantes.

Une science de l'esprit?

Avec la psychologie cognitive, on assiste au retour en force de certains contenus d'étude abandonnés par le béhaviorisme qui ne les considérait pas comme scientifiques, telles l'attention, la finalité et les cartes cognitives. Le fondateur de cette dernière théorie pourra donc affirmer avec humour que le cri de bataille de la révolution cognitive serait: «L'esprit est de retour!», ce qui ramène selon lui les psychologues aux préoccupations des fondateurs de leur discipline et à celles des philosophes (Skinner, 1989).

En réalité, même une entité aussi abstraite qu'une faculté d'apprentissage peut être abordée avec une méthode scientifique si ses propriétés fonctionnelles sont considérées comme faisant partie d'une structure à traiter de l'information sur le modèle d'un ordinateur. En outre, il est évident que la réémergence de ces sujets était assortie de véritables expériences de vérification et souvent de formalisations mathématiques. L'avantage principal de ce parallèle avec l'ordinateur est de maintenir la créativité théorique dans les limites des possibilités de fonctionnement d'un système physique.

C'est dans ce cadre que l'on trouve des projets qui auraient encore paru farfelus il y a une dizaine d'années, comme celui de «reconstruire» la conscience en termes neurocomputationnels (Churchland, 1999, p. 241). Dans l'approche cognitive, la perception n'est qu'une étape de traitement comprise dans la démarche d'acquisition d'information sur le monde environnant qui est principalement consacrée à l'élaboration de significations attribuées aux sensations, mais de nombreux remaniements basés, entre autres, sur les connaissances antérieures sont ensuite mis en œuvre. Le domaine couvert par la psychologie cognitive est donc très vaste et concerne, en plus des perceptions et de la mémoire, l'étude de l'attention, la reconnaissance de patterns, l'imagerie, le langage, le développement, la réflexion et la formation de concepts, ainsi que l'intelligence humaine et artificielle (Kosslyn et Rosenberg, 2001).

Nous nous limiterons par contre ici à exposer quelques principes de base de la théorie de l'information qui trouvent une application dans l'étude de la perception.

Les modèles basés sur la théorie de l'information

Une série de termes empruntés aux systèmes de communication sont devenus d'usage courant en psychologie, et la plupart sont aussi employés dans l'étude de la perception. Il s'agit notamment des termes «codage», «décodage», «canal de communication», «capacité de transmission», etc. Par ailleurs, il est utile de garder présent à l'esprit qu'une unité d'information, au sens où l'entendait Wiener, peut être décrite en relation avec le constat d'activation ou de silence d'un récepteur en un temps de relais dans une chaîne de transmission. En second lieu, il faut se rappeler que toute information transmise dans un système physique est soumise à des altérations selon les lois de l'entropie, le bilan des pertes étant mesuré par le rapport entre l'information de sortie et l'information d'entrée dans un système (McCulloch, 1995).

Les premiers schémas de fonctionnement des perceptions présentaient en général trois étapes élémentaires dont la séquence était assez proche des modèles déjà en cours dans la théorie stimulus-réponse. Bien que cette simplification ne permette pas d'apporter de contribution importante à notre compréhension des processus mentaux, étant donné son caractère de généralité, il est utile de la garder présente à l'esprit pour classer diverses fonctionnalités de modèles plus complexes. Ces trois phases de traitement correspondent par ailleurs à autant de domaines d'études majeurs en psychologie qui sont ceux de la psychophysique, de la mémoire et de la conceptualisation ainsi que de la motricité. Elles concernent respectivement: 1) la détection des stimuli; 2) leur stockage et leur transformation; 3) la production des réponses, soumise le plus souvent à un contrôle moteur dépendant parfois d'un système de rétroaction.

Très rapidement, d'innombrables adjonctions sont apportées à ce traitement séquentiel en trois étapes, qui concernent principalement l'intervention de diverses formes de stockage qualifiées, par exemple, de «mémoire à court terme» ou de «mémoire à long terme» et associées à des mécanismes particuliers tels que l'autorépétition, la réactivation depuis une unité de stockage quasi permanent (Waugh et Norman, 1965), puis, plus tardivement, le concept de mémoire de travail (Baddeley, 1993).

Un schéma général des processus internes de traitement comprend une série hypothétique d'étapes (voir la figure 2.2) dont il ne faut pas imaginer qu'elles correspondent à autant de fonctions du cerveau, mais qui sont un simple support visuel à la conceptualisation (Solso, 1991).

Les mécanismes de détection du signal et de contrôle de l'attention, sur lesquels portent d'autres sections de ce livre, ne sont pas explicités dans ce schéma, mais ils établissent deux contraintes majeures dans la partie du traitement associée à la capture de l'information dans l'environnement. La

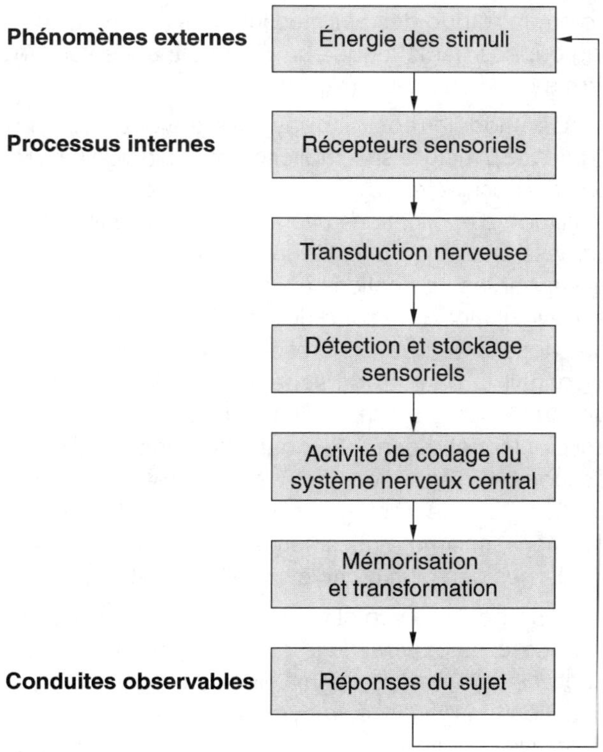

FIGURE 2.2 *Schéma de circulation de l'information (*flow chart*).*

première concerne la détermination du seuil spécifiant la valeur d'énergie au-dessous de laquelle un signal n'est pas pris en compte, mesure déjà courante dans la psychophysique classique, mais dont les procédures sont renouvelées par la théorie de la détection du signal (Green et Swets, 1966). La seconde implique le rôle de l'attention qui exerce une sorte de filtrage sélectif de l'information déterminant la capacité de traitement perceptif (Broadbent, 1958). En conclusion, on tend maintenant à compléter les étapes de traitement (représentées dans de nombreux modèles par des séries de rectangles ou «boîtes») avec une description de processus permettant le passage d'un élément à l'autre. Ces derniers constituent donc l'aspect dynamique des perceptions dont le fonctionnement est considéré soit d'ordre automatique, soit contrôlé par des inférences, par exemple.

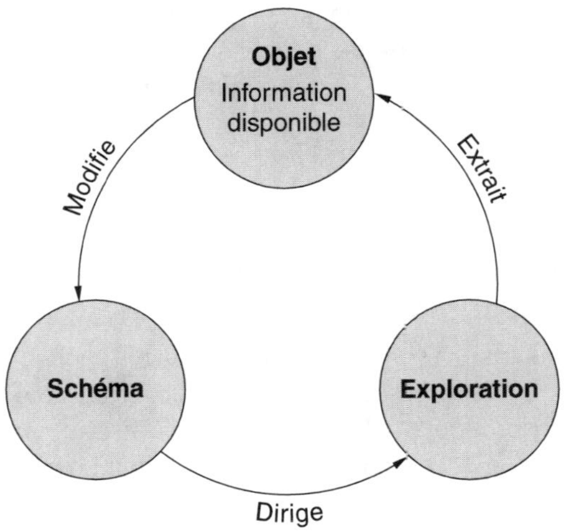

FIGURE 2.3 *Cycle perceptif.* *Source :* D'après Neisser (1967 et 1976).

Les modèles constructivistes

Malgré la grande diversité des approches cognitives, beaucoup d'auteurs admettent que celles-ci ont en commun l'étude des activités internes (ou mentales) regroupées par le fondateur de cette théorie sous le terme de «schémas» (Neisser, 1967).

Ce modèle abstrait des perceptions (voir la figure 2.3), malgré sa simplicité, reste d'actualité car on peut considérer qu'il est la base conceptuelle d'une multitude d'explications ultérieures. Il introduit la notion essentielle d'une entité fonctionnelle qui est modifiée par les interactions avec le milieu environnant et devient ainsi une sorte de «plan» pouvant guider des actions ou des explorations ultérieures. Neisser reconnaît la parenté du schéma avec les schèmes *accommodateurs* de Piaget, qui jouent aussi un rôle anticipateur et organisateur dans les conduites. Avec de nombreuses adjonctions, cette idée d'un cycle perceptif auquel s'intègrent diverses boucles de régulation sensorimotrices formera un des modèles modernes des plus complets (Paillard, 1994).

D'un point de vue historique, souvent négligé, la parenté et les interactions entre les théories constructives du développement telles que la psychologie génétique piagétienne, la cybernétique et l'approche cognitive dont sont issus par exemple les travaux sur l'intelligence artificielle, sont à souligner (Cellerier, Papert et Voyat, 1968 ; Montangero et Tryphon, 1991).

Pour expliquer comment une information devient explicite, certains constructivistes ancrent dans les processus de traitement de la théorie de l'information les inférences perceptives. Dans la vision, celles-ci seraient toutefois inductives, à cause de la nature probabiliste des données sur lesquelles elles se basent, et elles ne garantiraient pas, ainsi, un résultat vrai. Si vous voyez, par exemple, un objet représenté au-dessus d'un autre sur une feuille de papier, le premier sera en règle générale perçu comme se trouvant plus loin. Cette inférence n'est toutefois valable que s'il s'agit bien d'objets posés sur le sol, alors que s'il s'agissait, par exemple, d'oiseaux en vol, c'est le plus proche qui serait dessiné au-dessus. Une incertitude subsiste donc, au moins face à un dessin rendant difficile l'identification des objets figurés, sur la véracité d'une conclusion pour le sujet percevant. Un certain nombre de ces inférences qualifiées d'«inconscientes» par Helmholtz peuvent simplement être qualifiées de «cachées», car nous n'en avons pas conscience directement (Cutting, 1991) ; elles interviennent dans la plupart des théories des perceptions indirectes.

Lorsqu'on tente de relier les processus de traitement à des structures biologiques sous-jacentes, il peut paraître utile de définir la direction dans laquelle une chaîne nerveuse est mobilisée. Dans le langage des neurosciences cognitives, on recourt parfois à la distinction entre deux sortes de traitements pour décrire ce qui se passe entre les niveaux de la rétine et les centres nerveux supérieurs comme le cortex. L'un est dit «de haut en bas» ou descendant (*top-down*) et l'autre «de bas en haut» ou ascendant (*bottom-up*). La relation avec le concept d'inférence devient évidente si l'on considère les équivalents du *top-down* tels que les traitements guidés par des hypothèses ou des attentes, par opposition aux processus dits «de traitement précoce» (*early*) dont l'origine est à chercher dans l'*input* sensoriel (voir le chapitre 11). Le phénomène de Stroop, dans lequel un lecteur subit de fortes interférences lorsqu'il doit lire le nom d'une couleur écrit dans une teinte différente, serait un exemple typique de processus ascendant, alors que, pour certains, l'anticipation du lieu de sortie d'un mobile ayant disparu derrière un écran serait naturellement due à un traitement descendant. L'utilité de cette distinction est mise en cause par les théoriciens, qui considèrent que les deux processus peuvent intervenir en même temps (Kosslyn et Rosenberg, 2001).

2.2.4 L'approche écologique

L'approche écologique se distingue des autres approches contemporaines en psychologie de la perception en ce qu'elle considère que les données essentielles à l'étude de cette problématique sont à chercher dans l'environnement plutôt que dans les sensations corrigées par des processus inférentiels ou encore dans le fonctionnement du cerveau et des systèmes neurosensoriels. L'idée fondamentale que défend Gibson, qui est à l'origine de ce mouvement, est que la perception consiste à extraire l'information contenue dans l'environnement. Cette «cueillette» d'information (*information pick up*) diffère radicalement, par son caractère direct, du traitement d'information (*information processing*), des théories computationnelles. Le sujet percevant est néanmoins très actif dans sa quête d'information puisqu'il explore l'environnement pour en extraire des invariants. Gibson distingue à ce propos entre la stimulation «subie» et la stimulation «obtenue»: alors que la première renseigne surtout sur l'état de l'organisme, c'est la seconde qui sert à la perception de l'environnement.

Le développement de cette théorie a été ponctué par trois ouvrages majeurs qui en représentent des étapes. Dans le premier, *The Perception of Visual World* (Gibson, 1950), on trouve déjà une préoccupation peu courante dans les ouvrages sur la perception: une analyse de l'environnement en tant que source de stimulation. On trouve déjà dans cet ouvrage une hypothèse que Gibson développera dans les deux autres ouvrages et qui affirme que la perception est fonction de la stimulation, laquelle serait elle-même fonction de l'environnement.

L'espace visuel

Dans sa première formulation, la théorie se qualifie de psychophysique, mais il s'agit d'une psychophysique de l'espace plutôt que de la sensation. Une telle entreprise exigeait d'abord de redéfinir l'espace. Selon Gibson, l'erreur des approches classiques avait été de concevoir l'espace comme une abstraction analogue à celles des mathématiciens, ce qui, sur le plan perceptif, en fait du vide et donc de l'imperceptible. Sa solution est donc de définir l'espace par son contenant. Dans cette perspective, l'espace est rendu perceptible par les surfaces qui le délimitent. Dans l'environnement terrestre, la principale surface est constituée par le sol, qui représente une composante fondamentale de la perception tridimensionnelle. Il faut cependant y ajouter les autres surfaces qui limitent nos espaces, notamment les murs et les plafonds. Or, les surfaces sont perceptibles grâce à leur texture visuelle. Sur le plan optique, une texture est formée par des micropatrons répétitifs. Dans l'environnement naturel, où la texture aléatoire du sol est formée d'herbe, de cailloux ou de sable, etc., comme d'ailleurs dans l'environnement artificiel construit par l'homme, où l'on trouve des briques, des carreaux ou des dalles, ces textures sont généralement homogènes, en ce sens que la densité de leurs éléments tend à être invariable. Par ailleurs, lorsqu'on regarde une surface en perspective, l'image qu'on en reçoit comporte un gradient de texture qui produit une perception de tridimensionnalité (voir la figure 12.10). Le «gradient de texture» représente le prototype de ce que Gibson qualifie de «variable d'ordre supérieur».

En dépit de leurs complexités, les variables de ce type sont, selon la théorie, captées directement plutôt que construites de façon inférentielle. En outre, le gradient (qui existe également dans d'autres sources de profondeur spatiale) ne fait pas que spécifier le caractère tridimensionnel de la surface, il contribue aussi à en réduire l'ambiguïté. Lorsqu'on regarde un plancher vu en perspective, la direction de son gradient de texture indique clairement qu'il s'agit d'un plancher et non pas d'un plafond, ce qui ne serait pas le cas en l'absence de texture. Enfin, le sol peut servir également de référence spatiale de profondeur pour les objets déposés sur sa surface (voir la figure 12.10 en *b*)).

Gibson était particulièrement intéressé par les effets de la locomotion sur la perception visuelle. Cet intérêt lui était venu au cours de la Seconde Guerre mondiale alors qu'il avait dû étudier les aspects perceptifs inhérents au pilotage des avions. Son analyse de ce qu'il appelait le « réseau optique ambiant » (*ambient optical array*) se portait donc sur celle des flux optiques occasionnés par des mouvements de l'avion (voir la figure 2.4) ; c'était le prélude de ce qui deviendra un développement majeur de l'approche écologique, soit la liaison perception-action.

Les modalités sensorielles

Alors que le premier ouvrage de Gibson traitait presque exclusivement de perception visuelle, son deuxième ouvrage (Gibson, 1966), intitulé *The Senses Considered as Perceptual Systems*, portera sur les diverses modalités sensorielles. Là aussi la pensée de Gibson se démarque des points de vue traditionnels suivant lesquels les sens sont considérés principalement comme des capteurs d'énergie. Gibson les définit plutôt comme des sources d'information sur l'environnement. Il se rallie à cet égard à l'opinion énoncée par Piéron qui affirmait : «Il y a cinq sens parce qu'il y a cinq modalités de réactions destinées à prendre une connaissance plus parfaite d'un objet ou d'un événement intéressant, cinq modalités d'attention sensorielle : le regarder, l'écouter, le palper, le flairer et le goûter » (1955, p. 39). Dans cette optique, les sens deviennent des modes d'activité. Leur fonction est d'explorer l'environnement pour en capter de l'information plutôt que de réagir passivement aux stimuli physiques. Cette conception oblige Gibson à redéfinir le concept de stimulus. C'est ainsi qu'il propose, pour rendre compte de ces fonctions, de parler de «stimulus information » par opposition au stimulus classique : le «stimulus énergie ». C'est dans cet

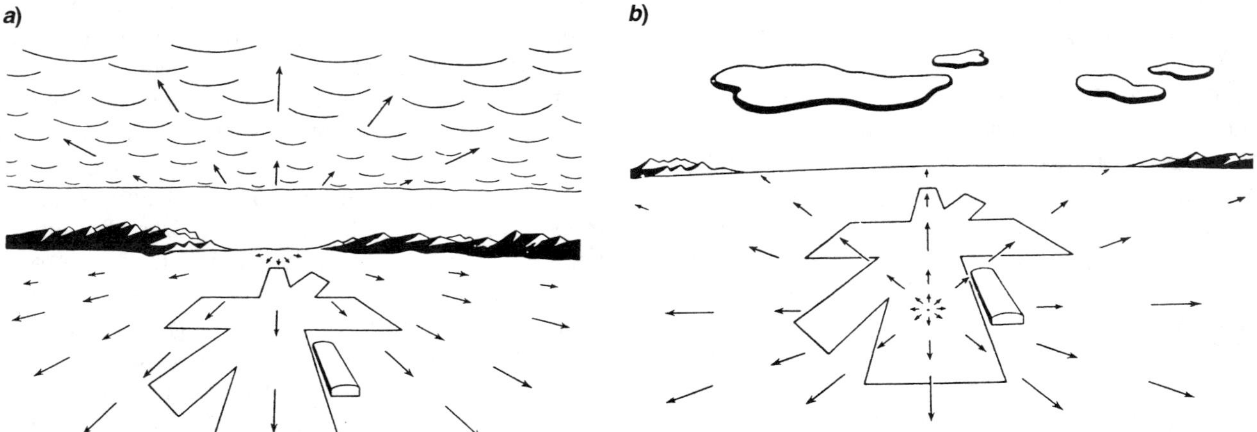

FIGURE 2.4 *Flux optique produit lors de l'atterrissage d'un avion.* Les vecteurs représentent les vitesses dans les différentes régions du réseau optique. *a*) L'avion vole horizontalement en ligne droite. *b*) Lorsqu'il amorce un atterrissage, la structure du flux optique devient très différente. Le foyer de l'expansion optique représenté par le point central définit le lieu d'impact éventuel si l'avion maintient cette trajectoire. *Source :* Gibson (1950, p. 125 et 128). © 1950, Houghton Mifflin Company. Reproduit avec permission.

ouvrage qu'il affirme le caractère direct du processus perceptif. Sa théorie y devient une théorie de la cueillette d'information (*information pick up theory*). L'information ne découle pas d'une inférence perceptive, d'un traitement ou d'une démarche par étape ; elle est captée directement. Si ce processus peut être considéré comme direct, c'est parce que les systèmes perceptifs sont équipés pour détecter les invariants. Par ailleurs, les modalités sensorielles ne doivent pas être considérées comme des systèmes absolument indépendants. Un feu de bois produit de la lumière, mais aussi de la chaleur, une odeur, une impression et un bruit. Il ne s'agit cependant pas de cinq perceptions, mais d'une seule.

Un rapport de réciprocité entre l'organisme et le milieu

C'est dans le troisième ouvrage de Gibson (1986 [1979]), intitulé *The Ecological Approach to Visual Perception*, que la théorie devient résolument écologique. L'analyse de l'environnement en tant que source de stimulation amène Gibson à redéfinir les variables de stimulation accessibles à l'homme ou à l'animal. Une surface comme celle du sol ne se définit plus comme simplement un plan bidimensionnel texturé s'éloignant en profondeur, mais c'est aussi une surface «marchable», c'est-à-dire sur laquelle on peut marcher sans s'enfoncer. Elle constitue ce que Gibson appelle une «affordance», soit une source de stimulation susceptible de supporter la marche. Il ne s'agit pas d'une nouvelle propriété ajoutée à la surface au terme d'un apprentissage associatif, mais d'une caractéristique fonctionnelle perçue sans requérir d'analyse préalable de ses différentes propriétés. L'affordance est donc ce que l'environnement apporte à l'animal ou à l'homme, mais c'est aussi ce que ce dernier est en mesure d'utiliser. D'où vient cette réciprocité naturelle ? De l'héritage biologique de l'évolution dans laquelle l'adaptation à l'environnement terrestre s'est réalisée, et cela, dans une réciprocité entre l'animal et l'environnement. Le sol est une affordance pour l'être humain et pour bon nombre d'animaux, mais une branche en est une également en tant qu'objet «perchable» pour l'oiseau et l'eau en tant que milieu «nageable» pour le poisson. Le sentier permet la locomotion, mais des rochers, des plans d'eau ou des précipices peuvent la limiter. Il s'agit là aussi d'un type d'affordance. Il ne faut pas penser que seuls les accidents naturels constituent des affordances. La locomotion peut aussi être bloquée par une clôture ou un mur. Les affordances peuvent servir à s'abriter, à se désaltérer, à se nourrir, etc. Ces propriétés sont captables soit directement soit avec un minimum d'apprentissage. Elles n'ont pas à être décomposées et elles fournissent à l'être humain ou à l'animal les conditions de sa survie et de son adaptation. Finalement, l'affordance conçue comme une variable d'ordre supérieur est définie par sa fonctionnalité plutôt que simplement par ses propriétés optiques. Par ce concept, la théorie écologique se définit comme fonctionnaliste et met en avant la notion de relation perception-action qui demeurera centrale pour les théoriciens et les chercheurs intéressés par l'approche écologique.

CONCLUSION

Suivant qu'on les conçoive comme les résultantes de constructions ou comme des entités organisées, on fait provenir les perceptions soit d'unités élémentaires telles que les sensations, les géons ou les textons, etc., soit de Gestalts ou d'invariants inhérents aux réseaux optiques. Devrait-on considérer l'une de ces conceptions comme plus rigoureuse que l'autre ? C'est là une question de point de vue. Les partisans de chacune de ces conceptions ont d'excellents arguments pour défendre leur choix. À ceux qui lui reprochaient de se priver, par son globalisme, du procédé scientifique essentiel qu'est l'analyse, le gestaltiste Köhler rétorquait qu'il ne refusait pas l'analyse, mais préférait analyser les composantes essentielles (les Gestalts) plutôt que les composantes fictives (les sensations) des objets.

Les théoriciens modernes sont réticents à révéler leur préférence pour le nativisme ou l'empirisme. C'est néanmoins à travers leurs arguments qu'on reconnaît leur tendance dominante. L'auteur plutôt nativiste s'intéressera à la précocité d'acquisition des compétences perceptives chez le nourrisson, il expliquera le développement de certaines fonctions en termes d'exercice ou de maturation et concevra volontiers que certains processus soient physiologiquement préprogrammés. Quant à celui qui est plus porté vers l'empirisme, il insistera sur l'influence de la connaissance, de l'expérience ainsi que de l'apprentissage dans la formation du percept. On peut par ailleurs affirmer, sans en faire toutefois une règle absolue (Rock est une exception remarquable à cet égard), que les nativistes tendent plutôt vers le globalisme et les empiristes, vers l'élémentarisme.

La question de la dichotomie entre les processus direct et indirect a évolué de telle sorte que les tenants de la théorie de la perception indirecte en arrivent à se demander quelles perceptions sont directes et lesquelles sont indirectes (voir par exemple Wagemans,1986). Pour certains auteurs, la perception de la taille, de la couleur ou du mouvement résulte de processus indirects parce qu'elle oblige à prendre en compte respectivement la perception de la distance, celle de la couleur, celle de l'éclairage et celle des mouvements du percevant. Pour eux, seules des sensations plus élémentaires seraient captées directement. On trouvera un très grand nombre d'exemples de ce genre dans l'ouvrage de Rock intitulé *Indirect Perception.* Quant aux défenseurs du concept de perception directe, ils sont peu portés à ce type de nuance. Pour Gibson, par exemple, quand un jugement porté sur un objet visible fait intervenir une supposition ou une inférence, c'est que le jugement est cognitif plutôt que perceptif. Dans sa perspective, cela signifie que la perception se distingue de la cognition en ce qu'elle s'appuie sur une « cueillette » d'informations plutôt que sur un traitement d'informations. Toutefois, dans la plupart des courants de psychologie cognitive actuels, qui optent généralement pour une interprétation inférentielle des perceptions, les concepts de «cognition» et de «cognitif» sont utilisés dans un sens beaucoup plus large et englobent la perception. Selon ces courants, le traitement des informations provenant de l'environnement dépend, chez l'homme comme chez l'animal, de mécanismes généraux qui concernent aussi bien la perception que l'attention ou la résolution de problèmes (Vauclair, 1996).

On peut considérer que les quatre approches dont il est question dans ce chapitre sont reliées à quatre déterminants des processus perceptifs. Elles sont donc susceptibles de nous fournir chacune une perspective différente sur ceux-ci. La dimension physiologique, encore peu utile à l'explication des perceptions à l'époque de Helmholtz, a acquis une importance capitale pour les théoriciens de la perception. Piaget est sans doute celui qui a le mieux exprimé la richesse de l'information que l'on pouvait tirer de l'évolution temporelle des perceptions. L'approche cognitive, qui, à l'origine, apparaissait comme une extension de la notion d'inférence inconsciente, établit des liens plus étroits entre les fonctions cognitives et les perceptions. En outre, la création de modèles inspirés de l'informatique a débouché progressivement dans ce domaine sur des descriptions de processus réalisés par étapes. Enfin, on peut dire que, comparativement à l'approche physiologique, l'approche écologique consiste à étudier le processus perceptif à partir de l'autre bout de la lorgnette. Au lieu de se demander de quelle manière le fonctionnement du cerveau et des système sensoriels peut nous renseigner sur les processus perceptifs, on se pose la même question en partant des rapports entre le sujet percevant et la stimulation. Il faut bien convenir cependant que ces approches ne sont pas que des voies parallèles. L'exemple le plus remarquable à cet égard est celui de D. Marr (1982) qui a proposé des modèles computationnels de la vision, mais en tentant de tenir compte simultanément des apports des autres approches.

LECTURES RECOMMANDÉES

Berthoz, A. (2003). La perception visuelle est décision. Dans *La décision* (p. 177-198). Paris : Éditions Odile Jacob.

Bruce, V., et Green, P. (1993). Introduction à l'approche écologique de la perception visuelle. Dans *La perception visuelle : physiologie, psychologie et écologie* (p. 273-290). Grenoble : Presses Universitaires de Grenoble.

Gordon, I.E. (1997 [1989]). The Gestalt theory. Dans *Theories of visual perception* (p. 46-75). New York : Wiley and Sons.

Jeannerod, M. (1996b). Voir dans le cerveau : un tremplin pour les sciences cognitives. *La Recherche*, *289*, 22-25.

Streri, A. (2003). Le dialogue des sens. *Pour la Science*, *305*, 34-40.

CHAPITRE 3

La méthodologie et les instruments d'investigation

Bernard Baumberger et Michelangelo Flückiger

INTRODUCTION

Le fonctionnement des perceptions semble au premier abord correspondre à une simple copie de la réalité. Dans cette perspective, de nombreux textes sur la description de ce qui est perçu par l'homme renvoient à l'expérience personnelle ou au vécu du sujet percevant. Si cette approche offre l'avantage de faciliter l'accès à certains effets perceptifs, elle est aussi à l'origine de nombreux malentendus. En effet, comme pour d'autres disciplines scientifiques, l'explication de la perception s'appuie sur des vérifications systématiques au moyen d'expériences qui, en complétant les observations et les démonstrations, apportent des preuves plus consistantes. Ce chapitre contient des exemples représentatifs de l'efficacité des principales options offertes au chercheur pour la réalisation d'une expérience, mais aussi des problèmes qu'elles posent.

La première partie concerne la *méthodologie* et présente en introduction le statut de l'observation et de la démonstration scientifiques. La seconde résume la *démarche expérimentale* adoptée en perception et offre quelques repères historiques sur les premiers laboratoires de psychologie. Des exemples d'études sur les bébés illustrent ensuite le type de contraintes qu'il faut surmonter pour établir une validité scientifique. La troisième partie est consacrée à l'instrumentation utilisée pour la recherche en perception afin de contrôler les situations d'observation et de manipuler les *conditions expérimentales* dans lesquelles les sujets seront observés. La quatrième partie concerne l'*enregistrement des données comportementales.* Les outils de recherche comprennent des procédures expérimentales ou des méthodes conceptuelles ainsi que des instruments physiques ou des appareillages spécifiques. Les méthodes sont amplement documentées dans les ouvrages généraux de psychologie expérimentale. Elles ne feront donc l'objet ici que de rappels de base[1] et de quelques illustrations propres à l'étude des perceptions. Pour l'instrumentation, par contre, certaines catégories d'appareillages seront décrites puisqu'il n'existe pas de revue récente sur la question. Il sera ainsi possible de montrer sous quelle forme la recherche en perception intègre les progrès techniques de l'électronique et de l'informatique ainsi que la pertinence de certains appareillages fournissant des faits qui doivent donner la réponse la plus complète possible aux questions expérimentales posées.

3.1 L'OBSERVATION

Le terme d'observation recouvre un champ de significations très large puisqu'il s'applique aussi bien à l'activité d'un prédateur à l'affût et d'une mère regardant son bébé qu'aux relevés attentifs d'un chercheur sur divers phénomènes, sans volonté de les modifier. Tout en se distinguant ainsi de l'expérimentation, qui a comme objectif de provoquer certaines conduites, cette procédure fait partie de l'investigation scientifique si elle se donne des règles systématiques d'organisation des données. L'observation utilise souvent des appareils d'enregistrement ou d'amplification qui accroissent les capacités de nos sens. Dans de nombreuses situations, elle reste la seule méthode possible pour des raisons pratiques ou déontologiques empêchant l'intrusion expérimentale, qui risquerait de perturber le comportement des sujets, et « modifiant radicalement l'objet même que l'on se propose d'étudier » (Richelle, 1991, p. 479). C'est le cas notamment en éthologie et en psychologie sociale et clinique, difficulté que partagent la plupart des sciences de la nature. Les règles d'éthique doivent aussi être scrupuleusement respectées par le chercheur en perception, qui doit être pleinement informé sur les droits inaliénables des hommes et des animaux (Sabourin, 1994).

L'ensemble de ces contraintes peut toutefois être assumé et ne justifie pas la pratique d'une observation dite spontanée qui se borne à des listes de constats n'ayant qu'un intérêt très limité s'ils ne s'inscrivent pas dans un cadre conceptuel d'ensemble.

En pratique, le psychologue, comme tout être humain, observe sur lui-même et ses congénères de nombreuses conduites perceptives de la vie courante, et cette attitude influence certainement les recherches ultérieures et nos systèmes de pensée. On notera que, dans de nombreuses professions impliquant des interactions entre individus, le caractère répétitif des observations permet auss une vérification, même sommaire, de la régularité d'une constatation. Cette recherche des règles de reproductibilité d'un fait, qui a comme but de distinguer son apparition d'une occurrence aléatoire, const tue déjà une forme de description scientifique. On quitte ici l'observation spontanée au profit de méthodes systématiques plus puissantes, qui sont « menées dans des conditions spécifiées, destinées à favoriser l'apparition de certaines catégories de conduites » (Richelle, 1991, p. 479). On ne peut donc pas s'improviser observateur au sens scientifique du terme, car cette démarche implique une organisation rigoureuse

1. Pour un exposé plus détaillé, il faudra se reporter à des livres sur la méthode en psychologie expérimentale (Ghiglione et Richard, 1993 ; Matalon, 1995 ; Parot, 1992 ; Reuchlin, 1992 ; Rossi, Crombe, Lécuyer, Pêcheux et Tourrette, 1989), les stratégies de recherche (Robert, 1994, 1988 ; Rossi, 1991) et la mesure (Abdi, 1987 ; Falmagne, 1994 ; Reuchlin, 1962).

tant de la collecte des données que de leur interprétation. Le moment et la fréquence des prises d'information de la collecte des données doivent être planifiés, et le codage préparé d'avance.

3.2 LA DÉMONSTRATION

Diverses autres étapes sont possibles avant d'entreprendre une expérience proprement dite et on peut d'abord simplement mettre en évidence certains effets perceptifs. C'est ce moyen qui est utilisé par exemple pour montrer que nous avons tendance à regrouper des objets peu éloignés visuellement suivant un principe dit de proximité (Gogel, 1984) ou à distinguer une partie d'une figure comme une forme se détachant sur un arrière-plan (Palmer, 1999). Des démonstrations de ce genre ont donc été couramment utilisées par de nombreuses écoles en perception telles que la Gestalt et les transactionnalistes, et offrent aussi un support pédagogique apprécié. Le système des démonstrations peut donc être un support convaincant pour l'exposé de principes théoriques et stimuler la recherche, comme on va le voir dans l'exemple qui suit.

Par une belle soirée d'été, chacun d'entre nous peut faire remarquer à ses voisins en regardant au loin que le Soleil semble changer de taille au fur et à mesure qu'il descend vers l'horizon. Le constat de ce grossissement apparent est assez stable et fréquent pour qu'il revête le statut de démonstration. Dans ce cas, celle-ci consiste à reconnaître que la grandeur apparente de l'astre observé se modifie visuellement en fonction de sa hauteur dans le ciel, ce que l'on appelle aussi « élévation angulaire ». Cependant, comme en mathématique et en logique, la psychologie adopte une démarche déductive qui, en partant d'une hypothèse ayant des conséquences prévisibles, établit l'accord possible avec des faits observables. La seule différence entre la psychologie et la démonstration philosophique est donc que cette dernière peut éventuellement se contenter d'appliquer des règles logiques à un raisonnement alors qu'en psychologie de la perception, le recours aux faits d'observation est nécessaire (Piaget, 1965; Postman, 1968). Les moyens d'une validation, ou la méthode employée pour justifier les propositions d'une science, sont donc différents pour une science formelle ou empirique comme la psychologie (Houdé, Kayser, Koenig, Proust et Rastier, 1998).

Ainsi, dans l'exemple présenté ci-dessus, le constat que le même phénomène observé avec le Soleil se reproduit avec la Lune, et qu'il a déjà été décrit à de multiples reprises depuis l'époque du roi Assurbanipal (VIe siècle av. J.-C.) est assez convaincant pour que personne aujourd'hui ne mette en doute son existence. Cette première étape de généralisation n'est cependant pas suffisante pour le scientifique, qui va tenter de dépasser le simple constat et chercher si l'explication de l'effet est fournie par la physique atmosphérique ou par la psychologie de la perception. Une multitude d'expériences ont donc été tentées, surtout depuis le XXe siècle, pour vérifier d'une part les conditions exactes d'une telle surestimation et préciser d'autre part la grandeur relative des jugements. C'est sur la base de ces résultats que diverses explications ont été proposées et des ouvrages entiers consacrés à cette question (Hershenson, 1989; Ross et Plug, 2002). Les théories scientifiques s'accordent au moins sur le fait qu'il ne s'agit pas d'un phénomène optique mais plutôt d'une illusion d'ordre psychologique dont la nature donne encore lieu à des débats animés (Kaufman et Kaufman, 2000). Beaucoup de nos contemporains continuent d'ailleurs d'admettre comme Aristote qu'il s'agit d'un grossissement angulaire réel de la projection de l'astre sur la rétine pouvant être dû à des différences de réfraction. En effet, les rayons lumineux provenant de l'horizon devraient traverser une plus grande couche d'atmosphère. Or de nombreuses prises de vue ont démontré que, sur une série de photographies, la taille du soleil couchant (ou levant) reste rigoureusement identique (Solhkhah et Orbach, 1969; Walker, 1978) et que l'on ne peut donc mesurer qu'un changement physique négligeable de la taille optique du disque entre l'horizon et le zénith. Ce constat prend dès lors valeur de démonstration et correspond à peu de choses près à ce que Kuhn appelait un « paradigme », soit un mode de conceptualisation susceptible d'établir l'unanimité par rapport aux hypothèses explicatives précédentes. Dans certains cas, il sera même possible de proposer un modèle scientifique, « une manière de "voir" les choses, de les présenter, qui permet d'expliquer la plupart des résultats jusque-là apparemment incompatibles » (Stengers et Schlanger, 1991). L'exigence majeure de la science, qui se distingue ainsi du sens commun et de l'opinion subjective, est donc de chercher des moyens de vérifier aussi bien les faits décrits que les interprétations théoriques (voir l'encadré 3.2, p. 46).

Tout ce qui précède montre qu'en psychologie de la perception, l'observation et la démonstration répondent à certaines exigences scientifiques. Dans tous les domaines, un événement imprévu permet rarement de progresser, même s'il paraît pertinent au premier abord et en toute bonne foi. Des méthodes statistiques de corrélation offrent des moyens puissants pour rejeter par exemple les hypothèses astrologiques. Un simple test en double aveugle démontre l'absence complète de lien entre les positions des planètes au moment de la naissance et les traits de personnalité décrits par les astrologues (Carlson, 1985).

Il y a donc lieu d'être prudent avec la représentation la plus courante de la contribution d'un chercheur, soit celle d'un habile découvreur présent au bon moment, face à un sujet percevant un phénomène dans diverses conditions en partie fortuites. Si les observations et les démonstrations peuvent prendre un sens seulement grâce à des références conceptuelles définies, les hypothèses qui en découlent pourront par ailleurs être testées à l'aide d'une méthode expérimentale adéquate. En règle générale, l'objectif du scientifique étudiant les perceptions sera donc d'élaborer une expérimentation proprement dite, dans laquelle il s'agira de mesurer une conduite psychologique produite dans des conditions préétablies et le plus souvent créées par l'expérimentateur.

3.3 LA DÉMARCHE EXPÉRIMENTALE

La majorité des connaissances acquises en perception sont donc issues d'observations et de constats répétés effectués dans le cadre d'une expérience, mais il est rare que les conditions exactes réunies pour la collecte de ces données soient explicitées ailleurs que dans les revues spécialisées. Cette situation entraîne souvent des équivoques sur le statut de l'argumentation employée pour construire une explication ou une théorie perceptive. La conséquence de cette simplification dans l'exposé sur l'origine d'une théorie est la méconnaissance profonde du statut d'un fait scientifique, qui exige une vérification. En réalité, nous verrons que le chercheur fixe *avant* de commencer une expérience le type d'activité du sujet représentant le meilleur témoin de la perception qu'il veut observer. Il choisit aussi des stimulations bien définies et détermine les variations de situations manipulées afin d'obtenir certains effets précis et mesurables, ce qui constitue une hypothèse opérationnelle applicable dans une expérimentation.

3.3.1 La préparation d'une expérience

La mise en place d'une investigation sur la psychologie des perceptions répond à des exigences strictes puisqu'il s'agit d'une part d'établir si une manifestation du sujet est bien représentative du mécanisme étudié (validité) et d'autre part de prouver quels aspects des conditions expérimentales déterminent effectivement le comportement. La vérification expérimentale porte dès lors bien sur une hypothèse opérationnelle préalable formalisant un lien présumé entre un contexte de conditions de stimulation particulier et le percept qui en résulte. C'est là une méthode d'approche qui est d'ailleurs commune à l'ensemble des disciplines scientifiques. L'universalité de la méthode scientifique est toutefois modulée par l'identité spécifique des contenus abordés en psychologie de la perception, dont il s'agit de préciser la nature. Il faut donc répertorier d'abord quelques éléments permettant d'expliciter sans ambiguïté ce qui est étudié en psychologie, plus particulièrement dans le domaine de la perception.

Quel objet d'étude ?

Le but de ce chapitre est de décrire les instruments et méthodes employés en perception, mais il semble utile de commencer par définir dans les grandes lignes à quels contenus s'applique cette démarche expérimentale. Comme nous l'avons déjà mentionné dans le premier chapitre, la psychologie de la perception est centrée sur l'explication des mécanismes et processus qui permettent de prélever de l'information dans le milieu environnant au moyen des systèmes sensoriels. C'est ce qui définit son objet d'étude. Or, si les contenus étudiés par le physicien nucléaire, soit les particules, et par l'astronome, soit les corps célestes, sont généralement bien reconnus, il n'en va pas de même dans le cas du psychologue.

Cependant, malgré certaines nuances attribuables au contexte de recherche et aux objectifs théoriques du chercheur, des éléments de base permettent d'en arriver à une définition commune, au-delà des différences de points de vue. On reconnaît en effet à la psychologie de la perception un rôle général de *maintien de contact et d'adaptation d'un individu avec le monde environnant.* Il faut noter que la spécificité de cette fonction n'exclut pas diverses formes d'intégration avec les conduites langagières, la mémoire, l'intelligence ou les émotions par exemple. Par ailleurs, ce rôle correspond à une activité de l'organisme désignée depuis le début du siècle dernier par le mot « comportement ». Dans un sens restrictif, le terme ne s'applique qu'aux activités externes et directement observables du sujet. Depuis l'apparition des approches cognitives et du concept de traitement de l'information, un sens plus large est accepté, qui inclut des activités internes comme les représentations mentales. On utilisera dans ce cas un certain nombre de manifestations ou des réponses précises pour inférer en quoi peut consister le comportement qui n'est donc plus observable en tant que tel.

Naturellement, ces deux approches posent le problème du découpage de l'activité prise en compte suivant l'objectif de recherche. Ainsi, dans une tâche d'identification perceptive de la langue, on choisira par exemple plutôt la lettre, le phonème ou le mot comme unités de réponse observables. Si on s'intéresse par contre à des conduites langagières, ce sont plutôt la planification ou le contrôle des productions du locuteur dans des énoncés ou des textes et divers types d'interaction communicative qui seront étudiés. Pour spécifier le niveau d'analyse, on oppose parfois le comportement molaire au comportement moléculaire, qui est plus élémentaire, et cette distinction recouvre en partie celle qui est effectuée en perception. Ainsi, on parle de perception globale ou synthétique en référence à la capacité de reconnaissance de scènes visuelles alors qu'on qualifie d'« analytique » l'identification de traits particuliers d'une image.

Pour certains auteurs, en particulier francophones, le mot « comportement » est parfois considéré comme étant trop spécifiquement associé à la redéfinition béhavioriste[2] de l'objet de la psychologie. L'usage du terme « conduite » paraît préférable. Il existe donc un assez large consensus sur le terme « conduite », défini comme un *ensemble organisé d'actions accomplies en vue d'atteindre un but*, et qui est utilisé dans plusieurs domaines de la psychologie. Les actions peuvent correspondre à des mouvements physiques de l'organisme étudié observables directement et produits par un système moteur, comme un geste ou un déplacement du corps. Toutefois, elles consistent aussi dans des opérations mentales diverses, comme des estimations perceptives, des comparaisons ou des reconnaissances qu'on peut qualifier d'actions « internes » ou intériorisées. Quant aux buts de la perception, ils dépendent naturellement du contexte dans lequel se trouve l'individu, qui ne se contente pas de traiter passivement des informations. Nous allons par exemple utiliser la vision pour manipuler des outils, reconnaître des objets ou diriger nos mouvements et, suivant le type d'objectif choisi, accorder un poids différent aux diverses sources d'information sélectionnées.

La définition de la perception comme étant l'interaction du sujet avec l'environnement est donc complexe et nécessite quelques précisions. Concrètement, elle aboutit en général à une forme de traitement presque instantané de propriétés physiques du milieu qui donne lieu, par exemple, à des jugements perceptifs sur l'intensité de l'éclairement et des sons, la résistance de matériaux ou les distances. Ce genre de décodage d'informations permet aussi dans la plupart des cas d'identifier, de comparer, ou de reconnaître des propriétés d'objets accessibles à nos sens. La partie de la psychologie qui s'occupe de mesurer ce lien entre diverses dimensions objectives et les impressions qui en résultent s'appelle la « psychophysique » (pour de nombreux exemples, voir les chapitres 6 et 8). Il faut cependant noter que, dans plusieurs situations, la perception nous permet aussi d'intégrer directement les informations prélevées pour *contrôler ou planifier des actions* sans passer nécessairement par un jugement, une estimation ou une verbalisation (voir le chapitre 15). Cependant, les éléments de l'environnement auxquels nous

2. En France, H. Piéron utilise le terme dès 1908, et aux États-Unis, c'est J.B. Watson qui va populariser « *behavior* ».

avons eu accès perceptivement peuvent être intégrés dans des activités mentales liées à diverses formes d'apprentissage ou de réflexion.

La définition des variables

Le champ des activités perceptives est extrêmement vaste et les chercheurs ont dû le plus souvent élaborer des moyens d'investigation particuliers à chacun de ses aspects. Le schéma expérimental est par contre universel et consiste à modifier systématiquement certains aspects d'une situation pour tenter de mettre en évidence les conséquences qu'entraîne ce changement sur les conduites étudiées. Ce sont ces changements de condition, entièrement déterminés par l'expérimentateur, ainsi que le contrôle d'objets ou d'images présentés qui sont définis d'après les hypothèses de recherche comme des variables *indépendantes* (voir la section 3.4). Par contre, l'ensemble des manifestations d'un sujet analysées pour comprendre la perception constituent les variables *dépendantes* (voir la section 3.5). Pour comprendre où et comment s'effectuait la recherche en perception de la psychologie naissante, il faut retracer les repères historiques établis par la fondation des premiers laboratoires (voir l'encadré 3.1).

ENCADRÉ 3.1
Les premiers laboratoires en perception

Depuis le début du XXe siècle, la « nouvelle » psychologie qui s'élabore en laboratoire est reconnue comme une science expérimentale en adoptant une partie de l'instrumentation utilisée avec succès par la physiologie et la physique. Les laboratoires de ces trois disciplines abordent selon des perspectives différentes des problèmes souvent similaires dans le domaine des temps de réaction, de la vision, de l'audition et des kinesthésies. La psychophysiologie des sensations reprend au niveau scientifique le débat philosophique sur l'inné et l'acquis avec un empiriste comme Helmholtz qui défend le rôle de l'expérience face à Hering, principal tenant des positions innéistes (Fraisse, 1963). La sensation et la perception humaines sont un centre d'intérêt majeur avec les recherches sur la mémoire et les émotions, et l'usage d'instruments de mesure et de contrôle des situations se généralise. Il faut souligner que, dès la fondation du premier laboratoire de psychologie expérimentale à Leipzig par Wundt en 1879, on étudie aussi le toucher, le goût, le sens du temps et l'attention (Reuchlin, 1974). Bien que la méthode officielle reste l'introspection, la nécessité du travail en laboratoire est justifiée par le contrôle de conditions d'observation, mais ce n'est pas seulement l'emploi d'appareillages ou la présence d'un esprit scientifique qui sont déterminants. Plus que dans l'occupation d'un certain espace physique ou dans l'intérêt partagé pour certaines questions, un laboratoire consiste en la réunion d'une communauté de chercheurs et l'efficacité de ce type d'organisation s'est maintenue jusqu'à aujourd'hui. L'histoire des laboratoires est récente, elle remonte à peine à plus d'un siècle, mais subit d'emblée une expansion foudroyante puisqu'on a établi qu'aux États-Unis, une quarantaine de laboratoires ont été fondés entre 1883 et 1900 (Benjamin, 2000). En Europe, les sources de la psychologie scientifique anglaise sont ancrées dans l'œuvre du précurseur de la psychologie comparée, Charles Darwin, et dans la recherche de l'hérédité psychologique entreprise par Galton avec des moyens statistiques dont sont issus les premiers tests. En France, c'est la psychopathologie pratiquée par Janet qui ouvrira la voie aux travaux de Binet puis à ceux de Piéron, dont une partie porte sur la psychophysique. Depuis les synthèses de l'histoire de la psychologie d'Edwin G. Boring, ce pionnier (Boring, 1942, 1957), il existe de nombreux résumés en anglais sur l'origine des laboratoires en perception (Hothersall, 1984 ; Hunt, 1993). En français, on pourra consulter un article récent (Nicolas, 1998). Il n'y a pas d'ouvrages d'ensemble, excepté celui de Fraisse déjà mentionné, mais on en trouve, par exemple, pour l'Italie (Manoil, 1938) et la Suisse (Claparède, 1897), où T. Flournoy fonde en 1892 l'un des premiers laboratoires de psychologie européens.

Au Canada, c'est J.M. Baldwin qui construit en 1890 un laboratoire universitaire. Actuellement, ce genre d'institution continue d'assumer aussi des tâches d'enseignement et figure dans la plupart des facultés de psychologie. Un regain d'intérêt pour le rôle des instruments de laboratoire est perceptible dans des publications récentes, mais ne concerne souvent que des aspects historiques (Evans, 2000). On trouvera dans ce dernier article des références sur l'ensemble des auteurs cités en tant que fondateurs de laboratoires.

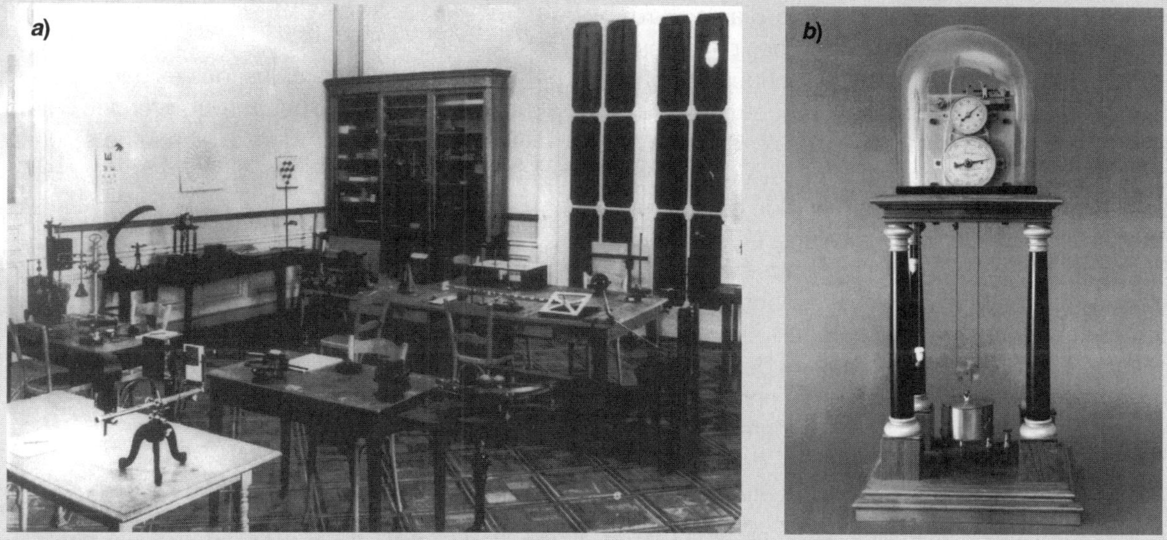

FIGURE 3.1 *a) Laboratoire de psychologie (Genève, 1910).* La photographie montre que la plupart des appareils étaient consacrés aux études en perception. On distingue en bas et à gauche (au premier plan) un tachistoscope de Michotte, qui, grâce à un obturateur (à rideau), permet de voir brièvement un mot ou une image figurant sur un carton glissé dans une fourche servant de support. *b) Chronoscope du type de Hipp.* La précision est essentielle dans les mesures en perception et l'échelle de la milliseconde était déjà couramment utilisée au début du siècle dernier. *Source :* Coll. de M. Flückiger.

Des appareillages caractéristiques de la recherche en perception du début du siècle dernier sont visibles dans la figure 3.1 de l'encadré. Ces instruments se retrouvent dans la plupart des laboratoires de psychologie de cette époque et on dispose d'une description détaillée dans plusieurs manuels classiques (Toulouse et Piéron, 1911 ; Woodworth, 1949). Le nombre d'appareils requis dans un laboratoire est maintenant considérablement réduit puisque l'ordinateur et la vidéo numérique remplissent plusieurs fonctions auparavant assurées par des outils spécifiques. Pour terminer, on peut souligner qu'on réalise mal aujourd'hui l'importance, pour la psychologie, de la fondation des laboratoires, qui ont permis aux chercheurs de s'affranchir d'une argumentation purement philosophique pour se baser sur des données scientifiques. Nous sommes peut-être en train de vivre maintenant une révolution du même ordre avec l'irruption massive des techniques d'imagerie cérébrale fonctionnelle en psychologie cognitive. Beaucoup de laboratoires de perception sont désormais pourvus de ces nouveaux outils qui permettent de chercher les substrats neurobiologiques de l'activité perceptive (Dehaene, 1997).

La nécessité de mesurer et de vérifier

Dans la majorité des cas, pour réunir des observations sur un comportement donné, un expérimentateur va essayer de le provoquer à partir de conditions particulières et se doter d'instruments d'enregistrement ou d'analyse des conduites. L'un des principaux moyens utilisés consiste à isoler une conduite ou une opération mentale de discrimination et à mesurer le temps de sa mise en œuvre (temps de réaction)[3]. Ce temps, qui implique des centres corticaux, est beaucoup plus long qu'un réflexe. La méthode de chronométrie mentale mise au point il y a un siècle et demi par Donders (1868) considère les temps de réaction comme une suite de durées correspondant à des phases de traitement identifiables qu'il est possible de mesurer. Les premiers laboratoires de psychologie se munissaient donc des meilleurs chronomètres du moment (voir la figure 3.1) pour comparer par soustraction les temps mis pour effectuer deux tâches (semblables, à l'exception d'une seule étape de traitement). Diverses améliorations de procédure ont été apportées pour tenter d'isoler les processus de base intervenant dans une tâche complexe. Ainsi, par la manipulation des variables spécifiques dans un plan expérimental factoriel, l'accroissement du temps de réaction pourrait correspondre au surcroît de difficulté rencontré par les participants (Sternberg, 1969). Malgré des critiques provenant surtout des modèles de traitement de l'information en cascade ou en parallèle (McClelland, 1979), ces méthodes restent un outil apprécié en psychologie cognitive. La plupart des techniques actuelles d'imagerie cérébrale font aussi nécessairement appel à des méthodes de soustraction (Dehaene, 1997). Elles ne concernent toutefois plus seulement des durées mesurées, comme précédemment, mais aussi des points ou des zones sur des images superposées correspondant à des conditions d'expérience différentes. En effet, il est difficile d'évaluer une faible activation isolée d'une zone corticale, car les images de débit sanguin varient peu d'une tâche à l'autre. Les images anatomiques de centres ayant accru leur dépense énergétique (voir, dans la sous-section 3.5.5, « L'avènement de l'imagerie cérébrale fonctionnelle ») sont donc superposées pour mesurer par soustraction la modification obtenue entre deux situations expérimentales.

Dans tous ces exemples, des ex gences précises sont à l'œuvre pour aboutir à un premier niveau de vérification, et c'est là que la démarche scientifique en perception trouve aussi sa source.

Dans l'encadré 3.2 se trouve un court résumé des principales conditions qui garantissent la rigueur d'une description et d'une explication scientifiques.

3.3.2 Les méthodes d'étude du développement perceptif

Il est facile d'imaginer que l'application de certaines règles d'investigation scientifique aux petits enfants est ardue. Pourtant, les chercheurs ont souvent trouvé des moyens originaux pour construire des expériences solides.

Comment comprendre ce que peut percevoir un bébé incapable de « raconter » ce qu'il a vu, entendu ou goûté ? Pour le chercheur, il ne s'agira dès lors plus seulement de préciser avec rigueur *avant* l'expérience, comme dans les autres domaines, les caractéristiques exactes de ce qui est présenté aux sujets, mais surtout d'élaborer le moyen d'enregistrer des conduites en « réponse » aux stimulations utilisées sans disposer du support verbal utilisé couramment par l'adulte. De nombreuses méthodes d'étude du jeune enfant sont d'abord l'œuvre d'éthologistes, qui ont dû inventer des procédures indirectes pour évaluer si diverses espèces animales (voir la figure 3.2) pouvaient distinguer certaines propriétés des objets, comme leur forme (Fantz, 1961).

3. Avant d'arriver à évaluer la durée nécessaire pour effectuer par exemple un choix entre deux stimuli, ce qui correspond à une opération psychologique, les physiologistes réussiront au milieu du XIXe siècle à mesurer la vitesse des influx nerveux. Chez l'homme, cet influx circule environ à 100 m/s et prend donc autour de 20 ms pour arriver des pieds à la tête, et le double pour un retrait réflexe du membre.

ENCADRÉ 3.2
Les niveaux de vérification

A. D'une description

Afin qu'une observation soit acceptée par la communauté scientifique, elle doit être vérifiable et présenter au moins trois caractéristiques :

- *une définition sans ambiguïté de la conduite suivant des critères permettant d'attester au moins son absence ou sa présence, ou son importance mesurée ;*
- *des relations entre observations répétables ou reproductibles ;*
- *un certain degré de généralité.*

Par exemple, lorsqu'un sujet compare les segments de droite compris entre des pennures tournées vers l'intérieur ou l'extérieur (voir la figure de Müller-Lyer dans la figure 1.1 en e)), il faut qu'il indique plus souvent une inégalité de longueur, alors qu'il existe en réalité une égalité objective, pour qu'on puisse affirmer l'existence d'un effet d'illusion perceptive. La mesure de cette surestimation de jugement du segment compris entre des pennures tournées vers l'extérieur est une indication plus précise et démontre en général une erreur relative de l'ordre de 20 %. Lorsqu'on teste à nouveau le sujet, la probabilité de retrouver une même estimation doit être élevée (stabilité dans le temps), et d'autres sujets, enfin, produiront vraisemblablement des réponses similaires même s'ils sont examinés par des chercheurs différents. Si l'ensemble de ces conditions est rempli, c'est que ces faits ont un caractère scientifique défini comme étant « la réponse vérifiée à un problème » (Piaget, 1965).

B. D'une explication

Lorsque la description d'une conduite a été vérifiée et qu'on est capable de la relier à des conditions précises définies par l'expérimentateur, une règle ou « loi » est établie. Par une démarche formelle ou logique, des liens avec d'autres lois peuvent être recherchés. L'explication consistera à imaginer un mécanisme réel qui puisse rendre compte de ces diverses déductions formelles (Reuchlin, 1990). Cette démarche correspond à la construction d'un modèle explicatif qui tente d'aboutir à la meilleure approximation formelle du fonctionnement présumé d'un sujet. En principe, les débats théoriques ouverts par exemple en perception confrontent des modèles explicatifs quant à leur capacité de prévoir les conséquences qu'aurait une situation nouvelle pour laquelle une expérience de contrôle serait réalisable. Il y a donc des critères scientifiques définissant la valeur heuristique d'une explication qui, dans l'histoire des idées, vient souvent compléter ou intégrer des modèles précédents. De nombreuses articulations sont par ailleurs utilisées en perception avec des modèles formels issus des statistiques (loi normale, corrélations ou régressions, analyse factorielle ou de variance, etc.) ainsi qu'avec ceux qui sont basés sur des données anatomophysiologiques (dioptrique de l'œil, localisation de centres corticaux, connexions de réseaux neuronaux, etc.) et participent d'une démarche dite « réductionniste » (mathématique ou organiciste). Ces approches complémentaires et souvent prolifiques se substituent parfois entièrement aux explications propres à la psychologie, comme le suggère l'analyse du parallélisme psychophysiologique (Piaget, 1963). Il ne s'agit en aucun cas, pour le chercheur en psychologie des perceptions, d'abandonner les précieux apports de disciplines connexes, mais plutôt, après avoir éprouvé un résultat par inférence statistique ou repéré une zone active du cerveau par imagerie, de s'interroger sur les données obtenues et leur contenu psychologique, leur compatibilité avec des connaissances acquises, ainsi que sur les perspectives théoriques qu'elles induisent (Reuchlin, 1992). Actuellement, deux positions s'opposent quant au statut de l'explication en perception. Pour la première, toutes les nouvelles techniques (comme l'imagerie) ne sont que des instruments au service de la psychologie et permettent de vérifier ses explications. Pour la seconde, les modèles fonctionnels issus des neurosciences constituent une discipline autonome née de l'alliance entre la psychologie cognitive et l'imagerie cérébrale (Houdé, Mazoyer et Tzourio-Mazoyer, 2002).

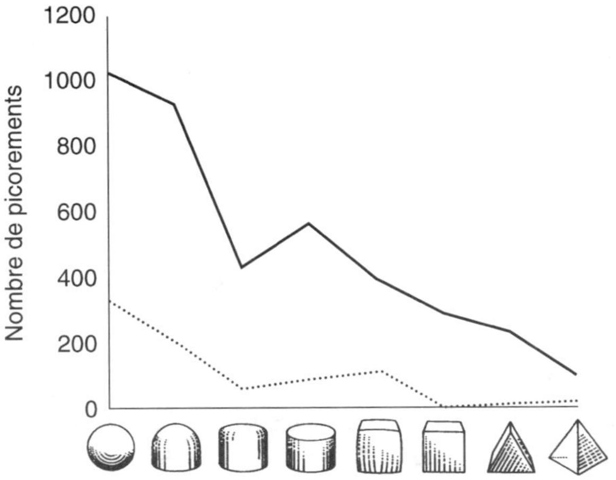

FIGURE 3.2 *Discrimination des formes chez le poussin.* La préférence pour la sphéricité sur huit objets (abscisse) est testée par le nombre de picorements (ordonnée) de 112 poussins. La courbe en tireté illustre les résultats obtenus pendant les 10 premières minutes d'expérience visuelle, celle du haut, pendant 40 min. *Source :* Fantz (1961, p. 68).

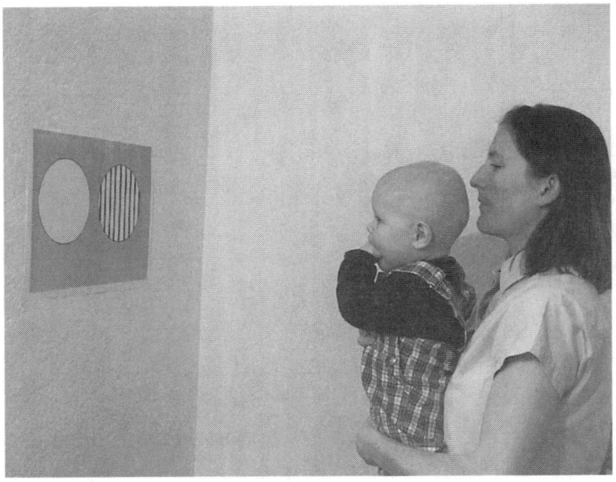

FIGURE 3.3 *Mesure de l'acuité visuelle chez le bébé.* L'observation des yeux du bébé par un minuscule orifice (non visible sur la photo) pratiqué entre les cibles permet de mesurer quelle figure est regardée le plus souvent et le plus longtemps. L'expérimentateur qui note la préférence du bébé ne doit pas savoir comment sont placées les figures, ce qui garantit l'absence de biais, et un enregistrement vidéo permet une vérification ultérieure des constats par d'autres examinateurs (que l'on qualifie aussi de « juges neutres »). *Source :* Photo de M. Flückiger.

Cette expérience chez l'animal, qui peut faire sourire au premier abord, est à l'origine des procédures abondamment utilisées par la suite chez l'homme et permet le dépistage précoce de troubles visuels chez le bébé. L'hypothèse sous-jacente à ces techniques est qu'un objet qui « intéresse » davantage va provoquer une activité accrue chez l'observateur. Cette activité, qui doit être mesurable, consistera chez le poussin en un nombre de coups de bec et chez le bébé en une durée d'inspection oculaire. Cette méthode montre que, dès l'âge de six semaines, la disposition schématique des éléments d'un visage est reconnue. L'insistance du regard sur une figure correspond à une préférence systématique et constitue une preuve de discrimination de configurations qui dépend dans ce cas particulier de l'expérience antérieure. L'allongement de durée constaté doit être statistiquement significatif (alors que l'équiprobabilité de répartition des fixations sur deux images serait due au hasard). Cette méthode, loin d'être uniquement une curiosité, a été adaptée avec succès au diagnostic de l'acuité visuelle chez le bébé (aussi traité dans le chapitre16) et illustre une fois de plus les apports de la recherche fondamentale à la clinique humaine.

L'orientation préférentielle du regard

La standardisation de l'observation des préférences chez le petit de l'homme a conduit au *temps de fixation oculaire relatif*, dont la mesure est utilisée à l'origine pour la discrimination des couleurs et de la complexité des formes (Berlyne, 1958 ; Staples, 1932). Dans les recherches portant sur des formes géométriques, des stimuli cibles (dessins ou photos) apparaissent au-dessus du berceau des plus jeunes bébés allongés (Fantz, 1958) alors que des bébés plus âgés sont simplement tenus sur les genoux de la mère (voir la figure 3.3). Des règles strictes sont appliquées et l'inspection prolongée d'une seule cible n'est pas suffisante[4] pour démontrer une préférence (Ames et Silfen, 1965).

4. La présence d'une discrimination perceptive ne peut être prouvée non plus si la durée de fixation sur la seconde cible est nulle, etc. Des temps d'inspection assez proches sont difficiles à interpréter, car le bébé pourrait parfaitement distinguer deux figures auxquelles il accorde un intérêt équivalent, mais la pratique de ces méthodes les a rendues très fiables (Atkinson et Braddick, 1999).

ENCADRÉ 3.3
Les procédés de mesure de la discrimination perceptive chez le bébé

La vision colorée, la sensibilité au contraste, diverses formes de reconnaissance perceptive et même certaines capacités mnémoniques ont été testées avec précision chez le bébé. Il existe une multitude de variations sur les techniques de base et seulement quelques-unes sont énumérées ici. Leur ingéniosité rivalise parfois avec l'originalité d'observations directes telles qu'on les rencontre par exemple chez Piaget. Une description plus complète est accessible dans divers ouvrages spécialisés (Maurer, 1975 ; Mussen, 1970 ; Reese et Lipsitt, 1970) ou dans des chapitres souvent très fouillés (Lécuyer, 1989 ; Pêcheux et Lécuyer, 1989). Le répertoire de conduites du bébé étant à première vue inférieur aux capacités de discrimination perceptive, on utilise parfois la modification des rythmes cardiaques et respiratoires, mais une accélération ou un ralentissement sont possibles avec un même stimulus selon l'âge des sujets (Jackson, Kantowitz et Graham, 1971). Par ailleurs, il faut impérativement tenir compte pour la validation d'une observation, avec ces indicateurs organiques, de la caractérisation précise d'un stade sur l'état de vigilance concomitant (Prechtl et Beintema, 1964). On comprend en effet facilement l'importance des fluctuations de l'intérêt qu'un bébé peut porter à un objet d'expérience suivant son appétit, le moment du réveil, ou s'il est en phase ludique ou d'exploration. Au-delà des indices physiologiques de réactivité (y compris l'OEG, l'EMG, l'EEG, les potentiels visuels évoqués, etc.), il faut signaler les observations sur l'exploration tactile manuelle ou orale ainsi que sur la préhension (voir plus loin). En outre, le bébé de quelques mois est loin de déplacer son regard au hasard et son organisation des séquences de fixation et des saccades révèle certaines formes de sélection de l'information perceptive (Salapatek, 1973). Cette orientation oculomotrice s'apparente naturellement aux diverses techniques d'enregistrement des réactions de préférence ou à la nouveauté.

Il faut enfin mentionner l'utilisation de dispositifs très spécialisés consacrés à l'étude d'un seul comportement (comme le refus de la « falaise visuelle » ou l'évitement à l'approche d'un objet), résumés brièvement dans le chapitre 16. Il existe dans de nombreux manuels des exposés récents sur les principales méthodes utilisées dans le développement de l'enfant (Streri et Lecuyer, 1998).

En audition, les mêmes principes sont applicables pour la discrimination de la parole chez des bébés qui ne parlent pas encore, soit dès l'âge de 10 ou 11 mois. Dans ce cas, la reconnaissance perceptive de mots est évaluée par un paradigme de préférence mesurant le temps relatif de rotation de la tête vers l'une des sources (Jusczyk, 1995).

Il est à noter que, pour certaines des discriminations testées, il n'y a pas de préférences intrinsèques, auquel cas on recourt à diverses autres méthodes.

L'habituation et la succion

Lorsqu'un événement qui provoque une réponse d'orientation (comme un son) se reproduit fréquemment, on finit par ne plus lui prêter attention. C'est cette disparition de réaction résultant de la simple répétition du stimulus qui est qualifiée d'« habituation ». Elle correspond à des formes élémentaires d'apprentissage que l'on trouve déjà dans les organismes les plus simples du règne animal. Chez le bébé, la procédure basée sur ce type d'effet utilise un nombre et une durée d'essais produits par l'enfant ou maintenus constants (Pêcheux et Lécuyer, 1989, p. 144). Plusieurs formes sont utilisées suivant le constat que divers indices physiologiques (fréquence cardiaque, etc.) ou la durée d'inspection varient lorsqu'un stimulus apparaît de façon répétitive. Par contre, un nouveau stimulus perçu accroît l'intérêt de l'enfant et consiste en une réaction à la nouveauté. Actuellement, dans les travaux sur les perceptions ou l'intelligence, l'ordinateur gère les stimuli sur un écran et reçoit aussi les images d'une caméra enregistrant les déplacements du regard (Lécuyer, 1991). Il reste difficile de définir un critère d'habituation ou la durée des essais, car il n'y a pas eu d'investigation complète de ces aspects. Ces procédures ont un rendement faible par rapport aux méthodes du regard préférentiel et elles ne sont donc utilisables qu'avec des groupes d'enfants assez étendus.

Le conditionnement opérant comme réponse à une habituation a été utilisé avec un succès retentissant pour montrer que, dès l'âge de 10 semaines, ce n'est pas la taille de l'image rétinienne qui détermine la perception spatiale (Bower, 1964) et pour étudier la constance de taille et de forme chez des bébés de 6 semaines (Bower, 1966, 1973). Toutefois, cette technique est maintenant presque abandonnée pour l'étude des processus mentaux, si ce n'est en association avec d'autres techniques telles que la réaction à la nouveauté ou la succion non nutritive (Siqueland et De Lucia, 1969).

L'activité de succion, déjà présente chez le fœtus, peut fonctionner en l'absence d'absorption d'aliments (voir la figure 3.4) et comporte des bouffées d'aspiration régulières ainsi que des sortes de mâchonnements (on interprète ces derniers comme des explorations orales). Ces diverses techniques faisant intervenir l'oralité peuvent être couplées avec des paradigmes d'habituation. Dans le domaine de la découverte du langage parlé, il a ainsi été démontré que, dès l'âge de six mois, les bébés perçoivent, comme l'adulte, les sons avec plus de précision s'ils font partie de certaines catégories courantes dans la langue à laquelle ils sont préférentiellement exposés (Jusczyk, 1995, 1997).

En conclusion, bien que ces diverses techniques soient ingénieuses, elles gagneraient à être utilisées conjointement pour permettre des validations solides. D'autre part, certains auteurs notent aussi, avec raison, l'interdépendance des procédures expérimentales et des interprétations théoriques qui en découlent. Ainsi, bien que pouvant modifier habilement le contexte expérimental d'une observation des bébés, Jean Piaget n'avait le plus souvent à sa disposition comme variable dépendante qu'une manipulation ou un déplacement d'objet, ce qui met sans doute l'accent sur l'importance de la sensorimotricité. À la suite de l'examen détaillé des durées relatives de fixation et d'habituation au moyen de diverses méthodes plus modernes, il semble par contre raisonnable d'insister sur une éventuelle origine perceptive de l'intelligence (Bideaud, Houdé et Pedinelli, 1999).

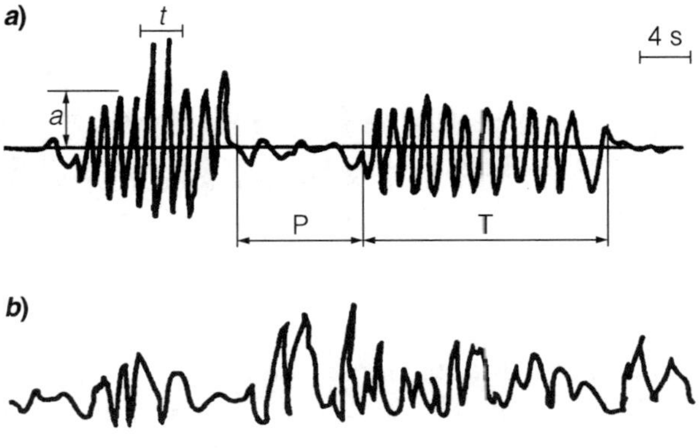

FIGURE 3.4 *Composantes de la succion non nutritive.* Les tracés de succion sont obtenus au moyen de capteurs fixés sur une tétine. En *a*), on constate une activité régulière d'aspirations regroupées en bouffées (T) qui sont séparées par des intervalles de moindre activité (P), alors qu'en *b*) apparaît une activité irrégulière de mâchonnement. La mesure de divers paramètres (T, P, *a* et *t*) sert à définir une activité de base alors que des variations systématiques dans les courbes de succion indiqueraient une activité cognitive de discrimination perceptive. Ainsi, un accroissement de l'amplitude de succion à l'apparition d'un second stimulus serait le témoin d'une différence perçue avec un premier objet présenté. *Source :* Bullinger et Rochat (1985, p. 56-57).

3.4 LE CONTRÔLE DES CONDITIONS EXPÉRIMENTALES

Dans la création de stimuli perceptifs, le chercheur procède souvent à une *simplification* de la réalité (devant conserver cependant les propriétés essentielles d'un objet) et parfois à un filtrage, une limitation du temps de présentation ou une suppression du mouvement par exemple. Le développement des moyens audiovisuels et l'avènement des techniques d'ingénierie et d'informatique modernes permettent maintenant de reproduire en laboratoire des situations complexes. Il ne faut toutefois pas associer les appareillages à la validité scientifique de certaines expériences, qui repose avant tout sur la valeur des hypothèses et des objectifs poursuivis.

3.4.1 La présentation de stimuli statiques

Les limitations techniques ont longtemps réduit pour l'expérimentation la complexité volumétrique des objets usuels de notre environnement. C'est donc avec des configurations géométriques immobiles et en deux dimensions que les gestaltistes démontrent, par exemple, le regroupement spontané d'éléments pour former des totalités perceptives (Guillaume, 1937). Les lois de proximité, la similitude, le sort commun, la clôture, la continuité et l'orientation sont confirmés avec des techniques plus modernes d'investigation (Beck, 1972).

Le point d'observation et de fixation uniques

Des constructions géométriques simples appliquées à l'optique physiologique ont permis d'élaborer des démonstrations visuelles subtiles. On constate ainsi qu'une multitude de surfaces peuvent produire de mêmes images projectives en un point d'*observation unique* et fixe (voir l'encadré 3.4). Il devient dès lors intéressant de chercher quelle configuration réelle est perçue.

Comme un changement de point de vue modifie les informations optiques disponibles, il faut, lors de certains enregistrements des mouvements oculaires, demander aux sujets de saisir avec les dents un support buccal pour garantir une certaine immobilité (Collewijn, 1999). Si on tente d'imposer aux sujets un *point de fixation* sur une image, l'œil effectue malgré tout de nombreux micromouvements (voir le chapitre 4) pouvant excéder la taille d'un cône (Crommelink et Guitton, 1994; Ditchburn, 1955). Une variation contrôlée du point de fixation imposé aux sujets produit diverses distorsions de l'espace perceptif résultant d'effets de « centration » comparables aux effets d'étalon (Fraisse, Ehrlich et Vurpillot, 1956).

ENCADRÉ 3.4
Le principe des configurations équivalentes

Ces démonstrations en perception sont basées sur l'utilisation de configurations dites « équivalentes » dans lesquelles le contour de plusieurs formes est compris dans un même cône optique dont le sommet correspond à un point d'observation unique. Le fait que deux maquettes représentant des contextes différents produisent des projections rétiniennes identiques géométriquement était connu depuis la Renaissance. Toutefois, ce n'est que l'expérimentation qui a permis de montrer le caractère de pari perceptif des sujets en fonction de la familiarité avec la situation. Cette transaction (Ames et Silfen, 1965; Ittelson et Kilpatrick, 1952) est le point de départ d'expériences bien connues (la chambre d'Ames, la fenêtre trapézoïdale en rotation, etc.), dont quelques exemples figurent ici. En observant la figure 3.5, on constate que les sommets des divers quadrilatères se trouvent sur de mêmes lignes de projection, ce qui signifie que leur contour donnera une même projection rétinienne bien que leur forme et leur orientation soient différentes.

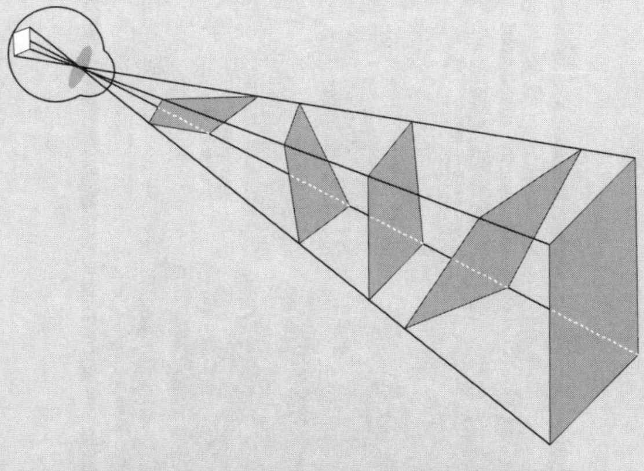

FIGURE 3.5 *Principe des configurations équivalentes.* Tous les quadrilatères compris dans la pyramide donnent exactement une même projection rétinienne bien qu'ils soient de formes différentes. S'ils ne contiennent pas d'information de texture de surface ou de différence d'éclairement et qu'ils sont présentés séparément, le sujet va vraisemblablement supposer pour chacun d'entre eux qu'il voit un rectangle.

Quant aux visages apparaissant aux fenêtres (figure 3.6 en a*) et en* b*)), ils semblent alternativement de tailles très différentes. Il est facile de* *comprendre l'effet en construisant un petit croquis en plan avec des fenêtres trapézoïdales vues de profil pour que leur projection corresponde à un rectangle sur la rétine. Par ailleurs, la fenêtre de droite se trouve plus proche de l'observateur, ce qui détermine une projection du visage de plus grande taille.*

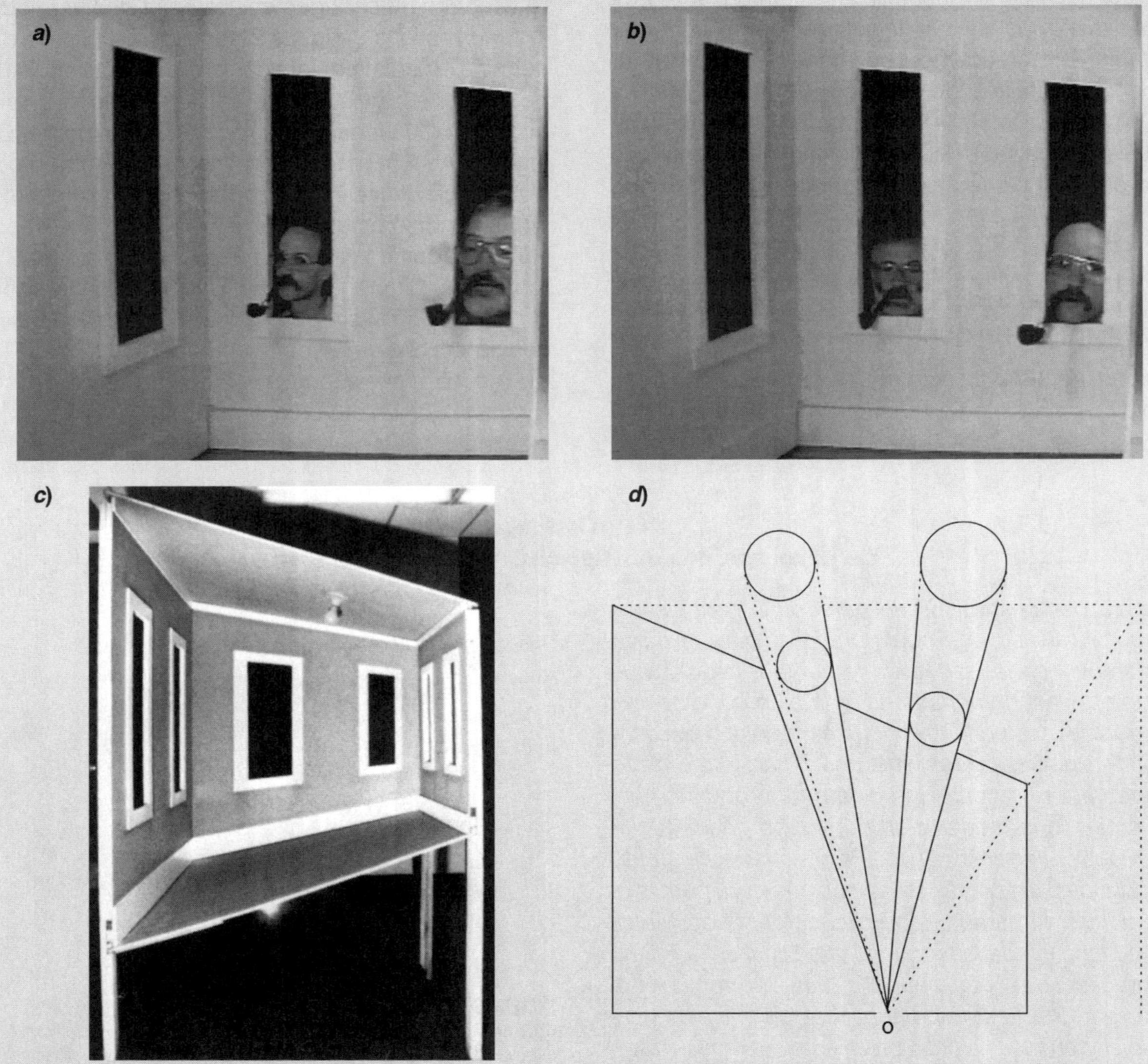

FIGURE 3.6 *Chambre d'Ames.* Les photos *a*) et *b*) sont prises du même endroit, la seconde ayant eu lieu après que les fumeurs de pipe eurent changé de fenêtre. *a*) Les deux hommes apparaissant aux fenêtres semblent de tailles différentes, alors que les deux fenêtres semblent identiques. *b*) Les rapports de taille entre les deux mêmes hommes semblent inversés. *c*) Cette photo prise à partir d'un autre point de vue apporte un début de solution à cette énigme : les deux fenêtres sont en fait de tailles différentes et la forme de la chambre est en réalité trapézoïdale plutôt que rectangulaire. Ces configurations sont équivalentes sur le plan projectif depuis l'emplacement des photos *a*) et *b*), correspondant au point O. *d*) Vues d'en haut à partir de l'ouverture O, la forme projective de la chambre est carrée et les fenêtres sont de même taille. Si les personnages apparaissent de tailles différentes, c'est parce qu'ils se trouvent physiquement à des distances différentes par rapport à l'observateur. *Source :* Coll. de M. Flückiger.

Il est intéressant de noter que c'est avec ce genre de dispositifs paraissant au premier abord artificiels que l'on postulera l'interdépendance indissociable de l'environnement et de l'organisme, auquel ce dernier donne des significations stables. Ces concepts forment la base de la psychologie de l'environnement dès les années 1960 (Ittelson, 1962). Sur le plan de la méthode, les conduites face à une chambre d'Ames ont aussi permis de hiérarchiser l'information traitée puisque, après la prédominance d'une interprétation quant à une chambre rectangulaire (alors qu'elle est trapézoïdale), les distances sont en partie reconnues lorsque l'observateur peut explorer tactilement la chambre avec un bâton. Donc, un appareillage conçu au départ avec des limitations supprimant les parallaxes binoculaires et de mouvement à cause du point d'observation contraint amène à découvrir l'importance du rôle actif du sujet en permettant de vérifier des prédictions initiales erronées.

Le contrôle des durées de présentation

Le tachistoscope contrôle la quantité d'information fournie au sujet en mesurant très précisément (en millisecondes) la durée de présentation d'un stimulus visuel[5] (se reporter à la figure 3.1 en *a*), p. 47), au premier plan et à gauche, pour un modèle d'intérêt historique). Par la suite, des appareils électroniques ont servi à générer des séquences complètes de stimulation au moyen de trois ou quatre canaux permettant la manipulation exacte tant des apparitions successives des stimuli que des intervalles entre les allumages (Woodworth, 1949). L'augmentation des temps d'exposition courts (inférieurs à la seconde) n'entraîne pas un accroissement linéaire des erreurs perceptives puisque celles-ci passent par une valeur extrême à des temps intermédiaires. Ce phénomène original, dit « du maximum temporel », sous-tend l'interprétation des illusions par la théorie de la genèse perceptive (Piaget, Bang et Matalon, 1958; Piaget, Rutschmann et Matalon, 1959) à partir d'expériences avec le tachistoscope de Harvard.

La tendance actuelle est d'utiliser systématiquement l'ordinateur pour la constitution d'*expériences*, mais il existe des inconvénients liés à ce genre de passation auxquels le tachistoscope n'échappe pas. La littérature sur le sujet consacre plusieurs articles à ce problème (Hutner, Duboff, Oscar-Berman et Mueller, 1999; Moukhwas et Perrot, 1978; Myors, 1999; Robson et Carpenter, 1999)[6]. Si on utilise des durées inférieures à 10 ms, la présentation informatisée est soumise aux limitations techniques de vitesse de rafraîchissement de l'écran, mais certains procédés permettent de contourner le problème (Robson et Carpenter, 1999). Certains auteurs considèrent que le tachistoscope introduit un « appauvrissement » des stimuli les privant, du moins partiellement, de leurs propriétés naturelles (Gibson, 1952).

Enfin, on notera qu'en plaçant le stimulus dans une zone particulière de l'espace visuel assez excentrée (se projetant donc sur un hémichamp spécifique),

5. En référence à l'appareillage traditionnel dédié uniquement à la limitation des temps de perception alloués aux participants d'une expérience, on qualifie actuellement de présentation tachistoscopique la technique par laquelle un ordinateur fournit des durées courtes et préétablies de présentation visuelle de stimuli.

6. L'image sur écran cathodique est périodiquement rafraîchie (généralement entre 25 et 100 fois/seconde) pour stabiliser visuellement le stimulus. Avec cette contrainte des écrans actuels, il a été démontré que, pour des durées supérieures ou égales à 14 ms, on n'observe pas de différence entre une présentation en permanence mise à jour sur ordinateur par balayage et une présentation continue sur un tachistoscope (Hutner et autres, 1999). Le faisceau d'électrons qui balaye l'image par lignes ne repasse sur un même point qu'à une fréquence de 50 ou 60 Hz en général et un pixel n'est allumé sur l'écran que pendant quelques millisecondes. L'image d'un ordinateur, qui nous paraît pourtant stable, n'est donc physiquement pas présente de façon continue.

il est possible de stimuler séparément l'un ou l'autre des hémisphères cérébraux. Cette approche est utilisée lors des recherches sur la perception des émotions (Wedding et Stalans, 1985), l'intermodalité tactilovisuelle, (Minagawa et Kashu, 1989), la psycholinguistique (Wey, Cook, Landis, Regard et Graves, 1993), la neuropsychologie de la latéralisation hémisphérique (Koenig, 1989; Koenig, Reiss et Kosslyn, 1990; Sergent, 1986) et les études de dominance corticale (Deegener, 1974).

En conclusion, les propriétés des tachistoscopes permettent un accès aisé aux limites temporelles de la perception en supprimant les mouvements oculaires et en isolant l'accès spécifique à l'un ou l'autre des hémisphères cérébraux.

Les *stroboscopes*[7] produisent un éclairage intermittent qui supprime le mouvement. Ces dispositifs ont par exemple été employés pour mieux comprendre l'influence des mouvements de l'environnement visuel lors d'études sur la posturographie (Amblard et Carblanc, 1980; Amblard et Crémieux, 1976; Amblard, Crémieux, Marchand et Carblanc, 1985) et la locomotion (Assaiante et Amblard, 1989). Leurs inconvénients résident dans le caractère artificiel de la suppression du mouvement et la difficulté de maintenir une exploration oculaire continue.

Les techniques de suppression physique de fréquences, enfin, consistent à filtrer des stimuli aussi bien visuels (voir le chapitre 11) qu'auditifs et à mettre en évidence l'effet de ces transformations (voir Campbell et Maffei, 1974; et pour une revue: Bruce, Green, et Georgeson, 1996). Un usage abstrait différent appelé « filtre » intervient comme élément fonctionnel de certains modèles théoriques de sélection d'information liés aux mécanismes attentionnels, comme par exemple chez Broadbent (1958) ou dans le cas de l'inattention visuelle tardive (Mack et Rock, 1998).

7. Le stroboscope est un système d'éclairage produisant des flashes de lumière dont on peut contrôler la durée et la fréquence. Chaque illumination de l'environnement peut donc être considérée comme une stimulation tachistoscopique. Les éclairs du stroboscope offrent l'avantage de pouvoir être utilisés dans un environnement tridimensionnel en permettant de supprimer le mouvement dans une scène animée.

3.4.2 La présentation de stimuli mobiles

Plusieurs phénomènes naturels comportent des mouvements et sont étudiés soit directement sur le terrain soit après reproduction en laboratoire de leurs principales propriétés visuelles. Il s'agit, par exemple, des effets consécutifs à l'observation d'une chute d'eau (Boring, 1942, 1957) ou au déplacement des nuages devant la Lune (Wallach, 1959), qui provoque un mouvement induit (voir le chapitre 14).

Les erreurs sont fréquentes. Ainsi, une fenêtre trapézoïdale animée d'un mouvement oscillant autour d'un axe vertical est perçue comme étant en rotation continue (Ames, 1951). Une mauvaise estimation de distance des arêtes de la fenêtre expliquerait ce frappant effet d'illusion (Gogel, 1984). L'école gibsonienne a mis en évidence de nombreux effets illusoires de mouvement en trois dimensions à partir de transformations optiques bidimensionnelles (Gibson, Kaplan, Reynolds et Wheeler, 1969; Schiff, 1965). Ces démonstrations sont particulièrement frappantes puisque les bébés humains ont déjà des conduites d'évitement lors du grossissement exponentiel d'une surface sur un écran qui reste en fait à une distance fixe de l'œil des participants (voir le chapitre 16).

Les techniques d'animation

Les instruments produisant des mouvements optiques ont suivi l'évolution des techniques d'animation. Ainsi, dans les années 1950, seuls des dispositifs mécaniques étaient utilisés pour démontrer l'existence de structures causales entre des taches mobiles qui entraient en contact.

Ces effets découlent de paramètres spatiotemporels qui produisent une impression de lancement, de déclenchement ou d'entraînement (Michotte, 1946; Michotte et Thinès, 1963). Ces situations classiques dites « de causalité perceptive visuelle » (voir la figure 3.7) ont donné lieu à d'importants débats théoriques entre Michotte (*ibid.*) et Piaget (Piaget, Lambercier, Maroun et Weiner, 1958). Pour les premiers auteurs, le phénomène de causalité est d'origine purement visuelle. Pour les seconds, il faut chercher la source de ces effets dans les schèmes tactilokinesthésiques sensorimoteurs et pas uniquement dans la perception. Des empiristes redécouvrent aujourd'hui

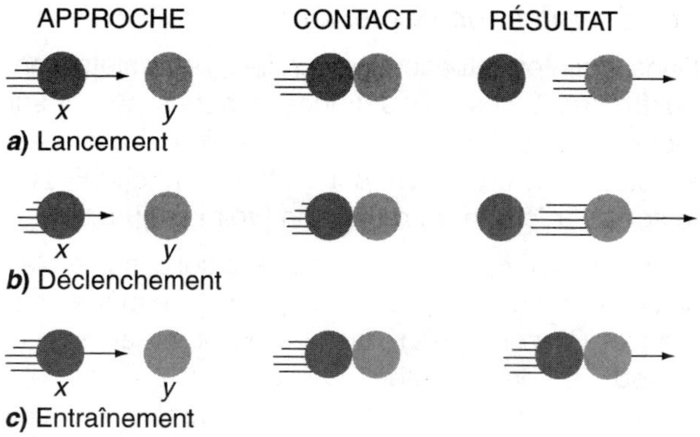

FIGURE 3.7 *Causalité perceptive.* On voit sur cette figure les différents effets de causalité. Lorsque deux disques dessinés s'approchent, nous percevons une relation causale entre le mouvement du premier (*x*) qui détermine celui du second (*y*), alors que ces formes ont une masse négligeable. Les événements perçus correspondent en haut à un lancement, au milieu à un déclenchement et en bas à un entraînement.

le rôle perceptif prédominant de l'expérience tactilo-kinesthésique (Prinz, 2002, p. 176) sur la base des travaux de Leslie et Keeble (1987) chez l'enfant de six mois.

Plus récemment, des techniques filmiques ont mis en évidence le rôle de la masse relative supposée des objets mobiles et leur dynamique, alors que des questions étaient posées aux sujets sur le poids présumé des mobiles (Runeson, 1977). Toutefois, la correspondance postulée entre l'information des rapports de masse perçus et les équations décrivant leur interaction physique (Gilden et Proffitt, 1989) ne s'est pas révélée complète et des heuristiques plus simples du type de l'impression de ricochet semblent être utilisées. Elles s'appliqueraient cependant à un grand nombre de situations dynamiques autres que l'impact de balles (Gilden, 1991 ; Pittenger, 1991). Kanizsa (1997) a par contre mis en évidence des mouvements dits « animés » où sont perçus des types de déplacements d'organismes vivants non identifiés. Cette approche préfigure en quelque sorte les études de Viviani et Stucchi (1992) sur le mouvement biologique (voir le chapitre 14).

L'animation informatique a permis de réaliser des recherches sur la physique intuitive, ou naïve. Questionnés sur le trajet d'une balle à la sortie d'un parcours circulaire, plus d'un tiers des étudiants interrogés, même ceux ayant suivi des cours de physique, prolongent la trajectoire présumée du mobile selon un parcours circulaire plutôt que rectiligne (McCloskey, 1983). Avec de vraies balles de tennis, tenues par une cordelette et tournant au sol avant d'être lâchées vers une cible suivant le principe de la fronde romaine (Flückiger, 1974), le dessin des trajectoires est souvent erroné. Par contre, la conduite pratique de visée est réussie relativement tôt dans le développement de l'enfant, démontrant que l'action précède la prise de conscience de la représentation du phénomène.

Peu d'auteurs ont examiné ces questions dans des situations écologiques et avec des objets réels plutôt qu'avec des animations graphiques, si l'on excepte les recherches effectuées au Centre d'épistémologie génétique[8] avant les années 1980. Globalement, des conduites aboutissant à des réalisations physiques concrètes devraient être plus efficaces que des jugements fondés sur de simples dessins informatiques. Comme on pouvait s'y attendre, il a en outre été confirmé que des séquences restituant la dynamique d'un phénomène physique entraîneraient une meilleure performance que des dispositifs statiques (Kaiser, Proffitt et Anderson, 1985 ; Kaiser, Proffitt, Whelan et Hecht, 1992).

La reproduction optique de scènes réelles en mouvement

De larges parties d'un environnement réel peuvent être reconstituées un peu à la manière d'un décor de théâtre permettant l'évolution d'acteurs, dont il s'agirait de comprendre l'activité. Un simulateur tente d'imiter au mieux la « réalité » tout en permettant un contrôle extrêmement précis, et plus facile que dans un contexte naturel, des informations présentées. Pour certains, toutefois, un simulateur ne reconstituerait qu'une sorte « d'illusion » de la réalité.

Des paramètres extravisuels sont aussi modifiables à volonté (accélérations, vibrations, sonorisation, pressions tactiles, etc.) dans les simulateurs de vol ou de

8. Il serait fastidieux d'énumérer ici les dizaines de situations physiques réelles étudiées sous la direction de Jean Piaget concernant, entre autres, la causalité perceptive, l'ordre des relations spatiales et la généralisation, mais on pourra se reporter avec profit aux divers ouvrages publiés sur ce sujet aux Presses Universitaires de France.

conduite pour étudier le pilotage d'un véhicule (Haber, 1986). Quelques exemples d'appareillages simples montrent comment isoler certaines propriétés optiques de scènes visuelles pour l'étude des perceptions en laboratoire.

Les cylindres optocinétiques

Les cylindres optocinétiques sont des cylindres dont la surface, entourant le sujet, est texturée et peut tourner à différentes vitesses (Dichgans et Brandt, 1978). On étudie ainsi les interactions visuovestibulaires, le nystagmus optocinétique et la vection circulaire, qui consiste en une illusion d'autorotation du corps propre, en fait immobile, chez l'adulte et l'enfant (Brandt, Wenzel et Dichgans, 1976). Des mécanismes physiologiques de base sont démontrés, mais il faut reconnaître que ce genre de mouvement circulaire est très rare dans l'environnement naturel.

Les simulateurs de déplacement linéaire

Les flux linéaires sont plus fréquents et les appareillages permettant d'étudier la vection linéaire sont assez diversifiés. Avec certains dispositifs, une projection cinématographique au plafond peut être élargie latéralement par des miroirs (Berthoz, 1978; Berthoz et Droulez, 1982; Lestienne, Soechting et Berthoz, 1977). Mais un plafond comporte peu d'information sur son éloignement absolu, ce qui ne permet d'étudier ni des estimations de distance égocentrées ni des déplacements actifs du sujet. Des effets de vection linéaire verticale donnent l'impression de se déplacer en ascenseur (Johansson, 1977) et il suffit d'une stimulation périphérique de textures mobiles sur des écrans latéraux (qui se font face) pour que le corps entier soit perçu comme étant en mouvement (Kano, 1991). Des effets de vection linéaire ont été mis en évidence chez le tout petit enfant (Jouen, Lepecq et Gapenne, 1993; Lepecq, Giannopulu et Baudonniere, 1995; Lepecq, Jouen et Gapenne, 1995)[9].

9. C'est la structure du flux optique qui est déterminante, comme cela a été démontré depuis une vingtaine d'années avec des « chambres de Lee » (voir le chapitre 15). En effet, un flux radiant projeté sur la périphérie n'a qu'un effet très réduit, contrairement à un flux lamellaire stimulant cette même zone de la rétine (Stoffregen, 1985, 1986).

Le générateur de flux texturé

Dans maintes situations naturelles, les sujets sont confrontés à des flux optiques attachés au sol sur lequel ils marchent. Cette organisation spatiale est simulée dans un générateur de flux texturé (GFT) où le sol sert d'écran de projection (voir la figure 3.8).

L'écologie optique postule que le sol a, sur le plan visuel, une position privilégiée pour les espèces terrestres (Gibson, 1979) puisqu'il est perçu comme le support de déplacement. Cette hypothèse est confirmée par une série de recherches sur les latences posturales mesurées avec le GFT et décrites au chapitre 15 (Bérubé, Flückiger et Maurer, 1980; Flückiger et Baumberger, 1988). Avec ce même dispositif, les vitesses projectives du flux ont une valeur absolue puisque la distance de l'œil au sol est un invariant perceptif. Par contre, les vitesses des textures sur divers supports verticaux ne peuvent avoir qu'une valeur relative, comme dans la chambre mobile. Le GFT a donc permis d'étendre les recherches sur le rôle des flux optiques à la localisation spatiale (Baumberger, 1992;

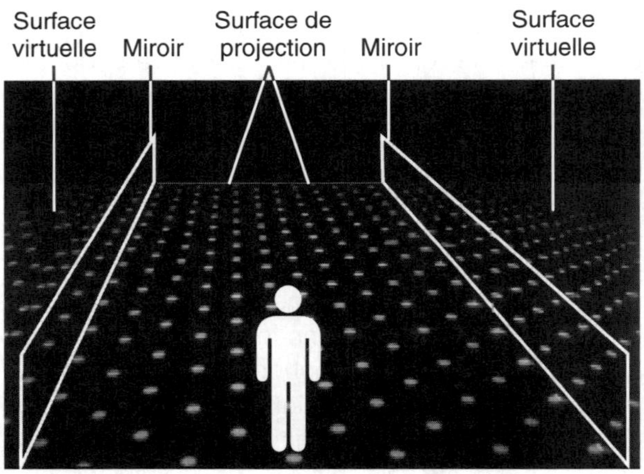

FIGURE 3.8 *Projection au sol avec le générateur de flux texturé (GFT).* Les parois de la salle d'expérimentation sont munies de miroirs latéraux fournissant sur les côtés des scènes virtuellement infinies sur le plan optique. Lorsqu'un sujet regarde devant lui, le sol présente un gradient de texture formé par la projection de taches lumineuses et spécifiant les distances à partir de l'endroit où il se trouve. En réalité, les dimensions de la surface de stimulation visuelle contrôlée par le GFT sont de 4 × 15 m (Bérubé et autres, 1980). Lorsque les taches au sol sont immobiles et qu'un observateur marche dans la salle, son déplacement produit un flux visuel (autogénéré) dont la structure correspond aux vecteurs de vitesse du flux optique illustrés dans la figure 2.4, p. 38. Si les taches sont animées par le système de projection fixé au plafond, leur mouvement se combine algébriquement avec les vitesses du flux autogénéré par le marcheur. *Source :* Coll. de M. Flückiger.

Baumberger et Flückiger, 1993), au contrôle des vitesses de déplacements libres (Baumberger, Flückiger et Martin, 2000 ; Flückiger, 1994) et au pointage locomoteur (Bardy, Baumberger, Flückiger et Laurent, 1992) avec une exposition prolongée au flux dans une même direction.

La simulation par ordinateur

Dans les études sur la capacité des sujets à extraire la direction d'un déplacement simulé, on a constaté que les performances sont supérieures dans un environnement « réaliste » comprenant divers repères ou obstacles[10], comparé à une surface libre ne comportant que des textures en nuages de points aléatoires (Cutting, Wang, Baumberger et Flückiger, 1999). Les flux optiques, ainsi reconstitués sur écran d'ordinateur, comprennent non seulement les gradients de vitesse des éléments de texture attachés au sol, mais également des mouvements relatifs d'objets tridimensionnels, y compris des masquages, des modifications de leur projection en fonction du point de vue, etc. Ce n'est donc pas uniquement la direction du déplacement de la caméra virtuelle qui est manipulée par les logiciels graphiques, mais également l'orientation de l'axe de la prise de vue, qui correspondrait au point de fixation sur l'image informatisée d'un observateur théorique. L'utilisation de ce point de fixation, même s'il est très controversé sur le plan théorique, est très intéressante du point de vue tant de la simulation que de l'expérimentation.

L'asservissement du spectacle visuel présenté aux actions ou mouvements de l'observateur marque un progrès significatif. Cette fonctionnalité, qui est nécessairement présente dans des situations de terrain, est loin d'être simple à reconstituer, mais il existe maintenant de nombreux dispositifs qui la proposent de façon plus ou moins complète. C'est ici que se pose la question du *mapping*, qui consiste à créer un lien qu'on peut qualifier de « naturel » entre une action qu'effectue le sujet et le résultat qu'elle entraîne dans une simulation. Cette question essentielle se pose pour tous les appareillages produisant des « réalités virtuelles » et définit aussi les qualités d'un simulateur de conduite, par exemple. Actuellement, des « imageurs » de quelques grammes (fixés à des lunettes) permettent d'afficher en surimpression toutes sortes d'informations pendant qu'on regarde librement autour de soi (Leblanc et Agret, 2002). Il est donc possible de « mixer » le réel et le virtuel pour diverses propriétés optiques des objets et des lieux avec des techniques dites « de réalité augmentée » (Azuma, 2001), mais la mesure des effets perceptifs obtenus est encore rare (Vianin, 1999).

10. Les scènes reproduites, bien qu'étant fort simplifiées, correspondraient à des environnements « encombrés », en référence au terme anglais « *cluttered* », par opposition à celles où ne figurent que des surfaces « libres ».

3.5 L'ENREGISTREMENT DES DONNÉES COMPORTEMENTALES

Les faits recueillis en perception correspondent aux valeurs mesurées de certaines manifestations des sujets dans un champ de conduites défini avant les expériences sous la forme de variables dépendantes (VD). Dans chaque domaine d'études, la réponse verbale, motrice ou neuroélectrique choisie comme VD doit permettre une description fiable des effets des variables indépendantes et du percept concerné. La liste des VD ne constitue pas un ensemble fini, et uniquement quelques exemples représentatifs seront présentés ici. L'utilisation de capteurs électroniques interfacés avec des ordinateurs marque sans doute le progrès récent le plus significatif dans le domaine de l'acquisition des données. Les recherches sur le couplage action/perception et l'imagerie cérébrale illustreront ce type d'enregistrement.

3.5.1 Le codage des réponses

En perception, presque toutes les observations de recherche sont codées au moyen de divers systèmes d'enregistrement. Cette traduction des données d'expérience offre plusieurs avantages, dont celui de faciliter la manipulation ultérieure et le traitement statistique. Les estimations résultant, par exemple, de comparaisons entre des stimuli ou de reconnaissances sont mesurées sur des échelles psychophysiques en fonction d'une grandeur indiquée directement par les sujets ou attribuée par l'expérimentateur sur la base de jugements portés dans des catégories prédéfinies. En ce qui concerne les techniques de mesure des seuils à partir d'échelles physiques, il faudra se reporter à des exposés sur la psychophysique et la détection du signal (Bonnet, 1986, 1998; Fraisse,1974; Goldstein, 2002). Le codage des réponses peut concerner d'autres aspects que des dimensions physiques, mais l'usage de questionnaires est moins fréquent en perception qu'en sciences sociales. Toutefois, les règles de conception et de formulation des questions comme celles du codage et de la sortie des données sont communes à la plupart des sciences humaines (De Singly, 1992; Falmagne, 1994; Reuchlin, 1992).

3.5.2 Les tests et les questionnaires

Le Rod and Frame Test (RFT) et ses variantes offrent un exemple typique d'instruments couramment utilisés pour classer des sujets selon leur sensibilité aux référentiels visuels, par opposition aux perceptions gravitaires (voir le chapitre 13). Les questionnaires sont établis dans un but spécifique en suivant des procédures strictes (Bacher, 1982) et comportent des critères précis d'utilisation et de contrôle de l'authenticité des réponses (Blanchet, 1985). Dans les recherches en perception, les questionnaires servent à la fois à connaître l'historique du sujet ou à effectuer une mesure proprement dite qui est l'objet de l'expérience. C'est le cas notamment dans les expériences consacrées aux effets de vection (illusion de déplacement de soi), à l'immersion dans un environnement virtuel ou aux malaises dans des situations nauséogènes (Crémieux et autres, 1999). Des enquêtes de très grande envergure (1,5 million de sujets) ont été entreprises avec succès, sur l'olfaction par exemple, dans des magazines comme le *National Geographic* (Gibbons,1986; Gilbert et Wysocki, 1987).

3.5.3 Les différentes méthodes d'enregistrement et de traitement des données

Les enregistrements, entre autres numériques, permettent d'abord de conserver des observations fugaces que l'on pourra analyser plusieurs fois à des fins de vérification et, surtout, de ralentir les conduites pour un examen plus détaillé. Leur emploi n'offre cependant pas une garantie automatique de scientificité. La valeur d'une recherche est en effet beaucoup moins jugée sur le raffinement de ses moyens que sur ses objectifs et apports pratiques ou théoriques. Toutefois, des capteurs adéquats peuvent saisir des données échappant au chercheur pour les véhiculer jusqu'à un enregistreur.

Deux grandes catégories d'instruments sont utilisées: 1) ceux qui sont dédiés à la mesure de tous les éléments visibles des activités corporelles *externes*, soit à la capture du mouvement du sujet ou à son comportement physique en réponse à une stimulation perceptive; 2) ceux qui « mesurent » la vie *intérieure* du sujet, en enregistrant des paramètres physiologiques ou indicateurs biologiques tant de l'activité électrique des muscles que du cerveau.

3.5.4 Des réponses motrices pour comprendre la perception?

Plusieurs activités motrices sont mesurées comme des conduites déterminées par des stimulations perceptives. Des manifestations émotives ou langagières ont d'ailleurs une composante motrice qu'il est possible d'analyser aussi comme une « réponse » des sujets.

La motricité partielle

Une infinité de mouvements sont enregistrés, qui vont des gestes de pointage (Prablanc, Echallier et autres, 1979) avec les doigts à la saisie avec la main (Jeannerod, Decety et autres,1994) et aux déplacements de la tête (Jeannerod, 1996a). Le pointage sert le plus souvent à comprendre la localisation spatiale alors que le calibrage effectué par les sujets avec leurs doigts dans les conduites de saisie nous informe par exemple sur la façon dont ils perçoivent diverses propriétés des objets. Beaucoup de ces techniques sont évoquées lors de l'exposé de recherches particulières dans les chapitres qui suivent.

Quelques principes de base sur l'analyse des déplacements de l'œil seront par contre résumés ici, car cette méthode trouve des applications dans les domaines les plus divers, qui vont de la publicité à la psychologie de l'esthétique (O'Regan et Levy-Schoen, 1987).

L'analyse des mouvements oculaires

Le regard possède dans toutes les sociétés un statut particulier. En effet, il peut être curieux, gênant, indiscret, impoli, « insistant », voire dangereux. Le contrôle et la gestion du regard sont intégrés très tôt dans le développement ; ils font partie de l'éducation et d'un ensemble d'interdits.

On constate en perception que le regard peut devenir rapide, fugace et difficile à suivre dans l'exploration d'une scène, mais les mouvements de l'œil sont facilement détectés à travers un trou percé dans une feuille ou un écran de projection. Une caméra peut aussi filmer le comportement oculaire par ces orifices. Pour les divers procédés d'enregistrement, il faudra se reporter à des manuels spécialisés (Carpenter, 1988 ; Findlay, Walker et Kentridge, 1995 ; Groner, McConkie et Menz, 1985 ; Lévy-Schoen, 1969 ; O'Regan et Levy-Schoen, 1987 ; Viviani, 1994). Le principe consiste à amplifier le mouvement sans compromettre la précision des fixations de l'œil. Celui-ci n'est jamais parfaitement statique, comme le montre la technique d'immobilisation de l'image sur la rétine (Pritchard, 1961) présentée au chapitre 4, et ne se déplace pas de façon continue, mais par saccades, en fovéalisant les zones d'intérêt.

Un apprentissage adéquat permet cependant de lire des mots isolés perçus à 15° d'excentricité (Sommerhalder, Bagnoud, Safran et Pellizone, 2000).

Ces résultats suscitent de grands espoirs pour la simulation visuelle artificielle, dans les cas de dégénérescence rétinienne par exemple. En effet, des microprothèses ne peuvent être implantées qu'à une certaine distance de la fovéa (Zrenner, 2002). Chez l'enfant, c'est beaucoup plus la tête que les yeux qui se déplace et jusqu'à l'âge de six ou huit ans, les techniques d'enregistrement qui bloquent la tête sont peu fiables.

Le reflet cornéen

Le reflet cornéen d'un repère lumineux est pris comme repère lors des enregistrements. La reconstitution des diverses positions de l'œil et des points de fixation s'est longtemps effectuée d'après des films (Vurpillot, 1972). Ces dispositifs ne permettent ni des mouvements de tête ni des stimuli de grande dimension et encore moins l'exploration d'un environnement « naturel ». Actuellement, la position oculaire est codée à l'aide d'une caméra filmant directement l'œil, par des

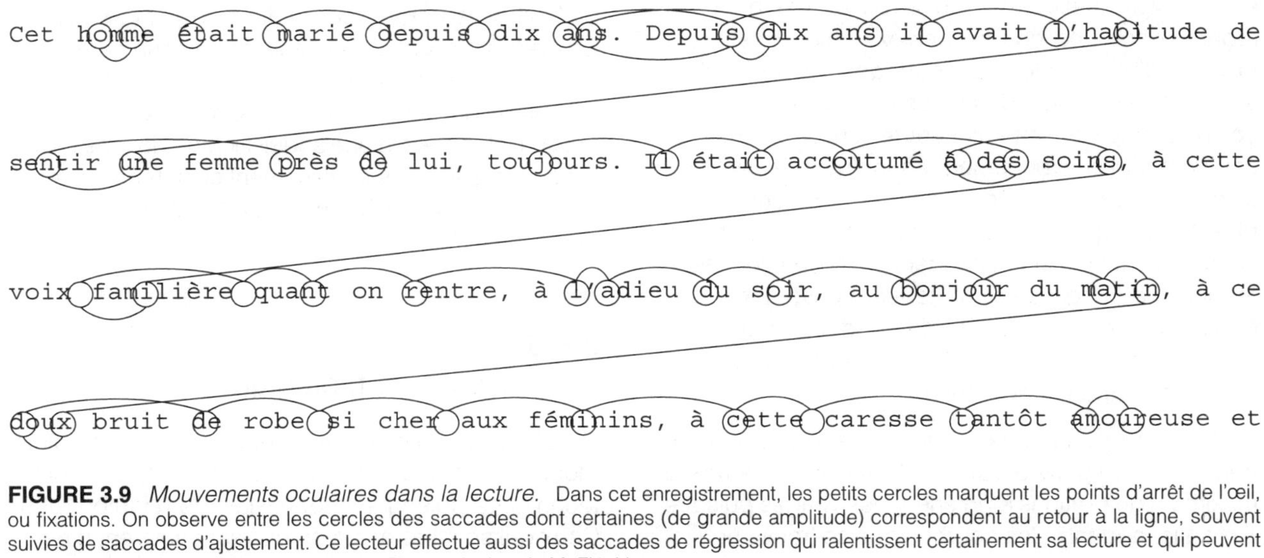

FIGURE 3.9 *Mouvements oculaires dans la lecture.* Dans cet enregistrement, les petits cercles marquent les points d'arrêt de l'œil, ou fixations. On observe entre les cercles des saccades dont certaines (de grande amplitude) correspondent au retour à la ligne, souvent suivies de saccades d'ajustement. Ce lecteur effectue aussi des saccades de régression qui ralentissent certainement sa lecture et qui peuvent être diminuées par entraînement. *Source :* Reconstitution de M. Flückiger.

modifications de champs magnétiques ou infrarouges à proximité du globe oculaire ou par la mesure de l'activité électrique des muscles extraoculaires. Le grand avantage de ces techniques est qu'elles permettent des fréquences d'échantillonnage élevées.

Les dispositifs automatisés

La miniaturisation des capteurs vidéo a permis la fabrication de casques portés par le sujet comprenant 3 caméras (1 par œil et 1 pour l'environnement) dont le poids n'excède pas 500 à 600 g. Après numérisation du signal et traitement de ces données à l'aide d'un logiciel spécialisé, on peut récupérer sur l'ordinateur les coordonnées des mouvements oculaires. En général, la précision de ces dispositifs optiques est inférieure à 1°, la fréquence d'échantillonnage est de 50 Hz au maximum et les calibrages sont complexes. Néanmoins, avec un système intégré (comme dans les dispositifs NAC), un marcheur déplace son enregistreur sans trop de peine. L'analyse des données est facilitée si l'image et l'observateur sont statiques. Le repérage en profondeur des points exacts fixés lors de la conduite automobile ou de la locomotion dans un environnement naturel reste compliqué, si ce n'est sur des surfaces assez étendues.

Il est cependant possible de montrer, par exemple, qu'un conducteur expérimenté focalise davantage son regard qu'un novice lorsqu'un obstacle apparaît dans le champ visuel (Underwood, 1998). On peut aussi savoir quelle partie de la route attire le plus le regard, dans une courbe par exemple. Il est alors prudent d'utiliser plusieurs codages de vérification, éventuellement avec des juges neutres. La seule façon d'automatiser cette procédure serait de modéliser entièrement l'environnement en incluant l'activité du sujet, mais cette procédure est pour l'instant encore plus difficile que le dépouillement manuel. Certains chercheurs emploient cependant ce moyen pour ajouter sur une image de la route les mouvements respectifs de l'œil et de la tête du conducteur et savoir ainsi où il regarde en fonction de l'angle de rotation du volant (Land et Lee, 1994).

Les enregistrements sur une route sinueuse montrent (voir la figure 3.10) que le regard effectue le maximum de fixations à l'intérieur des virages puisque c'est à la tangente des courbes que se trouve une information indépendante de leur rayon et permettant une bonne anticipation de la suite du trajet. Si ces stratégies de contrôle du regard n'ont pas été mises en évidence plus tôt, c'est que, dans un type de conduite détendue (sur une route plus large), les fixations s'orientent longuement sur des tâches ne relevant pas de la conduite du véhicule.

La motricité globale

Des manifestations motrices globales du corps complet ou de plusieurs segments sont souvent employées pour comprendre comment le sujet réagit à diverses stimulations et organise l'information mise à sa disposition pour se déplacer ou maintenir son équilibre postural.

Mesurer une position dans l'espace

La capture de la position et du mouvement dans l'espace est essentielle lorsqu'on s'intéresse par exemple au rôle de la vision lors de mouvements complexes comme la marche ou le saut (voir le chapitre 15) ainsi qu'à la relation entre des segments corporels lors du maintien de l'équilibre au moyen de diverses stratégies posturales. Les troubles de la vision entraînent divers problèmes d'équilibre mesurables au moyen de plateformes de force (Flückiger, 1997). La résolution spatiale et temporelle des capteurs doit être évaluée a priori. Si un échantillonnage adéquat doit être couplé à la génération d'une stimulation visuelle, le problème reste ardu à cause du temps de calcul. Deux logiciels synchrones sont nécessaires : l'un gère l'interface avec l'extérieur, l'autre la stimulation. En résumé, l'amélioration des capteurs électroniques permet la gestion temporelle d'une acquisition de données avec, si nécessaire, un asservissement simultané de l'environnement visuel (Baumberger, Flückiger et Chanderli, 1994 ; Chanderli, 2002).

3.5.5 Les indicateurs biologiques

Un grand nombre de paramètres de l'activité biologique sont étudiés en perception avec les mêmes techniques qu'en psychophysiologie (Habib, 1995). Ceux qui sont liés à la motricité sont souvent directement accessibles à l'observation visuelle *externe.*

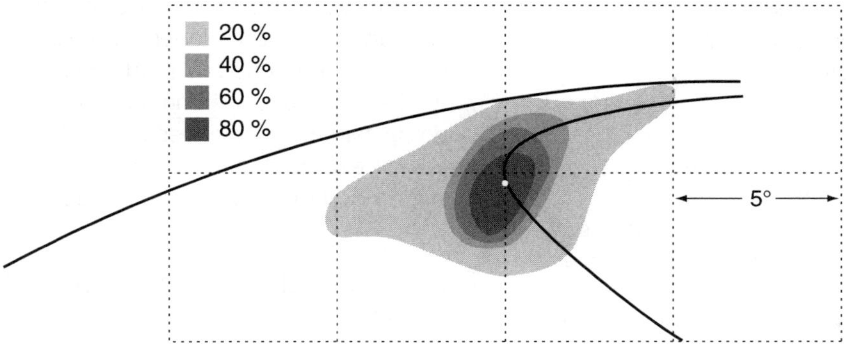

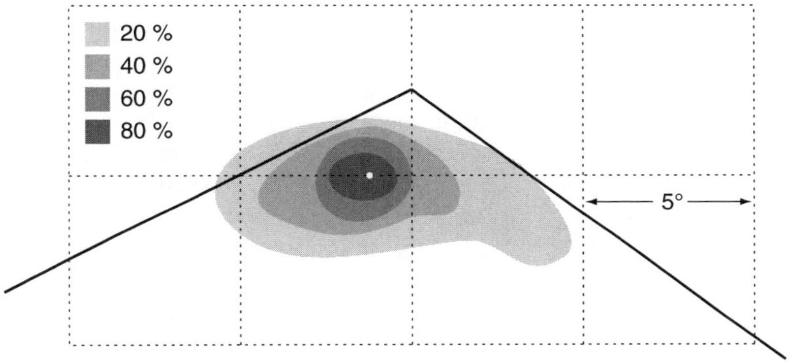

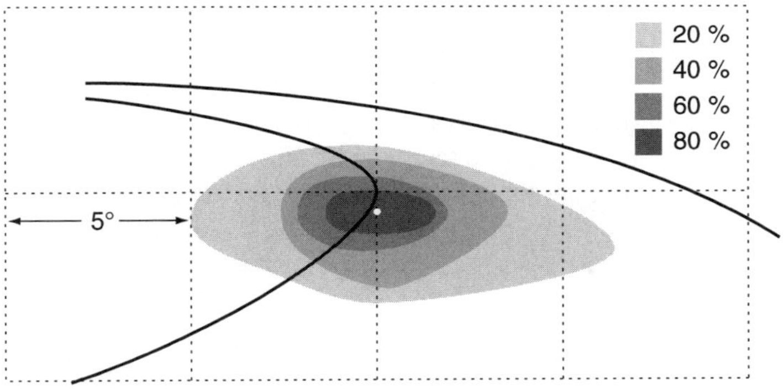

FIGURE 3.10 *Mouvements oculaires dans la conduite automobile.* Les contours des zones de distribution des fixations du regard concernent de haut en bas un virage à droite, un parcours rectiligne et un virage à gauche sur une route anglaise à sens unique suivie dans une voiture Jaguar (les trois schémas sont alignés selon le cap suivi par le véhicule, qui correspond à la ligne centrale de la figure du milieu). Les zones obtenues sont centrées soit sur les points de tangente soit sur le point de fuite lorsque la route est rectiligne. La zone annulaire la plus étendue contient 20 % des fixations alors que 80 % se situent plus près des points visuels stratégiques. *Source:* Land et Lee (1994, p. 743). Reproduit avec la permission de *Nature*. © 1994, Macmillan Magazines Limited.

D'autres exigent des appareillages pouvant révéler des manifestations dites « internes ». Dans le cadre des recherches en perception, des manifestations organiques particulières sont très souvent utilisées pour construire des explications sur la façon dont nous reconnaissons des images, comparons des objets ou identifions des scènes.

La mesure des paramètres internes atteint la vie privée du sujet, comme c'est par exemple le cas des différents systèmes qualifiés de « détecteurs de mensonges ». Actuellement, grâce à l'imagerie par résonance magnétique, cette détection devient très fiable et il convient donc d'être encore plus attentif aux règles d'éthique lorsqu'on travaille avec ces dispositifs. Les progrès de l'électronique relatifs aux capteurs et aux amplificateurs ont permis d'améliorer considérablement les conditions de collecte des données. Pour ce qui est des indicateurs biologiques attachés à l'observation de l'activité corticale, seuls quelques exemples seront mentionnés ici. On consultera avec profit des ouvrages spécialisés pour mieux comprendre leurs bases techniques et théoriques (Dehaene, 1997 ; Houdé et autres, 2002).

Les enregistrements physiologiques généraux

En perception, les mesures prises avec ces capteurs permettent d'enregistrer, par exemple, l'activité électrique du cerveau (électroencéphalographie ou EEG), des muscles (électromyographie ou EMG), des muscles oculaires (électro-oculographie ou EOG) et les variations de la résistance électrique de la peau (électrodermographie ou EDG). C'est essentiellement grâce à la miniaturisation des amplificateurs, qui ont pu être directement intégrés aux électrodes, que l'influence des perturbations électromagnétiques externes a diminué, permettant l'expérimentation dans des zones électriquement moins protégées.

Sans entrer dans les détails, mentionnons que les modifications de l'activité cardiaque, de la respiration, de la tension artérielle et de la résistance électrique de la peau sont toutes des indicateurs de l'état neurovégétatif. Cet état est directement influencé par les émotions et les situations de malaise associées à certaines perceptions. Ces indicateurs sont entre autres les signes précurseurs du mal des transports (Hu, Grant, Stern et Koch, 1991 ; Wit, 1972).

Les travaux réalisés en psychologie sur le nouveau-né et le bébé ont largement intégré des faits provenant des enregistrements du rythme cardiaque ou respiratoire, de la succion ou de l'électromyographie (Gachoud, Mounoud, Hauert et Viviani, 1983) pour connaître la perception du poids des objets par leurs propriétés optiques. Le principe est qu'on détecte à l'aide de capteurs électriques placés à la surface de la peau une activité de préparation plus massive si l'objet est de grande taille ou semble de forte densité.

L'avènement de l'imagerie cérébrale fonctionnelle

Trois dates marquantes illustrent combien l'histoire de l'imagerie cérébrale fonctionnelle est récente. C'est en 1960 qu'une carte de l'activité cérébrale chez l'animal vivant est établie après injection d'un traceur radioactif qui marquera sur un support argentique le débit sanguin d'une zone concernée par une tâche spécifique. En 1980 apparaissent les premières cartes *in vivo* chez l'homme grâce à l'emploi d'eau radioactive et de la technique baptisée « TEP », ou tomographie par émission de positons (voir l'encadré 3.5). En 1990 naît l'imagerie par résonance magnétique, qui ne requiert plus d'injection de traceurs et permet de répertorier au millimètre près l'activité synaptique du cerveau.

Ces techniques prennent maintenant toujours plus d'importance dans de nombreux domaines touchant l'étude du cerveau et des perceptions (voir la figure 3.11), qui occupent en effet une place prépondérante dans le fonctionnement cognitif. Par exemple, une opération mentale sur une image qui n'a pas été

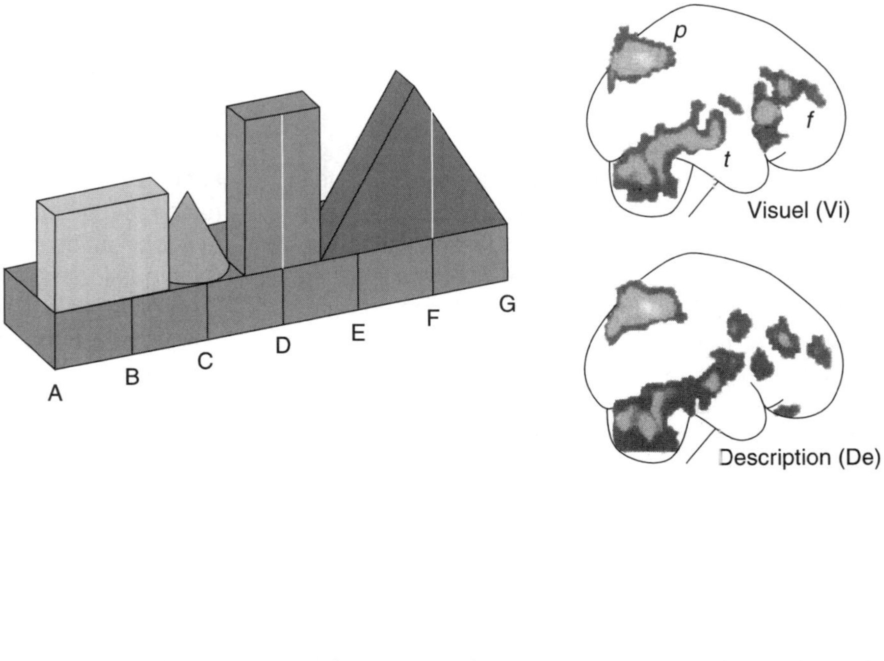

FIGURE 3.11 *Enregistrement TEP durant l'inspection d'une image mentale.* Les sujets doivent apprendre des structures géométriques (comme celle de l'illustration), soit par mémorisation visuelle (Vi) soit par description verbale (De). Ils évaluent ensuite mentalement les hauteurs des formes, ici D par rapport à F (lignes blanches) pendant l'enregistrement TEP. On constate sur les schémas des cortex des modèles d'activation presque identiques pour l'apprentissage Vi et De. La voie occipitotemporale (*t*) du « quoi » intervient conjointement à l'occipitopariétale (*p*) du « où », les zones frontales (*f*) indiquant l'intervention de la mémoire de travail. *Source :* Mellet (2002, p. 431). © PUF, 2002. Reproduit avec permission.

ENCADRÉ 3.5
Les principales techniques d'imagerie cérébrale

La méthode de tomographie par émission de positons *(TEP) est la seule qui permette une étude fonctionnelle physiologique et biochimique du cerveau (voir Syrota, 1997). Cette méthode mesure à l'aide d'une caméra à positons l'activité « inoffensive » de certains marqueurs radioactifs. On peut ainsi lire directement leur activité dans le cerveau et estimer aussi l'énergie dépensée. La consommation d'énergie est directement proportionnelle à l'activité neuronale et la zone utilisée pour un comportement cognitif donné est localisable. Cette méthode offre l'avantage d'une bonne résolution spatiale et la possibilité d'étudier l'influence de différentes molécules sur le fonctionnement du cerveau. Ses principaux inconvénients sont une mauvaise résolution temporelle (quelques secondes), une durée d'expérimentation très courte en raison de la faible durée de vie des isotopes radioactifs utilisés et, enfin, la nécessité d'avoir à disposition une source radioactive pour activer les marqueurs.*

*La technique d'*imagerie par résonance magnétique fonctionnelle *(IRMf) permet de mesurer la répartition du débit sanguin cérébral par un changement de magnétisme après activation de l'un des composants de l'hémoglobine (voir LeBihan, 1997). Ces changements de débit sanguin sont, comparativement à l'activité cérébrale, lents et secondaires. Pour cette raison, même si sa résolution spatiale est inégalée (< 1 mm) et que sa résolution temporelle est également bonne (< 1 s, cette méthode ne permet de mesurer que l'activité lente du cerveau. Outre l'excellente résolution spatiale, elle permet l'utilisation simultanée d'une autre méthode d'imagerie EEG (voir la figure 1 dans les planches couleurs) dont la résolution temporelle est excellente.*

L'électroencéphalographie (EEG)
et la magnéto-encéphalographie (MEG)

L'activité électrique et l'activité magnétique du cerveau sont permanentes. L'enregistrement de leurs variations à l'aide d'une multitude d'électrodes correspond respectivement à l'EEG et à la MEG (pour une revue, voir Pernier et Bertrand, 1997), qui permettent d'étudier les séquences d'activation des zones cérébrales impliquées dans des tâches cognitives. Ces deux techniques ne mesurent pas la même chose. L'EEG mesure le changement des dipôles électriques produit par les modifications membranaires induites par l'activité des neurones. La MEG provient des mêmes sources électriques, mais correspond à une grandeur vectorielle qui n'est fonction que des courants intracellulaires provoqués par les activations synaptiques. Elle est, contrairement à l'EEG, peu sensible à l'activité cérébrale profonde. Le signal enregistré par chaque électrode est la somme algébrique de l'activité créée par chaque groupe de cellules. Les potentiels évoqués (PE), électriques ou magnétiques, sont les modifications de l'EEG (ou de la MEG) spécifiquement liées à une activité (pour une revue, voir Guérit, 1998). Ainsi, un potentiel évoqué, visuel ou auditif, est spécifique à l'activation de la zone modalitaire correspondante. N'importe quelle activité cérébrale peut être étudiée au moyen des PE, du moment qu'elle est temporellement spécifiée et qu'elle peut être répétée. Les grands avantages de ces techniques sont d'avoir une excellente résolution temporelle (1 ms) et de permettre au sujet un minimum d'activité motrice. Leur principal inconvénient est leur résolution spatiale, qui, malgré de multiples modèles de localisation des sources électriques, reste très insuffisante.

perçue visuellement, mais qui est issue d'une description verbale, semble s'appuyer aussi sur les aires visuelles, et certaines différences d'activation corticale n'apparaissent qu'avec des tâches spatiales très complexes.

Cette recherche montre donc une certaine similitude structurale entre les images mentales construites à partir du langage et celles provenant de la perception visuelle. Cependant, même à l'heure actuelle, aucune technique ne permet de mesurer directement l'activité cérébrale sans un certain nombre d'inconvénients majeurs. Outre le coût des dispositifs, le principal problème que pose l'imagerie cérébrale est d'imposer au sujet une immobilité presque complète. En effet, chaque geste et naturellement chaque « pensée » induisent des modifications du signal enregistré, mais une identification toujours plus précise permet dans une certaine mesure de supprimer numériquement leurs influences.

En second lieu, la définition spatiale et temporelle de ces techniques n'est jamais simultanément satisfaisante. Les futurs progrès techniques vont sans aucun doute améliorer la situation. Enfin, chacune de ces méthodes mesure une activité différente qui ne reflète pas nécessairement l'activité cérébrale et son fonctionnement. Le chercheur doit donc être très prudent dans son interprétation et tenir compte de tous les facteurs pertinents.

L'imagerie multimodale

D'après les caractéristiques spatiales et temporelles des images de chaque technique particulière décrite ci-dessus, on a pu constater, d'une part, que la précision de localisation de la TEP et de l'IMRMf est respectivement de 5 et 3 mm, alors qu'elle est supérieure à 6 mm pour la MEG et l'EEG. Ces deux dernières techniques permettent par contre d'atteindre une intégration temporelle de l'ordre de la milliseconde, alors que, pour l'IMRMf, on peut compter entre 1 et 6 s, et seulement 8 min environ pour la TEP. Il n'est donc pas étonnant que le couplage de ces méthodes soit considéré comme l'outil de choix aussi bien en physiologie que pour l'étude des fonctions cognitives. Chaque technique apporte des informations spécifiques: la détection d'une activité est basée sur l'IMRMf et l'IRM affine la localisation anatomique; l'EEG et la MEG permettent une chronométrie et la TEP caractérise la neurochimie (Mazoyer, 2001).

Ces techniques très performantes demandent encore des temps de traitement conséquents, mais les méthodes d'acquisition et d'analyse se développent rapidement dans les laboratoires de pointe.

CONCLUSION

Pour terminer ce chapitre, nous apporterons trois précisions. La première rappelle l'intérêt de la méthode scientifique, et plus particulièrement de la quantification, dans les études sur la perception. La seconde élargit le problème de l'utilisation des techniques de réalité virtuelle à plusieurs modalités perceptives. La troisième, enfin, explore les possibilités futures de l'application de l'imagerie cérébrale à de nouveaux domaines d'études.

1) Pour la méthode, au-delà de la preuve d'existence d'une conduite dans un contexte spécifique (ou de son absence dans une situation dite « de contrôle »), on tentera de montrer les modulations de cette conduite à la suite des changements manipulés de certains paramètres. C'est donc une mesure, ou quantification, en rapport avec des échelles objectives qui sera l'aboutissement d'un enregistrement de réactions perceptives. La nécessité d'expliciter par exemple un accord entre divers observateurs implique à elle seule une quantification des réponses. Mais en aucun cas le seul usage de nombres n'est un gage de précision de l'observation puisque ceux-ci ne sont qu'un langage pouvant faciliter la formulation d'une description et des comparaisons (Reuchlin, 1973).

   Si on excepte de rares observations fortuites qui ont parfois déclenché des vérifications expérimentales, les connaissances en perception proviennent donc de conditions systématiquement contrôlées dans lesquelles des conduites définies ont été provoquées. Ce type d'approche, malgré sa rigueur scientifique, peut paraître aride au premier abord. Il faut pourtant une grande créativité pour proposer aux sujets des situations originales et des problèmes nouveaux.

2) En ce qui concerne la possibilité de construire des environnements toujours plus complets au moyen de dispositifs électroniques pilotés par ordinateur, la recherche s'accélère exponentiellement. Leur intérêt réside dans la possibilité de contrôler systématiquement les facteurs en jeu. Dans le cadre de la psychologie des perceptions, la simulation est une représentation de la réalité qui a pour objectif de reproduire les caractéristiques spatiotemporelles d'un environnement réel. Les diverses tentatives de restituer les caractéristiques visuelles de l'environnement qui ont jalonné l'histoire scientifique et artistique illustrent la difficulté à reproduire fidèlement le monde réel.

Ce chapitre a jusqu'ici donné la priorité à l'analyse de la simulation visuelle de l'environnement. Cependant, différents appareillages donnent accès à d'autres formes de simulations sensorielles, à savoir les générateurs de sons, les capteurs de position ou encore les gants sensitifs permettant une percetion tactilokinesthésique des objets virtuels. Les lecteurs intéressés par ce type de descriptions pourront toujours se référer aux nombreux ouvrages spécialisés (voir, par exemple, Burdea et Coiffet, 1993). En effet, la possibilité de simuler fidèlement un espace réel dépend en premier lieu des systèmes sensoriels impliqués. Par rapport aux informations proprioceptives (musculaires, articulaires ou vestibulaires) ou haptiques, difficiles à recueillir chez un observateur en mouvement, les informations sensorielles générées par la vision ou l'audition sont plus faciles à reproduire. De plus, comme la vision humaine constitue le canal sensoriel le plus puissant avec une largeur de bande pour le traitement des informations extrêmement vaste (Burdea et Coiffet, 1993, p. 44), la majorité des études menées dans ce domaine visent donc principalement à simuler l'information optique de l'environnement.

Les réalités virtuelles soulèvent aujourd'hui des discussions souvent passionnées, en raison notamment des immenses champs d'applications envisageables. Il apparaît cependant que la création des espaces virtuels s'est faite principalement en fonction du modèle projectif de la vision et des aspects physiologiques des différents canaux sensoriels, et ce au détriment de la compréhension des mécanismes perceptifs dans leur ensemble. Wellner, Mackay et Gold (1993) distinguent « réalités virtuelles » (RV) et « réalités augmentées » (RA). Les RA concernent les simulations dans lesquelles il y a projection d'objets virtuels dans l'espace réel. Le traditionnel simulateur de vol peut ainsi être classé comme RA puisqu'il projette une vue virtuelle de l'extérieur dans un cockpit d'avion fonctionnel et bien réel. Comme le relèvent Slater et Usoh (1994b), l'objectif des RA est de maintenir l'illusion de la présence d'objets virtuels dans l'environnement (réel) de l'homme alors que celui des RV est de maintenir l'illusion de la présence de l'homme dans l'environnement virtuel.

Diverses recherches ont souligné les différences de comportements que l'on peut observer dans des environnements réels et virtuels pour des tâches apparemment similaires. Ainsi, les bissections en profondeur effectuées dans un espace virtuel se traduisent par une estimation située entre le milieu projectif et la mi-distance simulée en profondeur (Vianin, 1999). Ce résultat traduirait une tentative chez le sujet de concilier les référents 2D et 3D en optant pour une réaction de compromis entre les deux référents spatiaux (Koenderink, Van Doorn et Kappers, 1994).

Le transfert d'apprentissage d'une action accomplie dans un espace virtuel à une tâche similaire effectuée dans un monde réel reste toutefois très limité (Burdea et Coiffet, 1993 ; Henry et Furness, 1993 ; Kozak, Hancock, Arthur et Chrysler, 1993). Dans une expérience portant sur la manipulation d'objets virtuels avec le port de gants sensitifs, on a constaté que se développe une expertise motrice propre à l'espace virtuel sans que cette capacité soit adaptable à l'espace réel (Orliaguet et Coello, 1998). Ces exemples sont révélateurs de la méconnaissance des processus impliqués dans la perception des espaces simulés. Forte de ce constat, l'orientation prise par la recherche vise aujourd'hui à élaborer des machines « polysensorielles », de manière à fournir l'ensemble des informations nécessaires à la conduite des actions.

3) Relativement à un accès plus performant à l'activité électrique et métabolique des centres nerveux supérieurs, la grande presse se fait plus souvent l'écho d'une sorte de « matérialisation » de ce qui relevait il y a peu de temps du domaine spirituel

(Nau, 2002). Le défi de la psychologie de la perception est alors rien de moins que de préciser quel type de perception fait appel à une « prise de conscience », bien que cette conduite, longtemps exclue de la psychologie scientifique, donne lieu à de multiples définitions. Dans cette perspective, il est important de rappeler que certains phénomènes perceptifs ne font pas appel à notre conscience. L'exemple le plus connu est celui de la tache aveugle, découverte par Mariotte dès 1666. L'endroit où les fibres du nerf optique quittent la rétine donne lieu à une zone « invisible » dans notre champ optique alors que nous ne percevons pas de lacune visuelle particulière et que le trou est comblé à notre insu. Pour les neurologues, cet effet serait relié à la plasticité du système nerveux (Safran et Landis, 1998). Par contre, diverses théories analysent la nature biologique de la conscience, qui serait nécessaire dès le fonctionnement des sensations (Edelman et Tononi, 2001) et la perception du monde environnant (Changeux, 2001).

Avec le perfectionnement constant des techniques d'imagerie cérébrale, on commence ainsi à établir des liens entre plusieurs activités psychologiques comme les perceptions et leur siège biologique. Certains auteurs considèrent qu'il serait donc temps d'abandonner le dualisme cartésien de l'esprit et de la matière qui a parfois confiné les psychologues à la seule étude du comportement ou des conduites. Ils se demandent, non sans humour, s'il est vraiment possible d'être psychologue sans rien connaître du cerveau (Houdé et autres, 2002). En ce sens, une nouvelle approche cognitive de la perception devrait nécessairement intégrer les données de l'imagerie fonctionnelle dans les modèles explicatifs et l'objet d'étude principal deviendrait alors le « couple cerveau-pensée » (*ibid.*, p. 3).

LECTURES RECOMMANDÉES

HOUDÉ, O., MAZOYER, B., et TZOURIO-MAZOYER, N. (2002). *Cerveau et psychologie : introduction à l'imagerie cérébrale anatomique et fonctionnelle*. Paris : Presses Universitaires de France.

JEANNEROD, M. (1996a). *De la psychologie mentale : histoire des relations entre biologie et psychologie*. Paris : Éditions Odile Jacob.

REUCHLIN, M. (1992). *Introduction à la recherche en psychologie*. Paris : Nathan.

ROBERT, M. (1994). Stratégies méthodologiques. Dans M. Richelle, J. Requin et M. Robert (dir.), *Traité de psychologie expérimentale*, vol. 1 (p. 43-77). Paris : Presses Universitaires de France.

ROSSI, J.-P., CROMBE, P., LÉCUYER, R., PÊCHEUX, M.-G., et TOURRETTE, C. (1989). *La méthode expérimentale en psychologie*. Paris : Dunod.

PARTIE 2 Les modalités sensorielles

CHAPITRE 4

Les fonctions et les processus visuels

Jacques Lajoie et André Delorme

INTRODUCTION

Qu'est-ce que la vision ? À quoi sert-elle ? Comment fonctionne-t-elle ? Si ces questions sont simples, les réponses ne le sont pas forcément et d'ailleurs plusieurs des autres chapitres du présent ouvrage traiteront aussi de la perception visuelle. Les raisons de cela sont doubles. La première est que les fonctions visuelles sont très variées et jouent des rôles très importants dans nos rapports au réel. La seconde est que les processus perceptifs s'avèrent de plus en plus complexes au fur et à mesure que sont publiées les nouvelles observations et recherches dans le domaine. De fait, comme on le verra, les découvertes des dernières décennies ont modifié singulièrement l'image qu'on se faisait traditionnellement du système visuel et de la perception visuelle.

Sans prétendre épuiser la question, loin s'en faut, ce chapitre a pour but de dresser un inventaire des principales fonctions du système visuel et de ses composantes ainsi que de décrire et de discuter leur mode de fonctionnement. Nous situant au préalable dans une perspective plus générale, rappelons que le rôle de la perception visuelle déborde souvent la simple fonction de prise d'information ou de guidage de la conduite. La perception visuelle crée aussi l'expérience esthétique, préside à la communication et contribue de façon importante à la conceptualisation.

Notre objectif, dans ce chapitre, n'est évidemment pas de développer ces derniers aspects, mais de nous limiter plutôt aux fonctions et aux processus associés plus immédiatement au système visuel et à ses composantes. De même, nous prendrons en compte le fait que plusieurs aspects de la perception visuelle, notamment l'organisation perceptive, les formes, les images, l'espace, le mouvement et la couleur, seront traités plus en détail dans d'autres chapitres. En définitive, le présent chapitre traitera des fonctions spécifiques des différentes composantes anatomiques et fonctionnelles du système visuel.

4.1 LE STIMULUS, L'OPTIQUE OCULAIRE ET L'OCULOMOTRICITÉ

4.1.1 Les stimuli et les sources d'information visuelles

Il importe, avant de traiter de la question des bases anatomophysiologiques de la modalité visuelle, d'aborder celle de la nature de la stimulation visuelle. Il est courant d'affirmer que la lumière est le stimulus de la vision. De fait, il est exact que le mécanisme physiologique de transduction préalable à la vision consiste essentiellement dans la transformation par les photorécepteurs rétiniens de l'énergie lumineuse en influx nerveux. Même s'ils sont normalement produits par la lumière, les stimuli visuels peuvent prendre des formes très diverses. Questionnons-nous pour l'instant sur cette énergie physique qu'est la lumière et que chacun a l'impression de connaître depuis toujours. La physique nous apprend qu'elle fait partie du spectre des ondes électromagnétiques (voir la figure 3 dans les planches couleurs) et ne diffère d'une variété d'autres énergies (ondes radio, micro-ondes, rayons X, etc.) que par la tranche de longueurs d'onde qu'elle occupe dans ce spectre. Or, cette tranche dite « visible » (c'est-à-dire liée à la vision humaine) ne représente qu'un soixante-dixième du spectre électromagnétique connu.

Paradoxalement, le Soleil, notre principale source de lumière, n'est pas un stimulus normal pour l'œil. En fait, il ne peut être regardé directement sans que la rétine en subisse un dommage important[1]. Du point de vue de la perception, la principale fonction du Soleil est d'éclairer l'environnement plutôt que de stimuler l'œil directement, et c'est surtout la lumière réfléchie par les objets et les surfaces qui constitue généralement le véritable stimulus utile à la perception. Ce principe s'applique également aux sources lumineuses artificielles. Par ailleurs, les objets et les surfaces ne reflètent qu'une partie de la lumière provenant de la source lumineuse et ils absorbent le reste. Or, la clarté (intensité subjective) et la couleur perçues s'écartent souvent notablement de ce que l'on aurait prédit à partir des caractéristiques du stimulus lumineux atteignant les récepteurs de l'œil (cônes et bâtonnets). Le système visuel ne réagit pas seulement à cette réflexion lumineuse ; il se comporte comme s'il prenait en compte les conditions d'éclairage. À même intensité et à même composition spectrale de réflexion lumineuse, la couleur et la clarté d'un objet peuvent être perçues très différemment selon les conditions d'éclairage dans lesquelles elles sont observées. Il s'ensuit, que, dans la vie courante, on perçoit des intensités relatives (plutôt qu'absolues), mais aussi des couleurs relatives, comme on le verra d'ailleurs au chapitre suivant.

L'œil n'étant pas qu'un capteur d'énergie et la vision qu'un simple phénomène de transduction, il s'est avéré essentiel d'élargir le concept de stimulus. Les gestaltistes avaient déjà insisté sur le fait que la perception, notamment celle des formes et des surfaces,

1. Lors d'une éclipse de Soleil, le croissant lumineux s'amincit et peut être contemplé sans éblouissement ; cela augmente la confiance du spectateur et la durée de ses fixations oculaires. Cependant ce phénomène peut causer un dommage irréversible à la macula.

n'est pas possible sans *contraste* ou « hétérogénéité de la stimulation lumineuse » (il en sera question au chapitre 10, lorsqu'on traitera du *Ganzfeld*). En outre, si, au lieu de définir le stimulus comme une simple énergie physique déclenchant une transduction dans un récepteur sensoriel, on le conçoit comme le déclencheur d'une réponse dans une composante fonctionnelle du système perceptif, on est forcé d'élargir la définition de ce stimulus. Ainsi des études électrophysiologiques portant sur le système visuel et dont il sera question plus loin dans ce chapitre ont révélé que les diverses composantes du système répondent à des stimuli présentant des caractéristiques très spécifiques. On a démontré, par exemple, que des cellules du cortex visuel du primate réagissent sélectivement au *mouvement* d'une barre, à son *orientation*, à la *disparité* de ses projections rétiniennes (le fait qu'elle stimule des régions non correspondantes dans les deux rétines) et à la *fréquence spatiale*. Voilà donc des paramètres de stimuli déclenchant des réponses dans des composantes spécifiques du système visuel.

Comme on l'a vu au chapitre 2, l'approche écologique a donné encore plus d'extension au concept de stimulus en définissant celui-ci comme une source d'information plutôt que comme une simple énergie physique. Dans ce contexte, un *gradient de texture* spécifiant l'inclinaison en profondeur d'une surface, l'*expansion optique* spécifiant un mouvement de rapprochement d'un objet et le *flux optique* créé par les mouvements de locomotion d'un sujet représentent des variables de la stimulation. On est donc loin de la simple énergie lumineuse déclenchant une réaction dans la rétine de l'œil.

4.1.2 Les composantes de l'œil et leurs fonctions

On attribue souvent la vision à l'œil en mettant l'accent sur la fonction optique de cet organe. De fait la structure oculaire permet de focaliser efficacement sur la rétine (sa surface réceptrice) les images issues de l'environnement. Pour ces raisons, il est devenu classique de comparer l'œil à un appareil photographique. La comparaison est intéressante à deux points de vue. Elle permet de mieux illustrer les fonctions de certaines composantes de l'œil et elle fait ressortir les différences essentielles qui existent entre la copie d'image réalisée par la photographie et la perception visuelle réalisée par le système visuel (voir l'encadré 4.1). En fait la structure oculaire comporte deux lentilles : la cornée, dont la courbure est

ENCADRÉ 4.1
Qu'est-ce que l'œil fait de plus que l'appareil photo ?

L'œil humain possède une « lentille », le cristallin, qui assure la mise au point de l'image, un « diaphragme », l'iris, qui contrôle l'ouverture de la pupille et donc l'entrée de la lumière, ainsi qu'une « pellicule », la rétine, sur laquelle se projette une image inversée de l'image regardée. Jusqu'où peut-on poursuivre la comparaison avec l'appareil photo ?

Pourrait-on construire un appareil photo sur le modèle de l'œil ? Notons d'abord que l'appareil devrait comporter une lentille souple (deux pour un appareil stéréoscopique) à changement de courbure automatique contrôlé par la distance, un diaphragme réagissant non seulement à la quantité de lumière, mais aussi au degré d'intérêt que suscite la scène pour le photographe. Il faudrait aussi que les performances optiques des lentilles soient rehaussées par d'autres fonctions appliquées directement à la pellicule photographique (ou à la matrice de récepteurs transistorisés dans le cas des appareils numériques) ; par exemple, l'accentuation des contrastes pour une meilleure acuité, la conservation des couleurs lorsque changent les conditions d'illumination, la détection simultanée de formes, de brillances et de couleurs diverses, la stabilisation du panorama visuel malgré les mouvements de l'appareil[1], la détection du mouvement à l'intérieur du champ visuel d'où l'image est extraite, ainsi qu'en périphérie du champ visuel, la poursuite d'un objet en mouvement[2]. Enfin, il faudrait des modules d'intégration stéréoscopique et d'analyse de disparité des deux images pour créer le relief dans le champ visuel. En plus d'assumer toutes ces fonctions, l'appareil devra contenir la puissance et la rapidité de traitement d'information d'un cerveau de mammifère... et demeurer portatif. Tout ceci est techniquement concevable. Cependant, même après avoir produit un tel appareil, on ne serait qu'aux préalables en ce qui concerne les fonctions requises pour percevoir, et c'est sans doute là que se poserait le problème véritablement insoluble.

1. *Cette fonction existe de façon primitive dans le stabilisateur d'images de certaines caméras vidéo commerciales. Par exemple, lorsque la caméra est utilisée dans une voiture sur une route cahoteuse, les mouvements translationnels verticaux de l'image disparaissent au bout de quelques secondes grâce à un algorithme qui détecte ce mouvement, en calcule les moyennes de fréquence et de longueur et en annule la plus grande partie en en soustrayant les valeurs calculées.*
2. *Selon Johansson (1975), il existe une énorme différence entre l'œil, d'une part, et la caméra ou l'appareil photo, d'autre part. Alors que ces appareils enregistrent des instantanés, l'œil ne contient pas d'obturateur. C'est un analyseur de mouvement, qui examine les changements du flux lumineux dans le temps.*

constante, et le cristallin, à courbure variable (voir la figure 4.1). L'entrée lumineuse se fait par la pupille, dont l'ouverture est contrôlée par l'iris qui fait fonction de diaphragme.

L'analogie évidente entre ces composantes de l'œil et l'appareil photographique invite d'emblée à imaginer que les deux puissent remplir les mêmes fonctions. La métaphore perd cependant un peu de son sens quand on considère que, contrairement à l'appareil photographique, l'œil n'a pas pour fonction de fournir une copie de l'environnement, mais plutôt d'en tirer le plus d'information pertinente possible. Loin d'être un simple enregistreur passif de la scène visuelle, l'œil est un organe actif en quête constante d'information. D'ailleurs, le mécanisme de transduction qui consiste à transformer l'énergie lumineuse en influx nerveux ne représente, avec les autres fonctions oculaires mentionnées, qu'une des étapes préalables à cette prise d'information. En outre, la question ne s'arrête pas là et il faut bien convenir que c'est dans un sens métaphorique que l'on dit que l'œil voit, puisque c'est finalement bien au-delà, et notamment dans le cerveau, que se définit le percept. C'est pourquoi, dans l'ensemble de ce chapitre, l'expression « système visuel » évoquera aussi bien les aires cérébrales et les autres régions postrétiniennes participant au processus que la structure oculaire et la rétine.

Les fonctions optiques

Le contrôle de la focalisation et de l'accommodation : la cornée et le cristallin

Même si elle ne peut être conçue comme une simple copie de l'environnement, l'image rétinienne ne doit pas moins présenter la meilleure définition possible pour transmettre toute l'information requise par le processus visuel. La mise au foyer de l'image d'une scène visuelle sur la rétine est réalisée grâce à deux lentilles : la cornée et le cristallin. Leur puissance optique (c'est-à-dire leur capacité de focaliser grâce à leur courbure) s'exprime en dioptries. Celle de la cornée est d'environ 40 dioptries alors que celle du cristallin n'est que de 20 dioptries lorsque sa courbure est maximale (Wyszecki et Stiles, 1982). La précision de l'image sur la rétine dépend de la capacité d'accommodation du cristallin, qui doit ajuster sa

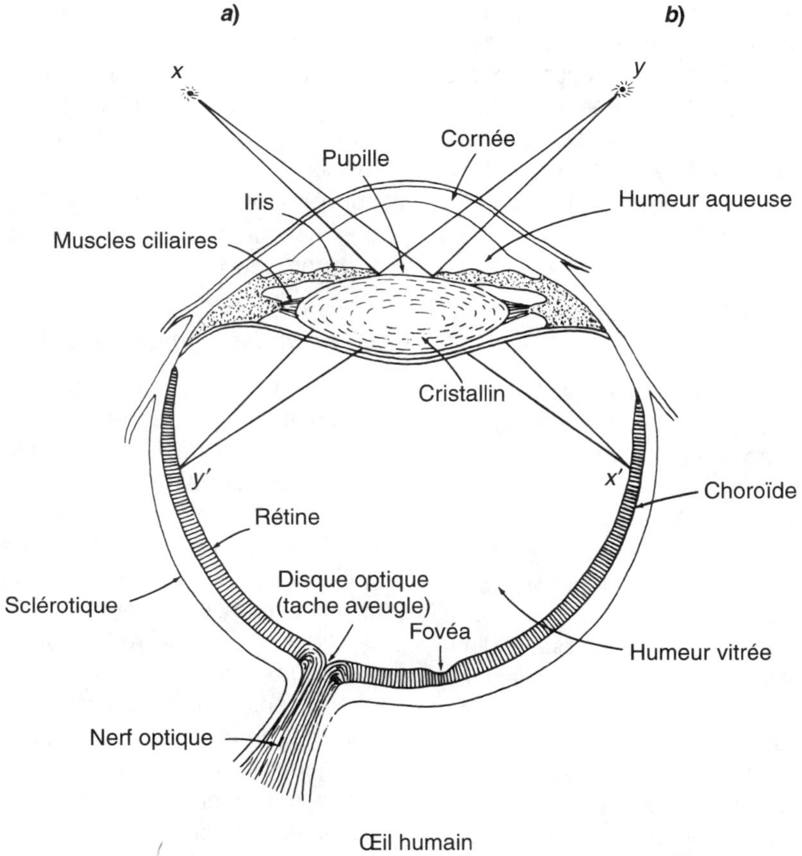

FIGURE 4.1 *Structure de l'œil.* La cible *x* forme une image à l'emplacement *x'* et la cible *y* à l'emplacement *y'*, sur la rétine.
Source : Coren, Ward et Enns (1994, p. 68).

courbure à la distance de l'objet et conserver le point focal exactement sur la rétine. Le changement maximal de puissance optique dû à ce mécanisme est de huit dioptries.

Le mécanisme de l'accommodation est généralement automatique et est régi par le degré de netteté du stimulus. C'est théoriquement le flou de l'objet hors foyer qui suscite un mouvement de contraction ou de relâchement du cristallin (Kaufman, 1974). Comme ce flou est le même, que l'objet se trouve audelà ou en deçà du point d'accommodation, la question s'est posée de savoir sur quel critère peut se fonder le système visuel pour choisir entre la contraction et la dilatation du cristallin. L'hypothèse retenue affirme que ce critère est fourni par des effets d'aberration chromatique produits par le cristallin. Une forme hors foyer présente une bordure colorée attribuable à une décomposition de la lumière blanche. Lorsque la forme se trouve au-delà du point d'accommodation, cette bordure est bleuâtre et, en deçà de ce point, elle est jaunâtre. Il va de soi que le sujet n'est nullement conscient de percevoir ces couleurs. On a pu cependant faire la preuve de l'utilisation de cette information en mettant en évidence notamment les problèmes d'accommodation occasionnés par un éclairage monochromatique, donc une lumière indécomposable (voir Graham, 1965). Si l'accommodation assure normalement la netteté de la vision à différentes distances, elle n'en constitue pas le seul facteur, comme on peut le constater à l'analyse des différentes déficiences visuelles dues à des problèmes optiques. En outre, la comparaison avec d'autres espèces animales vivant dans des milieux différents et munies de systèmes visuels différents de celui des humains aide à mieux comprendre les modifications qu'a pu subir le système au cours de l'évolution (voir Gibson, 1966, et Rochon-Duvigneaud, 1943). On en trouve quelques exemples dans l'encadré 4.2 (p. 79) pour la convergence binoculaire, dont il sera question ci-dessous.

L'optimisation de l'intensité lumineuse : l'iris et la pupille

La fonction principale de l'iris est comparable à celle du diaphragme d'un appareil photo, c'est-à-dire qu'elle consiste à contrôler la quantité de lumière pénétrant dans l'œil. La pupille est constituée par l'ouverture située au centre de l'iris. Son diamètre varie de 2 à 8 mm, ce qui permet une variation de lumière de l'ordre de 1 à 16 chez le jeune adulte, alors que la variation peut se trouver de l'ordre de 1 à 8 chez les personnes âgées, ce qui contribue à diminuer sensiblement leur vision nocturne. Le réflexe lumineux est bilatéral même lorsqu'un seul œil reçoit de la lumière. La grosseur de la pupille est déterminée non seulement par la lumière, mais aussi par le système nerveux autonome (SNA). Elle sera, par exemple, influencée par un stimulus produisant une réponse émotive de peur. La dilatation et la constriction de la pupille sont régies par le sous-système sympathique du SNA, dont le rôle est associé à une augmentation du rythme cardiaque et de la pression artérielle. Ces mouvements de la pupille peuvent ainsi annoncer une réponse d'attaque. Par exemple, certains spécialistes des arts martiaux affirment pouvoir prédire le moment exact d'une attaque de l'adversaire en surveillant ses constrictions pupillaires. C'est le même système qui régit les réponses pupillaires dans des conditions de repos et de relaxation.

Les fonctions oculomotrices

Les illustrations de l'optique oculaire représentent le plus souvent l'œil ou les yeux comme étant fixes face à la scène visuelle. Dans la réalité, les yeux ne sont jamais fixes, ils subissent constamment un mouvement de tremblement (le micronystagmus) essentiel à la perception visuelle. En outre, le sujet percevant qui est constamment en quête d'informations sensorielles fait beaucoup appel à sa motricité oculaire pour assurer une plus grande efficacité au processus. Grâce à cette motricité, il peut se livrer à une exploration des détails d'une scène fixe ou stabiliser le mouvement d'une scène de manière à en tirer une meilleure information. Enfin, par des mouvements de convergence binoculaire, il peut moduler sa vision en fonction de la distance de l'objet observé et éviter la vision double.

Le micronystagmus de l'œil

On serait porté à croire qu'un objet ou une scène sont d'autant plus faciles à percevoir que leur projection rétinienne est plus stable. Paradoxalement, c'est, à une certaine échelle de mouvement, l'inverse qui se produit. En effet, les yeux subissent constamment de légers tremblements créés par le mécanisme qui assure la coordination continue des muscles oculomoteurs, ce qui entraîne un tremblement imperceptible de l'image rétinienne durant la fixation du regard sur une forme stationnaire. Or, en produisant expérimentalement une stabilisation de l'image rétinienne, on a pu démontrer que ce tremblement de l'œil joue un rôle essentiel dans la perception de la forme puisqu'en l'absence de ce mouvement il y a disparition de la perception de la forme. Les appareils utilisés par Pritchard (1961) ainsi que par Cardu, Gilbert et Strobel (1971) (voir la figure 4.2) ont pour fonction de présenter monoculairement une image diapositive minuscule vue à travers un dispositif optique relié à une lentille cornéenne. Comme les mouvements de la lentille cornéenne et, partant, de l'image diapositive suivaient les micromouvements oculaires, l'image projetée sur la rétine se trouvait stabilisée relativement à celle-ci. Pour le sujet, cette stabilité de l'image rétinienne entraînait une disparition graduelle, mais parfois relativement rapide, de la perception de la forme. Cardu et ses collègues (1971) ont obtenu des disparitions après moins de 3 s d'exposition d'une forme stabilisée. Bref, pour être efficace, l'image rétinienne doit trembler légèrement plutôt que d'être parfaitement stable.

La stabilisation de la scène visuelle : le réflexe optocinétique

Hormis ces vibrations, la scène visuelle doit être relativement stable pour être analysée. Que se passe-t-il

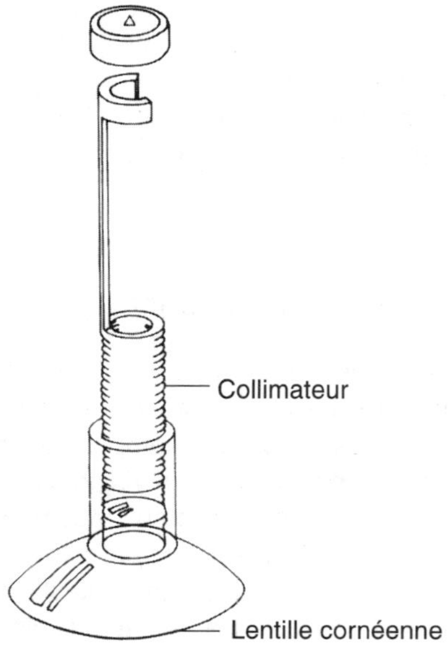

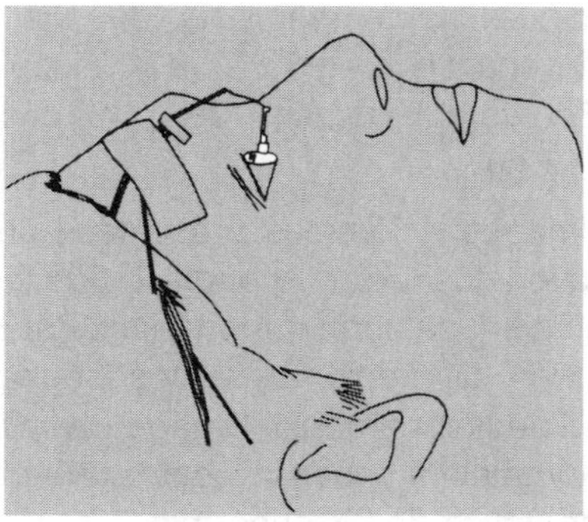

FIGURE 4.2 *Stabilisation de l'image rétinienne. a) Dispositif utilisé par Cardu et autres (1971) pour produire une stabilisation de l'image rétinienne.* La figure stimulus (photo de 3 mm de diamètre) est vue à travers un système optique solidaire d'une lentille cornéenne. Le collimateur sert à la mise au foyer de l'image. *b) Sujet qui, couché sur le dos, observe une figure stimulus présentée dans le système optique.* Comme la figure suit tout mouvement de l'œil, son image est projetée constamment sur la même zone rétinienne. Il s'ensuit une disparition rapide de l'image perçue. *Source :* Delorme (1982, p. 66).

lorsqu'on observe le mouvement d'un paysage vu à partir d'un train en marche ? On effectue, alors, des mouvements de va-et-vient involontaires des yeux. Ces mouvements comportent une phase lente dans la direction du mouvement de la scène, alternant avec une phase rapide et de sens contraire. Ces mouvements réflexes dits « optocinétiques » résultent d'un

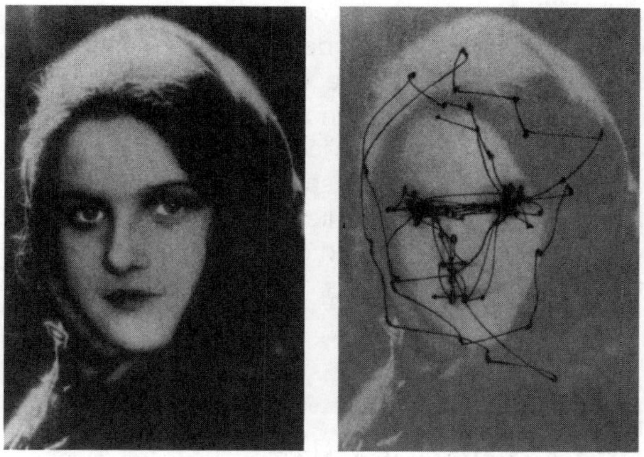

FIGURE 4.3 *Mouvements oculaires pendant l'observation d'une image.* Cette figure montre l'enregistrement de mouvements oculaires pendant l'examen binoculaire d'une photo durant 1 min. *Source :* Yarbus (1967, p. 179). © 1967. Reproduit avec la permission de Kluwer Academic/Plenum Publishers.

effet du système vestibulaire sur la motricité oculaire. On les reproduit facilement en laboratoire en faisant observer une bande sans fin comportant des rayures verticales et se déplaçant horizontalement. La fonction de ces mouvements réflexes est de maintenir l'image de la scène relativement stable sur la rétine durant la phase lente.

Les mouvements oculaires d'exploration

Les saccades et les fixations permettent d'explorer l'environnement en fixant les différents centres d'intérêt de la scène sur la fovéa. Les saccades sont très rapides et les mouvements qu'elles entraînent dans l'image rétinienne ne sont pas perçus par le sujet, – pas plus que ne le sont d'ailleurs les mouvements de balayage des paupières occasionnés par des clignements d'yeux (voir Volkmann, Riggs et Moore, 1980). Ces saccades exigent en outre une synchronisation parfaite des yeux afin de maintenir la fusion binoculaire. En dépit de leur grande rapidité, elles n'ont rien d'aléatoire et ont tendance à se concentrer sur les éléments les plus significatifs de la figure explorée (voir la figure 4.3).

La perception de la stabilité à travers le mouvement

Le regard de l'être humain, tout comme d'ailleurs celui de la plupart des mammifères, est rarement stable, et l'on peut se demander comment nous percevons le monde stable en dépit de nos mouvements constants des yeux, de la tête et du corps. Pourquoi le monde ne paraît-il pas en mouvement quand nous marchons ? Pourquoi ne s'incline-t-il pas quand nous inclinons la tête ?, etc. Ce sont là des questions complexes et qui ont donné lieu à des explications diverses. Il en sera question dans le chapitre 14, portant sur le mouvement.

4.2 LES FONCTIONS DE LA BINOCULARITÉ

4.2.1 Pourquoi ne voit-on pas double avec deux yeux ?

Les deux yeux permettent d'élargir le champ visuel et cela ne peut être qu'avantageux tant qu'il n'y a pas de compétition entre les messages issus de chaque œil, c'est-à-dire tant que les zones de vision commune se superposent à peu près parfaitement et donc fusionnent. Or, cette fusion est possible grâce à la convergence binoculaire assurant qu'un point fixé binoculairement stimule chacune des deux fovéas qui constituent des points « correspondants » pour les deux yeux. Par ailleurs, cette unification ne se limite pas aux fovéas. Théoriquement, tous les points situés sur le pourtour d'un cercle horizontal passant par les deux yeux et le sommet de l'angle de convergence devraient stimuler des points correspondants dans les deux rétines, et donc être vus simples. Ce cercle horizontal est appelé « horoptère longitudinal théorique » (voir la figure 4.4 et la figure 4.5 en *b*)). Comme il est calculé pour un angle de convergence donné, il faut concevoir un horoptère légèrement différent pour chaque angle de convergence.

4.2.2 La coopération binoculaire

Voit-on mieux avec deux yeux ? Si l'on bloque momentanément la vision d'un œil, on a, bien sûr, l'impression d'une restriction du champ visuel, mais pas d'une détérioration notable de la vision. Les effets de sommation binoculaire sont bien documentés (voir Blake et Fox, 1973 ; Blake, Slone et Fox, 1981). Ainsi les seuils de détection monoculaire de stimuli immobiles sont plus élevés que les seuils binoculaires d'environ 40 % et sont les plus élevés pour les stimuli dont la durée est très brève, soit 50 ms, et la différence diminue rapidement pour des durées plus longues, devenant non significative pour une durée de 100 ms (Bearse et Freeman, 1994 ; voir aussi Busey et Loftus, 1998).

Deux images différentes présentées chacune à un œil peuvent fusionner à condition que leurs différences ne soient pas trop importantes. Par exemple, deux visages différents présentés séparément à chaque œil peuvent produire l'image composite d'un visage empruntant à chacun des deux (Engel, 1960). Une telle tentative de fusionner binoculairement des visages exige évidemment des précautions. Leurs dimensions respectives doivent être à peu près égales, les personnes doivent avoir été photographiées sous

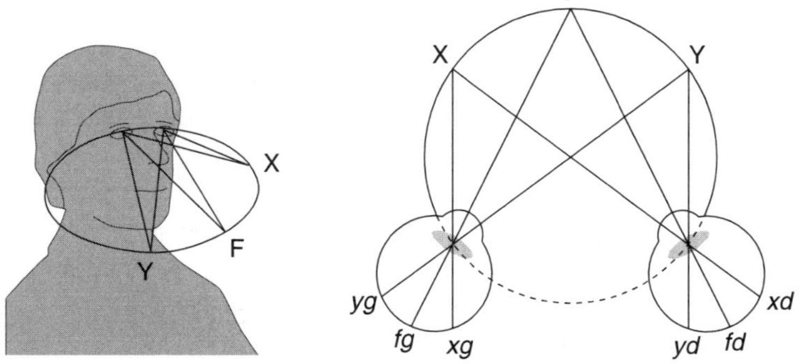

FIGURE 4.4 *Horoptère longitudinal théorique.* On peut concevoir un horoptère différent pour chaque angle de convergence possible.

un même angle de manière à ce que la fusion des paires d'yeux soit facile à réaliser. Le résultat obtenu n'est pas un simple compromis géométrique. On a pu montrer que la fusion binoculaire d'un visage masculin et d'un visage féminin pouvait produire l'image d'un homme à l'apparence féminine ou d'une femme à l'apparence masculine. On trouve, néanmoins, des différences individuelles importantes dans les résultats obtenus dans ces conditions, ce qui témoigne d'une influence remarquable de la subjectivité dans ce type de processus.

Par ailleurs, le système visuel est étonnamment habile à fusionner des formes très complexes telles que des patterns de milliers de points aléatoires, et même à en tirer une image en relief (voir la figure 12.19, p. 293). Ce phénomène oblige à supposer que la mise en correspondance binoculaire est beaucoup plus compliquée qu'on ne le croyait et qu'elle met en cause des composantes particulières du système visuel cérébral (voir Palmer, 1999).

4.2.3 La compétition binoculaire

La présentation binoculaire d'images identiques légèrement décalées latéralement et stimulant des points non correspondants dans chaque rétine crée parfois des images doubles, soit ce qu'on appelle une « diplopie », mais ce n'est pas toujours le cas, comme on le verra plus loin. Voyons pour l'instant comment il est possible d'observer de telles images (voir la figure 4.5 en *a*)). Comme l'illustre la figure 4.5 en *c*) et en *d*), un objet peut être vu double parce qu'il se trouve en deçà du point de convergence binoculaire. On dira alors qu'il présente une « disparité croisée » (voir la figure 4.5 en *c*)). Pour un objet situé au-delà du point de convergence, la disparité est dite « homonyme » ou « non croisée » (voir la figure 4.5 en *d*)). Dans l'activité quotidienne, une personne ayant une vision normale ne perçoit paradoxalement jamais d'images doubles, mais il ne faut pas en conclure que celles-ci sont inutiles. Elles guident le mécanisme de convergence assurant la fusion binoculaire. Lorsque, dans un premier temps du processus, les images d'un objet fixé par le regard se trouvent en disparité croisée, c'est que les yeux convergent trop loin et doivent effectuer une correction en fixant plus près. Si cette disparité est homonyme, c'est que le point de convergence est trop rapproché, et la correction devra donc se faire dans l'autre direction.

Une personne atteinte de *strabisme*, soit de la déviation d'un œil empêchant la coordination binoculaire, devrait théoriquement voir double. Mais tel n'est généralement pas le cas. Elle a plutôt une vision monoculaire due à la *suppression* de la vision d'un des yeux par l'autre, ce qui montre que la diplopie

ENCADRÉ 4.2
La convergence binoculaire n'est pas l'apanage de tous

Chez les vertébrés inférieurs, dont les reptiles, les poissons et plusieurs espèces d'oiseaux, les yeux latéraux bougent indépendamment l'un de l'autre et enregistrent des images indépendantes puisque leur chiasme est total : il y a croisement complet des nerfs optiques (Rochon-Duvigneaud, 1943) et non pas un demi-croisement comme chez l'humain.

Le caméléon est un cas intéressant. Ses yeux sont très saillants et ses muscles oculaires permettent un mouvement de la pupille couvrant un arc de 180°. De plus, chaque œil de l'animal peut être dirigé dans toutes les directions. Un œil peut rester immobile pendant que l'autre bouge. Si, par contre, un œil de l'animal détecte un insecte, les deux yeux convergent vers la proie. À mesure qu'on s'élève dans la phylogenèse des vertébrés, l'angle que font entre eux les axes oculaires diminue : Rochon-Duvigneaud (1943) rapporte les chiffres suivants, en degrés : cheval, 137, bœuf, 119, mouton, 134, porc, 110, chien, 92, chat, 77, homme, 10.

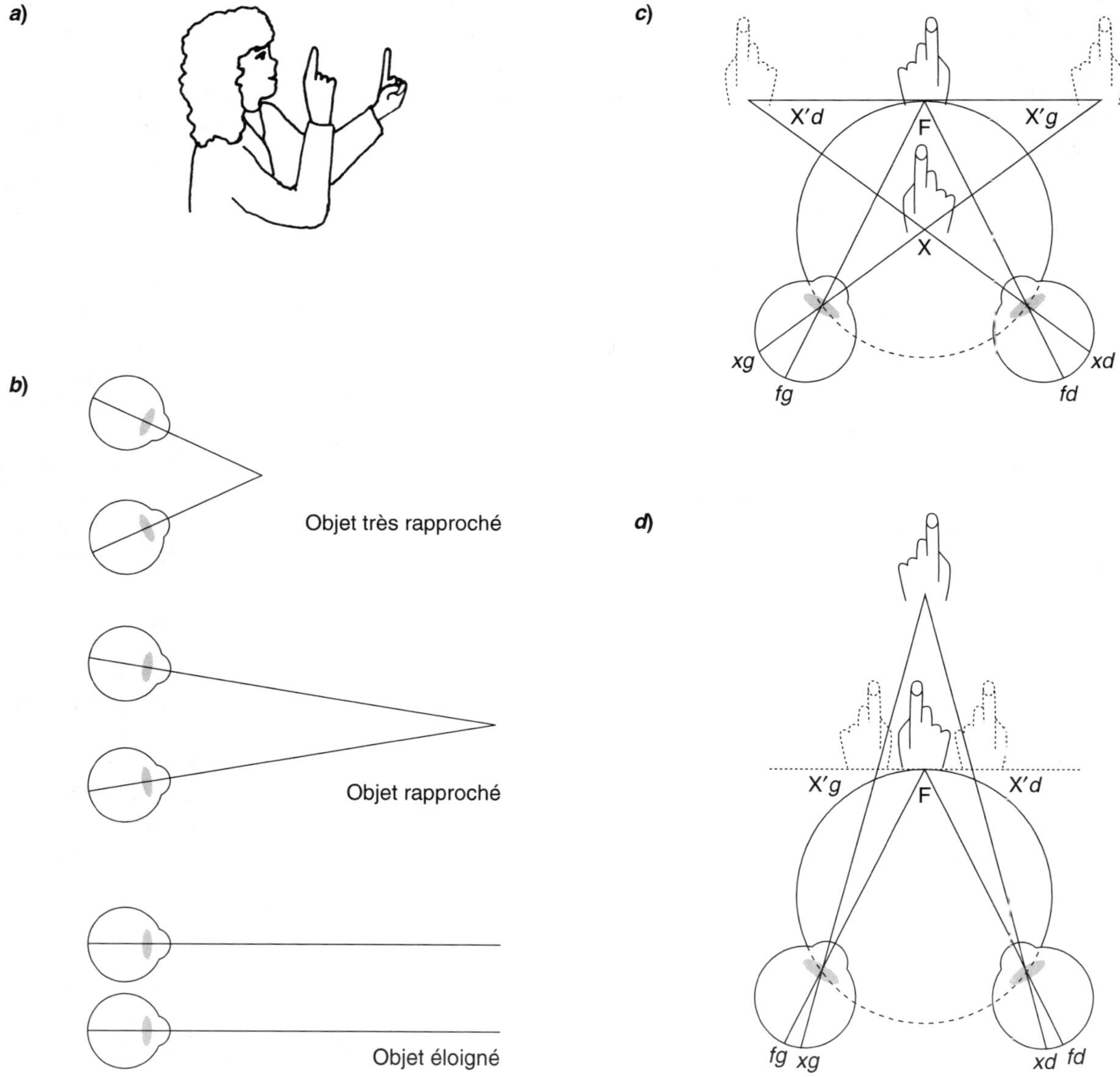

FIGURE 4.5 a) *Comment observer des images doubles.* Pour observer des images doubles, il suffit de placer ses deux index dans l'axe du regard. Si l'on fixe binoculairement le doigt le plus proche, le doigt le plus éloigné est vu double. Si l'on fixe le doigt le plus éloigné, c'est le plus proche qui est vu double. *b) Comment le système binoculaire parvient à éviter les images doubles.* Pour éviter les images doubles, les yeux doivent converger vers l'objet. L'angle de convergence varie en fonction de la distance. Si l'objet fixé était très éloigné, les yeux seraient parallèles. *c) Horoptère et disparité croisée.* Lorsqu'on fixe le doigt le plus éloigné (F), qui se trouve alors sur le cercle formant l'horoptère, le plus proche (X) se trouve en deçà de cet horoptère. Les points *xg* et *xd* n'occupent pas des positions homologues par rapport aux points fovéaux *fg* et *fd*. Comme les images X'*d* et X'*g* sont vues respectivement par l'œil gauche et par l'œil droit, la disparité produite est dite croisée. *d) Horoptère et disparité homonyme.* Lorsque le doigt F sur lequel on fixe son regard est plus proche que le doigt X, ce dernier se trouve en dehors de l'horoptère. Les projections rétiniennes en *xg* et en *xd* n'occupent pas des positions homologues par rapport aux points fovéaux *fg* et *fd* (comparer avec la figure 4.4). De plus, l'image X'*g* vue par l'œil gauche et l'image X'*d* vue par l'œil droit sont respectivement à gauche et à droite de l'image F. C'est pour cette raison que la disparité est dite « homonyme » ou « non croisée ».

n'est pas la seule conséquence de la disparité. Ce type de suppression se rencontre d'ailleurs fréquemment chez des personnes atteintes d'un trouble visuel monoculaire. Cette condition peut alors créer un déséquilibre de puissance entre les deux yeux.

Le mécanisme cortical assurant cette suppression de la vision d'un œil par l'autre a fait l'objet de nombreuses recherches portant sur la présentation binoculaire d'images différentes. Sans entrer dans le détail de toutes ces recherches, retenons quelques résultats intéressants (voir Lee et Blake, 1999). Tout d'abord, si l'on présente à un œil une forme contrastante sur fond homogène et à l'autre œil une surface homogène vide, la perception résultante sera uniquement celle d'une forme sur fond. C'est ce qu'on appelle la « suppression permanente ». Ceci illustre le principe qu'un stimulus contrastant tend à supprimer un stimulus qui l'est moins. La figure 4.6 représente un procédé simple permettant d'observer ce phénomène. Par ailleurs, la figure 4.7 illustre comment il est possible de produire des suppressions permanentes simultanées dans les deux yeux (voir aussi Delorme, 1994).

En présentant séparément à chaque œil des patterns contrastants, mais très différents l'un de l'autre, on obtient une alternance d'apparition et de disparition de chacun ; c'est ce que l'on appelle la « rivalité binoculaire ». Par exemple, des rayures verticales noires et rouges présentées à l'œil droit et des rayures horizontales noires et vertes présentées à l'œil gauche ne donnent pas la vision binoculaire d'un quadrillé, mais plutôt une vision alternée de patterns rayés. Le rythme de cette alternance est variable et quelque peu imprévisible. Par ailleurs, la rivalité n'est pas le seul résultat obtenu dans cette condition ; on observe aussi dans certains cas une sorte de patchwork dans lequel des parties vues par un œil se trouvent juxtaposées à d'autres vues par l'autre œil. En outre, la simple présentation d'une différence de couleurs (sans différence de formes) ne crée pas forcément de la suppression. On a obtenu des mélanges chromatiques binoculaires, dont notamment un jaune à partir d'un « mélange binoculaire » de rouge et de vert (Prentice, 1948).

Enfin, comme on le verra au chapitre 12, les fonctions de la disparité binoculaire ne se limitent pas au

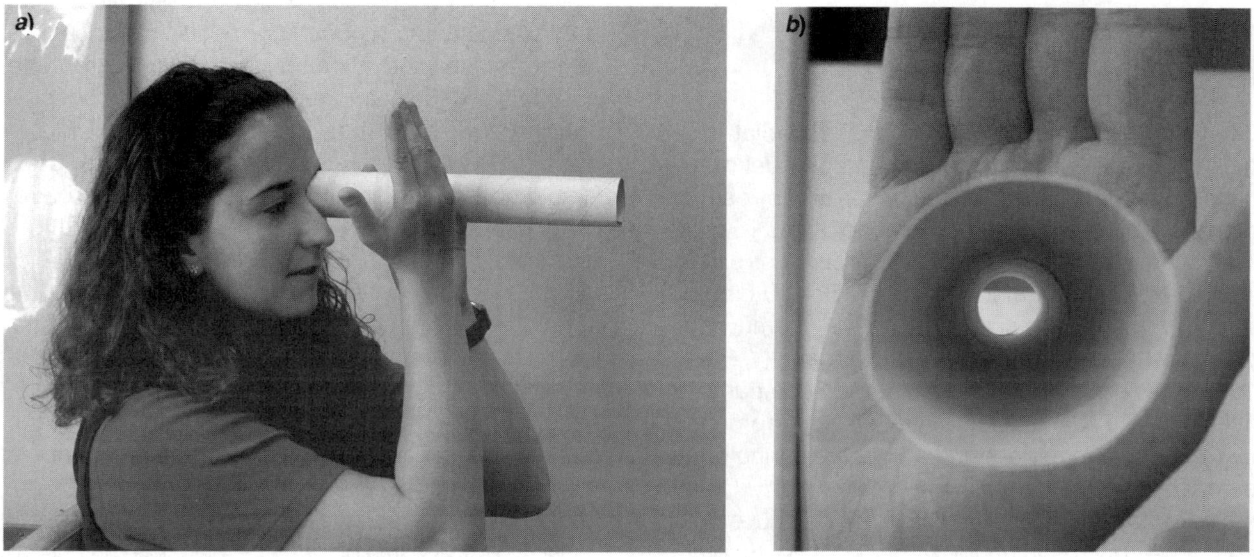

FIGURE 4.6 *Suppression permanente : le phénomène du trou dans la main. a)* Une personne tient un cylindre de carton par lequel elle regarde un objet en utilisant l'œil gauche, alors que de l'œil droit elle regarde sa main droite juxtaposée au cylindre. *b)* Résultat : il y a perception d'un trou dans le centre de la main par lequel l'objet est perçu. Cette perception est due au fait que la surface du centre de la main est supprimée parce que son contraste est moindre que celui de l'objet qui est vu en cet endroit par l'autre œil. *Source :* Photos de J. Lajoie.

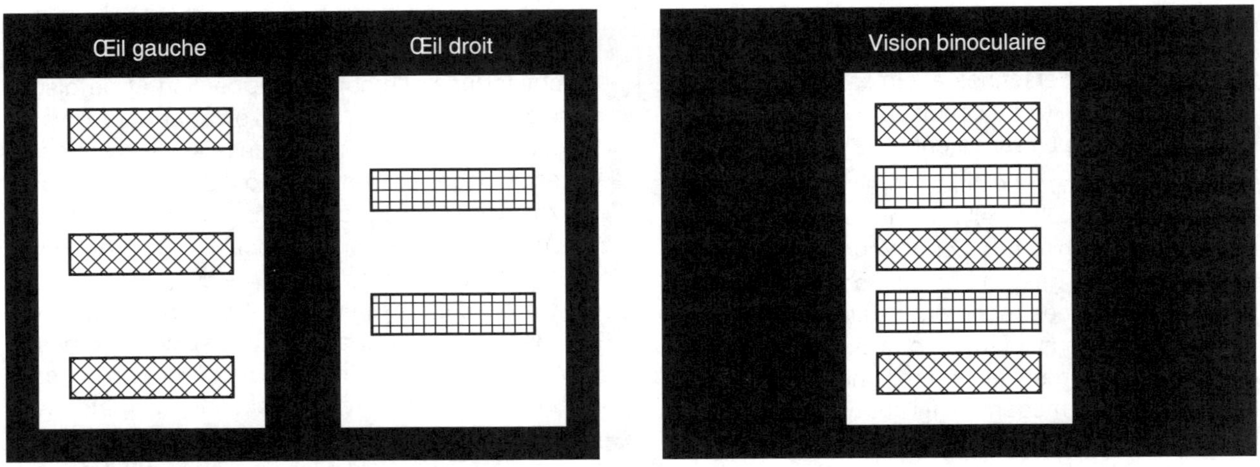

FIGURE 4.7 *Suppression permanente binoculaire.* Les rectangles rayés présentés séparément à l'œil gauche et à l'œil droit sont disposés de façon à stimuler des régions différentes de chaque œil. La fusion des deux séries de rectangles produit la perception de cinq rectangles. *Source :* Dessins de A. Delorme.

contrôle de la convergence binoculaire ainsi qu'à la suppression binoculaire ou à la création d'images doubles. Cette disparité contribue aussi de façon très importante à la perception tridimensionnelle lorsqu'elle crée la *stéréoscopie*.

4.2.4 La fonction panoramique

Le système visuel donne un accès immédiat et simultané à toutes les parties du champ visuel disponibles à chaque instant. Les limites de cet espace constituent la bordure de ce champ. Dans l'activité quotidienne, l'intégrité du champ visuel est surtout importante pour la détection d'obstacles ou d'objets en mouvement dans sa périphérie. Le champ visuel de l'être humain est de 200° de largeur (Wandell, 1995), ce qui apparaît restreint par comparaison avec ceux du cheval ou du lièvre, qui se rapprochent de 360°. Il faut noter cependant qu'une bonne partie du champ de l'humain est binoculaire (120°). Ce qui est perdu sur le plan de la dimension se trouve donc compensé par les effets de la binocularité. En outre, par ses mouvements des yeux et de la tête, l'être humain a accès à presque tout le champ visuel. Son champ monoculaire est de 160° de largeur. Le sujet borgne se retrouve donc avec une restriction du champ visuel qui ne représente pas un handicap majeur pour son activité quotidienne, même s'il doit se déplacer rapidement. Gibson a cité le cas d'un pilote d'avion exceptionnel qui était pourtant borgne. De fait le principal inconvénient d'une cécité monoculaire, tant pour le pilote d'avion que pour le conducteur automobile, n'est pas tant la perte de l'information de distance en profondeur fournie par la binocularité que la restriction du champ panoramique. L'amplitude du champ visuel panoramique est beaucoup plus considérable chez bon nombre d'animaux dotés d'yeux latéraux, mais ceci existe au détriment de la fonction de binocularité (voir la figure 4.8). En outre, on constate que les yeux frontaux se rencontrent plus fréquemment chez les prédateurs et les yeux latéraux, chez les proies. La proie potentielle pourra ainsi plus facilement détecter les prédateurs trahis par leurs mouvements. Quant au prédateur qui aura réussi à se rapprocher suffisamment sans être détecté, il pourra bondir directement sur sa proie grâce à une estimation binoculaire précise de la distance à laquelle elle se trouve. Certains animaux dotés d'yeux latéraux comme le lièvre ou la crécerelle pourraient aussi avoir une vision binoculaire fusionnée du champ frontal grâce à l'existence d'une deuxième fovéa à la périphérie dorsale de l'œil (Rochon-Duvigneaud, 1943 ; voir aussi Wallman et Pettigrew, 1985). La figure 4.9 illustre les deux yeux d'une crécerelle, en

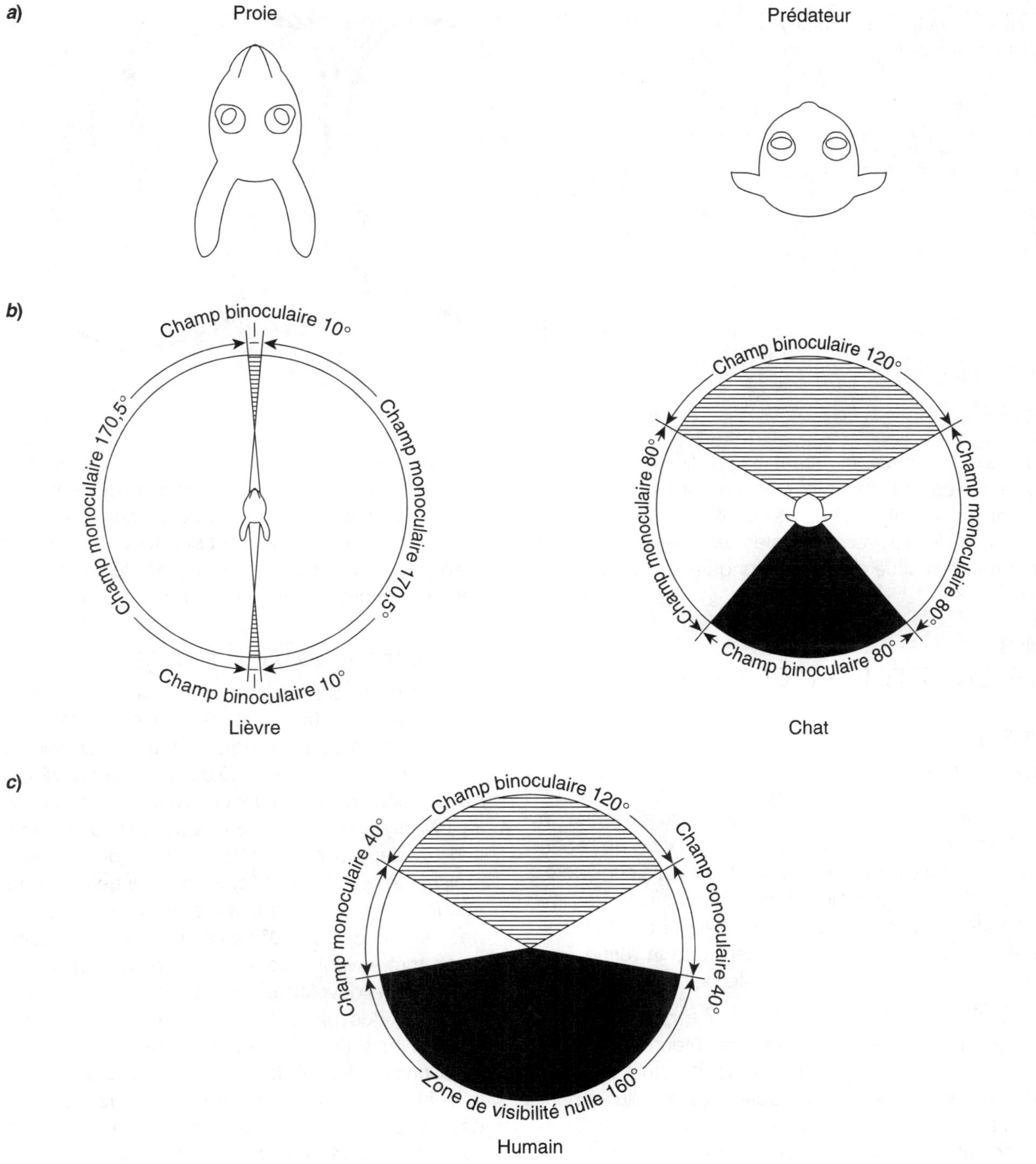

FIGURE 4.8 *Champs visuels du lièvre, du chat et de l'humain.* Selon Schiffman (1996), le champ visuel binoculaire du lièvre serait totalement panoramique (360°) grâce à l'emplacement latéral des yeux et présenterait de plus un chevauchement des deux champs, ce qui crée un champ binoculaire de 10° à l'avant et de 9° à l'arrière. Le champ visuel du chat, dont les yeux sont placés frontalement, est de 280° et présente un chevauchement binoculaire de 120° à l'avant. Chez l'humain, le chevauchement binoculaire est de 120°. *Source :* Schiffman (1996, p. 62) et Sekuler et Blake (1990, p. 26).

FIGURE 4.9 *Illustration des deux yeux d'une crécerelle en coupe horizontale.* Cette figure représente les positions respectives et relatives des deux fovéas de chaque œil. Selon Rochon-Duvigneaud (1943), les fovéas centrales (F.C.) sont tournées vers le dehors de 30° de part et d'autre du centre du plan frontal et seraient les plus importantes étant donné leur structure plus complexe. Les fovéas latérales (F.L.) reçoivent l'image du même objet situé dans le prolongement du bec en assurant ainsi une vision binoculaire. *Source :* Rochon-Duvigneaud (1943, p. 548). © 1943. Reproduit avec la permission de Masson Éditeur.

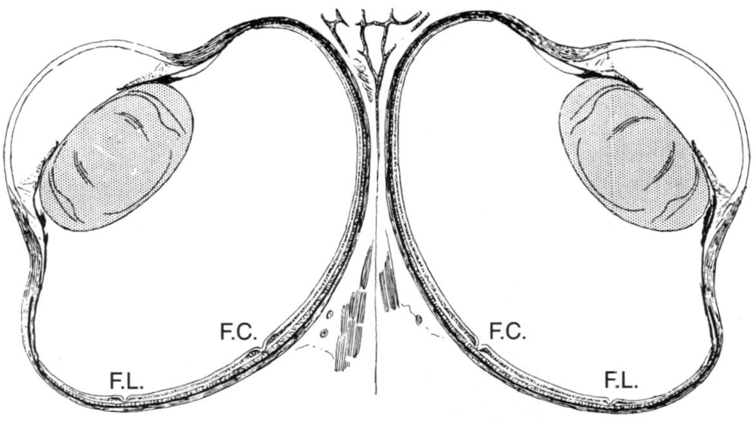

coupe horizontale, montrant les positions respectives et relatives des deux fovéas (qualifiées respectivement de « centrale » et de « latérale ») de chaque œil. Les deux fovéas latérales reçoivent l'image du même objet situé dans le prolongement du bec.

4.3 DE LA RÉTINE AU CORTEX

4.3.1 La rétine

La première fonction de la rétine est d'assurer la *transduction*, c'est-à-dire la transformation de l'énergie lumineuse en influx nerveux. Quand on considère, cependant, sa complexité structurale ainsi que l'importance des fonctions qu'elle assume dans le processus visuel, il apparaît évident que la rétine, loin d'être comparable à une simple pellicule photographique, constitue une véritable extension du cerveau.

Abritant 70 % de tous les récepteurs sensoriels du corps humain, la rétine comporte cinq couches de neurones : les photorécepteurs, les cellules horizontales, les cellules bipolaires, les cellules amacrines et les cellules ganglionnaires. Elle n'a pourtant qu'une épaisseur de 0,4 mm (Imbert et Schonen, 1994) et une surface d'environ 25 cm^2. Les éléments sensibles à la lumière, c'est-à-dire les photorécepteurs, qui transforment l'énergie lumineuse en énergie électrique, sont de deux types : les cônes et les bâtonnets (voir la figure 4.10). Les premiers ont un seuil de réponse plus élevé, mais permettent la discrimination des couleurs et la vision diurne, alors que les seconds, dont le seuil est beaucoup plus bas, ne réagissent qu'aux variations d'intensité lumineuse et servent principalement à la vision nocturne.

Les cônes et les bâtonnets

Chaque rétine comporte environ 6 millions de cônes, dont à peine 50 000 (1 % des cônes) (Tyler, 1997) sont entassés dans la région centrale appelée « fovéa », alors que leur densité diminue vers la périphérie. Les bâtonnets sont beaucoup plus nombreux que les cônes (environ 100 millions par œil), et leur variation en densité entre la fovéa et la périphérie est croissante plutôt que décroissante. Il ne s'en trouve aucun au centre de la fovéa et la densité maximale des bâtonnets est à 20° de celle-ci. Chez l'humain, la fovéa met environ quatre ans à se développer pleinement. Ce développement se réalise grâce à une migration des photorécepteurs (les cônes) vers la zone fovéale (Yuodelis et Hendrickson, 1986). Ces variations de densité des cônes et des bâtonnets entre le centre et la périphérie de l'œil correspondent à des variations existant sur le plan visuel. La discrimination des couleurs et l'acuité visuelle sont maximales au niveau de la fovéa, tandis qu'aux limites de la périphérie l'acuité est très faible et la discrimination des couleurs impossible. On pourrait comparer ces différences entre les propriétés des cônes et des bâtonnets à ce qui différencie entre elles les pellicules

FIGURE 4.10 *Schéma de la rétine.* La lumière doit passer à travers les vaisseaux sanguins et plusieurs couches de cellules nerveuses avant d'atteindre les récepteurs dont la partie sensible est tournée vers le fond de la rétine. Il est à noter cependant que le centre de la fovéa est libre de vaisseaux sanguins et que les cellules ganglionnaires y sont plus rares et voient leurs axones dirigés de façon centrifuge par rapport au centre de la rétine. Le circuit vertical comporte les cônes et les bâtonnets, ainsi que les cellules bipolaires et les cellules ganglionnaires. Les circuits horizontaux comprennent les cellules horizontales et les cellules amacrines. *Source:* Schiffman (1996, p. 56).

photographiques. La pellicule du type *32 asa*, à utiliser le jour, a une résolution élevée, mais une faible sensibilité, alors que celle du type *800 asa*, servant à la photo en noir et blanc, a une sensibilité élevée, mais une basse résolution. On l'utilise plutôt dans des conditions de faible illumination. La très grande acuité visuelle de la fovéa comparativement à celle de la périphérie est due partiellement à la petitesse relative des cônes par rapport aux bâtonnets et à la densité accrue des récepteurs au niveau de la fovéa. Elle s'explique aussi par le nombre relativement petit de cônes requis pour former des champs récepteurs.

Cette perte d'acuité à la périphérie ne se traduit pas, sur le plan perceptif, par une impression de flou dans le champ visuel, même si la région de vision nette ne couvre que les 2° de champ visuel de la fovéa. Au contraire, on a plutôt l'impression d'une netteté égale dans tout le champ visuel. La raison en est probablement la grande mobilité des yeux qui effectuent un balayage constant de la scène visuelle. On peut néanmoins vérifier facilement les limites du champ de vision nette en fixant un mot dans un texte imprimé. On se rend compte en effet que, sans quitter ce point de fixation, on ne peut lire que les mots immédiatement voisins de ce point.

La fonction des cônes dans la discrimination des couleurs sera expliquée plus en détail dans le chapitre suivant. Notons pour l'instant qu'il existe trois types de cônes, dont chacun présente un patron de sensibilité différent au spectre lumineux. Un premier, de type court (cône C), a une sensibilité maximale d'absorption de la lumière aux petites longueurs d'onde (420 nm) (région du bleu dans le spectre), un second, de type moyen (cône M), aux moyennes longueurs d'onde (534 nm) (région du vert) et un troisième, de type long (cône L), aux grandes longueurs d'onde (564 nm) (région du rouge). En mesurant chez des personnes l'« adaptation à l'obscurité », on a pu mettre en évidence une différence fonctionnelle entre les cônes et les bâtonnets. Si, à partir d'un environnement bien éclairé, on se trouve brusquement plongé dans l'obscurité, on ne voit d'abord à peu près rien du tout. Puis, avec le temps, on commence à apercevoir des objets et la vision s'améliore lentement, en sorte qu'après une demi-heure on atteint un niveau d'adaptation remarquable. L'intensité lumineuse détectable est alors 100 000 fois plus élevée qu'au départ. La mesure systématique du phénomène (voir la figure 4.11) montre que la courbe illustrant son évolution en fonction du temps est en fait constituée de deux courbes différentes. Une première, dont le seuil est plus élevé et qui atteint un plateau après 10 min, représente l'adaptation des cônes, alors que la seconde, qui correspond à celle des bâtonnets, atteint sa limite d'adaptation au bout de 30 min.

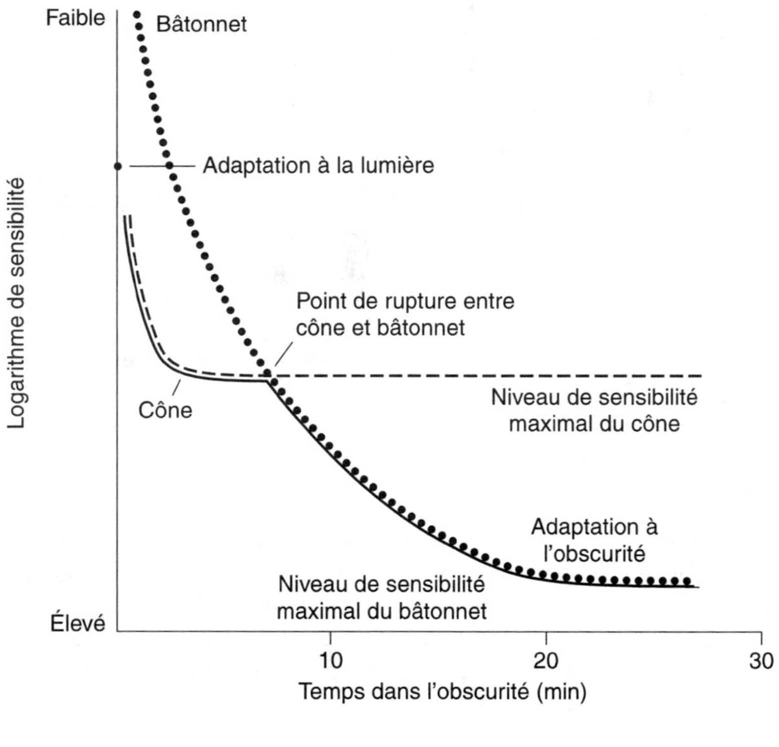

FIGURE 4.11 *Courbes d'adaptation à l'obscurité.* La ligne continue illustre la courbe d'adaptation en deux étapes à l'obscurité. La première étape représente l'adaptation plus rapide des cônes et la seconde étape, l'adaptation plus lente des bâtonnets. La sensibilité des bâtonnets est toutefois plus grande que celle des cônes. *Source :* Goldstein (1996, p. 56).

Les cellules collectrices et ganglionnaires

Les quatre autres couches de cellules de la rétine sont dites « collectrices d'information » et sont reliées entre elles de façon complexe. Les plus importantes sont les cellules ganglionnaires, par lesquelles les influx quittent l'œil (voir la figure 4.10, p. 85). En considérant l'organisation verticale de la rétine, on note que les cellules bipolaires se trouvent situées directement entre les cellules photoréceptrices et les cellules ganglionnaires. Par ailleurs, sur le plan de l'organisation horizontale, les cellules horizontales interagissent avec plusieurs cellules photoréceptrices et les cellules amacrines, avec plusieurs cellules ganglionnaires. Entre la couche des photorécepteurs et celle des cellules ganglionnaires, il se produit une convergence d'information qui permet de concentrer considérablement l'information en réduisant la redondance. En effet, le rapport entre photorécepteurs et cellules ganglionnaires est de 125 pour 1 dans l'ensemble de la rétine. Cependant la réduction de redondance est beaucoup moindre pour ce qui est des liens avec la fovéa, où le rapport n'est que de 3 pour 1.

La tache aveugle

Les cellules ganglionnaires ont leur corps cellulaire dans la rétine ; leurs longs axones sortent de celle-ci en un lieu précis très restreint où ils forment, avec un autre million d'axones, le nerf optique. Grâce à leur transparence, ces axones n'empêchent pas la lumière d'atteindre les récepteurs rétiniens. Mais leur regroupement à la sortie empêche cette partie située à 15° du côté nasal d'être visuellement fonctionnelle. Cet emplacement appelé « tache aveugle » a une surface comparable à celle de la fovéa, soit 1,5 mm sur 2,1 mm (angle visuel : 5° de largeur sur 7° de hauteur). Les taches aveugles ne peuvent être détectées binoculairement, même par l'observateur le plus attentif, parce qu'elles n'ont jamais fusionné. Elles ne posent donc aucun problème visuel chez la personne ayant une vision binoculaire normale. En effet, la projection optique de l'image d'un objet sur la tache aveugle d'un œil stimule par le fait même l'autre œil. Cependant, lorsqu'on ferme un œil, on ne perçoit pas le vide produit par la tache aveugle. Par ailleurs, les résultats de recherches semblent contredire l'idée qu'il ne s'y passerait rien (voir l'encadré 4.3). Il

Encadré 4.3
Les paradoxes de la tache aveugle

*Même en vision monoculaire, la tache aveugle n'est pas détectable directement. Elle n'apparaît pas comme une tache ou une lacune dans le champ visuel. Pourquoi ? Les opinions divergent sur cette question. Pour Churchland et Ramachandran (1996), cela est dû à un mécanisme de complètement (*filling in*) parce que les objets dont la bordure traverse celle de la tache aveugle semblent être vus comme complets, ce qui laisse supposer que le cerveau compense la lacune (voir la figure 4.12). Selon Dennett (1991, cité par Churchland et Ramachandran, 1996, p. 134) : « Le défaut fondamental de l'hypothèse du complètement réside dans le fait qu'elle suggère que le cerveau apporte quelque chose là où, dans les faits, il ignore quelque chose. » De même, Gibson (1966, p. 263) affirmait : « Pour voir un trou ou un vide, il faut de l'information dans le stimulus et c'est justement ce que la tache aveugle ne peut capter. »*

Les nombreux exemples de complètement fournis par Churchland et Ramachandran sont néanmoins très convaincants. Dans un des cas, on présente à un sujet une surface couverte d'anneaux jaunes disposés de telle façon que le trou d'un de ces anneaux coïncide avec la tache aveugle. Or il en résulte que cet anneau est perçu comme un cercle jaune complet.

On pourrait sans doute se demander comment expliquer que le cerveau comble ainsi des lacunes jamais perçues dans la vie courante. Ce mécanisme de complètement n'est pas exclusif à la perception de la tache aveugle, il relève d'un processus plus général d'interpolation spatiale. D'ailleurs, Churchland et Ramachandran rapportent d'autres types de cas de complètement, dont notamment les cas de scotomes. Le scotome est aussi une zone aveugle dans le champ visuel, mais elle est habituellement due à une lésion cérébrale située dans la région occipitale. Or, contrairement à la tache aveugle, le scotome est binoculaire. Néanmoins, le sujet qui subit cette perturbation visuelle ne la perçoit pas comme un trou dans son champ visuel. De même que pour la tache aveugle, il faut donc un procédé indirect pour diagnostiquer le déficit.

FIGURE 4.12 *Tache aveugle et mécanisme de complètement (*filling in*).* Votre œil droit fermé, fixez le X du haut avec votre œil gauche. Tenez le livre tout d'abord près de vos yeux puis éloignez-le lentement jusqu'à une distance d'environ 20 cm, et la tache noire disparaîtra. Lorsque vous fixez le X du bas, la barre noire donne au contraire l'impression d'être complétée et pleine.

est possible de localiser la tache aveugle en utilisant le procédé décrit dans la figure 4.12.

Les champs récepteurs et l'inhibition latérale

Les cellules ganglionnaires sont constituées de manière à accentuer les contrastes de luminance et/ou de couleur en suscitant la formation de champs récepteurs. Comme tous les neurones, elles sont actives même au repos. Certaines voient leur rythme augmenter lorsqu'un stimulus lumineux vient déclencher l'activité des photorécepteurs (cellules *on*), pour d'autres, le rythme diminue dans les mêmes circonstances (cellules *off*). Une cellule qui produit une réponse « *on* » lorsqu'on dirige un faisceau lumineux sur une surface circulaire de la rétine produira une réponse « *off* » lorsque le faisceau sera dirigé dans son voisinage immédiat en forme d'anneau. Le centre et son anneau constituent ce qu'on appelle un « champ récepteur » (voir la figure 4.13). Lorsqu'un champ récepteur est stimulé dans son entier, il y a peu de chances que la cellule ganglionnaire réponde, car le centre du champ entre alors en compétition avec l'anneau, et les deux parties s'inhibent l'une l'autre, c'est-à-dire qu'elles réduisent leurs réponses respectives. Ce phénomène interactif relié à deux régions antagonistes s'appelle l'« inhibition latérale ». La figure 4.14 (p. 90) présente un schéma simplifié d'organisation d'un champ récepteur. En outre, la grille d'Hermann (voir la figure 4.15, p. 90) illustre de façon frappante des effets d'illusion créés par l'inhibition latérale.

Les cellules ganglionnaires M et P

Les cellules ganglionnaires se répartissent aussi en deux grandes catégories : les cellules M (magno) et les cellules P (parvo)[2]. Les cellules M forment 80 % des cellules ganglionnaires. Comparativement aux cellules P, elles présentent un corps cellulaire et un

2. Une troisième catégorie, appelée « konio », a été distinguée chez le singe marmoset (Solomon, White et Martin, 1999). Comme ses caractéristiques ne sont pas encore très bien connues chez l'humain, nous ne tiendrons pas compte de cette nouvelle catégorie dans notre description.

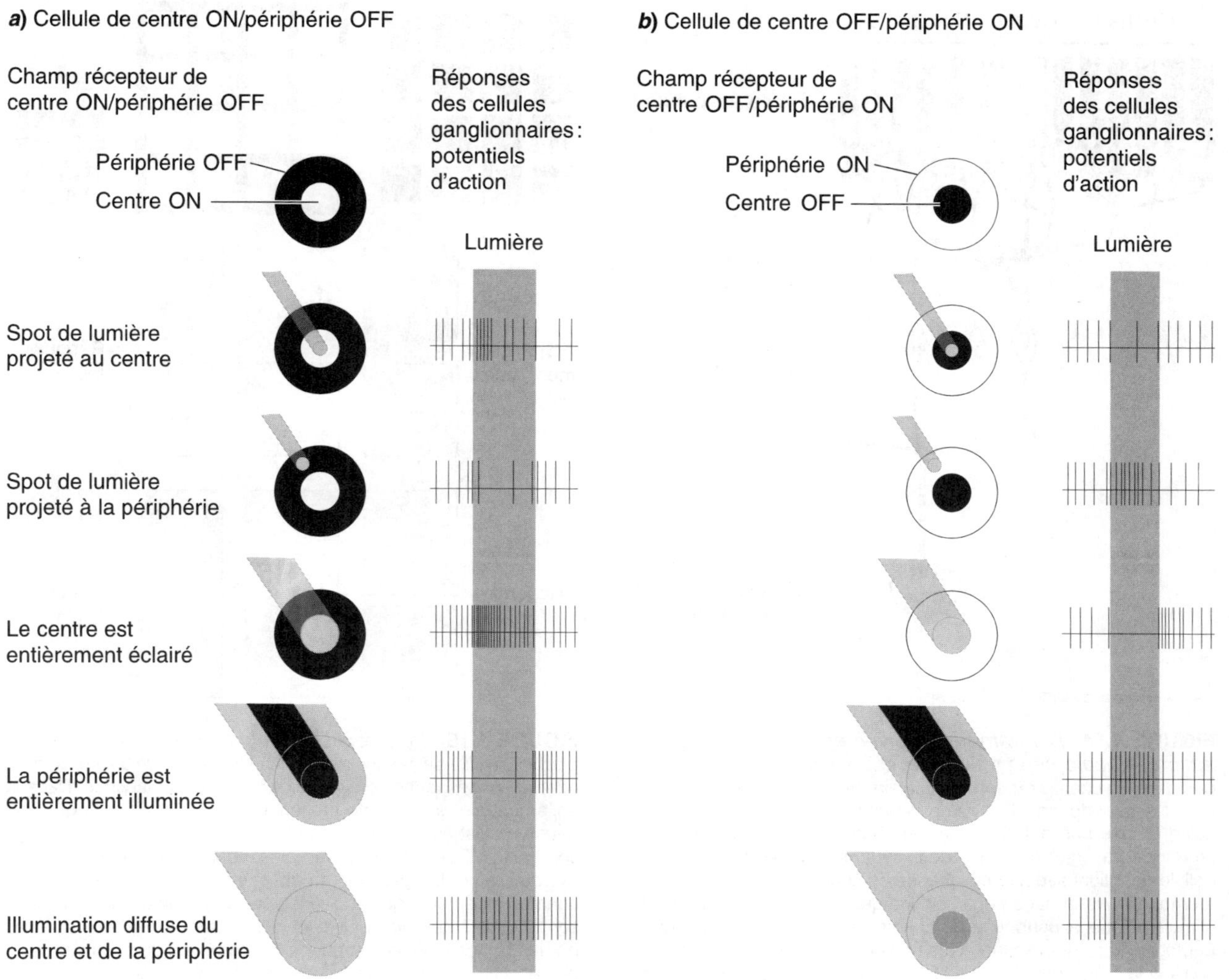

FIGURE 4.13 *Champs récepteurs des cellules ganglionnaires.* La fréquence des potentiels d'action des cellules ganglionnaires varie selon les conditions d'illumination. *a*) Une cellule « à centre *on* » et « à périphérie *off* » est excitée par une augmentation de l'illumination du centre de son champ récepteur et est inhibée par une augmentation de l'illumination de sa périphérie. *b*) Les changements d'illumination ont un effet contraire sur une cellule « à centre *off* » et « à périphérie *on* ». *Source :* Rosenzweig et autres (1998, p. 339). © 1996, Sinauer Associates. Reproduit avec permission.

axone plus gros, comportent des champs récepteurs plus grands, ont une plus grande rapidité de conduction nerveuse et manifestent une plus grande sensibilité aux contrastes lumineux. Les cellules M sont donc utiles à la perception de gros objets et à la détection de faibles contrastes. En outre, elles répondent au mouvement rapide détecté dans les grands champs récepteurs de la périphérie rétinienne.

Les cellules P forment quant à elles près du quart du nerf optique. Seulement 50 000 d'entre elles proviennent de la fovéa, alors que les 240 000 autres émanent de la périphérie rétinienne. En plus des caractéristiques mentionnées ci-dessus, qui les distinguent des cellules M, notons que certaines des cellules P réagissent à des régions restreintes du spectre chromatique, se distinguant en cela des cônes, qui ne sont sensibles qu'à des régions plus larges. Chaque cellule P répond à deux couleurs, mais ses réactions sont de type antagoniste. Elle reçoit d'un type de cône des connexions excitatrices qu'on indique par le

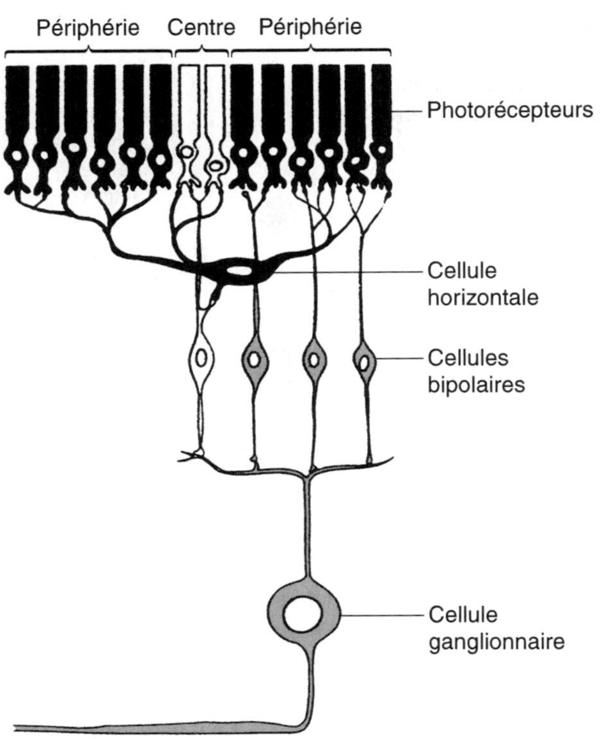

FIGURE 4.14 *Diagramme simplifié représentant l'organisation verticale de la rétine.* Les photorécepteurs sont regroupés dans un champ récepteur circulaire divisé en deux parties : le centre et la périphérie. Le champ récepteur est présenté en coupe selon un axe passant au centre du champ. L'activité des récepteurs doit traverser au moins deux synapses avant d'atteindre la cellule ganglionnaire responsable de ce champ. Le champ récepteur fonctionne de façon optimale lorsque le centre du champ est stimulé et que la périphérie du champ ne l'est pas. Les photorécepteurs du centre excitent alors une cellule bipolaire qui excite à son tour la cellule ganglionnaire. Lorsque les photorécepteurs situés en périphérie du champ sont aussi excités, la cellule horizontale est activée et exerce une activité inhibitrice sur la cellule bipolaire, ce qui empêche la cellule ganglionnaire d'être activée. *Source :* Marmor et Ravin (1997, p. 4). © 1997, Mosby-YearBook. Reproduit avec la permission d'Elsevier Science.

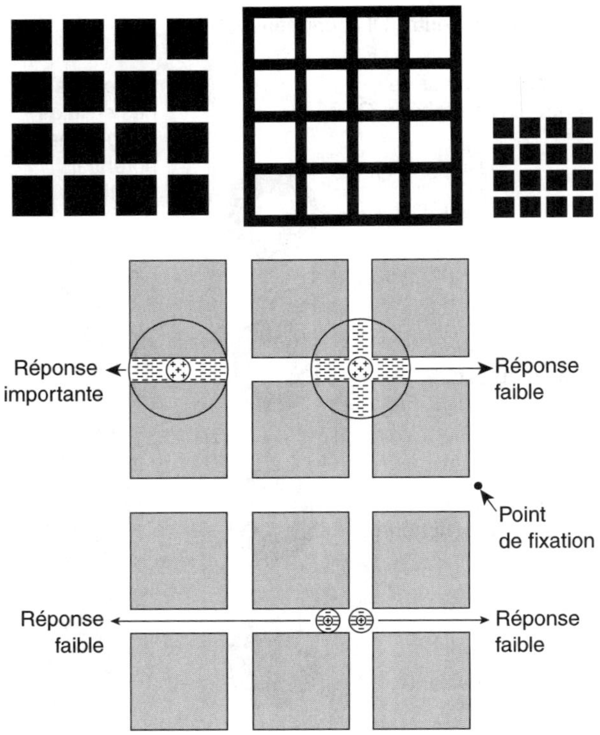

FIGURE 4.15 *Trois versions de la grille d'Hermann.* En regardant la grille de gauche à une distance de plus de 30 cm, on peut apercevoir des taches grises aux intersections blanches. Dans la grille centrale, qui est une présentation en négatif de la grille de gauche, c'est un pâlissement qu'on perçoit aux intersections, qui sont noires. Dans les deux cas, une tache disparaît dès qu'on la fixe du regard. L'explication du phénomène est la suivante : 1) les champs récepteurs qui reçoivent leur stimulation des intersections sont soumis à deux fois plus d'inhibition latérale que ceux stimulés par les barres blanches séparant les carrés noirs, ce qui altère la perception du blanc aux intersections ; 2) le phénomène est moindre à la fovéa qu'à la périphérie de la rétine, et il augmente graduellement vers celle-ci. C'est pourquoi l'éloignement en profondeur de la grille entraîne une disparition des taches illusoires. C'est que les champs récepteurs de la fovéa se situent alors complètement à l'intérieur du carrefour. On obtient un effet semblable lorsqu'on présente le négatif de la grille, c'est-à-dire une grille noire et des carrés blancs, car l'inhibition crée un pâlissement des intersections noires. Le phénomène survient aussi avec des grilles de couleur. Par exemple, une grille blanche avec des carrés rouges fera apparaître des taches roses aux intersections. *Source:* Sekuler et Blake (1990, p. 74-75). © 1990, The McGraw-Hill Companies. Reproduit avec permission.

signe + et d'un autre type, des connexions inhibitrices indiquées par le signe –. Les quatre catégories d'antagonisme qu'elles présentent sont ceux de type rouge+vert–, vert+rouge–, bleu+jaune–, jaune+bleu–. Comme on le verra au chapitre suivant, l'interaction entre les trois catégories de cônes et les quatre catégories de cellules ganglionnaires présentant des réponses antagonistes aux couleurs constitue la seconde étape du traitement de l'information chromatique par le système visuel.

4.3.2 L'acuité visuelle et la résolution spatiale

Contrairement à ce qu'on aurait pu penser a priori, la capacité de résolution spatiale du système visuel est déterminée par le diamètre des champs récepteurs

ENCADRÉ 4.4
La convergence et la divergence neuronales du système visuel

Il est encore difficile de déterminer précisément la contribution totale du système visuel à l'ensemble des fonctions du système nerveux central, surtout au niveau du cortex. Cependant, la partie du casse-tête se trouvant entre la rétine et le cortex visuel est mieux connue. L'établissement de la répartition des neurones permet de visualiser la convergence neurale entre la rétine, les corps genouillés latéraux et le cortex visuel ainsi que la divergence qui existe à l'intérieur du cortex visuel.

*Une rétine comprend de 5 à 6 millions de cônes mais plus de 100 millions de bâtonnets. La fovéa ne reçoit que 1 % des cônes de la rétine. Cependant la convergence entre les récepteurs et les cellules ganglionnaires est minime sur la fovéa, mais beaucoup plus grande à la périphérie. La fovéa représente donc environ 20 % des cellules P. Au niveau des corps genouillés latéraux, les cellules situées à l'entrée et provenant de la rétine ainsi que celles situées à la sortie sont approximativement du même nombre, c'est-à-dire un million. Cependant plus de un million d'autres cellules pénètrent dans les corps genouillés latéraux surtout en provenance du cortex visuel, mais aussi en provenance du thalamus et du mésencéphale (formation réticulée), jouant probablement un rôle de régulation et de filtrage. Dans le cortex visuel (V1), le déploiement des colonnes à l'intérieur des hypercolonnes multiplie ce nombre par 20, ce qui donne 20 millions de cellules d'orientation dans le cortex visuel. Toutefois, si l'on ajoute les autres cellules (*blobs*, cellules de liaison, etc.), le nombre total de cellules présentes dans l'aire V1 est cinq fois plus grand, soit 100 millions, dans chacun des hémisphères. Rappelons que 65 % du cortex visuel est associé au centre du champ visuel dans un diamètre de 10°.*

Source : D'après Curcio, Sloan, Packer, Hendrickson et Kalina (1987) ; Osterberg (1935) ; Tyler (1997) ; Wandell (1995).

et non pas par celui des photorécepteurs. Malgré leur situation en troisième ligne, les cellules ganglionnaires sont véritablement les unités réceptrices de la rétine. Les champs récepteurs de la fovéa ont environ 0,01 mm de diamètre. En périphérie de la rétine, les champs peuvent être 50 fois plus larges, atteignant 0,5 mm.

Les fréquences spatiales et la sensibilité au contraste

Les cellules ganglionnaires utilisent les champs récepteurs pour accentuer les contrastes et créer ainsi des contours soulignant les différences de luminosité. Comme on l'a vu plus haut, les champs récepteurs des cellules ganglionnaires de la rétine varient en grandeur. Les cellules ayant des champs de même grandeur se regroupent pour créer une représentation à une échelle donnée. Plusieurs échelles de représentation coexistent. Un mécanisme d'attention sélective peut faciliter la mise en valeur d'un niveau particulier de grandeur. Ainsi, à un moment donné, une fleur est admirée et, l'instant d'après, elle est fondue dans un champ fleuri. La perception d'une scène peut donc se faire globalement ou à différents niveaux de détails selon l'objectif visé par l'observateur et le degré de familiarité ou d'expérience de celui-ci avec la situation en cause.

On mesure le seuil de sensibilité au contraste en fonction de la fréquence spatiale à l'aide du procédé suivant. On utilise une *grille sinusoïdale* présentée sur un écran d'ordinateur. Il s'agit d'un patron formé de bandes parallèles alternant du clair au sombre de façon sinusoïdale, dont on peut faire varier, d'une part, la fréquence spatiale en modifiant le nombre de cycles d'ondulation par degré d'angle visuel et, d'autre part, le contraste en modifiant les différences d'intensité entre les barres sombres et les barres claires. Le contraste minimal requis pour la détection des bandes définit le seuil de perception. La variation de celui-ci en fonction de la fréquence spatiale est appelée « courbe de sensibilité au contraste » (CSC). Ces mesures révèlent la sensibilité relative des champs récepteurs en fonction de leur taille. Considérant ces champs récepteurs comme des canaux différents qui transmettent leurs messages simultanément, les chercheurs responsables de cette découverte (Campbell et Robson, 1968) appelèrent leur modèle la « théorie des canaux multiples » (*multichannel theory*).

Les courbes de sensibilité au contraste

La courbe de sensibilité au contraste (CSC) en fonction de la fréquence spatiale fournit une image complète et précise du seuil de détection des formes pour toutes les grandeurs, comme l'illustre la partie *a*) de la figure 4.16, qui présente la CSC chez l'humain adulte. La partie *b*) présente pour sa part les CSC obtenues dans trois conditions d'illumination, soit en vision diurne ou *photopique*, en vision crépusculaire ou *mésopique* et en vision nocturne ou *scotopique*. Il importe de constater que l'acuité diminue avec la diminution d'éclairage. En vision scotopique, seuls de plus gros objets peuvent être perçus, et cela, uniquement dans de bonnes conditions de contraste.

La ségrégation des canaux

La figure 4.18 (p. 94) présente une photographie d'une personne bien connue, mais le nombre limité des composantes (17 × 20 = 340) permet difficilement de reconnaître celle-ci. Néanmoins, si on rend la photo plus floue (voir, p. 96, la figure 4.20 en *a*))[3], il devient plus facile de reconnaître la personne représentée. On peut trouver étrange que cette image plus floue qui permet de reconnaître un visage soit tirée de l'image précédente puisqu'elle ne peut contenir plus d'information que celle dont elle est extraite[4]. La théorie des canaux multiples offre une explication simple de ce phénomène. D'abord, l'image pixellisée agit comme un filtre bloquant les hautes fréquences et fait disparaître les petits détails, ce qui rend

3. Au moyen, par exemple, d'un logiciel de traitement d'image tel que *Photoshop*.
4. Les personnes portant des verres correcteurs peuvent rendre l'image plus floue en enlevant leurs verres. Quant à celles qui n'en portent pas, elles pourront le faire en plissant les yeux ou en regardant à travers un minuscule trou percé dans une feuille de papier, ou encore en pliant un doigt devant leur œil de façon à ne laisser qu'un minuscule espace pour regarder. La partie *b*) de la figure 4.20 (p. 96) vous révélera de qui il s'agit.

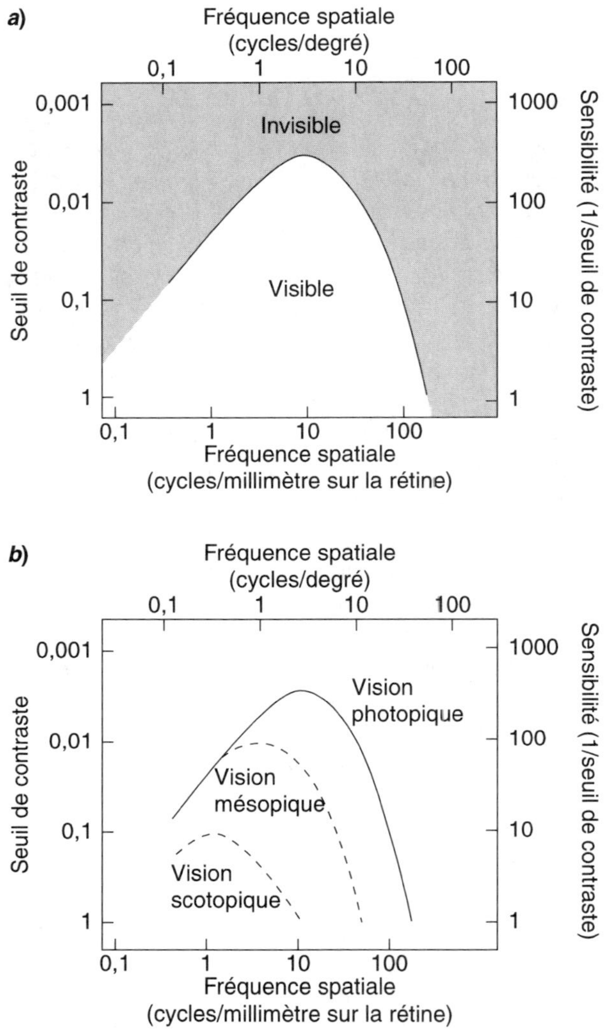

FIGURE 4.16 *a*) *Courbe de sensibilité au contraste chez l'humain.* Les fréquences spatiales sont présentées en fonction de la rétine (échelle du bas) et du champ visuel (échelle du haut). Lorsqu'on présente un patron d'ondulation à une certaine fréquence, le sujet détermine le seuil de contraste (échelle verticale) en ajustant un rhéostat jusqu'au moment où les ondulations deviennent invisibles. Après plusieurs essais à chacune des fréquences spatiales mesurées, les moyennes sont établies pour chaque fréquence spatiale et les résultats prennent la forme d'une courbe en U inversé. Tout ce qui est situé en dehors de cette courbe est invisible. La visibilité est donc meilleure à un niveau optimal de fréquence spatiale variant entre 1 et 10 cycles par degré du champ visuel. Lorsque notre bras est tendu, notre index fait un angle d'environ 1° alors que notre poing fait un angle de 8 à 10°. *b*) *Sensibilité au contraste : comparaison entre trois niveaux de luminosité.* Ce graphique établit, du point de vue de la sensibilité au contraste, une comparaison entre la vision scotopique (vision de nuit), la vision mésopique (vision à la brunante) et la vision photopique (vision à la lumière du jour). *Source :* Sekuler et Blake (1990, p. 149-150). © 1990, The McGraw-Hill Companies. Reproduit avec permission.

ENCADRÉ 4.5
Les courbes de sensibilité au contraste varient selon l'espèce et l'âge

La partie a) *de la figure 4.17 présente les CSC de différentes espèces animales. Comparativement à l'humain, le chat montre une performance accrue pour les gros objets, mais perçoit les petits objets avec plus de difficulté. Par exemple, il aura de la difficulté à distinguer les détails fins d'une mouche immobilisée sur le mur, mais sera sensible à un infime mouvement. Par contre, il réagira vivement à de grandes ombres peu contrastées que l'humain ne peut pas percevoir. Le singe se comporte de la même façon que l'homme. Quant au poisson rouge, il verra sans doute le chat, mais sûrement pas les mouches. Pour sa part, le pigeon a besoin de beaucoup plus de contraste pour bien voir, ce qui concorde avec le fait qu'il possède une vision des couleurs plus développée que celle de l'humain. Les contrastes sont généralement plus élevés en condition de haute illumination (Uhlrich, Essock et Lehmkuhle, 1981).*

La partie b) *compare la CSC chez le bébé et l'adulte (voir Banks, 1982). Le bébé voit mal les petits objets. Il a besoin aussi de plus de contraste pour bien voir. Après un an, le*

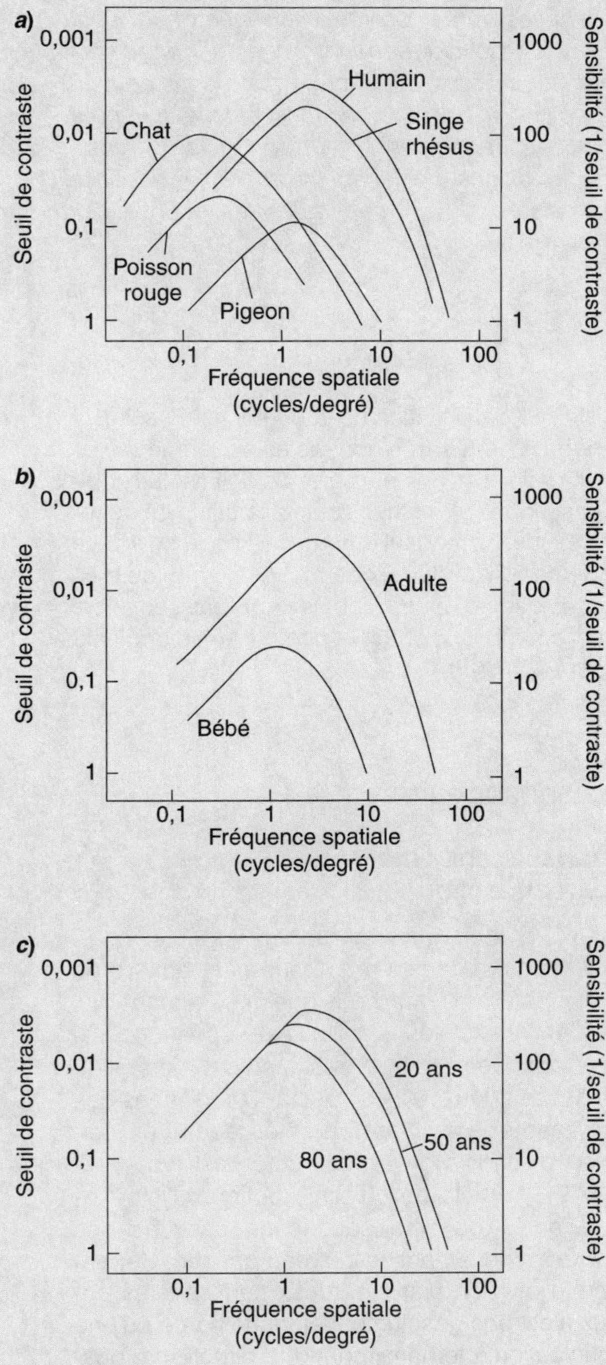

FIGURE 4.17 a) *Sensibilité au contraste : comparaisons entre espèces.* Le chat a un avantage sur le poisson rouge et sur le pigeon en situation de faible contraste. Il est désavantagé, cependant, comparativement à l'humain lorsqu'il s'agit de percevoir dans tous les détails des objets petits. b) *Sensibilité au contraste : comparaisons entre le nourrisson et l'adulte.* Le nourrisson est entre trois et six mois. Non seulement l'étendue des fréquences spatiales est chez lui plus limitée, mais aussi, il a besoin de plus de contraste. Il répond mieux à des objets rapprochés (qu'il peut manipuler) dans un environnement bien illuminé. *Source :* Banks (1982, mentionné par Sekuler et Blake, 1990, p. 155). c) *Sensibilité au contraste : comparaison entre trois groupes d'âge.* La baisse graduelle des fréquences spatiales, qui sont élevées au cours de la vie adulte, est due principalement au rétrécissement de la pupille, donc de la quantité de lumière accessible à la rétine. *Source* (a *et* c) *:* Sekuler et Blake (1990, p. 154 et 157). © 1990, The McGraw-Hill Companies. Reproduit avec permission.

petit enfant a une CSC qui ressemble à celle de l'adulte. Ces données renforcent l'hypothèse que les conditions de stimulation visuelle doivent être optimales durant la première année pour que la vision se développe bien. Autrement dit, il n'est pas souhaitable qu'un bébé reste constamment dans une chambre faiblement éclairée et dépourvue de décorations à haut contraste. En outre, les conditions d'éclairage diurne à l'extérieur de la maison peuvent être optimales pour le petit enfant.

La figure 4.17 présente en c) *les données relatives à trois groupes d'âge (Owsley, Sekuler et Siemsen, 1983). Une perte de sensibilité pour les très petits objets commence à se manifester dans la vingtaine. À l'âge de 80 ans, une partie de la scène visuelle n'est plus accessible. Les verres grossissants deviennent alors indispensables. Il semble que cela soit dû à une détérioration optique de l'œil. Une pupille plus petite ferait entrer moins de lumière, ce qui crée une situation d'illumination mésopique.*

plus difficile l'identification de la personne. Ensuite, la présence de carrés très contrastés supprime les sinuosités définissant les plus grands détails (les composantes globales), ce qui ajoute à la difficulté de reconnaissance. En rendant l'image plus floue, on enlève l'effet de contraste dû aux carrés, et les contours sinueux des composantes globales apparaissent alors plus facilement (voir, p. 96, la photographie originale à la figure 4.20 en *b*)).

4.3.3 Le mésencéphale

Les nerfs, le chiasme et les tracts optiques

Les deux nerfs optiques se croisent au chiasme et forment les tracts optiques, aboutissant aux corps genouillés latéraux sauf pour quelques axones qui se rendent plutôt aux collicules supérieurs. Le chiasme optique permet de rassembler l'information provenant des deux rétines : les parties gauches des deux rétines s'assemblent du côté gauche du cerveau, et les parties droites, du côté droit (voir la figure 4.19). Au-delà du chiasme optique, l'information provenant du côté gauche de chacune des rétines se retrouve dans le cerveau gauche. Cependant cette division entre les deux hémisphères cérébraux n'est pas absolument étanche parce qu'une communication interhémisphérique directe est possible par l'intermédiaire du corps calleux. Il faut remarquer aussi qu'il est rare que l'on fixe l'environnement sans bouger les yeux. L'information provenant de celui-ci se transporte donc le plus souvent des deux côtés du cerveau.

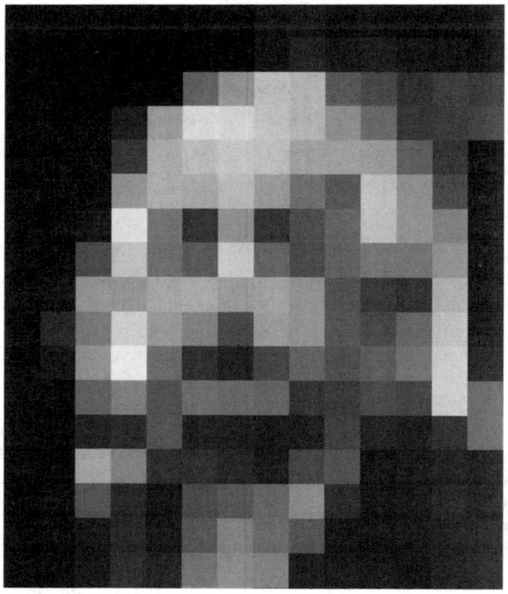

FIGURE 4.18 *Qui est cette personne ?* La personne représentée est difficile à identifier si on regarde l'image de près. À une distance de 50 cm, on perçoit principalement les nombreux carrés dont la fréquence spatiale est de 0,5°. Toutefois, si on éloigne l'image, ou si on la rend floue en plissant les yeux, la personne représentée devient plus facilement reconnaissable (voir la figure 4.20 en *a*)). Le carrelage de l'image constitue un filtre à haute fréquence spatiale qui masque l'information plus globale à basse fréquence.

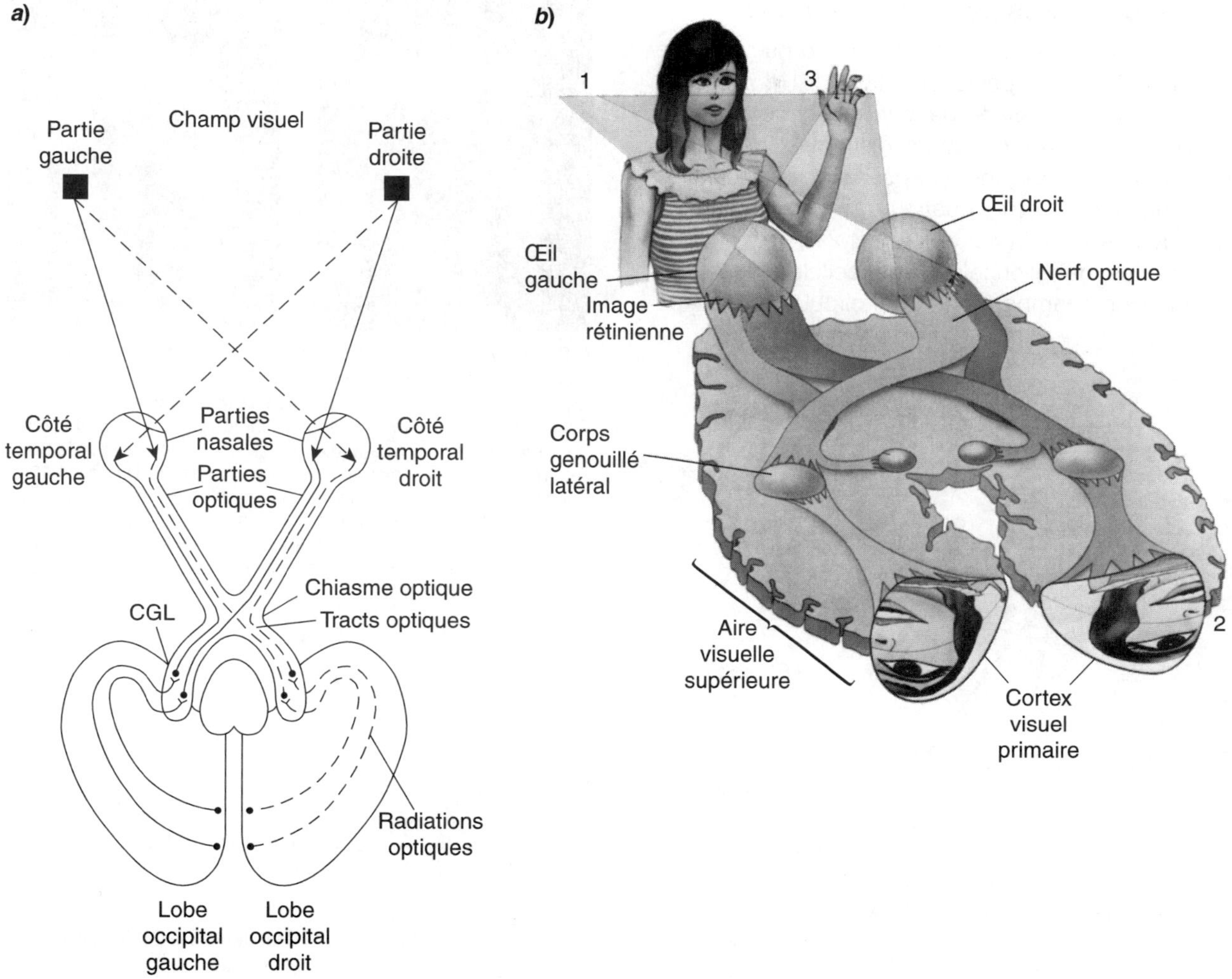

FIGURE 4.19 *a) Schéma simplifié de la distribution de l'information visuelle.* On trouve ici le schéma du système visuel humain montrant la projection du champ visuel sur les rétines, au chiasme optique, aux corps genouillés latéraux (CGL) et au cortex visuel. Un objet présent dans la partie droite du champ visuel se focalise du côté gauche des deux rétines. L'information transmise par les cellules ganglionnaires situées du côté gauche des deux rétines se retrouve dans le corps genouillé gauche grâce au chiasme optique qui produit le croisement, dans les nerfs optiques, des axones provenant des parties nasales des rétines et le prolongement, du même côté, des axones provenant des parties temporales des deux rétines. Le champ visuel droit se trouve donc dans le cortex visuel gauche. Il ne faut pas surestimer l'importance de cette spécialisation spatiale puisque les mouvements oculaires explorent le champ visuel et permettent à l'information de se distribuer des deux côtés du cortex. De plus, le corps calleux assure un échange continu d'informations entre les deux hémisphères. *Source :* Schiffman (1996, p. 71). *b) Illustration de la distribution de la scène visuelle dans le cortex.* Si la partie droite du champ visuel se retrouve dans le cortex visuel gauche, la partie centrale du champ visuel, là où se dirige le regard, se projette sur la fovéa et bénéficie d'un effet d'agrandissement dans le cortex. C'est pourquoi le visage de la jeune fille occupe un plus grand espace que son bras. *Source :* Frisby (1980, p. 68).

Le rôle des corps genouillés latéraux

Le relais suivant est constitué par le corps genouillé latéral (CGL), une petite structure de la grosseur d'une arachide et située dans le mésencéphale. Le CGL est divisé en six couches distinctes : deux couches inférieures faisant synapse avec des cellules ganglionnaires M et les quatre couches supérieures, avec des cellules P (voir la figure 4.21). Tout comme les cellules ganglionnaires, les cellules des CGL forment des champs récepteurs circulaires de type

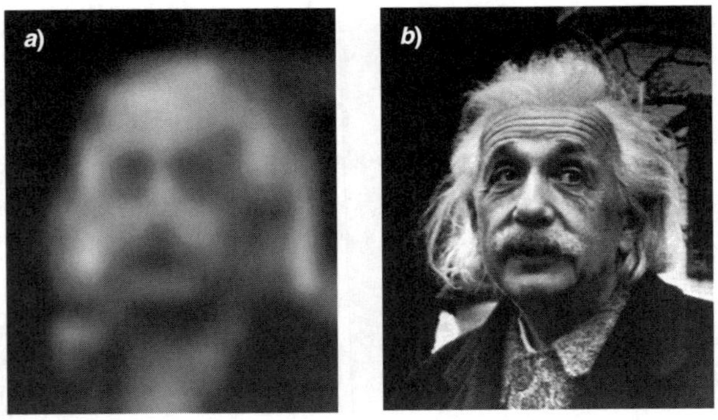

FIGURE 4.20 *a) Transformation de l'image.* L'opération est ici produite par la fonction « estomper – *blur* » d'*Adobe Photoshop*. Dans ce cas-ci, le rayon de la fonction d'estompage est de 10 pixels. Cela détermine jusqu'où le filtre va chercher des pixels différents pour les estomper. La reconnaissance est facilitée par le fait que l'attention n'est plus distraite par le carrelage de l'image 4.18 et que l'image peut être reconnue dans sa globalité (voir la figure en *b*)). *b) Photographie originale d'Einstein.* Cette photo a servi à la pixellisation de l'image de la figure 4.18. Chaque carré correspond à la moyenne de brillance de 400 pixels (20 x 20 pixels). *Source :* SUPERSTOCK.

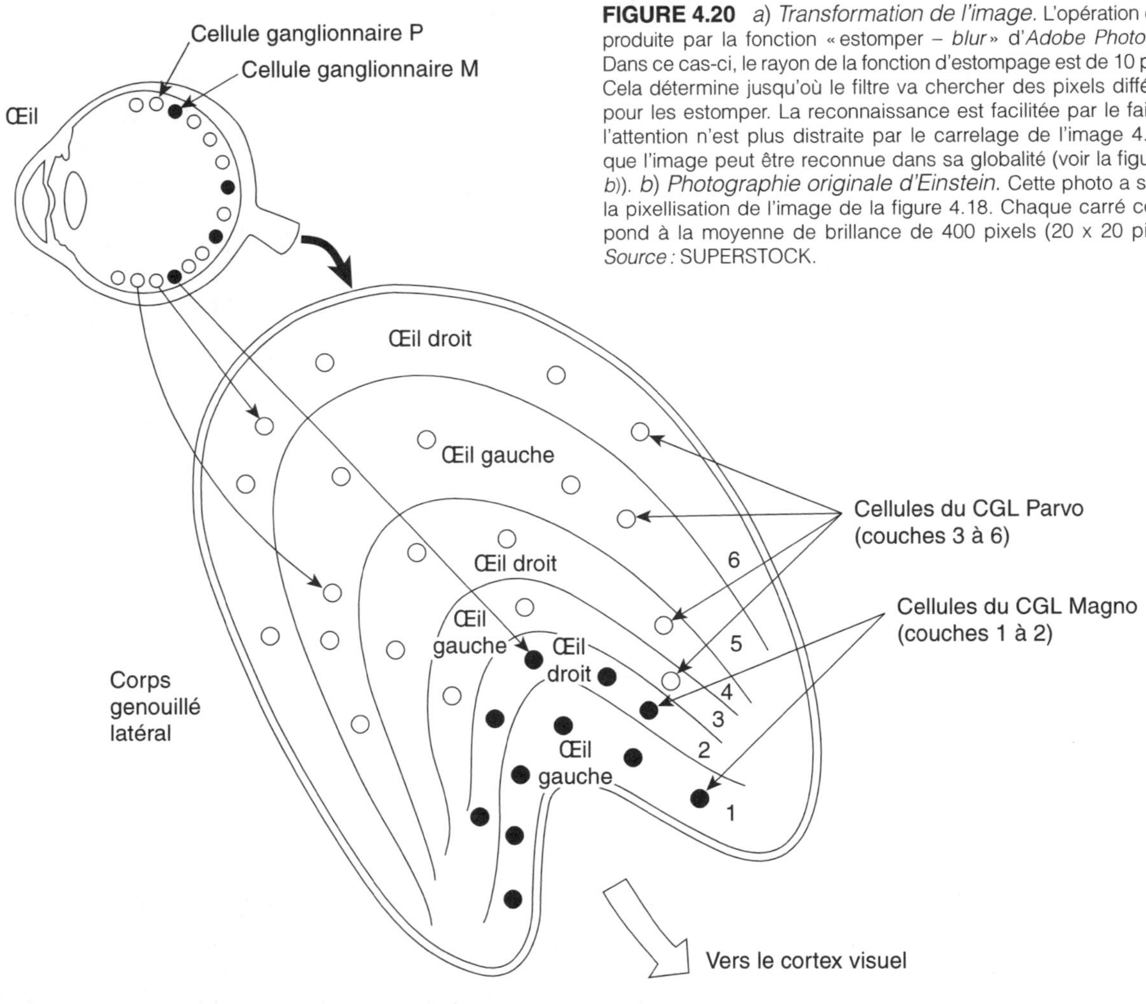

FIGURE 4.21 *Organisation du corps genouillé latéral.* Le corps genouillé latéral (CGL) est divisé en six couches distinctes. Les quatre couches supérieures rassemblent les cellules parvo qui sont les projections des cellules ganglionnaires P, et les deux couches inférieures, les cellules magno qui sont celles des cellules M. Les couches 5, 3 et 2 proviennent de l'œil situé du même côté alors que les couches 6, 4 et 1 proviennent de l'œil situé de l'autre côté. Chacune des couches constitue une carte topographique de la rétine. Les corps genouillés latéraux comportent donc les deux types de traitement d'information présents à la rétine : un traitement lent et détaillé pour la forme et la couleur et un traitement plus rapide pour le mouvement. De plus, les comparaisons entre l'œil droit et l'œil gauche peuvent se faire localement entre les trois paires de couches successives. Il est à noter qu'un aussi grand nombre de neurones entrant dans les corps genouillés latéraux proviennent du cortex, ce qui associe au traitement des données de la rétine un traitement plus conceptuel qui participe, croit-on, à la sélection attentionnelle. *Source :* Coren et autres (1994, p. 87).

antagoniste. Cette répétition de fonction a pour effet d'accentuer davantage les contrastes provenant de la rétine. Cependant, comme le soulignent pertinemment Imbert et Schonen (1994), il ne faut pas non plus réduire les CGL à de simples relais étant donné, notamment, l'arrangement du réseau de connexions multiples dans lequel les CGL se trouvent imbriqués. Parmi ces interconnexions, il faut mentionner : 1) des efférences émanant de la couche 6 du cortex visuel primaire et dont le rôle serait inhibiteur ; 2) des afférences émanant du noyau réticulaire thalamique et qui concernent le degré de vigilance ; 3) des afférences issues du collicule supérieur qui contribue, par les mouvements oculaires, à la localisation visuelle. En définitive, une fonction importante des CGL serait de participer à la sélection attentionnelle dans la modalité visuelle.

4.4 LE CORTEX VISUEL

Le cortex cérébral joue chez l'humain un rôle primordial dans la perception visuelle, et la fonction visuelle y occupe sans doute une place relativement importante. On estime que chez le primate, dont le cerveau présente les plus grandes similitudes avec celui de l'humain, plus de 50 % du cortex participe à la fonction visuelle (Van Essen, Anderson et Felleman, 1992). En outre, on a pu distinguer à l'intérieur de ce système visuel central 32 sous-aires exerçant des fonctions visuelles spécifiques (Van Essen et autres, 1992). Sans examiner en détail ces 32 régions corticales, notons que les fonctions visuelles se trouvent principalement : 1) dans les aires visuelles V1 à V5 regroupées dans le lobe occipital ; 2) dans les structures

ENCADRÉ 4.6
Reconstruire une scène naturelle sur l'écran de l'ordinateur à partir de l'enregistrement de l'activité de cellules du CGL

*Une équipe de recherche en neurobiologie de l'Université Berkeley, dirigée par le D*r *Yang Dan, a réussi à démontrer, pour la première fois, qu'il est possible de reconstruire sur l'écran de l'ordinateur des scènes visuelles naturelles à partir de l'information extraite de l'activité d'ensemble de cellules du CGL d'un chat (voir la figure 4.22) (Stanley, Li et Dan, 1999). Chaque cellule comprend un champ récepteur sur la rétine. Parmi les scènes reconstruites, on trouve une scène située dans la forêt avec des branches d'arbres ou un visage humain en déplacement. La qualité de la reconstruction dépend du nombre de cellules utilisées dans le décodage. La partie* a) *illustre l'emplacement des champs récepteurs de 177 cellules utilisées dans la reconstruction. La partie* b) *permet pour sa part d'évaluer la qualité de la reconstruction en comparant des séquences d'images réelles et des images reconstruites et reproduites sur l'écran de l'ordinateur. L'algorithme de reconstruction utilise les propriétés fréquentielles des réponses des neurones et prend aussi en considération les relations existant entre les neurones. La partie* c) *montre une comparaison quantitative entre les signaux provenant du film et les signaux reconstruits. L'histogramme du haut présente les coefficients de corrélation comparant les signaux actuels et reconstruits, en fonction du moment, pour chacun des 1024 pixels. L'histogramme du bas présente les coefficients de corrélation comparant les signaux actuels et reconstruits, en fonction de la position spatiale, pour chacun des 4096 plans fixes du film. Les coefficients de corrélation trouvent leur sommet entre 0,6 et 0,7.*

Il est à noter que le traitement d'information de l'ordinateur utilise uniquement des données provenant de l'activité fréquentielle des cellules ganglionnaires. Le succès de l'entreprise ouvre la voie à une inquisition similaire dans le cortex. Il est permis de supposer que nous obtiendrons des informations sur le contenu des images mentales du chat.

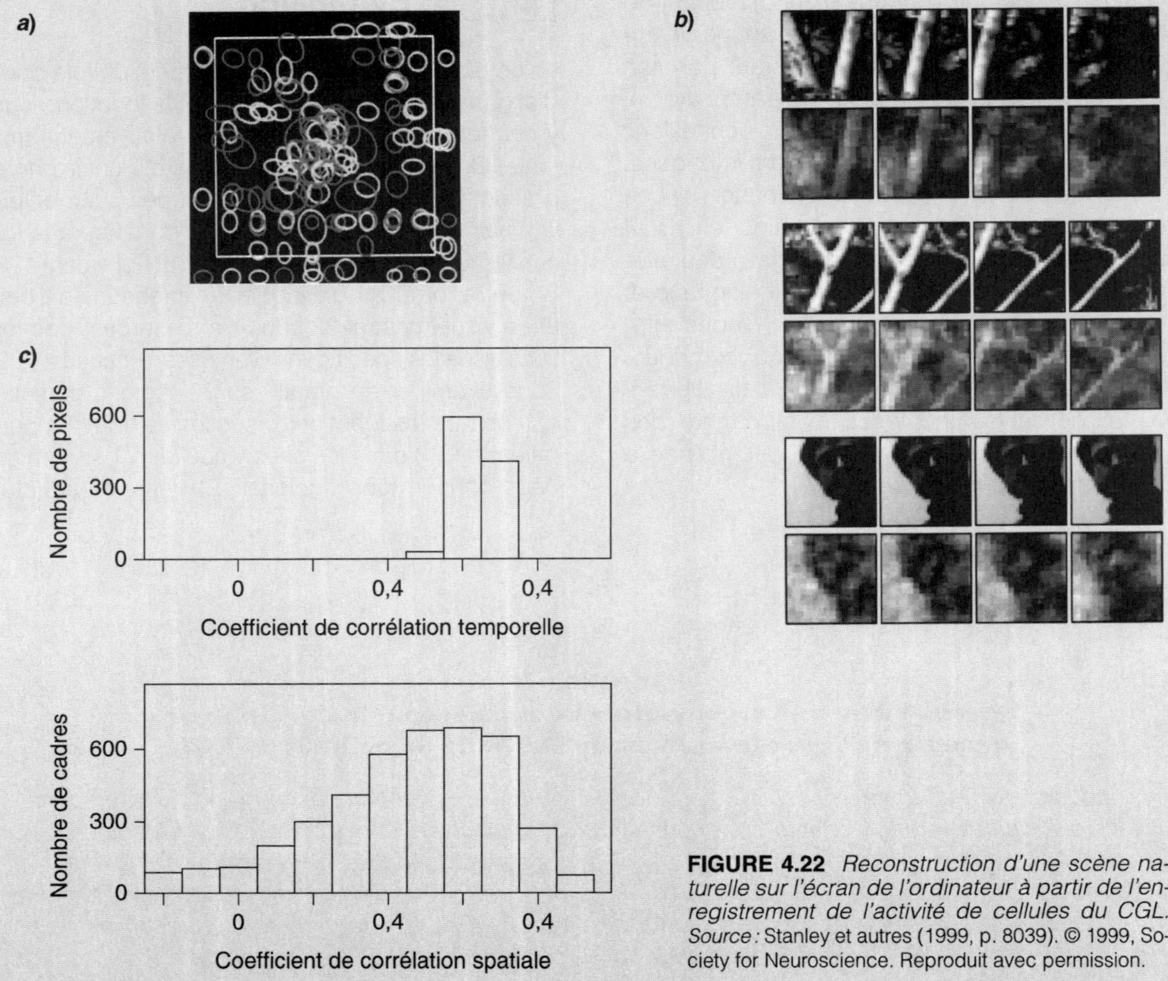

FIGURE 4.22 *Reconstruction d'une scène naturelle sur l'écran de l'ordinateur à partir de l'enregistrement de l'activité de cellules du CGL.* *Source :* Stanley et autres (1999, p. 8039). © 1999, Society for Neuroscience. Reproduit avec permission.

d'un trajet nerveux appelé « magnopariétal » ou dorsal et qui, émanant des cellules M, aboutit dans l'aire pariétale du cerveau ; 3) enfin, dans le trajet parvotemporal ou ventral issu des cellules P et débouchant dans l'aire temporale. L'aire V1, appelée autrefois « aire 17 » et encore parfois aujourd'hui « aire striée » parce qu'elle comporte des stries dans une de ses composantes, constitue ce que l'on appelle le « cortex visuel primaire ». Dans l'ancienne terminologie, V2 et V3 s'appelaient l'« aire 18 » et V4 et V5, l'« aire 19 ». On qualifie parfois de « préstriées » ou d'« extrastriées » les régions V2 à V5 pour les distinguer du cortex visuel primaire (voir la figure 4.23).

4.4.1 Les cellules corticales

L'aire V1, dont la surface est de 64 cm^2, contient, dans chaque hémisphère, plus de 100 millions de neurones regroupés en 6 couches distinctes. La couche 4 reçoit les radiations optiques de un million

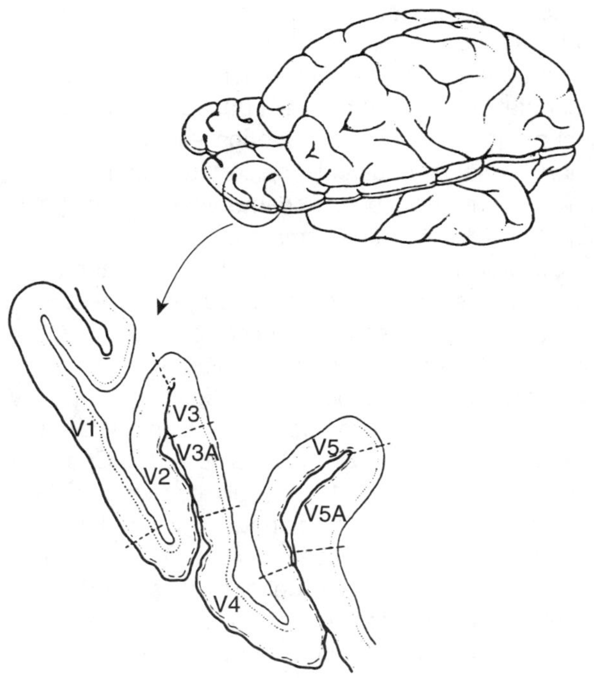

FIGURE 4.23 *Cortex visuel.* Cette figure illustre la distribution du cortex visuel primaire chez le singe macaque. La distribution des positions anatomiques de l'aire V1 et des aires V2 à V5 présente une structure cellulaire de ces aires. *Source :* Zeki (1993, p. 91). © 1993, Blackwell Scientific Publications. Reproduit avec permission.

et demi de neurones provenant de chacun des corps genouillés latéraux. La distribution de ses neurones récepteurs y reproduit topologiquement, c'est-à-dire en conservant les rapports de voisinage, l'ordre spatial des cellules rétiniennes, ce qu'on appelle la « rétinotopie ». Cependant les diverses régions rétiniennes n'y sont pas représentées de façon égale, l'espace dévolu à chaque portion de rétine variant en fonction de l'ampleur relative de l'analyse d'information qu'elle assume. Ainsi la partie fovéale du champ visuel occupe beaucoup plus de place dans l'aire V1 que n'en occupe la périphérie du champ visuel. En fait, 65 % du cortex visuel est associé à environ 10° d'angle du champ visuel. C'est ce qu'on appelle le facteur de *magnification.*

Alors que les cellules ganglionnaires et celles des corps genouillés latéraux répondent à une stimulation produite par une tache blanche sur un fond noir ou une tache noire sur un fond blanc, les cellules de l'aire V1 du cortex visuel requièrent un stimulus allongé ayant la forme d'une barre. Elles sont, de plus, sensibles préférentiellement à des caractéristiques particulières du stimulus telles que l'orientation de la barre, la direction du mouvement, la couleur ou, enfin, la disparité interoculaire. Cette découverte a été réalisée fortuitement par David Hubel et Torsten Wiesel alors qu'ils étudiaient les neurones du cortex visuel chez le chat (voir Hubel, 1982). Dans cette expérience, des taches noires sur un fond blanc sont présentées au moyen d'un projecteur à diapositives de verre à insertion verticale. Il s'agit de pousser vers le bas une nouvelle diapositive pour faire sortir la précédente sous l'appareil. Les taches ne provoquent pas de réponse particulière. Cependant, à un moment donné, on obtient une réponse très forte d'un neurone au moment où une diapositive pousse l'autre. Cependant, comme le neurone ne semble pas tant répondre à la tache noire qu'à la bordure horizontale de la diapositive se déplaçant vers le bas, Hubel et Wiesel dirigent alors leur recherche vers des lignes ou des barres en mouvement. Ils découvrent que les cellules corticales se démarquent des cellules ganglionnaires et des cellules des corps genouillés latéraux, qui répondent surtout à de petits stimuli de forme circulaire. Les cellules corticales répondent plutôt comme des détecteurs de caractéristiques du stimulus, comme l'orientation spécifiée par un changement brusque d'illumination suivant une certaine orientation, ou comme le mouvement spécifié par le déplacement d'un changement d'illumination à travers le champ visuel. Au moins deux sortes de neurones sont discernés selon les stimuli auxquels ils répondent le mieux : des *cellules simples* et des *cellules complexes.*

Les cellules simples, qui sont situées au niveau 4b du cortex visuel primaire, ont des champs récepteurs de forme allongée, contrairement aux cellules ganglionnaires dont les champs sont circulaires. Elles répondent de façon optimale à une barre lumineuse ayant la même orientation que leur champ. Chaque cellule répond ainsi à une orientation particulière. On trouve des cellules pour toutes les orientations, mais leur distribution n'est pas uniforme. Ainsi on observe des réponses particulièrement nombreuses et une plus grande acuité pour les orientations se rapprochant de l'horizontale ou de la verticale. C'est ce qu'on nomme maintenant l'« effet oblique » (Appelle, 1972). Ce même effet est observé quand on mesure l'acuité visuelle chez l'humain en utilisant des grilles lignées diversement orientées. La raison de cette tendance pourrait être liée à un effet de l'apprentissage et de l'expérience précoce avec les environnements charpentés où dominent les horizontales et les verticales. Ces environnements font partie de la vie quotidienne de la plupart des individus, et cela, depuis leur naissance. Cette interprétation est soutenue par l'expérience classique de Blakemore et Cooper (1970) qui ont élevé des chatons dans des environnements uniquement composés de lignes verticales ou horizontales. Après cinq mois, des tests comportementaux montrèrent que les chats étaient aveugles aux orientations qu'ils n'avaient pas connues lors de l'apprentissage.

Les cellules complexes qui sont situées aux niveaux 2, 3, 5 et 6 du cortex visuel, mais non au niveau 4 comme les cellules simples, répondent comme celles-ci à des stimuli orientés de façon appropriée, mais, contrairement au cas des cellules simples, cette réponse est indépendante de la position du stimulus dans le champ récepteur. L'appellation de « complexe » viendrait de la difficulté à prédire quel stimulus activera la cellule de façon optimale (Sekuler et Blake, 1994). Certaines cellules répondent aussi de façon sélective à la direction du déplacement du stimulus dans le champ visuel. D'autres cellules, appelées « cellules de terminaison » (*end-stop cells*), réagissent soit à des barres ayant une longueur spécifique et se terminant à l'intérieur du champ récepteur, soit à des coins ou encore à des angles en mouvement. Ces découvertes de neurones corticaux répondant sélectivement à l'orientation ont permis d'établir un premier lien hypothétique entre l'activité électrique du cerveau et la représentation neurale de l'objet.

L'organisation en colonnes des cellules corticales

Les cellules simples se trouvent entassées les unes sur les autres dans des bandes formant des *colonnes* corticales. Ces colonnes auraient une largeur de 0,5 mm (Wilson, Levi, Maffei, Rovamo et DeValois, 1990). Plusieurs colonnes adjacentes, nommées « hypercolonnes », rassemblent des orientations différentes. Ces colonnes sont des modules corticaux qui renferment une vingtaine de colonnes de détecteurs d'orientation et qui se répètent dans tout le cortex visuel primaire (voir la figure 2 dans les planches couleurs). À chaque hypercolonne correspond une petite partie de la rétine (ou du champ visuel). Les hypercolonnes alternent constamment entre l'œil gauche et l'œil droit. Elles fonctionnent toutes simultanément, recréant ainsi l'image présentée sur la rétine pour le cortex visuel. D'après Wilson et ses collègues (1990), la surface corticale de l'hypercolonne (regroupant l'œil gauche et l'œil droit) mesure environ 2 mm^2. Il y aurait en tout 6400 hypercolonnes dans chaque hémisphère du cortex visuel (Wandell, 1995). Chacune d'elles contient environ 15 000 cellules réparties dans les colonnes. Au centre de chaque hypercolonne se déploient les blobs et en périphérie, autour des blobs, les colonnes. Le cortex visuel primaire sert principalement à détecter les lignes d'orientation différente dans la scène visuelle. Les lignes de même orientation correspondant au même emplacement de la scène visuelle se situent dans la même colonne. Les colonnes adjacentes contiennent des détecteurs de lignes concernant le même emplacement de la scène, mais dont l'axe d'orientation varie d'environ 10°. Toutes les orientations sont représentées, mais non également. Les orientations préférées sont l'horizontale et la verticale ainsi que les orientations s'en approchant, ce qui explique l'effet oblique mentionné plus haut : l'acuité est meilleure pour les lignes horizontales, les lignes verticales ou celles s'en approchant. En plus des cellules réagissant à l'orientation et de celles activées par la couleur, les hypercolonnes contiennent aussi des éléments nécessaires au codage de la fréquence spatiale, des éléments reliés à la profondeur et d'autres au mouvement. Ce traitement d'information ne s'applique qu'à la petite région correspondante de la rétine (Wilson et autres, 1990).

Les voies magnopariétale et parvotemporale

Le cerveau comporte deux grandes voies visuelles appelées respectivement « magnopariétale » et « parvotemporale » d'après les neurones dont elles proviennent et l'aire cérébrale où chacune aboutit.

On les appelle « trajet dorsal » ou « trajet ventral » en fonction de la région du cerveau parcourue. La voie magnopariétale passe par l'aire V5, dite aussi « temporale médiane » (MT), et établit des connexions avec le lobe pariétal. Ses fonctions principales concernent la localisation des objets dans l'espace et le traitement du mouvement, particulièrement sa direction. Des chercheurs l'ont appelée pour cette raison la « voie du *où* ». La voie parvotemporale passe quant à elle par les aires V2 et V4 et établit des connexions dans l'aire inférieure temporale (IT) du cortex. Elle est caractérisée par des fonctions d'identification d'objets et de traitement de la couleur. On l'appelle pour cette raison la « voie du *quoi* » (Ungerleider et Mishkin, 1982). La figure 4.24 présente les voies corticales unissant le cortex aux aires pariétales et temporales. Cette subdivision des voies nerveuses est utilisée pour caractériser deux grandes catégories de troubles neuropsychologiques dus à des lésions cérébrales. Dans certains cas de perturbation sur le plan du « quoi », le patient a de la difficulté à reconnaître des objets ou même des personnes familières. Dans d'autres cas, c'est l'« où » qui est en cause, et donc l'orientation ou la localisation spatiale, ou encore, comme dans l'akinétopsie, la perception du mouvement. Certains chercheurs préfèrent appeler la voie magnopariétale « voie du *comment* » parce qu'elle concerne aussi la préparation à l'action, par exemple l'acte de préhension (Milner et Goodale, 1995).

Dans les différentes aires qui composent le cortex visuel proprement dit, il existe des regroupements de cellules exerçant des fonctions particulières. Des cellules de l'aire V4 répondent à des fréquences spatiales (barres verticales), à des stimuli concentriques (spirale) ou radiaux (cible). L'aire inférieure temporale renferme des cellules associées à la reconnaissance de formes complexes. Desimone, Albright, Gross et Bruce (1984) ont trouvé chez des macaques des cellules qui répondent à des visages de congénères. Certaines de ces cellules, appelées en anglais « *view invariant* », répondent à un visage particulier même quand la grandeur, la localisation ou l'angle varie. D'autres cellules, appelées « *view specific* », ne répondent qu'à des visages ayant une grandeur, une orientation et un angle spécifiques. D'autres cellules réagissent pour leur part à l'expérience passée et témoignent de l'apprentissage du sujet.

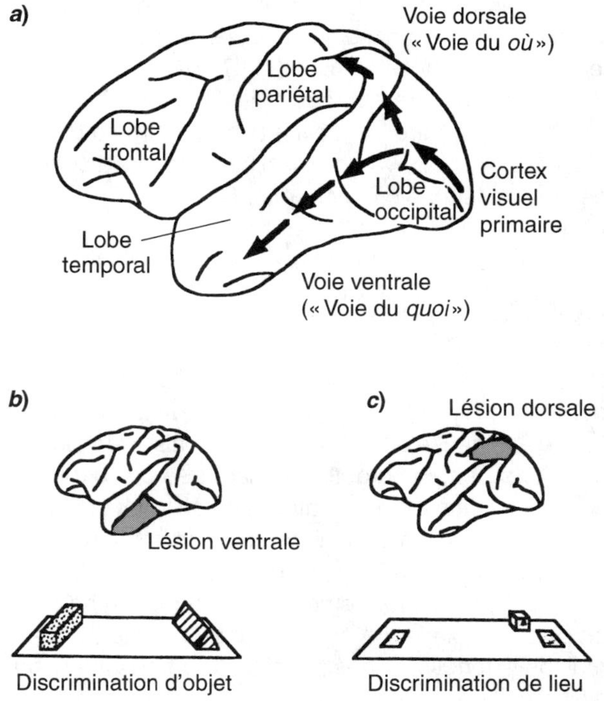

FIGURE 4.24 *Voies corticales situées entre le cortex visuel et les aires pariétales et temporales.* Le cortex du singe contient les deux grandes voies qui mènent du cortex visuel, dans le lobe occipital, vers les lobes pariétal et temporal. La voie menant au lobe pariétal est appelée la « voie dorsale » parce que sa destination est la surface située au sommet du cortex. La voie menant au lobe temporal est appelée la « voie ventrale » parce que sa destination est la surface située sous le fond du cortex.
Source : Goldstein (1999, p. 104).

L'information associée à la couleur a plus d'une utilité. Les fruits aux couleurs vives se distinguent plus facilement du feuillage dans des conditions d'équiluminance. La reconnaissance de formes complexes est aussi facilitée par la présence de la couleur. Dans le cortex, le traitement de la couleur et de la forme a lieu dans les mêmes aires. Le cortex visuel primaire, ou aire V1, reçoit les axones des cellules du CGL. Selon De Valois et De Valois (1993), les cellules corticales traitent l'information des cellules ganglionnaires « spectralement antagonistes » et deviennent à leur tour des cellules corticales « perceptivement antagonistes » séparant le vert et le rouge ou le bleu et le jaune appelées « *blobs* »[5, 6]. Par ailleurs, l'aire V4 est étroitement associée à la perception des couleurs. Sacks et Wasserman (1987) décrivent le cas d'un artiste peintre qui, à la suite d'une lésion corticale touchant l'aire V4, était atteint d'achromatopsie, c'est-à-dire qu'il avait perdu l'habileté de discriminer les couleurs (voir le chapitre 5).

CONCLUSION

On considérait traditionnellement que la fonction fondamentale du système visuel était de transformer l'onde lumineuse en influx nerveux, mais c'était ignorer, d'une part, le caractère dynamique de l'exploration visuelle ainsi que, d'autre part, les fonctions multiples de la vision. On se rend compte maintenant que le système visuel, qui se prolonge dans le cerveau, tire de l'environnement une information de plus en plus complexe. En outre, quand on considère les multiples fonctions des diverses composantes du système visuel, qui vont des sous-couches rétiniennes aux centres corticaux, et particulièrement celles assumées par les grandes voies parvocellulaires et magnocellulaires, on en arrive à une conclusion paradoxale qui concerne notamment notre rapport au réel. En effet, les neurones spécialisés ainsi que les zones fonctionnelles du système visuel sont beaucoup plus nombreux et diversifiés qu'on ne le croyait il y a quelques décennies. De plus, la répartition des tâches se réalise forcément en parallèle. Si, comme on le suppose, la forme, la couleur, le mouvement, l'orientation et la profondeur sont traités séparément, comment rendre compte de l'unité de l'expérience perceptive? Et pourquoi le système visuel devrait-il être subdivisé ?

Pour Livingstone et Hubel (1995), les fonctions du système magnocellulaire et du système parvocellulaire seraient beaucoup plus générales que ne le montre le texte ci-dessus. En plus de véhiculer une information relative au mouvement et à la profondeur, la voie magnocellulaire assumerait des fonctions telles que celle de « déterminer l'organisation perceptive tridimensionnelle générale d'une scène, la position des objets dans l'espace et leurs mouvements » (p. 63). Parmi les fonctions du système parvocellulaire, les auteurs mentionnent la possibilité de scruter les images, une fonction que le système magnocellulaire ne peut assumer. Livingstone et Hubel invoquent, à l'appui de leur thèse, l'argument que le système magnocellulaire serait plus primitif sur le plan de l'évolution. Selon eux, c'est ce système qui permettrait à l'animal de se déplacer dans son environnement, de chasser et d'éviter les prédateurs. Quant au système parvocellulaire, en permettant d'analyser les détails et les propriétés des formes, il servirait plutôt à l'identification visuelle et à l'association. Ces deux systèmes ne seraient cependant pas, selon ces auteurs, totalement complémentaires puisqu'il existe une certaine redondance entre les deux. Cette conception suppose que lorsqu'on accomplit un acte perceptif, comme de contempler une œuvre d'art, différents aspects de l'image peuvent être traités dans des régions différentes du cerveau. Les caractéristiques spatiales générales seraient traitées par le système magnocellulaire et les fins détails, par le système parvocellulaire. Quant au problème de l'unification, la question de savoir si elle requiert un processus complexe n'est pas vraiment résolue. Il est probable, cependant, que le parallélisme observé entre les traitements crée une simultanéité de l'expérience perceptive et facilite ainsi l'unification des processus (voir le chapitre 10) d'identification de l'image, alors que la distribution temporelle des traitements facilite l'intégration de la perception du mouvement et la reconnaissance de la forme.

5. « *Blob* » est un terme anglais que l'on a traduit par « grappes », « bulles », « chevilles » (Livingstone et Hubel, 1988, 1995) et plus récemment par « blobules » (Rosenzweig, Leiman et Breedlove, 1998).
6. Ces données sont cependant controversées. Des chercheurs ont montré que les *blobs* ne sont pas tous associés à la vision des couleurs (voir Rosenzweig et autres, 1998).

LECTURES RECOMMANDÉES

FRISBY, J.P. (1981). *De l'œil à la vision.* Paris : Fernand Nathan.

HUBEL, D.H. (1996). *L'oeil, le cerveau, la vision : les étapes cérébrales du traitement visuel.* Paris : Belin.

IMBERT, M., et SCHONEN, S. DE (1994). Vision. Dans M. Richelle, J. Requin et M. Robert (dir.), *Traité de psychologie expérimentale* (p. 345-432). Paris : Presses Universitaires de France.

PALMER, S.E. (1999). *Vision science : Photons to phenomenology.* Cambridge, MA : MIT Press.

WANDELL, B.A. (1995). *Foundations of vision.* Sunderland, MA : Sinauer Associates.

ZEKI, S. (1993). *A vision of the brain.* Oxford : Blackwell Scientific Publications.

CHAPITRE 5 La vision des couleurs

John A. Boeglin

INTRODUCTION

La couleur est omniprésente dans notre environnement visuel. Outre qu'elle nous fournit de l'information sur les objets et les surfaces, elle confère un certain aspect esthétique et affectif à notre expérience quotidienne. Par ailleurs, on est porté à la percevoir comme une évidence au point de la réduire à un simple attribut physique des objets et de l'environnement qui ne concernerait finalement que la physique. Pourquoi tenter alors d'en faire une étude psychologique ? Il y a près de trois siècles, Isaac Newton (1642-1727) expliquait déjà que la couleur n'est pas physique en affirmant que les rayons lumineux ne sont pas colorés en eux-mêmes, mais possèdent tout au plus un certain pouvoir de déclencher telle ou telle expérience chromatique chez l'observateur.

Quand on s'engage dans l'étude de la perception des couleurs, on se rend vite compte que tout n'est pas aussi simple qu'on l'aurait cru. En plus de faire appel à des connaissances et des méthodologies provenant de différentes disciplines, dont notamment la physique, la physiologie et la psychologie, le phénomène de la couleur soulève de nombreuses questions difficiles, mais passionnantes. Ainsi, on estime que l'œil humain peut discriminer environ 100 000 couleurs (Roire, 2000) quoique, en modifiant le mode de calcul, on a même postulé que le nombre de nuances détectables pourrait être de l'ordre de 7,5 millions (Geldard, 1972), mais on y incluait la variable « clarté », c'est-à-dire le fait qu'une teinte soit plus ou moins foncée ou pâle. Par quel moyen peut-on arriver à discriminer autant de nuances différentes ? Voilà une des questions qu'il faudra explorer. Par ailleurs, on sait que des couleurs peuvent, en se combinant, produire des couleurs différentes. Comment s'effectue cette synthèse ? Comment expliquer que la couleur des objets demeure relativement constante en dépit de variations importantes dans l'éclairage ambiant ? À quoi attribuer le contraste chromatique ? Enfin, d'autres questions portent surtout sur les différences individuelles. Par exemple, qu'est-ce qui crée les déficiences dans la vision des couleurs ? Comment les personnes atteintes de ces déficiences voient-elles les couleurs ? Que penser des différences culturelles que l'on observe concernant la dénomination des couleurs ?

Ce n'est là cependant qu'une partie des questions auxquelles tentera de répondre le présent chapitre en analysant le phénomène de la couleur sur les plans théorique, empirique et clinique. Nous le ferons en traitant successivement : 1) de la nature et des dimensions du stimulus chromatique ; 2) des principes des mélanges chromatiques ; 3) des théories de la vision des couleurs ; 4) des anomalies de la vision des couleurs ; 5) des phénomènes chromatiques exceptionnels ; 6) des différences culturelles concernant la couleur.

5.1 LA NATURE DU STIMULUS CHROMATIQUE

Avant d'aborder les mécanismes physiologiques et psychologiques de la vision des couleurs, il importe de s'interroger sur les propriétés du stimulus lumineux. Qu'est-ce que la lumière ? Pour la physique, c'est essentiellement une onde électromagnétique, mais qui a la propriété d'être visible. Elle ne diffère des autres ondes qui composent le vaste spectre des ondes électromagnétiques que par la plage étroite des longueurs d'onde (exprimées en nanomètres) qu'elle y occupe (voir la figure 3 dans les planches couleurs). Sa visibilité ne lui vient donc que du fait qu'il existe des êtres vivants ayant la capacité d'en tirer une information visuelle.

D'autre part, on peut affirmer que, dans des conditions expérimentales contrôlées, on observe une relation entre la longueur d'onde dominante d'un stimulus et la couleur perçue (voir le tableau 5.1). Cependant, comme on le verra tout au long de ce chapitre, cette relation est loin d'être stricte dans l'expérience quotidienne.

La stimulation lumineuse qui atteint la rétine peut venir d'une source de lumière (telle que le soleil, une lampe ou un projecteur), mais elle peut émaner aussi de la lumière réfléchie par des objets ou des surfaces. Il suffit cependant de regarder autour de soi pour constater que l'expérience chromatique vient le plus souvent de surfaces éclairées, et rarement des sources

TABLEAU 5.1
Noms de couleur associés aux différentes portions du spectre visible.

Longueur d'onde approximative (en nanomètres)	Couleur
380-470	Bleu rougeâtre
470-475	Bleu
475-480	Bleu verdâtre
480-485	Bleu-vert
485-495	Vert bleuâtre
495-535	Vert
535-555	Vert jaunâtre
555-565	Vert-jaune
565-575	Jaune verdâtre
575-580	Jaune
580-585	Jaune rougeâtre
585-595	Jaune-rouge
595-770	Rouge jaunâtre

Source : Burnham, Hanes et Bartleson (1963, p. 56).

FIGURE 1

Rôle de l'attention mesuré par la technique d'imagerie par résonance magnétique fonctionnelle (IRMf). Le stimulus, en *a*), consiste en des points immobiles (noirs) et mobiles (blancs) qui restent tous présents de façon continue pendant l'enregistrement avec fixation du regard du sujet sur la croix centrale. Une consigne verbale, en *b*), invitait les sujets à regarder alternativement les points noirs ou blancs. En *c*), l'IRMf montre une activation des zones du mouvement MT (ou V3) et MST (voir le chapitre 4) supérieure quand l'attention est centrée sur les points blancs. L'échelle des couleurs permet d'évaluer le niveau d'activation relative tel qu'il est calculé à partir des valeurs de *p*. Le jaune représente le niveau d'activation supérieure. En *d*) apparaît l'activation électrique de cette région pour trois sujets et huit essais au total. L'élément inséré, en haut et à droite de la partie *c*), montre l'orientation de la coupe.

Source : O'Craven et autres (1997, p. 592). © 1997, Elsevier Science. Reproduit avec permission.

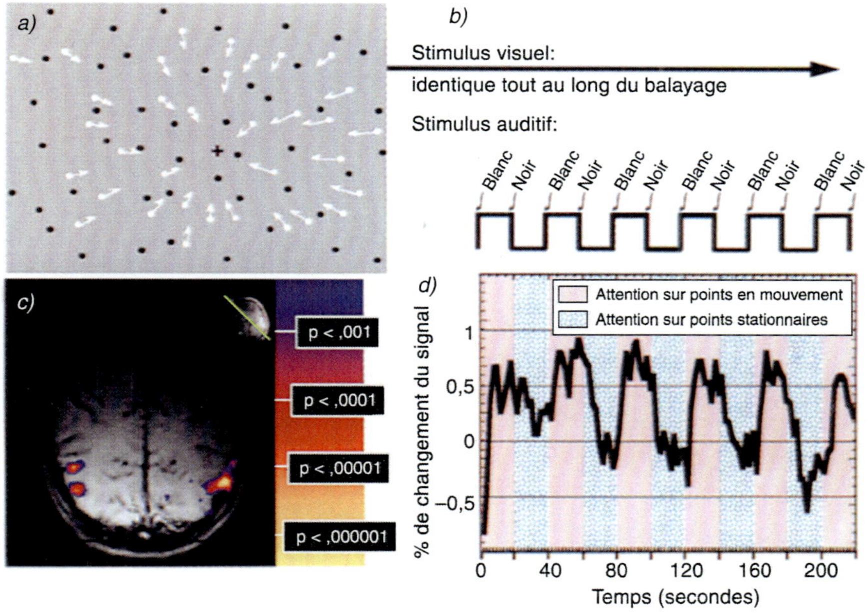

FIGURE 2

Organisation du cortex visuel en colonnes et en hypercolonnes. Dans chaque hémisphère, le cortex visuel contient environ 3200 hypercolonnes ou 1600 paires d'hypercolonnes (œil gauche et œil droit). Chaque hypercolonne renferme environ 80 colonnes, dont chacune contient environ 15 000 cellules sensibles à des orientations différentes dans le champ visuel correspondant. Au centre de l'hypercolonne, on trouve les *blobs*, qui contiennent les cellules sensibles aux couleurs. Les fréquences spatiales élevées sont situées à la périphérie de l'hypercolonne alors que les fréquences spatiales plus basses sont situées plus près du centre.

Source : Rosenzweig et autres (1998, p. 356). © 1996, Sinauer Associates. Reproduit avec permission.

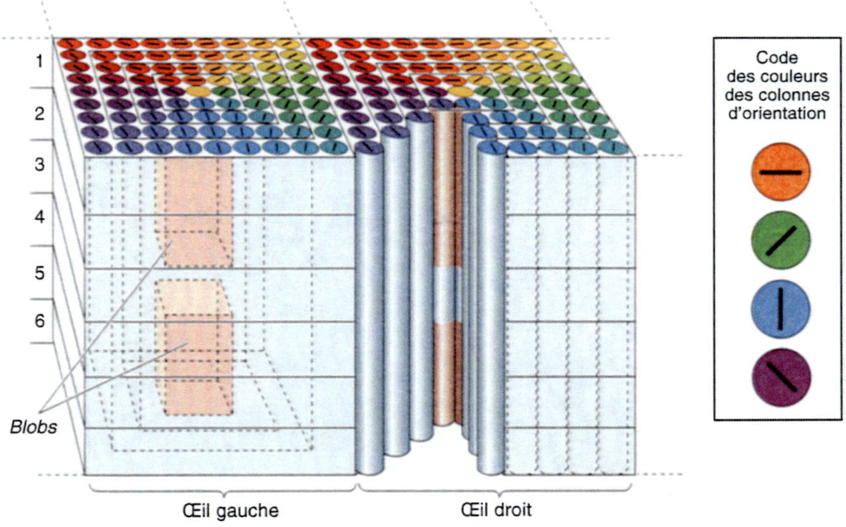

FIGURE 3

Spectre électromagnétique.

Source : Traduit et adapté de Goldstein (1999, p. 40).

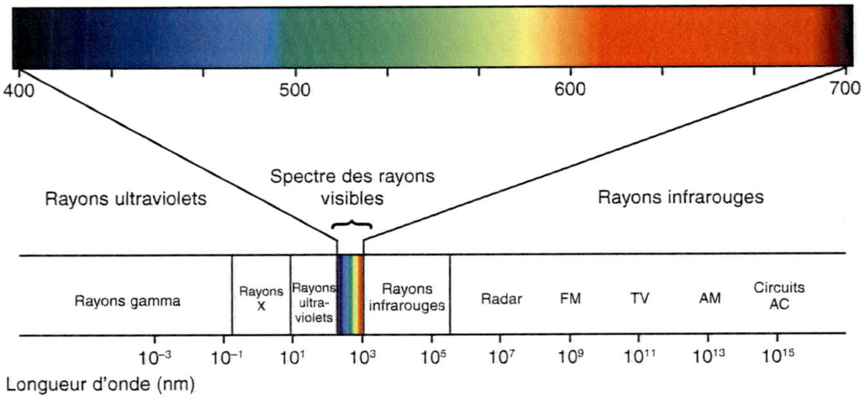

a)

b)

FIGURE 4

Cathédrale de Rouen.
Ces deux tableaux ont été réalisés par Claude Monet sous deux conditions de lumière du jour :

a) Effet du matin : « harmonie blanche ».
Source : Musée d'Orsay, Paris. SUPERSTOCK.

b) Effet du milieu de la journée : « ensoleillement ».
Source : Collection Widener. National Gallery of Art, Washington. SUPERSTOCK.

FIGURE 5

Synthèse moyenne obtenue par pointillisme.
Vu de loin, le cercle formé de carrés rouges et de carrés verts apparaît de couleur homogène. La clarté de cette couleur résultante est intermédiaire entre celles des deux couleurs de base.
Source : Hurvich (1981, illustration IX des planches couleurs).

a)

b)

c)

d)

FIGURE 6

Vision normale et vision déficiente de la couleur.
a) Les couleurs sont perçues par une « personne ayant une vision chromatique normale. *b)* Un sujet ayant une vision de type « protan » ne voit l'image ou la scène qu'en jaune et en bleu. *c)* C'est aussi le cas pour un sujet présentant une anomalie de type « deutan ». *d)* Un trouble de type « tritan » entraîne une vision chromatique en rouge et en vert.
Source : Burnham et autres (1963, illustration 4.1 des planches couleurs).

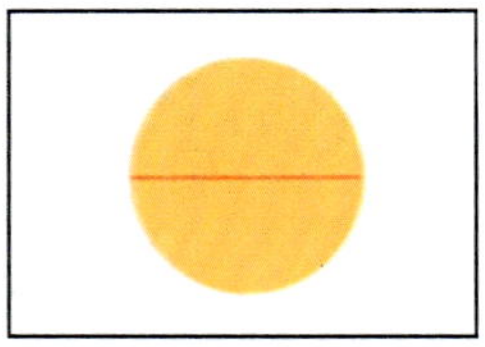

a) 1. 2. 3.

b)

FIGURE 7

Anomaloscope de Nagel.
En *a)*, on présente les divers types de stimuli utilisés :
1. Haut : 535 nm ; bas : 589 nm.
2. Haut : 670 nm ; bas : 589 nm.
3. Haut : mélange de 535 nm/670 nm ajusté par le sujet normal de façon à voir une couleur non distinguable de celle du bas, qui est de 589 nm.

En *b)* apparaissent les couleurs perçues par un deutéranomal lorsqu'il observe le mélange obtenu en a) 3 par le sujet normal.
Source : Hurvich (1981, illustrations 16-1 et 16-2 des planches couleurs).

FIGURE 8

Planche du Test d'Ishihara.

Un observateur normal n'a aucune difficulté à repérer le chiffre 74 alors que celui qui présente une anomalie de la vision des couleurs de type « protan » ou « deutan » perçoit le chiffre 21.

Source : Ishihara (1960, planche 9).

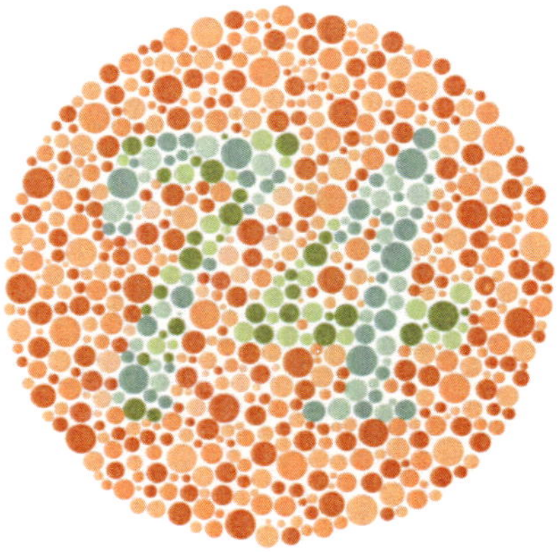

FIGURE 9

Contraste simultané.

Tous les anneaux sont d'un gris identique. Étant donné l'effet de contraste chromatique créé par la couleur du fond sur lequel chacun se trouve, ils semblent être de teintes différentes. Dans chaque cas, la teinte produite est légèrement complémentaire à celle du fond.

FIGURE 10

Effet d'égalisation ou d'assimilation.

Les bandes rouges obliques paraissent plus sombres et moins orangées sur fond bleu foncé que sur fond jaune clair, contrairement à ce qui se produirait dans un effet de contraste.

Source : Hurvich (1981, illustration 13-3 des planches couleurs).

FIGURE 11

Images consécutives.

Fixez pendant environ 30 secondes le point central de la figure, puis le point situé à droite dans la zone blanche. Après quelques secondes, vous verrez apparaître une image consécutive multicolore mais dont les couleurs sont complémentaires.

FIGURE 12

Perspective médiévale.

Les tables présentent un raccourci, mais sans point de fuite. Les personnages les plus éloignés ne sont pas dessinés plus petits. Les conventions étaient de représenter les personnages les plus importants plus haut et plus grands dans le tableau, plutôt que de respecter les principes de la perspective.

Source : Bibliothèque Nationale de France, Paris.

FIGURE 13

Que voit un observateur assis ou debout ?

Sources : Schéma à gauche des photographies : Adapté de Gibson (1979, p. 72). Les photographies ont été prises à Montréal par l'auteur du chapitre.

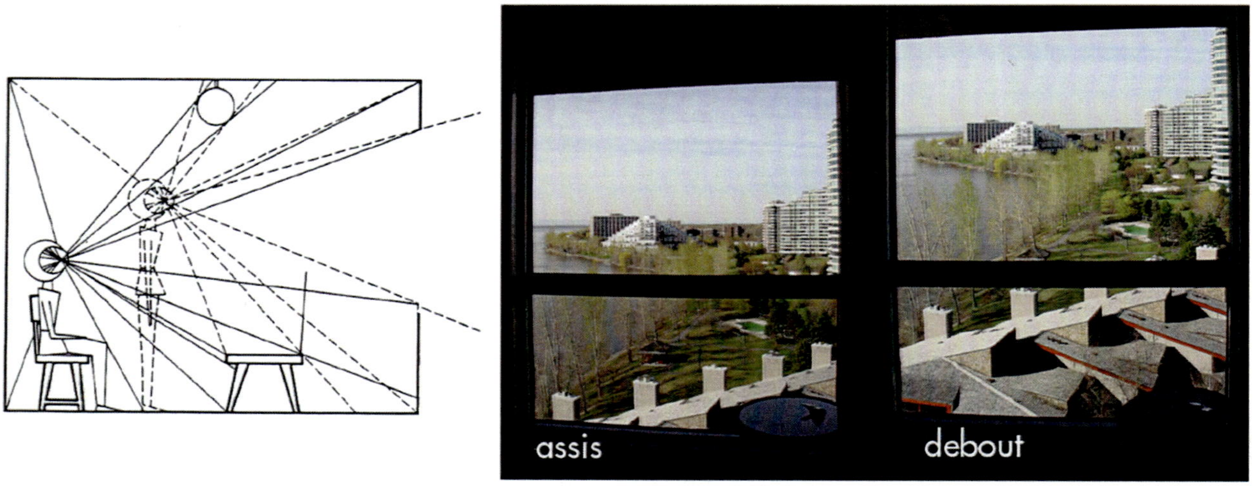

a)

ROUGE
BLEU
JAUNE
ROUGE
VERT
JAUNE
VERT
BLEU

b)

ROUGE
BLEU
JAUNE
ROUGE
VERT
JAUNE
VERT
BLEU

FIGURE 14

Mots imprimés en couleur, comme dans la tâche de Stroop.

a) Le nom de couleur concorde avec la couleur de l'encre. La tâche, qui consiste à nommer la couleur de l'encre, est facile et est exécutée rapidement. *b)* Le nom de couleur ne concorde pas avec la couleur de l'encre. La tâche de dénomination de la couleur de l'encre est nettement plus difficile, et le temps requis pour l'exécuter est beaucoup plus long.

d'éclairage. On appelle ces deux modes de stimulation « couleurs de surface » et « couleurs de source ».

5.1.1 Les couleurs de source

On pourrait penser a priori que le stimulus visuel le plus simple est constitué par la lumière blanche, celle qui vient du soleil, plutôt que par une lumière colorée. Or, la réalité est tout autre: la lumière blanche est de beaucoup la plus complexe puisqu'elle contient virtuellement toutes les couleurs, et c'est la couleur pure qu'on peut considérer comme simple. C'est à Newton que l'on doit d'avoir énoncé ce principe et d'en avoir fait la démonstration au moyen de l'expérience suivante. En faisant dévier un faisceau de lumière blanche à l'aide d'un prisme, il a obtenu à la sortie toutes les couleurs de l'arc-en-ciel, et ce, dans un ordre rigoureux (voir la figure 5.1 en *a*)). Ce seul phénomène n'était pas une découverte en soi parce qu'on avait déjà souvent observé à cette époque les irisations produites par des prismes ou d'autres systèmes optiques. Cependant la contribution de Newton fut de montrer en plus qu'il était possible de recomposer optiquement la lumière blanche au moyen de prismes et de lentilles (voir la figure 5.1 en *b*)) et d'en déduire que les couleurs obtenues au cours de l'observation initiale n'étaient pas ajoutées par le prisme, mais plutôt extraites de la lumière blanche. C'est alors que l'on comprit que l'arc-en-ciel représente la portion du spectre électromagnétique qui est visible à l'œil humain et dont les longueurs d'onde varient entre 380 nm et 770 nm, comme le montrent la figure figure 3 dans les planches couleurs et le tableau 5.1. Dans des conditions rigoureusement contrôlées, il est possible de créer une source lumineuse qui ne soit composée que d'une seule longueur d'onde. On la qualifie alors de « lumière monochromatique ».

On considère généralement que c'est la lumière du soleil qui constitue notre principale source de lumière blanche. Il importe cependant de noter que cette lumière du jour varie considérablement tout au long d'une journée, ce dont on ne prend généralement pas conscience (voir la figure 5.2). Le peintre Monet, qui s'intéressait tout particulièrement à ces variations temporelles de la couleur et affirmait « peindre la lumière », a produit une série de tableaux représentant chacun la cathédrale de Rouen, mais à des moments différents de la journée (voir la figure 4 dans les planches couleurs).

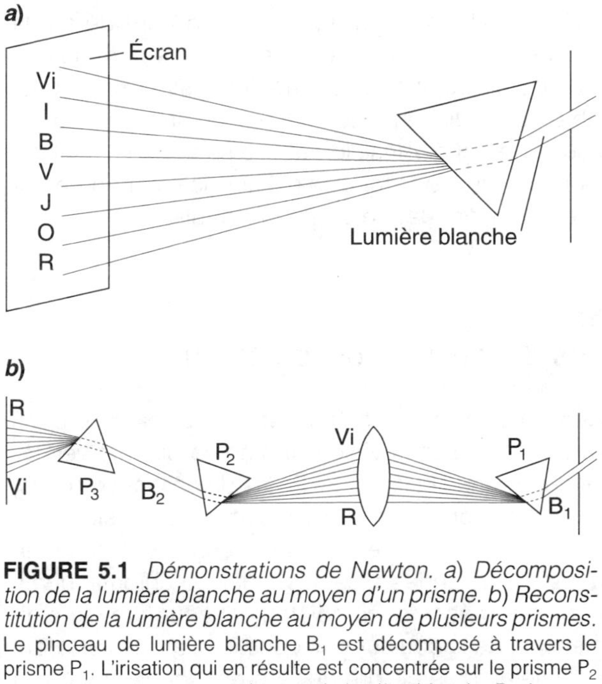

FIGURE 5.1 *Démonstrations de Newton. a) Décomposition de la lumière blanche au moyen d'un prisme. b) Reconstitution de la lumière blanche au moyen de plusieurs prismes.* Le pinceau de lumière blanche B_1 est décomposé à travers le prisme P_1. L'irisation qui en résulte est concentrée sur le prisme P_2 reconstituant un nouveau pinceau de lumière blanche B_2. Le passage par le prisme P_3 produit un autre spectre, mais dont l'ordre des couleurs se trouve inversé.

5.1.2 Les couleurs de surface

Même si les sources lumineuses ne sont généralement pas regardées directement, leur composition spectrale influe de façon importante sur notre perception des couleurs de surface. De fait, la couleur de surface est déterminée par deux composantes spectrales : celle de la source et celle réfléchie par la surface. Ainsi, une tomate est vue rouge, sous un éclairage de lumière blanche, parce que la pigmentation de sa surface réfléchit davantage les longueurs d'onde longues et absorbe les autres longueurs d'onde contenues dans la lumière blanche. Elle n'aurait pas cette couleur sous un éclairage vert monochromatique. Elle serait alors vue noire parce qu'elle se trouverait à absorber presque complètement la longueur d'onde correspondant au vert, et

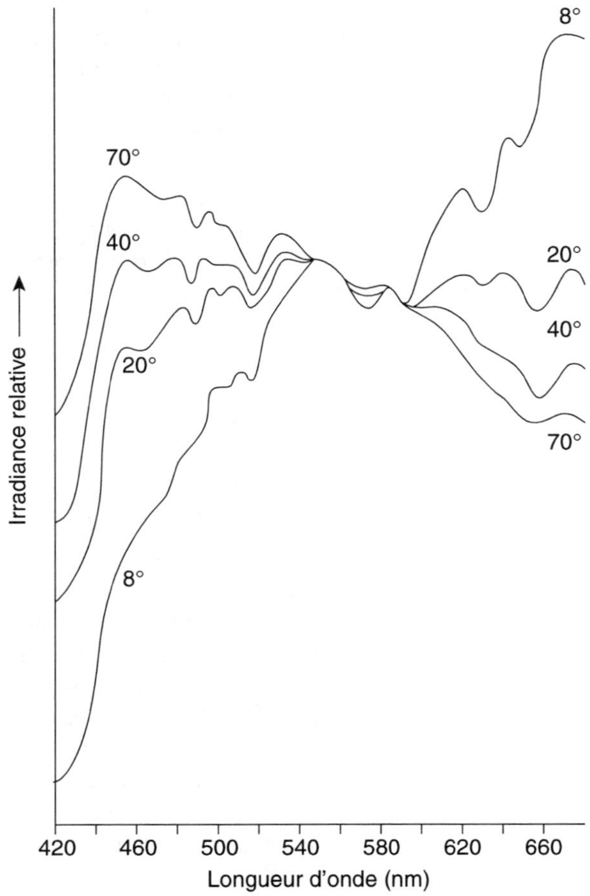

FIGURE 5.2 *Variation de la lumière du jour entre le lever et le coucher du soleil.* Les quatre courbes représentent les variations du spectre d'irradiance lumineuse mesurée sur une surface blanche en fonction de la distance angulaire du soleil exprimée en degrés. Dans l'échelle utilisée, 0° correspond à l'horizon, et 90°, au zénith. Ainsi, la courbe de 8° présentée dans la figure a été obtenue une demi-heure avant le coucher du soleil. Son sommet à 660 nm se situe vers la limite rouge du spectre. Plusieurs heures avant, alors que le soleil était haut dans le ciel, c'est-à-dire à 70°, le sommet du spectre lumineux se trouvait autour de 460 nm, soit d'emblée dans la zone bleue du spectre. *Source :* Cytowic (1989, p. 288).

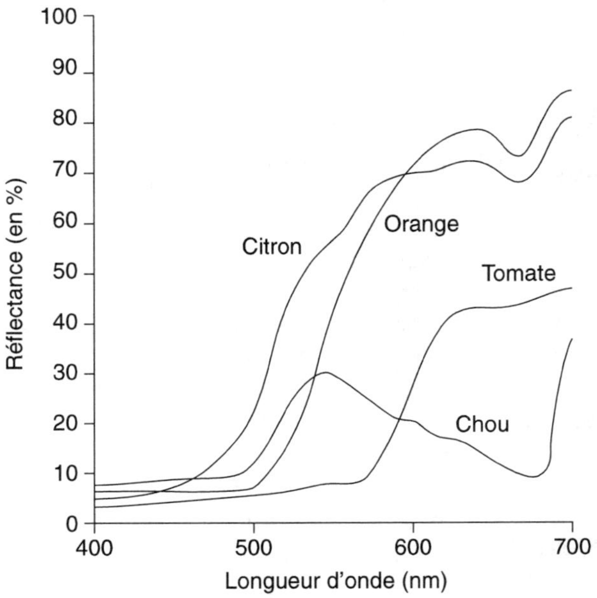

FIGURE 5.3 *Courbes de réflectance de la pigmentation de quelques végétaux. Source :* Goldstein (1999, p. 137), d'après Clulow (1972, illustrations 23 et 24).

cela, sans réfléchir celle du rouge, absente dans la source lumineuse.

On appelle « réflectance » la quantité de lumière réfléchie par une surface et exprimée en pourcentage de la lumière incidente. Chaque surface possède ce qu'on appelle sa propre courbe de réflectance. Cette courbe correspond au pourcentage de lumière réfléchie dans chaque longueur d'onde, lorsque la surface est éclairée par la lumière blanche. C'est ce qu'illustre d'ailleurs la figure 5.3. En considérant la courbe spectrale de la lumière réfléchie par une surface ou un objet quelconque, il nous est donc possible de prédire, approximativement, la tonalité de la couleur perçue. Ainsi, lorsque le spectre est relativement simple, cette tonalité est normalement déterminée par la longueur d'onde dominante.

5.1.3 Les dimensions de la couleur

Newton considérait qu'il existe sept couleurs dans l'arc-en-ciel, soit le violet, l'indigo, le bleu, le vert, le jaune, l'orange et le rouge. En les disposant en cercle, il visait à représenter toutes les tonalités visibles du spectre. On a conservé cette façon de représenter dans un cercle les diverses tonalités chromatiques. Afin de représenter complètement cette première dimension de la couleur que constitue la *tonalité*, il faut compléter le cercle tiré de l'arc-en-ciel de manière à y représenter les couleurs non spectrales, c'est-à-dire celles qui ne peuvent être produites qu'en combinant plusieurs longueurs d'onde du spectre (voir la figure 5.4). Cette disposition circulaire des couleurs présente un second avantage ; les couleurs diamétralement opposées, dites « complémentaires » l'une de l'autre, peuvent être combinées pour produire de l'achromatique. Si l'on considère le cercle comme une surface plutôt que comme un simple périmètre, on obtient une seconde dimension de la couleur, la *saturation*, qui va de l'achromatique au chromatique, c'est-à-dire du gris à la couleur. La saturation correspond au degré de pureté de la couleur. Moins une couleur est saturée, plus son spectre est large (voir la figure 5.5). Il existe enfin une troisième dimension de la couleur, la *clarté*, qui, elle, va du foncé au pâle. On dira, par exemple, que c'est quant à la dimension « clarté » que, dans une série d'échantillons dont la tonalité dominante est le rouge, le rouge bourgogne se distingue du rouge moyen ou du rose. Cependant, pour représenter l'ensemble des couleurs perceptibles en fonction des trois dimensions que sont la tonalité, la saturation et la clarté, il faut un solide qui intègre le cercle et prend la forme d'un fuseau (voir la figure 5.6).

En principe, ces trois dimensions devraient être indépendantes l'une de l'autre. Cependant, en examinant la forme du solide des couleurs, on se rend compte qu'au-delà d'un certain niveau de saturation il est impossible d'augmenter ou de diminuer la clarté d'une couleur de surface sans diminuer par le fait même sa saturation. Par exemple, on ne peut pâlir un bleu à saturation maximale sans, par le fait même, le désaturer.

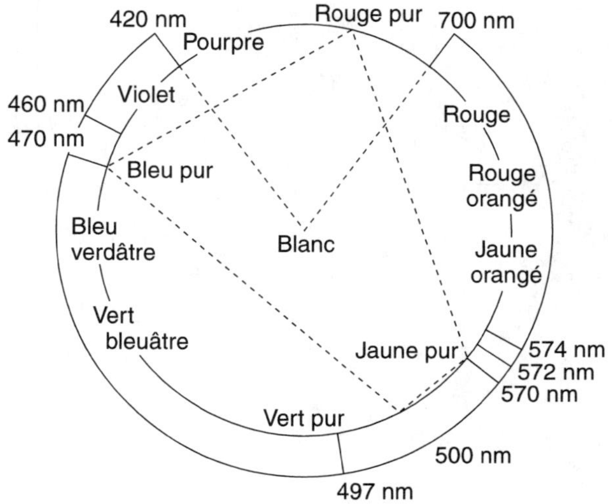

FIGURE 5.4 *Cercle des couleurs.* L'intervalle entre 420 nm et 700 nm représente les couleurs non spectrales du cercle, c'est-à-dire les couleurs qu'on ne trouve pas dans l'arc-en-ciel, et qu'il faut ajouter pour compléter le cercle.

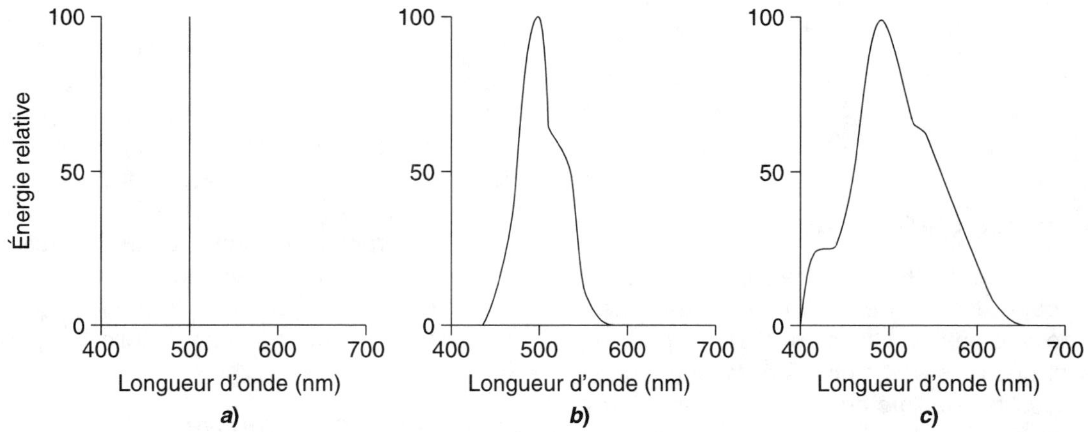

FIGURE 5.5 *Saturation.* Trois échantillons de couleur ayant la même tonalité peuvent différer par la saturation. Plus leur spectre est large, moins la couleur résultante est perçue comme saturée. L'exemple *a*) illustre le cas d'un stimulus monochromatique qui produit la couleur la plus saturée, et donc la plus pure. L'exemple *c*) produit la couleur la moins saturée, et *b*) a un effet intermédiaire. *Source :* Hurvich (1981, p. 78).

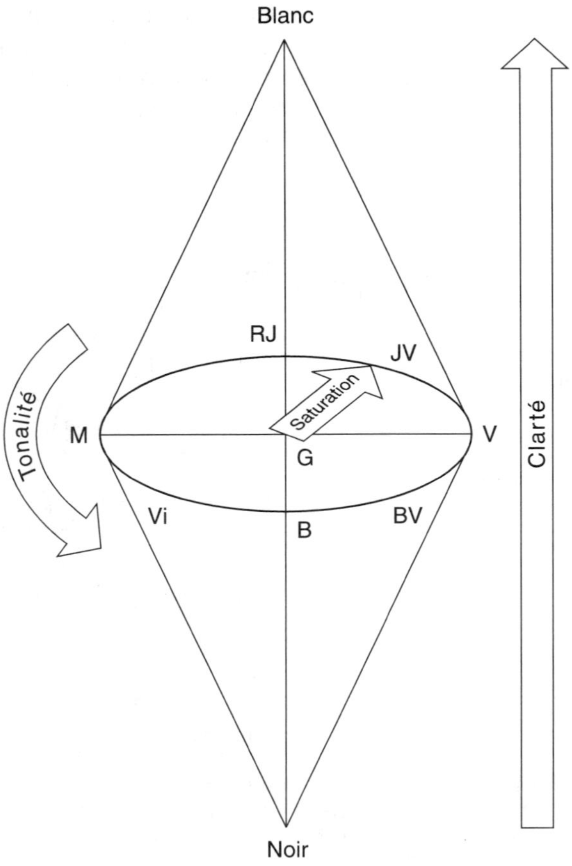

FIGURE 5.6 *Solide des couleurs.* Les échelles de tonalité, de saturation et de clarté qualifiant les dimensions de la couleur permettent de situer les diverses couleurs sur une échelle tridimensionnelle ayant la forme d'un solide. La variation de clarté correspond à la distance sur l'axe vertical, celle de saturation, à la distance radiale entre cet axe et la circonférence. Quant à la circonférence, elle représente l'échelle des tonalités.

5.1.4 Les mélanges chromatiques

En recomposant la lumière blanche à partir des couleurs spectrales, Newton réalisait une synthèse des couleurs de l'arc-en-ciel. On sait par ailleurs que, en mélangeant des pots de peintures comportant chacune des tonalités de l'arc-en-ciel, on obtient un résultat qui est nettement plus proche du noir que du blanc. Le mélange lumineux obtenu constitue une synthèse *additive* des couleurs, c'est-à-dire une synthèse dont la résultante est plus claire que les composantes prises individuellement. Le mélange de peintures qui produit l'effet contraire est considéré comme une synthèse *soustractive*. Cependant, ce constat n'explique pas vraiment ces phénomènes. En réalité, la différence la plus importante réside dans le fait que la synthèse additive résulte simplement de l'encodage rétinien des couleurs alors que, dans la synthèse soustractive, il se produit aussi, comme on le verra plus loin, un processus de filtrage lors du mélange.

La synthèse additive

Pour illustrer la synthèse chromatique additive, on projette sur un écran blanc trois faisceaux lumineux, un rouge, un vert et un bleu, que l'on superpose partiellement (voir la figure 5.7 en *a*)). Leur combinaison deux à deux produit du jaune, du magenta (ou rouge pourpre) et du cyan (ou bleu-vert) et la superposition des trois produit du blanc. Il faut remarquer que, dans ce procédé, ni le jaune ni le blanc ne sont des couleurs primaires puisqu'ils résultent tous deux d'un mélange. Le principe du trichromatisme a servi à toutes sortes d'applications. Ainsi, il est possible de créer toutes les couleurs visibles à partir de ces seules trois couleurs.

Peu de temps après la découverte de la photographie, James Clerk Maxwell (1831-1879) réalise l'expérience suivante qui montre, bien avant qu'on invente la photographie en couleur, comment il est possible d'appliquer le principe du trichromatisme à la photographie. Maxwell obtient d'abord trois photographies transparentes, en noir et blanc, d'une même scène, mais en interposant chaque fois un filtre coloré devant l'objectif. Il prend donc une photo avec un filtre rouge, une autre avec un filtre vert et la troisième avec un filtre bleu. Il projette ensuite sur un même écran les trois photographies ainsi obtenues, mais en interposant devant chacun des trois projecteurs le filtre ayant servi à la prise de photo. Il obtient ainsi une image polychrome reproduisant fidèlement toutes les couleurs de la scène réelle.

La synthèse soustractive

Lorsqu'on mélange des peintures ou des teintures, les pigments interagissent en se filtrant mutuellement puisque chacun absorbe les couleurs qu'il ne réfléchit pas. Comme ces absorptions se cumulent, le résultat se traduit par une diminution de la luminance, et l'on a donc une synthèse soustractive. La façon la plus simple d'illustrer ces effets consiste à superposer des filtres colorés devant une source de lumière blanche (voir la figure 5.7 en *b*)). Les couleurs des trois filtres normalement choisies comme primaires sont le cyan, le jaune et le magenta. On aurait pu théoriquement utiliser trois autres couleurs, la seule contrainte étant qu'elles soient assez éloignées les unes des autres pour qu'il soit impossible de produire l'une ou l'autre d'entre elles à partir de la combinaison des deux autres. On avait déjà pensé utiliser le bleu, le jaune et le rouge comme primaires de cette synthèse. On s'est cependant rendu compte qu'il n'est pas possible d'obtenir un beau magenta en mélangeant du rouge et du bleu et que le vert obtenu à partir du bleu et du jaune n'est pas satisfaisant non plus. Comme on peut le constater en observant la figure 5.7 en *b*), la combinaison des filtres deux à deux produit le rouge, le vert et le bleu, c'est-à-dire les primaires de la synthèse additive, et la superposition des trois filtres produit du noir[1].

Les synthèses moyennes

D'autres procédés permettent aussi de créer ce qu'on appelle les « synthèses moyennes ». Celles-ci se produisent lorsque des éléments ou des plages colorés sont trop rapprochés spatialement ou temporellement pour être perceptibles séparément.

La *synthèse moyenne spatiale* s'obtient par une fusion de points de différentes couleurs qui sont confondus à cause de leur densité. C'est la technique du pointillisme (voir la figure 5 dans les planches couleurs) utilisée par les peintres néo-impressionnistes Seurat (Lanthony, 1997) et Signac (Ratliff, 1992), mais c'est aussi le principe de la télévision ou du moniteur vidéo, qui comportent une mosaïque de points rouges, verts et bleus dont la combinaison produit toute la gamme des couleurs.

La *synthèse moyenne temporelle* requiert un disque comportant deux cercles de papiers de couleurs différentes (voir la figure 5.8) que l'on entrecroise.

a)

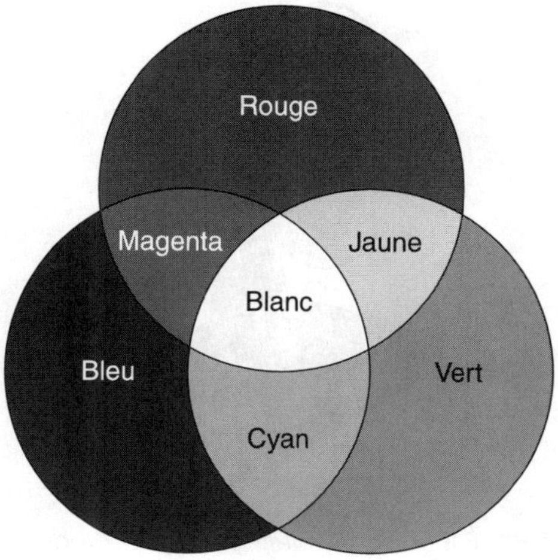

b)

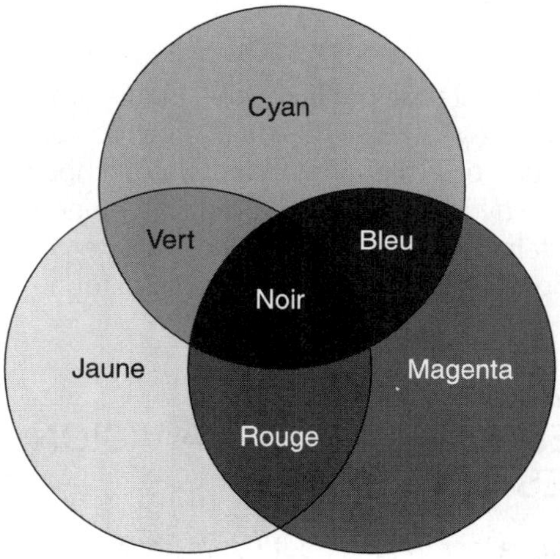

FIGURE 5.7 *Synthèse des couleurs. a) Synthèse additive.* La convergence sur un même écran de trois faisceaux lumineux colorés, soit un rouge (R), un vert (V) et un bleu (B), produit du blanc. Les combinaisons deux à deux de chaque couleur produisent les résultats suivants : R + V = J (jaune) ; V + B = C (cyan) ; et R + B = M (magenta). *b) Synthèse soustractive.* La superposition sur une surface blanche de 3 filtres de couleur : un jaune (J), un magenta (M) et un cyan (C), produit un effet de soustraction de lumière et de couleur.

1. On peut comprendre ces mélanges à partir du raisonnement suivant. Le filtre cyan ne laisse passer que des longueurs d'onde courtes (bleu) et moyennes (vert) et bloque les longueurs d'onde longues (rouge). Le filtre jaune, pour sa part, ne laisse passer que des longueurs d'onde longues et moyennes et bloque les longueurs d'onde courtes. Lorsque ces deux filtres sont superposés, ils ne laissent passer que des longueurs d'onde moyennes et bloquent les longueurs d'onde courtes et longues, d'où une perception de vert.

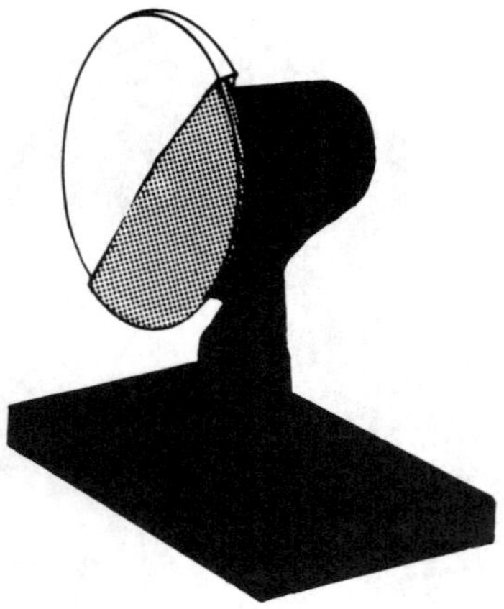

FIGURE 5.8 *Disque rotatif servant à produire une synthèse moyenne temporelle.*

Elle est obtenue par la rotation du disque à très haute vitesse. Avec des couleurs complémentaires, comme le jaune et le bleu, on obtient un gris neutre à condition d'avoir la juste proportion de jaune et de bleu. Certains appareils permettent l'ajustement de cette proportion pendant la rotation du disque.

5.2 LES THÉORIES DE LA VISION DES COULEURS

Nous allons maintenant examiner les théories de la vision des couleurs en mettant l'accent sur les deux théories les plus courantes, soit la *théorie trichromatique* et la *théorie des processus antagonistes*. Ces deux théories classiques portant sur les mécanismes périphériques de la vision des couleurs ont été formulées au cours du XIXe siècle, mais c'est sur la base de celles-ci qu'on a défini la théorie contemporaine qui représente en définitive un compromis entre les deux. Même si les explications avancées par chacune étaient plausibles quoique parfois contradictoires, il aura fallu attendre pas moins d'un siècle avant de pouvoir apporter des preuves plus concrètes à l'appui tant de l'une que de l'autre et découvrir leur complémentarité. Nous considérerons les positions de chacune avant d'aborder la manière dont la théorie contemporaine tente d'incorporer ces deux explications.

5.2.1 La théorie trichromatique

Comment l'observateur humain parvient-il à discriminer des milliers de teintes différentes ? Thomas Young (1773-1829) fut le premier à fournir une réponse valable à cette question. On aurait pu penser que la rétine comporte une grande variété de récepteurs répondant chacun à une longueur d'onde différente, mais cette hypothèse aurait soulevé de grandes difficultés. Young postula plutôt que l'activité de trois types de récepteurs rétiniens sensibles respectivement au rouge, au vert et au bleu violet (les couleurs de base de la synthèse additive) était suffisante. C'est grâce à l'activité combinée de ces récepteurs qu'il serait possible de percevoir toute une gamme de couleurs et de nuances différentes. S'il était possible de mélanger des couleurs sur un écran quelconque, il devait en être de même pour la rétine. Les idées de Young ne furent pas acceptées tout de suite et il fallut attendre le milieu du XIXe siècle avant que le physicien et physiologiste allemand Hermann von Helmholtz (1821-1894) les adopte, les développe davantage et en fasse la promotion.

La théorie trichromatique, appelée aussi « théorie de Young-Helmholtz », postule non seulement qu'il existe dans la rétine de l'œil trois types de récepteurs chromatiques, mais aussi que chacun de ces types de récepteurs répond à toutes les fréquences du spectre. En fait, ils se distinguent par la bande de fréquence à laquelle ils répondent de façon maximale (voir la figure 5.9). Comme dans la synthèse additive, le codage de couleur qui en résulte est donc fonction de trois réponses.

5.2.2 La théorie des processus antagonistes

Au moment où Helmholtz formule sa théorie trichromatique, on postule couramment l'existence de quatre couleurs qu'on peut considérer comme phénoménalement primaires : le rouge, le vert, le jaune et le bleu (Boring, 1942). C'est une idée qui remonte à Léonard de Vinci et que défend Ewald Hering (1834-1918), un psychologue et physiologiste allemand. Hering soutient donc qu'il faut considérer le jaune comme une couleur primaire plutôt que comme le

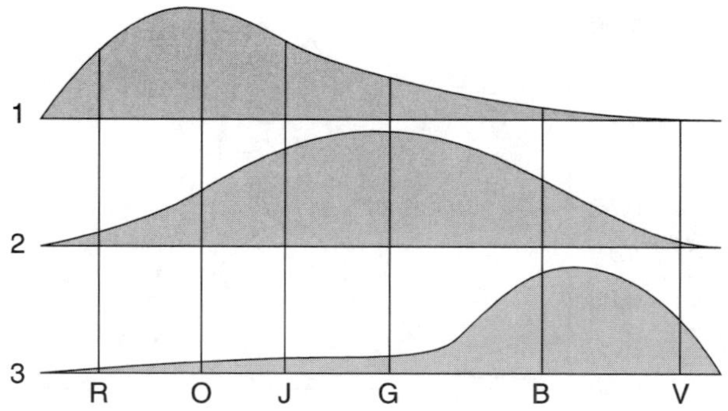

FIGURE 5.9 *Sensibilité des trois types de récepteurs rétiniens aux différentes longueurs d'onde selon Helmholtz.* Les couleurs du spectre sont représentées de gauche à droite, du rouge au violet, contrairement à la convention actuelle illustrée dans la figure 3 des planches couleurs.

résultat d'une synthèse du rouge et du vert. Poussant plus loin son analyse du phénomène des couleurs, il fait remarquer qu'il n'existe pas d'intermédiaire perceptif entre le rouge et le vert, ni non plus entre le jaune et le bleu. En d'autres mots, dit-il, il n'y a pas de teinte que l'on puisse qualifier de rouge verdâtre ou de jaune bleuâtre, alors qu'on produit facilement du bleu verdâtre, du vert jaunâtre, etc. Cette observation dévoile un fait important, à savoir que certaines couleurs fonctionnent de façon antagoniste. Selon Hering, il existe aussi une opposition entre le noir et le blanc, en ce sens que, s'éloignant du gris sur une échelle de clarté, des couleurs peuvent se rapprocher du blanc ou du noir, mais jamais des deux à la fois. Hering ajoute cependant (Burnham, Hanes et Bartleson, 1963) que le noir n'annule pas le blanc, mais s'y mêle pour former le gris.

Cette théorie des processus antagonistes se veut une solution de rechange à celle d'Helmholtz. Elle suppose l'existence de six couleurs fondamentales fonctionnant en trois paires antagonistes : les paires rouge-vert, jaune-bleu et blanc-noir. Ainsi, une couleur donnée peut se situer relativement à la paire jaune-bleu en étant jaunâtre ou bleuâtre, mais pas les deux à la fois, et le même principe s'applique *mutatis mutandis* au regard des deux autres paires. Alors que, pour la théorie de Young-Helmholtz, la couleur d'un échantillon donné est déterminée par la contribution relative de trois types de récepteurs, pour la théorie de Hering, c'est l'action de trois processus antagonistes qui détermine cette couleur. Les deux théories comportent des lacunes, mais ces lacunes sont différentes et c'est ce qui amènera à penser qu'elles sont complémentaires plutôt qu'antinomiques.

5.2.3 Les preuves à l'appui de la théorie trichromatique

Paradoxalement, c'est presque simultanément, mais un peu plus d'un siècle plus tard, qu'on pourra démontrer scientifiquement le bien-fondé de leurs principes de base. Au début des années 1960, la mise au point d'une nouvelle technique, la *microspectrophotométrie*, qui sert à mesurer la quantité de lumière absorbée par la partie du cône rétinien porteuse d'un pigment, amène deux groupes de chercheurs travaillant en parallèle à distinguer trois types de cônes rétiniens en fonction de leur spectre d'absorption de la lumière (Brown et Wald, 1964 ; Marks, Dobelle et MacNichol, 1964). Il s'avère que chaque type répond respectivement de manière préférentielle à des longueurs d'onde courtes, moyennes ou longues. Les longueurs d'onde absorbées sont respectivement de l'ordre de 440 nm (le bleu), de 540 nm (le vert) et de 575 nm (le rouge). C'est la réponse relative de chaque type de cône qui détermine en principe la couleur perçue, et ces réponses sont déterminées par les pigments associés à chacun. Peu de temps auparavant, Rushton (1962) décompose l'iodopsine, un pigment contenu dans les cônes, et il met en évidence l'existence de photopigments associés à la vision du rouge ainsi que celle d'autres pigments associés à la vision du vert : l'*érythrolabe* et le *chlorolabe*. Ensuite, Marks et ses collègues (1964) découvrent le photopigment du bleu, le *cyanolabe*.

5.2.4 Les preuves à l'appui de la théorie de Hering

À l'époque où il formule sa théorie, Hering ne dispose d'aucun moyen pour définir la base physiologique des processus antagonistes dont il postule l'existence. Il emploie pour les décrire le terme « assimilation » et son opposé, « dissimilation ». On en a conclu qu'il considérait le processus comme chimique bien que cette interprétation soit contestée (voir

Hurvich et Jameson, 1957). D'autre part, il restait à démontrer la validité psychophysique de la théorie. C'est ce qu'entreprirent Hurvich et Jameson (1957) en mettant au point une procédure psychophysique dans le but de quantifier la théorie. Alors qu'avec la théorie trichromatique il est possible d'expliquer la vision des couleurs dans l'ensemble du spectre à partir de la contribution des trois types de cônes, on pouvait se demander de quelle façon les deux systèmes chromatiques antagonistes postulés par Hering pouvaient rendre compte des perceptions chromatiques dans les diverses portions du spectre. Hurvich et Jameson résolvent le problème en utilisant une procédure d'annulation. On mesure la quantité de rouge contenue dans une raie donnée du spectre (par exemple, celle donnant une teinte orangée) en calculant la quantité requise de vert qu'il faut y ajouter pour en retirer toute nuance rougeâtre. De même, la quantité de jaune contenue dans cette même raie spectrale est estimée à partir de la quantité de bleu qui en annule toute nuance jaunâtre. La figure 5.10 présente les courbes obtenues en appliquant ce procédé à l'ensemble des couleurs du spectre. L'examen de ces courbes permet de constater que si le bleu pur (475 nm), le vert pur (500 nm) et le jaune pur (580 nm) existent dans le spectre, le rouge pur n'y apparaît jamais comme tel, soit qu'il comporte une certaine quantité de jaune, soit qu'il se combine au bleu pour donner le bleu-violet. Cette présence du jaune dans le rouge spectral permet de résoudre une difficulté soulevée à l'égard de la théorie de Hering : si l'opposé du rouge est théoriquement le vert, comment se fait-il que la couleur complémentaire du rouge spectral soit le bleu-vert et non pas le vert ? Or, ceci s'explique tout simplement par la petite quantité de jaune qu'on trouve dans le rouge spectral et qui donne un aspect légèrement bleuâtre à sa complémentaire.

Il existe également des preuves physiologiques pour appuyer la théorie de Hering. En faisant des enregistrements au niveau de la rétine chez le poisson rouge, Svaetichin (1956) a trouvé des cellules dont les propriétés étaient compatibles avec la théorie des processus antagonistes. De fait, la réponse de ces cellules est fonction de la composition spectrale de la stimulation lumineuse. Ainsi, la réponse cellulaire est différente (excitation ou inhibition) pour les longueurs d'onde longues ou courtes. Par la suite,

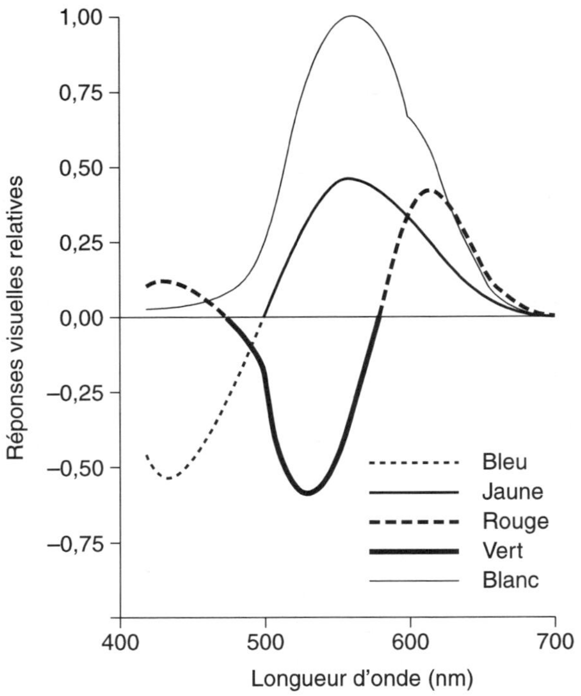

FIGURE 5.10 *Courbes de sensibilité des systèmes rouge-vert et jaune-bleu, obtenues par un procédé d'annulation de couleur. Source :* Hurvich et Jameson (1957, p. 389).

De Valois, Abramov et Jacobs (1966) ont découvert, dans le corps genouillé latéral du thalamus du singe macaque, des cellules ayant des réponses de type antagoniste à des stimuli chromatiques. Il s'agit de quatre sortes de cellules antagonistes et de deux sortes de cellules non antagonistes. Les réponses des cellules antagonistes se répartissent comme suit : 1) excitation au rouge (R+), inhibition au vert (V-) ; 2) excitation au vert (V+), inhibition au rouge (R-) ; 3) excitation au jaune (J+), inhibition au bleu (B-) ; 4) excitation au bleu (B+), inhibition au jaune (J-). Quant aux cellules non antagonistes, elles répondent à toutes les longueurs d'onde, mais elles le font soit par une augmentation soit par une diminution de leur activité.

5.2.5 La théorie contemporaine : une théorie du compromis

Les données psychophysiques et électrophysiologiques recueillies concernant les théories de Young-

Helmholtz et de Hering ont conduit à la conclusion que le processus visuel périphérique comportait deux étapes, l'une au niveau de la transduction proprement dite, c'est-à-dire au moment où l'absorption de l'onde électromagnétique par le photopigment du cône déclenche un influx nerveux dans le récepteur spécialisé, et l'autre au niveau des corps genouillés latéraux (ou cellules ganglionnaires) où se réalise une discrimination par les cellules antagonistes. Un modèle proposé par De Valois et De Valois (1975) et présenté à la figure 5.11 permet d'envisager les interactions entre ces deux niveaux. D'après ce modèle, l'information chromatique est initialement captée, transformée et transmise par trois types de cônes: les cônes L, répondant maximalement aux longues longueurs d'onde, les cônes M, répondant maximalement aux moyennes longueurs d'onde, et les cônes C, répondant maximalement aux courtes longueurs d'onde. Chaque type de cône est sensible à une gamme de longueurs d'onde différentes dans le spectre visible. En termes plus simples, les cônes L sont sensibles au rouge, les cônes M au vert et les cônes C au bleu.

Par la suite, l'information transmise par les cônes aux niveaux supérieurs (d'abord aux cellules ganglionnaires et ensuite à celles du corps genouillé latéral) influe, par un processus d'activation ou d'inhibition, sur l'activité de quatre types de cellules antagonistes, soit les cellules R+V–, V+R–, J+B–, et B+J–. Tel qu'il

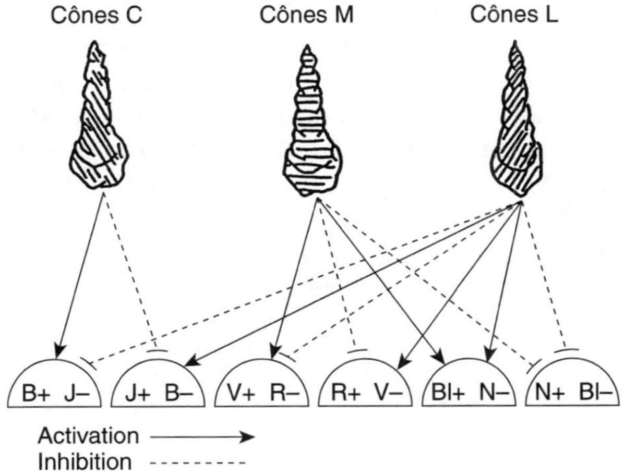

FIGURE 5.11 *Théorie de la vision des couleurs à deux niveaux. Source:* De Valois et De Valois (1975, p.132). © 1975. Reproduit avec la permission d'Elsevier Science.

a été indiqué ci-dessus, la stimulation des cônes influe également sur l'activité de deux types de cellules non antagonistes, qui vont signaler le blanc (Bl) et le noir (N), soit des cellules Bl+N- et N+Bl-.

D'autres recherches révèlent par ailleurs que l'organisation des cellules antagonistes du corps genouillé est beaucoup plus complexe que ce que nous venons de décrire. En premier lieu, Wiesel et Hubel (1966) ont distingué plusieurs types de cellules antagonistes dans les différentes couches du corps genouillé latéral. Au niveau des couches parvocellulaires, des cellules de type I, de loin les plus nombreuses, sont caractérisées par un centre excitateur ou inhibiteur et une périphérie antagoniste. Par exemple, une cellule R+/V- est activée par du rouge au centre de son champ récepteur et inhibée par du vert dans sa périphérie. Des cellules de type II n'ont pas d'organisation centre-périphérie. Elles répondent néanmoins de manière antagoniste à une stimulation chromatique. Par exemple, une cellule donnée peut être activée par du jaune mais inhibée par du bleu ou vice-versa. Les cellules de type III ont une organisation centre-périphérie et sont sensibles à toutes les couleurs du spectre (cellules à large bande spectrale). Au niveau des couches magnocellulaires, Wiesel et Hubel ont trouvé des cellules de type III ainsi que des cellules de type IV. Ces dernières ont une très petite région centrale et une très grande région périphérique avec une sensibilité spectrale qui tire sur le rouge. En plus de contribuer à la discrimination chromatique, ces organisations antagonistes sont sans doute à l'origine de la perception des contrastes chromatiques.

5.3 LE CERVEAU ET LA COULEUR

La description d'un processus d'encodage des couleurs à deux étapes ne permet pas de conclure que toutes les fonctions de la perception chromatique relèvent de processus relativement périphériques. La théorie du compromis est loin de résoudre tous les problèmes et les études neurophysiologiques sur le fonctionnement cérébral ont mis en relief le rôle déterminant du cerveau dans la vision chromatique.

On a découvert, dans le cortex visuel primaire (l'aire V1) du singe macaque, des *blobs* (appelés aussi « taches » ou « blobules ») constituant des régions très riches en cellules antagonistes (Livingstone et Hubel, 1984). Contrairement aux cellules ganglionnaires et à celles du corps genouillé latéral, ces cellules de l'aire V1 ont la particularité de posséder une organisation centre-périphérie à double antagonisme. Par exemple, une cellule R+V-/R-V+ est activée par du rouge en son centre ou par du vert en périphérie et inhibée par du vert au centre ou par du rouge en périphérie. On a aussi isolé dans la région V4, qui représente un niveau plus élevé du cortex visuel, une autre catégorie de cellules participant au traitement de la couleur (Zeki, 1980). Comparativement aux cellules chromatiques situées ailleurs dans le système visuel, celles de la région V4 auraient une sensibilité spectrale beaucoup plus spécifique. Pour ce qui est de l'humain, une technique d'imagerie fondée sur le débit sanguin cérébral, la tomographie d'émission de positons (ou TEP), a permis de faire la découverte d'une aire spécialisée pour la couleur (une région homologue de la région V4 chez le singe) dans les régions des lobules linguaux et fusiformes (Lueck et autres, 1989). Il est à noter par ailleurs que ces régions reçoivent des afférences provenant surtout du système parvocellulaire. Il est vraisemblable que ces organisations cérébrales soient responsables notamment du mécanisme de la constance de la couleur dont il sera question plus loin.

5.4 LES ANOMALIES DE LA VISION DES COULEURS

Une personne dont la vision des couleurs est parfaitement normale n'éprouve aucune difficulté à percevoir toutes les couleurs du spectre visible (voir la partie *a*) de la figure 6 dans les planches couleurs). On la qualifie alors de « trichromate normale », car toutes les couleurs qu'elle est capable de percevoir peuvent être produites en combinant les trois couleurs primaires de la synthèse additive, soit le rouge, le vert et le bleu. Chez certaines personnes, toutefois, cette capacité de discrimination des couleurs est plus ou moins déficiente, voire totalement absente. Généralement, les anomalies de la vision des couleurs sont regroupées en deux grandes catégories : les déficiences congénitales et les déficiences acquises.

5.4.1 Les déficiences congénitales

La plupart des anomalies congénitales ont des origines génétiques et sont héréditaires. On estime qu'environ 8 % des hommes et moins de 1 % des femmes en sont atteints. Toutefois, on observe une légère fluctuation de ces taux d'incidence selon les peuples et les régions géographiques (Hsia et Graham, 1965). Ces anomalies se manifestent principalement au niveau des cônes rétiniens, et ce, de deux façons, soit que la sensibilité spectrale (ou courbe d'absorption) de l'un des trois types de photopigments associés aux cônes se trouve anomale, soit qu'il n'y ait que deux types ou même un seul type de photopigment au lieu de trois (Birch, 1993).

On classe généralement les déficiences congénitales selon le nombre de couleurs primaires nécessaires pour que la personne affectée d'une déficience chromatique donnée puisse retrouver toutes les couleurs qu'elle est en mesure de discriminer dans le spectre visible ; ces déficiences sont le trichromatisme anomal, le dichromatisme et le monochromatisme[2].

Le trichromatisme anomal

Le trichromate anomal est relativement insensible à l'une des trois couleurs primaires. On le qualifie de « protanomal » si cette anomalie concerne la vision du rouge, de « deutéranomal » s'il s'agit du vert et de « tritanomal » (cas plus rare) s'il s'agit du bleu. Dans chaque cas, l'anomalie est due à la présence d'un photopigment anomal. Par exemple, chez le protanomal, l'érythrolabe est absent, mais remplacé par le protanolabe. Chez le deutéranomal, le chlorolabe est remplacé par du deutanolabe. Le protanolabe et le deutanolabe sont des photopigments anomaux. L'évaluation de ces anomalies se fait au moyen de l'anomaloscope (voir l'encadré 5.1).

2. Il importe de préciser ici que les termes « protane », « deutane » et « tritane » sont parfois employés comme termes généraux pour désigner les trichromates anomaux et les dichromates de chaque type.

ENCADRÉ 5.1
Le dépistage et l'évaluation des anomalies de la vision des couleurs

Il n'est pas rare qu'une personne affectée d'une anomalie de la vision des couleurs n'apprenne sa déficience que tardivement et s'en trouve surprise. Elle a probablement appris à donner le nom approprié à des couleurs qu'elle voit cependant autrement que les personnes ayant une vision normale. Il faut donc faire appel à certains procédés pour évaluer sa vision chromatique. Il existe plusieurs tests pour connaître la nature et la gravité des différentes anomalies (voir Birch, 1993). De façon générale, on peut distinguer trois types de tests : l'anomaloscope, les planches pseudo-isochromatiques et les tests d'arrangement.

L'anomaloscope. *L'anomaloscope est un instrument optique qui permet de détecter une déficience dans le système rouge-vert et de déterminer la gravité de cette déficience (voir la figure 7 dans les planches couleurs). L'observateur est assis devant un écran dont la moitié est illuminée par une synthèse de lumière rouge (670 nm) et de lumière verte (535 nm). La contribution relative de chacune de ces composantes peut être contrôlée par l'observateur. L'autre moitié de l'écran est illuminée par une lumière jaune (589 nm). L'intensité du jaune peut également être contrôlée par l'observateur. Dans un premier temps, l'observateur fait plusieurs ajustements de la synthèse rouge-vert et de l'intensité du jaune jusqu'à ce que les deux moitiés de l'écran lui paraissent identiques. Dans un deuxième temps, l'examinateur fait varier la synthèse rouge-vert et l'observateur doit ajuster l'intensité du jaune jusqu'à ce que les deux moitiés de l'écran lui paraissent identiques.*

Comparativement à un observateur normal, le protanomal a besoin d'une quantité excessive de rouge pour atteindre le jaune alors que le deutéranomal a besoin d'une quantité excessive de vert pour que les deux champs soient identiques en apparence. Chez les protanopes et les deutéranopes, parce qu'ils ne peuvent faire la distinction entre le rouge et le vert, n'importe quelle synthèse de rouge et de vert serait jugée équivalente en apparence au stimulus jaune normal (voir des exemples dans Rushton, 1975). Toutefois, ce qui est perçu comme équivalent par le dichromate sera perçu comme très différent par un observateur normal.

Les planches pseudo-isochromatiques. *Ce sont les outils les plus utilisés pour faire un dépistage sommaire des anomalies de la vision des couleurs, en particulier les déficiences situées dans l'axe rouge-vert. Le plus connu de ces tests est le test d'Ishihara, qui est composé d'une série de 38 planches en couleurs (voir la figure 8 dans les planches couleurs). Une planche pseudo-isochromatique contient une figure camouflée qui est formée de points imprimés dans une couleur, alors que le fond est formé de points imprimés dans une couleur différente. La tâche de l'observateur consiste à repérer la figure camouflée, généralement un chiffre ou une forme géométrique. Cependant, pour que l'observateur puisse voir la figure, il doit être capable de la différencier du fond. Pour ce faire, il doit donc pouvoir différencier les deux couleurs utilisées pour créer respectivement la figure et le fond. Dans l'exemple de la figure 8 des planches couleurs, un observateur normal n'aura aucune difficulté à repérer le chiffre 74, alors que le protanope ou le deutéranope y verront plutôt le chiffre 21. En plus de la protanopie et de la deutéranopie que permet de détecter le test d'Ishihara, le test de Hardy, Rand et Rittler permet de déceler la tritanopie.*

Les tests d'arrangement. *Ces tests sont constitués d'un ensemble d'échantillons de couleurs différentes que l'observateur doit organiser en série suivant leur tonalité. Les échantillons sont constitués de laines (par exemple, le test de Holmgren) ou de pastilles de couleur (par exemple, les tests de Farnsworth-Munsell). Comparativement à un observateur normal, l'observateur ayant une anomalie de la vision des couleurs aura de la difficulté à placer ces échantillons dans l'ordre exact. Alors que le test de Holmgren permet un dépistage sommaire des anomalies de la vision des couleurs, le test de Farnsworth-Munsell indique la nature et la gravité exacte du problème, que ce soit dans l'axe rouge-vert ou dans l'axe bleu-jaune. Le test de Farnsworth-Munsell peut également servir à déterminer l'étendue de la vision des couleurs chez un observateur normal*[1].

1. *Le lecteur pourra consulter Birch (1993) pour plus d'informations sur le matériel, l'administration et l'interprétation de ces différents tests.*

Le dichromatisme

Le dichromatisme est une anomalie beaucoup plus grave puisqu'il s'agit d'une insensibilité complète à l'une des trois couleurs primaires. Le dichromate perçoit certaines couleurs, mais, comparativement à celui d'un observateur normal, son spectre de couleurs est beaucoup plus limité. Il existe trois types de dichromatisme selon le type de photopigment absent. Le *protanope* (voir la partie *b*) de la figure 6 dans les planches couleurs) est considéré comme aveugle au rouge : sa rétine est dépourvue d'érythrolabe. En fait, il confond entre eux le rouge et le vert bleuâtre et il confond ces deux couleurs avec le gris neutre. Il perçoit l'ensemble du spectre en jaune et en bleu avec un point neutre situé aux environs de 492 nm. Le *deutéranope* voit aussi tout le spectre des couleurs en jaune et en bleu (voir la partie *c*) de la figure 6 dans les planches couleurs), mais ce serait à cause d'une cécité au vert, due à l'absence de chlorolabe. Il confond le rouge bleuâtre et le vert entre eux et avec le gris neutre. Le deutéranope diffère du protanope par sa courbe de sensibilité spectrale. Celle de ce dernier est légèrement déplacée du côté des longueurs d'onde courtes. Enfin, le *tritanope*, dont la rétine est dépourvue de cyanolabe (voir la partie *d*) de la figure 6 dans les planches couleurs), ne voit qu'en rouge et en vert. Il confond le bleu pourpre et le jaune vert entre eux ainsi qu'avec le gris neutre.

Le monochromatisme

Le monochromatisme ou l'achromatopsie se traduit par une absence de discrimination des couleurs. Le spectre n'est perçu qu'en termes de variations de luminosité. L'achromatopsie typique est caractérisée par une absence complète du fonctionnement des cônes rétiniens. Elle s'accompagne aussi d'une réduction de l'acuité visuelle, d'un petit scotome central, d'une photophobie (aversion aux stimulations lumineuses intenses) et de mouvements nystagmoïdes.

Dans l'achromatopsie atypique, la déficience se situerait dans les centres nerveux supérieurs ou les voies nerveuses plutôt qu'au niveau rétinien. On n'y trouve ni perte d'acuité, ni nystagmus, ni photophobie. Cependant, dans un cas comme dans l'autre, il n'y a aucune discrimination des couleurs et le spectre ne serait perçu qu'en termes de variations de luminosité.

Précisons enfin que notre compréhension de ces déficiences congénitales a grandement bénéficié des avancées récentes dans le domaine de la génétique moléculaire. Entre autres, la découverte des gènes responsables des pigments des cônes a conduit certains chercheurs à s'intéresser davantage à l'étude des mécanismes moléculaires qui sont à l'origine tant de la vision normale des couleurs que des anomalies de la vision des couleurs (voir Nathans, 1989 ; Piantanida, 1991).

5.4.2
Les déficiences acquises

La vision des couleurs peut également être perturbée à la suite de problèmes ophtalmologiques (voir Krastel et Moreland, 1991) ou neurologiques (voir Plant, 1991). Par exemple, une lésion corticale dans la région postérieure de l'hémisphère droit pourrait entraîner une déficience dans la discrimination des couleurs (De Renzi, Faglioni, Scotti et Spinnler, 1972 ; Scotti et Spinnler, 1970). Par contre, une lésion corticale

ENCADRÉ 5.2
La vision de l'achromate

L'histoire d'un patient achromatopsique présentée par Sacks et Wasserman (1987) permet de mieux comprendre ce que peut être l'expérience visuelle chez les personnes atteintes de cette anomalie et la manière dont elles parviennent à s'adapter tant bien que mal à leur condition. Le patient en question est un cas d'autant plus intéressant qu'il s'agit d'un artiste peintre âgé de 65 ans qui, jusqu'alors, n'avait jamais eu d'anomalie dans la vision des couleurs. Il est devenu achromatopsique à la suite d'un accident d'automobile. Alors que son acuité visuelle demeurait intacte, il ne pouvait plus discriminer ou reconnaître les couleurs en fonction de leur tonalité. En somme, il ne voyait plus les choses qu'en gris ou en noir et blanc, et, lorsqu'il s'est remis à peindre, il ne peignait plus les choses qu'en gris ou en noir et blanc. Les résultats de plusieurs tests formels et informels de sa vision des couleurs ont montré qu'il pouvait discriminer parfaitement les différentes longueurs d'onde en fonction de leur clarté, ce qu'une personne atteinte d'une déficience au niveau des récepteurs rétiniens ne pourrait pas faire. Selon Sacks et Wasserman, il manquait donc au patient la capacité de traduire ces différentes longueurs d'onde en couleurs ou de se faire une représentation mentale des couleurs perçues. On trouve dans la littérature clinique plusieurs autres cas de patients qui présentent des troubles neuropsychologiques semblables (Davidoff, 1991). Il existe aussi toute une autre littérature qui traite de l'influence des déficiences acquises de la vision des couleurs sur l'art pictural. Par exemple, Lanthony (1991) a trouvé dans l'histoire de l'art plusieurs références à des cas de dyschromatopsie chez les artistes peintres, notamment chez Monet, Van Gogh et Mary Cassatt. Considérées dans leur ensemble, les déficiences acquises de la vision des couleurs nous permettent de comprendre que le traitement des informations chromatiques au niveau des aires visuelles primaires et secondaires est loin d'être complet et que d'autres processus de même que d'autres régions corticales participeraient également à ce traitement.

située dans la région postérieure de l'hémisphère gauche pourrait entraîner une déficience de la capacité à nommer les couleurs sur confrontation visuelle (Davidoff et Ostergaard, 1984) ou à reconnaître la couleur spécifique d'objets familiers (Basso, Capitani, Luzzatti, Spinnler et Zanobio, 1985), même si la discrimination des couleurs est parfaitement normale.

5.5 LES PHÉNOMÈNES CHROMATIQUES

La perception de la couleur n'est pas déterminée uniquement par la composition spectrale du stimulus, et les phénomènes illustrant ce principe peuvent nous sembler a priori des illusions ou du moins des exceptions à la règle. Or, comme on le verra, plusieurs de ces phénomènes témoignent plutôt des mécanismes de la vision normale. Chaque fois que nous voyons deux couleurs différentes juxtaposées, le résultat perceptif est tel que chacune apparaît comporter une couleur complémentaire de celle de sa voisine, et cela, sans que leur composition spectrale soit modifiée ; c'est ce qu'on appelle le « contraste simultané ».

Dans certaines conditions, une couleur semblera plutôt emprunter la teinte de sa voisine et l'on parlera alors d'assimilation. Les sensations chromatiques sont très sensibles à des effets d'adaptation. Après avoir observé une forme colorée pendant moins d'une minute, on la voit réapparaître en tons complémentaires ; c'est ce qu'on appelle l'« image consécutive complémentaire ». La constance des couleurs entraîne l'effet inverse : la couleur est maintenue alors que la composition spectrale change. L'objet multicolore que l'on regarde à la lumière du jour puis sous l'éclairage artificiel d'une lampe ne semble pas changer chromatiquement même si la composition spectrale de tous ses éléments se trouve altérée. Un autre phénomène, celui des couleurs subjectives, est beaucoup plus étonnant parce qu'il consiste en des effets chromatiques produits par des stimuli uniquement achromatiques, c'est-à-dire noirs et blancs. Que nous révèlent ces phénomènes concernant nos mécanismes de la vision normale ?

5.5.1 Le contraste simultané

On obtient facilement un contraste simultané en présentant des formes grises sur des fonds de couleurs variées. Par exemple, dans la figure 9 des planches couleurs, des anneaux gris sur fonds rouge, bleu et vert prendront des teintes tirant respectivement sur le cyan, le jaunâtre et le magenta. De même, deux couleurs complémentaires sont dites contrastantes parce qu'elles se renforcent mutuellement : un bleu paraît plus bleu s'il voisine un jaune et un jaune, plus jaune s'il voisine un bleu.

Un autre procédé, la production d'ombres colorées, permet d'obtenir des effets de contraste particulièrement frappants (voir la figure 5.12). On éclaire une surface blanche au moyen de deux sources lumineuses, l'une blanche et l'autre colorée, et l'on interpose un objet opaque entre les sources lumineuses et la surface de projection. Le résultat est le suivant : la surface blanche a une teinte rosâtre produite par l'éclairage rouge et elle comporte deux ombres, l'une blanche et l'autre rouge. Cependant, le résultat perceptif est différent. L'ombre blanche est perçue bleu-vert par un effet de contraste. Cet effet paraît particulièrement frappant puisque, par un ajustement approprié des intensités des deux sources lumineuses, on peut obtenir une couleur contrastuelle plus saturée que celle de la surface inductrice. On peut aussi créer d'autres couleurs, toujours par le même procédé, en utilisant différentes lumières colorées. Par exemple, on obtient des ombres bleues avec deux lumières jaunes de compositions spectrales différentes et dont l'une tire sur l'orangé.

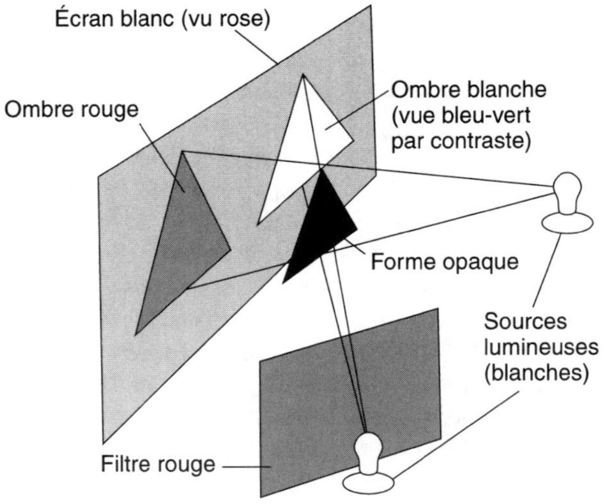

FIGURE 5.12 *Démonstration des ombres colorées.*

Depuis plus d'un siècle, l'explication du contraste chromatique simultané pose tout un défi aux théoriciens de la vision des couleurs (voir Graham et Brown, 1965). Helmholtz attribuait ce phénomène à un processus psychologique – l'inférence inconsciente – qui impliquerait une mise en relation entre la perception actuelle et les perceptions antérieures (voir Boring, 1950). Ainsi, les effets d'ombres colorées pourraient se fonder sur notre expérience antérieure. Dans l'exemple de la figure 5.12, l'ombre objectivement blanche est moins lumineuse que l'ensemble de la surface de projection, laquelle, tout en ayant une tonalité objectivement rosâtre, serait prise pour blanche à cause de sa plus grande luminosité et utilisée comme référence pour la perception des autres tonalités. Dans des conditions d'éclairage normal, une couleur à laquelle il manque du rouge pour être vue parfaitement blanche prendrait sa couleur complémentaire (dans cet exemple, le bleu-vert). C'est donc cette règle caractérisant notre vision en éclairage normal qui serait appliquée à la présente situation et nous ferait voir une ombre de couleur bleu-vert.

Pour d'autres, ces effets pourraient s'expliquer par un processus physiologique, notamment l'inhibition latérale qui se produit au niveau des ganglionnaires ou du corps genouillé latéral (voir Cornsweet, 1970). La mise en application du mécanisme d'inhibition latérale dans le contexte du contraste chromatique peut se résumer ainsi : lorsqu'une région donnée de la rétine est excitée par un stimulus chromatique, il se produit dans les régions avoisinantes une insensibilisation ou une inhibition aux stimuli de cette même couleur, ce qui a pour effet de déclencher une réponse à la couleur complémentaire.

5.5.2 Les effets d'assimilation

La juxtaposition de surfaces colorées ne crée pas que des effets de contraste. Dans le cas de surfaces relativement petites et répétitives, le contraste fait place à un effet contraire : l'effet d'assimilation (Jameson et Hurvich, 1975), appelé aussi « effet d'égalisation » (Musatti, 1957). Au lieu de contraster avec sa voisine, la surface chromatique emprunte alors la tonalité de cette dernière. Par exemple, dans la figure 10 des planches couleurs, la forme circulaire rouge est perçue comme bleuâtre, même si les rayures bleues devraient, s'il y avait contraste, la faire paraître plutôt jaunâtre. De même, le fond rouge devrait bleuir à cause des rayures jaunes. Comme c'est l'inverse qui se produit, dans les deux cas, on est justifié de parler d'assimilation plutôt que de contraste.

Comment expliquer cet effet d'assimilation qui se produit sensiblement dans les mêmes conditions que le contraste simultané ? Pour certains auteurs, il serait la conséquence du niveau de résolution en milieu oculaire, notamment du fait que la taille des champs récepteurs visuels augmente au fur et à mesure que l'on s'éloigne de la région fovéale, en plus de varier considérablement d'un point rétinien à un autre (Hurvich, 1981 ; Jameson et Hurvich, 1975). Lorsqu'un pattern est projeté sur la rétine, les cellules visuelles ayant de grands champs récepteurs assimilent la lumière de régions avoisinantes et répondent comme si la lumière était mélangée au niveau de la rétine. Par contre, d'autres cellules visuelles recueillent de la lumière sur une plus petite surface de la rétine et répondent comme des cellules de contraste. De cette manière, il y aurait assimilation chromatique, mais sans que la résolution spatiale du pattern s'en trouve altérée. En examinant ce phénomène chromatique en fonction de l'organisation centre-périphérie des cellules visuelles au niveau cortical, Livingstone et Hubel (1987) postulent que la couleur est signalée par des cellules dont le centre du champ récepteur se trouve dans les régions avoisinantes du contour qui sépare deux surfaces chromatiques contiguës, et non par celles dont le centre du champ récepteur se trouve entièrement dans une surface ou dans l'autre. Le phénomène d'assimilation se produirait donc lorsque deux surfaces chromatiques contiguës sont suffisamment petites et proches pour que les couleurs situées de part et d'autre du contour se trouvent au centre du champ récepteur d'une cellule à double opposition.

Par ailleurs, selon Musatti (1957), lorsque nous jugeons de la couleur d'une surface, nous tenons compte de la relation entre chaque stimulation chromatique et l'éclairage ambiant. Or, l'impression de l'éclairage ambiant correspond au niveau moyen de l'ensemble des objets qui occupent le champ visuel. C'est ce processus de nivellement des couleurs qui entraînerait le phénomène d'égalisation. Par ailleurs, ce phénomène ne se produirait pas pour des couleurs perçues comme propres à des objets, mais seulement pour des couleurs attribuées au contexte dans lequel ces objets se trouvent.

On peut dès lors se demander si l'effet d'assimilation se produit à un niveau périphérique ou central. Il s'avère, par exemple, que l'effet d'assimilation est influencé par certains facteurs cognitifs, dont l'attention sélective. Ainsi, la perception globale d'un stimulus favorise l'apparition de l'effet d'assimilation, tandis que si l'observateur dirige son regard vers un élément particulier, l'effet disparaît (Burnham, 1953). Les résultats d'une série d'expériences réalisées par Weert et Kruysbergen (1997) suggèrent aussi que ce phénomène chromatique implique un mécanisme central. Selon ces derniers, l'assimilation ne peut être un simple effet périphérique ou rétinien, car il ne se produit qu'une fois que l'observateur est parvenu à séparer les différents éléments du stimulus en une figure et en un fond.

5.5.3 Les images consécutives complémentaires

L'image consécutive chromatique est une impression visuelle que l'on obtient après fixation d'un stimulus chromatique. On a observé toute une variété d'images consécutives suivant les conditions de stimulation (voir Brown, 1965). Les plus étudiées sont l'image consécutive complémentaire et l'image consécutive positive. Cette dernière est généralement produite par un stimulus bref et très intense et a la même teinte que le stimulus d'induction. Quant à l'image complémentaire, elle est plus longue et a une teinte complémentaire de celle du stimulus d'inspection. Par exemple, si, après avoir fixé pendant une trentaine de secondes le pattern de la figure 11 des planches couleurs, on regarde une surface blanche en maintenant un point de fixation, on obtient une image consécutive dont les couleurs des différents secteurs sont les complémentaires de celles du pattern.

L'une des explications du phénomène, formulée par Helmholtz, est que l'excitation prolongée d'une zone rétinienne donnée par un stimulus coloré entraîne une fatigue ou une désensibilisation des récepteurs spécifiques de cette couleur. Lors de l'observation ultérieure d'une surface blanche, il y aurait une plus grande réponse des récepteurs non fatigués. Selon De Valois et De Valois (1975), les preuves d'une telle désensibilisation des photopigments associés aux cônes ne manquent pas, mais cette explication ne rend pas compte du fait qu'on peut l'observer dans l'obscurité et donc sans surface blanche. Par ailleurs, selon de plus en plus d'auteurs, cette image consécutive complémentaire serait plutôt produite au niveau des systèmes antagonistes (Hurvich, 1981). Entre autres, Kelly et Martinez-Uriegas (1993) ont employé différentes méthodes afin de mesurer les images consécutives dans différentes conditions de stimulation. Les résultats de ces expériences les ont amenés à postuler que les images consécutives sont soutenues par les voies parvocellulaires. Par ailleurs, du fait que l'adaptation à une couleur donnée entraîne une sensibilisation à sa complémentaire, on est porté à croire qu'au niveau du cerveau les cellules chromatiques en activité sont du type antagoniste (c'est-à-dire rouge-vert ou jaune-bleu). De ce point de vue, les propriétés de réponse des cellules simples à double opposition chromatique (voir ci-dessus) paraissent pertinentes pour expliquer davantage le phénomène des images consécutives. Ainsi, une cellule du type R+V–/V+R–, activée par un stimulus rouge dans le centre de son champ récepteur, finira par se fatiguer graduellement, ce qui fait que lorsqu'on observe une surface blanche, l'activité moindre de cette cellule entraînera une impression de vert. Inversement, la présentation d'un stimulus vert dans la région périphérique entraînera une fatigue graduelle de la cellule qui finira par rebondir à la suite du retrait de la stimulation, ce qui entraînera une impression de rouge. Une explication analogue s'appliquerait au système jaune-bleu. En plus de nous aider à mieux comprendre le phénomène des images consécutives, l'activité de ces cellules corticales simples nous permet de comprendre davantage les mécanismes neurophysiologiques à l'origine de l'antagonisme rouge-vert et jaune-bleu.

5.5.4 La constance des couleurs

Comme on l'a vu plus haut, la composition spectrale de l'éclairage ambiant varie tout au long de la journée. On sait par ailleurs que l'éclairage artificiel fourni par les lampes au tungstène présente une composition spectrale fort différente de celle de la lumière du jour. On peut donc se demander si ces variations ont un effet quelconque sur la vision des couleurs de surface. Intuitivement, on est porté à penser que ces changements de la composition spectrale de l'éclairage devraient modifier les couleurs perçues. Or, il s'avère que notre vision des couleurs est peu influencée par ces variations d'éclairage : c'est ce qu'on appelle la « constance de la couleur ».

Une façon très simple de mettre en évidence ce phénomène de la constance des couleurs, c'est de regarder la partie *a*) de la figure 6, dans les planches couleurs, sous une source de lumière naturelle puis sous une source de lumière artificielle (par exemple, une lampe au tungstène). On observera que, malgré les différences de composition spectrale de ces deux sources d'éclairage, les couleurs perçues sont quasiment identiques. Il importe de mentionner cependant que ce mécanisme de la constance des couleurs ne fonctionne que dans les situations où le champ visuel est éclairé par des sources d'éclairage à large bande spectrale. Par exemple, si on regarde la partie *a*) de la figure 6, dans les planches couleurs, à travers un filtre rouge ou un filtre bleu, le mécanisme de constance ne fonctionnera plus, car, dans un cas comme dans l'autre, la bande spectrale transmise est beaucoup plus étroite.

Comment le système visuel arrive-t-il à cette constance des couleurs ? Pour Helmholtz, la couleur résulterait d'une inférence inconsciente fondée sur l'expérience antérieure de l'observateur. Selon lui, « à force de voir une même couleur sous différents éclairages, on se forme une idée exacte de la vraie couleur des objets, c'est-à-dire de la couleur qu'ils auraient sous la lumière blanche. Comme on n'est intéressé que par la couleur permanente des objets, on ne prend pas conscience de toutes les sensations chromatiques servant à se former un jugement sur cette question » (Helmholtz, 1911, cité par Zeki, 1993, p. 54).

Hering, qui défendait généralement une approche nativiste, se référait néanmoins lui aussi à l'expérience en affirmant : « Tous les objets que nous connaissons par expérience ou qui nous sont familiers par leur couleur nous apparaissent à travers les lunettes de mémoire et donc très différemment de la façon dont nous les aurions vus autrement » (Hering, 1877, cité par Zeki, 1993, p. 54).

Suivant une autre approche, la constance de la couleur résulterait du fait que nous avons tendance à considérer les relations entre les couleurs contenues dans le champ visuel plutôt que les couleurs absolues (celles déterminées par la composition spectrale de la lumière réfléchie par l'objet ou la surface). C'est ce que fait intuitivement le peintre paysager lorsqu'il ajoute à chaque couleur qu'il applique sur sa toile une petite quantité d'une couleur qui déterminera finalement la couleur locale ou l'éclairage ambiant de la scène qu'il représente dans son tableau. Ce faisant, il altère chaque couleur, mais sans modifier de façon importante les relations chromatiques en cause et partant la constance de la couleur. C'est cette théorie que soutient Cornsweet (1970) en affirmant qu'un éclairage légèrement coloré ne modifie pas la réponse relative des trois systèmes chromatiques (des trois types de photopigments) et par conséquent les tonalités perçues. Il faut ajouter cependant que cet effet disparaît quand la bande spectrale de la source est trop étroite parce que les rapports de couleur se trouvent alors modifiés.

Land (1959, 1978) a réalisé des expériences remarquables qui illustrent cette relativité de la vision des couleurs en cause dans la constance de la couleur (voir l'encadré 5.3). Il fut ainsi amené à formuler une nouvelle théorie de la vision des couleurs : la théorie des rétinex (Land, 1978, 1983 ; Land et McCann, 1971). Suivant cette théorie, il existe trois systèmes indépendants d'encodage des couleurs, constituant les rétinex. Ces systèmes réagissent de façon optimale aux différentes longueurs d'onde (longues, moyennes et courtes) du spectre visible. Chaque système formerait une image séparée des luminosités relatives provenant de tous les points du champ visuel. Ces images ne seraient pas fusionnées, mais comparées au niveau du cerveau. De cette comparaison naissent les impressions de couleur.

En plus de sembler contredire les théories classiques de la vision des couleurs, les expériences de Land posent des interrogations concernant la physiologie du système visuel. Land n'était pas physiologiste et il n'est pas entré dans le détail de la physiologie sous-jacente à sa théorie. Cependant, Zeki (1993, chap. 25) montre comment celle-ci est néanmoins compatible avec ce que l'on sait maintenant des mécanismes cérébraux de la vision chromatique.

ENCADRÉ 5.3
Les expériences de Land

Expérience 1. *Produire des couleurs multiples avec du rouge et du blanc*

La première démonstration de Land (1959), celle qui l'a rendu célèbre, est illustrée à la figure 5.13. Elle est réalisée à l'aide de deux photographies d'une scène multicolore prises à travers deux filtres de couleur. L'une des photographies est prise à travers un filtre rouge et l'autre à travers un filtre vert. Deux diapositives, en noir et blanc, sont produites à partir des deux photographies initiales. Les deux diapositives sont ensuite projetées, l'une à travers un filtre rouge et l'autre à travers un filtre neutre (ce qui permet d'égaliser les intensités lumineuses entre les deux projecteurs), et superimposées sur un écran blanc. Dans de telles conditions, on s'attendrait à percevoir sur l'écran une image contenant du rouge, du blanc et du rose. Or, le résultat obtenu est fort différent : on y perçoit toute la gamme des couleurs présentes dans la scène originale. En interchangeant les filtres, on obtient une inversion des couleurs perçues, ce qui semble exclure la possibilité que ce soit la mémoire des couleurs qui soit à l'origine des couleurs perçues.

Expérience 2. ***La constance des couleurs dans un cerveau divisé***

Afin de démontrer que l'activité du mécanisme de comparaison postulé par la théorie des rétinex est bel et bien effectuée au niveau du cortex cérébral et non à un niveau inférieur du système visuel (par exemple, la rétine), Land, Hubel, Livingstone, Perry et Burns (1983) ont examiné la vision des couleurs chez un patient à cerveau divisé. Le fait que la présentation d'un stimulus chromatique complexe (par exemple, un Mondrian) dans un des hémichamps visuels ne modifie pas l'apparence des couleurs dans l'autre hémichamp démontre bien que la comparaison s'effectue dans le cortex cérébral.

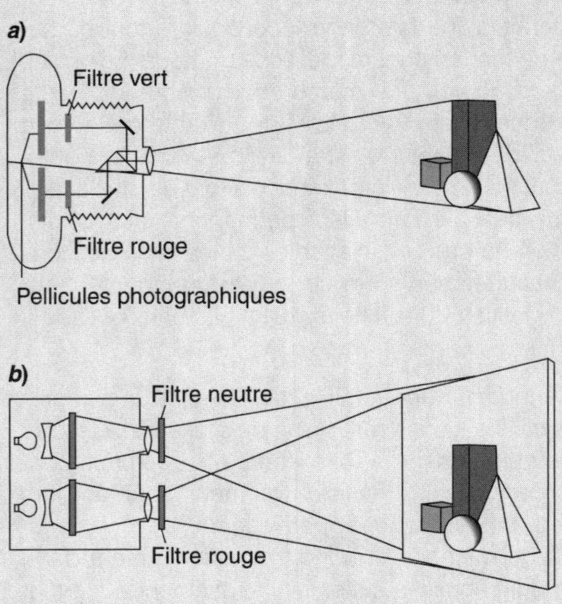

FIGURE 5.13 *Expérience de Land.*

5.5.5 Les couleurs subjectives

Normalement, la vision des couleurs nécessite une stimulation lumineuse chromatique. Le phénomène des couleurs subjectives est cependant une exception à cette règle, car la stimulation qui est utilisée pour déclencher une sensation chromatique est en réalité achromatique. Décrite pour la première fois au début du XIXe siècle (voir Wade, 1977), la démonstration la plus connue des couleurs subjectives s'effectue à l'aide d'un disque comportant différents secteurs en noir et blanc et connu sous le nom de « disque de Benham » (voir la figure 5.14). Lorsqu'on fait tourner le disque à une certaine vitesse, les groupes de lignes noires prennent des couleurs différentes. Par exemple, si la rotation du disque se fait

FIGURE 5.14 *Disque de Benham servant à produire des couleurs subjectives.*

dans le sens des aiguilles d'une montre, les lignes du groupe externe paraissent bleuâtres, celles du milieu verdâtres et celles du centre rougeâtres. Si l'on inverse le sens de la rotation du disque, les lignes externes paraissent maintenant rougeâtres et celles du centre bleuâtres. D'autres disques de ce genre donnent lieu à d'autres impressions chromatiques (Cohen et Gordon, 1949; Erb et Dallenbach, 1939). Il importe de préciser cependant que le mouvement rotatif n'est pas une condition essentielle pour observer ce phénomène. En effet, il est possible de produire des couleurs subjectives au moyen de stimulations achromatiques statiques présentées de manière séquentielle (Festinger, Allyn et White, 1971 ; Jarvis, 1977) ou non séquentielle (Erb et Dallenbach, 1939; Stanley et Hoffman, 1976).

Depuis la découverte initiale des couleurs subjectives, il y a eu diverses tentatives pour essayer d'expliquer ce phénomène quelque peu mystérieux (Campenhausen et Schramme, 1995). Parmi les différentes théories avancées, plusieurs soulignent le caractère temporel de ce phénomène. Par exemple, Piéron (1923, mentionné dans Festinger et autres, 1971) attribuait le phénomène des couleurs subjectives aux caractéristiques temporelles de la réponse des différents systèmes ou récepteurs chromatiques. Ainsi, les couleurs observées avec le disque de Benham s'expliqueraient par le fait que la configuration et la vitesse de rotation de ce stimulus achromatique influencent de manière sélective les récepteurs au rouge, au vert et au bleu, la réponse des récepteurs répondant au rouge étant plus rapide que celle des récepteurs répondant au bleu. Pour leur part, Festinger et ses collègues (1971) ont postulé que l'information en couleur était encodée dans le système visuel sous forme de codes temporels divers pour différentes couleurs. Toutefois, il reste à déterminer quels seraient les mécanismes neurophysiologiques à l'origine d'un tel code. Plus récemment, Campenhausen et Schramme (1995) ont attribué le phénomène des couleurs subjectives aux mêmes mécanismes neurophysiologiques que ceux permettant la constance des couleurs. De fait, ils ont relevé plusieurs similitudes entre les deux phénomènes, notamment en ce qui concerne les conditions de présentation et d'observation. Par exemple, pour obtenir un phénomène ou l'autre, il faut que le champ visuel soit assez grand et qu'il soit illuminé de manière homogène par une seule source d'éclairage. Par ailleurs, dans des conditions d'éclairage naturel du jour, les mécanismes neurophysiologiques à l'origine des deux phénomènes semblent fonctionner de façon optimale vers la mi-journée. Par la suite, ces mécanismes semblent perdre de leur efficacité au fur et à mesure que la lumière du jour diminue. Ceci expliquerait, entre autres, pourquoi la constance des couleurs est considérablement réduite à la tombée du jour. Enfin, Campenhausen et Schramme citent des recherches portant sur l'abeille qui semblent démontrer l'existence du phénomène de la constance de la couleur. Chose encore plus étonnante : il s'avère que l'abeille est aussi le seul animal qui perçoit les couleurs subjectives !

5.6 LES DIFFÉRENCES CULTURELLES

Dans la mesure où la couleur n'existe que chez l'observateur, on est justifié de penser que la vision des couleurs dépend non seulement de facteurs physiologiques, mais aussi de facteurs qui relèvent de l'expérience personnelle de l'observateur. Cette expérience pourrait inclure, entre autres, des influences culturelles telles que le langage. Dès lors, on peut se demander s'il n'existe pas des différences entre les peuples ou les groupes linguistiques pour la perception des couleurs. Par exemple, est-ce possible que les peuples dont le langage comporte relativement peu de noms de couleur aient une vision des couleurs différente de celle de peuples ayant plus de mots pour désigner celles-ci ? Cette question, qui ne date pas d'aujourd'hui, intéresse autant les psychologues spécialisés dans le domaine de la perception visuelle que les linguistes et les anthropologues (voir Hardin et Maffi, 1997).

En premier lieu, l'analyse des langues et des dialectes de nombreux peuples démontre que les noms des couleurs sont universels, du moins en ce qui concerne les noms désignant des couleurs de base (Berlin et Kay, 1969). Bien que certaines langues n'aient en tout et pour tout que 2 noms de couleurs de base (par exemple, le jalé), alors que d'autres en ont 11 (par exemple, l'anglais), il n'y a rien dans les données de Berlin et Kay qui porterait à croire que de telles différences soient l'indice de différences perceptives entre les différents groupes linguistiques. Selon certains, on ne doit pas exclure entièrement la possibilité que la perception des couleurs puisse être modulée par certaines influences culturelles dont, justement, le langage (Davies, Sowden, Jerrett, Jerrett et Corbett, 1998). D'autres pensent cependant qu'il existe une base physiologique pour chacune des sensations associées aux noms de couleur universels (Boynton et Olson, 1990; Ratliff, 1976) et que toute variation par rapport à l'utilisation de ces termes universels pourrait être attribuée à des facteurs physiologiques. Par exemple, Bornstein (1973) trouve une relation entre, d'une part, les confusions dans la dénomination des couleurs dans une langue donnée et, d'autre part, le milieu géographique où vit le peuple qui parle cette langue. Ces confusions seraient dues à une insensibilité relative au bleu. Or, cette insensibilité affecte les personnes vivant dans des milieux particulièrement exposés aux rayons ultraviolets. Selon Bornstein, ces populations présentent une plus grande pigmentation jaune intraoculaire que les autres et c'est cette pigmentation servant à protéger contre les rayons ultraviolets qui, par le fait même, bloquerait le bleu. Bref, ce serait ce filtrage qui aurait modifié la sensibilité au bleu et qui expliquerait la confusion fréquente, révélée par le vocabulaire, entre le bleu et d'autres couleurs.

CONCLUSION

La diversité des phénomènes abordés dans ce chapitre, de même que celle des méthodes utilisées pour les étudier, témoigne de la complexité de la vision des couleurs. Bien des chercheurs, passés et présents, ont tenté de décrire et d'expliquer la vision des couleurs, que ce soit sur le plan physique, sur le plan physiologique ou sur le plan psychologique. C'est ainsi qu'après plus de trois siècles de recherches sur le sujet nous avons appris ce qu'est la lumière, comment ce stimulus est capté et transformé au niveau de la rétine et comment l'influx nerveux qui en résulte est transmis depuis les récepteurs rétiniens jusqu'aux aires visuelles du cortex cérébral. Plus récemment, la recherche a porté davantage sur les processus cognitifs, dont, notamment, les problèmes liés à la catégorisation des couleurs soulevés par Berlin et Kay (1969) ainsi que par Hardin et Maffi (1997) de même que les mécanismes neurophysiologiques et cognitifs en cause dans des situations de conflit visuo-attentionnel, comme celui illustré par l'effet Stroop, dont il est question au chapitre 18. Enfin, pour ce qui est de la nature des couleurs perçues, le principe que nous pouvons retenir à partir des divers phénomènes chromatiques abordés dans ce chapitre, c'est que, dans bien des situations, nous percevons des couleurs relatives plutôt que des couleurs absolues.

Nous avons soulevé un certain nombre de questions au sujet de la vision des couleurs et nous avons essayé de répondre à certaines d'entre elles. Considérées dans leur ensemble, ces réponses nous permettent de mieux comprendre la manière dont nous percevons la couleur. Cependant, il importe de souligner que, même si elle est traitée séparément des autres dimensions de la vision dans le présent ouvrage, la perception de la couleur ne doit pas être considérée comme complètement dissociée des autres fonctions visuelles, dont, notamment, la perception de la forme et celle de la distance. En outre, il existe de nombreuses preuves que la couleur peut influer aussi sur les autres modalités sensorielles. Selon certains, elle pourrait influer sur l'identification des saveurs (Hyman, 1983) ou des odeurs (Zellner, Bartolli et Eckard, 1991). Selon d'autres, elle pourrait aussi être associée avec certaines dimensions de la perception sonore (Caivono, 1994) ou musicale (Peacock, 1985).

LECTURES RECOMMANDÉES

Boynton, R.M. (1979). *Human color vision.* New York : Holt, Rinehart and Winston.

Byrne, A., et Hilbert, D.R. (dir.) (1997). *Readings on color : Vol. 2. The science of color.* Cambridge, MA : MIT Press.

Gouras, P. (dir.) (1991). *The perception of colour.* Boca Raton : CRC Press.

Sacks, O. (1997). *L'île en noir et blanc.* Paris : Éditions du Seuil.

CHAPITRE 6 L'audition

PIERRE BOVET

INTRODUCTION

Pour parler de l'audition, Piéron utilisait le verbe écouter plutôt que le verbe entendre, soulignant ainsi l'importance de l'attention dans la réaction sensorielle. Et il utilisait de même les verbes regarder, palper, flairer et goûter pour désigner les autres modalités sensorielles classiques. Dans tous les cas, la fonction de l'activité sensorielle est clairement définie : il s'agit de « prendre une connaissance plus parfaite d'un objet ou d'un événement intéressant » (1955, p. 39). De fait, tout son est émis par une source qui peut être identifiée à un objet que nous qualifions d'« objet sonore ». Afin de mieux comprendre la spécificité de l'audition, il est très instructif de comparer les objets sonores aux objets visuels, en notant bien que la plupart des objets sonores sont susceptibles de constituer en même temps des objets visuels.

Les objets sonores peuvent être détectés dans toutes les directions alors que le champ visuel ne couvre chez l'homme qu'un angle maximal de 180° à l'avant de l'observateur. Par ailleurs, contrairement à la majorité des objets visuels qui se limitent à réfléchir des ondes lumineuses, les objets sonores émettent des ondes acoustiques par eux-mêmes et ne se contentent pas d'en réfléchir. Il y a bien quelques exceptions qui correspondent au phénomène général de l'écho et qui, à l'instar de l'écholocalisation des chauves-souris, sont utilisées par les aveugles pour enrichir leur perception spatiale auditive. Mais, en règle générale, les sons prennent naissance dans les objets sonores eux-mêmes. Cela confère à la perception auditive – à la différence de la perception visuelle – une totale indépendance par rapport à l'alternance du jour et de la nuit. Mais, en outre, cela semble avoir permis à un grand nombre d'espèces animales de produire facilement leurs propres sons et d'utiliser ainsi le canal sonore à des fins de communication interindividuelle. Le langage et la musique constituent chez l'homme l'achèvement de cette évolution. Par la parole, l'orateur transforme son propre corps en objet sonore tandis que le concertiste utilise un de ces objets sonores raffinés que sont les instruments de musique.

Une dernière remarque peut être faite sur le rapport entre objets sonores et objets visuels. Les objets sonores sont des objets qui vibrent, et l'on peut se demander si ces vibrations ne pourraient pas être perçues visuellement également. La réponse est que ces vibrations sont, en règle générale, trop rapides pour être vues. En effet, à partir d'une fréquence d'oscillations de 40 Hz environ, le phénomène de la fusion rétinienne empêche la perception des vibrations. C'est pourquoi les oscillations lumineuses produites dans les lampes par le courant alternatif de 50 Hz ne sont pas perceptibles, pas plus que la succession à la même fréquence des images élémentaires qui composent un film. Or c'est précisément à partir d'une fréquence de vibration de cet ordre de grandeur que les objets sonores émettent des sons audibles, de sorte qu'on peut considérer que l'audition prend le relais de la vision dans la perception des mouvements alternatifs à partir d'une certaine fréquence. En fait, il y aurait même un très léger recouvrement entre les deux modes sensoriels puisque certaines vibrations peuvent donner lieu à une sensation auditive dès 20 Hz environ.

Notre environnement sonore est fait du mélange des sons émis par des objets variés, et l'un des problèmes les plus délicats qui se posent à notre système auditif, problème que nous étudierons ci-dessous (voir la section 6.3), est celui de la séparation de ces objets entre eux. Ce problème est rendu complexe, dans les milieux où nous vivons, par le fait que les sons émis parviennent à nos oreilles non seulement de manière directe, mais aussi par le biais de multiples réflexions sur les murs et les objets qui nous entourent ainsi que sur notre propre corps.

Les études expérimentales sur l'audition sont conduites à l'aide de sons parfaitement contrôlés, et les techniques actuelles de numérisation du son permettent de pousser ce contrôle à l'extrême. Nous verrons ainsi (voir la section 6.1) que la psychophysique a pu établir des courbes de réponses perceptives pour les divers attributs physiques des sons purs. Mais il faut souligner d'emblée que les sons purs ne se rencontrent pas dans les environnements naturels. On y trouve par contre toutes sortes de sons complexes et de bruits dont on doit également comprendre comment ils sont perçus.

Nous passerons en revue, pour finir (voir la section 6.4), les principales pathologies qui affectent l'audition, les méthodes qui peuvent être utilisées pour les détecter et les techniques qui permettent de les compenser partiellement. Parmi ces dernières, une place particulière doit être faite aux implants cochléaires, que les progrès de l'électronique et de la chirurgie ont permis de développer récemment.

6.1 LA PERCEPTION DU SON

6.1.1 La psychophysique des sons purs

L'étude de la perception de sons purs répond à un souci scientifique de simplification. D'une part, cela permet d'avoir affaire à des sons parfaitement définis, ce qui est essentiel dans la démarche scientifique dont le premier objectif est de parvenir à des faits reproductibles. D'autre part, dans la mesure où tout son peut être approximé par une somme de sons purs, on peut espérer que l'étude de la perception des sons purs fournisse des éléments utilisables pour celle des sons complexes.

L'étude de la perception de la fréquence d'un son pur présente un intérêt tout particulier, car la fréquence est un paramètre qui n'est pas altéré tout au long de la chaîne de transformations qui relie la vibration d'un objet sonore à l'excitation des cellules sensorielles. Le système perceptif a ainsi un accès direct à une dimension essentielle d'un objet qui vibre : la fréquence de cette vibration (voir l'encadré 6.1).

L'audition est la modalité sensorielle qui nous permet d'avoir accès, à distance, aux vibrations des objets. Mais il n'y a de sensations que pour les vibrations *sonores*, à savoir les vibrations dont les fréquences sont comprises entre 20 Hz et 20 000 Hz. En deçà et au-delà de ces limites, on entre respectivement dans le domaine des infrasons et des ultrasons. À titre d'information et pour être concret, on notera que le piano produit des vibrations comprises entre 25 Hz et 5000 Hz environ, et que le *la* médian a pour fréquence 440 Hz. Ces limites du domaine sonore étant posées, il reste deux problèmes psychophysiques classiques à aborder pour comprendre dans le détail comment nous avons connaissance de la fréquence de vibration d'un objet sonore.

Le premier problème a trait à la finesse de notre perception. C'est le problème du *seuil différentiel* qui consiste à déterminer la plus petite variation de fréquence à laquelle nous sommes sensibles. Ce seuil différentiel est extrêmement fin chez l'homme. Exprimé en fraction de la fréquence de référence (on parle alors de *seuil différentiel relatif*), il se situe à des valeurs de l'ordre de 0,002 pour les fréquences

ENCADRÉ 6.1
Qu'est-ce qu'une vibration ?

Les objets sonores sont des objets qui vibrent. Une vibration est un déplacement répété en va-et-vient d'une partie de l'objet qui repose sur deux caractéristiques physiques indépendantes : l'élasticité et la masse. La meilleure façon de comprendre ce qu'est une vibration est d'étudier les oscillations du système physique de la figure 6.1, composé d'un corps massif suspendu entre deux cordes élastiques. Afin de mettre ce système en oscillation, il faut d'abord le déplacer par rapport à sa position d'équilibre puis le laisser libre. Les cordes élastiques exercent alors une force de rappel qui tend à ramener le système vers son point d'équilibre avec une vitesse croissante. Lorsque ce point est atteint, l'inertie du système – liée à sa masse – entre en jeu de telle sorte que le déplacement se poursuit au-delà *du point d'équilibre. Sous l'effet de la force de rappel, le mouvement ralentit alors, s'arrête, puis*

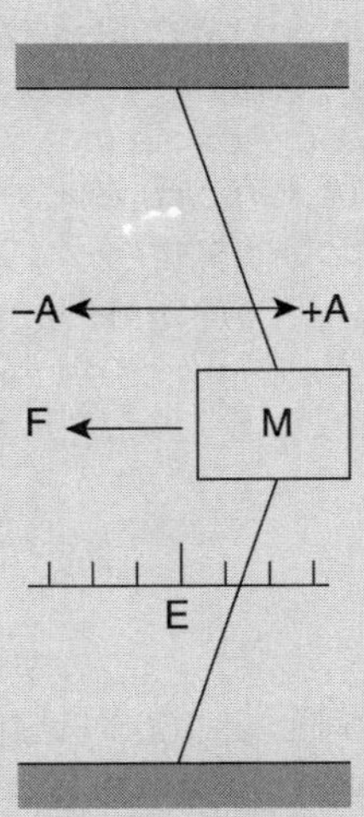

FIGURE 6.1 *Schématisation d'un système physique en oscillation.* Les cordes élastiques produisent une force de rappel F qui s'applique à la masse M. E est le point d'équilibre et A représente l'amplitude du mouvement. *Source :* Hall (1991, p. 27).

change de sens de telle sorte que, passant à nouveau par le point d'équilibre, on se retrouve au point de lâcher initial, ou plus ou moins proche de celui-ci suivant les forces de frottement qui interviennent. Une telle oscillation qui ramène le système près de sa position de départ s'appelle « cycle ». Et l'enchaînement en continu des oscillations constitue la vibration. Le modèle de vibration le plus simple – la vibration harmonique ou sinusoïdale – correspond aux cas où la force de rappel est proportionnelle à la distance qui sépare la masse du point d'équilibre. Dans ce cas, l'énergie initiale fournie au système pour le mettre en oscillation est proportionnelle au carré de l'amplitude de la vibration du fait que cette énergie correspond à un travail, c'est-à-dire au produit d'une force par une distance. De très nombreux objets sonores ont un comportement très proche de ce modèle : c'est le cas notamment des cordes du violon.

Les vibrations des objets sonores se caractérisent par deux paramètres essentiels : leur amplitude, qui correspond dans la figure 6.1 à la moitié de la distance totale franchie par la masse M, et leur fréquence, définie par le nombre de cycles effectués par le système en 1 s. À ces deux paramètres fondamentaux on peut ajouter un troisième paramètre, qui correspond à la surface en vibration, dans la mesure où cette surface intervient, au même titre que l'amplitude, dans l'intensité du son émis par un objet sonore.

La propriété la plus remarquable des vibrations harmoniques est l'indépendance de la fréquence par rapport à l'amplitude. Cela signifie que, quelle que soit la distance à laquelle on déplace la masse M (voir la figure 6.1) avant de la lâcher, cette dernière oscillera avec la même fréquence. Cette propriété est judicieusement exploitée par l'art musical qui maîtrise les sons en en modulant indépendamment la fréquence et l'amplitude, qui correspondent respectivement, comme nous le verrons, à la hauteur et à l'intensité perçues. Au demeurant, cette même propriété nous permet de comprendre pourquoi une vibration amortie *(c'est-à-dire une vibration dont l'amplitude diminue progressivement à cause des frottements) conserve sa fréquence au même titre qu'une vibration* entretenue *(c'est-à-dire une vibration pour laquelle les frottements sont compensés par une force d'appoint). Pour en rester au monde de la musique, on relèvera que le piano ou la harpe présentent des vibrations amorties tandis que le violon ou la flûte sont des objets sonores à vibrations entretenues.*

L'examen de ces objets sonores spécialisés que sont les instruments de musique montre qu'ils ne se réduisent pas à des systèmes aussi simples que celui de la figure 6.1. Ainsi, ils peuvent comporter plusieurs cordes de longueurs différentes, ou encore ils permettent de varier la longueur de la portion de corde qui vibre. On soulignera aussi l'existence fréquente d'une caisse de résonance *qui a pour rôle d'amplifier la vibration initialement produite par une corde. Il est à noter que la taille des objets (que l'on peut percevoir* visuellement*) corrèle en règle générale avec la fréquence des vibrations qui les animent (fréquence que l'on peut percevoir* auditivement*).*

comprises entre 500 Hz et 2000 Hz (Moore, 1997). On peut noter, à titre de référence, qu'en musique un demi-ton correspond à une fraction d'à peu près 0,06, c'est-à-dire 30 fois plus grande que ce seuil. On doit aussi noter que le seuil différentiel relatif de fréquence varie en fonction de nombreux facteurs : il augmente notamment lorsqu'on utilise des sons de fréquence élevée, lorsque les sons sont de faible intensité ou de durées très brèves et lorsqu'on a affaire à des sujets non entraînés (Demany, 1985).

Le deuxième problème est celui de l'*échelle psychophysique* : il consiste à chercher la fonction qui relie la fréquence physique d'une vibration sonore à la hauteur tonale perçue. La réponse est a priori évidente pour un musicien : dans la mesure où le passage à l'octave consiste à doubler exactement la fréquence d'une note, les fréquences des notes de la gamme sont en progression exponentielle. Et, comme on recherche la fonction inverse, c'est-à-dire celle qui relie la fréquence à la note entendue, il s'agit d'une fonction logarithmique. Mais cette réponse, mathématiquement simple, est partiellement insatisfaisante, même pour un musicien, car elle ne tient pas compte de l'aspect circulaire des notes de la gamme. Ainsi, du point de vue de l'harmonie, deux *do* séparés par une octave paraîtront plus proches entre eux qu'un *do* et un *si* de la même octave. Le fait qu'on trouve cette proximité subjective de l'octave chez les bébés de trois mois lui confère une grande généralité (Demany et Armand, 1984). En définitive, on considère aujourd'hui que la perception d'une fréquence sonore repose sur la combinaison de deux sensations : celle du caractère plus ou moins grave ou aigu du son, que l'on appelle « tonie », et celle des rapports simples entre fréquences, que l'on nomme « chroma ». Cette distinction est d'autant plus séduisante que l'on a pu faire l'hypothèse que tonie et chroma reposaient respectivement sur les deux codages neuronaux de la fréquence qu'utilise, comme nous le verrons, le système auditif : la tonotopie et le codage temporel (voir Demany, 1989).

Un fait très intéressant doit être signalé, au sujet de la perception du chroma : c'est le phénomène de l'oreille absolue, présenté par environ 2 % de la population, qui consiste en la capacité d'identifier un son par la note de la gamme à laquelle il correspond. On a d'ailleurs découvert récemment, par des techniques d'imagerie cérébrale, que l'oreille absolue implique l'hémisphère gauche, comme le langage, alors que la perception de la musique relève, en règle générale, de l'hémisphère droit (Schlaug, Jancke, Huang et Steinmetz, 1995, mentionnés par Rosenzweig, Leiman et Breedlove, 1998, p. 300).

Examinons maintenant le problème de l'intensité sonore. Nous avons vu (dans l'encadré 6.1) que l'énergie impliquée dans une vibration était fonction du carré de l'amplitude de cette vibration. Par ailleurs, seule une petite part de cette énergie, part qui dépend de la surface en vibration, est transmise à distance (voir l'encadré 6.2). C'est dire d'emblée que

ENCADRÉ 6.2
La propagation du son

À la différence de la lumière, le son a besoin d'un milieu pour se propager. Ce milieu, c'est l'atmosphère qui nous entoure ou bien, dans le cas très particulier des plongeurs, ce peut être l'eau de la mer ou d'un lac. La propagation du son consiste en une transmission de la vibration de l'objet sonore au milieu. Et, dans le milieu lui-même, la propagation se fait de proche en proche. Dès lors, on ne parle plus de vibration mais d'ondes. Au même titre que les vibrations harmoniques, les ondes sinusoïdales sont un modèle fondamental de la physique. En plus de leur fréquence et de leur amplitude, qu'elles partagent avec les vibrations, les ondes sonores sont caractérisées par leur vitesse de propagation. Cette vitesse est de l'ordre de 340 m/s dans l'air et de 1500 m/s dans l'eau. Il est important de noter que cette vitesse est la même, quelles que soient l'amplitude et la fréquence de la vibration d'origine. Les sons d'une trompette et d'une contrebasse resteront synchronisés quelle que soit la distance de laquelle on les entend.

Si la fréquence de la vibration d'un objet sonore est ainsi conservée lors de la propagation, il n'en est pas de même de l'amplitude, et cela, pour deux raisons principales. La première raison se situe à l'endroit même où l'onde prend naissance : à l'interface de l'objet et du milieu. Là, il faut bien comprendre que toute l'énergie contenue dans le système oscillant constitué par l'objet en vibration ne se transmet pas au milieu. Si c'était le cas, la vibration s'amortirait immédiatement. De fait, seule une petite partie de cette énergie est transmise chaque seconde. Cette quantité d'énergie transmise par seconde définit la puissance *d'une source sonore et se mesure en watts.*

La deuxième raison pour laquelle l'amplitude de la vibration n'est pas conservée est à rechercher dans le mode de propagation des ondes sonores. Celles-ci sont des ondes longitudinales, c'est-à-dire des ondes dans lesquelles les déplacements de matière se font parallèlement à la direction de propagation: elles s'apparentent ainsi aux ondes qui se propagent dans un ressort à boudin et non pas à celles qui se déplacent à la surface de l'eau. Mais, en fait, à la différence de ce qui se passe dans un ressort où le milieu de propagation est très limité, les ondes sonores se propagent dans toutes les directions dans l'espace à trois dimensions que constitue un milieu aérien ou aquatique ouvert. Cela signifie que l'énergie émise par un objet sonore doit être partagée sur toute la surface d'une sphère de rayon croissant au fur et à mesure que l'on s'éloigne de la source. En clair, étant donné que la surface d'une sphère de rayon r *est donnée par la formule* $S = 4\pi r^2$*, l'intensité de l'onde sonore à une certaine distance de l'objet sonore qui l'a engendrée sera inversement proportionnelle au carré de cette distance. En fait, l'atténuation de l'intensité dépend de la fréquence de la vibration, les fréquences élevées étant les plus atténuées. En définitive, on voit combien l'intensité physique de l'onde sonore qui atteint l'oreille nous renseigne mal sur l'amplitude de la vibration d'origine. Par définition, l'*intensité physique *d'une onde sonore en un point donné du milieu de propagation est la puissance reçue par unité de surface et se mesure en watts par mètre carré (*W/m^2*). Mais pratiquement, on utilise une échelle logarithmique pour chiffrer l'intensité physique d'un son. Cette échelle, en décibels (dB SPL pour* sound pressure level, *ou plus simplement dB SL pour* sound level*), donne des valeurs comprises entre 0 dB pour des sons à peine audibles à 120 dB pour des sons dont l'intensité est à la limite du supportable. Techniquement, le nombre de dB SL est donné par la formule* $10 \log(I/I_0)$ *dans laquelle I est l'intensité physique du son et* I_0 *a pour valeur* 10^{-12} W/m^2*, valeur qui correspond aux plus petites intensités audibles pour l'espèce humaine.*

Ce que nous avons vu jusqu'à présent de la propagation du son s'appliquait à une diffusion en champ libre, c'est-à-dire en l'absence d'enceinte ou d'obstacle. Dans la vie courante, et tout spécialement dans les conditions d'écoute à l'intérieur d'un bâtiment, la situation se complique du fait de l'intervention de phénomènes de réflexion et de diffraction qui permettent au son de rebondir sur les obstacles et de les contourner dans une certaine mesure. Cependant, il est important de noter qu'aucun de ces deux phénomènes ne modifie la fréquence du son émis par un objet. Mais, en multipliant les sources apparentes, ils perturbent la perception de l'amplitude de la vibration de l'objet sonore et celle de son emplacement.

nous n'avons pas le même accès à l'amplitude de la vibration d'un objet sonore qu'à la fréquence de cette vibration.

Contrairement à la fréquence d'une vibration, l'amplitude de celle-ci n'est pas transmise sans modifications jusqu'à la cochlée. La modification essentielle, sous forme d'atténuation, est due à la distance à laquelle se situe l'objet sonore; d'autres modifications, dues au milieu de propagation du son et aux obstacles qui l'encombrent, relèvent de phénomènes complexes de réflexion, de réfraction et de diffraction. C'est pourquoi toutes les études psychophysiques se basent sur l'intensité physique des ondes sonores qui atteignent l'auditeur et non pas sur l'amplitude de la vibration d'origine. Qui plus est, afin d'éviter au maximum les modifications incontrôlées de l'intensité physique – y compris celles qui sont dues aux pavillons –, la grande majorité des études utilisent des écouteurs comme sources sonores, ce qui revient à délivrer une stimulation sonore directement dans les canaux auditifs.

La mesure physique du stimulus sonore étant liée à la limite inférieure des intensités que nous pouvons entendre (voir l'encadré 6.2), on pourrait penser que le problème psychophysique principal qui se pose pour l'intensité sonore est déjà résolu : le seuil absolu correspondrait à une valeur de 0 dB SPL puisque dans ce cas on a $I = I_0$ et que $10 \log(I/I_0) = 10 \log(1) = 0$. En réalité, rien n'est réglé car la valeur de 10^{-12} W/m^2, retenue par convention pour I_0, ne correspond au seuil absolu que pour les fréquences sonores auxquelles l'oreille est la plus sensible (la sensibilité maximale est atteinte aux environ de 3700 Hz). Pour les autres fréquences, le seuil d'intensité présente des valeurs plus élevées, et ces valeurs, établies empiriquement selon une population de référence, font l'objet d'une norme internationale ISO (International Organization for Standardization,1975) qui sert de base à toutes les études d'audiométrie, notamment les examens cliniques (voir la figure 6.2 en *a*)). La mesure de la sensibilité auditive d'une personne en particulier consiste à réaliser un audiogramme, qui représente l'ensemble des seuils absolus de cette personne, déterminés pour des sons purs de diverses fréquences. Mais, pour que ces valeurs individuelles prennent un sens, c'est-à-dire pour qu'elles permettent de diagnostiquer d'éventuels déficits de sensibilité auditive, il faut les comparer aux valeurs que l'on obtient avec une population sans déficit, soit, en fait, aux valeurs de la norme ISO. Ainsi, pour chacune des fréquences sonores retenues, on s'intéresse à la différence entre la valeur de la norme et la valeur obtenue par le sujet. Ces deux valeurs sont exprimées en décibels SPL, mais, pour éviter toute confusion, la différence obtenue s'exprime en décibels HL (pour *hearing level*), que l'on note dB HL. Dans la pratique, si, pour établir un audiogramme, on utilise un audiomètre professionnel, on obtient directement les valeurs de seuil en décibels HL car les sons émis par l'appareil sont automatiquement calibrés selon la norme ISO.

La figure 6.2 présente les seuils absolus de l'auteur de ce chapitre, à l'âge de 57 ans. Ce sont les

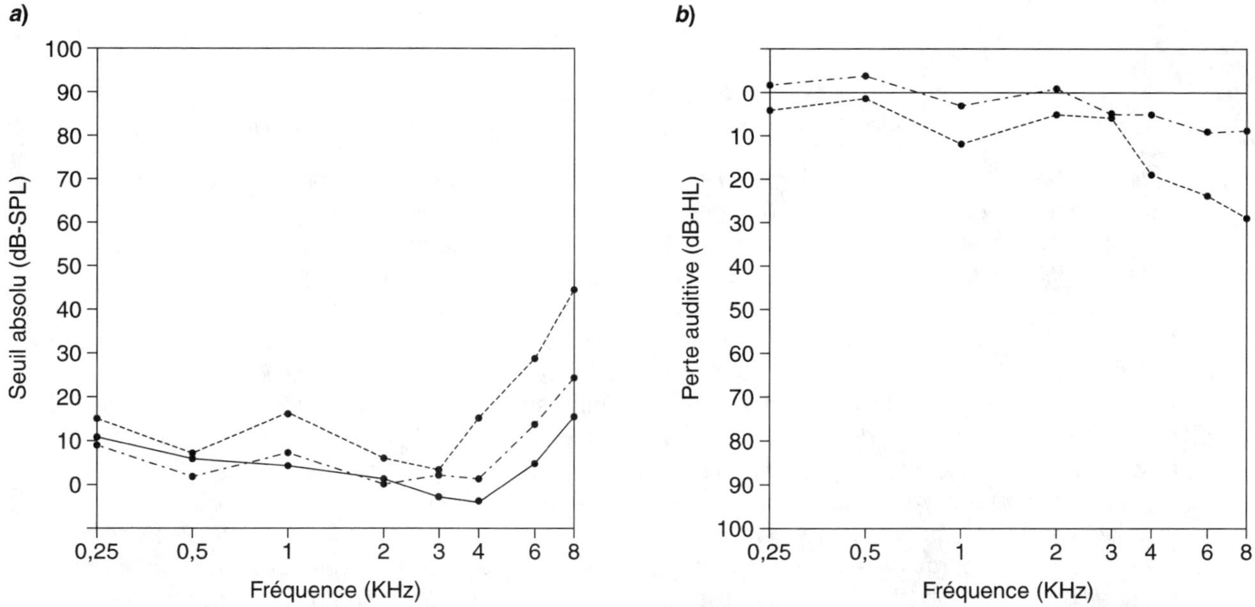

FIGURE 6.2 *Audiogramme d'un sujet âgé de 57 ans. a) Échelle SPL. b) Échelle HL.* Oreille gauche (-·-·-) et oreille droite (---). En trait plein figure la norme ISO 75.

mêmes valeurs qui sont présentées en décibels SPL dans le graphique *a*) et en décibels HL dans le graphique *b*). La présentation *a*) est très utile pour la compréhension des mécanismes généraux de la perception des sons, tandis que la présentation *b*) est parfaitement adaptée à l'examen clinique de l'audition d'un individu. Ainsi, on peut voir en *a*) que l'ouïe humaine est particulièrement sensible aux sons purs provenant d'objets vibrant à des fréquences comprises entre 1000 Hz et 4000 Hz, tandis qu'en *b*) on peut constater que l'on a affaire à un sujet dont la sensibilité auditive est légèrement altérée dans les hautes fréquences, du fait de son âge. Pour ce qui est de la perception de l'intensité des sons purs, on peut donc conclure que notre aptitude à détecter l'énergie émise par un objet sonore en vibration est variable selon la fréquence de la vibration, la distance de l'objet et, bien entendu, l'état de notre système auditif. La durée des sons est également un paramètre important (voir l'encadré 6.3) qui entre en interaction avec l'intensité perçue : les seuils absolus se détériorent avec un raccourcissement des sons en deçà de 180 ms (Botte, 1989b).

6.1.2 La perception des sons complexes

Les sons complexes peuvent être périodiques ou non périodiques. Les premiers peuvent être décomposés en un ensemble de sons sinusoïdaux (ou harmoniques) entretenant entre eux des rapports tout à fait remarquables (voir l'encadré 6.4). Pour ces sons périodiques, la règle générale est que la perception nous donne accès directement à leur *fréquence fondamentale*. Nous sommes ainsi renseignés sur la caractéristique essentielle de l'oscillateur qui est en œuvre dans l'objet sonore que nous entendons : sa période. Cette capacité qu'a le système perceptif d'extraire la fréquence fondamentale d'un son complexe périodique est d'ailleurs tellement puissante qu'elle s'applique même à des sons dans lesquels la fondamentale a été supprimée. Ce phénomène remarquable, que des auteurs tels que Demany (1989) n'hésitent pas à qualifier de « mystère de la fondamentale absente », est habituellement utilisé comme paradigme dans l'étude des mécanismes responsables de la perception de la hauteur tonale. En

ENCADRÉ 6.3
La dimension temporelle dans la communication sonore

Dans la mesure où le temps de propagation d'un son ne dépend ni de sa fréquence ni de son intensité, la durée de la stimulation sonore reçue par un auditeur constitue un indicateur très fiable de la durée de la vibration qui en est à l'origine, alors même qu'il n'y a pas synchronisme entre les deux événements, du fait de la vitesse réduite de la propagation du son. Cette fiabilité de la durée est exploitée de manière très riche dans la communication par la parole et la musique, mais l'a aussi été, de manière extrêmement simple, dans le code Morse qui repose entièrement sur la discrimination de deux durées. Dans ces trois cas, c'est l'audition qui est le canal de transmission essentiel du message et non la vision. Bien entendu, la dimension temporelle n'est pas absente dans l'information visuelle, et les mimiques, les gestes et les danses n'ont pas eu à attendre l'invention du cinéma pour utiliser des formes animées dans un but de communication. Mais l'oreille reste le récepteur le plus sensible à la durée des phénomènes (voir le chapitre 16). Ainsi, on a une impression de durée à partir de 10 ms environ pour des stimulations sonores, alors que des stimuli visuels nécessitent des durées 10 fois plus longues pour entraîner la même impression. Et pour ce qui est de la sensibilité différentielle, l'ouïe est de nos cinq sens celui qui nous permet de discriminer des différences de durées avec le plus de finesse.

jouant sur l'amplitude et la phase des différentes harmoniques composant un son complexe périodique, on a pu montrer que la perception de la hauteur reposait sur un double codage de la vibration entretenue dans la cochlée par un stimulus sonore : un codage spatial, basé sur le caractère tonotopique de la transmission de l'information dans le système nerveux auditif, et un codage temporel, reposant sur les rela-

ENCADRÉ 6.4
L'analyse spectrale des vibrations sonores complexes

Les vibrations des objets sonores naturels ne se réduisent pas à des vibrations harmoniques. Mais, et c'est là une des lois de la physique les plus puissantes, toute vibration peut être décrite sous la forme d'une somme de vibrations harmoniques de fréquence et d'amplitude bien déterminées. Les fréquences de ces vibrations harmoniques sont toutes des multiples entiers de la fréquence la plus basse, que l'on appelle la « fréquence fondamentale ». Les fréquences ainsi obtenues s'appellent d'ailleurs, tout simplement, des « harmoniques ». C'est la fameuse loi de Fourier, établie par ce mathématicien français en 1822. À l'inverse, les différentes vibrations d'un même objet sonore ont une propension à se combiner entre elles pour aboutir à une vibration globale complexe. C'est pourquoi il est extrêmement utile de décrire les vibrations d'un objet sonore par un ensemble d'harmoniques, munies chacune d'une amplitude et d'une « phase », ce dernier paramètre permettant de contrôler la synchronisation des différentes harmoniques entre elles. Cette description analytique d'une vibration complexe s'appelle le « spectre ».

Voici le spectre du son d'un instrument provenant d'Australie : le didjeridou.

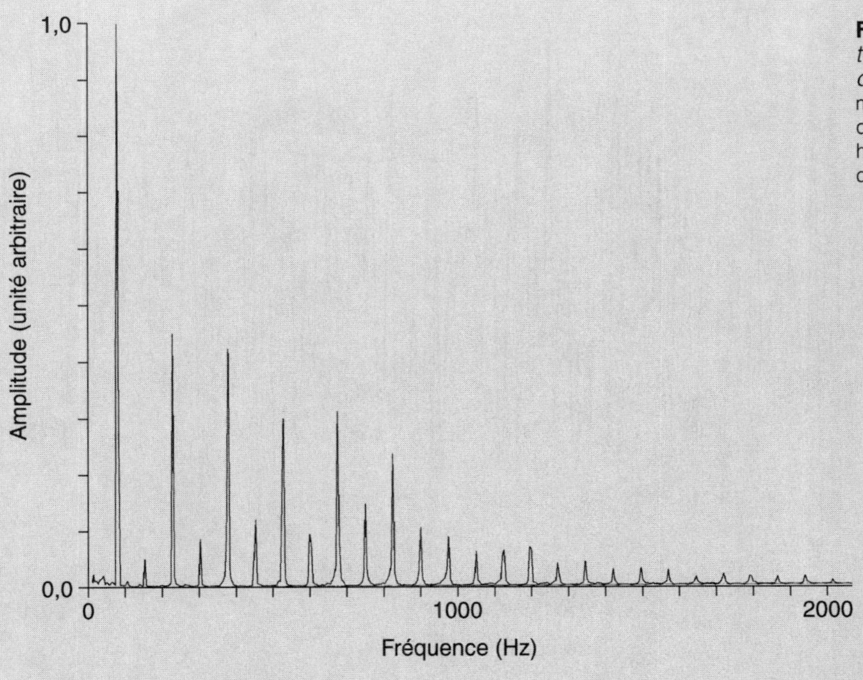

FIGURE 6.3 *Spectre d'amplitude d'un son produit par un didjeridou.* La fréquence fondamentale est de 75 Hz, et l'on remarquera l'importance des premières harmoniques de rang impair qui caractérisent cet instrument.

tions qui lient la fréquence des potentiels d'action des fibres du nerf auditif à la fréquence de la vibration qui excite les cellules ciliées correspondantes.

Les sons complexes non périodiques sont appelés des « bruits ». Comme les sons complexes périodiques, ils peuvent théoriquement être décomposés en un ensemble de sons purs, mais qui ne sont pas des multiples entiers d'une fondamentale : ils peuvent prendre des valeurs quelconques et ils portent le nom de « partiels ». Le nombre de ces partiels peut être tel que l'accès à chacun d'eux est impensable. Ainsi, le *bruit blanc* peut être défini comme étant composé de la somme de toutes les fréquences comprises entre 20 Hz et 20 KHz, c'est-à-dire d'une infinité de fréquences (voir la figure 6.4).

De la même façon, on parle de *bruits roses* lorsqu'on a affaire à une infinité de fréquences comprises dans un intervalle plus réduit. Dans ces cas, le spectre du bruit n'est pas défini par l'identification de chacune des fréquences qu'il contient, mais par les limites entre lesquelles se situent ces fréquences. On parle alors de *bande passante*, en se référant à l'intervalle entre deux limites, et de *filtres passe-haut* et *passe-bas,* pour désigner respectivement les limites inférieures et supérieures d'une bande passante. À l'aide de ces concepts, auxquels correspondent des techniques de traitement du signal aujourd'hui entièrement numérisées, on peut définir toutes sortes de bruits et étudier la sensation de hauteur tonale que chacun de ces bruits engendre. Parmi les phénomènes les plus intéressants qui ont ainsi pu être mis en évidence, on relèvera un effet de contraste qui s'apparente à celui qui a été observé en perception visuelle avec le stimulus des bandes de Mach. Un bruit blanc auquel on applique un filtre passe-haut est perçu avec une hauteur tonale légèrement supérieure à la fréquence du filtre, tandis qu'un filtre passe-bas entraîne une perception de hauteur légèrement inférieure à la sienne. Un tel phénomène révèle la présence de processus d'inhibition latérale dans la perception auditive, au même titre que dans la perception visuelle, et conforte ainsi l'idée qu'il s'agit d'un processus cognitif très général.

Il existe aussi un très joli phénomène, connu depuis le XVIIe siècle, par lequel un bruit blanc est à l'origine d'une fréquence audible. Il s'agit des hauteurs

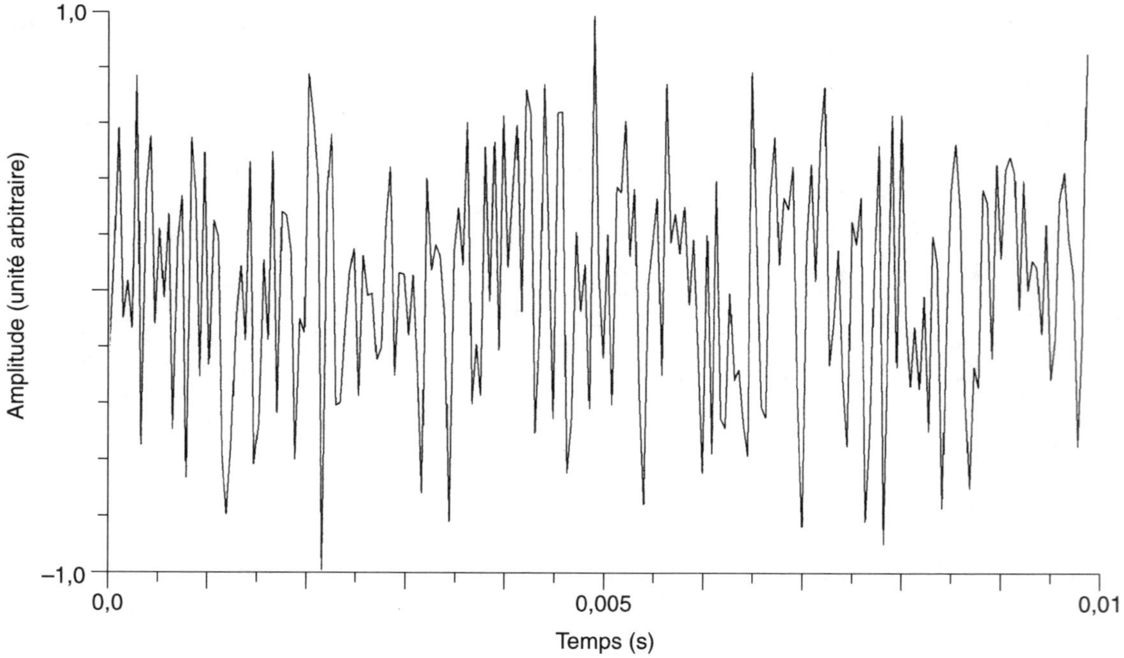

FIGURE 6.4 *Signal aléatoire d'une durée de 10 ms synthétisé par ordinateur et correspondant à un bruit blanc.*

tonales qui peuvent être produites par les marches en marbre d'une fontaine. On démontre que c'est le décalage temporel entre le bruit direct de l'eau et son écho qui explique les fréquences entendues et que celles-ci sont inversement proportionnelles à la profondeur des marches (Scharf et Houtsma, 1986).

Après notre incursion dans le royaume des bruits, revenons aux objets émettant des sons complexes périodiques, objets dont les représentants les plus illustres sont les instruments de musique. Nous avons vu que le signal sonore émis par de tels objets peut être caractérisé par son spectre. Et, de la même manière que les astrophysiciens identifient la composition chimique des corps célestes par le biais du spectre de la lumière qui émane de ces objets, notre système auditif pourrait théoriquement être capable d'identifier un objet sur la base du spectre du son qu'il émet. En réalité, le spectre ne fournit pas une information parfaite car il se déforme en fonction de la distance de l'objet, les fréquences élevées étant davantage atténuées que les basses lors de la transmission aérienne ; mais d'autres indices permettent de compléter cette information (voir l'encadré 6.5).

6.1.3 Le rôle des composantes de l'oreille

Nos deux oreilles sont destinées à capter les ondes sonores et à les conduire jusqu'aux tympans, à l'intérieur de notre tête. On appelle « oreille externe » l'ensemble formé par le pavillon et le canal auditif (voir la figure 6.6, p. 139). De fait, ces deux éléments sont étroitement associés dans les transformations qu'ils font subir aux ondes qui arrivent en provenance d'un objet sonore. Ces transformations, qui consistent en une augmentation de l'amplitude pour certaines fréquences et en une diminution pour d'autres, sont d'ailleurs différentes d'un individu à l'autre et changent selon la direction d'où provient le son (Blauert, 1997). Au demeurant, les ondes sonores qui atteignent l'une et l'autre oreille ne sont pas

ENCADRÉ 6.5
La synthèse du son des instruments de musique

Les recherches menées en matière de synthèse du son d'instruments musicaux montrent la grande finesse des indices acoustiques qui sont utilisés dans la reconnaissance du timbre des instruments. L'établissement d'un spectre repose sur un son en état stationnaire, *c'est-à-dire un son dont la composition est stable dans le temps. C'est théoriquement le cas de tous les sons périodiques puisque, par définition, ils se reproduisent identiquement, période après période. Mais en réalité, lorsqu'un instrument de musique commence à émettre un son, la vibration transmise n'est pas d'emblée périodique ; c'est pourquoi elle est appelée « transitoire ». Un même phénomène se produit d'ailleurs à la fin de l'émission du son. Ces transitoires, dont la durée est comprise entre 20 et 90 ms, sont transmises jusqu'au cerveau et sont perçues comme des caractéristiques essentielles permettant l'identification de l'objet sonore que l'on entend. Cela est apparu clairement dès l'invention de la bande magnétique, qui a permis de constater que l'enregistrement du son d'un piano, passé à l'envers, évoquait plus un accordéon qu'un piano. Dans cet exemple, il faut bien comprendre que la partie stabilisée du son du piano (partie correspondant à un état stationnaire) n'est pas en cause car elle n'est pas modifiée par le passage à l'envers. Ce sont les transitoires, très différentes lors de la mise en mouvement initiale de la vibration et lors de son atténuation finale, qui, transformées par l'inversion du sens de lecture, trompent l'auditeur sur la nature de la source instrumentale (Goldstein, 1996 ; Risset et Mathews, 1969).*

De manière plus précise, on peut analyser le timbre d'une note jouée par un instrument en recherchant l'enveloppe de chacune des harmoniques du son. On voit ainsi que, pour la trompette, les harmoniques 1 et 2 sont fortement représentées au début du son mais qu'elles sont ensuite très nettement dépassées par l'intensité des harmoniques suivantes, 4 à 7 notamment.

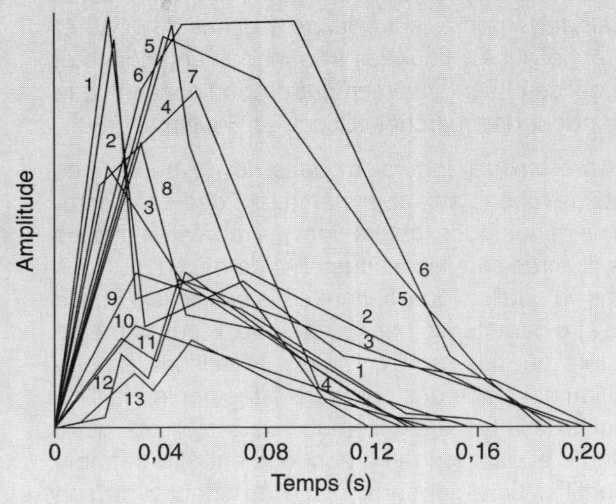

FIGURE 6.5 *Évolution temporelle de 13 harmoniques d'un son de trompette jouant la note ré$_4$ pendant 0,2 s.* Le graphique est une schématisation en lignes brisées des données analysées par Risset et Mathews. *Source :* Risset et Mathews (1969, p. 27). Reproduit avec la permission de l'American Institute of Physics.

interchangeables, et cela avant même toute intervention des pavillons et des canaux auditifs. C'est notre tête elle-même, avec tout ce qu'elle contient d'os et de cervelle, qui est responsable de cela. En premier lieu, le simple fait que les pavillons sont séparés entre eux par une distance d'une vingtaine de centimètres entraîne, pour une même onde, un décalage temporel entre les stimulations reçues par une oreille et par l'autre, décalage qui dépend de la direction d'où provient le son. En second lieu, la tête fait obstacle au son. Mais l'importance de cet obstacle dépend de la fréquence et de la direction d'origine des ondes sonores (Canévet, 1989). Nous étudierons plus loin dans quelle mesure le système auditif utilise l'ensemble de ces indices acoustiques pour déterminer l'origine d'un son. Mais on peut souligner dès maintenant que l'ensemble des traitements acoustiques réalisés par la tête et les oreilles externes est spécialement adapté à la propagation des ondes sonores en milieu aérien. En effet, tous ces traitements reposent sur la différence entre les propriétés mécaniques de l'air, d'une part, et la matière vivante composée d'eau en majeure partie, d'autre part. En présence d'ondes sonores aquatiques, cette différence s'estompe fortement, tendant à rendre le système inopérant.

Juste derrière le tympan, on trouve l'oreille moyenne (voir la figure 6.6). C'est une cavité remplie d'air à la même pression que l'air extérieur grâce à la trompe d'Eustache, qui la met en communication avec le pharynx (carrefour des voies nasales et buccales) lorsque nous déglutissons ou bâillons. Cette égalisation de la pression permet au tympan d'être sensible à des ondes sonores d'amplitude infime, et cela, quelle que soit la pression atmosphérique, qui varie, on le sait, en fonction de l'altitude et des conditions météorologiques. Et c'est cette même égalisation de pression qui rend l'audition possible sous l'eau, même en profondeur, si on est équipé d'un système respiratoire à détendeur dont la fonction est précisément d'équilibrer la pression de l'air respiré avec celle de l'eau environnante. Avec le tympan, le signal sonore, qui s'était transformé en onde dans le milieu de propagation, redevient vibration. Et c'est sous cette forme qu'il est transmis, par l'intermédiaire de la chaîne des osselets, à la fenêtre ovale qui se trouve à l'autre extrémité de l'oreille moyenne. Mais, durant cette transmission de la vibration, deux effets se conjuguent pour multiplier les variations de pression d'un facteur 20 : un effet de levier qui, en diminuant l'amplitude de la vibration, en augmente la force, et un effet de concentration dû à une diminution de la

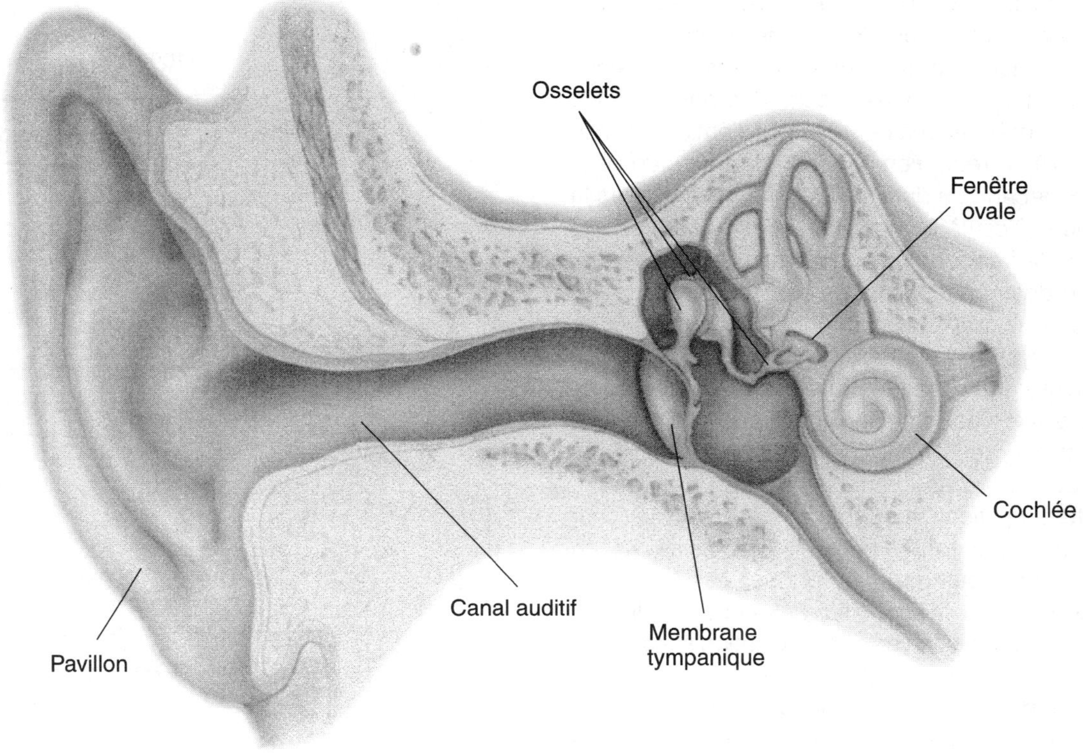

FIGURE 6.6 *Structure de l'oreille.* L'oreille externe comprend le pavillon et le canal auditif, l'oreille moyenne se situe entre la membrane tympanique (ou tympan) et la fenêtre ovale, et l'oreille interne correspond à la cochlée. *Source :* Bear et autres (1997, p. 276).

surface entre le tympan et la fenêtre ovale. Pourquoi cette modification (qui, soulignons-le, n'affecte toujours pas la fréquence des sons transmis) ? La réponse est simple : dans l'oreille interne, le signal va à nouveau prendre la forme d'une onde, mais cette fois, dans un milieu liquide et non plus aérien. Or, les différences physiques entre ces deux milieux (les physiciens parlent d'une différence d'impédance acoustique) empêchent les ondes sonores de se propager entre elles. Seul un dispositif intermédiaire, tel que celui que constitue l'oreille moyenne, autorise une telle propagation.

En marge de son rôle de transmission, l'oreille moyenne assure également un certain rôle de protection basé sur la présence de deux muscles réflexes qui, en diminuant la flexibilité de la chaîne des osselets, évitent à l'oreille interne d'être agressée par des sons trop intenses, voire par le son de notre propre voix. Cette protection n'agit cependant que si les sons ont une fréquence inférieure à 1000 Hz et elle présente une latence d'au moins 10 ms qui la rend inopérante contre les bruits violents soudains, comme ceux des explosions.

L'oreille interne est un dispositif complexe à l'intérieur duquel deux liquides, séparés par des membranes plus ou moins souples, servent d'intermédiaires pour transformer la vibration transmise par la chaîne des osselets en un mouvement ondulatoire animant une structure élastique bien particulière appelée « membrane basilaire ». Le mouvement ondulatoire de la membrane basilaire – qu'il faut se représenter dépliée alors qu'en réalité elle s'enroule sur elle-même dans la structure en colimaçon de l'oreille interne – peut être comparé à celui d'une corde que l'on secoue à une extrémité et dans laquelle se propage une onde transversale (c'est-à-dire une onde perpendiculaire à la direction de propagation). Mais la structure physique de la membrane basilaire est telle que l'onde présente une amplitude maximale en un point qui dépend de la fréquence de la vibration qui l'engendre (voir la figure 6.7). Ainsi, pour la première fois dans la suite des phénomènes vibratoires qui s'enchaînent depuis l'émission d'un son jusqu'à sa réception, on voit apparaître un phénomène mécanique dont la localisation varie avec la fréquence. C'est là que se situe l'origine du codage spatial de la fréquence qui, nous allons le voir, sous-tend une des caractéristiques essentielles du traitement des sons par le système nerveux : la tonotopie. En fait, le système nerveux intervient dès le niveau de la membrane basilaire et de ses mouvements localement différenciés selon la fréquence du son. Et il intervient non seulement pour capter les vibrations de la membrane basilaire mais aussi pour les amplifier. Cette amplification augmente la sélectivité tonotopique de la membrane basilaire, sélectivité qui, de ce fait, ne se réduit pas à un phénomène purement mécanique. Il y a là une intervention active du cerveau au tout premier niveau de l'excitation sensorielle, qui est véritablement extraordinaire. C'est un peu comme si, dans le domaine de la vision, l'œil émettait de la lumière pour mieux distinguer les couleurs entre elles. En matière d'audition, il se trouve qu'un tel phénomène, digne de la science-fiction la plus audacieuse, existe bel et bien : l'oreille émet des sons qui peuvent facilement être enregistrés avec un microphone miniaturisé placé dans le conduit auditif. Ces sons, engendrés par le mécanisme amplificateur que nous venons d'évoquer, proviennent de l'oreille interne et sont transmis au tympan à travers la chaîne des osselets utilisée à l'envers. Ces émissions sonores, qui peuvent être soit provoquées soit spontanées, existent chez la plupart des individus, du plus jeune âge à l'âge adulte, et n'ont rien de pathologique. Bien au contraire, elles sont le signe d'une audition normale, voire d'une audition particulièrement bonne (voir Rosenzweig et autres, 1998, p. 294). Non audibles par le sujet, elles ne doivent pas être confondues avec les acouphènes que nous examinerons, à la fin de ce chapitre, en tant que troubles de l'audition.

Par rapport aux stimulations visuelles, massivement parallèles, les stimulations auditives, de nature essentiellement séquentielle, ont une évolution temporelle extrêmement rapide. Les capteurs nerveux disposés tout au long de la membrane basilaire, les cellules ciliées, doivent donc être capables de réagir en des temps très brefs aux oscillations qui composent une vibration sonore : de fait, ils peuvent répondre jusqu'à 1000 fois par seconde. Pour ce faire, les cellules ciliées, qui ont pour fonction de transformer un mouvement mécanique en une impulsion électrochimique neuronale, présentent des propriétés biochimiques très particulières par rapport aux cellules réceptrices des autres modalités sensorielles : leur extrémité baigne dans un des liquides de l'oreille interne, l'endolymphe, dont la composition très riche en potassium permet une dépolarisation cellulaire brusque sans l'intervention d'un second messager, comme c'est le cas des autres récepteurs. On notera qu'un tel fonctionnement repose sur des canaux ioniques très gros qui présentent l'inconvénient de laisser passer à l'intérieur de la cellule diverses substances telles que l'aspirine et les antibiotiques

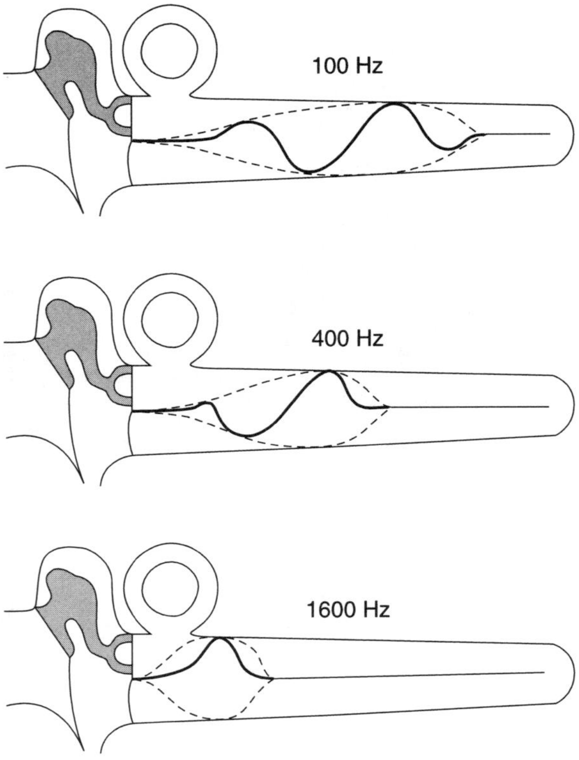

FIGURE 6.7 *Représentation schématique de la cochlée imaginée déroulée.* Différentes formes de l'onde parcourant la membrane basilaire en fonction de la fréquence du son sont dessinées en trait plein. L'enveloppe de l'onde est figurée en pointillés. *Source :* Schiffman (1996, p. 338).

qui peuvent ainsi endommager le système auditif (voir Rosenzweig et autres, 1998). La rapidité de réponse des cellules ciliées leur permet de répondre au coup par coup aux oscillations mécaniques synchrones du signal sonore, du moins jusqu'à une certaine fréquence. Et même lorsqu'il n'y a pas réponse neuronale à chaque cycle vibratoire, les réponses données restent en phase avec le signal jusqu'à une fréquence maximale de celui-ci d'environ 4000 Hz (Bear, Connors et Paradiso, 1997). On voit donc que la fréquence des vibrations, paramètre fondamental qui est transmis sans distorsion aucune de l'objet sonore jusqu'à l'oreille interne, fait l'objet dans la cochlée d'un double codage, spatial et fréquentiel. Le codage spatial est indispensable à la saisie des vibrations sonores de fréquences élevées que le système nerveux ne peut suivre à cause de sa lenteur, tandis que le codage fréquentiel permet d'affiner la perception des fréquences basses en réalisant une véritable chronométrie du signal sonore. L'existence de ce double système montre bien l'importance que revêt, pour l'organisme, l'identification de la fréquence sonore.

6.1.4 Le traitement central

Les voies ascendantes sont assez diffuses, mais on peut identifier une voie principale qui relie la cochlée au cortex auditif primaire par cinq neurones successifs, c'est-à-dire avec quatre relais. Les deux premiers relais sont situés dans le bulbe (noyau cochléaire et olive supérieure), le troisième dans le mésencéphale (*colliculus* inférieur) et le quatrième dans le thalamus (corps genouillé médian). Il y a croisement des voies dès le deuxième neurone, mais ce croisement est partiel de sorte qu'on peut considérer que dès le deuxième relais toute l'information transite de façon bilatérale.

La tonotopie de la cochlée se retrouve dans chacune des structures où les voies auditives font relais. Cette organisation tonotopique est représentée à la figure 6.8 par une flèche dont le sens va des fréquences basses aux fréquences élevées. Mais il existe un deuxième axe d'organisation spatiale dans les structures qui reçoivent des informations des deux oreilles, c'est-à-dire dès l'olive supérieure. De façon tout à fait remarquable, cet axe sans polarité

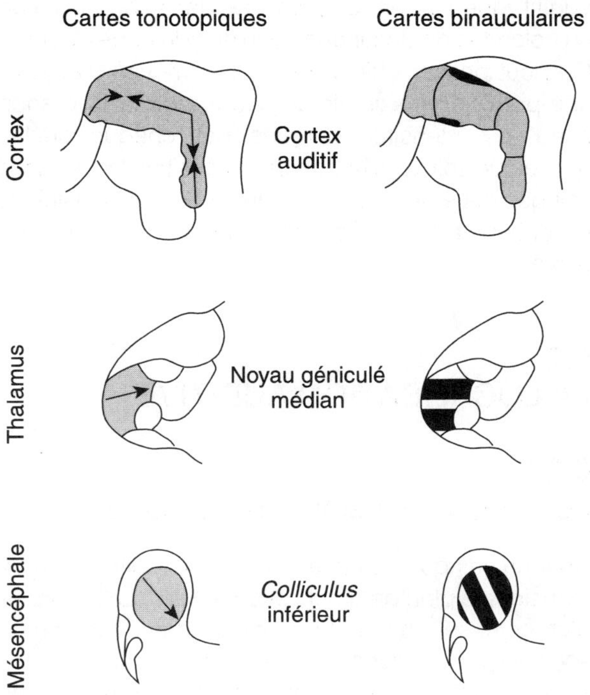

FIGURE 6.8 *Schéma de l'organisation fonctionnelle des structures auditives mésencéphalique, thalamique et corticale.* À gauche, les flèches figurent l'arrangement tonotopique des neurones. À droite, les zones noires figurent l'emplacement de cellules EE et les zones hachurées celui des neurones EI (voir le texte pour la définition de ces deux types de neurones). *Source :* D'après Rouiller (1997).

apparaît comme étant orienté orthogonalement à la flèche tonotopique. Il correspond à une alternance de couches cellulaires caractérisées par les deux types de neurones que l'on y trouve respectivement : les premiers, appelés « EE », répondent modérément lorsqu'on a affaire à une stimulation auditive unilatérale, et de façon maximale lorsqu'il s'agit d'une stimulation bilatérale ; les seconds, appelés « EI », répondent de façon maximale lorsqu'une seule oreille (controlatérale) est stimulée tandis que leur réponse est inhibée en cas de stimulation bilatérale. Ainsi, très schématiquement, les cellules EE codent la somme des intensités sonores reçues par les deux oreilles tandis que les cellules EI codent la différence de ces intensités. Il est aisé de démontrer que ces données sont mathématiquement équivalentes aux données des intensités reçues par chacune des deux oreilles. Quelle est la fonction de ce codage sophistiqué, en somme et différence, dans le cortex auditif, que l'on ne retrouve pas dans l'organisation en colonnes de dominance oculaire du cortex visuel? On peut penser qu'il s'agit là d'un moyen d'assurer une précision maximale au codage de la différence entre les intensités perçues par chaque oreille, quelle que soit la valeur de ces intensités. Nous allons voir que cette différence interauriculaire d'intensité est essentielle à la localisation des sons de fréquence élevée.

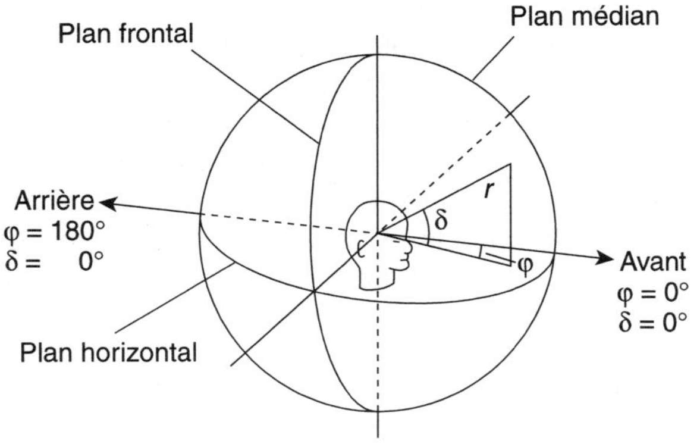

FIGURE 6.9 *Système de coordonnées centré sur la tête de l'auditeur.* φ est l'azimut, δ est l'élévation et *r* est la distance. *Source:* Blauert (1997, p. 14).

6.2 LA LOCALISATION AUDITIVE

6.2.1 Les trois dimensions de l'espace

Chacun sait qu'en mathématiques la droite a une dimension, le plan deux, et l'espace trois. Le repérage d'un point sur une droite dont on a défini l'origine ne soulève pas de question. Mais, dans le cas du plan et de l'espace, on a le choix entre deux systèmes de coordonnées pour repérer un point: un système cartésien et un système polaire. C'est ce dernier système qui convient le mieux pour décrire la position qu'occupe un objet sonore par rapport à un auditeur, notamment parce qu'il permet de coder très facilement la direction dans laquelle se trouve l'objet relativement à l'orientation du sujet (voir la figure 6.9). Cette direction s'appelle l'« azimut », et elle se mesure sous la forme d'un angle situé dans un plan horizontal passant par les oreilles de l'auditeur. Le deuxième paramètre permettant de définir la position d'un objet sonore se nomme « élévation » et se mesure, comme l'azimut, sous la forme d'un angle. Cet angle est positif si l'objet est au-dessus du plan horizontal passant par les oreilles, et il est négatif dans le cas contraire. Enfin, le troisième paramètre, qui permet de situer un objet par rapport à un auditeur, est constitué, tout simplement, par la *distance* qui les sépare.

6.2.2 Les indices binauraux et monoraux

Pour ce qui est des signaux sonores émis par une source unique, les différences de réception entre les deux oreilles sont de deux types: une différence de temps et une différence d'intensité. Ces deux indices dépendent de la différence entre les trajets parcourus par l'onde sonore pour atteindre l'une et l'autre oreille. Lorsque l'objet sonore est situé exactement en face, en arrière ou au-dessus de l'auditeur, les différences de temps et d'intensité sont nulles. Les différences, en temps et en intensité, entre les ondes reçues dans les deux oreilles constituent des indices binauraux dont l'importance pour la localisation des sources sonores a été soulignée très tôt (Rayleigh, 1907). Et la fascination exercée depuis lors par ces deux indices est certainement due au fait qu'ils se complètent l'un l'autre remarquablement lorsque la fréquence de l'émission sonore varie. Ainsi, pour les fréquences inférieures à 1500 Hz environ, le facteur temps introduit une différence de phase qui peut être interprétée sans ambiguïté par le système auditif, tandis que pour les plus hautes fréquences nous avons vu que la tête constituait un écran induisant une différence d'intensité qui peut également être utilisée par le système auditif.

En matière de localisation sonore, il y a deux aspects dont les indices binauraux classiques, malgré leur grande efficacité, ne peuvent pas rendre compte. Il s'agit, premièrement, du fait qu'on est capable de distinguer les positions d'objets sonores situés devant nous, derrière nous et au-dessus de nous, alors même qu'ils conduisent aux mêmes différences interaurales et, deuxièmement, du fait que, même avec une seule oreille, il subsiste une certaine capacité de localisation sonore. Il est donc indispensable de faire appel à des indices non spécifiquement binauraux qu'on peut qualifier de « monauraux » même s'ils peuvent intervenir dans l'une et l'autre oreille, et donner ainsi lieu, eux aussi, à des comparaisons interaurales.

Un moyen évident dont nous disposons pour améliorer nos capacités de localisation sonore consiste à bouger la tête. La première conséquence des mouvements de tête est de faire apparaître de nouvelles différences interaurales afin de lever l'ambiguïté des informations initialement perçues. Mais les mouvements de tête peuvent aussi avoir un effet sur le signal reçu par chacune des oreilles en provoquant un changement de l'angle d'incidence de l'onde sonore. Nous avons vu en effet que le pavillon de chaque oreille modulait en intensité les différentes composantes fréquentielles d'un son en fonction de cet angle d'incidence. L'étude expérimentale de cette modulation, appelée « fonction de transfert », est en plein développement depuis une dizaine d'années grâce à l'utilisation soit de têtes artificielles, soit de microphones miniaturisés placés au fond du conduit auditif de sujets humains (voir Blauert, 1997; Canévet, 1989). Cette étude semble en bonne part motivée par la recherche de procédés permettant de simuler sur écouteurs un environnement sonore interactif.

6.3 LA STRUCTURATION AUDITIVE

6.3.1 La ségrégation et la fusion

Jusqu'à présent, nous ne nous sommes intéressés, dans ce chapitre sur l'audition, qu'à la perception d'un objet sonore unique, cet objet émettant soit un son pur (6.1.1) soit un son complexe (6.1.2). Il nous faut maintenant considérer la possibilité pour un auditeur d'être confronté à plusieurs objets sonores. Cette situation – qui est la règle dans la vie courante – est bien différente, même en présence d'un objet sonore unique. En premier lieu, un son complexe émis par un objet sonore unique peut théoriquement être produit par la conjonction de plusieurs objets sonores plus simples, ce qui peut poser problème. En second lieu, en entendant une succession de sons, l'auditeur ne peut savoir a priori s'ils proviennent d'un seul objet ou de plusieurs, ce qui peut poser un autre problème à l'auditeur. Ces deux difficultés, décrites par Bregman (1990) comme relevant respectivement d'une structuration simultanée et d'une structuration séquentielle, montrent que la *ségrégation* de certaines composantes du signal sonore en vue de leur affectation à des objets distincts est indissolublement liée à la *fusion* d'autres composantes liées, celles-là, à un même objet.

On rejoint ici des processus perceptifs très généraux mis en évidence par l'école de la psychologie gestaltiste et abondamment décrits dans le domaine visuel, et on peut relever que plusieurs auteurs (Bregman, 1981; Deutsch, 1999; Moore, 1997) semblent avoir systématiquement recherché des équivalents auditifs aux effets visuels les plus connus. Ainsi, après avoir analysé une interaction spectaculaire entre un effet de clôture et un effet d'occlusion dans le domaine visuel (voir la figure 6.10), Bregman (1990) propose de cette interaction une version auditive schématisée présentée à la figure 6.11.

Les effets combinés de ségrégation et de fusion reposent, dans le domaine auditif comme dans le domaine visuel, sur des processus d'organisation. Une question importante qu'on doit se poser à propos des processus d'organisation est celle de leur nature innée ou acquise. Les gestaltistes ont argumenté en faveur de l'innéité de ces processus, notamment sur la base de l'existence d'effets de ségrégation et de fusion chez les très jeunes animaux. De fait, on s'accorde aujourd'hui à considérer que les processus d'organisation perceptive sont pour une large part innés. Cela est démontré, dans le domaine de l'audition, par les expériences très élégantes que Demany (1982) a conduites sur des bébés humains. Les résultats obtenus par ce chercheur mettent en effet en évidence que des effets de ségrégation auditive tout à fait analogues à ceux des adultes se manifestent déjà chez des enfants âgés de 6 à 14 semaines. Il n'en demeure pas moins qu'en plus des effets de ségrégation et de fusion reposant sur des processus innés, il existe des moyens de ségrégation et de fusion auditives susceptibles d'être acquis par apprentissage (Bregman, 1990; Münte, Kohlmetz, Nager et Altenmuller, 2001). Les capacités qu'ont les

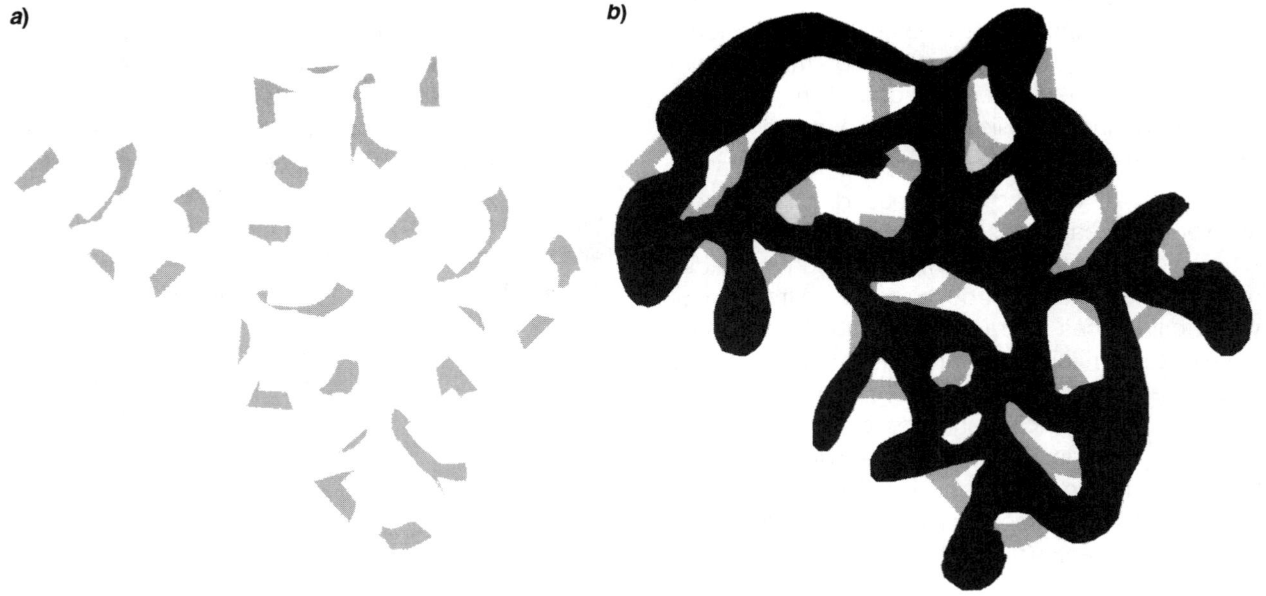

FIGURE 6.10 *Exemple d'interaction proposé par Bregman entre effets de clôture et d'occlusion dans le domaine visuel.* *a*) Aucun regroupement perceptif n'apparaît entre ces éléments. *b*) En présence d'une occlusion, ces mêmes éléments sont spontanément organisés selon un principe de clôture ou de « bonne continuation ». *Source :* Bregman (1990, p. 26-27). © 1990, The MIT Press. Reproduit avec permission.

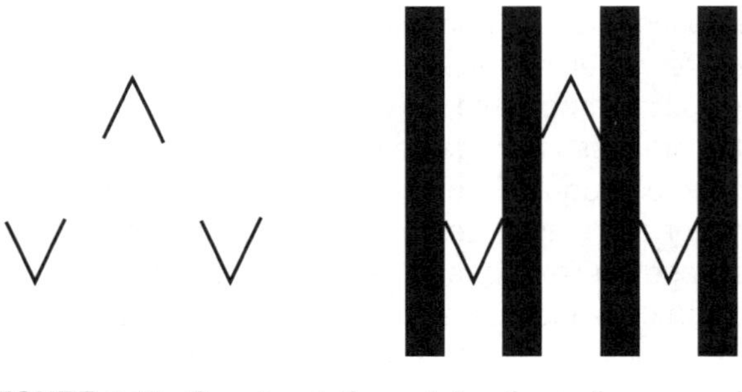

FIGURE 6.11 *Représentation schématique d'un exemple d'interaction proposé par Bregman entre effets de clôture et d'occlusion dans le domaine auditif.* Un son dont la fréquence croît et décroît alternativement est périodiquement interrompu par des silences. Lorsque ces silences sont remplacés par un bruit blanc, l'auditeur regroupe les segments successifs de ce même son et perçoit une évolution continue de la fréquence. *Source :* Bregman (1990, p. 28). © 1990, The MIT Press. Reproduit avec permission.

musiciens entraînés d'isoler le son d'un instrument particulier dans un mélange orchestral en sont un bon exemple.

Le rôle de l'attention dans les processus d'organisation auditive peut être décrit schématiquement de la façon suivante (Camus, 1996) : la ségrégation du signal acoustique en plusieurs flux perceptifs s'impose en dehors de tout processus attentionnel, mais le choix de l'écoute de l'un ou l'autre flux relève, lui, d'un tel processus. L'illustration la plus classique de cette intervention secondaire de l'attention est l'*effet cocktail-party*, qui nous permet de choisir d'écouter ce que dit une personne particulière alors que plusieurs personnes parlent en même temps.

6.3.2 Les limites de la structuration spatiale

Les études expérimentales de l'effet cocktail-party entreprises par Cherry dès 1953 accordent une place importante au facteur spatial dans la différenciation des sources. D'ailleurs, les théories de l'attention, surtout fondées à l'origine sur le domaine visuel, ont longtemps privilégié la dimension spatiale, ce qui a conduit, dans le domaine auditif, à l'utilisation intensive du paradigme de l'écoute dichotique en psychologie cognitive et en neuropsychologie. Mais, comme le souligne très bien Yost (1997) dans sa revue de questions sur le sujet, la grande majorité des recherches sur l'effet coktail-party sont réalisées avec des écouteurs et ne mélangent que deux sources sonores. Le recours à une telle situation, qui conduit à ne faire parvenir à chacune des oreilles qu'un seul des deux messages et non pas un mélange des deux messages comme c'est le cas dans les conditions d'écoute normales, empêche de généraliser les résultats obtenus. L'importance de la localisation des objets sonores dans le processus d'analyse de la « scène auditive » (Bregman, 1990, 1994) reste donc problématique.

D'ailleurs, nos performances en matière de localisation auditive sont médiocres en comparaison de celles que nous atteignons au moyen de la vision. Ainsi, pour ce qui est de l'azimut (voir la figure 6.9, p. 142), le seuil différentiel auditif est d'environ 1° pour une source sonore située en face du sujet, de 5° pour une source située en arrière et de 10° pour une source située latéralement. Pour l'élévation, on a un seuil d'environ 4° en face du sujet et de 10° audessus. Enfin, pour la distance, le seuil différentiel correspond à des valeurs comprises entre 20 % et 25 % de la distance qui sépare le sujet des sources. Pour plus de détails sur la localisation auditive, on se reportera aux revues de Blauert (1997), de Canévet (1989) et de Scharf et Houtsma (1986).

Outre le fait que nos performances en localisation auditive ne sont pas maximales, quelques faits expérimentaux montrent que la localisation de sources sonores matérialisées, et non pas simulées par écouteurs, ne peut apporter qu'une aide limitée à leur différenciation. D'une part, en présence de deux sources sonores, le processus de localisation est loin d'être infaillible. Ainsi, si les sons sont synchronisés, on ne perçoit qu'une source, virtuelle, située au milieu des sources réelles. Et lorsque les sons sont légèrement décalés dans le temps, on ne perçoit encore qu'un son mais il est situé cette fois à l'emplacement du son émis le premier : cet *effet d'antériorité* (en anglais : *precedence effect*) montre bien l'influence qu'un son émis en un point donné peut avoir sur la perception d'un son à un autre endroit. D'autre part, on observe, dans les expériences recensées par Yost (1997) utilisant des haut-parleurs, que l'avantage lié à la séparation spatiale dans une tâche de reconnaissance de mots diminue dans un environnement réverbérant.

Un autre fait spectaculaire (qu'on peut observer, cette fois, avec des sons transmis par écouteurs) révèle la faiblesse de la structuration spatiale séquentielle. C'est l'illusion dite « de la gamme », décrite par Diana Deutsch en 1975. Dans cette expérience, le stimulus est constitué de la gamme de *do* majeur, dont les notes sont présentées alternativement à l'une et l'autre oreille. Cette gamme est jouée à la fois dans le sens ascendant et dans le sens descendant mais l'ordre des sens est inversé d'une oreille à l'autre. Les deux oreilles sont donc toujours stimulées en même temps et chacune reçoit alternativement des notes des gammes ascendante et descendante (voir la figure 6.12). Les perceptions engendrées par ce stimulus sont variées : la majorité des sujets entendent simultanément dans l'une et l'autre oreille les deux voix musicales présentées à la figure 6.12 en *b*)), tandis que d'autres n'entendent que l'une des deux voix. Mais aucune de ces perceptions ne correspond à un regroupement de type spatial. Bien mieux, les regroupements sont fondés sur la hauteur tonale, en violation systématique de l'origine spatiale des sons.

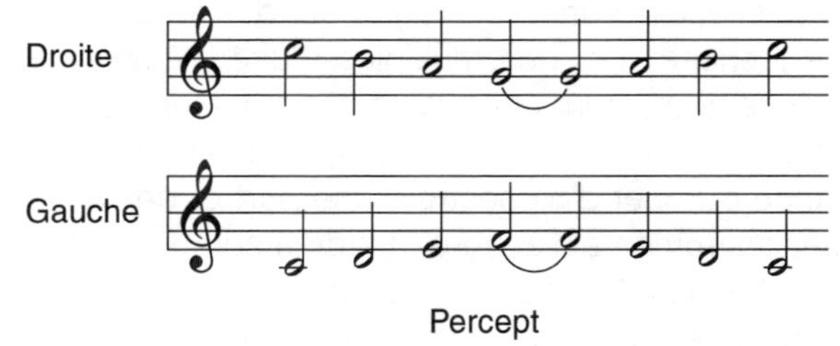

FIGURE 6.12 *Illusion de la gamme.* La portée en *a*) indique la suite des notes qui sont présentées simultanément aux deux oreilles. Les deux portées en *b*) représentent ce qu'entend la majorité des sujets dans cette situation. Cette illusion représente un cas exemplaire dans lequel le groupement ne s'effectue pas selon un critère spatial. *Source :* D'après Deutsch (1975).

6.3.3 La multiplicité des facteurs de structuration

Nous venons de voir un exemple de structuration fondé sur la hauteur tonale des sons : les sons les plus hauts d'une part et les plus bas d'autre part sont regroupés entre eux pour former des lignes mélodiques distinctes appelées « flux ». Cette structuration par proximité fréquentielle a été étudiée par Bregman et Campbell (1971) dans une situation plus simple puisqu'il s'agissait d'une suite monophonique (une seule note à la fois) et non pas polyphonique comme dans l'illusion de la gamme (deux notes à la fois). Dans ce cas, si l'on présente à un sujet une suite de notes comprenant alternativement des notes plutôt aiguës et des notes plutôt graves, celui-ci peut entendre deux mélodies distinctes : l'une composée des sons aigus et l'autre des sons graves. Cet effet ne se produit toutefois que si les sons sont émis à un rythme rapide, ce qui signifie que le facteur de proximité fréquentielle est en interaction avec un autre facteur intervenant dans la structuration : la proximité temporelle. Mais bien d'autres facteurs, que l'on trouvera décrits dans les présentations de Botte (1989a), de Bregman (1990) et de McAdams (1994), sont susceptibles d'intervenir dans la structuration auditive. Parmi eux, les plus importants sont probablement les facteurs de synchronicité et d'harmonicité. La synchronicité des enveloppes ou, plus généralement, la corrélation des évolutions temporelles, est un facteur très puissant de fusion : des sons qui commencent et finissent en même temps ou des sons qui varient parallèlement en intensité ou en fréquence sont perçus comme émanant d'une même source. Quant à l'harmonicité, elle consiste à regrouper des sons dont les fréquences sont des multiples d'une même valeur. Ces facteurs sont abondamment manipulés dans la musique : dans un orchestre symphonique, l'importance du chef d'orchestre d'une part et de l'accord des instruments d'autre part aide à comprendre que synchronicité et harmonicité sont des valeurs sacrées que l'on se doit de respecter. Mais ces facteurs de structuration ont assurément une origine plus fondamentale que les règles de la musique. Ils reflètent les propriétés physiques des objets sonores eux-mêmes, et nous permettent ainsi de reconstituer ces objets à partir d'un signal sonore composite. Ainsi, si deux sons évoluent de façon parfaitement synchrone il y a peu de chance, en conditions naturelles, pour qu'ils émanent de deux objets différents. D'autre part, nous avons vu que les différentes harmoniques d'un son complexe périodique émis par un objet unique sont toutes des multiples entiers d'une fréquence fondamentale. C'est pourquoi, en présence de fréquences harmoniques, il y a toutes les chances que l'on ait affaire à un son complexe émanant, là encore, d'un seul objet.

On peut donc considérer que le système auditif s'est développé en fonction des régularités du monde physique et que, comme le font les programmes d'intelligence artificielle, il utilise des heuristiques basées sur ces régularités pour interpréter le signal composite qu'il reçoit (Bregman, 1990). Ces heuristiques, qui correspondent aux divers facteurs de structuration, convergent en général vers un même résultat, c'est-à-dire une même décomposition du signal. Mais en laboratoire, on peut arriver à mettre en compétition entre eux les facteurs de structuration. C'est ce qu'ont fait Bregman et Pinker (1978) avec un stimulus répétitif dont le motif de base (voir la figure 6.13) est composé de trois sons purs dont l'un (B) présente à la fois une proximité fréquentielle avec l'un des deux autres (A) et une synchronicité approximative avec le dernier (C). Ces deux facteurs sont en conflit : le premier tend à induire, par structuration séquentielle, la perception de deux lignes mélodiques (l'une de deux notes A-B-A-B-A-B... et l'autre d'une seule note C-C-C...), tandis que le second, par structuration simultanée, joue en faveur de

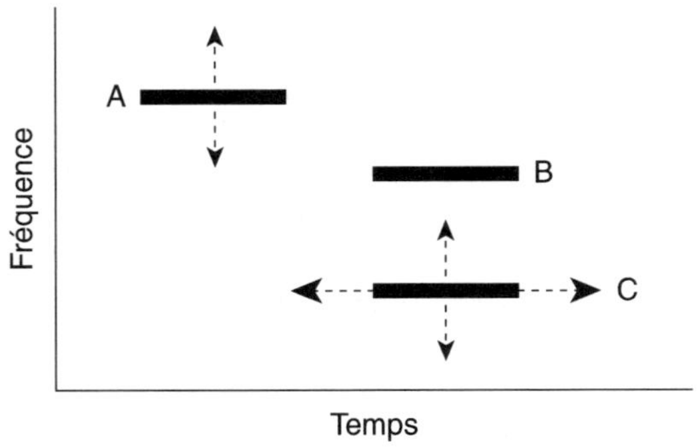

FIGURE 6.13 *Conflit entre groupements simultanés et séquentiels étudié par Bregman.* Voir l'explication de ce conflit dans le texte. *Source :* Bregman (1990, p. 29). © 1990, The MIT Press. Reproduit avec permission.

la perception d'une seule mélodie composée d'un son pur et d'un son complexe (A-BC-A-BC-A-BC...). On peut provoquer l'une ou l'autre de ces perceptions en modifiant les fréquences des sons A et C ou le moment d'apparition du son C, comme l'indique la figure.

6.4 LES PATHOLOGIES DE L'AUDITION

6.4.1 Les surdités et les acouphènes

Tout comme pour la vision, lorsqu'on songe aux troubles de l'audition, c'est surtout relativement à des déficits plus ou moins graves. C'est ainsi qu'on parle de sourds comme d'aveugles, de malentendants comme de malvoyants, et qu'avec l'âge nous sommes condamnés à la presbyacousie comme à la presbytie. Cependant, avant d'examiner les plus importants de ces déficits, tous désignés par le terme général de surdité, il faut signaler, dans le domaine auditif, l'existence d'une catégorie de troubles très incommodants et relativement fréquents qui se caractérisent non pas par l'absence de perception en présence d'un objet sonore mais, au contraire, par la présence d'une perception en l'absence d'un objet sonore. Ces troubles sont appelés « acouphènes », mais ce terme regroupe des sensations de nature et d'origine très diverses. C'est ainsi que l'on peut entendre des bourdonnements, des grésillements ou des sifflements, voire des murmures ou des bruits évoquant des objets réels comme, par exemple, le bruit d'un papier que l'on froisse. Les causes de ces perceptions illusoires peuvent relever tout aussi bien de phénomènes musculaires ou vasculaires que de dysfonctionnements proprement neurologiques. Il est à noter que certains auteurs, comme Bear et autres (1997), font figurer parmi les causes des acouphènes les émissions oto-acoustiques qui n'ont en elles-mêmes rien de pathologique puisque, bien au contraire, elles sont le signe d'un bon fonctionnement du système auditif. Enfin, pour ce qui est des remèdes aux acouphènes, on fait grand cas aujourd'hui d'une méthode paradoxale qui consiste à munir le patient d'un appareil délivrant un son continu qui fait office de masque auditif et semble moins perturbant que les acouphènes qu'il recouvre.

6.4.2 Les surdités de transmission

Comme leur nom le suggère, les surdités de transmission reposent sur une mauvaise transmission à l'oreille interne des ondes sonores qui atteignent l'oreille externe. Ils sont donc essentiellement dus à une atteinte de l'oreille moyenne, mais on inclut également dans ce groupe de surdité les troubles de l'audition sans gravité occasionnés par l'obstruction du canal auditif par un bouchon de cérumen. La perforation du tympan est un événement beaucoup moins bénin, mais on peut considérer qu'elle ne supprime pas l'audition, même si elle provoque une augmentation des seuils perceptifs.

La plupart des troubles de l'oreille moyenne sont d'origine infectieuse du fait de sa communication avec la gorge par la trompe d'Eustache dont nous avons vu l'importance pour le fonctionnement du tympan. Les surdités de transmission se caractérisent, au niveau des mesures de sensibilité auditive, par les deux propriétés suivantes. En premier lieu, lorsqu'on établit un audiogramme en utilisant un haut-parleur ou des écouteurs, c'est-à-dire en condition de conduction aérienne, on constate une perte de sensibilité dans toute la gamme des fréquences testées. En second lieu, si on utilise un appareillage spécial qui transmet la vibration sonore au crâne même du patient (condition dite « de conduction osseuse »), on n'observe pas de perte de sensibilité par rapport aux performances de sujets présentant une audition normale. Cela prouve que l'oreille interne est intacte et indique, du même coup, que les surdités de conduction peuvent être corrigées par des prothèses qui se contentent d'amplifier les sons de l'environnement.

6.4.3 Les surdités neurosensorielles

Les surdités neurosensorielles sont aussi appelées « surdités de perception » ou encore « surdités cochléaires ». Il s'agit de troubles affectant le fonctionnement de l'oreille interne, c'est-à-dire, dans la plupart des cas, le fonctionnement des cellules ciliées de la cochlée. Celles-ci peuvent être altérées par des causes très diverses qui, pour l'essentiel, se classent en trois grandes catégories : les causes génétiques, les causes médicamenteuses et les causes traumatiques. Les gènes qui sont à l'origine des malformations de l'oreille interne sont très nombreux et ils interviennent à différentes étapes de son développement. Parmi eux, on trouve notamment le gène notch, impliqué dans la construction des cellules ciliées. L'incidence des médicaments dans l'apparition de troubles auditifs a été découverte de façon accidentelle. La streptomycine, prescrite pour soigner la tuberculose, qui a pour effet secondaire la destruction des cellules ciliées, en est un exemple. Quant aux traumatismes susceptibles d'altérer l'audition, s'il en existe quelques-uns d'origine mécanique, comme la fracture de l'os du rocher ou les fissures des fenêtres, ils sont essentiellement de nature sonore. En ce domaine, qui a des implications sociales importantes, on distingue les atteintes passagères et les atteintes permanentes. Les atteintes permanentes peuvent être produites soit par un bruit explosif unique atteignant 160 à 170 dB, soit par une exposition de quelques minutes à des intensités sonores comprises entre 120 et 130 dB, soit encore par une exposition prolongée à des bruits moins intenses dépassant 90 dB (Häusler et Witzig, 1982). À la différence des surdités de conduction, les surdités neurosensorielles se manifestent par une baisse de performance aussi bien osseuse qu'aérienne. Par ailleurs, la baisse n'est pas généralisée à l'ensemble des fréquences mais focalisée sur une région limitée du spectre (souvent entre 4000 et 6000 Hz lorsque la surdité a été occasionnée par une exposition à des bruits). Dans la mesure où c'est l'appareil récepteur qui est atteint, les prothèses d'amplification sonore ne sont d'aucune utilité dans les cas de surdités neurosensorielles. Toutefois, une technique révolutionnaire d'implants cochléaires est proposée pour ce type de troubles. Il s'agit d'une méthode selon laquelle le signal sonore, capté par un microphone situé derrière le pavillon, est transformé électroniquement en un ensemble de signaux électriques qui sont amenés au voisinage du nerf auditif, au cœur même de la cochlée, par une électrode multiple implantée chirurgicalement dans le canal tympanique. Cette technique, qui donne de très bons résultats lorsque le patient s'y est habitué, repose sur l'organisation tonotopique de la cochlée. Chacun des signaux électriques qui sont engendrés en parallèle correspond en effet à un filtrage du signal sonore dans une bande fréquentielle spécifique, et les points de contact au travers desquels ces signaux sont distribués sont disposés dans l'oreille interne conformément à la répartition de la sensibilité fréquentielle.

6.4.4 Les surdités centrales

Il s'agit de troubles liés à des lésions corticales. Si ces lésions sont bilatérales, elles peuvent conduire à un syndrome appelé « surdité corticale » dans lequel plus aucun son ne peut être identifié ni même détecté, bien que les réponses réflexes déclenchées par des sons soient maintenues (voir Rosenzweig et autres, 1998, p. 304-305). En général, les surdités centrales se caractérisent par des déficits complexes spécifiques. Ainsi, l'aphasie sensorielle appelée « surdité verbale » (voir Hécaen et Marcie, 1987, p. 1249-1253) touche spécifiquement la reconnaissance des mots du langage parlé. D'autres surdités centrales ont également pu être décrites, telle l'amusie qui, comme son nom l'indique, consiste en une atteinte de la perception de la musique alors que la reconnaissance d'autres types de sons n'est pas altérée.

CONCLUSION

L'audition présente une forte spécificité par rapport à d'autres modalités sensorielles. Cette spécificité tient essentiellement à la nature diffuse de la propagation des ondes sonores. À la différence de la vision ou du toucher, mais de façon analogue à l'olfaction, l'audition a constamment affaire à un mélange de stimuli : les sons, comme les odeurs, se propagent dans toutes les directions. Ils traversent ou contournent sans peine des obstacles aussi imposants que des planchers ou des cloisons. Contrairement aux objets visuels, les objets sonores ne se masquent pas l'un l'autre : les ondes qu'ils émettent se combinent entre elles, quelle que soit leur disposition spatiale. Enfin, pour compléter le tableau, faut-il souligner que nous ne pouvons pas « fermer » nos oreilles à l'égal de nos yeux ? Ainsi l'homme apparaît-il comme étant constamment exposé à un univers sonore d'une grande richesse et cette constatation nous conduit à faire deux remarques, d'ordres différents, en guise de conclusion à ce chapitre.

La première remarque a trait à l'importance des informations acoustiques. On a pu dire que la surdité était le pire des handicaps. Car ce n'est pas une mais au minimum deux fonctions essentielles qui disparaissent avec la perte de l'audition : une fonction d'alerte, qui peut être vitale, directement liée à l'omniprésence des signaux acoustiques que nous avons soulignée ci-dessus, et une fonction de communication, basée sur le langage oral qui, est-il besoin de le rappeler, est le fondement du fonctionnement psychosocial de l'espèce humaine. Le problème du passage entre signal acoustique et système linguistique est d'ailleurs un des problèmes centraux étudié en psycholinguistique : il est exposé en détail dans la revue récente de Frauenfelder et Nguyen (2000) à laquelle nous renvoyons le lecteur. Ainsi, il n'est pas étonnant que les déficits de l'audition fassent l'objet d'une attention croissante dans nos sociétés, tant sur le plan de la prévention que sur celui des traitements et des prothèses. L'intensité physique des sons auxquels on peut être soumis est de mieux en mieux contrôlée, non plus seulement pour ce qui est des nuisances liées à l'industrie ou aux transports, mais aussi dans l'usage récréatif de la musique en discothèque ou même dans son usage artistique et professionnel au sein des orchestres symphoniques. En ce qui a trait aux recherches actuelles en matière de traitement, il faut mentionner les tentatives pharmacologiques en cours visant à protéger les cellules ciliées menacées par des médications incontournables (anticancéreuses notamment), voire à régénérer de telles cellules lésées.

Comme la première, notre deuxième remarque se réfère à la grande richesse des signaux acoustiques. Mais cette fois ce n'est pas tant pour en montrer l'importance que pour en souligner l'excès. L'omniprésence de ces signaux ainsi que leur caractère composite posent le problème de leur exploitation : des mécanismes de filtrage et de tri s'imposent avant tout traitement d'une information particulière. Nous avons analysé plus haut les facteurs susceptibles d'intervenir dans l'organisation des signaux acoustiques en groupements correspondant à des objets sonores distincts. Mais le problème du filtrage et du tri est plus général et, loin d'être résolu, il soulève des questions passionnantes qui touchent à la fois à la neurophysiologie et à la psychologie cognitive. Bien mieux, dans ces deux domaines, le problème fait l'objet de développements très récents. En neurophysiologie, il s'agit des recherches sur le rôle des cellules ciliées externes dans l'amplification sélective des mouvements de la membrane basilaire. En psychologie cognitive, il s'agit des recherches sur l'attention auditive qui, avec l'apport de la neuropsychologie et de l'imagerie cérébrale, s'efforcent de préciser la part des processus automatiques et intentionnels dans la perception. Ainsi, c'est dans l'interdisciplinarité que se construisent les nouvelles connaissances sur l'audition.

LECTURES RECOMMANDÉES

BLAUERT, J. (1997). *Spatial hearing: The psychophysics of human sound localization.* Cambridge, MA : MIT Press.

BOTTE, M.-C. (1989b). Perception de l'intensité des sons. Dans M.-C. Botte, G. Canévet, L. Demany et C. Sorin, *Psychoacoustique et perception auditive* (p. 13-42). Paris : Éditions INSERM.

BREGMAN, A.S. (1994). L'analyse des scènes auditives : l'audition dans des environnements complexes. Dans S. McAdams et E. Bigand, *Penser les sons : psychologie cognitive de l'audition* (p. 10-39). Paris : Presses Universitaires de France.

DEUTSCH, D. (1999). *The psychology of music.* New York : Academic Press.

HALL, D.E. (1991). *Musical acoustics*, 2e éd. Pacific Grove, CA : Brooks/Cole.

SCHARF, B., et HOUTSMA, A.J.M. (1986). Loudness, pitch, localization, aural distorsion, pathology. Dans K.R. Boff, L. Kaufman et J.P. Thomas, *Handbook of perception and human performance* (p. 15.1-15.60). New York : John Wiley and Sons.

CHAPITRE 7 La somesthésie

Simon Grondin

INTRODUCTION

L'information fournie par la peau est essentielle à l'adaptation au monde. C'est par le toucher que le nourrisson entre en contact avec le monde extérieur, en sentant la chaleur, l'étreinte et en recevant la nourriture. C'est aussi par le toucher, plus tard, que l'on arrive à juger pleinement de la qualité de certains aliments en appréciant leur fermeté et leur texture. Pour illustrer le caractère essentiel du toucher, on peut aussi évoquer les problèmes perceptifs suscités par la déafférentation ou la sclérose multiple, ou encore l'utilisation constante de la somesthésie par les aveugles-nés dans leurs activités quotidiennes (Heller, 2001).

Le toucher offre un accès, notamment à travers des manipulations actives, à une série de caractéristiques des objets. De même que l'on pourrait distinguer, à l'intérieur de la vision, des perceptions de la forme, de la profondeur, de la couleur ou du mouvement, la sensation connue comme le toucher comprend aussi un ensemble d'impressions comme la fermeté, la douceur et la forme d'un objet.

Le présent chapitre vise à faire connaître les caractéristiques et les mécanismes propres à la somesthésie, aussi appelée parfois « sensibilité somatosensorielle ». Le toucher n'est en fait qu'un des aspects de la somesthésie. L'ensemble des expériences sensorielles contenues sous le terme « somesthésie » comprend les différents sens cutanés et la kinesthésie. Nous nous intéresserons dans un premier temps aux différentes dimensions du toucher, aux questions relatives aux sensations thermiques ainsi qu'aux mécanismes et aux méthodes d'intervention reliés à la douleur. Par la suite, après avoir décrit les fonctions desservies par la kinesthésie et avoir distingué les principaux récepteurs qui y sont reliés, notre étude portera sur les voies centrales de la sensibilité somesthésique. Dans un dernier temps, nous nous pencherons de nouveau sur le toucher, mais cette fois sur le toucher actif.

7.1 LES MODALITÉS DE LA SENSIBILITÉ CUTANÉE

7.1.1 Le toucher

Traditionnellement, on distingue deux caractéristiques du toucher. D'une part, celui-ci permet de renseigner sur l'état de l'organisme à l'aide de récepteurs de la peau. Cela peut amener à concevoir le toucher comme un sens passif. Par opposition, l'adaptation à l'environnement requiert souvent des mouvements des doigts, des mains ou des membres. Ces mouvements servent non seulement à guider et à améliorer les sensations tactiles, mais aussi, par exemple, à identifier les objets. L'ensemble de ces mouvements procurent des informations tactiles supplémentaires et constituent le toucher actif. Une des formes du toucher actif est la perception haptique (Kennedy, 1978), c'est-à-dire l'exploration des trois dimensions d'un objet avec les mains.

Le toucher, c'est l'ensemble des sensations produites par une déformation mécanique de la peau. Son étude comporte l'investigation de plusieurs types de capacités. Ainsi, on peut s'intéresser à la capacité de détection d'un stimulus sur la peau, à la capacité d'adaptation de cette dernière et à la capacité de perception du changement. La plus étudiée de ces capacités est sans doute l'acuité tactile.

L'acuité tactile

L'acuité tactile est la capacité de discerner la présence de deux points de pression sur la peau. Si deux points de pression sont trop rapprochés, ils ne seront perçus que comme une seule stimulation. Des études visent donc à déterminer la distance minimale entre ces deux points pour que ces derniers soient perçus comme deux points distincts plutôt que comme un seul point. Plus le seuil, ou distance minimale, requis pour distinguer les deux points est petit, plus grande est l'acuité tactile. La distance nécessaire pour distinguer les deux points varie selon la nature de la surface stimulée. En général, l'acuité tactile est plus grande sur des surfaces de la peau mobiles, comme la langue ou les doigts, que sur des surfaces telles que le dos ou la poitrine (Weinstein, 1968). On peut facilement vérifier cette règle. Il suffit de prendre deux crayons, de préférence bien taillés, de les placer côte à côte en les tenant dans une main et d'appuyer les deux pointes sur le bout d'un doigt de l'autre main. Avec un espacement d'environ un centimètre entre les pointes, on peut sentir facilement chacune de celles-ci, ce qui n'est pas le cas si, en conservant la même distance entre les pointes, on applique celles-ci sur une cuisse : on ne sent plus qu'une seule pointe.

La figure 7.1 indique que l'acuité tactile varie selon l'âge. Dans leur expérience, Stevens et Choo (1996) demandent à leurs sujets laquelle de deux lignes tactiles semble contenir un trou en son centre.

Le déclin des capacités avec l'âge est nettement plus marqué au niveau des orteils et du pied qu'il ne l'est, par exemple, au niveau du visage. Par rapport à celui de jeunes adultes (moyenne de 23 ans), le seuil d'acuité de personnes âgées (moyenne de 74 ans),

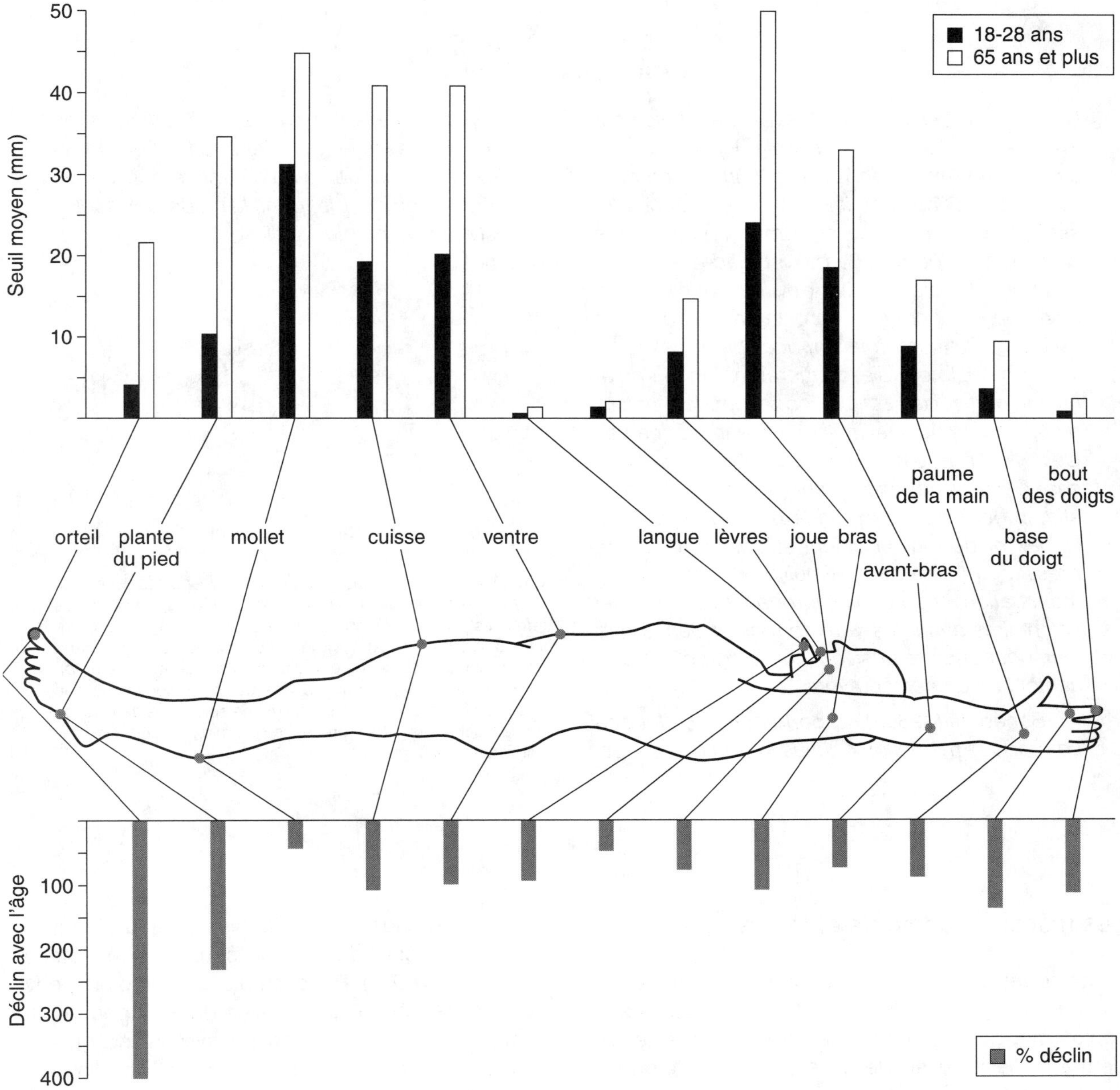

FIGURE 7.1 *Vieillissement et acuité de la surface du corps.* Acuité spatiale de 13 parties du corps chez les 18-28 ans (barres noires supérieures) et chez les 65 ans et plus (barres blanches supérieures). Ces barres indiquent le seuil moyen, en millimètres, pour détecter l'intervalle entre deux stimuli. Les barres inférieures montrent le pourcentage d'augmentation du seuil lorsqu'on passe du groupe de jeunes (moyenne = 23 ans) au groupe de personnes âgées (moyenne = 74 ans). *Source :* Stevens et Choo (1996, p. 161).

au niveau des orteils, est quatre fois plus élevé. Aussi, même si la valeur des seuils pour ces groupes augmente de 50 à 100 % au niveau de la langue, des lèvres et des doigts, le seuil d'acuité tactile, pour ces parties du corps, demeure nettement inférieur à celui des autres régions du corps, quel que soit l'âge.

ENCADRÉ 7.1
L'illusion d'Aristote

L'univers du toucher est passablement fascinant. Prenons un exemple très simple. Placez, tel qu'il est indiqué à la figure 7.2 en a*), un crayon entre deux doigts. Vous devriez sentir la présence d'un seul crayon. Maintenant, croisez vos doigts, comme à la figure 7.2 en* b*), et placez le crayon tel qu'il est indiqué. Vous devriez avoir l'impression que deux crayons sont en contact avec votre peau. Cette impression, que l'on appelle l'« illusion d'Aristote », s'expliquerait par le fait qu'au niveau cortical les cellules correspondant aux régions des doigts stimulées soient adjacentes. Cela n'est pas le cas lorsque les doigts sont croisés. Dans un tel cas, il faut généralement deux stimuli pour que les parties non adjacentes de l'index et du majeur soient stimulées, d'où l'impression qu'il y a deux stimuli. Pour rendre la démonstration encore plus probante, utilisez des volontaires ayant les yeux fermés et demandez-leur, pour chaque position (voir la figure 7.2), s'ils sentent un ou deux crayons.*

Benedetti (1986a) rapporte que cet effet peut se produire même lorsque les doigts ne sont pas adjacents. L'effet peut même se produire sans que l'on croise les doigts (Benedetti, 1986b). Selon Benedetti, de même qu'on trouve des cas de diplopie (vision double) dans la modalité visuelle, il existe une diplopie tactile qu'il appelle « displesthésie ».

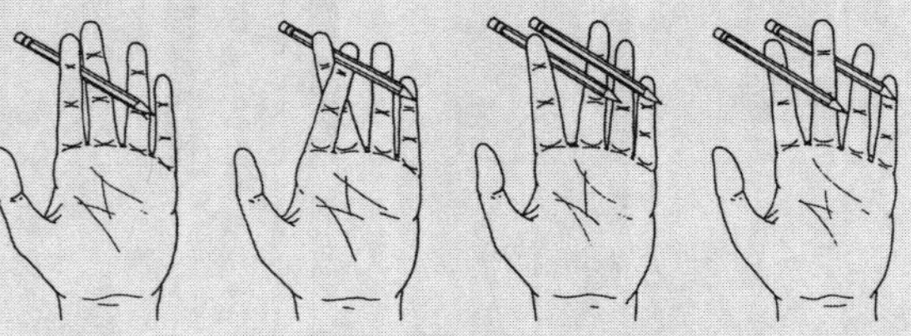

FIGURE 7.2 *Illustration de l'illusion d'Aristote.* L'impression recherchée devrait être plus forte si la personne testée ferme les yeux et si quelqu'un d'autre applique la ou les stimulations illustrées de *a*) à *d*). En *a*) de même qu'en *c*), on ne devrait sentir la présence que d'un seul crayon alors qu'en *b*), on a l'impression que deux crayons entrent en contact avec la peau. De même, bien que les doigts ne soient pas croisés, on devrait sentir en *d*) la présence de deux stimuli. *Source:* Schiffman (1996, p. 425).

Les mécanorécepteurs et les canaux

Il faut se représenter la peau comme une immense surface réceptrice. Elle comporte trois couches: l'épiderme, qui est la partie externe, apparente; le derme, situé juste en dessous; et, plus profondément, les tissus sous-cutanés. Une partie de cette surface externe est munie de poils tandis qu'une autre partie de celle-ci est glabre. On trouve la peau glabre sur la paume des mains et à la plante des pieds, par exemple. L'épaisseur de la peau varie selon les différentes parties du corps, la peau étant très mince (0,5 mm) au niveau du visage et plus épaisse (5 mm) à la plante des pieds. Chaque région de la peau est innervée par les fibres nerveuses d'un segment spinal donné.

Cette grande surface qu'est la peau comprend un nombre considérable de structures réceptrices (voir la figure 7.3). Par exemple, on compterait environ 17 000 récepteurs tactiles dans la peau d'une main. Les corpuscules de Pacini sont de gros récepteurs, surtout situés profondément dans la peau, entre le derme et des couches sous-cutanées. De forme ovale, les corpuscules de Meissner se trouvent pour leur part tout juste sous l'épiderme. Une seule déformation de la peau de quelques micromètres à l'endroit où se trouve un récepteur de ce type suffit à engendrer un potentiel d'action, c'est-à-dire un influx nerveux. Les corpuscules de Meissner servent donc la perception tactile fine et se trouvent nombreux à la plante des pieds et au bout des doigts. Également nombreux au bout des doigts, les

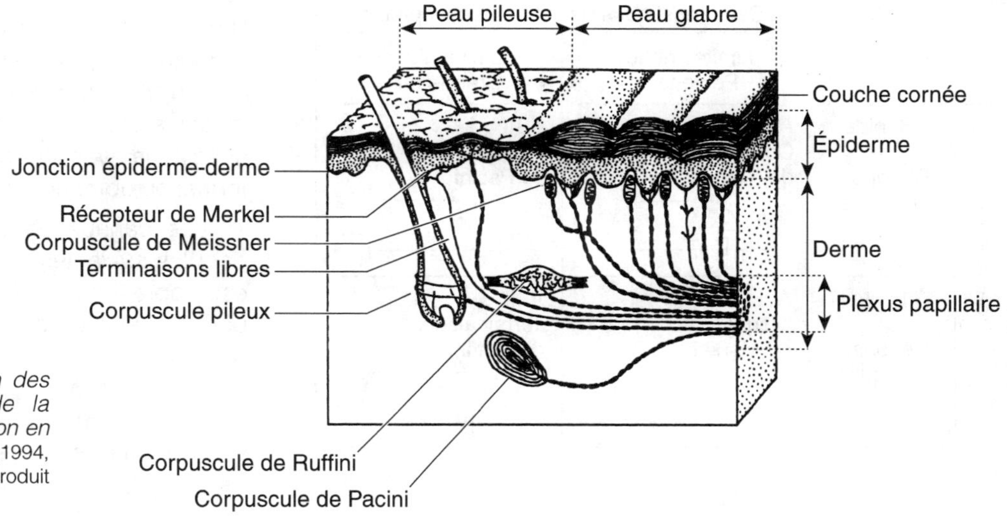

FIGURE 7.3 *Illustration des différents récepteurs de la peau et de leur localisation en profondeur. Source:* Roll (1994, p. 490). © PUF, 1994. Reproduit avec permission.

disques de Merkel engendrent un potentiel d'action lorsqu'on déforme la peau et, si la pression est maintenue, continuent à informer le cerveau de la poursuite de cette activité.

La peau renferme aussi des structures, les corpuscules de Ruffini et les bulbes de Krause, traditionnellement associées aux sensations thermiques. Enfin, on trouve aussi dans la peau des terminaisons libres (récepteurs non encapsulés), de même que certains poils, qui seraient aussi capables de détecter des stimuli tactiles. Dans l'ensemble, notre corps est muni de structures nous permettant d'être informés tant de l'état statique que des changements dynamiques de la peau.

En fait, les études récentes offrent un classement des différents récepteurs fondé sur la capacité d'adaptation, rapide ou lente, et sur la dimension des champs récepteurs (Roll, 1994). La figure 7.4 illustre ces propriétés et décrit les récepteurs en fonction de quatre catégories: adaptation lente avec petit ou grand champ récepteur et adaptation rapide avec petit ou grand champ récepteur (Vallbo et Johansson, 1984). Les petits champs récepteurs (diamètre de 2 à 8 mm) ont, contrairement aux plus grands, une région d'action bien délimitée. De plus, la densité de ces champs récepteurs est beaucoup plus grande, par exemple, au bout des doigts qu'au milieu de la main. Ce fait n'est pas étranger à la grande acuité tactile des doigts évoquée plus haut. Enfin, cette notion de champ récepteur s'apparente à ce que l'on connaît à propos de la physiologie rétinienne (voir le chapitre 4) où la grandeur des champs récepteurs varie en fonction de la localisation, et donc de la fonction, sur la rétine: c'est à la fovéa, où la vision est la plus nette, que les champs récepteurs sont les plus nombreux.

Si les travaux de Vallbo et Johansson ont permis de mettre en lumière certains faits neuroanatomiques importants quant à la notion de champs récepteurs tactiles, les travaux récents de Bolanowski et de ses collègues ont permis de distinguer des canaux psychophysiques (Bolanowski, Gescheider et Verrillo, 1994; Bolanowski, Gescheider, Verrillo et Checkosky, 1988). Ces travaux ont mené à l'élaboration d'un modèle dit « des canaux multiples » afin de lier en un ensemble cohérent certaines structures anatomiques, décrites plus haut, ainsi que certaines propriétés physiques et subjectives. Suivant la sensibilité à la fréquence de contacts avec la peau (nombre de touchers par seconde, ou hertz) notamment, ils distinguent quatre canaux à l'origine de la perception tactile. Comme le rapporte Bolanowski (1998), on pourrait comparer ces canaux à ceux décrits pour d'autres systèmes sensoriels: les canaux de fréquence spatiale pour la vision; les ondes courtes, moyennes ou longues propres à la perception des

a)

		Caractéristiques des champs récepteurs	
		Limites nettes Petite taille	Limites floues Grande taille
Adaptation	Rapide Réponses phasiques	ARI Corpuscules de Meissner	ARII Récepteurs de Pacini
	Lente Réponses toniques	ALI Disques de Merkel	ALII Terminaisons de Ruffini

b)

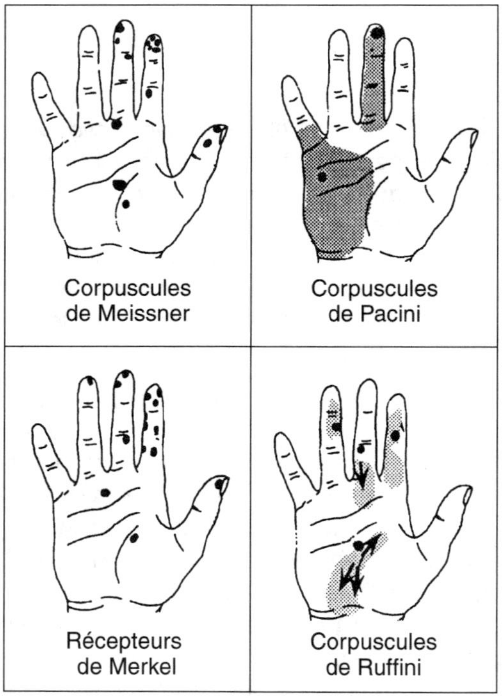

FIGURE 7.4 *Récepteurs de la peau en fonction de leur type d'adaptation, rapide (AR) ou lente (AL), et de la taille de leur champ récepteur, petit (I) ou grand (II).* Une adaptation rapide signifie un arrêt rapide du potentiel d'action (la série de petites lignes verticales en *a*) après la stimulation. En *b*), on note que les champs récepteurs des corpuscules de Pacini et des corpuscules de Ruffini sont de grande taille et ont des limites floues, contrairement aux corpuscules de Meissner et aux disques de Merkel. *Source :* Roll (1994, p. 491). © PUF, 1994. Reproduit avec permission.

couleurs ; ou les bandes critiques pour l'audition. L'idée de canal est fondée sur l'hypothèse qu'il y aurait un ou plusieurs mécanismes propres à chaque canal, ces mécanismes étant définis par la manière spécifique avec laquelle est manipulée l'information obtenue de l'extérieur.

Les canaux ont certaines propriétés, dont les suivantes. Ils ont un seuil qui leur est propre, c'est-à-dire que la détection est particulière à un canal donné et est indépendante de la contribution des autres canaux. Ils répondent de façon sélective à certaines fréquences et permettent à l'individu d'étiqueter ces réponses.

Ainsi, les récepteurs de Merkel, à l'origine des sensations de pression, répondraient de façon optimale à des fréquences de 0,3 à 3 Hz. Le canal sensible à des fréquences de 15 à 400 Hz, associé aux corpuscules de Ruffini, produit une impression désagréable de tintement. Les corpuscules de Meissner, sensibles à des fréquences allant de 3 à 40 Hz, créeraient quant à eux une impression de voltige, à la manière d'un papillon (cette sensation peut être engendrée par une série de petites tapes sur la peau). Enfin, le quatrième canal, associé aux corpuscules de Pacini et sensible à des fréquences de 10 à 500 Hz, serait spécialisé dans les impressions de vibrations. Les deux premiers canaux partagent une propriété importante : leur adaptation à une stimulation est lente, c'est-à-dire que tant que le stimulus est appliqué, une réponse nerveuse est maintenue. À l'opposé, les corpuscules de Meissner et de Pacini ont un mode de réponse qui témoigne d'une adaptation rapide (retour à un niveau zéro de réponse même si la stimulation est maintenue). Autrement dit, l'être humain semble bien outillé pour les résolutions spatiales (récepteurs de Merkel et corpuscules de Ruffini) et temporelles (corpuscules de Meissner et corpuscules de Pacini).

7.1.2 Les sensations thermiques

La peau permet au corps d'exercer une régulation thermique adaptée aux exigences de l'environnement en retenant ou en favorisant l'élimination de la chaleur. Elle procure aussi des sensations thermiques reliées aux stimuli qui entrent en contact avec elle. C'est de ces sensations, parfois de chaud, parfois de froid, que nous allons maintenant traiter.

Une perception relative : adaptation et zéro physiologique

Prenez trois contenants et, dans l'un d'eux, mettez de l'eau un peu chaude ; dans un autre, de l'eau froide ; et dans un troisième, installé au milieu, de l'eau tiède. Plongez simultanément, durant 20 s, une main dans le contenant d'eau chaude et l'autre main dans le contenant d'eau froide. Après ces 20 s, plongez les deux mains dans le contenant du milieu. Bien que les deux mains se trouvent dans la même eau, l'une d'elles, celle qui était dans l'eau chaude, donne l'impression que l'eau est froide tandis que l'autre main procure l'impression inverse.

De cet exemple, il faut retenir d'abord que l'impression de chaud ou de froid peut être localisée. Encore plus important, il faut aussi extraire de cette expérience le grand principe suivant : les sensations de chaud ou de froid relèvent d'un phénomène d'*adaptation*. S'adapter, cela signifie modifier son *zéro physiologique*. Ce dernier peut se définir comme une zone neutre de complète adaptation thermique ou, autrement dit, comme une zone d'indifférence thermique. L'adaptation étant réalisée, il faut qu'il se produise, pour ressentir le chaud ou le froid de nouveau, de nouvelles variations de température. Dans ces conditions, ce n'est pas tant la température elle-même que les variations de celles-ci sur la peau qui créent les sensations de chaud ou de froid.

Le zéro physiologique est déterminé essentiellement par deux facteurs, la région cutanée concernée et la vitesse de variation de la température. Toutes les parties du corps ne sont pas à la même température. Par exemple, si vous touchez vos lobes d'oreille, vous devriez les sentir un peu froids, c'est-à-dire plus froids que ne l'est le bout des doigts avec lesquels vous avez procédé au toucher. Selon les endroits de la peau stimulés et le rythme de variation des températures, on peut ressentir des différences aussi minimes que 1 °C et rester indifférent à des variations de 8 °C. En fait, pour des températures extrêmes, l'adaptation est beaucoup plus longue.

Par ailleurs, la sensibilité aux changements de température obéit à un principe de sommation spatiale : plus grande est la surface cutanée exposée aux changements de température, plus grande est la sensibilité. Autrement dit, si on double la surface exposée, on peut réduire de moitié le changement de température requis pour la détection (Sherrick et Cholewiak, 1986). Concrètement, cela veut dire que, un matin d'hiver, vous avez de meilleures chances d'avoir l'impression qu'il fait froid si vous sortez dehors plutôt que de simplement tendre le bras par la fenêtre.

Enfin, comme on l'a vu plus haut pour l'acuité tactile, la sensibilité à la température diminue avec l'âge (Stevens et Choo, 1998). Encore une fois, ce déclin est plus important pour les extrémités du corps, en particulier les orteils et les pieds, que pour le visage (voir la figure 7.5). Cette variation selon les parties du corps refléterait en fait la diminution, avec l'âge, de la circulation sanguine en périphérie.

Le chaud et le froid : un ou deux sens ?

À la fin du siècle dernier, Max Von Frey publiait une série de travaux sur les sens cutanés. Se basant sur différentes techniques, il avança l'idée de l'existence de quatre types de points sensoriels, soit ceux du toucher, de la douleur, du froid et de la chaleur. Cette idée reçut le nom de « théorie de la spécificité ». Appliquée aux sensations thermiques, cette théorie stipulait que la perception du chaud et du froid se faisait en fonction de la stimulation de récepteurs propres à ces sensations. À cette époque, on connaissait l'existence de différentes structures cutanées, dont celles évoquées à la section précédente. On avait aussi distingué les corpuscules de Ruffini et les bulbes de Krause. Uttal (1973) présente un tableau qui résume les résultats d'un grand nombre d'études où sont associés récepteurs cutanés et fonctions.

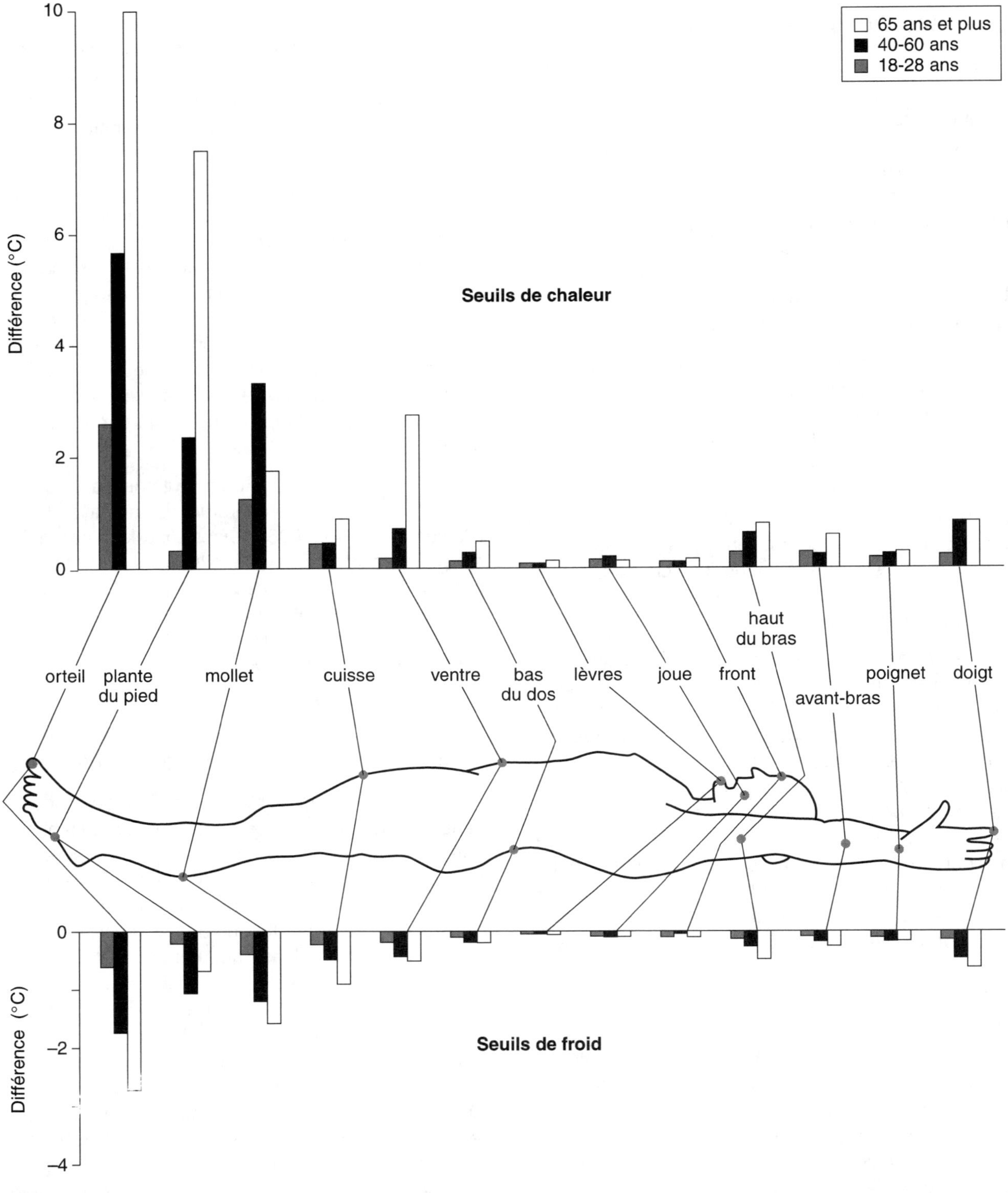

FIGURE 7.5 *Cartographie des parties du corps sensibles au chaud et au froid (barres supérieures) et des parties du corps sensibles au froid (barres inférieures).* Ces barres indiquent les seuils médians pour trois groupes d'âge (blanc: 65 ans et plus; noir: 40-60 ans; gris: 18-28 ans). *Source:* Stevens et Choo (1998, p. 21).

Certains endroits du corps sont sensibles au froid et comportent des bulbes de Krause. C'est le cas notamment de la conjonctive de l'œil, qui n'est pourtant pas sensible à la chaleur, et de l'extrémité du pénis, qui n'est pas sensible à la pression. Von Frey voyait là une démonstration de la spécialisation des bulbes de Krause pour le froid. Par ailleurs, comme seuls les corpuscules de Ruffini n'étaient pas déjà associés à un rôle sensoriel et qu'aucun récepteur ne semblait propre à la sensation de chaleur, Von Frey en conclut que la perception du chaud était le propre des corpuscules de Ruffini.

La théorie de la spécificité de Von Frey est intéressante parce qu'elle est simple et plausible, plausible parce que des régions de la peau davantage pourvues en bulbes de Krause et en corpuscules de Ruffini sont également très sensibles au froid et au chaud, respectivement. Cependant, il y a des données dans cette théorie qui posent problème. Certaines régions cutanées non pourvues de corpuscules de Ruffini ou de bulbes de Krause sont quand même sensibles aux stimulations thermiques.

Enfin, la théorie de Von Frey sur les fonctions des bulbes de Krause et des corpuscules de Ruffini n'est plus vraiment retenue pour expliquer les sensations thermiques, et d'autres théories se font attendre dans ce domaine. On peut néanmoins retenir à propos de la spécificité des sensations de chaud et de froid (Kenshalo, 1976) qu'il existe des fibres nerveuses qui répondent à des stimuli s'étendant de 20 à 45 °C avec un maximum d'intensité à 30° (fibres du froid); et d'autres répondant davantage à des stimuli s'étendant de 30 à 48 °C, avec un maximum d'intensité à 44° (fibres du chaud). Une stimulation thermique appliquée directement sur l'une de ces fibres suffit à induire l'impression subjective de chaud ou de froid.

7.1.3 La douleur

La fonction de la douleur

On note deux grandes caractéristiques de la douleur. D'abord, un grand nombre de situations douloureuses sont pratiquement intolérables. Deuxièmement, on ne s'adapte pas facilement à la douleur. Cette faible valeur adaptative de l'organisme ne doit pas être interprétée comme une faiblesse dans le fonctionnement de celui-ci. Au contraire, il s'agit là de quelque chose de souhaitable. La douleur est un système d'alarme qui commande une réponse afin qu'un état pathologique soit rapidement enrayé ou, à tout le moins, ne soit pas aggravé.

Curieusement, il existe des situations où les états pathologiques ne sont pas signalés. Il s'agit alors d'analgésie, cette maladie pouvant être soit congénitale, soit épisodique (Melzack et Wall, 1989). Il existe de très rares cas d'analgésie congénitale: les gens qui en sont atteints ne ressentent rien, par exemple, lorsqu'ils se coupent ou se brûlent gravement. Privés du système d'alarme qu'est la douleur, ces gens risquent de mourir jeunes, n'étant pas équipés pour détecter une détérioration de leur organisme. Les cas d'analgésie épisodique sont plus nombreux. Celle-ci se traduit par l'incapacité de ressentir la douleur parfois durant quelques minutes, parfois même durant quelques heures, après une blessure.

Les stimuli de la douleur

On distingue généralement deux types de douleur, la douleur aiguë et la douleur diffuse. Une douleur aiguë, par exemple une piqûre ou une décharge électrique, est très localisée et entraîne une réaction immédiate. Une douleur diffuse, comme l'angine de poitrine, est le plus souvent mal localisée.

Le seuil de tolérance

L'étude de la douleur est extrêmement complexe. Il arrive que des tissus de l'organisme soient endommagés mais que la personne subissant ces dommages n'éprouve pas de douleur. L'inverse est également vrai: une personne peut ressentir de la douleur même en n'ayant aucun tissu endommagé. En plus de ces cas extrêmes, les chercheurs spécialisés dans le domaine de la douleur doivent aussi composer avec les immenses différences individuelles concernant les réactions à un stimulus douloureux. Dans le feu de l'action, des athlètes arrivent parfois à tolérer des douleurs qui, en temps normal, seraient insupportables. Pour souligner la complexité de ce domaine d'études, pensons aussi comment il est parfois possible de détourner l'attention d'un enfant afin de le distraire d'une douleur qui, 2 s plus tôt, semblait insupportable. C'est ainsi que, dans l'étude de la douleur, on distingue un seuil de perception de la douleur, un seuil de tolérance à la douleur et même un seuil de tolérance avec encouragement.

Par ailleurs, notons qu'il existe différents instruments de mesure de la douleur visant à distinguer les composantes sensorielles et affectives du phénomène (Rollman, 1977, 1992). En fait, pour ce phénomène, il est particulièrement difficile de distinguer entre la sensibilité et la manière qu'a une personne de déterminer ce qu'elle ressent. Parmi ces instruments de mesure, mentionnons le questionnaire de McGill sur la douleur (Melzack et Katz, 1992).

Les mécanismes de contrôle

On peut dégager différents points de vue concernant les mécanismes agissant sur l'expérience de la douleur. Comme on l'a vu pour la sensation thermique, un premier point de vue théorique consiste à associer un récepteur à une fonction. Or, on sait que certaines drogues, telles la codéine ou la morphine, permettent de diminuer la douleur, et ce, sans anesthésier au passage les autres sens cutanés. Il y aurait donc des récepteurs propres à la douleur. Ces récepteurs sont appelés « nocicepteurs », du fait qu'ils reçoivent ce qui est nocif, nuisible à l'organisme. Les terminaisons libres de la peau agiraient à titre de nocicepteurs. On trouve ceux-ci, distribués en plus ou moins grand nombre, à travers les différentes surfaces de la peau et ailleurs dans l'organisme (dans les muscles, les tendons ou les viscères, par exemple). Les déclencheurs de l'action des nocicepteurs peuvent être d'origine mécanique, électrique ou thermique, ce qui a amené à se demander si la douleur est une sensation différente du toucher, du chaud ou du froid, ou si elle ne serait pas une simple exacerbation de ces sensations.

En fait, en plus des liens sensations-récepteurs, Von Frey avait aussi postulé l'existence de voies directes, séparées et spécifiques entre les récepteurs et le cerveau. Il distinguait les fibres de fort calibre, chargées de transmettre les impulsions du toucher, et les fibres plus petites, chargées de transmettre la douleur. Il supposait qu'il y avait, au niveau du cerveau, un centre du toucher et un centre de la douleur. Cela allait ouvrir la voie à une théorie importante et populaire dans le domaine de la douleur : la théorie du portillon (*gate-control theory*).

Élaborée par Melzack et Wall (1965), cette théorie requiert d'abord de comprendre que l'information qui circule de la périphérie au cerveau est relayée de différentes manières, au niveau de la moelle épinière. La figure 7.6 permet de faciliter la compréhension des grandes lignes de cette théorie (voir l'encadré 7.2). Essentiellement, cette dernière stipule que, au niveau de la moelle épinière, est situé un mécanisme qui sert de barrière et qui module l'expérience de la douleur.

Les interventions contre la douleur

Il existe un grand nombre d'interventions possibles afin de calmer la douleur. On en distingue quatre grandes catégories (Rosenzweig, Leiman et Breedlove, 1998), relevant de la psychologie, de la pharmacologie, de la stimulation et de la chirurgie (voir la figure 7.7, p. 162).

Parmi les interventions d'ordre psychologique, on note les approches dites « béhaviorales-cognitives ». L'emploi de ce type d'approches peut conduire les patients, par exemple, à utiliser des stratégies de diversion afin de diminuer la souffrance ressentie dans des situations données. Les techniques issues de ce type d'approches sont nombreuses et consistent, en général, à développer certaines réactions à la douleur, qu'elles soient comportementales ou cognitives. Par ailleurs, l'utilisation d'un placebo semble avoir un effet bénéfique sur l'expérience de la douleur. Un placebo est une substance qui possède la même apparence qu'un comprimé médicamenteux mais qui ne possède aucun pouvoir médicinal. Un comprimé de sucre n'a en théorie aucune action sur le phénomène sur lequel un patient croit que cela pourrait agir. Cependant, le simple fait de croire que l'on reçoit des soins suffit parfois à réduire la douleur. Cet effet placebo s'expliquerait soit par une réduction de l'anxiété, soit par une sécrétion d'endorphines (un néologisme créé à partir des termes « endogène » et « morphine »), hypothèse encore débattue. On rapporte également que la présence de stress, comme le fait d'être sur un champ de bataille durant la guerre, aurait pour effet de réduire la douleur. Cette réaction serait attribuable à la sécrétion d'endorphines. Enfin, l'état d'hypnose, dans lequel la conscience altérée d'un patient le rend sensible à la suggestion,

ENCADRÉ 7.2
La théorie du portillon de Melzack et Wall

Les cellules de transmission (T dans la figure 7.6), dont l'excitation détermine l'activité d'un mécanisme d'action, reçoivent une donnée d'entrée de trois sources : les fibres de fort calibre (G), les fibres plus petites (P) et la substance gélatineuse (SG). Les deux types de fibres nerveuses, G et P, qui amènent de l'information au niveau de la moelle épinière en provenance de la périphérie, ont des caractéristiques qui leur sont propres. Les fibres G (associées aux stimulations tactiles non douloureuses) ont un diamètre plus grand, elles sont davantage myélinisées et ont un seuil de stimulation plus bas que celui des fibres P (associées à la douleur).

Au niveau de la moelle épinière, les fibres G et P entrent toutes deux en synapse avec les cellules T et avec un mécanisme de barrière, SG. Les fibres G transmettent un influx nerveux qui excite (+) T et SG, tandis que les fibres P excitent les cellules T mais exercent une inhibition (–) sur SG. Par ailleurs, il faut souligner que SG agit de manière inhibitrice sur T. Or, c'est l'activité de T qui, transmise à un système d'action, détermine l'expérience de la douleur. Ainsi, une faible activité des cellules T n'engendrera pas d'impression de douleur. Cependant, une fréquence élevée de décharge du groupe de cellules T sera décodée, par le système nerveux central, comme une stimulation douloureuse.

L'activité de G active aussi des processus cognitifs (appelés « contrôle central» dans la figure 7.6) qui, eux-mêmes, influent sur la barrière. Cet intermédiaire expliquerait le fait que l'on puisse, soit grâce à des expériences antérieures ou à des stratégies particulières comme de détourner son attention, exercer un contrôle central (cognitif) permettant de bloquer l'impression de douleur.

Cette théorie permet de comprendre certains phénomènes. Par exemple, on recommande souvent de frotter doucement la peau dans une région où l'on vient de se faire mal. Le fait de frotter doucement active probablement les fibres G,

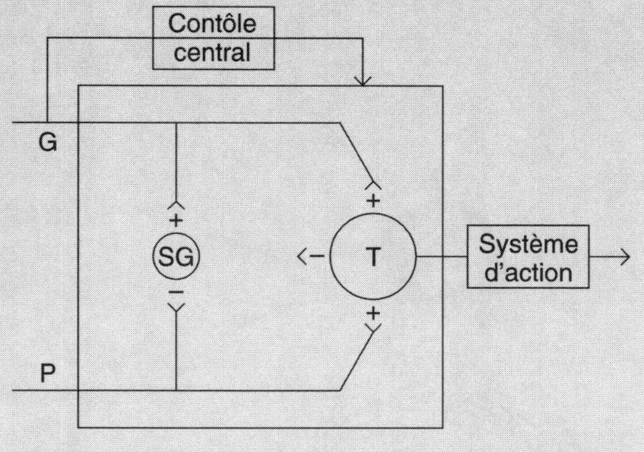

FIGURE 7.6 *Illustration des principaux relais postulés dans la théorie du portillon de Melzack et Wall.* G et P indiquent que les fibres sont grandes ou petites ; SG signifie « substance gélatineuse » et T désigne la présence de cellules de transmission. *Source :* Melzack et Wall (1965, p. 975).

qui ont un seuil bas de stimulation, sans activer les fibres P. Conséquemment à l'activation des fibres G, on active le mécanisme de barrière, SG, ce qui inhibe l'activité des cellules T qui déterminent la transmission de la douleur.

La théorie du portillon de Melzack et Wall permet aussi d'expliquer partiellement certains phénomènes comme celui du membre fantôme. Il s'agit du nom donné à un membre amputé qui, à cause de la douleur que les personnes amputées ressentent à l'endroit où devrait se trouver ce membre, semble être encore présent (pour une revue à ce sujet, voir Melzack, 1989 ; ou Ramachandran et Hirstein, 1998). Dans la partie non coupée du membre (le moignon), certaines fibres nerveuses – environ la moitié – se régénèrent. Elles sont pour la plupart de faible calibre. Or, l'absence de fibres G, lesquelles assureraient l'inhibition finale par son action sur SG, pose problème. Avec l'activité occasionnelle des fibres P, provoquée par exemple par des frictions de la peau du moignon, et ce, en l'absence d'activité de G pour compenser, la barrière s'ouvre, ce qui entraîne une impression de douleur.

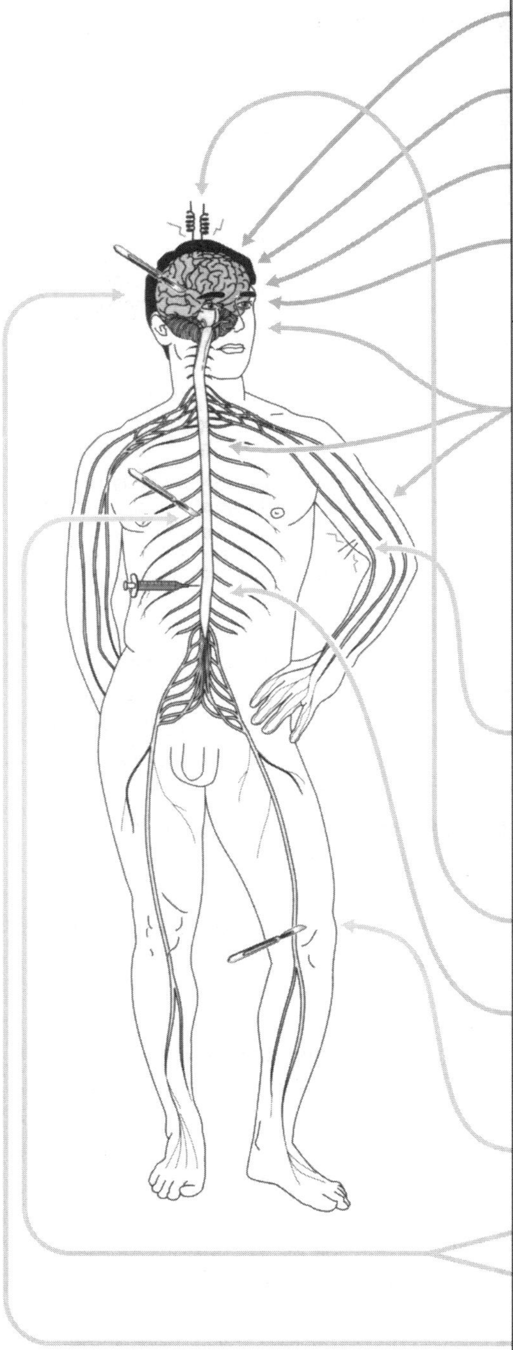

Mesures	Mécanisme	Limites/commentaires
Psychogéniques		
Placebo	Peut activer le système endorphine du contrôle de la douleur	Contrôle inhibé par des agents bloquant les narcotiques
Hypnose	Altère la perception cérébrale de la douleur	Contrôle non affecté par des agents bloquant les narcotiques
Stress	Mécanismes comprenant des opioïdes et mécanismes n'en comprenant pas	Impraticable cliniquement, et inapproprié
Cognition (apprentissage, stratégies pour faire face)	Peut activer le système endorphine du contrôle de la douleur	Utilisation limitée dans les douleurs aiguës
Pharmacologiques		
Substances opiacées	Se lient aux récepteurs dans le gris périaqueducal, pour activer le système endorphine de contrôle de la douleur	Effets secondaires importants dus à leur liaison dans d'autres régions cérébrales
Blocage spinal	Les drogues bloquent les signaux de la douleur dans la moelle épinière	Évite les effets secondaires d'une administration systémique
Médicaments anti-inflammatoires	Bloquent la synthèse des endorphines et des leucotriènes au niveau de la lésion	Beaucoup d'effets secondaires
Aspirine	Bloque la synthèse des prostaglandines au niveau de la lésion	Ne bloque pas la synthèse des leucotriènes
Stimuli		
SENT/mécanique	La stimulation tactile ou électrique des grandes fibres bloque ou altère les signaux de la douleur vers le cerveau	Contrôle segmentaire ; doit être appliqué sur le site de la douleur
Acupuncture	Agit apparemment de la même façon que le SENT	Le contrôle n'est pas affecté par les bloquants des opiacés
Gris central	Active les système à endorphines du contrôle de la douleur en bloquant les signaux de douleur dans la moelle épinière	Le contrôle est inhibé par les bloquants des narcotiques
Colonne dorsale	Se lie d'abord aux récepteurs des opiacés dans la moelle épinière, et bloque les signaux de la douleur	Les effets secondaires sont très largement évités
Chirurgicales		
Section des nerfs périphériques; Rhizotomie; Hémisection de la moelle épinière; Lobotomie frontale	Créent une rupture physique dans les voies de la douleur	Risque considérable de rechute ou de retour de la douleur

FIGURE 7.7 *Résumé des différents types d'intervention visant à soulager la douleur. Source :* Rosenzweig, Leiman et Breedlove (1998, p. 279). © 1996, Sinauer Associates. Reproduit avec permission.

permettrait de réduire la douleur. Bellisimo et Tunks (1984) rapportent à ce propos le cas d'un homme atteint d'un cancer de la gorge. Obéissant à la suggestion reçue sous hypnose selon laquelle, dès l'apparition d'une douleur à la gorge, il percevrait un tintement agréable, le patient a finalement réussi à vivre avec l'impression que ce qui était douloureux était plutôt agréable.

Parmi les effets pharmacologiques les plus puissants, on note les médicaments à base d'opium comme la morphine et la codéine, que reçoivent parfois les grands malades comme les cancéreux en phase terminale, par exemple. Ces substances, qui sont constituées de molécules ayant une structure spécifique, agissent donc de manière spécifique grâce à la présence de sites récepteurs particuliers au niveau des cellules du cerveau. Il faut cependant noter que l'utilisation de pareils médicaments entraîne des effets secondaires importants tels que la confusion et les vomissements. La découverte, dans les années 1970, de la présence de tels récepteurs dans le cerveau fut pour les chercheurs une indication qu'il devait bien y avoir une raison pour laquelle ces récepteurs existaient. Ces chercheurs ont supposé que de telles substances étaient présentes dans l'organisme, sous une forme naturelle. Cette hypothèse a été confirmée quelques années plus tard, au moment où les endorphines, qui ont des propriétés analgésiques, ont été découvertes.

Par ailleurs, le lecteur est sûrement davantage familiarisé avec d'autres interventions pharmacologiques, comme l'utilisation de l'aspirine, qui font appel à des analgésiques à effet local, c'est-à-dire à des produits agissant sur le site de la blessure ou du malaise. Il existe aussi des médicaments anti-inflammatoires, vendus sans ordonnance, qui, s'ils soulagent également la douleur, sont susceptibles d'entraîner des effets secondaires.

Une tout autre manière d'intervenir afin de réduire la douleur consiste à stimuler la peau de manière particulière. Vieille de 3000 ans, l'acupuncture est une technique consistant à insérer des aiguilles à des endroits stratégiques de la peau. En fait, les acupuncteurs utilisent, pour contrer la douleur, une série de procédés tels que le mouvement des aiguilles, ou encore la stimulation électrique ou la stimulation par la chaleur. Une manière plus récente d'intervenir, rappelant certains procédés propres à l'acupuncture, est constituée par la stimulation nerveuse électrique transcutanée. Cette technique consiste à envoyer des impulsions électriques par des électrodes installées sur la surface de la peau. Cela a pour effet d'exciter les nerfs qui se trouvent dans la région douloureuse. Ce type d'intervention serait particulièrement efficace lorsque la douleur est causée par une blessure concernant des nerfs en périphérie.

Enfin, il existe une tout autre manière d'intervenir : la chirurgie. En créant une rupture dans les voies empruntées par la douleur, on peut soulager cette dernière. Ainsi, on peut couper un nerf, quelque part en périphérie ; on peut sectionner une petite partie de la moelle épinière ; ou bien encore pratiquer une lobotomie au niveau du cortex central.

À stimulation égale, l'expérience de la douleur est donc extrêmement variable d'un individu à l'autre et d'une situation à l'autre. La théorie du portillon de même que le succès relatif de diverses méthodes non médicinales (placebo, hypnose) démontrent à quel point la sensation de douleur est à la fois un phénomène physique lié à un stimulus nocif et le fruit d'un processus interprétatif basé sur l'expérience passée, les croyances et les attentes du sujet. Cela illustre l'interaction complexe qui existe entre l'organisme, son système nerveux et l'environnement.

7.2 LA KINESTHÉSIE

7.2.1 Le toucher et la kinesthésie

Un sportif peut très bien dribbler un ballon sans le regarder, lors d'un match de basket-ball, de manière à fixer son regard sur la position des équipiers et des adversaires pour organiser le jeu. De même, un piéton peut perdre pied, l'hiver, après avoir glissé sur une plaque de glace, mais arriver quand même à reprendre son équilibre : ceci n'est possible que si l'individu détecte son état de déséquilibre.

Cela s'explique par le fait que le corps humain comporte un ensemble de structures qui permettent de rendre compte de son état, de manière à pouvoir rétablir son équilibre au besoin, ou, tout simplement, qui permettent à l'individu de connaître l'état de son corps afin de s'adapter à l'environnement. De manière générale, on pourrait appeler ces structures le sens de l'équilibre ; on parle aussi à leur égard de kinesthésie. Celle-ci est constituée par les différentes sensations internes que procurent les mouvements des membres ou les segments corporels (du grec *kinêsis,* pour mouvement, et *aisthêsis,* pour sensation). On emploie parfois le terme plus générique « proprioception » pour désigner cette même réalité[1].

Contrairement aux cas de la vision ou de l'audition, pour lesquels on peut désigner un récepteur (la rétine et la cochlée), les structures réceptrices affectées à l'équilibre ne sont pas concentrées en un même endroit dans le corps. On en trouve dans l'oreille interne (où est situé l'appareil vestibulaire), les muscles, les tendons et les articulations. Les structures de l'appareil vestibulaire (sacs vestibulaires et canaux semi-circulaires) sont présentées au chapitre 13, portant sur l'orientation spatiale. Dans la sous-section qui suit, nous présentons quelques autres sources permettant de déterminer la position des parties du corps dans l'espace.

7.2.2 Les récepteurs kinesthésiques

Pensez à l'haltérophile qui essaie de lever une lourde charge. Il lui est indispensable d'être bien renseigné sur l'état de tension musculaire ou articulaire de certaines parties de son corps. Or, à de nombreux endroits du corps, au niveau des muscles, des tendons, des articulations et des cartilages, sont situés des récepteurs qui fournissent ces renseignements. Deux de ces récepteurs nous intéresseront ici, ceux que l'on trouve dans les muscles et ceux qui sont situés dans les tendons.

La partie d'un muscle agissant comme récepteur sensoriel est appelée « fuseau neuromusculaire » (FNM). Pour bien comprendre ce qu'est un FNM, il faut savoir que les muscles sont constitués d'un ensemble de fibres musculaires. Autour d'environ une demi-douzaine de ces fibres, un nerf vient s'enrouler pour former un des FNM d'un muscle donné (voir la figure 7.8). C'est le cas notamment de l'afférence primaire Ia (le terme « afférence » désigne ce qui va de la périphérie vers le centre). Selon leur diamètre et leur longueur, on distingue divers types de fibres : intrafusales, à sac nucléaire ou à chaîne nucléaire. Les FNM sont des détecteurs de longueur puisqu'ils sont sensibles à l'étirement du muscle. Lorsqu'un muscle de notre corps est étiré, nous en sommes informés parce que ces FNM transmettent un nombre élevé d'influx nerveux. Parmi les différentes réponses que peut provoquer cette information, se trouve une activité réflexe.

La densité des FNM dans un muscle donné, soit leur quantité pour un espace donné, augmente avec la précision de mouvement que doit atteindre ce muscle. On en compte parfois plus d'une centaine pour un seul muscle. On comprend ainsi que les muscles de la main soient très riches en FNM bien qu'il s'agisse de petits muscles. De même, des groupes musculaires plus gros comptent davantage de FNM, mais leur densité est moindre.

Il existe un deuxième type de récepteurs kinesthésiques très important pour l'ajustement musculaire. Aux extrémités des muscles, on trouve une structure, les tendons, qui permet aux muscles d'être attachés aux os. Or, au niveau des tendons, plus précisément à la jonction musculotendineuse, un autre type de structure agit comme récepteur sensoriel : l'organe neurotendineux, aussi appelé « récepteurs de Golgi » ou « appareil tendineux de Golgi » (voir la figure 7.8).

Plutôt que de donner de l'information sur la longueur du muscle, comme le FNM, les appareils de Golgi sont des détecteurs de tension en ce qu'ils informent sur le degré de tension musculaire. C'est par l'intermédiaire des afférences Ib que les influx nerveux engendrés par l'organe neurotendineux sont transmis au système nerveux central. L'excitation de ces récepteurs engendre aussi une activité réflexe d'inhibition.

7.2.3 La réflexologie spinale

Nous décrirons maintenant une situation qui semble un peu éloignée du propos du présent livre sur la

1. La vision contribue aussi au processus, comme on le verra plus loin. On parlera alors de « proprioception visuelle ».

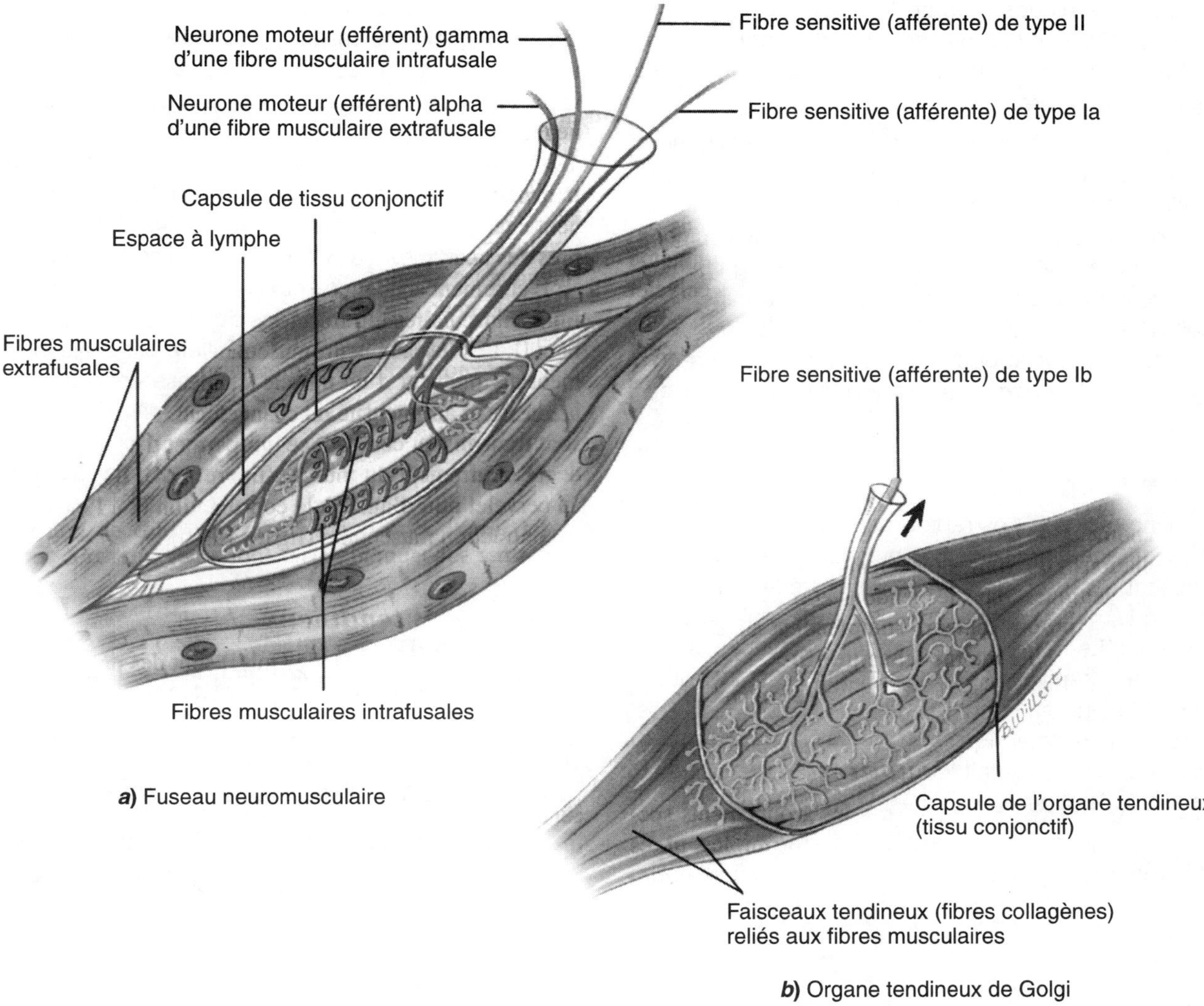

FIGURE 7.8 *Illustration d'un fuseau neuromusculaire et d'un organe neurotendineux. Source :* Tortora et Grabowski (1994, p. 470).

perception. Cependant, connaître le réflexe myotatique (la racine « myo » signifiant « muscle ») demeure pertinent en ce que ce réflexe est intimement lié à la sensation procurée par les récepteurs kinesthésiques.

Si quelqu'un ajoute soudainement une lourde charge dans votre main alors que vous avez le bras tendu, vous n'aurez pas besoin de prendre conscience de la présence de cette nouvelle charge pour fournir l'effort musculaire additionnel nécessaire pour la supporter. Automatiquement, sans qu'interviennent des processus liés à des opérations du cerveau, une activité réflexe est enclenchée. Au niveau du système nerveux central, ces réflexes ne font intervenir que la moelle épinière, d'où l'appellation de « réflexologie spinale ».

Le réflexe myotatique est amorcé par l'étirement d'un muscle. Nous ne décrirons que l'effet immédiat créé par cette charge, même si, en réalité, le cerveau finit par être informé de tout ce qui se passe plus bas, ce qui a pour effet de créer de nombreux ajustements musculaires faisant appel à différentes structures cérébrales. Comprendre ce réflexe requiert d'abord de savoir que le système moteur du corps humain fonctionne par couples d'antagonistes. Par exemple, le biceps permet de pratiquer une flexion du bras. Or, à ce biceps correspond un antagoniste, le triceps, situé de l'autre côté du bras, qui permet l'extension du bras.

Le réflexe myotatique provoqué par l'étirement musculaire consiste en la création d'une commande, l'influx nerveux, acheminée par les afférences Ia à la moelle épinière, par la racine dorsale. C'est au niveau de la corne antérieure, dans la substance grise, que la fibre nerveuse établit une synapse avec une autre cellule nerveuse. Elle le fait notamment à l'aide d'un neurone moteur appelé « motoneurone », qui sert à exciter les fibres extrafusales (voir la figure 7.9). L'activité de ce motoneurone aura une action excitatrice sur le muscle extenseur et une action inhibitrice sur le muscle fléchisseur.

Une réponse très rapide est retournée aux muscles lorsque ce réflexe est enclenché. Cette rapidité est attribuable au fait qu'il s'agit d'un réflexe monosynaptique, c'est-à-dire n'ayant nécessité qu'une seule synapse. Le réflexe rotulien, celui que vérifie le médecin qui frappe sur votre genou pour voir si votre jambe lèvera, en est un exemple. Il existe aussi des réflexes polysynaptiques, comme le réflexe palpébral (celui qui vous fait fermer la paupière si vous recevez un jet d'air dans l'œil).

Enfin, de même qu'il existe des similitudes et des différences entre le toucher et la vision, on peut noter que la vision et la kinesthésie interagissent souvent ensemble. Afin de réaliser pleinement à quel point l'équilibre postural nécessite des ajustements de contraction musculaire commandés par de fines impressions de déséquilibre (celui-ci étant signalé par le système otolithique), essayez de vous tenir debout sur une seule jambe pendant une quinzaine de secondes en gardant les yeux ouverts. Faites ensuite la même chose les yeux fermés (sur l'autre jambe si vous êtes fatigué). Les yeux fermés, vous sentirez le besoin de faire beaucoup plus de travail. Cet exercice vous révèle que le sens de l'équilibre est polysensoriel puisqu'il est plus difficile de conserver l'équilibre lorsque les yeux sont fermés. Le chapitre 9, portant sur l'intermodalité, fournit également un exemple relié à la kinesthésie (voir la situation de pointage vécue par un sujet adapté à des lunettes prismatiques qui déplacent les images).

7.3 LES PROJECTIONS CORTICALES ET LA PLASTICITÉ CÉRÉBRALE

7.3.1 Les fonctions de la moelle épinière

La transmission au cerveau de l'information prélevée par les différents récepteurs, et traitée par les différents

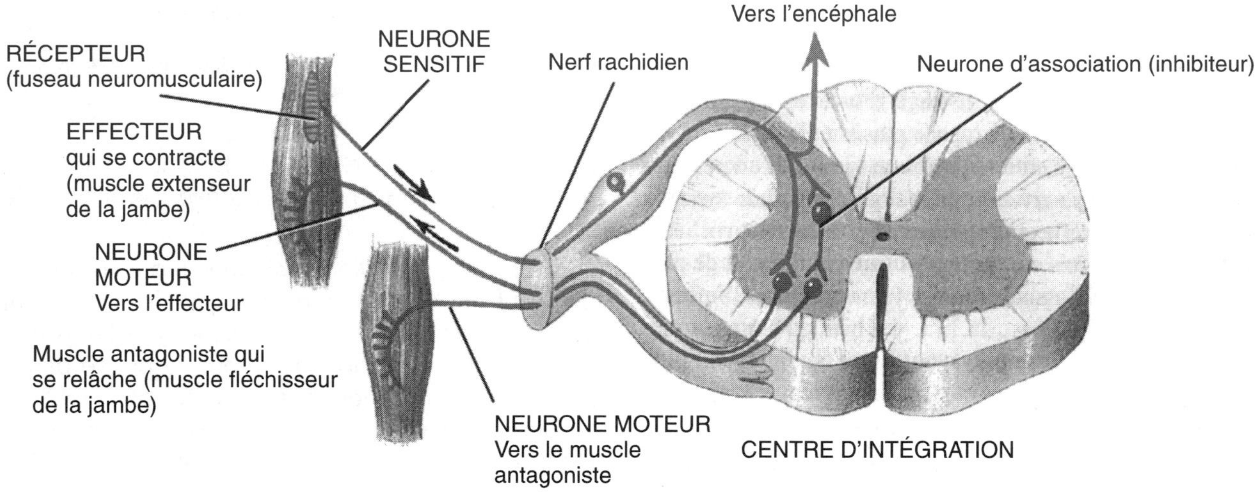

FIGURE 7.9 *Illustration du réflexe myotatique. Source :* Tortora et Grabowski (1994, p. 400).

mécanismes décrits précédemment, s'effectue par la voie des nerfs. Le système nerveux périphérique est notamment composé de 12 paires de nerfs crâniens et de 31 paires de nerfs rachidiens. Les nerfs crâniens, que l'on désigne par les chiffres I à XII, portent aussi un nom qui renseigne sur leur fonction. Certains nerfs sont strictement efférents (ils portent l'information du cerveau aux effecteurs musculaires), d'autres sont strictement afférents (ils portent l'information des récepteurs sensoriels au cerveau) et d'autres, comme le trijumeau (V), possèdent les deux fonctions.

La moelle épinière est cette partie du système nerveux central protégée par la colonne vertébrale qui assure la communication (c'est-à-dire la transmission de l'influx nerveux) entre le système nerveux périphérique (les nerfs) et le cerveau. Si on effectue une coupe transversale de la moelle épinière, on y voit une série de faisceaux qui sont en fait des regroupements d'axones de nombreux neurones. Ces faisceaux sont dits « ascendants » (ou afférents) lorsqu'ils sont affectés à la transmission de l'information de la périphérie au cerveau ; ils sont dits « descendants » (ou efférents) lorsqu'ils sont affectés à la transmission de l'influx nerveux du cerveau aux effecteurs.

Pour les besoins du présent chapitre, les voies ascendantes sont les plus intéressantes à traiter. Il importe de distinguer deux systèmes chargés de transmettre l'information sensorielle. Ces deux systèmes se distinguent par l'endroit exact où circule l'influx nerveux et par le type d'information qui y est transporté.

Pour comprendre aisément le trajet de l'influx nerveux des récepteurs au cerveau, il faut connaître la particularité suivante du système nerveux : l'information reçue d'un côté du corps, gauche ou droit, est acheminée dans la partie, droite ou gauche, opposée du cerveau (voir la figure 7.10). Or, le transfert d'un hémicorps à un autre se fait parfois au niveau

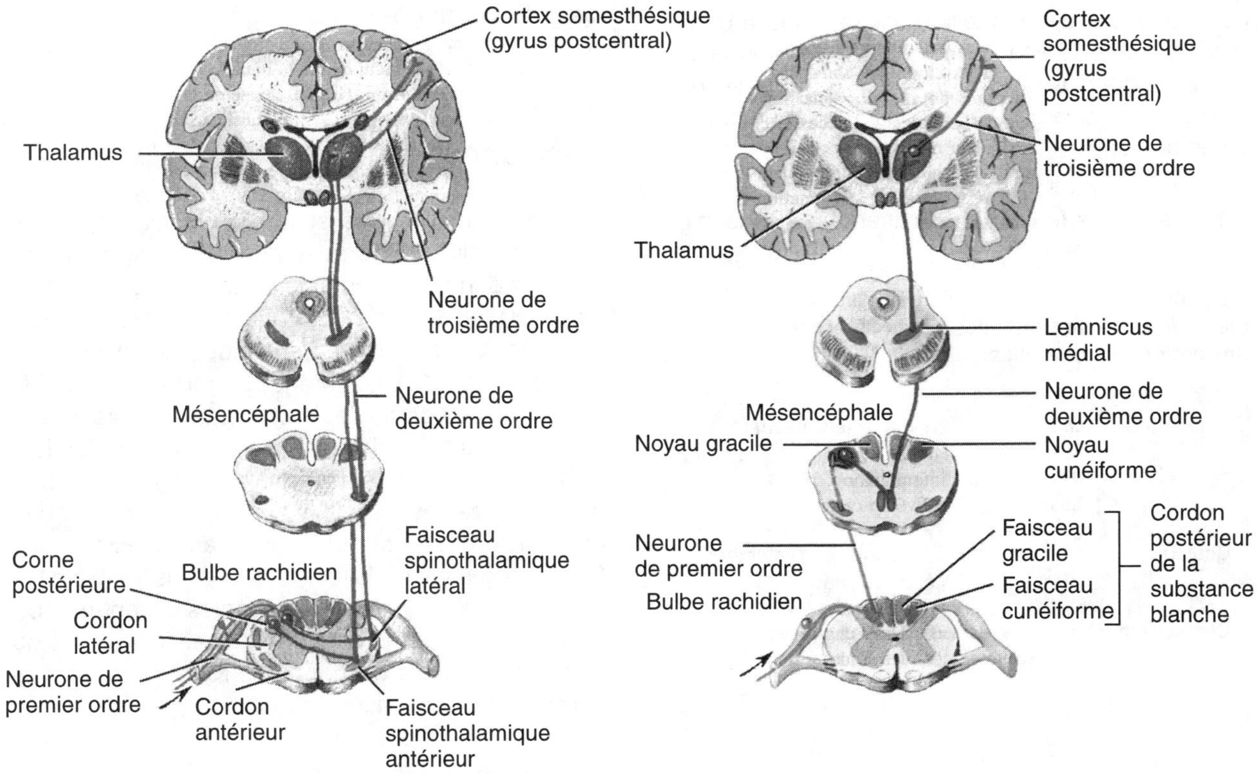

FIGURE 7.10 *Illustration des voies sensorielles, spinothalamique (gauche) et lemniscale (droite), de la moelle épinière au cerveau. Source :* Tortora et Grabowski (1994, p. 471-472).

de la moelle épinière, c'est-à-dire immédiatement au niveau où se produit la sensation. C'est le cas du système spinothalamique (ou système extralemniscal) : l'information est croisée (changement d'hémicorps) dès son entrée dans la moelle épinière (« spino ») et est acheminée directement au thalamus où il y a un relais (synapse) avec un autre neurone. De là, l'influx nerveux est acheminé à une aire du cortex cérébral spécialisée dans la somesthésie. Au niveau de la moelle épinière, l'influx circule dans la partie antérolatérale.

Certaines informations sensorielles empruntent une voie différente pour atteindre le cortex somesthésique. Cette autre voie est caractérisée par le fait que le transfert de l'influx nerveux d'un hémicorps à l'autre ne s'effectue pas au niveau de la moelle épinière, mais beaucoup plus haut dans le système nerveux, soit au niveau du bulbe. Après le croisement au niveau du bulbe, il y a aussi, avant la projection dans l'aire somesthésique, synapse au niveau du thalamus. Cette voie est appelée « système des colonnes dorsales » ou « système lemniscal » et se situe, au niveau de la moelle épinière, dans la partie postérieure. Le tableau 7.1, inspiré de l'information que rapporte Guyton (1989, p. 177), rappelle par quelles voies diverses sensations sont acheminées vers le cerveau.

Ainsi, on peut comprendre certains des cas particuliers répertoriés dans la littérature (Ranson et Clark, 1959). Ranson et Clark rapportent l'exemple d'un homme ayant subi une brûlure sans pour autant ressentir l'impression de chaleur ou même de douleur. Cependant, ce même homme était encore capable de sensibilité tactile ou de sentir sa position dans l'espace. Or, il s'est avéré que cet individu souffrait d'une maladie caractérisée par la formation d'une cavité dans la substance grise de la moelle épinière, ce qui affectait la transmission de l'influx nerveux de la voie spinothalamique. Cette maladie est appelée « syringomyélie ». De même, un autre homme disait avoir mal aux jambes, avoir de la difficulté à marcher au point de devoir regarder le sol pour éviter de tomber. Pourtant, cet individu avait une musculature adéquate. Aussi, hormis la perte de ses capacités de localiser les stimulations tactiles et de discriminer celles-ci, sa sensibilité extéroceptive était fonctionnelle. Encore ici, c'est au niveau d'un désordre de la moelle épinière qu'il est possible de diagnostiquer le problème. L'homme souffrait d'une affection située dans la partie postérieure de la moelle épinière, laquelle entravait le bon fonctionnement du système lemniscal.

TABLEAU 7. 1
Voies centrales de transmission de diverses informations sensorielles.

Voie spinothalamique	Système lemniscal
Sensations diffuses de tact ou de pression	Sensations tactiles fines
Douleur	Sensations de frottement contre la peau
Chatouillement et démangeaisons	Sensations causées par des vibrations
Sensations thermiques	Sensations de la position du corps dans l'espace
Sensations sexuelles	

7.3.2 L'*homunculus*

Une manière différente et désormais classique d'illustrer les différences de sensibilité tactile dans les diverses parties du corps consiste à mesurer l'importance relative de ces parties quant à l'espace qu'elles occupent dans le cortex somatosensoriel primaire (voir la figure 7.11). Les grandeurs relatives des différentes régions corticales représentant diverses parties du corps ont d'abord été rapportées par Penfield et Rasmussen (1950). Dans leurs travaux, ces chercheurs utilisaient la stimulation électrique durant une chirurgie corticale pratiquée sous anesthésie locale. On peut également illustrer ce à quoi ressemblerait le corps humain si ses diverses parties étaient proportionnelles à ce qu'elles occupent dans cette partie du cortex. On appelle cette représentation l'« *homunculus* sensitif » (*homunculus* signifiant « petit homme »). On remarque que les parties du corps occupant le plus d'espace cortical (voir la figure 7.11) correspondent à celles pour lesquelles les seuils d'acuité tactile (voir la figure 7.1, p. 153) sont les plus bas.

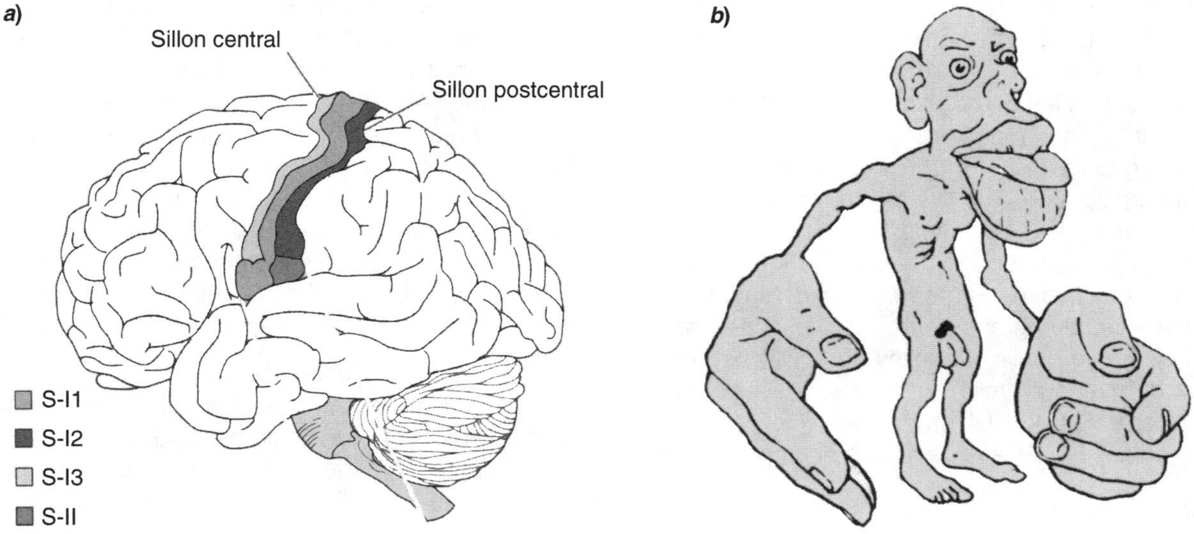

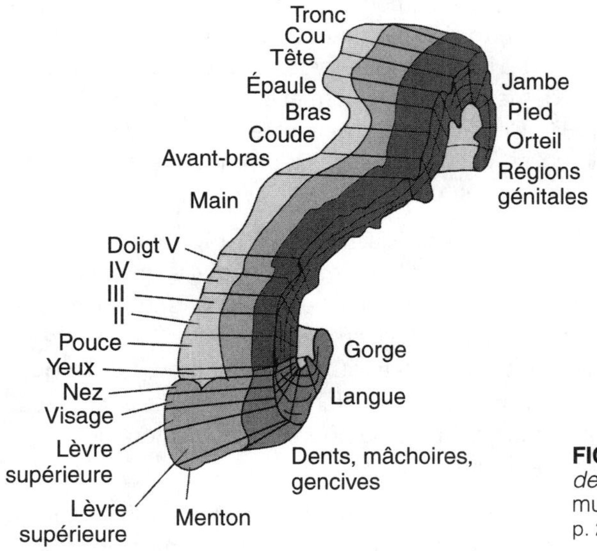

FIGURE 7.11 *a) Organisation somatotopique de la représentation de la surface du corps au niveau du cortex somatosensoriel. b)* Homunculus *sensitif. Source :* Rosenzweig, Leiman et Breedlove (1998, p. 268). © 1996, Sinauer Associates. Reproduit avec permission.

7.3.3 La plasticité cérébrale

Il est intéressant de noter que les développements récents en neurosciences, rendus possibles notamment par les diverses techniques d'imagerie du cerveau, permettent d'affirmer qu'il peut y avoir des modifications importantes de ces zones de représentation dans le cortex somatosensoriel. Par exemple, dans une expérience menée auprès de singes, si on empêche que l'influx nerveux d'un doigt soit transmis au cerveau, cela ne se traduit pas par une inactivité durable dans l'aire corticale qui reçoit normalement cet influx. En fait, après une certaine période, cette aire recommence à fournir des réponses, mais, cette fois, à des stimulations engendrées par les doigts voisins de celui dont l'influx nerveux ne parvenait plus au cerveau (Jenkins, Merzenich et Recanzone, 1990).

De même, on sait maintenant que la pratique intensive d'un instrument de musique peut entraîner des transformations de la représentation corticale des doigts entrant en jeu dans cette pratique. C'est ainsi qu'un léger toucher appliqué à l'extrémité des doigts de la main gauche (ceux qui pincent les cordes) d'un violoniste active une plus grande région du cortex somatosensoriel que ce même toucher appliqué à un non-violoniste (Elbert et Rockstroh, 1996). On sait également que la surface propre à la représentation de la main est plus grande chez les personnes capables de lire le braille. De telles observations permettent de mettre en relief l'étonnante plasticité du cerveau et le fait que la représentation sensorielle dans le cortex est liée aux capacités perceptives.

Par ailleurs, on sait qu'un membre amputé demeure un certain temps représenté dans le cortex somatosensoriel ; c'est ce que l'on appelle le « phénomène du membre fantôme ». La personne en cause continue un certain temps d'éprouver des sensations, généralement douloureuses, en provenance du membre manquant. Ce phénomène illustre deux choses : 1) la sensation somesthésique est une construction du cerveau à la fois basée sur la perception réelle et sur l'expérience passée, l'une pouvant agir sans l'autre ; 2) la carte topographique du corps que l'on trouve dans le cortex somatosensoriel finit par s'ajuster, mais cela requiert un certain temps.

7.4 LE TOUCHER ACTIF OU LA PERCEPTION HAPTIQUE

L'information rapportée jusqu'ici sur le toucher portait en fait sur les bases de celui-ci et n'en présentait que son côté passif. Or, ce rapport à la réalité quotidienne que fournit le toucher est souvent fondé sur une participation active. Par exemple, un anesthésiste appelé à procéder à une épidurale (ou péridurale) afin de supprimer la douleur d'une femme qui accouche, déplacera ses doigts activement sur le dos de la patiente, entre les deuxième et cinquième vertèbres lombaires, pour trouver l'endroit exact où doit être donnée l'injection. Par le simple toucher passif, la patiente sentira les doigts du médecin, mais ce dernier aura quant à lui utilisé le toucher actif.

Pour bien réaliser à quel point le mouvement est parfois fondamental dans la reconnaissance par le toucher, fermez vos yeux et demandez à quelqu'un de poser une série d'objets dans vos mains, un à la fois, et essayez de les reconnaître. Durant l'exercice, notez ce que vous faites (vous serez actif) et prêtez attention aux différentes sensations que vous éprouvez ; elles serviront de guide à l'identification des objets. Comme il a été mentionné plus haut, la perception d'objets tridimensionnels par le toucher est appelée « perception haptique ».

La capacité de détecter une toute petite protubérance à l'aide du toucher passif requiert une dénivellation d'environ 10 μm. Cette capacité à sentir une variation dans une surface, déjà formidable en soi, est décuplée si on utilise le toucher actif : dans ce cas, un changement de 1 μm suffit à faire sentir une différence dans la surface (Johansson et La Motte, 1983). Non seulement le toucher actif permet d'améliorer la capacité de détection cutanée, mais aussi il permet d'identifier différentes formes beaucoup plus rapidement que ne le permet le toucher passif (Heller, 1984). Cette identification tactile sera par ailleurs améliorée si les deux mains, plutôt qu'une seule, sont mises à contribution.

Lederman et Klatzky (1987) rapportent que les gens utilisent différentes *procédures exploratoires* pour identifier un objet. Ainsi, pour reconnaître une texture, les gens utilisent principalement une stratégie de mouvements latéraux sur la surface, tandis que, pour reconnaître une forme, ils misent surtout sur une exploration par la poursuite du contour de l'objet (voir la figure 7.12).

Le toucher actif est caractérisé par le fait qu'il n'y a pas que les récepteurs cutanés qui participent à la détection ou à l'identification d'un objet. Il fait aussi intervenir les récepteurs kinesthésiques, c'est-à-dire ceux qui sont propres aux impressions laissées par le mouvement. Ces mêmes impressions contribuent à orienter les mouvements suivants. Or, parce que la sensibilité somesthésique est appelée à travailler de concert avec les mouvements, on ne se surprendra pas de constater que les aires corticales motrice et somesthésique sont très rapprochées l'une de l'autre. Cette proximité simplifie les interconnexions, et on peut croire que cela contribue à l'efficacité des stratégies d'exploration nécessaires au toucher actif.

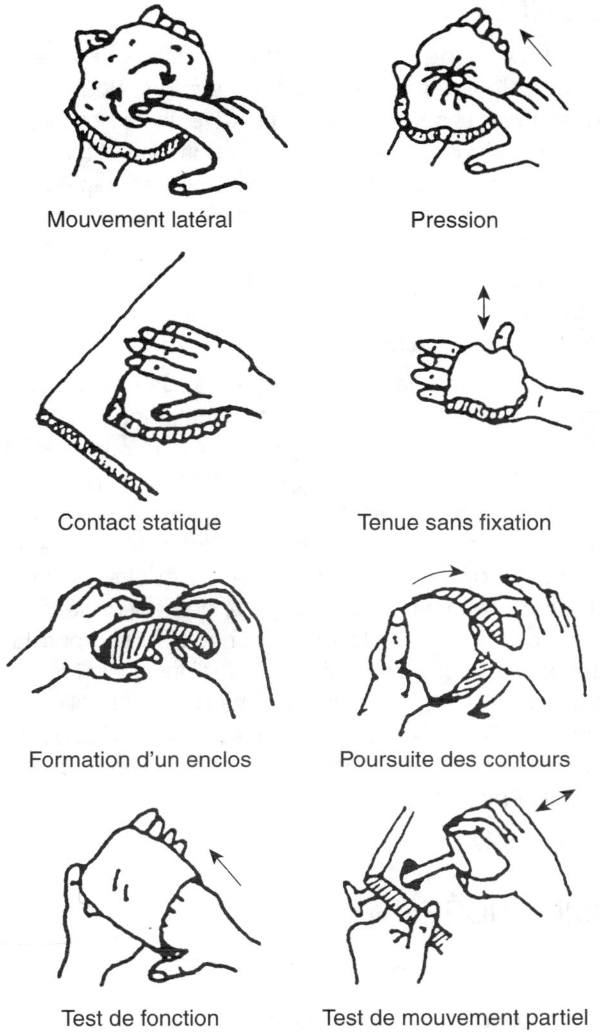

FIGURE 7.12 *Stratégies exploratoires distinguées par Lederman et Klatzky.* Le *mouvement latéral* consiste à frotter dans un mouvement de va-et-vient de manière à apprécier la texture ; la *pression* consiste à appliquer une force normale de manière à apprécier la fermeté ; le *contact statique* est le fait de faire reposer la main sur une surface externe afin d'estimer la température ; la *tenue sans fixation* est le fait de soupeser un objet avec le bras ou le poignet, sans l'écraser ; la *formation d'un enclos* consiste à entrer en contact le plus possible avec l'enveloppe de l'objet afin d'apprécier le volume global ou le volume de cet objet (cette stratégie s'accompagne souvent de déplacements de l'objet dans les mains) ; la *poursuite des contours* constitue le mouvement doux et continu du contour sur une partie d'un objet, que l'on effectue de manière à connaître la forme exacte ou le volume de cet objet ; le *test de fonction* consiste à exécuter de nombreux mouvements pour tester la fonction en plaçant la main ou un doigt dans un contenant, ou en faisant du bruit avec l'objet ; le *test de mouvement partiel* consiste à faire bouger une partie tout en maintenant stable une autre partie de ce qui est examiné. *Source :* Lederman et Klatzky (1987, p. 346). © 1987. Reproduit avec la permission d'Elsevier Science.

Un des plus beaux exemples de la formidable capacité de reconnaître par le toucher, au point que celui-ci peut servir en quelque sorte de substitut à la vision, nous est fourni par la lecture à l'aide des doigts. Vous connaissez probablement l'existence du braille, ce système, conçu pour les aveugles au XIXe siècle, qui permet de lire avec la partie glabre de l'index. Essentiellement, ce système consiste en une série de points éloignés les uns des autres de 2,5 mm et que l'on peut sentir du doigt sur du papier. La présence de 1 à 6 de ces points, agencés dans différentes combinaisons selon une matrice 2 x 3, permet de décrire différents caractères, notamment les lettres de l'alphabet et les chiffres de 0 à 9 (voir la figure 7.13). Par exemple, on peut remarquer la présence de tels codes tactiles pour la désignation des étages à l'intérieur de certains ascenseurs.

Avec l'entraînement, certaines personnes en sont arrivées à lire jusqu'à une centaine de mots à la minute en braille (pour mesurer cette performance, sachez qu'un lecteur normal lit avec les yeux de 250 à 300 mots à la minute). Il convient cependant de noter que l'acuité tactile de l'index diminue d'environ 1 % par année, tant chez les personnes aveugles que chez les personnes voyantes. Cette diminution s'accompagne alors d'un ralentissement de la lecture du braille (Stevens, Foulke et Patterson, 1996).

Si le braille permet une lecture passablement rapide d'un texte, il nécessite en revanche que celui-ci

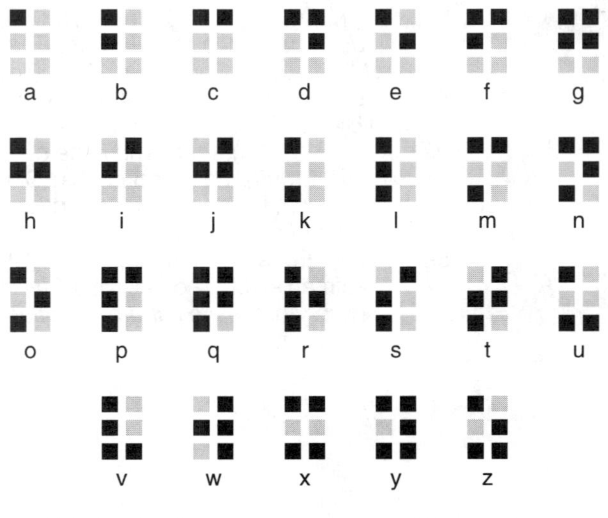

FIGURE 7.13 *Liste des caractères de l'alphabet braille.*

ait été traduit (en braille) avant d'être lu. Même dans un ultime effort pour faciliter l'adaptation à la vie quotidienne des personnes aveugles, on s'imagine mal qu'on puisse traduire toute la gamme des documents imprimés. Dans cette optique, il est intéressant de noter qu'il existe différents systèmes ingénieux de substitution de la vision. Le principe de ces systèmes consiste en une transformation d'une image visuelle, captée par une caméra, en un ensemble de points qui vibrent sur une surface cutanée du corps d'une personne. Ce système permet littéralement d'obtenir une vision tactile, avec notamment des effets de distance entre les objets semblables à ceux que l'on trouve dans la perception visuelle.

Un de ces systèmes est appelé « Optacon » (*Optical-to-tactile image conversion*). Il permet de traduire de petits caractères comme les lettres sur le bout d'un doigt. Bien que ce système ne favorise pas une lecture aussi rapide que celle permise par le braille, il offre néanmoins la possibilité de contourner le problème posé par la traduction de textes. Ce système est souvent utilisé dans les recherches visant à mieux connaître les mécanismes propres à la reconnaissance de formes tactiles (voir, par exemple, Cholewiak et Collins, 1997).

CONCLUSION

Les travaux de recherche sur les différentes sensations (toucher, impressions thermiques, douleur et kinesthésie) concernées par la somesthésie se poursuivent afin de réaliser deux grands objectifs. Ces objectifs consistent d'une part à décrire les capacités des systèmes dans une variété de conditions, par exemple, en fonction des surfaces de la peau stimulées ou en fonction de l'âge. C'est ce que nous avons examiné dans le cas des sensations thermiques et de l'acuité spatiale.

D'autre part, la recherche permet d'élaborer des modèles concernant le mode de fonctionnement des divers systèmes somesthésiques. Ainsi nous retiendrons, dans le cas des récepteurs tactiles, la proposition de Bolanowski et de ses collègues : de par leurs différences quant à leur vitesse d'adaptation et à la grandeur de leur champ récepteur, quatre canaux distincts seraient à l'origine de la perception tactile. Pour ce qui est de la douleur, nous retiendrons la théorie classique de R. Melzack de l'Université McGill à Montréal. Cette théorie, dite « théorie du portillon », veut que l'expérience de la douleur soit modulée par un mécanisme de barrière situé au niveau de la moelle épinière.

LECTURES RECOMMANDÉES

CRAIG, J.C., et ROLLMAN, G.B. (1999). Somesthesia. *Annual Review of Psychology, 50*, 305-331.

HATWELL, Y., STRERI, A., et GENTAZ, E. (2000). *Toucher pour connaître : psychologie cognitive de la perception tactile.* Paris : Presses Universitaires de France.

HELLER, M.A., et SCHIFF, W. (dir.) (1991). *The psychology of touch.* Hillsdale, NJ : Erlbaum.

KRUEGER, L.E. (dir.) (1996). *Handbook of perception and cognition : 7. Pain and touch.* San Diego, CA : Academic Press.

MARCHAND, S. (1998). *Le phénomène de la douleur.* Montréal : Chenelière.

MELZACK, R. (1998). Pain and stress : Clues toward understanding chronic pain. Dans M. Sabourin, F. Craik et M. Robert (dir.), *Advances in psychological science : 2. Biological and cognitive aspects* (p. 63-83). Hove, R.-U. : Psychology Press.

SHERRICK, C.E., et CHOLEWIAK, R.W. (1986). Cutaneous sensitivity. Dans K.R. Boff, L. Kaufman et J.P. Thomas (dir.), *Handbook of perception and human performance : 1. Sensory processes and perception* (p.12-1–12-58). Toronto : Wiley.

CHAPITRE 8 Les sens chimiques

Claude Bonnet

INTRODUCTION

Les sens chimiques (olfaction et goût) sont traités en parents pauvres dans les études de psychologie cognitive de la perception (Richardson et Zucco, 1989). Les raisons de cet état de fait sont multiples. L'une d'entre elles est que l'on considère souvent, à tort, les primates humains comme microsmates et qu'on dénie ainsi l'importance de l'olfaction dans leur comportement (voir Schaal et Porter, 1991). Une autre raison est que ces sens phylogénétiquement « archaïques » (on devrait plutôt dire « premiers ») seraient finalement peu respectables en regard de la noblesse de l'entendement humain. Sentir, humer, goûter, savourer et déguster font partie des plaisirs sensoriels et sensuels les plus profonds, les plus immédiats et souvent les plus indicibles. Comme le rappelle aussi Bourre (1990), pour

Kant, l'odorat et le goût sont au service de la jouissance et non du savoir. Holley (1999) évoque lui aussi les réserves et l'hostilité de nombreux philosophes à l'égard de l'odorat. La séparation qui s'est instaurée entre les activités cognitives et symboliques à la base de la rationalité humaine (les activités mentales « supérieures ») d'une part et les activités affectives, hédoniques (irrationnelles) d'autre part, pourrait expliquer en partie ce désintérêt. C'est un sentiment analogue qu'exprime Vincent (1986, p. 12) lorsqu'il écrit avec ironie : « [L']exil imposé aux passions par les docteurs dans les bas-fonds du cerveau et dans le marais des humeurs, [laisse] à l'exercice de la raison les nobles étendues du cortex [...] »

Ces modalités sont appelées « sens chimiques » car leurs récepteurs sont stimulés par des substances organoleptiques (du grec *leptikos*, « qui prend ») dont les molécules sont captées par ces récepteurs. Biologiquement, les sens chimiques ont pour fonctions essentielles de permettre aux organismes de trouver leur nourriture, d'éviter les substances dangereuses, de reconnaître leur partenaire sexuel, de favoriser les relations mères-enfants, de marquer leur territoire, de reconnaître les individus du groupe, de servir de signaux d'alarme ou d'agression, etc. Les signaux odorants ont un rôle essentiellement communicatif (Alves, 1988). Plus que toute autre modalité sensorielle, les sens chimiques sont liés à notre affectivité (Ehrlichman et Bastone, 1992), ils ont une valeur hédonique (du grec *hêdonê*, « plaisir »).

En se basant sur la nature et l'emplacement des organes récepteurs, on distingue quatre sens chimiques. Outre l'olfaction et le goût, il existe un système trigéminal aux fonctions multiples. Ce système est double puisqu'il concerne à la fois la sphère orale et la sphère nasale. Il procure des sensations somesthésiques comme la température, la texture d'un mets ou d'une boisson, son astringence et une sensation de piquant ou d'irritation. Enfin, il existe un second système olfactif appelé « système voméronasal » ou « système olfactif accessoire », activé par des phéromones. Les phéromones (du grec *pherein*, « transporter ») sont des substances chimiques émises par les animaux qui sont le support de communications chimiques entre individus de la même espèce.

Fondamentalement, les capacités sensorielles des êtres vivants sont limitées à ce qui est utile pour leur survie. Elles ont été sélectionnées par l'évolution et, au mieux, n'ouvrent aux individus de chaque espèce qu'une petite fenêtre sur une réalité physique que nous sommes d'ailleurs bien en peine de définir avec précision. Concernant les sens chimiques, les avancées récentes que la biologie moléculaire (Bartoshuk et Beauchamp, 1994 ; Holley, 1999) a permises dans ce domaine ont totalement changé la question.

Parler de traitement des informations olfactives et gustatives, c'est admettre que sensations et perceptions ne sont pas directement liées et produites par les stimulations, mais résultent d'une série d'opérations qui commencent avec la capture des stimuli par les organes récepteurs adéquats et leur transduction au niveau de ces récepteurs qui conduira à l'apparition de potentiels d'action transmis par des mécanismes neurochimiques aux différentes structures centrales impliquées dans l'élaboration de ces sensations et de ces perceptions. Suivant cette approche, nous laisserons temporairement de côté la difficile question de la prise de conscience phénoménale par les sujets de ces sensations et de ces perceptions. Dans une première partie, nous nous concentrerons sur les effets biologiques et comportementaux des substances organoleptiques captées par les quatre classes de récepteurs sensoriels en nous appuyant sur des données recueillies non seulement sur l'homme adulte et parlant, mais sur d'autres espèces animales. Dans une seconde partie seront abordés les aspects plus cognitifs de ces perceptions et en particulier les questions relatives aux catégorisations des odeurs et des saveurs ainsi qu'au rôle de la mémoire dans ces modalités. Dans la troisième partie seront évoquées les composantes hédoniques de ces stimulations avec d'abord quelques données sur le développement des préférences, puis les bases de ces sensations et, enfin, des exemples de dégustation seront rapportés. En conclusion, nous verrons ce que l'étude des sens chimiques apporte à la thématique centrale de cet ouvrage.

8.1 LES TRAITEMENTS SENSORIELS DES STIMULI CHIMIQUES

8.1.1 L'olfaction

Une odeur ne désigne pas au premier chef un phénomène physique, mais une sensation olfactive qui en résulte (voir Holley, 1999). L'essence, les molécules à l'état volatil, qui est à l'origine de cette odeur en est le matériau physicochimique. On utilisera le terme *odorant* pour la désigner, entendant par là que l'émanation volatile qui se dégage d'un corps est susceptible d'être une odeur. L'*arôme* (on parle aussi de *bouquet*) est l'odeur agréable qui se dégage de certaines substances comme les fleurs, les vins, les mets, etc. On en réserve souvent l'usage aux substances comestibles dont les propriétés organoleptiques sont perçues par voie rétronasale. Le terme *parfum* désigne à la fois des produits et une classe d'odeurs générées par des essences résultant soit de la distillation de produits « naturels », soit d'une synthèse chimique. Comme le dit justement Roudnitska (1990, p. 45), « Le parfum est une composition d'odeurs ». La valeur hédonique des parfums est caractérisée par leur *fragrance*.

Les stimuli de l'odorat sont constitués par des substances volatiles, à l'état gazeux. Les molécules organiques ou minérales dont le poids moléculaire est compris entre 30 et 300 sont généralement odorantes. Leur faible poids moléculaire permet leur volatilité. Toutes les substances gazeuses ne sont cependant pas odorantes. Le monoxyde de carbone (CO), dont l'inhalation peut être mortelle, n'a malheureusement aucune odeur.

La structure et le fonctionnement du système olfactif

Les récepteurs olfactifs sont des neurones (cellules bipolaires) répartis dans l'épithélium olfactif situé à l'intérieur des cavités nasales. Leur durée de vie n'est que de six à huit semaines chez l'humain. Ils doivent se régénérer (Crews et Hunter, 1994). Cette neurogenèse continue est exceptionnelle dans le système nerveux (Holley, 1999). Des facteurs génétiques la contrôlent afin de préserver chez les neurones olfactifs matures des propriétés de plasticité « juvénile » (Farbman, 1990). Cette dégénérescence (*apoptose*) résulte sans doute de leur contact direct avec l'environnement, où ils sont exposés aux substances toxiques.

Le nombre de ces neurones est très variable d'une espèce à l'autre : 200 millions chez le chien et seulement 10 millions chez l'homme. Ces neurones sont terminés par des cils baignant dans un mucus qui permet la capture des molécules odorantes (voir, par exemple, Carr, Gleeson et Trapido-Rosenthal, 1990). Le mécanisme de transduction de l'information physicochimique (Hildebrand et Shepherd, 1997) implique une relative sélectivité des sites réceptoraux des cellules par rapport à la structure des molécules. Les récepteurs des odeurs sont des protéines portées par la membrane des cellules (Buck et Axel, 1991). Un récepteur donné « reconnaît » un nombre limité de substances. Mais une même molécule peut activer plusieurs types de récepteurs. Il n'y a donc pas de correspondance simple entre les types de récepteurs et la nature des molécules chimiques. Le nombre de types de récepteurs serait de l'ordre du millier, chaque neurorécepteur d'un type exprimant un seul gène de chimiorécepteur (Axel, 1995). Ces données suggèrent que le codage d'une odeur se fait par une distribution d'activité sur plusieurs types de récepteurs, chaque type pouvant participer au codage de plusieurs odeurs (Holley et Sicard, 1994 ; Sicard et Holley, 1984). On appelle « anosmies » des déficits des perceptions olfactives, soit complets soit sélectifs, d'une classe d'odorants.

Outre les neurones olfactifs, la muqueuse olfactive contient des terminaisons libres du nerf V (trigéminal). Celles-ci sont stimulées soit par des produits irritants soit par des concentrations trop élevées et en retour produisent une augmentation de la sécrétion de mucus et une libération de neuropeptides qui modifient le fonctionnement des cellules réceptrices (Bouvet, Delaleu et Holley, 1987). Leur fonction première est ainsi de protéger l'épithélium olfactif contre des agressions chimiques.

Les neurones récepteurs sont reliés à des neurones de second ordre dont les corps cellulaires sont situés dans le bulbe olfactif. Les axones non myélinisés des neurones récepteurs passent au bulbe par des perforations de la lame criblée de l'os ethmoïde. Le fait que les axones soient non myélinisés implique une vitesse de conduction plus lente que pour d'autres modalités sensorielles. Les neurones de second ordre sont regroupés en glomérules olfactifs (quelques milliers) comprenant chacun plusieurs centaines de ces neurones. Le codage des odeurs serait spatial à ce niveau (Axel, 1995). Le bulbe olfactif a une structure en couches. Les glomérules forment la couche plexiforme externe. Ils sont connectés aux cellules mitrales puis aux cellules moussues de la couche plexiforme interne. On estime à 1800 le nombre de glomérules chez le rat et à 52 000 le nombre de cellules mitrales (Royet, Distel, Hudson et Gervais, 1998).

Sans entrer dans les détails de la connectique (Holley et MacLeod, 1977 ; Holley, 1994), mentionnons que le bulbe est connecté de manière réciproque à de nombreuses structures. Il a, entre autres, des projections corticales dans l'aire entorhinale, le cortex piriforme, qui constitue le cortex olfactif primaire, et le tubercule olfactif du paléocortex. Ces structures interviennent sans doute dans la reconnaissance et l'identification des odeurs. De là partent des connexions vers le système limbique : hippocampe, amygdale et hypothalamus. Ces structures sont, elles, fortement impliquées dans les processus d'apprentissage et de mémoire. Le système limbique joue aussi un rôle majeur dans la gestion des émotions et de l'hédonisme (Aggelton et Mishkin, 1986). On mentionnera enfin, chez les primates, des projections dans le cortex orbitofrontal (aire 13a), qui joue un rôle particulièrement important dans la valeur renforçatrice des apprentissages (voir Rolls, 1999).

Chez les mammifères (Cooper, Parvopassu, Herbin et Magnin, 1994), il existe des projections convergentes de la rétine et du bulbe olfactif sur le cortex piriforme, l'amygdale et l'hypothalamus latéral, mais aussi dans le cortex orbitofrontal (Rolls, 1999). Ces convergences jouent un rôle dans le comportement de reproduction, la lumière en médiatisant les rythmes et l'olfaction en modulant la libération de certaines des hormones impliquées.

La psychophysique de l'olfaction

Les effets perceptifs des stimulations olfactives sont étudiés au moyen de techniques psychophysiques, principalement la détection et la discrimination (voir Bonnet, 1986). Le seuil de détection est distinct du seuil d'identification, qui correspond à la reconnaissance de la nature de l'odorant présenté et nécessite une intensité plus élevée.

La détection

La détection de la présence d'une odeur repose sur la capture d'un nombre suffisant de molécules odorantes par les récepteurs olfactifs. Ces seuils sont extrêmement différents selon les substances (Devos, Patte, Rouault, Laffort et Gemert, 1990). La mesure précise des seuils olfactifs est complexe. Elle nécessite d'abord un contrôle précis de la stimulation volatile délivrée au moyen d'un *olfactomètre* (voir Doty, 1995 ; Vigouroux, Duchamp-Viret et Duchamp, 1988).

La mesure d'un seuil est une mesure statistique. Entre la source et les récepteurs, il y a une énorme déperdition des molécules odorantes. Le nombre de molécules atteignant les récepteurs de la muqueuse olfactive doit être estimé sur la base de modèles. Dans celui de De Vries et Stuiver (1961), par exemple, huit molécules stimulant un seul récepteur seraient nécessaires chez l'homme. Les différences de seuil interindividuelles ou interespèces résulteraient alors du nombre des neurones récepteurs et de la densité de leurs cils. Plus ce nombre est élevé, plus la probabilité qu'une molécule atteigne sa cible est grande et donc plus bas sera le seuil. Ces différences de nombre ont des conséquences sur l'intensité perçue des odeurs pour des niveaux supraliminaires de la stimulation (Marshall et Moulton, 1981).

Une des sources de variation inter- et intra-individuelle de la quantité d'air inhalé, et donc de molécules odorantes captées, est la variation considérable lors d'une respiration normale et d'une inspiration forcée correspondant au reniflage ou flairage. Il existe un débit d'inspiration optimal pour la détection et l'identification d'odeurs (Laing, 1983; Le Magnen; 1945-1946) d'environ 30 L d'air par minute pour une inspiration de 400 ms, débit qui est celui du reniflage spontané.

Les seuils de détection, exprimés en concentration (par exemple en nanogrammes par litre, ng/L), traduisent une excellente sensibilité des humains (Engen, 1982 ; Punter, 1983). Plusieurs auteurs (voir, par exemple, Cain, 1988 ; Laffort, 1969) ont démontré

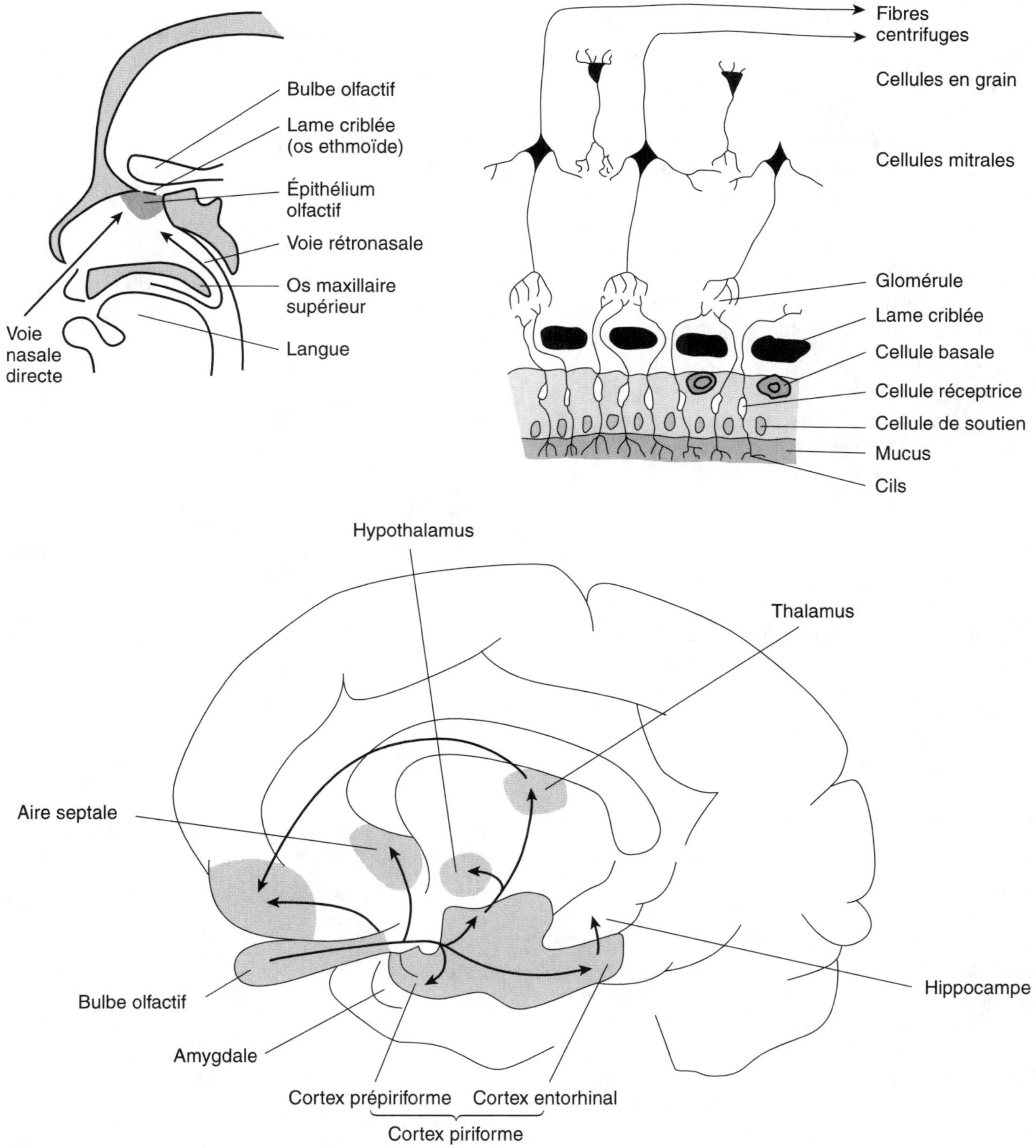

FIGURE 8.1 *Système olfactif : récepteurs et voies de projection centrales.*

que les seuils étaient plus bas lorsque la chaîne carbonée de l'odorant était plus longue.

Sauf cas d'anosmie (ou d'agueusie), la variabilité intra- et interindividuelle des seuils olfactifs (et gustatifs) n'est pas aussi catastrophique qu'on le dit, si toutes les précautions méthodologiques sont prises. Ainsi, nous avons pu observer (Bonnet, Baydar, Costantino, Tonneau et Decazes (1995) ; voir la figure 8.2) une dispersion intra-individuelle moyenne de 10 % pour 18 mesures répétées des seuils dans un groupe de 7 panélistes (sujets entraînés). La dispersion interindividuelle des seuils moyens variait entre 7 et 19 % selon les odorants (voir Rabin et Cain, 1986).

Certains déficits génétiques comme le syndrome de Kallman produisent des anosmies complètes (Bartoshuk et Beauchamp, 1994 ; Engen, 1982). D'autres anosmies sont spécifiques de certaines substances. La plus courante concerne l'androstérone (Amoore, Pelosi et Forrester, 1977). Les maladies dégénératives du système nerveux (démence d'Alzheimer, syndrome de Korsakoff, etc.) entraînent aussi une élévation des seuils de détection olfactive (voir, par exemple, Gilbert et Kare, 1991). Chacun d'entre nous a fait l'expérience désagréable de l'anosmie. Obstruant les fosses nasales, le rhume est une cause bien connue d'élévation temporaire des seuils de détection (voir, par exemple, Akerlund, Bende et Murphy, 1995).

Les discriminations intensives

Un seuil différentiel correspond à la différence entre deux intensités d'un même odorant qui est distinguée avec une probabilité de 0,75. Pour six odorants dont l'odeur est analogue à celle du vinaigre (acide acétique), Stone et Bosley (1965) ont trouvé que le seuil différentiel était proportionnel à la concentration étalon (loi de Weber) et que le seuil différentiel relatif était de 17 %. Dans une étude récente (Bonnet et autres, 1995), nous avons étudié cette discrimination pour des concentrations utilisées couvrant l'étendue dynamique des concentrations perceptibles. Le rapport de Weber diminue curvilinéairement avec l'augmentation de la concentration moyenne (voir la figure 8.3). La loi de Weber n'est donc pas vérifiée pour toute l'étendue des concentrations. Nos résultats indiquent que les capacités discriminatives du

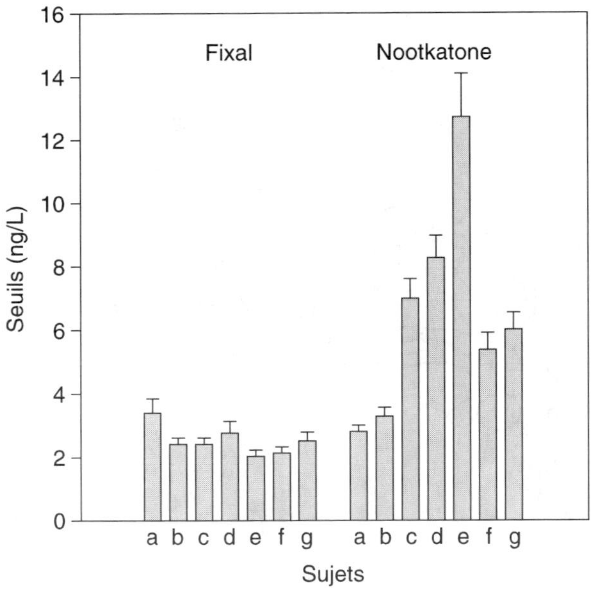

FIGURE 8.2 *Comparaison des seuils de détection pour sept sujets entraînés pour deux produits.* À gauche, une odeur musquée (Fixal), à droite, une odeur fruitée (Nootkatone). *Source :* Bonnet et autres (1995, p. 151-154).

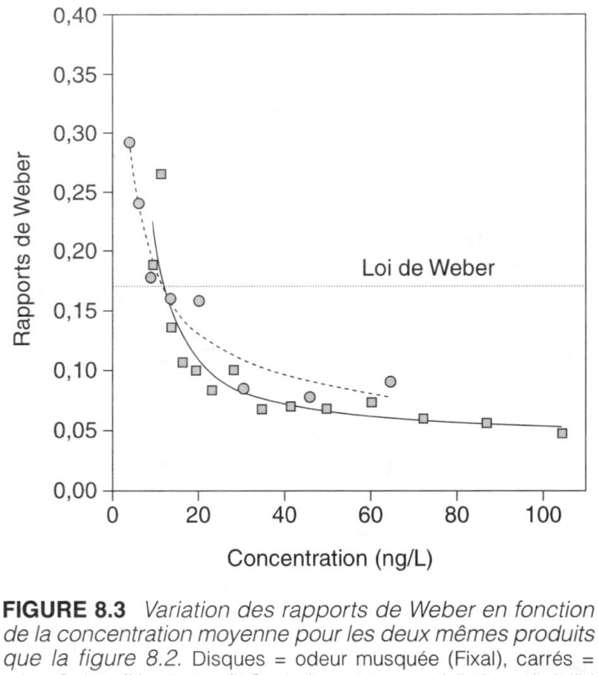

FIGURE 8.3 *Variation des rapports de Weber en fonction de la concentration moyenne pour les deux mêmes produits que la figure 8.2.* Disques = odeur musquée (Fixal), carrés = odeur fruitée (Nootkatone). Contrairement aux prédictions de la loi de Weber, le rapport de Weber diminue curvilinéairement avec l'augmentation de la concentration. La loi de Weber (ligne en tiretés) est ici illustrée pour un rapport de 17 %. *Source :* Bonnet et autres (1995, p. 151-154).

système olfactif sont comparables à la plupart des autres modalités sensorielles (5 % à 10 %).

Les discriminations qualitatives

Les discriminations qualitatives fournissent un argument supplémentaire contre l'idée qu'il existe une relation simple, isomorphe, entre la structure du monde physique (ici moléculaire) et celle du monde sensoriel. En chimie, deux isomères sont des molécules qui contiennent exactement les mêmes atomes, mais avec une structure légèrement différente. Cependant, elles peuvent être jugées très dissemblables olfactivement (Engen, 1982). D'autre part, on peut rencontrer des molécules dont la structure chimique est très différente, mais dont l'effet olfactif est similaire. La discrimination qualitative dépend de la similarité (perçue) des odorants, qui n'est pas étroitement liée à la similarité chimique des substances, ce qui renvoie alors au problème de la classification des odeurs.

Les comparaisons interespèces

L'olfaction est d'une importance primordiale dans le comportement de nombreuses espèces (Wright, 1964). Chacun connaît les remarquables compétences olfactives des chiens dont il est fait usage pour pister des fugitifs, aider le chasseur à repérer ses proies, retrouver des victimes enfouies sous des avalanches ou des décombres, repérer de la drogue, etc. Le retour au gîte de différents mammifères comme les hamsters requiert aussi de leur part le flairage de pistes olfactives. D'autres espèces, les félins par exemple, marquent leur territoire de signaux olfactifs.

Toutes les espèces animales n'ont pas besoin des mêmes capacités olfactives. Broca (1888) a introduit la distinction entre mammifères macrosmates (rongeurs, carnivores, ongulés) et microsmates (en particulier les primates, dont l'homme). Sous-jacente à cette distinction structurale, il y avait l'idée que, chez les microsmates, l'olfaction ne jouerait qu'un faible rôle, en particulier dans les relations sociales. Cette distinction est maintenant contestée (Schaal et Porter, 1991).

Les mécanismes sensoriels de transduction présentent de très larges similarités entre espèces animales, qu'il s'agisse d'insectes, de crustacés, d'oiseaux, de poissons, de reptiles ou de mammifères (Hildebrand et Shepherd, 1997 ; Holley, 1999). Les contraintes particulières de leur milieu entraînent cependant des différenciations au niveau de structures plus centrales. Par exemple, en comparant les cerveaux visuels et olfactifs de trois ordres de mammifères – primates, chauves-souris et insectivores –, Barton, Purvis et Harvey (1995) ont montré qu'à l'intérieur de chaque ordre, la masse relative de ces deux systèmes était différente selon que l'espèce était diurne ou nocturne. La vision est peu utile à l'animal nocturne, par contre l'olfaction lui est indispensable pour repérer ses proies. Les facteurs écologiques interviennent donc pour modeler les caractéristiques des sens chimiques de chaque espèce.

Les animaux des espèces dont les nouveau-nés ont les yeux initialement clos (rat, lapin, chat, chien, mouton) utilisent des indices olfactifs pour reconnaître leur mère, localiser les tétines où se rassasier, etc. Un primate comme le singe-écureuil (*Saimiri sciureus*), qui pourtant a une vision suffisante à la naissance, utilise l'odeur de sa mère jusqu'à huit semaines (Kaplan, Cubicciotti et Redican, 1977). Cette sorte de fonction d'échange entre vue et olfaction avait fait penser que l'olfaction était presque inexistante chez les oiseaux, dont la vue serait la seule source d'information dans leur recherche de nourriture. Des données récentes viennent fortement infirmer l'absence d'olfaction chez les oiseaux (voir Holley, 1999). Le kiwi de Nouvelle-Zélande, oiseau forestier nocturne qui ne vole pas, a une vision assez pauvre, mais un système olfactif qui lui permet de repérer sa nourriture (voir Brossut, 1996). Les vautours repèrent de très loin l'odeur des cadavres. Le pigeon voyageur retrouve son pigeonnier grâce à ses capacités olfactives à repérer sur de très grandes distances l'odeur caractéristique de son habitat (Bingman et Benvenuti, 1996).

Pour les animaux terrestres, l'olfaction est une réponse à des stimuli en phase gazeuse. Qu'en est-il pour des animaux vivant en milieu liquide ? Les crocodiles, et particulièrement les alligators américains, en plongée, la tête dans l'eau, manifestent une réponse d'ouverture de la gueule devant des extraits de viande en suspension. Il a été vérifié qu'il s'agissait bien d'une réponse olfactive (Weldon et Ferguson, 1993).

8.1.2
Le goût

Les stimuli physiques du système gustatif sont des substances solubles dans l'eau et solubles dans des lipides (gras). Cependant, toutes les substances ayant ces propriétés ne sont pas sapides. On ne connaît toujours pas avec précision les propriétés des substances à l'origine des différentes saveurs.

Les récepteurs du goût sont situés principalement sur la langue, dans l'épithélium du palais, du larynx, du pharynx et de l'épiglotte. Ces cellules réceptrices ne sont pas des neurones. La langue est un organe mobile dont les fonctions sont nombreuses : déguster, déglutir, sucer et moduler la voix. Elle a donc un rôle tactile et moteur. Les récepteurs de la langue forment des papilles gustatives contenant chacune de 50 à 150 cellules (bourgeons du goût). Chez l'homme, on compte environ 500 000 récepteurs gustatifs regroupés dans environ 8000 bourgeons. Ces chiffres sont variables d'un individu à l'autre.

Sur les côtés externes de la langue, les cellules s'ouvrent par un pore qui laisse passer des cils qui captureront les substances gustatives. Parmi ces cellules se trouvent des terminaisons libres qui participent du système trigéminal. Elles signalent soit des sensations tactiles, soit des sensations « douloureuses » comme le caractère piquant du piment. Les cellules réceptrices ont chacune une durée de vie courte (entre 10 et 14 jours) et sont remplacées au fur et à mesure.

On distingue trois types de papilles gustatives localisés en différents endroits de la langue. À la pointe et sur les côtés de la langue, on trouve des papilles fongiformes, au nombre de quelques centaines, dont chacune ne contient qu'un seul bourgeon. Tout au fond de la langue, on trouve de larges papilles dites « caliciformes » en moins grand nombre (une dizaine) et disposées en arc de cercle, chacune contenant quelques centaines de bourgeons. Enfin, sur les côtés et en arrière se trouvent les papilles foliées qui, elles aussi, contiennent plusieurs bourgeons chacune. Il faudrait ajouter à cette liste les papilles filiformes dispersées sur toute la surface de la langue et qui ont une fonction tactile.

Les sensations gustatives ne sont pas évoquées que par des substances sapides. Des stimulations électriques de la langue peuvent aussi les générer. Un tel résultat souligne une fois de plus que ce que nous percevons est davantage lié à l'activité des récepteurs et du système sensoriel qu'à la nature de la stimulation externe.

Les récepteurs du goût ne sont pas situés sur la langue pour toutes les espèces animales. La langue des serpents n'en comporte pas. C'est l'organe voméronasal qui, outre sa fonction dans la sexualité, assure le repérage chimique de leurs proies (voir Holley, 1999). Leur langue fourchue leur servirait à repérer des gradients de concentration des stimuli chimiques, leur permettant ainsi de pister leurs proies. Les mouches disposent de récepteurs gustatifs sous les pattes de sorte qu'en se posant elles peuvent « savoir » si la matière est consommable. Chez beaucoup de poissons, ils couvrent l'ensemble du corps (Hara, 1994 ; Holley, 1999). Depuis les récepteurs, les branches des nerfs faciaux, glossopharyngien et vague, font synapse avec les neurones du tractus solitaire puis du noyau parabrachial pontique, et ensuite du thalamus, avant de projeter sur les aires corticales gustatives et sur les aires tactiles de la langue (cortex somesthésique). Du noyau parabrachial partent aussi des projections vers l'hypothalamus latéral et l'amygdale et donc vers le système limbique (Yamamoto, 1984). Il existe des déficits des sensations gustatives, appelés « agueusies », et qui sont soit complets, soit sélectifs et restreints à une famille de substances. Comme le système olfactif, le système gustatif est connecté au cortex orbitofrontal (Rolls, 1999). Certains neurones de cette région ont des réponses qui varient selon la valeur renforçatrice de substances lors de conditionnements : les mêmes neurones initialement fortement activés ont des réponses qui déclinent lorsque l'animal arrive à satiété.

Les mécanismes de transduction sont différents selon les propriétés chimiques des familles de substances. On en distingue au moins quatre types qui correspondraient à quatre saveurs primaires :

- La sensation de salé est évoquée par des molécules qui, lors de la dissolution dans l'eau, se divisent en deux parts électriquement chargées, des ions. Ainsi, le chlorure de sodium (NaCl ou

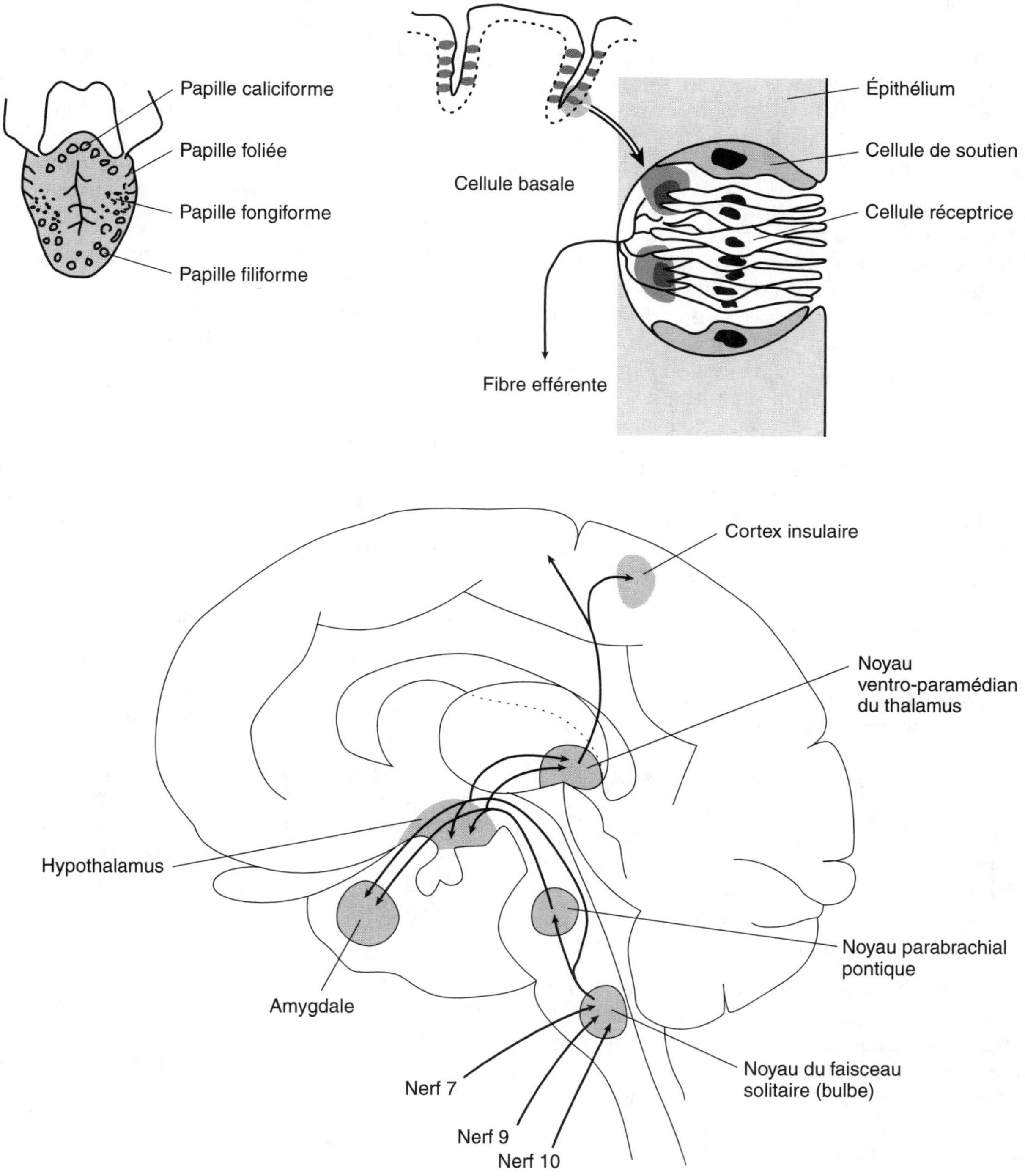

FIGURE 8.4 *Système gustatif : récepteurs et voies de projection centrales.*

sel de table) est fait de deux atomes, l'un de sodium (Na+), l'autre de chlore (Cl-). Le rapport des poids entre ces ions positifs et négatifs détermine l'intensité et la nature de la sensation salée : très faible, la sensation sera légèrement sucrée ; faible, la substance paraît salée ; élevé, la substance paraît amère.

- Les substances acides se divisent aussi en deux parties lorsqu'elles sont en solution. Tous les acides libèrent un ion hydrogène positif (H+) qui va bloquer les canaux potassium des récepteurs et prévenir la libération des ions potassium (K+). Comme dans le cas des sels, les substances acides (propriété chimique) ne donnent pas toujours naissance à une sensation acide, mais peuvent avoir une saveur sucrée ou amère.
- La sensation sucrée est associée à des molécules organiques constituées principalement de carbone, d'hydrogène et d'oxygène en différentes proportions. Ces molécules comportent deux atomes chargés négativement et un atome chargé positivement (de l'hydrogène). Il est vraisemblable qu'il existe différents récepteurs pour diverses saveurs sucrées.
- L'amertume est très liée au goût sucré. Bien des substances paraissent sucrées à faible concentration et amères à des concentrations plus élevées. C'est le cas de la saccharine. Plusieurs substances amères contiennent du nitrogène (azote), comme la strychnine, la caféine, la quinine et la nicotine. On a ainsi montré l'existence d'agueusies pour certaines substances amères et non pour d'autres. Des facteurs génétiques pourraient rendre compte de cette diversité.

Henning (1916) a proposé de distinguer quatre saveurs primaires : salé, sucré, acide et amer. L'idée a longtemps prévalu qu'il existait des récepteurs séparés, indépendants, pour chacune de ces saveurs. En réalité, chacun des récepteurs de la langue peut être activé par chacune des substances de base (NaCl, sucrose, acide citrique et quinine). Cependant, leur seuil n'est pas le même pour chacune de ces substances, comme le montre la figure 8.5. On peut distinguer quatre types de fibres selon l'importance relative de leur réponse (en nombre de potentiels) pour chacune des substances (Erickson, 1963).

Il y a donc bien une certaine spécialisation des récepteurs, sans que celle-ci conduise à une sélectivité absolue. Cette « préférence » relative se retrouve chez les neurones du cortex gustatif primaire (Miyaoka et Pritchard, 1996). Mais selon toute vraisemblance, le codage des saveurs résulte d'un patron d'activation dans un ensemble de cellules et de neurones dont les réponses à différentes substances sont modulées.

Les *umami* sont fonctionnellement des substances, comme le glutamate, qui rehaussent le goût. On débat la question de savoir s'il s'agit d'une cinquième primaire (voir, par exemple, Lawless, 1996). En fait, sur des bases physiologiques, on ne trouve pas de réponse spécifique à ces substances dans les fibres des nerfs crâniens de la langue chez le chimpanzé (Hellekant et Ninomiya, 1991) alors qu'on trouve des fibres relativement sélectives aux quatre primaires. Les umami en mélange agissent en modulant les réponses aux primaires (Beauchamp et Pearson, 1991).

La psychophysique du goût

Pour apprécier quantitativement et qualitativement la saveur de substances, il ne suffit pas de déposer une gouttelette de la substance sur la langue, il faut qu'il y ait mouvement relatif de l'une sur l'autre : « mastication » ou « sirotage ». Meiselman (1972) a montré avec une méthode d'estimation de grandeur (voir Bonnet, 1986) que l'intensité perçue était plus grande quand le sujet avait la possibilité de siroter.

La détection

L'intensité d'une substance gustative est mesurée en concentration molaire (Mol, M ou milliMols, mM), qui dépend de son poids moléculaire. Le seuil de détection d'une substance est alors la plus petite concentration qui permet de percevoir que le produit a une saveur, par opposition par exemple à de l'eau distillée. Au seuil de détection, la saveur de la substance n'est pas toujours identifiable.

La sensibilité gustative sous tous ses aspects dépend d'abord de la densité des récepteurs. La densité de ces bourgeons est très variable d'un individu à l'autre. Miller et Reedy (1990) montrent que, lors de jugements d'intensité de différentes substances, les

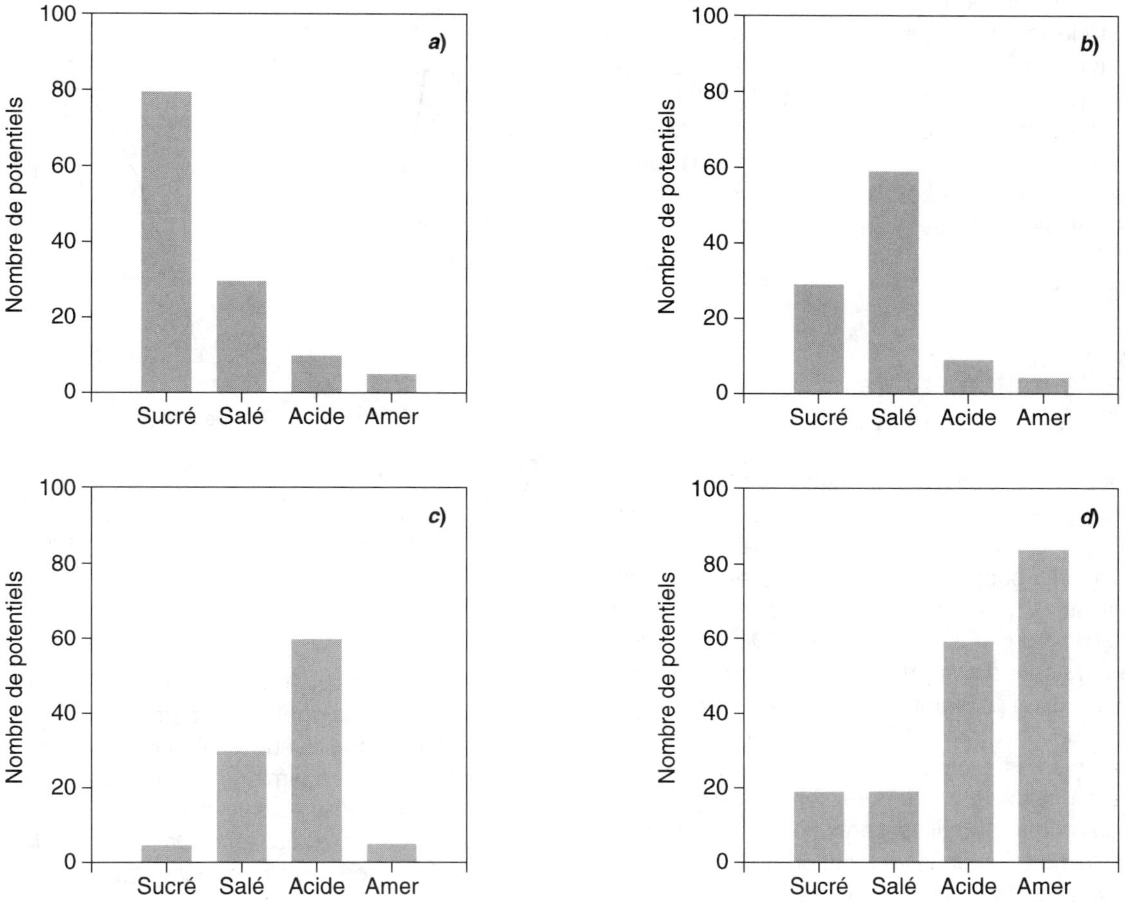

FIGURE 8.5 *Réponses de quatre types de récepteurs de la langue aux quatre saveurs primaires.* Le type en *a*) est un récepteur plus sensible au sucré, celui en *b*) au salé, celui en *c*) à l'acide et celui en *d*) à l'amer. *Source :* D'après Coren et Ward (1984, p. 216).

sujets ayant une densité plus élevée de récepteurs estiment les concentrations de NaCl et de sucrose plus élevées que les sujets à faible densité.

Les seuils de détection mesurés pour les quatre substances primaires varient en fonction de l'endroit de leur mesure (Collings, 1974). Les seuils du salé sont les plus bas au bout de la langue. Les seuils du sucré qui viennent ensuite sont eux aussi minima au bout de la langue, comme ceux de l'amer qui sont beaucoup plus élevés. Les seuils de l'acide sont pour leur part minima à l'arrière et sur les côtés de la langue.

L'équilibre hormonal influe sur les seuils. Les seuils de détection du sucrose sont, chez la femme, abaissés dans la période qui précède l'ovulation (Than, Delay et Maier, 1994). Mesurés sur des périodes équivalentes chez l'homme, ces seuils ne varient pas.

Les seuils différentiels

Utilisant quatre substances de base (NaCl, sucrose, acide citrique et caféine), Schutz et Pilgrim (1957) ont montré que les seuils différentiels de ces substances augmentaient linéairement avec leur concentration, autrement dit, que la loi de Weber était vérifiée avec des valeurs moyennes du rapport de Weber de 14 % pour le sel, de 1 % pour le sucre, de 20 % pour l'acide citrique et de 25 % pour la caféine.

Les discriminations de sucrose et de NaCl ne manifestent de différences ni selon le sexe, ni selon l'âge. Par contre, les seuils différentiels pour la caféine et l'acide citrique augmentent avec l'âge (Hyde et Feller, 1981). De manière similaire, Gilmore et Murphy (1989) ne trouvent pas d'augmentation des seuils différentiels avec l'âge pour le sucrose, mais, pour la caféine, les seuils passent de 34 % à 74 %.

8.1.3 Les facteurs temporels dans l'olfaction et le goût

Les modalités olfactives et gustatives sont les plus lentes des modalités sensorielles. Toutes nos sensations dépendent pour une large part de la durée de la stimulation. Pour les durées les plus brèves, la limite de l'intégration temporelle peut atteindre 6 à 7 s pour le goût et environ 1,5 s pour l'olfaction (De Wijk, 1989). Ces valeurs sont à comparer avec celles de la vision (10 ms en vision photopique, 500 ms en vision scotopique) et de l'audition (150 ms). La relative lenteur des mécanismes d'intégration temporelle gustatifs et olfactifs se manifeste dans les temps de réaction. Dans toutes les modalités sensorielles, le temps de réaction (simple) diminue en fonction de l'intensité de la stimulation selon une fonction curvilinéaire jusqu'à une valeur asymptotique (loi de Piéron) pour les intensités élevées. Ainsi, elle est d'environ 150 ms en audition et 180 ms en vision, mais atteint 400 à 800 ms pour le goût (Bonnet, Zamora, Buratti et Guirao, 1999) et 1000 à 1500 ms pour l'olfaction (De Wijk, 1989).

L'*adaptation neurosensorielle* (voir la figure 8.6) est le phénomène de réduction progressive de la sensibilité en fonction de la durée de la stimulation (Zwaardemaker, 1925). Ce phénomène se complète par une récupération progressive de la sensibilité à la cessation de la présentation du stimulus d'adaptation. On distingue deux types d'adaptation. L'autoadaptation concerne la diminution des seuils en fonction de la durée d'exposition à cet odorant. L'adaptation croisée constitue l'effet de l'exposition à un odorant sur la sensibilité à un autre odorant (Köster, 1975; Le Magnen, 1947). L'adaptation croisée résulterait de la similarité d'odorants qui activeraient partiellement au moins les mêmes récepteurs

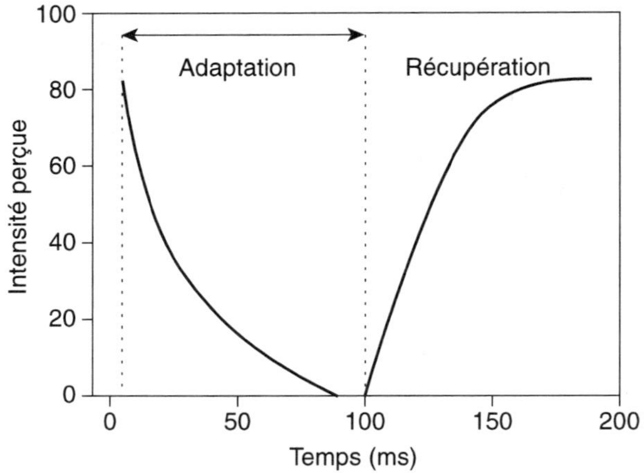

FIGURE 8.6 *Évolution de l'intensité de la sensation gustative en fonction du temps.* Pendant l'exposition à la substance (*adaptation*), l'intensité apparente diminue jusqu'à disparaître. Retestée à différents moments après la fin de l'exposition, la sensation se restaure (*récupération*).

(Berglund et Engen, 1993; Cain et Engen, 1969). Un dernier aspect à signaler est la potentiation (ou facilitation) dans laquelle, suivant l'adaptation à de faibles concentrations, une diminution de ce seuil est observée (De Wijk, 1989). Les mêmes phénomènes sont observés pour le goût: autoadaptation (O'Mahony, 1979), adaptation croisée et potentiation.

8.1.4 La chimesthésie

La troisième classe de sensations chimiques, indépendantes du système olfactif et du système gustatif, correspond à des irritations ou à des douleurs (Dessirier et Guinard, 1996). Les stimuli de cette *chimesthésie* (néologisme) sont des irritants chimiques dont les plus familiers sont des épices comme les piments (capsaïcine), l'huile de moutarde, le vinaigre (acide acétique), le poivre (pipérine), le curry, le gingembre, mais aussi des substances comme le menthol, l'ammoniaque, etc. Pour l'essentiel, les informations de cette modalité sont véhiculées par les terminaisons libres des fibres du nerf trijumeau. Elles sont activées par des stimuli d'origine mécanique, thermique et chimique et constituent donc des nocicepteurs. Ces fibres se projettent dans les noyaux trigéminaux du tronc cérébral. Certaines substances odorantes ou sapides peuvent aussi, à forte concentration, activer le système trigéminal.

Cometto-Muñiz, Cain et Abraham (1998) ont montré en olfaction que les seuils d'irritation sont environ trois fois plus élevés que les seuils olfactifs et que les deux ordres de sensations relevaient de mécanismes distincts. L'irritation due à certaines substances volatiles n'affecte pas que la muqueuse nasale, mais entraîne parfois une irritation des yeux et de la gorge. Ces recherches permettent d'évaluer les effets de différents polluants atmosphériques (voir, par exemple, Schiffman, 1998). Au-delà des effets uniquement irritants, il faut encore signaler les gaz de combat (ypérite ou gaz moutarde et gaz lacrymogènes, par exemple) dont les effets délétères se manifestent encore souvent des années après l'exposition (voir, par exemple, Anderson, Lau, Taylor et Critchley, 1996).

Les effets irritants du piment, dont le principe actif est la capsaïcine, ont été les plus étudiés (voir Dessirier et Guinard, 1996). Appliquée sur la peau ou sur une muqueuse, la capsaïcine provoque une sensation de chaleur et de douleur. Une de ses remarquables propriétés est la désensibilisation. Une stimulation orale de capsaïcine provoque une vive sensation d'irritation, de brûlure. Si une seconde stimulation est présentée une dizaine de minutes plus tard, la sensation irritante est moindre et devient tolérable (voir, par exemple, Green et Shaffer, 1993). Il s'est produit une inactivation des fibres afférentes. Cependant, si les stimulations répétées sont appliquées à des intervalles temporels plus courts, de l'ordre de la minute, il se produit une sensibilisation : la sensation d'irritation est plus forte à la seconde présentation qu'à la première. Pour continuer à savourer un plat trop pimenté, il suffit d'attendre une dizaine de minutes après la première bouchée (Dessirier et Guinard, 1996).

Il existe de notables différences intergroupes dans la sensibilité aux irritants. Pour les mêmes concentrations, les femmes estiment les intensités de dioxyde de carbone (CO_2) plus élevées que les hommes (Cometto-Muñiz et Noriega, 1985). On a aussi démontré une moindre sensibilité aux irritants chez les fumeurs (Cometto-Muñiz et Cain, 1982). Enfin, l'âge réduit la sensibilité aux stimulations irritantes (Stevens, Plantinga et Cain, 1982).

8.1.5 Les phéromones

Les membres de plusieurs espèces communiquent entre eux par l'intermédiaire de substances chimiques volatiles : les *phéromones* (Brossut, 1996). Les récepteurs de cette modalité forment l'*organe voméronasal* (OVN, ou organe de Jacobson). La communication chimique est de première importance chez les insectes. Dans les colonies de fourmis, les individus émettent des phéromones très spécifiques pour marquer le chemin vers des sources de nourriture ou signaler des ennemis (Wilson, 1971). Chez la mouche (*Drosophila megalomaster*), par exemple, l'émission de phéromones par les femelles active la parade amoureuse des mâles. Par contre, l'action des phéromones mâles semble plutôt destinée à inhiber les ardeurs homosexuelles des autres mâles (Ferveur et Sureau, 1996). Chez les mammifères, les phéromones jouent aussi un rôle majeur dans les comportements sexuels et les comportements de reproduction et de marquage du territoire. L'organe voméronasal est connecté au système olfactif accessoire comprenant, entre autres, le bulbe olfactif accessoire et la partie antérieure de l'hypothalamus. Cette région contrôle les systèmes endocriniens responsables des différents aspects des comportements de reproduction (Bartoshuk et Beauchamp, 1994) et, plus généralement, des affects. Le rôle fonctionnel du système olfactif accessoire est divers et variable selon les espèces. Chez les rongeurs, par exemple, il module le contrôle hypothalamique de la sécrétion de gonadotropine et participe ainsi au comportement reproducteur (Larriva-Sahd, Rondán, Orozco-Estévez et Sánchez-Robles, 1993). Par contre, chez certains reptiles, il jouerait un rôle différent. Le comportement d'attaque d'une proie du crotale (*Crotalus viridis oreganus*) dépend d'abord de stimuli visuels et thermiques. Cependant, l'ingestion d'un rongeur par ce serpent dépend de la présence et de l'action du système voméronasal. Des crotales rendus avomiques par suppression bilatérale de l'organe voméronasal ne capturent plus et surtout n'ingèrent plus leur proie (Alving et Kardong, 1996).

On a longtemps pensé que, chez les primates, l'organe voméronasal régressait à la naissance et n'était donc pas fonctionnel chez l'adulte où il n'existerait qu'à l'état de vestige. Il en serait de même chez les oiseaux (Meredith, 1991). Or, des travaux faits chez l'homme ont rouvert la question (Monti-Bloch, Jennings-White et Berliner, 1999). Monti-Bloch et Grosser (1991) ont enregistré chez des humains les potentiels de récepteurs de l'organe voméronasal et de l'épithélium olfactif en réponse à des phéromones délivrées localement. Cependant, le doute subsiste sur leur fonctionnalité (Trotier et Dving, 1999). L'étude expérimentale sur l'effet des phéromones chez l'humain en est à ses débuts. Ces questions sont méthodologiquement difficiles à aborder car beaucoup de produits dont on pourrait penser qu'ils peuvent agir sur le système olfactif accessoire agissent aussi sur le système olfactif principal et génèrent également des sensations olfactives nettes. Il en est ainsi de la plupart des odeurs corporelles (Schaal et Porter, 1991). Comme l'exprime Holley (1999, p. 196) : « La quête des phéromones humaines : affaire à suivre » !

8.2 LES SENS CHIMIQUES ET LA COGNITION

La psychologie de la perception se centre volontiers sur les questions relatives à la reconnaissance, à l'identification et à la dénomination des stimuli à l'origine des expériences sensibles. Sans pouvoir développer ici ce point de vue, il faut se souvenir que, sous l'angle du traitement de l'information, ces processus concernent essentiellement l'accès à des représentations transcrites en langage, au moyen desquelles nous interprétons les informations sensorielles préalablement traitées (voir, par exemple, Bonnet, 1998). Ces questions ont été jusqu'ici peu abordées dans la psychologie cognitive de la perception des odeurs et des saveurs. Nous allons considérer successivement les questions relatives aux catégorisations des goûts et des odeurs, au rôle de la mémoire dans ces modalités et aux aspects communicatifs des odeurs.

8.2.1 La catégorisation des goûts et des odeurs

La catégorisation est un processus fondamental des activités cognitives. Elle implique et reflète la structure des représentations (des connaissances) des sujets. Concernant les processus de catégorisation, on rencontre ici deux difficultés majeures. La première est celle de la dénommabilité. Notre vocabulaire usuel est pauvre en termes spécifiques des sensations chimiques. La seconde difficulté réside dans le fait que pour étudier les caractéristiques psychophysiques de ces sensations, nous utilisons le plus souvent des techniques qui nécessitent peu ou prou une prise de conscience de leur présence. Or, dans cette modalité comme dans les autres, la prise de conscience (*awareness* en anglais) de la présence d'une stimulation et son identification ne sauraient être le seul critère de son action sur l'organisme, et donc de son traitement. Des techniques électrophysiologiques comme la réponse électrodermale ou des enregistrements d'électroencéphalographie peuvent faire apparaître des variations d'activité liées à la présentation, par exemple, d'un stimulus odorant sans que la présence de celui-ci ait été « consciemment » ressentie par le sujet.

Catégoriser les saveurs ou les odeurs consiste à proposer des classifications dont les catégories sont désignées par des mots de la langue. Il existe plusieurs raisons de vouloir classifier les odeurs. Le physiologiste souhaiterait pouvoir distinguer plusieurs classes de récepteurs olfactifs ou gustatifs sur la base de leur sélectivité à certains odorants ou saveurs « primaires ». Les quatre saveurs primaires dont il a été question plus haut répondent à cette préoccupation. Le spécialiste de la biologie moléculaire peut proposer une terminologie fondée sur le fonctionnement des récepteurs (voir, par exemple, Sheperd, 1987). D'autres spécialistes, comme les parfumeurs, élaborent des classifications dans le but de communiquer entre eux. Celles-ci présentent un certain arbitraire fondé sur la coutume (Roudnitska, 1990). Le psychologue de la cognition s'intéresse moins aux classifications « expertes » qu'au repérage de l'espace mental des odeurs et des saveurs des sujets humains.

Aristote avait déjà remarqué qu'il n'existait pas de vocabulaire spécifique des odeurs comparable à celui du goût. La plupart des termes utilisés pour désigner des odeurs réfèrent à leur origine, aux objets ou aux substances odorantes. L'idée de telles classifications repose en général sur l'hypothèse de traits

« primaires », indépendants, dont les combinaisons permettraient de reconstituer toute la palette des odeurs.

La classification des saveurs

Henning (1916) a proposé de représenter l'espace des saveurs par une structure pyramidale dont les quatre primaires occuperaient les sommets. À partir de jugements de similarité et en utilisant des techniques d'échelles multidimensionnelles, on cherche à vérifier si la structure des jugements s'ajuste bien à la structure pyramidale de Henning. Schiffman et Erikson (1971) ont montré que les résultats concordaient assez bien avec l'hypothèse. Cependant, ces classifications sont très dépendantes de l'ensemble des stimuli présentés au cours de l'expérience. Faurion (1996), dans une série d'expériences portant aussi bien sur l'homme, utilisant des techniques psychophysiques, que sur le hamster, utilisant des techniques électrophysiologiques, arrive à la conclusion que l'« espace gustatif » multidimensionnel est plus complexe que ne le proposait Henning. Son approche amène l'auteur à la conclusion que l'espace gustatif comprendrait de 10 à 13 dimensions qui correspondraient à la diversité des récepteurs. Les variations intersujets s'expliqueraient dans cette perspective par la proportion relative de chaque type de récepteurs. Le codage des saveurs ne présente donc pas la spécificité et la simplicité initialement imaginées. Cependant, comme l'illustre la figure 8.7, au moins en ce qui concerne le salé, le sucré et l'acide, la mesure des temps de réaction en fonction de la concentration de diverses substances conduit à montrer une plus grande proximité des résultats intrafamilles qu'interfamilles (Bonnet, Zamora, Buratti et Guirao, 1999).

La classification des odeurs

Les tentatives de classification des odeurs ont été nombreuses et restent encore moins satisfaisantes.

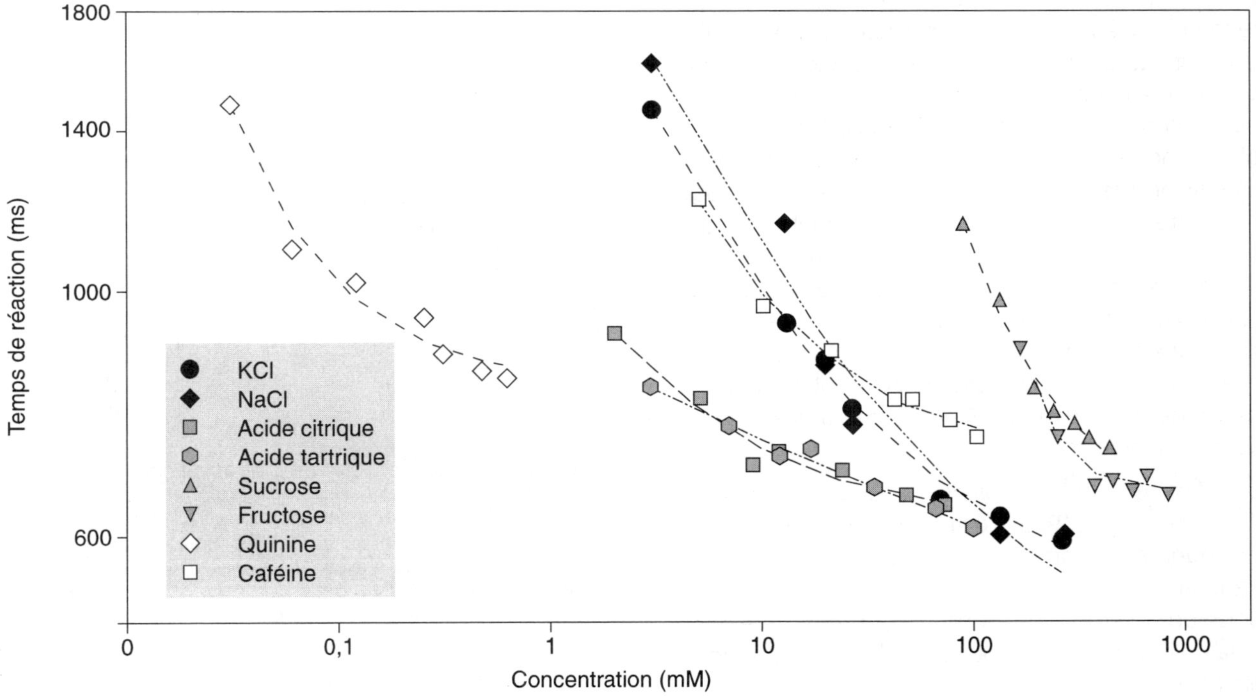

FIGURE 8.7 *Temps de réaction pour différentes saveurs.* Deux sels (NaCl et KCl), deux acides (citrique et tartrique), deux sucres (saccharose et fructose) et deux substances amères (quinine et caféine) ont été présentés. Sauf pour ces dernières, les fonctions reliant les TR aux concentrations sont très proches pour les substances de la même famille. *Source :* Bonnet et autres (1999, p. 553). © 1999. Reproduit avec la permission d'Elsevier Science.

Nous avons vu plus haut que, sur la base de critères physiologiques, biochimiques ou chimiques, on n'était pas encore parvenu à proposer une classification consensuelle des stimuli odorants. S'il existe bien un millier de types de récepteurs différents (Axel, 1995), cet état de fait n'est pas étonnant.

Linné, un botaniste suédois, a proposé au milieu du XVIIIe siècle l'existence de sept odeurs « primaires » où apparaissent des catégories dont la valence hédonique est négative. Cette classification fut largement utilisée jusqu'à notre siècle. Zwaardemaker (1925), à partir de 1900, a proposé une classification en neuf catégories.

Henning (1915), se fondant sur des études expérimentales de similarité (voir Woodworth, 1949), a ramené le nombre de primaires à six : fragrant, éthéré ou fruité, résineux, épicé, putride, brûlé. Formellement, ces qualités odorantes auraient une structure de prisme. Les recherches plus récentes utilisant des techniques d'échelonnage multidimensionnel à partir de jugements de similarité entre odeurs arrivent à des représentations qui ne concordent pas avec les propositions de Henning. Les résultats de ces recherches sont très dépendants de l'échantillon d'odeurs utilisé. Sicard, Chastrette et Godinot (1997) ont comparé les classifications multidimensionnelles pour les mêmes 20 odeurs de données obtenues, d'une part, électrophysiologiquement sur l'épithélium olfactif de grenouille et, d'autre part, par des jugements de similarité réalisés par des sujets humains. Un extrait de ces données est présenté à la figure 8.8. Le seul axe dont l'identification soit peu ambiguë est l'axe 1 des données psychophysiques ; il représente la dimension hédonique et sépare les « mauvaises » odeurs (à gauche) des odeurs agréables (à droite). Cependant, ce facteur ne rend compte que de 11 % de la variance totale.

Amoore (1971), suivant une suggestion de Zwaardemaker (1925), a proposé une classification des odeurs qui comprendrait jusqu'à 31 primaires en se basant sur l'observation des cas d'anosmie. La perte de sensibilité pour une odeur particulière constituait alors un critère pour décider que cette odeur est une primaire.

Ce thème fait toujours l'objet de recherches (voir Dubois et Holley, 1997). L'élaboration de modèles de la structure mentale des odeurs, et surtout des odeurs complexes, rencontre d'abord un problème de lexique. Les termes utilisés par les sujets pour désigner des odeurs ont majoritairement des référents personnels et ne renvoient pas toujours à la

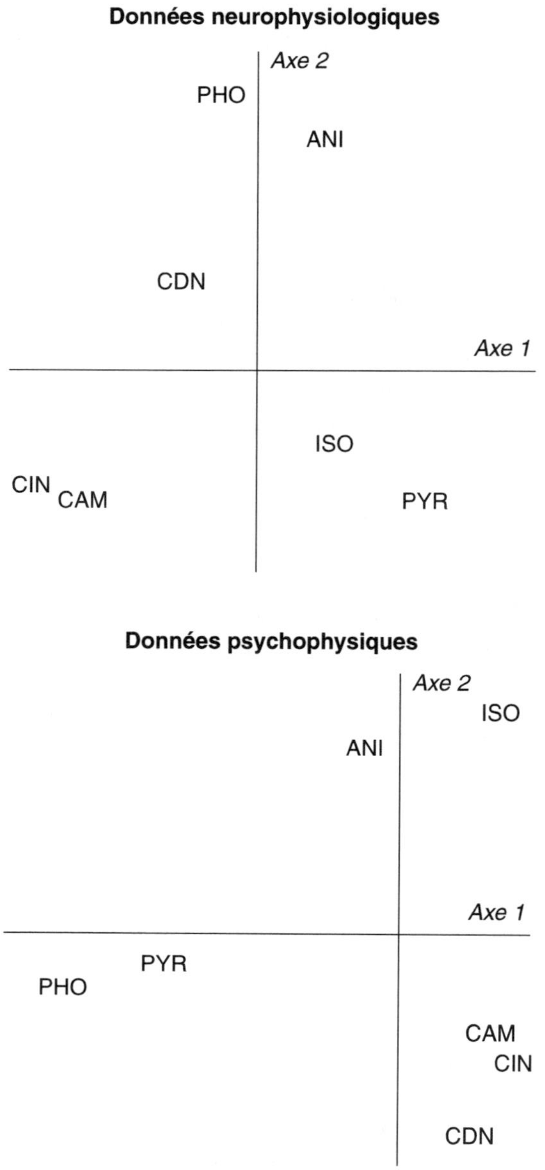

FIGURE 8.8 *Comparaison de classifications multidimensionnelles de données neurophysiologiques et de données psychophysiques (jugements de similarité).* Données reprises partiellement de Sicard et autres (1997) pour les mêmes odorants et pour les deux premiers axes. ANI = anisole, CIN = 1-8 cinéole, CAM = dl-camphre, CDN = cyclodécanone, ISO = acétate d'isoamyle, PHO = thiophénol, PYR = pyridine.

substance source des senteurs. Cette influence massive de l'expérience personnelle, pas seulement perceptive, se retrouve dans l'utilisation d'un vocabulaire faisant plus appel au ressenti, et donc à la dimension hédonique, qu'à des termes descriptifs du monde. Pour leur part, les spécialistes élaborent des terminologies spécifiques afin de pouvoir communiquer. Dans son ouvrage *Le nez du vin*, Lenoir (1981) propose ainsi une liste de sources odorantes qui permettent de caractériser des vins rouges : banane, cannelle, cassis, cerise, civette, framboise, pin, poivron vert, réglisse, truffe, vanille et violette. Il mentionne ainsi que dans le Beaujolais domine une note de banane, ou de pivoine dans les Bordeaux. Noble et ses collègues (1987) proposent de leur côté un *disque des arômes des vins* comprenant trois niveaux hiérarchiques et concentriques dont les termes les plus généraux se retrouvent vers le centre (caramélisé, boisé, fruité, etc.) et les termes plus spécifiques à la couronne (miel, chocolat, etc.).

8.2.2 La mémoire des goûts et des odeurs

Identifier une odeur ou une saveur suppose qu'on les reconnaît et donc que l'on met en jeu des capacités mnésiques. La littérature (Proust, par exemple) et nos expériences personnelles suggèrent que les sens chimiques, et particulièrement l'odorat, ont des capacités mnésiques remarquables, éventuellement supérieures à celles des autres modalités sensorielles. Quelques anecdotes rapportent que la seule évocation d'une situation pourrait, de nombreuses années plus tard, générer des *odeurs mentales* (comme on dit des « images mentales ») vivaces et persistantes. Cette croyance est plus fondée sur des anecdotes que sur des recherches systématiques (Engen, 1991), difficiles à réaliser en raison de leur historicité et de leur subjectivité. La question fondamentale posée par les chercheurs est de savoir si la mémoire des sens chimiques, et particulièrement de l'odorat, était ou non comparable à celle des autres modalités sensorielles.

Les conditionnements

Les dégoûts alimentaires que nous pouvons éprouver sont généralement persistants au cours des années et s'établissent souvent après une seule expérience (Fischler, 1990). Sans que cela couvre tous les cas de figure, l'*aversion conditionnée* utilisée au laboratoire est un paradigme expérimental qui permet d'approcher la question de la formation de ces aversions.

Le dogme généralement admis dans le conditionnement pavlovien est la contiguïté temporelle entre le stimulus conditionnel et le stimulus inconditionnel. Cependant, si la consommation d'un aliment nouveau entraîne, nécessairement après un délai assez long (plusieurs heures), un malaise gastrique, l'animal ou l'humain évitera de consommer à nouveau cet aliment. On désigne ce phénomène du nom d'« aversion gustative conditionnée » (Garcia, 1989 ; Riley et Tuck, 1985). Le protocole expérimental consiste à présenter à l'animal une nourriture nouvelle d'une intensité suffisante. Après un intervalle temporel qui peut atteindre de deux à quatre heures, on lui injecte par exemple du chlorure de lithium, qui va provoquer des symptômes analogues à ceux d'une intoxication alimentaire (malaises, diarrhée, douleur abdominale). Remis lors du test en présence de la substance, l'animal ne la consommera pas, manifestant ainsi son aversion. Celle-ci constitue un système de défense de l'organisme lui permettant d'éviter la consommation d'aliments toxiques.

Il est possible d'obtenir des aversions olfactives conditionnées en provoquant un malaise gastrique après la présentation d'une odeur. L'aversion olfactive conditionnée nécessite des délais bien plus courts, ne dépassant pas 15 minutes. Cependant, le couplage d'une odeur et d'un goût permet d'utiliser des intervalles analogues à ceux de l'aversion gustative conditionnée alors que le stimulus conditionnel sera ici une odeur (Holder et Garcia, 1987).

La mémoire olfactive

Pour Engen (1991), la mémoire olfactive serait distincte des autres formes de mémoire. Aucun système sensoriel n'est plus directement lié à l'hippocampe (trois synapses selon Herz et Engen, 1996). Or, cette structure est impliquée dans la sélection et la transmission de l'information en mémoire de travail, dans le transfert entre mémoire à court terme et mémoire à long terme, et dans diverses fonctions de la mémoire déclarative.

Les épreuves de reconnaissance sont privilégiées dans les études sur la mémoire olfactive étant donné l'impossibilité du rappel. Lors de l'épreuve de reconnaissance, les sujets doivent indiquer si les produits qu'on leur montre leur ont déjà été présentés. Des intervalles temporels variant de quelques secondes à plusieurs mois peuvent s'écouler entre la phase de familiarisation et la phase de reconnaissance. Pour des intervalles courts (entre 3 s et 10 min), il ne semble pas y avoir de perte mnésique, la performance restant à environ 70 % de reconnaissances correctes.

Le rôle du langage (des étiquettes verbales) dans la mémorisation des odeurs donne lieu à des controverses entre ceux qui tendent à démontrer une influence positive (voir, par exemple, Jehl, Royet et Holley, 1997 ; Rabin et Cain, 1984) et ceux qui ne démontrent pas une telle implication (voir, par exemple, Engen et Ross, 1973; Lawless et Cain, 1975). En l'état actuel du débat, il apparaît que si la médiation verbale peut jouer un rôle dans la mémoire olfactive, ce rôle n'est pas essentiel (Herz et Engen, 1996).

Ce qui distingue le plus la mémoire olfactive des autres mémoires serait son exceptionnelle résistance à l'oubli. Engen et Ross (1973) ont comparé sa performance à celle de la mémoire visuelle et montré que, même après un an, la performance olfactive ne manifestait qu'une perte de 5 % par rapport à la rétention initiale. Il semble que cette performance tienne à l'influence négligeable de l'interférence rétroactive : une même odeur ne peut que très difficilement faire l'objet d'associations différentes, avec un stimulus visuel par exemple.

Enfin, plus que toute autre, la mémoire olfactive est caractérisée par la double capacité d'évoquer une odeur à partir d'éléments contextuels associés et d'évoquer des souvenirs à partir d'une odeur, sans doute en raison des liens étroits entre cette mémoire et les mécanismes de l'émotion (Herz et Engen, 1996).

8.3 LES SENS CHIMIQUES ET L'HÉDONISME

Nous l'avons dit, les sens chimiques sont liés à nos émotions et, plus généralement, à l'affectivité. Le terme même de « goût », du moins en français, n'a-t-il pas pris le sens très large de « préférence » avec une forte composante affective ? C'est sous cet angle que nous allons d'abord aborder le développement des sens chimiques. Le caractère hédonique d'un produit fait référence aux réactions d'attraction, de préférence qu'il exerce, mais aussi aux réactions de dégoût, de rejet. Il s'agit donc d'une dimension affective conçue comme évoluant en deux pôles, l'un positif, l'autre négatif.

8.3.1 Le développement des sens chimiques et des préférences olfactives et gustatives

Les sens chimiques ont un développement embryonnaire précoce. Ils sont fonctionnels à la naissance. Des débats opposent ceux qui admettent une détermination génétique de certaines préférences gustatives et olfactives (position nativiste) et ceux qui pensent qu'elles se développent sur la base des expériences prénatales et postnatales (position empiriste). Les deux composantes jouent un rôle, la seconde, l'expérience, pouvant prendre le pas sur les déterminants génétiques.

Des recherches (voir Chiva, 1985) fondées sur la photographie des expressions faciales des nouveau-nés ont amené à conclure qu'à la naissance, les bébés humains ont des préférences pour certaines odeurs jugées agréables par les adultes (banane, vanille, lait) et des mimiques de rejet et de dégoût pour d'autres odeurs (crevette ou œuf pourri). La méthodologie de ces recherches a été critiquée (Soussignan, Schaal, Marlier et Jiang, 1997) et leurs conclusions remises en question.

Le fœtus des mammifères placentaires baigne dans le fluide amniotique, dont la composition chimiosensorielle varie entre les espèces et entre les individus d'une même espèce. Il en résulte (Schaal, Marlier, Soussignan et Jiang, 1996) à la naissance une préférence pour l'odeur du liquide amniotique de la mère par rapport à celle du liquide amniotique d'une autre mère. La préférence est ici testée par l'orientation du visage du nouveau-né vers l'un des deux stimuli. Cette préférence va se généraliser au colostrum et au lait de la femelle allaitante (vers quatre jours). C'est sans doute grâce à elle que les nouveau-nés se dirigent vers les mamelles nourricières. Cette préférence est telle que le nouveau-né humain nourri au biberon, et qui n'a donc jamais rencontré l'odeur d'un lait maternel, mis en présence de son lait artificiel nourricier et du lait maternel d'une autre mère, préférera celui de l'autre mère.

Concernant le goût, les préférences natales semblent plus nettes. Avant toute expérience gustative postnatale, les nouveau-nés acceptent « avidement » une solution sucrée, mais rejettent une solution amère. On peut y voir une réponse adaptative innée de l'organisme puisque la saveur sucrée est souvent le signe d'une source d'énergie (des glucides) tandis que beaucoup de substances toxiques ont une saveur amère. Le rejet initial des substances amères semblerait ainsi universel. Cependant, d'autres recherches montrent que ce rejet s'établit progressivement au cours des premières semaines de vie. Kajiura, Cowart et Beauchamp (1992), utilisant comme indices le taux d'ingestion, le comportement de succion et l'évaluation des expressions faciales, montrent qu'il n'y a pas de signe de rejet d'une substance amère (urée) de la naissance à six jours. Par contre, des enfants âgés de 14 à 180 jours manifestent clairement leur rejet. Plus tard, chez les humains au moins, une appétence pour certaines de ces substances peut s'installer. C'est l'amertume que les vrais amateurs de chocolat, de café ou de bière recherchent, tout au moins un niveau « optimal » d'amertume. Les enfants préfèrent généralement le chocolat au lait exempt de cette amertume. Il se pourrait (Ton Nu, 1996) que l'appétence adulte pour l'amertume soit inversement liée à la sensibilité à cette saveur telle qu'elle est mesurée par des seuils. McBride (1990) a souligné que de telles préférences gustatives présentent un optimum qu'il appelle le « point de plaisir » (*bliss point* en anglais), variable d'un individu à l'autre et d'une culture à l'autre.

Contrairement à une croyance répandue, il n'y aurait pas de différences de sensibilité gustative entre hommes et femmes à l'âge adulte (James, Laing et Oram, 1997) lorsque la sensibilité est mesurée au moyen de seuils de détection pour quatre substances de base (NaCl, sucrose, acide citrique et caféine). Néanmoins, en comparant les résultats des adultes à ceux d'enfants de huit à neuf ans, on peut observer un retard dans la maturation du système gustatif chez les garçons. De plus, les femmes semblent le plus généralement supérieures aux hommes dans des tâches d'identification d'odeurs communes (Cain, 1982).

8.3.2
L'hédonisme et les sens chimiques

Au-delà de la valeur nutritive et signalétique des sensations chimiques, les stimuli ont une valence hédonique marquée qui détermine pour une très grande part nos préférences pour certaines nourritures ou boissons, pour certains parfums, et peut-être même pour certaines personnes. Pour d'autres produits dont la valence hédonique est négative, c'est l'évitement ou le refus qui trahit nos réactions. Ces réactions négatives peuvent aller jusqu'à des manifestations somatiques (haut-le-coeur par exemple) révélant une aversion conditionnée. Parler d'hédonisme est donc parler de sentiments évoluant entre appétence (plaisir) et aversion (répulsion). Ces réactions hédoniques mettent en jeu les structures nerveuses impliquées dans l'affectivité. Les liens anatomiques entre le système olfactif et l'amygdale ont été démontrés chez l'animal par des expériences de lésion ou d'électrophysiologie. Chez l'homme, utilisant une technique de tomographie par émission de positons (TEP), Zald et Pardo (1997) ont montré que l'inhalation de stimuli olfactifs fortement aversifs augmentait le débit sanguin cérébral à la fois dans l'amygdale et dans le cortex orbitofrontal gauche, tandis qu'une substance non aversive n'entraînait d'augmentation de ce débit que dans le cortex orbitofrontal.

Si la méthodologie des études de psychophysique sensorielle est à l'heure actuelle relativement bien maîtrisée, beaucoup reste à faire pour les études hédoniques. Les indicateurs physiologiques semblent indispensables. Outre les méthodes d'imagerie cérébrale (TEP par exemple), on peut mesurer les réponses quasi réflexes du système nerveux autonome en jeu dans les réactions affectives : les variations de potentiel de la réponse électrodermale, sa résistance, le flux sanguin cutané et la température cutanée, la fréquence respiratoire instantanée et la fréquence cardiaque instantanée (Alaoui-Ismaili, Vernet-Maury, Dittmar, Delhomme et Chanel, 1997).

L'analyse sensorielle (voir, par exemple, Lawless, 1996 ; Sztrygler, 1990) élaborée dans les services de recherche des industries alimentaires et des industries des parfums a mis au point des approches psychophysiques de l'hédonisme. Les évaluations hédoniques de produits sont réalisées pour répondre à des questions qui vont conditionner le choix des techniques d'évaluation. Parmi ces questions distinctes, citons :

- le degré d'appréciation du produit lors de la première consommation ;
- l'acceptabilité du produit à long terme ;
- la quantité au-delà de laquelle le produit entraîne une aversion ;
- la comparaison de produits du point de vue de leur acceptabilité ;
- l'éventualité que le produit réponde à une attente de la part des consommateurs.

Les méthodes de psychophysique hédonique les plus courantes utilisent des jugements de grandeur ou des jugements de catégorie. Par exemple, dans ce dernier cas, pour chaque produit présenté, le sujet devra effectuer une cotation sur une échelle en 9 points variant de 1 (extrêmement désagréable) à 9 (extrêmement agréable).

Il s'agit d'une autoévaluation d'une caractéristique hédonique avec tous les inconvénients que présentent les procédures psychophysiques de jugement. Elles sont en particulier très sensibles aux facteurs contextuels et sociaux de l'expérience (conformisme par exemple). Lorsque l'objectif est de connaître l'acceptabilité des produits par des consommateurs éventuels, on a recours par exemple à des épreuves de lassitude. D'autres mesures sont possibles, comme le temps mis pour consommer une quantité donnée de produit, ou la quantité consommée (ou bue).

Le rejet des « substances trigéminales », irritantes, semble inné à en croire les réactions de rejet observables à la naissance. Les réactions hédoniques d'acceptation ou de rejet peuvent se manifester par des réponses réflexes contrôlées par le tronc cérébral sans participation du cortex gustatif (Yamamoto, 1984). De plus, les réactions innées de rejet peuvent se changer en appétence et prendre une forte valeur hédonique positive, appétence variable selon les cultures, comme en témoigne le goût que nous pouvons avoir pour les épices. Il se pourrait d'ailleurs que l'espèce humaine soit la seule à manifester des préférences pour de telles sensations (Dessirier et Guinard, 1996).

8.3.3 Déguster et savourer

Les organismes se nourrissent pour survivre en ingérant les nutriments nécessaires. La fonction première, primitive, du goût est de permettre à l'organisme d'apprécier et de rechercher les substances utiles, et d'éviter les substances dangereuses (Lawless, 1996). Ceci étant assuré, le plaisir de manger et de boire (en quantité raisonnable !) fait partie de nombreuses cultures et manifeste combien différentes modalités sensorielles sont mises à contribution. L'ensemble des sensations olfactives, gustatives et trigéminales perçues au cours de la dégustation (mets ou boisson) est appelé « flaveur ». Celle-ci semble être essentiellement codée dans le cortex orbitofrontal où, à côté de neurones unimodaux (goût *ou* olfaction), on a démontré (voir Rolls, 1999) la présence de neurones bimodaux (goût *et* olfaction). La recherche de plaisirs conduit beaucoup d'humains à déguster et à savourer des mets recherchés et des boissons subtiles, autant qu'à apprécier des parfums. Nous avons parlé plus haut de l'adaptation. Ce mécanisme intervient au plus haut point dans la dégustation des mets ou des vins dont les plaisirs résultent d'un enchaînement choisi avec soin. L'eau plate n'a généralement pas de goût. Cependant, selon ce qu'on a mangé auparavant, la même eau plate paraîtra salée, sucrée, acide ou amère (Bartoshuk, 1974). Après avoir mangé des artichauts, bien mastiqués, on trouvera l'eau sucrée. Après s'être gargarisé pendant environ 30 s avec de l'eau salée, on trouvera l'eau plate amère ou acide. L'art culinaire est avant tout l'art de proportionner les différents ingrédients (McBride, 1990).

La dégustation d'un mets ou d'une boisson, sa flaveur ou l'enchantement d'un parfum ne résultent pas que de la stimulation des récepteurs appropriés. Sommes-nous certains de reconnaître et d'apprécier autant nos parfums favoris s'ils sont présentés dans des flacons neutres et identiques ? Ou s'ils sont portés par des personnes que nous n'apprécions pas ? En fait, ces évaluations hédoniques mettent en jeu beaucoup plus d'informations sensorielles que les seuls goût ou olfaction. Savourer un mets ne consiste pas en une simple ingestion de substance. La langue est un organe mobile et cette motilité permet d'une part d'écraser les aliments pour leur faire exhaler leur arôme, d'autre part, la langue étant un organe tactile, d'apprécier la consistance et la texture de ces aliments. Le caractère multimodalitaire de l'appréciation hédonique est bien illustré par la dégustation de vins par des œnologues. Cette variété est bien décrite par Peynaud et Blouin (1996).

Goûter un vin ou un mets déploie donc diverses modalités sensorielles où l'odorat n'a pas le moindre rôle. Le plaisir gustatif peut être totalement aboli, ou en tout cas modifié, en l'absence d'odorat. Dans ce cas, le café ou le chocolat ne sont pas identifiables et la pomme de terre a le même goût que la pomme ! La position des aires gustatives corticales dans le cortex somatosensoriel facilite l'intégration des différentes composantes sensorielles due à l'action de la langue : gustative proprement dite, mais aussi tactile, thermique, etc.

L'hédonisme et le marketing

Le relatif désintérêt des psychologues pour les sens chimiques n'a nullement empêché le développement de technologies centrées sur l'utilisation commerciale de ces modalités et de leurs propriétés hédoniques. Les nettoyants ménagers, s'ils étaient proposés en leur état brut aux consommateurs, feraient l'objet de réactions répulsives en raison de leur odeur. Les entreprises qui les fabriquent ont donc utilisé des parfums destinés d'abord à masquer les odeurs répulsives des composants efficaces et ensuite à rendre ces produits plus attractifs. Sous le nom de *marketing olfactif* (Barbet et autres, 1999) se répandent maintenant des pratiques visant à influencer les comportements d'achat des consommateurs par la diffusion (discrète) de parfums dans le seul but de jouer sur le caractère hédonique de l'ambiance des magasins. Plus encore, l'aromachologie ou l'aromathérapie constituent un ensemble de techniques commercialisées visant à influencer les humeurs au moyen de la diffusion de senteurs diverses. Il s'agit, au moyen d'odeurs diffusées, d'obtenir des effets dynamisants ou relaxants qui seraient attestés par des mesures physiologiques des émotions (rythme cardiaque, pression sanguine, EEG, etc.) et des questionnaires. Ainsi, l'odeur de muguet ou de menthe accroîtrait la vigilance. Aux États-Unis, certaines odeurs insufflées dans le métro pourraient avoir un effet sur la violence. Les bases scientifiques de ces pratiques sont loin d'être attestées ; elles font d'ailleurs l'objet de « secrets » commerciaux qui ne facilitent pas leur évaluation.

CONCLUSION

Toutes les modalités sensorielles remplissent d'abord et fondamentalement des fonctions biologiques en assurant la survie et l'adaptation des organismes. Ainsi, les sens chimiques ont pour fonctions essentielles de permettre aux organismes de trouver leur nourriture, d'éviter les substances dangereuses, de reconnaître leur partenaire sexuel, de favoriser les relations mères-enfants, de marquer leur territoire, de reconnaître les individus du groupe, de servir de signaux d'alarme ou d'agression, etc. Ces fonctions mettent en jeu des préférences, des attractions pour certaines substances et des répulsions, des évitements pour d'autres substances. Ainsi apparaît dans ces modalités plus que dans toute autre un lien étroit et nécessaire entre des aspects proprement perceptifs de connaissance et des aspects hédoniques. Ces différentes fonctions sont mises en œuvre par la stimulation de quatre ensembles de systèmes récepteraux spécifiques. Cette spécialisation se maintient encore largement au niveau des structures nerveuses plus centrales qui poursuivent les traitements des signaux sensoriels. À l'olfaction est dévolu le rôle de repérer à distance les composants volatils, au goût celui de savourer les molécules qui, mêlées à la salive, vont se dissocier, au système trigéminal de servir de système d'alarme détectant la présence de stimuli potentiellement dangereux, au système olfactif accessoire d'assurer certaines fonctions communicatives intra-espèces.

La relative spécialisation de ces traitements sensoriels initiaux paraît, à première vue, peu concordante avec le caractère intégré des sensations éprouvées lors de dégustations. Ce caractère global des perceptions n'est pas le propre des sens chimiques, mais se retrouve dans toute perception. Deux ordres de mécanismes complémentaires sont vraisemblablement en jeu dans la genèse de ce caractère global. D'une part, il existe des convergences neuronales de structures unimodalitaires sur des structures plurimodalitaires sans que l'on puisse postuler l'existence d'une structure centrale « amodale ». D'autre part, il existe des interconnexions entre des structures relativement spécialisées, interconnexions qui se renforcent sur la base d'expériences. Une hypothèse actuelle suggère que ces interconnexions permettraient de réaliser des synchronisations des activités neuronales distribuées dans des structures distinctes. Ces activités synchronisées dans des structures largement distribuées spatialement dans le cerveau seraient à la base de la multimodalité (voir, par exemple, Mouly, Litaudon, Chabaud, Ravel et Gervais, 1998).

Au-delà de la perception de caractéristiques multimodalitaires concernant un même produit, il existe aussi des « correspondances » entre sensations relevant de différentes modalités. On a par exemple montré (voir, entre autres, Kemp et Gilbert, 1997) que des humains pouvaient apparier de manière cohérente des odeurs et des couleurs ou des luminosités, et que ces appariements étaient robustes. Il n'est guère vraisemblable dans ce cas que ces appariements résultent de convergences sur une même structure nerveuse. On pensera plutôt à un lien associatif où les facteurs symboliques comprenant une forte composante culturelle joueraient un rôle majeur.

Ces remarques nous amènent à l'interrogation fondamentale de cet ouvrage : la perception est-elle le reflet de la « réalité » ? Les guillemets que nous avons mis au terme de « réalité » ont pour premier objet de souligner que ce terme fait problème. La perspective du traitement de l'information adoptée dans ce chapitre amène à privilégier la question des mécanismes impliqués et de leur finalité.

Nous admettons tous, en général, l'existence d'une réalité du monde physique (ou physicochimique) indépendante de notre perception. Les sciences naturelles ont pour objet d'étudier cette réalité. Les humains n'ont eu longtemps que leurs perceptions pour la connaître. Dès Galilée, si ce n'est plus tôt, les chercheurs ont montré que certaines dimensions physiques étaient en réalité des sensations : la couleur, la lumière, le son, l'odeur, le goût, etc. L'instrumentalisation de la science a permis de dépasser les limites de nos perceptions. Goûts et odeurs ne sont pas à proprement parler des propriétés des corps chimiques, mais le résultat d'interactions de ces corps avec des systèmes psychobiologiques spécialisés. Le fait qu'il n'y ait pas un lien univoque, universel, entre des propriétés physicochimiques des substances et les sensations qu'elles peuvent générer est un argument de poids pour réfuter la thèse de la perception comme reflet de la réalité. Rappelons que, pour certains stimuli, la qualité de la sensation change de nature avec l'intensité de la stimulation : le sel, à très faible concentration, ne génère pas une sensation de salé, mais agit plutôt comme rehausseur de goût (umami) ; dans de nombreux parfums, on utilise de la civette qui, concentrée, a une forte odeur fécale ; à concentrations faible et moyenne, la saccharine paraît sucrée, à plus forte concentration, elle est amère.

Les récepteurs sensoriels sont des capteurs spécialisés d'information et, comme tout capteur, ils ont une bande passante limitée qui va restreindre l'étendue des informations physicochimiques auxquelles l'organisme d'une espèce donnée sera sensible. Les comparaisons interespèces qui ont été esquissées suggèrent que les capacités sensorielles, sans même parler des capacités cognitives, des différentes espèces sont variables et traduisent, au moins en grande partie, les effets de la pression sélective de l'évolution et une adaptation des organismes à leur environnement et à leur mode de vie. Il en résulte que, dans toutes les modalités sensorielles, différentes espèces ne disposent pas des mêmes informations sensorielles sur leur environnement. Subsidiairement, on peut affirmer qu'aucune ne dispose de toutes les informations physicochimiques disponibles dans l'environnement. Les informations indispensables à la survie de certaines espèces (l'ultraviolet chez l'abeille par exemple) ne sont pas accessibles aux systèmes sensoriels d'autres espèces (les humains dans le même exemple). La « réalité sensorielle » du monde est donc différente d'une espèce à l'autre quand la structure du monde est par postulat intangible. Ce que chaque espèce animale, et chaque individu de chaque espèce, perçoit du monde est d'abord limité par son équipement biologique.

S'il est, en conséquence, erroné ou au moins fallacieux d'affirmer que nos sens chimiques reflètent la « réalité » physicochimique du monde, il semble par contre justifié de considérer que les informations qu'ils procurent aux organismes présentent une relative stabilité et doivent avoir une valeur fonctionnelle pour chaque espèce. Ces informations concourent, en particulier chez les humains, à la formation de représentations, c'est-à-dire de conceptions de ce monde dont le « réalisme » tient en fait à leur efficacité. Ce sont ces représentations, ces conceptions présentant une relative stabilité, qui nous amènent à croire qu'à des détails près nos perceptions sont bien conformes à la « réalité ». Cette « réalité », ou plutôt sa représentation, est celle dont nous, humains, avons besoin pour survivre, pour autant que nous n'ayons pas de handicap sensoriel majeur. Elle a bien une valeur fonctionnelle et adaptative. Cependant, même les spécialistes, physiciens ou chimistes, ne connaissent que très incomplètement cette « réalité » puisqu'ils s'acharnent à faire progresser nos savoirs à son sujet.

Les mécanismes perceptifs n'ont donc pas d'abord une fonction contemplative. Les informations qu'ils traitent provoquent de la part de l'organisme des réactions et des réponses. Très souvent, les psychologues de la perception utilisent pour les étudier des méthodes qui requièrent des sujets une prise de conscience (*awareness*) des sensations évoquées par les stimuli. Plusieurs études n'abordent en fait que les représentations mentales conscientes générées par ces stimulations. Or, si celles-ci sont importantes comme reflet de nos conceptions du monde, elles ne traduisent pas nécessairement la totalité des effets des traitements sensoriels, dont beaucoup restent implicites. Pour nous, les perceptions en tant qu'expériences phénoménales (conscientes) du monde sont des représentations, des interprétations cognitives, des reconstructions dépendantes de contraintes biologiques, d'expériences perceptives et affectives antérieures et de connaissances (ou de croyances) plus ou moins expertes. Ce que tout un chacun connaît de ses perceptions est le « produit fini » d'une élaboration sensorielle et conceptuelle d'une réalité reconstruite.

Pour en parler et communiquer, nous utilisons le langage, notre langue avec ses contraintes propres. Dans la communication courante, nous devons apprendre à désigner des odeurs, en utilisant le nom des objets qui en sont la source la plus exemplaire : la rose, le jasmin, le bois brûlé, etc. Ce sont donc les mêmes termes qui désigneront les événements du monde (les stimuli) et leur perception. Les psychophysiciens de la vision ou de l'audition ont élaboré une terminologie différente pour désigner les stimuli (où les termes sont empruntés à la physique) et les sensations qu'ils génèrent (luminance-luminosité ; pression acoustique-sonie, etc.). C'est bien parce qu'ils s'étaient convaincus que s'il existait une relation entre les stimuli et les sensations, celle-ci n'était pas biunivoque.

La « mise en mots » de nos perceptions entraîne des difficultés que nous sous-estimons. Ainsi, en analyse sensorielle, on cherche à établir des « profils sensoriels » de produits. Il s'agit de caractériser chacun par un ensemble de termes descriptifs pertinents, précis et discriminants afin que les propriétés décrites soient exhaustives et indépendantes. L'ensemble de ces descripteurs constitue le profil sensoriel du produit. Ce profil est défini dans un espace sémantique (au moyen de mots). L'évaluateur attend que cet espace sémantique reflète l'espace sensoriel généré par le produit. Ces descriptions verbales peuvent être numérisées, ce qui va permettre une comparaison de profils entre produits et la mesure de « distances ». Pour réaliser cet objectif, il faut entraîner les panélistes jusqu'à ce qu'ils se constituent un vocabulaire consensuel répondant aux critères mentionnés. Les experts, parfumeurs (compositeurs de parfums) et dégustateurs de vins, doivent élaborer des terminologies leur permettant de communiquer. Pas plus que l'espace sensoriel ne peut prétendre refléter l'espace physicochimique de la « réalité », un espace sémantique cohérent et fidèle élaboré par des experts ne peut refléter simplement l'espace sensoriel, et ce, pour des raisons voisines. Ce que l'expérience a modelé, ce sont les représentations cognitives élaborées à partir des traitements sensoriels et probablement pas ces derniers.

LECTURES RECOMMANDÉES

BARTOSHUK, L.M., et BEAUCHAMP, G.K. (1994). Chemical senses. *Annual Review of Psychology, 45*, 419-449.

BONNET, C., et HOSSENLOPP, J. (dir.) (1996). Des goûts et des odeurs... *Psychologie française, 41* (3).

ENGEN, T. (1991). *Odor sensation and memory.* New York : Praeger.

HOLLEY, A. (1999). *Éloge de l'odorat.* Paris : Éditions Odile Jacob.

ROUBY, C., SCHAAL, B., DUBOIS, D., GERVAIS, R., et HOLLEY, A. (dir.) (2002). Olfaction, taste, and cognition. Cambridge: Cambridge University Press.

CHAPITRE 9 L'intermodalité

ARLETTE STRERI

INTRODUCTION

Toutes les activités de notre vie quotidienne reposent sur la participation simultanée et interactive de nos différents sens, même si nous prêtons peu d'attention à ces interactions. De même, la plupart des objets et des événements de notre environnement nécessitent, pour être perçus, la mobilisation de plusieurs de nos modalités sensorielles. Rechercher ses clés d'appartement dans un sac à main rempli d'objets divers, orienter sa tête vers un son insolite, prendre ses repas, conduire une voiture, etc., sont autant de comportements qui mobilisent plusieurs sens. En conséquence, les échanges entre l'individu et son environnement sont multimodaux. Certains systèmes sensoriels ont bien accès aux mêmes propriétés des objets ; par exemple, la vision et le toucher appréhendent la forme, la texture ou le volume des objets. Mais, dans la plupart des cas, la convergence des systèmes existe peu ou pas du tout, chacun d'eux prélevant des informations qui lui sont propres. La mosaïque d'informations recueillies doit faire l'objet d'une harmonisation pour que l'organisme puisse répondre adéquatement à la situation. Comment cette harmonisation est-elle possible étant donné que les systèmes sensoriels fonctionnent comme des modules étanches ? Comment pouvons-nous attribuer à l'environnement une unité et une stabilité, sachant, de surcroît, que ces systèmes ne captent des objets et des événements que des aspects partiels et surtout très spécifiques ? Nous savons en effet que la vision n'est sensible qu'aux ondes électromagnétiques (la lumière) et constitue une première étape pour voir le monde en couleur, que le toucher ne réagit qu'aux pressions, aux transformations mécaniques de la peau et à la température, que l'ouïe ne détecte que les ondes sonores et, enfin, que le goût et l'odorat ne traitent que les molécules chimiques. Ainsi, comment savoir que l'objet d'art que je tiens dans ma main et que je regarde avec admiration est un ? Comment saisir l'harmonisation qui existe entre une musique et les arabesques d'une danseuse ou les mouvements d'un chef d'orchestre ? Comment ajuster ma main pour prendre un objet en fonction de la taille, du poids et de la forme de cet objet ? Toutes ces conduites qui, chez l'adulte humain, paraissent banales au quotidien supposent l'existence de mécanismes dont on est loin encore de comprendre toutes les règles. Celles-ci émergent dans des situations expérimentales précises que nous analyserons sous le concept d'intermodalité.

Il peut sembler paradoxal que les chercheurs s'intéressent chacun au fonctionnement d'une seule modalité sensorielle étant donné que tous nos comportements supposent l'intégration de plusieurs informations provenant de systèmes sensoriels aussi divers que l'audition, la vision, le toucher (sensibilité), la kinesthésie, la proprioception, le goût ou l'odorat[1]. Cela vient sans doute de la complexité de cette intégration qui s'exerce dans des situations très variées et ne peut se résumer à un phénomène additif ou soustractif relié aux perceptions. La démarche modulaire ou « isolationniste » a l'avantage d'insister sur la diversité et la richesse de la fonction perceptive en soulignant les spécificités de chaque sens, de son organe, de son objet propre. Mais elle fait surgir très vite et de façon éclatante la question des propriétés communes aux différents sens, comme le mouvement, la grandeur, le nombre, etc. Cette question des correspondances, des communications entre les différents sens est soulevée avec beaucoup de modernité par Aristote dans son traité *De l'âme*[2].

Qu'est-ce que l'intermodalité ? Ce concept s'inscrit dans celui, plus vaste, de multimodalité, étudié à la fois en psychologie, en neurobiologie, en intelligence artificielle (transcription du texte sous forme graphique pour résoudre certains problèmes de physique) et en communication homme-machine, toutes disciplines qui examinent les formes d'interactions possibles entre l'organisme et le monde externe. En psychologie, les comportements multimodaux, humains ou animaux, se révèlent dans différentes situations (voir le tableau 9.1) : le *transfert intermodal* met en évidence la manière dont une information prélevée par une modalité sensorielle (phase d'encodage) est utilisée dans une autre (phase de décodage). Par exemple, lorsque je saisis un objet dans l'obscurité, je peux l'identifier et le reconnaître visuellement, une fois la lumière revenue. Lorsque plusieurs modalités accèdent simultanément à des propriétés distinctes d'un même objet, une harmonisation entre les différentes informations permet de préserver l'unité de l'objet. L'*intégration complémentaire* repose sur un principe d'appariement de signaux arbitraires. Ainsi, je considère que le réveil que je vois, que je tiens dans ma main et que j'entends sonner le matin est un seul objet et non trois objets différents. L'*intégration redondante* correspond à une situation dans laquelle plusieurs modalités accèdent simultanément aux mêmes propriétés de l'objet. Sachant que ces diverses modalités traitent celles-ci différemment, l'individu doit néanmoins assigner la même valeur à la propriété perçue, et ce, en dépit des stimulations spécifiques qu'il reçoit. Un objet manipulé et regardé

1. Contrairement aux idées reçues, nous avons plus de cinq sens (voir Berthoz, 1997).

2. Le traité *De l'âme* est cité d'après l'édition des Belles Lettres : Aristote, *De l'âme,* texte établi par A. Jannone, traduction et notes de E. Barbotin, Paris, 1980.

TABLEAU 9.1
Différentes situations d'intermodalité.

Situation	Propriétés en jeu pour un même objet	Mode d'exploration
Transfert intermodal	Même propriété	En mode successif
Intégration complémentaire	Différentes propriétés	En mode simultané
Intégration redondante	Même propriété	En mode simultané
Conflits perceptifs	Propriétés incompatibles	En mode simultané

doit conserver sa forme, sa taille et sa texture indépendamment du système sensoriel qui l'explore. Enfin, les situations de *conflits perceptifs* (voire certaines illusions auditives ou visuelles) peuvent nous renseigner sur le degré d'intégration intersensorielle qui existe chez l'homme. Cette capacité à dépasser les spécificités modales comporte pour l'organisme les avantages suivants : 1) L'intermodalité a une grande valeur adaptative car elle permet des économies d'apprentissage et assure une connaissance cohérente et unifiée du monde. 2) En cas de défaillance d'une modalité, par exemple la modalité visuelle ou auditive, des *substitutions sensorielles* sont possibles.

9.1 UN DÉBAT QUI A COMMENCÉ IL Y A UN PEU PLUS DE TROIS SIÈCLES...

L'enthousiasme manifesté pour les découvertes récentes sur l'interaction entre modalités sensorielles chez l'animal ou le jeune bébé (voir Lewkowicz et Lickliter, 1994) ne peut se comprendre qu'à l'intérieur du débat historique et philosophique sur la séparation initiale ou l'unité primitive des sens. C'est à partir de la relation toucher-vision que ce débat a commencé, avec la fameuse question de Molyneux, sans doute parce qu'au XVIIe siècle on considérait que le toucher, sens du contact, permettait un accès direct et correct à la réalité. Curieusement, les réponses les plus décisives sont venues de la psychologie animale et développementale (voir Proust, 1997).

9.1.1 D'une séparation initiale des sens vers une intégration intersensorielle progressive

L'intérêt pour l'identification visuelle et tactile des objets a une longue histoire qui remonte à John Locke (1975 [1690]). Locke rapporta un jour cette question que lui avait posée son ami William Molyneux[3], à savoir si une personne aveugle de naissance et qui recouvrerait la vue soudainement pourrait distinguer immédiatement, par la vision, une sphère d'un cube, en supposant que cette personne savait différencier tactilement les deux objets. Locke, comme Molyneux, considérait que cela était impossible, les associations entre modalités se faisant par apprentissage. Tel est le point de vue des empiristes. D'une manière générale, l'associationnisme classique des philosophes (Locke, Berkeley, Müller, Condillac, etc.) postule l'irréductibilité des sensations reçues à travers les sens. L'occurrence simultanée de deux ou plusieurs d'entre elles créerait un lien associatif permettant la formation d'équivalences intermodales. Si la mise en place de ces associations est empêchée,

3. « Supposez un homme aveugle de naissance et maintenant adulte, accoutumé à distinguer par le toucher un cube d'une sphère faits d'un même métal et à peu près de la même grosseur, au point de pouvoir dire, au contact de l'un ou de l'autre, lequel est le cube et lequel la sphère. Supposez maintenant que le cube et la sphère étant placés sur une table, la vue soit rendue à notre homme : on demande s'il pourrait par la vue seule, sans l'aide du toucher, distinguer entre les deux et dire lequel est le cube, lequel est la sphère. » (Proust, 1997, p. 1.)

les perceptions propres à une modalité sensorielle ne pourraient pas être transférées à une autre modalité.

Cette position théorique n'a reçu, pendant longtemps, aucune confirmation expérimentale. Deux siècles et demi plus tard, Senden (1960) a analysé, le premier, cette conjecture chez des aveugles de naissance à qui on restaurait la vue après opération de la cataracte (voir Jeannerod, 1975). Ses conclusions suggéraient que les hypothèses de Locke et de Molyneux étaient fondamentalement exactes. Chez les patients observés, le transfert intermodal de la forme des objets du toucher à la vision requérait beaucoup de temps et d'apprentissage. La perception visuelle et l'identification de formes géométriques simples étaient très pauvres chez ces patients. Parfois, des objets de différentes formes n'étaient même pas discriminés visuellement. Le point de vue empiriste était ainsi confirmé. En 1963, Gregory et Wallace ont observé des discriminations visuelles réalisées par un homme devenu aveugle vers l'âge de neuf mois et qui avait recouvré la vue à l'âge adulte. Une identification des formes a été mise en évidence. Le déficit visuel était surtout important dans la perception de la profondeur. Gregory et Wallace ont conclu à un transfert intermodal du toucher à la vision. Ce résultat a été discuté pendant longtemps, car le patient en cause n'était pas aveugle de naissance. Des expériences multimodales précoces auraient donc permis une telle reconnaissance visuelle des formes.

L'activation de circuits neuronaux

L'hypothèse d'une séparation initiale des modalités sensorielles a reçu une consolidation à travers les théories de Hebb (1949) et de Piaget (1935, 1936). Le modèle neurophysiologique de Hebb postulait que la mise en activité simultanée de plusieurs cellules nerveuses engendre un développement de leurs boutons synaptiques de telle manière que des voies de liaison nouvelles sont créées entre elles et se constituent en véritables circuits fermés. Quand un circuit est construit, l'excitation de n'importe lequel de ses éléments mettrait en action le système entier. Ces circuits seraient formés pendant la première enfance. L'échec d'un transfert intermodal en l'absence d'expérience sensorielle bimodale ainsi que la difficulté d'apprentissage perceptif visuel chez les sujets opérés tardivement s'expliquent bien dans cette optique. Pour reprendre l'exemple du réveil : il s'agit d'un objet que l'on peut entendre, toucher et voir. Chaque expérience unimodale avec cet objet entraîne une mise en activation de neurones spécifiques. Par contre, des expériences multimodales simultanées consolidées par des associations multiples et répétées engendrent l'activation d'un réseau de neurones. Ainsi l'excitation d'un neurone spécifique pourra entraîner l'excitation de l'ensemble du circuit et permettre la reconnaissance complète de l'objet (économie du transfert). Dans ces conditions, on peut comprendre que, en cas de privation sensorielle, auditive ou visuelle, la reconnaissance complète de l'objet ne puisse se réaliser.

La coordination des schèmes d'action

Piaget ne s'est pas, à proprement parler, intéressé aux perceptions intermodales ou au transfert d'information entre modalités sensorielles. Cependant, sa théorie postule que les *espaces* visuels, tactiles, auditifs, etc. (et non les propriétés des objets), sont séparés à la naissance. Les « tableaux sensoriels » du bébé resteraient confinés à la modalité dans laquelle ils se présentent pendant les toutes premières semaines de la vie, chaque modalité possédant ses propres schèmes d'action. Ainsi, l'œil pourra voir un hochet, l'oreille l'entendre et la main le manipuler sans que ces expériences soient coordonnées. Au cours du développement, les modalités sensorielles vont se coordonner ou, dans la perspective piagétienne, s'assimiler. L'établissement d'une équivalence intermodale entre la vision et le toucher ne pourra se faire qu'au moment de la coordination préhension-vision, à partir de quatre à cinq mois chez le bébé. À cette étape, celui-ci peut voir l'objet qu'il tient dans la main ou prendre tout objet visible et à sa portée. Le processus de fusion ne saurait, pour Piaget, être le résultat d'une association par contiguïté ; il s'agirait plutôt d'une assimilation des schèmes d'action entre eux.

Un médiateur perceptif ou symbolique ?

L'idée d'une séparation initiale des modalités sensorielles a été rapidement partagée par une grande partie de la communauté scientifique. Cependant, l'existence de mécanismes autres que l'activation de circuits neuronaux ou que la coordination de schèmes d'action est supposée par certains auteurs. Deux hypothèses médiatrices sont émises : l'une qui fait dépendre le transfert intermodal d'un médiateur proprement perceptif et l'autre qui fait chercher hors de la perception le lien susceptible de relier les sens, soit un médiateur symbolique verbal ou imagé.

L'hypothèse du médiateur perceptif est basée sur l'existence d'un code qui traduirait le message provenant d'une modalité sensorielle en un langage clair pour l'autre modalité (Bryant, 1974). Bryant a été le premier à avancer l'idée très abstraite de code, laquelle a été ensuite reprise dans la littérature. Ce code interviendrait, au niveau des processus centraux, entre la phase d'encodage et la phase de décodage, où un véritable code commun serait constitué sous la forme d'un dictionnaire. Ainsi, il permettrait la traduction des pressions ou des vibrations codées par le système tactile en un message électromagnétique décodable par le système visuel. Cela suppose que le dictionnaire soit construit, donc qu'il ne soit pas présent dès le début de la vie de l'enfant. L'hypothèse d'une médiation verbale reliée au transfert intermodal repose sur l'idée que l'unité des sens dépend de l'accès au langage oral et de la maîtrise de celui-ci. Par exemple, pour transférer du toucher à la vision des informations portant sur un objet, il serait nécessaire de coder verbalement des impressions tactiles, comme le fait que l'objet ait une surface douce ou rugueuse, que sa largeur soit le double de celle de la main, qu'il présente des courbes ou des lignes droites, etc. Ainsi, les mots traduisent les impressions sensorielles tactiles qui pourront devenir communes au toucher et à la vision, et l'objet sera reconnu visuellement. La capacité unificatrice du langage est évidente puisque des expériences sensorielles différentes sont désignées par un même signifiant. Ainsi, le mot « sonnette » réfère à un objet perceptible dans les modalités visuelle, tactile et auditive. Un raisonnement analogue peut s'appliquer pour montrer que l'image mentale peut servir de médiateur dans l'unification des systèmes perceptifs. L'image mentale constitue en effet le code commun dans lequel les informations provenant de différentes sources sensorielles doivent être converties pour être transférées. Chaque sensation donne lieu à une perception et à une représentation pouvant prendre la forme d'une image mentale.

Si l'hypothèse d'une médiation symbolique est fondée, elle signifie qu'une interaction ou un transfert d'information entre modalités sensorielles ne peut survenir que tardivement chez l'homme et est improbable chez l'animal. Cependant, certains chercheurs ont montré que le langage n'était pas toujours nécessaire pour qu'un transfert soit observé. Dans des tâches de stéréognosie[4], des enfants âgés de trois et quatre ans ne sont pas toujours capables d'expliquer sur quoi se base leur reconnaissance des formes visuelles ou tactiles. De plus, comme nous le verrons plus loin, les études portant sur le bébé ou l'animal vont invalider l'hypothèse de la nécessité d'un médiateur symbolique dans les coordinations sensorielles.

9.1.2 De l'unité primitive des sens vers une différenciation progressive

L'historique du problème

L'unité des sens est la thèse selon laquelle les modalités sensorielles partagent quelque chose en commun dès le début de la vie (Gibson, 1966, 1979). Le problème est de déterminer les informations qui sont partagées et celles qui ne le sont pas. Si on s'intéresse au développement des mécanismes perceptifs, on doit pouvoir également apprécier l'évolution de ce noyau commun. Bien que cette hypothèse ait fait moins d'adeptes que la précédente, elle est également très ancienne et remonterait à Démocrite. Aristote, un siècle plus tard, émit l'hypothèse de l'existence d'un « sens commun » dont la seule fonction serait d'intégrer l'activité des cinq autres sens. La psychologie a exprimé ce point de vue dans le mouvement gestaltiste. Les partisans de ce mouvement croyaient à l'existence de dimensions suprasensorielles. Néanmoins, selon eux, ces dimensions étaient essentiellement de nature qualitative et relevaient de phénomènes plus liés à la synesthésie

4. La stéréognosie est la capacité de reconnaître un objet par la seule palpation. Son étude se fait selon la procédure du transfert intermodal. Le sujet identifie, soit en le nommant, soit en le désignant parmi d'autres, l'objet préalablement exploré par les mains.

qu'à l'unité perceptive. En effet, l'intégration des modalités peut se réaliser à des niveaux plus ou moins complexes et peut donc être observée chez des individus qui ne semblent pas posséder de grandes capacités cognitives.

Les synesthésies représentent le niveau le plus élémentaire d'intégration des informations sensorielles. De nature qualitative, ces interactions sont mises en évidence lorsque les propriétés des objets sont spécifiques d'une sphère sensorielle donnée comme la couleur, le poids, la température, les odeurs, etc. Dans le langage, à travers les métaphores et la poésie, les synesthésies expriment des relations particulières entre modalités sensorielles et suggèrent que plusieurs sphères sensorielles peuvent être excitées en même temps. Ainsi, on parle de « sons clairs », de « parfums lourds », de « couleurs chaudes », de « voix glacée ». L'existence de synesthésies est prouvée depuis longtemps. En 1931, Hornbostel avait demandé à des sujets d'évaluer la « clarté » d'une odeur de benzol en la comparant à des plages de couleur allant du noir au blanc. Une évaluation similaire a été effectuée avec un son, puis le son lui-même a été comparé à la couleur. Les sujets ont montré une grande cohérence dans leurs évaluations portant sur l'odeur, la couleur et la hauteur du son. Pour Hornbostel et d'autres, comme Werner (1934), l'unité des sens est primitive. Les synesthésies, essentiellement de nature qualitative, n'impliquent pas que le sujet perçoive les informations reçues ou les identifie. On peut imaginer qu'il réagit à une « ambiance ».

La perception amodale

Gibson (1966) a donné une autre interprétation des hypothèses émises par les gestaltistes. Il distingue l'expérience sensorielle propre à un récepteur et l'information contenue dans l'excitation. La première serait spécifique de la modalité excitée, la seconde la transcenderait. Par exemple, le feu serait la source de plusieurs formes de stimulations : sons, odeurs, chaleur, couleur, etc. Si les sensations produites par le feu sont particulières à chaque modalité, l'information véhiculée serait la même dans tous les cas puisqu'il y a spécification d'un même événement. Dans ce contexte, l'information serait « amodale » (voir l'encadré 9.1). Le problème du transfert intermodal des informations est simplifié dans cette théorie. Selon celle-ci, d'une part les systèmes perceptifs fonctionnent de manière analogue, en détectant des invariants, et d'autre part l'information, de nature relationnelle et d'ordre supérieur, ne dépend pas des modalités sensorielles. Si ces deux conditions sont remplies, l'unité des sens devrait s'établir précocement et les transferts devraient se réaliser quelle que soit la modalité qui encode l'information. Comme nous le verrons plus loin, l'hypothèse de précocité, dès que les difficultés méthodologiques ont pu être surmontées, a fait l'objet de beaucoup de recherches portant sur le bébé.

9.1.3 Les perspectives d'aujourd'hui : une variété d'interactions

Selon que l'on adopte l'idée d'une perception amodale ou celle d'un recodage, d'une traduction des perceptions, il est clair que les prédictions relatives aux performances ne seront pas les mêmes. La première hypothèse affirme que les modalités fonctionnent de manière analogue et que les interactions entre modalités se feront aisément et de manière symétrique. La seconde hypothèse prédit pour sa part des interactions moins symétriques et fait dépendre le résultat du transfert des différences qui existent dans la capacité des modalités à traiter les mêmes informations.

La psychologie cognitive actuelle, au-delà de cette opposition, présente des points de vue très diversifiés (voir Hatwell, 1986, 1994 ; Hatwell, Streri et Gentaz, 2000). Il n'y a pas une explication unique des relations entre les modalités sensorielles (voir le tableau 9.2). Comme nous le verrons plus loin, les résultats complexes obtenus révèlent une variété de formes d'interaction et de stratégies d'encodage et de décodage qui ne permet plus d'adopter l'une ou l'autre hypothèse. La population étudiée, les contraintes de la situation, les charges imposées aux systèmes perceptifs justifient une conception diversifiée des processus. Sur le plan du développement, l'idée d'une interaction précoce entre modalités, néanmoins liée aux facteurs de contexte déjà cités, charges attentionnelles, etc., est acceptée. Ces interactions peuvent se modifier selon l'évolution des compétences de l'enfant et de ses acquisitions,

ENCADRÉ 9.1
À propos d'amodalité...

Le terme « amodalité » n'a pas le même sens selon qu'il est une attribution du sujet ou de l'objet. Le concept de perception amodale *a été proposé par Michotte (1950) pour traduire des informations qui, sans aucune correspondance sensible, sont néanmoins perçues par le sujet (par exemple, l'effet tunnel : un rectangle partiellement caché par une bande est perçu comme complet par les sujets adultes). Ces expériences sont dites « amodales » parce que la perception qui en résulte ne vient pas de l'excitation des récepteurs. « Amodal » a un sens privatif. Ce concept, repris par E.J. Gibson (1969), recouvre l'idée selon laquelle la perception qui résulte d'une stimulation sensorielle n'est aucunement liée aux récepteurs qui la traitent. « Amodal » a le sens d'indétermination, de général. La perception amodale se fonde sur la capacité du sujet à détecter* des relations amodales *dans l'environnement, c'est-à-dire à discerner des invariants perceptifs et à les mettre en relation (par exemple, on peut apparier le rythme d'une musique avec les mouvements du chef d'orchestre).*

Le concept d'amodalité peut caractériser non le résultat d'un traitement perceptif, mais les propriétés d'un objet. Une information amodale, *selon J.J. Gibson (1966), spécifie un événement et transcende les perceptions qui en sont à l'origine. Comme opposée aux propriétés spécifiques, une* propriété amodale *d'un objet est ainsi définie lorsque deux ou plusieurs systèmes sensoriels peuvent l'appréhender. Par exemple, la forme ou la texture d'un objet sont prélevées à la fois par la vision et le toucher, alors que le poids est spécifique de la modalité tactilo-kinesthésique et que la couleur est spécifique de la vision.*

TABLEAU 9.2
Méthodes d'étude des relations entre modalités sensorielles.

	Fonctionnement alterné		
Méthodes	Stimulation unimodale	Test unimodal	**Populations étudiées**
Appariements intermodaux	1re modalité stimulée	2e modalité stimulée	Enfant, adulte, animal
Transferts d'apprentissage	1re modalité stimulée	2e modalité stimulée	Animal, adulte, bébé, enfants
Habituation ou réaction à la nouveauté (toucher-vision)	1re modalité stimulée	2e modalité stimulée	Bébé
	Fonctionnement simultané		
Exploration bimodale		Test unimodal ou bimodal	Bébé, adulte, animal
Conflits ou effets consécutifs			Animal, bébé, adulte, enfant
Choix préférentiel (vision-audition)			Bébé

lesquelles, en retour, favoriseraient un changement de répertoires pour le maintien des interactions. Il est ainsi plausible de concevoir que les mécanismes sous-jacents aux échanges intermodaux évoluent en fonction du développement général de l'enfant, et en particulier, en fonction de sa motricité, de sa maîtrise du langage et de l'influence exercée par son environnement culturel. L'essentiel réside dans le fait de maintenir ces interactions jusqu'à l'âge adulte, pour des raisons adaptatives déjà évoquées.

9.2 LE SUBSTRAT NEUROPHYSIOLOGIQUE

9.2.1 Des structures multimodales

Les recherches portant sur l'animal ont révélé plusieurs faits remarquables qui permettent de mieux comprendre le phénomène d'intégration intermodale. Celle-ci est possible parce qu'il existe des *cellules de convergence* corticales et sous-corticales qui répondent à l'excitation de deux ou trois modalités. Des études neurophysiologiques ont révélé l'existence de neurones multisensoriels, c'est-à-dire recevant des afférences de plusieurs modalités, dans différentes espèces animales. Le type de convergence sensorielle prédominant varie selon les espèces et les systèmes sensoriels que celles-ci ont mis au point au cours de la phylogenèse. La convergence est de type visuel-somatosensoriel chez les rongeurs (souris, hamster), mais de type visuel-auditif chez le chat. Chez le serpent à sonnettes, qui utilise des indices thermiques pour localiser ses proies à sang chaud, elle est de type visuel-infrarouge. Chez les primates humains et non humains, les convergences sensorielles sont multiples et complexes. Par exemple, Graziano et Gross (1995) ont effectué des enregistrements unitaires de neurones dans l'aire pariétale 7b et dans l'aire prémotrice ventrale (aire 6) de singes anesthésiés. Ces enregistrements révèlent l'existence de trois types de neurones : des neurones somesthésiques, des neurones visuels et des neurones bimodaux visuotactiles. Sur les 229 neurones étudiés dans l'aire 7b, 22 % sont somesthésiques, 16 % sont visuels, 34 % sont bimodaux et 28 % sont sans réponse. Sur les 14 neurones étudiés dans l'aire 6, 42 % sont somesthésiques, 1 % sont visuels, 27 % sont bimodaux et 30 % sont sans réponse.

9.2.2 Les processus d'intégration

Bien que l'existence de neurones multimodaux soit connue de longue date, la comparaison des réponses de ces neurones sous stimulation bimodale et unimodale afin d'établir des règles d'intégration n'a été effectuée qu'assez récemment (voir Stein et Meredith, 1993, pour une synthèse). Un centre important d'intégration multisensorielle chez les mammifères est le *colliculus* supérieur (voir la figure 9.1). Chaque modalité sensorielle y est représentée topographiquement et les champs récepteurs se recouvrent en grande partie les uns les autres. De surcroît, sur le plan comportemental, les topographies sensorielles coïncident aussi avec les topographies des représentations motrices. Ainsi, la stimulation électrique d'une région du *colliculus* supérieur d'un chat qui reçoit des afférences auditives et visuelles déclenchera un mouvement des yeux, des oreilles et de la tête.

D'une manière générale, l'effet de la stimulation bimodale n'est pas additif mais multiplicatif : une réponse neuronale faible à un stimulus visuel peut être amplifiée jusqu'à 12 fois si elle est déclenchée par un stimulus bimodal (visuel et auditif). Stein, Meredith et Wallace (1994) ont défini les contraintes spatiotemporelles ainsi que des règles d'intégration des informations auditives et visuelles à partir des observations réalisées sur le chat. Sur le plan spatial, l'augmentation des réponses est facilitée pour des stimuli qui coïncident spatialement, tandis que des stimulations disparates diminuent la réponse. Sur le plan temporel, la réponse d'interaction dépend de la latence entre deux stimuli, mais elle peut être renforcée même si ces derniers sont décalés dans le temps par une fenêtre de 200 ms. Cette souplesse est fondamentale pour le comportement, car il existe un décalage dans la transmission des informations de la source aux récepteurs périphériques (les sons arrivent après la lumière). L'intégration multisensorielle ne modifie pas les propriétés des champs récepteurs unimodaux qui conservent leur spécificité (règle de préservation des champs). Enfin la règle d'efficacité inversée correspond au fait que plus un stimulus unimodal est efficace, moins il produira de réponse en combinaison avec un autre et, inversement, que deux stimuli pauvrement efficaces peuvent, une fois combinés, augmenter la réponse.

9.2.3 Les conséquences sur la conduite

Ce modèle neural a l'avantage d'expliquer les comportements sensorimoteurs dans lesquels les stimulations audiovisuelles sont co-spatialement déterminées

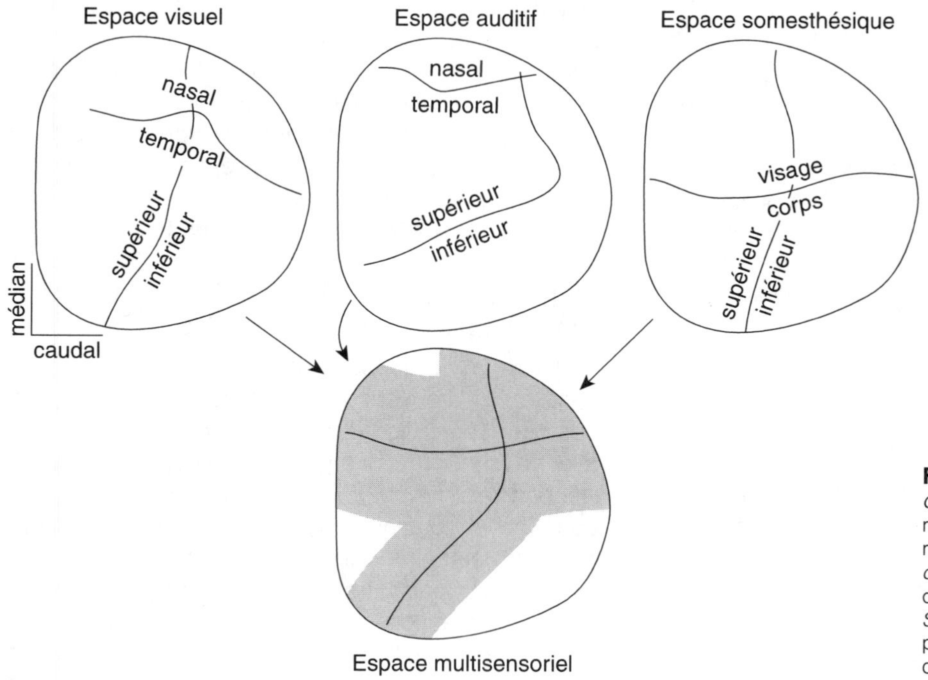

FIGURE 9.1 *Production d'une carte unifiée multisensorielle.* Les représentations de l'espace sensoriel (en haut) sont agencées dans le *colliculus* supérieur pour former une carte unifiée multisensorielle (en bas). *Source :* Lewkowicz et Lickliter (1994, p. 85). Reproduit avec la permission de Lawrence Erlbaum Associates.

(un objet sonore), mais il n'éclaire pas les autres formes d'interactions intermodales, comme le transfert intermodal de la vision au toucher ou l'intégration de signaux redondants. Parce que certaines conduites intersensorielles impliquent la mémoire, l'attention, l'appréciation des aspects spatiaux et temporels de l'environnement, on peut penser que la nature du substrat neural est complexe et englobe certaines aires du cortex. Selon diverses études sur le rat, les régions postérieures du cortex pariétal (PPC) seraient majeures pour la reconnaissance intermodale et le traitement des informations spatiales multimodales. Par exemple, des rats présentant des lésions PPC échouent à apprendre à apparier des informations tactiles et visuelles ; cependant, il se peut que des lésions spécifiques PPC n'aient pas d'effet sur la reconnaissance intermodale de la durée, mais une grande influence sur la reconnaissance de la localisation. Il n'y aurait donc pas un seul centre d'intégration intersensorielle, mais plusieurs, ce qui révèle la complexité et la diversité des comportements (voir Tees, 1994).

L'étude récente du cerveau humain, grâce aux techniques d'imagerie cérébrale, a révélé une extraordinaire plasticité du cerveau dans certaines pathologies. On sait que le cerveau possède des zones spécialisées pour les différentes fonctions qu'il assure. La région occipitale traite les informations visuelles (cortex visuel) et le cortex pariétal traite les informations somatosensorielles. Récemment, Hadjikhani et Roland (1998) ont montré, dans une étude TEP, que le claustrum droit joue un rôle important dans le transfert toucher-vision chez l'être humain adulte. Ce centre assure la fonction de réception et de diffusion des informations vers les zones corticales concernées. Que se passe-t-il dans le cortex visuel des aveugles ? Cohen et ses collègues (1997) ont comparé les réponses du cerveau chez deux groupes de sujets (voyants et aveugles de naissance) engagés dans une activité de lecture, avec les doigts, d'un texte écrit en braille. Tandis que, chez les voyants, le cortex visuel était inactif pendant l'exécution de cette tâche, celui des aveugles était actif au cours de la lecture du braille. De plus, une stimulation électromagnétique du cortex visuel des aveugles, brouillant le message tactile au cours de l'activité de lecture, a entraîné chez eux de nombreuses erreurs. Il semblerait donc que les aveugles utilisent leur cortex visuel pour une tâche tactile. Cette étude est une magnifique illustration des échanges intersensoriels.

L'existence de cellules de convergence montre que la communication entre les modalités s'exprime déjà au niveau le plus élémentaire que constitue le codage sensoriel et que les zones de projection corticale ne sont pas entièrement spécialisées par modalité et assurent déjà certaines intégrations. Cependant, ces détecteurs sont moins nombreux que les cellules unimodales, et les études neurophysiologiques portent en général sur les animaux adultes et ne disent rien quant à l'origine de cette intégration intersensorielle et à son ontogenèse.

9.3 LES MÉTHODES D'ÉTUDE

Deux grandes situations d'étude sont proposées selon que les modalités sont mobilisées séparément et successivement ou activées simultanément (voir le tableau 9.2, p. 203). Mais les méthodes divergent également selon la population étudiée (avec ou sans langage, animale ou humaine) et selon les interactions sensorielles étudiées. Chez l'homme adulte, dans des situations de *fonctionnement alterné de deux modalités*, les appariements intermodaux consistent à présenter un stimulus de façon unimodale dans une modalité puis le test de reconnaissance dans l'autre modalité. Les deux conditions intermodales, testant le transfert dans les deux directions, sont ensuite comparées aux deux conditions intramodales évaluant les capacités discriminatives de chaque modalité prise isolément. Des transferts d'apprentissage sont également possibles. L'apprentissage d'une discrimination ou d'une association est effectué, dans une modalité, jusqu'à l'obtention d'un critère; puis cette même tâche ou une tâche équivalente est exécutée dans une autre modalité, également en condition unimodale. L'économie d'apprentissage réalisée dans cette seconde condition atteste l'existence d'un transfert (voir Hatwell, 1994).

De manière plus spécifique chez le bébé, l'étude du transfert intermodal comporte deux phases distinctes et successives, une phase de familiarisation et une phase de test. Le raisonnement repose sur deux comportements naturels du bébé : ce dernier se familiarise avec un objet et lui accorde moins d'intérêt dès qu'il en a pris connaissance ; il réagit à la présentation d'un objet nouveau en lui prêtant une attention plus grande. Si le bébé a prélevé des informations sur l'objet, qu'il les a mémorisées, il se trouve alors qu'à la phase test de reconnaissance, la durée d'exploration sera moindre pour l'objet familier que pour l'objet nouveau. Ce comportement est interprété comme une généralisation du phénomène d'habituation à l'objet familier présenté dans la nouvelle modalité. Avec une procédure d'habituation, il est possible de tester le transfert intermodal du toucher à la vision et réciproquement. De même, il est possible de tester les capacités discriminatives dans chacune des modalités étudiées.

Dans la vie quotidienne, les modalités fonctionnent le plus souvent simultanément et transmettent des données concordantes. Pour connaître le poids relatif des informations provenant de chaque modalité, on présente un objet à un sujet jeune ou adulte, pour une exploration bimodale (par exemple, visuelle et tactile) ou unimodale (soit visuelle soit tactile). Le test de reconnaissance est soit bimodal soit unimodal. Les conditions unimodales et bimodales sont comparées entre elles. Si les premières ne sont pas différentes des secondes, c'est que le sujet ne tire aucun bénéfice de la modalité surajoutée. La situation de conflit perceptif est également révélatrice du poids accordé par chaque modalité dans le *fonctionnement simultané* de deux modalités (voir la figure 9.2). Un paramètre étudié dans certains conflits perceptifs est l'*effet consécutif* au port prolongé de verres prismatiques au cours d'activités de pointage ou de prise d'objet (voir la figure 9.3). Dans certaines conditions, une réorganisation sensorimotrice se produit si l'absence de corrélation perceptive se prolonge. Cela signifie que le sujet s'adapte en corrigeant les effets de la déformation de son champ visuel. Lorsque les verres sont retirés, cette adaptation se manifeste en sens contraire de celle engendrée par le port des lunettes.

Outre les paradigmes utilisés chez l'adulte, le fonctionnement simultané de deux modalités est étudié chez le bébé dans la capacité que montre celui-ci à établir des relations entre des événements visuels et auditifs. Cette technique, dite « de choix préférentiel », permet au bébé de voir deux films présentés simultanément. Un train de sons est apparié à l'un des événements visuels. Les sons sont diffusés entre les deux scènes de telle sorte que l'appariement ne soit pas fait par le bébé sur la base d'une localisation spatiale. D'un essai à l'autre, les sons des deux films

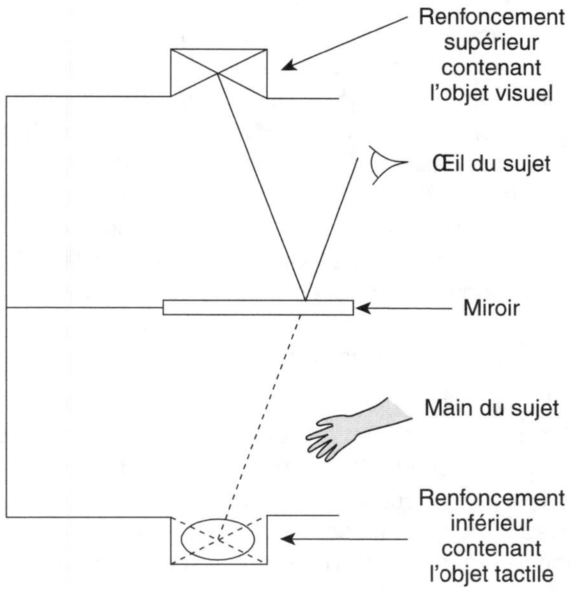

FIGURE 9.2 *Schéma d'un dispositif utilisé par Bushnell.* Bushnell utilise un tel dispositif pour créer un conflit entre la vision et le toucher relativement à la forme et/ou à la texture des objets chez le nourrisson. L'objet visuel, différent de l'objet tactile, est perçu à travers le miroir masquant les mains et l'objet tactile. *Source :* Bushnell (1982, p. 67). © 1982. Reproduit avec la permission d'Elsevier Science.

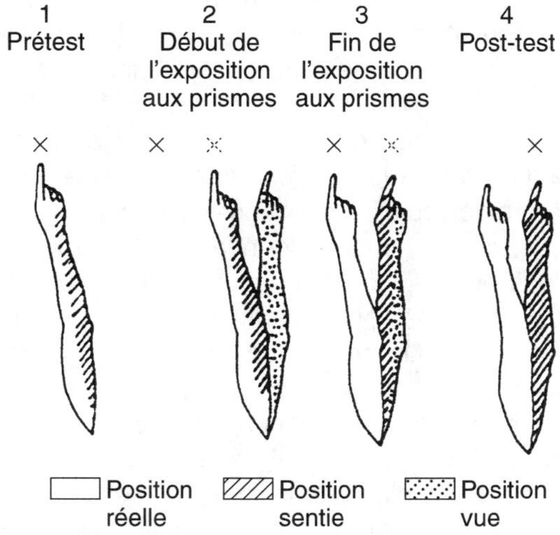

FIGURE 9.3 *Adaptation perceptive dans un conflit entre la vision et la proprioception engendré par le port de prismes déviant à droite le champ visuel.* La croix pointillée indique la position vue de la cible. Au début de l'exposition au conflit, le pointage est dévié vers la droite. Après exercice, le sujet corrige vers la gauche la direction de ses pointages. Au post-test (sans conflit), l'adaptation se manifeste par une déviation à gauche des pointages, c'est-à-dire du côté opposé à la déviation prismatique. *Source :* Hatwell (1994, p. 549). © PUF, 1994. Reproduit avec permission.

sont alternés. On enregistre la direction du regard du bébé pour savoir s'il apparie la séquence de sons et la scène visuelle. On s'attend à ce que le bébé regarde plus souvent la scène qui correspond à la séquence de sons que l'autre. Cette technique permet donc d'évaluer la capacité du bébé à établir une cohérence entre les événements. Ainsi, il existe des différences importantes dans les situations selon que l'on étudie la relation toucher-vision ou la relation vision-audition chez le bébé. Dans l'étude du transfert, la présentation des situations est successive et l'on s'attend à ce que le bébé préfère l'objet nouveau à l'objet familier. Dans les études d'appariement, elle est simultanée et l'on s'attend à ce que le bébé apparie les deux événements qui présentent des similitudes.

9.4 L'INTÉGRATION INTERMODALE CHEZ LES SUJETS NON VERBAUX

Les thèses soutenant la nécessité d'une médiation symbolique, surtout linguistique, pour l'obtention d'un transfert intermodal se réclamaient des résultats négatifs obtenus après de nombreuses tentatives expérimentales pour mettre en évidence un transfert intermodal chez les sujets non verbaux. Les nouvelles méthodes d'étude de la perception animale et du bébé ont permis, vers les années 1970, de bouleverser ces conceptions.

9.4.1 Le transfert intermodal visuotactile chez les primates non humains

Les études sur l'animal diffèrent de celles qui portent sur le bébé humain non par l'absence de langage, mais par un problème de consigne. Les comportements explorés chez le bébé font naturellement partie de son répertoire de réponses. Chez l'animal, il est nécessaire de faire apprendre au sujet, avant toute expérience, une forme de réponse qui soit décodable par l'expérimentateur humain, en quelque sorte une consigne. Les expériences menées s'avèrent lourdes en temps et s'écoulent sur plusieurs mois. Abandonnant la situation de transfert d'apprentissage, qui n'a permis d'obtenir que de faibles résultats, au profit de l'appariement intermodal, Davenport et Rogers (1970) ont mis en évidence chez les singes supérieurs (orangs-outangs et chimpanzés) l'existence d'un transfert des informations prélevées quant à la forme des objets, et ce, aussi bien en ce qui concerne le transfert du toucher à la vision que le transfert de la vision au toucher (voir la figure 9.4). Cowey et Weikrantz (1975), en s'appuyant sur un apprentissage discriminatif tactile intramodal, ont également obtenu un résultat similaire. L'originalité de la méthode a consisté à chercher un lien direct entre le stimulus, objet du transfert, et l'agent renforçateur. Le soir, l'animal est placé dans l'obscurité et a à sa disposition dans sa cage, en désordre, 20 exemplaires d'une forme et 20 exemplaires d'une autre forme. Ces objets peuvent être fabriqués soit avec de la poudre alimentaire et être comestibles, soit avec de la poudre mélangée à du sable et être non comestibles. Tous les exemplaires d'une forme sont comestibles, alors que ceux des autres formes sont non comestibles. Au matin, les expérimentateurs notent ce qui n'a pas été mangé et, pendant cinq nuits consécutives, recommencent la présentation des objets, sans que l'animal voie les formes en question. L'unique test a lieu au matin du cinquième jour : on présente visuellement à l'animal un exemplaire des deux stimuli, et on note celui qu'il choisit en premier. Puis l'ensemble de la procédure est repris avec une autre paire de formes, selon la même chronologie. Sur les 60 appariements effectués, les auteurs notent que le choix des objets comestibles à la phase de test est effectué dans les deux tiers des cas et concluent à un transfert de la forme des objets du toucher à la vision chez les primates supérieurs.

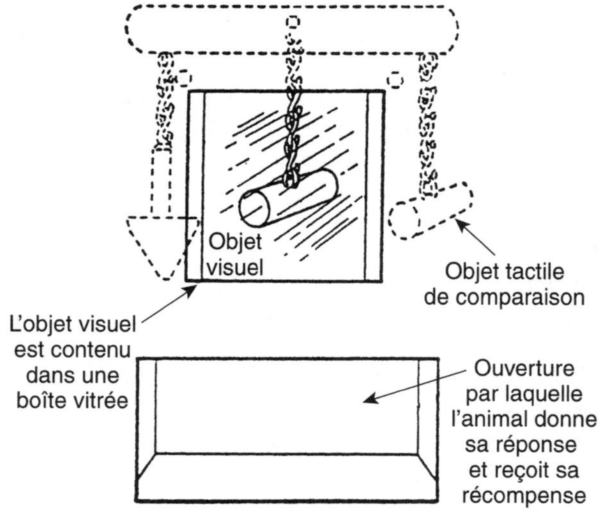

FIGURE 9.4 *Transfert d'informations prélevées sur la forme des objets.* L'objet visuel est suspendu derrière une vitre et ne peut donc être touché. Les formes en pointillé ne peuvent être vues, mais les deux objets suspendus peuvent être touchés. La récompense est donnée dans un récipient à portée de main du sujet. *Source :* Davenport et Rogers (1970, p. 279).

Par la suite, en utilisant la méthode de Davenport et Rogers, des recherches ont montré que les singes rhésus présentent la même capacité de transfert dans les deux sens, même après un délai entre la phase de présentation et la phase de reconnaissance et même si la stimulation visuelle est une esquisse dégradée de l'objet. Récemment, Gunderson, Rose et Grant-Webster (1990) ont montré que des bébés singes macaques (13 semaines et demie, soit l'équivalent de 6 mois pour le bébé humain) étaient capables de reconnaître visuellement l'objet qu'ils avaient palpé dans l'obscurité pendant 30 s. S'il peut assurément jouer un rôle de médiateur dans les intégrations intermodales, le langage ne semble toutefois pas être une condition nécessaire à leur établissement.

9.4.2 La coordination visuotactile chez le bébé humain

Dans les manifestations gestuelles du bébé, il faut pouvoir distinguer celles qui sont désordonnées et qui relèvent de la motilité normale de l'organisme de celles qui sont dirigées vers un but. Dans ce second cas, c'est la stimulation qui déclenche le geste et lui donne son but, voire sa signification. La réponse du bébé à une stimulation visuelle s'organise dans le geste de préhension. Celui-ci apparaît deux fois, soit cinq jours après la naissance, cette coordination néonatale étant considérée comme une action primitive, comme le schème de base du geste mature, puis vers cinq à six mois, à une période où le bébé commence à être maintenu en position assise. Cette coordination préhension-vision permet au bébé de cet âge d'attraper tous les objets à sa portée (geste de préhension) et de porter à sa vue tous les objets qu'il tient dans sa main (activité de transport des objets). Cette coordination réversible entre la vision et la main trouve donc son ébauche dans le geste d'approche, et parfois d'atteinte, d'une cible visuelle accompli par le nouveau-né, geste qui peut, selon les auteurs, témoigner d'un réflexe ou d'une intention d'effectuer une prise concrète de l'objet. Dans les premières observations de Bower, Broughton et Moore (1970), les nourrissons âgés de quelques jours sont en position allongée sur le dos, la tête étant maintenue stable. Cette stabilisation de la tête a pour effet de diminuer les mouvements désordonnés du bras, et l'approche manuelle vers un objet peut ainsi être observée. Le geste est déclenché visuellement. Ces observations, jugées discutables pendant une décennie, ont été reprises de manière plus systématique et plus contrôlée par Hofsten (1982) (voir la figure 9.5), qui compare la fréquence des mouvements des bras et des mains observée dans deux conditions : en présence d'une cible et en son absence (condition de contrôle). Lorsque l'objet est présent, les mouvements d'approche sont analysés en fonction du comportement attentionnel du bébé (fixation de l'objet, non-fixation, yeux fermés, regard indéterminé). L'objet étant rarement atteint et pris, il est difficile de conclure à une coordination visuotactile. Néanmoins, une orientation conjointe du regard et de la main témoigne de la capacité des bébés à relier des informations visuelles et proprioceptives portant sur certaines caractéristiques spatiales comme la direction et la distance de l'objet. Cette orientation conjointe est peu fréquente mais existe néanmoins.

Selon les auteurs, vers l'âge de 4 semaines (Bower, 1974) ou de 7 semaines (Hofsten, 1984), un déclin de l'activité de transport du bras vers une cible visuelle est signalé et subsiste jusqu'aux environs de la 13e semaine. Le geste d'approche devient alors moins dépendant de la posture du bébé, et ce déplacement plus lent que le geste néonatal présente

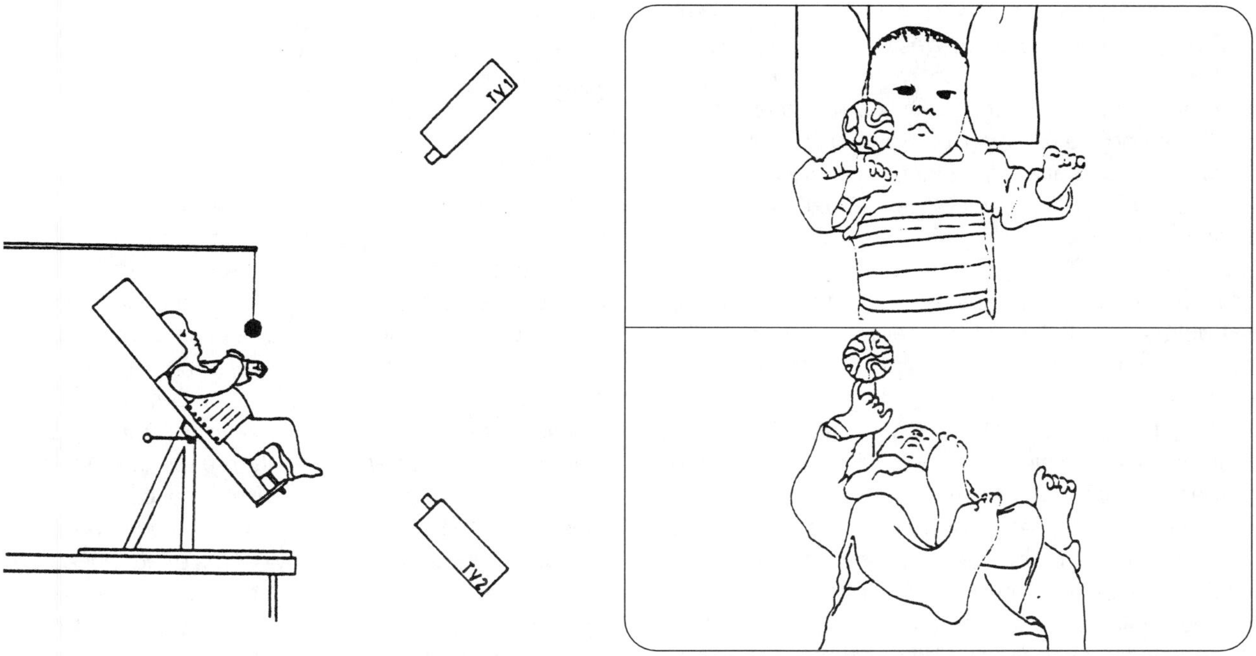

a) **Situation expérimentale** ***b)*** **Situation telle qu'elle apparaît sur l'écran de télévision**

FIGURE 9.5 *Situation expérimentale dans laquelle le nouveau-né est placé pour approcher sa main de l'objet.* Les illustrations représentent des bébés de huit jours occupés à saisir un objet. *Source :* Hofsten (1982, p. 452).

un caractère discontinu. Son parcours est dirigé visuellement. La main s'approche de l'objet sous contrôle visuel et le regard effectue un va-et-vient entre la main et l'objet à saisir. L'ouverture de la main est réalisée progressivement, de façon anticipée. Lorsque la main entre en contact avec l'objet, elle effectue une série de tâtonnements qui aboutissent à la saisie de l'objet. Le geste possède alors certaines caractéristiques du système adulte (voir, pour une synthèse, Streri, 1991, 1993). Vers cinq ou six mois, le geste, exercé de manière intensive, atteint ses objectifs avec une pleine efficacité.

Les informations prélevées visuellement concernant les propriétés des objets sont prises en compte par le système tactile afin d'assurer à la main une prise correcte de l'objet. L'ouverture anticipée de la main révèle une planification de la saisie intégrée à la phase d'approche. Plusieurs propriétés de la cible déterminent le déclenchement du geste. La photographie d'un objet ne déclenche pas de mouvement d'approche, contrairement à l'objet tridimensionnel (Bower, 1972). Les mouvements des bébés âgés de 8 à 21 semaines se différencient selon la taille de l'objet (Bruner et Koslowski, 1972). Ces premières observations n'ont pu être reproduites de manière concluante, car la finesse du geste accompli pendant l'atteinte de l'objet exige un matériel d'enregistrement plus complexe que les yeux d'un observateur. La recherche de Hofsten et Rönnqvist (1988) est décisive concernant l'ajustement préparatoire de la main à la taille de l'objet. Les expérimentateurs disposent deux diodes infrarouges sur le pouce et l'index de la main dominante de chaque enfant afin d'évaluer le moment précis et le degré d'écartement des doigts lors de l'accomplissement du geste. Les résultats montrent une conduite d'approche bien maîtrisée chez des bébés âgés de cinq mois face à des objets de différentes tailles. Ainsi, la main du bébé planifie, dès cinq à six mois, la prise de la cible pendant le parcours, comme le fait l'adulte (Jeannerod, 1984, 1986), et non au contact de l'objet. L'orientation de l'objet pose plus de difficultés aux bébés. Ce n'est qu'à neuf mois que les bébés ajustent leur main, avant le contact, et selon l'orientation horizontale ou verticale d'un bâton (Hofsten et Fazel-Zandy, 1984 ; Lockman, Ashmead et Bushnell, 1984 ; Morrongiello et Rocca, 1986). Enfin, dès l'âge de 18 semaines, le bébé élabore des stratégies d'approche de manière prédictive face à une cible en mouvement. Ces stratégies sont efficaces puisque la plupart des atteintes sont réussies (Hofsten, 1980).

Contrairement à ce que l'on pourrait supposer, le transport d'un objet n'est pas chez le nouveau-né une action qui apparaît au même moment que la prise. En effet, si la présentation d'une cible visuelle déclenche chez le nouveau-né un geste d'approche, une stimulation tactile due à un objet posé dans sa main ne déclenche que très rarement un mouvement d'orientation soit vers la bouche soit vers les yeux (Streri, Lhote et Dutilleul, 2000). Il ne s'agit pas d'un problème moteur puisque le bébé est capable de transporter sa main vers sa bouche, de sucer son pouce dès *in utero*. Il semblerait qu'il soit plus facile pour lui d'orienter son bras vers un but déjà défini dans l'espace plutôt que de chercher le but vers lequel transporter l'objet tenu dans la main (Streri, 1991). Le transport d'un objet vers sa bouche ou ses yeux apparaît vers trois mois et s'intensifie au début de la coordination préhension-vision (voir Lécuyer, Pêcheux et Streri, 1994).

9.4.3 Le transfert intermodal chez le bébé humain

Le rôle de la coordination vision-préhension

Il faut distinguer les expériences qui mettent en évidence des phénomènes d'appariement entre la vision et le toucher avant la coordination préhension-vision, c'est-à-dire avant cinq mois, de celles qui sont pratiquées sur des bébés âgés de six mois et plus. En effet, dès l'âge de six mois, le bébé peut confronter aisément les informations prises visuellement et tactilement sur les objets qu'on lui présente, et les appariements intermodaux observés ne posent ainsi plus le problème de savoir s'il existe ou non une unité des sens dès le début de la vie. Ces expériences de transferts intermodaux analysent plus particulièrement les problèmes de vitesse de traitement d'information des modalités, de compétition, d'interférence ou de collaboration entre ces systèmes, ou encore des conditions spécifiques de réalisation de la tâche demandée, etc.

L'expérience la plus connue de transfert intermodal chez le nourrisson est celle de Meltzoff et Borton en 1979. Par une démonstration méthodologique simple, elle révèle que des bébés âgés d'à peine un mois sont capables de reconnaître visuellement la texture d'un objet préalablement exploré oralement. Deux groupes de bébés, le premier explorant une tétine lisse, le second explorant une tétine à aspérités, pendant une durée de 90 s, regardent ensuite deux grosses boules orange, l'une lisse, l'autre à picots. Les bébés qui ont mâchouillé la tétine lisse regardent plus longtemps la boule lisse et les bébés qui ont mâchouillé la tétine à aspérités regardent plus longtemps la boule à picots. Les jeunes bébés préfèrent donc l'objet qui présente le plus de similitude avec la tétine qu'ils ont préalablement sucée. Cette expérience n'a jusqu'à ce jour pas été répétée (Maurer, Stager et Mondloch, 1999). C'est une préférence inverse qu'observent Gibson et Walker (1984) chez des bébés également âgés de un mois, mais quant à la propriété de substance (dure ou molle) des objets. Des bébés explorent pendant 60 s soit une tétine en caoutchouc dur soit une tétine en caoutchouc souple. Ils regardent ensuite une tétine qui bouge de manière rigide et une tétine qui bouge en se déformant. Les bébés préfèrent regarder l'objet qui ne présente pas la propriété de celui qu'ils ont exploré préalablement avec la bouche. On peut être surpris de tirer des conclusions similaires pour deux expériences où les résultats semblent contradictoires. En effet, dans la première expérience, les bébés préfèrent regarder l'objet familier et, dans la seconde, ils préfèrent regarder l'objet nouveau. La préférence, chez le bébé, pour l'objet familier ou nouveau est un problème beaucoup discuté et encore non résolu, notamment pour ce qui est des transferts intermodaux. La solution dépend de plusieurs facteurs et non d'un seul (âge des bébés, complexité de la tâche, voire complexité de l'objet présenté, durée de familiarisation préalable, etc.). D'une manière générale, le bébé réagit à la nouveauté et préfère le stimulus non familier, à la condition que le stimulus nouveau, en concurrence, n'ait pas un degré de nouveauté tel qu'une comparaison ne puisse être possible pour lui. C'est ce que l'on nomme l'« optimum de nouveauté ».

Si la bouche est un lieu d'exploration privilégié par le bébé, il paraît évident que la modalité tactilo-kinesthésique (haptique) voit son meilleur représentant dans les mains des individus. C'est donc la relation entre les mains et les yeux qui fait l'objet de nos travaux. Nous avons orienté nos recherches sur des bébés ne possédant pas encore la coordination vision-préhension, c'est-à-dire sur des bébés dont l'âge est inférieur à cinq mois (Streri, 1991). Récemment, nous avons montré que, dans l'exécution d'une tâche d'intermodalité, les nouveau-nés, âgés de deux ou trois jours, regardent préférentiellement la forme de l'objet qu'ils n'ont pas manipulé préalablement (Streri et Gentaz, 2003). Cette expérience constitue une réelle réponse positive à la fameuse question de Molyneux. Le nouveau-né n'apprend pas à coordonner les informations prélevées par le toucher et la vision. Cette coordination est innée. Les capacités exploratoires manuelles des nourrissons âgés de deux mois et de cinq mois ont été également analysées. Dès l'âge de deux mois, les bébés sont capables de différencier la forme des objets avec la même efficacité dans les deux modalités concernées. Ainsi, les capacités intramodales sont équivalentes et constituent un préalable, méthodologique et théorique, pour un traitement amodal et l'obtention d'un transfert réversible entre la main et l'œil. Sur le plan empirique, l'absence d'un transfert intermodal ne peut être imputée à une absence de discrimination intramodale et, sur le plan théorique, il s'agit d'une première étape dans la confirmation de la thèse de la perception amodale de E.J. Gibson (1969). De surcroît, deux mois est l'âge où le geste d'atteinte d'un objet visuel, présent à la naissance, décline pour ne réapparaître que vers quatre à cinq mois. Un transfert des informations est-il néanmoins observé ? Cinq mois est l'âge où la coordination préhension-vision s'exerce et peut jouer le rôle de lien entre modalités.

Les résultats aux expériences de transfert intermodal ont révélé qu'à deux mois les bébés reconnaissent visuellement un objet qu'ils ont préalablement tenu (Streri, 1987), mais la relation inverse, soit une reconnaissance tactile d'un objet regardé, n'est pas observée. À cinq mois, l'asymétrie dans la relation est contraire. Le bébé devient capable, pour la première fois, de reconnaître tactilement un objet exploré visuellement, mais la relation réciproque toucher-vision a, provisoirement, disparu (Streri et Pêcheux, 1986). À six mois et plus, une relation toucher-vision est rétablie (Rose, Gottfried et Bridger, 1981 ; Ruff et Kohler, 1978). Autrement dit, à deux mois, âge où la coordination vision-préhension est absente, un transfert des informations du toucher à la vision est néanmoins observé. À cinq mois, lorsque la prise d'objet s'exerce intensivement, le transfert du toucher à la vision disparaît ; la fonction perceptive de la main est perturbée (Streri et Molina, 1994). Cependant, un transfert réversible est possible dans certaines conditions. À deux mois, si la stimulation visuelle est appauvrie, c'est-à-dire réduite à une esquisse, une reconnaissance tactile est possible (Streri et Molina, 1993). À l'âge de quatre à cinq mois, si on mobilise les bras et les mains du bébé afin qu'il puisse exercer activement son exploration sur de gros objets, autrement dit si on ne se limite plus à son activité exploratoire manuelle, un transfert des informations du toucher à la vision redevient possible (Streri et Spelke, 1988 ; Streri, Spelke et Rameix, 1993).

L'explication de l'unité des sens

D'un point de vue théorique, l'ensemble de ces résultats révèle qu'une certaine unité des sens existe précocement. Mais elle ne relève pas d'une indifférenciation des systèmes (Bower, 1974) ou de synesthésie (Maurer et autres, 1999). En effet, dans leur forme extrême, ces théories affirment qu'il n'existe pas de coordination intersensorielle chez les jeunes enfants, mais une parfaite substituabilité intersensorielle. Les systèmes perceptifs ne répondent pas à des stimulations spécifiques, mais à des modifications de la stimulation, quelle que soit la modalité stimulée (voir également le *TVSS* [*Tactual-Visual Substitution System*, en français SSVT] de Bach-y-Rita). L'unité des sens pourrait davantage s'expliquer par le concept de perception amodale au sens où le conçoit E.J. Gibson.

Les asymétries dans les transferts nous éclairent sur les difficultés à établir des relations entre les modalités sensorielles, attribuables dans une large mesure aux contraintes biologiques des systèmes et à leur développement peu synchrone. En effet, chez le bébé de deux mois, le système tactilo-kinesthésique manuel est gêné par un fort réflexe d'agrippement des objets qui conduit le bébé à une exploration maladroite parce que trop rigide, tandis que le système visuel est en plein développement. À cinq mois, le système tactilo-kinesthésique exerce moins sa fonction perceptive, au profit de la fonction de transport des objets et d'habiletés manuelles, nouvellement acquises, qui doivent perturber provisoirement le recueil d'informations sur les objets.

Le développement du transfert intermodal pendant la seconde moitié de la première année confirme la complexité de la relation qui existe entre le toucher et la vision. Les échecs au transfert sont attribuables à des durées d'exploration tactile souvent brèves (de l'ordre de 20 à 30 s), à la complexité des objets, non différenciés en transfert intramodal, ou à une population de sujets présentant des troubles liés à une naissance prématurée. Comparée à la vision, la modalité tactile se révèle moins habile dans le traitement des informations. Son habileté deviendra par contre plus importante dans la préhension, la manipulation et l'utilisation d'outils, c'est-à-dire dans des activités où les aspects moteurs et perceptifs s'unissent pour une plus grande efficacité d'exploration du monde. Le transfert intermodal de la vision au toucher relève d'un niveau d'intégration cognitive complexe et se révèle très fragile ou « pénétrable » aux influences externes. Cela signifie que les modalités sensorielles ne fonctionnent pas, dans le transfert intermodal, comme des modules étanches (au sens où l'entend Fodor, 1983). Leur pénétrabilité ou fragilité se révèle non seulement dans la non-réversibilité des transferts, mais aussi dans les fluctuations constatées au cours du développement. Ces deux faits nous éclairent à la fois sur la nécessité vitale des liens qui existent entre les modalités sensorielles, sans lesquels l'organisme humain ne pourrait s'adapter, et sur la spécificité de chaque modalité concernée.

9.4.4 Le rôle de la connaissance du corps dans les relations intermodales

Les conduites de prise d'objets révèlent l'accès à un espace externe commun à la vision et à la préhension. Elles attestent que le bébé perçoit le monde comme différent de lui. Ces expériences sont néanmoins insuffisantes pour résoudre le problème de la connaissance du corps corrélée à la vision de repères externes. Les situations de localisation d'un objet sonore dans l'obscurité ainsi que les relations intermodales visuo-proprioceptives se révèlent plus éclairantes en ce qui a trait à la participation du corps du sujet aux relations intermodales.

Clifton, Perris et Bullinger (1991) ont mis en évidence le rôle et la participation du mouvement du torse et de la tête pour l'efficacité de l'atteinte d'un objet sonore dans l'obscurité. En effet, localiser un objet sonore dans l'obscurité et le prendre semble être un comportement complexe qui implique non seulement la perception d'indices auditifs, pour localiser l'objet dans l'espace, mais la mobilisation d'autres indices pouvant suppléer l'absence d'indices visuels, pour réussir la prise de l'objet. Les mouvements du corps pourraient tenir ce rôle. Selon Bullinger (1988), la mobilité axiale peut réactiver l'« adresse spatiale » du corps et des bras à partir d'indices proprioceptifs pour construire une image cinétique, localiser le son et atteindre l'objet. Dans des conditions d'obscurité, les mouvements de la tête et du torse doivent donc être plus importants qu'à la lumière, pour compenser l'absence de repères visuels. En plus de produire des sensations proprioceptives, l'orientation de la tête produit des changements simultanés, à la fois proprioceptifs et auditifs, qui sont redondants et qui augmentent la précision de la localisation de la source sonore. Clifton et ses collègues (1991) ont donc voulu estimer le rôle des mouvements du corps pour savoir si les bébés âgés de 26 à 32 semaines savent faire une distinction, dans l'obscurité, entre un espace proche où l'objet sonore serait à portée de main (15 cm) et un espace lointain où l'objet sonore serait hors de portée (60 cm). Dans les deux conditions, l'objet est localisé à 30° à gauche et à droite du sujet. La capacité de bien localiser la source sonore est mesurée par le nombre d'atteintes de l'objet quand celui-ci est à portée de main. Les résultats montrent que les bébés de sept mois ont une bonne discrimination de l'espace auditif et distinguent ce qui est proche d'eux de ce qui ne l'est pas. Immédiatement avant que la main entre en contact avec l'objet, l'amplitude des mouvements de la tête et du torse est plus importante dans l'obscurité qu'à la lumière. Les auteurs concluent que leurs résultats sont compatibles avec la théorie du schéma moteur de Schmidt (1975). Cette théorie affirme que le sujet abstrait des situations riches et variées certaines informations qui lui permettent de construire un schéma moteur (une catégorie). Ce schéma peut être ensuite mobilisé pour accomplir un nouveau geste appartenant à cette catégorie. Ainsi, l'atteinte réussie d'un objet dans l'obscurité n'est pas attribuable à la répétition et à la maîtrise d'un geste exécuté sous contrôle visuel, mais à la reconstruction d'un geste accompli dans une nouvelle situation et extraite d'un schéma moteur préalablement construit.

La construction de la personne chez le bébé peut être envisagée sous l'angle de l'imitation. L'imitation synchrone se distingue de l'imitation différée en ce que la première peut relever d'un phénomène de contagion ou de mimétisme tandis que la seconde est la reproduction d'une action passée. Le bâillement est un exemple typique d'imitation contagieuse. L'imitation différée s'effectue après la production du modèle et se distingue, en ce sens, des expériences de reconnaissance du corps propre vu dans un miroir puisque, dans ces conditions, il y a contingence entre les deux événements. Par exemple, l'imitation faciale est fondamentale pour la connaissance de soi puisqu'il s'agit d'une capacité d'appariement des transformations d'un visage adulte que les bébés peuvent voir mais non sentir avec les transformations de leur visage qu'ils ne peuvent voir mais sur lequel ils prélèvent des informations proprioceptives (voir la figure 9.6). Meltzoff et Moore (1977, 1983) mettent en

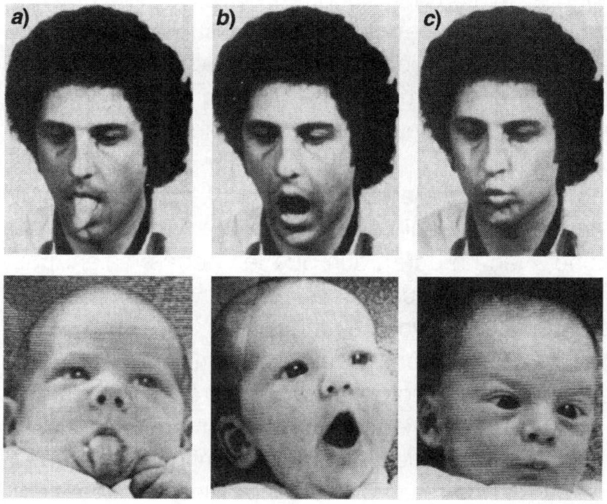

FIGURE 9.6 *Imitation de l'adulte par le nouveau-né âgé de deux à trois semaines. a) Protrusion de la langue. b) Ouverture de la bouche. c) Protrusion des lèvres. Source :* Stein et Meredith (1993, p. 13). © 1993, The MIT Press. Reproduit avec permission.

évidence, chez des nouveau-nés, des conduites imitatives de protrusion de la langue, d'ouverture de la bouche et de protrusion des lèvres. Chez les bébés de 6 semaines, Meltzoff et Moore (1994) montrent également la capacité des nourrissons à reproduire des gestes faciaux immédiatement après la présentation du modèle et après un délai de 24 h. Ces derniers comportements révèlent une véritable capacité des bébés à accomplir une action sur la base des informations stockées en mémoire. Les auteurs pensent que les bébés ont un schéma corporel primitif qui leur permet d'avoir une carte limitée de certaines parties du corps. L'affinement du geste, au cours des répétitions, et la capacité de le produire à partir d'informations stockées en mémoire tranchent définitivement sur le caractère de l'imitation précoce. Celle-ci ne peut être un réflexe puisqu'elle est déclenchée 24 h après la présentation du modèle et qu'elle est modifiable, donc non rigide. Selon les auteurs, l'imitation repose sur un mécanisme de relation intermodale (*Active Intermodal Mapping*) qui suppose chez le bébé une connaissance minimale de son corps et de ses actions.

Enfin, dans une expérience de transfert intermodal, Bahrick et Watson (1985) ont montré que les bébés de cinq mois, mais non ceux de trois mois, étaient capables de détecter des invariants et d'établir des relations intermodales entre les mouvements de leurs jambes et ceux perçus visuellement sur un enregistrement vidéo. On demande aux bébés de discriminer entre une image vidéo qui est la prise directe de leurs mouvements de jambe et une image vidéo qui présente de manière non contingente les mouvements de jambes d'un pair. Les expérimentateurs prennent soin de cacher la partie inférieure du tronc avec un écran afin que les bébés n'aient pas d'informations visuelles sur leur mouvement. Le bébé a le choix entre voir ses mouvements de jambes en direct et les voir en différé. À cinq mois, quelles que soient les conditions, les bébés préfèrent regarder l'image vidéo qui leur présente des mouvements non synchrones avec les leurs. Autrement dit, ils préfèrent ce qui est nouveau. À trois mois, les résultats sont moins clairs. Certains bébés préfèrent les mouvements contingents et d'autres les mouvements non contingents. Les auteurs concluent de ces expériences que les bébés établissent des correspondances entre des stimulations visuelles et des informations proprioceptives issues de leurs propres mouvements. Si la détection d'invariants temporels permet au bébé de cinq mois une prise de connaissance de son corps, Rochat et Morgan (1995) ont montré que, dès trois mois, les bébés sont sensibles également aux invariants spatiaux spécifiant leur corps : par exemple, lorsque les bébés bougent leurs jambes dans une direction particulière dans l'espace, ils s'attendent à voir, sur un écran vidéo, leurs jambes selon une orientation similaire. La détection de ces relations est ainsi déterminante pour la perception de soi (voir Rochat, 1998 pour une revue de questions ; voir aussi la figure 9.7). Ces observations sont compatibles avec la perspective écologique défendue par Neisser (1993) et E.J. Gibson (1993), selon laquelle le soi plonge ses racines essentiellement dans la perception et de manière faible dans l'action, comme l'aurait affirmé Piaget. Le soi écologique ne peut se définir par une image ou une représentation de quelque chose comme l'implique la notion de « schéma corporel ». Il appartient au monde physique des objets et entretient avec lui des relations de réciprocité. La perception de soi est en corrélation avec la perception du monde.

9.4.5 Les appariements auditivo-visuels chez le bébé humain

Les occurrences dans lesquelles une modification du champ visuel s'accompagne simultanément de l'émergence d'un son sont nombreuses et diversifiées. C'est le cas du langage parlé, où du mouvement des lèvres semblent sortir des sons articulés. Le domaine artistique fournit de nombreux exemples de synchronie entre les événements visuels et sonores. Plus simplement encore, l'impact entre deux surfaces produit un son qui, s'il apparaissait avant ou après le choc, donnerait à la situation un caractère incongru, étrange. Il est cependant des circonstances où l'événement visuel semble devancer l'événement sonore, par exemple, au cours d'un orage. Mais la relation entre l'éclair et le tonnerre doit être comprise et apprise comme le résultat d'une application des principes de la physique et ne relève plus de la détection de relations amodales.

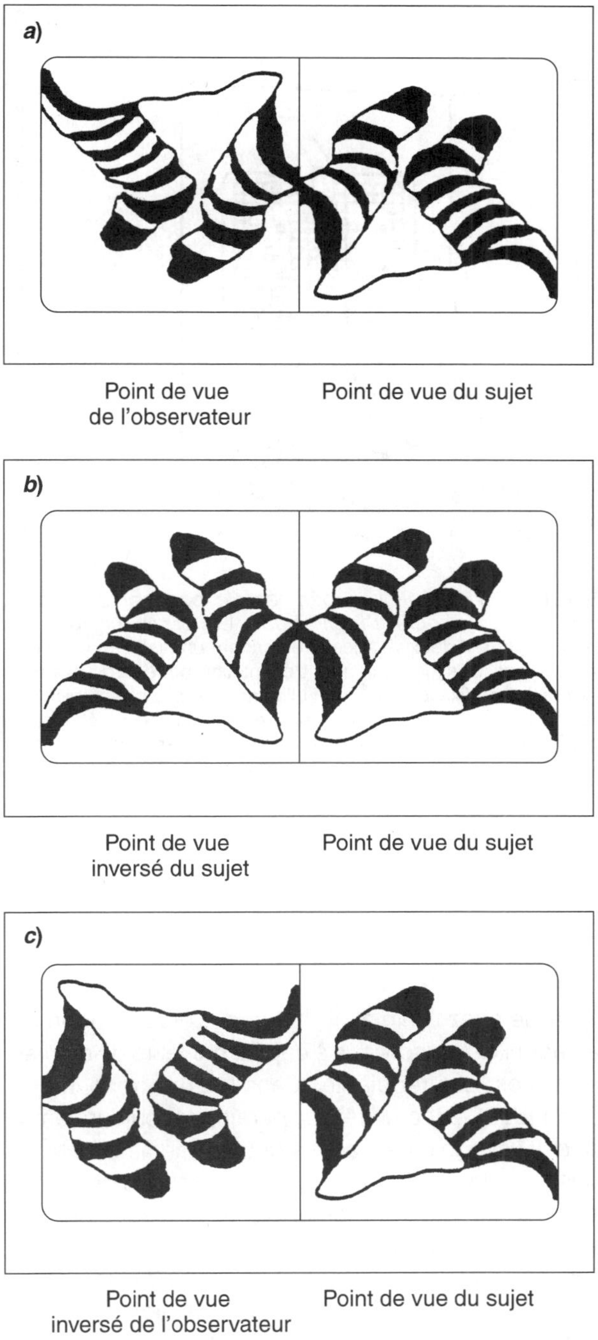

FIGURE 9.7 *Reconnaissance de soi par le bébé.* Cette figure représente les déterminants spatiaux dans la perception des mouvements produits par les jambes de bébés âgés de trois à cinq mois ainsi que les perspectives filmées de ces mouvements de jambes de bébés présentées au bébé sur un écran de télévision. *Source:* Rochat et Morgan (1995, p. 629).

Bahrick (1987) a montré que la capacité des bébés à apparier des scènes visuelles et des sons s'améliorait avec l'âge en fonction de deux formes de relations temporelles amodales, la synchronie et la structure spécifiant la complexité d'un objet (composé d'un ou de plusieurs éléments). Dans cette étude, on montre à des bébés deux hochets placés côte à côte, en forme de cylindre transparent. Dans l'un se trouve une grosse bille tandis que l'autre renferme plusieurs petites billes. Ces objets cylindriques sont abruptement remués de bas en haut, ce qui crée des impacts sonores spécifiques selon leur contenu. Les bébés de six mois, contrairement à ceux de trois mois et de quatre mois et demi, apparient correctement les sons émis et les hochets en fonction de leur composition. Les bébés plus âgés regardent donc significativement plus longtemps le hochet contenant une grosse bille que l'autre hochet lorsque le son est caractéristique du point d'impact d'un objet et, inversement, ils regardent plus longtemps le hochet contenant plusieurs petites billes lorsqu'ils entendent un son composite, surtout lorsque le mouvement des deux hochets est synchronisé avec chaque séquence sonore (voir la figure 9.8). Les bébés de quatre mois et demi, quant à eux, ne sont capables d'appariements corrects que dans certaines conditions de synchronisation son-mouvement. La capacité d'apparier deux événements apparaît et se développe donc entre quatre mois et demi et six mois.

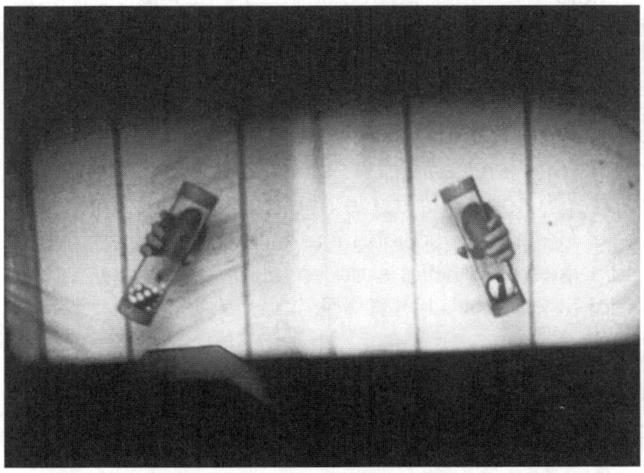

FIGURE 9.8 *Photographie des stimuli composite et unique utilisés par Bahrick (1987). Source:* Lewkowicz et Lickliter (1994, p. 211). Reproduit avec la permission de Lawrence Erlbaum Associates.

La détection de synchronies temporelles précède cependant celle d'informations spécifiant la structure des objets (Bahrick, 1992). Soit deux événements, un objet seul ou un objet composite, frappant une surface de manière désordonnée et produisant des sons synchrones aux points d'impact de l'objet sur la surface. Les bébés sont habitués à l'un de ces deux événements. Après la phase d'habituation, les sujets sont soumis à une phase de test dans laquelle les relations de synchronie sont modifiées ou des sons erronés sont émis au moment des impacts. Un groupe de contrôle n'est soumis pour sa part à aucun changement dans les deux phases. Les résultats ont montré que, dès trois mois et demi, les bébés sont capables de détecter aussi bien des asynchronies dans les événements que des synchronies basées sur des informations erronées (voir Streri, 1996, pour une discussion).

La perception du discours, classiquement considérée comme un processus essentiellement auditif, est envisagée actuellement par l'intermédiaire de processus fonctionnels intermodaux dans lesquels la vision et peut-être même la proprioception peuvent jouer un rôle déterminant. En effet, de nombreuses études montrent que l'information sur le discours perçue visuellement peut influer profondément sur la perception auditive de ce même discours. Ainsi, Kuhl et Meltzoff (1982) ont montré à des bébés âgés de 18 à 20 semaines, selon la procédure d'appariement classique, deux visages dont les lèvres de l'un prononçaient le son /i/ (lèvres serrées, position élevée de la langue) et les lèvres de l'autre, le son /a/ (bouche ouverte, position basse de la langue). Les sons étaient produits par un haut-parleur placé entre les deux visages (voir la figure 9.9). Les bébés regardaient plus longtemps le visage dont les lèvres paraissaient prononcer le son émis par le haut-parleur que l'autre visage. Cette correspondance auditivo-visuelle s'étend à d'autres oppositions de voyelles, comme /i/ et /u/ (Kuhl et Meltzoff, 1984), voire à des syllabes.

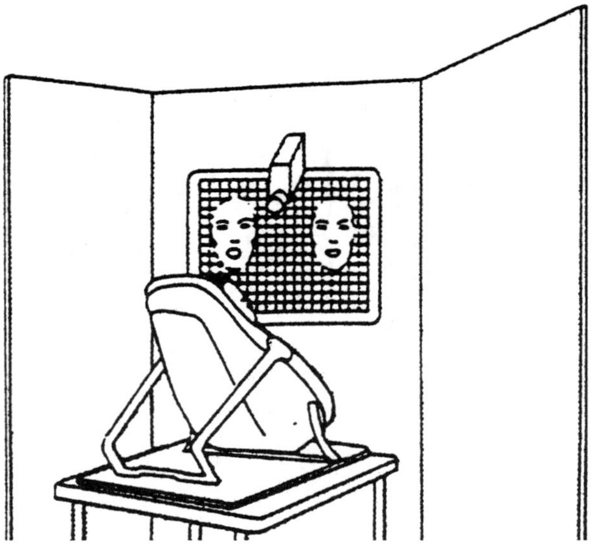

FIGURE 9.9 *Situation expérimentale pour tester la perception du discours chez le bébé.* Les bébés regardent un film comportant deux visages et entendent un discours émis par un haut-parleur situé au centre. L'orientation du regard ainsi que les durées de fixation sur l'un ou l'autre visage sont enregistrées par la caméra. Conformément à la technique de choix préférentiel, le bébé regarde le visage qui lui semble correspondre aux sons émis par le haut-parleur. *Source :* Lewkowicz et Lickliter (1994, p. 344).

9.4.6 Peut-on conclure à une certaine unité des sens ?

En résumé, il est maintenant clairement établi qu'une certaine unité des sens est fonctionnelle dès le début de la vie chez l'animal et l'homme. Cela témoigne de la capacité des individus à capter, par leurs différentes modalités, des régularités dans leur environnement. Cependant, cette unité n'apparaît pas toujours amodale. Il est également admis que les médiateurs symboliques, de nature linguistique, ne sont pas des préalables à l'intégration intersensorielle, puisque celle-ci est présente dès la naissance. Cependant, le fait que ces médiateurs ne soient pas des préalables n'invalide pas totalement l'hypothèse qu'ils aient un rôle à jouer chez les enfants d'âge préscolaire et scolaire. Curieusement, ce champ d'études connaît une rupture entre un an et quatre ans, comme si l'accès à la fonction symbolique devenait un obstacle méthodologique et théorique à l'étude de la perception. Par contre, les recherches sur l'enfant scolarisé et l'adulte sont nombreuses.

9.5 L'INTÉGRATION INTERMODALE CHEZ L'ENFANT ET L'ADULTE

9.5.1 Les conditions du développement de cette intégration

Même si la présence d'une unité des sens dès la naissance est maintenant admise, l'hypothèse d'une amélioration de l'intégration des modalités pendant l'enfance n'est pas absurde. Cependant, de quels facteurs dépend ce progrès ? De facteurs extrinsèques à la perception tels que la maturation des structures cérébrales, l'expérience multimodale, la maîtrise des médiateurs symboliques et, plus spécifiquement, des médiateurs linguistiques, etc., ou du développement des systèmes périphériques, qui permet de mieux capter et traiter les informations sur le monde ? Birch et ses collègues (Birch et Belmont, 1963 ; Birch et Lefford, 1964) ont défendu la thèse selon laquelle les connexions nerveuses augmentent en fonction de la maturation et sont favorisées par l'expérience multimodale. Il est ainsi possible d'obtenir un progrès dans les communications intermodales visuelles, tactiles et auditives chez les enfants âgés de 5 à 12 ans. Néanmoins, ces auteurs n'ont pas testé l'efficacité des performances intramodales, et l'hypothèse d'un progrès des modalités concernées favorisant une meilleure intégration n'est pas à rejeter. Bryant (1974) suggère qu'une comparaison entre performances intermodales et intramodales est requise pour comprendre les processus en jeu dans les transferts. Cette comparaison permettrait à la fois d'éclairer un éventuel échec au transfert, par une absence de discrimination intramodale, ou d'expliquer une asymétrie des transferts, par des performances inégales dans les deux modalités.

Une série de recherches réalisées par Orliaguet (1983, 1985) a porté sur la comparaison systématique entre les modalités visuelle et proprioceptive chez des enfants de 5 à 10 ans. La tâche visuelle (V-V) consistait à reproduire de mémoire, sur un mannequin, la position prise par l'avant-bras d'un second mannequin préalablement présenté. Dans la condition proprioceptive (P-P), le sujet, les yeux fermés, devait présenter son propre avant-bras dans la même position que celle que l'expérimentateur lui avait fait prendre passivement. La coordination intermodale (V-P) était réalisée en situation bimodale de conflit perceptif. Le sujet, à la phase de test, devait reproduire la position de son avant-bras. Les résultats ont révélé, dans la condition intramodale, une plus grande efficacité de la proprioception à cinq ans, tandis qu'à huit ans la réussite visuelle est meilleure. Dans la condition intermodale, une capture proprioceptive est observée à 5 ans, un compromis vers 7 ans et une capture visuelle vers 9-11 ans. Autrement dit, la capture a toujours tendance à s'effectuer au profit de la modalité la plus performante en condition intramodale.

9.5.2 Une perception amodale ou un recodage médiatisé ?

La théorie de Gibson (1966) envisage la perception visuelle comme un pattern de stimulations qui spécifie de manière univoque les propriétés des objets. Sa démarche explique que toute l'information prélevée sur l'environnement est conservée dans le pattern de projection rétinien et dans les transformations que subit cette stimulation lorsqu'elle touche les récepteurs et les voies nerveuses du sujet. Néanmoins, pour que la réception visuelle conserve toutes les caractéristiques de l'objet, il faut que la stimulation soit fluctuante dans le temps et que les fluctuations soient produites par une activité volontaire du sujet.

La substitution sensorielle

Les modalités possèdent les mêmes processus de fonctionnement dans l'appréhension de l'espace, de telle sorte que l'opposition classique entre perception tactile de contact et perception visuelle à distance n'a plus de sens puisque les deux systèmes fonctionnent selon les mêmes principes. L'expérience ingénieuse menée par Bach-y-Rita (1972) illustre de manière remarquable ce point de vue (voir l'encadré 9.2 et, dans cet encadré, la figure 9.10). Il s'agit d'expérimenter, à partir d'une stimulation tactile, l'efficacité d'une prothèse permettant aux sujets aveugles de percevoir « visuellement » des objets situés dans un espace externe. Cependant, malgré l'ingéniosité

ENCADRÉ 9.2
Voir avec la peau

White, Saunders, Scadden, Bach-y-Rita et Collins ont inventé, en 1970, un système ingénieux, repris par Bach-y-Rita en 1972, pour « voir avec la peau ». Il s'agit d'un système de perception tactile à distance pour pallier la déficience sensorielle des aveugles. Le SSVT est une prothèse qui permet de percevoir tactilement des objets sans contact avec la main et sans que le sujet ait la possibilité de les manipuler. L'appareil est constitué par un système vidéo qui projette sur un écran de télévision l'image d'un objet filmé par une caméra. Un dispositif électrique transforme l'image lumineuse en impulsions électriques. Ces impulsions activent 400 vibrateurs tactiles ordonnés en 20 lignes et en 20 colonnes sur une plaque disposée sur le dossier d'un fauteuil. Ces vibrotacteurs fonctionnent en tout ou rien selon le niveau d'excitation lumineuse de l'image. Le système transforme point par point une onde lumineuse en une onde électrique. Le sujet aveugle appuie son dos dénudé sur la plaque et le système cutané est excité par les énergies vibratoires correspondant aux énergies lumineuses. L'ingéniosité de ce système réside dans la possibilité du système tactile de « voir » à distance. Au départ, l'utilisateur ne fait que sentir sur sa peau des stimulations qui se succèdent. Après apprentissage, il finit par oublier ces sensations désagréables pour percevoir des objets stables à distance. La personne aveugle découvre alors des concepts perceptifs nouveaux comme la parallaxe, les ombres, l'interposition des objets.

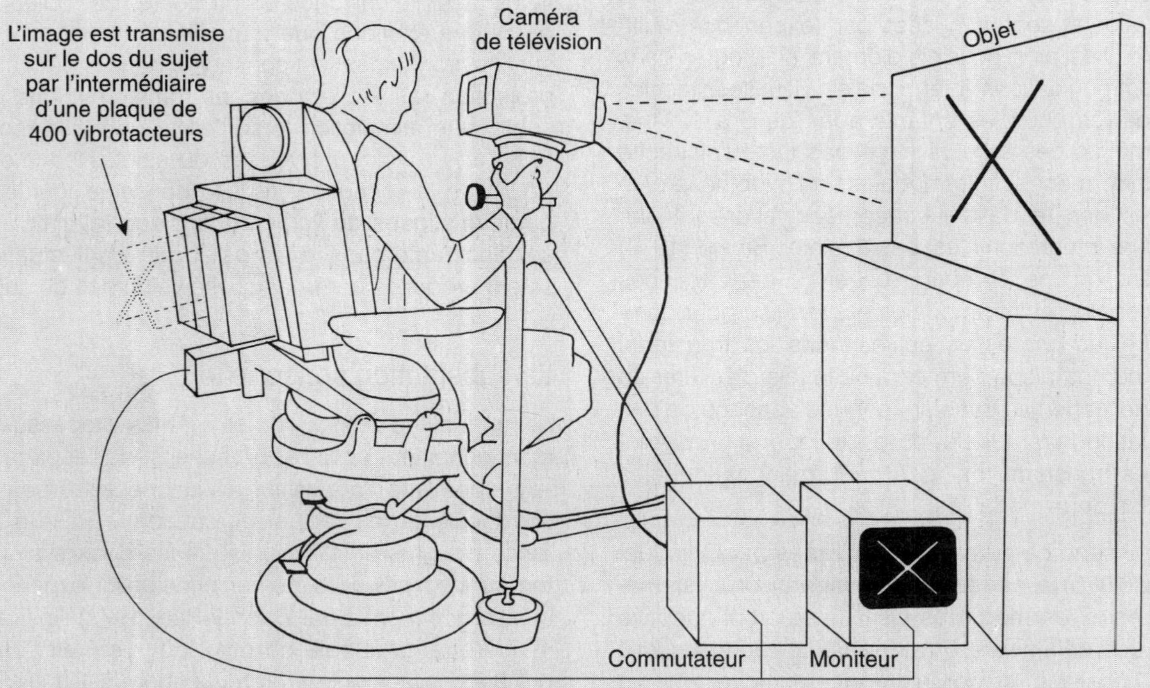

FIGURE 9.10 *Système de substitution visuotactile (SSVT). Source :* White et autres (1970, p. 23). Reproduit avec la permission de Psychonomic Society Publications.

du système, les techniques du SSVT (système de substitution visuotactile), utilisant le principe de substitution sensorielle, ne sont actuellement pas utilisées par les personnes aveugles auxquelles elles étaient originellement destinées. On peut interroger les raisons de cet échec, les nombreuses techniques de ce type existantes, très fonctionnelles et efficaces, n'ayant pas envahi le quotidien des aveugles et des malvoyants. Premièrement, l'usage de ces techniques révèle qu'il ne s'agit pas véritablement d'une substitution sensorielle. Le rôle essentiel joué par l'action semble indiquer que ce qui est perçu n'est pas issu des invariants de la sensation, mais des invariants sensorimoteurs inséparables de l'activité du sujet. Ainsi, la richesse de la perception dépendrait autant des qualités de l'action que des qualités de la sensation. Cette conception est largement partagée actuellement (Berthoz, 1997 ; Gibson, 1966 ; Paillard, 1971). Deuxièmement, les dispositifs sont incapables de créer chez le sujet une valeur à la perception, une qualité des choses perçues, ce que Bach-y-Rita (1997) appelle les « *qualia* ». De telle sorte que la perception qui en résulte pour l'aveugle n'est porteuse d'aucune émotion et que la déception est totale (voir Lenay, Gapenne, Hanneton, Marque et Genouëlle, 1999 ; Pacherie, 1997). Enfin la non-réversibilité observée dans certains cas de transferts obtenus dans des situations classiques suggère un processus spécifique de traitement et invalide néanmoins la thèse d'un codage amodal. L'hypothèse d'un recodage perceptif n'est donc pas à exclure.

L'effet des différences intermodalitaires

Le modèle de Jones et Connoly (1970) représente le pôle diamétralement opposé à la théorie de Gibson. Ce modèle postule l'existence d'un traitement spécifique et d'un registre de mémoire propre à chaque modalité. Une traduction coûteuse doit donc être réalisée dans le transfert intermodal. Cette traduction se ferait avant le stockage en mémoire de l'information qui serait maintenue dans la modalité de décodage (voir, pour plus de détails, Hatwell, 1994). Cependant, la mémoire visuelle est plus performante que la mémoire kinesthésique (Posner, 1967). Les transferts intermodaux de la vision au toucher seront donc asymétriques. Ce modèle explique ainsi pourquoi le transfert du toucher à la vision est souvent mieux réalisé, aussi bien chez l'adulte que chez le jeune enfant, que le transfert inverse, le codage des informations tactilo-kinesthésiques étant stocké dans la mémoire visuelle. Cependant, en examinant les différentes propriétés de la stimulation et des objets, on observe que, dans certains cas, tout se passe comme si les perceptions étaient amodales, tandis que d'autres conditions exigent un coût additionnel pour qu'un transfert intermodal puisse être observé.

Toutes les modalités sont sensibles aux variations d'intensité de la stimulation, perçoivent la durée de la stimulation et l'ordre dans lequel deux stimulations se sont produites. Certaines données spatiales, comme la direction de deux cibles, sont également bien discriminées par la vision et l'audition, mais la structure spatiotemporelle des patrons auditifs est mieux discriminée que celle des patrons visuels, alors que la discrimination tactile se situe à un niveau intermédiaire (Fraisse, 1978). Les données récentes concernant les seuils de discrimination pour les modalités visuelle, auditive et somesthésique sont respectivement 68,7 +/– 5,1 ms, 18,1 +/– 7,2 ms et 33,9 +/– 12 ms. La plupart des auteurs partagent l'idée que les perceptions auditive et tactile sont plus précises que la perception visuelle.

En ce qui concerne les propriétés spatiales communément appréhendées par la vision et le toucher, la grandeur des objets est bien différenciée par les deux modalités. Par contre, la forme des objets est mieux discriminée par la vision que par le toucher, du fait de l'exploration parcellaire et séquentielle du toucher. Inversement, la texture et, d'une manière générale, les propriétés de substance des objets sont mieux appréhendées en modalité haptique qu'en modalité visuelle. Il existerait donc des processus de traitement intramodaux communs aux modalités et des processus plus spécifiques des modalités selon la propriété de l'objet étudiée (voir Hatwell, 1994).

Si la perception des directions visuelles et celle des directions sonores coïncident dans un espace perceptif commun, l'étude des situations de conflit montre que cet espace est à dominante visuelle. En effet, les conflits mettant en jeu la vision et l'audition sont très souvent résolus en faveur de la modalité visuelle. Cette capture visuelle explique l'illusion du ventriloque dans laquelle le sujet ne détecte pas la décorrélation entre les mouvements de la bouche de la marionnette et l'émission sonore de l'illusionniste (Radeau, 1997) (voir aussi la figure 9.11). Le conflit visuo-auditif peut se résoudre parfois par un compromis étrange comme dans l'expérience menée par McDonald et McGurk (1978). Une personne filmée répète le son /ga-ga/ et on peut lire sur ses lèvres la configuration spécifiant ce son. Cependant, le signal acoustique envoyé à l'auditeur correspond au son /ba-ba/. Le son perçu réellement par cet auditeur est /da-da/. On imagine les difficultés rencontrées pour doubler oralement dans une langue des dialogues cinématographiques enregistrés dans une autre langue puisque les lèvres des acteurs, dans la version originale, diffèrent de la bande-son du doublage.

La dissymétrie des transferts est très souvent liée au traitement des propriétés spatiales des objets et peu à celui des propriétés temporelles ou d'intensité de la stimulation. Par exemple, pour la forme des objets, la non-réversibilité des performances intermodales entre la vision et le toucher rappelle celle évoquée chez le bébé. Chez l'adulte, cette asymétrie dépend surtout des situations de transfert. Ainsi, dans les situations d'appariement, le transfert de la vision au toucher est plus efficace que le transfert du toucher à la vision, alors que, dans les situations d'apprentissage, c'est le transfert du toucher à la vision qui est le mieux réussi (voir Hatwell, 1986, pour une discussion). La dominance de la vision sur le toucher apparaît systématique en cas de conflit perceptif. Dans l'expérience réalisée par Rock et Victor (1964), les adultes voient un rectangle mais palpent un carré. Au test visuel, ils estiment avoir palpé un rectangle. Cette tendance à la capture visuelle, ou, dans certains cas, au compromis à dominante visuelle, est également présente chez les enfants de quatre à cinq ans et évolue peu avec l'âge (McGurk et Power, 1980; Warren et Pick, 1970). Les appariements intermodaux de texture sont réussis dans les deux sens et, en cas de conflit perceptif, on obtient parfois un compromis à dominante tactile révélant que l'information tactile est prioritaire (Lederman, Thorne et Jones, 1986). Ces résultats sont conformes aux conceptions de Klastky, Lederman et Reed (1987) selon lesquelles le toucher est spécialisé dans la perception des propriétés de substance, alors que la vision excelle dans celle des propriétés spatiales.

FIGURE 9.11 *Illusion de la marionnette.* Le langage parlé implique un mouvement des lèvres d'un locuteur posté à un seul endroit au même instant. Si tel n'est pas le cas, le système perceptif fait l'hypothèse d'une erreur de fonctionnement interne et corrige cette erreur en conséquence. La marionnette du ventriloque est une bonne illustration. La marionnette remue sa bouche et ses lèvres tandis que le ventriloque parle sans mouvoir sa bouche. L'attention est « capturée » par les mouvements de la marionnette et on entend la voix du ventriloque comme si elle provenait de la bouche de la marionnette et non du ventriloque. *Source:* Stein et autres (1994, p. 4). Reproduit avec la permission de Lawrence Erlbaum Associates.

CONCLUSION

C'est sans aucun doute à partir des recherches sur l'animal et le bébé que la problématique de l'intermodalité a été profondément reformulée. Grâce à des techniques et à des procédures ingénieuses, les faits obtenus confirment le caractère profondément adaptateur des interactions intermodales: elles sont une nécessité de l'organisme pour une adaptation à l'environnement. Comment, dès sa naissance, le bébé, doté d'un équipement biologique et neuronal immature, pourrait-il se développer s'il n'avait pas d'emblée la possibilité de percevoir de manière stable et unifiée son environnement? Néanmoins, les communications entre modalités sensorielles chez le bébé ne sont pas immuables, et du fait du développement non synchrone des modalités, des ajustements et réajustements sont à prévoir. Ces ajustements et réajustements dépendent des modalités concernées dans la relation intermodale. En effet, il ne faut pas confondre les coordinations sensorimotrices, comme prendre un objet ou orienter sa tête vers une source sonore, les transferts intermodaux, qui sont essentiellement de type toucher-vision, et les appariements entre événements auditivo-visuels.

Les coordinations sensorimotrices néonatales sont prises en charge par le système sous-cortical tandis que le cortex est peu mature. La prise en charge par le cortex de ces boucles sensorimotrices passe par une phase de disparition de ces conduites. Les transferts intermodaux de la vision au toucher sont rarement réversibles et mobilisent une charge mnésique et attentionnelle importante. Ces transferts, qui dépendent de l'efficacité dans la prise d'information de chaque système, sont ainsi d'un coût cognitif important, et donc fragiles. En cas de conflit perceptif, ils sont toujours résolus en faveur de la modalité visuelle. Enfin, il semblerait que seuls les appariements des événements visuels et auditifs s'améliorent en fonction de l'âge et reposent sur des correspondances qui analysent les propriétés des objets. D'abord de type quantitatif, ces correspondances deviennent qualitatives ou structurales (voir Lewkowicz, 2000). En cas de conflits visuo-auditifs, la résolution s'effectue toujours de manière originale, pas exclusivement par la dominance de l'une ou l'autre des modalités.

Peut-être que la maîtrise du langage intervient dans la réorganisation des processus intermodaux, mais paradoxalement, les études sur l'enfant et l'adulte éclairent les spécificités modales en les relativisant. Les modalités ont des domaines privilégiés d'exercice. La vision appréhende les propriétés spatiales, l'audition traite les informations séquentielles et temporelles et le toucher excelle pour les propriétés de substance. Lorsqu'il s'agit de propriétés élémentaires (intensité ou structure spatiotemporelle), l'hypothèse d'un codage amodal est plausible. Le problème est différent pour la perception de la localisation spatiale ainsi que celle des propriétés spatiales et de substance. La dominance d'une modalité sur l'autre en cas de conflit perceptif suggère l'hypothèse d'un recodage dans la modalité qui traite le mieux l'information considérée. Cette hypothèse semble être aujourd'hui la plus plausible. Si la psychologie a tenté, pendant trois siècles, de répondre à la question de Molyneux, les neurosciences et la neuropsychologie ont encore à nous éclairer sur les mécanismes de base des interactions intermodales et sur leur ontogenèse. L'histoire n'est donc pas terminée.

LECTURES RECOMMANDÉES

HATWELL, Y., STRERI, A., et GENTAZ, E. (2000). *Toucher pour connaître : psychologie cognitive de la perception tactile.* Paris : Presses Universitaires de France.

LEWKOWICZ, D.J., et LICKLITER, R. (1994). *Development of intersensory perception : Comparative perspectives.* Hillsdale, NJ : Lawrence Erlbaum Associates.

PROUST, J. (1997). *Perception et intermodalité : approches actuelles de la question de Molyneux.* Paris : Presses Universitaires de France.

STEIN, B.E., et MEREDITH, M.A. (1993). *The merging of the senses.* Cambridge, MA : MIT Press.

STRERI, A. (1993). *Seeing, reaching, touching : The relations between vision and touch in infancy.* London : Harvester Wheatsheaf.

STRERI, A., et GENTAZ, E. (2003). Cross modal recognition of shape from hand to eyes in human newborns. *Somatosensory and Motor Research, 20*(1), 13-18.

PARTIE 3 Les mécanismes perceptifs

CHAPITRE 10 L'organisation perceptive

André Delorme

INTRODUCTION

L'organisation perceptive comprise dans son sens original, c'est-à-dire celui que lui donnaient les gestaltistes, concerne la structuration initiale des données visuelles, une condition préalable, selon eux, à l'identification des formes. Elle consiste à établir dans la mosaïque visuelle une discrimination entre des éléments auxquels on accorde le statut de forme ou de figure et d'autres qui constituent le fond ou l'environnement, ce qui revient en définitive à distinguer l'objet de son environnement. Afin d'avoir un premier aperçu des implications de ce mécanisme, considérons d'abord l'exemple de la figure 10.1. Que perçoit-on en regardant cette figure? À moins d'en connaître déjà le contenu, on y voit tout au plus des taches noires sans forme connue. Signalons en passant que si ces taches

FIGURE 10.1 *Image ambiguë.* Que représente cette figure ? Pourquoi son contenu est-il si difficile à identifier ? Une information additionnelle sur ce contenu aiderait-elle à mieux discriminer la forme qui s'y trouve camouflée ? *Source :* Ronald C. James.

noires sont visibles, c'est parce qu'elles diffèrent du fond et non parce qu'elles sont noires. En observant plus attentivement cette figure, mais sans trop s'attacher à la forme des diverses taches, on y verra peut-être émerger brusquement la forme d'un dalmatien. Il se peut d'ailleurs que notre allusion à la présence de ce chien ait facilité cette perception. On ne pourra plus désormais observer cette figure sans apercevoir immédiatement la forme d'un dalmatien.

Qu'est-ce qui rend si difficile au départ cette détection de forme ? Un gestaltiste aurait sans doute répondu à une telle question que cette figure a une structure faible rendant l'organisation perceptive difficile et qu'il y a à cela plusieurs raisons. Tout d'abord, les principes d'organisation y ont été gommés en quelque sorte. Le dalmatien n'y a pas les contours nets qui permettraient de le détecter en tant que figure distincte du fond, c'est-à-dire en tant qu'objet tranchant sur l'environnement. Les éléments qui en composent la forme ne diffèrent pas qualitativement de ceux qui appartiennent à l'environnement, ce qui revient à dire que le dalmatien se trouve comme camouflé. Le gestaltiste pourrait ajouter que si la scène représentée était animée, le moindre mouvement du dalmatien le rendrait immédiatement perceptible, et cela, grâce à un principe d'organisation perceptive appelé « sort commun » (nous y reviendrons plus loin). Finalement, toujours selon le gestaltiste, la perception de cette scène n'aurait pas posé de problème si les conditions de visibilité avaient permis une structuration des données visuelles fondée sur des principes d'organisation perceptive appelés aussi « lois de la Gestalt ».

Cet exemple permet d'anticiper sur certains des thèmes traités dans le présent chapitre, qui examinera notamment : 1) la distinction figure-fond et le rôle qu'y joue le contour ; 2) la forme définie par des contours illusoires ou subjectifs ; 3) les multiples rôles joués par les contours dans la définition d'un tableau visuel ; 4) les lois de la Gestalt ainsi que leur substrat physiologique cérébral hypothétique ; 5) au-delà de l'approche gestaltiste classique, d'autres interprétations théoriques de l'organisation perceptive et des applications à la discrimination des textures. La dernière partie du chapitre portera sur l'organisation perceptive vue dans la perspective écologique qui en fait une propriété de l'environnement plutôt que du cerveau.

10.1 L'ÉMERGENCE DE LA FORME ET DE LA SURFACE

Si la fonction du système visuel se résumait à la simple réception lumineuse, on serait justifié d'affirmer que la condition première nécessaire à la perception visuelle est de disposer d'un champ visuel éclairé uniformément. Or une telle situation se produit rarement dans l'environnement naturel. On peut néanmoins la créer expérimentalement en produisant ce qu'on appelle un *Ganzfeld,* c'est-à-dire un champ lumineux homogène. Il existe plusieurs procédés pour y arriver. Suivant un premier procédé décrit par Metzger (voir Guillaume, 1937), le sujet observe une surface blanche mate faiblement éclairée et dont la texture n'est pas perceptible à cause de ce faible éclairage. Suivant un second procédé, le sujet porte une « paire de lunettes » hémisphériques construite au moyen de deux demi-balles de ping-pong qui laissent voir la lumière sans permettre la perception des formes ou des surfaces (Hochberg, Triebel et Seaman, 1951). L'impression d'abord ressentie dans un *Ganzfeld* est de baigner dans une « mer de lumière » sans profondeur déterminée. Cette vision lumineuse ne dure guère cependant ; elle s'émousse rapidement et fait place à une cécité temporaire. Il s'agit du type de cécité qu'éprouve sans doute le pilote d'avion perdu dans les nuages et qui tente vainement de détecter une forme quelconque dans l'espace invisible, ou encore le skieur momentanément désorienté en plein blizzard (Gibson, 1986). On parle à ce propos d'une « myopie du champ vide » (Dember et Warm, 1979) qui se caractérise par une perte temporaire d'accommodation de l'œil.

La cécité produite par les lunettes translucides disparaît dès qu'on introduit une source de contraste minimale (par exemple, une petite ombre) dans le champ visuel. Cela confirme un principe défendu par les théoriciens de la Gestalt, qui soutenaient que pour qu'il y ait perception, il faut qu'il y ait *inhomogénéité* dans le stimulus, donc du contraste. C'est ainsi grâce à sa capacité de détecter et d'accentuer les contrastes – qui est liée, comme on l'a vu au chapitre 4, à son mécanisme d'inhibition latérale – que le système visuel peut avoir accès primitivement à la perception d'une surface ou d'une forme émergeant d'un fond. La question ne s'arrête cependant pas là puisque la perception du contour ne suffit pas à établir la différenciation figure-fond ; encore faut-il déterminer de quel côté de cette frontière se trouvent la figure et le fond. En outre, cette différenciation est possible même en l'absence de contour défini par une discontinuité de luminosité. Enfin, les contours ne servent pas forcément à distinguer une figure d'un fond.

10.1.1 L'ambiguïté figurale

La forme la plus élémentaire qu'on puisse imaginer consiste en une plage visuelle délimitée par un *contour* qui la distingue de son environnement. Cet environnement est alors perçu comme le *fond* ou l'arrière-plan d'où émerge la *figure.* Même si cette distinction entre figure et fond semble évidente a priori, la présence de contours définissant des frontières ne suffit théoriquement pas à déterminer ce qui, dans un tableau visuel, sera perçu comme figure ou comme fond. Il y a parfois un risque d'ambiguïté, chacune des parties pouvant être perçue alternativement comme figure ou comme fond, tel que l'illustrent les deux parties de la figure 10.2.

10.1.2 Les facteurs déterminant la distinction figure-fond

Divers aspects du stimulus déterminent la probabilité qu'une plage visuelle soit perçue comme figure plutôt que comme fond. Mentionnons à titre d'exemples les cas illustrés dans la figure 10.3 et représentant les effets de l'orientation, en *a*), de la grosseur relative, en *b*), de l'inclusion, en *c*), de l'articulation interne, en *d*), et de la symétrie, en *e*). Cependant, en *c*), où la région incluse apparaît comme une forme au départ, on peut aussi percevoir la forme centrale comme une ouverture dans un disque. Cela

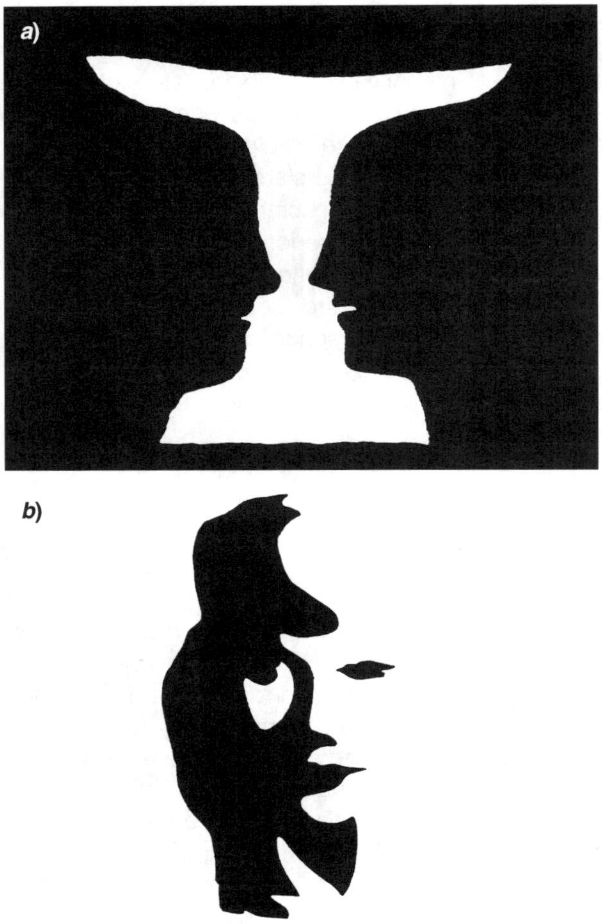

FIGURE 10.2 a) *Vase-profils de Rubin.* La figure peut être vue comme l'illustration d'un vase blanc ou de deux visages noirs. b) *Saxophoniste et Sara Nader.* Cette figure ambiguë permet de voir soit un saxophoniste soit le visage de Sara Nader. *Source :* Shepard (1990, p. 76).

est facilité par le fait que la couleur de cette ouverture est identique à celle entourant le cercle (c'est-à-dire au reste de la page). Le phénomène est plus évident en *f*), où la forme centrale est perçue d'emblée comme une ouverture sur un fond. La fréquence spatiale peut aussi influer sur la discrimination figure-fond. Ainsi, Klymenko et Weisstein (1986) ont mesuré les alternances perceptives figure-fond dans des figures ambiguës formées par des zones présentant toutes deux des réseaux sinusoïdaux, mais variant par leur fréquence spatiale. Selon les résultats qu'ils ont obtenus, la partie comportant la fréquence spatiale

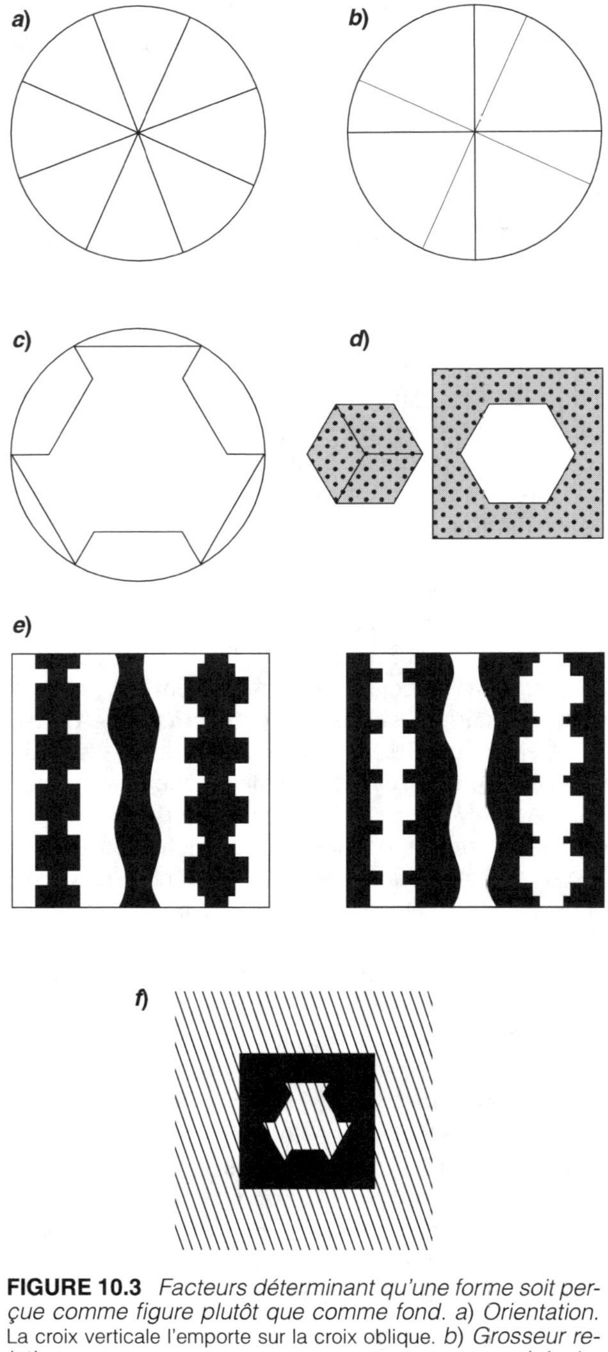

FIGURE 10.3 *Facteurs déterminant qu'une forme soit perçue comme figure plutôt que comme fond.* a) *Orientation.* La croix verticale l'emporte sur la croix oblique. b) *Grosseur relative.* La croix plus mince est perçue comme la figure. c) *Inclusion.* La plage incluse dans le cercle est perçue comme une figure. d) *Articulation interne.* La surface articulée, c'est-à-dire comportant des détails internes ou une texture, est perçue comme la figure. e) *Symétrie.* Les éléments symétriques sont perçus comme des figures plutôt que comme des espaces constitutifs d'un fond. f) *Rapport au contexte.* L'arrière-plan rayé incite à percevoir la plage centrale comme une ouverture sur un fond.

la plus élevée était vue plus longtemps comme figure que comme fond.

Dans quelle mesure la signification de la forme peut-elle influer sur la discrimination figure-fond? L'exemple du dalmatien (voir la figure 10.1) que nous avons examiné au début du chapitre est souvent utilisé pour défendre l'idée que la perception de la signification précède celle de l'organisation. Les gestaltistes soutenaient au contraire que la distinction figure-fond est un préalable à la reconnaissance de la forme, une idée partagée par plusieurs, dont notamment Marr (1982) et Biederman (1987). Par ailleurs Peterson et Gibson (1991) ont fait la preuve, à partir d'études sur la détection figure-fond dans des figures ambiguës, que la reconnaissance de forme pouvait influer sur la sélection figure-fond, ce qui va dans le sens de la position de Lindsay et Norman (1980) pour qui la signification constitue un principe d'organisation. Cette position, cependant, n'est pas radicalement contradictoire avec celle des gestaltistes qui, tout en soutenant que l'organisation perceptive devrait l'emporter sur la signification fondée sur l'expérience passée, admettaient cette influence dans les cas de Gestalts faibles ou d'ambiguïté du stimulus. Selon eux, une organisation fondée sur la signification démontre tout simplement qu'une Gestalt déjà bien organisée peut structurer une forme actuelle qui l'est moins. En d'autres mots, il faut déjà avoir perçu un dalmatien défini par sa Gestalt pour pouvoir le détecter dans une image mal définie comme celle de la figure 10.1.

10.1.3 Les caractéristiques phénoménales de la figure et du fond

« Nous voyons les choses, nous ne voyons pas les trous qui les séparent », écrivait Hornbostel, cité par Guillaume (1937, p. 66). « Nous voyons des arbres, des maisons se profiler dans le ciel, mais ce sont ces objets qui ont une forme et un contour, et non pas le pan de ciel qu'ils découpent », ajoutera Guillaume (1937, p. 66-67). Voilà pourquoi il est difficile, par exemple, de détecter la présence de profils humains dans la figure 10.4. De même, Rubin (1958 [1915]) affirmait que le contour appartient à la figure et non pas au fond, ce qui le justifiait de parler de l'effet structurant (*shaping effect*) du contour. Kanizsa (1997) parlera pour sa part de la « fonction unilatérale » du contour en faisant la remarque qu'il est difficile, par exemple, de voir spontanément la forme d'une partie de mur apparaissant entre deux meubles ou deux personnes : ses bords appartiennent aux personnes ou aux objets qui sont devant et non au mur qui « passe derrière » eux (voir la figure 10.5). Il s'ensuit qu'on ne peut pas vraiment percevoir simultanément comme des formes deux plages potentiellement définies comme des figures par un contour commun. C'est aussi ce qu'on a pu constater en observant la partie *a*) de la figure 10.2 et la figure 10.4.

FIGURE 10.4 *Formes cachées.* On pourrait avoir vu très souvent cette balustrade sans y détecter les silhouettes féminines formées par les espaces blancs compris entre les balustres. *Source :* Shepard (1990, p. 72).

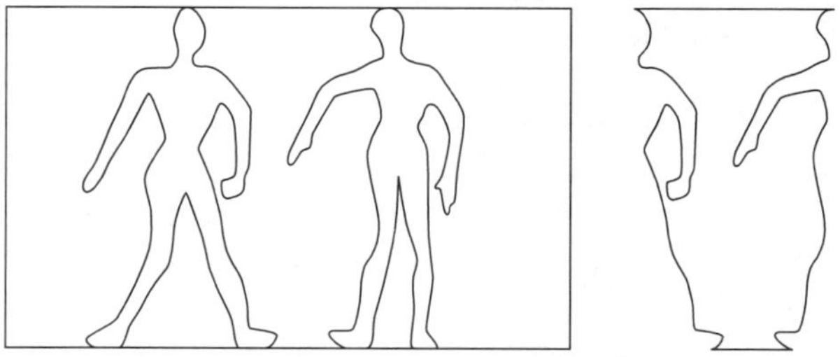

FIGURE 10.5 *Fonction unilatérale du contour selon Kanizsa.* Le contour appartient à la figure et non pas au fond. *Source :* Kanizsa (1997, p.15).

La figure se distingue par son caractère d'objet et le fond par son caractère de substance. Il ne faut cependant pas en conclure que la figure a une forme et que le fond n'en a jamais. En effet, un trou ou une ouverture qui délimite un fond a néanmoins une forme (voir la figure 10.3 en *f*) ; Palmer, 1999). Le fond tend néanmoins à être perçu plutôt comme homogène alors que la figure est articulée. Enfin, la figure apparaît plus proche que le fond, et celui-ci semble se prolonger derrière elle.

10.2 LES CONTOURS ET LA FORME

10.2.1 Les multiples fonctions du contour

Le contour ne sert pas qu'à distinguer une forme d'un fond, ses autres rôles sont multiples. Il peut définir les détails internes des objets, délimiter des ombrages ou des reliefs comme dans la figure 10.2 en *b*), représenter des arêtes ou des coins (voir la figure 10.6), ou encore des objets filiformes, etc. On peut illustrer facilement toutes ces fonctions par un dessin. Dans l'environnement naturel, un contour donné ne joue normalement qu'une de ces fonctions à la fois, mais on peut lui en faire jouer plus d'un par le dessin. C'est l'une des façons de créer des images ambiguës, comme on l'a vu plus haut. En appliquant ce principe, on peut aussi dessiner des objets « impossibles », c'est-à-dire des objets qui sont impossibles à réaliser dans un modèle à trois dimensions, mais qui demeurent picturalement plausibles lorsqu'ils sont considérés localement. Par exemple, la forme du trident de Penrose (voir la figure 10.6) apparaît normale si l'on n'en regarde que la moitié droite en cachant la gauche, ou que la moitié gauche en cachant la droite.

FIGURE 10.6 *Trident de Penrose.* Les mêmes contours délimitent les trois segments à section circulaire et les deux segments à section carrée.

10.2.2 Les contours subjectifs

En règle générale, un contour est produit par une discontinuité lumineuse créant un contraste. Il est néanmoins possible de produire des formes aux contours sans contraste, qualifiées de formes « subjectives », « illusoires » ou « cognitives ». Kanisza (1979, 1997) en a produit une grande variété, dont le triangle blanc en *a*), dans la figure 10.7, est la plus connue. La plupart des personnes perçoivent d'abord le triangle blanc, mais elles remarquent après coup que ce triangle est beaucoup plus illusoire que réel puisqu'il est presque complètement dépourvu de contours objectifs. Ce phénomène est paradoxal à plus d'un titre. Loin de disparaître une fois qu'on en a découvert l'irréalité, il semble au contraire s'accentuer. En outre, le triangle apparaît plus blanc que le reste de la page. Enfin, contrairement aux descriptions que faisait Rubin des différences phénoménales entre forme et fond, les formes créées par des contours subjectifs tendent le plus souvent à être perçues comme plus homogènes que le fond dont elles semblent émerger.

Ce type de phénomène naguère peu connu a soulevé beaucoup d'intérêt et suscité une grande diversité d'interprétations. Pour Kanizsa, il s'agit d'un « phénomène de complétion amodale » de type gestaltiste. Nous reviendrons sur ce concept un peu plus loin. Une autre interprétation veut que la forme subjective soit tout simplement la résultante d'un contraste. D'ailleurs, lorsque le pattern est présenté en noir sur blanc plutôt que l'inverse, c'est un triangle plus noir que le fond que l'on perçoit (voir la figure 10.7 en *b*)). Cette interprétation a soulevé plusieurs objections. On a d'abord suggéré que l'effet de contraste invoqué n'était pas la conséquence du phénomène, mais plutôt sa cause. On a aussi fait état de figures, comme celle d'Ehrenstein, qui, tout en étant dépourvues de contrastes, n'en comportent pas moins des contours subjectifs tout aussi nets (voir la figure 10.7 en *c*)). La possibilité d'une explication physiologique ne s'en trouve pas exclue pour autant, car des études électrophysiologiques réalisées par Heydt, Peterhans et Baumgartner (1984) ont permis d'observer dans le cortex visuel de singes des réponses neuronales à des stimuli visuels susceptibles de créer des contours illusoires. Ces réponses se faisaient

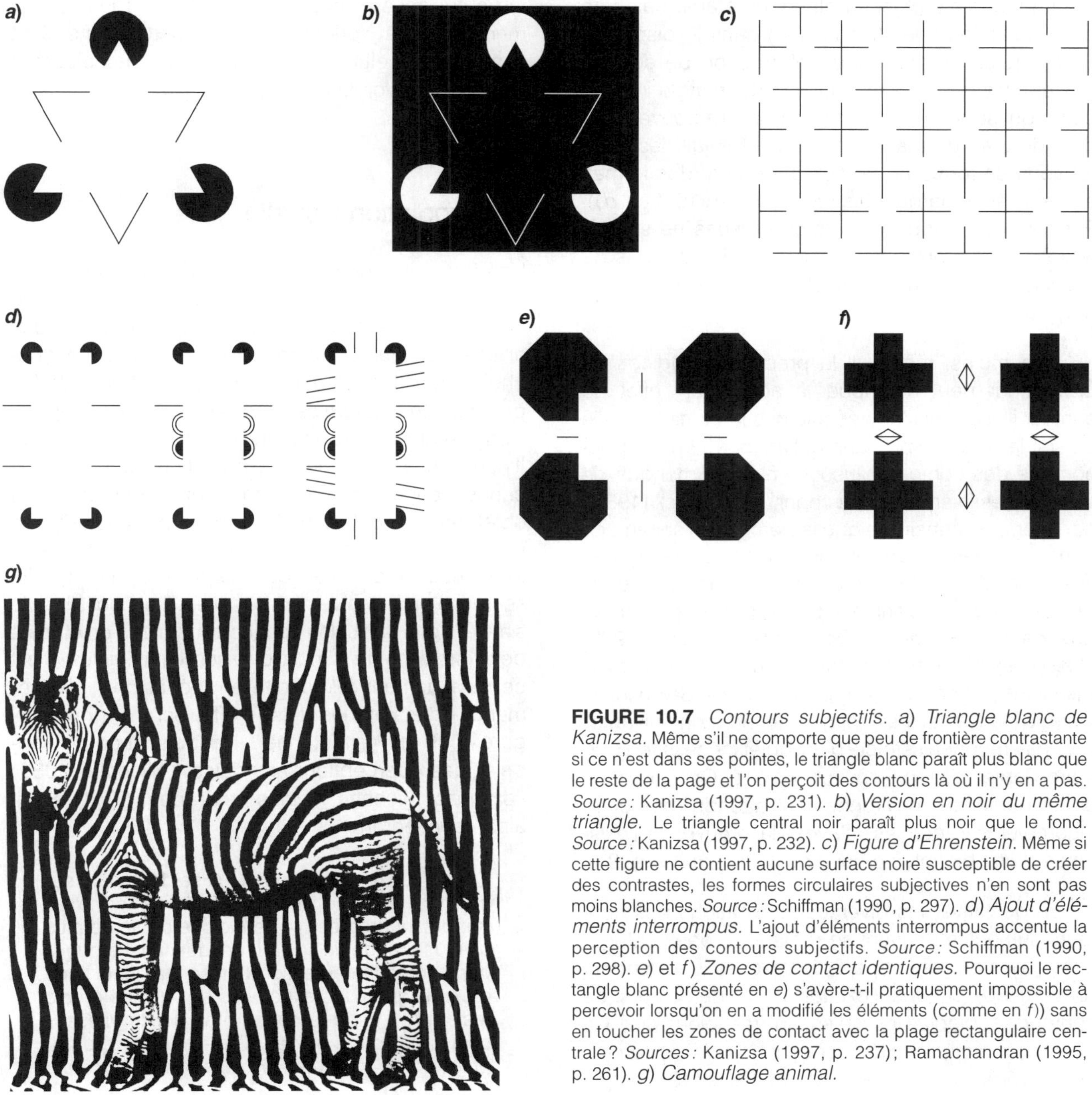

FIGURE 10.7 *Contours subjectifs. a) Triangle blanc de Kanizsa.* Même s'il ne comporte que peu de frontière contrastante si ce n'est dans ses pointes, le triangle blanc paraît plus blanc que le reste de la page et l'on perçoit des contours là où il n'y en a pas. *Source :* Kanizsa (1997, p. 231). *b) Version en noir du même triangle.* Le triangle central noir paraît plus noir que le fond. *Source :* Kanizsa (1997, p. 232). *c) Figure d'Ehrenstein.* Même si cette figure ne contient aucune surface noire susceptible de créer des contrastes, les formes circulaires subjectives n'en sont pas moins blanches. *Source :* Schiffman (1990, p. 297). *d) Ajout d'éléments interrompus.* L'ajout d'éléments interrompus accentue la perception des contours subjectifs. *Source :* Schiffman (1990, p. 298). *e)* et *f) Zones de contact identiques.* Pourquoi le rectangle blanc présenté en *e)* s'avère-t-il pratiquement impossible à percevoir lorsqu'on en a modifié les éléments (comme en *f)*) sans en toucher les zones de contact avec la plage rectangulaire centrale ? *Sources :* Kanizsa (1997, p. 237) ; Ramachandran (1995, p. 261). *g) Camouflage animal.*

dans l'aire 18, alors qu'aucun effet ne se produisait dans l'aire 17. C'est là sans aucun doute un élément d'information intéressant concernant les processus sensoriels sous-jacents, même si cet élément ne constitue pas en soi une explication du phénomène.

L'une des théories explicatives les plus répandues affirme que la forme subjective résulte de la présence d'indices de profondeur. Si l'on décrit la figure de Kanizsa comme la formation de trois cercles noirs et d'un triangle inversé partiellement recouvert par un triangle (subjectif) blanc, on établit déjà une profondeur (ou une stratification) dans le dispositif. Cette profondeur vient de l'interruption de surface des cercles noirs et des contours du triangle inversé blanc qui suggèrent que ces formes se trouvent au-delà du plan du triangle subjectif. De fait, les interruptions de forme ou de contour créent des formes subjectives remarquables (voir la figure 10.7 en *d*)). Par ailleurs, lorsque les formes utilisées ne suggèrent aucune interruption de surface, il n'y a pas de production de forme subjective (comparer *e*) et *f*) dans la figure 10.7).

Néanmoins, même si la présence d'indices de profondeur peut contribuer à accentuer l'effet de contour illusoire, il n'en découle pas forcément qu'elle en soit la cause (Spillmann et Dresp, 1995). Le phénomène des contours illusoires n'a pas manqué de susciter des interprétations cognitivistes. Rock (1983), par exemple, considère que la perception se ramène dans certaines circonstances à une sorte de processus de résolution de problèmes ; la forme illusoire serait la solution de l'énigme posée par un pattern tel que celui de Kanizsa. De même Gregory (1973) classe ces phénomènes parmi ceux qu'il appelle les « illusions engendrées par la créativité ». Selon lui, le triangle de Kanizsa s'explique de la façon suivante : « [...] la reconnaissance d'un objet nécessite d'extraire l'objet de son environnement. Or, l'absence d'une partie de l'environnement attendu (caractère incomplet des cercles) s'avère la preuve de l'existence d'un objet plus proche qui le masque » (p. 89).

En définitive, les diverses explications des contours subjectifs peuvent se ramener à deux catégories : celles qui font appel à un processus ascendant (*bottom up*) comme l'excitation de détecteurs de contours subjectifs et celles qui renvoient plutôt à l'idée d'un processus descendant (*top down*) comme les interprétations cognitivistes de Rock (1983) et de Gregory (1973). On pourrait cependant être porté à donner raison aux uns comme aux autres. Selon Spillmann et Dresp (1995), ces approches seraient complémentaires plutôt que mutuellement exclusives.

Sur un plan plus pratique, on peut se demander à quoi peut servir concrètement cette capacité que nous avons de percevoir des contours subjectifs et que partagent même avec nous certains animaux. On a supposé (Ramachandran, 1987, 1995) que le mécanisme à l'origine de ces perceptions était semblable à celui qui permet à l'animal de déjouer le camouflage (voir la figure 10.7 en *g*)).

10.2.3 L'interpolation visuelle

Une forme au contour bien marqué et présentée sur un fond homogène est bien peu représentative de notre environnement quotidien. Les formes que nous apercevons autour de nous sont le plus souvent cachées partiellement par d'autres qui se trouvent plus proches. En dépit de cela, nous n'avons pas l'impression d'évoluer dans un monde de formes lacunaires. Il nous faut au contraire une indication explicite de lacunes pour percevoir le caractère incomplet d'un objet. Ainsi, l'occlusion d'une forme par une autre se modifie dès que nous bougeons, soit parce que la forme cachée se révèle davantage, soit parce qu'elle se trouve progressivement occultée. Il est possible de simuler cette occlusion optique dynamique en utilisant des conditions de stimulation visuelle minimales. C'est ce qu'a démontré Michotte en créant des « événements » dynamiques, tels l'« effet écran » (voir la figure 10.8) et l'« effet tunnel », produisant ce qu'il appelait des « perceptions amodales ». Michotte (1955 ; voir aussi Michotte, Thinès et Crabbé, 1964) décrit ainsi l'effet écran :

> On fait voir un cercle lumineux se détachant sur un fond uniforme et l'on modifie sa forme en l'amputant progressivement d'une partie de plus en plus grande de sa surface, de manière que la partie qui demeure soit limitée par une ligne droite joignant les extrémités de l'arc de cercle restant [...] lorsque ceci se fait à des vitesses convenables (au moyen d'un film cinématographique par exemple) les sujets ne perçoivent

FIGURE 10.8 *Effet écran de Michotte. Source :* Gibson (1966, p. 204).

pas le changement de forme, mais ils ont l'impression d'un écran à bord droit qui recouvre le cercle. Et, chose curieuse, le fond étant uniforme, l'écran ne se manifeste que par cette limite droite ; pour le reste, sa forme est absolument indéterminée. (Michotte, 1955, p. 57.)

S'il s'agit d'un phénomène de perception amodale, c'est parce que la partie cachée du cercle reste perceptible même si elle ne fournit aucune stimulation sensorielle. Pourquoi le cercle paraît-il garder sa forme circulaire plutôt que de subir une réduction ? Parce que le contour vu comme une fente semble appartenir à l'écran plutôt qu'au cercle. Pour Michotte, il s'agit d'une perception directe et non d'une inférence. Palmer (1999), pour sa part, classe ce type de phénomène parmi ceux qui résultent d'une « interpolation visuelle ». Selon lui, il s'agit néanmoins d'un phénomène de perception visuelle plutôt que de représentation mentale, parce que la perception de la partie absente est supportée par la partie restée visible. Palmer préfère donc considérer le phénomène comme à mi-chemin entre le sensoriel et le cognitif.

Comment perçoit-on le contour d'une forme amodale ? Considérons l'exemple de la forme A dans la partie *a*) de la figure 10.9. En s'en tenant strictement aux données sensorielles, on pourrait dire qu'il s'agit d'un cercle incomplet (*pacman*) juxtaposé à un carré (C). Cependant, l'impression perceptive spontanée est celle d'un carré cachant partiellement un cercle (B). Une troisième possibilité serait qu'il ne s'agisse pas d'un cercle, mais d'une forme différente (D). De toute évidence, c'est la solution « cercle » qui domine. Pourquoi choisit-on cette solution ? Une première théorie voudrait que ce soit à partir de la « familiarité ». Nous percevrions les objets de l'environnement comme des objets complets parce que leur forme nous est familière. Ainsi, la forme circulaire est certainement plus familière qu'une forme irrégulière quelconque. Le complètement se fonderait donc sur la connaissance que nous en avons. La partie *b*) de la figure 10.9 présente deux exemples à ce propos. Le premier (A) montre qu'on peut compléter facilement une forme inconnue, alors que le second (B) illustre un complètement fondé sur la connaissance.

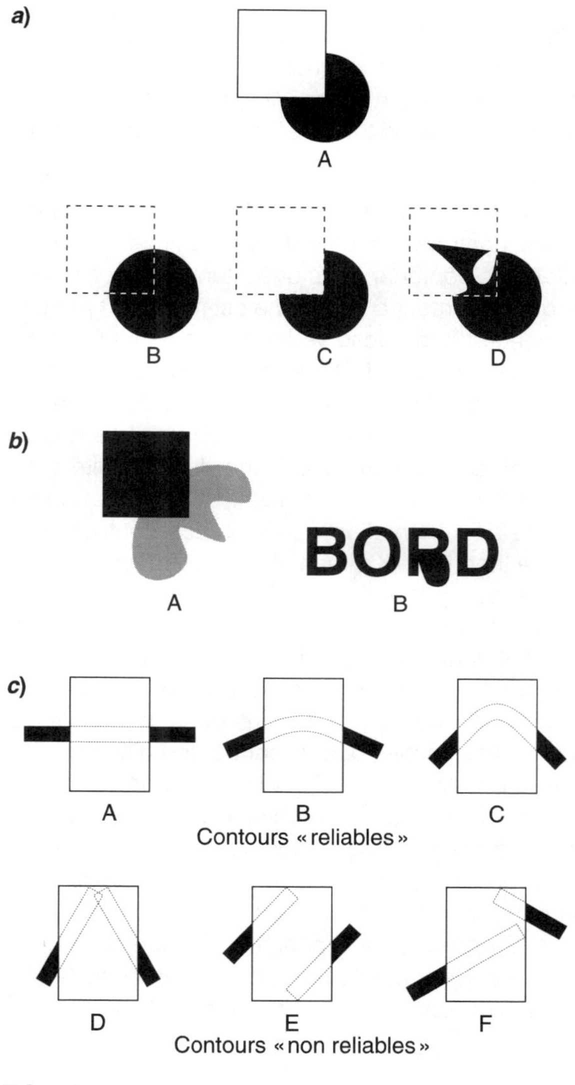

FIGURE 10.9 *a) Complétion amodale.* Le pattern A peut correspondre théoriquement à trois possibilités, soit : un carré cachant partiellement un cercle (B) ; un carré juxtaposé à un cercle tronqué (C) ; un carré recouvrant partiellement une forme non circulaire (D). Pourquoi perçoit-on spontanément la solution B ? *b) Familiarité et complétion amodale.* On peut compléter des formes non familières (A) ; néanmoins, la familiarité impose parfois la solution (B). *c) Exemples de contours « reliables » et de contours « non reliables » selon la théorie de Kellman et Shipley.* Seuls les contours « reliables » produisent un complètement. *Source :* Palmer (1999, p. 288, 289 et 291). © 1999, The MIT Press. Reproduit avec permission.

Donc, si la familiarité peut jouer dans certains cas, elle n'explique pas tout. Une seconde possibilité s'inspirant de la théorie de la Gestalt invoque ce que les gestaltistes appellent le « principe de prégnance ». Suivant ce principe, le système perceptif préférerait les formes les meilleures possible, c'est-à-dire les plus simples. Une forme symétrique est plus simple qu'une forme qui ne l'est pas et le cercle est la meilleure forme possible. Le principe de prégnance s'applique donc d'emblée aux exemples présentés en *a*) dans la figure 10.9, mais ne fonctionne pas forcément dans tous les cas (voir Palmer, 1999).

Il existe aussi une solution computationnelle proposée par Kellman et Shipley (1991) et qui se fonde sur une contrainte écologique, notamment les propriétés des contours dans une situation d'occlusion. Lorsque le contour d'une forme est recouvert par celui d'une autre, on observe habituellement une intersection en forme de T. Dans ce type d'intersection, la barre horizontale du T représente le contour continu de la forme « cachante » ou occlusive, alors que la barre verticale aboutissant à une discontinuité concerne celui de la forme occluse. La forme amodale découle de l'orientation générale des contours occlus. La théorie de Kellman et Shipley se fonde sur le principe de « possibilité de liaison » (*relatability*), qui se veut un complément de la « loi de continuité » de la Gestalt dont il sera question plus loin dans ce chapitre. Selon ce principe, de nouveaux contours traçant une forme amodale sont perçus dans la mesure où les contours visibles aboutissant à une discontinuité peuvent être reliés entre eux. Une seconde contrainte s'ajoute, celle de la monotonicité : elle suppose une continuité dans la progression du contour vers la liaison. La partie *c*) de la figure 10.9 fournit des exemples de contours « reliables » et de contours « non reliables ». En plus de se rencontrer, les contours amodaux ne doivent pas former un angle inférieur à 90° et ils doivent constituer une aire fermée.

10.3 LES PRINCIPES D'UNIFICATION

La distinction figure-fond ne représente qu'une composante du processus de structuration de la scène visuelle. La première tâche du système visuel face à une scène le moindrement complexe, comme on en trouve dans l'environnement courant, est d'en détecter la structure générale, ce qui revient à la ramener à la forme la plus simple possible. Pour la théorie de la Gestalt, cette opération devrait être première. Elle représente une solution de rechange à l'élémentarisme des empiristes classiques. Néanmoins, faisant référence aux idées des empiristes classiques, Palmer (1999) affirme que la vision sans organisation, telle celle du nouveau-né, ressemble à une tempête de confettis multicolores produite par l'excitation d'autant de récepteurs rétiniens. Piaget affirmait pour sa part, à propos des objets perçus par le nouveau-né : « [...] ils ne constituent que des taches qui apparaissent, remuent et disparaissent sans rien de solide ni de volumineux. Ce ne sont, en bref, ni des objets, ni des tableaux indépendants, ni des images chargées de signification extrinsèque » (1952, p. 63).

On n'aura sans doute jamais une véritable représentation de l'organisation perceptive du nouveau-né, même si les recherches réalisées chez le nourrisson révèlent des habiletés très précoces à l'organisation perceptive. Par ailleurs, pour Marcel (1983), qui défend une conception constructiviste de ce mécanisme d'organisation perceptive, les descriptions faites par un adulte ayant éprouvé des troubles de perception occasionnés par des problèmes neuropsychologiques indiquent à quoi ressemble un univers perceptif désorganisé (voir l'encadré 10.1). Finalement le problème que pose la perception de l'organisation perceptive d'une scène visuelle concerne la nécessité d'y trouver une cohérence en établissant des liens entre les différentes composantes. Il n'est pas exclu cependant que ce principe d'unification concerne tout autant le lien intermodal que celui existant entre les composantes intramodales.

Le premier défi que pose l'organisation perceptive est d'établir des liens d'appartenance entre les éléments de la scène visuelle pour parvenir à la segmenter en sous-unités. La question consiste essentiellement à déterminer les éléments qui font partie d'une unité de la scène. Revenons à l'exemple de la figure 10.1 (p. 226). Pour structurer cette image, il faut déterminer quelles taches noires et quelles plages blanches appartiennent au dalmatien. Dans un environnement normal, cette organisation s'établit de façon si directe et si automatique qu'on a de la peine à imaginer que ce processus complexe puisse se construire pièce à pièce comme un immense puzzle. Les gestaltistes trouvaient quant à eux plus simple et plus économique de l'expliquer par des processus globaux. Ainsi, la tendance à grouper des éléments en unités correspond selon eux à un processus naturel, comme on le constate aisément en observant le

ENCADRÉ 10.1
Une « agnosie de Gestalt »

Extraits d'une entrevue avec un patient décrivant ses problèmes de perception visuelle

INTERVENANT. – Je crois que vous avez aussi eu quelque difficulté à percevoir des personnes comme des unités, comme des êtres formant chacun un tout.

*PATIENT. – Oh oui ! Il y avait un effet un peu différent, je pense, quand je voyais un objet complexe, tel qu'une personne, alors qu'il y avait plusieurs personnes dans mon champ de vision. Je voyais parfois les différentes parties des personnes comme n'allant pas ensemble [*not belonging together*], dans un certain sens, bien que… si une personne donnée bougeait de sorte que toutes ses parties se déplaçaient dans une direction, j'avais tendance à la voir comme un objet unique. Autrement, c'était confus, je voyais quantité de choses qui se trouvaient toutes là mais qui ne paraissaient pas aller ensemble... C'était souvent tout à fait absurde. Par exemple, je me souviens d'une situation dans laquelle j'apercevais un objet qui me semblait être à la fois partiellement un véhicule à moteur, partiellement un arbre et partiellement un homme portant un maillot de cricket. Tout cela paraissait néanmoins aller ensemble. Plus souvent, cependant, quantité de choses qui, pour n'importe quel observateur ordinaire, auraient constitué les parties d'une même chose m'apparaissaient comme des parties de choses différentes.*

INTERVENANT. – Alors, c'était essentiellement le mouvement qui créait les unités…

*PATIENT. – Oui… Je pense que c'était peut-être là la situation la plus effrayante. Une couleur commune, particulièrement dans le cas de vêtements… lorsqu'il y avait une foule de gens rassemblés, par exemple sur une pelouse ou sur une plage, constituait [*formed*] aussi un élément unificateur… L'effet était encore plus frappant dans le cas où de nombreux objets se trouvaient sur une même table… Qu'est-ce qui était relié à quoi n'était pas évident ; il y avait une grande quantité d'objets différents et, en fait, parfois, lorsque je ne voyais qu'un petit objet, je pouvais difficilement faire plus que de dire que ce que je voyais était une tache colorée. […] Si quelqu'un que je connaissais s'adressait à moi, cela peut sembler absurde, mais il y avait là deux effets distincts. L'un d'entre eux était qu'untel me parlait et que je pouvais entendre et comprendre ce qu'il disait ; le second, qu'il se tenait debout devant moi et que je pouvais voir bouger sa bouche, mais j'observais que la bouche en mouvement n'était pas plus reliée à ce que j'entendais que ce n'aurait été le cas pour un vieux magnétophone dans lequel il y aurait eu la mauvaise bande sonore. C'était absolument fantastique…*

INTERVENANT. – Était-ce une erreur de localisation de la source de la voix ?

PATIENT. – Non, non. C'était comme s'il y avait deux choses différentes.

INTERVENANT. – Elles n'étaient pas apparentées ?

PATIENT. – Non, pas du tout. Un autre exemple de cela, on voit normalement le monde comme fait de choses...

INTERVENANT. – Si on revenait aux images pour un moment. Quand vous regardiez une image, disons, dans un quotidien, pouviez-vous voir d'un seul coup tout ce qu'il en était ?

PATIENT. – Oh non ! Je devrais ajouter que très souvent, en regardant des images dans des quotidiens, par exemple, surtout s'il s'agissait d'images plutôt grandes, je devais regarder différents détails et c'était très difficile pour moi de les combiner pour en faire un tout. Ça n'était pas dû à la mauvaise qualité d'impression. Et ça n'arrivait habituellement pas pour les photos comportant une seule personne, mais s'il y avait plusieurs personnes sur la photo, c'était très difficile de dire combien elles étaient ou ce qu'elles faisaient... J'avais quelquefois l'impression d'avoir bougé mes yeux involontairement parce qu'un objet était remplacé par quelque chose qui, en fait, pouvait être vu dans une autre partie de mon champ visuel...

(Discussion sur l'habileté actuelle du patient pour la lecture) *Je devrais ajouter que, même en lisant un texte dont la typographie est serrée, je saute souvent d'une ligne à l'autre sans m'en rendre compte de sorte que je lis avec attention la première partie d'une ligne et que le tout semble se suivre directement pour être suivi ensuite directement par la seconde moitié d'une seconde ligne totalement différente, ce qui aboutit à un non-sens absolu.*

Source : *Marcel (1983, p. 292-293).*

pattern de la figure 10.10 en *a*). En outre, le pattern de Marroquin (voir la figure 10.10 en *b*)) illustre de façon remarquablement efficace comment cette tendance au groupement spontané peut même, à certains moments, échapper au contrôle de l'observateur.

10.3.1 Les lois de la Gestalt

Cette ambiguïté d'organisation n'existe que dans des conditions exceptionnelles. Wertheimer (1958 [1923]), considéré comme le fondateur de la théorie de la Gestalt, s'est appliqué à déterminer les conditions de stimulation qui favorisent normalement la formation d'unités spécifiques et il en est arrivé ainsi à définir des lois du groupement (voir la figure 10.11). Ainsi, selon la loi de la *proximité* (partie *a*)), les éléments d'une configuration qui sont les plus rapprochés les uns des autres ont tendance à être perçus comme formant une unité. Il en va de même de ceux présentant des *similitudes* de forme (partie *b*)) ou de couleur (partie *c*)). La simple *continuité* entre des éléments ou des contours (partie *d*)) suffit aussi à produire l'unification d'une structure. Toutes ces lois concernent des structures statiques. Cependant, une autre loi, celle du *sort commun* (partie *e*)), stipule que lorsque des éléments présentent des mouvements de même direction et de même vitesse, ils sont aussi perçus globalement comme une unité structurale. La perception de la forme d'un pattern peut varier suivant son mode d'appartenance à une Gestalt. Ainsi, selon le principe de continuité, la partie *f*) de la figure 10.11 est constituée de deux polygones partiellement superposés. Se douterait-on à première vue que les formes Y de cette partie sont constituées par les deux mêmes polygones se recouvrant aussi partiellement quoique un peu différemment ? Le percept résultant est celui d'un long polygone incluant un petit losange déterminé par une loi de *clôture* qui donne un statut de forme à une unité fermée. C'est comme si les polygones perçus d'emblée en X se trouvaient camouflés dans l'organisation de Y. En fait, les lois de la Gestalt sont des principes tout à fait applicables au camouflage (voir l'encadré 10.2, p. 238).

Pour Wertheimer, ces lois de la Gestalt constituaient les premiers principes de la perception ne nécessitant aucun recours à l'expérience antérieure. Cet auteur affirmait en outre :

> L'organisation perceptive se produit de haut en bas dans une seule direction ; la façon dont les parties sont vues, dont les sous-groupes émergent et dont le groupement se produit, ne correspond pas à une sommation d'éléments arbitraires et par morceaux, mais à un processus où les caractéristiques du tout jouent un rôle majeur et déterminant. (Wertheimer, 1958 [1923], p. 134-135.)

Il faut mentionner ici une autre loi de la Gestalt, que l'on peut considérer comme fondamentale : la loi de *prégnance*, qui affirme que l'organisation ou la forme privilégiée sera la meilleure possible, c'est-à-dire celle qui est régulière, simple et symétrique ; c'est ce que l'on appelle aussi la « loi de la *bonne*

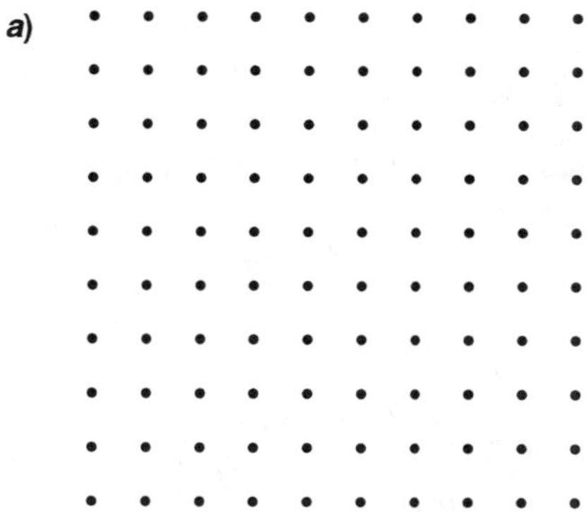

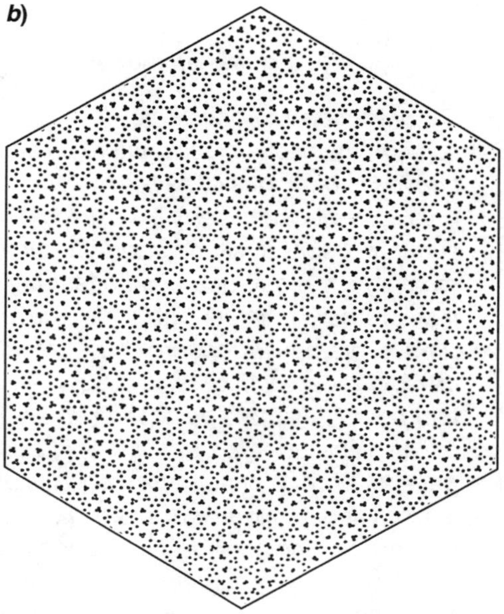

FIGURE 10.10 *a) Organisation perceptive spontanée.* L'arrangement de points équidistants ne comporte pas de structure particulière. Il favorise néanmoins des groupements spontanés. On peut ainsi y percevoir des colonnes ou des rangées simples, doubles ou triples, etc., ou des arrangements rectangulaires prenant divers formats. Son observation continue amène des changements constants à cet égard. *Source :* Kanizsa (1997, p. 19). *b) Pattern de Marroquin.* Il suffit d'être le moindrement attentif aux détails de cette figure pour voir apparaître immédiatement des organisations circulaires changeantes et se superposant. *Source :* Marroquin (1976).

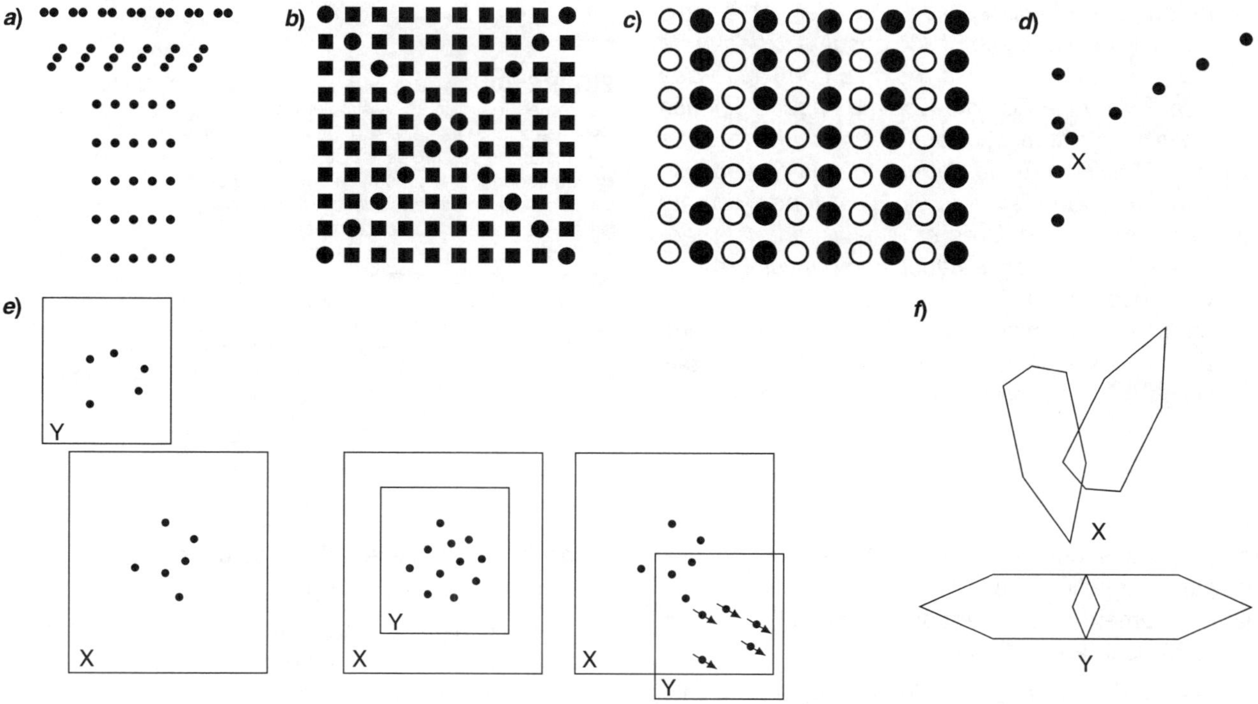

FIGURE 10.11 *Goupements perceptifs.* La partie *a*) représente les éléments les plus rapprochés (proximité). Les éléments les plus semblables (similitude) par la forme (partie *b*)) ou par la couleur (partie *c*)) sont perçus comme formant une unité. Dans le groupement par continuité représenté en *d*), le point X semble appartenir à la série oblique en dépit de sa plus grande proximité à l'égard de certains points de la série verticale. La partie *e*) représente la loi du sort commun. On trouve d'abord deux patterns de points indépendants, mais dont l'un est situé sur une surface transparente. La superposition de Y sur X entraîne une confusion des deux patterns qui deviennent indissociables. Dès qu'on glisse le transparent Y sur X, le camouflage disparaît et l'on distingue à nouveau les deux patterns. En *f*), les formes X sont des polygones superposés et les formes Y sont ces mêmes polygones mais camouflés. L'effet est obtenu grâce au principe de continuité.

ENCADRÉ 10.2
Le camouflage : une application des lois de la Gestalt

On pourrait aussi considérer les lois d'organisation comme des lois de la nature puisqu'on en retrouve les principes dans l'évolution animale. Les principes qui président à la discrimination des structures sont aussi ceux qui permettent le camouflage. On sait que celui-ci est utilisé depuis toujours par l'animal et qu'on le trouve de façon particulièrement frappante chez l'insecte (Hinton, 1973). Le camouflage sert aussi bien au prédateur pour être ignoré de la proie qu'à la proie pour éviter d'être aperçue par le prédateur (voir la figure 10.12). Les principaux procédés utilisés sont les suivants : 1) L'animal prend la couleur ou la forme des éléments de l'environnement ; 2) ses contours sont en continuité avec ceux de l'environnement ; 3) les taches qu'il a sur la peau ont pour effet de segmenter la forme de son corps, ce qui le rend impossible à identifier ; 4) l'animal se tient dans une immobilité absolue. Chacun de ces procédés est conforme à l'un ou l'autre des principes de la Gestalt. Comme chacun sait, les militaires pratiquent eux aussi le camouflage. Cette préoccupation existe depuis que les combats se font à grande distance. On s'est rendu compte que les habits colorés et à haut contraste rendaient les guerriers particulièrement vulnérables. On a donc conçu des costumes militaires de camouflage pour différents environnements : la forêt ou la brousse, mais aussi le désert et les espaces neigeux. Les mêmes principes qui assurent la formation des unités peuvent donc servir au camouflage tant chez l'homme que chez l'animal, qui sont confondus avec l'environnement.

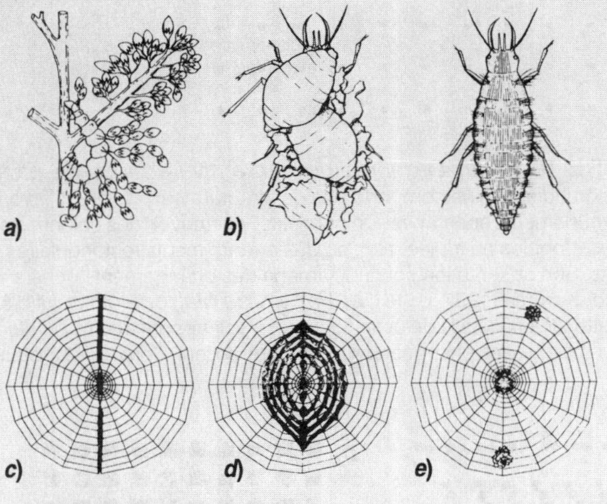

FIGURE 10.12 *Camouflages d'insecte.* *a*) La chenille de Bornéo tente de se dissimuler en collant des boutons de fleur à ses longues épines. *b*) La larve de chrysope s'entoure des restes de ses proies. *c*) L'araignée a produit une longue bande floconneuse à même la substance de sa toile. Elle se place dans l'espace laissé vacant en étirant ses pattes avant et arrière de manière à se situer en continuité avec cette bande. *d*) L'araignée produit une bande rectiligne de boulettes avec la soie et les restes d'insecte ainsi que des bandes concentriques. Il lui est alors facile de se camoufler dans cet arrangement complexe. *e*) Cette araignée a produit, avec des insectes attrapés, des boulettes de sa couleur. Le prédateur (oiseau ou autre) n'aura ainsi qu'une chance sur trois de la capturer du premier coup. *Source :* Gregory et Gombrich (1973, p. 124-125).

forme ». Dans certains cas, c'est ce principe qui prévaut (voir la figure 10.13 en *a*)) ; on trouve cependant facilement des exceptions, comme l'illustre la partie *b*) de la figure 10.13.

Les exemples de Gestalt fournis par les gestaltistes concernaient essentiellement la vision. Outre le phénomène de transposition de la mélodie, qui représente un cas remarquable de Gestalt, on trouve néanmoins chez Koffka une application intéressante de la distinction figure-fond à l'audition, cet auteur donnant à titre d'exemple la parole entendue à travers le tintement de la pluie.

L'audition a ceci de particulier que, contrairement à ce qui se produit pour la vision, l'information sonore nous parvient de façon séquentielle. Le bruit d'une fenêtre, le son d'un ventilateur, une syllabe d'une conversation, une note musicale, etc., peuvent atteindre de façon séquentielle nos récepteurs auditifs sans que nous soyons empêchés d'y percevoir des informations structurées. Comment percevoir une

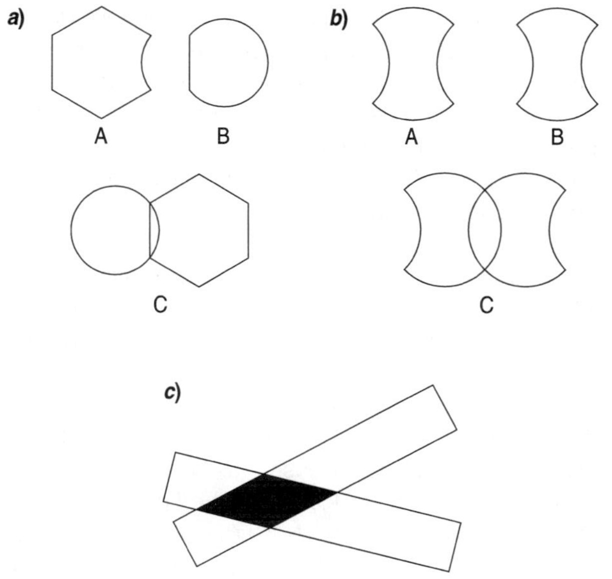

FIGURE 10.13 *Loi de prégnance ou de la bonne forme. a) Illustration de la loi de prégnance.* On perçoit en C deux formes régulières et symétriques plutôt que les formes tronquées illustrées en A et en B. *Source :* Kanizsa (1997, p. 154). *b) Exception à la loi de prégnance.* La loi de continuité l'emporte sur celle de prégnance. On perçoit des formes tronquées plutôt que symétriques. *Source :* Kanizsa (1997, p. 155). *c) Illustration du principe d'économie d'information selon Hochberg et McAlister.* Le principe d'économie d'information porte à percevoir deux rectangles superposés plutôt que cinq quadrilatères.

mélodie ou une conversation à travers cela ? Bregman (1994), qui a étudié cette question, en est arrivé à une définition de principes d'organisation qui renvoie aux lois de la Gestalt (voir le chapitre 6).

10.3.2 L'isomorphisme psychophysique

Outre qu'ils formulent leurs lois de la perception, les gestaltistes ont tenté d'en définir les processus physiologiques. C'est ce qu'ils ont appelé le « principe d'isomorphisme psychophysique » (ou psychophysiologique). Suivant ce principe, il existerait une identité entre la forme physiologique et la forme perçue (Koffka, 1963 [1935] ; Köhler, 1959 [1938], 1964 ; voir aussi Osgood, 1953). En d'autres mots, la Gestalt serait déterminée par la forme des processus cérébraux. Ces processus seraient globaux tout comme le sont les Gestalts et, comme elles, ils seraient constamment soumis à des jeux d'interaction entre leurs composantes. En fait ces processus sont comparés à des champs électromagnétiques soumis à un jeu de forces antagonistes : des forces de cohésion (ou d'attraction) et des forces de ségrégation susceptibles d'expliquer des lois de la Gestalt. Par exemple, les principes d'unification ou de groupement des éléments résulteraient d'une dominance des forces de cohésion sur celles de ségrégation, ce que Köhler exprime en affirmant que les semblables s'attirent. Koffka note, pour sa part, que les forces de cohésion tendent vers la régularité, la symétrie, la simplicité et la prégnance. Quant à la différenciation figure-fond, elle résulterait d'une dominance des forces de ségrégation.

Cette théorie a été très critiquée et rejetée par plusieurs. Selon Henle (1984), c'est parce qu'elle a été mal comprise et qualifiée à tort de « théorie de l'image dans la tête » ou de « théorie de l'image dans le cerveau » comme s'il s'agissait d'une copie de la réalité qu'on trouvait dans le cerveau. Henle cite à titre d'exemple illustrant ces incompréhensions le texte suivant de Gregory, qui affirme en ironisant :

> [...] c'est-à-dire que, pour chaque maison que nous voyons, il y a, pendant que nous la voyons, une minuscule maison jouet formée de potentiels électriques dans notre cerveau... Lorsque nous regardons une maison au toit vert, devons-nous supposer qu'une partie correspondante de notre cerveau tourne au vert ? (1974, p. 255-256).

Henle s'oppose à ce type d'interprétation en alléguant que la similitude impliquée dans le concept d'isomorphisme concerne une comparaison non pas avec l'univers physique, mais avec la perception, et que cette similitude n'est pas géométrique, mais fonctionnelle.

Des tests expérimentaux réalisés par Lashley, Chow et Semmes (1951) ainsi que par Sperry et Miner (1955) ont utilisé divers procédés susceptibles de perturber les champs corticaux. On n'a pas obtenu les perturbations perceptives prévisibles à partir de la théorie. Les physiologistes ont dès lors cessé de croire à celle-ci. Les lois de la Gestalt ont néanmoins survécu, mais il faudra attendre encore un demi-siècle avant que l'on propose à nouveau une théorie concernant le substrat physiologique de l'organisation perceptive. Nous y reviendrons plus loin (voir la sous-section 10.4.3).

10.4 LES APPROCHES MODERNES DE L'ORGANISATION PERCEPTIVE

La définition gestaltiste de l'organisation perceptive comportait un certain nombre de postulats jugés essentiels, notamment : 1) que la perception de l'organisation est directe et non pas construite par étapes ; 2) qu'elle ne résulte pas d'inférences perceptives ; 3) qu'elle n'est pas tributaire de l'expérience ; 4) que la perception du tout y précède celle des éléments ; 5) que l'organisation est déterminée par des mécanismes physiologiques unificateurs. Or, tout en tenant à conserver le concept d'organisation perceptive, plusieurs des tenants des théories modernes de la perception ont remis en question ces postulats en montrant comment il est possible de concevoir des organisations perceptives qui s'en écartent.

10.4.1 L'économie d'information et le principe de vraisemblance

D'autres interprétations ont été apportées pour expliquer l'efficacité des lois de la Gestalt. Par exemple, pour Hochberg et McAlister (1953), qui tentèrent de quantifier la loi de prégnance, ces principes d'organisation perceptive constituaient une forme d'économie d'information (voir plus haut la partie *c*) de la figure 10.13, p. 239). Plus récemment la problématique relative à cette question a évolué en nous ramenant à l'approche inférentielle. La question telle qu'on la pose consiste à se demander si le choix perceptif entre deux organisations sera dirigé par une règle de simplicité comme celle inhérente à la loi de prégnance ou par une règle de probabilité d'occurrence fondée sur l'expérience. Ainsi, Pomerantz et Kubovy (1981) opposent à la loi de prégnance fondée sur la simplicité une loi de *vraisemblance* s'inspirant de la conception de von Helmholtz. Celui-ci affirmait en substance que les éléments sensoriels sont organisés pour former l'objet ou l'événement perceptif le plus probable dans l'environnement, et cela, en conformité avec les données sensorielles. Les exemples d'organisations reliées à des contenus significatifs ne manquent pas. On peut penser aux figures lacunaires de Street (voir la figure 10.14 en *a*)) en plus, bien sûr, de l'exemple du dalmatien de la figure 10.1. Il y a aussi les exemples comme celui de la figure 10.14 en *b*) qui illustrent comment des hypothèses relatives au contenu peuvent déterminer l'émergence d'un contour subjectif.

Par ailleurs, les gestaltistes avaient multiplié les exemples visant à démontrer que l'utilisation d'un contenu familier ne permet pas d'aller à l'encontre des lois de la Gestalt. Considérons à titre d'exemple la partie *c*) de la figure 10.14. En définitive, on aurait bien tort de penser que les effets de la familiarité contredisent forcément la loi de prégnance, même s'il faut admettre que la loi de vraisemblance joue un rôle dominant dans certaines situations. Ne vaut-il pas mieux dès lors considérer que les principes de vraisem-

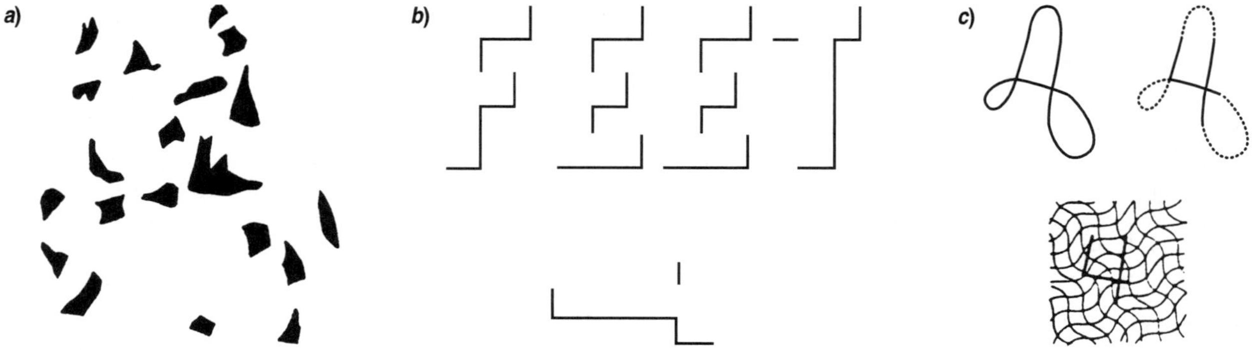

FIGURE 10.14 *Exemples en faveur du principe de vraisemblance. a) Figure de Street.* L'hypothèse quant au contenu de la figure joue un rôle déterminant dans la structuration de l'image. *Source :* Schiffman (1990, p. 293). *b) Contours subjectifs perceptibles grâce à des facteurs empiriques. c) Exemples utilisés par les gestaltistes pour démontrer qu'une loi de la Gestalt telle que celle de continuité peut résister à un facteur comme la familiarité avec le chiffre quatre.*

blance et de prégnance constituent tous deux des principes d'économie d'information et qu'ils contribuent conjointement à l'organisation perceptive même si leur poids relatif peut varier selon les situations ?

10.4.2 La segmentation des textures : une détection préattentive des éléments

Il est possible de distinguer des surfaces sans se fonder ni sur leurs différences de luminance, ni sur leur couleur, ni même sur les contours créés par leurs contrastes. On peut le faire très rapidement et efficacement simplement à partir de leurs différences de texture visuelle. Qu'est-ce qui différencie optiquement deux tissus de même couleur et de même clarté ? Une façon de le découvrir serait de les comparer à la loupe. On constaterait alors que chacun se distingue de l'autre par ses micropatrons répétitifs définissables sur le plan des variations spatiales de clarté et de contour. D'ailleurs, dans leurs tableaux, certains peintres flamands sont parvenus à un réalisme remarquable dans la représentation des textures, en utilisant une loupe et un pinceau à un seul poil pour rendre la finesse des textures des tissus et des objets. Cependant les micropatrons sont généralement beaucoup trop complexes pour qu'on puisse en tirer des principes généraux concernant le processus de discrimination visuelle des textures.

Les progrès de l'ordinateur réalisés au cours des années 1950 ont stimulé des études sur la discrimination des textures générées par des procédés informatiques (Kehrer et Meinecke, 1995). Les principales recherches dans ce domaine furent entreprises en 1962 par Julesz (voir Julesz, 1980) qui confirma que, bien qu'imperceptibles individuellement, les microéléments constituant la texture visuelle définissent l'impression d'ensemble. Julesz crée ses premières textures en utilisant un très grand nombre d'éléments de même taille, mais de couleurs ou de formes différentes et répartis de façon aléatoire dans des arrangements carrés. Dans les expériences, le sujet doit détecter dans une texture visuelle carrée une partie se distinguant de l'ensemble. Deux variables peuvent déterminer cette discrimination ; l'une est d'ordre statistique et l'autre concerne certaines propriétés formelles des éléments de texture.

En ce qui concerne les propriétés d'ordre statistique, Julesz distingue entre des statistiques de premier, de second, de troisième ordre, etc. Pour concrétiser sa conception de ces différents ordres statistiques, il propose le procédé suivant. Jetons des confettis sur une texture constituée d'éléments de plusieurs couleurs et calculons pour cette surface la fréquence de chaque sorte d'élément recouvert par un confetti. On aura alors une statistique *de premier ordre*. Pour en obtenir une *de second ordre*, on utilise plutôt des aiguilles et on fait le compte des diverses combinaisons d'éléments touchés par une aiguille. Quant à la statistique *de troisième ordre*, elle est obtenue au moyen de triangles en calculant les combinaisons d'éléments touchées par les trois pointes d'un triangle.

En plus de discriminer les textures globalement sur la base d'un critère statistique, l'observateur peut fonder sa discrimination sur une détection *préattentive* des éléments. Pour l'atteinte de cet objectif, on lui présente la texture durant un très court moment (moins de 200 ms). Le sujet ne peut donc analyser les éléments ni par des mouvements oculaires ni par des déplacements de son champ d'attention. Julesz assimile cette vision préattentive à celle du fond dans une situation de ségrégation figure-fond. La figure résulterait au contraire d'une analyse et donc d'une vision attentive. Quant aux unités formant la texture, Julesz les appelle « quarks perceptifs » ou « textons » en les comparant aux stimuli qui, dans les études électrophysiologiques de Hubel et Wiesel, excitent les cellules corticales simples ou complexes chez le singe (voir le chapitre 4). Par exemple, la présence et le nombre de barres et de terminaisons dans les micropatrons peuvent s'avérer cruciaux pour la discrimination de textures. Ainsi, dans la partie *a*) de la figure 10.15, la texture composée de micropatrons fermés n'est pas discriminable facilement de celle composée de micropatrons ouverts, parce que chacun des types de micropatrons comporte le même nombre de terminaisons, soit deux. Les textures de la partie *b*) de cette figure sont, au contraire, plus faciles à distinguer parce que l'un des types de micropatrons a deux terminaisons et l'autre, trois (Julesz, 1980).

On peut envisager aussi la possibilité que des éléments soient reliés entre eux pour former des « éléments de texture d'ordre supérieur » ; c'est ce

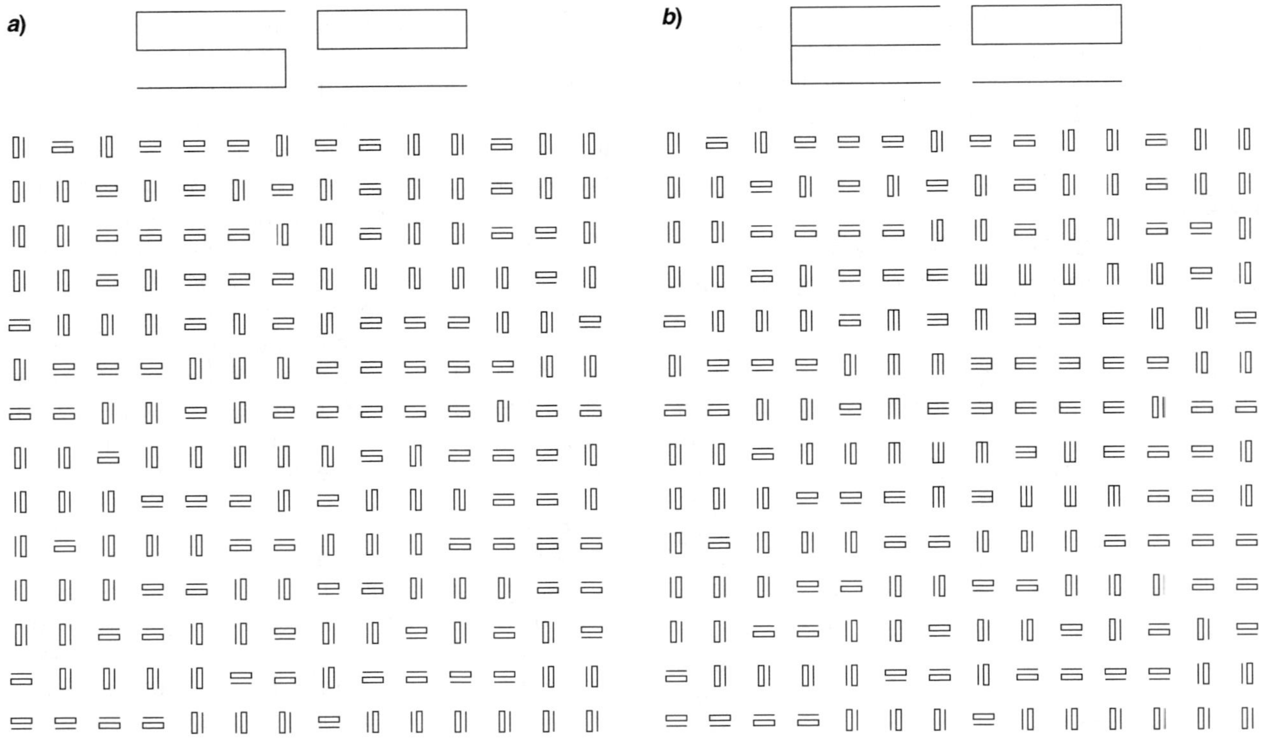

FIGURE 10.15 *Textures utilisées par Julesz pour étudier l'influence du nombre de terminaisons, dans les micropatrons, sur la discrimination des textures.* La texture est présentée durant 200 ms et le sujet doit tenter d'en détecter la partie qui est différente du reste du pattern. *a)* La différence entre les deux textures à discriminer consiste dans le fait que l'une comporte des micropatrons fermés et l'autre des micropatrons ouverts. Les observateurs n'ont pas pu dépasser le hasard (25 % de bonnes réponses) en devinant dans quel quadrant se situait la texture différente du reste. *b)* Les conditions sont semblables à celles du cas précédent, sauf que les micropatrons d'une des textures présentent trois terminaisons et l'autre, seulement deux. Le taux de réussite est alors de 72 %. *Source :* Julesz (1980, p. 88 et 89). © 1980, The Royal Society. Reproduit avec permission.

qu'affirment Beck, Sutter et Ivry (1987 ; voir aussi Kehrer et Meinecke, 1995). Dans la figure 10.16, en *a*), la texture centrale se distingue des deux autres, formées d'arrangements verticaux, par ses alignements obliques. En *b*), dans la partie inférieure, l'émergence de contours subjectifs favorise la discrimination entre la partie supérieure et la partie inférieure, alors qu'en *c*) les mêmes micropatrons disposés différemment ne produisent pas de discrimination de texture. On a aussi montré que des facteurs gestaltiques tels que la proximité et la similitude contribuent à créer des éléments d'ordre supérieur dans des textures (Beck, Prazdny et Rosenfeld, 1983 ; Kehrer et Meinecke, 1995).

La segmentation des textures décrite par Julesz fonctionne bien avec le type de micropatrons utilisé, mais pourrait-on l'appliquer à des textures naturelles ? C'est la question que se posent Kehrer et Meinecke (1995) dans leur revue critique des recherches récentes dans ce domaine. Ces auteurs se disent que s'il est facile de produire des terminaisons dans des textures à forts contrastes, il est en revanche plus difficile d'en trouver de semblables dans des contextes naturels où l'on observe plus souvent de nombreuses teintes de gris, de faibles contrastes et des lignes de différentes épaisseurs. Ils proposent donc, pour résoudre ce problème, de se tourner vers une autre propriété du système visuel : celle de détecter des structures périodiques dans l'image rétinienne. Comme on l'a vu au chapitre précédent, le système visuel a la capacité de discriminer les fréquences spatiales de réseaux lignés sinusoïdaux, et cela, à

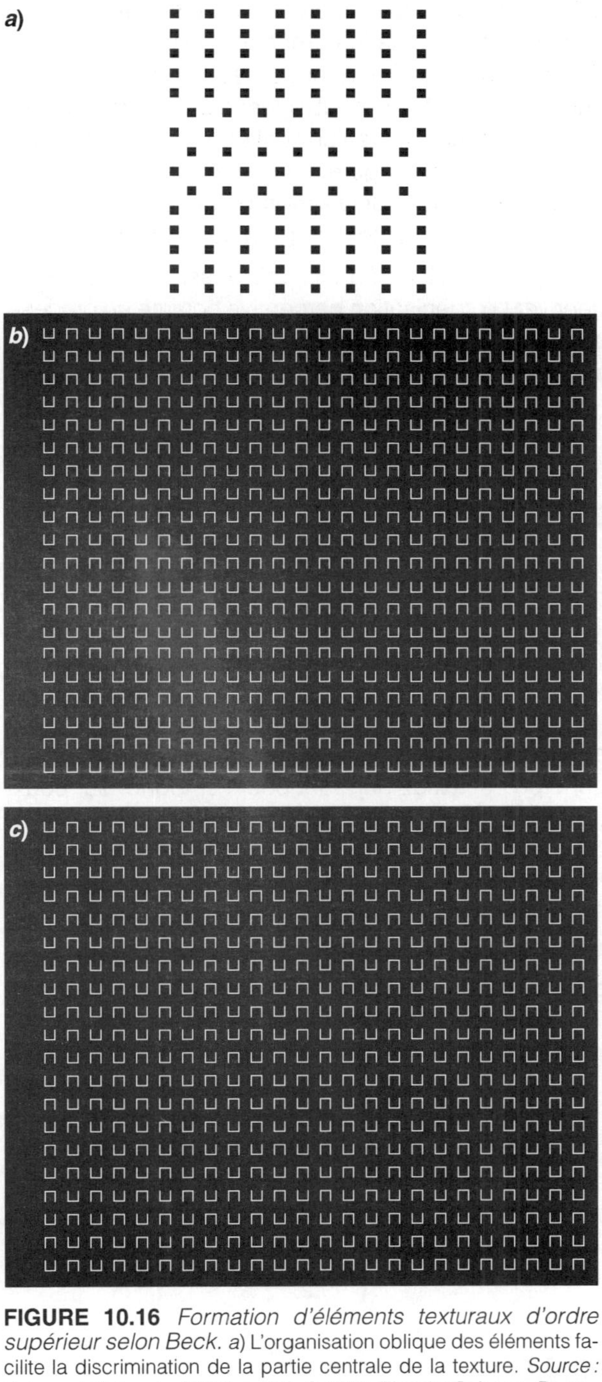

FIGURE 10.16 *Formation d'éléments texturaux d'ordre supérieur selon Beck. a*) L'organisation oblique des éléments facilite la discrimination de la partie centrale de la texture. *Source :* Kehrer et Meinecke (1995, p. 38). © 1995, Elsevier Science. Reproduit avec permission. *b*) La formation de contours cognitifs favorise la segmentation de la texture de la partie inférieure. *c*) L'alternance d'orientation des éléments voisins empêche la formation d'un contour subjectif et la discrimination des textures. *Source (*b *et* c*) :* Beck, Prazdny et Rosenfeld (1983, p. 4). © 1983, Elsevier Science. Reproduit avec permission.

différents niveaux de contraste. Kehrer et Meinecke (1995) affirment que les canaux de fréquence spatiale jouent un rôle important dans l'encodage des images. D'ailleurs, comme on le verra dans le prochain chapitre, le rôle des canaux de basse fréquence est différent de celui des canaux de haute fréquence, tant dans la perception des scènes que dans celle des objets.

En définitive, on pourrait affirmer que la segmentation des textures suit *grosso modo* les lois de la Gestalt. Cependant la philosophie sous-jacente est différente. Pour les gestaltistes, la structuration précède la perception des éléments quoiqu'il faille bien supposer une perception préalable des formes pour établir une unification sur la base de la similitude. L'approche cognitiviste adoptée dans l'interprétation de la discrimination des textures postule plutôt une perception préattentive, donc inconsciente, des éléments de texture. En outre, on fait état d'un substrat neural en choisissant comme textons des éléments susceptibles de stimuler des analyseurs de traits. Enfin, lorsque c'est la grosseur ou la densité des éléments de texture qui sont en cause, on peut légitimement se référer aux processus neuraux de détection des fréquences spatiales. Il s'agit donc en définitive d'une application computationnelle des principes de la Gestalt.

10.4.3 La modularité et l'organisation perceptive : une vision moderne du substrat neurophysiologique

La théorie physiologique gestaltiste a été formulée à une époque où l'on savait bien peu de choses sur les processus cérébraux de la vision. Depuis, comme on l'a vu au chapitre 4, les recherches ont débouché sur une conception modulaire de la vision, suivant laquelle les données primitives concernant le mouvement, l'orientation, la forme, la couleur et la disparité sont enregistrées en parallèle par le cerveau visuel. Il faut mentionner à cet égard que ces paramètres fondamentaux suffisent à eux seuls à former des Gestalts grâce au principe de similitude.

La question qui se pose maintenant consiste à se demander comment le cerveau réalise l'unification des données disparates qui lui parviennent parallèlement. C'est le problème que tentaient de résoudre les gestaltistes avec leur théorie de l'isomorphisme. En fait nous n'avons pas encore de solution satisfaisante à ce problème. Des études récentes comme celles de Tallon-Baudry et Bertrand (1999) fournissent de nouvelles hypothèses sur cette question. Ces auteurs trouvent que la présentation à des sujets du triangle de Kanizsa produit, après un délai de 280 ms une réponse gamma à l'EEG (électroencéphalographie), c'est-à-dire une réponse qui se situe entre 30 et 50 Hz. Or un pattern formé des mêmes éléments, mais ne produisant pas de perception de triangle (percept non cohérent), ne présente pas cette réponse. En outre, l'utilisation comme stimulus du pattern de la figure 10.1 ne crée pas d'effet quand le sujet ne perçoit pas le dalmatien, alors que le sujet présente une augmentation de sa réponse gamma lorsqu'il a appris à détecter le stimulus, et cela, aussi bien face au dessin contenant le dalmatien qu'à un dessin semblable, mais qui n'en contient pas.

Une interprétation veut que la réponse gamma reflète une activité synchronisée des neurones stimulés. Dans le premier cas (triangle de Kanizsa), l'émergence de la forme pouvait être considérée comme un effet centripète (*bottom up*), mais, dans le second cas (dalmatien), on peut la considérer comme un effet centrifuge (*top down*) associé à l'activité de recherche. Tallon-Baudry et Bertrand retiennent de tels résultats l'hypothèse de l'existence « de mécanismes coopératifs dynamiques qui établissent des liaisons entre diverses régions cérébrales dont les fonctions sont d'encoder les différents traits d'un objet », ajoutant cependant que « la transition entre l'émergence de ces ensembles cellulaires et le comportement n'est pas clairement comprise présentement » (1999, p.160). Dans la mesure où ces activités synchronisées des neurones préservent les rapports topologiques entre les éléments du pattern, on peut continuer de penser que la théorie de « l'image dans le cerveau » n'est pas vraiment morte...

10.4.4 L'organisation perceptive : un processus par étapes

Pour les gestaltistes, comme pour Gibson, mais aussi même pour Marr qui défend une approche computationnelle, l'organisation perceptive est un mécanisme primitif. On peut néanmoins se demander si le mécanisme d'unification précède la distinction figure-fond, si la segmentation précède ou suit la détection des contours, etc. La réponse n'est pas simple parce que, d'une part, on peut penser que la distinction figure-fond résulte de l'unification des éléments qui appartiennent à la figure alors que, d'autre part, l'organisation fondée sur la similitude de formes requiert logiquement une détection préalable des éléments.

Palmer et Rock (1994; voir aussi Palmer, 1999) décrivent l'organisation perceptive comme un processus par étapes en proposant un modèle qui se veut une transition entre l'approche computationnelle de Marr (1982) et l'approche gestaltiste de Wertheimer (voir la figure 10.17 en *a*)). Pour atteindre leur objectif, ils définissent un nouveau concept qui serait implicite dans l'approche gestaltiste et présupposé par l'approche computationnelle, soit la « connectivité uniforme » (*uniform connectedness*). C'est le principe suivant lequel des zones homogènes quant à leur couleur, à leur clarté, à leur texture ou à leur mouvement se trouveraient spontanément unifiées en unités perceptives. Il en irait de même d'éléments « connectés » comme ceux représentés dans la figure 10.17 en *b*). Comme l'illustre cette partie de la figure, ce principe est assez puissant pour l'emporter sur ceux de la proximité et de la similitude de taille. Il ne constitue cependant pas un principe d'unification au même titre que ces derniers, puisqu'il ne fait pas le lien entre des éléments physiquement séparés.

Le modèle de Palmer et Rock (1994) (voir la figure 10.17 en *a*)) affirme que l'organisation perceptive effectuée à partir des lois de la Gestalt est précédée par trois processus successifs : la détection de contours, la formation de régions et la distinction figure-fond, ce qui aboutit à la production d'« unités d'entrée ». En outre, le modèle suppose un processus d'organisation à deux volets possibles, le groupement gestaltique unificateur ne représentant que l'un de ces deux volets ; l'autre est un procédé d'analyse, donc de décomposition des unités d'entrée.

10.4.5 L'organisation et l'environnement : une approche écologique

Pour l'approche empiriste, l'organisation perceptive est inexistante au départ ; elle est à construire sur la

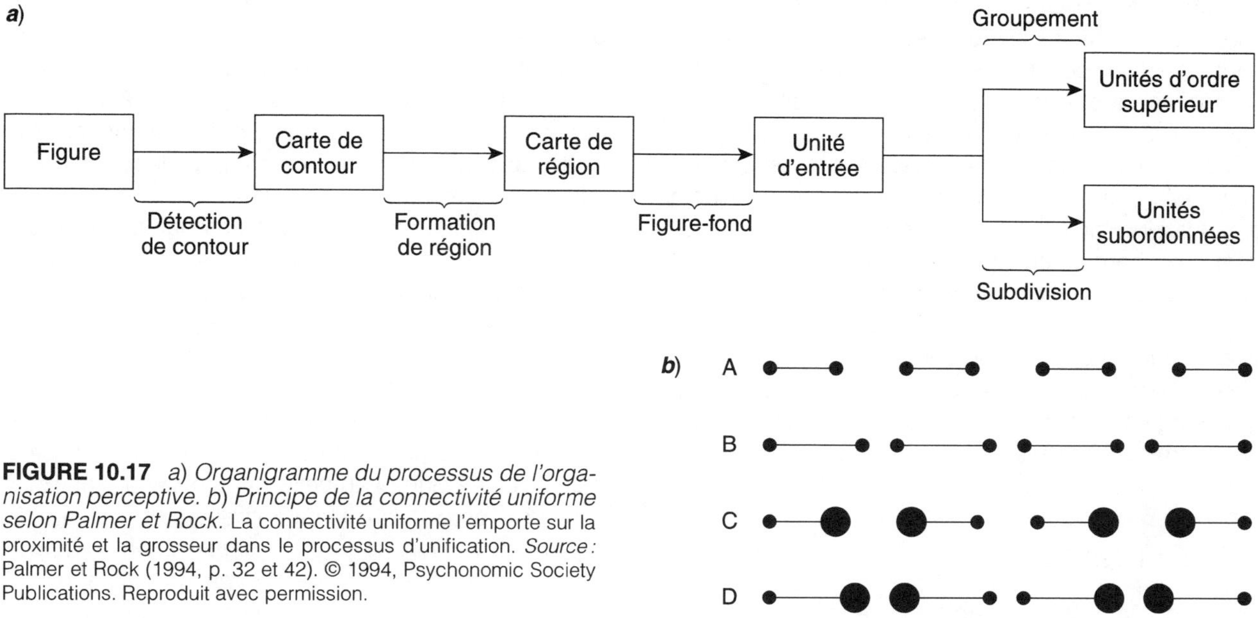

FIGURE 10.17 *a) Organigramme du processus de l'organisation perceptive. b) Principe de la connectivité uniforme selon Palmer et Rock.* La connectivité uniforme l'emporte sur la proximité et la grosseur dans le processus d'unification. *Source:* Palmer et Rock (1994, p. 32 et 42). © 1994, Psychonomic Society Publications. Reproduit avec permission.

base de l'expérience. Pour les gestaltistes, elle est primitive, mais tributaire des propriétés des champs électriques corticaux. L'approche écologique de Gibson propose d'étudier le problème par l'autre bout de la lorgnette. Au lieu de situer le point de départ dans les capacités inférentielles du « percevant » ou dans les propriétés de son cortex visuel, Gibson commence par constater l'organisation qui existe déjà dans l'environnement naturel considéré par rapport aux capacités adaptatives du « percevant ». S'écartant des autres approches, il mettra l'accent surtout sur les propriétés de la stimulation. Mais le type de stimulation choisi ne sera pas tant fondé sur les caractéristiques susceptibles de déclencher des réponses dans les structures anatomiques connues que sur sa représentativité de l'environnement naturel.

Ainsi, pour Gibson (1950, 1986), la forme primitive n'est pas que la forme géométrique, c'est la « forme en profondeur », alors que son image projective et sa profondeur sont plutôt des abstractions. Quant au phénomène figure-fond tel qu'on l'étudie généralement, il concerne à son avis le dessin plutôt que l'environnement terrestre. Réduit à sa plus simple expression, cet environnement est constitué par le ciel et le sol. Les objets sont rarement vus dans un espace vide, mais sont plus habituellement posés sur le sol, lequel fournit grâce à sa texture un contexte qui détermine tant leurs distances apparentes que leurs tailles (voir le chapitre 12). Gibson est d'accord avec l'idée que le stimulus de la vision n'est pas simplement la lumière, comme on l'a vu d'ailleurs à propos du *Ganzfeld*. Son analyse part plutôt de ce qui concerne l'arrangement optique, c'est-à-dire des propriétés de l'environnement accessibles à la vision, dont notamment les surfaces. Dans la perspective gibsonienne, la perception de la structure est aussi globale et directe que celle définie par les gestaltistes. Cependant elle se distingue de celle-ci par la manière d'accéder à l'organisation. Gibson ne croit pas qu'elle résulte de processus corticaux comme ceux de l'isomorphisme. Il n'adhère pas non plus à l'hypothèse d'une organisation construite ou inférée. Il suppose plutôt que l'accès aux organisations se fait par la détection d'invariants contenus dans l'arrangement optique spécifiant une structure. Il pourrait théoriquement s'ensuivre une simple impression de mouvance d'où n'émergerait aucune structure. Ce qui se produit est tout à fait à l'opposé : le système tire de ces transformations la dimension invariante, celle qui est en correspondance avec la structure objective.

Gibson a appliqué son concept d'*invariant* à toutes sortes de situations ou d'objets qui subissent des transformations constantes dans l'espace ou le temps. C'est ainsi que le nourrisson en arriverait à reconnaître sa mère en explorant sa figure, en la voyant s'approcher et s'éloigner, en l'apercevant vêtue autrement qu'auparavant, en observant ses changements d'expression faciale, etc. Finalement, loin de s'attacher aux changements pour eux-mêmes, il prendrait appui sur eux pour en tirer la dimension « invariant ». Pour Gibson, l'invariant n'est pas inféré, il est capté directement et en quelque sorte transmis par le système. C'est sur ce dernier point, comme on l'a vu, que surgissent les principales objections du côté des autres approches de la perception.

CONCLUSION

On peut conclure ce chapitre en affirmant qu'il est impossible de traiter de la perception visuelle sans se référer à un mécanisme quelconque d'organisation créant des unités fonctionnelles dans la mosaïque visuelle. La théorie gestaltiste soutenait que cette organisation était un préalable à celle de l'analyse des éléments en en faisant une propriété primitive du cortex visuel. La position de cette théorie comportait aussi un certain nombre d'autres postulats (voir la section 10.4). Que subsiste-t-il de ces postulats dans les théories modernes ? Concernant la priorité de l'organisation dans la perception de la forme, les idées sont partagées. À côté des positions de Marr et de Biederman qui soutiennent que l'organisation détermine la discrimination figure-fond, on trouve celle de Palmer et Rock pour qui l'organisation est un processus par étapes. De plus, pour Julesz, la discrimination des textures est précédée d'une vision préattentive, ce qui semble nous ramener à une conception élémentariste et constructiviste du processus. Cette idée d'une priorité du tout sur les éléments, telle que la définit la théorie de la Gestalt, semble a priori contredite par l'approche computationnelle de Julesz, selon laquelle la vision préattentive des éléments précéderait celle de la structure globale. Par ailleurs, il convient de souligner que, dans des situations de conflit entre des déterminants locaux et des déterminants globaux, on assiste à une « prédominance du global » (voir le chapitre suivant) dans la décision perceptive initiale. En ce qui a trait au problème relié à une éventuelle priorité de la signification sur la perception, il faut admettre que les cas de structuration favorisés par la signification ne manquent pas et l'exemple du dalmatien présenté au début de ce chapitre en constitue une illustration remarquable. Il faut cependant noter que des situations de ce genre se produisent généralement lorsque les organisations perceptives sont floues ou ambiguës. Néanmoins, dans la logique de la théorie de la vraisemblance, la structure serait construite sur la base de l'expérience. Enfin, pour la théorie de Gibson, il existe une solution qui permet d'affirmer la priorité de la structure sans faire appel à l'isomorphisme de la Gestalt ni à un mécanisme d'inférence : la perception directe des invariants. Qui a raison ? C'est une question de point de vue. Il n'en reste pas moins que l'analyse de chacun de ces points de vue demeure essentielle à la compréhension des structures et des organisations perceptives.

LECTURES RECOMMANDÉES

Kanizsa, G. (1997). *La grammaire du voir : essais sur la perception.* Paris : Diderot Éditeur, Arts et Sciences.

Köhler, W. (1964). Les caractéristiques des entités organisées. Dans *Psychologie de la forme* (p. 174-205). Paris : Gallimard.

Palmer, S.E. (1999). Organizing objects and scenes. Dans *Vision science : Photons to phenomenology* (p. 234-310). Cambridge, MA : MIT Press.

Petry, S., et Meyer, G.E. (dir.) (1987). *The perception of illusory contours.* New York : Springer-Verlag.

Pomerantz, J.R., et Kubovy, M. (dir.) (1981). Perceptual organization : An overview. Dans *Perceptual organization* (p. 423-456). Hillsdale, NJ : Lawrence Erlbaum.

CHAPITRE 11

La reconnaissance des scènes, des objets et des visages

Christian Marendaz, Stéphane Rousset et Annik Charnallet

INTRODUCTION

Chez l'être humain, la reconnaissance visuelle des objets, des visages, des scènes est généralement rapide, automatique et fiable. Cette simplicité phénoménologique contraste avec la difficulté à décrire et à modéliser les traitements en jeu dans le processus de reconnaissance. Cette difficulté n'est pas propre à la psychologie ; elle se retrouve dans l'ensemble des sciences qui traitent de cette question (neurosciences, intelligence artificielle).

À ce jour, il n'existe pas d'explication psychologique unique et synthétique de la reconnaissance visuelle. Trois perspectives théoriques principales, non indépendantes, prédominent. Outre par la modélisation, ces perspectives se distinguent par la nature du stimulus à traiter (scène *vs* objet *vs* visage) et la demande de la tâche : catégorisation au niveau de base (identifier le stimulus visuel comme étant une scène de ville, un éléphant ou un piano) *vs* identification des exemplaires (identifier le stimulus visuel comme étant la ville de Paris, l'éléphant du zoo de Vincennes ou le visage d'Einstein) (Rosch, Mervis, Gray, Johnson et Boyes-Braem, 1976). Nous les évoquerons en termes de modèles, et décrirons successivement le *modèle fréquentiel* pour la reconnaissance des scènes (section 11.2), le *modèle en primitives 2D/3D* pour la reconnaissance des objets (section 11.3) et le *modèle basé sur les exemplaires* pour la reconnaissance des visages (section 11.4). Bien comprendre le soubassement théorique de ces modèles, leurs apports et leurs limites, nécessite de préciser au préalable les principales caractéristiques phénoménologiques et neurophysiologiques de la reconnaissance visuelle. Ce sera l'objet de la première partie du chapitre (section 11.1). Enfin, dans la dernière partie, nous passerons en revue les différents troubles neuropsychologiques de reconnaissance visuelle (agnosies visuelles) et les explications fonctionnelles associées (section 11.5).

11.1 LES CARACTÉRISTIQUES PSYCHOLOGIQUES ET NEUROPHYSIOLOGIQUES DE LA RECONNAISSANCE VISUELLE

11.1.1 La rapidité

Quel est le temps de traitement nécessaire pour identifier un stimulus visuel au niveau catégoriel? Pour répondre à cette question, James McKeen Cattell (1886), au siècle dernier, puis plus récemment des auteurs comme Biederman, Mezzanotte et Rabinowitz (1982), Fraisse et Rao (1987), Intraub (1979), Oldfield et Wingfield (1965), ont demandé à des sujets d'identifier le plus rapidement possible des lettres, des mots, des images d'objets ou de scènes. Le temps de réponse moyen avoisine 750 ms, avec une très large variation des temps selon le type et la familiarité du stimulus présenté : par exemple, 600 ms pour une pomme et jusqu'à 1200 ms pour un xylophone. Cependant ce temps, déjà rapide, est certainement très supérieur au temps de traitement *per se*, car il inclut le temps de préparation et d'exécution de la réponse verbale. Comment mesurer exclusivement le temps de traitement?

La méthode expérimentale la plus pertinente utilisée jusqu'alors a consisté à calculer un seuil temporel d'identification d'images présentées en rafale. La procédure est la suivante. À chaque essai, le sujet doit identifier *n* images d'objets ou de scènes présentées l'une après l'autre pendant le même temps *t* chacune. La valeur *t* varie d'un essai à l'autre, jusqu'à ce qu'un taux de réussite fixé a priori par l'expérimentateur (par exemple 80 %) soit atteint. Si *n* est petit (par exemple quatre ; Thorpe, 1988), le sujet doit dénommer à la fin de l'essai les images présentées. Si *n* est plus important (par exemple 16 ; Potter et Faulconer, 1975), le sujet doit dire à la fin de l'essai si un type d'image donné (indiqué au début de l'essai par l'expérimentateur, par exemple « une scène de plage ») a été présenté. Le raisonnement qui sous-tend le paradigme est que le temps minimal de présentation des stimuli correspond au temps de traitement. Avec une telle méthode, les auteurs obtiennent des temps nettement plus bas que précédemment, variant de 100 à 150 ms.

Une durée similaire a été observée au niveau neurophysiologique en utilisant une technique de potentiels évoqués chez l'homme (Thorpe, Fize et Marlot, 1996) ou en mesurant la latence de réponse de cellules du cortex inférotemporal répondant sélectivement aux visages chez le singe macaque (Oram et Perrett, 1992). Ce temps est étonnamment bref en regard des problèmes d'invariance spatiale et de résistance au bruit qu'est censé résoudre a priori le système de reconnaissance.

11.1.2 L'invariance spatiale et la résistance au bruit

L'invariance spatiale

D'une fois à l'autre, nous ne percevons quasiment jamais une même scène, un même objet ou un même visage sous le même angle de vue. L'invariance spatiale renvoie à la capacité de reconnaître un stimulus visuel alors que son angle de vue n'est pas le même, c'est-à-dire alors que le stimulus a subi des transformations spatiales par rapport à sa perception antérieure. On distingue en général quatre types de transformation spatiale : le changement de position (translation), le changement de taille (dilatation), le changement d'orientation dans le plan fronto-parallèle (rotation 2D) et le changement d'orientation en profondeur (rotation 3D). Le système de reconnaissance humain fait-il preuve d'invariance spatiale ?

La situation expérimentale classique pour répondre à cette question consiste à comparer la performance des sujets dans une tâche d'identification dans laquelle, d'un essai à l'autre, le stimulus subit des transformations spatiales. Les expériences montrent que si la performance est relativement peu affectée par la translation et la dilatation, il n'en est pas de même pour les rotations (Corballis, 1988 ; Jolicœur, 1985 ; Palmer, Rosch et Chase, 1981 ; Rock, 1973).

Par exemple, le temps requis pour identifier un objet comme une tasse, une maison, un arbre augmente de manière relativement linéaire en fonction de l'inclinaison fronto-parallèle de l'objet par rapport à son orientation « habituelle ». Ce pattern de performance amène à penser que les objets sont stockés en mémoire dans l'orientation dans laquelle ils sont le plus souvent perçus. Cette orientation dite « canonique » est liée au fait que nous vivons dans un espace organisé par l'accélération gravitaire : la gravité fige les objets dans une position stable. Un tel raisonnement conduit à penser que les objets de petite taille comme une cigarette, un stylo, un rasoir à main, un marteau, ne possédant pas une masse volumique et un volume suffisants pour être figés sur terre par la gravité et, du coup, manipulables et manipulés par l'homme, ne devraient pas posséder d'orientation canonique. Les travaux de Leek (1998) vont dans ce sens (voir la figure 11.1).

Le phénomène d'orientation canonique se retrouve pour les rotations en profondeur, mais pour des raisons différentes des précédentes. En général, les objets sont plus facilement reconnus s'ils sont perçus de trois quarts (voir la figure 11.1). Une explication fréquemment avancée par la littérature est

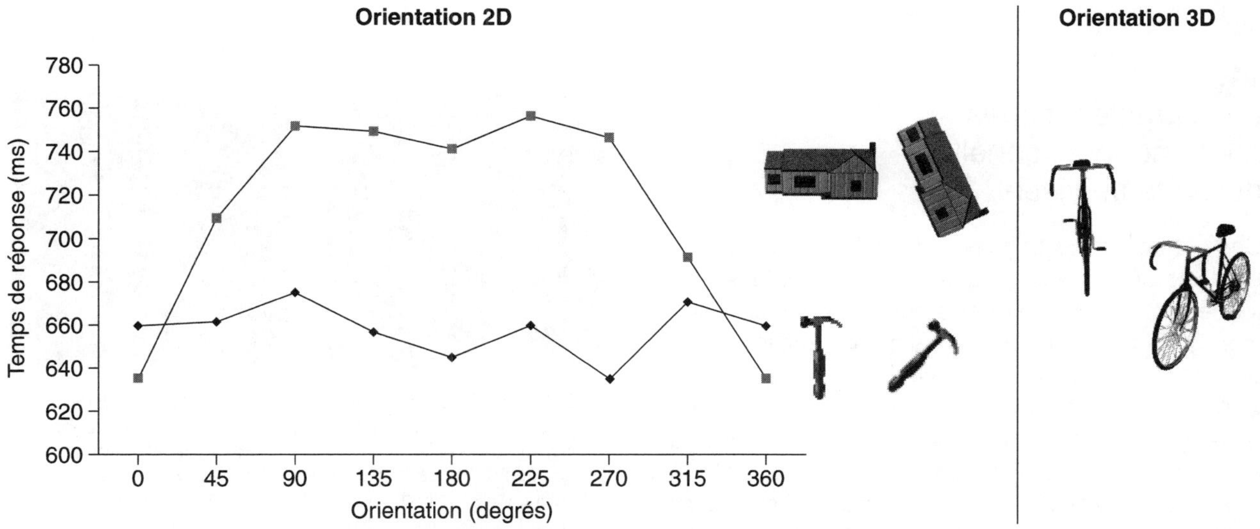

FIGURE 11.1 *Orientations canoniques 2D et 3D.* Orientation 2D : les objets qui ont une masse volumique et un volume importants sont figés par la gravité terrestre dans une orientation « canonique » (par exemple, une maison). Leur temps de reconnaissance croît en fonction de leur degré d'inclinaison fronto-parallèle par rapport à leur orientation canonique (voir la courbe du haut), ce qui n'est pas le cas des objets de petite taille (par exemple, un marteau ; voir la courbe du bas). Orientation 3D : les objets sont plus facilement reconnus si leur orientation en profondeur est de trois quarts (bicyclette du bas). Cet angle de vue maximalise la perception des différentes parties de l'objet (voir, par exemple, Verfaillie et Boutsen, 1995). *Source :* D'après Leek (1998).

que l'orientation canonique en profondeur correspond à la vue qui maximalise les informations sur la structure de l'objet, c'est-à-dire qui permet le mieux de percevoir ses différentes parties (voir, pour discussion, Verfaillie, 1992). On ne retrouve pas en 3D l'effet linéaire de désorientation observé en 2D. Par exemple, la performance reste relativement constante tant que la vue demeure de trois quarts (quelle que soit l'orientation exacte du stimulus). Le système de reconnaissance résiste donc mieux aux rotations en profondeur qu'aux rotations dans le plan frontoparallèle.

Il s'ensuit, pour conclure sur ce point, qu'un modèle de reconnaissance devra posséder des propriétés d'invariance pour la taille, la localisation et, en partie, l'orientation en profondeur.

La résistance au bruit

Dans la vie de tous les jours, les objets qui nous entourent sont perçus dans des contextes différents, sont souvent physiquement masqués par d'autres, peuvent, d'une fois à l'autre, présenter des distorsions, et pourtant nous les reconnaissons aisément (voir, pour exemples, la figure 11.9). Les modèles devront donc rendre compte de ces capacités de résistance au bruit et d'inférence ou de généralisation.

11.1.3 Les caractéristiques anatomo-fonctionnelles du système visuel

Chez l'homme, le traitement visuel, sur le plan de l'analyse des caractéristiques locales et globales de forme, de couleur, de mouvement du stimulus, commence dans le cerveau, le traitement rétinien ayant pour fonction de « compresser » l'image rétinienne. Cependant, une caractéristique anatomo-fonctionnelle de la rétine marquera fortement notre perception : la répartition inégale des cônes, photorécepteurs à l'origine de la vision diurne. La densité des cônes est forte au centre de la rétine (fovéa) et diminue en fonction de l'excentricité rétinienne. Cette répartition non homogène des cônes fait que l'acuité visuelle (l'aptitude à percevoir les détails fins) varie en fonction de l'excentricité rétinienne. Elle est maximale au centre du regard (fovéa) et décroît de manière quasi exponentielle en vision parafovéale et périphérique (voir la figure 11.2). Dans la vie de tous les jours, nous n'avons pas conscience de cette baisse d'acuité en raison des mouvements oculaires qui permettent de la compenser.

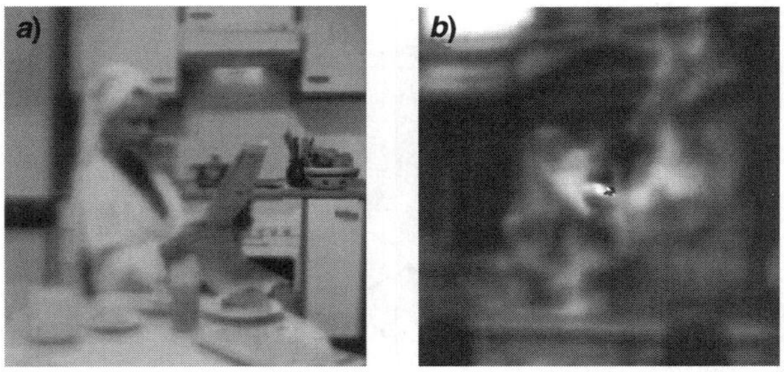

FIGURE 11.2 *Simulation de la perte d'acuité visuelle en fonction de l'excentricité rétinienne.* *a*) (Cuisine). Le regard est centré sur la corbeille de fruits. Le filtrage « spatialement variant » en fonction de l'excentricité rétinienne a été réalisé sur une image ayant une taille réelle d'environ 25° angulaires. L'image est nette au centre du regard (vision fovéale) et de plus en plus floue en vision périphérique. *b*) (Place). Le regard est centré sur le centre de l'image, qui est censée avoir une taille réelle avoisinant 150° angulaires. L'image illustre de manière « compactée » la perte d'acuité visuelle qui se produit, en fonction de l'excentricité rétinienne, lorsque nous percevons un environnement de grande taille. *Source :* Séré, Marendaz et Hérault (2000, p. 1406 et 1411).

En ce qui concerne le traitement visuel cortical, les données neuro-anatomo-fonctionnelles issues de travaux sur le macaque (qui sert de modèle théorique à l'homme du fait de la similarité des cortex visuels des deux espèces et de la proximité de leurs compétences visuelles) mettent en lumière trois caractéristiques principales du cortex visuel (Bullier, 1998) :

1) Le cortex visuel comprend une trentaine d'aires visuelles situées dans différentes zones du cortex (principalement les zones occipitale, pariétale et inféro-temporale). Chaque aire peut être vue comme un module fonctionnel chargé d'extraire une caractéristique visuelle donnée, caractéristique qui est de plus en plus complexe au fur et à mesure que l'on monte dans la hiérarchie des aires. Par exemple, si l'aire V1 (cortex visuel primaire) décompose le stimulus en un ensemble de caractéristiques locales grâce à des cellules sensibles à différentes valeurs d'orientation, de

mouvement, de fréquence spatiale, de couleur, on trouvera dans l'aire inféro-temporale (une des extrémités supérieures de la hiérarchie) des cellules répondant à des formes globales complexes et relativement abstraites. L'accroissement de la complexité de la caractéristique extraite en fonction du niveau hiérarchique de l'aire est dû à l'augmentation de la taille des champs récepteurs des cellules ; cette augmentation permettra d'intégrer les traitements réalisés par les aires hiérarchiquement inférieures. Notons un point important : la chaîne hiérarchique ne débouche pas sur des cellules représentant les stimuli du monde naturel (Tanaka, 1996).

2) Les différentes aires sont massivement interconnectées avec des connexions réciproques ascendantes, horizontales et descendantes.

3) L'interconnexion des aires est organisée en deux circuits, sur la base des caractéristiques magnocellulaires et parvocellulaires des cellules ganglionnaires rétiniennes. Le circuit dorsal (V1-pariétal), dénommé parfois « système phasique » du fait du caractère transitoire et rapide des réponses des cellules magnocellulaires, correspond d'un point de vue fréquentiel (voir ci-après) à un filtre passe-bas au niveau spatial et à un filtre passe-haut au niveau temporel ; il interviendrait surtout dans la perception du mouvement, dans l'attribution des relations spatiales et dans les performances visuomotrices. Le circuit ventral (V1-temporal), dénommé parfois « système tonique » du fait du mode de réponse plus lent et plutôt continu des cellules parvocellulaires, présente au niveau fréquentiel les caractéristiques de filtrage inverses ; il jouerait un rôle crucial dans la vision des couleurs et dans la perception des formes et des objets.

La neuroanatomie fonctionnelle du système visuel nous indique donc que la perception visuelle ne consiste pas simplement à transférer l'image rétinienne à une zone corticale où la reconnaissance s'opérerait, mais est basée sur un processus d'échantillonnage dimensionnel et de reconstruction, sans aboutir toutefois à des neurones qui représentent individuellement les stimuli de notre monde. Pour le psychologue, cette conception pose un problème majeur, car, comme nous l'avons vu, au niveau phénoménologique la reconnaissance est immédiate et sans effort, et ne garde que peu de traces de ces subdivisions fonctionnelles.

Comment fonctionne la reconnaissance visuelle ? Comme il a été souligné en introduction, il n'y a pas à ce jour d'explication unique et synthétique, mais trois perspectives différentes, non indépendantes. Nous commencerons l'exposé des différents modèles théoriques par celui qui a été élaboré dans le cadre de la reconnaissance des scènes naturelles. Il s'appuie sur les données neurophysiologiques indiquant que le système visuel extrait en parallèle les différentes fréquences spatiales du stimulus et les véhicule par des voies différentes ; c'est pourquoi nous l'avons dénommé le « modèle fréquentiel ».

11.2 LA PRÉCÉDENCE GLOBALE ET LA RECONNAISSANCE DES SCÈNES NATURELLES : LE MODÈLE FRÉQUENTIEL

11.2.1 L'hypothèse BHF, la transformée de Fourier et les filtrages

L'hypothèse BHF

Comme nous l'avons vu plus haut, l'acuité visuelle n'est pas uniforme sur l'étendue du champ visuel, et les simulations de la perte d'acuité en fonction de l'excentricité rétinienne (voir la figure 11.2) montrent que, lors d'une fixation oculaire, notre perception de l'ensemble d'une scène est relativement floue, « grossière », mais suffisante pour pouvoir la catégoriser. Cette constatation est d'autant plus intéressante que, comme il a été également rappelé à propos des caractéristiques fonctionnelles des voies visuelles dorsale et ventrale, l'information « grossière » (issue des basses et moyennes fréquences spatiales) est disponible plus rapidement que l'information « fine » (issue des hautes fréquences spatiales).

Ces données fonctionnelles amènent à penser que la reconnaissance des scènes pourrait suivre le schéma de traitement suivant : l'extraction précoce des basses fréquences spatiales (BF) fournirait un aperçu global de la structure spatiale de la scène et permettrait une première catégorisation perceptive qu'affineraient, valideraient ou infirmeraient les informations issues des hautes fréquences spatiales (HF) dont l'extraction est plus tardive. Ce principe, que nous évoquerons sous l'abréviation BHF (qui signifie « des basses aux hautes fréquences spatiales ») pourrait expliquer la rapidité de la reconnaissance des scènes au niveau catégoriel.

Le principe BHF peut être considéré comme une application fonctionnelle de la proposition générale de la théorie de la Gestalt (Guillaume, 1979) selon laquelle « la perception du *tout* est supérieure à celle des *parties* ». Cette proposition a été reformulée par la psychologie cognitive dans une optique de « précédence globale » et a été étudiée avec un paradigme expérimental particulier utilisant des formes hiérarchiques (Navon, 1977), qui constitue une situation perceptive de laboratoire particulièrement propice pour tester l'hypothèse de traitement BHF. C'est la raison pour laquelle nous commencerons l'examen de la validité de cette hypothèse en passant en revue les travaux qui ont abordé le phénomène de précédence globale sous l'angle fréquentiel. Mais auparavant, voyons comment manipuler les différentes fréquences spatiales d'un stimulus visuel.

La transformée de Fourier et les filtrages

Dans la rétine, comme sur un écran de télévision ou d'ordinateur, une image fixe équivaut à une variation spatiale complexe d'intensité lumineuse et de longueur d'ondes (couleurs). Du point de vue mathématique, on peut réduire la complexité de cette distribution spatiale en la *transformant* en une somme d'ondes sinusoïdales élémentaires à l'aide de l'analyse de Fourier. Si l'on raisonne, pour simplifier, sur une image en niveaux de gris, cela signifie que l'on peut représenter tout stimulus visuel comme une superposition de réseaux sinusoïdaux correctement choisis en fréquence, en orientation, en contraste et en phase, et le résumer en un spectre de fréquences (voir la figure 11.3).

La transformée de Fourier est une opération mathématique linéaire. Cela signifie que l'on peut transformer une image bidimensionnelle en un spectre de fréquences et retrouver l'image à partir de ce dernier. L'expérimentation bénéficiera de cette réversibilité dans la mesure où, lors de la transformation inverse, l'expérimentateur pourra « filtrer » l'image de départ en ôtant, par exemple, certaines fréquences (filtrage en fréquence) ou en modifiant les valeurs de contraste (filtrage en contraste). Cette technique de filtrage va permettre d'examiner dans quelle mesure l'hypothèse BHF explique le phénomène de précédence globale et la reconnaissance rapide des scènes naturelles[1].

11.2.2 La précédence globale

Le paradigme expérimental

Un stimulus visuel hiérarchique est une forme globale déterminée par l'arrangement spatial de formes locales (parties) qui peuvent être identiques (congruentes) ou non (non congruentes) à la forme globale (voir la figure 11.4). La tâche du sujet est d'identifier le plus vite possible soit la forme locale soit la forme globale, son temps de réponse étant mesuré. Ce paradigme permettra de déterminer la différence dans les vitesses de traitement aux niveaux local et global, et l'indépendance ou la dépendance de ces traitements. La différence de vitesse sera déterminée par la comparaison des temps de réponse moyens obtenus lorsque le traitement porte sur la forme globale *vs* sur la forme locale, et l'indépendance des traitements par la comparaison des temps moyens obtenus avec des stimuli congruents *vs* des stimuli non congruents, à un niveau de traitement donné (cette différence devrait être nulle si les niveaux de traitement sont indépendants).

Comme il a été souligné plus haut, ce paradigme, qui remonte à Kinchla (1974), a très souvent été utilisé dans les années 1980 pour déterminer quels facteurs perceptifs sous-tendaient la loi de la

1. Le lecteur intéressé par une présentation plus détaillée de l'application de l'analyse de Fourier à l'image pourra se reporter à Bonnet (1989) ; pour les apports du modèle fréquentiel à la perception des textures, des illusions visuelles primaires, on pourra se reporter à Ginsburg (1986).

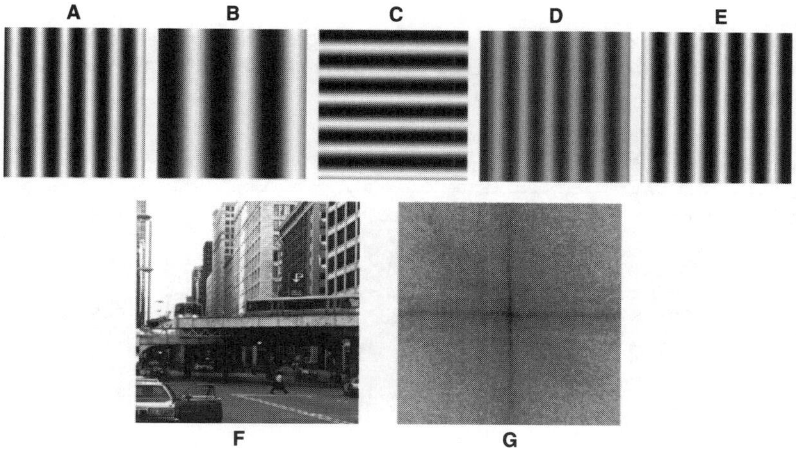

FIGURE 11.3 *Réseaux sinusoïdaux et spectre d'amplitude d'une scène de ville.* Par rapport au réseau central A, le réseau B a une fréquence spatiale plus basse, le réseau C une orientation orthogonale, le réseau D une amplitude (ou contraste) moindre, et le réseau E une phase différente. G est une représentation spatiale du spectre d'amplitude (densité spectrale) de la scène de ville (F). Les axes représentent les dimensions « fréquences spatiales » (au centre, la fréquence est nulle). Un point donné représente la densité d'énergie de toute l'image à une fréquence et à une orientation données (plus il est foncé, plus l'énergie est grande). G indique notamment que, quelle que soit la bande de fréquences spatiales, les orientations verticale et horizontale dominent dans la scène de rue (F).

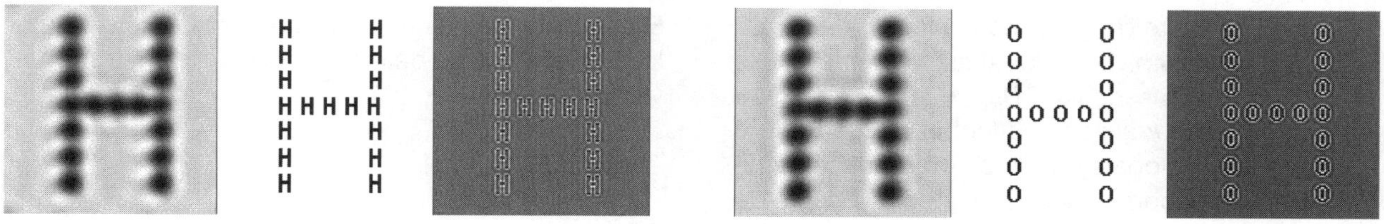

FIGURE 11.4 *Formes hiérarchiques.* Bloc de gauche : la lettre globale H composée de lettres locales H (stimulus congruent ; image du centre) est filtrée passe-bas à gauche et passe-haut à droite. Bloc de droite : il en est de même pour la lettre globale H composée de lettres locales O (stimulus non congruent ; image du centre). Les deux types de stimuli apparaissent identiques en basses fréquences. Le filtrage passe-bas a gommé les détails nécessaires à la perception de la structure des formes locales, mais a conservé la structure de la forme globale.

Gestalt de la « supériorité de la perception du tout sur celle des parties ». Si de nombreuses variables comme la taille des stimuli, leur définition, leur excentricité, leur densité ont été manipulées (voir, pour une revue, Paquet, 1991 ; Hughes, Nozawa et Kitterle, 1996), il faut attendre les années 1990 pour que soit étudié par des techniques de filtrage le rôle des fréquences spatiales, que les variables précédemment manipulées modifiaient en fait de manière non contrôlée. Même s'il existe certaines discordances dans les résultats expérimentaux obtenus par les différents auteurs (Badcock, Whitworth, Badcock et Lovegrove, 1990 ; Hughes, Fendrich et Reuter-Lorentz, 1990 ; Lamb et Yund, 1993 ; Lovegrove et Pepper, 1994 ; Palmer, 1993), les travaux de Badcock et de ses collègues résument assez bien l'ensemble des données, ainsi que le principe de la démarche. Voyons ce qu'il en est.

La précédence globale et la manipulation des composantes fréquentielles

Le tableau 11.1 résume les temps de réponse obtenus par Badcock et ses collègues (1990) lorsque la présentation d'une grande lettre composée de petites lettres (voir la figure 11.4) a été réalisée avec toutes ses composantes fréquentielles (condition « sans filtrage »), sans les basses fréquences (condition de « filtrage passe-haut »), et avec une égalisation de l'amplitude (contraste) des basses et hautes fréquences (condition de « filtrage en contraste »).

L'analyse des temps obtenus dans chaque condition expérimentale montre :

1) un phénomène de *précédence globale* dans la condition « sans filtrage » : le traitement *global* est significativement plus rapide que le traitement

TABLEAU 11. 1
Temps de réponse (TR) en millisecondes (ms) en fonction du type de filtrage (sans filtrage *vs* filtrage passe-haut *vs* filtrage en contraste), du niveau de traitement (global *vs* local) et du degré de congruence entre les formes globales et locales (congruent [Cg] *vs* non congruent [Ncg]).

Type de filtrage	Sans filtrage		Filtrage passe-haut		Filtrage en contraste	
Niveau de traitement	Global	Local	Global	Local	Global	Local
TR_{Cg} (ms)	370	423	437	440	375	498
TR_{Ncg} (ms)	367	478	448	438	382	545

Source : Badcok et autres (1990, p. 621 et 622).

local ($TR_{local} - TR_{global}$ = 82 ms) et n'est pas sensible à la nature de l'information locale (le temps de réponse au niveau global est le même quelle que soit la forme locale : $TR_{Ncg} = TR_{Cg}$), alors que le traitement *local* est plus lent et est sensible à l'information globale (le temps de réponse au niveau *local* dépend significativement du degré de congruence de la forme globale : $TR_{Ncg} - TR_{Cg}$ = 55 ms) ;

2) une absence de précédence globale dans la condition où les basses fréquences ont été ôtées (filtrage passe-haut ; voir la figure 11.4) ;

3) une précédence globale dans la condition où le contraste des fréquences spatiales basses et hautes a été égalisé (filtrage en contraste). Ce type de filtrage avait pour objectif de tester la possibilité que la précédence globale observée dans la condition « sans filtrage » soit due à une plus grande visibilité des BF (l'analyse de Fourier montre en effet que, pour les stimuli hiérarchiques, comme pour les scènes naturelles, les BF ont un contraste plus élevé que les HF ; la figure 11.4 illustre cette différence : comme on peut le voir, le filtrage passe-bas est plus contrasté que le filtrage passe-haut).

Le modèle fréquentiel se révèle donc particulièrement pertinent pour rendre compte du phénomène de précédence globale : tout se passe comme si cette dernière était due à une précédence temporelle de l'information portée par les basses fréquences spatiales (voir Hughes et autres, 1996, pour une revue approfondie des travaux sur la précédence globale). Examinons maintenant l'adéquation de l'hypothèse BHF dans le cadre de la reconnaissance des scènes visuelles.

11.2.3 Les scènes naturelles

Les expériences psychologiques manipulant les composantes fréquentielles de scènes naturelles en vue de tester le principe de traitement BHF sont fort peu nombreuses (Oliva et Schyns, 1997 ; Parker, Lishman et Hughes, 1992 ; Schyns et Oliva, 1994, 1997). Les plus systématiques et originales sont celles d'Oliva et Schyns qui ont trouvé un moyen élégant de tester le modèle fréquentiel en construisant des images superposant deux scènes différentes, l'une filtrée passe-bas, l'autre filtrée passe-haut (voir la figure 11.5). Le principe de traitement BHF permet d'attendre que la perception de l'image hybride soit dominée par la scène filtrée en basses fréquences spatiales. Comme nous allons le voir, c'est loin d'être toujours le cas.

Dans l'expérience princeps des auteurs (Schyns et Oliva, 1994), les sujets doivent dire si la scène « test » (ville, autoroute, vallée, salon) présentée seule et sans filtrage se trouve ou non dans l'image hybride présentée antérieurement. Dans 50 % des essais, la scène « test » se trouve dans l'image hybride, filtrée passe-bas dans la moitié des cas et filtrée passe-haut dans l'autre moitié. Le temps de présen-

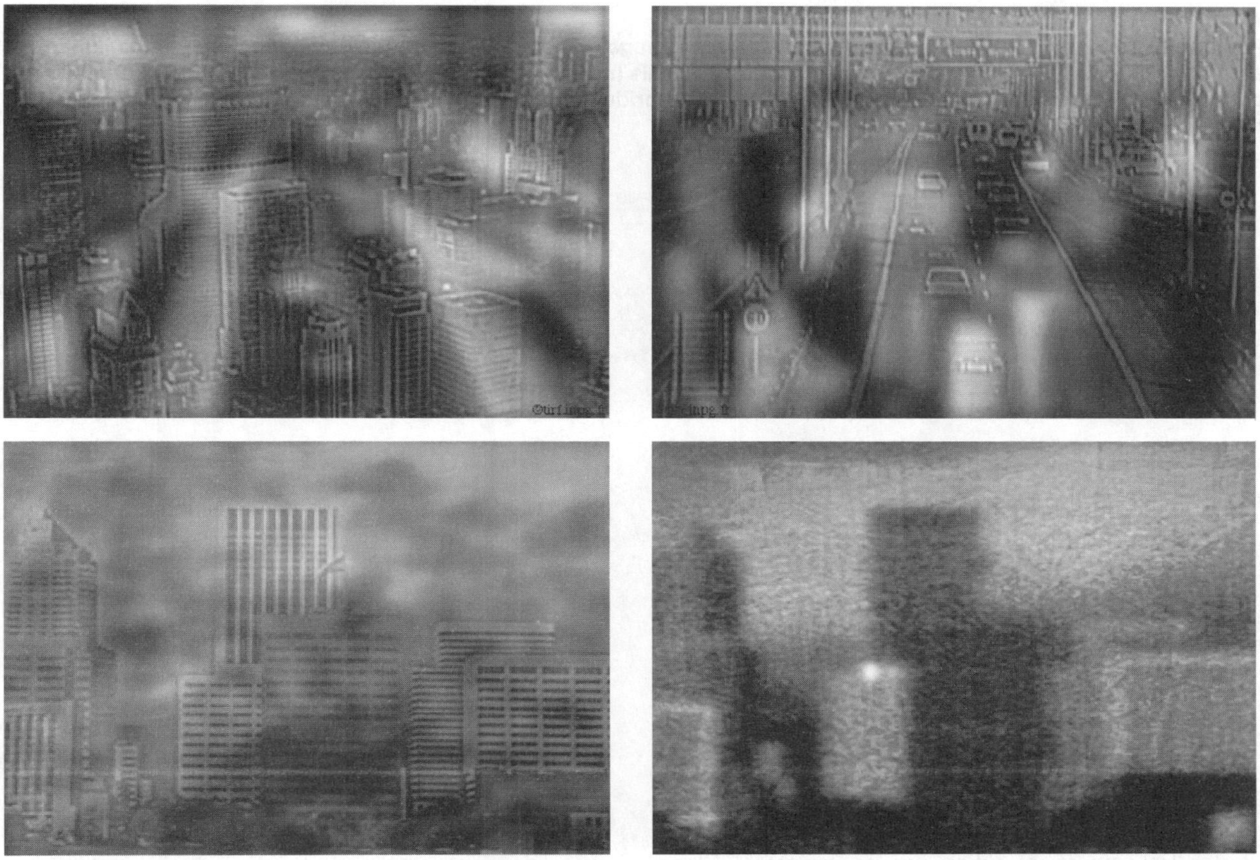

FIGURE 11.5 *Images hybrides et pseudo-hybrides.* Images du haut : l'image hybride gauche superpose une scène de ville filtrée passe-haut (fréquence de coupure supérieure à six cycles par degré angulaire) et une scène d'autoroute filtrée passe-bas (fréquence de coupure inférieure à deux cycles par degré angulaire) ; l'image hybride droite superpose les mêmes scènes avec un pattern de filtrage inversé. Images du bas : l'image pseudo-hybride gauche superpose une autre scène de ville filtrée passe-haut et un masque passe-bas ; l'image pseudo-hybride droite superpose scène de ville et masque avec un pattern de filtrage inversé. *Sources (images du haut) :* Schyns et Oliva (1994, p. 197), et d'après Oliva et Schyns (1997).

tation est de 30 ms ou de 150 ms pour l'image hybride, et non limité pour l'image test. L'analyse des résultats montre que si le temps de présentation est bref (30 ms), l'image test est mieux reconnue si elle a été perçue auparavant en BF (63 % [BF] *vs* 28 % [HF]). Avec un temps de présentation plus long (150 ms), le pattern de reconnaissance s'inverse : c'est l'image test appariée à l'image HF qui est la mieux reconnue (18 % [BF] *vs* 86 % [HF]). Notons que si l'on remplace l'image hybride par une seule image, filtrée ou non, la reconnaissance est correcte quels que soient le temps de présentation et le niveau de filtrage (voir le tableau 11.2).

Les données de cette expérience n'invalident pas l'hypothèse d'un traitement BHF, mais indiquent qu'il est fortement contraint par la disponibilité temporelle du stimulus visuel. Tout se passe comme si les niveaux de traitement étaient liés à un rapport fiabilité-rapidité, la fiabilité renvoyant au degré de certitude dans l'identification de la scène et la rapidité au coût temporel du traitement. En effet, les informations BF permettent d'identifier rapidement une scène, mais avec un degré de certitude faible (par exemple, en filtrage passe-bas une ville peut ressembler à un bureau), alors qu'inversement les informations HF permettent d'identifier la scène avec

TABLEAU 11.2
Pourcentages d'appariement de l'image amorce avec l'image test en fonction du temps de présentation de l'image amorce (30 ms *vs* 150 ms) et de sa nature (seule et normale [normale] *vs* seule filtrée passe-bas [BF], vs seule filtrée passe-haut [HF], *vs* filtrée passe-bas dans une image hybride [hybride BF], *vs* filtrée passe-haut dans une image hybride [hybride HF]).

Type d'images	Hybride BF		Hybride HF		BF		HF		Normale	
Temps de présentation (ms)	30	150	30	150	30	150	30	150	30	150
Reconnaissance (%)	63	18	28	86	90	97	75	100	94	98

Source : Schyns et Oliva (1994, p. 198).

fiabilité, mais plus lentement. Ainsi, un traitement BHF débouche sur l'identification de l'image BF si le système perceptif dispose de peu de temps de traitement (pour des raisons de précédence temporelle des informations BF) et sur l'identification de l'image HF si le système perceptif dispose de plus de temps (pour des raisons de meilleure fiabilité des informations HF).

Cependant, le tableau 11.2 indique qu'environ 20 % des réponses s'écartent du schéma fonctionnel précédemment décrit. Ce schéma n'est donc pas rigide. Peut-on le modifier par contraintes? Plus explicitement, peut-on amener une personne à privilégier un niveau de traitement? Autrement dit, existe-t-il au niveau fonctionnel un mécanisme susceptible de contrôler l'échelle spatiale d'analyse? Pour répondre à cette question, Oliva et Schyns (1997) ont demandé aux sujets de dénommer la scène perçue à chaque essai. En fait, sans que le sujet le sache explicitement, les premiers essais étaient constitués de « pseudo-images hybrides », alors que les suivants comportaient de vraies images hybrides. Les pseudo-images hybrides superposent une scène à un masque non significatif. Pour certaines personnes, les pseudo-images hybrides contenaient une scène filtrée passe-bas avec un masque passe-haut, et pour les autres une scène filtrée passe-haut avec un masque passe-bas (voir la figure 11.5, p. 255). Les premiers essais étaient donc destinés à contraindre le système perceptif à privilégier la gamme des fréquences utiles pour répondre à la tâche d'identification. S'il existe un mécanisme de sélection des fréquences, on peut penser que, après les essais avec les pseudo-images hybrides, les sujets identifieront davantage la scène des images hybrides correspondant au niveau de filtrage induit. Les résultats expérimentaux indiquent que c'est le cas : 73 % des identifications portent sur la gamme de fréquences induites. Le principe de traitement BHF est donc loin d'être un principe fonctionnel rigide : l'expérience précédente montre qu'il peut être modifié même dans des tâches de catégorisation rapide. Il faut donc mieux l'entendre comme un principe de fonctionnement *par défaut*.

L'hypothèse BHF était basée sur des caractéristiques fonctionnelles neurophysiologiques (filtrage non homogène de l'œil, propriétés des voies dorsale et ventrale). S'il existe un mécanisme de sélection des fréquences spatiales, est-il possible de le localiser au niveau du système nerveux visuel? Des données issues de la neuropsychologie cognitive avec un paradigme de précédence globale suggèrent que la zone corticale formée par la jonction pariéto-temporale joue un rôle déterminant dans la sélection en fréquences spatiales. En effet, les patients ayant une lésion de cette zone dans l'hémisphère droit présentent une forte précédence locale, alors que les patients qui ont une lésion de cette même zone dans le cortex gauche montrent une forte précédence globale (Rafal et Robertson, 1995). Cette association performance-lésion conduit à penser que la jonction pariéto-temporale droite contrôlerait les basses fréquences spatiales et la jonction pariéto-temporale gauche les hautes fréquences. Soulignons que l'on retrouve dans cette proposition, que nous avons confirmée avec une situation expérimentale manipulant *stricto sensu* les fréquences spatiales (Peyrin,

Chauvin, Marendaz et Chokron, sous-presse), l'idée fréquemment avancée par la littérature selon laquelle le cortex droit traiterait les stimuli de manière plutôt globale (on utilise parfois le terme « holistique ») et le cortex gauche d'une manière plus analytique (analyse des détails) (voir, pour une revue, Grabowska, Nowicka et Kitterle, 1996 ; Imbert et Schonen, 1994 ; Ivry et Robertson, 1998).

11.2.4 En conclusion

L'hypothèse que le système visuel analyse en parallèle les différentes fréquences spatiales de l'image rétinienne avec, par défaut, une précédence temporelle des basses fréquences permet de mieux saisir les raisons fonctionnelles sous-tendant le phénomène de précédence globale ou la catégorisation rapide des scènes visuelles. Bien évidemment, de nombreuses recherches restent à mener pour mieux comprendre la dynamique temporelle de cette analyse et l'ensemble des contraintes qui la régit.

Deux questions importantes et liées restent à approfondir : comment, plus précisément, l'analyse fréquentielle conduit-elle à la reconnaissance des scènes et quel est son rôle dans l'identification des objets qui les composent ?

La première interrogation renvoie au mode de représentation des scènes en mémoire. La logique du modèle fréquentiel amène à s'interroger sur la possibilité qu'elles puissent être représentées dans un format fréquentiel. Une telle éventualité a comme préalable que les scènes se différencient clairement au niveau fréquentiel. Une analyse en composantes curvilinéaires du spectre des basses fréquences spatiales de différentes scènes montre des regroupements de scènes voisins de ceux que ferait l'être humain au niveau sémantique (voir la figure 11.6) (Hérault, Oliva et Guérin-Dugué, 1997). Ces résultats ne prouvent pas que le système de reconnaissance visuel utilise des propriétés statistiques fréquentielles

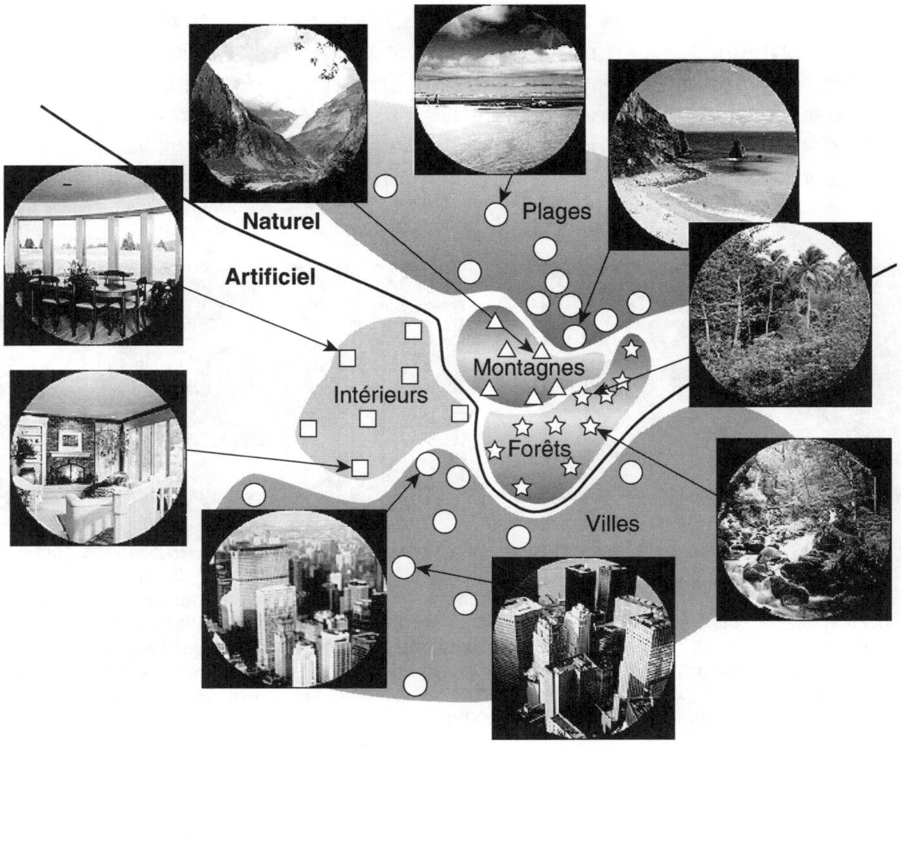

FIGURE 11.6 *Classification des scènes et caractéristiques fréquentielles.* Une analyse en composantes curvilinéaires du spectre des basses fréquences spatiales de différentes scènes montre des regroupements voisins de ceux que ferait l'être humain au niveau sémantique.

pour représenter les scènes en mémoire, mais montrent qu'il en a les moyens, et que ceux-ci sont économiques car basés sur des traitements essentiellement parallèles à sortie rapide (basses fréquences).

Le second point concerne le degré de généralité du modèle fréquentiel : l'hypothèse BHF s'applique-t-elle à la reconnaissance catégorielle des objets ?

Si les objets sont intégrés dans une scène (comme c'est habituellement le cas), la réponse est négative, car ils sont en général chacun de trop petite taille pour être perceptibles dans les composantes basses fréquences de la scène (voir la figure 11.2 en *b*)). Ce point de vue est corroboré par les recherches montrant que l'être humain ne détecte pas facilement les modifications (changement de position, de couleur, substitution, etc.) effectuées sur les objets d'une scène (voir la figure 11.7), difficulté dénommée « cécité aux changements », dont bénéficie par exemple le cinéma où les raccords de scènes sont souvent plus imparfaits qu'on ne le voit (Simons et Levin, 1997).

Prenons maintenant le cas (de laboratoire) où les objets seraient perçus isolément avec une taille angulaire plus importante que celle qu'ils ont habituellement dans une scène. Leurs composantes basses fréquences spatiales permettent-elles leur catégorisation perceptive ? Ce type de recherche n'a pas été réalisé. L'hypothèse qui a prédominé chez nombre d'auteurs est que la différence de structure spatiale des objets au niveau catégoriel est plus fine que pour les scènes, et nécessite donc d'extraire de manière plus précise diverses caractéristiques et propriétés visuelles liées aux contours de l'objet et de ses parties. Cette proposition renvoie à la seconde famille de modèles de reconnaissance visuelle élaborés en psychologie cognitive, soit les modèles basés sur l'extraction de primitives bidimensionnelles et tridimensionnelles.

11.3 LA RECONNAISSANCE DES OBJETS : LES MODÈLES EN PRIMITIVES

11.3.1 Des traits à la structure

Le *Pandemonium*

Les modèles de reconnaissance basés sur l'analyse des traits et propriétés élémentaires se sont développés à partir des années 1960, à la suite des travaux de Hubel et Wiesel montrant l'existence de cellules détectrices de traits dans le cortex visuel des chats et des singes. Le *Pandemonium* de Selfridge (1959), popularisé par Neisser (1967) dans le cadre de la reconnaissance de lettres, constitue le modèle princeps du genre (voir la figure 11.8). L'une des vertus de ce modèle était qu'il pouvait reconnaître une lettre ou porter un jugement plausible sur celle-ci même si certains des traits manquaient ou étaient atypiques. Autrement dit, ce modèle possédait les propriétés importantes de généralisation et de résistance au bruit. Malheureusement, il donnait lieu à de nombreuses

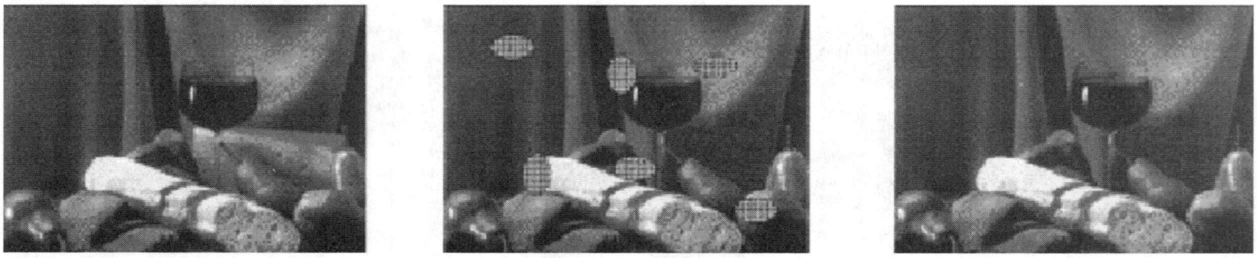

FIGURE 11.7 *Cécité au changement.* Les trois images (en couleurs dans l'expérience) sont présentées successivement (de gauche à droite), les images de droite et de gauche durant 3 s et l'image centrale durant 80 ms. L'image centrale est une scène de transition durant laquelle est modifiée l'image originale (disparition du « morceau de fromage » au centre, derrière le verre). Pour éviter que la brusque modification des caractéristiques visuelles liée à la disparition de l'objet ne capte toute l'attention, des taches « distractrices » sont présentées simultanément. La consigne est de déterminer la nature du changement entre les images de droite et de gauche. Alors que l'élément « fromage » est décrit par des « juges » comme étant un élément important de la scène visuelle (sa visibilité est très saillante lorsque l'image est en couleurs), il faut fréquemment répéter plusieurs fois la présentation de la séquence pour que la disparition de cet élément soit détectée par les sujets (voir O'Regan, Rensik et Clark, 1999).

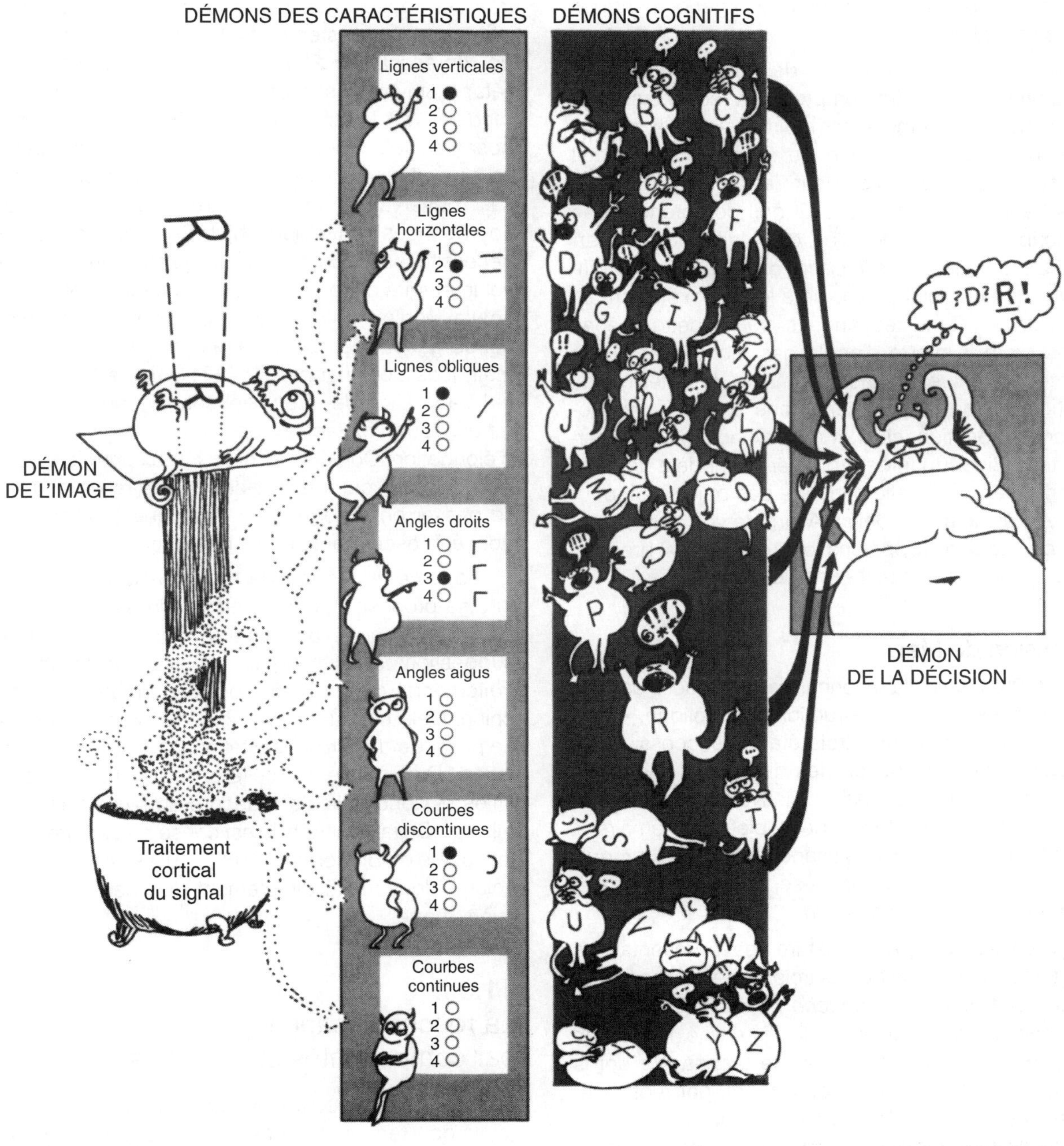

FIGURE 11.8 *Modèle probabiliste de la reconnaissance de formes (lettres) : le* Pandémonium *de Selfridge (1959).* Ce modèle comprend trois étapes de traitement : 1) une étape perceptive au cours de laquelle les segments de ligne composant le « stimulus lettre » sont analysés en parallèle par des unités spécialisées dans le codage qualitatif d'une valeur dimensionnelle donnée (l'orientation des traits [verticale *vs* horizontale, *vs* oblique], leur courbure [continue *vs* discontinue], l'angle de leur jonction [droit *vs* aigu]) ; 2) une étape cognitive au cours de laquelle les unités représentant chacune des lettres de l'alphabet traitent les configurations de traits sur la base des informations envoyées par les unités perceptives ; 3) l'étape reconnaissance *per se* : une unité de décision sélectionne l'unité cognitive la plus active. Ce type de modèle possède des propriétés de généralisation (complétion de la lettre si certains traits manquent), mais il donne lieu à de nombreuses fausses reconnaissances (par exemple, le chiffre 4 était confondu avec la lettre H), car la reconnaissance repose uniquement sur la liste des traits et des propriétés élémentaires constitutifs de la lettre, sans prendre en compte leur organisation spatiale (structure). *Source :* Lindsay et Norman (1980, p. 266).

fausses reconnaissances lorsque l'agencement des traits était atypique.

L'idée prédominant alors dans la littérature, afin notamment de rendre compte de la reconnaissance de stimuli plus complexes (tridimensionnels, notamment), est que le modèle de reconnaissance doit contenir des informations sur l'arrangement spatial des traits, autrement dit, qu'il doit comprendre une description structurale. C'est dans la théorie de Marr (1982), formulée dans le cadre de l'intelligence artificielle, que ce point de vue sera le plus explicitement développé. Dans les années 1980, cette théorie constituera la pierre d'angle des recherches sur la perception visuelle dans le domaine de l'intelligence artificielle, mais également dans celui des neurosciences fonctionnelles et en psychologie. Elle permettra à Biederman de proposer un modèle de la reconnaissance visuelle humaine des objets qui, pour l'heure, est le mieux défini. Avant de voir plus en détail ce modèle, rappelons brièvement les grandes caractéristiques de la théorie de Marr.

La vision de Marr

Marr (1982) définit la reconnaissance visuelle comme un processus de construction symbolique. Cette construction comprend trois étapes successives et aboutit à une description des différentes parties de l'objet et à leur organisation relative, qui constitue le format de représentation de l'objet en mémoire à long terme. Il y a reconnaissance perceptive lorsqu'il y a appariement entre la description perceptive et une représentation mnésique.

Voyons rapidement la nature des représentations élaborées à chacune de ces trois étapes. Dans la première, soit celle de l'*ébauche primitive*, sont représentées les discontinuités de l'intensité lumineuse (entrée rétinienne) en termes de taches, de bords orientés, de coins, d'intersections, et, par regroupement de certaines de ces discontinuités, des compositions plus globales comme les contours et les régions (textures) de la scène visuelle. Schématiquement parlant, l'ébauche primitive est une sorte de patchwork de caractéristiques 2D (bidimensionnelles) locales et globales. Une organisation plus élaborée de ces caractéristiques en termes de surfaces (position, forme, orientation en profondeur) est réalisée au cours de la seconde étape. Cette extraction est centrée sur l'observateur, et les surfaces ne sont pas encore organisées en un tout structuré ; d'où le nom de *représentation* $2^{1/2}$*D* donné à cette étape. Dans l'étape suivante, soit celle de la *représentation en modèles 3D*, les surfaces sont structurées en composantes volumétriques dont l'ensemble représente un objet donné. Cette description n'est plus centrée sur l'observateur, mais renvoie à un système de coordonnées centré sur l'objet. Cette dernière étape nécessite donc de définir ce qu'est une structure volumétrique et comment est déterminé le référentiel spatial « objet centré ». Marr fait appel à la notion de cônes généralisés pour décrire les structures volumétriques (voir ci-après 11.3.2 et la figure 11.9 en *a*)), et l'élaboration du référentiel spatial « objet centré » repose sur l'extraction des axes de symétrie et d'élongation. Contrairement aux deux premières étapes, qui sont purement ascendantes (elles peuvent se passer des informations mnésiques), la dernière peut être ascendante et descendante.

La force du modèle de Marr a résidé dans le fait que sa proposition computationnelle d'ensemble (la plus sophistiquée à l'époque) s'accompagnait de suggestions algorithmiques spécifiant la nature des traitements, dont certains ont été simulés sur machine. Cela est surtout vrai pour la première étape. Le passage de la représentation $2^{1/2}$D à la représentation 3D de même que celle-ci ne sont pas très spécifiés et donc délicats à décrire au niveau algorithmique[2]. Ce talon d'Achille est censé disparaître dans le modèle de Biederman (1987), où les composantes volumétriques sont directement dérivées de la première étape.

11.3.2 La reconnaissance par composantes structurales

Dans la logique des travaux de Marr, la théorie RpC (sigle de « reconnaissance par composantes ») postule qu'un objet est représenté en mémoire comme un arrangement spatial de composantes volumétriques (dénommées « géons » d'après le terme anglais

2. Le lecteur intéressé par une présentation synthétique et critique des principaux algorithmes proposés par Marr et ses collègues pourra se reporter à Bruce, Green et Georgeson (1996).

« *geons* », contraction de « *geometrical ions* ») spécifiant de manière « objet centré » la nature des composantes, leurs tailles relatives, leurs orientations, les lieux où elles s'articulent (Biederman, 1987) (voir la figure 11.9 en *a*)). Contrairement au modèle de Marr, la théorie RpC postule que les géons sont directement dérivés des traits et des propriétés 2D de l'objet, c'est-à-dire des segments de ligne composant les contours internes ou externes de l'objet et des propriétés liées à ces segments de ligne comme la collinéarité, la curvilinéarité, la symétrie, le parallélisme et la coterminaison (voir la figure 11.9 en *a*)). Ces propriétés 2D ont une caractéristique importante : elles se conservent, sauf accident, au niveau 3D et sont relativement indépendantes des points de vue. Cette indépendance sera transférée aux géons et conférera des propriétés d'invariance spatiale au modèle. Mais avant d'analyser les propriétés générales de ce modèle, voyons tout d'abord quels sont ses arguments psychologiques expérimentaux.

Les arguments expérimentaux de la théorie RpC

Comme nous venons de le voir, dans la théorie RpC les géons sont extraits à partir de propriétés 2D liées

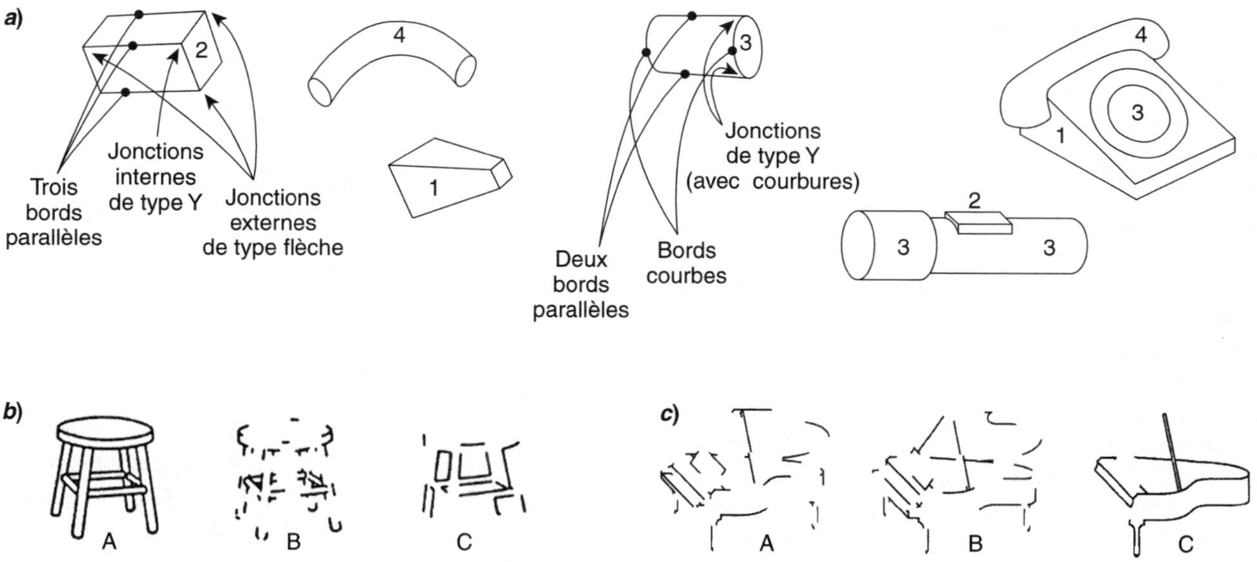

FIGURE 11.9 *a) Théorie RpC : exemples d'objets (à droite) et de géons (à gauche).* La théorie RpC postule que les objets sont représentés en mémoire sous forme d'un arrangement spatial de composantes volumétriques dénommées « géons ». Les géons se différencient par des caractéristiques et des propriétés 2D « non accidentelles » (c'est-à-dire se conservant, sauf exception, au niveau 3D) dont certaines sont spécifiées dans la figure (géons 2 et 3). D'un point de vue mathématique, un géon est un cas particulier de cône généralisé, un cône généralisé étant le volume dessiné par le balayage d'une section le long d'un axe. La théorie RpC définit une base de 24 géons par croisement de 4 dimensions spatiales qualitatives liées au cône : l'axe du cône peut être droit *vs* courbe, et la section peut avoir des bords droits *vs* courbes, une forme symétrique *vs* asymétrique et une taille constante *vs* croissante, *vs* croissante, puis décroissante. Par exemple, le géon 4 a un axe courbe et une section courbe, symétrique et constante, alors que le géon 1 a un axe droit et une section droite, symétrique et croissante. *b) Théorie RpC : illustration de la tâche de reconnaissance avec des objets partiellement dégradés.* Il manque 50 % des traits de l'image A soit dans la partie centrale des contours (B) soit aux jonctions (C). Les données montrent que la reconnaissance est très difficile en C. La théorie RpC explique cette difficulté par le fait que l'absence des jonctions de lignes ne permet plus d'extraire les composantes volumétriques de l'objet. *c) Théorie RpC : exemple d'objets partiellement dégradés utilisés dans la tâche de reconnaissance avec amorçage.* Il manque 50 % des traits dans chacune des images. Les images A et B sont complémentaires sur le plan graphique : elles n'ont ni traits ni indices structuraux communs, mais possèdent les mêmes composantes volumétriques. L'image C possède des traits et des indices structuraux identiques à ceux de l'image A (ou de l'image B), mais des composantes volumétriques différentes. Les données montrent que si l'on présente l'image A lors d'une première tâche de reconnaissance (phase d'amorçage), l'effet d'amorçage sur la reconnaissance, en phase test, des images A, B et C est le même pour A et B, mais est moins important pour C. La théorie RpC explique ces résultats par le fait que seule l'image B possède les mêmes composantes volumétriques que A. *Source :* Biederman (1995, p. 140, 142, 152 et 153). © 1995, The MIT Press. Reproduit avec permission.

aux contours des différentes parties des objets. Les indices de surface, comme la couleur, la texture, ne joueraient donc pas de rôle particulier. Pour valider ce point de vue, Biederman et Ju (1988) montreront que la reconnaissance des objets est aussi performante (aussi exacte, aussi rapide) que les objets soient présentés sous leur aspect naturel (photographie de haute qualité) ou épuré (dessin schématique aux traits). Ce premier argument expérimental fera que, dans la suite des expériences testant la théorie RpC, les stimuli seront des objets dessinés aux traits.

Les données les plus démonstratives quant à l'importance des composantes structurales dans la reconnaissance d'objets ressortent des expériences réalisées avec des objets partiellement dessinés. Dans une première série d'expériences (Biederman, 1987), 50 % des traits manquent, soit au milieu des segments de ligne, soit à leur jonction (voir la figure 11.9 en *b*)). L'analyse des résultats montre que la reconnaissance est peu affectée dans le premier cas, mais est par contre très détériorée dans le second (Biederman, 1987). Dans la logique de la théorie RpC, l'absence des jonctions de ligne, qui sont de puissants indices structuraux, conduit à l'échec dans la reconnaissance, du fait de l'impossibilité de recouvrir les composantes volumétriques des objets. Par la suite, Biederman et Cooper (1991) montreront que ce ne sont pas les indices structuraux *per se* qui sont importants, mais bien les composantes volumétriques qu'ils permettent d'extraire. Pour ce faire, les auteurs utiliseront des versions complémentaires d'un même objet partiellement dessiné ne possédant pas les mêmes indices structuraux (objets A, B et C dans la partie *c*) de la figure 11.9) mais permettant d'extraire les mêmes géons (objets A et B) ou non (objet C), et démontreront que l'effet d'amorçage est le même et maximal si l'objet présenté en phase test est identique à l'amorce ou possède les mêmes caractéristiques volumétriques (voir la figure 11.9 en *c*)).

Les expériences précédentes militent donc en faveur de l'hypothèse théorique d'un rôle essentiel des composantes structurales dans la reconnaissance des objets au niveau prototypique. Mais pour que sa validité soit plus complète, la théorie RpC doit rendre compte de propriétés plus générales de la reconnaissance humaine comme la rapidité, la résistance au bruit et l'invariance spatiale. Voyons si tel est le cas.

Le test des propriétés générales de la théorie RpC

Dans la théorie RpC, la résistance au bruit et la rapidité de traitement reposent pour une part sur le fait que la reconnaissance ne requiert pas d'extraire l'ensemble des attributs 2D de l'objet, mais seulement les caractéristiques nécessaires à l'élaboration des géons. Or ces caractéristiques sont censées être aisées à coder, relativement prégnantes, car relevant des principes de la Gestalt (continuité, parallélisme, etc.). À côté de cet argument computationnel (dont l'acception nécessiterait une discussion plus approfondie) existe un argument mathématique résumé par Biederman sous la devise que « trois géons suffisent » pour reconnaître n'importe quel objet complexe. En effet, d'un point de vue statistique, comme un objet est représenté par un arrangement spatial particulier de géons, plus l'objet est complexe, plus il comprend de géons et moins il a de chance d'avoir des voisins structuraux immédiats. La conséquence de cet argument statistique est qu'il n'est pas nécessaire d'extraire tous les géons d'un objet pour reconnaître celui-ci, mais seulement un sous-ensemble (trois ou quatre géons), car il y a une forte probabilité que ce dernier soit spécifique à l'objet. Cette propriété confère à la reconnaissance rapidité (le temps de reconnaissance ne dépend pas du nombre intrinsèque de géons) et résistance au bruit (un objet partiellement masqué ou partiellement détérioré sera identifié si une base de trois ou quatre géons demeure). Biederman (1987) apporte des données expérimentales en accord avec ces prédictions.

Une logique similaire confère à la théorie RpC des propriétés d'invariance spatiale. La théorie prédit que la reconnaissance ne devrait pas être affectée tant que les transformations spatiales ne modifient pas l'arrangement des géons. C'est le cas des transformations par translation (changement de localisation) ou par expansion/contraction (changement de taille). Les expériences de Cooper et Biederman (1993) montrent par exemple que, conformément à la théorie RpC, la reconnaissance d'objets qui ont subi des transformations structurales conservant sa taille mais modifiant légèrement la nature des géons est considérablement moins bonne que celle d'objets ayant subi une transformation de taille conséquente mais sans transformation structurale, alors que la similarité globale des objets par rapport à leur version originale est plus grande dans le premier cas que dans le second. La reconnaissance humaine résiste moins bien aux transformations par rotation 2D (dans le plan fronto-parallèle) et 3D (en profondeur). La théorie RpC ne prévoit pas d'invariance particulière pour les rotations 2D, car celles-ci modifient la position relative des géons. Par contre, elle prévoit, en fonction de la règle énoncée plus haut, une relative résistance pour les rotations en profondeur, tant que la rotation ne modifie pas la nature et l'arrangement des géons de l'objet. Les données expérimentales obtenues par Biederman et Gerhardstein (1993) vont dans ce sens.

Les apports et les limites du modèle RpC

La théorie RpC de Biederman constitue pour l'instant la proposition la plus achevée de la reconnaissance visuelle des objets en psychologie cognitive. Elle semble posséder, comme nous venons de le voir, un ensemble d'arguments expérimentaux à la fois au niveau spécifique (importance des composantes volumétriques dans la reconnaissance d'objets) et au niveau général (propriétés d'invariance spatiale, résistance au bruit et rapidité). Elle présente en outre la qualité (encore rare pour la recherche en psychologie) d'avoir été en partie implémentée sur ordinateur (Hummel et Biederman, 1992). Un des avantages de la simulation est de concrétiser les concepts et les processus, et de permettre ainsi de mieux comprendre les apports et les limites du modèle théorique. Quelles sont les limites de la théorie RpC ? Elles sont diverses. Pour une revue critique approfondie, le lecteur pourra se reporter à Kurbat (1994).

Soulignons simplement ici que, outre que l'accord de la littérature n'est pas total sur l'idée qu'il soit nécessaire d'extraire des composantes volumétriques pour reconnaître les objets (voir, par exemple, Cave et Kosslyn, 1993), baser l'extraction des volumes uniquement sur des caractéristiques 2D, et notamment sur les indices structuraux (jonctions de lignes), fragilise extrêmement le modèle. En effet, celui-ci n'explique pas comment le système doit s'y prendre pour extraire ces caractéristiques lorsque les stimuli sont naturels ; or, excepté pour les dessins aux traits, ce type d'extraction n'est pas évident dans un cadre naturel où, comme l'a montré avec force la psychologie expérimentale, ce sont les variations d'ombre, de texture, de mouvement qui permettent le mieux de détecter les volumes. Or la théorie RpC ne peut intégrer le traitement de ces indices fondamentaux chez l'homme, car, comme nous l'avons plus haut, elle a été précisément construite pour éviter l'extraction de tels indices.

La théorie RpC ne nous dit rien sur la reconnaissance des exemplaires. On ne peut le lui reprocher car elle n'a pas été construite dans ce but. Mais cela signifie-t-il implicitement que les traitements sont radicalement différents lorsqu'il s'agit de répondre au niveau des catégories ou à celui des exemplaires ? Comment fonctionne la reconnaissance des exemplaires ? Voyons maintenant plus en détail les théories sur ce type de reconnaissance, dans le cadre scientifique où les recherches ont été les plus nombreuses : la reconnaissance des visages.

11.4 LA RECONNAISSANCE DES VISAGES : LES MODÈLES STRUCTURAUX *VS* LES MODÈLES BASÉS SUR LES EXEMPLAIRES

Le visage constitue un stimulus privilégié pour étudier les mécanismes en jeu dans la reconnaissance des exemplaires. Il existe en effet une expertise partagée par de nombreuses personnes sur nombre de visages célèbres, alors que cette condition n'est satisfaite que pour peu d'autres stimuli. Comment fonctionne la reconnaissance des visages ? La littérature a relativement tardé pour apporter des éléments de réponse à cette question, car, comme le souligne Ellis (1981), jusqu'aux années 1980 la démarche des auteurs a été essentiellement empirique. Par la suite, un cadre théorique consensuel va progressivement se constituer, qui trouvera son point d'orgue dans le modèle de Bruce et Young (1986) (pour une revue des modèles antérieurs, voir Bruyer, 1987). Ce modèle, dont l'architecture est proche de celle des modèles structuraux de reconnaissance d'objet, est schématisé et expliqué dans la figure 11.10. Il va nous servir de guide pour faire le point sur les connaissances et les débats théoriques concernant la reconnaissance des visages. Dans un premier temps,

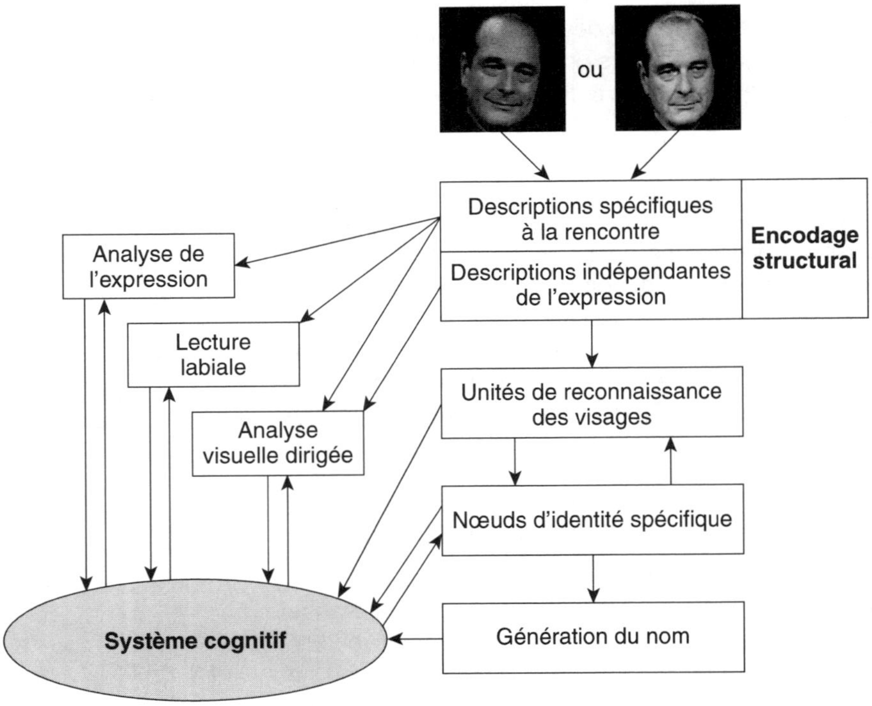

FIGURE 11.10 *Architecture générale du modèle de Bruce et Young (1986).* Chaque cartouche représente un des modules du traitement des visages et diffère des autres par les codes qu'il contient et la fonction qu'il réalise. Les modules de gauche correspondent aux traitements qu'il est possible de réaliser à la fois sur les visages connus et inconnus. Ils sont fondés sur des codes perceptifs conservant les caractéristiques accidentelles du stimulus (expression, luminosité, etc.). Les modules de droite correspondent aux structures d'identification. À partir de descriptions structurales invariantes du visage, l'activation d'une unité de reconnaissance des visages (URV) permet de déterminer si le visage est familier ; l'activation des nœuds d'identité spécifique (NIS) reliés à cette URV correspond à la récupération des informations sémantiques sur la personne. Le modèle prévoit que la récupération du nom est déterminée par l'activation préalable des NIS (pour une adaptation récente, voir Burton, Bruce et Johnston, 1990). *Source :* Bruce et Young (1986, p. 312). © The British Psychological Society. Reproduit avec permission.

nous évoquerons la nature des traitements perceptifs et des représentations mnésiques visuelles des visages, ce qui nous amènera à nous interroger sur la pertinence des modèles structuraux par rapport à ceux fondés sur les exemplaires, et sur la spécificité et/ou l'unicité des traitements en jeu dans la reconnaissance des visages.

11.4.1 Le modèle structural de Bruce et Young

L'encodage structural : analytique *vs* holistique

Dans le modèle de Bruce et Young, le traitement perceptif débute par une phase d'*encodage structural* dont la fonction est de débarrasser le stimulus des caractéristiques spécifiques de la présentation du visage, par exemple l'éclairage, la qualité de la photographie, l'expression, pour n'en garder que la structure. Comment est codée cette structure ? Deux conceptions s'opposent dans la littérature.

Le visage peut être décomposé en un certain nombre de traits, un trait étant un élément commun à l'ensemble des visages et une variation de la valeur d'un trait suffisant à les différencier. La définition de ces traits est empirique et est fondée sur la capacité des sujets à définir verbalement un élément du visage. Les traits ainsi définis sont les yeux, la bouche, le nez, etc. (pour une revue des travaux sur cette question, voir Shepherd, Davies et Ellis, 1981). Cependant, comme l'a clairement montré Sergent (1984) dans une expérience où les sujets devaient juger la similitude entre des exemplaires dérivés de visages originaux par une modification légère de l'agencement spatial des traits, la configuration formée par ceux-ci exerce une influence fondamentale sur la performance. La reconnaissance des visages n'est donc pas déterminée uniquement par les traits isolés, mais dépend également de leurs positions relatives dans l'espace (Cooper et Wojan, 1996 ; Sergent, 1984 ; Young, Hellawel et Hay, 1987).

Cependant, certains auteurs remettent en question le modèle en traits et en configurations de traits au profit d'un modèle de traitement dit « holistique », où les traits élémentaires ne constituent pas la base de la représentation perceptive, le visage étant de prime abord perçu *comme un tout*. À l'appui de cette négation du trait comme élément de base, Tanaka et Farah (1993) montrent par exemple qu'il est plus facile de déterminer si un trait (par exemple, le nez) appartient à un visage donné si ce trait est présenté dans un visage que s'il est présenté seul ou dans un stimulus reprenant les traits d'un visage mais à des localisations incorrectes (visage « bouleversé » [*scrambled*]). Par ailleurs, le fait que l'identification des parties d'un visage composite créé à partir de deux visages soit facilitée lorsque les deux parties sont décalées (Young et autres, 1987) (voir la figure 11.11), ou encore que l'identification des visages inversés soit très perturbée (voir la figure 11.12), est souvent interprété comme un argument en faveur d'un traitement holistique des visages, le décalage comme l'inversion ne permettant plus d'effectuer ce type de traitement. Pour le moment, il est difficile de trancher entre les deux positions théoriques. Cela nécessiterait notamment de mieux spécifier la nature du traitement holistique ; par exemple, renvoie-t-il à un traitement en basses fréquences spatiales comme dans le cas de la précédence globale (voir la sous-section 11.2.2) ?

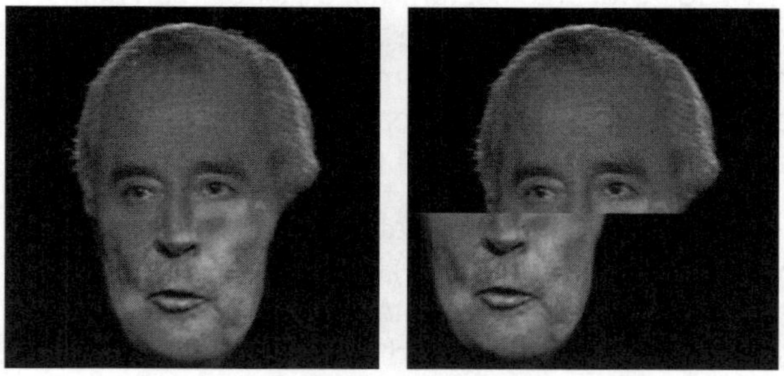

FIGURE 11.11 *Perturbation de l'identification par la structure faciale.* L'identification des deux parties composant un visage est plus facile quand elles sont présentées en rompant la configuration faciale (image de gauche). La perturbation due à l'alignement des deux parties est diminuée si les stimuli sont présentés à l'envers. La perturbation du traitement holistique lors de l'inversion des visages ferait donc disparaître l'effet perturbateur obtenu par la présentation des parties alignées dans un seul visage (voir Young, Hellawel et Hay, 1987).

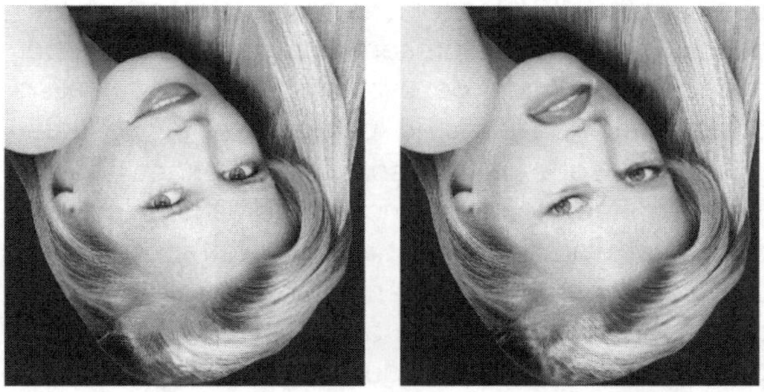

FIGURE 11.12 *Illustration de l'effet d'inversion.* Déterminez rapidement laquelle de ces deux images est la plus agréable. Répétez ce jugement après avoir retourné les illustrations. La manipulation effectuée sur les yeux et la bouche apparaît très clairement quand le visage est perçu dans son orientation habituelle. La relative faiblesse des capacités perceptives observée sur les visages inversés serait attribuable à l'inefficacité du traitement holistique dans ce cas.

Les URV ou le sentiment de familiarité

Dans le modèle de Bruce et Young, l'étape de traitement perceptif (encodage structural) est suivie d'une étape mnésique dans laquelle une ou plusieurs unités de reconnaissance des visages (URV) sont activées. À l'instar des représentations perceptives construites dans la phase d'encodage structural, les représentations mnésiques contenues dans les URV sont conçues comme des représentations abstraites de ce qu'*est* le visage, indépendamment des caractéristiques spécifiques issues des conditions de présentation. Le fonctionnement de l'ensemble « encodage structural – URV » permet donc de passer du stimulus proximal (projection du visage sur la rétine) à l'« adresse » en mémoire que constitue l'unité de reconnaissance. Cette unité « représentant » le visage, dès qu'elle est activée, le système sait que le visage appartient à une personne donnée sans toutefois pouvoir l'identifier ou la nommer, car cela requiert d'activer les modules sémantiques (voir la figure 11.10).

Comment valider expérimentalement ce schéma fonctionnel, et plus particulièrement l'existence des URV ? L'idée défendue par les auteurs est que l'activation des URV va générer chez le sujet un sentiment de familiarité. La familiarité a une réelle existence phénoménologique, les sujets la ressentent et l'expriment facilement. En outre, dans la logique du schéma fonctionnel précédent, les expériences montrent qu'elle possède la latence de réponse la plus basse par rapport aux autres types de réponse de reconnaissance. Par exemple, répondre « oui » si le visage présenté est familier, s'il s'agit d'un homme politique, s'il se prénomme Jean, requiert respectivement environ 700 ms, 750 ms et 800 ms (Young, Ellis et Flude, 1988)[3]. Les chercheurs vont donc utiliser le sentiment de familiarité pour tester l'existence des URV.

On doit à Bruce et Valentine (1985) et à Ellis, Young, Flude et Hay (1987) les expériences princeps sur cette question. Les auteurs ont mesuré l'effet de la présentation préalable d'une personne (les sujets percevaient soit son visage, soit le reste du corps, soit son nom) sur la décision de familiarité de visages présentés en phase test (paradigme d'amorçage par répétition). Les résultats sont favorables à l'existence des URV : la familiarité n'est facilitée que si le premier stimulus présenté est le visage de la personne. Mais ces données ne sont pas suffisantes, car, comme le pensent certains auteurs, cet effet d'amorçage pourrait être dû non pas aux unités mnésiques abstraites que sont les URV, mais à une sorte de mémoire perceptive du stimulus présenté en amorce (voir, par exemple, la notion de système de représentation perceptuelle développée par Tulving et Schacter [1990]). Puisque les URV sont des structures abstraites, pour établir leur existence il faudrait donc montrer que l'effet d'amorçage est relativement insensible à des variations des caractéristiques « accidentelles » du visage entre le visage amorce et le visage test, par exemple l'expression du visage ou sa pose. Malheureusement, cette prédiction n'est pas vérifiée ; l'ampleur de l'effet d'amorçage est directement reliée à la similitude physique entre les deux photographies du même visage présentées (Ellis et autres, 1987).

L'absence de preuves n'étant pas la preuve de l'absence, le problème de l'existence des URV reste posé. Si les modèles structuraux construits autour de la notion d'URV se sont révélés heuristiques, permettant d'accumuler de nombreuses et importantes données expérimentales depuis 1981 (voir Bruce et Young [1998], pour une revue plus exhaustive), ils ne constituent pas pour autant l'unique façon d'expliquer l'identification des visages. Voyons maintenant une conception radicalement différente de l'architecture de traitement en jeu dans la reconnaissance des visages. Cette conception est « non abstractive » et renvoie aux modèles basés sur les exemplaires.

3. L'expérience de Young et de ses collègues (1988) ne comportait pas de test de familiarité, l'écart de 50 ms entre décision de familiarité et sémantique rapporté ici correspond donc à une estimation à partir d'autres expériences incluant cette comparaison (par exemple, Young, McWeeny, Hay et Ellis, 1986).

11.4.2 Les modèles fondés sur les exemplaires

Les modèles basés sur les exemplaires s'opposent aux conceptions abstractives en postulant que l'ensemble des caractéristiques visuelles, accidentelles ou non, contribuent à la mémoire de l'objet (voir Richardson-Klavehn et Bjork, 1988). Le recouvrement de l'objet en mémoire est alors déterminé par la contribution de l'ensemble des traces laissées par chaque exemplaire précédemment rencontré. Cette contribution sera fonction de la similarité entre l'épisode perceptif actuel et l'ensemble des épisodes déjà perçus. Ce principe général peut prendre différentes instanciations (voir, par exemple, Abdi et Valentin, 1994 ; Gauthier et Tarr, 1997 ; Schreiber, Rousset et Tiberghien, 1991 ; Valentin, Abdi, Edelman et O'Toole, 1997, pour des exemples dans le domaine de l'identification). Il trouve son origine dans les modèles « multiples traces » de la mémoire (par exemple, Hintzman, 1986) et correspond au principe fondamental à l'œuvre dans les modèles connexionnistes parallèles et distribués (McClelland, Rumelhart et PDP Research Group, 1986). La figure 11.13 illustre une des voies possibles pour rendre compte de l'identification des visages dans ce cadre « non abstractif ».

Les test expérimentaux destinés à départager ces deux types de modélisation en sont encore à leur début. La sensibilité de l'amorçage par répétition aux caractéristiques accidentelles des photographies présentées, qui s'est avérée être un achoppement pour les modèles structuraux, est « naturellement » prédite par les modèles fondés sur les exemplaires (Jacoby, 1983) dans la mesure où ces modèles sont justement fondés sur la notion de similarité des exemplaires. En dehors du domaine de l'amorçage par répétition, les expériences cruciales ne sont cependant pas toujours faciles à construire. Par exemple, Bruce, Doyle, Dench et Burton (1991) proposent un test expérimental dans lequel un visage

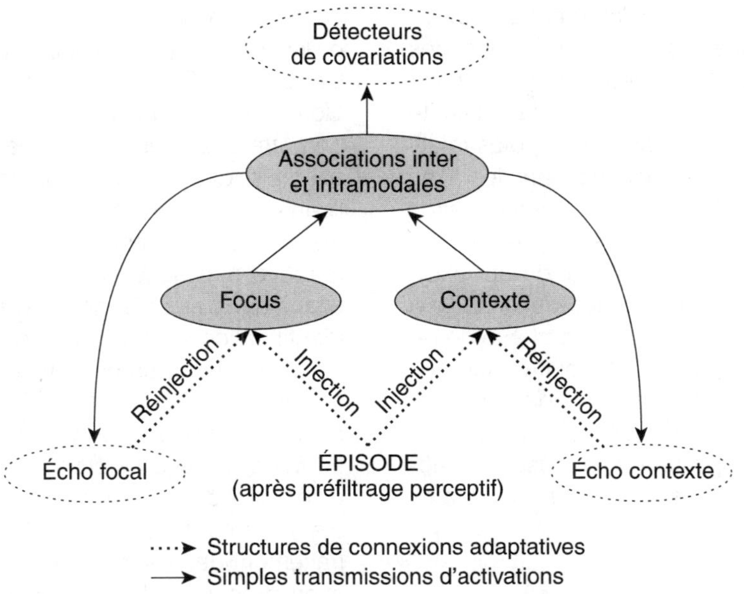

FIGURE 11.13 *Schéma simplifié d'un modèle épisodique de type Facenet.* À chaque présentation d'un épisode perceptif (visage et stimulations multimodales cooccurrentes), le système modifie progressivement les connexions de manière à répliquer la configuration de stimulations sur l'écho focal (visage) et l'écho contexte. Chaque épisode est également associé à un état aléatoire mais différencié (c'est-à-dire sans activation intermédiaire) du détecteur de covariation. La récupération n'étant plus l'activation d'unités de mémoire mais une re-création (émergence), les indicateurs d'identification doivent alors être détectés dans la manière dont un système qui s'est précédemment adapté s'adapte à l'épisode présent. 1) Le sentiment de familiarité correspond à l'obtention directe d'un écho focal identique à l'entrée, sans nécessité de réapprentissage. 2) La re-création (par propriété de complétion des réseaux parallèles et distribués) d'éléments contextuels antérieurement associés au visage constitue le sens de la personne. 3) L'attribution de ces émergences contextuelles au visage traité dépend de l'obtention, sans apprentissage, d'un état différencié du détecteur de covariation. La réinjection des échos en entrée permet de simuler une réelle dynamique des processus mnésiques en permettant au système de fonctionner à partir de ses propres productions. Ce modèle suppose donc que trois indicateurs participent à l'identification, qu'ils fonctionnent en parallèle et qu'ils résultent des effets des adaptations perceptives passées dans la dynamique temporelle de l'adaptation perceptive présente. *Source :* D'après Rousset, Schreiber et Wang (1988).

original est vieilli ou rajeuni par déplacement des traits. Dans la condition appelée « bimodale », les visages sont appris deux fois sous la même forme « jeune » et deux fois sous la même forme « vieux », alors que, dans la condition répartie, ils sont présentés sous quatre déviations différentes (en jeune ou en vieux) centrées sur le visage original. Le visage test proposé à la reconnaissance est le visage original qui n'a jamais été présenté. Si le modèle fondé sur les exemplaires est valide, on devrait observer de moins bonnes performances dans la condition bimodale que dans la condition répartie, l'existence de seulement deux exemplaires extrêmes dans la condition bimodale conduisant de fait à une moins grande similarité entre les exemplaires appris et le visage présenté que dans le cas où deux exemplaires intermédiaires ont également été appris. Si le modèle abstractif est valide, alors les conditions d'apprentissage ne devraient avoir aucune importance, une représentation invariante ayant été extraite lors de l'apprentissage. Les résultats obtenus ne possèdent malheureusement pas le degré de clarté espéré : si, dans les différents tests expérimentaux effectués par les auteurs, l'un d'entre eux permet d'obtenir une moins bonne performance dans le cas bimodal, les autres ne permettent pas de mettre en évidence des différences. Les auteurs concluent dans l'ambiguïté en suggérant qu'une représentation abstraite de la configuration des traits est sûrement enregistrée, en compagnie cependant de quelques exemplaires particuliers.

L'expérience précédente illustre les difficultés rencontrées lorsque l'on désire séparer une théorie abstractive d'une théorie fondée sur les exemplaires. Il est actuellement difficile de déterminer précisément quelles sont les relations de similarité entre deux visages et nous ne connaissons pas l'influence des traitements perceptifs de bas niveau sur cette similarité. Par exemple, comment déterminer la similarité entre deux visages en tenant compte du poids relatif des différents traitements fréquentiels dans les aires visuelles? Les modèles fondés sur les exemplaires ne permettent donc de prédire que des tendances générales (Bruce et autres, 1991 ; Burton et Vokey, 1998). Cependant, s'il est nécessaire de recourir à un modèle hybride pour maintenir l'hypothèse de représentations abstraites, alors tout résultat montrant qu'il ne peut y avoir eu de mémorisation de représentations abstraites peut être attribué à une mémorisation spécifique de l'exemplaire. L'hypothèse abstractive se coupe donc alors des bases expérimentales qui permettraient de la valider.

11.4.3 Les visages, un traitement spécifique ?

Pour clore cette brève présentation des modèles de reconnaissance des visages, abordons rapidement une question omniprésente dans la littérature sur ce domaine, motivée notamment par l'importance phylogénétique et ontogénétique du stimulus « visage », qui est de savoir si le traitement des visages procède (ou non) de processus et/ou d'une circuiterie cérébrale spécifiques (Moscovitch, Winocur et Behrmann, 1997). Si, jusqu'alors, les résultats expérimentaux allaient plutôt dans le sens d'une spécificité anatomofonctionnelle de la reconnaissance des visages, les données récentes amènent à nuancer ce point de vue.

S'il est vrai, par exemple, qu'une double dissociation a été observée en neuropsychologie (il s'agit de personnes cérébrolésées montrant, les unes, une reconnaissance des objets préservée et une atteinte dans la reconnaissance des visages – prosopagnosie –, les autres, le pattern de reconnaissance inverse), toutefois, le second type de dissociation est extrêmement rare et demande à être confirmé (voir Moscovitch et autres, 1997, pour une étude approfondie d'un tel cas).

Au niveau neuro-anatomique, les études en imagerie fonctionnelle semblaient indiquer que le gyrus fusiforme était une zone qui entrait spécifiquement en jeu dans l'identification des visages. Cette zone était en effet activée lorsque la discrimination et l'identification portaient sur les visages et non sur les objets ou les animaux (Kanwisher, McDermott et Chun, 1997). Cependant, Gauthier, Anderson, Tarr, Skudlarski et Gore (1998) démontrent que si la tâche sur les objets doit être effectuée à un niveau sous-catégoriel (par exemple, dire qu'une image correspond au mot « pélican ») et non à un niveau catégoriel (dire que la même image correspond au mot « oiseau »), alors on retrouve une activation des zones que l'on croyait spécifiques aux visages. Ce simple passage d'une identification au niveau catégoriel à une identification au niveau sous-ordonné (sans même atteindre le niveau d'identification des exemplaires) remet en cause la *spécificité « visage »* des zones étudiées. Le fait que cette différence soit issue d'une simple différence de niveau de traitement cognitif est loin d'être compatible avec l'idée d'une particularité du traitement des visages, et amène donc à considérer avec précaution les modèles qui proposent que la reconnaissance des visages soit effectuée par des processus de nature radicalement différente de ceux qui sont à l'œuvre dans la reconnaissance des objets.

Abordons maintenant de manière plus détaillée les troubles de la reconnaissance évoqués ci-dessus, en examinant les formes d'agnosie visuelle habituellement décrites en neuropsychologie.

11.5 LA NEUROPSYCHOLOGIE : LES AGNOSIES VISUELLES

La distinction anatomique entre deux voies visuelles distinctes, traitant respectivement les propriétés des objets et l'espace (voir la sous-section 11.1.3), se trouve confortée par l'existence, après lésion cérébrale, de deux grandes variétés d'agnosie : les agnosies d'objet et les agnosies spatiales. Dans la logique de ce chapitre, les formes d'agnosie décrites cidessous concerneront uniquement l'agnosie d'objet ; le lecteur intéressé par une revue des agnosies spatiales pourra se reporter à Vighetto (1998).

11.5.1 La définition de l'agnosie visuelle d'objet

L'agnosie visuelle d'objet (Freud, 1891) est une pathologie neuropsychologique caractérisée par un déficit isolé de l'identification visuelle des stimuli visuels antérieurement connus, qui ne peut être attribué à un déficit global des fonctions supérieures, ni à des troubles sensoriels élémentaires. Un patient agnosique ne peut pas évoquer le nom des objets à partir d'une entrée visuelle, ni mimer leur usage, ni les classer en catégories, ni les apparier par la fonction avec d'autres objets, ce qui distingue l'agnosie d'un simple déficit linguistique (aphasie).

L'agnosie d'objet n'est pas un syndrome unitaire. Dès 1890, Lissauer établissait une distinction entre l'agnosie aperceptive, consécutive à l'impossibilité de construire une représentation visuelle correcte des objets, et l'agnosie associative, résultant d'une incapacité à associer une signification à un objet pourtant correctement perçu. Si cette terminologie est toujours utilisée, les progrès réalisés ces 20 dernières années dans l'évaluation des patients (du fait d'une meilleure spécification des modèles de reconnaissance d'objets et des paradigmes expérimentaux associés) ont abouti à une nosologie plus précise des déficits à l'intérieur de ces deux grandes catégories d'agnosie. Actuellement, il existe un relatif consensus pour distinguer six formes différentes d'agnosie visuelle (par exemple, Humphreys et Riddoch, 1987a) en fonction de l'étape de traitement censée être interrompue dans le processus d'identification tel qu'il est formalisé par les modèles de reconnaissance de type structural (par exemple, Marr, 1982). Ces différentes formes sont détaillées ci-dessous, en distinguant les agnosies issues d'un dysfonctionnement des traitements perceptifs (11.5.2) de celles dues à un dysfonctionnement des représentations mnésiques (11.5.3).

11.5.2 Les formes d'agnosie visuelle liées à un dysfonctionnement des traitements perceptifs : les agnosies aperceptives

L'agnosie de la forme

L'agnosie de la forme (Benson et Greenberg, 1969 ; Efron, 1969 ; Milner et Heywood, 1989) serait consécutive à un dysfonctionnement des traitements perceptifs de bas niveau, liés à l'extraction des caractéristiques 2D du stimulus comme les bords, les coins, etc. Cette agnosie se traduit par un trouble sévère de l'identification visuelle quel que soit le type de stimulus présenté (scène, objet, visage, lettre). Elle ne se distingue de la cécité corticale que par la préservation de l'acuité visuelle et de la perception de la couleur.

Au niveau comportemental, les patients atteints d'agnosie de la forme présentent des dissociations surprenantes : bien que leur trouble massif les conduise la plupart du temps à se conduire « en aveugle », ils sont néanmoins capables d'attraper une mouche au vol ou de déplacer d'une pichenette un cheveu tombé sur le bureau, actions qui requièrent une bonne acuité visuelle, sans faire appel à la perception d'une forme structurée. En revanche, ils sont en échec dans toutes les tâches mettant en jeu le traitement visuel de la forme des objets : le dessin copié et la description d'objets vus sont totalement impossibles ; les tests de discrimination de formes (jugements « même / différent ») de même que les tâches de recherche visuelle où la cible diffère des distracteurs par une caractéristique élémentaire (voir le chapitre 18) donnent lieu à des échecs massifs.

L'agnosie intégrative

Comme son nom le suggère, l'agnosie intégrative, dont le cas princeps a été décrit par Riddoch et Humphreys (1987a), serait liée à un déficit des traitements qui sous-tendent les groupements perceptifs et l'intégration des caractéristiques visuelles élémentaires en un objet perceptif. Malgré un traitement normal des caractéristiques élémentaires de la forme aux différentes échelles spatiales, les patients présentant cette pathologie ne parviennent pas à « intégrer » ces différentes informations en une configuration perceptive structurée. Dans les épreuves cliniques habituelles, l'agnosie intégrative se traduit par un échec dans les comparaisons de dessins complexes se distinguant par l'arrangement de leurs parties (test de Thurstone ; voir la figure 11.14) ainsi que dans les tests de discrimination « figure-fond » (voir la figure 11.15) nécessitant de percevoir globalement une forme qui sera vue comme une seule unité se détachant sur un fond. L'agnosie intégrative est également marquée par une lenteur générale du traitement visuel et une copie « servile » de dessin (les éléments constitutifs du dessin sont abordés de

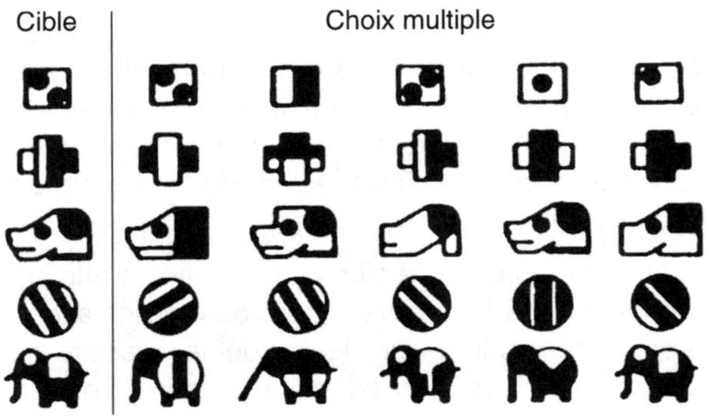

FIGURE 11.14 *Exemples du test de Thurstone.* La tâche consiste à retrouver, parmi un choix multiple de stimuli se différenciant essentiellement par l'arrangement de parties similaires, la cible présentée sur la gauche. *Source :* Thurstone (1952).

FIGURE 11.15 *Exemple de test de discrimination figure-fond.* La tâche consiste à trouver, dans un choix multiple, les différents éléments qui composent la figure enchevêtrée.

proche en proche, sans appréhension de leur configuration d'ensemble).

Cependant, ce tableau comportemental perd de son homogénéité lorsque les patients sont confrontés aux paradigmes expérimentaux de psychologie cognitive mesurant plus directement les capacités d'intégration des caractéristiques locales et globales de forme. Certains d'entre eux présentent des performances déficitaires dans les tâches de détection de cibles « conjonctives », où la cible ne diffère des distracteurs que par un assemblage particulier de caractéristiques élémentaires (voir le chapitre 18). D'autres présentent des patterns déviants dans la tâche de précédence globale (voir 11.2.2), les uns faisant preuve de précédence locale (Charnallet, Carbonnel et Pellat, 1994 ; Humphreys et autres, 1994), les autres, paradoxalement, d'une forte précédence globale. Cette dernière pourrait être due à une mauvaise segmentation des parties de la forme hiérarchique du fait d'un déficit des processus de groupement au niveau local (Humphreys et Riddoch, 1987b). Du point de vue fonctionnel, l'agnosie intégrative est donc actuellement une catégorie très hétérogène, ce qui, sans doute, conduira à court terme à la redéfinir de manière plus différenciée.

L'agnosie de transformation

L'agnosie de transformation résulterait pour sa part d'un échec dans l'étape finale de construction d'une représentation indépendante du point de vue de l'observateur. Elle est parfois qualifiée de « pseudo-agnosie », car les patients présentant cette pathologie ne sont agnosiques que lorsque les objets à identifier sont présentés sous un angle de vue non habituel (Humphreys et Riddoch, 1984 ; Warrington et James, 1988). Leur performance est sans anomalie dans toutes les épreuves évaluant le traitement perceptif, à l'exception du test de *catégorisation perceptive* (voir la figure 11.16) initialement proposé par Warrington et Taylor (1973).

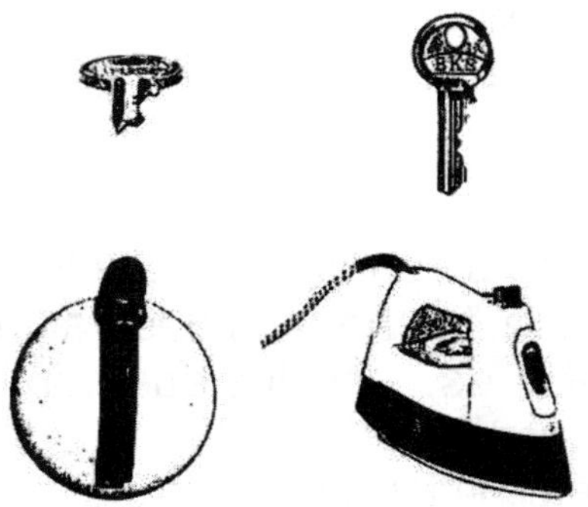

FIGURE 11.16 *Exemple de test de catégorisation perceptive.* Les sujets doivent juger si deux photographies, l'une prise sous un angle canonique et l'autre sous un angle inhabituel, représentent le même objet ou deux objets différents. En haut : même objet ; en bas : objets différents. *Source :* Bulla-Hellwig, Ettlinger, Dommasch, Ebel et Skreczeck (1992, p. 264).

11.5.3 Les agnosies visuelles liées à un dysfonctionnement des représentations mnésiques

Comme il a été rappelé plus haut, les modèles structuraux de reconnaissance d'objet postulent que, à la suite du traitement perceptif, l'évocation d'une signification requiert l'accès à deux systèmes distincts de représentations mnésiques : le système de représentations structurales et un système de représentations sémantiques, unique et accessible à partir de toutes les modalités sensorielles d'entrée, qui contient toutes les caractéristiques, autres que visuelles, composant le sens de l'objet traité ; cette opinion est cependant controversée (voir Caramazza, Hillis, Rapp et Romani, 1990, pour une discussion des différentes théories). Dans la logique de la démarche suivie précédemment pour décrire les agnosies aperceptives, il devrait être possible d'observer des formes d'agnosie visuelle liées à un dysfonctionnement propre à chaque niveau de représentation. Voyons si tel est le cas.

L'agnosie visuelle par perte des représentations structurales stockées

Un déficit fonctionnel concernant les représentations structurales stockées devrait engendrer une agnosie par non-reconnaissance de la forme des objets différente selon que le déficit concerne l'*accès* au stock des représentations structurales stockées ou la *perte* de tout ou partie de ces dernières. En fait, seule la seconde forme d'agnosie a été décrite dans la littérature (Sartori et Job, 1988 ; Silveri et Gainotti, 1988).

Elle se traduit par la perte du sentiment de familiarité pour les objets et par un trouble de l'imagerie visuelle, ces deux caractéristiques comportementales procédant directement du rôle du système de représentations structurales dans la reconnaissance (voir la sous-section 11.4.1). La perte du sentiment de familiarité se traduit par un échec dans la tâche de « décision d'objet » (Kroll et Potter, 1984), laquelle, par analogie avec les épreuves de décision lexicale, requiert de dire si le stimulus présenté est un vrai objet ou un « non-objet » (voir la figure 11.17), ce qui, en théorie, nécessite seulement l'appariement de la représentation perceptive avec une représentation structurale stockée. En ce qui concerne le trouble de l'imagerie, son expression la plus directe réside dans le dessin « de mémoire » (à partir du nom) des objets. Dans cette tâche, les productions des patients présentant une agnosie par perte des représentations structurales stockées traduisent, comme le montre la figure 11.18, une méconnaissance totale des caractéristiques de la structure physique des objets. En dehors du dessin, les performances de ces patients sont également déficitaires en description d'objets et dans tous les questionnaires d'imagerie (par exemple, De Renzi et Lucchelli, 1993 ; Mehta, Newcombe et De Haan, 1992 ; Sheridan et Humphreys, 1993) où la réponse nécessite l'évocation de l'image mentale des objets (par exemple, déterminer, à partir des mots « hache », « pelle » et « drapeau », les deux qui renvoient à des stimuli dont la forme globale est similaire).

Les agnosies associatives

Deux variétés d'agnosie correspondent à ce qui est qualifié d'« agnosie associative » : l'agnosie *asémantique* et l'agnosie *d'accès sémantique*. Dans les deux cas, l'agnosie résulte d'une incapacité à associer une signification à un percept correct, mais ceci pour des raisons différentes : du fait de l'indisponibilité des représentations sémantiques dans le premier cas et du fait de leur inaccessibilité dans le second.

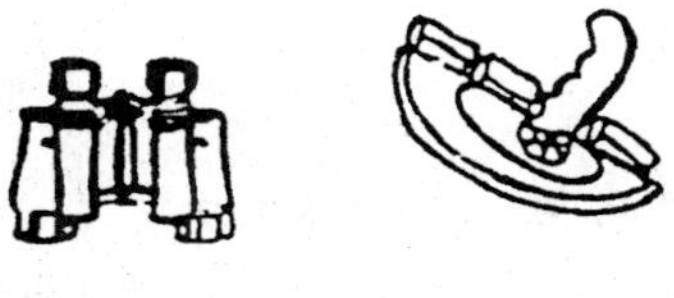

FIGURE 11.17 *Exemple de stimuli utilisés dans les tests de décision d'objet.* Ce test de familiarité perceptive pourrait se faire uniquement sur la base de l'accès au système de représentations structurales stockées. Une performance correcte témoignerait donc de leur intégrité.

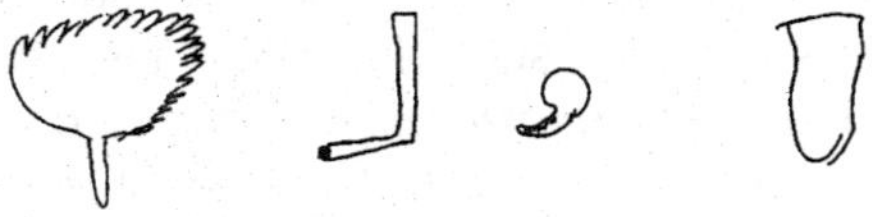

FIGURE 11.18 *Dessins de mémoire en cas de déficit des représentations structurales stockées.* Un parapluie, un marteau, une clef et une poire. *Source :* De Renzi et Lucchelli (1993, p. 203).

L'agnosie asémantique

L'agnosie asémantique (Hodges, Patterson et Tyler, 1994 ; Rousset et autres, 1996 ; Sirigu, Duhamel et Poncet, 1991 ; Warrington, 1975) serait consécutive à une dégradation des représentations sémantiques. Cette pathologie dépasse le cadre de l'agnosie visuelle au sens strict dans la mesure où sa principale caractéristique est d'être multimodale. Si les patients qui en sont atteints ne parviennent plus à identifier visuellement certains objets, ils sont également incapables de les définir à partir de leur nom, et d'identifier leur son significatif. Ils présentent donc une agnosie visuelle, mais aussi une agnosie auditive et un trouble de la compréhension des mots concrets, avec généralement une forte corrélation intermodalités : les items identifiés visuellement le sont également à partir des autres canaux sensoriels, et il en est de même pour les items où les patients ont échoué. La plupart des auteurs font de la stabilité (d'un jour à l'autre) des réponses des patients un marqueur de cette variété d'agnosie, car elle témoignerait d'une indisponibilité permanente des représentations sémantiques (et non d'une difficulté à les activer).

Soulignons que cette pathologie compromet gravement l'autonomie des patients qui en sont atteints, d'autant plus qu'elle est fréquemment évolutive. Elle correspond au tableau de « démence sémantique » isolé depuis 1990 à l'intérieur des pathologies dégénératives (voir, pour une revue, Snowden, Neary et Mann, 1996).

L'agnosie d'accès sémantique

L'agnosie d'accès sémantique résulterait d'un échec de communication entre le système des représentations structurales stockées et le système sémantique. Ainsi spécifié, ce déficit fonctionnel est le seul à correspondre parfaitement à la définition initiale de l'agnosie associative par Lissauer. De manière peu heureuse sur le plan scientifique, l'agnosie d'accès sémantique se diagnostique *par défaut* chez des patients présentant un déficit de l'identification visuelle des objets mais sans troubles perceptifs, sans troubles de l'imagerie et sans déficit général des connaissances sémantiques. Cette agnosie est peu fréquente et, jusqu'à l'heure actuelle, un seul cas a fait l'objet d'une démonstration convaincante (Riddoch et Humphreys, 1987b).

11.5.4 *Nota*

Rappelons, pour conclure, que cette classification des agnosies est la plus fréquemment utilisée pour caractériser les troubles de l'identification visuelle en neuropsychologie. Elle représente un bon exemple de l'apport de la psychologie cognitive à l'étude de la pathologie, mais il ne faut pas oublier qu'étant contrainte par les modèles structuraux de l'identification visuelle, elle est le résultat d'un parti pris théorique et est, de fait, sujette à controverse (Charnallet et Carbonnel, 1995 ; Charnallet, Rousset, Carbonnel et Pellat, 1997). Cette classification ne doit donc pas être vue comme une fin en soi, mais plutôt comme un point de départ pour des réflexions ultérieures qui entraîneront inévitablement sa modification.

CONCLUSION

L'objet de ce chapitre était de résumer les connaissances actuelles sur les processus en jeu dans la reconnaissance visuelle des scènes, des objets et des visages. Comme nous l'avons vu, il n'y a pas à ce jour de théorie explicative unique et exhaustive. Réexaminons, pour conclure, les principaux problèmes théoriques soulevés dans ce chapitre. Ils correspondent à trois ordres d'enjeux.

Le premier enjeu est de savoir comment intégrer, au niveau de l'analyse perceptive, traitement fréquentiel et traitement en primitives dans un seul modèle. Si l'on peut, comme l'avaient suggéré à juste titre Marr et Nishihara (1978), entendre le traitement visuel comme une analyse « multiéchelle » consistant à extraire en parallèle les différentes caractéristiques de l'image à différentes échelles spatiales, il est encore, à l'heure actuelle, toujours difficile de modéliser et de simuler un tel principe fonctionnel.

Le second enjeu est de déterminer si les traitements sont différents selon que l'on a affaire à une reconnaissance au niveau catégoriel ou au niveau des exemplaires. Dans une modélisation à l'état d'esquisse, Hummel et Stankiewicz (1998) ont aménagé le modèle RpC (Hummel et Biederman, 1992) en ajoutant notamment un module traitant de manière plus approfondie la métrique des structures volumétriques (géons) des objets afin que le système puisse fournir une réponse au niveau catégoriel (« c'est *une* tasse de café ») et au niveau de l'exemplaire (« c'est *ma* tasse »). Ce travail indiquerait que les traitements pourraient donc ne pas être radicalement différents, la reconnaissance des exemplaires nécessitant simplement un traitement du signal visuel plus fin. La cohérence de cette proposition doit cependant être encore évaluée expérimentalement, notamment en la comparant aux prédictions issues des modèles fondés sur les exemplaires.

La question de l'exemplarité par rapport à la catégorie rejoint, plus fondamentalement, le troisième enjeu théorique qui porte sur la façon de *représenter* la connaissance dans le système de traitement. La connaissance est-elle, comme dans les modèles structuraux (Biederman, 1995 ; Bruce et Young, 1986), une base d'unités structurales abstraites ou émerge-t-elle, comme dans les modèles fondés sur les exemplaires (modèles parallèles et distribués) (McClelland et Rumelhart et PDP Research Group, 1986), de la structure du traitement ? Comme nous l'avons vu, il est difficile pour l'instant de répondre par l'expérience comportementale à une telle interrogation. Soulignons simplement que si les données récentes des neurosciences indiquent qu'il existe des émergences dans le traitement (comme la synchronisation momentanée sur l'ensemble du cortex des différentes cellules qui codent les divers attributs de l'objet ; voir, par exemple, Singer et Gray, 1995), elles ne permettent pas de savoir si cette émergence conduit à des unités plus abstraites (comme, notamment, dans Hummel et Biederman, 1992) ou si elle est, en elle-même, la représentation du stimulus.

LECTURES RECOMMANDÉES

BIEDERMAN, I. (1995). Visual object recognition. Dans S. Kosslyn et D. Osherson (dir.), *Visual cognition* (p. 121-165). Cambridge, MA : MIT Press.

BRUCE, V., et YOUNG, A.W. (1986). Understanding face recognition. *British Journal of Psychology, 77,* 305-327.

BRUCE, V., et YOUNG, A.W. (1998). *In the eye of the beholder : The science of face perception.* Oxford : Oxford University Press.

BULLIER, J. (1998). Architecture fonctionnelle du système visuel. Dans M. Boucart, M.-A. Hénaff et C. Belin (dir.), *Vision : aspects perceptifs et cognitifs* (p. 11-42). Cahors : Solal.

HUGHES, H., NOZAWA, G., et KITTERLE, F. (1996). Global precedence, spatial frequency channels, and the statistics of the natural image. *Journal of Cognitive Neuroscience, 8*, 197-230.

IVRY, R., et ROBERTSON, L. (1998). *The two sides of perception.* Cambridge, MA : MIT Press.

CHAPITRE 12 La perception de la troisième dimension et de la taille

André Delorme et Jacques Lajoie

INTRODUCTION

Comment pouvons-nous percevoir visuellement la troisième dimension avec des yeux qui ne reçoivent de l'environnement que des images bidimensionnelles ? Grâce au fait que nous avons deux yeux, mais, surtout, parce que nous disposons, pour percevoir la profondeur, d'une douzaine de *sources d'information* susceptibles de se confirmer mutuellement. En quoi consistent ces sources d'information ? Quelle est leur importance, quelle est leur fiabilité et quels sont leurs poids relatifs dans le processus ? Qu'arrive-t-il quand elles se contredisent mutuellement ? Doit-on apprendre à les utiliser ? Voilà des questions auxquelles la première partie de ce chapitre tentera d'apporter des réponses.

La seconde partie portera sur la perception de la taille. Comment expliquer que la taille des objets nous paraisse invariable alors que la taille des images que les objets projettent sur nos rétines change constamment avec les variations de distance ? On ne se rend généralement pas compte qu'un objet que l'on regarde dans sa main en ayant le bras tendu projette une image deux fois plus petite que celle qu'il projetterait à mi-chemin de cette distance. Faut-il donc supposer que le système perceptif fait constamment des corrections pour les rapetissements créés par la distance et que chaque perception de taille implique une perception de distance ? Voilà l'une des questions centrales de la seconde partie de ce chapitre.

12.1 LA PERCEPTION DE LA DISTANCE EN PROFONDEUR

L'affirmation que nous pouvons percevoir la troisième dimension grâce au fait que nous avons deux yeux n'est vraie qu'en partie, car on ne peut pas en déduire qu'avec un seul œil nous verrions le monde plat. Il suffit de fermer un œil pour constater la richesse de l'information tridimensionnelle qui subsiste. On sait en outre que les humains ont inventé depuis des temps immémoriaux des procédés pour évoquer la troisième dimension sur des supports plats. On en voit déjà l'ébauche dans les dessins rupestres. C'est cependant à l'époque de la Renaissance que cette question devient une véritable préoccupation alors qu'on tente de mathématiser les principes de la perspective et que Léonard de Vinci définit ce qu'on appelle les « indices picturaux » de profondeur. C'est en utilisant ces règles qu'on se mettra à produire les trompe-l'œil, ces premières tentatives de créer la « réalité virtuelle » .

N'avait-on pas ainsi élucidé le problème relatif à la perception de la troisième dimension à partir de sources d'information bidimensionnelles ? Pas forcément puisque, sans ignorer tout cela, Berkeley, en 1709 (voir Schwartz, 1994), n'en affirmait pas moins que la profondeur n'est pas *directement* perceptible par la vision. C'était une assertion bien étonnante et qui semblait contredire l'expérience courante. En effet, lorsqu'on regarde un objet situé à une certaine distance devant soi, n'a-t-on pas la nette impression de percevoir visuellement l'espace qui nous en sépare ? À cela Berkeley aurait pu répliquer que cet espace est vide et qu'il ne peut donc pas fournir de stimulus lumineux au système visuel. Comment dès lors expliquer cette perception de distance ?

Une réponse consistait à affirmer qu'on le fait par triangulation grâce à la convergence binoculaire ainsi que par focalisation au moyen du mécanisme d'accommodation. Comme on l'a vu au chapitre 4, c'est notamment pour éviter la diplopie que les yeux convergent sur un point ou un objet. Or cette convergence ne sert pas qu'à unifier les images des deux yeux ; elle porte aussi une information sur la distance de l'objet regardé. La distance interpupillaire représente la base d'un triangle dont la hauteur correspond à la distance de l'objet sur lequel les yeux convergent. Il en va de même de l'accommodation du cristallin de l'œil, qui est guidée par la distance physique de l'objet. Or, pour Berkeley, ces sources ne sont pas à proprement parler « visuelles » puisqu'elles impliquent une base musculaire et appartiennent à ce qu'il appelle le « tangible » (c'est-à-dire le toucher et la kinesthésie). Ce n'est donc, selon lui, que par association que la vision finit par jouer un rôle dans cette expérience perceptive. Les données relevant du tangible lui apparaissent comme les *critères* ou *indices primaires* de profondeur parce qu'ils permettent une perception directe de celle-ci, alors que les critères visuels lui semblent devoir être considérés comme secondaires.

Cette distinction a prévalu pendant près de deux siècles jusqu'à ce que, au cours du XXe siècle, on assiste à un retournement de situation et que l'on constate le poids considérable de la vision dans la perception de l'espace tridimensionnel (Sedgwick, 1986). Ce retournement semble avoir eu plusieurs causes. L'une d'entre elles concerne un changement de paradigme. L'espace de Berkeley était l'espace vide des physiciens ou des mathématiciens, et n'était donc pas perceptible visuellement. C'est pourquoi ce philosophe pouvait soutenir ce qu'on appelle l'« argument du point unique » (voir l'encadré 12.1). Aujourd'hui, on a plutôt tendance à concevoir l'espace tridimensionnel comme perceptible en le définissant à partir des surfaces qui l'encadrent et des objets qui l'occupent. C'est ce qu'exprime l'opposition de J.J. Gibson à cet argument.

ENCADRÉ 12.1
L'argument du point unique de Berkeley et l'objection soulevée par Gibson
(voir Bower, 1974, Gibson, 1950, et Schwartz,1994)

L'argument du point unique

L'argument du point unique affirme en substance que, à la suite des découvertes sur l'optique, on peut considérer la distance comme une ligne dirigée vers le fond de l'œil. Cette ligne ne projetterait qu'un seul point sur le fond de l'œil, et ce point demeurerait le même quelle que soit la distance (A, B, C ou D) de son origine (voir la figure 12.1 en a)). L'oeil ne disposerait donc d'aucun moyen d'estimer la distance de points situés sur cette ligne.

L'objection de Gibson

Selon Gibson (1950), le problème ne se pose plus de la même façon si l'on considère que l'espace visuel, plutôt que d'être l'espace vide des mathématiques, est constitué de surfaces. Dans cette optique, la distance cesse d'être une ligne sans épaisseur et l'on peut situer des objets en profondeur en le faisant relativement à la surface du sol. Par exemple, dans la figure 12.1 en b*), les points W, X, Y et Z, qui sont situés sur une surface vue en perspective, donnent une projection rétinienne dans laquelle ils présentent une décroissance de leurs écarts avec la distance. On a donc là une donnée visuelle qui spécifie leur distance relative. Bower (1974) concluait de cette démonstration que l'on peut voir la distance aussi directement que c'est le cas pour la couleur.*

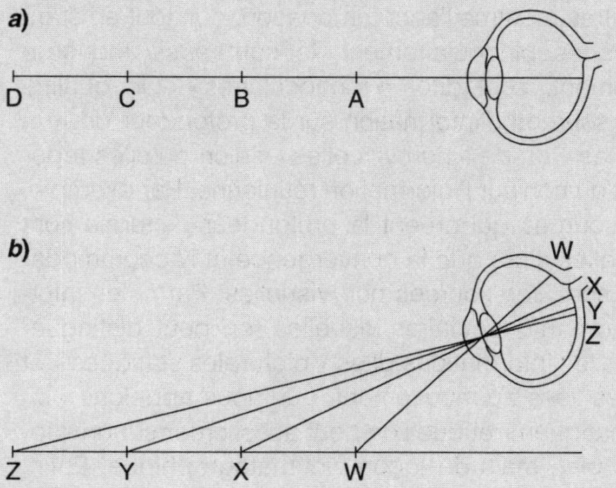

FIGURE 12.1 *Estimation de la distance. a) Problème du point unique selon Berkeley. b) Solution de Gibson.*
Source : Bower (1974, p. 66).

12.1.1 Les sources d'information sur la profondeur

Traditionnellement, on appelait « critères » ou « indices » (*cues*) ce que l'on préfère appeler de plus en plus aujourd'hui « sources d'information sur la profondeur ». La raison de ce changement tient au fait que l'on évite ainsi une fausse interprétation liée aux deux premières appellations suggérant que le processus soit forcément inférentiel (voir Cutting et Vishton, 1995). Les sources d'information sur la profondeur n'ont pas toutes la même base sensorielle et ne spécifient pas toutes les mêmes paramètres de la profondeur. Il importe d'avoir en tête ces nuances quand on essaie de les comparer entre elles. Par exemple, la distance dont parlait Berkeley est une distance que l'on pourrait qualifier d'« égocentrique » ou d'« absolue » ; c'est la distance par rapport à soi en tant qu'observateur, qui s'exprime en mètres, en nombre de pas requis pour la franchir, en degré d'effort pour lancer une boule à cette distance, mais aussi en degré d'effort musculaire de convergence ou d'accommodation requis pour qu'on la perçoive, etc. Par opposition, les informations sur la profondeur contenues dans un dessin, alors que la question de distance à l'observateur ne se pose généralement pas, se rapportent plutôt à une distance *relative* ou *exocentrique* parce qu'elles concernent plutôt l'ordre spatial en profondeur, les rapports de distance ou le relief d'un objet.

Les sources d'information sur la profondeur qui, comme la convergence, requièrent l'action combinée des deux yeux sont dites « binoculaires », alors que d'autres, comme l'accommodation, qui, tout en étant efficaces binoculairement, le sont *aussi* monoculairement, sont dites « monoculaires ». On qualifie des sources d'information sur la profondeur de « visuelles » ou de « non visuelles » selon qu'elles reposent ou non sur l'information rétinienne. Par exemple, les sources qui créent la profondeur picturale sont visuelles alors que la convergence et l'accommodation sont des sources non visuelles. Parmi les informations monoculaires visuelles, on peut distinguer entre les informations dites « picturales statiques » et celles liées au mouvement, que nous appelons « cinématiques » et que l'on peut aussi créer sur un support plat, mais de façon cinématographique. Enfin, même si l'on n'a pas l'habitude de l'inclure parmi les indices picturaux, la disparité rétinienne n'en est pas moins un. Le tableau 12.1 compare à ces divers points de vue les différentes sources d'information sur la profondeur dont il sera question tout au long du chapitre.

12.1.2 La distance égocentrique ou absolue

La convergence binoculaire et l'accommodation du cristallin : des indicateurs musculaires

La convergence binoculaire et l'accommodation du cristallin sont des mécanismes qui fonctionnent en synergie. La distance d'accommodation correspond normalement à celle de convergence. En outre, même lorsqu'on regarde d'un seul œil un objet qui se trouve à une distance donnée, l'autre œil (celui qui est fermé) pivote vers le point de fixation (Kaufman, 1974) de sorte qu'on peut dire qu'il y a alors convergence binoculaire et que cette convergence est déclenchée par l'accommodation, ce qu'on appelle une « convergence accommodative » (Gillam, 1995).

Ces mécanismes devraient *théoriquement* fournir des informations certaines sur la distance absolue, puisqu'à une distance physique donnée ne correspondent qu'un seul angle de convergence binoculaire et une seule condition d'accommodation du cristallin. On aurait pu s'attendre à cet égard à ce que ces sources d'information sur la distance s'avèrent

TABLEAU 12.1
Principales sources d'information sur la perception de la profondeur.

Source d'information	Source visuelle/ non visuelle	Source absolue/ relative	Source monoculaire/ binoculaire	Source picturale/ cinématique
Accommodation	non visuelle	absolue	monoculaire	—
Convergence	non visuelle	absolue	binoculaire	—
Taille familière	visuelle	absolue	monoculaire	picturale
Occlusion	visuelle	relative	monoculaire	picturale
Hauteur relative	visuelle	relative	monoculaire	picturale
Taille relative	visuelle	relative	monoculaire	picturale
Gradient de texture	visuelle	relative	monoculaire	picturale
Perspective linéaire	visuelle	relative	monoculaire	picturale
Gradient de clarté	visuelle	relative	monoculaire	picturale
Parallaxe de mouvement	visuelle	relative	monoculaire	cinématique
Taille variable	visuelle	relative	monoculaire	cinématique
Disparité binoculaire	visuelle	relative	binoculaire	picturale

parmi les plus efficaces. On les décrit classiquement comme des indices non visuels parce qu'elles relèvent respectivement de l'activité des muscles oculomoteurs et des muscles ciliaires (voir le chapitre 4) et on les présente comme les principaux indicateurs de distance égocentrique. L'évaluation de leur efficacité relative et de leur fonctionnement donne cependant des résultats décevants à cet égard. Tout d'abord, ces mécanismes oculomoteurs ne fonctionnent qu'à l'intérieur de distances de 2 à 3 m et leur efficacité diminue avec la distance (Cutting et Vishton, 1995). Par ailleurs, leur indépendance à l'égard de la vision a été exagérée. Rappelons d'abord que la convergence binoculaire est guidée par la vision d'images doubles et que l'accommodation est guidée par celle de l'aberration chromatique et du flou (voir le chapitre 4), soit des sources essentiellement visuelles. Plusieurs études démontrent en outre que, dans une situation où il y a conflit entre l'information oculomotrice et l'information visuelle, le processus oculomoteur est modifié dans la direction de la distance révélée par les données visuelles, plutôt que de l'emporter sur celles-ci. Par exemple, face à une carte à jouer de taille anormale, le sujet présente une accommodation et une convergence guidées partiellement par la distance suggérée par la taille plutôt que par la distance physique (Ittelson et Ames, 1950). Aussi, Kruger et Pola (1985) trouvent que l'expansion optique (*looming*) d'une forme ou sa contraction, qui évoquent des impressions d'éloignement et de rapprochement, influent aussi sur le mécanisme d'accommodation de l'œil.

Pour vérifier l'influence de la convergence sur la perception de la distance, on peut utiliser des lunettes prismatiques à bases externes ou à bases internes, tel qu'il est illustré dans la figure 12.2. Ces prismes ont pour effet de modifier la convergence requise pour éviter la diplopie. Or le procédé pose problème parce que la variation de convergence ne fait pas que diminuer ou augmenter la distance de l'objet, elle crée aussi des illusions de taille. Le rapprochement apparent entraîne une *micropsie* et l'éloignement apparent une *macropsie*. Ces illusions sont compréhensibles si on considère que les lunettes ne modifient pas la taille projective des images reçues par chaque œil alors qu'une variation de la distance physique le ferait. Elles posent, par ailleurs, le problème suivant. Lorsqu'on fait évaluer la distance apparente de l'objet dans une condition de micropsie, les sujets ont tendance à surestimer la distance apparente à cause de la taille apparente et parfois même ce jugement aboutit à plus de précision que n'en produit la perception de la distance elle-même, ce qui semble indiquer une dominance de l'information visuelle sur l'information kinesthésique des mécanismes oculomoteurs. Nous reviendrons plus loin sur cette question dans la seconde partie de ce chapitre.

La taille connue ou supposée

Étant donné que les objets paraissent très petits quand ils sont éloignés, on se croirait justifié a priori de penser que la taille projective d'un objet (celle de l'image projetée sur la rétine) renseigne efficacement sur sa distance absolue. Le principe n'apparaît

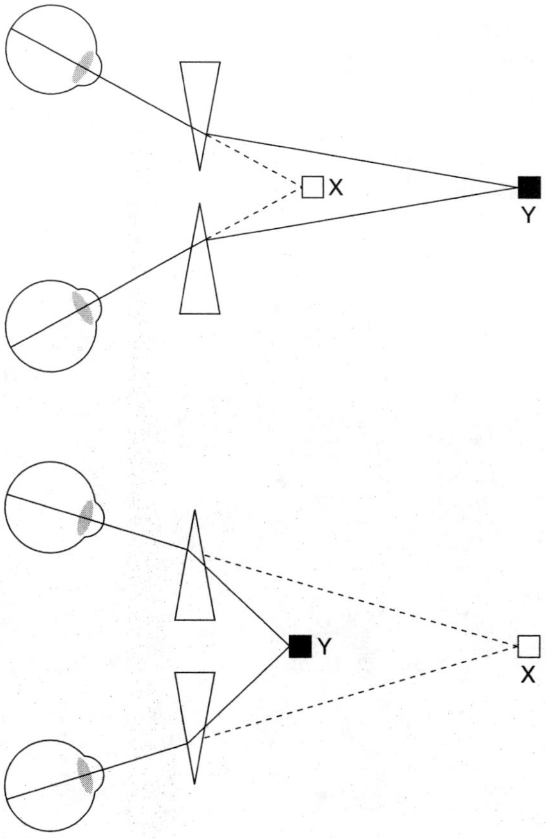

FIGURE 12.2 *Effets de variations de convergence produits au moyen de prismes.* X : distance apparente ; Y : distance réelle. Les tailles apparentes ne sont pas illustrées.

a priori valable que pour les objets familiers, sinon on ne saurait distinguer sans disposer d'information additionnelle s'il s'agit d'un petit objet proche ou d'un gros objet éloigné. Par exemple, il peut être difficile d'estimer la taille d'un objet inconnu présenté dans un environnement dépourvu d'objets de taille connue (voir la figure 12.3). Lorsqu'il s'agit d'une photographie, on tente de résoudre le problème en plaçant une personne à côté de l'objet photographié dans le but de fournir une taille de référence (voir la figure 12.4). Il arrive cependant que le résultat escompté ne soit pas atteint et que ce soit plutôt la personne qui est perçue comme ayant une taille anormale.

Le procédé le plus utilisé pour étudier le rôle de la taille connue ou « familière » dans la perception de la distance consiste à faire évaluer la distance de formes de taille anormale (Gogel et Da Silva, 1987). Dans des conditions optimales, la distance perçue est celle où devrait se trouver l'objet s'il avait une taille normale. Comme on l'a mentionné plus haut, l'effet est assez fort pour influer sur les mécanismes de convergence et d'accommodation. Il faut toutefois noter que les effets les plus nets sont ceux obtenus dans un environnement appauvri (Schiffman, 1967) et que, même dans cette condition, certains facteurs risquent de contaminer les résultats. Il y a tout

FIGURE 12.3 *Perception de la taille d'un objet non familier en l'absence d'un objet de taille connue.*

d'abord ce que l'on appelle la « tendance vers la distance spécifique » (*specific distance tendency*), qui porte les observateurs à situer spontanément les objets à une distance de 1,22 m à 2,44 m (entre 4 et 8 pi en mesures anglo-saxonnes) (Gogel, 1996), et la « tendance à l'équidistance », qui porte à situer à la même distance en profondeur deux objets qui sont vus relativement proches l'un de l'autre dans le champ visuel.

Gibson (1950) est sceptique face à la possibilité d'une *perception* de la distance fondée sur la connaissance de la taille. Selon lui, ce type de jugement devait être plutôt rationnel que perceptif. Il apporte à titre d'exemple le cas du guetteur militaire qui peut évaluer l'altitude d'un avion à partir de la connaissance qu'il a de la forme et des dimensions de ce type d'avion, ainsi qu'à partir de sa taille apparente lorsqu'il vole à une altitude connue. Il va de soi que cet expert n'acquiert cette capacité qu'au terme d'un long apprentissage. Il en va de même pour les parachutistes qui, selon Ross (1974), peuvent estimer la distance à laquelle ils doivent ouvrir leur parachute (environ 700 m) en se fondant sur la taille apparente d'un hangar, la largeur apparente d'une route ou d'autres informations du même type contenues dans l'espace d'atterrissage. De fait, l'opinion de plus en plus répandue est que l'estimation de distance fondée sur la connaissance de la taille reposerait sur une base conceptuelle plutôt que perceptive (voir Gillam, 1995). Gogel est arrivé à la même conclusion en analysant expérimentalement la perception de la parallaxe de mouvement associée à l'estimation de distance de certaines formes de taille anormale (voir, p. 299, l'encadré 12.4). Par ailleurs, selon les transactionnalistes, le manque de familiarité avec un objet n'empêche pas la perception de sa distance, puisque l'observateur serait alors porté spontanément à faire inconsciemment une supposition quant à la taille probable de l'objet, et c'est cette supposition qui déterminerait la distance apparente de celui-ci (Ittelson, 1960).

12.1.3 La distance exocentrique ou relative

L'information picturale

C'est en observant les distances représentées dans un dessin ou un tableau qu'on peut le mieux

FIGURE 12.4 *Perception de la taille d'un objet non familier avec ajout d'une personne servant de référence de taille.*

comprendre la différence essentielle entre distance égocentrique et distance exocentrique. Les distances relatives représentées dans un tableau sont « transposables » de sorte que les rapports de distance ne varient pas avec la taille du tableau. Les composantes d'une peinture murale ramenée à la taille d'une carte postale ou d'un timbre-poste conservent leurs relations de distance ; un objet perçu deux fois plus éloigné qu'un autre conserve ce rapport dans ces deux conditions. En outre, la distance du tableau (distance égocentrique) n'a pas non plus d'effet sur ces rapports de distance. Faut-il conclure que les informations picturales sur la profondeur ne jouent aucun rôle dans la perception de la distance absolue ? Dans la mesure où une image est perçue « picturalement » et où son caractère plat est perçu d'emblée, la perception d'une distance absolue à l'intérieur de l'image se trouve exclue. Cependant, il ne faut pas en conclure que l'information picturale n'existe que dans des tableaux ou des dessins. On la trouve aussi dans l'environnement, où s'établit alors forcément une relation entre elle et l'observateur. Il est également possible, dans certaines conditions d'observation, de percevoir un tableau comme « environnemental », c'est-à-dire comme appartenant à l'environnement. Ainsi, on sait depuis longtemps qu'un tableau comportant une bonne représentation de la perspective peut être perçu comme une scène tridimensionnelle lorsqu'on le regarde monoculairement sans bouger la tête. Or Gregory a mis au point un dispositif (la *Pandora box*) grâce auquel il est possible de mesurer la distance égocentrique des éléments d'un dessin (voir Chevrier et Delorme [1983] et Deregowski [1973]). En outre, dans une situation de réalité virtuelle, comme celle de la conduite automobile, on peut créer l'illusion de pénétrer dans l'espace bidimensionnel représentant la route parcourue.

Une sériation spatiale fondée sur l'occlusion

Un objet qui en cache partiellement un autre est forcément perçu comme plus proche que celui-ci. Il est logique de supposer qu'il s'agit là de l'information sur la profondeur relative la plus fiable. De fait, ce que l'on appelait traditionnellement le « recouvrement » ou l'« interposition » et que l'on nomme de plus en plus l'« occlusion » constitue le plus ancien procédé pour représenter l'ordre spatial en profondeur. En effet, c'est le seul mode de représentation de la profondeur que l'on trouve dans l'art paléolithique des grottes de Lascaux (Cutting et Vishton, 1995), mais c'est également le cas pour l'art égyptien (voir la figure 12.5).

Il semblerait aussi que, dès l'âge de trois mois, le nourrisson soit en mesure d'utiliser l'information liée à l'occlusion pour sérier les objets dans l'espace. On en donne pour preuve ses réactions face à l'occlusion

FIGURE 12.5 *Dessin égyptien.* La profondeur n'est spécifiée que par l'occlusion.

progressive d'un objet par un autre. Il réagit comme si l'objet occlus continuait d'exister derrière l'autre (voir Bower, 1974, chapitre 7). C'est ce qu'on appelle la « perception de la permanence de l'objet ». Il reste à savoir, cependant, dans quelle mesure cette permanence est associée à un ordre spatial chez le bébé. Une autre expérience réalisée chez des nourrissons par Granrud et Yonas (1984) a utilisé une méthodologie impliquant une réaction plus directe à la distance et qui consiste à observer les tentatives d'atteinte d'une forme (*reaching*). L'expérience est réalisée avec deux groupes de sujets, l'un de cinq mois et l'autre de sept mois. Les résultats ne révèlent une prise en compte de l'effet d'occlusion que chez le groupe des sujets âgés de sept mois.

Quoi qu'il en soit, l'occlusion apparaît être une information si primitive qu'on imaginerait mal qu'un adulte s'avère incapable de la percevoir dans un dessin. Stevens (1983) rapporte pourtant le cas d'un patient agnosique qui présente une incapacité à percevoir la sériation spatiale dans un dessin représentant un phénomène d'occlusion (voir la figure 12.6). Ce patient perçoit la figure comme l'illustration de deux rectangles situés de chaque côté d'un carré et maintient cette réponse même après qu'on lui a suggéré l'autre possibilité. Il finit par admettre, mais après

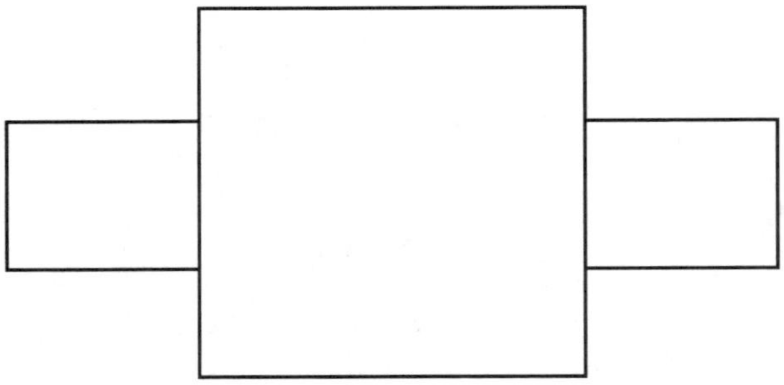

FIGURE 12.6 *Forme qui en cache une autre ou trois formes ?*

démonstration, qu'il puisse s'agir d'un carré placé sur un rectangle. Mais, affirme l'auteur, il s'agit d'une compréhension intellectuelle de la situation, plutôt que d'une réelle perception d'une occlusion. Ce patient présente, par ailleurs, une incapacité à percevoir les contours illusoires. Il décrit le triangle de Kanizsa dont il a été question au chapitre 10 (voir la figure 10.7 en *a*)) comme une figure formée de trois cercles tronqués, sans parvenir à percevoir le triangle illusoire.

L'occlusion ne renseigne pas sur la distance en profondeur qui sépare les objets : elle ne spécifie théoriquement que leur ordre spatial (Cutting et Vishton, 1995). C'est une information qualitative plutôt que quantitative. En cas d'ambiguïté ou de truquage (voir la figure 12.7), un mouvement de l'observateur ou de la scène révélera l'ordre spatial des objets. En outre, grâce aux différences des vitesses de déplacement entre l'objet occluant et l'objet occlus, la

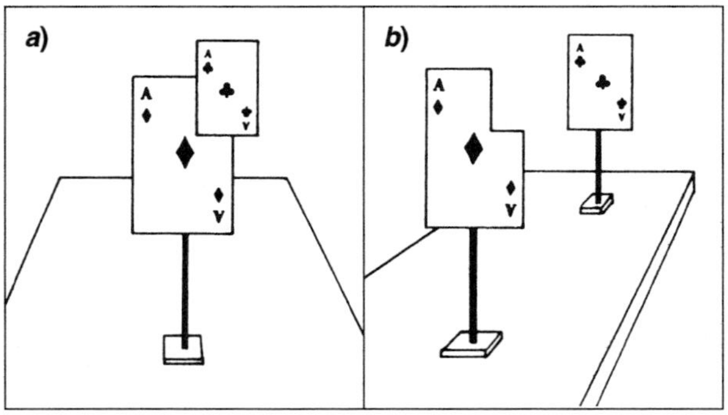

FIGURE 12.7 *Occlusion et parallaxe de mouvement.*

parallaxe de mouvement permettra d'évaluer l'écart en profondeur. Ceci ne contredit cependant pas vraiment l'affirmation que l'occlusion ne définit à elle seule que l'ordre spatial, puisque c'est la parallaxe de mouvement, une autre source d'information sur la distance, qui permet, dans ce cas, de percevoir la distance relative.

Même si l'occlusion peut être envisagée théoriquement comme une information certaine – du moins concernant l'ordre spatial –, elle ne résiste pas forcément à l'illusion de profondeur créée par la perspective, comme on le verra plus loin (voir la figure 12.14 en *b*)).

« Plus haut » signifie-t-il « plus loin » ?

À part quelques exceptions, les objets qui meublent notre environnement ne flottent généralement pas dans l'espace. Ils sont le plus souvent posés sur le sol ou attachés à des surfaces (murs ou plafonds). Lorsqu'ils sont posés sur le sol, les plus éloignés nous apparaissent plus près de la ligne d'horizon, et donc plus haut dans notre champ visuel, alors que, pour les plus rapprochés, c'est l'inverse. Ces références au sol qui peuvent théoriquement fournir une information sur la distance se rencontrent dans l'art ancien bien avant l'apparition de la perspective. On les utilisait couramment en conjonction avec l'occlusion dans l'imagerie médiévale tant orientale qu'occidentale et on en trouve même des exemples dans l'art classique grec (IVe siècle avant J.-C.).

Même en l'absence de surface visible, la *hauteur relative* de formes situées dans le champ visuel influe sur la perception de leur distance. Ainsi, deux points lumineux placés l'un au-dessus de l'autre et vus dans l'obscurité apparaissent à des distances différentes : le plus élevé est perçu comme plus loin que le plus bas. Cet effet ne se produit toutefois que dans la condition où les points lumineux sont présentés au-dessous du niveau oculaire. Dans le cas contraire, c'est le plus bas des deux qui paraît le plus éloigné. Le phénomène s'explique facilement par le fait que, dans l'environnement visible (voir la figure 12.8), les objets situés au-dessus de l'horizon paraissent d'autant plus éloignés qu'ils sont situés plus bas. On peut aussi évoquer à cet égard les positions relatives d'oiseaux en vol. On prend en considération leur position relative à l'horizon plutôt que leur hauteur dans le plan ou dans le champ visuel (par exemple, Palmer, 1999). En outre, selon Sedgwick (1986), on peut théoriquement évaluer la distance *égocentrique* d'un objet posé sur le sol à partir de l'angle qu'il forme par rapport à la ligne d'horizon, à condition de percevoir ou de pouvoir localiser correctement l'horizon.

La taille relative

La simple illustration de formes de tailles variables peut produire une impression de distance relative, et cela, même quand on ne sait rien de la taille réelle des formes (voir la figure 12.9). Ce phénomène requiert une explication étant donné que, conformément au principe des configurations équivalentes, la taille projective d'une forme peut dépendre à la fois de sa taille physique et de sa distance. L'explication empiriste du phénomène postule que, sur le plan perceptif, on a souvent tendance à tenir des objets semblables pour identiques (Ittelson, 1960). Palmer affirme à ce propos :

> Cette situation est un exemple de la façon dont l'inférence inconsciente peut servir à la perception

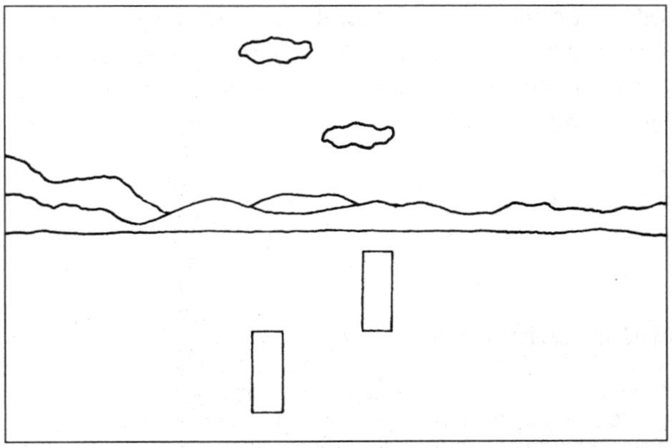

FIGURE 12.8 *Hauteur relative.* Un objet plus élevé qu'un autre paraît plus loin ou plus proche que l'autre selon qu'il semble posé sur le sol ou flottant (suspendu) dans l'air.

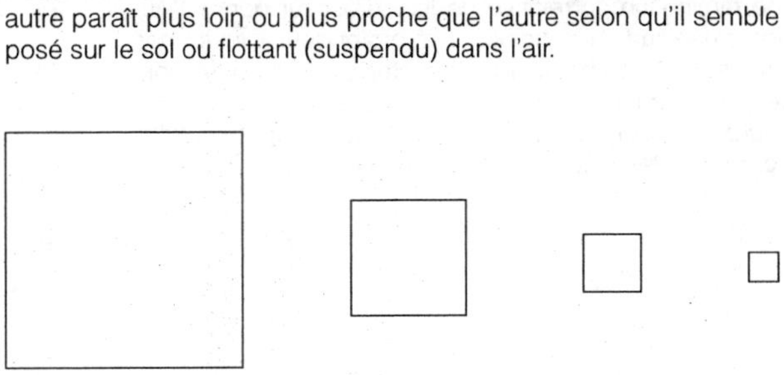

FIGURE 12.9 *Impression de profondeur causée par une simple variation de taille.*

de la profondeur fondée sur la taille relative. Le stimulus est logiquement indéterminé, mais en y ajoutant une supposition heuristique, notamment, dans le cas présent, celle qui affirme que deux images rétiniennes semblables, sauf par leur taille, correspondent à la même taille dans l'environnement, on peut calculer la distance (1999, p. 233).

Pour les tenants d'une interprétation en termes de perception directe, la taille relative constitue un invariant que Gibson appelle « perspective de taille » et qui ne résulte pas d'une inférence inconsciente, mais est plutôt détecté directement. Ce concept est étroitement relié à celui de gradient de texture, dont il sera question ci-dessous. Pour comprendre le phénomène, il faut remarquer que l'environnement naturel comporte généralement de très nombreux éléments qui contribuent à en structurer la tridimensionnalité : il s'agit des objets posés sur le sol ou attachés à celui-ci et qui sont, en moyenne, de même taille, mais qui, à cause de leur différence de grandeur projective, créent des impressions de distance relative. Il peut s'agir d'objets naturels tels que des arbres, des plantes ou même des brins d'herbe, ou bien d'objets construits, comme des maisons ou des voitures, etc. Leurs tailles relatives ne font pas que les situer dans l'espace, elles contribuent à créer l'espace en créant des surfaces.

La profondeur révélée par la surface : le gradient de texture

Gibson (1950) fut le premier à montrer le rôle essentiel joué par les surfaces, et notamment leur texture visuelle, dans la perception de l'espace tridimensionnel. Il fait remarquer que l'environnement tant naturel qu'artificiel dans lequel évoluent les humains est constitué essentiellement de surfaces qui sont perceptibles grâce à leur « texture visuelle ». La texture visible d'une surface représente le corrélat visuel de la texture tactile. Elle se définit optiquement comme un ensemble de microvariations de luminance et de couleur. Lorsqu'une surface est vue dans le plan frontal, ses éléments de texture sont généralement égaux et répartis de façon très régulière dans leur projection rétinienne (voir la figure 12.10 en *a*)). Cependant l'observation d'une surface frontale ne représente qu'un cas particulier. Le sol nous apparaît le plus souvent en perspective, et il en va de même des murs et des plafonds des habitations. La projection optique d'une surface vue en perspective (voir la figure 12.10 en *b*)) prend la forme de ce que Gibson appelle un « gradient de texture ». S'il s'agit de la projection de la surface du sol, les éléments de texture y diminuent de grosseur tout en augmentant en densité de bas en haut. On a donc un double effet optique : la compression des éléments, qui indique

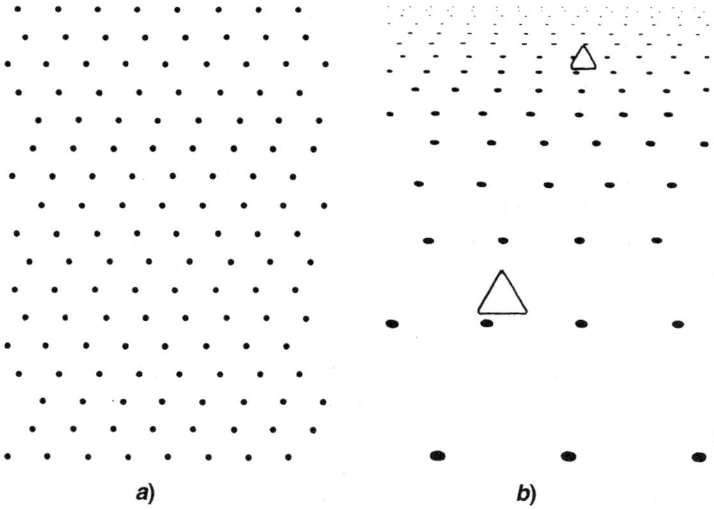

FIGURE 12.10 *Représentation d'un gradient de texture selon Gibson.* Les éléments de texture sont représentés par des points. *a*) Lorsque la surface est vue dans le plan frontal, les éléments sont de même taille et équidistants. *b*) Le gradient de texture produit par l'augmentation de densité des éléments vers le haut et par une diminution corrélative de leur grosseur donne l'illusion d'une surface s'éloignant en profondeur. Des formes disposées à des hauteurs différentes sur le gradient sont perçues comme étant à des distances différentes. *Source :* Gibson (1950, p. 84). © 1950, Houghton Mifflin Company. Reproduit avec permission.

la pente du plan, et leur rapetissement, qui crée les impressions d'éloignement et de continuité de l'espace en profondeur. La direction du gradient fournit une information quant à l'orientation réelle du plan. Par exemple, un plafond crée le même gradient, mais inversé, et le principe joue semblablement *mutatis mutandis* pour des murs vus en perspective. En plus de créer de la continuité dans l'espace et de rendre ainsi ce dernier perceptible, le gradient de texture lève toute ambiguïté sur l'orientation de la surface. Cette orientation peut devenir ambiguë en l'absence de toute texture, comme l'illustre le *cube de Necker* dont les surfaces sont dépourvues de texture (voir plus loin la figure 12.12 en *a*)).

Le gradient de texture spécifie aussi efficacement un changement de pente d'une surface (voir la figure 12.11 en *a*)) qu'une variation brusque de niveau (voir la figure 12.11 en *b*)). Il est cependant peu précis dans la spécification de la pente. D'ailleurs, les humains se trompent considérablement lorsqu'il s'agit de juger la pente d'une surface. Les phénomènes qu'on appelle « côte magnétique » au Canada ou « *electric Brae* » en Écosse (Ross, 1974) illustrent des cas extrêmes de pentes montantes perçues comme descendantes et réciproquement, à cause de particularités du paysage ambiant. Dans un environnement moins inhabituel, les évaluations de pente demeurent plutôt médiocres. Ainsi, on a constaté que des skieurs se trouvant sur une pente de 24° d'inclinaison évaluaient celle-ci à 37° ou même à 47° (Ross, 1974). Dans certaines conditions, le gradient de texture permet néanmoins une bonne perception visuelle de la courbure d'une surface. Il semble alors que c'est la variation de compression des éléments

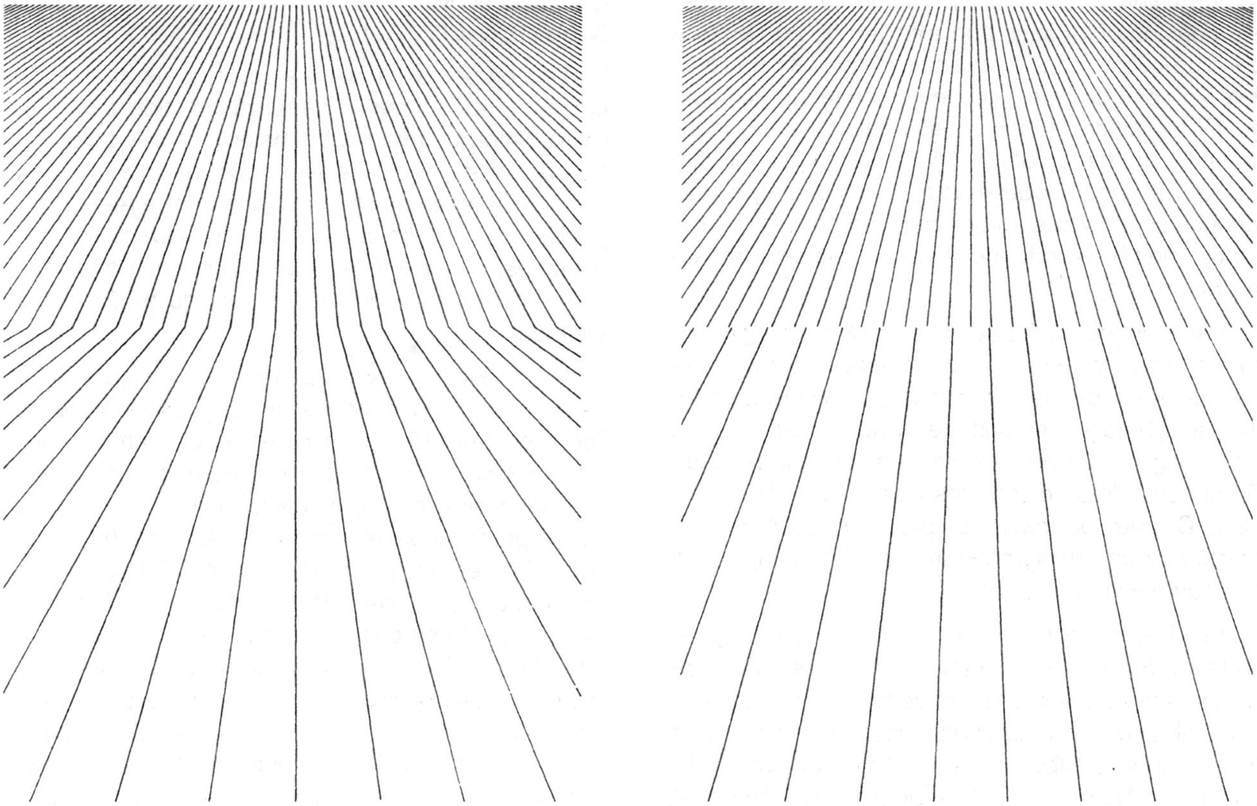

a) **b)**

FIGURE 12.11 *Variations de gradient. a*) Un changement dans le gradient de texture crée une perception de changement dans la pente de la surface. *b*) Une variation brusque de la densité des éléments d'une texture crée une illusion de décalage de surfaces. *Source :* Gibson (1950, p. 123). © 1950, Houghton Mifflin Company. Reproduit avec permission.

de texture qui produit l'impression de courbure (Cutting et Millard, 1984). Outre qu'il spécifie l'orientation et la courbure de la surface, le gradient est aussi une échelle de distance. Dans notre environnement terrestre soumis à la gravité, la plupart des objets que nous apercevons dans l'espace tridimensionnel sont posés sur le sol ou attachés au sol. Leur lieu de contact avec le gradient de texture devient alors une source d'information sur leur distance relative en profondeur (voir la figure 12.10 en *b*)).

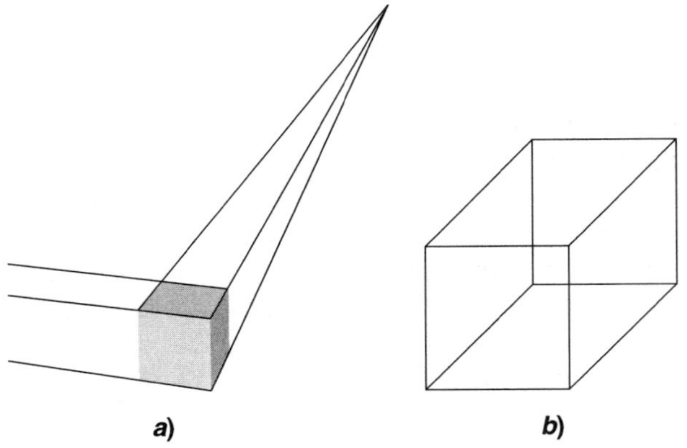

FIGURE 12.12 *Cube de Necker.* a) Perspective sans point de fuite : les arêtes sont parallèles. La seule perspective est fournie par les raccourcis, ce qui contribue à l'ambiguïté. Le cube est perçu tantôt du dessus et tantôt du dessous. *b*) La présence d'un point de fuite réduit l'ambiguïté.

La perspective n'est pas qu'une convention picturale

La perspective linéaire est généralement définie comme un procédé de dessin inventé à l'époque de la Renaissance pour représenter efficacement la profondeur sur une toile, mais c'est aussi une source d'information visuelle sur la profondeur que l'on utilise constamment sans trop s'en rendre compte. Le principe qui consiste à faire converger les parallèles vers un point de fuite représente une façon de souligner un gradient de taille. Les effets de profondeur obtenus sont remarquables. Aussi, en regardant d'un seul œil, et sans bouger la tête, un tableau représentant une scène vue en profondeur, on peut avoir l'illusion d'une réelle profondeur dans le tableau grâce à la perspective.

Les peintres de l'Antiquité et du Moyen Âge utilisaient une autre forme de perspective : le *raccourci de plan*. Celui-ci vise à représenter la contraction subie dans l'image des surfaces vues en perspective (voir la figure 12 dans les planches couleurs). Selon Gombrich (1998), c'est dans l'art grec du VIe siècle av. J.-C. que l'on trouve les premiers raccourcis représentant un changement important par rapport à l'art égyptien traditionnel.

Sur le plan perceptif, un raccourci produit une certaine impression de profondeur, mais l'absence de convergence vers un point de fuite laisse subsister une ambiguïté à propos de la surface. C'est ce qui se produit pour le cube de Necker (voir la figure 12.12 en *a*)), dont les arêtes sont dessinées parallèlement et dans lequel les mêmes surfaces horizontales sont vues tantôt du dessus, tantôt du dessous. De même, les surfaces verticales alternent entre une vue de gauche ou une vue de droite. On réduit cette ambiguïté en faisant converger les arêtes vers un point de fuite (voir la figure 12.12 en *b*)).

La perspective linéaire a souvent été envisagée comme une convention de représentation picturale. On la remarque rarement dans la vie courante parce que la constance de la taille, soit la tendance que l'on a à ramener les objets vers leur taille réelle, empêche de la percevoir. Ce n'est que dans les cas extrêmes, par exemple celui d'un chemin de fer ou d'une route s'étendant vers l'infini, qu'on la perçoit vraiment.

Afin d'évaluer les effets de la perspective sur la perception de la distance et de la taille, Vogel et Teghtsoonian (1972) ont construit en format réduit des tunnels comportant de fausses perspectives. Leur dispositif comporte trois tunnels : l'un aux murs convergents, un autre aux murs divergents (voir la figure 12.13 en *a*)) et un troisième aux murs parallèles. En *b*) et en *c*), la figure 12.13 présente l'intérieur de tunnels de même dimension construits à l'Université de Montréal. Ces tunnels sont semblables à ceux de Vogel et Teghtsoonian, sauf que leurs murs intérieurs présentent des motifs en damiers dessinés en perspective. Nous y reviendrons plus loin. Constatons pour l'instant les différences de profondeur créées par la perspective et le manque de parallélisme des murs. Observé d'un seul œil en *c*), le tunnel convergent apparaît très profond. La vue en *b*) correspond à ce qu'on obtiendrait en regardant le même tunnel par l'autre

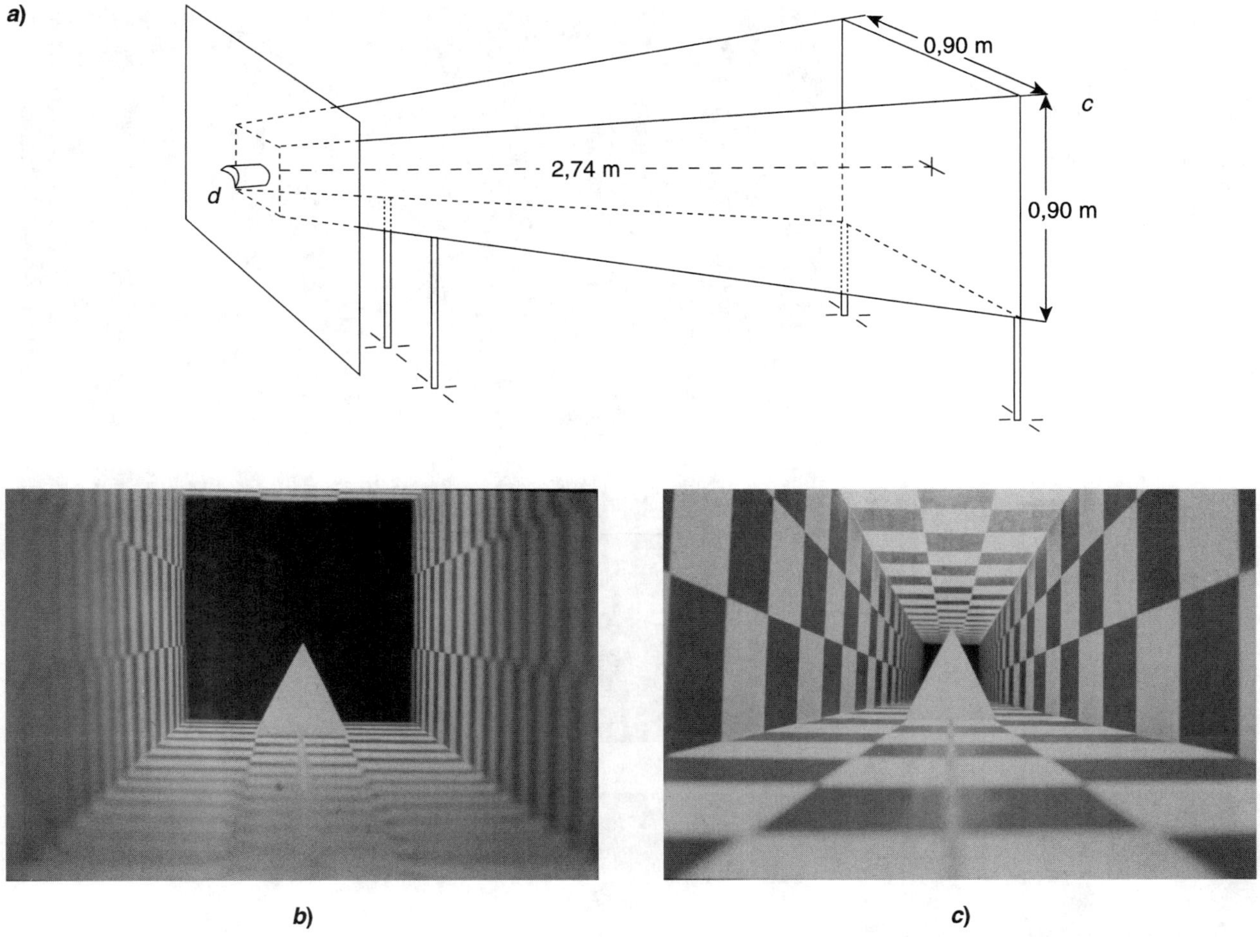

FIGURE 12.13 *Tunnel à fausse perspective.* a) Vu à partir de l'ouverture *d* située à l'extrémité gauche, le tunnel présente des murs divergents. *Source :* Vogel et Teghtsoonian (1972, p. 295). Reproduit avec la permission de Psychonomic Society Publications. *b*) Photographie de la vue intérieure obtenue à partir de *d*. *c*) Photographie de la vue intérieure obtenue à partir de l'extrémité *c* ; les murs sont convergents.

bout. Sa divergence le fait apparaître très peu profond en dépit d'un effet résiduel de la perspective dessinée.

Une démonstration spectaculaire d'Ames illustre également l'efficacité de la perspective à définir la distance en profondeur. Une forme trapézoïdale représentant une fenêtre vue en perspective est fixée sur un axe vertical relié à un moteur, de sorte qu'on peut lui faire subir de lentes rotations. Pour un observateur qui se trouve à une distance de plusieurs mètres ou qui, se trouvant plus proche, regarde la forme d'un seul œil, la fenêtre paraît effectuer des demi-rotations en va-et-vient plutôt que des rotations complètes (voir la figure 12.14 en *a*)). Cette impression de va-et-vient est due au fait que le petit côté du trapèze continue d'être projectivement plus petit que l'autre, même quand il se trouve plus proche de l'observateur. L'effet est particulièrement fort, de sorte qu'on ne parvient pas à le contrecarrer en y fixant un tube révélant la rotation (voir la figure 12.14 en *b*)). On a donc là un cas de conflit entre deux sources d'information, la perspective linéaire et l'occlusion, dans lequel celle-ci apparaît dominée par la perspective.

Le relief défini par le gradient de clarté

Le jeu de la lumière et de l'ombre sur les objets tridimensionnels contribue de façon remarquable à en

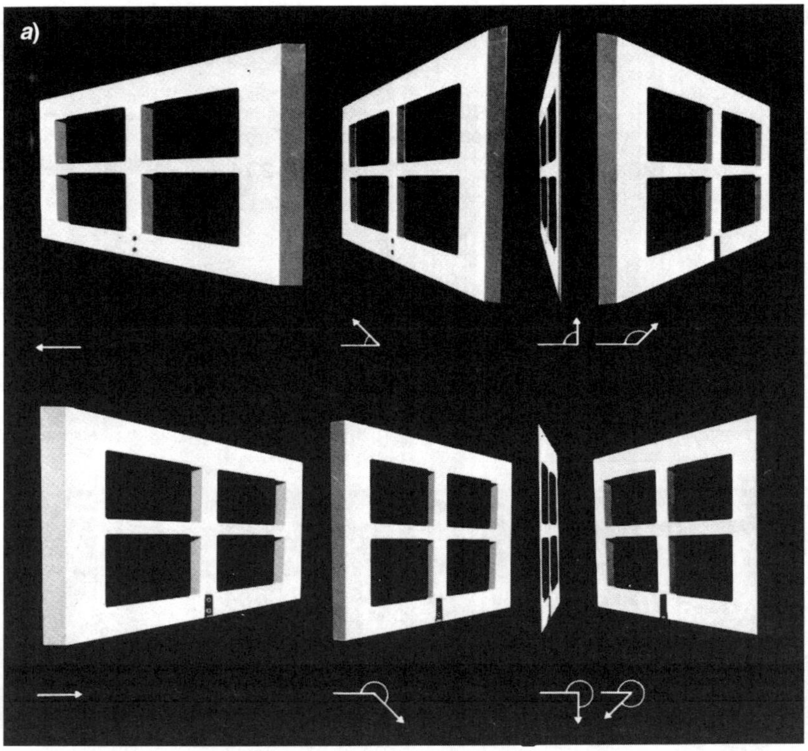

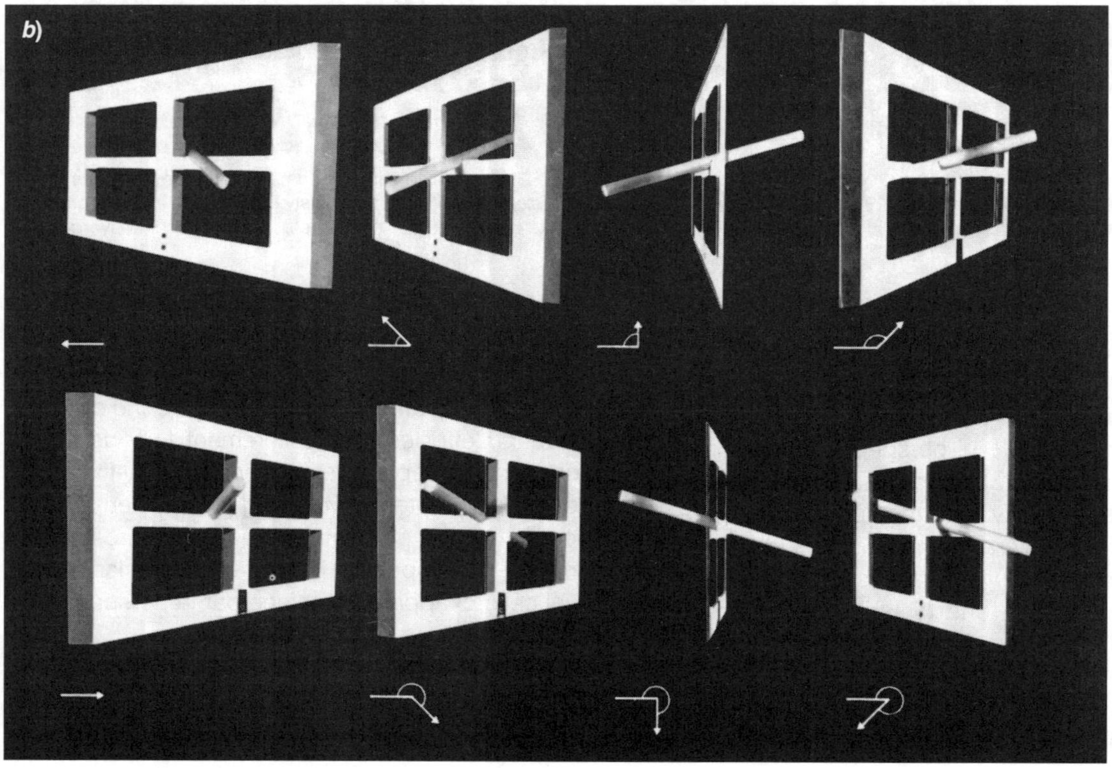

FIGURE 12.14 *Fenêtre trapézoïdale d'Ames.* *a*) Lorsqu'elle est mise en rotation autour de l'axe vertical, la fenêtre paraît faire des demi-rotations en va-et-vient. *b*) Lorsqu'on y attache un bâton, l'illusion de demi-rotations tend à persister. Néanmoins, le bâton paraît en rotation et semble plutôt passer à travers la fenêtre à chaque tour.

révéler le relief. La surface qui fait face à une source lumineuse est plus claire et celle opposée plus sombre, la variation progressive de cette orientation s'accompagnant d'un gradient d'ombre ou de clarté. Dans notre environnement terrestre et aussi, dans une certaine mesure, à l'intérieur de nos maisons, ces gradients de clarté sont produits par un éclairage qui nous vient généralement d'en haut (Gibson, 1950; Ramachandran, 1995). Si l'on présente à un observateur une image comportant des formes dont le relief n'est spécifié que par un gradient de clarté, la direction de ce relief (creux ou bosse) ne soulève normalement aucune ambiguïté si ce dernier est défini par un éclairage venant d'en haut. Cependant, en inversant l'image, on obtient une inversion du relief perçu (voir la figure12.15). Cette perception du relief paraît donc impliquer une prise en compte de l'éclairage. Ramachandran affirme qu'elle résulte de la « supposition préconstruite [*built-in*] » (1995, p. 251), inscrite dans le système visuel, que la lumière vient d'en haut.

Quelle information nous permet de déterminer la direction de l'éclairage? S'agit-il de l'orientation gravitationnelle (celle relative au sol) ou de l'orientation

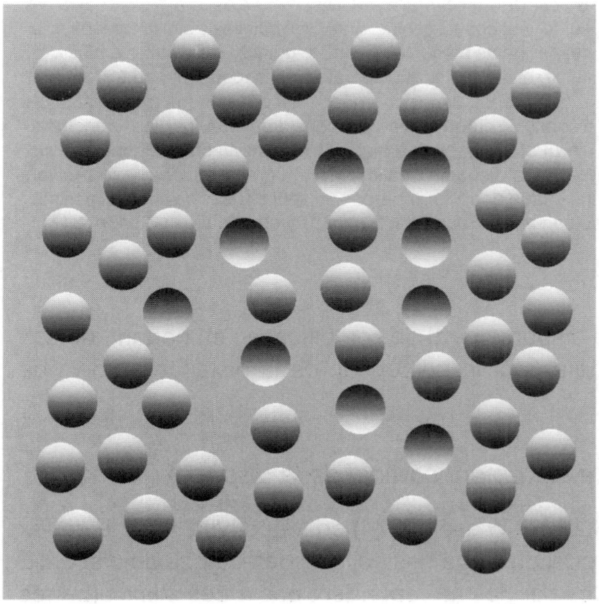

FIGURE 12.15 *Effet de gradient de clarté.* Les variations de clarté produisent des perceptions de creux et de bosses. En inversant la figure (rotation de180°), on se rend compte que les creux et les bosses ne sont plus les mêmes. *Source :* Coren et autres (1994, p. 331).

rétinienne (celle relative à l'œil)? C'est la question que s'est posée Ramachandran (1995). En constatant qu'une simple inclinaison latérale de la tête d'aussi peu que 15 à 20° suffisait à inverser le relief perçu, cet auteur en a conclu que le phénomène dépend principalement, sinon totalement, de l'orientation rétinienne plutôt que de l'orientation gravitationnelle.

Ce qu'ajoute l'autre œil : la disparité rétinienne et la stéréoscopie

La binocularité joue un rôle relativement complexe et très important dans la perception de la distance. Elle contribue, comme on l'a vu, à la perception de la distance absolue grâce au mécanisme de convergence contrôlé par la disparité binoculaire. Sa fonction stéréoscopique, qui dépend elle aussi de la disparité rétinienne, concerne la perception de la distance relative et celle du relief. Lorsqu'on observe binoculairement deux objets situés à des distances différentes (voir la figure 12.16 en *a*)), mais en fixant l'un des deux, on n'a pas forcément une vision double de l'objet non fixé, et cela, même si cette condition produit une disparité rétinienne. L'écart entre les deux objets vus par l'œil droit est différent de celui des objets vus par l'œil gauche. En présentant dans un stéréoscope, comme en *c*), un stéréogramme – voir *b*) – qui reproduit cette disparité, on perçoit d'emblée ces objets comme simples, mais situés à des distances différentes, comme en *a*). Le même phénomène se produit lorsqu'on regarde un objet ou une scène comportant un relief tridimensionnel. La disparité des images rétiniennes permet la vision du relief (voir la figure 12.16 en *d*)). Ces perceptions de distance relative fondées sur la disparité binoculaire sont appelées « vision stéréoscopique », « stéréoscopie » ou encore « stéréopsie ». La découverte du stéréoscope par Wheatstone au milieu du XIXe siècle a été le coup d'envoi de nombreuses découvertes et applications qui se poursuivent encore maintenant (voir l'encadré 12.2, p. 291).

Les capacités de discrimination du relief à partir de la disparité sont remarquables. Selon Wandell (1995), le seuil d'acuité stéréoscopique pour la discrimination du relief d'une surface est de 3 s d'arc. Compte tenu de la distance interoculaire, une personne pourrait théoriquement percevoir une différence de distance entre un objet situé à environ 3 km

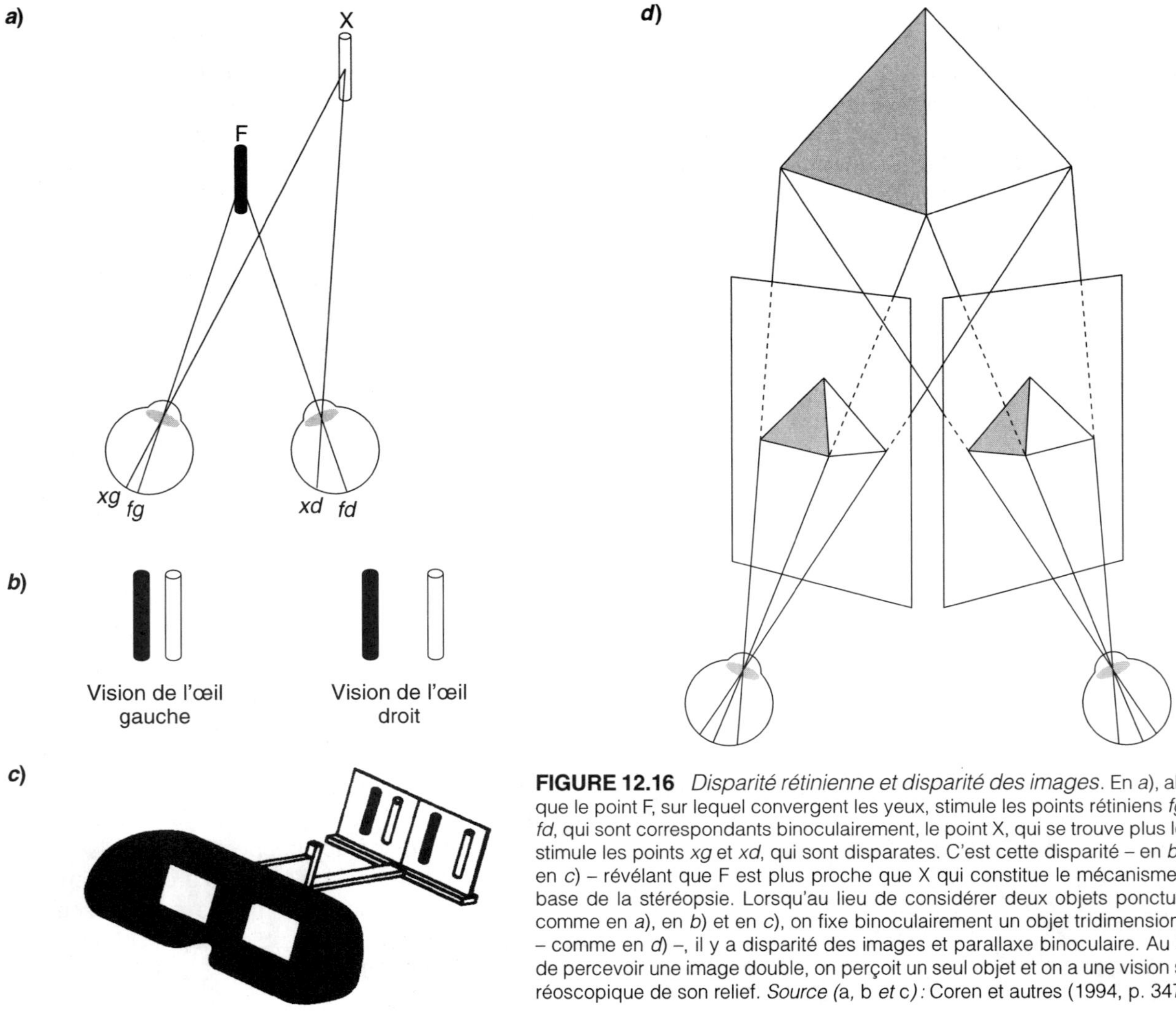

FIGURE 12.16 *Disparité rétinienne et disparité des images.* En *a*), alors que le point F, sur lequel convergent les yeux, stimule les points rétiniens *fg* et *fd*, qui sont correspondants binoculairement, le point X, qui se trouve plus loin, stimule les points *xg* et *xd*, qui sont disparates. C'est cette disparité – en *b*) et en *c*) – révélant que F est plus proche que X qui constitue le mécanisme de base de la stéréopsie. Lorsqu'au lieu de considérer deux objets ponctuels, comme en *a*), en *b*) et en *c*), on fixe binoculairement un objet tridimensionnel – comme en *d*) –, il y a disparité des images et parallaxe binoculaire. Au lieu de percevoir une image double, on perçoit un seul objet et on a une vision stéréoscopique de son relief. *Source (*a, b *et* c*) :* Coren et autres (1994, p. 347).

(par exemple, une montagne) et un autre, telle la Lune, qui se trouve à l'infini. Par ailleurs, il faut une disparité de 30 s d'arc pour percevoir que des points vus en profondeur ne sont pas coplanaires (Wandell, 1995)[1]. Cependant, selon Cutting et Vishton (1995), la disparité perd de son efficacité et, partant, de son utilité pour la perception de la distance au-delà de 30 m.

Le traitement cortical de la disparité

Hubel et Wiesel (1970) ont découvert dans le cortex visuel du singe des cellules détectrices de disparité. Ces cellules ne répondent pas à des stimuli (barres verticales) influant sur des zones rétiniennes correspondantes, mais se mettent à répondre lorsque la disparité augmente, et leur réponse devient optimale à 0,5° de disparité. D'autres chercheurs ont montré,

1. Même si ces seuils sont déterminés par la distance interoculaire, 5 à 10 % de la population ne peut mettre à profit cette habileté (Richards, 1970), ce qu'on explique généralement par un problème de strabisme non corrigé durant l'enfance ou une trop faible vision dans l'un des deux yeux. Le recours à des indices monoculaires permet heureusement de compenser amplement cette limitation.

ENCADRÉ 12.2
Les dispositifs stéréoscopiques et les applications

Le stéréoscope à miroirs

Alors que le principe de la disparité binoculaire était connu depuis des siècles (voir Wade, 1987), il a fallu attendre l'invention du stéréoscope à miroirs par Wheatstone, en 1838 (voir la figure 12.17), pour comprendre le lien qui existe entre la disparité rétinienne et la perception stéréoscopique. Le procédé présentait l'avantage de faire voir dans un même endroit du champ visuel, et cela grâce à un jeu de miroirs, deux images semblables mais comportant une certaine disparité. Il fallait que chaque image soit vue indépendamment par chaque œil. On obtenait ainsi une fusion des images et une disparité binoculaire à la fois. Ces principes de la disparité des images et de leur vision indépendante caractérisent aussi tous les autres procédés de stéréoscopie inventés depuis.

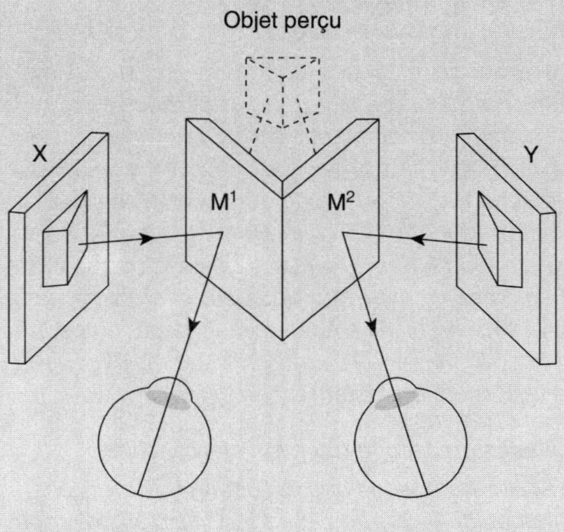

FIGURE 12.17 *Stéréoscope à miroirs de Wheatstone.* Deux images légèrement disparates sont vues respectivement par chaque œil grâce à des miroirs orientés obliquement. Il en résulte la perception d'un objet virtuel situé au-delà des miroirs.

Le stéréoscope à prismes

Peu de temps après l'invention du stéréoscope à miroirs, Brewster inventa un stéréoscope à prismes. Ce dernier, qui présente l'avantage d'être portatif et plus simple à manipuler, ressemblait à celui de Holmes, illustré en c) dans la figure 12.16. La fusion des images est réalisée par leur déviation grâce à des prismes. Comme l'invention du stéréoscope s'est faite à la même époque que celle de la photographie, on a pu alors produire du relief avec des scènes photographiées. Il suffisait d'assurer un écart entre les deux prises de photographie pour obtenir un stéréogramme.

Le procédé des anaglyphes

Le procédé des anaglyphes, une méthode inventée en 1860, est encore utilisé aujourd'hui pour la présentation d'images stéréoscopiques, autant sur écran que dans des livres, et il a servi vers 1950 à produire du cinéma à trois dimensions. Cette méthode requiert pour l'observation l'utilisation de lunettes constituées de deux filtres : un rouge et un cyan. La fusion des images est assurée par la superposition des images qui sont produites uniquement avec de la couleur. La vision indépendante de chacune des deux images se fonde sur les phénomènes suivants. Une forme imprimée en rouge sur un fond blanc est imperceptible à travers un filtre rouge et on trouve le même phénomène, mutatis mutandis, *pour une forme cyan sur fond blanc. Chacune de ces formes colorées demeure cependant parfaitement visible lorsqu'elle est vue à travers le filtre de couleur complémentaire.*

Le procédé des filtres polarisants

On obtient des résultats semblables avec des filtres polarisants. Lorsque les plans de polarisation sont orthogonaux l'un par rapport à l'autre, il y a un blocage complet de la lumière. On parvient ainsi à faire voir indépendamment, par chaque œil, deux images superposées. L'avantage des filtres polarisants sur les filtres colorés est de fournir des images multicolores et on utilise donc préférablement ce procédé pour le cinéma 3D.

Le procédé d'images successives (lunettes à cristaux liquides)

Le procédé d'images successives est relativement nouveau. Il assure l'indépendance des images au moyen de lunettes à cristaux liquides. Au lieu d'être simultanées, les images disparates provenant de deux projecteurs sont présentées à chaque œil (48/s) en alternance rapide. L'observateur porte des lunettes munies d'obturateurs électroniques à cristaux liquides. Ces obturateurs sont synchronisés avec les images projetées. Le procédé présente l'avantage d'être applicable à la télévision tout autant qu'au cinéma.

Le téléstéréoscope (ou hyperstéréoscope)

L'acuité stéréoscopique est déterminée par l'écart interoculaire. Que se passe-t-il lorsqu'on crée des conditions optiques correspondant à un agrandissement de l'écart entre les yeux ? Pour y arriver, on utilise un téléstéréoscope à miroirs, aussi appelé « hyperstéréoscope ». On perçoit alors, pour de grandes distances, des reliefs imperceptibles à l'œil nu et, à plus courte distance, des accentuations de relief étonnantes. Le téléstéréoscope illustré en a) *dans la figure 12.18 crée l'équivalent d'un écart oculaire de plus de 1 m et permet de voir de faibles reliefs sur plus de 1 km.*

Le principe est également utilisé dans la photographie aérienne. Pour rendre perceptible le relief terrestre, on utilise un appareil photo qui prend deux clichés successifs (voir la figure 12.18 en b)*) à partir d'un avion. Le procédé requiert, pour établir le délai entre les deux clichés, de tenir compte de la vitesse de l'avion ainsi que de son altitude. Les stéréogrammes obtenus sont ensuite observés au moyen d'un stéréoscope.*

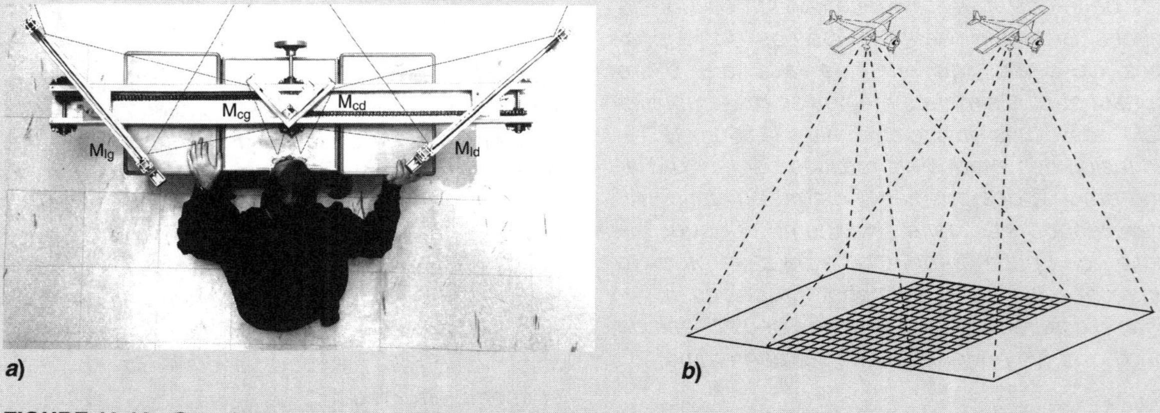

FIGURE 12.18 *Grossissement stéréoscopique. a) Téléstéréoscope.* Cet appareil est un stéréoscope à miroirs doublé de miroirs latéraux (M_{lg} et M_{ld}). La distance entre ces miroirs est plus grande que l'écart interoculaire, augmentant ainsi l'effet de relief. Dans le cas présent, la distance entre M_{lg} et M_{ld} est supérieure à 1 m, ce qui permet de voir en relief sur une distance de plus de 1 km. La scène éloignée est réfléchie d'abord par les miroirs latéraux, puis par des miroirs centraux (M_{cg} et M_{cd}) dans lesquels elle est perçue dichoptiquement. Ce téléstéréoscope produit parfois une illusion de modèle réduit, alors que le cerveau interprète l'« hyperrelief » obtenu comme le relief d'un modèle réduit de la scène observée. Il est possible d'utiliser le stéréoscope avec des jumelles, ce qui permet d'augmenter considérablement la stéréoacuité. Il est important, quand on construit un tel dispositif, que les miroirs soient d'une qualité aussi grande que ceux des télescopes utilisés en astronomie et que la structure de l'appareil soit très rigide afin d'éliminer les distorsions. *b) Photographie aérienne stéréoscopique.* En écartant davantage les images enregistrées, on peut distinguer le relief sur de plus grandes distances. À partir d'un avion en vol, on prend deux photos successives de la surface du sol. Le recouvrement entre les parties de sol photographiées sur les deux clichés successifs est d'environ 60 %. Avec ces images, on construit un stéréogramme qu'on peut ensuite observer au moyen d'un stéréoscope.

chez le chat, l'existence de cellules spécifiques à un certain angle de disparité (Barlow, Blakemore et Pettigrew, 1967). Plus récemment, LeVay et Voigt (1988) ont recensé, dans les aires V1 et V2 du cortex du chat, 272 cellules dont la variation de la disparité optimale suit vaguement la forme d'une courbe normale avec comme moyenne 0° de disparité (voir la figure 12.16 en *c*)).

Ces propriétés qu'ont les cellules de réagir à la disparité de la stimulation existent-elles dès la naissance ou sont-elles apprises par le système ? Les études de Blake et Hirsch (1975) apportent un début de réponse à cette question. Ces auteurs ont trouvé que des chatons restreints à une vision monoculaire pendant les six premiers mois de leur vie alors qu'on faisait alterner quotidiennement la vision de l'œil gauche et celle de l'œil droit, ne présentaient que très peu de cellules binoculaires. De plus, ces chats n'étaient pas capables d'utiliser la disparité pour résoudre des tâches de perception de la profondeur.

La stéréopsie globale

Helmholtz croyait que la vision stéréoscopique résulte d'une inférence basée sur la comparaison entre deux perspectives vues respectivement par chaque œil. Cette position impliquait des reconnaissances monoculaires préalables à la perception du relief. Cependant, Bela Julesz (voir Julesz, 1986) s'oppose à cette hypothèse et fait remarquer que des formes camouflées impossibles à détecter visuellement du haut des airs deviennent perceptibles à partir de photos aériennes stéréoscopiques. Si on observe ces photos au stéréoscope, la forme saute aux yeux. Julesz croit qu'il n'existe pas dans l'environnement naturel de camouflage idéal. Toutefois, le développement de l'ordinateur, vers 1960, lui a fourni l'occasion d'en créer (Julesz, 1965, 1971) au moyen de stéréogrammes de points aléatoires (*random-dot stereograms*) (voir la figure 12.19).

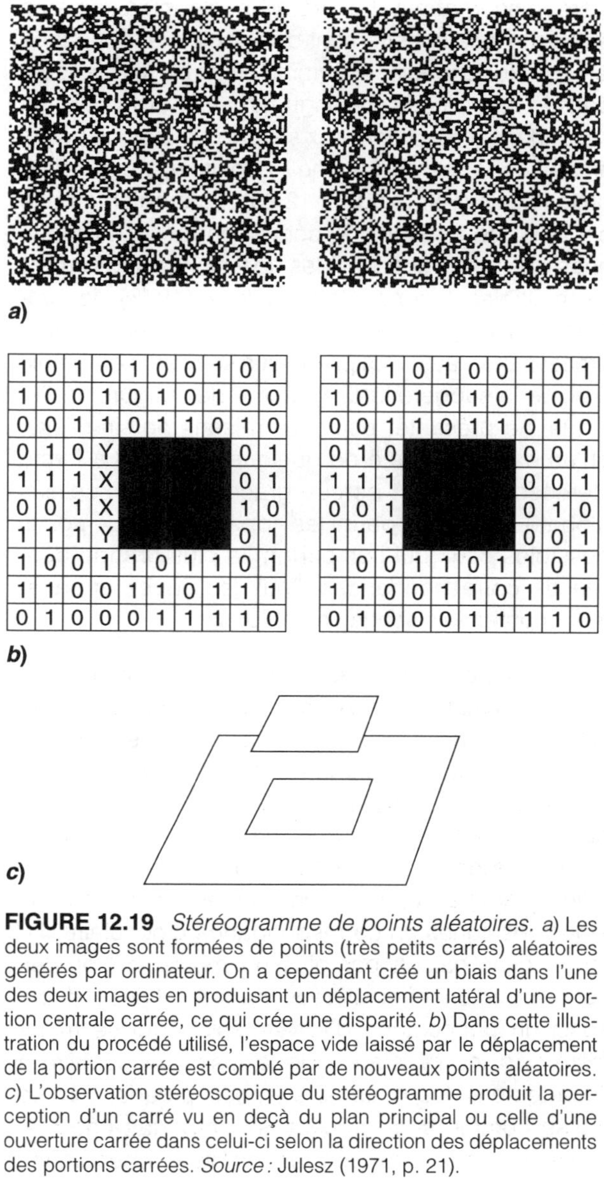

FIGURE 12.19 *Stéréogramme de points aléatoires. a)* Les deux images sont formées de points (très petits carrés) aléatoires générés par ordinateur. On a cependant créé un biais dans l'une des deux images en produisant un déplacement latéral d'une portion centrale carrée, ce qui crée une disparité. *b)* Dans cette illustration du procédé utilisé, l'espace vide laissé par le déplacement de la portion carrée est comblé par de nouveaux points aléatoires. *c)* L'observation stéréoscopique du stéréogramme produit la perception d'un carré vu en deçà du plan principal ou celle d'une ouverture carrée dans celui-ci selon la direction des déplacements des portions carrées. *Source :* Julesz (1971, p. 21).

Dans l'exemple illustré, la partie carrée centrale est vue en deçà du plan du pattern général, ou elle apparaît comme un trou carré dans le patron. Par ailleurs, aucune forme carrée n'est perceptible dans chaque composante du stéréogramme vue séparément. Ce qui étonne quand on observe ce phénomène pour la première fois, c'est, bien sûr, le fait que la forme carrée centrale n'est perçue que par la stéréoscopie, mais aussi le fait que l'on parvienne si facilement à fusionner deux patrons de points aussi complexes, et donc à établir une correspondance entre les ensembles de points vus séparément par chaque œil. Julesz explique cela en distinguant entre deux formes de stéréopsie : la stéréopsie *locale* et la stéréopsie *globale*. La première s'appuie sur des éléments locaux nettement décelables, et donc facilement « fusionnables », comme on en trouve d'ailleurs dans la plupart des stéréogrammes traditionnels. La seconde, qui est propre aux stéréogrammes de points aléatoires, apparaît comme la solution à une ambiguïté initiale (voir la figure 12.20). Le problème posé est celui de trouver une correspondance univoque entre des points susceptibles de fusionner localement de multiples façons. Selon Julesz (1978), le problème est résolu grâce à la coopération de plusieurs processus locaux. Ces processus sont très nombreux, comme le suggère le diagramme de la figure 12.20, lequel ne présente, pour des raisons de simplicité, qu'un exemple formé de quelques points. La forme stéréoscopique est perçue grâce à un « processus global » qui choisit parmi les appariements de points possibles ceux qui comportent la plus grande densité de correspondances. Tous les autres appariements potentiels sont alors inhibés.

Julesz décrit diverses particularités de ce phénomène. Il observe par exemple que le processus révèle une « plasticité ». Ainsi, il est possible d'obtenir une fusion stéréoscopique avec un stéréogramme constitué de deux patterns de tailles différentes, mais dans lequel les dimensions linéaires de l'un sont de 15 % plus grandes que celles de l'autre. Aussi, un stéréogramme composé de courtes lignes et dans lequel les lignes en correspondance binoculaire diffèrent d'inclinaison par plus ou moins 15° produit néanmoins un effet stéréoscopique. Julesz décrit aussi un phénomène d'« hystérésie » qui se manifeste par une résistance de la fusion binoculaire à l'écartement des patterns stéréoscopiques. Tout se passe comme si le processus comportait une mémoire, de sorte que, une fois établi, le phénomène résiste à sa propre disparition.

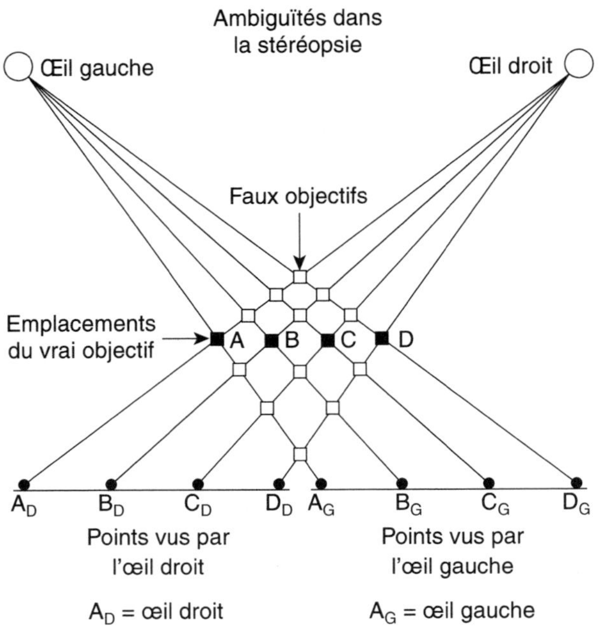

FIGURE 12.20 *Stéréopsie globale.* Projection binoculaire des points du stéréogramme. Les deux rangées de quatre points (A, B, C et D) représentent les points projetés vers chaque œil. Théoriquement, chaque point projeté vers un œil peut être apparié avec un point de l'autre partie du stéréogramme. Il en résulte un réseau de 16 petits carrés. Le système ne retient que les quatre carrés (noirs) qui correspondent à la plus grande densité d'appariement. *Source :* Julesz (1971, p. 119).

L'autostéréogramme

L'autostéréogramme produit un relief stéréoscopique à partir d'un seul patron, et cela, sans stéréoscope (voir la figure 12.21 en *a*)). Le procédé a été mis au point assez récemment par Tyler (1994), sa découverte étant toutefois tributaire du phénomène que constitue l'illusion du papier peint, décrit par Meyer en 1942 (voir Boring, 1942), ainsi que du stéréogramme de points aléatoires de Julesz.

L'illusion du papier peint s'observe dans un patron à motifs répétitifs (voir la figure 12.21 en *b*)). Elle exige de faire converger les yeux soit en deçà soit au-delà du plan du stimulus (voir l'encadré 12.3). La convergence doit permettre soit de fusionner des motifs voisins soit de fusionner les deuxièmes ou les troisièmes voisins, etc. L'image est vue alors à la distance du point de convergence.

La stéréopsie de Vinci

C'est à Léonard de Vinci que l'on doit d'avoir noté le phénomène à la base de ce que l'on pourrait appeler la « stéréopsie d'occlusion ». Ce phénomène consiste en ce que lorsqu'on fixe binoculairement un objet tel

a)

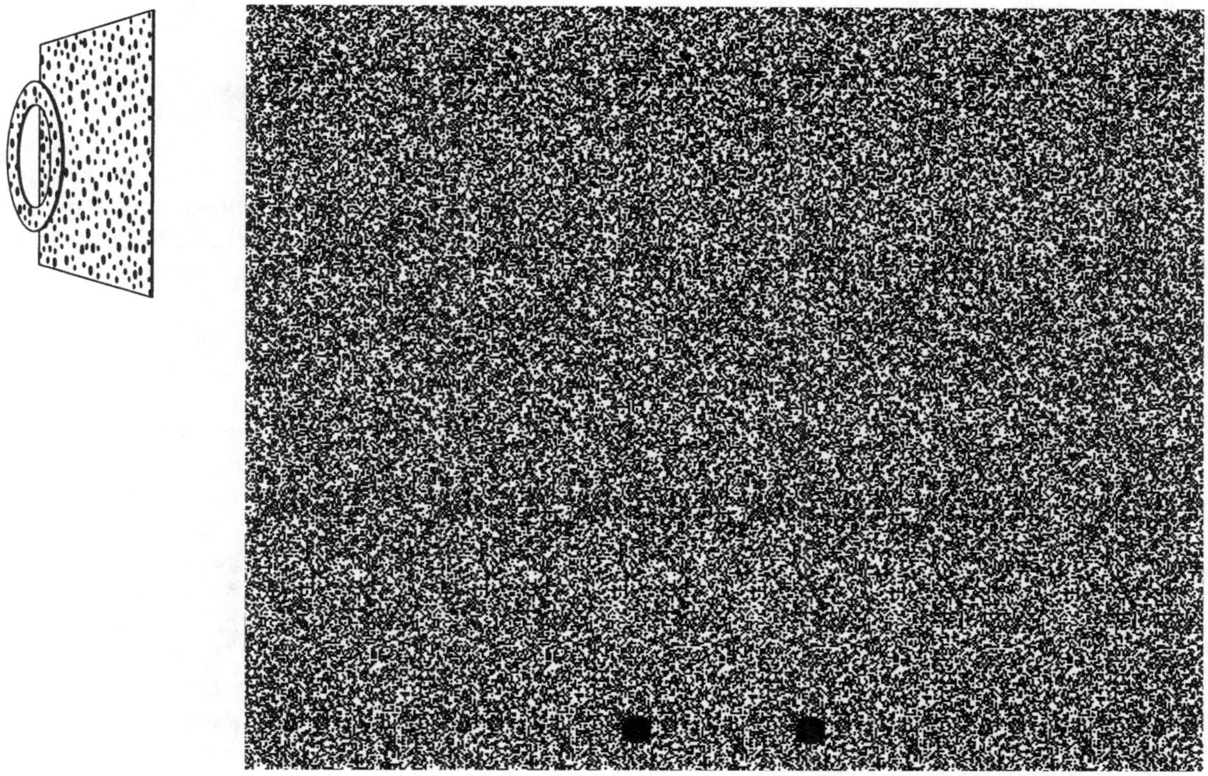

b)

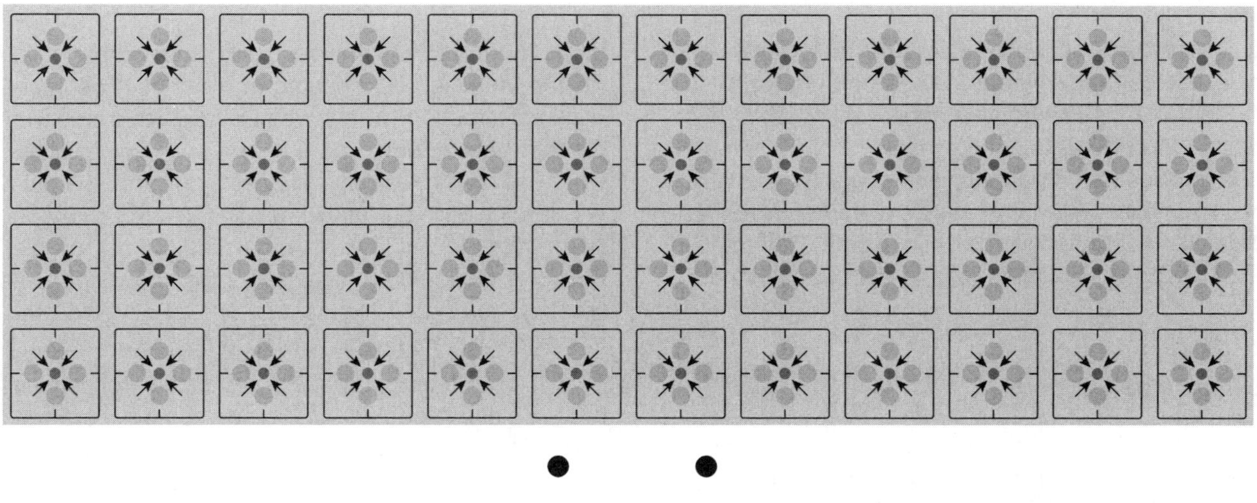

FIGURE 12.21 *Stéréoscopie sans stéréoscope. a) Autostéréogramme.* Suivant le mode d'observation emprunté (voir l'encadré 12.3), on perçoit dans cette figure un anneau qui paraît flotter en deçà du plan de la page (mode 1 : convergence binoculaire au delà du plan de la figure) ou une ouverture de forme annulaire qui laisse percevoir un second plan situé au delà du plan principal (mode 2 : convergence en deçà du plan). *Source* : Thimbleby, Inglis et Witten (1994). *b) Illusion du papier peint.* C'est l'ancêtre de l'autostéréogramme. Le mode 1 d'observation produit une perception du modèle répétitif comme étant au delà du plan de la page, et le mode 2 le fait percevoir en deçà de ce plan.

ENCADRÉ 12.3
Les techniques d'observation des autostéréogrammes et de l'illusion du papier peint

Les activités de vergence en dehors du plan de vision normale ne sont pas simples à réaliser. On peut néanmoins y arriver avec un peu d'opiniâtreté. Elles obligent en effet à aller à l'encontre de la réaction réflexe que nous exerçons depuis la naissance et qui consiste à faire converger nos yeux vers un point situé sur l'objet ou la surface que l'on regarde, et cela, afin d'éviter la diplopie. Pour arriver à percevoir le relief de l'illusion du papier peint ou de l'autostéréogramme, il faut arriver à obtenir une vergence binoculaire sur des plans situés en dehors de celui du stimulus.

Voici deux procédés utiles pour l'apprentissage de ces activités. Procédé 1: *Pour réaliser une convergence binoculaire au delà du plan, on tient verticalement la figure et on la rapproche de ses yeux en fixant du regard les deux points situés dans sa partie inférieure sans se préoccuper, au début, du reste de l'image. Dès qu'on perçoit trois points au lieu de deux, on effectue de légers ajustements de l'image en profondeur pour stabiliser cette vision de trois points. On peut alors observer des effets de tridimensionnalité: un anneau en deçà du plan principal (voir la figure 12.21 en* a*)) et une illusion d'éloignement relatif (voir la figure 12.21 en* b*)).* Procédé 2: *La convergence au delà de l'image se fait tout à fait différemment. On fixe des yeux la pointe d'un stylo que l'on tient verticalement en deçà de la figure et l'on effectue de très lents mouvements de va-et-vient du stylo afin de maintenir une vision simple de celui-ci. Lorsque cette opération est réussie, la figure 12.21 en* a*) semble comporter un trou annulaire faisant voir un second plan plus lointain. On peut alors retirer le stylo et le percept 3 D demeure momentanément, comme s'il était verrouillé. Quant au pattern de la figure12.21 en* b*), il apparaît alors plus proche que le plan de la page et le retrait du stylo produit le même effet de maintien du percept.*

qu'une sphère située en deçà d'une surface verticale quelconque, chaque œil perçoit une partie de l'arrière-plan qui se trouve cachée pour l'œil opposé (voir la figure 12.22). Cette disparité binoculaire fournit une information importante sur la distance relative. Nakayama et Shimojo (1990) ont démontré expérimentalement l'efficacité de cette source d'information et ont appelé le phénomène « stéréopsie de Vinci ».

L'illusion de Pulfrich

L'illusion de Pulfrich, du nom du physicien allemand Carl Pulfrich qui, le premier, a pu expliquer le phénomène malgré le fait qu'il ne voyait que d'un œil, est une illusion de profondeur causée par l'observation binoculaire d'un pendule en mouvement latéral de va-et-vient, alors qu'on interpose un verre teinté devant l'un des yeux de l'observateur. Celui-ci perçoit alors un mouvement tridimensionnel elliptique du pendule. Plus le verre teinté est sombre, plus l'effet est marqué. La direction du mouvement elliptique dépend de l'œil devant lequel on a interposé le verre teinté. L'explication la plus courante est la suivante. La présence d'un filtre sur un œil produit un délai dans la perception de la scène provenant de cet œil, ce qui crée une disparité rétinienne et donc une vision stéréoscopique (voir la figure 12.23). Cet effet de profondeur augmente avec la vitesse du mouvement.

On peut aussi produire l'illusion de Pulfrich au moyen d'une image vidéo. L'image semble alors sortir de l'écran puis y entrer, et cela, dans un mouvement circulaire. On obtient en outre une variante intéressante de cette illusion en observant le « bruit visuel » d'un écran de télévision lorsqu'on syntonise un canal inoccupé. L'impression produite est alors celle d'un nuage de points noirs effectuant un mouvement tridimensionnel. Ce phénomène pose un problème d'in-

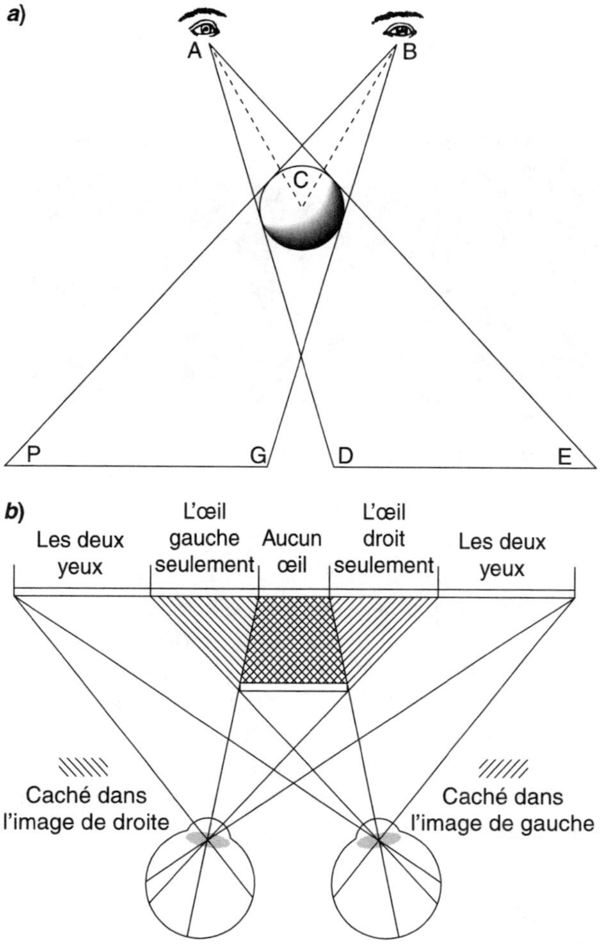

FIGURE 12.22 *Modèle de stéréopsie inspiré de Léonard de Vinci.* *a*) Le célèbre artiste et savant avait remarqué qu'une personne qui fixe un objet de façon binoculaire perçoit une partie de l'arrière-plan caché par l'objet. L'analyse géométrique de la situation permet de montrer que chaque œil voit ainsi une partie qui n'est pas vue par l'autre. *Source :* Boring (1942, p. 283). *b*) On a pu reconstituer la situation de façon stéréoscopique, ce qui indique bien qu'il s'agit d'une source d'information sur la profondeur. Par ailleurs, le phénomène ne fonctionne pas quand les images sont inversées. *Source :* Palmer (1999, p. 224). © 1999, The MIT Press. Reproduit avec permission.

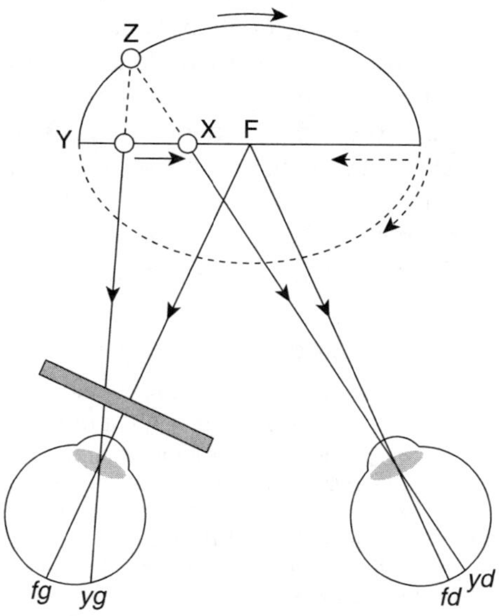

FIGURE 12.23 *Illusion de Pulfrich.* L'observation binoculaire d'un mobile se déplaçant sur une trajectoire rectiligne dans le plan frontal produit une illusion de mouvement elliptique en profondeur lorsqu'on interpose un verre teinté devant l'un des deux yeux fixant le point F. L'interposition du verre teinté (V) a pour effet de réduire l'intensité de la stimulation, ce qui entraîne un retard dans le message enregistré par l'œil gauche, comme l'illustre le fait qu'il y a un plus grand écart entre *yg* et *fg* qu'entre *yd* et *fd*. Le mobile est donc vu en position X par l'œil droit et en position Y par l'œil gauche. Il s'ensuit qu'il est vu binoculairement en position Z à ce moment donné de son déplacement. L'ensemble des effets produits à chaque position donne une trajectoire elliptique.

terprétation puisque, étant donné que les points lumineux ne sont pas alors en mouvement, il devient difficile de parler d'une disparité due à un retard, comme dans la démonstration classique. Tout se passe comme si, dans ce cas particulier, le retard temporel suffisait à créer la disparité (voir Tyler, 1994).

Le mouvement qui révèle la profondeur : la parallaxe de mouvement

Les mouvements visuels entraînés par les déplacements latéraux de la tête sont des sources potentielles d'information sur la distance. En effet, l'amplitude de ces mouvements varie systématiquement avec la distance physique des objets observés, de sorte que leur distance perçue peut être théoriquement prédite à partir de cette donnée. On pourrait donc considérer ces mouvements comme des sources d'information sur la distance égocentrique. Cependant, lorsqu'on regarde simultanément plusieurs éléments situés à des distances différentes tout en effectuant des mouvements de la tête, les mouvements relatifs de ces éléments révèlent leurs distances relatives en profondeur. Observons par exemple, à travers une fenêtre située à 1 ou 2 m de soi, une scène qui s'étend sur une longue distance, en s'attardant aux mouvements optiques créés par des mouvements de tête. Alors que le mouvement de la fenêtre et des objets qui se trouvent sur le même plan en profondeur paraît être dans le sens contraire de celui de la tête, les objets relativement distants semblent se déplacer dans le même sens que la tête. Des mouvements de locomotion peuvent aussi créer des effets de parallaxe et influent sur notre perception de la profondeur.

Voici comment Helmholtz décrivait le phénomène :

> Lorsque, par exemple, on s'arrête dans une forêt épaisse, on ne peut débrouiller que d'une manière confuse et grossière, la signification du fouillis de feuilles et de branches qui se présentent à la vue ; on ne peut pas décider si les branches appartiennent à tel ou tel arbre, reconnaître leurs distances relatives, etc. Mais dès qu'on se met à marcher, tout se détache et l'on obtient aussitôt la notion de la position relative des différents objets, comme si l'on en voyait une bonne image stéréoscopique (1989 [1867], p. 806).

En fait, ces impressions peuvent s'avérer presque aussi vivaces si on les produit au cinéma alors que c'est la caméra, plutôt que l'observateur, qui cause le mouvement. On obtient aussi des effets visuels de parallaxe particulièrement remarquables en train ou en autocar, si l'on regarde un objet situé à une certaine distance du véhicule dans lequel on se trouve, tout en étant attentif, en même temps, au défilement optique du paysage. La surface du sol la plus rapprochée se déplace en sens contraire du mouvement du véhicule, la plus éloignée semble aller dans le même sens que celui-ci et l'objet regardé, qui se situe à une distance intermédiaire, paraît relativement immobile (voir la figure 12.24).

Une indication remarquable de l'importance de la parallaxe de mouvement dans la perception de la distance nous est fournie par le fait qu'elle permet de détecter le caractère illusoire d'une grande variété d'illusions de distance. Dans certains cas, cela se traduit par une perception d'inversion de l'effet de parallaxe (voir l'encadré 12.4).

Notons enfin que la perception de distance fondée sur la parallaxe de mouvement est beaucoup plus précoce qu'on ne l'aurait cru. Gibson et Walk (1960) avaient conclu, à partir de leur expérience de la « falaise visuelle » (voir le chapitre 16), que la parallaxe de mouvement constituait vraisemblablement

FIGURE 12.24 *Parallaxe de mouvement.* Cette figure illustre les mouvements parallactiques d'une scène vue par un observateur assis dans un train voyageant vers la gauche.

l'une des principales sources d'information sur la distance pour le nourrisson, et cela, dès l'âge de six mois. Plus récemment, Hofsten, Kellman et Putaansu (1992) ont montré que l'enfant est sensible à la parallaxe de mouvement dès l'âge de trois mois. Leur recherche n'a cependant pas permis de déterminer si le bébé de cet âge est en mesure de l'utiliser pour estimer la distance.

12.1.4
Pourquoi tant de sources d'information ?

Avons-nous besoin d'une aussi grande variété de sources d'information pour percevoir une seule dimension : la distance ? Cutting et Vishton (1995), qui ont mesuré, pour neuf sources d'information sur la distance, l'évolution du seuil de perception en fonction de la distance physique, expliquent ainsi la nécessité de disposer d'indicateurs multiples. Même s'ils sont généralement riches en information, les environnements dans lesquels on effectue des estimations de distance sont très variés et les informations utiles ne se trouvent pas forcément dans chacun de ces environnements. En outre, vu l'importance adaptative de la perception de distance, il peut s'avérer avantageux de disposer de mécanismes multiples de « cueillette » d'information. Les résultats obtenus par ces chercheurs révèlent, par ailleurs, que toutes les sources d'information ne sont pas touchées de la

ENCADRÉ 12.4
La parallaxe inversée

Normalement, des mouvements latéraux de la tête créent, d'une part, une impression de déplacement des objets les plus rapprochés dans le sens contraire de ceux de la tête et, d'autre part, une impression de déplacement des objets plus éloignés dans le même sens que ceux de la tête. C'est ce qu'on appelle un « effet de parallaxe de mouvement ». Cependant, plusieurs auteurs observent l'effet contraire dans des conditions de profondeur illusoire (voir la figure 12.25). C'est ce qu'on observe, selon Gillam (1995), dans des effets d'illusion mettant en cause la convergence ou l'accommodation, dans l'illusion du papier peint et dans l'autostéréogramme. Palmer (1999) observe ce même phénomène d'inversion avec le stéréogramme à points aléatoires de Julesz. Il l'explique cependant par l'absence d'occlusion et de désocclusion (voir la figure 12.26).

Selon Gogel (1976) et Gogel et Da Silva (1987), on peut vérifier si une estimation de distance résulte d'un raisonnement ou de la perception en observant ses conséquences sur la parallaxe de mouvement. Le problème à résoudre concerne le rôle de la familiarité dans la perception. La mesure des effets de parallaxe lors de la perception de formes anormales ne produit pas les effets de parallaxe attendus pour une erreur perceptive de distance, ce qui amène les auteurs à conclure que les effets de la familiarité sur la distance apparente sont cognitifs plutôt que perceptifs.

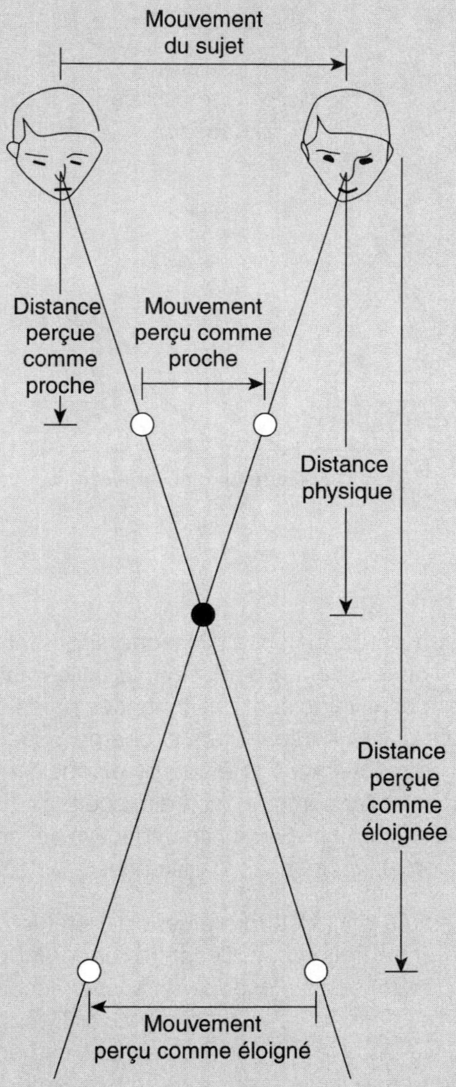

FIGURE 12.25 *Illusion de distance et inversion de parallaxe.* Si l'on fait des mouvements latéraux de la tête en observant un objet dont la distance est perçue de façon erronée, on observe une inversion de l'impression de la parallaxe. Par exemple, une forme vue trop proche paraît se déplacer dans le même sens que le mouvement de la tête, et une forme vue trop loin paraît bouger en sens contraire. *Source :* Wade et Swanston (1991, p. 160), d'après Gogel (1982).

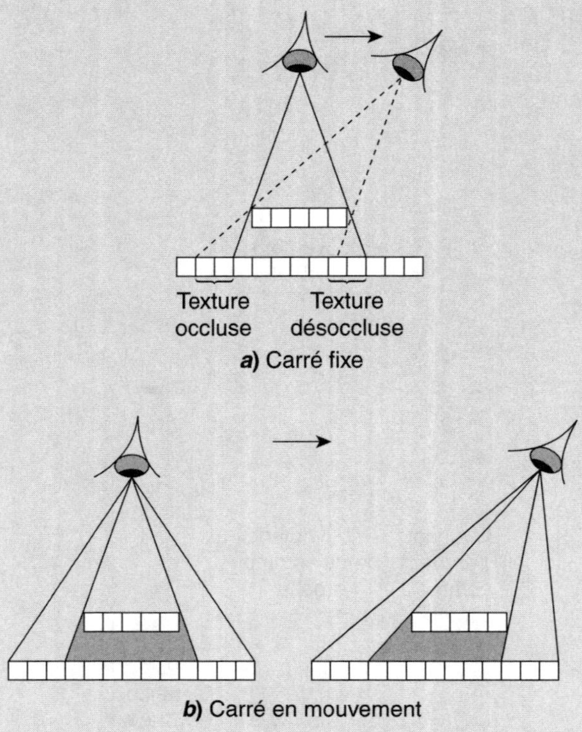

FIGURE 12.26 *Inversion de parallaxe en stéréoscopie.* Les effets stéréoscopiques décrits précédemment (voir les figures 12.19 et 12.21) donnent lieu à des inversions de parallaxe. Palmer (1999) explique ces phénomènes par l'absence d'occlusion dans ce type de situation illusoire. Ainsi, dans une situation de profondeur réelle, les mouvements de tête devraient entraîner l'occlusion d'une partie de l'arrière-plan et la désocclusion d'une autre. C'est selon lui parce que, dans ces cas de stéréoscopie, aucun effet de ce genre ne se produit, qu'il y a cet effet perceptif de parallaxe. *Source :* Palmer (1999, p. 214). © 1999, The MIT Press. Reproduit avec permission.

même façon par la distance physique séparant les stimuli de l'observateur. L'occlusion, la taille relative et la densité relative ne sont pas touchées par la distance, alors que la hauteur dans le champ visuel, la parallaxe de mouvement, la disparité binoculaire, la convergence et l'accommodation diminuent d'efficacité avec l'éloignement. Seule la perspective aérienne augmente en efficacité avec la distance.

Les auteurs sont dès lors amenés à établir une distinction entre trois types d'espace requérant des informations différentes : l'espace *personnel*, l'espace *de l'action* et l'espace *de la perspective*. L'espace personnel se situe dans l'environnement immédiat de l'individu et se limite à environ 2 m. Il s'agit d'un espace dans lequel l'observateur est relativement immobile, et c'est à l'intérieur de cet espace que l'accommodation, la convergence, la parallaxe de mouvement et la disparité sont efficaces. L'espace de l'action se situe entre 2 et 30 m. L'observateur y est actif, s'y déplace (à pied) et peut, par exemple, lancer un objet vers un objectif. La limite de 30 m représente, selon les auteurs, celle au-delà de laquelle la disparité oculaire cesserait d'être utilisable. Enfin, l'espace de perspective est constitué par l'espace lointain ; il commence au-delà de 30 m. Seules les sources d'information picturales, dont l'occlusion, la hauteur dans le champ visuel, la taille relative et la perspective aérienne, y sont disponibles. Il ne faut cependant pas en conclure que ces indices picturaux ne sont utilisés qu'à cette distance puisque, sauf pour la perspective aérienne, on les trouve dans les espaces plus proches.

12.1.5 La distance lointaine égocentrique

En ne s'en tenant qu'aux distinctions classiques entre informations égocentriques et informations exocentriques, telles qu'elles sont présentées dans le tableau 12.1, p. 278, on serait porté à conclure que la distance égocentrique n'est accessible que dans l'espace que Cutting et Vishton qualifient de « personnel ». Pourtant, les occasions de percevoir et d'estimer les distances égocentriques bien au-delà ne manquent pas. Il suffit de mentionner le joueur de tennis, le chasseur, le conducteur d'automobile, le pilote d'avion, etc. En acquérant une compétence dans leur activité spécifique, chacun a dû acquérir une capacité d'estimation relativement précise (bien que non exprimable en termes métriques) des distances à l'intérieur d'une échelle particulière. On ne peut déterminer la source d'information dans chaque cas, mais il ne peut s'agir que d'informations visuelles.

Les résultats obtenus dans les recherches sur la perception des distances lointaines sont remarquables. On obtient des résultats cohérents pour des estimations de 256 m (Da Silva et Dos Santos, 1982; Da Silva et Fukusima, 1986), voire de plusieurs kilomètres (Galanter et Galanter, 1973). Gibson (1950) obtient une très légère surconstance en faisant estimer une tige de 1,80 m située à 717 m. Enfin, Flückiger (1991) obtient des mesures de distance de bateaux situés jusqu'à 4 km. À partir de quelle source d'information peut-on percevoir des distances si lointaines? Potentiellement à partir de la distance angulaire à l'horizon.

12.1.6
Les poids relatifs des sources d'information sur la distance

Dans les conditions habituelles, les informations sur la profondeur se confirment mutuellement et les recherches tendent à démontrer qu'elles s'additionnent, de sorte que plus une situation comporte une grande quantité de sources d'information, meilleure sera la perception de la distance, mais cela ne permet pas d'évaluer le poids relatif de chacune. Y a-t-il des sources plus puissantes et donc plus sûres que d'autres, de sorte qu'on puisse en définir la hiérarchie? Les transactionnalistes (voir Ittelson, 1960), qui furent les premiers à se poser la question en termes généraux, répondirent par la négative. Leur conclusion s'appuyait sur deux arguments. Le premier résultait de la mise en conflit, deux à deux, des différentes sources d'information qu'ils appelaient « indices » (*cues*). Ce procédé consiste à créer une situation dans laquelle une source fait voir un objet donné à une certaine distance et une autre source à une autre distance. La source la plus puissante est alors celle qui détermine la distance perçue dans cette situation ou qui contribue davantage à cette perception. Or, Ittelson conclut de ces comparaisons: « N'importe quel indice de profondeur peut être amené à dominer n'importe quel autre si les conditions sont appropriées, et, par conséquent, l'idée d'une hiérarchisation des indices perd toute signification » (1960, p. 168).

Plus récemment, Cutting et Vishton (1995) se sont aussi questionnés sur l'importance relative des différentes sources d'information, mais ils ont abouti à des conclusions différentes. Se basant sur les résultats de leurs mesures psychophysiques portant sur neuf sources, ils ont pu hiérarchiser celles-ci en fonction de leur puissance. Cependant, ils ont établi une hiérarchie séparée pour chaque niveau de distance physique correspondant à chacun des trois types d'espace qu'ils ont définis: l'espace personnel, l'espace de l'action et l'espace de la perspective (voir le tableau 12.2). Il en ressort qu'une même source d'information a, dans certains cas, un poids relatif fort différent selon le niveau de distance en cause. De tels résultats expliquent l'impossibilité dans laquelle se sont trouvés les transactionnalistes dans leur tentative d'établir une hiérarchie unique pour l'ensemble des sources d'information sur la profondeur. On peut aussi imaginer l'existence d'une hiérarchie différente selon différents contextes en fonction des tâches à accomplir par le sujet percevant ou en fonction de son champ d'activité. Cutting et Vishton ont testé cette possibilité en établissant notamment la hiérarchie des sources d'information en fonction du moment d'apparition de chacune chez l'enfant et celle des sources d'information picturales dans le développement de l'histoire de l'art, ce qui a mis encore davantage en évidence la relativité du poids de chaque source d'information sur la profondeur.

TABLEAU 12.2
Hiérarchisation des sources d'information à l'intérieur des trois types d'espace.

Source d'information	Espace personnel	Espace d'action		Espace panoramique
		Toutes sources	Sources picturales	
1. Occlusion et interpostion	1	1	1	1
2. Taille relative	4	3,5	3	2
3. Densité relative	7	6	4	4,5
4. Hauteur dans le champ visuel et dans le plan de l'image	—[a]	2	2	3
5. Perspectives aérienne et atmosphérique	8	7	5	4,5
6. Perspective de mouvement et parallaxe de mouvement	3	3,5	—	6
7. Convergence	5,5	8,5	—	8,5
8. Accommodation	5,5	8,5	—	8,5
9. Disparité binoculaire, stéréopsie et diplopie	2	5	—	7

a. Le tiret indique que la donnée n'est pas applicable à la source.
Source: Cutting et Vishton (1995, p.102). © 1995, Academic Press. Reproduit avec la permission d'Elsevier Science.

12.2 LA PERCEPTION DE LA TAILLE

Comment perçoit-on la taille d'un objet? La première réponse qui vient à l'esprit est qu'on le fait par l'intermédiaire de la taille de sa projection rétinienne et qu'au niveau cérébral cette information est encodée par les analyseurs de fréquence spatiale. Cependant la question est beaucoup plus complexe, étant donné que la projection visuelle n'est pas constante et qu'elle varie en fonction de la distance de l'objet par rapport à l'observateur. Faudrait-il en conclure, comme le faisait Berkeley, que la taille n'est pas directement perceptible par la vision, mais uniquement par le toucher? Puisque la taille tactile d'un objet que l'on tient dans sa main ne varie pas quand on tend le bras, alors qu'elle varie visuellement dans cette condition, ne vaut-il pas mieux se fier à la taille tactile pour découvrir la constance de la taille? C'est ainsi que Piaget concevait l'apparition de cette constance chez le nourrisson, ce qui nous renvoie à l'hypothèse que « le toucher enseigne à la vision » et suggère que la perception tactile de la taille est plus fiable.

12.2.1 La taille visuelle et la taille tactile

Une façon de vérifier cette hypothèse consiste à étudier la perception de la taille d'un objet tenu dans la main, mais vu à travers un système optique qui le rapetisse. C'est ce que firent Rock et Victor (1964) en réalisant les expériences devenues classiques décrites dans l'encadré 12.5. Loin d'affirmer une supériorité du toucher sur la vision, Rock (1966) en conclut que c'est la vision qui enseigne au toucher, une théorie à laquelle peu d'auteurs souscrivent cependant. Quoi qu'il en soit, il faut bien convenir que la taille visuelle apparaît aujourd'hui beaucoup plus fiable qu'on ne le croyait.

12.2.2
La constance perceptive de la taille

La théorie de la prise en compte

L'explication berkeléyenne s'avérant contestable, il reste à expliquer comment on perçoit la taille comme invariante ou constante en dépit des variations de la taille rétinienne ou projective occasionnées par celles de la distance. Une théorie qui remonte à Descartes affirme que l'on estime la taille d'une forme éloignée en se fondant sur la connaissance ou l'opinion qu'on a de sa distance. Le processus, tel qu'il a été formulé par Descartes, ressemble plus à un raisonnement qu'à un effet perceptif. Pour Helmholtz, la constance de la taille résulte d'une inférence inconsciente fondée sur l'expérience du rapport entre taille et distance. Dans sa formulation plus récente, la constance de la taille est un mécanisme perceptif dans lequel l'estimation de la taille réelle d'un objet se fonde à la fois sur des données relevant d'une variable *intrinsèque*, la taille projective ou rétinienne, et sur des données relevant d'une variable *extrinsèque* déterminant les variations de la variable intrinsèque, soit l'information relative à la distance. On a qualifié cette théorie de « théorie de la prise en compte » (*taking into account*) (Epstein, 1977). Face à un objet relativement proche, une personne serait portée à prendre en compte la distance dans son jugement de taille, comme si elle se disait : « Cet objet me renvoie une image petite, mais c'est parce qu'il est éloigné. » Elle serait donc portée à le percevoir plus gros pour le ramener à sa taille réelle. Le rôle du mécanisme de constance n'est donc pas seulement de maintenir la taille réelle d'un objet en dépit du rapetissement de son image rétinienne avec l'éloignement, mais aussi d'augmenter sa taille apparente pour tenir compte de cet éloignement.

Les arguments empiriques

L'expérience de Holway et Boring

Les résultats d'une expérience classique réalisée par Holway et Boring en 1941 sont invoqués constamment comme preuve en faveur de la théorie de la prise en compte. L'expérience est relativement simple. Placé à l'intersection de deux corridors perpendiculaires l'un par rapport à l'autre, l'observateur doit ajuster la taille d'un disque lumineux situé proche (à 1 m) pour le rendre perceptivement égal à un autre disque lumineux situé plus loin dans l'autre corridor. Ce dernier disque, qui sert d'étalon, sous-tend un angle de 1°. On fait des ajustements semblables pour différentes distances de l'étalon entre 3 m et 36 m,

ENCADRÉ 12.5
La perception de la taille dans une situation de conflit visuotactile

Dans chacune des expériences de Rock et Victor (1964; voir aussi Rock et Harris, 1967), le sujet observe une forme carrée (voir la figure 12.27) à travers un système optique comportant une lentille réductrice, tout en le tenant entre ses doigts à travers une pièce de tissu (partie a*)). Les questions que se posent les auteurs sont les suivantes. Le sujet percevra-t-il la contradiction entre la taille vue et la taille touchée ou, sinon, un compromis s'établira-t-il entre les deux perceptions ? Quel sens dominera : le toucher ou la vision ? Divers procédés sont utilisés pour répondre à ces questions. Certains sujets doivent, en ayant les yeux bandés, repérer par le toucher (partie* b*)) le carré correspondant à celui perçu dans la situation conflictuelle. D'autres doivent le faire uniquement de façon visuelle (partie* c*)). Un autre groupe a pour tâche de tracer le mieux possible un carré de la même taille (partie* d*)), ce qui implique une estimation tactile et visuelle à la fois. Afin d'obtenir des données sur les estimations en l'absence de conflit sensoriel, on utilise aussi des conditions de contrôle dans lesquelles la forme est vue sans être touchée (partie* e*)) ou touchée sans être vue (partie* f*)).*

Les principaux résultats obtenus sont les suivants. Les sujets n'ont pas perçu le conflit existant entre la forme vue et celle touchée, et leurs jugements de taille aussi bien tactiles que visuotactiles ou visuels indiquent une dominance de la vision sur le toucher. Les auteurs appellent ce phénomène la « capture visuelle ».

FIGURE 12.27 *Conflit visuotactile. Source :* Rock et Harris (1967, p. 97 et 99).

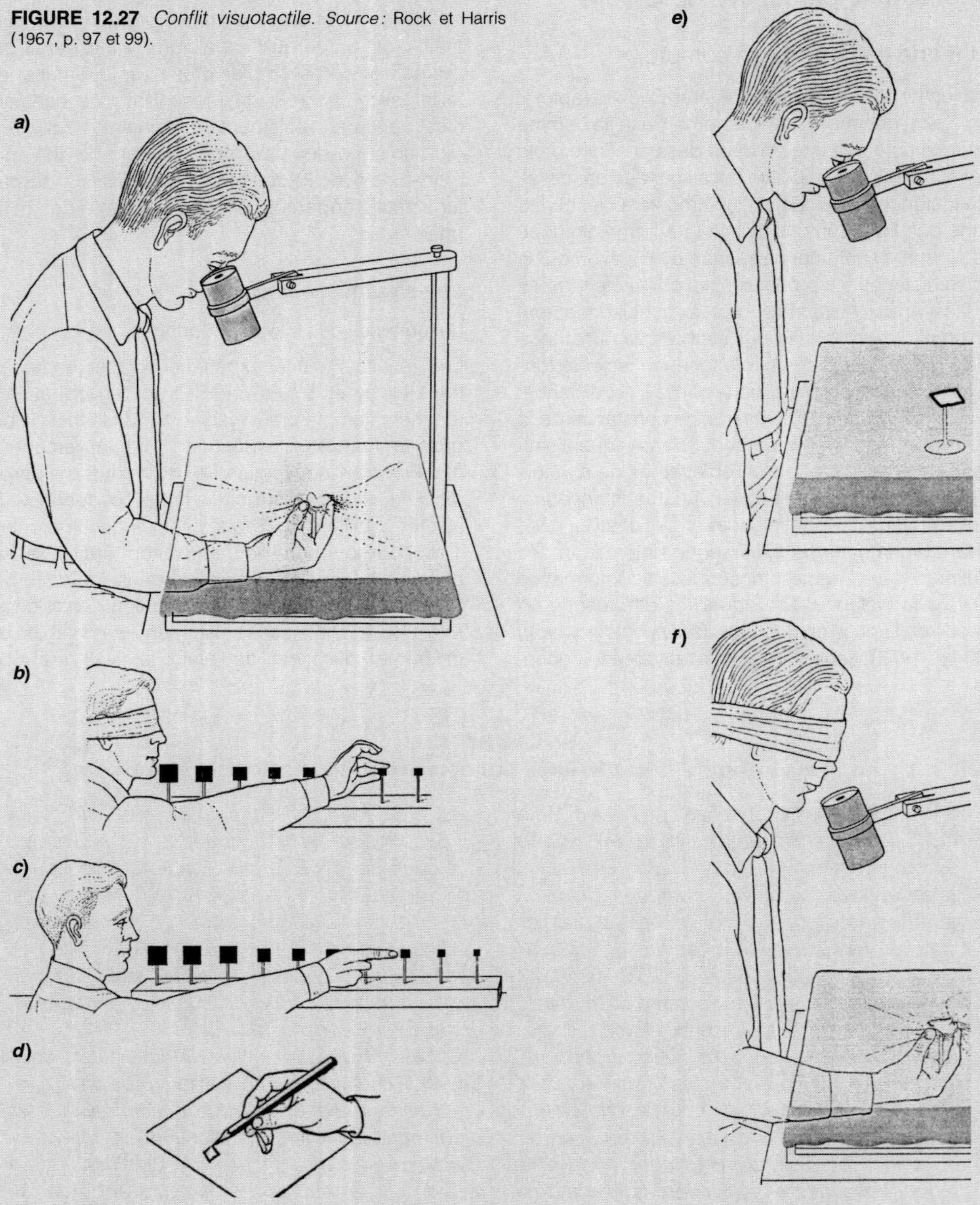

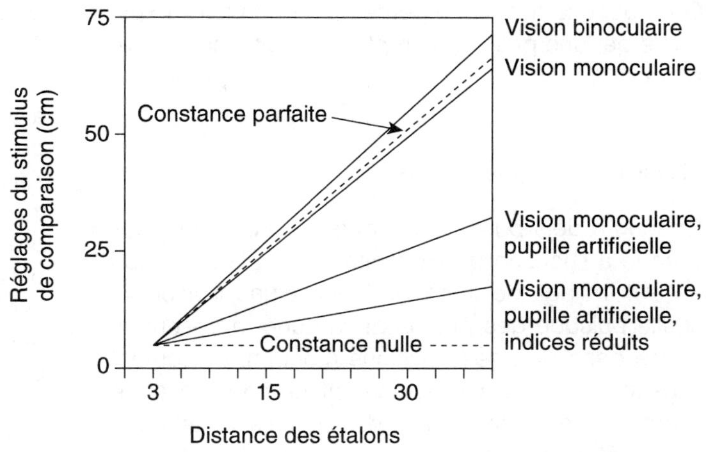

FIGURE 12.28 *Influence de la distance sur la constance de la taille (expérience de Holway et Boring).* La taille projective d'un objet diminue normalement avec la distance lorsqu'on maintient sa taille physique constante. Dans cette expérience, on a maintenu plutôt la taille projective constante. Pour y arriver, on a dû augmenter la taille projective du stimulus étalon proportionnellement à sa distance. Dès lors, un sujet ayant une constance parfaite de la taille voit l'étalon d'autant plus grand qu'il est plus éloigné. Pour celui qui se trouve dans une condition où la constance est nulle parce que la distance est imperceptible, la perception de la taille est la même quelle que soit la distance physique de l'étalon. Une courbe présentant une pente supérieure à celle de l'étalon signifie une surcompensation pour la distance (surconstance) alors qu'une pente moindre indique une sous-compensation et donc une sous-constance.

mais en maintenant constant (à 1°) l'angle visuel de l'étalon. Avec ce procédé qui assure une constance parfaite, la courbe représentant le rapport taille-distance a une pente positive, alors qu'une absence de constance de taille se traduit par une pente nulle. Lorsqu'une mesure donne un ajustement de la taille inférieur à l'étalon, on considère qu'il y a eu sous-estimation de celle-ci à cause d'une sous-estimation de la distance et l'on dit qu'il y a sous-constance. La surestimation de la taille (surconstance) suppose une surestimation de la distance.

L'expérience comporte quatre conditions d'observation des cibles lumineuses correspondant à quatre niveaux de diminution de l'information sur la profondeur : 1) en vision binoculaire ; 2) en vision monoculaire ; 3) en vision monoculaire avec pupille artificielle (observation à travers un petit trou) ; 4) comme en 3, mais avec un masquage des murs au moyen de draps noirs. Les résultats (voir la figure 12.28) révèlent que lorsque l'information est maximale, il y a surconstance et que dans la condition 4, qui fournit le moins d'information, on trouve une sous-constance qui se rapproche de la constance nulle.

La loi d'Emmert

On peut obtenir des résultats semblables en remplaçant la cible lumineuse par une image consécutive (voir le chapitre 5). Une telle image sous-tend un angle visuel constant puisqu'elle est fixée à la rétine en quelque sorte. L'expérience se réalise comme suit. On fixe des yeux, pendant une demi-minute environ,

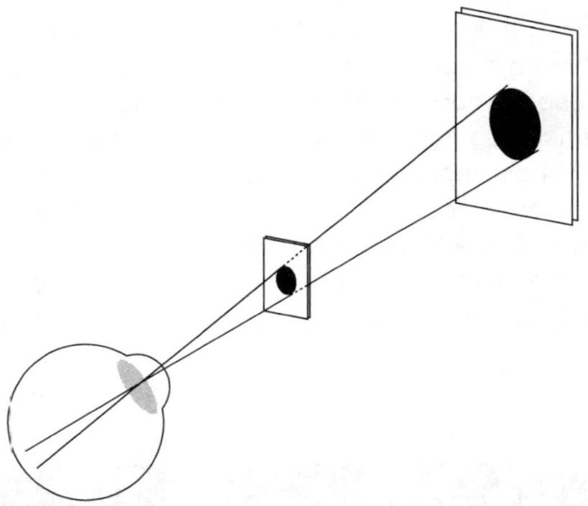

FIGURE 12.29 *Loi d'Emmert. Source:* Gillam (1995, p. 28). © 1995, Academic Press. Reproduit avec la permission d'Elsevier Science.

une forme colorée qui constitue le stimulus d'inspection, puis un écran blanc sur lequel apparaît l'image consécutive. Quand le stimulus d'inspection et l'écran se situent à la même distance du sujet, l'image consécutive a la même taille apparente que le stimulus d'inspection. Cependant, si la surface du test est beaucoup plus éloignée que celle de l'inspection, l'image consécutive sera perçue comme plus grande. Inversement, pour une plus courte distance de l'écran test, l'image consécutive est vue comme plus petite. Cette variation de la taille apparente de l'image consécutive en fonction de la distance de l'écran définit ce qu'on appelle la « loi d'Emmert » (voir la figure 12.29).

On a donc là aussi une perception de la taille explicable par une prise en compte de la distance apparente.

L'illusion de la Lune

Chacun a déjà pu observer que la Lune paraît plus grande à l'horizon qu'au zénith (voir la figure 12.30 en *a*)). Il s'agit de toute évidence d'une illusion visuelle puisque des photos de la Lune représentant l'astre dans diverses positions montrent clairement l'absence de tout grossissement perceptible entre l'horizon et le zénith. L'image de la Lune sous-tend environ 0,5° d'angle visuel. L'explication de cette illusion communément retenue et qui remonterait à Ptolémée (Day, 1969) veut que la Lune soit perçue comme plus distante à l'horizon qu'au zénith parce qu'un objet paraît plus éloigné lorsqu'il est vu dans un espace comportant de nombreux éléments de référence que dans un espace vide. Kaufman et Rock (1962) ont repris cette hypothèse d'un effet de distance en supposant que la voûte céleste soit aplatie (voir la figure 12.30 en *b*)). En définitive, l'illusion de la Lune s'expliquerait par une prise en compte de la distance comparable à celle que l'on observe pour la constance de la taille dans l'expérience de Holway et Boring.

Selon Kaufman et Rock, si l'on a mis tant de temps à admettre cette explication, c'est sans doute à cause du fait paradoxal suivant : si l'on demande à un observateur si la Lune lui paraît plus éloignée à l'horizon qu'au zénith, il répondra qu'elle lui paraît plus proche à l'horizon. Selon Kaufman et Rock, c'est parce qu'il est porté, dans cette situation, à estimer la distance à partir de la taille apparente de la Lune que l'observateur donne cette réponse contradictoire. La Lune lui paraît plus grosse parce que plus éloignée, mais plus proche parce que plus grosse. C'est ce qu'on a appelé le « paradoxe taille-distance ». Or ce type de paradoxe n'est pas exclusif à l'illusion de la Lune et, comme on le verra, il a suscité une remise en question de la théorie de la prise en compte.

L'invariance taille-distance

La théorie de la prise en compte amène à supposer l'existence d'une relation mathématique entre, d'une part, la taille rétinienne, qui s'exprime par l'angle visuel, et, d'autre part, la relation entre la taille perçue et la distance perçue, qui s'exprime par l'équation : *angle visuel = taille apparente / distance apparente*.

a) 1. 2.

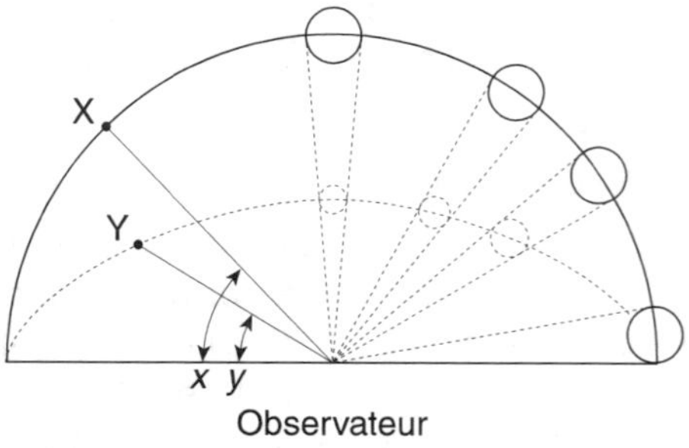

b)

FIGURE 12.30 *a) Illusion de la Lune.* Lune à l'horizon (1) et au zénith (2). *b) Illusion de l'aplatissement de la voûte céleste.* Cette illusion exerce une influence sur la taille apparente de la Lune selon la position de celle-ci.

Dans une condition où le mécanisme de constance fonctionne, on devrait vérifier que, si l'angle visuel est maintenu constant (comme on l'a vu pour l'expérience de Holway et Boring et celle de l'image consécutive), la taille apparente augmente de façon linéaire avec la distance apparente dans la mesure où le mécanisme de constance de taille fonctionne.

La vérification de ce principe est simple, il suffit de faire évaluer la taille et la distance et de leur appliquer l'équation. Même si certaines expériences ont donné des résultats conformes, *grosso modo*, au principe d'invariance taille-distance, on a obtenu en revanche, dans plusieurs cas, des résultats non conformes aux prédictions. Habituellement, les estimations de distance étaient contradictoires avec celles portant sur la taille. Le cas de la sous-estimation de la distance de la Lune à l'horizon dont il a été question plus haut est celui le plus souvent cité. Cependant, on observe la même chose dans le cas de la micropsie produite par une augmentation de convergence et d'accommodation : l'objet devrait être vu comme rapproché, mais il est perçu comme éloigné parce qu'il est vu comme plus petit (Gillam, 1995).

Par ailleurs, il ne suffit pas que la taille perçue et la distance perçue se modifient dans la direction prédite par le principe d'invariance pour que l'on considère la théorie comme prouvée. Il faut aussi que l'ampleur du changement soit conforme aux prédictions. Ainsi, dans leur étude sur les effets produits par de fausses perspectives sur la taille et la distance apparentes de certaines formes, Vogel et Teghtsoonian (1972) ont trouvé une relation de puissance de 1,4 pour les mesures obtenues dans un tunnel convergent et une relation de 0,95 lorsqu'il s'agissait d'un tunnel divergent, ce qui représente, selon eux, un exemple de plus de paradoxe taille-distance. Par ailleurs, avec la version aux murs tapissés en damier (voir plus haut la figure 12.13), nous avons trouvé, à l'occasion d'essais informels, de nombreux cas de sujets qui, appelés à comparer la profondeur des deux tunnels vides vus successivement en vision monoculaire, trouvaient d'emblée le tunnel convergent plus long que le divergent. La comparaison relative à la taille des triangles situés au fond du tunnel donnait une perception de plus grande taille dans le tunnel convergent. Néanmoins, lorsque la comparaison portait enfin sur la distance apparente des triangles, c'est le triangle situé dans le tunnel convergent qui était vu comme plus proche et l'on justifiait ce jugement en se référant à la taille apparente du triangle.

On est finalement obligé de conclure que l'argument qui veut que nos jugements de taille reposent sur nos jugements de distance est loin de représenter la règle générale. Comment expliquer ces contradictions ? Une hypothèse est souvent émise, selon laquelle, par exemple, les informations déterminant la distance apparente influeraient directement sur la perception de la taille (Gillam, 1995 ; Vogel et Teghtsoonian, 1972). D'ailleurs, on trouve souvent que les jugements de taille obtenus sont plus cohérents que les jugements de distance, ce qui devient inexplicable si l'on soutient que les premiers dépendent des seconds.

La théorie relationnelle

La solution au problème soulevé par les cas de paradoxe taille-distance est sans doute que les informations sur lesquelles on s'appuie pour juger la taille d'un objet ne sont pas celles qui servent à la perception de la distance. Quelles sont dès lors ces informations ? Suivant l'approche relationnelle, la perception de la taille est possible grâce à des relations qu'on établit entre l'objet à évaluer et l'information visuelle ambiante. Dans la mesure où elles constituent des invariants orientés dans la troisième dimension, la perspective et la texture peuvent servir d'échelle de taille en profondeur. Prenons à titre d'exemple le cas d'une personne qui s'éloigne dans un corridor. On sait que son image diminue régulièrement à mesure qu'elle s'éloigne. Pourtant la personne ne nous paraît pas vraiment rapetisser (voir la figure 12.31 en *a*)). Cependant, en juxtaposant les deux silhouettes, on constate l'importance de leurs différences de taille projective (voir la figure 12.31 en *b*)).

Une explication possible serait que la relation entre la taille de la personne et celle du corridor à la distance où se trouve la personne ne varie pas. Si, par un artifice, on pouvait maintenir constante la taille projective de la personne, il en irait tout autrement, comme on a pu le constater avec l'illusion de la perspective (voir la figure 1.1 en *c*), p. 13). On voit donc que cette solution n'oblige nullement à se référer à une estimation de la taille apparente. C'est ce

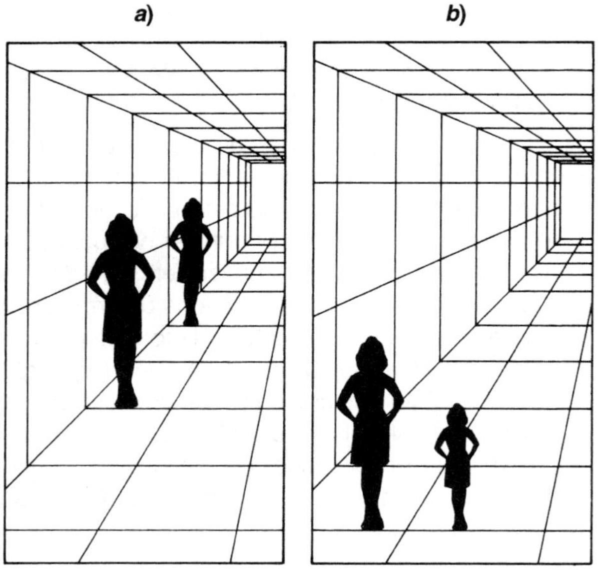

FIGURE 12.31 *Constance de la taille relative.*

que soutient essentiellement la théorie relationnelle proposée par Gibson (1986). Selon cet auteur, grâce à la régularité de leur texture, les surfaces fournissent une échelle de taille. L'objet est évalué à partir des éléments de texture situés à son point de contact à l'endroit où il coupe la surface du sol (voir, p. 284, la figure 12.10 en *b*)).

On peut par ailleurs constater, à la lumière de cet exemple, que les surfaces verticales peuvent aussi fournir une référence, et cela, même s'il n'y a pas de contact entre la personne et le mur. Finalement, suivant la théorie relationnelle, le jugement de taille se fonde sur un rapport taille-taille plutôt que sur un rapport taille-distance.

La taille relative et le rapport à l'horizon

Sedgwick (1986) a décrit un autre invariant permettant de percevoir la taille verticale relative d'un objet indépendamment de sa distance : le rapport de taille relatif à l'horizon. On peut comparer la taille de deux objets, tels des arbres ou des poteaux situés à des distances différentes, en considérant le rapport entre, d'une part, la distance verticale entre leur base et la ligne d'horizon et, d'autre part, celle comprise entre leur limite supérieure et la ligne d'horizon (voir la figure 12.32). Cette information contenue dans l'arrangement optique est beaucoup plus précise que d'autres plus classiques, telles la diminution de taille avec la distance ou la hauteur dans le champ visuel, quand il s'agit d'évaluer la taille relative d'objets représentés dans un dessin ou une peinture (Rogers, 1995). Il resterait à vérifier l'efficacité de cette source d'information dans un environnement tridimensionnel.

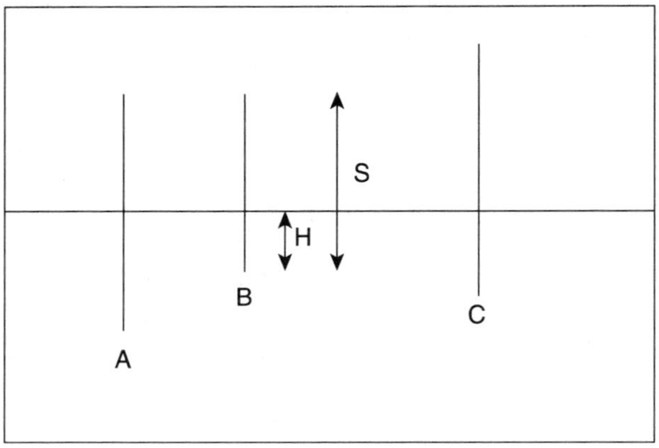

FIGURE 12.32 *Taille relative et rapport à l'horizon.* Source : Rogers (1995, p. 126). © 1995, Academic Press. Reproduit avec la permission d'Elsevier Science.

La comparaison entre les théories de la constance de taille

Il est impossible de véritablement confronter expérimentalement la théorie de la prise en compte et la théorie relationnelle parce qu'il s'agit beaucoup plus de deux approches que de deux explications différentes d'un même phénomène. Pour les tenants de la théorie de la prise en compte, la démonstration du lien qui existe entre perception de taille et perception de distance exige d'utiliser idéalement une situation expérimentale dans laquelle les deux variables sont isolées. Par exemple, pour étudier l'influence de l'accommodation sur la taille et la distance d'un objet, on préférera utiliser un objet éclairé, mais dans un environnement obscur, de manière à éviter les repères spatiaux. Pour l'approche relationnelle, ce n'est pas le lien entre taille apparente et distance apparente qui importe au premier chef, car c'est plutôt l'environnement visuel qui est porteur d'information sur la taille relative des objets. Cette approche privilégie donc le type d'environnement le plus riche en information.

Pour les tenants de la prise en compte, le fait de démontrer que la taille constante est possible dans un type d'environnement contrôlé confirme l'hypothèse que la taille résulte d'un calcul impliquant une prise en compte de la distance et que la théorie écologique est inutile. Cependant, le débat ne s'en trouve pas clos, car rien ne prouve que le processus de prise en compte, qui apparaît la seule issue possible dans une situation expérimentale dans laquelle on élimine les repères visuels contextuels, joue un rôle prépondérant dans la perception quotidienne où un environnement riche en information est la règle plutôt que l'exception.

CONCLUSION

Ce qui frappe en étudiant les processus de perception de la distance et de la taille, c'est d'abord la quantité et la variété considérables des sources d'information susceptibles d'intervenir dans le processus d'appréciation des distances. On finit par constater que le procédé n'a rien d'excessif puisque c'est dans l'environnement que l'on puise cette information et que, du fait que les environnements dans lesquels nous évoluons quotidiennement sont souvent très variés, les solutions adaptatives doivent l'être tout autant. Après avoir nourri une confiance excessive, inspirée de Berkeley, dans les sources d'information oculomotrices qualifiées d'« indices primaires » de profondeur, on s'est rendu compte que les sources d'information visuelles picturales n'ont rien de trivial pour le processus perceptif. Elles contribuent même beaucoup plus qu'on ne l'avait imaginé à la perception de la distance dans l'environnement tridimensionnel.

La taille perceptive dépend-elle forcément de la distance ou peut-on la tirer simplement du contexte visuel ? Voilà un débat qui ne se terminera peut-être jamais. En outre, un paradoxe reste à expliquer. Lorsqu'on mesure séparément la perception de la distance d'un objet et celle de sa taille, on est souvent surpris de constater non seulement que la taille est plus facile à estimer que la distance, mais aussi que le sujet est porté davantage, dans un contexte d'illusion, à juger la distance sur la base de la taille apparente qu'à partir de l'information sur la distance dont la taille apparente est censée dépendre (paradoxe taille-distance). On en est donc arrivé à affirmer (Gillam, 1995) que l'information sur la distance permet de percevoir la taille tout aussi directement que la distance. Néanmoins, dans un environnement riche en sources d'information visuelles, le jugement relationnel de la taille apparaît le plus économique. C'est en l'absence de telles références visuelles que la prise en compte de la distance s'avère essentielle.

LECTURES RECOMMANDÉES

CUTTING, J.E., et VISHTON, P.M. (1995). Perceiving layout and knowing distances : The integration, relative potency, and contextual use of different informations about depth. Dans W. Epstein et S. Rogers (dir.), *Perception of space and motion* (p. 71-117). New York : Academic Press.

FLÜCKIGER, M. (1991). La perception d'objets lointains. Dans M. Flückiger et K. Klaue (dir.), *La perception de l'environnement : textes de base en psychologie* (p. 211-238). Paris : Delachaux et Niestlé.

GIBSON, J.J. (1950). *The perception of the visual world.* Boston : Houghton Mifflin.

GILLAM, B. (1995). The perception of spatial layout from static optical information. Dans W. Epstein et S. Rogers (dir.), *Perception of space and motion* (p. 23-67). New York : Academic Press.

SCHWARTZ, R. (1994). *Vision : Variations on some berkeleian themes.* Oxford : Blackwell.

CHAPITRE 13 La perception de l'orientation

MARION LUYAT ET THÉOPHILE OHLMANN

INTRODUCTION

L'orientation est une préoccupation majeure des êtres vivants élémentaires ou complexes, doués de mouvement ou non. Ainsi, des recherches effectuées en impesanteur sur les végétaux ont mis en évidence la présence de capteurs de gravité dans les racines qui leur permettent de s'enfoncer verticalement dans le sol sur Terre alors qu'en impesanteur ces racines présentent une croissance « désorientée » atypique. De la même manière, un petit ver marin (*Convoluta convoluta*) vit en permanence sur la frange de plage où s'échouent les vagues ; il n'est ainsi ni dans l'eau ni dans le sable. Mais pour survivre au sein de cette niche écologique étroite, il doit impérativement tenir compte du sens de la marée ; il dispose pour cela d'un capteur élémentaire de gravité et de grandes possibilités de conditionnement temporel.

Le terme « orientation » désigne l'écart angulaire entre une direction donnée et une direction de référence. Mais selon la nature de la référence, l'acception du terme change. Ainsi, dans le plan vertical, l'angle par rapport à la gravité renvoie en fait aux notions d'équilibre, c'est-à-dire de *position* (la tour de Pise) ; dans le plan horizontal, l'angle par rapport à une référence quelconque permet aussi de s'orienter. Il s'agit alors d'un problème de navigation (la boussole), c'est-à-dire de *direction* à prendre. Si ces deux acceptions, *position* et *direction*, sont parfois combinées (par exemple chez *C. convoluta* ou chez le montagnard qui, à cause des pentes, peuvent s'orienter dans la bonne direction à partir d'informations gravitaires), ce chapitre abordera essentiellement l'orientation spatiale sous l'angle de référentiels spatiaux rendant compte de la *position* d'un individu ou d'un objet dans l'espace.

Il existe de très nombreuses manières de s'orienter. Un homme debout immobile fournit sans cesse des régulations fines pour rester en équilibre. S'orienter dans ce cas revient à réduire au minimum l'énergie mise en jeu pour garder l'équilibre. Le motard, dans une courbe, nous apparaît penché, mais en fait il est « droit » dans le champ de forces que sa moto produit au cours du virage ; ici, s'orienter revient à aligner le corps sur la force gravito-inertielle (voir plus loin). S'orienter, c'est aussi positionner un objet par rapport à soi ou par rapport à une référence externe. Lorsque nous lisons, le document est systématiquement aligné sur notre tête, peu importe que celle-ci soit verticale ou penchée. En revanche, lorsque nous plaçons un tableau au mur, nous souhaitons qu'il soit droit, c'est-à-dire aligné sur la gravité (référence externe par rapport au corps).

Parfois, des situations discordantes peuvent apparaître. Dans une courbe, assis dans un train traditionnel, que vais-je prendre comme référence ? La cabine, qui reste plus ou moins droite, ou les forces qui tendent à renverser la bouteille posée sur la tablette ? Cela risque de dépendre de mon activité : pour lire, c'est sans doute les informations visuelles données par la cabine qui seront retenues (prise en compte d'un référentiel visuel) ; en revanche, pour me déplacer, les différentes forces en jeu devront être intégrées dans mon activité locomotrice sous peine de chute (boucles action/perception). Ce chapitre traitera de ces deux aspects (orientation de son propre corps et orientation des objets). Il débutera par la présentation d'une approche classique de ces problèmes, celle des référentiels spatiaux. Les trois principaux référentiels d'orientation, soit gravitaire, visuel et égocentré, seront abordés ici d'un point de vue comportemental, physiologique et pathologique, une place particulière étant accordée à la gravité puisqu'elle constitue en quelque sorte le référentiel de base à partir duquel les autres sont dérivés. Ces référentiels sont impliqués à tous les niveaux de la conduite, depuis la posture jusqu'aux traitements symboliques complexes. La théorie écologique de l'orientation, centrée sur le sujet en activité dynamique, sera ensuite développée.

13.1 LES RÉFÉRENTIELS SPATIAUX : UNE APPROCHE CLASSIQUE DE LA PERCEPTION DE L'ORIENTATION

La problématique classique concernant la perception et le contrôle de l'orientation se fonde sur la notion de référentiels spatiaux. Dans la logique de cette approche, percevoir et contrôler l'orientation sont des comportements qui s'ancrent dans une activité beaucoup plus élémentaire, la perception de la verticale. L'accélération gravitaire, uniformément présente dans l'environnement, va permettre à l'organisme de construire à la fois son espace postural (station érigée chez l'homme) et l'espace allocentré des objets de son environnement. Sur le plan de la posture, le référentiel de base organisé autour de la verticale (direction de l'accélération gravitaire) autorise des mouvements complexes telle la locomotion. Sur le plan perceptivo-cognitif, la verticalité, comme la dichotomie droite-gauche, simplifie l'environnement en l'ordonnant de manière stable ; les objets vont ainsi pouvoir être localisés et identifiés relativement à un invariant améliorant vraisemblablement la rapidité des traitements nécessaires à la réalisation de l'action. La perception de la verticale, carrefour des niveaux postural et perceptivo-cognitif, est, comme nous le verrons, polysensorielle (intégration de multiples sources d'informations sensorielles). Ces différents canaux informationnels peuvent être étudiés par le truchement de la notion de référentiels spatiaux.

On distingue en effet trois référentiels spatiaux principaux pour la perception et le contrôle de l'orientation : le référentiel visuel, le référentiel gravitaire et le référentiel égocentré. Notons toutefois qu'il n'existe pas de bijection stricte entre les référentiels et les modalités sensorielles. Si effectivement le référentiel visuel se confond avec l'œil, il n'en est pas de même pour la gravité, qui implique un très grand nombre de capteurs différents. Quant au référentiel égocentré, mettant en jeu l'ensemble des systèmes perceptifs, il confirme qu'il n'existe pas de fonctionnement perceptif isolé (Stoffregen et Bardy, 2001).

13.1.1 Le référentiel gravitaire

La notion de verticalité et les autres orientations de l'espace

Tout corps plongé dans le champ de gravité terrestre (attraction exercée par la masse de la Terre) va subir un mouvement accéléré si aucune autre force n'intervient. Ainsi, au contact du sol terrestre, l'objet n'est plus en mouvement mais subit une force Fp, nommée poids du corps ($Fp = m.g$, g étant l'accélération de la gravité et m la masse du corps). Suivant le principe de Newton égalisant l'action et la réaction, cette force de pesanteur est exactement compensée par la force de résistance Fr qu'exerce en sens inverse le sol sur lequel ce corps est posé : $-Fr + Fp = 0$. La direction de l'accélération gravitaire « g » est dirigée de haut en bas, vers le centre de la Terre. Cette direction constitue la « verticale physique » : c'est la direction donnée par le fil à plomb. La force de gravité est à l'origine de plusieurs directions perceptives ou physiques qui peuvent être considérées également comme « verticales » : la verticale posturale, direction que prend le corps spontanément sous l'influence de la gravité, et la verticale subjective, estimation par l'individu de la verticale physique.

L'horizontale subjective (ajustement d'un stimulus sur l'horizontale gravitaire) ou l'horizontale posturale, par exemple, conduisent à des résultats très proches de ceux qui sont observés pour la verticale subjective et la verticale posturale (corrélation proche de .90 dans certaines études). En revanche, les orientations obliques donnent lieu à de moins bonnes performances. Cette anisotropie, présente dans de nombreuses modalités perceptives (visuelle, haptique) du traitement des orientations, est appelée l'« effet de l'oblique » (Appelle, 1972 ; Gentaz et Hatwell, 1998 ; Gentaz et autres, 2001). Le problème actuel est d'établir la nature du cadre de référence dans lequel l'effet de l'oblique est défini (Lipshits et McIntyre, 1999 ; Luyat et Gentaz, 2002 ; Luyat, Gentaz, Regia Corte et Guerraz, 2001).

La graviception

La graviception, perception de la force de gravité, va concerner, en fait, plusieurs systèmes sensoriels. Toutefois, de par ses caractéristiques biomécaniques qui font des récepteurs vestibulaires otolithiques de véritables fils à plomb, le système vestibulaire est particulièrement dévolu à cette fonction.

Le système vestibulaire

L'oreille interne comprend le système vestibulaire impliqué dans l'équilibration (voir la figure 13.1) et la cochlée, organe de l'audition (voir le chapitre 6). Le système vestibulaire comprend deux types de structures fondamentales pour l'équilibration : les canaux semi-circulaires et les organes otolithiques.

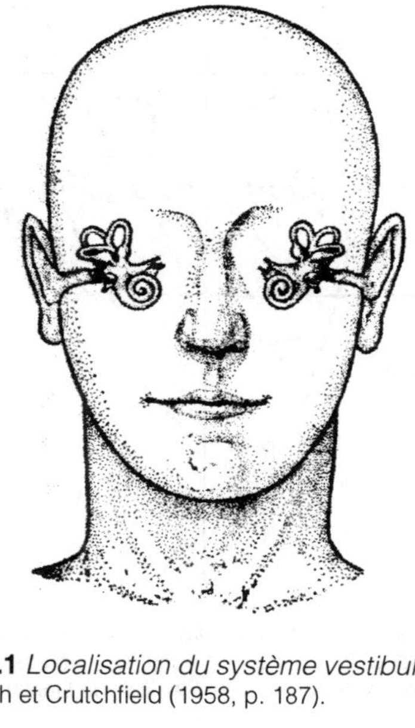

FIGURE 13.1 *Localisation du système vestibulaire humain.*
Source : Krech et Crutchfield (1958, p. 187).

Les canaux semi-circulaires sont au nombre de trois (canal horizontal, canal vertical antérieur et canal vertical postérieur) et occupent des plans quasi orthogonaux entre eux. Ils sont essentiellement sensibles aux accélérations angulaires de la tête. Les organes otolithiques sont deux structures perpendiculaires comprenant le saccule et l'utricule. Lorsque la tête est inclinée vers l'avant de 30°, l'utricule se trouve alors dans le plan horizontal et le saccule, dans le plan vertical.

Les organes otolithiques, utricule et saccule, présentent une surface relativement plane, appelée « macula », comportant des cellules ciliées (les récepteurs) et des cellules de soutien. Les cils sont logés dans une substance gélatineuse sur laquelle se trouvent les otolithes (grains de calcite ou otoconies). Les trois canaux semi-circulaires, le canal horizontal, le canal vertical antérieur et le canal vertical postérieur, sont connectés à l'utricule. Ils comprennent chacun une partie renflée, l'« ampoule », à l'intérieur de laquelle se trouve la crête ampullaire, une structure comportant les cellules réceptrices. Les cils sont encastrés dans la cupula, une membrane qui obstrue partiellement le canal dans lequel circule le liquide endolymphatique. Les otolithes et les canaux, grâce à la présence de masses relativement denses (calcite pour celles-là, liquide endolymphatique pour ceux-ci), fonctionnent comme des capteurs inertiels, c'est-à-dire des accéléromètres. En plus, en l'absence de toute accélération linéaire provoquée, les masses des otoconies, accélérées par le champ de pesanteur, acquièrent un poids qui tend à les orienter ; elles fonctionnent dans ce cas en inclinomètre.

De par leur structure anatomophysiologique, en particulier leur sensibilité directionnelle et leur disposition spatiale, les canaux permettent de détecter les accélérations angulaires de la tête (rotation) dans les trois plans de l'espace et les otolithes peuvent coder toute accélération linéaire, dont l'accélération gravitaire, à laquelle est soumis l'individu. Toute accélération linéaire ayant une composante dans le plan des maculae du saccule et de l'utricule constitue un stimulus efficace en provoquant un glissement de la membrane otolithique sur la macula (force de cisaille-

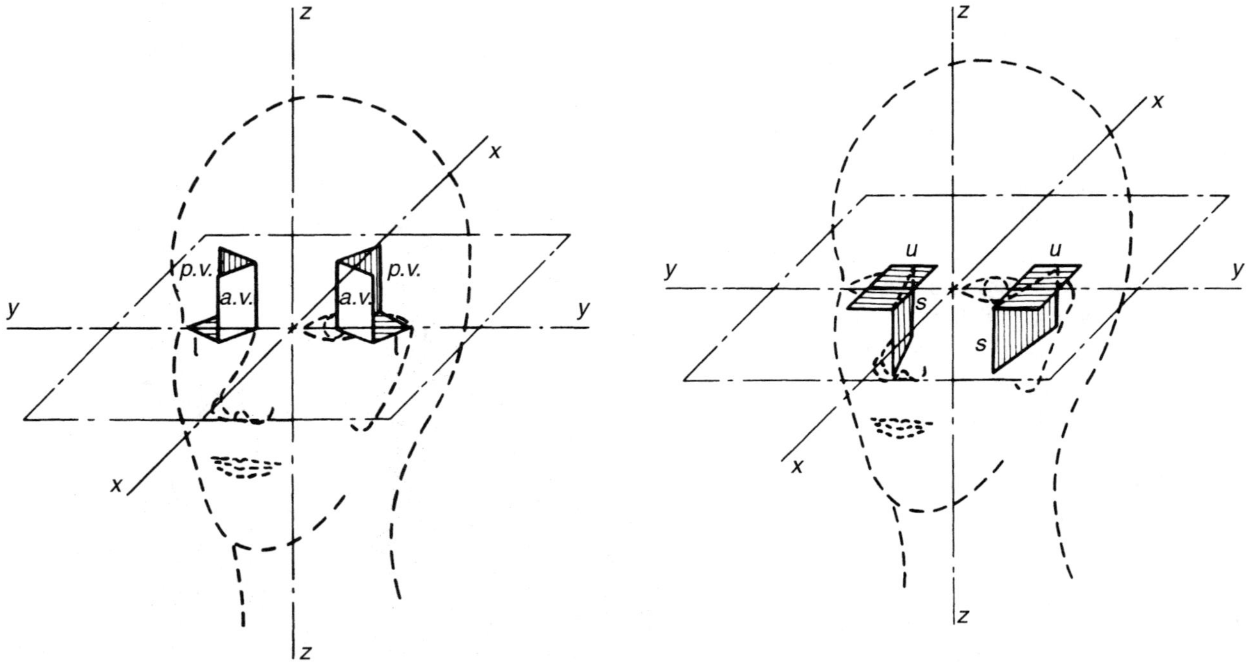

FIGURE 13.2 *Schéma des plans principaux des canaux et des organes otolithiques après une rotation de la tête en avant de l'ordre de 30°. p.v.*: canal postérieur vertical; *a.v.*: canal antérieur vertical; *u*: utricule; *s*: saccule. *Source:* Benson (1982, p. 337). Reproduit avec la permission de Cambridge University Press.

ment). Soulignons l'ambiguïté du signal otolithique puisque ce dernier ne permet pas de différencier une inclinaison de tête d'une accélération linéaire (voir la figure 13.3). Cependant, ces fonctions d'inclinomètre et d'accéléromètre peuvent être dissociées grâce à d'autres informations sensorielles, en particulier celles en provenance des canaux. En effet, lors d'une accélération linéaire pure, les canaux ne sont théoriquement pas stimulés alors qu'une inclinaison de tête provoque initialement une accélération angulaire entraînant une réponse des canaux.

L'information en provenance des récepteurs vestibulaires est acheminée par le nerf vestibulaire (branche vestibulaire du nerf VIII) au tronc cérébral et au cervelet (voir la figure 13.4). En ce qui concerne le bulbe rachidien dans le tronc cérébral, les projections se font sur les quatre noyaux vestibulaires et un certain nombre de noyaux accessoires (dont le noyau interstitiel ou de Cajal) dont le rôle vestibulaire est reconnu.

L'ensemble des informations en provenance des noyaux vestibulaires est distribuée aux noyaux

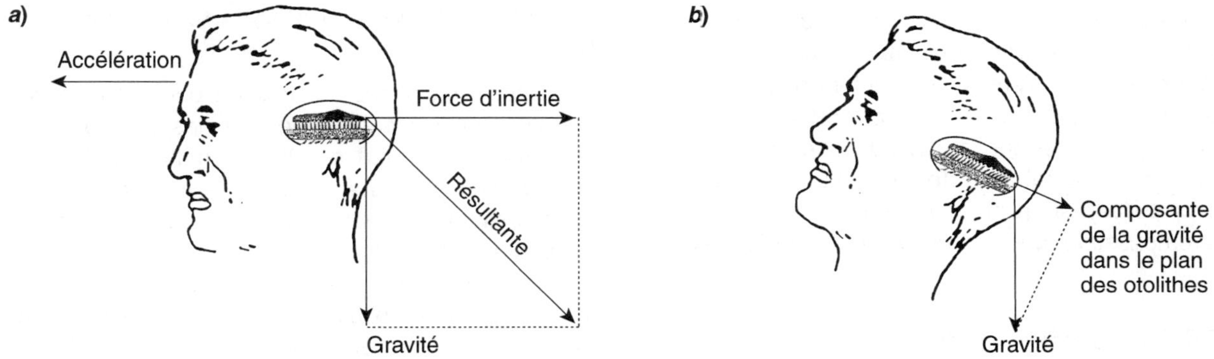

FIGURE 13.3 *Schéma illustrant le principe d'ambiguïté du signal otolithique.* Comparaison des forces agissant sur les organes otolithiques *a*) durant une accélération linéaire et *b*) durant une inclinaison en tangage. *Source :* Berthoz (1997, p. 48). © 1997, Odile Jacob. Graphisme : Frédéric Lacloche.

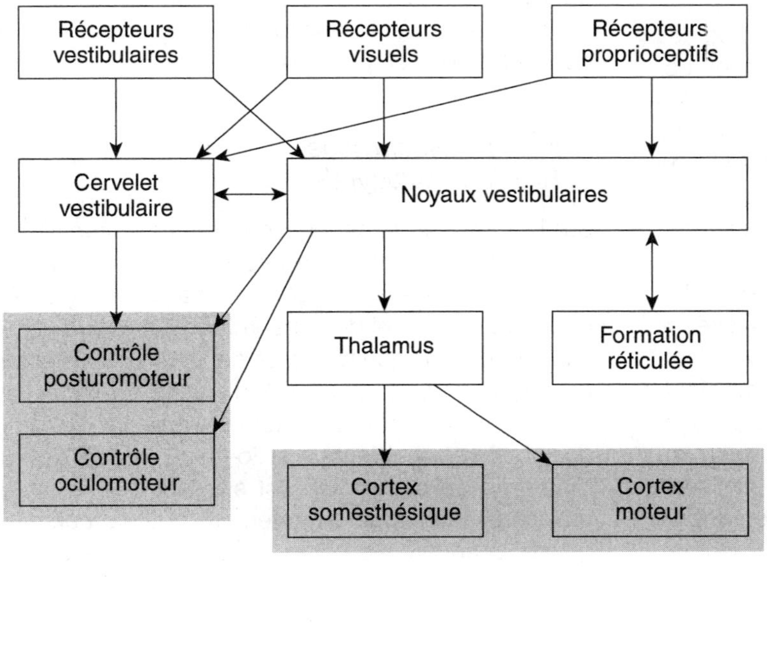

FIGURE 13.4 *Schéma simplifié des voies et des centres de projection du système vestibulaire.*

oculomoteurs (dans les tubercules quadrijumeaux du mésencéphale), où prendront naissance les réflexes oculaires, et à la moelle épinière (faisceau vestibulospinal), où sont générés les réflexes de contraction des muscles du cou et des membres (c'est la voie la plus directe des premières réactions d'équilibration). Le cervelet reçoit des fibres en provenance directe du système vestibulaire (principalement des canaux circulaires), mais il reçoit également des fibres en provenance des noyaux vestibulaires du lobe flocculonodulaire (flocculus, nodulus, uvula et noyau fastigial). Des liens avec la formation réticulée, siège de la vigilance (réseau de cellules nerveuses dispersées dans le tronc cérébral) existent (faisceau vestibulo-réticulo-spinal). Une partie de l'information va également, après une transition dans le noyau ventro-intermédiaire du thalamus, se projeter dans plusieurs zones interconnectées de l'aire corticale (cortex somatosensoriel et une partie du cortex moteur) et constituer un véritable système vestibulaire cortical (voir plus bas), siège de la prise de conscience du mouvement et de l'orientation du corps dans l'espace.

Les autres systèmes graviceptifs

Les organes otolithiques apparaissent donc comme les récepteurs spécifiques de la gravité. Par ailleurs, à l'instar du pigeon, qui présente des réflexes posturaux très fins à la suite d'une inclinaison du tronc alors que la tête reste droite (système vestibulaire non stimulé), il existerait chez l'homme des récepteurs graviceptifs dans le tronc (Mittelstaedt, 1998). Des études réalisées chez des patients ayant subi une néphrectomie (ablation chirurgicale d'un rein) et chez des patients paraplégiques ont permis de mettre en évidence le rôle graviceptif des reins et du système vasculaire. Enfin, selon Dietz (1998), les récepteurs tendineux de Golgi seraient impliqués dans les réactions antigravitaires que requiert en permanence la position debout. Ces récepteurs conditionneraient la mise en route des réflexes spinaux nécessaires à l'équilibre à condition d'être « en charge », c'est-à-dire quand le sujet, debout sur un support résistant, est soumis à un champ de pesanteur (ou à toute autre force). Ces réflexes disparaissent donc en immersion comme en impesanteur, mais réapparaissent, même dans ces conditions, si une pression importante est exercée sous les pieds du sujet. Notons qu'il s'agit là de récepteurs de forces (masses accélérées) et non pas simplement de récepteurs d'accélérations. Par ailleurs, si le rôle des organes otolithiques, à la fois dans la perception et dans le contrôle de son orientation, est clairement établi, un certain nombre d'auteurs pensent que la graviception extravestibulaire est impliquée dans le contrôle de la posture mais n'a qu'un rôle mineur, voire inexistant, dans la représentation de ces orientations (orientations subjectives de nature plus cognitive, comme la verticale subjective).

L'influence des informations gravitaires et inertielles sur la perception visuelle des objets

Certaines stimulations vestibulaires entraînent des illusions perceptives importantes dont les conséquences en aéronautique peuvent être dramatiques. Les illusions provenant d'une mauvaise lecture des informations vestibulaires touchent l'orientation posturale du sujet. Il en résulte une mauvaise interprétation de sa position par rapport à la gravité mais aussi de l'orientation des objets, voire de l'environnement visuel complet pouvant alors apparaître soudainement incliné ou déplacé par rapport au sujet. Ces effets montrent, en fait, qu'un objet visuel n'est pas perçu seulement en fonction de sa position réelle sur la rétine (référentiel rétinocentrique) et de la position de cette dernière par rapport à la tête (référentiel céphalique égocentré), mais que la perception visuelle des objets, sur la Terre, dépend étroitement des indices graviceptifs (référentiel gravitaire).

L'illusion oculogravique et l'illusion oculogyrale

Sur la Terre, la centrifugeuse permet de modifier la gravité en direction et en intensité. Considérons le cas où le siège est fixé par rapport à la force g extérieure au référentiel de la centrifugeuse (siège vertical). Supposons que la vitesse de rotation, constante, provoque une accélération inertielle de 1 g, laquelle, par sommation avec le vecteur unité gravitaire, produit une force résultante gravito-inertielle de 1,414 g. L'intensité de cette force est supérieure à la force gravitaire extérieure au référentiel de la centrifugeuse, et sa direction modifiée d'un angle θ, égal à

45°. À titre de référence, ce sont à peu près les effets que l'on ressent à bord d'une voiture de tourisme lorsqu'on vire, sur sol sec, à la limite du dérapage (0,95 g en accélération latérale).

Si le sujet regarde dans le sens du mouvement (le centre de la rotation est à sa droite), il aura l'impression d'être incliné à gauche (voir la figure 13.5). Une baguette lumineuse verticale lui apparaîtra également inclinée à gauche. Par conséquent, il aura tendance à vouloir orienter son corps propre et la cible en sens inverse, parallèlement à la force gravito-inertielle. L'illusion de déplacement ou d'inclinaison d'un objet visuel, voire du champ visuel complet, résultant d'un changement en direction et en intensité de la force gravito-inertielle produite par une accélération linéaire, est appelée « illusion oculogravique ». Chez le sujet normal, l'ajustement d'une baguette, par exemple, à la verticale ou à l'horizontale dévie et tend à coïncider avec la direction de la résultante gravito-inertielle. Pour des angles faibles de la résultante (< 10-20°), on note une sous-estimation alors que, pour des angles plus forts, la centrifugation entraîne une surestimation de la force gravito-inertielle. Les sujets subissant des troubles bilatéraux sévères du système vestibulaire périphérique présentent un comportement très différent de celui des sujets normaux. Ils sont moins sensibles à l'illusion oculogravique, notamment pour les fortes valeurs de la force gravito-inertielle : la déviation des ajustements est moindre mais la variabilité inter et intra-individuelle, plus forte. Cette diminution de l'illusion oculogravique chez les sujets présentant des troubles vestibulaires semble bien attester la participation otolithique dans la perception des orientations définies gravitairement.

Lorsque la rotation est effectuée autour de l'axe Z du sujet (rotation en lacet) dans l'obscurité, on observe un déplacement illusoire d'une cible lumineuse, laquelle est pourtant maintenue juste en face du sujet (solidaire du siège en rotation et donc « embarquée »). Lorsque la vitesse de rotation est stabilisée, la cible paraît se déplacer en direction de la rotation et dépasser le sujet. Au bout d'un délai lié à la durée de l'accélération de base, la vitesse de la cible paraît diminuer et rattraper le sujet pour enfin se retrouver en face de lui. C'est l'« illusion oculogyrale ». Elle serait entièrement attribuable à la biomécanique des canaux qui codent l'accélération angulaire, mais non pas la vitesse. Après la phase d'accélération, l'ensemble du système vestibulaire retournant au repos, le sujet est dans l'impossibilité de percevoir sa rotation, ce qui le conduit dans un premier temps à avoir la sensation qu'il décélère, d'où l'accélération apparente de la cible.

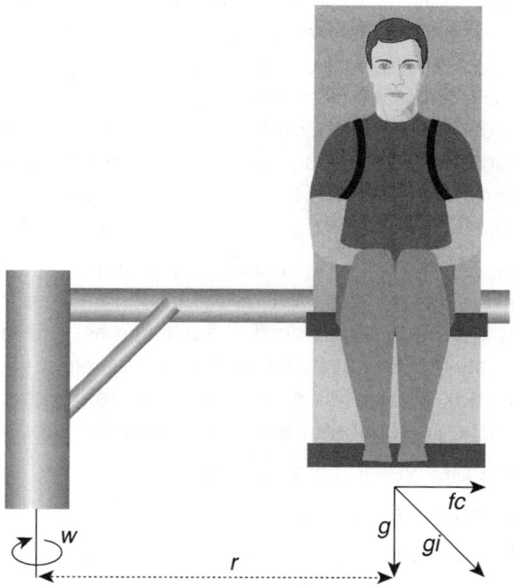

FIGURE 13.5 *Schéma illustrant le principe de la centrifugation avec une cabine fixe.* *w* : vitesse angulaire, *r* : distance entre l'axe de rotation et le sujet (milieu interaural), *g* : accélération gravitaire, *fc* : force centrifuge et *gi* : force gravito-inertielle.

Les incidences des pathologies vestibulaires périphériques et centrales sur la perception de l'orientation

Les patients souffrant de troubles vestibulaires bilatéraux ajustent une baguette visuelle dans le noir avec autant de précision que les sujets normaux (Miller, Fregly et Graybiel, 1968). La moyenne des erreurs d'ajustement obtenue dans ces conditions est généralement inférieure au degré, avec une variabilité intra-individuelle ne dépassant pas 3°. Les informations somesthésiques, en particulier les informations en provenance de la sole plantaire, ainsi que l'ensemble des informations posturales sont susceptibles de remplacer la fonction vestibulaire et de permettre des ajustements verticaux satisfaisants.

Les patients souffrant de dysfonctionnements vestibulaires unilatéraux présentent, en revanche, des troubles de la perception de la verticale, cette dernière ainsi que l'horizontale subjective étant fortement déviées du côté de l'oreille affectée (Böhmer et Rickenmann, 1995 ; Dai, Curthoys et Halmagayi, 1989 ; Friedmann, 1970, 1971 ; Lacour et De Waele, 1997 ; Tabak, Collewijn et Boumans, 1997 ; Tribukait, 1997).

Que se passe-t-il lorsque les patients souffrant de troubles vestibulaires doivent estimer posturalement la verticale ? Bisdorff, Anastopoulos, Bronstein et Gresty (1995) ont étudié la qualité des ajustements posturaux à la verticale en roulis et en tangage chez des patients souffrant de plusieurs types de troubles :

- troubles vestibulaires bilatéraux ;
- nystagmus verticaux ;
- lésion vestibulaire unilatérale à gauche ;
- section unilatérale du nerf VIII ;
- torticolis.

Les résultats, contre toute attente, laissent suggérer une qualité de la verticale posturale relativement bonne chez ces patients. En effet, seuls certains patients privés de fonction vestibulaire tendent à être moins sensibles que les patients normaux (plus grande variabilité), mais sans montrer de biais directionnel. Les patients souffrant d'un nystagmus vertical n'ont pas de biais asymétrique, quel que soit le plan étudié. Les patients présentant une lésion unilatérale ont une précision diminuée dans les deux plans, mais seulement un biais très modéré vers la lésion. Les performances posturales statiques des patients dont le nerf VIII est lésé sont comparables à celles des patients normaux. Les patients souffrant d'un torticolis ont des secteurs plus larges et pas de corrélation entre leur verticale et le degré d'inclinaison de la tête. Les informations somesthésiques, y compris les récepteurs graviceptifs du tronc, semblent permettre une estimation posturale de la verticale très satisfaisante.

En fait, des études ultérieures vont montrer l'existence d'une franche dissociation entre la verticale subjective visuelle et la verticale posturale, que les plans d'ajustement soient en tangage (Bisdorff, Wolsley, Anastopoulos, Bronstein et Gresty, 1996) ou en roulis (Anastopoulos, Haslwanter, Bronstein, Fetter et Dichgans, 1997). Alors que les patients ne présentent apparemment pas de difficulté à estimer la verticale posturale, leur verticale subjective visuelle présente la déviation classique vers l'oreille affectée. Selon les auteurs, cette dissociation s'explique par le fait que la verticale subjective visuelle est déterminée principalement par les entrées vestibulaires et oculaires, alors que la verticale subjective posturale, lorsqu'elle est étudiée par le biais d'un ajustement alors que le sujet est assis et restreint, est déterminée principalement par les informations somatosensorielles. L'étude de la verticale subjective dans d'autres modalités, en particulier la verticale haptique, ainsi que la mesure de la position des yeux, en particulier la torsion oculaire, seraient ici informatives.

Vers une localisation précise du cortex vestibulaire

Les études neurophysiologiques

Contrairement au système visuel, il est très difficile de localiser une zone corticale spécifiquement dévolue au traitement de l'information vestibulaire. En effet, des études chez différentes espèces animales montrent qu'il existe un grand nombre de zones sur lesquelles se projette le signal vestibulaire afférent, dans le lobe pariétal bien sûr, mais aussi dans l'aire motrice 4 et le lobe temporal. Devant les différentes méthodes utilisées et les différentes espèces animales étudiées, Guldin et Grüsser (1998) se proposent, en étudiant le singe saïmiri, de voir si, chez une même espèce, plusieurs zones vestibulaires corticales peuvent être mises en évidence et d'étudier éventuellement leurs connexions. Les résultats montrent que les neurones répondant à des stimulations vestibulaires sont localisés dans quatre zones importantes :

- l'insula, en particulier dans l'aire vestibulaire pariéto-insulaire (PIVC) (50 % des neurones sensibles à la stimulation vestibulaire) ;
- derrière la zone précédente, l'aire visuoposturale (VPS : *visuo-postural sylvian area*) avec 30 % de neurones stimulés vestibulairement ;
- l'aire 3a où les muscles du cou sont représentés (aire nuccovestibulaire) et dans laquelle les auteurs estiment que 30 à 50 % des unités ont été excitées ;
- l'aire 4 (cortex moteur), jusqu'où certains sites peuvent être étendus. Une étude portant sur les connexions des différentes régions entre elles fait

ressortir trois autres régions (l'aire 2v, l'aire 3aHv et une partie de l'aire 6). Ainsi, il n'existerait pas une aire unique localisée dévolue au traitement vestibulaire, mais plusieurs zones interconnectées qui constitueraient un véritable système corticovestibulaire.

Les conséquences d'une lésion corticale sur la perception de l'orientation

Il existe un certain nombre de données concernant l'effet de lésions corticales unilatérales sur la verticale (et l'horizontale) subjective visuelle. Mais si les résultats sont parfois contradictoires, l'étude de Brandt, Dieterich et Danek (1994) atteste bien le rôle joué par certaines zones corticales. Des lésions dans les territoires des artères cérébrales postérieure et antérieure n'affectent pas la fonction vestibulaire statique (verticale visuelle subjective). En revanche, 33 patients sur 52 souffrant de lésions dans le territoire de l'insula postérieure, zone probablement analogue au cortex vestibulaire pariéto-insulaire chez le singe, montrent des inclinaisons pathologiques de la verticale subjective visuelle, en sens inverse à la lésion. Étant donné que, chez l'animal, plusieurs zones pariétales reçoivent des projections vestibulaires, Brandt et ses collègues mettent en doute l'existence d'un cortex vestibulaire primaire comparable au système visuel, c'est-à-dire répondant spécifiquement à des stimulations particulières. En effet, les neurones de telles zones répondent à des stimuli autres que vestibulaires, comme des stimuli somatosensoriels ou encore optocinématiques (large mouvement du champ visuel). Selon ces auteurs, la stimulation vestibulaire naturelle n'intervient jamais de façon isolée chez l'individu ; elle s'accompagne presque toujours de stimulations visuelles et somesthésiques. Une évaluation corticale unimodale de la stimulation vestibulaire ne serait donc pas nécessaire.

13.1.2 Le référentiel visuel

Les informations visuelles statiques

L'environnement dans lequel évolue l'organisme contient de nombreuses directions verticales et horizontales. Ces directions visuelles ambiantes d'orientation sont des informations indirectes de la direction gravitaire ; elles vont avoir un effet puissant sur la perception spatiale (Howard, 1982). À la suite des travaux pionniers de Kleint (1936) et de Wertheimer (1912), l'effet sur la perception des orientations des modifications statiques des directions visuelles contextuelles a été étudié de manière systématique par Witkin et Asch (Asch et Witkin, 1948a ; Asch et Witkin, 1948b ; Witkin et Asch, 1948b). Lorsque les informations visuelles ambiantes sont biaisées, par l'inclinaison d'une pièce entière ou d'un simple cadre, alors que les informations posturales restent inchangées, la qualité du jugement de verticalité reflète le poids des influences respectives du référentiel visuel et des référentiels gravitaire et égocentré (voir la figure 13.6 ; pour une revue, voir Luyat et Ohlmann, 1997).

Si l'observateur doit effectuer un jugement de verticalité (verticale subjective) à l'intérieur d'une pièce inclinée, ou en présence, dans le noir, d'un cadre lumineux incliné (paradigme du Rod-and-Frame-Test ou RFT), une déviation importante apparaît. L'inclinaison statique de l'environnement visuel affecte de manière similaire l'ajustement à la verticale du corps ou de la tête. Bock (1997) montre que l'inclinaison d'une pièce entière est susceptible d'affecter également l'ajustement à la verticale de la main dans le sens de la perturbation,

FIGURE 13.6 *Exemple de dispositif servant à étudier les effets de l'inclinaison des informations visuelles sur la perception de la verticalité.* Le sujet est orienté verticalement et observe l'intérieur d'une boîte inclinée aux parois translucides blanches. Dans le fond se trouve une tige orientable latéralement dans un cadre incliné. Le sujet doit déterminer l'orientation requise pour que la ligne que représente la tige lui paraisse verticale. Le sujet « dépendant à l'égard du champ » (DC) montre une grande sensibilité à l'inclinaison du cadre et tend à percevoir comme verticale une ligne inclinée dans la direction de celui-ci, tandis que le sujet « indépendant à l'égard du champ » (IC) semble s'affranchir de la perturbation visuelle, et son estimation se rapproche davantage de la verticale réelle. *Source :* Luyat et autres (1998, p. 57).

mais n'affecte pas en revanche le pointage d'une cible visuelle (pointage avec vision de la main).

En présence d'un cadre, on observe une variabilité interindividuelle importante de la sensibilité à l'égard des informations visuelles. Les sujets « dépendants à l'égard du champ » (DC) montrent la plus grande sensibilité à l'inclinaison du cadre, alors que les sujets « indépendants à l'égard du champ » (IC) semblent s'affranchir de la perturbation visuelle. Concernant le contrôle de la posture, on observe de la même manière une gestion différentielle des informations visuelles (Amblard et Crémieux, 1976 ; Crémieux et Mesure, 1994 ; Crémieux, Isableu, Mesure et Ohlmann, 1997 ; Isableu, Ohlmann, Amblard et Crémieux, 1997 ; Isableu, Ohlmann, Crémieux et Amblard, 1998 ; Marucchi et Gagey, 1987). Avec une mesure du comportement postural naturel (posture debout, sans contrainte), les sujets DC face à un cadre incliné orientent leur corps davantage dans le sens de la perturbation que ne le font les sujets IC (Isableu et autres, 1998).

De la même manière que les directions visuelles statiques, les informations visuelles de mouvement sont primordiales dans la perception et le contrôle de l'orientation (voir le chapitre 15, section 15.3). La rotation d'une portion du champ visuel dans le plan frontal induit un déplacement de la verticale apparente dans le sens du mouvement (Berthoz, Pavard et Young, 1975 ; Guerraz, Poquin et Ohlmann, 1998). De plus, Mast, Berthoz et Kosslyn (2001) ont montré que la représentation mentale d'un pattern de points en mouvement était susceptible d'entraîner les mêmes effets sur l'horizontale subjective que la perception effective de cette stimulation cinématique.

L'illusion de la pièce inclinée

Après une stimulation vestibulaire de type rotation autour d'un axe incliné (Tiliket, Ventre-Dominey, Vighetto et Grochowicki, 1996), certains patients ayant une lésion du tronc cérébral sont soumis à l'illusion de la pièce inclinée (*the Room tilt illusion*). Cette illusion, bien que transitoire, est impressionnante puisque la pièce apparaît inclinée en roulis (inclinaison de 90°) ou carrément inversée (rotation de 180°). Elle s'accompagne de déviations de la verticale subjective visuelle chez la majorité des patients. Résultant d'un dysfonctionnement de la fonction otolithique du tronc cérébral, elle illustre également la nécessité de l'adéquation des informations vestibulaires et visuelles pour percevoir un monde stable et cohérent. Chez certains sujets normaux, le référentiel visuel peut s'imposer au référentiel gravitaire ou égocentré, en cas de capture visuelle complète, lors du port de prismes par exemple. L'illusion de la pièce inclinée semble attester du cas inverse, c'est-à-dire qu'en présence d'un dysfonctionnement du système otolithique périphérique et/ou central, le référentiel gravitaire, construit à partir des informations graviceptives extravestibulaires, peut aussi, par un phénomène de capture, s'imposer momentanément en perturbant le référentiel visuel environnant.

13.1.3 Le référentiel égocentré

Les différentes référenciations égocentrées

Pour une juste évaluation de l'orientation des objets, n'importe quel système pouvant lui-même varier en orientation doit détecter précisément sa propre position relativement aux objets. Les informations visuelles, somesthésiques et vestibulaires, en renseignant l'individu sur sa propre orientation, participent à l'élaboration d'une référence égocentrée ou plutôt de références égocentrées. Les principales références égocentrées intervenant dans le traitement perceptif de l'espace sont l'axe corporel céphalocaudal ou axe Z, le référentiel rétinocentrique, le référentiel tête et le référentiel tronc. De plus, lorsque l'individu effectue une tâche motrice dans l'espace (par exemple, un pointage de cible), d'autres références de nature égocentrée liées à un segment corporel particulier, par exemple de type « système bras-épaule », peuvent être utilisées pour la réalisation de la tâche.

Le référentiel rétinocentrique

À cause des caractéristiques anatomophysiologiques du système visuel (rétinotopie), l'information visuelle peut être réalisée dans un cadre de référence purement rétinocentrique, c'est-à-dire dont les coordonnées sont définies par celles de la rétine (voir le chapitre sur la vision). Les neurones corticaux sélectifs à l'orientation d'une barre verticale sont stimulés par l'activation de points rétiniens verticaux. Une modification de la position de l'œil, en décorrélant le système de coordonnées rétiniennes et le système de coordonnées gravitaires, peut, si ce changement de la position de l'œil n'est pas pris en compte, affecter le codage gravitaire de l'orientation.

Plusieurs données de la littérature semblent montrer l'existence d'un codage rétinocentrique de l'information visuelle dans certaines conditions. Ainsi, Nakayama et Bailliet (1977) ont mis en évidence l'effet de la position du méridien vertical rétinien sur l'ajustement d'une baguette à la verticale. En vision monoculaire, on observe ainsi une déviation linéaire de la verticale dans le sens du méridien vertical lorsque la déviation du regard est oblique. De la même manière, Haunstein et Mittelstaedt (1990) montrent que la verticale subjective estimée monoculairement ou binoculairement est affectée, quoique partiellement, par une déviation oblique du regard. L'intensité de cet effet de la position des yeux est, de plus, différente d'un individu à l'autre. Contrairement à Nakayama et Bailliet (1977), ces auteurs ne trouvent pas toutefois de fonction linéaire stricte liant la verticale subjective à la position du méridien. Selon Haunstein et Mittelstaedt, l'absence d'adéquation franche entre la verticale subjective et le méridien vertical de l'œil laisse supposer l'intervention de signaux extrarétiniens. Ces signaux pourraient être dérivés d'une copie d'efférence produite vraisemblablement par la commande motrice de la déviation du regard. Ainsi, comme le suggère Roll (1994), la proprioception en général et celle des muscles oculaires en particulier pourraient constituer des informations cruciales dans le codage de la position de l'œil dans l'espace, permettant ainsi de passer d'un système de coordonnées rétiniennes à un système de coordonnées gravitaires.

Le référentiel tête/tronc/corps

Dans le modèle proposé par Wade (1992), les signaux rétiniens de chaque œil sont combinés pour définir un cadre de référence égocentrique avec respectivement pour origine et axe de référence l'égocentre, ou œil cyclopéen, et le plan médian de la tête. À cette étape, l'orientation ne serait codée que par rapport à l'axe céphalique. Les messages vestibulaires n'étant pas pris en compte, rien ne permettrait de distinguer l'inclinaison d'un objet d'une inclinaison équivalente de la tête en sens inverse. Toutefois, on peut se demander si ce niveau de codage purement égocentrique a une réelle pertinence pour le traitement des orientations puisque les informations vestibulaires donnent en permanence la position de la tête par rapport à la verticale. Sur la Terre, il est difficile de concevoir une absence totale de prise en compte du message vestibulaire. D'ailleurs, une proportion non négligeable de cellules visuelles dans les premières aires de traitement (aire 17) prennent en compte l'inclinaison de l'animal (Tomko, Barbaro et Ali, 1981). Par ailleurs, de nombreux travaux ont mis en évidence l'influence des informations visuelles ambiantes sur la perception de paramètres égocentrés comme le juste devant soi ou le plan médian apparent. L'utilisation, voire l'existence d'un référentiel égocentré pur peut donc être contestée lorsque les informations vestibulaires et visuelles sont présentes et, condition *sine qua non*, pertinentes en tant que référentiel pour résoudre une tâche spatiale (observateur debout, pièce éclairée). En revanche, en impesanteur ou en position couchée avec présentation des stimuli dans le plan frontoparallèle, le référentiel tête et/ou tronc constitue un référentiel de secours (Friederici et Levelt, 1990). Lorsque le jugement perceptif est réalisé par le biais de la modalité visuelle, il est alors confondu avec le référentiel rétinocentrique, mais l'utilisation de la modalité tactile ou auditive peut mettre clairement en évidence le recours au référentiel égocentré. On comprend également que si l'axe Z du sujet est aligné sur une autre référence, donnée par exemple par la gravité ou le champ visuel, les deux référentiels ainsi couplés se renforcent. C'est ainsi que, chez le sujet sain, le croisement de perturbations visuelles et posturales peut induire de très fortes illusions. Ainsi, tête en bas, sanglé dans un fauteuil, à l'intérieur d'une pièce meublée également retournée à 180°, 68 % des individus (sélectionnés pour leur sensibilité aux informations visuelles statiques) se sentent « droit ». Cette proportion monte à 84 % si les sujets sont couchés à plat dos dans une pièce orientée à 90° de telle manière que le « haut » de la pièce corresponde avec le « au-dessus » de la tête du sujet (Howard et Hu, 2001).

Les effets d'une manipulation de la référence égocentrée sur la perception des orientations

Les effets Aubert et Müller

L'inclinaison en roulis du corps entier ou simplement de la tête provoque une inclinaison apparente de la verticale physique (Guerraz, Luyat, Poquin et Ohlmann, 2000 ; Guerraz, Poquin, Luyat et Ohlmann, 1998). Afin de quantifier cet effet, on demande généralement au sujet incliné de remettre une baguette lumineuse à la verticale, en l'absence de toute autre information d'orientation. Lorsque les ajustements sont réalisés en pleine lumière, les effets disparaissent. L'effet Aubert (ou effet A) consiste à percevoir une baguette objectivement alignée sur la verticale physique, inclinée, en fait, en sens inverse à l'inclinaison corporelle. Par compensation, l'ajustement du stimulus sur la verticale physique (la verticale subjective) dévie en direction de l'inclinaison. L'effet Müller (ou effet E) traduit le phénomène inverse : la verticale physique est perçue comme étant inclinée dans le sens de l'inclinaison corporelle ; le sujet aura donc tendance à compenser cet angle apparent et sa verticale subjective déviera en sens inverse à son inclinaison (voir la figure 13.7).

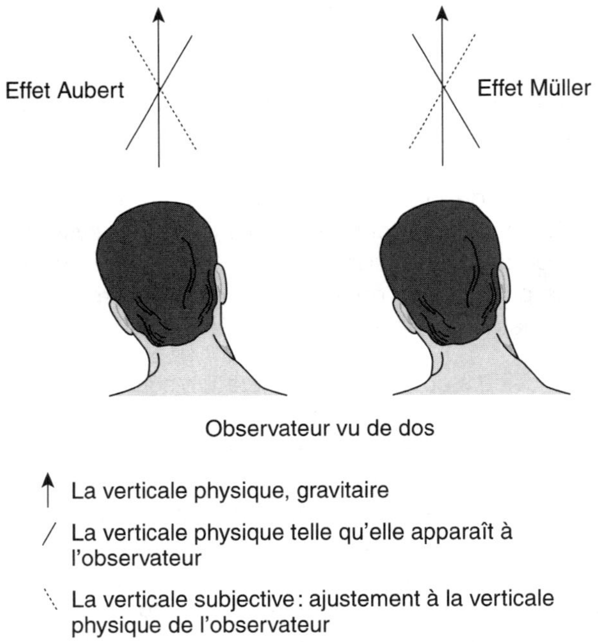

FIGURE 13.7 *Schéma illustrant les effets d'inclinaison de la tête sur la perception de la verticale.*

La perte de somesthésie

La perception de la verticale est étudiée chez un sujet dont la fonction somatosensorielle à partir du cou est fortement affectée à la suite d'une maladie virale (Yardley, 1990). Ce patient (N.L.) n'a plus de sensibilité somatique en provenance du tronc et des membres, mises à part certaines sensations faiblement localisées de pression, de douleur et de fatigue. En position assise, il ajuste une baguette à la verticale aussi précisément qu'un groupe de sujets normaux. Des différences apparaissent cependant en présence d'inclinaisons corporelles latérales (80° d'inclinaison en roulis). L'effet Aubert n'apparaît pas chez ce patient privé de sensibilité somatique du tronc et des membres. Dans ce cas, l'absence d'un type d'information permet donc paradoxalement une lecture plus juste de la verticale.

L'héminégligence spatiale

L'héminégligence spatiale reflète l'incapacité, pour des patients ayant une lésion cérébrale unilatérale, d'explorer et de percevoir les stimuli présentés dans l'hémiespace controlatéral à la lésion (pour une revue, voir Vallar, 1997). L'héminégligence spatiale est plus fréquente et plus forte après des lésions de l'hémisphère droit. Les troubles sont uniquement spatiaux mais peuvent impliquer aussi bien l'attention sensorielle pour les stimuli présentés dans l'hémichamp controlatéral que des déficits de la sphère motrice (héminégligence motrice). Pour Karnath, la négligence refléterait une perturbation du processus de transformation central qui convertit les messages sensoriels dans un cadre de référence égocentré. Karnath et Fetter (1995) montrent que les patients ayant des lésions de l'hémisphère droit négligent d'explorer visuellement l'hémichamp gauche et présentent une estimation de leur plan médian apparent décalée à droite. Cette déviation est compensable par la vibration des muscles du cou et aussi par la stimulation calorique vestibulaire du côté gauche. Elle est réduite également par la rotation à gauche et dans le plan frontal d'un disque texturé alors que la rotation à droite augmente les déviations du plan médian apparent. Selon Karnath, les informations vestibulaires, somesthésiques et visuelles participent à la construction d'une référence égocentrée. Chez les héminégligents, cette référence égocentrée est déviée. Des stimulations vestibulaires, somesthésiques et visuelles peuvent compenser par une correction centrale du processus de transformation convertissant les coordonnées des organes sensoriels périphériques dans un cadre de référence égocentré.

13.2 L'APPROCHE ÉCOLOGIQUE DE LA PERCEPTION ET DU CONTRÔLE DE L'ORIENTATION

La théorie de Stoffregen et Riccio (Riccio, Martin et Stoffregen, 1992; Riccio et Stoffregen, 1990; Stoffregen et Riccio, 1988) sur la perception et le contrôle de l'orientation tente de répondre aux questions suivantes: « Comment les organismes s'orientent-ils? Par rapport à quoi s'orientent-ils et quelle est la fonction des systèmes perceptifs? » Dans une perspective traditionnelle, les précédents paragraphes de ce chapitre ont largement contribué à l'évidence de la réponse à ces deux questions: c'est la gravité qui sous-tend l'orientation de l'individu, et les organes otolithiques (système vestibulaire) sont les principaux capteurs de cette accélération.

Deux principes fondamentaux de la perspective écologique de Gibson (1966, 1979) guident l'approche de Stoffregen et Riccio. Le premier postulat est la mutualité ou le lien mutuel entre le sujet et le milieu (*mutuality of the organism and its environment*), l'environnement à percevoir ne pouvant être défini ou décrit indépendamment du sujet qui le perçoit. Le second postulat est l'absence de dissociation entre la perception et l'action (*indivisibility of perception and action*), les perceptions, ou plus justement « ce qui peut être perçu » (*perceivables*), ne pouvant être comprises qu'en fonction de leurs conséquences pour l'action. La perception des conséquences de l'action renvoie à la notion d'affordance, à savoir que ce ne sont pas les objets en tant que tels qui sont perçus mais l'action ou le comportement qu'ils peuvent susciter. Autrement dit, ce n'est pas le monde physique qui est perçu, mais les utilités que l'animal peut en extraire; c'est pourquoi toutes les affordances portent le suffixe « habilis »: montabilité, traversabilité, flexibilité, etc. Tous les outils, des plus simples aux plus complexes, correspondent ainsi à une affordance précise, le problème de la sélection d'une affordance particulière restant crucial (Darcheville, 2002).

13.2.1 L'information pertinente pour l'orientation : les dynamiques de l'équilibre postural

La théorie proposée par Stoffregen et Riccio se démarque des conceptions traditionnelles sur deux points principaux. Le premier concerne la nature de l'information pertinente pour l'orientation et le deuxième porte sur la coopération entre les différents systèmes perceptifs. D'un point de vue classique, la gravité est censée être codée spécifiquement, mais non exclusivement (voir plus haut), par les organes otolithiques de l'oreille interne, la force gravito-inertielle constituant par conséquent le stimulus efficace excitant nos organes des sens (d'où la notion de graviception). Mais l'organisme est le plus souvent en mouvement accéléré; la force gravitaire se combine alors avec les forces inertielles dues aux accélérations, et les otolithes étant incapables de distinguer la force gravitaire des autres forces les stimulant, la direction de la verticale n'est donc plus directement accessible par les organes otolithiques. Nous avons vu que l'incapacité du système otolithique à distinguer la force gravitaire des forces inertielles additionnelles était à l'origine d'effets perceptifs interprétés classiquement comme des erreurs ou des illusions (par exemple, l'illusion oculogravique). Si, en conditions naturelles, les erreurs de contrôle postural sont rares, ceci est interprété comme le résultat d'une inférence effectuée sur la base des autres informations sensorielles. Chaque système perceptif indique en effet une verticale particulière en cas de non-congruence et chaque système perceptif est stimulé par des informations spécifiques : accélérations pour le vestibule, structure optique anisotropique pour le système visuel et pattern de pression dans et sur la surface du corps. Ces différentes informations sont vues comme générant des conflits intersensoriels que l'organisme doit en permanence résoudre : la verticalité est donc un construct dans la perspective traditionnelle.

13.2.2 La verticale : direction de l'équilibre postural

Stoffregen et Riccio mettent l'accent sur l'acte de s'orienter, qui nécessite deux éléments indispensables : la présence d'une force et une surface résistante. La surface de support doit répondre à quatre critères :

- une amplitude suffisante ;
- une résistance à la déformation ;
- une friction qui évite le glissement ;
- une relation spatiale par rapport au vecteur gravito-inertiel telle qu'une partie ou la totalité de ce vecteur puisse s'appliquer sur la surface.

Un mur, par exemple, répond aux trois premiers critères, mais pas au quatrième étant donné qu'il est parallèle à la gravité.

L'acte d'orientation implique la réalisation d'un état dynamique particulier : un équilibre instable, modélisé sous la forme d'un pendule inverse qui n'est possible sur la Terre que grâce à la force gravito-inertielle et à une surface adéquate. Les systèmes perceptifs sont sensibles aux dynamiques impliquées dans la régulation de cet équilibre (forces envoyées par le système lui-même pour rétablir l'équilibre, appelées « *dynamics of balance* » ou DOB) et non pas à la force gravito-inertielle qui est définie de manière cinétique (accélérations extérieures). La direction de l'équilibre est une propriété dynamique omniprésente de l'interaction entre un organisme et son environnement terrestre ; elle constitue la seule « verticale », le référent principal pour la perception et le contrôle de l'orientation. Cette direction est parallèle à la force gravito-inertielle à n'importe quel moment. Dans cette logique, les « illusions » de type oculogravique ne sont plus considérées comme des erreurs perceptives de verticale, mais comme reflétant la parfaite adéquation entre la direction de l'équilibre, qui constitue la verticale du système, et la perception de la verticale « posturale ». Dans cette perspective écologique, l'activité posturale apparaît comme une condition indispensable à une perception et à un contrôle de l'orientation satisfaisants. Deux arguments principaux étayent cette thèse : 1) certains résultats d'expériences effectuées en piscine ; 2) une expérimentation décorrélant la direction gravitaire et l'axe de l'équilibre postural.

13.2.3 Pourquoi les organes otolithiques sont de piètres capteurs de la gravité

L'immersion du corps à une profondeur suffisante (point de flottaison neutre) permet d'isoler la sensibilité des organes otolithiques à l'accélération gravitaire en atténuant les informations somesthésiques, en particulier les informations tactiles et kinesthésiques, par homogénéisation de la stimulation sur la surface corporelle. Cette méthode est, bien sûr, loin d'être idéale car les variations de densité des différentes parties du corps peuvent fournir des indices d'orientation supplémentaires. Mais, en condition expérimentale au sol et en l'absence d'informations visuelles ambiantes, l'immersion reste le meilleur test disponible pour isoler la perception otolithique de la gravité des autres perceptions habituelles (Stoffregen et Riccio, 1988).

Les expériences étudiant le comportement postural de l'individu en situation d'immersion montrent des performances très médiocres (Brown, 1961 ; Nelson, 1968 ; Ross, Crickmar, Sills et Owen, 1969) ou, en tout cas, différentes de celles qui sont observées en condition de contrôle terrestre (Massion, Fabre, Mouchnino et Obadia, 1995). On note, en particulier, une inclinaison importante du corps vers l'avant de l'ordre de 10,4° en moyenne (Massion et autres, 1995), très semblable à celle qui est observée en impesanteur (Clément, Gurfinkel, Lestienne, Lipshits et Popov, 1984). Cette inclinaison pourrait s'expliquer par l'atténuation des informations gravitaires stimulant les récepteurs distribués sur l'ensemble du corps et également par la non-stimulation des gravicepteurs de type Golgi.

Pour Stoffregen et Riccio (1988), la désorientation spatiale en situation d'immersion prouve que les otolithes sont de piètres capteurs de l'accélération gravitaire. Sous l'eau, au point de flottaison neutre, le corps ne s'oriente plus par rapport à la gravité. Les dynamiques posturales sont donc fortement diminuées, voire inexistantes. Si les systèmes sensoriels sont sensibles aux dynamiques contenues dans les patterns de mouvement, on conçoit donc que, sous l'eau, ces dynamiques étant absentes, l'orientation et la perception de l'orientation en soit affectées. L'immersion constitue ainsi un argument en faveur de l'importance des dynamiques posturales pour l'orientation spatiale ; elle souligne l'importance des forces statiques que l'on contrôle en posture normale.

13.2.4 La mise en évidence expérimentale du rôle de la direction de l'équilibre

Riccio et ses collègues (1992) proposent de valider expérimentalement leur hypothèse. En conditions habituelles, la direction de l'équilibre postural est déterminée par la direction de la force gravito-inertielle, mais grâce à un dispositif puissamment motorisé (le RATS ; *roll-axis tracking simulator*), la direction de l'équilibre postural est manipulée dans cette expérience indépendamment de la direction gravitaire.

Cet appareil peut simuler presque parfaitement le modèle de pendule inversé qui, selon ces auteurs, représente, en la simplifiant, la posture humaine. Tout se passe donc comme en conditions naturelles, le sujet « tombe » chaque fois qu'il s'éloigne trop de cette direction, quel que soit le sens (à droite ou à gauche) de la déviation par rapport à la direction de l'équilibre du système. Le RATS est donc instable puisque, sans le contrôle du sujet, l'accélération angulaire (proportion de la chute rotationnelle) est proportionnelle à la position angulaire (inclinaison) par rapport à la direction de l'équilibre. Quant au contrôle, plus la déviation est grande et plus grand sera l'effort nécessaire pour éviter la chute. Les dynamiques du RATS sont donc très proches de celles qui sont impliquées par le contrôle postural. Cette procédure, si elle permet d'évaluer les poids respectifs de la direction gravitaire et de la direction de l'équilibre postural dans l'orientation spatiale, n'élimine pas complètement l'influence de la gravité (voir Riccio et autres, 1992), qui pourrait agir comme un deuxième point d'équilibre.

Deux tâches sont proposées. Le sujet, dont la vision est occultée, est assis dans l'appareil et doit, en premier lieu, le maintenir « vertical » (*upright*) grâce à une commande manuelle (manche), aucune précision sur la signification du terme « vertical » n'étant donnée. L'angle entre la direction gravitaire et la direction de l'équilibre prend les valeurs de 0°, 5°, 10° et 15° dans une première expérience et de 30° dans une deuxième (la direction horaire ou antihoraire des inclinaisons est évidemment contrôlée). Après cette épreuve, le sujet doit estimer verbalement la position occupée antérieurement en précisant, en particulier, l'amplitude (exprimée en degrés) et la direction de cette position (horaire ou antihoraire) par rapport à ce qu'il juge comme étant vertical. L'analyse des résultats est basée sur les corrélations partielles entre les mesures d'inclinaison posturale (inclinaison par rapport à la gravité et inclinaison par rapport à la direction de l'équilibre) et les estimations de l'inclinaison par rapport à la verticale.

Les résultats montrent une corrélation partielle positive entre l'inclinaison perçue et l'inclinaison par rapport au balancement, l'inclinaison par rapport à la gravité étant contrôlée. La direction de l'équilibre, propriété dynamique du système organisme-environnement, influence donc l'orientation perçue. Mais il existe également une corrélation partielle positive entre l'orientation perçue et l'inclinaison par rapport à la gravité, ce qui laisse supposer une influence de la gravité qui provient vraisemblablement du fait que le dispositif, aussi puissant soit-il, ne peut éliminer complètement l'influence de la force de gravité.

Quels sont, en fait, les rapports entre une orientation spatiale perceptive et une orientation spatiale posturale, c'est-à-dire entre un processus dont le but est perceptif et un processus à dominante motrice ? Plusieurs données semblent confirmer que la verticale subjective et la verticale posturale n'impliquent pas les mêmes traitements (voir plus haut). Certains auteurs, comme Mittelstaedt (1998) ou Paillard (1991), ont insisté d'ailleurs sur la nécessité de distinguer entre ce qui relève d'une part de la perception et du contrôle de sa posture et d'autre part de la perception et du contrôle de l'orientation des objets.

Un résultat montrant une certaine dissociation entre la verticale posturale et la verticale subjective est l'absence d'effet majeur du degré de sollicitation posturale sur la précision de la perception de la verticale (Luyat, 1997 ; Luyat, Ohlmann et Barraud, 1997). Au cours de cette expérience, trois conditions posturales étaient étudiées. Dans la première, l'activité posturale était augmentée en demandant aux participants de maintenir leur équilibre en Romberg sensibilisé, c'est-à-dire en posture debout, avec un pied devant l'autre. Les deux autres conditions consistaient à diminuer fortement, voire à supprimer l'activité posturale soit en immobilisant les participants dans un matelas-coquille, soit en les plaçant en posture couchée à plat dos (décubitus dorsal). La tâche consistait à ajuster une baguette à la verticale en l'absence d'informations visuelles contextuelles à la baguette ou en présence d'un large cadre incliné en roulis. Les résultats n'ont pas mis en évidence d'effet significatif de l'augmentation ou, inversement, de la diminution du contrôle postural par immobilisation dans le matelas-coquille. De façon inattendue, la position du décubitus dorsal tendait même à améliorer de manière significative les performances en présence du cadre incliné. Notons qu'une amélioration similaire des performances en posture couchée a été obtenue lors de la résolution du test de Kopfermann (Marendaz, 1991). Le système humain ne se prive pas de jouer de tous les « outils » nécessaires à la résolution d'un problème. Ces outils semblent sélectionnés à la fois par les caractéristiques situationnelles et individuelles, leur fonctionnement pouvant alors donner lieu à des régulations organisées selon des processus vicariants (voir ci-après).

CONCLUSION

En définitive, notre registre d'activités est très varié. La théorie écologique est venue apporter des solutions remarquables dans le domaine de l'ici et du maintenant. Le sujet humain « percepteur » comptabilisant soigneusement les sensations qui lui arrivent pour les stocker dans une mémoire symbolique gigantesque est certainement une caricature. Mais courir parfaitement sur des terrains variés en estimant à chaque fraction de seconde leur portabilité, la montabilité de leurs obstacles, la franchissabilité des ruisseaux qui les traversent n'empêche pas que le sujet ait à décider également de la route à prendre ou à extraire, en permanence, une information symbolique même élémentaire. Percevoir une erreur d'orientation ou détecter que la pluie est traversière ne dépend pas de boucles action/perception. Le recours à des interprétations selon des référentiels spatiaux est alors bien pratique. Encore une fois, rappelons qu'une modification, même mineure, de la tâche effectuée par le sujet peut changer totalement l'économie du fonctionnement spatial de ce dernier. Ainsi, en posture debout ou encore lors de la marche normale, l'homme prendrait essentiellement ses informations du sol et selon un mode sensoriel plutôt haptique (appui plantaire et proprioception des chevilles). En revanche, lors de la course, les appuis au sol étant trop limités, la référenciation s'ancrerait essentiellement dans la tête (axe du regard, système vestibulaire, etc.), la stabilisation de cette dernière (Berthoz, 1991) attesterait son rôle de plate-forme inertielle.

Dans le domaine spatial, à ces variations de contraintes situationnelles incessantes s'ajoutent d'importantes différences interindividuelles liées aux performances, aux processus ou encore aux stratégies. L'espace résultant d'une combinaison d'informations le plus souvent redondantes (à ce jour, 15 moyens identifiés de percevoir la 3e dimension visuelle), chacun construirait un espace idiosyncrasique, mais dont la polyvalence aurait quelques limites. Il a été proposé que la perception de l'orientation s'organise selon des vicariances différentielles (Ohlmann, 1995 ; Ohlmann, sous presse ; Ohlmann et Marendaz, 1991). Chaque sujet disposerait d'une population de processus, un individu donné évoquerait préférentiellement un processus donné qui constitue ainsi la tête de son catalogue. Cette hiérarchie d'évocabilité n'est valide que pour une situation donnée, l'augmentation des contraintes situationnelles constituant le moteur de rotation de ce catalogue (voir la figure 13.8).

La pression sélective serait susceptible de modifier l'ordre des processus et de l'unifier au moins partiellement. Ce modèle sélectionniste (Reuchlin, 1978) à double niveau (par les individus et par les si-

FIGURE 13.8 *Processus vicariants locomoteurs chez le canard.* Sur les courtes distances (frise du bas), tous les canards marchent : sur les distances moyennes (frise du milieu), on observe des différences interprétables en termes de vicariances : certains marchent, d'autres volent et d'autres nagent. Sur les longues distances (frise du haut), tous les canards volent (dessins de Michel Baumann). *Source* : Ohlmann (1995, p. 85). © 1995, PUF.

tuations) rend compatible, grâce aux variations de contraintes, les lois différentielles et les lois générales. Ainsi, en situation clémente, la position de la tête est donnée par au moins six moyens indépendants : la vision statique et la vision dynamique, les otolithes (pour les inclinaisons), les canaux (pour les rotations), la proprioception des muscles du cou, la copie d'efférence résultant de la commande de ces muscles. Or en plongée ou en impesanteur, la seule façon de savoir si le tronc s'est déplacé par rapport à la tête ou bien l'inverse consiste à comparer les informations cou/vestibules. Gibson (1966, 1979) a proposé que chaque situation, aussi complexe soit-elle, contient l'information nécessaire aux actions qu'entreprend le sujet. Celui-ci extrairait alors sur la base des covariations des différents flux un invariant intermodal spécifique, « signature » de la situation. Vraisemblablement, l'expert qui pilote un avion de chasse, l'astronaute en sortie extravéhiculaire ou l'acrobate sur un fil isolent cet invariant, mais sous la contrainte d'une situation extrême déjà abordée lors d'un apprentissage intensif.

Ne répondant pas aux mêmes contraintes situationnelles, les processus vicariants et l'invariant intermodal ne sont opposés qu'en apparence. Lorsque les contraintes sont très faibles, selon les règles du neutralisme (Kimura, 1968, 1980), les différences, s'exprimant sans conséquence, prennent alors une extension maximale puisque tout fonctionne avec la même efficacité. La population de processus dont dispose le sujet est en quelque sorte « désélectionnée ». L'usage simultané de tous les outils étant dans ce cas inutile, voire absurde, un individu donné va nécessairement hiérarchiser son catalogue. C'est là sans doute une des raisons de la forte variabilité interindividuelle observée dans de nombreux domaines où l'orientation spatiale est impliquée : cinétoses, activité posturale, performances haptiques, dépendance à l'égard du champ visuel, mode de récupération des patients vestibulo-lésés ou parkinsoniens. Que la situation vienne à se complexifier, un seul processus efficace sera sélectionné et on observera alors une loi générale. Enfin, la combinaison de plusieurs processus autorisera la gestion de situations extrêmes, mais cette combinaison complexe n'est sans doute pas abordable par tous les sujets et l'on verra alors une loi différentielle liée aux performances. Ainsi, non seulement un catalogue vicariant favorise l'adaptation à la variation écologique, mais c'est aussi, en quelque sorte, une boîte de vitesses qui permet de prendre en compte le niveau de contraintes que peut susciter cette variation. En définitive, l'orientation spatiale apparaît comme un domaine où les interactions « individu par situation » et les variabilités intra et interindividuelles qu'immanquablement elles suscitent, demeurent primordiales.

LECTURES RECOMMANDÉES

BERTHOZ, A. (1997). *Le sens du mouvement.* Paris : Éditions Odile Jacob.

GIBSON, J.J. (1986 [1979]). *The ecological approach to visual perception.* Hillsdale, NJ : Lawrence Erlbaum.

HOWARD, I.P. (1982). *Human visual orientation.* Londres : Wiley and Sons.

LUYAT, M., et GENTAZ, E. (2002). Body tilt effect on the reproduction of orientation : Studies on the visual oblique effect and subjective orientations. *Journal of Experimental Psychology : Human Perception and Performance, 28,* 1002-1011.

STOFFREGEN, T.A., et BARDY, B.G. (2001). On specification and the senses. *Behavioral and Brain Sciences, 24,* 195-261.

CHAPITRE 14

La perception du mouvement et des événements

André Delorme

INTRODUCTION

La mobilité constante de notre organe visuel, les mouvements constants de notre tête et de notre corps, et l'animation des diverses composantes de notre environnement font en sorte que l'information sensorielle dont nous disposons est sans cesse changeante. Toute cette mouvance affecte la cinétique des projections optiques rétiniennes, de sorte qu'on en arrive à se demander comment nous parvenons à distinguer perceptivement entre les mouvements d'objets ou de composantes de l'environnement et ceux engendrés par nos propres déplacements. Aussi, comment parvenons-nous à percevoir la stabilité environnementale à travers le changement incessant de nos images rétiniennes ? Comment arrivons-nous à distinguer ce qui bouge de ce qui est fixe dans notre environnement ? Par ailleurs, loin de ne constituer qu'un obstacle à la prise d'information visuelle, le mouvement s'avère aussi une source d'information tant sur la structure de l'environnement que sur celle des objets. Comment cela est-il possible? Telles sont les principales questions auxquelles tentera de répondre le présent chapitre.

La perception du mouvement est une fonction vitale pour l'humain et l'animal. En envisageant la question d'un point de vue phylogénétique, on constate d'emblée que la détection du mouvement est la fonction la plus primitive et la plus vitale chez les animaux. C'est le mouvement qui révèle la proie au prédateur, mais aussi, le prédateur à la proie, et c'est par l'immobilité que l'un parvient à être ignoré de l'autre. La vision du mouvement s'avère également essentielle au guidage des activités. Le skieur de compétition, l'acrobate, le pilote de formule 1 illustrent de façon remarquable, par leurs performances, la capacité étonnante de l'être humain à percevoir et à anticiper les mouvements visuels très rapides. Même le nourrisson, qui n'acquiert que progressivement une pleine autonomie sur le plan de la mobilité, manifeste très tôt une grande capacité à traiter l'information visuelle sur le mouvement. Cette question du rapport entre la perception visuelle et l'action fera l'objet du chapitre suivant. Nous traiterons dans le présent chapitre de la perception du mouvement.

14.1 DEUX SYSTÈMES POUR PERCEVOIR LE MOUVEMENT

Comment perçoit-on le mouvement? Devrait-il suffire que l'image d'un objet se déplace sur la rétine de l'œil pour qu'il y ait une perception du mouvement? L'existence de champs récepteurs cérébraux réagissant spécifiquement au mouvement orienté et considérés comme des détecteurs de mouvement (voir le chapitre 4) semblerait permettre de répondre à cette question par l'affirmative. Il ne faut cependant pas oublier, dans une première analyse, que l'œil de l'observateur est lui-même mobile, de même que, fréquemment, sa tête et son corps, ce qui ne manque pas de modifier les mouvements rétiniens. Ainsi lorsqu'on suit des yeux un mobile lumineux dans l'obscurité, l'image de l'objet n'est pas déplacée sur la rétine, mais néanmoins le mouvement de l'objet est perçu. Dans d'autres situations, les déplacements rétiniens pourront être accélérés ou ralentis par les mouvements de l'observateur. On est donc forcé de conclure que le mouvement rétinien ne représente qu'une partie de la question.

On résout le problème en affirmant que nous disposons de deux systèmes pour percevoir le mouvement. Le premier, qu'on appelle le « système image-rétine », détecte les mouvements relatifs à la rétine et le second, appelé « système œil-tête », concerne l'information relative au mouvement des yeux. Ces deux mécanismes contribuent à la perception du mouvement égocentrique, c'est-à-dire à la perception du déplacement relatif au sujet. Cependant, ils ne fonctionnent pas indépendamment dans l'activité courante, et l'on est obligé, pour tenter de les observer séparément, d'utiliser les procédés illustrés dans la figure14.1. La stimulation du système image-rétine est obtenue en faisant passer un point lumineux dans le champ visuel alors que le sujet fixe un point immobile. Pour stimuler le système œil-tête, on fait suivre des yeux le point en déplacement. Dans le premier cas, le système œil-tête n'est en principe pas en fonction parce que le regard est fixe. Dans le second, c'est le système image-rétine qui est non fonctionnel dans la mesure où la poursuite empêche tout déplacement rétinien. En pratique, notre perception du mouvement égocentrique combine ces deux sources d'information.

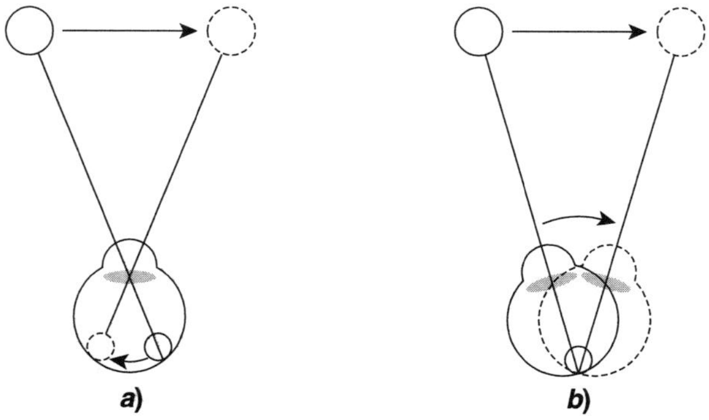

FIGURE 14.1 *a) Système image-rétine.* Le déplacement devant l'œil immobile d'un objet lumineux, dans l'obscurité, ou encore d'un objet contrastant passant devant un arrière-plan homogène produit un déplacement du stimulus sur la rétine qui crée une perception de mouvement de l'objet. *b) Système œil-tête.* La poursuite oculaire volontaire du même type de mobile n'entraîne pas de déplacement rétinien, mais produit néanmoins une perception de mouvement.

Une question subsiste cependant. Comment parvient-on à détecter la stabilité à travers ces mouvements ? L'explication la plus courante est que lorsque les deux mécanismes sont actifs, la stabilité résulte d'un phénomène d'annulation. Il s'agit là de la première question que nous aborderons dans ce chapitre. Il existe par ailleurs des phénomènes illusoires qui semblent, du moins a priori, transgresser les principes sous-jacents à cette thèse et ne dépendre d'aucun des deux systèmes mentionnés. Certains y ont vu des sources d'opposition au modèle « image-rétine / œil-tête ». D'autres y ont plutôt vu l'occasion de nuancer le processus. Quoi qu'il en soit, il est évident qu'on ne peut construire une théorie de la perception du mouvement sans y inclure des explications relatives à ces illusions. Ainsi, la seconde partie du présent chapitre portera sur les illusions de mouvement et leurs explications.

La simple perception d'un mobile traversant le champ visuel est loin de représenter tout l'éventail de nos perceptions cinétiques, car le mouvement peut aussi contribuer à révéler des structures spatiales, à représenter des changements qui se produisent dans l'environnement. On a vu au chapitre 12 que la parallaxe de mouvement est une source importante d'information pour la perception de la profondeur spatiale. En outre, comme on le verra plus loin, l'effet cinétique de profondeur, soit la projection sur un écran de la silhouette en mouvement d'un objet en rotation, suffit à révéler la forme tridimensionnelle de cet objet. Des mouvements relatifs d'éléments lumineux présentés dans l'obscurité peuvent créer des mouvements structuraux qui sont perçus globalement et produisent des changements gestaltiques irréductibles aux éléments individuels dont ils émergent. Ces divers phénomènes cinétiques constituent ce qu'on appelle des « événements ». C'est de la perception de ces phénomènes qu'il sera surtout question dans la dernière partie du présent chapitre.

14.1.1 Voir la stabilité par le biais du mouvement

La perception de l'immobilité devrait théoriquement être due à une absence de fonctionnement des deux systèmes cinétiques. En pratique, les yeux ne sont jamais parfaitement immobiles, non plus que les images rétiniennes. Cependant, étant donné que, dans un environnement fixe, les mouvements rétiniens sont asservis à ceux des yeux, on peut logiquement supposer que les messages émanant des mouvements rétiniens y soient en quelque sorte compensés par ceux des mouvements oculaires.

Cette théorie dite « de la compensation » ou « de l'annulation » (Gregory, 1966, 1997) postule l'existence, dans le cerveau, d'un « comparateur » dont la fonction – comme le terme l'indique – serait de comparer ces deux messages ou signaux pour en tirer une conclusion (perceptive) concernant l'immobilité ou le mouvement. On n'a pas encore localisé de façon certaine la structure cérébrale qui jouerait le rôle de comparateur. Néanmoins, Robinson et Wurtz (1976) ont observé, au niveau du collicule supérieur du cerveau du chimpanzé, des champs récepteurs cellulaires dont l'activité augmente lorsque passe une barre en mouvement devant les yeux fixes de l'animal. Cette activité diminue cependant lorsque ce sont les yeux qui se déplacent et que la barre est fixe. Or, il faut noter que, dans ces deux conditions, les déplacements de l'image de la barre sur la rétine sont les mêmes.

14.1.2 Deux théories

Deux thèses se sont affrontées au sujet de la nature du message œil-tête, appelé aussi « signal extrarétinien ». L'une, défendue par Sherrington (1918) et par James (1890), soutient que le message consiste dans l'afférence proprioceptive émanant des muscles extraoculaires au cours des mouvements oculaires. C'est ce qu'on a appelé la « théorie centripète » (*inflow theory*). Cette théorie est apparue problématique, car elle implique théoriquement un retard dans l'arrivée du message œil-tête au comparateur, et donc un hiatus dans le processus. L'autre thèse, appelée « centrifuge » (*outflow theory*), est beaucoup plus ancienne, remontant aux études de Bell, en 1823, et de Purkinje, en 1825 (voir Grüsser, 1986). Elle a été soutenue par de nombreux auteurs, dont Helmholtz (1989 [1867]) puis, plus récemment, Holst (1954), Gregory (1966, 1997) et Bridgeman (1996). Elle affirme que les mouvements des yeux ne compensent les déplacements rétiniens que lorsqu'ils sont volontaires (Helmholtz parlait d'« effort de volonté ») et sont déclenchés par le centre oculomoteur (voir la figure 14.2). Le message œil-tête consisterait donc en une copie de l'efférence motrice oculaire, c'est-à-dire de la commande de mouvement émanant du centre oculomoteur. Au lieu de parvenir au comparateur par le moyen des muscles extraoculaires, le message œil-tête (appelé aussi « décharge corollaire ») y serait transmis directement à partir du centre oculomoteur cérébral commandant le mouvement. Dès lors, l'information véhiculée n'indiquerait pas que l'œil a bougé, mais plutôt qu'il est en train de bouger.

Divers arguments ont été apportés en faveur de la théorie centrifuge. On a tout d'abord fait valoir que lorsque les yeux sont mus « passivement », c'est-à-dire sans commande oculomotrice, la compensation ne se produit pas, faute de signal œil-tête. Un autre argument s'appuyait sur la démonstration du fait que lorsqu'une commande oculomotrice ne produit pas les mouvements rétiniens attendus, il n'y a pas de compensation, faute de signal image-rétine.

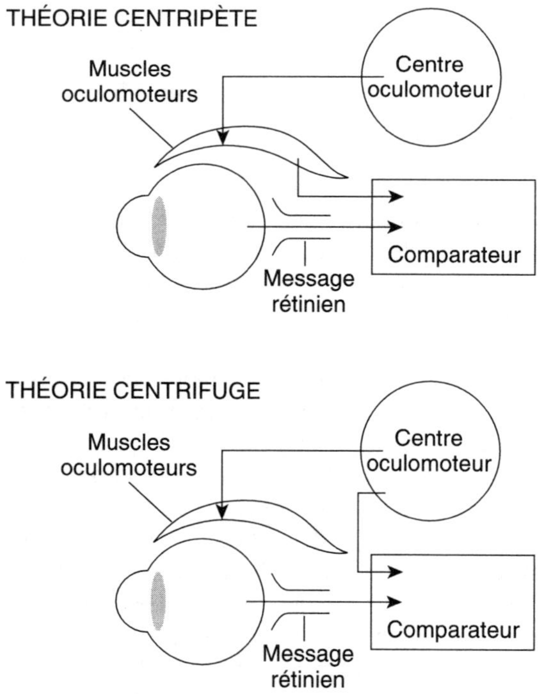

FIGURE 14.2 *Théorie centrifuge et théorie centripète.*

14.1.3 Les mouvements passifs de l'œil

Le procédé suggéré pour produire un mouvement passif de l'œil est très simple. Il suffit d'exercer une pression sur le globe oculaire avec un doigt que l'on appuie sur la paupière (voir la figure 14.3 en *a*)). On crée ainsi la perception visuelle d'un mouvement en direction opposée. Suivant le mécanisme postulé par la théorie centripète, le mouvement de l'œil aurait dû compenser le mouvement rétinien et produire une perception de stabilité. Pour les tenants de la théorie centrifuge, le mouvement visuel obtenu dans ce cas résulte d'un déplacement rétinien non compensé. Cela confirme donc selon eux que des mouvements oculaires volontaires sont requis pour qu'il y ait compensation.

Que produirait ce même mouvement passif de l'œil si l'on substituait à la scène réelle une image consécutive créée par un flash (voir la figure 14.3 en *c*)) ? Rappelons à ce propos qu'une telle image consécutive est théoriquement fixe sur la rétine. D'après la théorie centrifuge, il en résulterait une impression de stabilité de l'image puisque le comparateur ne recevrait ni message œil-tête ni message image-rétine. Suivant la logique de la théorie centripète, le mouvement oculaire passif devrait produire un message œil-tête, et l'image rétinienne ne bougerait pas. Donc l'image consécutive devrait sembler bouger. Tout se passerait alors comme si l'image consécutive était suivie des yeux. Encore là, c'est la théorie centrifuge qui dit vrai : l'image consécutive ne paraît pas bouger en dépit des mouvements de l'œil occasionnés par la pression d'un doigt sur le globe oculaire.

En 1825, Purkinje (voir Grüsser, 1986) faisait une comparaison intéressante entre le mécanisme visuel postulé par la théorie centrifuge et ce qui se produit dans le domaine tactile. Le mouvement d'un stimulus sur la peau d'une main immobile crée une perception de mouvement de l'objet stimulus (comme dans la condition image-rétine). Un mouvement comparable de la main sur un stimulus immobile produit plutôt une perception de mouvement de la main (et d'immobilité de l'objet stimulus). Enfin, lorsque la main se déplace à la même vitesse que l'objet, de sorte qu'il n'y a pas de mouvement relatif à la peau, l'objet paraît en mouvement (comme dans la poursuite).

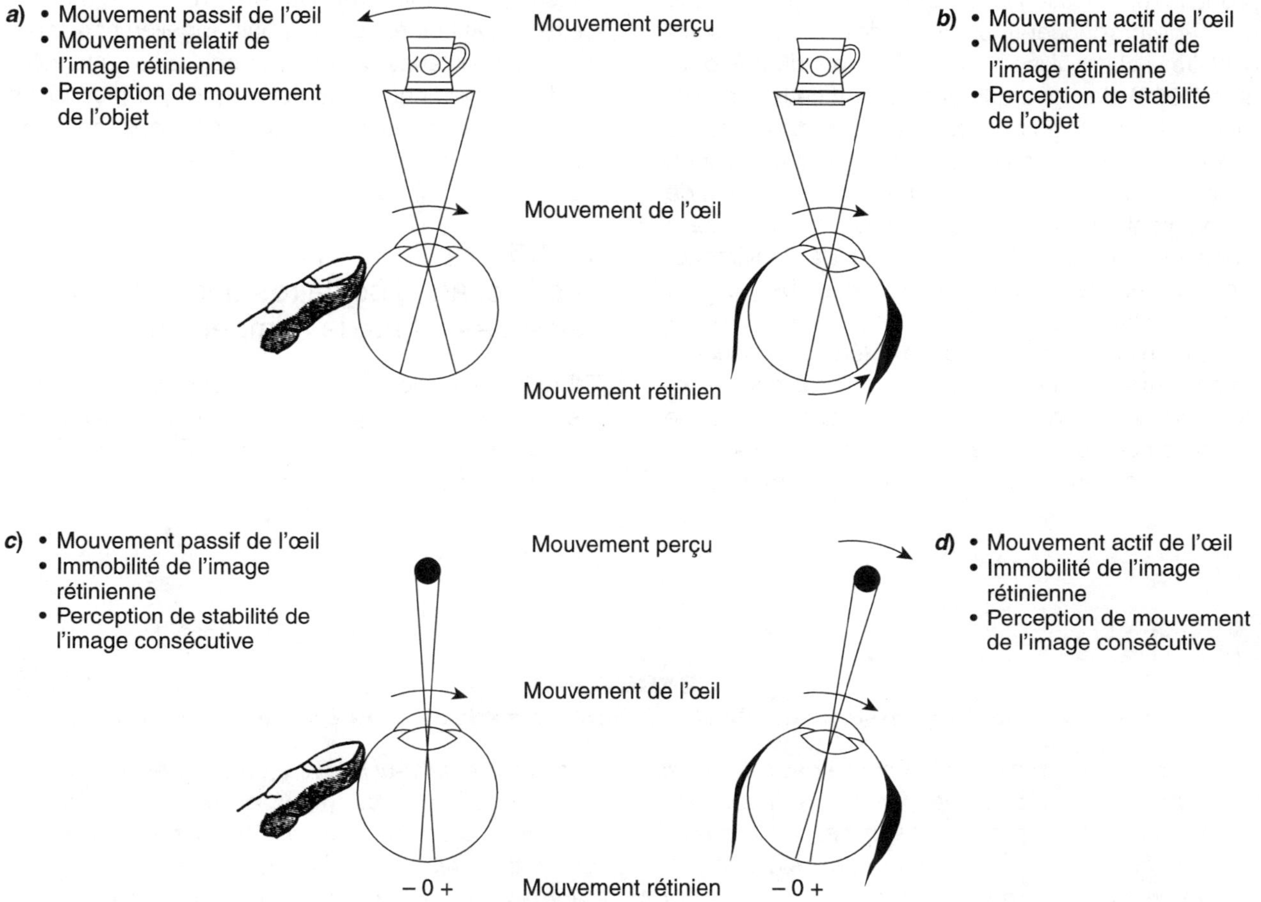

FIGURE 14.3 *Influence d'un mouvement oculaire passif (l'œil est poussé avec le doigt) et d'un mouvement oculaire actif (mouvement volontaire produit par le système oculomoteur) sur la perception cinétique d'un objet réel fixe (parties* a) *et* b)*) sous un éclairage normal et sur celle d'une image consécutive (parties* c) *et* d)*) vue dans l'obscurité.* *a*) et *b*) Contrairement au mouvement passif, un mouvement actif de l'œil n'empêche pas la perception du caractère fixe d'un objet immobile. *c*) et *d*) Un mouvement actif de l'œil entraîne une perception de mouvement même en l'absence de mouvement de l'image rétinienne.

14.1.4 Une commande oculomotrice sans mouvements oculaires

Peut-on créer un message œil-tête sans mouvements oculaires? La chose est théoriquement possible à condition de placer un sujet dans une situation telle que ses commandes oculomotrices, dont des copies seraient envoyées au comparateur, n'entraînent aucun mouvement effectif des yeux. Mach (1959 [1886]) y était arrivé en effectuant un blocage des mouvements oculaires au moyen de mastic, un procédé qui s'est avéré efficace, mais évidemment peu commode. Toute commande oculomotrice entraînait alors une illusion de mouvement de l'environnement. Helmholtz rapporte un effet semblable observé chez un patient présentant une paralysie d'un muscle extraoculaire. Voilà donc un puissant argument en faveur de la théorie de la copie d'efférence (voir aussi l'étude de Stevens et ses collègues, 1976, dans laquelle on a utilisé du curare pour produire cette paralysie).

Ces diverses données portent à conclure non seulement que la commande oculomotrice suffit à produire un message œil-tête, mais aussi que le message proprioceptif émanant des muscles extra-oculaires est impuissant à le faire. Cependant Bridgeman (1996) s'éloigne quelque peu de cette position. Bien qu'il adhère au concept de la copie d'efférence et admette que le mouvement passif de l'œil est inefficace à produire dans l'obscurité une perception de mouvement de l'image consécutive, il s'oppose à l'idée que l'illusion de mouvement de l'environnement, créée par la pression sur le globe oculaire dans un environnement visible, soit due à un mouvement rétinien. La présence de références visuelles immobiles entraînerait, selon lui, une « résistance active » au mouvement oculaire. C'est cette commande oculomotrice ne produisant pas de déplacement rétinien, mais néanmoins transmise au comparateur, qui serait à l'origine de l'impression de mouvement. Cette nouvelle théorie que nous appellerons « théorie de la résistance active » par opposition à la théorie du mouvement passif est de plus en plus tenue pour acquise, mais il subsiste encore des motifs de se questionner à son propos (voir l'encadré 14.1).

14.1.5 Les saccades oculaires donnent-elles lieu à des effets de compensation ?

Tel qu'il a été mentionné au chapitre 4, les mouvements oculaires d'exploration sont des mouvements très rapides appelés « saccades ». Étant donné leur rapidité, on peut se demander s'ils donnent vraiment

ENCADRÉ 14.1
Les effets de la pression sur l'œil : résistance active ou mouvement passif ?

On peut s'interroger sur l'efficacité des références visuelles fixes à empêcher tout déplacement passif de l'œil. Pour étudier la question, collons sur l'un des verres de la paire de lunettes d'un observateur un cache qui bloquera la partie nasale du champ visuel d'un œil alors que l'observateur maintiendra l'autre fermé. On place à environ 50 cm en face de celui-ci un objet vertical tel qu'une bougie. On invite ensuite le sujet à orienter sa tête de manière qu'il voie la bougie à proximité du contour vertical du cache. Puis on l'invite à pousser sur son œil avec un doigt dans la direction du cache (voir la figure 14.4). Si cette pression entraîne une « résistance active au mouvement » oculaire, l'observateur percevra un mouvement de la bougie et du cache dans la direction opposée à celle de la pression exercée, mais sans qu'il y ait mouvement relatif entre la bougie et le cache. Si, au contraire, la pression a entraîné un « mouvement passif de l'œil », le mouvement illusoire sera aussi en sens contraire de la pression exercée sur l'œil, mais il se produira un mouvement parallactique entre le cache et la bougie de sorte que celle-ci tendra à disparaître derrière le cache. C'est ce que nous avons observé en utilisant ce procédé. Évidemment, il s'agit d'une observation informelle plutôt que d'une véritable étude expérimentale, et l'on ne pourra tirer de conclusion définitive sur cette question avant de l'avoir soumise à une expérience bien contrôlée.

FIGURE 14.4 *Effets d'un cache sur les mouvements visuels produits par pression monoculaire.*

lieu à des copies d'efférence susceptibles de compensations entraînant une perception de stabilité. Les positions divergent sur cette question. Pour certains, il y aurait suppression de la perception du mouvement durant la saccade oculaire, et cette suppression s'expliquerait par un effet de masquage. Selon Duhamel, Colby et Goldberg (1992), les mouvements de saccade sont bien compensés, mais cela commence avant même le début du mouvement. D'autres auteurs affirment plutôt que le mouvement de l'image accompagnant la saccade est tout simplement ignoré (MacKay, 1973).

14.1.6
Les limites de la compensation

Si l'on suit du regard un mobile se déplaçant dans un environnement visible, l'arrière-plan paraît en mouvement, ce qui va à l'encontre du principe d'annulation (Gibson, 1968 ; Harris, 1994 ; Rock, 1997). C'est ce qu'on appelle l'« effet Filhene ». Pour les tenants de la théorie de la compensation, il s'agit là d'une indication que la compensation n'est pas complète et que, lorsqu'on suit un mobile des yeux, on a tendance à sous-estimer la vitesse des mouvements oculaires. Il faut cependant noter que le déplacement du mobile devant des références visuelles fixes ajoute à la scène visuelle une composante de mouvement relatif qui influe sans doute sur l'impression cinétique tant du mobile que de l'environnement. D'ailleurs, des études ont montré que la densité des contrastes traversés par l'œil au cours de la poursuite oculaire influe sur la vitesse apparente du mobile (voir Delorme et Frigon, 1977).

Les mouvements rétiniens sont reliés aux mouvements oculaires, mais aussi à ceux de la tête et du corps (Harris, 1994). Les effets des mouvements corporels, notamment ceux de la locomotion, seront traités dans le chapitre suivant. Considérons pour l'instant les mouvements relatifs à la tête. Lorsqu'on tourne la tête latéralement, il se produit un mouvement automatique des yeux en sens contraire de celui de la tête, ce qui a pour effet de stabiliser presque complètement les mouvements rétiniens. Ce réflexe dit « oculo-vestibulaire » n'est pas déclenché par le mouvement rétinien puisqu'il le précède, ce qui permet une coïncidence entre les deux (Wallach, 1982). En outre, il se produit même dans l'obscurité complète. Doit-on en conclure qu'il constitue un mécanisme « précâblé » et qu'il ignore tout simplement les mouvements rétiniens ? À l'aide de procédés qui modifient la vitesse et de mouvements d'images entraînés par ceux de la tête, on a pu démontrer que tel n'est pas le cas (Rock, 1997 ; Wallach, 1982).

Un sujet portant des lunettes qui inversent les images (dans la direction gauche-droite) perçoit, lorsqu'il tourne la tête dans une direction donnée, un mouvement de l'environnement allant dans la direction de son mouvement de tête. Cette illusion n'est pas due à l'orientation inhabituelle des images comme telle, puisque de simples mouvements des yeux sans mouvements de tête ne créent pas cette illusion (Rock, 1997). En outre, cette perception ne dure pas indéfiniment puisque, après trois ou quatre jours d'adaptation à ces lunettes, le sujet ne perçoit plus l'illusion de mouvement. Néanmoins, après que le sujet a enlevé ses lunettes, on observe une nouvelle illusion de mouvement, mais elle se produit dans la direction contraire et ne dure tout au plus que quelques heures (Delorme, 1982 ; Harris, 1965). On voit donc que le mécanisme de compensation qui aboutit à une sorte de calibrage de la perception concerne aussi les mouvements de la tête. Pour sa part, Rock (1997) voit dans cette adaptation un signe que le mécanisme de compensation produisant la stabilisation de l'environnement (qu'il appelle la « constance de position ») n'est pas inné mais appris.

14.2
UNE TROISIÈME VOIE : L'APPROCHE ÉCOLOGIQUE DE LA PERCEPTION DU MOUVEMENT

Gibson (1968, 1979) propose une interprétation de la perception du mouvement qui contraste singulièrement avec la théorie fondée sur les systèmes image-rétine et œil-tête. Au lieu d'utiliser comme paradigmes de départ le déplacement rétinien d'une cible mobile dans l'obscurité ainsi que sa poursuite par l'œil, il choisit plutôt les changements qui se produisent dans le réseau optique de l'environnement naturel. Un objet qui se déplace horizontalement dans cet environnement structuré cache progressivement à la vue une partie de l'arrière-plan et en révèle simultanément une autre. Gibson appelle ces phénomènes « occlusion » et « désocclusion » (voir la figure 14.5). Ce principe est tout aussi applicable à des mouvements en profondeur. L'objet qui se rapproche d'un observateur recouvre progressivement la partie visible de l'arrière-plan et, inversement, il la dévoile en s'éloignant. Dans cette optique, la distinction entre image-rétine et œil-tête devient inutile dans la mesure où les phénomènes d'occlusion et de désocclusion caractérisent tout aussi bien le mobile suivi des yeux que celui qui passe devant le regard immobile. Pour Gibson, la perception de la stabilité ne résulte pas d'un calcul, elle s'obtient directement. Les mouvements de la tête sont comparables à ceux d'une fenêtre qu'on déplace dans l'environnement. Ce que l'on perçoit alors, c'est un mouvement de la tête plutôt que de l'environnement. Le même phénomène se produit *mutatis mutandis* dans le cas de la locomotion.

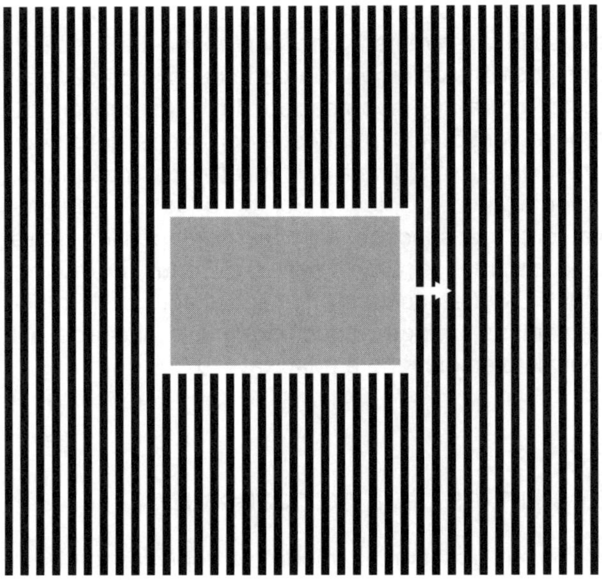

FIGURE 14.5 *Perception du mouvement d'un objet passant devant un arrière-plan.* Une interprétation écologique de la perception du mouvement d'objet.

14.3 LES ILLUSIONS DE MOUVEMENT

Les phénomènes d'illusion ne sont pas que des exceptions à une règle, ils fournissent souvent des indices fort intéressants sur les mécanismes des perceptions normales. Aussi, toute théorie de la perception devrait expliquer autant les phénomènes illusoires que les phénomènes normaux. En ce qui concerne le mouvement, le défi est de taille puisque les principales illusions ne semblent dépendre a priori ni de messages image-rétine ni de messages œil-tête.

14.3.1 L'effet consécutif de mouvement

Si l'on fixe son regard pendant environ 1 min sur un point situé au centre d'une chute d'eau, puis qu'on le porte sur un objet fixe situé à proximité, on a l'illusion d'un mouvement ascendant de l'objet. Ce type d'illusion est très ancien puisque, déjà, Aristote en faisait état (Robinson, 1972). Sa découverte est néanmoins généralement attribuée au chimiste londonien Addams, qui l'a observé en 1834 en regardant la chute d'eau de Foyers en Écosse (Wade et Swanston, 1991). Addams croyait que le phénomène résulte d'un effet de persistance des mouvements de poursuite oculaire créés par l'observation prolongée du mouvement. Cependant Anstis et Gregory (1965) ont démontré de façon convaincante que des mouvements oculaires ne pouvaient nullement expliquer ces effets consécutifs. Le procédé est fort simple. On utilise comme stimulus d'inspection une bande sans fin comportant des rayures verticales et qui est mue horizontalement. Le stimulus test est une photographie d'un papier de verre immobile. L'expérience comporte quatre conditions expérimentales : 1) fixation du regard sur un point situé au centre de la trajectoire ; 2) poursuite oculaire de la bande mobile ; 3) mouvement oculaire balayant la bande immobile ; 4) mouvement oculaire allant dans le sens de la bande mobile, mais à une vitesse plus grande que celle-ci, ce qui crée un mouvement rétinien relatif. Après chaque mouvement, le sujet doit fixer le centre du stimulus test. On obtient les résultats suivants. Dans la condition 2 ne comportant aucun mouvement rétinien, il n'y a aucun effet consécutif de mouvement. Dans les autres conditions, la direction de l'effet consécutif est dans le sens contraire du mouvement relatif à l'œil. Ainsi, la condition 1 donne un effet consécutif allant dans le sens contraire du mouvement de la bande, la condition 3 produit un effet allant dans le sens du mouvement des yeux et la condition 4, un effet qui va dans le sens contraire du mouvement des yeux.

Il apparaît donc évident que l'effet consécutif de mouvement ne s'explique pas par un effet de poursuite oculaire. D'ailleurs, on a pu obtenir des effets consécutifs avec des stimuli se prêtant peu à la poursuite oculaire, notamment avec une spirale d'Archimède en rotation (voir la figure 14.6 en *a*)). On a donc plutôt retenu l'hypothèse d'un effet produit dans le système image-rétine.

L'explication la plus communément acceptée a été proposée par Barlow et Hill (1963) à partir d'expériences réalisées chez le lapin. Ces expériences ont montré qu'il existe dans la rétine du lapin des cellules ganglionnaires qui sont excitées par le mouvement. Ces cellules varient quant à la direction et au sens du mouvement auxquels elles réagissent et il en existe pour chaque direction et chaque sens du mouvement. En l'absence de stimulation cinétique, ces cellules ont une activité constante de repos. Au moment d'une stimulation dans leur direction et leur sens préférés, leur fréquence d'influx augmente brusquement. À l'arrêt de la stimulation, cette réponse tombe à zéro et ne retrouve son activité normale qu'au bout de 30 s (voir la figure 14.6 en *b*)).

Pour expliquer que l'effet consécutif de mouvement se produit en sens contraire de la stimulation, il suffira de supposer que pendant que les cellules préalablement stimulées atteignent leur point zéro, celles privilégiant les mouvements de sens contraire maintiennent leur activité constante de repos. Or c'est l'activité de repos de ces cellules qui créerait l'illusion de mouvement de sens contraire. Il est peu vraisemblable que le processus s'établisse au niveau rétinien chez l'humain, mais il reste tout à fait plausible qu'il se produise au niveau cortical. En définitive, suivant cette explication, l'effet consécutif de mouvement représenterait un cas unique d'illusion de mouvement en ce sens qu'il ne mettrait en cause que le système image-rétine. En outre, il fournit d'une certaine façon un argument en faveur de la thèse voulant que les analyseurs corticaux de mouvement aient un fonctionnement indépendant (voir le chapitre 4).

a)

b)

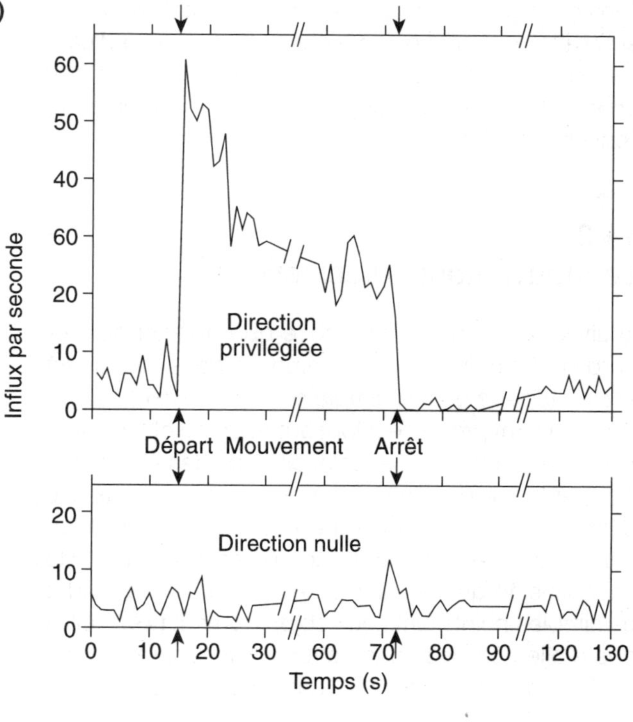

FIGURE 14.6 *a) Spirale utilisée pour produire l'effet consécutif de mouvement. b) Expérience de Barlow et Hill.* Voir explications dans le texte. *Source :* Barlow et Hill (1963, p. 1346). © 1963, Macmillan Magazines Limited. Reproduit avec la permission de *Nature*.

D'autres observations amènent cependant à nuancer ce propos. Comme le remarquent pertinemment Wade et Swanston (1991), le mouvement d'une chute d'eau et celui d'une spirale ne sont pas à proprement parler des mouvements absolus. Ils sont perçus dans un environnement stable et sont donc des mouvements relatifs. La chute d'eau avoisine des rochers immobiles et le mouvement de l'eau est relatif au contexte plutôt que strictement rétinocentrique. Wade et Swanston font d'ailleurs remarquer que cette relation avec le pattern contextuel peut se maintenir même lorsqu'il se produit des mouvements oculaires. Pour ce qui est de la spirale rotative, elle requiert aussi un contexte stable. Day et Strelow (1971) ont montré que la spirale rotative présentée sans arrière-plan dans l'obscurité ne crée pas d'effet consécutif, faute de contexte.

Une autre observation soulève des interrogations. Même s'il est de sens contraire au mouvement du stimulus, l'effet consécutif n'est pas vraiment symétrique de ce mouvement. On le décrit comme paradoxal parce qu'il donne lieu à une perception de mouvement sans changement de position (Gregory, 1997 ; Wade et Swanston, 1991). Ainsi l'effet consécutif d'expansion obtenu avec la spirale donne l'impression d'un mouvement de grossissement, mais sans changement de taille. Comme le précisent Wade et Swanston, après qu'on a observé une chute d'eau, l'élément rocheux qui paraît s'élever ne semble pas pour autant se déplacer relativement au reste de l'environnement.

14.3.2 Le mouvement autocinétique

Intuitivement, on pourrait croire que de fixer son regard sur un point lumineux immobile dans l'obscurité est le procédé le plus simple pour percevoir la stabilité. Or, l'effet produit est tout autre. Le point lumineux paraît en mouvement, et cela, en dépit des efforts que l'on peut faire pour maintenir son regard le plus fixe possible. C'est ce qu'on appelle le « mouvement autocinétique ». Les pilotes d'avion doivent se méfier de cette illusion qui peut les amener, la nuit, à prendre de simples points lumineux objectivement fixes, telles des étoiles ou des sources lumineuses au sol, pour les feux de signalisation d'appareils en mouvement. On leur recommande de bouger les yeux et la tête afin de vérifier si le mouvement est illusoire ou non. Bel exemple de situation où c'est le mouvement qui doit confirmer la stabilité !

La découverte du phénomène remonte à une observation réalisée en 1799 par Humboldt qui avait attiré l'attention sur des mouvements d'étoiles. Ce n'est que beaucoup plus tard, soit en 1858, qu'on a pu mettre en évidence le caractère illusoire du phénomène. On attribuait d'abord celui-ci à des mouvements oculaires involontaires. Cependant les mouvements oculaires enregistrés durant l'observation de l'illusion n'étaient pas d'une amplitude suffisante pour rendre compte des mouvements perçus (Guilford et Dallenbach, 1928). Même s'ils ne furent jamais contestés, ces résultats n'excluaient néanmoins pas toute possibilité d'intervention du système œil-tête dans le mouvement autocinétique. Déjà en 1912, Addams (voir Grosvenor, 1959) avait émis l'hypothèse que, en cas de fatigue des muscles oculomoteurs, il se produit une plus forte « innervation », c'est-à-dire un accroissement des influx transmis par ces muscles au centre supérieur. Il croyait que c'était cette information kinesthésique exagérée qui créait le mouvement autocinétique. À la même époque, Carr (1910) avait montré que lorsqu'on fixe un point lumineux en maintenant un œil fortement dévié d'un côté, le mouvement est communément vu du côté de la déviation. Cet auteur avait même trouvé que la seule tentative de regarder à droite, sans déplacer ses yeux, pouvait influer sur la direction du mouvement autocinétique. Comment expliquer ces phénomènes ? Les résultats d'une expérience menée par Gregory et Zangwill (voir l'encadré 14.2) fournissent une explication.

Un problème subsiste auquel Gregory et Zangwill (1963), qui en étaient conscients, n'avaient aucune solution à apporter. Comment expliquer que le mouvement autocinétique ne se produise que dans l'obscurité ? Ceci nous renvoie à Koffka qui affirmait que le mouvement autocinétique est dû à l'absence de cadre de référence. Si le point que l'on fixe dans un environnement structuré n'est pas vu en mouvement, c'est sans doute à cause de l'absence de mouvement relatif par rapport aux références fixes avoisinantes. À moins de preuve du contraire, nous considérons généralement l'environnement

ENCADRÉ 14.2
L'expérience de Gregory et Zangwill

Gregory et Zangwill (1963) ont repris le procédé utilisé par Carr et en sont arrivés à des résultats suggérant que le système œil-tête joue un rôle déterminant dans le mouvement autocinétique. Mais, plutôt que d'invoquer un modèle centripète, comme celui de l'innervation, ils ont choisi une explication fondée sur la théorie centrifuge. L'expérience, qui est très simple, se déroule comme suit. Le sujet doit d'abord maintenir ses yeux tournés dans l'une des quatre positions : en haut, en bas, à droite et à gauche, et cela, durant 30 s. Il doit ensuite fixer un petit point lumineux rouge situé en face de lui et décrire tout mouvement qu'il perçoit en donnant des indications sur sa vitesse apparente. Pour indiquer la direction, on emploie le procédé des heures (c'est-à-dire un mouvement vertical vers le haut, appelé « 12 », et un mouvement horizontal vers la droite, appelé « 3 », etc.). Les résultats ont révélé que les mouvements autocinétiques se situaient plus volontiers dans le méridien de la déviation préalable de l'œil (voir la figure 14.7). L'interprétation de Gregory et Zangwill est la suivante. La situation de fixation entraînerait des fluctuations dans l'efficacité du système oculomoteur. Il s'ensuivrait une variation constante de la commande oculomotrice visant à maintenir la fixation oculaire. Cette commande, dont une copie serait envoyée au comparateur, serait interprétée faussement comme étant du mouvement.

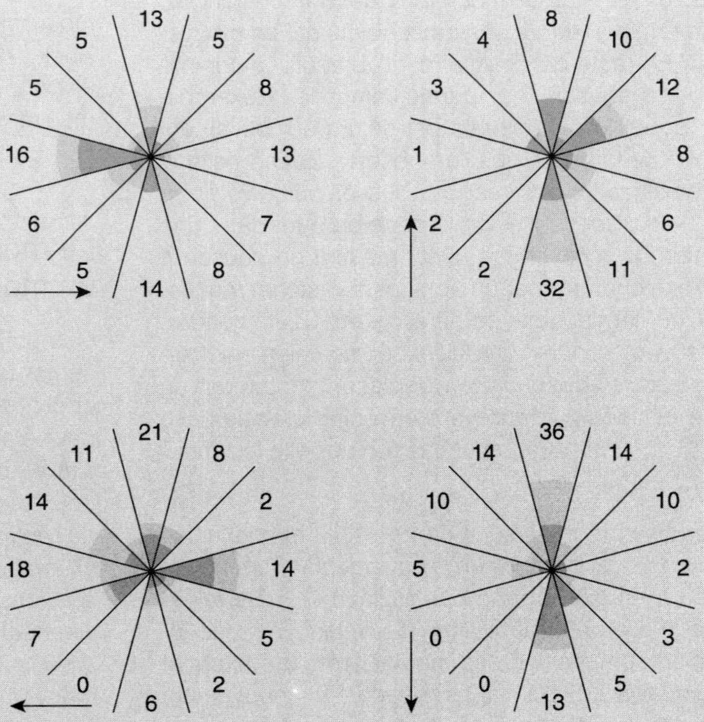

FIGURE 14.7 *Résultats de l'expérience de Gregory et Zangwill.* Les histogrammes en cadran présentent la direction et la durée en secondes (chiffres) des mouvements autocinétiques perçus au cours de 2 min d'observation après avoir maintenu excentriquement le regard pendant 30 s dans l'une des 4 directions (flèches). Les zones sombres montrent la direction des effets durant les 30 premières secondes et les zones claires celle des effets obtenus au cours des 30 suivantes.

comme fixe. Dans cette perspective, le mouvement autocinétique serait beaucoup plus perçu par défaut que sur la base d'indices perceptifs nets. On ne sera dès lors pas étonné d'apprendre que cette illusion est fortement influencée par la suggestion, comme il a été démontré en psychologie sociale (voir Sherif, 1935).

14.3.3 Le mouvement induit

Il est rare qu'on perçoive le mouvement d'un objet dans un environnement parfaitement homogène. La présence de références fixes ou mobiles peut considérablement influer sur la perception du mouvement. Ainsi un mobile très lent pourrait sembler fixe dans l'obscurité mais apparaître en mouvement dès qu'on lui juxtapose un élément immobile. Il se peut néanmoins que ce soit l'objet fixe qui paraisse en mouvement et vice versa, et il peut même arriver que les deux objets paraissent en mouvement. C'est alors le mouvement relatif des objets qui révèle le mouvement.

Qu'est-ce qui permet, dans ces circonstances, de déterminer lequel des deux objets est en mouvement? En règle générale, c'est l'objet utilisé comme référence spatiale qui paraît immobile. L'exemple sans doute le plus simple est celui du mouvement illusoire de la Lune, que l'on observe quand celle-ci est vue à travers des nuages poussés par le vent. On peut tirer de cette illusion le principe que, dans une situation de mouvement relatif mettant en cause un objet fixe encadré par un objet plus vaste en mouvement, ce dernier objet paraîtra fixe et l'objet encadré, en mouvement. On reproduit expérimentalement cette illusion dans l'obscurité en déplaçant lentement un cadre lumineux vide devant un point lumineux fixe (voir la figure 14.8). C'est ce qu'on appelle le « mouvement induit ».

Que se produit-il si ce cadre est lui-même inclus dans un second cadre en mouvement? Comme l'illustre l'exemple apporté par Wallach (1959) (voir la figure 14.9), on obtient alors deux mouvements induits. La composition des mouvements du cercle et du rectangle entraîne la perception d'un mouvement oblique de ce dernier. Par ailleurs, le point physiquement immobile paraît soit en mouvement horizontal s'il est perçu relativement au seul déplacement du

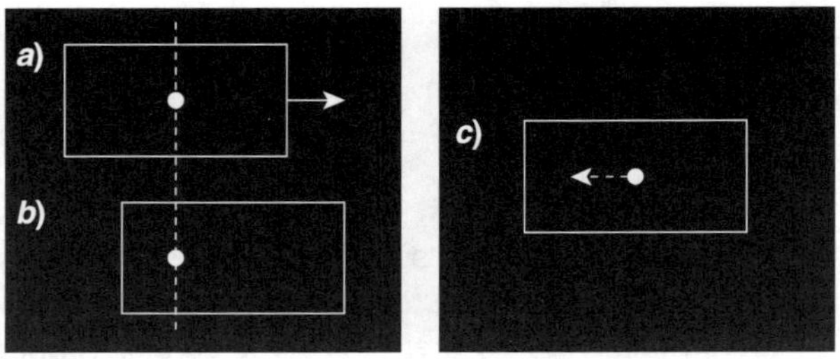

FIGURE 14.8 *Mouvement induit. a) Positions du point et du cadre, au départ. b) Position du point et du cadre, après mouvement.* Après le mouvement du cadre, la position égocentrique du point est la même, mais sa position relative au cadre a changé. *c) Illusion résultante.* Le point est vu en mouvement alors que c'est le cadre qui a bougé.

rectangle ou encore en mouvement oblique s'il est tenu compte aussi du déplacement du cercle.

On a vu dans le phénomène du mouvement induit une objection à la thèse voulant que les analyseurs cérébraux de mouvement jouent un rôle essentiel, en faisant valoir que, dans le mouvement induit, c'est le stimulus qui ne devrait pas stimuler les analyseurs de mouvement qui paraît en mouvement (Kaufman, 1974; Rock, 1997). Cependant des études ont démontré l'existence de cellules réagissant spécifiquement au mouvement relatif (voir Frost et Nakayama, 1983).

14.3.4 Le mouvement apparent: un mouvement sans mobile

On oublie facilement que le mouvement perçu au cinéma est créé par des successions d'images fixes, et qu'il s'agit donc d'une illusion de mouvement. On peut d'ailleurs créer très facilement une forme plus simple de cette illusion en allumant en alternance deux sources lumineuses légèrement éloignées l'une de l'autre. Lorsque l'intervalle de temps entre les deux allumages est relativement long, on a une perception d'alternance. Cependant, lorsque cet invervalle devient plus court, la perception d'alternance fait place à celle d'un objet lumineux unique effectuant des mouvements de va-et-vient. Il s'agit alors d'une perception de mouvement sans déplacement rétinien. On l'appelle traditionnellement « mouvement apparent ». Ce phénomène a constitué pour Wertheimer,

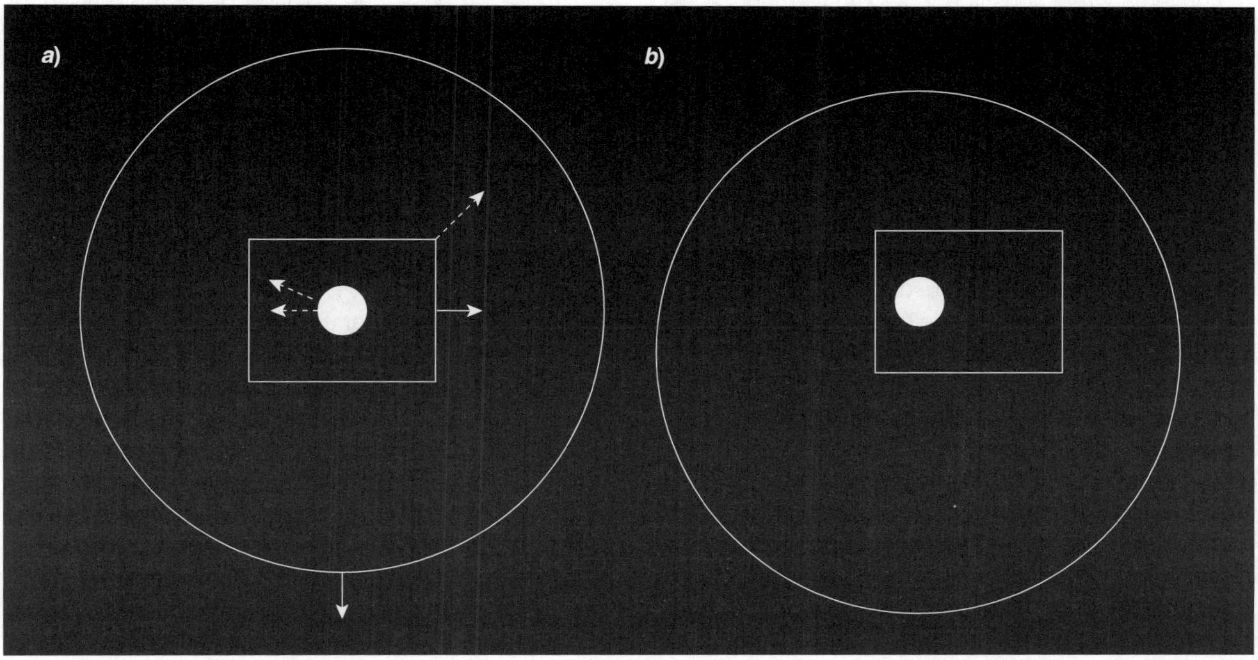

FIGURE 14.9 *Mouvements induits composés. a) Mouvement vertical (flèche en ligne continue) d'un cercle qui entoure un cadre rectangulaire se déplaçant horizontalement de façon indépendante relativement à un point maintenu fixe.* Les mouvements perçus (flèches en pointillé) sont les suivants. Le rectangle est vu en mouvement oblique. Quant au point, il est vu soit en mouvement horizontal, soit en mouvement oblique. *b) Positions relatives des composantes à la suite du déplacement.*

le fondateur du mouvement de la Gestalt, un exemple privilégié de Gestalt.

Faut-il supposer, comme le font certains auteurs (voir Anstis, 1978 ; Shaw, Flascher et Mace, 1996), que le mouvement apparent est un phénomène essentiellement différent du mouvement réel ? Braddick (1995) propose de l'appeler plutôt « mouvement stroboscopique » ou « mouvement échantillonné » pour marquer qu'il est le produit d'une succession rapide d'image fixes plutôt que d'un déplacement continu. Pour Gregory (1997), la différence entre mouvement apparent et mouvement réel est négligeable. Selon lui, le mouvement apparent témoigne de la tolérance du système image-rétine. Le rapport entre le système récepteur et le stimulus pourrait se comparer à celui qui existe entre une serrure et une clef. La forme de la clef peut varier légèrement, mais fonctionner tout de même. Le système visuel tolérerait des interruptions. Ce serait ainsi, par exemple, la raison pour laquelle la perception du mouvement d'un objet n'est pas perturbée lors du passage momentané de celui-ci derrière un arbre ou un autre objet faisant écran. D'autres arguments militent également en faveur d'une identité entre mouvement apparent et mouvement réel. Ainsi, on a trouvé des analyseurs cérébraux de mouvement qui sont excités par le mouvement apparent. On a en outre démontré que le mouvement apparent peut, tout comme le mouvement réel, donner lieu à des effets consécutifs (voir Anstis, 1978 ; Braddick, 1995).

Si les gestaltistes voyaient dans le mouvement apparent un exemple remarquable de Gestalt parce qu'il s'agit d'un percept irréductible à deux sensations lumineuses indépendantes, c'était pour eux un argument important allant à l'encontre des positions élémentaristes ou constructivistes. Néanmoins, le principe même du mouvement apparent est maintenant utilisé pour défendre une approche constructiviste de la perception. Ainsi Bruce et Green affirment : « Dans la mesure où le mouvement apparent et le mouvement réel constituent des mouvements aussi semblables, cela constitue un argument fort pour concevoir la perception du mouvement réel comme l'intégration d'une succession de vues discrètes » (1993, p. 200).

L'approche constructiviste est en continuité avec celle des théories traditionnelles de la perception soutenues par Helmholtz et Wundt et diffusées aux États-Unis par Titchener, théories selon lesquelles le mouvement n'est pas perçu directement, mais résulte plutôt de l'intégration d'éléments statiques captés par la rétine (voir Johansson, 1978). Une position opposée, soutenue par Hering et par Mach, défendait alors l'idée d'une perception *directe* du mouvement. D'ailleurs, Mach (1959 [1886]) proposait le concept de « sensation de mouvement » pour bien marquer le caractère primitif du phénomène par rapport aux perceptions, définies alors comme plus complexes que les sensations. Plus récemment, on retrouve cette idée d'une perception directe du mouvement chez Koffka, mais aussi chez Johansson et chez Gibson.

On a proposé une solution de compromis pour résoudre ce type de contradiction. Il existerait deux formes de mouvement apparent, selon les conditions de stimulation (Baker et Braddick, 1985) : l'un à « courte portée » et l'autre à « longue portée ». Le *mouvement apparent à courte portée* ne serait perçu comme mouvement que lorsque les intervalles temporel et spatial entre les deux stimuli sont relativement courts. On l'obtient au moyen d'un « cinématogramme de points aléatoires ». Il s'agit de patterns comparables à ceux utilisés par Julesz dans ses études sur la discrimination des textures (voir le chapitre 10). Ici, l'objectif est de détecter un rectangle central qui diffère du reste du pattern par une alternance spatiotemporelle systématique des points susceptibles de produire un mouvement apparent (voir la figure 14.10 en *a*)). Lorsque cette alternance est lente (par exemple, pour un intervalle temporel de 600 ms entre les changements), il n'y a pas de discrimination du rectangle central. Avec une augmentation de la vitesse d'alternance jusqu'à un intervalle d'environ 20 ms, l'impression produite devient toute différente. Le rec-

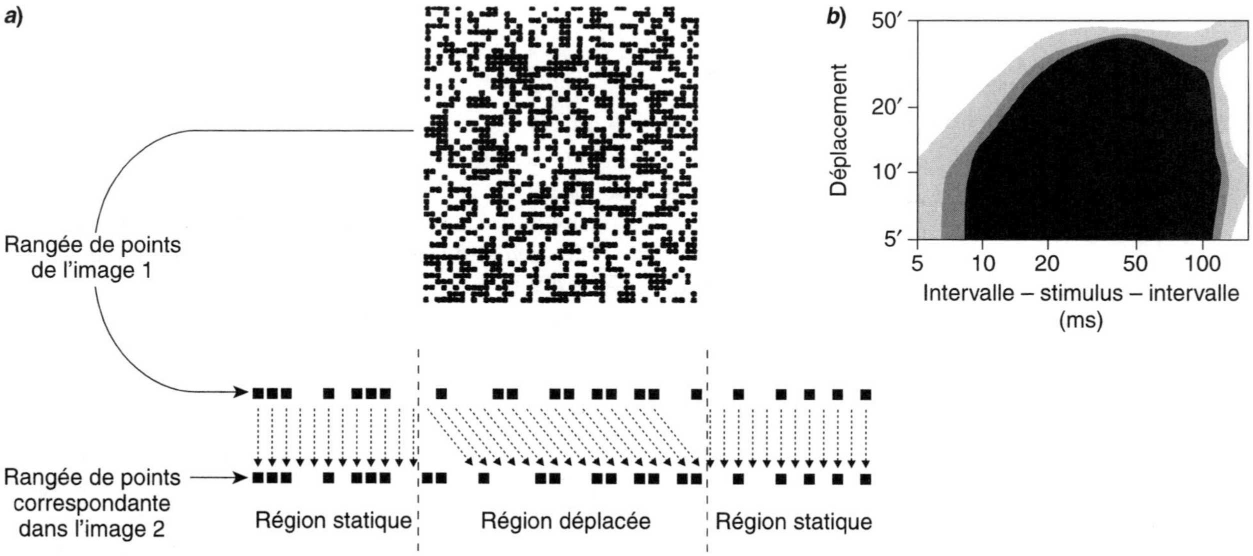

FIGURE 14.10 *Mouvement apparent à « courte portée »* (short-range). *a) Cinématogramme inspiré des stéréogrammes de Julesz (voir le chapitre 12) avec cette différence que le résultat perceptif est un mouvement apparent plutôt qu'un relief.* Alors que les éléments composant la partie externe du contour sont statiques, ceux formant une portion centrale carrée subissent un changement brusque de position. Le schéma présenté sous le pattern illustre les déplacements produits à l'intérieur d'une rangée de points. *Source :* Braddick (1995, p. 219). *b) Combinaisons de déplacement (en minutes d'arc) et d'intervalles temporels (en millisecondes) produisant un mouvement apparent au moment où sont présentés deux patterns en succession.* La partie noire indique les conditions donnant lieu à un effet dans 95 % des essais. *Source :* Baker et Braddick (1985).

tangle central ressort nettement du reste et semble comporter un contour. La consigne donnée au sujet est de dire s'il perçoit un rectangle horizontal ou vertical. Il s'agit donc en définitive d'une perception de forme (ou de texture) définie par le mouvement. C'est parce que les conditions spatiotemporelles d'alternance donnant lieu à une discrimination se caractérisent par une plus grande rapidité et une plus courte distance entre les positions successives des stimuli (voir la figure 14.10 en *b*)) que Braddick (1995) conclut à l'existence de deux formes distinctes de mouvement apparent. Selon cet auteur, le mouvement à courte portée est plus primitif que le mouvement à longue portée et il ne comporte pas comme ce dernier une composante cognitive. Cette distinction entre mouvements à courte et à longue portée a donné lieu à des objections, notamment de la part de Cavanagh et Mather (1989), parce qu'on pouvait supposer qu'il s'agisse d'un processus unique traitant de données différentes. Cependant les résultats des études neurophysiologiques réalisées chez le singe par Mikami, Newsome et Wurtz (1986) ont fourni à Braddick (1995) un argument de plus pour affirmer l'existence de processus différents de traitement du mouvement apparent. Ces auteurs, qui ont mesuré les réponses d'analyseurs de mouvement à des stimuli intermittents, ont obtenu des résultats qui portent à conclure que les mouvements apparents de haute fréquence sont traités dans l'aire V1 du cortex visuel alors que les messages cinétiques de plus basse fréquence sont enregistrés dans la région V5 ou MT constituant un niveau plus élevé du système.

14.4 LA PERCEPTION DES « ÉVÉNEMENTS »

Percevoir le mouvement, ce n'est pas seulement capter la direction et la vitesse d'un mobile qui traverse le champ visuel, c'est aussi réagir aux changements continus qui se produisent dans l'environnement, et donc percevoir ce qu'on a appelé des « événements ». Par delà des informations proprement cinétiques qu'ils fournissent, ces mouvements visuels peuvent révéler la structure même de l'environnement et celle des objets qui le composent. Proffitt et Kayser (1995) font remonter à la théorie de la Gestalt l'ouverture du champ d'étude sur les événements. Ils font référence à cet égard à la loi du sort commun dont il a été question au chapitre 10 et suivant laquelle des éléments qui se déplacent simultanément dans la même direction tendent à former un percept unique. Voilà effectivement une situation où la perception du mouvement sert principalement à révéler la forme plutôt que le déplacement.

C'est cependant Johansson (1975, 1978) qui a vraiment élaboré cette approche. Pour cet auteur, le mouvement ne fait pas que révéler le déplacement des objets, il représente une dimension fondamentale de l'information perceptive visuelle puisque les deux résultats essentiels des adaptations ontogénétique et phylogénétique à l'environnement concernent la capacité à se mouvoir dans celui-ci ainsi qu'à en tirer de l'information cinétique sur ses propres mouvements et ceux des autres animaux.

Selon Johansson, lorsqu'on tente de comparer l'œil à l'appareil photo, c'est au niveau de la rétine et de la pellicule photographique que la comparaison n'est plus possible, parce que la rétine n'a pas pour fonction de fixer l'image. Son rôle étant plutôt d'enregistrer le mouvement, elle n'a pas besoin d'obturateur pour neutraliser les effets du mouvement. Comparer le système visuel avec la caméra ne résout pas le problème puisqu'au lieu d'enregistrer le mouvement continu celle-ci en retient une série d'instantanés. Ce que la vision détecte, ce sont finalement les changements produits dans l'image.

14.4.1 Le mouvement relatif

Tout mouvement n'est perceptible qu'au regard d'une référence. Le déplacement relatif à soi est estimé en fonction d'une référence fournie par la rétine, mais on prend en compte l'orientation de l'œil dans la tête et celle de la tête par rapport au corps. Cependant, comme on l'a vu pour le mouvement induit, les phénomènes mettant en cause le mouvement relatif ne peuvent être expliqués à partir de ces seules références égocentriques. Johansson a pu mettre en évidence, à partir d'exemples extrêmement simples, comment la perception de patterns engendrée par le mouvement de quelques points dans l'obscurité obligeait à une redéfinition des systèmes de référence. Par exemple, dans la figure 14.11 en *a*), on observe sept points en mouvement de va-et-vient. Les mouvements peuvent être considérés comme « absolus » parce qu'on peut les estimer relativement à un système de coordonnées égocentriques. Cependant on perçoit plutôt le *mouvement relatif* vertical du point central et le mouvement commun des sept points qui paraissent former une structure unique se déplaçant horizontalement. Le percept résultant sera donc le mouvement d'une structure de points rectangulaire comportant un point oscillant verticalement.

Dans l'exemple précédent tout comme dans ceux présentés plus haut et portant sur le mouvement induit (voir la figure 14.8, p. 340, et la figure 14.9, p. 341), l'organisation perceptive spontanée nous fait percevoir des mouvements qui diffèrent des données objectives (c'est-à-dire du mouvement objectivement indépendant de chacun des points). On peut cependant créer des situations dans lesquelles c'est, au contraire, le mouvement relatif qui révèle les données objectives. Dans l'exemple 1 de la figure 14.11 en *b*), la trajectoire du point lumineux attaché à une roue se déplaçant horizontalement produit des mouvements qualifiés de « cycloïdes » et dans lesquels l'observateur naïf ne perçoit nullement le roulement d'une roue. On croit que c'est Galilée qui, le premier, aurait attiré l'attention sur ce phénomène du cycloïde à l'occasion d'une fête champêtre nocturne, en observant des chariots dévalant une pente avec une torche attachée à chaque roue (Profitt et Kayser, 1995). Or, comme l'illustre, en *b*), l'exemple 2 de la figure 14.11, le simple ajout d'un point au centre de la roue modifie complètement la perception et révèle le mouvement réel de l'objet.

14.4.2 Le mouvement biologique

En plus de se déplacer dans l'environnement, la plupart des êtres vivants appartenant au monde animal effectuent des mouvements corporels mettant en cause leurs changements posturaux ainsi que les mouvements relatifs des membres et des autres composantes de leur corps. Il est possible de simuler ces « mouvements biologiques » par de simples mouvements de points lumineux dans l'obscurité.

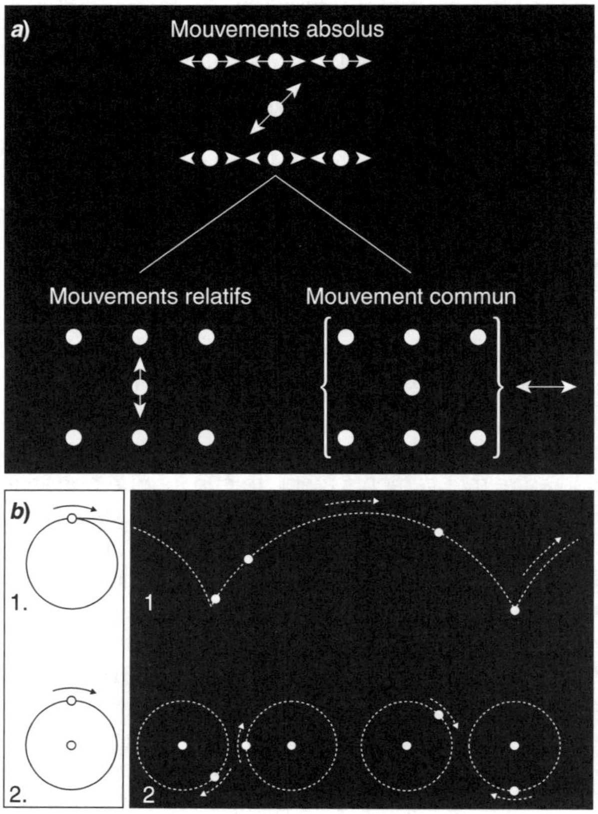

FIGURE 14.11 *Mouvement relatifs. a) Groupements cinétiques. b) Mouvements cycloïdes.*

C'est Johansson qui amorça les premières recherches sur ces phénomènes. Son procédé initial s'inspire d'un spectacle offert par une troupe de ballet de Prague et dans lequel les danseurs recouverts de tissu noir n'étaient perçus que grâce à des pièces d'un tissu clair attachées à leur tête et à leurs articulations et rendues visibles par un éclairage ultraviolet (Proffitt et Kayser, 1995). Dans son étude, Johansson (1978) reproduit le phénomène en attachant de la même façon des sources lumineuses ponctuelles à des personnes évoluant dans l'obscurité. Il utilise 12 points lumineux qu'il répartit symétriquement dans les 6 composantes suivantes du corps : les épaules, les coudes, les poignets, les hanches, les genoux et les chevilles (voir la figure 14.12 en *a*)). Les résultats obtenus sont fascinants à plus d'un titre. Tout d'abord, lorsque la personne munie de points lumineux est immobile, on ne perçoit qu'un groupe de points ne suggérant aucune forme ou objet particulier. Dès qu'elle se met en marche (et cela, même pour une durée de présentation d'aussi peu que 200 ms), le groupe de points est perçu d'emblée comme une personne qui marche. On peut percevoir s'il s'agit d'un homme ou d'une femme, et cela, seulement à partir des points lumineux (voir la figure 14.12 en *c*)) attachés aux chevilles, aux genoux et aux hanches (Cutting, Proffitt et Kozlowski, 1978). À l'aide de ce procédé, il est également possible de reconnaître une personne grâce à sa démarche. Une étude a montré, en effet, que des personnes reconnaissaient mieux, dans un film, leur propre démarche que celle d'autres personnes (Beardsworth et Buckner, 1981). Enfin, dans un film réalisé par Johansson, on peut constater qu'un couple qui danse en tournant est aussi facilement perçu qu'une personne qui marche.

Comment arrive-t-on à tirer de ces simples mouvements de points une information si complexe? Notons d'abord que la perception de la trajectoire des mouvements absolus des points lumineux dans l'obscurité n'est guère utile à l'observateur (voir la figure14.12 en *b*)). En revanche, la direction générale commune des mouvements des points indique que ces mouvements appartiennent à une même structure. Ce type d'organisation évoque la loi du sort commun de la théorie de la Gestalt. C'est cependant les mouvements relatifs des points qui révéleront qu'il s'agit d'un être humain en marche ou d'un couple qui danse, selon le cas. Comment s'effectue cette structuration? Johansson (1978) fait remarquer que le squelette humain est constitué d'un grand nombre d'éléments rigides (les os) qui sont reliés par des articulations et qui réalisent, au cours de la locomotion, toute une série de mouvements pendulaires autour de ces articulations. Selon Johansson, c'est de ces mouvements relatifs qu'on tire une large partie de l'information sur la nature du stimulus et de ses mouvements. Les points situés sur les épaules et les hanches déterminent la direction générale du mouvement et agissent alors comme des références pour les autres points lumineux, alors que les points reliés aux membres spécifient les mouvements des membres relatifs au corps. Cutting et ses collègues (1978) ont tenté pour leur part de définir l'information permettant de distinguer un homme d'une femme dans une situation de points lumineux. Un premier critère concerne la relation de largeur entre les épaules et les hanches : il en résulte une différence dans le mouvement relatif entre ces composantes. Un second critère a trait au centre de ces mouvements, appelé « centre du moment », qui se trouve plus élevé chez la femme que chez l'homme (voir la figure 14.12 en *c*)).

Selon Johansson, cette capacité de percevoir des formes à partir de mouvements de points serait innée plutôt qu'apprise même si, bien sûr, la reconnaissance de la démarche particulière d'une personne donnée relève forcément d'un apprentissage. On peut donc se demander si l'invariant que constitue la cohérence figurale du mouvement biologique est accessible au nourrisson. Fox et McDaniel (1982) (voir aussi Berthental, Proffitt et Cutting, 1984) ont mené des études sur cette question avec des bébés de deux à six mois. Utilisant une technique basée sur le regard préférentiel, ils montrent que leurs groupes de sujets de quatre et de six mois distinguent d'emblée entre un mouvement biologique constitué par la marche d'une personne sur place et des mouvements de points ne répondant pas à des critères de mouvements biologiques, alors que les sujets de deux mois ne font pas cette discrimination. Fox et McDaniel trouvent aussi que leurs sujets de quatre et de six mois distinguent un mouvement biologique inversé d'un mouvement biologique normal. Ces résultats révèlent la précocité de la capacité de perception de la forme définie par le mouvement. Les auteurs interprètent l'échec des sujets de deux mois à faire ces discriminations comme une indication qu'un développement postnatal est requis avant que le mécanisme devienne fonctionnel. Enfin Blake (1993) soulève des doutes concernant les interprétations cognitivistes du phénomène en montrant que des chats (voir la figure 14.12 en *d*)) peuvent distinguer entre les mouvements biologiques d'un chat en marche générés par des points sur un ordinateur et des mouvements semblables mais désynchronisés.

En définitive, cette grande capacité que présente l'homme, mais sans doute aussi l'animal, de percevoir la forme émergeant du mouvement met en relief le caractère fondamental de la notion d'invariant soutenue par Johansson ainsi que par Gibson. Il apparaît plus simple, fonctionnellement, de détecter l'invariance de la forme à travers la variation que de construire une forme en combinant des instantanés.

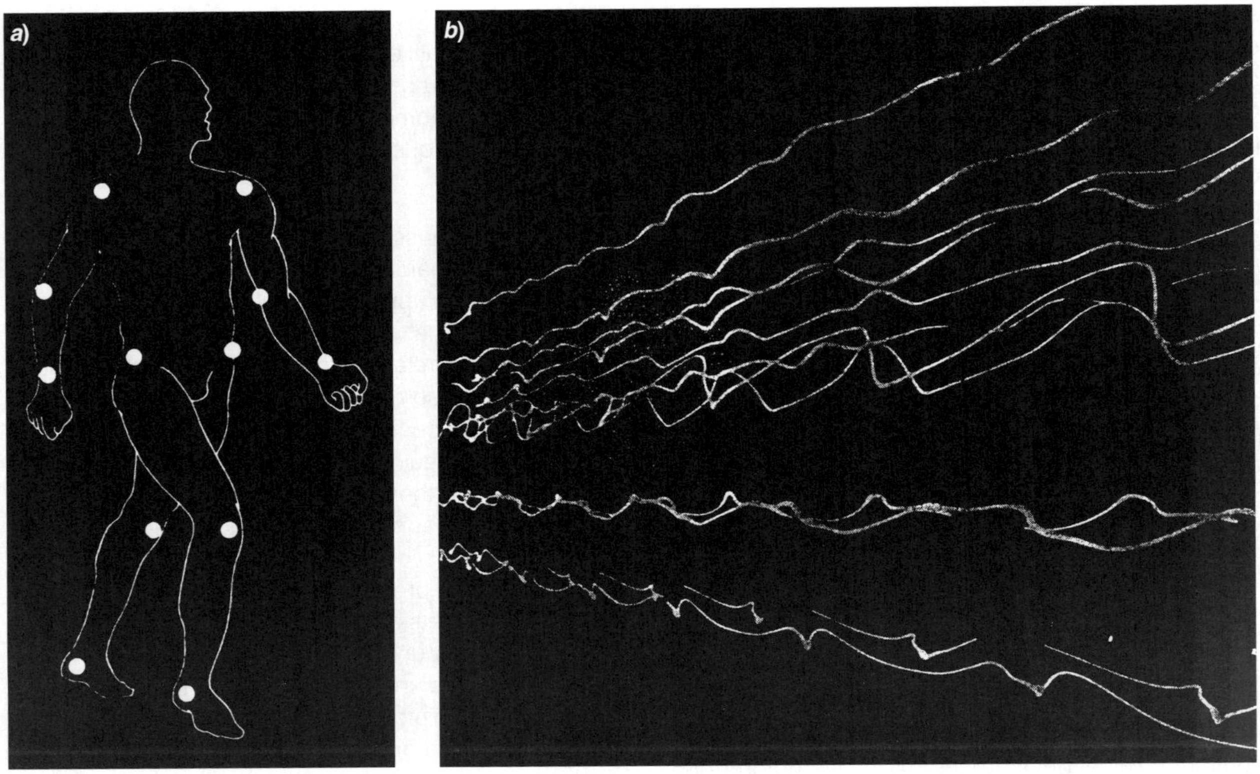

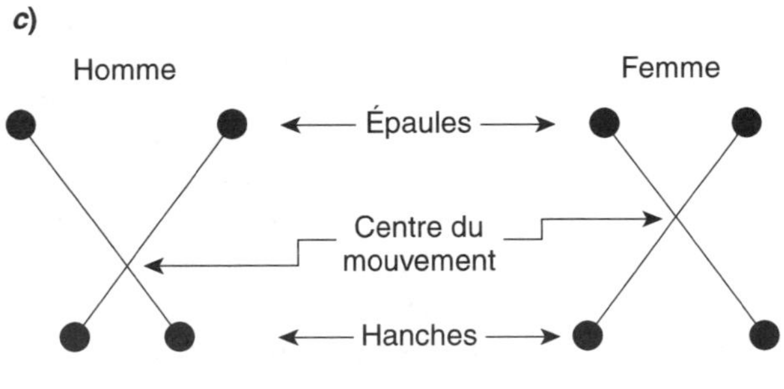

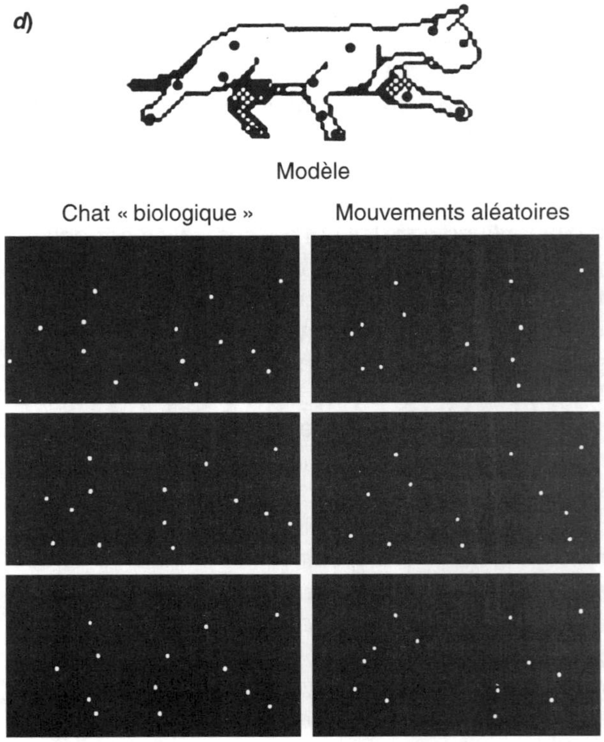

FIGURE 14.12 *Mouvement biologique. a) Disposition des points lumineux entraînant la perception du mouvement biologique. b) Trajectoire des points lumineux occasionnés par la marche. Source* (a et b*):* Johansson (1975, p. 87). *c) Illustration (exagérée) des largeurs relatives des épaules et des hanches ainsi que des hauteurs du centre du mouvement permettant de distinguer entre le mouvement d'un homme ou d'une femme dans une condition de mouvement biologique. Source:* Cutting et autres (1978, p. 367). *d)* Le chat peut aussi distinguer un mouvement biologique d'un congénère présenté sur vidéo et un mouvement aléatoire de points lumineux. *Source:* Blake (1993, p. 54). Reproduit avec la permission de Blackwell Publishers.

14.4.3 Le problème de l'ouverture

Les démonstrations de Johansson concernant le mouvement relatif posent deux problèmes au neurophysiologiste. Comment le cerveau traite-t-il le mouvement relatif? Comment en arrive-t-il à prendre en compte la résultante de deux mouvements plutôt que le mouvement rétinien absolu?

En ce qui concerne la composition des mouvements, le problème se présente de la façon suivante. Comme on l'a vu, les études électrophysiologiques de Hubel et Wiesel ont montré que les champs récepteurs de mouvement chez le singe et le chat réagissent habituellement au mouvement transversal d'une barre se déplaçant dans le plan frontal. Or la direction d'un tel mouvement ne coïncide pas forcément avec celle du pattern ou de l'objet auquel il appartient. La raison en est que le champ récepteur ne représente qu'une fenêtre très limitée sur le stimulus et n'enregistre que le mouvement local. Comment ce problème peut-il être résolu? En superposant les patterns en mouvement de la figure 14.13, on obtient comme pattern résultant un tartan en mouvement dont la direction perçue correspond à celle du mouvement des lieux d'intersection des contours. Cependant cet effet ne se produit que si les deux réseaux utilisés ont la même fréquence spatiale et le même contraste. Lorsque ces conditions ne sont pas remplies, il y a plutôt perception de deux réseaux glissant l'un sur l'autre.

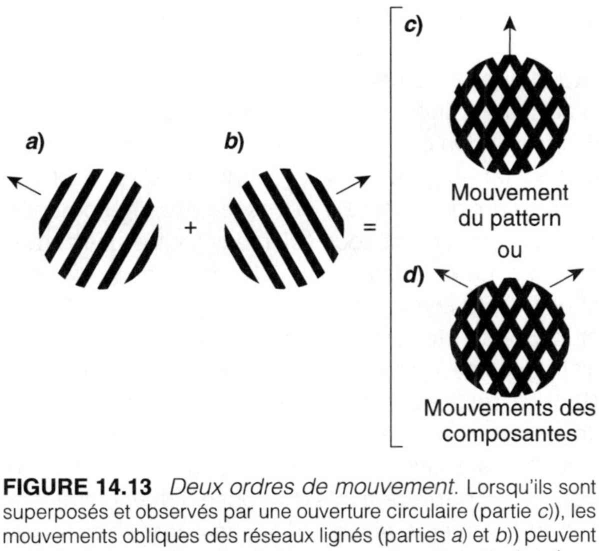

FIGURE 14.13 *Deux ordres de mouvement.* Lorsqu'ils sont superposés et observés par une ouverture circulaire (partie *c*)), les mouvements obliques des réseaux lignés (parties *a*) et *b*)) peuvent produire la perception d'un tartan en mouvement vertical ou (partie *d*)) celle de deux mouvements indépendants glissant l'un sur l'autre. *Source:* Stoner et Albright (1994, p. 254). © 1994, Academic Press. Reproduit avec la permission d'Elsevier Science.

Selon des mesures électrophysiologiques réalisées chez des singes, le phénomène de mouvement du tartan serait réalisé en deux étapes. Les mouvements des composantes élémentaires seraient enregistrés au niveau de V1 et le mouvement composite définissant la direction du tartan le serait au niveau de V5 (voir Braddick, 1995). Il s'agirait donc d'un mouvement de deuxième ordre ne pouvant être détecté qu'à un niveau plus élevé dans le système visuel. On ne sait cependant pas comment V5 parvient à détecter ce mouvement composite et, donc, à résoudre l'ambiguïté du mouvement enregistré en V1.

14.4.4 Le mouvement tridimensionnel

Le mouvement tridimensionnel est-il plus difficile à percevoir que le mouvement bidimensionnel? La précocité des réactions du nourrisson à l'approche d'un objet porterait à penser a priori qu'il peut s'agir d'un processus relativement élémentaire. En outre, l'emploi d'un procédé de projection d'ombre qui réduit l'information optique à un simple mouvement d'expansion produit les mêmes résultats. Pourtant une expansion optique peut correspondre à l'une ou l'autre de deux réalités différentes. Il peut s'agir d'un objet en expansion ou d'un objet qui se rapproche. Pourquoi la première solution prévaut-elle? Parce que l'on a tendance à postuler que les objets sont rigides, c'est-à-dire que leur forme est constante, et que les mouvements perçus sont plutôt des changements perspectifs. C'est ce même principe que l'on trouve dans certaines démonstrations de Johansson (1975). Deux points lumineux décrivant un mouvement elliptique dans un plan vertical sont perçus comme les extrémités d'une tige effectuant une rotation dans un plan horizontal en profondeur.

L'effet de profondeur observé dans des projections d'ombre ne se produit pas qu'avec des formes géométriques familières, l'effet de profondeur cinétique (*kinetic depth effect*) (voir la figure 14.14) de Wallach et O'Connell (1953) démontre la généralité du phénomène.

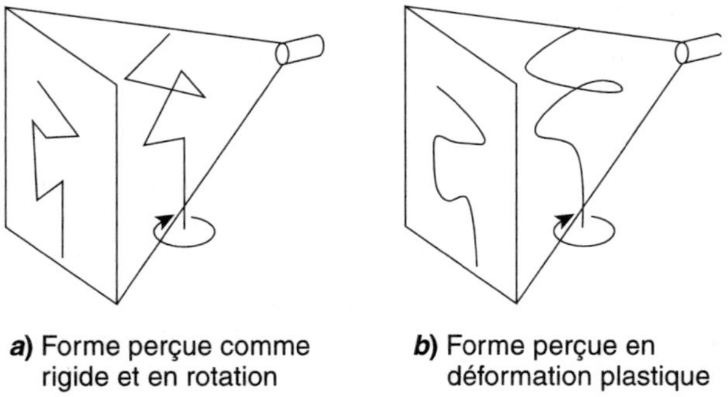

FIGURE 14.14 *Effet de profondeur cinétique. Source :* Palmer (1999, p. 490). © 1999, The MIT Press. Reproduit avec permission.

La projection, sur un écran translucide, de l'ombre d'une forme tridimensionnelle complexe constituée de tiges de fer formant des angles aigus crée une forme dont l'aspect tridimensionnel est imperceptible et non prédictible. Cependant, dès que cette forme est mise en rotation, elle paraît tridimensionnelle et sa rotation est correctement perçue. Suivant les auteurs, cet effet de tridimensionnalité n'est perçu qu'à condition que les lignes changent de direction et de longueur durant la rotation.

14.4.5 Le mouvement dans l'image cinématographique

L'image cinématographique représente une simulation remarquable des conditions perceptives de l'environnement. Elle fournit à l'être humain de nouvelles expériences perceptives qui ajoutent des éléments d'explication à la problématique de la perception du mouvement dans l'environnement naturel. Lorsque, au début du cinéma, on la produit à partir d'une caméra fixe, l'image cinématographique simule fidèlement, quoique de façon bidimensionnelle, la perception du mouvement dans l'environnement naturel. C'est lorsqu'on se met à faire mouvoir la caméra en lui faisant effectuer des mouvements de travelling, ou de zoom, ou encore des mouvements de poursuite, et cela, dans un environnement tridimensionnel, que les choses devraient théoriquement se compliquer. Les images qui en résultent comportent une diversité de mouvements diversement explicables. Outre le cas banal du passage d'un objet ou d'un personnage situé dans le champ de la caméra et dont le mouvement se compose avec le mouvement de la caméra, on trouve les mouvements des diverses composantes de l'environnement stable parcouru par la caméra, la cible poursuivie par celle-ci et les mouvements parallactiques des éléments environnementaux situés à diverses distances en profondeur. Or les images résultant de tous ces mouvements de caméra sont étonnamment simples à percevoir. On distingue spontanément et sans effort les composantes stables des composantes en mouvement dans la scène filmée. L'objet poursuivi par la caméra n'apparaît pas immobile même s'il l'est objectivement sur l'écran.

Le problème théorique qui se pose ici n'est guère différent de celui que nous évoquions au tout début du présent chapitre. Comment percevoir la stabilité de l'environnement à travers tout ce mouvement de la stimulation visuelle ? Il existe cependant une différence majeure entre le mouvement cinématographique et celui de l'environnement naturel. Alors que nous disposons de copies d'efférence pour percevoir la stabilité dans l'environnement réel, il n'y a pas, dans le spectacle cinématographique, d'information non visuelle qui nous renseigne sur les mouvements imprimés à la caméra par le caméraman. Pourtant nous prenons constamment en compte ces mouvements de caméra. C'est comme si le système visuel savait que la caméra a bougé. D'où lui vient cette information ? Il est évident qu'elle ne peut venir que de l'image. On peut considérer au départ que lorsque le mouvement couvre l'image entière, c'est qu'il y a mouvement de caméra. Il en résulte des phénomènes d'occlusion et de désocclusion aux limites de l'écran, tels que ceux décrits par Gibson et dont il a été question plus haut. Cette information permet déjà de percevoir la stabilité de l'environnement filmé et d'y distinguer ce qui est en mouvement de ce qui est stable. Il reste néanmoins à considérer les variations de mouvement créées par la parallaxe de mouvement. On sait que, dans un environnement tridimensionnel, les déplacements d'un observateur entraînent des mouvements visuels d'objets fixes et que leur vitesse apparente varie en fonction de leur distance relative en profondeur. Le même phénomène se produit dans l'image de cinéma lorsque la caméra entre en mouvement. Ce sont les mouvements relatifs qui permettent de spécifier la distance relative de ces divers éléments fixes. Finalement, les seuls objets qui paraissent en mouvement dans l'image cinématographique sont ceux qui ont des directions et des vitesses que l'on ne peut expliquer uniquement par les mouvements de caméra, et ce sont les mouvements d'occlusion et de désocclusion se produisant aux limites de l'image qui semblent constituer la principale source d'information sur ces mouvements de caméra. On ne sera dès lors pas surpris d'apprendre qu'il est relativement facile de produire des effets de mouvement induit avec des images vidéo (voir l'encadré 14.3).

CONCLUSION

En définitive, le déplacement rétinien qui semblait a priori constituer la composante centrale de la perception visuelle du mouvement et de la stabilité, s'avère être plutôt un élément parmi d'autres dans un processus complexe. Il n'entraîne pas forcément de perception du mouvement. En outre, la perception

ENCADRÉ 14.3
Le mouvement induit de la vidéo

Le mouvement induit résulte, comme on l'a vu plus haut, d'une erreur de choix de référence dans la perception d'un mouvement relatif. Il existe un procédé très simple et très intéressant pour obtenir un effet de mouvement induit dans une image vidéo. Il suffit, tel que l'a proposé Goldstein (1996), de coller une gommette au centre d'un écran de téléviseur et d'observer ainsi un match de football, par exemple. Lorsque la caméra effectue des mouvements importants dans sa poursuite du porteur du ballon, la gommette est perçue comme un mobile qui traverse le terrain. Il s'agit là d'un effet comparable au mouvement induit puisque c'est le mouvement du terrain qui induit du mouvement dans la gommette.

On aurait pu penser que le mouvement relatif de l'arrière-plan traversé par le ballon serait le seul responsable de cet effet. Toutefois, l'observation des effets du mouvement d'image sur la gommette dans d'autres conditions aide à mieux comprendre le phénomène. En reprenant l'observation dans des conditions de passage d'objets devant une caméra fixe, on constatera que l'effet de mouvement induit de la gommette ne se produit que très rarement, et cela, même si les passages d'éléments derrière la gommette sont nombreux et importants. En définitive, tout semble se passer comme si l'illusion de mouvement induit requérait un mouvement de caméra. On pourra d'ailleurs constater, dans d'autres situations où les mouvements de caméra sont minimes, que le moindre mouvement de la caméra entraîne un mouvement corrélatif du point.

En dehors de montages artificiels où l'on superpose ainsi une forme fixe sur une image en travelling ou en zoom, les images de vidéo ou de cinéma produisent rarement des illusions de mouvement. Il y a pourtant des exceptions, qu'on peut observer notamment lorsque l'arrière-plan de l'image est relativement homogène, ce qui empêche la perception des mouvements d'occlusion et de désocclusion aux limites de l'image. Chacun a pu d'ailleurs observer comment les mouvements relatifs d'avions évoluant en formation peuvent être trompeurs au cinéma. Il n'est pas rare qu'on ait une impression de recul d'un des appareils occasionnée par le mouvement d'un autre. Finalement, le mouvement induit par la vidéo semble perçu relativement à l'environnement filmé qui apparaît fixe, plutôt que relativement aux éléments mobiles qui passent derrière le point fixe constitué par la gommette.

de la stabilité ne découle que très rarement d'une stabilité rétinienne. En fait, ce sont plutôt des mouvements relatifs qui sont à la base de l'expérience cinétique. Il s'agit ou bien de mouvements relatifs à ceux de l'observateur, ou bien de mouvements relatifs à des références fixes ou mobiles créant des effets d'occlusion et de désocclusion dans son environnement.

Même dans ces conditions, la perception visuelle du mouvement n'a pas pour seule utilité de renseigner l'organisme sur ce qui est mobile ou fixe dans l'environnement, mais elle contribue aussi à la perception spatiale et à celle des structures. Lorsque les déplacements résultent d'une activité exploratrice, on a plutôt une perception de la forme. Lorsque le mouvement couvre tout le champ visuel, c'est que le corps est en mouvement, et la vision devient un guide pour son activité. Cette question fera l'objet du chapitre suivant.

LECTURES RECOMMANDÉES

BRIDGEMAN, B. (1996). Extraretinal signals in visual orientation. Dans W. Prinz et B. Bridgeman (dir.), *Handbook of perception and action : Vol. 1. Perception* (p.191-223). New York : Academic Press.

GIBSON, J.J. (1968). What gives rise to the perception of motion ? *Psychological Review, 75,* 335-348.

JOHANSSON, G.(1975). Visual motion perception. *Scientific American, 232,* 76-88.

WALLACH, H. (1959). The perception of motion. *Scientific American, 208,*107-116.

ZIHL, J., CRAMON, D. VON, et MAI, N. (1983). Selective disturbance of movement vision after bilateral brain damage. *Brain, 106*, 313-340.

CHAPITRE 15
Le contrôle visuel des déplacements

Benoît G. Bardy

INTRODUCTION

Les déplacements humains impliquent des comportements moteurs complexes. Ces comportements sont complexes car ils mettent en jeu un nombre imposant de *degrés de liberté*. Sur le versant moteur, les 10^3 muscles et les 10^2 articulations qui composent approximativement le corps humain forment un système biologique extrêmement complexe. Sur le versant sensoriel, une multitude de récepteurs cutanés, articulaires, musculaires, vestibulaires ou visuels transmettent au cours du mouvement une multitude de signaux à une multitude de sites nerveux. En dépit de ce grand nombre de degrés de liberté, moteurs et sensoriels (et peut-être grâce à lui), les mouvements du corps humain sont coordonnés et la régulation perceptive de ces mouvements est possible. D'une manière ou d'une autre, les nombreux degrés de liberté qui composent le niveau local (c'est-à-dire celui des muscles, des articulations, des neurones, des récepteurs sensoriels) sont contraints de s'assembler afin de produire au niveau macroscopique un comportement flexible et efficace. Ce processus d'assemblage des degrés de liberté moteurs (la coordination) et perceptifs (le contrôle ou la régulation) représente toujours un challenge pour les chercheurs en sciences du mouvement. Dans ce chapitre, nous envisagerons quelques aspects essentiels de ce processus d'assemblage pour ce qui est des degrés de liberté perceptifs, en mettant en évidence les mécanismes de contrôle de l'action. L'accent sera mis sur la richesse des informations contenues dans le flux optique créé par le déplacement de l'observateur, qui contribue à simplifier le contrôle visuel des déplacements.

Le déplacement engendre de nombreuses transformations optiques au point d'observation. Ces transformations sont des changements se produisant dans la structure de la lumière ambiante et constituent le *flux optique*. On doit tout d'abord à Helmholtz (1989 [1867]) l'idée que la structure de la lumière réfléchie par les surfaces qui nous entourent contient des informations sur les propriétés de ces surfaces. Cependant, c'est aux travaux de Gibson (1950, 1958) qu'il faut attribuer les premières formalisations des transformations optiques produites par le déplacement. Gibson prit le parti de décrire par un *champ vectoriel* les changements spatiotemporels des patrons optiques induits par le mouvement de l'observateur. Cette description fut largement reprise et développée depuis (par exemple, Koenderink, 1986; Longuet-Higgins, 1984; Prazdny, 1980). Chaque vecteur correspond au déplacement (optique) d'un élément singulier de l'environnement et possède une amplitude (c'est-à-dire une vitesse) et une direction.

Dans le cas d'un déplacement rectilinéaire, le flux est en expansion radiale depuis le *foyer d'expansion* (Gibson, 1950) et ne contient qu'une composante de *translation*. Le foyer correspond au lieu vers lequel se dirige l'observateur, et peut par conséquent informer ce dernier sur sa direction courante de déplacement. Les déplacements curvilignes sont plus complexes. En effet, le flux qui en résulte contient à la fois une composante de *translation* et une composante de *rotation*. Dans les deux cas, néanmoins, le flux optique est caractérisé par des changements optiques produits par le déplacement relatif de l'observateur dans l'environnement. Il est affecté par les caractéristiques rectilignes ou curvilignes du déplacement du corps ou de la tête, mais non par le mouvement des yeux. Ceci est illustré dans la figure 15.1, qui montre le champ de vision (c'est-à-dire la direction du regard) représenté par un cercle grisé, superposé au flux optique produit par le déplacement du corps (ici rectiligne suivant l'axe OO'). Dans la partie *a*) de cette figure, l'observateur regarde dans la direction du déplacement alors qu'en *b*) le regard est fixé, par une poursuite lente de l'œil (mais non de la tête), sur un élément de l'environnement. Remarquez que, dans les deux cas, le flux optique reste inchangé. Le *flux rétinien*, à l'inverse, est affecté par la direction du regard et la rotation de l'œil dans l'orbite. Ce flux correspond simplement à la projection, en coordonnées rétiniennes, du flux optique sur la surface réceptrice. Formellement, il représente la somme du flux optique et du flux produit par le mouvement des yeux (le flux rotatoire). Les parties *c*) et *d*) de la figure 15.1 illustrent ce phénomène. Pour un observateur regardant dans la direction de son déplacement (le point A dans la partie *c*) de la figure), la structure du flux rétinien est analogue à celle du flux optique illustré au-dessus. Si un point plus proche que l'horizon est suivi du regard par une poursuite lente de l'œil (le point B dans la partie *d*) de la figure), le flux rétinien devient plus complexe, et de nouvelles singularités apparaissent. En particulier, l'objet poursuivi du regard remplace le foyer d'expansion comme invariant dans le flux rétinien.

Ces quelques règles de géométrie optique, formalisées par Gibson au milieu du siècle, ont des conséquences pour la compréhension des liens entre la vision et le déplacement. Si le mouvement de l'observateur dans son environnement engendre des transformations *signifiantes* dans la structure de l'énergie lumineuse, alors celles-ci jouent probablement un rôle important dans le guidage de ce mouvement. C'est ce rôle que nous analyserons dans ce chapitre. Afin de rendre notre propos plus synthétique, nous ne traiterons que du rôle joué par la vision. Il s'agit bien entendu d'une restriction. Le mouvement de l'observateur dans son environnement structure en

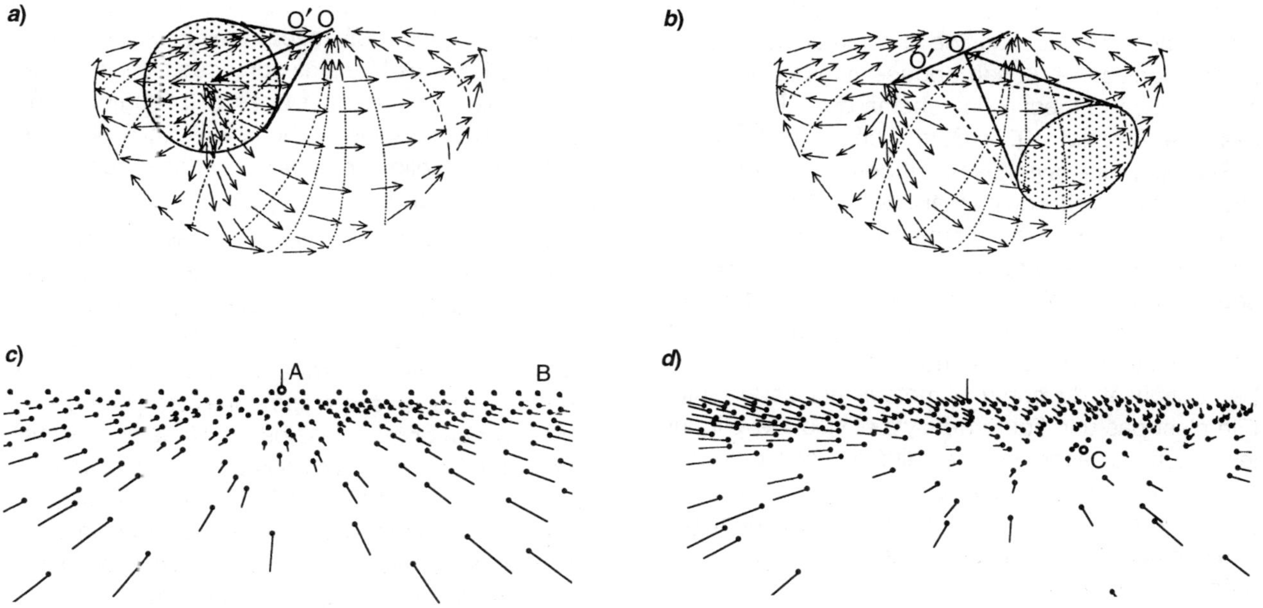

FIGURE 15.1 *Flux optique et flux rétinien.* Les deux illustrations supérieures indiquent le flux optique résultant d'un déplacement de l'observateur (O) dans la direction indiquée par la flèche. Le champ de vision (autour de la direction du regard) est représenté par le cercle grisé. En *a*), l'observateur regarde dans la direction du déplacement ; en *b*), le regard est fixé, par une poursuite lente de l'œil (mais non de la tête), sur un élément de l'environnement. Dans les deux cas, le flux optique reste inchangé. Les illustrations inférieures traduisent le flux rétinien qui résulte de ces deux situations. En *c*), le regard est fixé sur le point A, situé dans la direction du déplacement, ou sur le point B placé à l'horizon ; en *d*), le regard poursuit un élément placé sur le sol au point C. La barre verticale indique la direction du déplacement. Une même singularité dans le flux rétinien peut donc spécifier des directions différentes (la direction du déplacement, la direction de l'objet fovéalisé), selon la présence d'un mouvement des yeux. *Sources :* D'après Kim, Turvey et Growney (1996, p. 1317) et Bardy, Warren et Kay (1999, p. 1357). Reproduit avec la permission de Psychonomic Society Publications.

général plusieurs énergies ambiantes (acoustique, inertielle, olfactive, etc.). Ainsi, le flux acoustique qui accompagne le mouvement contient des informations qui peuvent s'avérer fondamentales pour certaines espèces animales, la chauve-souris par exemple, ainsi que pour l'homme dans de nombreuses situations. De manière similaire, la structure du flux inertiel qui vient stimuler notre système vestibulaire est riche d'informations relatives à notre orientation dans l'environnement gravito-inertiel (Gibson, 1966). D'autre part, il est important de souligner que le mouvement structure de façon *concomitante* ces différentes énergies ambiantes. Ainsi, la stimulation est habituellement plurimodale, et les covariations énergétiques qui en résultent contiennent également des informations qui contribuent à la régulation de l'action (voir Stoffregen et Bardy, 2001, pour une revue).

15.1 LA PERCEPTION ET L'ACTION : UN COUPLAGE NATUREL

Traditionnellement, les travaux théoriques et expérimentaux sur la motricité prennent comme point de départ une fonction différenciée de la perception et de l'action. À la première est dévolue une fonction d'identification des événements présents dans l'environnement, et à la seconde une fonction d'exécution et de programmation du mouvement. Même si les théories du contrôle moteur diffèrent sur de nombreux points – ceux, notamment, des mécanismes qui contrôlent et des variables qui sont contrôlées –, elles partagent le postulat d'une distinction entre un *contrôleur*, le système nerveux central, et un *contrôlé*, le système musculo-squelettique. Cette hypothèse d'un contrôle centralisé du mouvement, né avec l'avènement des sciences de la communication puis de la cognition, a vu son apogée dans le domaine moteur avec la théorie du schéma de Schmidt (par exemple, Schmidt, 1975). Cette théorie (voir Schmidt, 1988, pour une synthèse) suggère l'existence de structures centrales de connaissance, mnésiques – le schéma de rappel, le schéma de reconnaissance – ou motrices – le *programme moteur généralisé* –, sous-tendant la planification, la programmation et l'exécution du mouvement. La métaphore évidente de l'ordinateur, qui sous-tend cette approche de la perception et du contrôle moteur, est séduisante. Elle n'est pas une figure de style et vise à expliquer les fonctions respectives et différenciées des processus cognitifs, ainsi que les bases structurales qui permettent à ces processus d'opérer. Cette analogie soulève néanmoins quelques questions, pratiques et théoriques.

Tout d'abord, attribuer la cohérence et l'adaptabilité de nos mouvements à la cohérence et à l'adaptabilité d'un contrôleur externe au système moteur pose la question simple mais non résolue du contrôle du contrôleur. Il s'agit là du problème philosophique de l'*homunculus*, ou hypothétique « petit homme dans la tête » dont l'approche doit postuler l'existence afin de dicter la conduite du contrôleur (voir Kugler, Kelso et Turvey, 1980 ; Turvey, Shaw et Mace, 1978, pour des revues exhaustives). Cette séparation entre la perception et l'action risque en effet de déplacer les origines du contrôle de nos mouvements à un niveau supérieur, mais où l'explication causale reste problématique. C'est le phénomène de la *régression infinie* (Dennett, 1978). D'autre part, attribuer l'ordre émergeant au niveau comportemental au couplage d'un système qui contrôle et d'un système qui est contrôlé pose le problème de la fonction de transfert entre des signaux plutôt symboliques provenant du contrôleur (programmes, schémas, etc.) et des signaux plutôt moteurs issus du système contrôlé (par exemple, Yates, March et Iberall, 1972). Enfin, le recours à des mécanismes *sui generis* qu'implique cette distinction contrôleur-contrôlé fait intervenir des représentations et des processus nerveux propres à l'espèce humaine. Cela constitue de ce fait une *hypothèque sur l'intelligence* (Kugler et autres, 1980) qui peut parfois s'opposer aux grands principes de la phylogenèse. Considérer a priori les représentations, perceptives ou motrices, comme des mécanismes fondamentaux propres à l'espèce humaine contribue à minimiser en effet le rôle des lois physiques et biologiques qui régissent l'acte moteur et, nous le verrons plus loin, en vertu desquelles une perception de la réalité objective est accessible.

Une manière de résoudre ces problèmes, épineux lorsqu'il s'agit de construire une théorie de la perception et de l'action, consiste à prendre comme point de départ, comme le fait Gibson (1979), le caractère insécable de la relation entre l'observateur et son environnement, et la réciprocité qui existe entre *percevoir* et *agir*. La phrase de Gibson « Nous devons percevoir pour bouger, mais nous devons aussi bouger pour percevoir » (1979, p. 223) traduit simplement cette mutuelle dépendance entre les forces internes produites par l'observateur et les flux énergétiques, à la fois causes et conséquences du mouvement. Par les lois de Newton, les forces générées produisent un mouvement unique du corps dans l'environnement. En contre-partie, par les lois de l'optique, le mouvement relatif du corps produit une transformation unique de la configuration optique (Gibson, Olum et Rosenblatt, 1955), que l'on peut exprimer (voir l'encadré 15.1) par la relation : Flux = f (force). L'inverse de cette fonction exprime en retour que les forces agissant sur l'observateur sont une fonction directe de ce flux optique : Force = g (flux). La figure 15.2 illustre ce cycle perception-action (Kugler et Turvey, 1987) au cours duquel la perception et l'action se

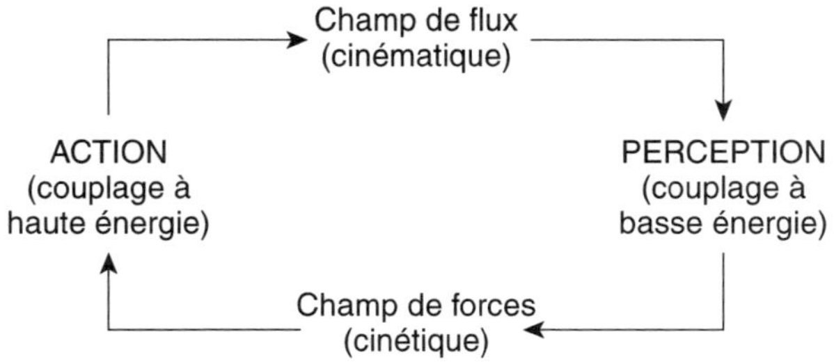

FIGURE 15.2 *Cycle perception-action.* L'action résulte ici d'un processus de couplage à haute énergie entre un champ de forces – internes et externes –, essentiellement cinétique, et un champ de flux – optique, acoustique, etc. –, essentiellement cinématique. La perception résulte d'un couplage à faible énergie (les masses impliquées sont négligeables) entre ces deux champs. *Source :* D'après Kugler et Turvey (1987, p. 88). Reproduit avec la permission de Lawrence Erlbaum Associates.

ENCADRÉ 15.1
Les lois de contrôle du mouvement

Par les lois de la mécanique newtonienne, les forces générées par l'observateur produisent un mouvement unique du corps dans l'environnement. En contre-partie, par les lois de l'optique écologique, ce mouvement relatif du corps produit une transformation unique de la configuration optique, que l'on peut exprimer par l'équation :

$$\text{Flux} = \text{f (force)} \qquad \text{(équation 1)}$$

L'inverse de cette fonction exprime en retour que les forces agissant sur l'observateur sont une fonction de ce flux optique :

$$\text{Force} = \text{g (flux)} \qquad \text{(équation 2)}$$

Le problème posé par l'équation 2 pour la régulation motrice est que les forces en présence concernent à la fois les forces internes (produites par l'observateur) et les forces externes (qui agissent sur lui) :

$$\text{Forces}_{int.} + \text{forces}_{ext.} = \text{g (flux)} \qquad \text{(équation 3)}$$

L'équation 3 ne permet donc pas de discerner la contribution au flux optique total des forces internes de l'observateur et des forces qui agissent sur celui-ci. Ce discernement est néanmoins possible, car un changement qui se produit dans l'état de la relation entre l'observateur et l'environnement, quelle qu'en soit l'origine, est spécifié par un changement dans le flux optique, qui peut être utilisé pour réguler le mouvement en cours, conformément à l'équation :

$$\Delta\text{forces}_{int.} = \text{g } (\Delta\text{flux}) \qquad \text{(équation 4)}$$

Cette dernière équation formalise de façon générique les lois de contrôle du mouvement (Warren, 1988).

déterminent mutuellement selon un principe de causalité circulaire et sont considérées comme deux modes complémentaires de couplage : un couplage à basse énergie entre l'action et la perception (les masses mises en jeu dans les flux cinématiques sont négligeables) et un couplage à haute énergie entre la perception et l'action (les masses mises en jeu dans les flux cinétiques sont importantes).

Un aspect essentiel du couplage est que la perception prend sa source dans la *structure* des configurations énergétiques ambiantes (optique, inertielle, acoustique, etc.) qui viennent stimuler nos récepteurs. L'information pertinente est ainsi contenue dans la structure spatiotemporelle de l'énergie, non dans la *stimulation* des récepteurs, qu'ils soient visuels, vestibulaires ou auditifs. Ce point est capital. Les persistances et les changements contenus dans les structures ambiantes qui sont induits par l'état de l'observateur sont spécifiques de cet état. Ils constituent de ce fait des informations sur cet état. La *spécification* est ici le processus qui lie de manière univoque les patrons ambiants d'énergie et la réalité physique que ces patrons révèlent (par exemple, Shaw, Turvey et Mace, 1982). Il est important de noter que la manière dont la réalité est spécifiée dans les flux énergétiques qui viennent stimuler nos récepteurs ne relève pas à proprement parler de la biologie ou de la psychologie. Ces flux dépendent des lois physiques de propagation, d'absorption ou de réflexion de l'énergie, non des caractéristiques de nos récepteurs sensoriels ou de nos mécanismes cognitifs. En ce sens, cette théorie du couplage de la perception et de l'action s'affranchit du problème de la représentation du monde et de nos actions, évoqué plus haut. Si les propriétés de l'interaction entre l'observateur et l'environnement sont spécifiées dans la structure des énergies ambiantes – une thèse que la physique ne peut réfuter –, elles n'ont pas à être représentées par l'observateur dans la mesure où elles sont directement disponibles. Elles constituent dès lors des informations potentielles pour la perception. Selon Gibson (1979), la perception est alors le processus (psychologique) de prélèvement, c'est-à-dire de *détection*, de ces informations (voir Michaels et Carello, 1981 ; Reed, 1996).

15.2 LES LOIS DE CONTRÔLE DU MOUVEMENT

Ce principe de causalité circulaire, s'il est pris au sérieux, conduit le chercheur à identifier les lois par lesquelles les variables perceptives, c'est-à-dire optiques, inertielles, acoustiques, etc., générées par l'action de l'observateur dans son environnement, participent à la régulation des paramètres de l'action. La façon dont ces variables perceptives contrôlent directement les variables motrices de l'action en cours est la problématique générale des *lois de contrôle* (Warren, 1988; voir l'encadré 15.1, p. 355). Il s'agit de lois du fait qu'il existe des relations déterminées entre la structure du flux optique, mécanique ou acoustique et le mouvement de l'observateur. En revanche, ces lois ne sont pas déterministes, car elles peuvent être modulées, notamment par l'intention de l'acteur. Les équations 1 et 2 de l'encadré 15.1 sont à la base de la théorie de la perception visuelle de Gibson. Néanmoins, elles sont insuffisantes pour caractériser le contrôle de l'action, car les forces qui les composent et qui spécifient le flux optique sont les forces totales qui agissent sur le corps, c'est-à-dire les forces internes – celles qui sont exercées par l'observateur – ajoutées aux forces externes – celles qui s'exercent sur lui, tels le vent ou la gravité, par exemple (équation 3). Comment, dans ce cas, l'observateur distingue-t-il dans le flux les forces qu'il applique lui-même, celles qu'il doit réguler, des forces qu'il subit? La réponse classique à cette question consiste à suggérer l'existence d'une copie de la commande motrice, ou copie d'efférence (Holst, 1954), préparant le système nerveux aux conséquences perceptives du mouvement en cours de réalisation. La suggestion est séduisante, car cette copie des ordres moteurs offre à l'observateur la possibilité d'anticiper les conséquences optiques de son déplacement, à partir des commandes motrices connues. Pour des systèmes sensorimoteurs à faible nombre de degrés de liberté (l'œil, par exemple), la copie d'efférence joue certainement un rôle important dans l'anticipation des conséquences perceptives du mouvement. Pour des systèmes sensorimoteurs plus complexes tels que le système postural ou locomoteur, ou encore le système de capture ou de saisie manuelle, les chances que cette copie de la commande motrice joue effectivement ce rôle restent inconnues, et ce pour une raison très simple mise en évidence par Bernstein (1967). En général, il n'existe pas de lien univoque entre la commande motrice et le mouvement. Une même commande peut produire des mouvements différents, et des commandes différentes peuvent produire un mouvement identique. De la même façon, à une même force peuvent correspondre des mouvements différents, et à des forces différentes peut correspondre le même mouvement. Les causes de cette non-univocité sont nombreuses et concernent, par exemple, l'anatomie (les propriétés viscoélastiques des muscles considérés, la position initiale des segments), les influences inertielles mutuelles de ces segments, la fatigue musculaire, l'entraînement, ou encore la fluctuation des forces externes en action (Berstein, 1967 ; Turvey et autres, 1978). Même chez la mouche, un peu de poussière sur une aile peut altérer considérablement la relation entre l'activité musculaire et le mouvement résultant. Cette équivocité est d'autant plus importante que les mouvements sont complexes et mettent en jeu un nombre important de degrés de liberté. La copie d'efférence s'avère ici très certainement insuffisante pour que l'on puisse anticiper les conséquences énergétiques (par exemple optiques) du mouvement. La proposition de Gibson pour éviter cet écueil (voir l'encadré 15.1 pour une formalisation) consiste à mettre l'accent une fois de plus sur la réciprocité entre percevoir et agir : puisque la structure optique spécifie la relation courante entre l'organisme et l'environnement, alors un *changement dans cette relation*, quelle qu'en soit l'origine, intentionnelle ou extérieure, est spécifié par un *changement dans le flux optique*. Ce changement peut ainsi être compensé par une modulation des forces internes de l'organisme, conformément à l'équation 4. Ainsi, la production et la régulation du mouvement ne sont pas ici assurées par un mécanisme de réduction d'écart entre la commande motrice et l'anticipation des conséquences optiques du mouvement, mais par une modulation des forces internes fondée sur une intention motrice optiquement spécifiée. En ce sens, l'approche amorcée par Gibson s'affranchit également du problème de la fonction de transfert évoqué plus haut. Si les variables de contrôle sont représentées, elles le sont ici *physiquement*, dans la relation existant entre l'observateur et l'environnement, et non *symboliquement*, par des mécanismes cognitifs élaborés.

Les sections qui suivent illustrent quelques-unes de ces lois de contrôle de nos mouvements et déplacements. Se tenir debout, marcher, courir, freiner, naviguer, voler constituent des systèmes d'action (Reed, 1982) fondamentaux qui sous-tendent un grand nombre de nos comportements moteurs quotidiens, parfois sportifs, et dont la réussite dépend souvent du degré de précision de notre perception. Pour chacun de ces exemples, les principaux invariants contenus dans la structure de l'énergie lumineuse, ceux en tout cas pouvant constituer des informations pour la perception, sont formalisés. Leur rôle dans le contrôle des déplacements est ensuite détaillé.

15.3 LA RÉGULATION VISUELLE DE L'ÉQUILIBRE

15.3.1 Au cours du maintien de la station droite

Le maintien de la station droite est régi par les lois de l'équilibre, en particulier par la nécessité de maintenir le centre de masse au-dessus de la base de support. Cette posture érigée du corps est souvent assimilée au maintien d'un équilibre *statique*. Cette assimilation est néanmoins incorrecte. Chez un adulte debout, il existe une activité oscillatoire permanente de faible amplitude (quelques degrés) et à basse fréquence (< 0,5 Hz ; par exemple, Yoneda et Tokumasu, 1986), principalement dans la direction antéro-postérieure (Bensel et Dzendolet, 1968). La tête, le centre de masse et le centre des pressions (le point d'application sur la surface de support de la force résultante) se déplacent de façon continue, et ce déplacement est une source d'informations pertinentes (Riccio, 1993). La nature fondamentalement multimodale de la perception humaine implique que de multiples sources d'informations, visuelles, vestibulaires, mais aussi somatosensorielles, participent à la régulation posturale et explique, notamment, la capacité qu'a un sujet souffrant de troubles visuels de se tenir debout ou de marcher. Néanmoins, depuis les études princeps de Travis (1945) et d'Edwards (1946) ayant montré que les oscillations spontanées de sujets debout augmentaient lorsqu'ils avaient les yeux fermés, la sensibilité du système postural aux perturbations visuelles a été largement étudiée (par exemple, Warren, 1995, pour une revue récente), et le rôle que joue la vision dans la régulation de l'équilibre n'est plus à démontrer. La figure 15.3 illustre quelques effets optiques d'une oscillation du corps vers l'avant dans la direction antéro-postérieure. Cette oscillation produit un patron en expansion dans la direction de l'oscillation (A), un patron en contraction dans la direction opposée (D), accompagné d'un patron lamellaire (c'est-à-dire parallèle) dans la direction orthogonale à la direction de l'oscillation (B et D). Dans cette direction, en effet, les éléments de l'environnement se déplacent parallèlement à l'observateur.

Il a été proposé que les oscillations antéro-postérieures sont régulées par la minimisation rétinienne de l'expansion et de la contraction radiale (la théorie de l'*annulation rétinienne*), rendue possible par l'ancrage de l'œil sur une région précise de l'environnement (Paulus, Straube, Krafczyk et Brandt, 1989). La méthode habituellement utilisée pour le montrer consiste à reproduire les changements optiques issus des oscillations posturales et à les présenter à des sujets debout. Le paradigme de la *pièce mobile* introduit par David Lee (par exemple, Lee et Lishman, 1975) et repris ensuite par de nombreux auteurs (par exemple, Bertenthal et Bai, 1989 ; Delorme, Frigon et Lagace, 1989 ; Stoffregen, 1985) est ici une bonne illustration (voir Flückiger, 1997). Les oscillations des murs d'une pièce autour d'un sujet debout sur le sol « simulent » visuellement les oscillations corporelles, et conduisent à des réactions posturales adaptées, en direction, en fréquence et en amplitude. Par exemple, l'avance des murs de la pièce vers le sujet correspond optiquement à une chute vers l'avant et conduit à une réaction de celui-ci vers l'arrière. Inversement, le flux en contraction produit par le recul des murs de la pièce s'apparente à une chute vers l'arrière et entraîne une oscillation vers l'avant. En règle générale, les résultats expérimentaux indiquent une influence importante des mouvements de la pièce. Les oscillations du corps deviennent rapidement couplées à celles de l'environnement, avec un léger retard de phase ($\tau \approx 10°$), et un gain qui s'approche de 1,0 pour des amplitudes et des fréquences proches

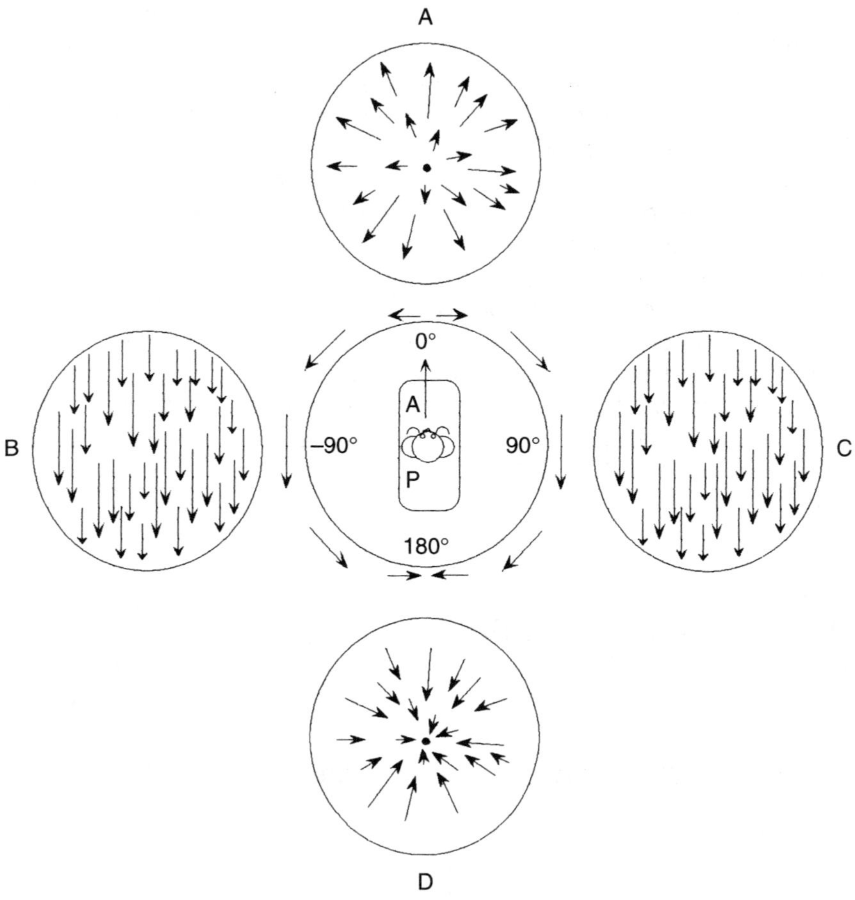

FIGURE 15.3 *Flux optique engendré par une oscillation posturale (vers l'avant) dans la direction antéro-postérieure (AP).* Le flux optique est caractérisé par un patron radial (expansion à 0°/contraction à 180°) dans cette direction et un patron lamellaire (excursion à 90°) dans la direction orthogonale. Les quatre inserts illustrent la structure du flux (pour l'observateur) aux quatre points cardinaux : le flux est en expansion devant l'observateur (A) et en contraction derrière lui (D) ; d'autre part, les lignes du flux sont parallèles à l'oscillation dans la direction orthogonale (B et C).

de celles du système postural (Delorme et autres, 1989 ; Lee et Lishman, 1975 ; Lestienne, Soechting et Berthoz, 1977 ; Stoffregen, 1985). Ces effets obtenus sur la posture sont souvent accompagnés d'effets de *vection*, purement perceptifs, c'est-à-dire de sensations subjectives et illusoires de déplacement du corps propre (par exemple, Lestienne et autres, 1977). Aujourd'hui, les progrès de la simulation informatique permettent de générer des flux artificiels, de les projeter devant des sujets debout ou sur la surface de support et d'en observer les effets comportementaux (Bardy, Warren et Kay, 1996, 1999 ; Dijkstra, Schöner et Gielen, 1994 ; Paulus et autres, 1989). Des résultats similaires sont généralement observés, à la fois sur le plan perceptif (vection) et sur le plan moteur (oscillations), avec des latences de réaction plus courtes lorsque les flux sont projetés au sol (Flückiger et Baumberger, 1988) plutôt que face aux sujets (Lestienne et autres, 1977), suggérant le rôle de référence stable joué par le sol pour la posture et la locomotion.

Depuis les travaux de Gibson (1958) et de Lee (1974), l'importance de l'expansion radiale dans la régulation de la station droite n'est plus à démontrer. Cependant, la théorie de l'annulation rétinienne, dans sa version radicale, est insatisfaisante, et ce pour trois raisons majeures. Tout d'abord, cette théorie ne tient pas compte des propriétés dynamiques du système postural. Des travaux récents (Bardy, Marin, Stoffregen et Bootsma, 1999 ; Dijkstra et autres, 1994 ; Schöner, 1991) dans des situations similaires suggèrent fortement que le système postural ne se comporte pas comme un système linéaire passif, guidé par le flux optique, mais que sa dynamique intrinsèque (c'est-à-dire ses propriétés inertielles, fréquentielles, sa structure et sa géométrie) joue un rôle important et doit être prise en compte. La deuxième raison est optique. Certes, l'avantage de cette théorie est que l'amplitude des oscillations peut être rapportée directement à l'amplitude du patron d'expansion, à condition que celui-ci soit supraliminaire, indépendamment de la distance entre l'observateur et la région fixée du regard (Dijkstra, Gielen et Melis, 1992; Paulus et autres, 1989). Cependant, ceci n'est vrai que dans la situation où l'observateur regarde dans la direction de l'oscillation. Si, par exemple, les oscillations antéro-postérieures sont parallèles à cette région, une information sur la distance devient nécessaire pour adapter l'amplitude des oscillations à l'amplitude du flux lamellaire, car la grandeur des vecteurs de vitesse est inversement proportionnelle à la distance les séparant du point d'observation. Une exception, néanmoins, reste le sol, dont la distance au point d'observation est (généralement) invariante, et qui pourrait servir de référence absolue pour la régulation de l'équilibre (Flückiger et Baumberger, 1988; Gibson, 1950).

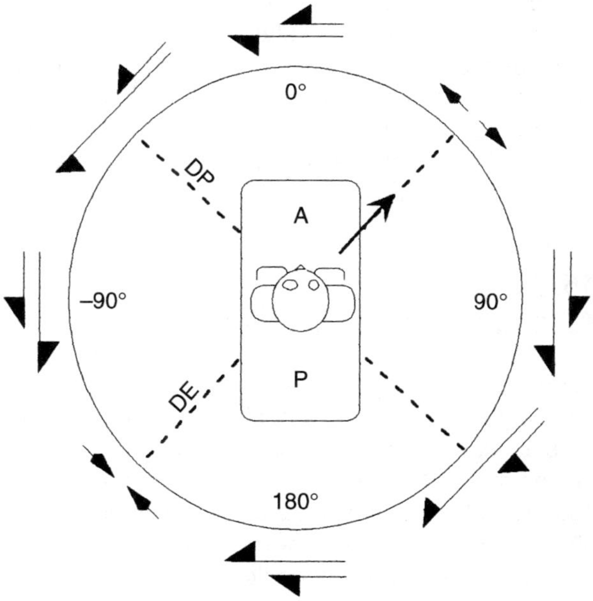

FIGURE 15.4 *Conséquences optiques d'une oscillation du corps dans une direction arbitraire (ici 45° par rapport à l'axe antéro-postérieur).* Cette figure complète la figure précédente. Le mouvement produit un flux en expansion dans la direction de l'oscillation, un flux en contraction dans la direction opposée et un flux lamellaire dans la direction orthogonale. Si l'environnement est tridimensionnel, ce mouvement produit également une parallaxe de mouvement (représentée par la différence de longueur des vecteurs de vitesse dans cette figure) qui possède un gradient. La direction dans laquelle la parallaxe est maximale (DP) et celle dans laquelle l'expansion est maximale (DE) sont congruentes et informent l'observateur sur les caractéristiques de ses oscillations.

Différentes alternatives à la théorie de l'annulation rétinienne ont été proposées. Celle détaillée ici (Bardy et autres, 1996) a été testée dans le cas particulier du contrôle de l'équilibre au cours de la marche (voir la sous-section suivante), mais peut être étendue à toutes les situations motrices impliquant une oscillation de la tête. Elle met l'accent sur le rôle complémentaire de la *parallaxe de mouvement* (Gibson, 1950; Helmholtz, 1989 [1867]) habituellement présente dans l'environnement naturel tridimensionnel : pour une même direction visuelle, les objets éloignés se déplacent plus lentement au point d'observation que les objets rapprochés. Cette parallaxe de mouvement n'est pas distribuée de façon homogène autour de l'observateur mais possède un *gradient* qui dépend de la direction du mouvement produit (voir la figure 15.4). La parallaxe – la différence de grandeur des vecteurs de vitesse dans cette figure – est en effet nulle dans la direction de l'oscillation et augmente peu à peu pour atteindre une valeur maximale dans la direction orthogonale.

L'intérêt de la parallaxe de mouvement pour la régulation des oscillations est multiple. Tout d'abord, la parallaxe est indépendante de (c'est-à-dire n'est pas affectée par) la rotation de l'observateur (Longuet-Higgins et Prazdny, 1980; Rieger et Lawton, 1985). Ensuite, les seuils différentiels sont généralement inférieurs aux seuils absolus (par exemple, Crowell et Banks, 1993). D'autre part, l'annulation de la parallaxe entre deux éléments voisins ne nécessite pas d'information sur la distance qui existe entre ces éléments. Finalement, parallaxe et expansion sont habituellement *congruentes*, ainsi que l'illustre la figure 15.4. La direction dans laquelle la parallaxe est maximale (ou DP –45° dans la figure 15.4) correspond à celle dans laquelle l'expansion est nulle; inversement, la direction dans laquelle l'expansion est maximale (DE +45° dans la figure 15.4) correspond à la direction dans laquelle la parallaxe est nulle. Cette congruence naturelle peut être avantageusement utilisée par le bipède humain, car elle permet de réguler de manière parcimonieuse la direction et l'amplitude des oscillations posturales au cours du maintien de la station droite comme au cours de la locomotion.

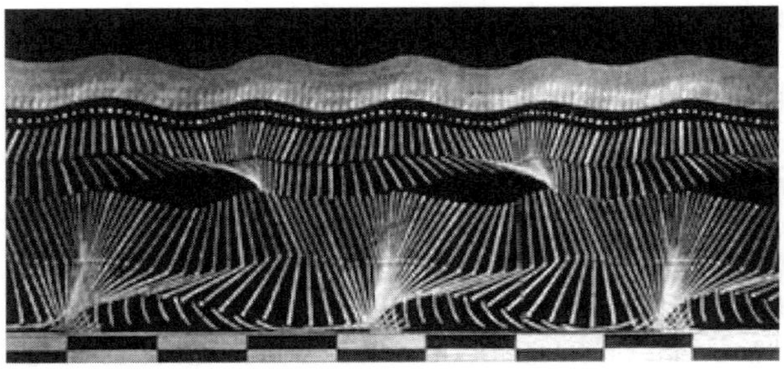

FIGURE 15.5 *Oscillations de la tête au cours de la marche humaine (chronophotogramme de Marey).*

15.3.2 Au cours de la locomotion

Les conséquences optiques des oscillations du corps au cours de la marche sont différentes de celles reliées au maintien de la station droite. La raison en est mécanique (par exemple, Yang, Winter et Wells, 1990a, 1990b). Se tenir debout nécessite de maintenir le centre de masse au-dessus des appuis, ce qui limite les oscillations en amplitude et en direction. À l'inverse, marcher implique un équilibre dynamique et un déplacement continu du centre de masse. Au niveau de la tête, ce déplacement se traduit par trois ondulations globalement orthogonales (Capozzo, 1981) : une ondulation verticale, conséquence de l'élévation puis de l'abaissement du centre de masse au-dessus du pied d'appui ; une ondulation latérale résultant de l'alternance gauche et droite du pied d'appui ; une ondulation sagittale produite par l'alternance avant et arrière de ce même pied d'appui. Ces ondulations sont en phase avec la foulée (c'est-à-dire deux pas). Les conséquences optiques au point d'observation sont doubles. D'une part, la locomotion humaine engendre un flux en translation dont la structure contient des informations sur la vitesse et la direction du déplacement. En même temps, l'oscillation de la tête dans les trois plans de l'espace génère un flux optique sinusoïdal dans ces trois directions, dont les caractéristiques sont voisines de celles présentes au cours du maintien de la station droite (voir la figure 15.5).

Il faut noter l'absence quasi totale de travaux expérimentaux visant à tester le rôle fonctionnel que joue cette ondulation de la tête dans le contrôle de l'équilibre au cours de la marche. Une raison est sans doute la difficulté technique de manipuler l'information visuelle au cours de la locomotion (par exemple, Stappers, 1992). Une autre raison est le rôle de *plateforme inertielle* joué par la tête (par exemple, Berthoz, 1990 ; Berthoz et Pozzo, 1988 ; Cutting, 1986). La stabilisation de la tête dans l'espace autorise en effet un prélèvement plus efficace des informations dans l'environnement. D'après ces auteurs, les mécanismes qui sous-tendent cette stabilisation de la tête sont d'origine vestibulaire, les patients souffrant de troubles vestibulaires ayant en effet plus de mal à stabiliser leur tête dans l'espace que les sujets normaux (Bronstein, 1988 ; Gresty, 1987 ; Pozzo, Berthoz, Lefort et Vitte, 1991). Au vu de l'analyse optique présentée plus haut, cet argument est néanmoins réversible. Il est possible que ces patients aient au contraire *besoin* de produire des mouvements amples de la tête afin de prélever des informations sur leur équilibre. Plus généralement, le constat écologique de l'*abondance informationnelle* suggère que cette ondulation de la tête au cours de la marche est une source potentielle d'information pour la régulation de l'équilibre. Les travaux sur la locomotion du pigeon réalisés par Davies et Green (1988 ; voir aussi Bruce et Green, 1990) renforcent cette hypothèse. La marche du pigeon est accompagnée d'un mouvement périodique de la tête (*head-bobbing*) très prononcé, considéré pendant longtemps comme la simple conséquence biomécanique de la morphologie de l'oiseau et de son mode de locomotion. Cette oscillation de la tête constitue néanmoins un avantage perceptif : durant la moitié du cycle locomoteur, la tête est fixe, ce qui permet de mieux fovéaliser les prédateurs potentiels ; durant l'autre moitié du cycle, elle se déplace à une vitesse double de celle des pattes, produisant un flux optique important à partir duquel certains invariants pertinents (une graine sur le sol, par exemple) peuvent être perçus. Lorsque le déplacement est accompagné d'un flux optique plus important que le flux naturel (lorsque, par exemple, l'oiseau se déplace sur un tapis roulant), ce mouvement rythmique de la tête est considérablement diminué (Friedman, 1975; Frost, 1978).

Chez l'homme, le rôle fonctionnel de l'ondulation de la tête reste à démontrer. Quelques résultats préliminaires ont été obtenus par Lee, Young, Anderson, Warren et McCrindle (et décrits dans Young, 1988). En plaçant leurs sujets sur un tapis roulant à l'intérieur d'une pièce tournante, les auteurs ont constaté qu'une inclinaison de la pièce de 3° en roulis provoquait des réajustements posturaux directionnels. D'autres études réalisées à l'aide d'un générateur de texture projetant un flux optique additionnel sur la surface de marche (Baumberger, Flückiger et Martin, 2000; Pailhous, Ferrandez, Flückiger et Baumberger, 1990) ont mis en évidence une modulation de la vitesse de déplacement en fonction de la direction (approche, éloignement) et de la structure (linéaire, sinusoïdale) du flux projeté. En particulier, les sujets adultes ralentissent lorsque le déplacement s'effectue « contre » le flux et accélèrent dans la situation opposée. Cette modulation, par le flux optique, de la vitesse de marche, même si elle ne met pas en évidence le rôle spécifique de l'ondulation de la tête, est intéressante, car elle montre une fois encore la force du couplage flux-force (équation 4 dans l'encadré 15.1, p. 355) dans la régulation de nos déplacements quotidiens.

Durant la même période, nous avons étudié de façon précise le rôle joué par la tête dans la régulation de l'équilibre au cours de la marche (Bardy et autres, 1996; voir aussi Warren, Kay et Yilmaz, 1996). Les sujets, placés sur un tapis roulant, avaient pour consigne de marcher en regardant droit devant eux le centre d'un écran sur lequel était projeté un environnement simulant leur déplacement dans un nuage de points non structuré, pour lequel la congruence entre expansion et parallaxe était maintenue, indépendamment de la direction imposée. La composante optique de translation était maintenue constante ou supprimée. La composante optique oscillatoire, simulant les ondulations de la tête, a été manipulée, et différentes conditions de direction (translation *vs* rotation), d'amplitude et de fréquence ont été testées. Le résultat majeur qui ressort de ces études est l'existence de réactions posturales adaptées aux perturbations visuelles, en fréquence, en direction et en amplitude. Le flux optique imposé *guide* véritablement les oscillations du sujet. Ainsi, une oscillation de l'environnement dans les directions antéro-postérieure (flux radial), latérale (flux lamellaire) ou intermédiaire (flux mixte) produit des réactions posturales importantes, isotropes et directionnelles (voir la figure 15.6).

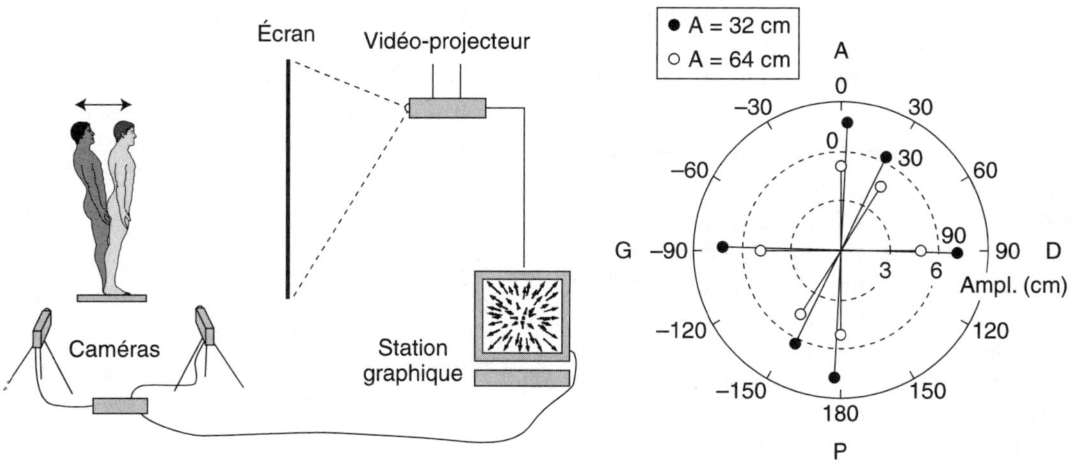

FIGURE 15.6 *Réponses posturales au cours de la marche lors de l'oscillation (0°, 30°, 90°) d'un environnement visuel non structuré (un nuage de points) pour lequel expansion et parallaxe sont congruentes.* Les points noirs et blancs correspondent à deux amplitudes différentes (32 cm et 64 cm). Les réponses, directionnelles et isotropes, indiquent l'influence importante qu'exerce la structure du flux optique dans la régulation de l'équilibre (A : antérieur ; P : postérieur ; G : gauche ; D : droite ; Ampl. : amplitude).

En résumé, ces travaux mettent en évidence les vertus perceptives de l'oscillation de la tête au cours de la marche normale. Par le flux optique que ces oscillations engendrent, par la congruence entre l'expansion et la parallaxe que ce flux contient, l'équilibre postural peut être régulé de façon parcimonieuse et flexible, et ce (1) indépendamment de la distance qui sépare l'observateur des surfaces environnantes, (2) sans la nécessité d'une représentation interne de l'environnement, (3) dans toutes les directions autour de l'observateur, (4) au cours du maintien de la station droite comme au cours de la locomotion et (5) quels que soient la direction du regard et les mouvements de la tête. La marche humaine offre ainsi un paradigme de choix permettant de comprendre les mécanismes de couplage de l'information et du mouvement.

15.4 LE CONTRÔLE DIRECTIONNEL DES DÉPLACEMENTS

La leçon que nous devons tirer des travaux de Gibson est l'abondance d'informations qu'engendrent nos mouvements. La structure optique est riche de persistances et de changements qui spécifient notre interaction avec l'environnement, et qui peuvent être d'un grand secours pour réguler nos déplacements. Alors que, dans la section précédente, nous avons illustré le rôle que joue le flux optique dans le contrôle de notre équilibre, nous détaillerons dans cette section le rôle qu'il remplit dans le contrôle de notre direction locomotrice.

Une détection précise de la direction de notre propre déplacement, que ce dernier soit locomoteur ou véhiculé, est un gage d'efficacité, souvent de survie, parfois de performance, dans nombre de nos actions. Anticiper la courbure d'un virage, modifier son pas ou sa course d'élan afin d'éviter ou de franchir un obstacle placé sur la trajectoire, un trottoir par exemple, sont quelques exemples illustrant la nécessité d'une perception précise de notre direction, en moyenne autour de 2° pour nos déplacements locomoteurs courants (Cutting, 1986). L'analyse optique présentée plus haut suggère que la direction de la trajectoire peut être donnée par le foyer d'expansion (Gibson, 1958). Le contrôle de cette direction pourrait se faire de façon très simple par la recherche permanente de la coïncidence entre le foyer et le but visé. Même si les premiers travaux effectués dans ce domaine ne sont pas vraiment concluants (Johnston, White et Cumming, 1973 ; Llewellyn, 1971), les résultats de Warren et de ses collègues indiquent, dans des tâches de discrimination perceptive, une précision du jugement directionnel de l'ordre de 1°, autant pour les trajectoires rectilignes (Warren, Morris et Kalish, 1988) que pour les trajectoires curvilignes (Warren, Mestre, Blackwell et Morris, 1991). La structure radiale globale du flux optique semble donc suffisante pour spécifier notre direction locomotrice (Warren, Kay, Zosh, Duchon et Sahuc 2001). Un problème de taille, néanmoins, reste à résoudre lorsque nous bougeons les yeux, ce qui, après tout, est bien plus la règle que l'exception au cours de la locomotion humaine[1]. Le problème est ici que la présence d'un mouvement de l'œil au cours du déplacement, la poursuite visuelle, par exemple, d'un objet sur le bas côté (voir la figure 15.1, p. 353), supprime une singularité importante dans le flux rétinien – précisément celle relative à la direction – et en ajoute d'autres – notamment l'objet poursuivi du regard (voir la figure 15.1 en *d*), p. 353). Rappelons que ces rotations oculaires affectent le flux rétinien et non le flux optique engendré par la locomotion ce qui élargit le problème précédent à une question tout à fait centrale aujourd'hui pour les psychologues de la vision. L'information importante est-elle contenue dans le flux optique ou dans le flux rétinien ? Le débat actuel qui existe sur cette question n'est pas tranché (Cutting, Springer, Braren et Johnson, 1992 ; Kim, Turvey et Growney, 1996 ; Warren, 1995). Il est lourd de conséquences, à la fois sur le plan théorique et sur le plan pratique, car la soustraction du flux rotatoire du flux rétinien nécessaire à l'obtention du flux optique – le processus de *décomposition* – reste encore un challenge de taille pour les spécialistes de la vision artificielle et de la robotique (par exemple, Longuet-Higgins et Prazdny, 1980 ; Royden, Banks et Crowell, 1992). Un même flux rétinien peut en effet correspondre à plusieurs combinaisons des flux optique et rotatoire.

1. Wagner, Baird et Barbaresi (1981) indiquent par exemple que, au cours de la traversée à pied d'un campus universitaire, les piétons ne passent qu'environ 10 % de leur temps à regarder dans la direction (±5°) de leur déplacement.

De nombreux résultats expérimentaux convergent aujourd'hui pour affirmer que nous sommes capables de prélever la direction de notre locomotion dans la structure globale du flux optique, même lorsque nous explorons ou fixons en même temps des yeux une partie différente de notre environnement (par exemple, Kim et autres, 1996 ; Warren et Hannon, 1988). En ce sens, le processus de décomposition ne semble pas nous poser les problèmes qu'il pose aux roboticiens. En même temps, si des informations fiables sur notre direction locomotrice étaient présentes dans le flux rétinien (et si nous étions capables de les détecter), elles rendraient ce processus de décomposition inutile.

Pour certains auteurs, ces informations existent. Le flux rétinien contient en effet des invariants, absents du flux optique, qui pourraient spécifier de façon nominale notre direction courante. Un de ces invariants est la *parallaxe de mouvement différentielle* (*differential motion parallax* ou DMP). Il est illustré dans la figure 15.7. Brièvement, lorsque nous fixons des yeux, en marchant, un objet situé à gauche ou à droite de notre direction locomotrice, la vitesse rétinienne des objets situés plus proches de nous que l'objet fixé est plus grande que celle des objets plus éloignés que l'objet fixé. Elle est également de direction opposée, les objets proches s'éloignant en coordonnée rétinienne de la direction locomotrice, et les objets éloignés, au contraire, s'en rapprochant. La DMP traduit simplement cette relation de direction et de vitesse entre des éléments proches ou éloignés de l'objet fixé. La direction du déplacement peut, dans ce contexte, être facilement retrouvée. Elle se situe dans la direction opposée aux objets ayant la vitesse rétinienne la plus grande. Si un observateur a pour tâche de trouver son chemin dans un environnement encombré, une forêt par exemple (tâche appelée « *wayfinding* » par les Anglo-Saxons), il lui suffit de fovéaliser un objet pendant quelque temps, puis d'effectuer une saccade oculaire dans la direction opposée aux objets ayant la plus grande vitesse rétinienne, de fovéaliser un autre objet, et de recommencer cette alternance de poursuites et de saccades plusieurs fois. De nombreuses études expérimentales réalisées par Cutting et ses collègues (par exemple, Cutting et autres, 1992 ; Cutting, Wang, Flückiger et Baumberger, 1999) indiquent, dans des tâches de locomotion simulée, que les observateurs humains peuvent détecter avec précision (autour de 2°) la direction de leur déplacement, même en présence de (nous dirons « grâce aux ») mouvements oculaires.

D'autres invariants rétiniens complémentaires de la DMP contribuent à spécifier la direction locomotrice, comme le *mouvement centripète* (déplacement vers l'intérieur ou DI), l'accélération centrifuge (accélération vers l'extérieur ou AE), ou encore la décélération centrifuge (décélération vers l'extérieur ou DE). Ces trois invariants ont pour origine trois types de mouvement rétinien qui accompagnent la poursuite oculaire d'objets situés hors de l'axe locomoteur (par exemple, Cutting et autres, 1999). Lorsque, par exemple, un objet situé à 45° sur la droite de l'axe locomoteur est fixé du regard au cours de la locomotion (le carré noir dans la figure 15.7), des régions spécifiques émergent, pour lesquelles les projections rétiniennes de tous les objets présents dans le champ de vision se déplacent de manière homogène, vers la fovéa par exemple (région blanche DI). Ces régions invariantes ne spécifient pas de façon absolue la direction du déplacement, mais leur *connaissance* par l'observateur permet de la retrouver de façon heuristique. Par exemple, tous les objets situés dans la région blanche de la figure 15.7, avant et après la fixation de l'objet par le regard, possèdent un déplacement rétinien vers la fovéa (DI), spécifiant de façon nominale que la direction locomotrice est située à gauche de l'objet fixé.

15.5 LA RÉGULATION VISUELLE DE L'APPROCHE

Freiner pour s'immobiliser devant un obstacle dangereux, attraper une balle, éviter une collision et, de façon générale, gérer précisément les contacts avec les objets de l'environnement, sont quelques exemples qui illustrent l'importance et la variété de nos comportements d'approche. La caractéristique majeure de ces comportements est qu'ils nécessitent du temps. Le temps disponible pour agir, celui requis, par exemple, pour accélérer le mouvement de sa main en direction d'une balle ou pour ralentir son véhicule devant un obstacle doit être perçu en conséquence. Il en va, selon le cas, de la survie de l'animal, de la réussite de nos actions et de la performance de l'athlète. La question de la spécification

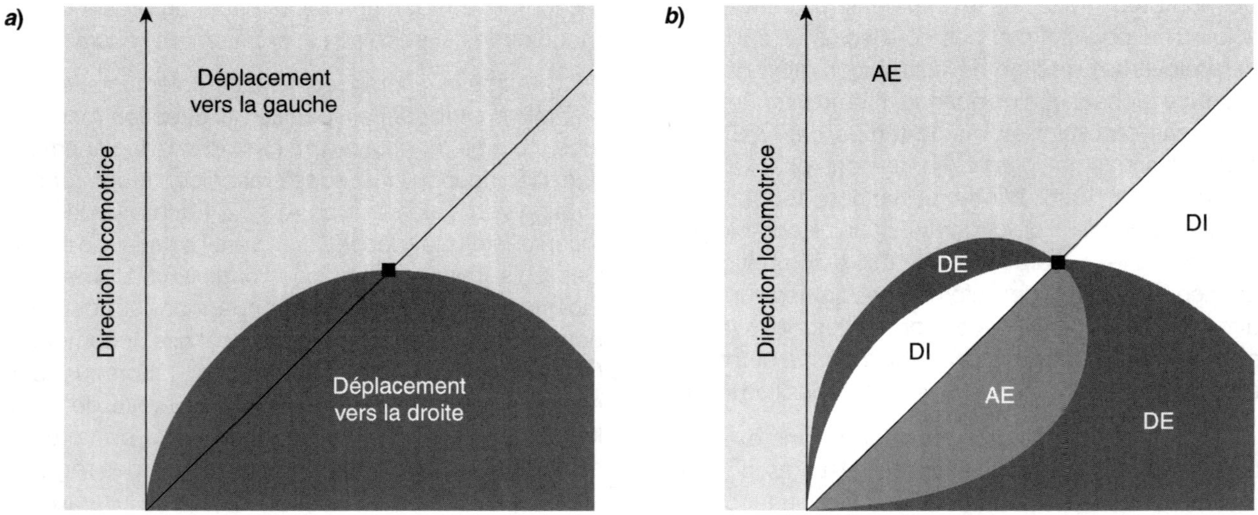

FIGURE 15.7 *Structure du mouvement rétinien des objets de l'environnement lors d'un déplacement linéaire de l'observateur (direction locomotrice), associé à la poursuite du regard d'un objet situé à 45° à droite de l'axe locomoteur (le carré noir).* *a*) Parallaxe de mouvement différentielle indiquant la direction, vers la gauche ou vers la droite, par rapport à la direction du regard, des projections rétiniennes des objets situés dans l'environnement. *b*) Représentation différente du flux rétinien, montrant trois patrons complémentaires pour lesquels tous les objets présents (1) se déplacent de façon centripète vers la fovéa (déplacement vers l'intérieur – DI), (2) accélèrent de façon centrifuge (accélération vers l'extérieur – AE) ou (3) décélèrent de façon centrifuge (décélération vers l'extérieur – DE). *Source :* D'après Cutting et autres (1999, p. 1082). Reproduit avec la permission d'Elsevier Science.

optique du temps restant avant la collision, ou temps de précontact (TC), et du rôle de cette variable pour le contrôle de l'action est, depuis plusieurs décennies, au centre d'un nombre considérable d'études empiriques. Dans cette section, nous traiterons brièvement des principales variables contenues dans le flux optique qui spécifient TC, avant de nous intéresser à la manière dont ces variables sont utilisées pour réguler visuellement nos déplacements finalisés.

15.5.1 La variable optique τ

L'encadré 15.2 formalise les relations optiques élémentaires qui lient l'observateur et l'objet à atteindre ou à éviter dans une situation d'approche. Cette analyse révèle l'existence, dans le flux optique engendré par le déplacement, d'une information potentiellement disponible – $\tau(\varphi)$ – sur la proximité temporelle du contact (TC). Dans les premiers travaux portant sur l'anticipation des collisions (Lee, 1976), les formalisations de $\tau(\varphi)$ ne s'appliquaient qu'aux cas particuliers des approches frontales pour lesquelles l'observateur se dirige en ligne droite vers l'objet. Il existe de nombreuses autres situations dans lesquelles l'approche doit être contrôlée selon une direction quelconque, celle impliquant, par exemple, le déplacement de la main au cours de la préhension d'un objet. Si la direction n'est plus frontale, la variable optique $\tau(\varphi)$ n'est plus suffisante pour accéder à TC. De nombreuses études ont contribué, ces dernières années, à étendre l'équation 7 (voir l'encadré 15.2) aux approches non frontales (Bootsma et Oudejans, 1993 ; Kaiser et Mowafy, 1993 ; Tresilian, 1991, 1994 ; Wann, 1996). Leur analyse optique déborde le cadre de ce chapitre, et nous encourageons le lecteur à consulter les références présentées ici. Brièvement, certaines généralisations (par exemple, Tresilian, 1991) remplacent la variable optique $\tau(\varphi)$ – le tau *local* – par une variable optique plus macroscopique – le tau *global* –, définie par l'inverse du taux de dilatation de l'angle optique correspondant à la distance

ENCADRÉ 15.2
La variable optique tau (τ) spécifie le temps disponible avant la collision

La figure ci-contre illustre la géométrie la plus simple d'une situation d'approche (frontale). Un objet de taille R situé à une distance courante Z forme au point d'observation un angle optique φ dont la grandeur est donnée par[1]:

$$\varphi = \frac{R}{Z} \qquad \textit{(équation 5)}$$

Lorsque, au cours de l'approche, la distance Z se réduit, le taux de variation de φ au cours du temps est :

$$d\varphi/dt = \frac{R.dZ/dt}{Z^2} \qquad \textit{(équation 6)}$$

L'angle φ et son taux de variation dφ/dt dépendent à la fois (1) de la taille physique R de l'objet et (2) de la distance courante Z qui sépare l'observateur de l'objet. Si l'observateur ne connaît ni la taille de l'objet approché ni la distance courante, ces variables optiques φ et dφ/dt ne lui seront d'aucun secours. On observera toutefois que le rapport entre φ et dφ/dt – sous l'hypothèse que la vitesse soit maintenue constante – spécifie à lui seul le temps qui doit encore s'écouler jusqu'au moment du contact (TC), puisque :

$$\tau(\varphi) = \frac{R}{Z} \cdot \frac{Z^2}{-R.dZ/dt} = \frac{Z}{-dZ/dt} = TC \qquad \textit{(équation 7)}$$

1. *Formellement, tau(1/2φ) = 1/2R/Z. Cependant, pour des angles φ modérés (c'est-à-dire quand Z est supérieur à R), tau(1/2φ) = 1/2φ, et φ est par conséquent égal à R/Z.*

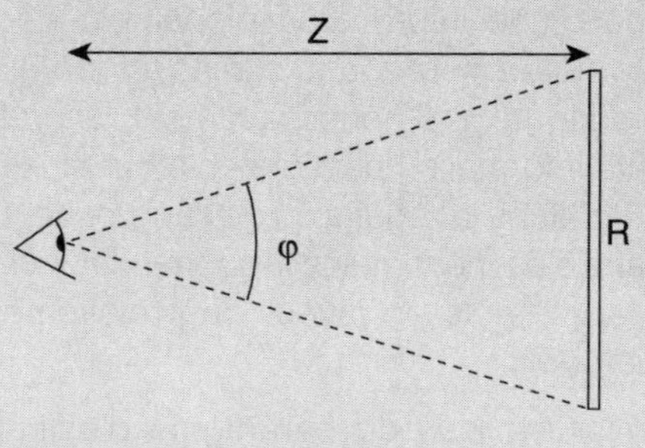

FIGURE 15.8 *Situation d'approche frontale.*

Même si la taille physique R, la distance physique Z et la vitesse physique dZ/dt sont inconnues du système visuel, le temps de précontact dans les conditions courantes de l'approche est directement disponible puisque ce temps est complètement déterminé par les variables optiques de l'équation 7. La variable optique τ(φ) (l'inverse du taux de dilatation[2] du contour optique de l'obstacle) spécifie à chaque instant TC (Lee, 1976 ; Lee et Young, 1985).

2. *Le taux de dilatation se définit mathématiquement comme le rapport de la vitesse d'agrandissement à la taille instantanée, qui, dans ce cas, vaut (dφ/dt)/φ. Par conséquent, τ(φ) est égal à l'inverse du taux de dilatation de l'angle φ.*

à parcourir par l'observateur pour atteindre non plus l'objet, mais le plan, le contenant. D'autres généralisations (Bootsma et Oudejans, 1993) combinent le taux d'expansion de l'angle formé au point d'observation par l'objet qui s'approche et le taux de constriction de l'angle formé à ce même point par la direction prise par l'objet relativement à la direction prise par l'observateur. Cette dernière généralisation offre l'information pertinente sur l'imminence du contact, quelle que soit la direction de l'approche de l'objet et/ou de l'observateur, et quelles que soient la taille de l'objet et sa vitesse d'approche.

15.5.2 La perception et la régulation de l'approche

La présence d'une information disponible dans le flux optique relativement à la proximité temporelle du contact n'implique pas nécessairement le prélèvement de cette information par l'observateur et l'utilisation de celle-ci dans la régulation de l'approche. Deux courants parallèles, néanmoins, apportent aujourd'hui de solides arguments en faveur du prélèvement et de l'utilisation de τ.

Le premier est issu du paradigme d'estimation de TC introduit par Schiff et Detwiler (1979). Dans la situation de base, des observateurs généralement immobiles devant un écran observent l'approche frontale simulée d'un objet qui disparaît quelque temps avant le contact. Ils ont pour consigne d'indiquer, par exemple à l'aide d'un presse-bouton, le moment du contact. Cette situation d'estimation, souvent utilisée dans le champ de la psychologie appliquée (pour la sécurité routière, par exemple), indique comme résultat principal la sensibilité des observateurs humains à la variable τ pour percevoir TC, même si une sous-estimation systématique est observée, les sujets jugeant le moment du contact avant que celui-ci ne se produise réellement (Cavallo et Laurent, 1988 ; McLeod et Ross, 1983 ; Schiff et Detwiler, 1979 ; Schiff et Oldak, 1990). Cette sous-estimation pourrait provenir d'une marge de sécurité adoptée inconsciemment par les sujets (le jugement anticipé du contact limite les risques de collision en situation réelle) ou encore d'un biais méthodologique associé à la représentation mentale du déplacement de l'objet dans la dernière partie de sa trajectoire (Benguigui, Ripoll et Broderick, sous presse).

Le second courant provient des études ayant testé l'importance de TC et l'utilisation de τ au cours de l'approche. Cette littérature foisonnante comprend, depuis le début des années 1980, un nombre considérable de situations motrices, et la résumer en quelques lignes est un exercice ardu. Néanmoins, on peut répartir ces études en deux catégories.

La première catégorie est constituée par les travaux suggérant que le déclenchement de l'action s'effectue à une valeur particulière de TC, spécifiée par une valeur particulière de τ. Par exemple, Lee et Reddish (1981) ont observé que le repliement des ailes du fou de Bassan lui permettant de pénétrer la surface de l'eau sans se blesser intervient à un TC constant de 820 ms. Des résultats similaires ont été rapportés au cours d'une tâche de saut en contrebas (Sidaway, McNitt-Gray et Davis, 1989) ou en contre-haut (Lee, Young, Reddish, Lough et Clayton, 1983). Ces dernières observations sont intéressantes, car elles ont été obtenues dans des conditions d'accélération (ou de décélération) pour lesquelles la valeur de TC au moment de l'amorce du geste diffère de celle du temps de précontact réel. L'oiseau et le sauteur semblent ici utiliser préférentiellement τ pour amorcer le mouvement, plutôt que le temps de précontact réel, la hauteur ou la vitesse de chute. Cependant, ces études montrent moins l'existence d'une relation systématique entre une valeur unique de τ et le déclenchement du mouvement, que l'utilisation continue de τ au cours de l'approche. L'observation simple que τ et TC convergent vers une valeur commune (0) au moment du contact suggère en effet que, dans les tâches qui l'exigent, un contrôle en ligne du comportement en cours basé sur la valeur instantanée de τ conduit immanquablement au contact recherché (par exemple, Bootsma, Fayt, Zaal et Laurent, 1997 ; Schöner, 1994 ; Wann, 1996).

La deuxième catégorie comprend les travaux ayant manipulé de façon expérimentale le patron d'expansion au cours de l'approche. Ces études sont peu nombreuses. Une manipulation fine de ce patron a été réalisée par Savelsbergh, Whiting et Bootsma (1991) au cours de la saisie d'une balle s'approchant d'un observateur immobile. Dans une condition expérimentale critique, l'expansion optique a été diminuée pendant l'approche par une manipulation ingénieuse de la taille de la balle (celle-ci rapetissait au cours de l'approche grâce à la libération contrôlée de son air emprisonné). Les résultats obtenus en vision monoculaire indiquent un retard d'environ 20 ms dans la fermeture de la pince manuelle, ce qui suggère une prise en compte de $\tau(\varphi)$ dans la régulation de la saisie. En même temps, ce retard n'est que de 5 ms en condition de vision binoculaire, ce qui indique le rôle complémentaire joué par la disparité rétinienne (Regan et Beverley, 1979). Des résultats similaires ont été obtenus au cours de la locomotion par la manipulation du patron d'expansion durant le pointage locomoteur ; des sujets ayant pour instruction de marcher et de s'arrêter devant une cible amorcent leur décélération de façon tardive lorsque la cible est de très petite taille (Bardy, Baumberger, Flückiger et Laurent, 1992) ou rapetisse au cours de l'approche (Chanderli, Baumberger et Flückiger, 1998).

15.5.3 La perception et la régulation du freinage

Ainsi que nous l'avons montré ci-dessus, l'observateur qui se rapproche d'un obstacle dispose d'une information visuelle sur l'imminence de la collision. Et ce n'est pas tout ! La variable τ (en fait sa première dérivée temporelle) fournit également une information relative à la grandeur de la décélération requise pour éviter le contact ou, au contraire, le rechercher. Les détails optiques sont explicités dans l'encadré 15.3, de même que leurs implications importantes pour la régulation du freinage. En effet, une valeur de $\dot{\tau}$ inférieure à –0,5 aura pour conséquence, si elle est maintenue constante, une décélération insuffisante (la vitesse ne sera pas encore annulée lors de l'atteinte de l'obstacle) ; inversement, une valeur de $\dot{\tau}$ supérieure à –0,5 impliquera une immobilisation avant le contact ; le maintien d'une valeur de $\dot{\tau}$ égale à –0,5 conduira l'observateur à une vitesse nulle au moment exact du contact. En ce sens, $\dot{\tau}$ est une variable optique pouvant être utilisée au cours de l'approche, d'une part pour percevoir l'intensité de la collision à venir et d'autre part pour moduler la décélération. Sur un plan purement perceptif, on considère généralement le contact à venir comme *sévère* lorsque la valeur de $\dot{\tau}$ est inférieure à –0,5, et comme *doux* lorsque la valeur de $\dot{\tau}$ est supérieure à –0,5 (Kim, Turvey et Carello, 1993), une valeur de $\dot{\tau}$ égale à –0,5 pouvant être considérée comme une *frontière perceptive* séparant les deux types de contact. Sur le plan moteur, notre observateur peut freiner de telle manière que la valeur de $\dot{\tau}$ excède –0,5 s'il désire éviter de percuter l'obstacle immobilisé sur sa trajectoire. Une loi de contrôle simple et parcimonieuse peut ainsi être formulée pour la régulation du freinage dans un grand nombre de situations. Si le but recherché coïncide optiquement avec une valeur

ENCADRÉ 15.3
La variable optique $\dot{\tau}$ spécifie l'intensité de la décélération requise

Supposons qu'un observateur décide, à un instant t, de décélérer (de façon constante) de façon à s'immobiliser juste devant un obstacle. Lee (1976) a montré que la décélération d^2Z/dt^2 *est adéquate si la distance correspondant à une égale répartition du freinage est plus petite que la distance courante Z restant disponible, c'est-à-dire si et seulement si :*

$$\frac{(dZ/dt)^2}{2(dZ^2/dt^2)} \leq Z \qquad \text{(équation 8)}$$

ou encore :

$$\frac{Z(dZ^2/dt^2)}{(dZ/dt)^2} \geq 0,5 \qquad \text{(équation 9)}$$

Maintenant, rappelons-nous (voir l'encadré 15.2, p. 365) que $Z/(dZ/dt)$ *est spécifié optiquement par la valeur courante de* τ*. En dérivant l'équation 9 par rapport au temps, on obtient donc :*

$$\frac{Z(dZ^2/dt^2)}{(dZ/dt)^2} \geq 1 + d\tau/dt \qquad \text{(équation 10)}$$

où $d\tau/dt$ *(appelé* $\dot{\tau}$*) est la première dérivée temporelle de* τ*. Il résulte donc des équations 9 et 10 que la décélération courante (constante) est adéquate si, et seulement si :*

$$\dot{\tau} \geq -0,5 \qquad \text{(équation 11)}$$

Ainsi, une information sur la justesse de la décélération courante par rapport à l'intensité recherchée au contact (évitement, vitesse nulle, contact doux, contact sévère) est disponible dans le flux optique à partir de la variable $\dot{\tau}$*.*

particulière de $\dot{\tau}_m = -0{,}5$, la différence entre cette valeur et la valeur courante de $\dot{\tau}$ fournit un signal d'erreur à l'observateur, qui peut effectuer une correction x prenant la forme $x = f(\dot{\tau}_m - \dot{\tau})$. La conséquence est une nouvelle décélération qui, à son tour, produit une nouvelle valeur de $\dot{\tau}$. Cette loi de contrôle traite $\dot{\tau}$ comme une information sur la justesse de la décélération au regard du but recherché (contact, non-contact). Le freinage peut être intensifié ou allégé lorsque la valeur courante de $\dot{\tau}$ s'écarte de la valeur de $\dot{\tau}_m$ recherchée (voir Bardy et Warren, 1997, pour les détails). Au-delà de l'intérêt que représente ce type de relation pour la gestion des contacts avec les objets qui nous entourent, il nous faut retenir là encore la richesse du flux optique créé par le déplacement, à même d'offrir des mécanismes de contrôle simples et parcimonieux, et n'imposant pas à l'observateur de connaître sa vitesse ou sa décélération courante, ni même la distance courante qui le sépare de l'obstacle.

15.6 LA RÉGULATION VISUELLE DES HABILETÉS COMPLEXES

Les questions abordées jusque-là, celles de la spécification optique et de la régulation visuelle du mouvement, concernaient principalement nos actions quotidiennes telles que le maintien d'un équilibre bipédique, la marche ou la conduite d'un véhicule. Nous concluons ce chapitre avec quelques exemples de déplacements plus complexes, rencontrés dans le secteur de la performance sportive. Pour le spectateur comme pour le spécialiste du contrôle moteur, les pratiques sportives sont en effet des activités complexes. Pour le spectateur, elles sont complexes parce que l'évolution de l'athlète semble souvent défier les lois les plus élémentaires de la physique. Pour le spécialiste du contrôle moteur, elles sont complexes parce que les modèles théoriques disponibles paraissent bien limités face à l'extraordinaire degré de maîtrise, de précision, d'efficacité ou d'adaptabilité dont font preuve les athlètes. Et pourtant, les mécanismes de contrôle qui gouvernent la haute performance sportive ne sont pas si différents de ceux mis en jeu dans nos actions quotidiennes. Deux illustrations illustrent ce propos.

15.6.1 La régulation visuelle de la course d'élan au saut en longueur et au saut à ski

Il existe de nombreuses activités quotidiennes dans lesquelles un placement précis du pied sur une cible de dimension réduite est requis (abord d'un trottoir, marche d'escalier). Dans le saut en longueur, situation dans laquelle le sujet doit « pointer » la planche d'appel après une course d'élan de 30 à 40 m, ces contraintes spatiales sont accentuées du fait que le positionnement doit être effectué à haute vitesse. Cette action de pointage doit en quelque sorte se fondre dans le décours spatiotemporel du patron locomoteur répétitif assurant le déplacement, pour ne pas perturber l'équilibre postural du sauteur avant l'impulsion finale, ou diminuer sa vitesse, facteur essentiel de la performance dans cette activité. L'obligation de prendre une impulsion avec un pied défini par les contraintes de latéralité ajoute de la difficulté à cette tâche. Il devient alors impératif pour le sauteur d'anticiper les régulations de sa foulée. L'analyse de l'action de pointage locomoteur dans des conditions variées (Glize et Laurent, 1997 ; Lee, Lishman et Thomson, 1982) met en évidence la constance du nombre des unités motrices (pas ou foulées) régulé visuellement par les sujets ; ce sont généralement les trois dernières foulées qui sont modulées pour parvenir à un positionnement précis, et ce indépendamment de la vitesse de déplacement (voir la figure 15.9). Les sauteurs n'effectuent en effet pas de régulation au-delà de cette distance, bien que cela soit théoriquement possible. Il semble donc exister une limite fonctionnelle à la réalisation de ces ajustements. D'autre part, le laps de temps nécessaire au sauteur se déplaçant à une vitesse de 10 m/s pour ajuster visuellement la longueur de ses foulées est extrêmement réduit : il a été observé empiriquement (Laurent, 1981) que la distance qui peut être compensée sur trois unités motrices, sans que le patron locomoteur perde son caractère cyclique, est sensiblement égale à la moitié d'une unité motrice (0,60 m pour une foulée de 1,20 m). Si l'on considère alors qu'un sauteur se déplaçant à 10 m/s effectue trois dernières foulées de 1,20 m, le temps disponible pour réguler l'action est ici inférieur à 60 ms par foulée. La difficulté imposée par la tâche est donc bien de coordonner la perception et l'action sous

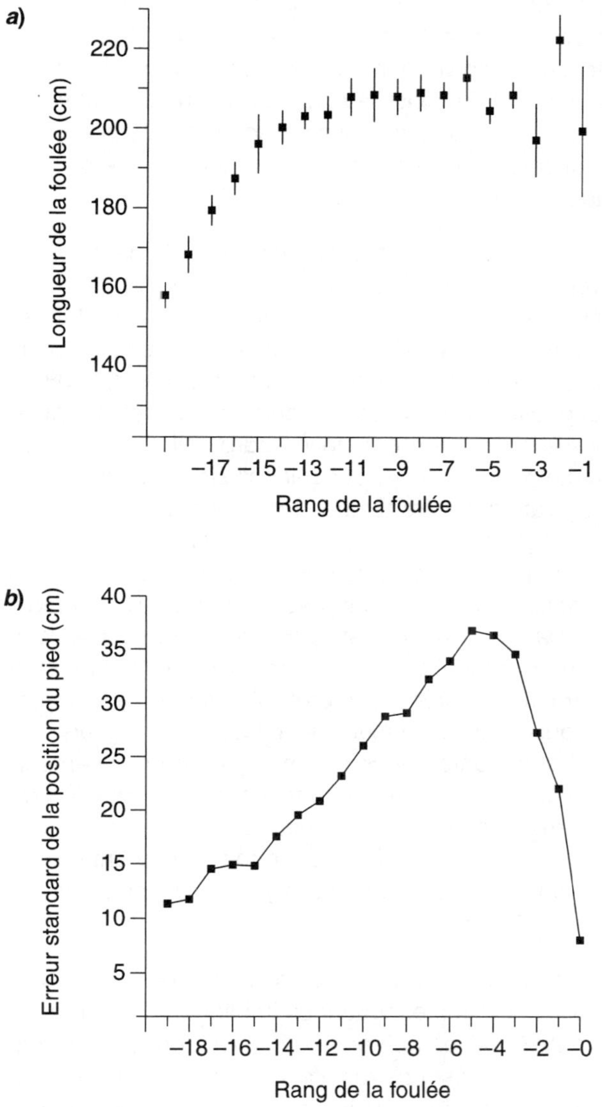

FIGURE 15.9 *Régulation de la course d'élan au saut en longueur.* Cette figure représente, pour un même sujet et au cours de six essais, l'évolution moyenne, en fonction du rang de la foulée : *a*) de la longueur de la foulée ; *b*) de l'erreur standard séparant le pied de la planche à chaque foulée (calculée sur les six essais). Les barres verticales représentent l'erreur standard. Noter la variation soudaine de la longueur de la foulée survenant lors des trois derniers appuis, correspondant à une diminution importante de l'erreur pied-planche pour ces mêmes appuis. Ces résultats suggèrent une régulation visuelle de la course d'élan dans la phase terminale. *Source :* D'après Lee, Lishman et Thomson (1982, p. 457).

fortes contraintes temporelles. Les travaux de Lee et de ses collègues (1982 ; voir aussi Warren, Young et Lee, 1986) suggèrent que la variable τ est ici utilisée pour moduler l'impulsion verticale à chaque foulée de la course d'élan.

Le saut à ski fournit une autre illustration remarquable du nombre restreint de possibilités qui s'offre au sujet pour réaliser une performance. Après une accélération sur le tremplin en position repliée (qui détermine une vitesse moyenne d'environ 85 km/h dans la phase finale), le sauteur doit brutalement se redresser juste avant le bord du tremplin. Cette extension des jambes lui permettra d'adopter puis de conserver une position tendue, stabilisée au cours du vol. Il est clair qu'une extension anticipée des jambes nuit à la performance (car elle diminue la vitesse), alors qu'une extension retardée est très dangereuse parce qu'elle ne permet pas d'aborder le vol dans une position stable. Lee et ses collègues (1982) ont analysé le saut de 14 athlètes de haut niveau sur un tremplin olympique. Ils ont montré que l'extension explosive des membres inférieurs débutait en moyenne à 194 ms du bord du tremplin, avec une variabilité de seulement 10 ms. Cette conduite, très stabilisée à ce niveau de pratique (moins de 25 cm d'erreur à 80 km/h) illustre ici l'intégration, chez les sauteurs, des propriétés dynamiques et cinématiques de la tâche à effectuer : nous ne serions pas surpris, en analysant la durée moyenne requise par l'extension des jambes chez ces athlètes, de trouver une valeur proche de 190 ms. Là encore, τ semble être la variable optique à l'origine de l'extension des jambes.

15.6.2 La régulation visuelle de l'orientation chez le gymnaste

Les déplacements aériens sont réalisés dans un environnement dont les caractéristiques physiques influent également sur l'exécution. Ceci est particulièrement crucial pour les habiletés gymniques et acrobatiques réalisées sans contact avec la surface de support (le *vol*). Pour un salto arrière, par exemple, la caractéristique mécanique majeure de la période de vol est que l'unique force agissant sur le corps (si l'on néglige les forces dues à la résistance de l'air) est le poids du gymnaste. La conséquence essentielle est que le moment cinétique est invariable entre le décollage et l'atterrissage. Il s'agit du principe de *conservation du moment cinétique*. Puisque le moment cinétique d'un corps en rotation est égal au produit de son moment d'inertie et de sa vitesse angulaire, toute variation du moment d'inertie dans un sens a pour conséquence immédiate une variation de la vitesse angulaire dans le sens contraire. Conformément aux lois de la mécanique classique, les caractéristiques de l'impulsion vont déterminer à la fois le moment cinétique du corps pendant le vol, mais également la trajectoire de son centre de gravité et la durée totale du vol. La seule possibilité de régulation de l'orientation du corps pendant cette phase aérienne est donc liée au moment d'inertie : en rapprochant ou en éloignant les masses corporelles de l'axe de rotation, le gymnaste peut ainsi diminuer ou augmenter son moment d'inertie, ce qui produit une variation inverse de la vitesse de rotation. Dans ce contexte, les moments, les vitesses et les durées de fermeture et d'ouverture du corps apparaissent déterminants pour la régulation de l'action.

Du point de vue perceptif, la situation de vol est également originale. Visuellement, la courte durée du salto arrière (réalisé de l'arrêt), environ 600 ms, limite considérablement les informations utilisables pour réguler le mouvement. La vitesse de rotation de la tête atteint 1000°/s pendant la phase de fermeture, et enlève donc un rôle fonctionnel au *réflexe vestibulo-oculaire*, réflexe qui permet habituellement de stabiliser l'image de l'environnement par une rotation de l'œil compensant la rotation de la tête (Pulaski, Zee et Robinson, 1981). Les phases de stabilisation de la tête dans l'espace observées au début et à la fin du geste semblent ici être des adaptations originales du système perceptivo-moteur visant à réduire ces contraintes imposées par la tâche. Notons que ces périodes de stabilisation du segment céphalique au cours des rotations rapides existent également dans bon nombre de situations sportives ou artistiques où le corps reste en contact avec le sol, dans la pirouette en danse, par exemple. La part des informations vestibulaires et somatosensorielles dans le contrôle de l'orientation du corps semble également réduite durant la période de vol. En effet, l'accélération gravitaire n'étant plus détectée par la partie otolithique du vestibule, en l'absence de contact avec la surface de support, une perception correcte de l'orientation implique une double intégration des accélérations angulaires, probablement peu compatible avec les capacités du système vestibulaire (Stoffregen et Riccio, 1988). Pour les même raisons, les informations proprioceptives, bien qu'importantes lors de l'impulsion, paraissent insuffisantes pour contrôler l'orientation du corps pendant la phase aérienne (Lee et autres, 1992). Ainsi, la communication avec l'environnement au cours des phases acrobatiques aériennes s'effectue principalement par l'intermédiaire du système visuel.

La nécessité, pour les plongeurs de haut vol, de voir la surface de l'eau agitée à l'aide d'un jet d'eau avant (et pendant) le vol semble confirmer intuitivement cette hypothèse. D'une autre manière, nous avons récemment évalué (Bardy et Laurent, 1998) la capacité de gymnastes experts et novices à réguler visuellement leur orientation corporelle au cours de cette phase de vol. Pour cela, plusieurs stratégies de régulation ont été testées (voir l'encadré 15.4) : une stratégie *proactive*, qui prédit une absence de régulation pendant la phase de vol (exécution d'un plan d'action complètement prédéterminé) ; une stratégie *rétroactive*, qui consiste pour le gymnaste à ajuster son moment d'inertie au cours du vol en fonction d'informations perceptives prélevées lors du décollage, et qui prédit notamment une relation entre la durée du vol et les paramètres cinématiques du mouvement ; enfin, une stratégie *prospective*, qui implique le prélèvement d'informations relatives non pas au décollage, mais à l'atterrissage. Le temps courant restant disponible avant l'atterrissage, TC(D), paraît ici un bon candidat.

Ces trois stratégies de contrôle ont été testées au cours de deux expériences impliquant la réalisation de 223 salti, en présence ou en l'absence d'informations visuelles. Les résultats obtenus valident largement l'utilisation par les gymnastes de TC pour le contrôle de l'orientation corporelle pendant la phase aérienne. Deux résultats majeurs ont en effet été obtenus. Le premier (voir la figure 15.10, p. 372) montre à travers quelques données cinématiques que la variabilité des angles γ (l'angle formé par l'orientation courante du corps et son orientation à l'atterrissage) et α (l'angle cuisse-jambe) n'est pas distribuée de façon homogène au cours du vol. Pour γ, on observe chez les trois sujets testés une augmentation puis une diminution de la variabilité de l'angle, ce qui suggère un processus de régulation de l'orientation corporelle dans la phase terminale du mouvement. En effet, la diminution de la variabilité de γ *au cours*

ENCADRÉ 15.4
La régulation de l'orientation corporelle au cours du salto

Au cours des rotations acrobatiques effectuées sans contact avec la surface de support (en vol), le moment cinétique du corps est constant. L'unique possibilité pour les gymnastes de réguler leur orientation par rapport au sol consiste à réduire ou à augmenter leur moment d'inertie, par un rapprochement ou un éloignement des masses corporelles de l'axe de rotation. Au cours de l'étude décrite dans cette section (Bardy et Laurent, 1998), trois stratégies de régulation ont été testées :

- *une stratégie proactive : absence de régulation pendant la phase de vol ;*
- *une stratégie rétroactive : régulation du moment d'inertie à partir d'une information prélevée au décollage, relativement à la durée du vol ;*
- *une stratégie proactive : régulation du moment d'inertie à partir d'une information anticipée, relativement au temps restant disponible avant le contact avec le sol, TC(D), donnée par :*

$$TC(D) = \frac{D}{\dot{D}} = \frac{-0{,}5gt^2 - \dot{D}_0 t}{-gt - \dot{D}_0}$$

(équation 12)

où D est la distance verticale courante séparant le centre de masse du sol, $\dot{D}$ la vitesse courante (verticale) d'approche, g l'accélération gravitaire, $\dot{D}_0$ la vitesse verticale du centre de masse à l'impulsion. La particularité de TC(D) est d'augmenter au cours de la phase ascendante du salto, puis de converger vers 0 au cours de la phase descendante. La stratégie prospective prédit une relation entre les paramètres cinématiques du mouvement et TC(D), mais uniquement lorsque les informations visuelles sont disponibles. Les résultats (voir le texte pour les détails) confirment la mise en jeu, par les gymnastes experts, de cette dernière stratégie.

du mouvement est incompatible avec une stratégie proactive. Les erreurs étant habituellement cumulatives, l'absence de régulation aurait sans aucun doute conduit à une augmentation de la variabilité de γ jusqu'au contact, et au mieux à sa stabilisation. Pour α, on note à l'inverse une augmentation de la variabilité de l'angle au même moment, suggérant la participation de α dans le mécanisme de régulation de α. Ainsi, malgré les fortes contraintes qui agissent sur le système d'action, plusieurs solutions conduisent à la réussite. Le gymnaste peut, par exemple, amorcer l'ouverture du corps à un moment précis de la rotation ou à un temps constant de l'atterrissage. Cependant, grâce à la conservation du moment cinétique, il peut également l'amorcer plus tard mais plus vite, ou plus tôt mais plus lentement. La variabilité intra-individuelle qui en résulte au niveau de l'angle α peut donc, loin de constituer du « bruit » pour le système, traduire des adaptations fonctionnelles d'un essai à l'autre. En conséquence, ces données qualitatives suggèrent qu'un mécanisme de contrôle en cours de mouvement sous-tend l'orientation corporelle pendant la phase aérienne. Quantitativement, cette *variabilité fonctionnelle* est confirmée conjointement par la présence d'une corrélation importante (et négative) entre la vitesse de l'ouverture du corps ($d\alpha/dt$) et TC ($r = -0{,}68$), et par l'absence de corrélation entre la vitesse de l'ouverture du corps et DV($r = 0{,}16$), indiquant une stratégie de contrôle de type prospective.

Le deuxième résultat provient de la comparaison entre les salti effectués avec vision et ceux effectués sans vision, par des experts ou des « débutants » (Bardy et Laurent, 1998, expérience 2). Pour les experts, les corrélations entre la vitesse de l'ouverture du corps et TC, présentes dans les conditions de vision ($r = -0{,}70$) disparaissent en l'absence de vision

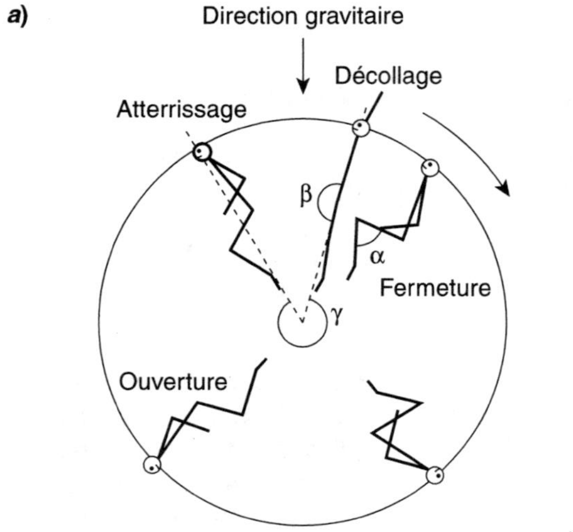

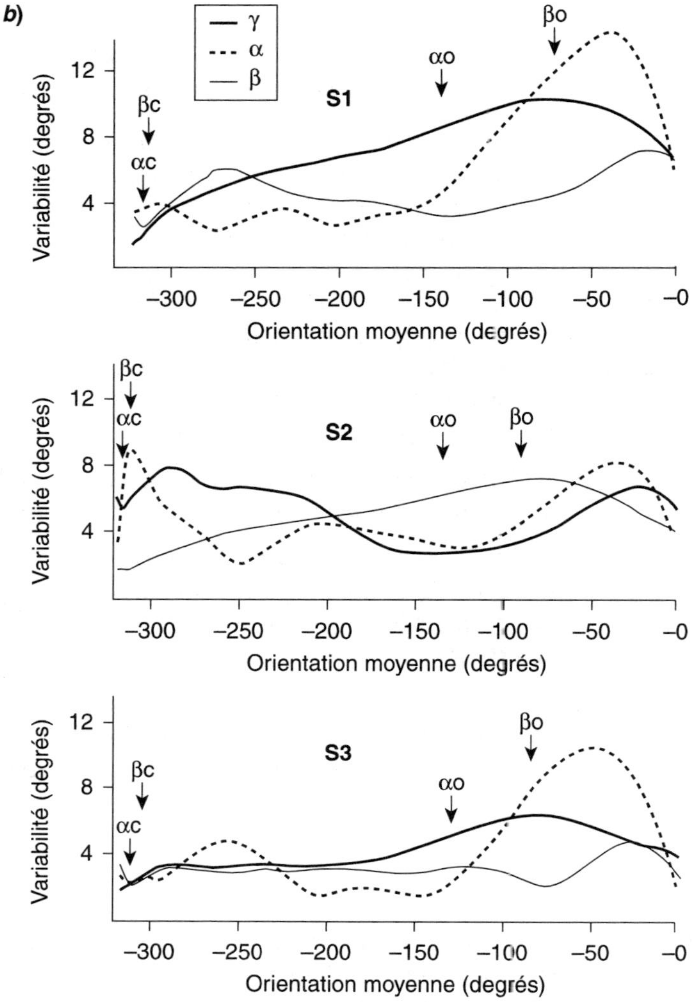

FIGURE 15.10 *Régulation de l'orientation corporelle au cours du salto arrière. a) Schéma simplifié de la situation acrobatique.* α et β sont les angles cuisse-jambe et tronc-cuisse, respectivement ; γ est l'angle formé par l'orientation courante du corps et son orientation à l'atterrissage. *b) Variabilité fonctionnelle au cours de l'exécution, par trois gymnastes experts (S1, S2, S3), de 223 salti, effectués sans élan.* Noter l'augmentation de la variabilité (interessais) de α à l'approche du sol et la diminution de la variabilité de γ au même moment (αo représente le moment d'ouverture de l'angle cuisse-jambe). Cette variation conjointe des angles suggère un mécanisme de régulation du salto pendant la phase de vol. *Source :* D'après Bardy et Laurent (1998, p. 967 et 969).

(r = −0,19), un résultat qui valide le support visuel de la régulation mise en œuvre. Pour les débutants, ces corrélations n'existent ni en condition de vision (r = −0,10), ni en condition de non-vision (r = 0,02).

En conclusion, le temps restant disponible semble être le paramètre visuellement utilisé pour moduler le moment d'inertie du corps dans la phase terminale du salto. Ces données sont à mettre en relation avec l'organisation motrice de la tête sur le tronc pendant la phase aérienne qui présente des caractéristiques intéressantes. En effet, la tête n'est pas animée d'un mouvement de rotation uniforme pendant le vol. Chez l'expert, la phase de rotation rapide de la tête, parfois appelée « phase aveugle », est encadrée par deux périodes (au décollage et à l'atterrissage) au cours desquelles le segment céphalique est stable dans l'espace (Berthoz et Pozzo, 1994). Contrairement à une idée parfois avancée, cette coordination originale n'est pas une conséquence exclusivement mécanique de la rotation du corps, puisque qu'elle disparaît en l'absence de vision et qu'elle est absente chez des gymnastes de niveau inférieur (Pugnière, 1995). Ceci suggère donc que la vision joue un rôle fonctionnel, perceptif, dirons-nous, au cours de ces deux phases de stabilisation. Contrairement à une autre idée reçue, ces données indiquent l'importance croissante des informations visuelles au cours de l'apprentissage. Traditionnellement, les théories de l'apprentissage moteur (par exemple, Schmidt et McCabe, 1976) suggèrent une diminution du rôle de la vision au cours de l'apprentissage, au bénéfice soit d'autres informations (proprioceptives), soit d'une exécution proactive du geste. Il faut noter cependant le caractère simple, unidimensionnel et souvent monoarticulaire des situations motrices habituellement étudiées, finalement peu représentatives des situations réelles. Les données rapportées au cours de l'analyse du salto arrière (voir également Fowler et Turvey, 1978 ; Newell et McDonald, 1992) suggèrent à l'inverse qu'un apprentissage efficient passe par l'exploration, la découverte et la stabilisation d'une coordination visuomotrice (Shaw et Alley, 1985 ; voir également le chapitre 16 sur le développement des perceptions).

CONCLUSION

Ces quelques réflexions illustrent la difficulté mais aussi l'intérêt d'engager des recherches sur le contrôle perceptif des habiletés complexes. La difficulté provient sans aucun doute de la complexité, mécanique, motrice ou perceptive, de ces habiletés. En même temps, cette complexité est un atout : d'abord parce qu'elle impose à l'athlète de mettre en jeu des solutions motrices originales, qui nous renseignent sur l'organisation du système perceptivomoteur et son fonctionnement ; ensuite, parce qu'elle révèle, par la pression temporelle, énergétique ou attentionnelle qu'elle engendre, les limites fonctionnelles de ce système. En ce sens, plutôt que de constituer un champ d'application des théories du contrôle moteur, les recherches effectuées dans le domaine des habiletés complexes doivent constituer un creuset privilégié où ces théories sont discutées, confrontées et développées.

LECTURES RECOMMANDÉES

BERNSTEIN, N. (1967). *The co-ordination and regulation of movement.* Elmsford, NY : Pergamon.

GIBSON, J.J. (1979). *The ecological approach to visual perception.* Boston : Houghton Mifflin.

MICHAELS, C.F., et CARELLO, C. (1981). *Direct perception.* Englewood Cliffs, NJ : Prentice Hall.

REED, E.S. (1996). *Encountering the world.* New York : Oxford University Press.

WARREN, W.H. (1988). Action modes and laws of control for the visual guidance of action. Dans O.G. Meijer et K. Roth (dir.), *Complex movement behaviour : « The » motor-action controversy* (p. 339-380). Amsterdam : North-Holland.

CHAPITRE 16 Le développement des perceptions

MICHELANGELO FLÜCKIGER

INTRODUCTION

Le regard que l'adulte porte sur l'enfant change selon le contexte historique et culturel dans lequel vit un groupe humain. Toutefois, certaines questions sont sans doute universelles et concernent aussi bien les parents que l'ensemble des observateurs du changement des perceptions avec l'âge. Pour décrire ce développement, le chapitre comprend trois parties principales.

La première partie regroupe les interrogations de base sur la genèse en plusieurs catégories et selon la nature des comportements envisagés. Très naturellement, un observateur se demande par exemple comment le bébé accède à l'environnement immédiat et quelles fonctions perceptives sont disponibles à divers moments du développement. Le chercheur en perception se pose en fait les mêmes questions, mais ses réponses, obtenues dans le cadre de l'investigation expérimentale, doivent répondre à des critères précis de vérification scientifique.

La seconde partie, la plus importante de ce chapitre, abordera les grandes phases de l'évolution psychologique des perceptions selon l'âge chronologique des sujets. Elle se subdivise en trois sections qui traitent successivement de la période prénatale, du bébé et de l'enfant. Pour ne pas trop alourdir cette partie, certaines techniques d'étude du développement sont regroupées dans le troisième chapitre de ce livre avec les autres instruments et méthodes d'étude en perception.

En guise de conclusion, certaines observations scientifiques sont commentées lorsqu'elles permettent d'étayer des explications théoriques proposées pour comprendre le développement.

L'apparition et l'évolution des capacités perceptives peuvent être étudiées à partir de trois grands groupes de questions qui sont autant de repères pour saisir la nature des problèmes du fonctionnement perceptif.

1) Que voit, entend ou ressent un bébé dont les manifestations, dans le berceau ou les bras d'un parent, paraissent si peu diversifiées ?
2) Comment se modifient les conduites perceptives au cours du développement ?
3) Quelles sont les causes du développement ?

Le premier groupe de questions concerne donc les capacités perceptives du nouveau-né. L'adulte qui s'occupe d'un bébé est souvent frappé par le peu de mobilité des yeux et se demande si les fixations du regard sur les visages sont un signe d'attrait et de reconnaissance. Cette question est essentielle pour une mère qui est à l'affût de signes pouvant lui indiquer un début d'attachement dans les échanges, surtout avant l'émergence du sourire. Quand le bébé est allongé dans son berceau, certains objets paraissent aussi attirer son attention et la question se prolonge dans les possibilités d'identification de certaines formes, selon diverses propriétés telles que l'aspect, la taille, la couleur, aussi bien que la distance ou le mouvement.

Le même genre de questions se pose au sujet de l'identification des sons ou de la voix et de la capacité de distinguer des goûts ou des odeurs, et les recherches sur ce sujet permettent maintenant d'établir un tableau assez complet des perceptions du bébé et même du fœtus[1].

Le deuxième groupe de questions concerne l'évolution des perceptions. Quel type de changements physiques et psychologiques conduiront progressivement au fonctionnement de l'être mature ? La rapidité du développement intrigue parfois l'adulte, mais la nature des différences entre la perception à divers âges chronologiques est parfois difficile à caractériser. Il est difficile aussi de reconstituer ses propres conduites antérieures spontanément prises comme référence. Tout le monde se demande par ailleurs si le développement suit bien un cours « normal » lorsque certaines réactions ne semblent pas apparaître à l'âge attendu. Il est donc évident que des normes implicites sur ce qu'un bébé devrait être et savoir faire à un âge donné (Brunet et Lézine, 1951) forment un cadre d'interprétation qui se modifie en partie avec les représentations sociales et le statut de l'observateur[2]. Enfin, on notera aussi que, selon certaines théories, l'adaptation progressive au milieu environnant n'est pas nécessairement de nature additive. Elle comprend parfois de profondes réorganisations avec des résurgences qui consistent dans un enchaînement complexe de réapparitions, après une

1. Un décalage semble exister à première vue entre l'observation d'un bébé, que les parents connaissent pourtant assez bien pour le trouver « limité » dans ses comportements de base, et la description des chercheurs qui reconstituent un sujet prototypique d'un âge donné et doué de compétences beaucoup plus étendues. Ce fait tient à ce que les comportements réels sont la plupart du temps enregistrés par les psychologues dans les conditions d'examen contrôlées les plus favorables, quant au degré de vigilance par exemple, lesquelles sont difficiles à reproduire pour le simple observateur.
2. C'est une idée fort répandue que l'enfant n'est qu'une copie simplifiée de l'adulte. Il faudra attendre le renouvellement de la conception de l'enfance introduite par J.-J. Rousseau au XVIIIe siècle, où l'enfant est un homme (ou adulte) dans un état plus naturel, pour que l'enfance obtienne, même si c'est d'abord naïvement, un statut propre. Certaines formes de consensus admises jusqu'au début de ce siècle (Binet, 1909) ont été profondément remises en cause par les découvertes de la psychologie moderne, qui aborde maintenant à tous les niveaux les processus par lesquels l'homme se transforme à court ou à long terme au cours de son existence (Bideaud, Houdé et Pedinelli, 1996).

première disparition, de certains comportements observables.

Le dernier groupe de questions, d'ordre plus théorique, ne concerne plus le « comment » mais le « pourquoi » puisqu'il examine les raisons de ces changements (et leur rythme d'apparition).

La principale raison d'étudier la modification des conduites perceptives selon l'âge est en effet de mieux en comprendre les mécanismes chez l'adulte à travers leur évolution et d'aborder le débat sur l'origine, la nature et le développement des connaissances[3]: Dérivent-elles des perceptions, ou se construisent-elles plus ou moins indépendamment de celles-ci? Tout au long de ce chapitre, des exemples de développement illustrent la diversité des approches alors que le deuxième chapitre de cet ouvrage offre un cadrage plus général qui traite les courants théoriques.

Pour terminer, précisons que trois phases du développement sont décrites ci-dessous. La première concerne l'étude fœtale de la sensorialité (voir la section 16.1), qui a fourni des données fort riches depuis une quarantaine d'années. La deuxième phase, de la naissance jusqu'à deux ans environ et à l'apparition du langage, concentre la majorité des recherches sur le fonctionnement des perceptions (voir la section 16.2). La troisième comprend les formes d'organisation perceptive de l'enfant (voir la section 16.3).

3. Alors que pour l'intelligence la tendance actuelle est d'étudier l'empan de vie complet, l'immense majorité des travaux sur la perception concernent plus particulièrement l'enfance (Delorme, 1994).

16.1 LA PÉRIODE PRÉNATALE

Actuellement, l'étude intra-utérine du fœtus ne se limite plus à l'animal, mais concerne également l'être humain entre 80 et 280 jours après la fécondation. Tout en faisant preuve d'une extrême prudence dans l'expérimentation fœtale, les chercheurs ont aussi réussi à obtenir des résultats fiables chez l'homme. Ces données sont complétées par les travaux montrant l'existence d'une certaine continuité entre les réactions prénatales et celles qui sont obtenues après la naissance (Lecanuet, Granier-Deferre et Schaal, 1993). La signification psychologique des réactions fœtales ainsi que leur possibilité réelle d'intégration

ENCADRÉ 16.1
Le développement précoce des centres nerveux

L'ontogenèse histologique du cortex est relativement bien connue pendant le développement prénatal et se déroule en quatre temps. Il s'agit de phases successives de prolifération, de migration, de différenciation et même de mort cellulaire massive des neurones (Rosenzweig et Leiman, 1991). On sait aussi que si le fœtus acquiert une provision suffisante de neurones dès le sixième mois de sa vie, leur disposition en couches ressemble encore peu à celle de l'adulte.

Chez l'homme, la myélinisation des axones, qui est bien avancée in utero*, s'intensifie seulement après la naissance tout comme le développement dendritique et synaptique. L'accroissement des circonvolutions cérébrales ainsi que beaucoup de réflexes et un certain niveau d'activité motrice (facilement constaté par les mères) ont amplement été démontrés chez le fœtus humain. Malgré ces faits irréfutables, certains auteurs affirment qu'il n'y a pas de preuves que le cerveau agisse déjà sur le comportement, même au neuvième mois de la gestation (Cole et Cole, 1993). Quant aux mouvements d'ordre automatique apparaissant dans la vie intra-utérine (comme ceux de la succion), par contre, il est facile d'imaginer leur intégration dans des montages réflexes ultérieurs plus complets dès la naissance.*

dans les comportements du nourrisson[4] restent cependant difficiles à établir.

Il faut aussi noter que, malgré la diversité de la réactivité fœtale, c'est naturellement la maturation corticale qui détermine l'organisation fonctionnelle sur le plan perceptif. Or, l'ensemble des structures nerveuses est loin d'être complet à la naissance et, par ailleurs, la connectivité corticale n'est que partielle au cours de la période néonatale.

16.1.1 Le milieu sonore et la sensibilité du fœtus

Sur les plans cutané, vestibulaire et auditif, les sources d'interaction endogènes et externes du fœtus sont multiples, ce qui n'est évidemment pas le cas pour la vision. Si la maturité structurale complète n'intervient qu'après la naissance, tous les systèmes fonctionnent par contre avant, comme le montre l'enregistrement de nombreuses réactions. En audition, il a longtemps été admis que le fœtus n'entendait que les sons très intenses et graves. On a constaté par la suite qu'une certaine sélectivité pour la fréquence est présente dès la fin de la gestation (vers la 35e semaine) bien que la myélinisation des fibres auditives se poursuive après la naissance. Le liquide amniotique transmet avec une atténuation différente la plupart des fréquences audibles. Les bruits de fond endogènes et produits par la mère sont multiples et concernent plutôt les fréquences basses. Les enregistrements intra-abdominaux indiquent que les bruits extérieurs peuvent émerger du bruit de fond intra-utérin et que les contours mélodiques sont conservés. Cette situation permet au fœtus de discriminer des sons supérieurs à 60 dB émis dans le milieu aérien avec un net avantage pour la voix de la mère comparativement à d'autres voix masculines ou féminines (Lecanuet et Granier-Deferre, 1990). La réactivité fœtale auditive est donc assez bien documentée par plusieurs dizaines d'études utilisant entre autres les changements de rythme cardiaque ou les mouvements réflexes et elle dépend naturellement de l'état de vigilance.

Par contre, l'expérimentation sur l habituation ou le maintien de préférences prénatales est moins riche. Une recherche conduite à Osaka montre tout de même que les nouveau-nés pleurent et se réveillent moins au passage des avions s'ils ont été exposés pendant la gestation aux bruits de l'aéroport (Ando et Hattori, 1970). Cet effet postnatal serait spécifique puisqu'une musique diffusée avec un spectre de fréquences et d'énergie analogue à celui du bruit des avions les réveille. Quelques jours seulement après la naissance, des préférences surprenantes pour les émissions sonores de la mère ont été attestées aussi bien pour la voix (De Casper et Fifer, 1980), que pour la langue (Mehler et autres, 1988) ou pour une séquence chantée (Satt, 1984). Le débat reste ouvert sur la nature effective d'une influence après la naissance de messages sensoriels qui auraient été stockés *in utero* puisqu'il est rarement possible de présenter comme contrôle une gamme suffisamment étendue d'autres stimulations.

En conclusion, il est maintenant établi par diverses techniques que le fœtus peut entendre au moins dès le sixième mois de grossesse, comme le confirme encore l'examen de prématurés nés à cet âge. De nombreux auteurs suggèrent d'ailleurs que cette expérience auditive participe à la différenciation corticale et au développement de la maturité fonctionnelle (Tourette et Guidetti, 1998).

16.1.2 La gustation et l'olfaction prénatales

L'injection de liquides sucrés dans le liquide amniotique augmente dès le troisième mois la déglutition du fœtus alors que celle-ci diminue avec des substances amères. On suppose aussi que des épices absorbées par la mère pourraient influencer les préférences ultérieures. Avec les mêmes techniques d'enregistrement de succion non nutritive (Lipsitt, 1979),

4. La démonstration d'une réceptivité aux vibrations, par exemple, ne permet d'établir qu'une capacité sensorielle, et beaucoup de mouvements de réaction *in utero* sont très différents des activités finalisées du bébé. Des formes précoces d'apprentissage, ou tout au moins de stockage mnésique, semblent cependant possibles, comme l'indiquent des travaux de discrimination fondés sur les préférences pour une langue donnée ou certaines séquences musicales entendues pendant la grossesse.

on note une diminution des trains de succion avec des substances salées alors que le nouveau-né ne présente que de très faibles réactions faciales à ces mêmes solutions (Ton Nu, 1996). L'aversion pour les solutions salées, fréquente chez l'adulte, se développerait entre deux et trois ans. Pour l'olfaction, on a découvert assez récemment des capacités de discrimination périnatale spécifiques. Contrairement à une idée fort répandue, le système périphérique des chémorécepteurs est complexe et multiple (voir le chapitre 8). Il se caractérise par sa précocité structurelle rendant possible des réactions stables, chez les prématurés par exemple. Malgré l'absence de preuves directes de fonctionnement prénatal chez l'homme (Schaal, 1991), une réceptivité apparaissant quelques semaines avant la naissance ne peut être exclue. Bien que chez l'adulte les odeurs soient transmises par le milieu aérien, l'idée d'une imprégnation des muqueuses par des molécules en suspension dans le liquide amniotique semble admise. Des travaux récents montrent une orientation préférentielle du nouveau-né de deux et quatre jours vers l'odeur du liquide amniotique. Elle est couplée avec une prolongation marquée de l'activité buccale par comparaison avec un stimulus neutre (Schaal, Marlier et Soussignan, 1995). Par ailleurs, l'odeur du sein allaitant détermine au même âge un attrait nasal supérieur à celui du lait habituel du biberon (Schaal, Marlier, Soussignan et Jiang, 1996). Une excellente revue sur le rôle de l'olfaction dans les interactions précoces entre la mère et le bébé, les liens d'attachement et les débuts de la tendresse est fournie par Montagner (1988).

Les préférences olfactives des nouveau-nés sont partiellement déterminées par les imprégnations prénatales, mais une grande plasticité aux influences culturelles et médiatiques apparaît dès l'enfance dans la formation des comportements alimentaires.

16.1.3 Les autres sensibilités prénatales et périnatales

La réactivité des systèmes vestibulaire et cutané du fœtus est peu étudiée vu la difficulté d'en dissocier les sources spécifiques, et sa continuité de fonctionnement chez le nouveau-né est encore plus complexe à établir. Les stimulations sont nombreuses pour le premier système comme pour les contacts cutanés et correspondent à une double origine due aux mouvements de la tête passifs ou actifs du fœtus. Pour les deux systèmes perceptifs, c'est entre 20 et 30 semaines qu'on peut situer une maturation nerveuse fonctionnelle, comprenant probablement aussi un début de sensibilité thermique et nociceptive.

Parmi les divers systèmes sensoriels du fœtus, c'est la vision qui s'organise en dernier, et ce fait pourrait s'expliquer par la limitation des stimulations visuelles possibles dans la vie intra-utérine. Les études sur les prématurés ont aussi fourni des références précieuses pour une compréhension de la sensorialité du fœtus.

ENCADRÉ 16.2
Le prématuré

Les enfants nés avant terme ont intrigué depuis très longtemps les naturalistes. Leur statut paradoxal de nouveau-né inachevé permet une observation commode de la dernière phase du développement fœtal. Pour la vision, il existe une remarquable étude très minutieuse de prématurés examinés à intervalles réguliers comportant 22 sujets. Elle révèle une organisation considérable du comportement visuel avec « un degré d'activité oculaire surprenant » (Gesell et Amatruda, 1945). Les bébés ayant déjà atteint un stade tardif de la vie fœtale suivent avec attention le balancement d'un anneau avec quelques pseudo-fixations dans le champ visuel préférentiel. Ces observations confirment la parfaite continuité du développement entre la vie intra- et extra-utérine en réduisant en partie l'importance de la naissance (Gesell, Illg et Bullis, 1949). Après Gesell, de nombreux chercheurs ont tenté de mieux cerner le niveau de développement en changeant les dates spécifiant l'âge. En effet, avec l'utilisation de l'âge postnatal (le plus répandu), on avance l'hypothèse qu'une période de maturation fœtale plus ou moins longue joue un rôle réduit (en particulier chez les prématurés comparés aux enfants à terme). Adopter comme référence la date de conception ou le premier jour de la dernière période menstruelle (PM) de la mère (Fantz et Nevis, 1967) offrirait une solution de rechange. Mais en prenant comme référence l'âge PM, c'est implicitement l'effet de l'expérience postnatale qui est moins bien pris en compte. L'intérêt de ces deux types de mesure reste débattu pour la discrimination des formes.

La recherche sur les prématurés ne semble pas susciter actuellement beaucoup d'intérêt chez les développementalistes, alors qu'elle constitue une phase charnière pouvant compléter avantageusement les travaux sur le nouveau-né à terme. Pourtant, ce moment de la vie fournit vraisemblablement le meilleur terrain d'observation pour comprendre la genèse des articulations perceptivomotrices (Bullinger, 1977). C'est dans cette ligne que se situent les résultats montrant l'importante modification tonicoposturale associée à la poursuite d'une cible visuelle horizontale (Mellier, 1991 ; Mellier, Dupond, Rovira et Fessard, 1990). Si la psychologie moderne s'intéresse à juste titre à l'empreinte de la vie fœtale, il semble toutefois prudent d'éviter l'assimilation complète du fœtus à la mère pendant la grossesse, comme l'indique déjà ce sous-titre d'un ouvrage du XVIIIe siècle : « Où l'on combat le préjugé qui attribue à l'Imagination des Mères le pouvoir d'imprimer sur le corps des Enfants renfermés dans leur sein la figure des objets qui les ont frappés » (Bellet, 1745). Pour terminer, on consultera avec profit des résumés sur les observations prouvant une certaine continuité transnatale des capacités sensorielles (Lecanuet, Fifer, Krasnegor et Smotherman, 1995 ; Mellier, 1993), qui a aussi été recherchée sur le plan moteur entre diverses formes de la marche (Thelen, 1984).

Une lumière introduite dans l'utérus en amnioscopie produit rapidement une accélération du rythme cardiaque (Peleg et Goldman, 1980). De plus, l'anatomie de l'œil est aussi à prendre en compte et semble achevée à la naissance. La réception sensorielle est ainsi globalement assurée, même si la myélinisation reste incomplète, ce qui se traduit par des modifications de la vitesse de conduction et de l'éléctrorétinogramme (Koupernik et Dailly 1976 ; Vurpillot, 1972a).

Quant au rôle de ces capacités sensorielles précoces, on présume que leur fonctionnement fœtal pourrait générer une activité utile sur le plan structurel et contribuer à la spécialisation des systèmes perceptifs.

16.2 DE LA NAISSANCE À L'APPARITION DU LANGAGE

La période allant de la naissance à l'apparition du langage, qui se prolonge en général jusque vers l'âge de deux ans, est probablement celle qui a suscité le plus de débats et de recherches de toute la psychologie de l'enfant. Le nombre de travaux a continué de croître de façon exponentielle depuis une vingtaine d'années jusqu'à atteindre des proportions véritablement vertigineuses. On peut sans hésiter chiffrer à plusieurs milliers de références les publications annuelles dans le domaine et cette inflation est mentionnée dans plusieurs revues sur la question (Bideaud et autres, 1996; Cairns et Valsiner, 1984). Les ouvrages de vulgarisation se multiplient, et certains auteurs annoncent avec le plus grand sérieux la naissance d'une nouvelle science baptisée la « bébologie » (Delaisi de Parseval et Bigeargeal, 1985), ce qui ne manque pas d'en exaspérer d'autres (Bradley, 1991). Des titres assurément tautologiques (sur le plan de l'espèce à laquelle nous appartenons) sont publiés, tels que *Naître humain* (Mehler et Dupoux, 1990). Pourtant, les difficultés expérimentales sont aussi aiguës que pendant la période périnatale à cause de l'absence du langage. Les chercheurs doivent donc employer pour leurs observations des moyens permettant d'inférer la signification de certains comportements sans disposer de réponses verbales. Il apparaîtra alors clairement que toute avancée théorique est, plus que partout ailleurs, étroitement liée aux inventions d'instruments et de méthodes nouvelles (voir le chapitre 3). Les exigences de cette approche particulière créent une communauté suffisante entre les démarches scientifiques pour délimiter clairement ce secteur de recherche (du moins par les pratiques expérimentales). Notons aussi qu'une partie des difficultés rencontrées dans l'observation des enfants en bas âge se retrouve dans les travaux portant sur les conduites animales.

16.2.1 L'univers perceptif du bébé

Une véritable révolution a eu lieu depuis les années 1960 dans la façon dont les scientifiques, et progressivement les parents, se représentent la capacité des bébés à saisir l'information contenue dans leur environnement. Jusqu'alors, la conception régnante correspondait à peu de choses près à celle qu'avançaient les psychologues de la fin du XIXe siècle, selon laquelle le bébé voyait un ensemble de scènes à caractère confus et chaotique (James, 1890). Cette position est souvent confondue avec celle de grandes théories psychologiques classiques qui définissent les interactions du bébé avec son environnement en référence à une « indifférenciation initiale », comme le font Freud et Piaget. Ceux-ci admettent en effet une absence de distinction précoce entre le soi et l'extérieur ainsi qu'un manque de coordination entre divers espaces sensoriels. Mais il ne s'agit de toute évidence pas d'un chaos puisque les descriptions du bébé font état de conduites bien organisées. Malgré la reconnaissance de l'intérêt présenté par l'étude du nourrisson, de grands spécialistes des perceptions déclaraient encore assez récemment : « [...] le bébé humain ne dispose pas de coordinations suffisantes sur le plan comportemental pour que son étude puisse nous apporter beaucoup d'informations utiles » (Hochberg, 1962, p. 323). Le scepticisme persiste pour certains jusque dans les années 1970 (Hochberg, 1971), selon les recherches sur le développement perceptif, qui « [...] défient une organisation cohérente ou une analyse critique » (Lipsitt et Eimas, 1972). Pourtant, l'essor de ce domaine s'accélère depuis lors, et ce genre de position n'est plus de mise aujourd'hui face au corpus d'observations très diversifié, mais consistant, obtenu sur les compétences précoces du bébé. Ces faits sont résumés dans la plupart des traités de psychologie du développement (Bideaud et autres, 1996; Butterworth et Harris, 1994), et concernent naturellement un domaine de recherche plus large que celui des seules perceptions visuelles (avec le renouvellement des études sur l'intermodalité, par exemple). Il faut en particulier signaler les travaux sur une protologique des classifications et des catégorisations, les conduites d'imitation ou la permanence de l'objet[5].

Il est donc admis maintenant que le bébé est d'abord beaucoup plus « actif » qu'on ne l'avait prétendu. Il est capable ensuite de donner une signification à de nombreuses sensations. Enfin, il est surtout producteur de comportements dépassant de toute évidence les systèmes de réflexes et témoignant d'une certaine prise de conscience de l'interaction entre son corps et la réalité extérieure (Lockman, 1990; Spelke, 1985). L'interprétation définitive de ces propositions n'est cependant pas achevée et quelques éléments à propos de cette question seront repris dans la conclusion. On verra alors que le problème théorique essentiel est d'élucider le statut effectif des perceptions dans l'ensemble du développement cognitif du bébé. Pour l'heure, il faut retenir deux exemples parmi les plus démonstratifs de

5. Notons à ce propos que le premier objectif de certains chercheurs a longtemps consisté à prouver que l'émergence des conduites mentionnées était très précoce, ce qui a souvent conféré d'emblée une légitimité scientifique d'innovation à certains programmes d'investigation.

compétences précoces, tant pour des formes statiques que pour des configurations mobiles. D'une part, des préférences pour certains faciès humains apparaissent parfois dès la naissance (Johnson et Morton, 1991). D'autre part, l'identification de silhouettes humaines (dès l'âge de quelques mois), à partir de structures de quelques points lumineux (diodes) portés par un marcheur, témoigne d'un décodage d'information complexe liée au mouvement (Bertenthal, 1993; Bertenthal, Proffitt, Spetner et Thomas, 1985). Lorsque ce genre de pattern est immobile, il n'a en effet pas de signification identifiable, alors qu'il est décodé comme un mouvement biologique lors de l'animation. La signification perceptive de ces formes visuelles émerge donc bien d'une structure cinétique qui présente par ailleurs des analogies avec certaines propriétés dynamiques de gestes complexes analysés chez l'adulte (Viviani et Stucchi, 1992). Il a été démontré, dans des simulations sur ordinateur, que les déplacements relatifs de diodes sur la hanche et les épaules (voir la figure 14.11, p. 344) sont différents suivant le sexe du marcheur. Ainsi, chez l'adulte, lorsque le centre de gravité de ces mouvements est plus élevé, le pattern est jugé attribuable à une femme (Cutting, 1978). Chez l'enfant, un paradigme d'habituation à la nouveauté a permis de tester séparément la différenciation de deux perturbations dans la configuration de trois diodes attachées à divers points du bras (voir la figure 16.1). D'une part, une rupture de la rigidité locale supprime la cohérence spatiale des points (déformation élastique). D'autre part, un déphasage temporel de leur mouvement engendre un changement du rythme des déplacements relatifs (déformation hors phase).

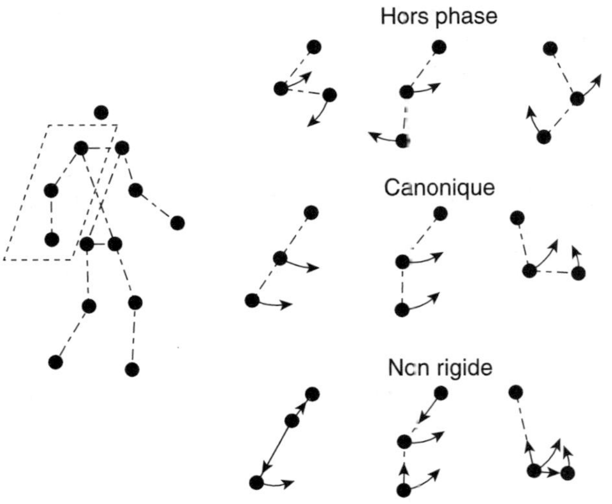

FIGURE 16.1 *Perception de mouvements complexes chez le bébé.* À gauche : la configuration des 13 points lumineux correspondant aux principales articulations et à la tête du corps humain. À droite : trois positions successives (en ligne) assumées par les points dans trois types de mouvements du bras (en colonne). Le mouvement et la disposition naturels du bras sont appelés « canoniques » et servent de référence pour la comparaison avec les deux perturbations. En haut : « Hors phase » (*out of phase*) correspond à des distances constantes entre les points et un changement de direction qui n'est pas simultané. Au milieu : « Canonique » (*canonical*) représente des distances constantes et des changements synchrones. En bas : « Non rigide » (*non rigid*) comprend des distances variables et un changement de direction simultané. *Source :* Bertenthal (1993, p. 194). Reproduit avec la permission de Lawrence Erlbaum Associates.

Une expérience portant sur deux groupes de bébés âgés de trois à cinq mois montre que, lorsque les distances projectives des diodes portées par un marcheur sont respectées, alors que les rapports de phase sont modifiés, la perturbation est détectée. Par contre, lorsqu'une même configuration canonique est comparée avec un pattern dans lequel il n'y a qu'un changement stochastique dans la disposition géométrique des points, la moyenne du temps d'inspection ne varie pas (Bertenthal, 1993). On avait déjà constaté la façon dont se modifie, entre trois et sept mois, la discrimination d'un tel pattern lorsqu'il est présenté à l'endroit ou à l'envers, par rapport à un même ensemble de points animé de mouvements aléatoires, dits « en essaim d'abeilles » (Bertenthal et Davis, 1988). Ces faits, obtenus chez le bébé de quelques mois seulement, prouvent qu'il est sensible à la cohérence d'une structure spatiotemporelle complexe qui relie sur le plan optique une disposition canonique avec les propriétés temporelles des transformations visibles. Ces constats assez surprenants par leur nouveauté participent d'une certaine récurrence de problèmes classiques chez l'adulte. Il s'agit là d'une transposition moderne de l'investigation sur l'« unité phénoménale » d'un objet en mouvement (Kanizsa et Vicario, 1968; Metzger, 1938). L'organisation cinétique de ces phénomènes avait aussi été astucieusement observée chez l'adulte (avant l'avènement de l'ordinateur), avec des figurines découpées, par le mouvement de deux jambes qui oscillent (Kanizsa, 1984, 1997).

16.2.2 Le monde visuel

Le développement sensorimoteur néonatal

Avant d'examiner l'évolution des capacités perceptives du bébé, il est utile de passer en revue quelques données sur le plan de la structure anatomophysiologique. Si le monde visuel du nouveau-né n'est en effet pas aussi limité qu'on le pensait au début du xxe siècle, il n'en demeure pas moins restreint du point de vue organique par rapport à celui de l'adulte. La dimension anatomique du globe oculaire double presque de la naissance à l'adolescence, ce qui entraîne des projections rétiniennes de taille plus réduite chez le bébé. Par ailleurs, la surface du champ visuel chez le nouveau-né est bien inférieure à celle de l'adulte. Au-delà de l'intérêt théorique qu'offre une évaluation précise de la sensibilité visuelle pour ses conséquences directes dans l'étude des perceptions, il est évident que le dépistage précoce de troubles visuels est primordial sur le plan de la santé. Une vingtaine d'années de pratique clinique a permis d'aboutir à des batteries de situations standardisées très complètes entre la naissance et trois ans et demi. Ce sont toutefois les mesures d'acuité visuelle par les potentiels visuels évoqués ou de la fonction de sensibilité au contraste qui sont encore décrites dans la plupart des manuels récents (Goldstein, 2002 ; Palmer, 1999 ; Rondal et Espéret, 1999). Le seul intérêt de ces tests classiques est qu'ils permettent une comparaison pratique avec l'adulte. La technique du temps de fixation oculaire relatif (voir le chapitre 3) est maintenant très répandue dans de nombreux domaines tels que la psychologie du développement des perceptions, la psychologie clinique et la pédagogie, l'optométrie, la pédiatrie et la neuro-ophtalmologie (Gwiazda, Birch et Held, 1981). Cette acuité, longtemps difficile à évaluer autrement que par l'observation du nystagmus optocinétique (Gorman, Cogan et Gellis, 1957 ; McGinnis, 1930) ou par la mesure des indices de réfraction (Gwiazda, Thorn et Held, 1996 ; Thorn, 1996), est désormais couramment établie chez le bébé par les techniques d'orientation sélective du regard.

ENCADRÉ 16.3
Les capacités visuelles du bébé

L'acuité visuelle n'est que la mesure la plus connue de l'efficience du système visuel dans la capture de l'information. Elle est généralement déterminée chez l'adulte par les plus petits caractères d'imprimerie pouvant être reconnus. Des précautions sont toutefois indispensables étant donné l'étroite relation qui existe entre la sensibilité aux contrastes (différence de luminosité) et la sensibilité aux fréquences spatiales (pouvoir séparateur). Les méthodes d'évaluation de l'acuité visuelle des bébés consistent à leur présenter simultanément une grille de traits parallèles de finesse variable et une seconde cible de même taille en gris uniforme de même luminance. Il suffit alors d'enregistrer les temps de fixation oculaire respectifs. Une préférence consistante pour la grille la plus fine indique le seuil de discrimination ou acuité visuelle de l'enfant. Les valeurs de référence de l'adulte correspondent à 20/20 dans la notation de Snellen ou 30 cycles/degré d'angle (c/d). Suivant cette norme, le nouveau-né manifeste une très faible acuité (proche de la cécité) puisqu'il se situe généralement entre 20/1200 et 20/600 (0,5-1 c/d). L'acuité s'accroît cependant fort vite au cours du premier semestre puisqu'elle atteint 20/200 (3 c/d) à quatre mois, 20/100 (6 c/d) à six mois et 20/50 (12c/d) à un an.

Les raisons de cette faible acuité à la naissance tiennent, au-delà de la maturation incomplète du cortex visuel, au fait que la fovéa du nouveau-né contient moins d'un tiers du nombre des cônes de l'adulte. Les valeurs d'acuité les plus récentes obtenues par divers tests (Teller ou Keeler) sont tout à fait comparables à celles qui sont enregistrées avec un choix préférentiel forcé, et atteignent une valeur d'environ 10 c/d à l'âge de 40 semaines.

Ces mesures proviennent de divers programmes de dépistage des troubles de la vision et des études nationales d'évaluation des capacités visuelles (Atkinson, 1996).

La conclusion à tirer de ces tests est qu'il faut impérativement travailler avec des images placées très près de l'enfant en bas âge pour s'assurer de leur visibilité. À titre indicatif, dans les premiers travaux sur le regard préférentiel, des cibles d'environ 10 cm de côté et distantes entre elles de 15 cm sont placées à 50 cm du bébé. En effet, des objets trop distants, dont les projections rétiniennes sont plus petites, attirent peu l'attention du bébé. En dépit de ce qui vient d'être dit, même avec une acuité d'une trentaine de fois inférieure à celle de l'adulte, le nouveau-né dispose d'informations visuelles suffisantes pour traiter les grandes images rétiniennes fournies par les visages des personnes qui l'entourent (Atkinson, 1989). Le lecteur ne doit pas se laisser impressionner par le flou désastreux des images qu'on trouve dans la plupart des manuels simulant la vision du bébé (Goldstein, 2002, p. 517; Shaffer, 2002, p. 184), ni en déduire erronément qu'il est incapable de discriminations. Les nouveau-nés peuvent d'emblée distinguer des photos ou des schémas de visages, même si les préférences pour les faces disparaissent temporairement par la suite entre un et deux mois (Johnson et Morton, 1991). Pour comprendre ce phénomène, il faudra se reporter aux images soumises à des filtres passe-bas qui les rendent floues. On constate alors que la structure de base des configurations subsiste (voir le chapitre 11). Malgré leur dégradation due au flou, ces images conservent en effet un schéma caractéristique dû à la position respective des yeux, du nez et de la bouche, qui est détectable précocement.

Il faut enfin noter la diminution massive de l'acuité selon l'excentricité d'une projection rétinienne (voir la figure 11.2, p. 250), comme cela a été relevé à diverses reprises (Anstis, 1974).

Des batteries plus complètes d'évaluation visuelle fonctionnelle ont été mises au point, entre autres à Cambridge, dans un programme de dépistage concernant plus de 3000 enfants. Elles proviennent de trois sources d'investigation : les laboratoires sur la vision utilisant des mesures psychophysiques et la latence de potentiels évoqués corticaux ; les situations visuomotrices classiques de la pédiatrie ; les épreuves cognitives basées sur des épreuves piagétiennes. Ainsi, une stratégie de passation standard permet aussi bien d'évaluer la réussite à un âge précis dans des tâches ayant une forte composante visuelle et proches de la vie courante que d'établir le niveau de dysfonctionnement visuel chez des enfants ayant des troubles multiples (Atkinson, 1996). Il existe un grand nombre d'autres tests sensorimoteurs spécifiques dont on trouvera un résumé dans les ouvrages sur la vision dans l'enfance (Vital-Durand, 1996). En pratique, pour des bébés de 2 à 4 mois, il est inutile de prolonger le temps d'exposition des cibles au-delà de 10 s et on peut présenter jusqu'à 40 ou 50 essais en une séance. Ce nombre doit être réduit pour des bébés plus jeunes ou plus âgés, ce qui implique une procédure rigoureuse dans le choix des figures pour arriver tout de même à une estimation satisfaisante du seuil de discrimination psychophysique (Atkinson et Braddick, 1999).

Comme cela a déjà été mentionné, beaucoup de conduites visuelles précoces se forment en interaction avec des activités musculaires. D'ailleurs, la composante motrice active joue à elle seule un rôle déterminant dans la mise en place de la plupart des réactions d'orientation perceptive chez l'animal. De nombreuses expériences ont abordé cette question et nous présentons ci-dessous l'une des mieux connues, avec ses implications dans le traitement de l'amblyopie.

Des travaux désormais classiques ont démontré l'effet des privations sur un groupe de chatons élevés dans l'obscurité jusqu'à l'âge de quatre semaines (Held et Hein, 1963). Ceux-ci sont ensuite soumis par paires à une expérience visuelle de trois heures par jour. L'expérience motrice de l'un de ces chatons est active puisque c'est lui qui entraîne l'autre dans une nacelle (voir la figure 16.2). Ce dernier (avec une tache noire dans la figure), tout en ayant une expérience visuelle identique au chaton blanc, n'a pas d'expérience motrice associée puisqu'il est transporté « passivement » par le carrousel. Cette privation motrice détermine chez lui un comportement spatial presque semblable à celui d'un chaton aveugle. La vision exige donc l'élaboration de coordinations sensorimotrices pour fonctionner adéquatement.

La problématique du rôle joué par les déplacements actifs sur les capacités visuelles ultérieures rejoint la question de la perception du corps propre et les distinctions entre le corps « situé » et le corps « identifié » (Paillard, 1980). L'étude de la privation visuelle et de ses effets sur le comportement se développe dès les années 1940 grâce à l'expérimentation animale.

FIGURE 16.2 *Effets d'une restriction de l'expérience sensorimotrice.* En *a*) se trouve un dispositif appelé « carrousel » qui permet au chaton blanc (à droite) de se déplacer activement pendant quelques heures par jour en entraînant avec lui l'autre chaton (avec une tache noire) suspendu dans une nacelle. Lorsque les deux chatons sont placés ensuite soit dans un champ d'obstacles, comme en *b*), soit sur le plancher limité par un vide, comme en *c*), seul le chaton blanc évitera correctement les obstacles et s'arrêtera avant de tomber dans le « précipice visuel » (pour ce dispositif, voir aussi la figure 16.5, p. 391). *Source :* Paillard (1980, p. 136).

ENCADRÉ 16.4
La privation sensorimotrice

En l'absence de stimulations suffisantes ou de saturation visuelle, les structures cellulaires comme leur fonctionnement sont altérés (Hubel et Wiesel, 1963). C'est d'abord chez l'animal qu'on a montré l'importance de la privation à certaines époques dites « critiques » et mesuré les possibilités de récupération sensorielle. Pour la vision du chaton, cette période dure jusqu'à environ trois ou quatre mois après la naissance. On a montré aussi qu'une privation de un jour seulement pendant ce laps de temps pouvait affecter les réponses des cellules corticales (Freeman, Mallach et Hartley, 1981).

Ce même genre d'observations a été réalisé pour des enfants nés avec une cataracte entraînant une opacification du cristallin. On constate alors que la période critique peut durer jusqu'à l'âge de trois ou quatre ans. Après ce délai, chez l'enfant de huit ans par exemple, les résultats de l'opération de la cataracte sont mauvais, malgré le port de lunettes et des années de rééducation (Hubel, 1994). Les capacités de récupération après l'ablation d'une cataracte survenue à l'âge adulte sont par contre assez bonnes, même après 70 ans et une cécité dépassant trois ans. L'effet cortical d'une privation visuelle n'intervient pas seulement sur la dégénérescence cellulaire, mais aussi sur les mécanismes innés de la perception visuelle qui exigent une stimulation adéquate pour continuer à fonctionner. C'est donc aussi bien les neurones corticaux que leurs connexions qui peuvent être affectés, parfois de façon irréversible. On remarquera que les conclusions de ces études sur le développement périnatal rejoignent dans une certaine mesure celles des études menées sur les aveugles recouvrant la vue. Malgré l'intervention bénéfique de la plasticité corticale, la dégradation est quelquefois trop sévère pour être récupérable, même après une opération restituant la transparence du cristallin ou une réapparition des stimulations optiques. C'est ce qui se produit dans une atteinte assez répandue comme l'amblyopie, qui est définie par une acuité visuelle réduite non corrigeable par des lentilles. Les problèmes complexes posés par son traitement sont résumés ci-dessous pour illustrer un type d'application des recherches en perception.

Des stimulations réduites et anormales qui résultent chez l'homme de nombreux troubles oculaires tels que l'amblyopie ou le strabisme précoce déterminent une privation sensorielle spécifique comparable à celle qui est provoquée chez l'animal de laboratoire. C'est donc grâce à l'élaboration de modèles sur la rivalité binoculaire observée chez le singe que le traitement de l'amblyopie, après une suppression chirurgicale de la cataracte, a pu progresser. Cet exemple montre l'intérêt d'une collaboration interdisciplinaire dans l'étude de la vision. Dans ce cas, le travail réunit entre autres les cliniciens et les neuro-ophtalmologues, et les psychologues du développement encore en quête d'arguments sur les rôles respectifs de l'inné et de l'acquis.

Le développement d'une amblyopie se présente sous la forme d'une série d'événements dont la chaîne causale est encore mal connue (Vaughan, Asbury et Riordan-Eva, 1992). Pour simplifier, signalons d'abord que l'amblyopie, associée à une cataracte unilatérale, détermine avant l'ablation chirurgicale une importante privation sensorielle monoculaire. Elle provoque aussi une mauvaise mise au point pouvant être légèrement améliorée par une correction optique. La chirurgie et la correction sont insuffisantes si elles ne sont pas suivies par l'application d'un bandage occlusif sur l'œil sain. Le masquage évite que cet œil domine entièrement la construction des nouvelles connexions émergeant progressivement dans le développement (comme l'attestent l'anatomie et l'électrophysiologie). Ce traitement est donc efficace, même s'il ne restaure pas une acuité visuelle complète. Mais le protocole optimal des périodes de privation journalière et leur durée totale restent à établir encore plus précisément par l'observation animale. Les résultats préliminaires obtenus chez le singe montrent aussi qu'une intervention par défocalisation sélective serait supérieure tout en diminuant les inconvénients de la forme d'amblyopie provoquée par le bandage et l'occlusion complète (Boothe, 1996).

La discrimination des configurations

Au début du siècle dernier déjà, Köhler effectue des expériences devenues célèbres sur les oiseaux et les chimpanzés. Elles démontrent que la discrimination des formes ne concerne pas simplement leurs dimensions sensorielles absolues, mais surtout des rapports entre les propriétés de ces objets ou leur configuration. Comme le dira si bien un autre gestaltiste, en perception « les phénomènes les plus primitifs sont configuratifs » (Koffka, 1924). Ce constat, d'abord recherché chez l'adulte (Koffka, 1935 ; Zusne, 1970), a par la suite été étudié chez l'enfant (Bertenthal, 1996). Cette capacité se retrouve chez l'homme, comme l'a montré la transposition chez le bébé de la méthode d'observation animale des préférences mentionnée ci-dessus. Elle consiste à enregistrer l'augmentation du temps d'inspection d'une figure comme indice du plus grand intérêt qu'elle suscite. Cette technique très répandue a fourni des données richement exploitées par Fantz et son équipe (Fantz, 1963, 1970 ; Fantz et Nevis, 1967) qui en font par ailleurs une présentation très didactique (Fantz, 1961). L'aspect innovateur de ces recherches est présenté ci-dessous alors que certaines critiques de la méthode ont déjà été évoquées au chapitre 3. Le temps de fixation oculaire relatif a permis de mesurer (en plus de l'acuité) le genre de configuration discriminé selon l'âge pour deux grandes catégories de stimuli comprenant les formes géométriques et les configurations de visages.

1) En premier lieu, pour les *formes géométriques*, la capacité de discrimination est évaluée sur des groupes de bébés âgés de 1 à 15 semaines et parfois dès l'âge de quelques jours (Fantz, 1958). En règle générale, les stimuli plus complexes accroissent le temps de fixation oculaire relatif. Ainsi, un carré comportant un damier est fixé plus longtemps qu'un carré gris ou coloré uniformément. De même, des cercles concentriques attirent plus l'attention que de simples bandes horizontales. Par contre, aucune préférence visuelle n'est décelable entre des formes identiques ou de complexité considérée voisine comme un disque et une croix. Comme on le voit clairement dans la figure 16.3, un pattern de visage très schématisé attire massivement les regards en comparaison de diverses autres configurations, notamment des surfaces unies, blanches ou colorées.

   Toutefois, Fantz lui-même (Fantz, Fagan et Miranda, 1975) met en garde contre le classement des formes selon un critère unique de niveau de complexité, dont la définition est difficile. Ce critère ne s'est pas révélé un meilleur prédicteur comportemental des préférences que la taille des objets ou leur nombre. Il existe une multitude de modèles explicatifs alternatifs à propos de l'émergence de préférences de patterns comme ceux invoquant la plus grande densité de contours (Karmel, 1969) ou la capacité de sensibilité au contraste (Banks et Salapatek, 1981). La brillance jouant également un rôle, il faudrait la contrôler en tant que paramètre dans toutes les figures (Hershenson, 1964). On peut donc considérer qu'une explication théorique unifiante doit encore être trouvée (Flavell, 1985).

2) En second lieu, on démontre pour les *visages* que c'est bien la disposition naturelle des yeux, du nez et de la bouche dans un contour schématique qui suscite le plus d'intérêt dès l'âge de quelques jours et jusqu'à quatre mois au moins (Fantz, 1961). En effet, les mêmes éléments placés en désordre (*scrambled face*) ou de simples contrastes équivalents de surfaces en noir et blanc attirent moins le regard. Vu l'importance attribuée depuis longtemps au regard dans l'interaction précoce mère-enfant, ces faits ne sont pas trop surprenants et concordent même avec l'hypothèse d'un déclenchement inné du sourire

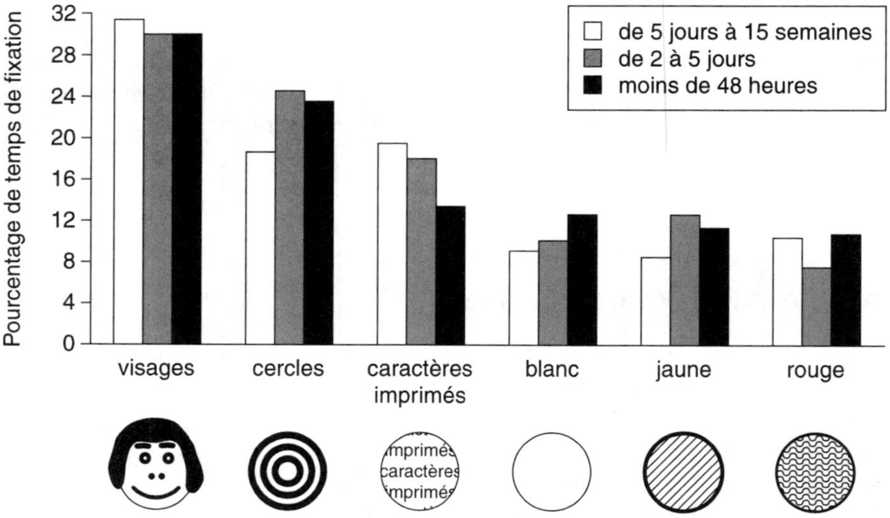

FIGURE 16.3 *Résultats de la discrimination de configurations.* Les schémas de visage déclenchent très nettement la préférence visuelle dès l'âge de 2 jours et jusqu'à 15 semaines. Des surfaces uniformes n'attirent même pas la moitié des temps de fixation. *Source :* Godefroid (1993, p. 275).

ENCADRÉ 16.5
L'interprétation des préférences précoces

Sur le plan théorique, deux questions essentielles à résoudre subsistent. La première est de savoir quelles fonctions pourraient avoir des préférences précoces aussi marquées dans le développement. Comme nous le verrons aussi avec la reconnaissance des visages, la nécessité primordiale de décoder l'information liée à des représentants de l'espèce a été suggérée. La seconde concerne le rôle effectif de l'expérience par rapport à la maturation. Il se manifeste notamment par le passage d'une préférence des visages aux patterns sans signification, puis à un choix plus spécifique de l'enfant des visages familiers. Les principaux résultats proviennent de la comparaison d'enfants dont la durée de gestation était plus ou moins longue. C'est un autre moyen (que la déprivation) d'étudier le rôle de l'expérience visuelle précoce, comme on le constate dans les observations qui suivent.

Il s'agit de comprendre l'origine d'une préférence de cercles concentriques ou d'arcs de cercle sur des bandes rectilignes. On compare dans ce but un groupe d'enfants nés à terme avec un groupe de prématurés (ayant une durée de gestation réduite de quatre semaines). En utilisant la référence courante de l'âge postnatal, les prématurés font preuve d'un maximum de préférences 16 semaines après la naissance. Les autres bébés, par contre, manifestent plus d'intérêt pour les cercles concentriques autour de 12 semaines déjà. Il semble donc bien que, pour ce genre de sélectivité géométrique, les semaines supplémentaires d'expérience visuelle (pour les prématurés) n'apportent pas grand-chose et qu'il vaudrait mieux se baser sur l'âge de gestation. Une certaine prudence s'impose cependant dans ce genre d'interprétation puisque des effets différents sont constatés avec d'autres figures. Ainsi, la préférence sur photographie d'une tête en 3-D par rapport à une silhouette plane pourrait dépendre de l'exercice visuel postnatal fondé sur la vision binoculaire et la parallaxe de mouvement. En effet, trois groupes de bébés d'âges gestationnels très différents manifestent tous autour de sept semaines après la naissance une même préférence pour la figure tridimensionnelle. Dans ce cas, la durée de maturation pré- ou postnatale (mesurée par PM) jouerait un rôle mineur, en accord d'ailleurs avec les recherches sur la privation de lumière chez les jeunes singes (Fantz, 1965).

chez le nourrisson, aussi bien par un visage réel que par un masque vu de face (Spitz et Wolf, 1946). Il s'agit toutefois ici d'une démonstration expérimentale rigoureuse et comme cette reconnaissance est dans certains cas présente dès la naissance (Morton et Johnson, 1989), le caractère inné de cette compétence semble établi, bien que celle-ci s'affine certainement avec l'âge[6]. Récemment, cette problématique a rencontré un regain d'intérêt en rapport avec l'étude des spécialisations hémisphériques et la différence de vitesse de maturation ou hétérochronie du cortex (Schonen et Deruelle, 1993). L'objectif de ces travaux est de montrer dans quelle mesure l'expérience visuelle pourrait influencer l'organisation neuronale du cortex visuel en orientant certaines zones vers des compétences spécifiques. Cette version moderne de l'ancien débat sur l'inné et l'acquis est d'autant plus pertinente qu'on dispose maintenant de techniques constamment améliorées d'imagerie cérébrale fonctionnelle comme contrôle. Une autre question classique sur la dissociation entre les traitements global et local de l'information figurale, amplement attestée chez l'adulte, se pose aussi chez le bébé. Il s'agit donc d'établir quels centres en sont responsables. Les premiers résultats obtenus confirment que les deux hémisphères interviennent dans le décodage des patterns visuels, mais en traitant des propriétés figurales différentes dès l'âge de un an. Ces données montrent aussi la relative indépendance de développement entre les centres attachés aux capacités langagières et ceux qui sont dévolus à la reconnaissance des visages. L'enregistrement des mouvements oculaires fournit aussi des informations sur le pouvoir attractif de certaines zones du visage pour le bébé.

L'inspection des contours externes d'un visage schématisé (voir la figure 16.4) est prépondérante chez les bébés de un mois, dont le regard reste souvent longtemps fixé sur une même zone (cheveux, oreille, menton, etc.). À l'âge de deux mois, par contre, des éléments internes du faciès

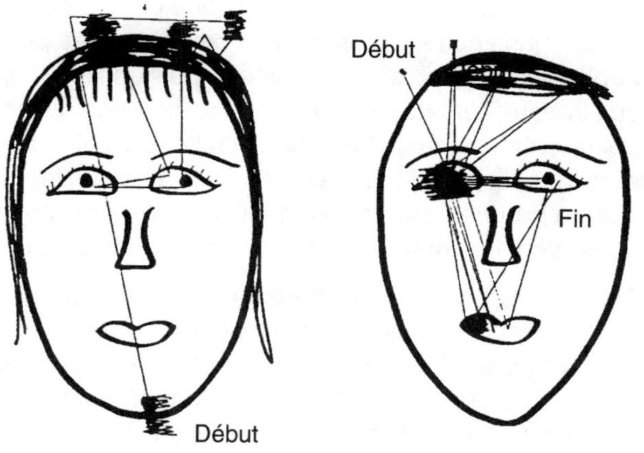

FIGURE 16.4 *Exploration des visages.* Le tracé d'exploration oculaire de gauche a été obtenu pour un bébé de un mois et celui de droite est fourni par un enfant de deux mois. Comme le prouvent ces enregistrements des mouvements oculaires et des fixations, les yeux attirent le regard de façon prioritaire même sur des visages schématisés. *Source :* Salapatek (1975, p. 201). © 1975, Academic Press. Reproduit avec la permission d'Elsevier Science.

(œil, bouche) attirent systématiquement le regard (Banks et Salapatek, 1981 ; Salapatek, 1975). Une attention plus soutenue aux propriétés intrafigurales d'images géométriques est aussi fréquente à quelques mois. Ce genre d'étude a pris beaucoup d'ampleur depuis une dizaine d'années, et s'applique surtout à des enfants âgés de quatre à six mois. Des chercheurs affirment que les bébés peuvent aussi distinguer l'expression des visages (Walker-Andrews, 1986), différencier un homme d'une femme (Leinbach et Fagot, 1993), et préférer des faciès considérés comme plus attirants par des adultes (Samuels, Butterworth, Roberts, Graupner et Hole, 1994).

La perception des distances

L'émergence tardive de l'invariance perceptive des tailles et des distances décrite par Piaget (1937) est remise en cause par une série d'expériences utilisant souvent des techniques très originales s'inspirant, entre autres, de la théorie de Gibson. Celle-ci postule en effet que les systèmes perceptifs auraient évolué en mettant l'enfant directement en contact avec l'information pertinente dans chaque modalité pour gérer efficacement leurs actions (Gibson, 1966).

6. Le rapport entre cette remarquable discrimination précoce des visages et la faible acuité visuelle du bébé peut sembler problématique et cette question est traitée dans l'encadré 16.3, p. 383.

Deux types de recherches ont joué un rôle déterminant dans notre représentation des capacités perceptives du bébé, et donné une impulsion décisive aux travaux sur le développement de la vision qui se poursuivent encore à l'époque actuelle. Il s'agit d'une part des expériences avec la falaise visuelle et d'autre part de celles qui portent sur l'expansion optique, dont les résultats sont présentés ci-dessous[7].

1) *La falaise visuelle.* Cette expérience est typique de l'approche gibsonienne selon laquelle il ne s'agit pas d'obtenir un jugement de la part des sujets, mais de rechercher un comportement qui spécifie l'existence d'une information optique utile pour la survie. La question est déjà abordée par les béhavioristes qui, dans l'étude de l'instinct du nouveau-né, montrent que la perte de support est un stimulus majeur dans le déclenchement de la peur (Watson, 1919, 1930). Sur le plan visuel, on peut chercher les indices qui participent à la détection d'un danger de chute potentiel, simulé par un dispositif de falaise (ou « précipice ») permettant de tester une multitude d'espèces animales en plus des bébés humains sachant déjà ramper.

Au-delà d'une description précise des conduites, ce contexte expérimental est idéal pour débattre des influences respectives de l'apprentissage et de la maturation. La controverse soulevée par cette question s'est poursuivie pendant une bonne quinzaine d'années sans mettre véritablement en cause les interprétations gibsoniennes. En effet,

7. Le débat théorique qui leur est associé a déjà été discuté avec la présentation des courants théoriques au chapitre 2.

ENCADRÉ 16.6
La détection du « vide » par le bébé

Dans les années 1960, E. Gibson et R. Walk estiment que beaucoup d'observations du bébé dans le monde réel ne conduisent qu'à des données anecdotiques et ne fournissent pas assez de possibilités de contrôle des stimuli. Ces chercheurs décident donc de construire un dispositif permettant de simuler un environnement significatif du point de vue écologique. « La situation doit être contrôlable pour que l'information puisse être analysée et décrite afin de permettre des réplications, tout en étant naturelle » (Gibson, 1969, p. 319).

Cet appareil, remarquable de simplicité, est formé d'une sorte de grande boîte divisée en deux parties dont l'une contient un plancher réglable en hauteur. Comme la boîte est recouverte d'une épaisse plaque de verre transparente, les bébés peuvent ramper (et divers animaux marcher) sans danger sur toute la surface de cette sorte de couvercle des deux côtés de la boîte. Le but est de mesurer combien de sujets acceptent ou refusent de se déplacer selon la hauteur du plancher ou le type de textures qui le recouvrent. Cette conduite indique à partir de quelle distance l'enfant détecte la profondeur correspondant à la distance qui le sépare du plancher. On constate que beaucoup de bébés n'acceptent de ramper sur le verre que s'il recouvre une texture en damier (spécifiant une surface). En effet, moins de la moitié d'entre eux traversent un côté muni d'un fond gris uniforme. Lorsque le damier est directement sous le verre, 89 % des bébés de six mois traversent la surface en rampant. Leur nombre diminue régulièrement lorsque le plancher est éloigné et il n'atteint plus que 8 % lorsque le damier est situé à 1 m.

Le schéma du « visual cliff » est reproduit dans pratiquement tous les manuels de perception où l'on mentionne surtout que la capacité de discrimination des distances entre diverses surfaces est présente dès que l'être humain peut se déplacer, soit autour de l'âge de six mois. L'examen de cette question dans la monographie originale révèle une vaste gamme de conduites (Walk et Gibson, 1961), et leur diversité montre qu'un apprentissage se superpose très vite à des mécanismes

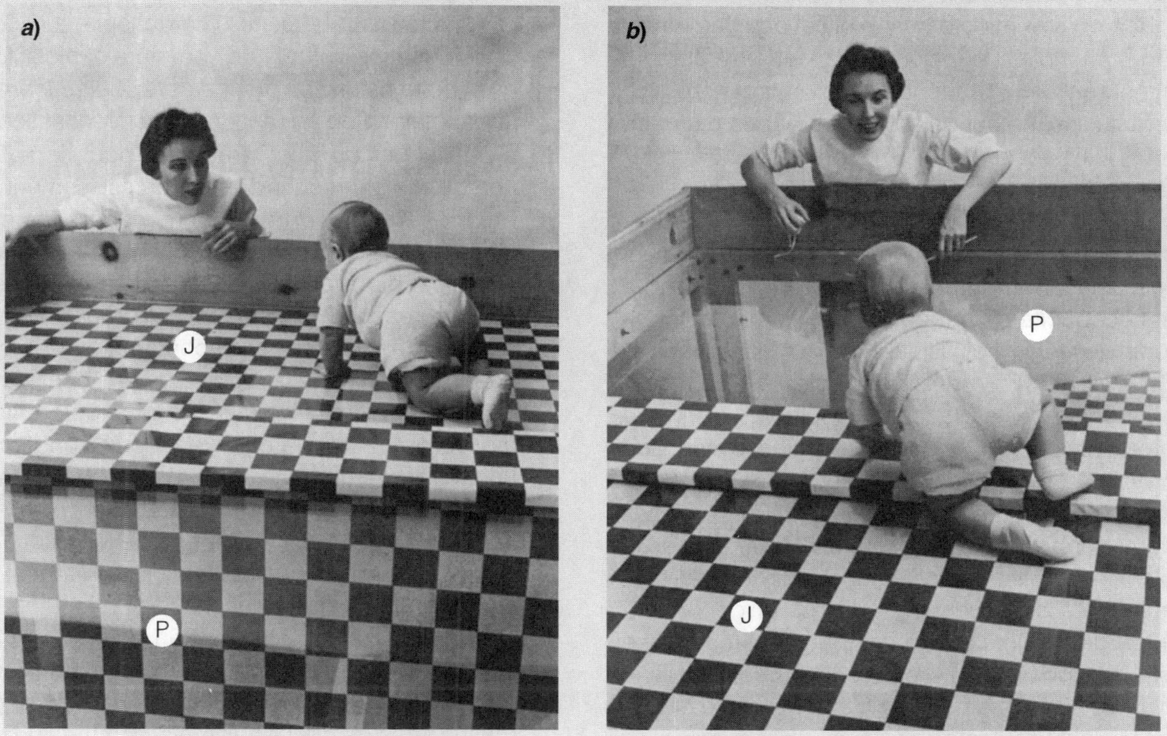

FIGURE 16.5 *Précipice visuel (*visual cliff*).* Ce dispositif permet de tester la perception de la profondeur chez le bébé. Lorsque le bébé est placé sur la planche centrale, comme en *a*), il se déplace volontiers vers sa mère qui l'appelle, passant par-dessus un plancher à damier qui est juste (J) sous la vitre. Il refuse par contre de traverser la partie « profonde » (P), où un damier est placé en contrebas, malgré les incitations de sa mère, comme en *b*). *Source :* Gibson et Walk (1960, p. 65). Photographie: William Vancivert.

innés de précocité variable selon les espèces. Des comparaisons phylogénétiques très poussées ont démontré qu'aussitôt qu'une espèce terrestre arrive à se déplacer, elle est capable d'éviter un « précipice visuel ». Tous les animaux testés sur le dispositif ont eu ce comportement : rats, poulets, chèvres, moutons, cochons, chiens et singes tant adultes que jeunes. Les tortues d'eau se déplacent en même proportion du côté P que du côté J, alors que les tortues terrestres se dirigent seulement du côté J. L'intérêt théorique de ces travaux est parfois négligé alors qu'il réside dans la démonstration du rôle déterminant de la parallaxe de mouvement dans la discrimination de la profondeur (Gibson et Walk, 1960). Dans l'une des situations de contrôle, on remonte le plancher P (à 30 cm) en le munissant d'un damier avec des carreaux d'une taille projective équivalente à ce qui était vu à plus grande distance (à 1 m). Comme le bébé accepte alors de traverser la surface, on en déduit que ce n'est pas la diminution de densité des carreaux qui lui fournit l'information de profondeur, mais la parallaxe de mouvement.

Les chercheurs considéraient auparavant cette information dynamique trop complexe pour être décodée si précocement, et tendaient à privilégier des indices statiques impliquant la densité rétinienne de texture. On constate donc à nouveau à quel point le mouvement visuel peut être utile lorsque son origine dépend d'une implication active de l'observateur qui devient ainsi lui-même producteur d'information (Gibson, 1961 et 1979).

des résultats paraissant contradictoires proviennent de situations différentes et n'ont en réalité contribué qu'à compléter les explications originales. Pour mémoire, signalons que certains auteurs ayant réalisé l'expérience avec un vrai précipice (en munissant tout de même les bébés d'un harnais) insistent sur le rôle des processus de maturation (Richards et Rader, 1983). Par contre, des travaux antérieurs, avec enregistrement du rythme cardiaque et du placement des mains, suggèrent l'association apprise entre la profondeur perçue et la capacité de ramper dans des études longitudinales (Campos, Hiatt, Ramsay, Henderson et Svedja, 1978). En effet, les bébés qui commencent à ramper se lancent parfois vers la partie profonde, bien qu'ils hésitent longtemps en poursuivant leur inspection visuelle. Après 4 à 16 semaines d'expérience locomotrice, ces mêmes enfants refusent par contre de traverser sur le plancher distant. Les différences individuelles sont marquées dans certains groupes et dépendent aussi des rythmes de développement moteur, ce qui doit inciter les parents à la prudence sur le plan pratique. Les bébés n'atterrissent pas toujours confortablement au bas d'un escalier ou d'un berceau, alors que d'autres espèces sont moins téméraires !

La conclusion sur le plan théorique est donc en partie dépendante de la réaction comportementale choisie dans les expériences (pour un résumé, voir Adolph, 1997), puisque les actions peuvent avoir de multiples origines. Le mécanisme déterminant la perception de la profondeur chez le bébé est lui-même long à se mettre en place, assez hétérogène suivant les contenus et certainement multifactoriel (Kellman, 1995). Il intervient en synergie avec une évaluation du danger représenté par une distance donnée suivant l'espèce ou l'âge considérés. Il ne faut pas oublier non plus que certains interdits peuvent induire des évitements très tôt chez le bébé humain puisqu'ils suscitent la peur. La structure des programmes visuomoteurs et leur développement, qui expliquent la majeure partie du comportement animal sur le précipice visuel, ne sont donc probablement que l'une des composantes d'une conduite humaine plus globale face à un danger potentiel.

2) *L'expansion optique*. Un objet qui s'approche détermine une séquence d'expansion visuelle de son contour sur la rétine d'un observateur. Cette transformation optique de caractère explosif lorsque l'objet est assez proche est appelée *looming* (en anglais). Son apparition est souvent associée à un danger ou à un prédateur dans la nature (lorsqu'elle correspond à un grossissement de l'image). Avec une transformation de sens contraire (rapetissement), elle signifie un accroissement de distance et ne provoque en général aucune réaction, si ce n'est éventuellement de l'intérêt. L'expansion correspond dans le temps à une fonction exponentielle qui est considérée comme représentative d'un invariant perceptif du mouvement. On a constaté depuis longtemps une multitude de réactions de défense face à ce genre de stimulus. Expérimentalement, l'expansion est produite par projection sur un écran qui reste à distance constante de l'observateur et qui empêche l'apparition d'un flux d'air décelable sur la peau lors de l'approche d'un objet. Cette illusion de mouvement détermine des réactions de défense ou d'évitement chez de jeunes singes rhésus âgés de cinq à huit mois, comme chez les adultes (Schiff, Caviness et Gibson, 1962). Dans une remarquable monographie, le premier auteur (Schiff, 1965) démontre que la plupart des animaux testés (crabes, grenouilles, poulets, chatons) présentent un évitement dirigé selon le sens du *looming* (par exemple un saut en arrière lors d'une approche simulée). Il constate aussi que, dans ces conditions d'expérience, le comportement n'est pas étroitement corrélé à la vitesse de la transformation ni à la forme de l'ombre projetée, mais plutôt au degré de « remplissage » du contour. Le dernier fait important tient à la spécificité directionnelle de la réaction de fuite qui éloigne l'animal au plus vite de la direction présumée du mobile lorsque l'approche simulée correspond à une expansion radiale asymétrique. L'exploration de ce décodage spatiotemporel de l'information de distance a été reprise avec des bébés de 6 à 20 jours (Bower, 1974 ; Bower, Broughton et Moore, 1970). Ces auteurs utilisent comme variables dépendantes la dilatation de la pupille, le retrait ou le basculement de la tête en arrière et l'interposition des mains entre le visage et l'écran. Ces

réactions apparaissent régulièrement avec le stimulus visuel. Par contre, un souffle d'air isolé, correspondant à celui que génère l'approche réelle d'un objet, provoque une réaction très différente avec un tassement des sujets sur leur siège, rappelant davantage un réflexe. Certains auteurs décrivent des conduites encore plus diversifiées selon le contexte, comme on le constatera dans quelques revues (Ball et Tronick, 1971 ; Ball et Vurpillot, 1976).

Les surfaces en expansion rencontrées dans l'environnement ne sont pas nécessairement uniformes comme dans les expériences ci-dessus, mais peuvent comporter des parties constituées d'ouvertures ou de densités différentes. Ce genre de propriétés des formes en rotation a été analysé autour de l'âge de trois mois pour comprendre comment s'effectue la perception du changement de distance de divers objets. Ces expériences ont montré qu'entre deux formes de même surface correspondant pour l'une à une porte ouverte et pour l'autre à une porte fermée, seule la dernière provoque un évitement (Carroll et Gibson, 1981).

Notons, que dans toutes les recherches passées en revue jusqu'ici, l'expansion optique correspond à un mouvement perçu comme étant extérieur au sujet, qui résulte du déplacement d'un petit objet ou d'une cible alors que l'observateur ne change pas de place. Il est évident qu'une expansion optique similaire se produit lorsque nous approchons d'une surface immobile.

Dans certains cas, la perception d'une diminution de distance ne dépend plus du déplacement d'un objet (comme dans le *looming*). L'impression correspond alors à un mouvement de son propre corps (ou « vection » ; voir le chapitre 3) par lequel on s'approcherait soi-même d'une surface ou d'un obstacle. Il suffit de reconstituer des patterns élémentaires simulant le déplacement d'une quinzaine de diodes pour provoquer chez le nouveau-né (Jouen, 1988) des réactions posturales indiquant cette illusion de mouvement de soi.

Une multitude de transformations cinétiques du spectacle visuel ont lieu lors du déplacement d'un observateur. D'innombrables variations peuvent ainsi être testées sur les relations unissant le mouvement d'un sujet à celui du spectacle qu'il contemple. D'ingénieux dispositifs ont été créés afin de relier (de façon invisible) pour les sujets le mouvement de leur siège à des translations d'images visuelles (qui s'effectuent ou non en phase). Ils ont permis de démontrer les fondements

ENCADRÉ 16.7
La simulation de l'approche d'un objet

La difficulté d'interprétation d'une conduite chez de jeunes sujets soulève des controverses qui doivent recevoir des réponses expérimentales pertinentes. Bower avait par exemple suggéré que le basculement de la tête de « ses » bébés vers l'arrière exprimait une réaction de défense face à une collision imminente. Selon lui, ce comportement indiquait ainsi une perception précoce de la profondeur, bien avant la capacité de ramper (Bower, 1978). Toutefois, cette conduite pouvait aussi montrer que le bébé basculait simplement la tête en arrière pour suivre du regard le contour supérieur d'une ombre en expansion qui se déplace vers le haut (Yonas, 1981). Il fallait dès lors tenter de dissocier les facteurs en jeu sur le plan optique. C'est l'habile utilisation d'une ombre projetée tournant en direction du bébé qui a répondu à cette exigence.

On voit à la figure 16.6 la projection d'un rectangle en rotation qui présente des propriétés optiques assez surprenantes. Le bébé a très peu de chances d'avoir déjà rencontré dans sa vie ce genre de transformation d'ombres et encore moins d'avoir fait un apprentissage visuel face à ce genre d'événement. La transformation comprend un abaissement de l'arête supérieure, couplée avec un rapetissement de la surface totale. Pourtant, l'examen de sujets âgés de quelques semaines révèle qu'ils s'écartent au maximum de l'arête perçue. Ils réagissent donc comme si une partie de l'objet tournant s'approchait d'eux (Bower, 1978). Ceci indiquerait que la perception de la troisième dimension serait innée. Pour d'autres auteurs, la distinction entre collision et approche (simulées par une expansion d'ombre comparée à un zoom) n'apparaît qu'après l'âge d'un mois, démontrant l'existence d'un apprentissage perceptif précoce (Gibson et Spelke, 1983; Yonas, 1981). Seul le clignement des yeux serait un témoin fiable du looming. *Même si un doute subsiste quant à l'interprétation des réactions dans ce contexte, il faut prendre acte de la finesse de ce genre d'opérationnalisation expérimentale sur le plan de la démarche scientifique.*

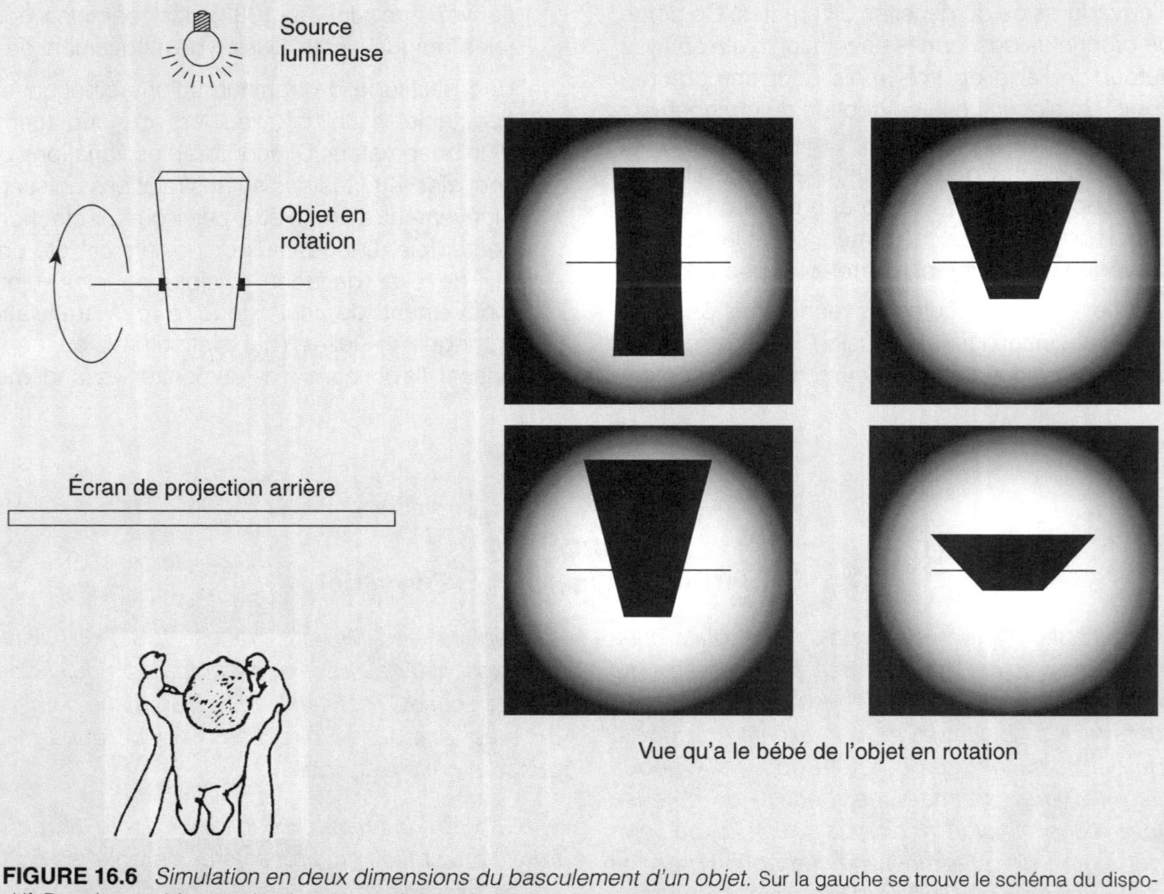

FIGURE 16.6 *Simulation en deux dimensions du basculement d'un objet.* Sur la gauche se trouve le schéma du dispositif. Dans les expériences classiques, un objet circulaire ou carré s'approche de la source lumineuse, ce qui provoque un agrandissement explosif de son ombre sur l'écran comparable à l'approche réelle d'un objet. Dans l'expérience de Bower, le rectangle tourne sur un axe horizontal et son ombre se transforme en trapèzes dont les arêtes horizontales se rapprochent l'une de l'autre. Lorsque l'arête supérieure de l'ombre descend (dans la projection optique en deux dimensions), le bébé présente la même réaction que s'il voyait basculer vers lui un objet dans la réalité. Cet objet en trois dimensions lui est en fait caché par l'écran, et ce n'est qu'une ombre diminuant de surface qui est visible. *Source :* Bower (1978, p. 36).

cinétiques du développement perceptif chez le bébé (Kellman, 1993).

Avec les techniques modernes d'infographie qui permettent de produire aisément des stimuli complexes, ce domaine de recherche va certainement subir un regain d'intérêt au cours des prochaines années. Ces nouvelles technologies n'ont encore été que très peu exploitées depuis les premières investigations montrant qu'un objet virtuel était perçu comme étant solide à un âge où l'expérience tactile des bébés est encore très réduite (Bower, 1971). Les seules exceptions notables sont celles démontrant la reconnaissance visuelle d'événements physiquement impossibles, qui sont détectés entre trois et cinq mois suivant la nature des séquences d'animation (Baillargeon, 1993; Baillargeon, Spelke et Wasserman, 1985). Il reste à découvrir comment l'enfant contrôle visuellement ses déplacements. Dans ce but, il faut par exemple enregistrer sa marche[8] pendant qu'il approche de diverses surfaces ou obstacles modifiables optiquement par infographie.

La perception des distances et de la profondeur est étroitement liée aux phénomènes de constance de taille et les recherches développementales dans ce domaine ont subi un renouvellement majeur depuis les années 1970. La compréhension de leur importance théorique et les hypothèses expérimentales qui les ont motivées sont résumées au chapitre 2 en relation avec la notion d'invariance perceptive.

16.2.3 La perception de soi, des objets et des événements

Naturellement, la diversité des approches expérimentales de la perception des distances évoquée jusqu'ici illustre surtout le débat sur l'inné et l'acquis. Or, les explications théoriques du développement ne cessent de s'enrichir, et d'autres domaines sont explorés en rapport avec la perception dite « de soi » ou des propriétés des objets. L'étude de ces questions montre l'énergie et la rigueur scientifiques nécessaires pour comprendre le rôle des perceptions considérées comme étant l'un des premiers instruments cognitifs de l'homme (Paillard, 1994).

Divers laboratoires ont concentré en premier lieu leurs efforts sur l'élaboration des *invariants physiques* des objets. Sur le modèle de la capture visuelle, on a enregistré comment des bébés âgés de 6 à 18 mois saisissent ou soulèvent des objets. Ceux-ci ont soit des formes identiques et des poids différents, soit plusieurs formes ou volumes pour des poids semblables. Une analyse très fine du mouvement sagittal du bras, anticipant l'inertie des objets, révèle que la propriété de « poids » est précocement liée aux caractéristiques visuelles perçues. Il s'agit donc là d'une forme d'invariant[9], qui démontre que l'intégration perceptive intermodalitaire est solidaire de nouvelles coordinations entre les actions du bébé sur l'objet dont il veut prendre connaissance (Mounoud, 1973). Cette expérience princeps a suscité de nombreuses recherches chez le bébé (Mounoud et Bower, 1974) ou à un âge plus tardif (Gachoud, Mounoud, Hauert et Viviani, 1983; Hauert, 1980; Zanone et Hauert, 1987) et conduit entre autres à poser le problème de la résurgence ou réapparition des aptitudes (Bower, 1977; Mounoud, 1985).

Une autre forme d'invariance est attachée à la perception des transformations optiques ayant lieu dans des séquences animées. Il s'agit là d'examiner de nouvelles formes de permanence de l'objet[10] pour savoir comment le bébé détecte si certaines propriétés du réel ont été transgressées au cours du déroulement d'un événement. On utilise dans ce but le paradigme expérimental dit « de l'événement impossible » (Baillargeon, 1993). Le fait que le bébé regarde plus longtemps cet événement que l'issue naturelle d'une séquence révèle qu'il ne s'y attendait

8. Sur le modèle des expériences effectuées chez l'adulte où le pattern temporel d'expansion d'une cible est asservi à la marche sans contrainte (Baumberger, Chanderli et Flückiger, 1994). Nous ignorons par exemple complètement quelle est l'interaction entre certaines variables optiques et la distance perçue lors du freinage chez l'enfant.

9. Au sens piagétien, cette propriété correspondrait plutôt à une « conservation » qui relève de l'intelligence.

10. Dans la définition classique donnée par Piaget, la permanence de l'objet est liée à une conception de l'espace dans lequel un objet caché peut nécessairement être retrouvé. Cela implique la présence de conduites de déplacement incluant des retours en arrière et des détours dans un espace rigide et stable malgré des perceptions changeantes.

pas. Dans cette perspective, il a été démontré que dès l'âge de quatre mois des transformations spatiales peuvent être anticipées (Hespos et Rochat, 1997) et donc qu'un objet peut « exister » hors de la vue (caché par un masque). Selon ces auteurs, cette discrimination des deux issues d'une séquence animée (voir la figure 16.7) prouve la capacité de prolonger l'information fournie par la perception au moyen d'une imagerie mentale dynamique.

En second lieu, la recherche sur l'*intermodalité perceptive* est étroitement liée à la constitution d'invariants, comme on l'a déjà vu dans le débat classique mentionné ci-dessus. Ce domaine des perceptions englobe un chapitre entier (voir le chapitre 9) car beaucoup de travaux lui sont consacrés, surtout chez le bébé. Seules quelques références de recherches sur l'enfant sont donc mentionnées ici. À Genève, à la suite de recherches sur les aveugles mettant en évidence les effets de la privation sensorielle sur le développement cognitif (Hatwell, 1966), deux recherches menées dans notre laboratoire approfondissent les relations entre la vision et le toucher manuel chez l'enfant (Osiek, 1977 ; Rochat, 1984). Ce dernier auteur effectue par ailleurs une série de recherches aux États-Unis sur le lien entre l'activité tactile-orale et l'exploration visuelle chez le nourrisson (Rochat, 1983 ; Rochat et Senders, 1991). Des rapports moins connus entre d'autres modalités concernent le développement de la perception temporelle de configurations auditives et visuelles (voir le chapitre 17), ce qui a permis la mise en évidence des stratégies de traitement intermodalitaire d'événements périodiques à divers âges (Flückiger, 1984).

En dernier lieu, la *perception de soi* est un domaine d'étude en pleine expansion qui aborde le développement de la connaissance du corps propre sur un mode comparable à celui de la recherche d'invariants physiques à travers la vision. Cette problématique comprend de très nombreux aspects dont quelques-uns seulement seront évoqués ici pour mémoire. Sur le versant sensorimoteur tout d'abord, il s'agit de comprendre comment peut s'élaborer une référence stable à l'axe du corps alors que toute la posture est sollicitée par la simple poursuite visuelle d'un mobile. Dans une perspective d'instrumentation progressive du corps, ce n'est qu'après une maîtrise posturale adéquate que l'ensemble du système oculomoteur atteindra son efficience maximale (Bullinger, 1987, 1989).

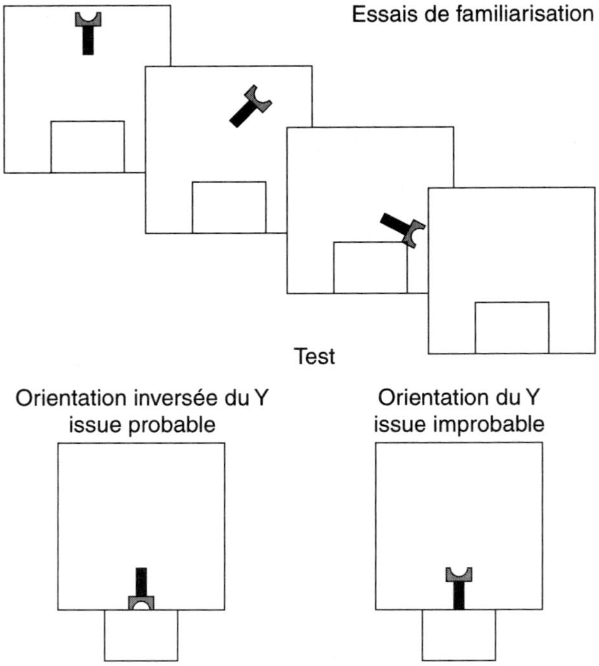

FIGURE 16.7 *Prévision d'une rotation.* Des bébés de 4 mois sont, dans une première phase de l'expérience, familiarisés avec un objet disparaissant derrière un écran à la suite d'une rotation de 180°. Ils ont ensuite tendance à être surpris et donc à regarder plus longtemps au cours de la phase test vers l'objet qui réapparaît dans une orientation improbable par rapport au début de la séquence. Des résultats similaires, obtenus avec une translation, prouvent qu'il ne s'agit pas de simples comparaisons statiques de l'orientation initiale et finale des objets. *Source :* Rochat (2001, p. 105), tiré de Rochat et Hespos (1996, p. 3-17) et de Hespos et Rochat (1997, p. 153-188). Reproduit avec la permission de Harvard University Press.

Sur le plan plus spécifiquement visuel, on pourra consulter des revues sur la reconnaissance de l'image spéculaire (ou dans un miroir) par l'enfant (Mounoud et Vinter, 1981a). Elles abordent aussi bien l'étude de la corrélation avec la permanence de l'objet qu'une synthèse des mêmes auteurs sur les liens entre le développement de la sensorimotricité et les systèmes de représentation (Mounoud et Vinter, 1981b). Beaucoup de ces expériences, qui utilisent en particulier des miroirs déformants, s'inscrivent dans la plus pure tradition des études sur l'adaptation perceptive initiées à la fin du siècle dernier (Stratton, 1897). Il s'agissait alors, en modifiant par un dispositif optique les données visuelles, tout en conservant intactes les informations proprioceptives, de mieux comprendre la plasticité du système nerveux. Une habile extension de ce paradigme a consisté à modifier par une technique vidéo la configuration spatiale du feed-back visuel relatif à des mouvements auto-initiés (Rochat, 1995).

Cette recherche (voir la figure 9.7, p. 215) comprend trois expériences utilisant la technique du regard préférentiel sur des enfants de trois à cinq mois face à une image filmée montrant leurs jambes soit de leur véritable point de vue (ego), soit du point de vue d'un observateur (obs.) externe[11]. Les bébés seraient déjà outillés dès l'âge de trois mois pour décoder des mouvements complexes en apparence sur le plan perceptivomoteur. Une revue très complète de la connaissance précoce de soi a été réalisée ; on y trouvera en particulier de riches débats sur les critères d'émergence écologique du soi (Rochat, 1995).

Les capacités d'*imitation* sont en partie liées au développement de la perception visuelle (voir aussi le chapitre 9). Il est bien évident en effet qu'avant d'être capable de reproduire une mimique, il a bien fallu que le bébé l'identifie visuellement pour la mettre ensuite en relation avec son schéma corporel naissant (Marathos, 1973). On pourra lire pour conclure une revue très complète et originale sur le rôle de l'imitation dans l'émergence de la perception de soi (Meltzoff et Moore, 1995), ainsi qu'une mise en perspective des travaux néopiagétiens (Shulman, Restaino-Baumannn et Butler, 1985).

11. Diverses combinaisons de facteurs sont employées dans chaque expérience. Dans une première condition, les images à comparer diffèrent par l'orientation du point de vue (ego/obs.) et la direction du mouvement général. Dans une deuxième condition, il s'agit d'une vue egocentrée (même orientation) pour les deux images, mais avec des mouvements différents. On constate dans ces deux cas que les bébés sont capables de reconnaître les mouvements synchrones de leurs jambes malgré la différence de point de vue et de direction des mouvements. Dans une troisième condition, toutefois, les mouvements sont congruents, mais l'orientation des jambes est différente (inversion droite/gauche). Les bébés ne manifestent alors aucune préférence entre les images, ce qui démontre que la discrimination se base sur la congruence des mouvements plutôt que sur l'orientation. On constate donc à nouveau que ce n'est pas nécessairement une propriété qui semblait plus simple à première vue, comme l'orientation spatiale globale d'une partie du corps, qui l'emporte.

16.3 L'ORGANISATION PERCEPTIVE DE L'ENFANT

Les travaux résumés ici représentent des exemples typiques du développement des perceptions visuelles de l'enfant au cours de la scolarité primaire, c'est à dire de 5 à 12 ans environ. Ce choix appelle quelques commentaires puisque la partie 3 de ce chapitre est centrée sur le jeune bébé jusqu'à l'apparition du langage seulement. Il est donc évident que, faute de place, nous ne traiterons pas de la période entre deux et quatre ans, pourtant riche en acquisitions. Des choix s'imposaient et nous avons préféré approfondir un peu plus l'organisation perceptive chez l'enfant d'âge scolaire. Ce champ est comparativement peu exploré du point de vue des perceptions en regard des autres instruments de connaissance tels que l'intelligence, et mériterait plus d'attention. En général, les manuels sur le développement consacrent des chapitres spécifiques aux perceptions chez le bébé, mais rarement chez l'enfant (Bideaud et autres, 1996 ; Butterworth et Harris, 1994). Plusieurs raisons pourraient expliquer ce manque d'intérêt qui sera aussi discuté dans la conclusion. Il suffira de rappeler ici que beaucoup d'auteurs semblent suivre l'avis autorisé de Bower, qui considère que le développement perceptif est virtuellement achevé chez le bébé à la fin de sa première année (Bower, 1974). D'autres prises de position sur la question font intervenir principalement les changements de l'attention au cours de l'enfance pour expliquer le développement perceptif (Hale et Lewis, 1979 ; Lane et Pearson, 1982). Nous considérons quant à nous qu'une évolution importante est observable chez l'enfant et qu'elle ne dépend pas exclusivement d'effets attentionnels.

16.3.1 Les illusions opticogéométriques

Il existe une tradition d'étude très répandue du développement des perceptions chez l'enfant dans ce domaine. Les erreurs perceptives sont en effet surtout étudiées sur des figures géométriques à cause de la facilité de mise en œuvre des expériences (voir la figure 1.1, p. 13). Une fois encore, l'initiateur de ces travaux est Alfred Binet, qui propose d'emblée de distinguer les illusions dites « primaires » (ou innées), qui sont moindres chez l'adulte, des illusions dites « secondaires » (ou acquises), qui augmenteraient avec l'âge des sujets (Binet, 1895). Cette terminologie et le critère de distinction génétique seront repris dans l'ouvrage de base de Piaget sur les mécanismes perceptifs, qui ne porte en fait que partiellement sur les illusions géométriques (Piaget, 1961)[12].

Deux autres aspects ont une importance majeure dans la théorie de Piaget. Le premier relève de la nature même du modèle proposé. Celui-ci fait intervenir une formalisation d'ordre purement *relationnel* sans faire appel à aucune entité, faculté ou facteur, si ce n'est les relations elles-mêmes et leurs interactions. En pratique, cela signifie qu'on travaillera toujours, dans l'application de la loi des centrations relatives, sur des rapports pour toute figure géométrique. Cela évite la constitution d'une entité psychologique dans l'explication qui risquerait de se dissoudre lors de la découverte d'un nouveau modèle neurologique. Le second point essentiel réside dans une discussion approfondie des différences, ressemblances et filiations possibles entre les structures de l'intelligence et celles de la perception. Nous sommes ici en présence de la thèse fondamentale de l'épistémologie génétique selon laquelle les notions de l'intelligence ne sont pas issues des perceptions par simple abstraction ou généralisation. Bien qu'ayant une source commune dans l'action sensorimotrice, ces deux instruments de connaissance que sont l'intelligence et la perception se distinguent quant à leur structure. Même si le fonctionnement préopératoire de l'enfant présente des formes intermédiaires rappelant dans une certaine mesure les structures perceptives (effets de centration), la pensée va au-delà des perceptions. Des approches aussi opposées que la théorie de l'optique écologique et la théorie constructiviste ont un dénominateur commun qui consiste dans la nécessaire intervention de l'activité du sujet percevant. Cependant, l'origine du fonctionnement de la perception diffère grandement dans les deux cas puisque les écologistes conçoivent celui-ci comme étant direct. La psychologie génétique propose par contre que même des Gestalts (voir le chapitre 2) sont construites progressivement au cours du développement. Une démonstration expérimentale en est fournie d'ailleurs très simplement par la mesure de la différence de résistance selon l'âge des « bonnes formes » soumises à une cause déformante (Piaget, Maire et Privat, 1954).

Le dernier chapitre des *Mécanismes perceptifs* (Piaget, 1961) reste d'actualité par son argumentation solide contre l'empirisme et la définition des interactions entre le sujet et l'objet à travers les systèmes d'action, argumentation évoquée dans un grand nombre de recherches contemporaines. Un renouvellement de cette problématique a été formalisé à partir de recherches originales sur la planification et l'anticipation motrice qui posent une nouvelle base théorique quant aux liens entre la conceptualisation et l'action envisagés d'un point de vue génétique (Mounoud, 1995).

Après Piaget, seule Vurpillot a repris une analyse sur le rôle de l'organisation perceptive dans l'évolution des illusions opticogéométriques chez l'enfant et l'adulte et a réussi à démontrer l'influence de la signification du matériel ainsi que celle des attitudes (Vurpillot, 1963). Passionnée par l'importance des significations introduites dans les figures géométriques, elle publiera, après un séjour à Cornell, un second ouvrage. Ce dernier révèle une nette inspiration gibsonienne que l'auteure tente de combiner avec son orientation piagétienne originale (Vurpillot, 1972b). Le thème de l'organisation cognitive reste en filigrane dans l'ouvrage et contribue à éclaircir la découverte des critères d'identité et de différence. Un

12. L'ouvrage étant monumental et difficile à lire, il est utile d'avoir quelques moyens simplifiés pour accéder à son contenu. Piaget en a lui-même proposé au moins deux synthèses (Piaget, 1963 ; Piaget et Inhelder, 1966). Une remarquable commentatrice est aussi à lire (Vurpillot, 1959, 1966). Peu d'anglophones se sont aventurés dans le dédale des *Mécanismes* et l'on pourra consulter seulement quelques pages à leur sujet (Baldwin, 1967, p. 223 ; Miller, 1983, p. 67 ; Pick et Pick, 1970, p. 804). L'expérience la plus fructueuse pour le lecteur averti est certainement la remarquable traduction anglaise de G.N. Seagrim (Piaget, 1961), qui comporte des outils de travail absents dans la version française tels qu'un index des contenus et des auteurs.

ENCADRÉ 16.8
Les mécanismes perceptifs selon J. Piaget

Il est exclu de pouvoir donner un résumé complet de plus d'une quarantaine de travaux expérimentaux et même des conclusions théoriques concernant une trop grande diversité de questions traitées dont certaines ont été mentionnées plus haut. On signalera par contre l'analyse génétique d'une dizaine d'illusions primaires et au moins autant de secondaires. L'ambitieux projet de l'école genevoise n'était pas de chercher une explication séparée de chaque figure entraînant des erreurs systématiques. Il s'agissait plutôt de trouver des mécanismes perceptifs de base pouvant rendre compte de la plupart des erreurs et de divers effets n'ayant reçu jusqu'alors que des explications spécifiques. Dans cet ensemble, la description du phénomène de maximum temporel est la seule recherche entièrement publiée en anglais (Piaget, Vinh Bang et Matalon, 1958). Toutes les autres ont paru en français dans les Archives de psychologie *à Genève depuis les années 1940 et sur une trentaine d'années avec divers collaborateurs. Il faut retenir de la synthèse parue dans les* Mécanismes perceptifs *(Piaget, 1961) que les illusions primaires dépendent d'effets de champ (EC) déformants. Les illusions secondaires, par contre, dérivent des activités perceptives (AP) consistant en particulier en des transports et transpositions liés à un déplacement du regard. Sur le plan génétique, les EC demeurent les mêmes à tout âge et leur résultat est calculable par la loi des centrations relatives (LCR) permettant d'inférer pour quels rapports intrafiguraux il existe un maximum ou un minimum de déformation subjective. La LCR est fondée sur un modèle probabiliste de répartition des rencontres. Les couplages entre ces rencontres ont tendance à s'accroître avec l'âge et ce phénomène (de décentration) provoque une diminution quantitative de l'erreur systématique lorsqu'on passe de l'enfant à l'adulte. En ce qui concerne l'AP, elle est à l'origine réductrice d'erreurs par un équilibre qu'elle engendre entre les diverses mises en relation. On constate cependant qu'elle finit par perdre son rôle adaptatif (ou correcteur) par un fonctionnement accru chez l'adulte, ce qui provoquera alors chez ce dernier une augmentation supérieure des erreurs. Nous sommes donc en présence dans ce cas d'un mécanisme permettant d'expliquer une meilleure performance de l'enfant. Concrètement, cette dégradation se trouve aussi présente dans la constance des grandeurs chez l'adulte. Celui-ci, à force de vouloir s'opposer à la diminution apparente de taille d'un objet en fonction de son éloignement, finira par aboutir à une surcompensation et donc à une erreur supérieure à celle de l'enfant. Il s'agit là de notre point de vue sur l'une des très rares théories perceptives capables d'imaginer un mécanisme conduisant à une moins bonne performance de l'adulte. En effet, celui-ci est en règle très générale toujours considéré comme plus compétent à tous points de vue que l'enfant. En conclusion, la théorie piagétienne sur la perception ne concerne pas que les figures optico-géométriques, comme le souligne à juste titre A. Delorme (1982), qui donne par ailleurs une synthèse de son extension.*

appareillage très complet d'enregistrement des mouvements oculaires dans un type de tâches parfaitement définies reste un modèle du genre dans le domaine. La théorie piagétienne reste de notre point de vue exemplaire dans la finesse des analyses sur ces rapports étroits entre perception et intelligence (Bruner, Bresson, Morf et Piaget, 1958) plus que par son apport expérimental dans le domaine des perceptions. C'est ainsi qu'a été démontré le rôle de support du schématisme perceptif dans plusieurs séries d'actions[13] produites en vue de l'acquisition de nouvelles connaissances.

16.3.2 Le contrôle visuel des actions

Avec l'impulsion des travaux de l'écologie optique, l'intérêt des chercheurs s'est porté vers l'enfant. À partir de l'étude classique des dimensions perceptives des objets, les objectifs expérimentaux se sont donc déplacés vers l'utilisation possible de l'environnement en fonction de certaines propriétés visuelles manipulées par l'expérimentateur. Comme nous l'avons déjà mentionné, c'est surtout la période précédant l'enfance qui attire la plupart des auteurs. En effet, une des hypothèses d'Eleanor Gibson est que la détection des propriétés des surfaces d'appui ne devient utile qu'à partir de la locomotion autonome du bébé. Une multitude de recherches ont ainsi contribué à rendre compte de la découverte de la « traversabilité » des surfaces selon leur nature physique (Gibson et autres, 1987). Une autre conduite étudiée sur des enfants se déplaçant à quatre pattes ou déjà debout concerne la façon de s'engager sur une surface d'inclinaison variable (entre 10° et 40°) en fonction de la pente perçue (Adolph, 1997). Pour l'enfant d'âge scolaire, les travaux sont beaucoup plus rares et correspondent à la découverte de certaines propriétés du corps propre d'enfants de 6 à 10 ans qui enjambent des obstacles (Pufall et Dunbar, 1992). Tous ces travaux s'inscrivent dans l'approche théorique du couplage action-perception qui dérive de l'écologie optique fondée par J.J. Gibson et sont souvent publiés dans la revue américaine *Ecological Psychology*. Un excellent résumé en français des explications existantes se trouve dans le récent ouvrage édité par Y. Coello et J. Honoré (2002). D'autres expériences issues de cette perspective concernent le contrôle par la vision d'un certain nombre de conduites posturales, de la locomotion ou de la localisation dans des environnements simulant un déplacement virtuel. L'étude du développement perceptif chez l'enfant d'âge scolaire avec un générateur de flux texturé (GFT) qui permet de reproduire par projection au sol la structure du spectacle visuel produit par le déplacement d'un marcheur en fournit un exemple. Ce dispositif de très grandes dimensions (3,2 × 13 m) offre l'avantage d'une expérimentation sur des comportements impliquant le corps entier des sujets (voir la figure 3.8, p. 58). Lorsqu'un participant placé sur une plateforme de force regarde la projection de texture mobile au sol, nous pouvons enregistrer ses *ajustements posturaux*. Des déplacements systématiques du centre de gravité indiquent qu'il est soumis à un puissant effet de vection (illusion de mouvement du corps propre immobile). Nous avons pu démontrer que ces réactions s'effectuent dans une direction spécifique. Les latences obtenues sont de loin inférieures aux durées habituellement relevées dans la littérature avec des projections sur des écrans verticaux. C'est ainsi qu'a été vérifiée l'hypothèse d'un statut perceptif particulier du sol pour les espèces terrestres, en tant que référence spatiale et support naturel des flux optiques (Flückiger et Baumberger, 1988). Parmi des groupes d'enfants de 6 à 12 ans, on constate une diminution temporaire des réactions chez les 10 ans, ce qui indiquerait une inhibition locale de la dominance visuelle pendant le développement (Flückiger, 1994). Ces résultats ont conduit à une analyse des réponses posturales dans les flux optiques en cas de troubles de la perception visuelle (Flückiger, 1997a).

Une série d'études a été entreprise sur la *localisation spatiale* dans les flux optiques. À cause des difficultés d'étude, il existe très peu de données sur la façon dont l'enfant évalue les distances pendant sa locomotion. Un moyen de recherche indirect consiste dans la simulation optique du spectacle produit par un déplacement réel. La projection de ce genre de scène est possible avec le GFT. On constate alors,

13. À titre d'illustration, on peut mentionner quelques expériences effectuées au Centre d'épistémologie génétique de Genève. Les dispositifs privilégient par exemple les aspects figuraux dans la composition de longueurs fractionnées (Flückiger et Flückiger, 1977 ; Flückiger et Flückiger, 1992) ou la superposition optique de patterns engendrant des moirés sur le plan perceptif visuel (Flückiger et Valladao, 1978). Ces travaux sont cités ici car ils permettent un rapprochement avec le rôle attribué par la suite à l'action dans la perception des illusions visuelles. En effet, lorsqu'on demande par exemple un jugement par une réponse verbale sur la position d'un repère situé dans un cadre mobile, une illusion est présente. Lorsqu'il s'agit par contre de pointer cette cible, l'erreur disparaît et l'explication fait partie de la théorie dite « dissociationniste » (Bridgeman, 2000) à laquelle se réfère aussi Spelke (1998).

sur des groupes de sujets de 8 à 12 ans, que les plus jeunes font les plus grandes erreurs systématiques en correspondance avec des effets de vection accrus (Baumberger, 1993). Par ailleurs, seule une différence importante de la hauteur d'observation joue un rôle déterminant dans la localisation, et il existe une relation linéaire significative entre la vitesse rétinienne des textures et la grandeur de l'erreur (Baumberger et Flückiger, 1993). Plus cette vitesse augmente et plus l'erreur de localisation est grande, mais l'erreur moyenne de l'adulte reste toujours inférieure à celle de l'enfant. En ce qui concerne la perception de trajectoires simulées et la localisation de repères fixes pendant les déplacements, l'évolution des erreurs est aussi très marquée entre 6 et 11 ans (Flückiger, 1997b).

La perception des objets pendant le déplacement réel ou simulé d'un observateur a principalement été étudiée lors de recherches sur les interactions visuo-vestibulaires (Wertheim, 1990) ou des simulations sur écran d'ordinateur (Cutting, Vishton, Flückiger, Baumberger et Gerndt, 1997). Pour terminer, nous aimerions montrer comment la prise en compte de l'âge des sujets peut contribuer à valider un modèle explicatif en prenant comme exemple des expériences sur la *locomotion* aussi effectuées dans notre laboratoire avec le GFT. Étant donné la validité écologique des conditions simulées dans le GFT, qui laisse par ailleurs une entière liberté aux mouvements de marche, nous avons pu tester l'effet de différentes vitesses et directions de flux projetés. Pour simplifier, rappelons qu'un flux au sol s'approchant d'un marcheur (A) pourrait lui donner l'impression visuelle d'avancer plus vite qu'il ne progresse en réalité[14]. Si la consigne expérimentale consiste à marcher toujours de la même façon quoi qu'il advienne du spectacle visuel, on peut s'attendre à ce que les sujets ralentissent pour répondre à la consigne. Nous avons constaté systématiquement ce genre d'effet dès les premières expériences, ce qui indique que les participants se réfèrent en priorité à la vision (Pailhous, Ferrandez, Flückiger et Baumberger, 1990).

La conclusion à laquelle aboutit l'étude développementale présentée dans l'encadré est qu'il existe une marge de tolérance à l'intérieur de laquelle les sujets acceptent d'effectuer leur locomotion en étant couplés sur les directions des flux tout en respectant la consigne. Cette nouvelle donnée, issue des études chez l'enfant, nous a incité à rechercher ce même type de relations différentielles chez l'adulte. Nous avons ainsi pu confirmer que selon la vitesse de base qu'adoptent les sujets (en situation de contrôle avec une texture au sol immobile), ils produisaient aussi bien des freinages que des accélérations en fonction du flux rétinien résultant dans chaque condition (Baumberger, Flückiger et Martin, 2000). Les sujets lents freinent peu en A mais accélèrent plus en E que les rapides, probablement pour rester dans une fourchette de vitesses plus compatible avec la consigne.

Toujours dans la perspective du couplage action-perception, le rôle de la hauteur d'observation n'a été que peu étudié. Ce qui est visible dans un paysage pour un observateur assis ou debout ou pour un enfant et un adulte est cependant radicalement différent et ce point sera repris dans les conclusions (voir la figure 13 dans les planches couleurs). La capacité perceptive de localisation d'objets est aussi modifiée lors de la locomotion virtuelle simulée avec différentes hauteurs d'observation (Flückiger, Baumberger et Favre, 2001).

La simulation des propriétés de certains environnements est, comme nous l'avons vu, intéressante à exploiter en laboratoire. En ce qui concerne les estimations perceptives de la distance d'objets de grandes dimensions situés près de l'horizon géographique, l'expérimentation sur le terrain semble cependant irremplaçable. Comme il n'existe pas d'autres données génétiques sur cette question, nous avons donc entrepris des recherches dans un milieu naturel. Les jugements sur de *très grandes distances* s'étendant jusqu'à 5 km à la surface d'un lac ont été enregistrés et montrent que les adultes atteignent une précision supérieure à celle des enfants âgés de 9 à 11 ans (Flückiger, 1991).

Cet exemple prouve que les perceptions visuelles se modifient encore de façon significative entre l'enfant d'âge scolaire et l'adulte bien que ces participants possèdent un système visuel similaire du point

14. Toutefois, un flux optique au sol s'écoulant (E) dans la même direction que celle du marcheur donne sur le plan optique une impression de ralentissement avec un sentiment de facilité dans la progression.

ENCADRÉ 16.9
L'effet du flux rétinien sur la locomotion

Les paramètres de l'enjambée correspondant au ralentissement locomoteur observé avec un flux projeté au sol en direction A ont été analysés plus en détail. On constate que la diminution de la vitesse de marche provient d'un raccourcissement du pas alors que la cadence est réduite dans une moindre mesure (Pailhous et Thinus-Blanc, 1994, p. 743). Lors d'un flux coulant vers l'avant, dit « en éloignement » (E), on peut faire l'hypothèse d'une accélération possible des participants. En effet, la vitesse résultant sur le plan optique de l'intégration algébrique de la vitesse de locomotion avec celle d'une projection de texture dans la même direction est moins élevée qu'avec une texture immobile (ibid.). *Si les sujets se basent aussi sur la vitesse du flux rétinien résultant, ils ont visuellement l'impression d'aller moins vite et devraient accélérer pour répondre à la consigne. Or, cet effet n'est pas apparu dans cette première expérience et plusieurs raisons peuvent expliquer ce résultat inattendu. L'accélération nécessite en effet une production d'énergie accrue dans la marche, contrairement au ralentissement, qui s'effectue en laissant simplement agir passivement les forces de frottement. Cette asymétrie des effets ne nous satisfaisait toutefois que partiellement, étant convaincus qu'une relation du même ordre pouvait relier le traitement du flux en A et E au contrôle locomoteur. Une nouvelle série de recherches a donc été entreprise en laissant les sujets entièrement libres de choisir leur vitesse de base en situation de contrôle (texture projetée au sol immobile). Dans l'expérience précédente, par contre, nous avions encouragé les sujets à produire une vitesse de marche plutôt soutenue ou rapide dans l'espoir de régulariser la vitesse de leurs trajets. Par ailleurs, des groupes d'enfants de 8, 10 et 12 ans ont été comparés aux adultes. L'hypothèse était que les jeunes sujets présenteraient une plus grande tolérance dans la satisfaction de la consigne imposant un cadre de référence de maintien de vitesse. Les résultats ont effectivement correspondu à cette attente et le groupe de huit ans présente des accélérations pour un flux en E aussi bien lent que rapide (Flückiger, 1994). Le fait que les enfants de ce groupe étaient les marcheurs les plus lents en situation de référence nous a incité à rechercher par une méthode de corrélation le lien entre la vitesse de base dans cette situation de contrôle et celle des conditions expérimentales (test).*

Il est ainsi apparu un nombre de relations extrêmement consistantes entre les vitesses de base (contrôle) et ce que les sujets produisaient lors des diverses modifications expérimentales (test) de vitesse des textures projetées (voir la figure 16.8). On constate en particulier que seuls les sujets les plus rapides chez les 8 ans et les 12 ans ralentissent avec un flux en approche. Cette corrélation significative a permis de comprendre pourquoi les effets comparés antérieurement sur les moyennes globales des groupes ne fournissent pas d'écarts très marqués entre les conditions expérimentales et la situation de contrôle. De même, on peut constater que seuls les sujets les plus lents en condition naturelle de marche présentent une accélération avec le flux en E.

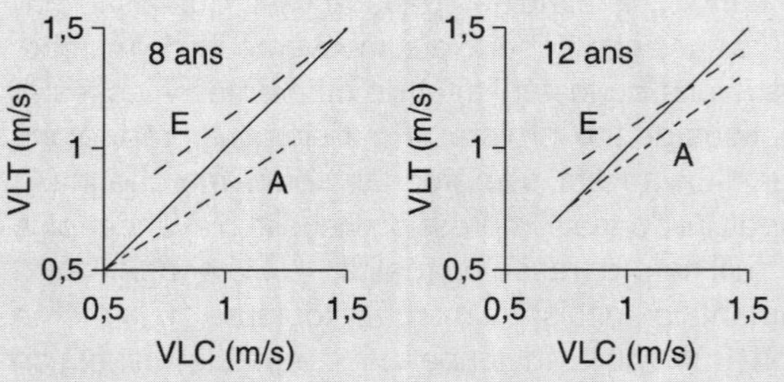

FIGURE 16.8 *Modifications des vitesses de marche dans des flux projetés au sol.* Les graphiques montrent les résultats, en mètres par seconde, obtenus avec deux groupes d'âge (n = 12). En abscisse se trouvent les vitesses de locomotion enregistrées en situation de contrôle (VLC), et en ordonnée les vitesses produites par ces mêmes participants dans les conditions de test (VLT). La droite en trait plein à 45° indique à titre de référence la corrélation parfaite entre VLC et VLT. On constate qu'avec un flux projeté en approche (A), la marche se ralentit (courbe en pointillé du bas), et cela de façon plus marquée pour les sujets rapides en situation de contrôle. L'effet inverse apparaît avec un flux en E, qui provoque une accélération plus marquée pour les sujets lents (courbes en pointillé du haut).

de vue anatomophysiologique. Il reste donc à mieux expliciter les mécanismes se trouvant à l'origine de ces changements, et c'est là un important projet qui, à notre sens, reste à accomplir.

16.3.3 En conclusion

Cette partie résume la portée des principaux résultats acquis dans l'étude des trois périodes du développement des perceptions exposées dans ce chapitre. Elle contient aussi des questions restées ouvertes et se termine par quelques perspectives sur de nouvelles orientations de recherche.

L'étude de la *période périnatale* représente un champ d'investigation fondamental pour les perceptions (voir la section 16.1), appréhendées ainsi à la confluence du biologique et du psychologique. En effet, une partie des explications du fonctionnement des perceptions autour de la naissance tend d'abord à s'appuyer sur une argumentation issue de la neurobiologie[15]. La maturation nerveuse est une condition préalable à un fonctionnement adéquat, même si la seule mise en place des récepteurs n'est pas suffisante, puisque les connexions corticales sont nécessaires pour assurer l'interprétation des messages sensoriels. Il est intéressant de noter aussi que le développement du système nerveux n'est pas linéaire et que la mortalité neuronale est, par exemple, intense juste avant la naissance (Rosenzweig et Leiman, 1991). De même, il existe un pic de synaptogénèse vers 8 mois qui est à nouveau suivi par la disparition de près de la moitié des synapses à 11 mois. Un parallèle peut donc être établi avec la disparition de montages réflexes ou de certaines conduites psychologiques qui resurgissent plus tard dans le développement. Des hypothèses audacieuses sur le faible coût génétique de ce type de mise en œuvre de la connectivité ont été proposées par Changeux et Danchin (1976). L'organisme n'aurait ainsi besoin que d'un codage original assez grossier des réseaux de neurones pendant la vie fœtale. En effet, ce n'est qu'avec l'accroissement des besoins du nouveau-né qu'apparaît la nécessité d'une structure plus complexe et fonctionnellement adaptée. Cette nouvelle structure, comprenant un pattern plus riche de connexions nerveuses, s'établirait alors grâce aux interactions de l'organisme avec le monde extérieur. Il s'agit là d'une modulation des mécanismes nerveux par l'expérience qui relève autant de la psychologie que de la biologie et donne une nouvelle forme aux débats théoriques sur l'inné et l'acquis. C'est donc l'étude de l'intégration d'acquis récents dans les structures préformées qui devient centrale pour expliquer les mécanismes perceptifs en dépassant les oppositions traditionnelles des théories innéistes et empiristes. De toute évidence (selon les hypothèses innéistes), certains mécanismes biologiques déterminent génétiquement la connectivité neuronale et guident le développement cortical global. Cependant, la plasticité du système nerveux, abondamment démontrée chez l'adulte, est aussi présente assez tôt au cours du développement pour que l'expérience visuelle puisse contribuer significativement à façonner le cerveau.

* *
*

Les conclusions auxquelles aboutissent les *travaux sur le bébé* sont plus diversifiées et si nombreuses que nous ne traiterons ici que de trois aspects principaux attachés à des moments historiques déterminants dans l'évolution des recherches.

1) En premier lieu, nous avons appris depuis les années 1950 que l'approche *psychophysique* était praticable chez le nourrisson tant pour la discrimination de configurations (voir la partie intitulée « La discrimination des configurations », dans la sous-section 16.2.2) que pour les distances perçues (voir la partie intitulée « La perception des distances », dans la sous-section 16.2.2). Les travaux sur les formes montrent que ce sont les visages qui ont la préférence sur d'autres configurations et les objets tridimensionnels sur les figures planes. L'essentiel est de retenir la valeur adaptative de ces conduites et le fait que le mouvement attire aussi davantage le bébé que des dessins statiques dès l'âge de deux mois. Pour les recherches sur la perception des distances, bien que sa

15. Trois ouvrages sont à signaler sur les relations entre la biologie du cerveau et la psychologie des perceptions (Changeux, 1983 ; Jeannerod, 1996 ; Seron, 1990).

précocité soit admise, l'âge exact d'apparition est encore difficile à établir. La pertinence même de cette question est discutée puisqu'il ne s'agit peut-être pas d'un mécanisme unitaire. Par exemple, si la sensibilité à la disparité binoculaire a été constatée dès deux mois, celle qui est liée aux indices picturaux (sur des images en 2-D) n'est attestée que de cinq à sept mois. D'autres types d'expériences ont fourni des résultats isolés montrant qu'entre deux et quatre mois déjà, une constance de position indiquerait la perception de distances absolues. Pour les distances relatives à cet âge, il n'existe par contre que des hypothèses sur l'intervention d'indices oculomoteurs de convergence (Kellman, 1993). En bref, il semble raisonnable d'admettre que s'il existe des capacités très précoces de traitement des formes et des distances, elles ne sont basées que sur des informations encore restreintes et des conditions limitées. Les modifications physiologiques et anatomiques des récepteurs (augmentation de la distance interoculaire et croissance de l'œil) se conjuguent avec l'expérience pour faire évoluer les structures présentes à la naissance vers des fonctions visuelles plus complètes du bébé. En résumé, la perception de la distance semble continuer de se construire jusqu'au milieu de la première année du bébé et pour certains aspects se modifie encore, même chez l'enfant.

2) En deuxième lieu, depuis les années 1960, l'importance du mouvement associé aux déplacements de la tête a été reconnue lors des expériences sur le précipice visuel (Gibson et Walk, 1960). Ce constat est probablement à l'origine du concept actuel de *couplage action-perception*. Dans cette perspective, le moteur de base du développement perceptif est la recherche active de l'information qui spécifie les propriétés significatives des objets. Comme nous l'avons déjà souligné lors de la présentation de la détection du vide par le bébé (voir l'encadré 16.6), certaines limites de la psychophysique classique sont franchies par cette approche dite « écologique ». Cette dernière tente non seulement de mesurer une capacité sensorielle, mais aussi de mettre en évidence l'utilité d'une information visuelle pour guider certaines actions de saisie ou de déplacement par exemple. Ces propriétés de situations ou d'objets, qualifiées d'« affordances[16] », sont directement accessibles aux perceptions dans l'environnement (E. Gibson, 1969, 1982; Gibson et Spelke, 1983). Des questions théoriques subsistent pourtant dans l'application de ce concept qui s'appuie sur la notion de couplage, dont la présence est plus difficile à démontrer chez diverses espèces animales que chez l'homme. En effet, seul le bébé humain présente une relation entre l'évitement du vide et le niveau d'expérience locomotrice. Il ne semble pas qu'il y ait par contre nécessité d'un couplage action-perception chez les jeunes rats élevés dans l'obscurité, qui évitent le vide dès leur première exposition à la lumière. Par ailleurs, il est évident que les propriétés visuelles d'un objet peuvent spécifier plus d'un usage possible si on se réfère au fameux exemple du tabouret qu'un singe peut utiliser aussi bien comme un siège que comme un escabeau. Il reste donc à définir les règles qui permettent de sélectionner une fonction particulière sur la base des perceptions, selon l'opportunité ou l'intention du bébé et parmi la multitude de significations ou d'affordances possibles d'un même objet. Quant aux perspectives de recherche, il n'y a probablement qu'une infime partie des relations entre systèmes d'actions et perceptions qui a été explorée. Les modifications produites dans un paysage visible selon deux points de vue différents, soit en étant assis ou debout, en fournissent un exemple démonstratif. Gibson montre dans un schéma (voir la partie gauche de la figure 13, dans les planches couleurs) le changement de la configuration optique résultant de ce déplacement locomoteur de l'adulte. Les deux photos des rives du Saint-Laurent (partie droite de la figure 13) correspondent à une modification de hauteur de prise de vue de 40 cm. Les différences des

16. Pour des exposés détaillés sur la notion d'affordance, voir Reed (1988) ou Rochat et Reed (1989), et pour l'élaboration des invariants perceptifs, Epstein (1977). Une préfiguration du concept d'affordance (Flückiger, 1991) peut déjà être trouvée dans les définitions de l'environnement comportemental et des *manipulanda* par les gestaltistes (Koffka, 1935). Les chercheurs qui s'inscrivent dans la perspective écologique vont étudier le traitement perceptif direct de propriétés d'ordre supérieur attachées aux événements ou aux objets (Pick, 1979; Spelke, 1979).

configurations optiques (CO) sont pourtant nombreuses et concernent, entre autres, la disparition d'objets par masquage (pavillon, cheminée) ou leur apparition (fenêtre dans un toit), ainsi que des modifications de forme perçue (guéridon), etc. Outre qu'elles spécifient ainsi l'environnement, les CO donnent des renseignements *propriospécifiques* indiquant que l'observateur potentiel, en se levant[17], s'est aussi approché de la fenêtre (image agrandie) et a incliné son regard vers le bas (élévation de l'horizon). La différence de taille entre un enfant et un adulte modifie aussi la vision d'une scène de tous ces points de vue. Ces différences de hauteur d'observation correspondent aussi à des écarts de taille entre l'enfant et l'adulte dont les conséquences perceptives pourraient certainement être étudiées avec profit dans des expériences futures.

3) En troisième lieu, dans les années 1980, parallèlement à l'étude de la perception d'invariants attachés aux objets (voir la sous-section 16.2.3) et à celle de la constance de taille (voir la sous-section 2.2.1 du chapitre 2, p. 26), le problème de la perception de certaines propriétés de base des objets est repris. Dans les recherches classiques, la *construction de l'unité* et la *permanence de l'objet* sont généralement situées à la fin de la première année. Cet âge ne correspond pas aux données plus récentes qui montrent, avec d'autres situations d'expérience, certaines formes de permanence dès l'âge de quatre ou cinq mois (voir Spelke, 1985, et Baillargeon, 1993)[18]. Un consensus semble maintenant établi sur les raisons méthodologiques qui expliqueraient cette différence. Auparavant, le critère de permanence de l'objet adopté par la théorie piagétienne était celui d'une recherche de l'objet disparu par le bébé. Cette capacité n'était alors observée qu'à 8 ou 10 mois (Piaget, 1937). Avec cette même technique et malgré la facilitation et l'entraînement à la recherche des objets disparus (Munakata, McClelland, Johnson et Siegler, 1997), de nombreux travaux retrouvent cette difficulté à localiser un objet masqué. La question est importante puisqu'il s'agit de prouver que la perception fournit directement une connaissance de l'unité des objets et de leur position qui ne serait pas altérée par une absence visuelle temporaire[19]. Si ce débat reste ouvert, il a perdu de son acuité en raison d'une hypothèse récente qui pourrait expliquer les raisons du décalage des réussites observé entre les âges par la non-concordance des techniques utilisées (simple intérêt visuel accru par rapport à l'action de recherche). L'existence de systèmes différents d'appréhension des objets a été démontrée dans d'autres domaines de la vision ou des neurosciences. En effet, les voies visuelles de la perception ou de la catégorisation des objets et de leur saisie ou de leur manipulation sont séparées (Jeannerod, 1996), comme se distinguent d'ailleurs les processus neuronaux responsables de la perception de l'unité de l'objet et ceux qui guident les actions (théorie dissociationniste). Ces systèmes pourraient ainsi se coordonner seulement au cours des deux premières années du développement (Spelke, 1998) et le décalage observé ne serait alors dû qu'à la différence de nature des problèmes à résoudre pour le bébé dans les deux types d'expériences et à la finalité de l'action.

* * *

17. Seulement une petite partie de l'information disponible dans la réalité pour un sujet qui se lève est analysée ici puisqu'il s'agit d'une décomposition statique sur photographie. Un déplacement réel devant cette fenêtre produirait des flux optiques à partir desquels un sujet pourrait percevoir la vitesse et la direction de son déplacement en extrayant simultanément (perspective de mouvement) les invariants de structure de l'environnement.
18. Les résultats portent respectivement sur une augmentation des durées de fixation lorsqu'un objet réapparaît fractionné après avoir passé derrière un bloc de bois ou disparaît alors que la rotation d'un écran aurait dû le rendre visible.
19. En effet, pour Piaget ce sont les schèmes d'action qui structurent aussi bien l'intelligence que la perception et cette dernière reste d'ailleurs trompeuse à beaucoup d'égards, ce qui la rend inapte à nous informer à elle seule sur le monde physique. Pour Gibson, par contre, les divers systèmes perceptifs sont d'emblée syntonisés avec diverses formes d'énergie directement accessibles dans l'environnement afin que nous puissions contrôler efficacement nos actions.

La *période de l'enfance* a suscité moins d'intérêt puisque beaucoup de chercheurs considèrent les principales structures perceptives achevées à cet âge. Toutefois, les constances ou la causalité perceptives se modifient encore beaucoup chez l'enfant et leur évolution est mal connue (Baldwin, 1967 ; Miller, 1983). Par ailleurs, nombre de travaux ont comme seul objectif de découvrir la précocité d'une conduite et ne concernent donc que le bébé, attitude que critiquent à juste titre certains auteurs (Siegler, 1993). Le but n'est alors que d'accéder à des conduites encore peu susceptibles d'apprentissage et dont la nature innée serait ainsi mise en évidence. La position inverse, curieusement peu évoquée, consiste à décrire l'évolution de conduites perceptives à un âge auquel l'essentiel de la maturation nerveuse semble globalement achevé[20]. Si des preuves suffisantes venaient confirmer cette stabilisation sur le plan neuronal, les modèles anatomophysiologiques pourraient alors être mieux intégrés avec les mécanismes d'ordre psychologique. Cette perspective théorique, qui a déjà été adoptée dans l'étude de l'intelligence, enrichirait aussi l'étude des perceptions[21]. Au-delà de ce débat épistémologique, une façon plus concrète de considérer le problème de la dissociation des facteurs en jeu dans le développement consisterait à établir un inventaire précis des âges auxquels diverses capacités sensorielles sont reconnues comparables à celles de l'adulte.

Par exemple, si les seuils visuels de vitesse sont équivalents entre deux groupes d'âge (Wattam-Bell, 1996) et les conduites motrices des sujets différentes selon l'âge face à des flux optiques (Flückiger, 1994), l'origine de ce changement n'est pas à chercher dans la sensorialité et il faudra tenter de mieux caractériser l'évolution des systèmes de référence cognitifs. Naturellement, des connaissances plus complètes sur les applications des mesures psychophysiques à l'enfant seraient aussi nécessaires (alors qu'elles s'appuient souvent sur une simple homologie avec l'adulte). Par ailleurs, comme le dit élégamment C. Bonnet : « ... aucune réponse observée (performance) ne saurait être prise comme le reflet direct des traitements des mécanismes sensoriels » (Bonnet, 1994, p. 305). Il reste donc à explorer dans ce but le champ encore méconnu de l'évolution des systèmes de décision chez l'enfant[22]. Enfin, un cloisonnement qui tient probablement à la spécificité des méthodes d'investigation est souvent présent même dans des domaines qui semblent assez bien circonscrits. L'exemple le plus typique est celui de l'intermodalité perceptive où certains auteurs (Hatwell, 1986) mettent l'accent sur l'enfance et d'autres sur le bébé (Streri, 1991), mais c'est peut-être là le prix à payer pour l'instant quant à l'exigence d'un approfondissement expérimental.

CONCLUSION

La recherche sur le développement des perceptions, malgré son intérêt explicatif souligné ci-dessus, trouve encore peu d'échos dans les laboratoires. Quelques auteurs esquissent des perspectives d'avenir. La psychologie comparée et l'étude de la multiplicité des systèmes cognitifs évoluant avec l'âge (Spelke, 1998, p. 358-364) seraient des directions d'investigation prometteuses. En opposition à la recherche de conduites universelles pour un âge donné, d'autres proposent une perspective différentielle, susceptible de remettre en cause certains aspects des théories générales du développement (Tourette et Guidetti, 1998, p. 176-178). Ces perspectives ne peuvent faire progresser les connaissances sur la genèse des perceptions que sur le terrain interdisciplinaire et seulement à deux conditions. La première serait d'aban-

20. Bien que les données sur cette question soient encore incomplètes, des mesures de l'activité métabolique du glucose par émission de positons indiquent que la croissance nerveuse qui s'accroît massivement jusqu'aux alentours de quatre ans décroît progressivement après neuf ans. Ce schéma maturatif correspond d'ailleurs à celui qui est obtenu par la mesure du débit sanguin cérébral (Chiron et autres, 1992 ; Chugani, Phelps et Maziotta, 1987).

21. On trouvera des exemples de cette démarche dans les travaux sur l'opérativité chez les nombreux constructivistes voulant éviter de favoriser exclusivement le réductionnisme physiologique, souvent considéré trop limitatif par les psychologues (Gréco, 1967 ; Inhelder, 1987).

22. Seule une méthode psychophysique spécifique à l'enfant a été élaborée et bien documentée sous le nom de « méthode concentrique clinique » (Dasen, 1969 ; Denis-Prinzhorn, 1960 ; Lambercier, 1946). Elle est en partie basée sur les mêmes principes que la « méthode clinique » utilisée par l'école genevoise en opposition aux techniques de tests dans les recherches sur la psychologie de l'enfant (Vinh Bang, 1966).

donner l'idée que l'expérimentation sur quelques groupes d'âge, souvent compris dans une fourchette assez étroite, peut apporter des conclusions sur « le » développement dans son ensemble (par exemple sur l'opposition entre inné et acquis). Il faudrait par contre atteindre une intégration plus complète entre les diverses phases du développement, qui n'ont été séparées ici que dans un but didactique, afin d'aboutir à une réelle perspective d'ensemble de l'ontogenèse de l'être humain. La seconde condition est d'admettre que notre capacité de percevoir ou conceptualiser le monde n'est pas unitaire, mais multiple. Comme l'expose Spelke (1998), aussi bien les nativistes que les empiristes ont souvent partagé la conviction qu'il s'agit de prouver si l'enfant perçoit ou non certaines propriétés des objets ou de l'espace. En réalité, il est vraisemblable que nous possédions plusieurs systèmes séparés de représentation du monde, mais qui pourraient aussi fonctionner simultanément à certains moments de la genèse. Certains d'entre eux peuvent parfaitement être déjà présents à la naissance, mais seraient soumis à des modifications ultérieures suivant le contexte.

Les synthèses globales, surtout sur le développement des perceptions et leur intégration à l'intelligence ou aux actions, sont encore à venir pour de nombreuses conduites, et l'objectif de rétablir l'homme dans son devenir semble encore lointain (Bideaud et autres, 1996). Ainsi, certaines synthèses sur les coordinations perceptivomotrices excluent les références au développement pour se centrer sur les approches écologiques et dynamiques du couplage action-perception (Temprado et Montagne, 2001). D'autres ouvrages sur les relations entre la perception et l'action consacrent par contre plusieurs chapitres pluridisciplinaires au développement (Coello et Honoré, 2002).

LECTURES RECOMMANDÉES

BIDEAUD, J., HOUDÉ, O., et PEDINELLI, J.-L. (1996). *L'homme en développement*, 4e éd. Paris : Presses Universitaires de France.

COELLO, Y., et HONORÉ, J. (2002). *Percevoir, s'orienter et agir dans l'espace : approche pluridisciplinaire des relations perception-action.* Marseille : Solal.

GELMAN, R., et AU, T. (1996). *Perceptual and cognitive development.* San Diego, CA : Academic Press.

PIAGET, J., et INHELDER, B. (1966). *La psychologie de l'enfant.* Paris : Presses Universitaires de France, coll. « Que sais-je ? », n° 369.

TOURETTE, C., et GUIDETTI, M. (1998). *Introduction à la psychologie du développement : du bébé à l'adolescent.* Paris : Armand Colin.

CHAPITRE 17 La perception du temps

Simon Grondin

INTRODUCTION

L'idée même que l'on puisse percevoir le temps, comme le laisse entendre le titre du présent chapitre, peut paraître un peu bizarre. En fait, l'étude du temps en psychologie ne peut être présentée exactement comme l'étude des autres phénomènes perceptifs, laquelle passe notamment par l'apprentissage des aspects physiques reliés aux stimuli et par celui des aspects biologiques reliés aux récepteurs. D'emblée, on peut comprendre que, en ce qui concerne le temps, les notions de stimulus et de récepteur ne se présentent pas comme dans d'autres cas, par exemple, ceux de la vision ou de l'audition. Néanmoins, on peut traiter le temps comme d'autres phénomènes perceptifs et en faire, notamment, une étude psychophysique en vérifiant la relation qui existe entre le temps objectif (ou physique) et le temps subjectif.

Pour se convaincre de la pertinence de l'étude du temps, il suffit d'entrevoir celle-ci par la lorgnette de l'adaptation. De nombreuses situations de la vie courante attestent que nous procédons souvent à des ajustements par rapport au temps. Par exemple, au cours d'une conversation entre deux interlocuteurs, si un silence trop long se produit, un malaise peut s'emparer de ces derniers. Or, l'impression de longueur créée par ce silence n'est devenue possible que par une estimation du temps. L'impression que l'attente à un feu de circulation est indûment longue relève aussi d'un jugement sur le temps. De même, la capacité de certaines personnes de se réveiller, après une nuit de sommeil, à une heure précise le matin, sans réveille-matin, repose sur une activité de chronométrage. En fait, ces exemples montrent que nous avons des attentes temporelles ainsi qu'une mémoire de la structure temporelle des événements, et que nous chronométrons souvent ces derniers.

Alors que les philosophes ont surtout étudié la métaphysique du temps, les psychologues ont entrepris, dès le milieu du XIXe siècle, l'étude scientifique des processus et des mécanismes sur lesquels se base notre expérience du temps. Par exemple, déjà, il y a plus d'un siècle, Mach avait effectué des travaux visant à vérifier si la loi de Weber s'applique au temps (voir Boring, 1942). L'orientation de ces premiers travaux sur le « sens du temps » (Titchener, 1905) a cependant été abandonnée avec le déclin de la méthode introspective. Dans une perspective expérimentale moderne, il s'agit de mettre en évidence les facteurs temporels endogènes et exogènes dont peuvent dépendre les divers comportements d'ajustement perceptivomoteur à des événements particuliers ou la perception des durées. On peut en effet considérer que l'écoulement du temps fournit à l'être humain (et dans une certaine mesure à l'animal) une information qui est traitée comme une réalité spécifique.

Le présent chapitre est divisé de manière à faire ressortir deux grandes tendances théoriques à propos de la perception du temps. Dans l'une, on tente d'expliquer les performances reliées au temps en faisant l'hypothèse qu'il existe une horloge interne ; dans l'autre, on tente d'expliquer ces performances en mettant en évidence le rôle joué par les événements externes et leur traitement.

L'hypothèse de l'existence d'une horloge interne a beaucoup servi les chercheurs qui utilisent une approche psychophysique pour étudier le temps. Cette même hypothèse a aussi donné lieu, parmi les chercheurs davantage préoccupés de donner une explication biologique aux phénomènes perceptifs, à une interrogation sur la localisation cérébrale de cette horloge.

La deuxième tendance, soit celle reliée au rôle des événements externes, a beaucoup été inspirée par le développement des connaissances dans l'approche basée sur le traitement de l'information, déterminante pour la psychologie cognitive des années 1960 à 1980. On y explique le temps psychologique en se fondant sur des notions comme la nature et la quantité des événements et des changements qui surviennent dans l'environnement, et en recourant à des notions théoriques comme celles reliées à l'attention, notamment, notions à propos desquelles des distinctions telles que celles concernant les traitements automatiques et contrôlés étaient, à une certaine époque, extrêmement importantes.

17.1 LES DISTINCTIONS QUI S'IMPOSENT À PROPOS DE L'ÉTUDE DU TEMPS EN PSYCHOLOGIE

Pour mieux délimiter le champ des différentes expériences temporelles, une mise au point sur les types de questions qui se posent peut être utile. D'abord, il existe de nombreux cas où, bien qu'il soit fondamental, l'encodage du temps dans le comportement n'est qu'implicite. Par exemple, l'étude de l'exécution d'activités motrices comme celles de parler, d'attraper un ballon ou de faire des gammes, révèle l'existence d'un ajustement au temps. Cependant, dans ces situations, les sujets n'ont pas à porter explicitement un jugement sur le temps. Les travaux et les modèles présentés dans ce chapitre touchent plutôt les études où des participants doivent spécifiquement se prononcer sur la durée d'un intervalle donné.

Par ailleurs, même chez l'animal, les ajustements temporels sont nécessaires à l'adaptation à l'environnement. Ces ajustements sont souvent mis en lumière dans les travaux sur l'apprentissage animal.

Par exemple, les démonstrations relatives aux effets de renforcement en conditionnement opérant, comme celles concernant les programmes de renforcement à débits lents, sont fondées sur la capacité qu'a l'animal d'estimer le temps.

Également, de très nombreuses études, auxquelles nous ne nous attarderons pas dans le présent chapitre, traitent de l'acquisition des notions temporelles chez l'enfant. Certaines d'entre elles, comme celles inspirées de l'approche piagétienne, concernent l'élaboration des concepts interreliés que sont le temps, l'espace et la vitesse. D'autres études touchent l'acquisition des références temporelles dans le langage (après avant, plus tard, etc.) ou l'apprentissage des unités chronométriques usuelles (secondes, minutes, etc.).

De nombreux travaux portent sur le rythme et sont donc, de quelque manière, également reliés à la perception du temps (Fraisse, 1956). Récemment, les chercheurs se sont intéressés : 1) au contrôle temporel exercé par les musiciens dans leurs productions musicales ; 2) à leurs capacités de détecter des variations dans les structures musicales ; 3) à ce qui, dans les variations temporelles, contribue à l'expression musicale artistique (Repp, 1998a, 1998b, 1998c, 1999).

Une variable déterminante pour la compréhension des mécanismes de chronométrage, concernant surtout les chercheurs intéressés par les durées longues et inspirés par une approche cognitive, s'est avérée être le fait que les jugements temporels explicites pouvaient être prospectifs ou rétrospectifs (Block et Zakay, 1997 ; Hicks, Miller, Gaes et Bierman, 1977). Le jugement temporel *prospectif* est celui pour lequel un sujet sait, avant le début d'une estimation de temps donnée, qu'il sera appelé à faire ce jugement. Par opposition, si l'on ne demande à un sujet d'estimer le temps qu'après l'écoulement d'un intervalle donné, il s'agit alors d'un jugement *rétrospectif*.

Pour se donner une vue d'ensemble du champ d'études qu'est le temps psychologique, il importe de connaître les principales méthodes d'investigation qui y sont rattachées. Ces méthodes sont en fait propres aux approches dans lesquelles s'inscrivent des travaux empiriques donnés. On peut généralement classer les études en fonction de la méthode utilisée pour l'estimation du temps. Comme le rapportent Bindra et Waksberg (1956), quatre méthodes sont utilisées. Selon la méthode de l'estimation verbale, le sujet doit dire, en termes d'unités chronométriques, quelle est la durée d'un intervalle lui ayant été préalablement présenté. Suivant la méthode de la production, le sujet doit délimiter un intervalle que lui a décrit verbalement un expérimentateur. Selon la méthode de la reproduction, le sujet doit reproduire intégralement un intervalle qui lui a été présenté préalablement par l'expérimentateur. Enfin, lorsqu'on utilise la méthode de la comparaison, le sujet doit juger de la durée relative d'intervalles.

Enfin, Block (1990) a proposé un cadre général permettant de rendre compte de l'ensemble des éléments qui déterminent l'expérience temporelle. Ces éléments sont regroupés selon quatre facteurs généraux : 1) les caractéristiques de l'individu expérimentant le temps (par exemple, la personnalité, le sexe ou l'espèce) ; 2) les caractéristiques (par exemple, le nombre et la complexité) des événements survenant durant une période de temps ; 3) les activités internes de l'organisme, comme le fait de prêter ou non attention aux événements externes durant cette période ; 4) le type de tâche temporelle à exécuter (voir celles mentionnées au paragraphe précédent). Zakay (1990) a également fourni une liste de facteurs contextuels dont il faut tenir compte dans l'élaboration d'expériences portant sur le temps psychologique. Quelques-uns des principaux facteurs déterminant la durée subjective sont décrits dans la section qui suit.

17.2 L'APPROCHE PSYCHOPHYSIQUE

Certains chercheurs spécialisés dans le domaine de la perception du temps adoptent une perspective psychophysique. La psychophysique est cette discipline de la psychologie qui tente de décrire de manière quantitative les liens existant entre les événements physiques et les représentations qu'on en tire.

17.2.1 Les lois psychophysiques appliquées au temps

Traditionnellement, en psychophysique, on s'intéresse à la détection des stimuli, à leur identification, à la discrimination entre ceux-ci ou encore à l'étalonnage. Deux cas nous intéressent davantage ici, ceux de la discrimination et de l'étalonnage. Dans le premier cas, on essaie d'établir la plus petite différence de grandeur entre deux stimuli qui permet de distinguer ceux-ci. Cette différence constitue le *seuil différentiel*. Dans les tâches d'étalonnage, le sujet est appelé à porter un jugement absolu, en fonction d'une unité arbitraire de comparaison (l'étalon), sur un stimulus donné.

Or, les travaux effectués en psychophysique portent sur les différents systèmes sensoriels et ont permis d'extraire un certain nombre de lois. Parmi celles-ci, on note la loi psychophysique et la loi de Weber. La première, dont la version la plus classique est la loi de puissance (ou loi de Stevens), est reliée aux tâches d'étalonnage. Elle décrit le lien existant entre la grandeur psychologique (sur l'axe des *y*) et celle d'un continuum physique (sur l'axe des *x*). Par exemple, on se demandera si la brillance d'un stimulus lumineux augmente linéairement avec l'augmentation de l'intensité de ce stimulus. En fait, la loi de Stevens est une loi de puissance, ce qui permet de justifier le fait que, selon le continuum sensoriel en question, la grandeur psychologique augmente plus rapidement, moins rapidement ou au même rythme que la grandeur physique. Quant à la loi de Weber, elle cherche à décrire le lien qui existe entre le seuil différentiel et la grandeur du stimulus. Par exemple, on cherchera à déterminer si la différence d'intensité sonore nécessaire pour distinguer deux sons augmente proportionnellement à l'augmentation de l'intensité des sons à discriminer. La loi de Weber stipule que le rapport du seuil différentiel à la grandeur du stimulus est constant. Ce rapport constitue la *fraction de Weber*.

Ainsi, lorsqu'on aborde l'étude du temps dans une perspective psychophysique, il est intéressant de voir comment la durée obéit aux lois classiques. Selon Allan (1979), la relation entre la durée subjective et le temps physique serait linéaire, c'est-à-dire que l'augmentation du temps physique s'accompagnerait d'une augmentation proportionnelle sur le plan psychologique. Cependant, Eisler (1976), s'appuyant sur une vaste revue de la question, soutient plutôt qu'il se dégage souvent une légère inflexion de la fonction, celle-ci prenant ainsi l'allure d'une fonction logarithmique.

Afin d'illustrer les résultats obtenus dans le cadre de travaux liant temps physique et temps psychologique, prenons ceux rapportés par Eisler et Eisler (1992). Notons d'abord que ces chercheurs n'ont pas utilisé l'étalonnage, mais plutôt une méthode de reproduction. Ainsi, les sujets de cette étude entendaient d'abord un premier son. Après un bref délai, ils entendaient un deuxième son qu'ils devaient interrompre, en appuyant sur un bouton, au moment où ils jugeaient que le deuxième son était de la même longueur que le premier. Les résultats de l'expérience sont illustrés à la figure 17.1. Ils révèlent, d'une part, que le temps reproduit, c'est-à-dire le temps psychologique, est plus court que le temps objectif ; et, d'autre part, que les intervalles reproduits par les femmes sont plus longs que ceux des hommes. Dans ce même article, Eisler et Eisler rapportent aussi que l'utilisation de sons de forte intensité suscite des reproductions plus courtes que celles engendrées par l'utilisation de sons de faible intensité.

La pertinence de la loi de Weber pour le temps a aussi été l'objet de nombreux travaux empiriques (voir Killeen et Weiss, 1987 ; Nakajima, 1987 ; Rammsayer et Grondin, 2000). Il s'avère que c'est plutôt la forme généralisée de la loi de Weber qui permet de décrire le mieux la relation entre le seuil différentiel et la grandeur sur l'échelle du temps. Cette loi est la description quantitative qui permet de rendre compte du fait que, pour des valeurs faibles d'un stimulus donné, la fraction de Weber tend à s'élever. Ainsi, il devient possible de croire que, pour une gamme donnée d'intervalles, un même mécanisme de chronométrage est utilisé. C'est la raison pour laquelle on évoque souvent le concept d'horloge interne (décrite un peu plus loin) dans le domaine de l'analyse psychophysique du temps psychologique. Dans ce domaine, une question importante consiste à connaître les propriétés d'émission d'impulsions de cette horloge centrale. Les inférences sur ces propriétés seront tirées de l'analyse exacte de la croissance du seuil différentiel en fonction de l'augmentation de la durée (Getty, 1975 ; Grondin, 1996 ; Ivry et Hazeltine, 1995 ; Killeen et Weiss, 1987).

La loi de Weber généralisée semble bien décrire le lien entre le seuil différentiel et le temps physique, et ce, quelle que soit la structure des intervalles à discriminer et quel que soit le mode sensoriel utilisé

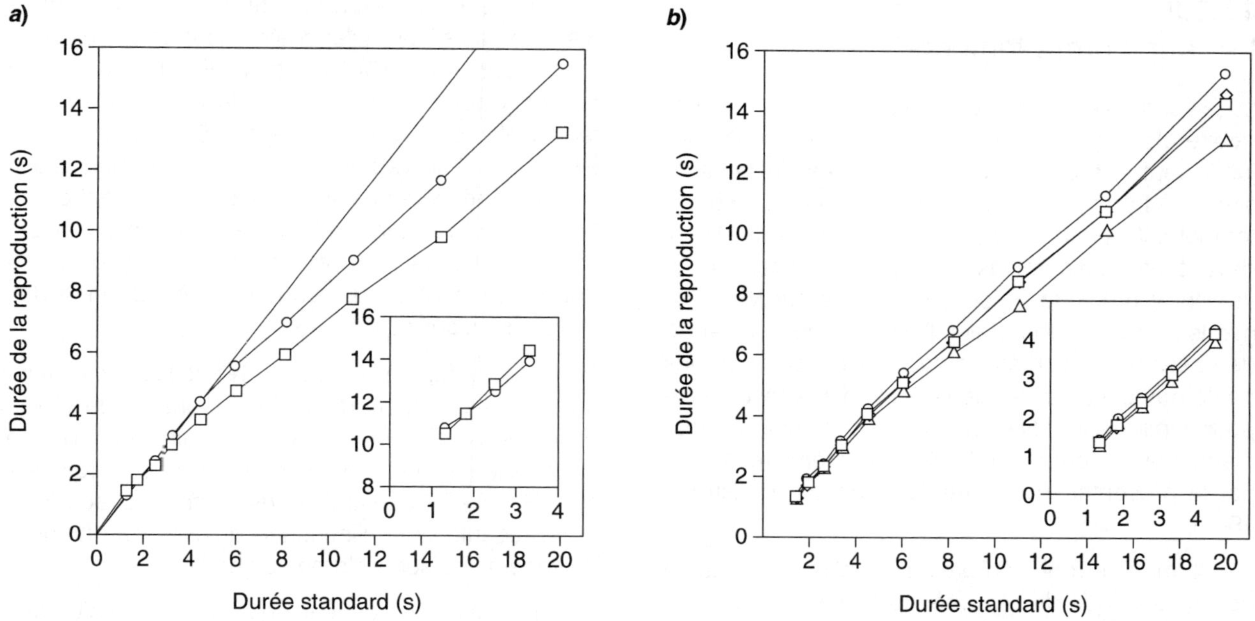

FIGURE 17.1 *Reproductions d'intervalles temporels.* En *a*, les reproductions effectuées par les femmes sont représentées par des cercles et celles des hommes, par des carrés. En *b*, le cercle, le losange, le carré et le triangle représentent respectivement des sons de 10, 25, 40 et 55 dB. Le petit encadré est un grossissement des résultats obtenus avec les durées plus courtes utilisées dans cette expérience. *Source :* Eisler et Eisler (1992, p. 344). Reproduit avec la permission de Blackwell Publishers.

pour délimiter les intervalles (Grondin, 1993). La structure des intervalles réside dans le fait qu'un intervalle soit délimité par un signal continu (intervalle plein) ou la durée entre deux brefs stimuli (intervalle vide). L'augmentation de la fraction de Weber pour de très courtes durées serait reliée à des facteurs sensoriels indépendants du mécanisme de traitement de l'information temporelle.

Par contre, l'application à la durée de la loi de Weber généralisée tient notamment à ce que les sujets doivent utiliser ou ne doivent pas utiliser une stratégie de comptage explicite (Grondin, Meilleur-Wells et Lachance, 1999). Comme l'indique la figure 17.2, l'augmentation du seuil différentiel en fonction de la durée varie considérablement selon qu'il y a comptage explicite ou non. Ce sont des paramètres nettement différents qui devront être utilisés pour décrire les deux fonctions représentées dans la figure 17.2. Pour la gamme de durées décrite dans cette figure (0,7 à 1,9 s), la loi de Weber généralisée décrit très bien ce qui est observé quand les sujets ne doivent pas compter. Tel n'est pas le cas quand le comptage est autorisé ; on assiste plutôt à une augmentation presque nulle des valeurs de ce seuil.

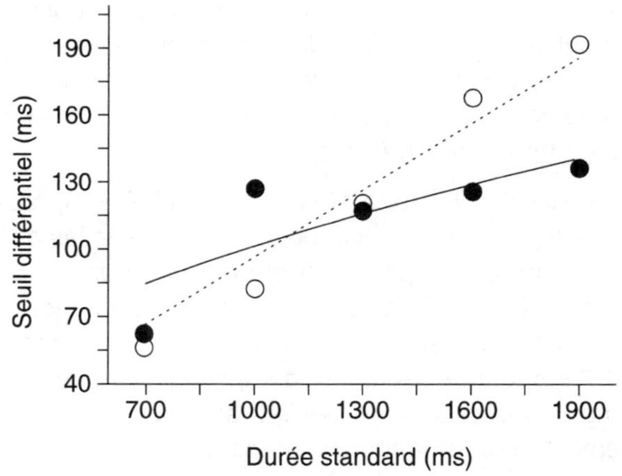

FIGURE 17.2 *Variations de l'augmentation du seuil différentiel en fonction de la durée.* L'augmentation du seuil différentiel varie selon que le sujet peut (cercles pleins) ou ne peut pas (cercles vides) adopter une stratégie de comptage explicite dans une tâche de discrimination de la durée. *Source :* Grondin et autres (1999, p. 999).

17.2.2 L'erreur d'ordre temporel

La psychophysique implique différents effets de laboratoire classiques qui rappellent que le temps subjectif peut être altéré par toutes sortes de facteurs simples. Parmi ces effets, on note l'erreur d'ordre temporel. Cet effet se manifeste lorsque deux stimuli devant être discriminés sont présentés successivement. L'ordre de présentation influe sur les jugements portés. Typiquement, l'intensité du premier de deux stimuli présentés en succession paraîtra plus petite que celle du deuxième. Une hypothèse émise pour expliquer un tel effet attribue celui-ci à l'effacement, avec le temps, de la trace en mémoire laissée par la présentation du premier stimulus (Hellström, 1985).

Parmi les erreurs d'ordre temporel révélées par la psychophysique de la durée, certaines sont spectaculaires. Par exemple, Ten Hoopen et ses collègues (1995) rapportent que, lorsqu'on présente à des sujets une série de brefs stimuli séparés de 50 ms, la durée du dernier intervalle doit être d'environ 80 ms pour être perçue comme étant aussi longue que celle des intervalles précédents. Il se produit donc un raccourcissement énorme de la durée interne du dernier intervalle de la série. Pour Ten Hoopen et ses collègues (voir aussi Nakajima, Ten Hoopen et Van der Wilk, 1991 ; Ten Hoopen et autres, 1993), cette distorsion dépasse nettement celles qui se produisent normalement dans le cas des erreurs d'ordre temporel. Ces auteurs préfèrent désigner comme illusion ce phénomène qu'ils appellent le « raccourcissement du temps » (*time shrinking*).

Aussi, Ten Hoopen et ses collègues (1995) rapportent que, avec des séquences de sons telles que celles rapportées plus haut et pour une gamme de durées allant de 50 à 400 ms, ce n'est pas la fraction de Weber qui reste constante, mais le seuil différentiel. Cela tend à démontrer certaines limites du système auditif pour la résolution temporelle entre les éléments d'une séquence de sons présentés rapidement.

Par ailleurs, une présentation ininterrompue de sons dont la durée se modifie périodiquement introduit aussi dans la discrimination temporelle une nouvelle dimension qui est liée à la rapidité des changements. En effet, par rapport à la perception d'événements isolés, l'enchaînement de stimuli auditifs produit un *flux d'information* auquel l'être humain peut s'adapter avec une grande diversité de stratégies d'autoréglage (Flückiger, 1983). Les mêmes effets sont observables pour les stimuli visuels. Dans ce cas, la mesure des seuils différentiels montre que les sujets réagissent au taux de changement incessant des durées, ou *pression temporelle*, et ce, indépendamment de la fréquence d'occurrence des stimuli (Flückiger, 1985).

Par ailleurs, déjà en 1886, Hall et Jastrow avaient rapporté l'existence d'un phénomène où la durée entre deux courts stimuli semblait plus longue lorsqu'elle incluait l'intervention d'autres brefs stimuli. Pareil effet constitue l'*illusion de la durée pleine* et représente donc l'influence qu'exerce le nombre d'événements sur la durée subjective.

On peut comparer cette notion à l'illusion d'Oppel-Kundt dans le domaine de la perception visuelle. Il a été démontré, d'une part, que l'évolution qualitative de l'illusion d'Oppel-Kundt auditive selon l'âge des sujets suit les mêmes lois que celles mises en évidence pour des figures visuelles (Flückiger, 1975). D'autre part, il a été prouvé que la perception de séquences auditives dépend aussi bien du nombre des éléments constitutifs que d'un *effet figural* correspondant au rapport de durée entre les sons (Flückiger et Osiek, 1981).

La manière dont différents signaux ou traitements influent sur le temps psychologique est une avenue de recherche sur laquelle nous reviendrons dans la section 17.4, qui traite de l'approche cognitive du temps.

17.2.3 L'horloge interne : description générale

Différentes approches permettent de rendre compte d'un ensemble de faits à propos de la manière d'estimer la durée. Essentiellement, on peut distinguer deux catégories d'explications des jugements temporels, selon qu'on postule que les jugements se fondent sur une horloge interne, ayant quelque substrat biologique, ou sur un traitement cognitif. Cette classification n'est ni exhaustive ni mutuellement

ENCADRÉ 17.1
Les interactions distance-temps : effet kappa et effet tau

Parmi les autres phénomènes majeurs qui influent sur la durée, on note l'interaction entre les facteurs temps et espace. Soit la situation suivante. Trois sources lumineuses identiques, A, B et C, sont allumées les unes après les autres de manière à délimiter deux intervalles temporels, les séquences A-B et B-C, la source B étant située entre les sources A et C. Même si les intervalles entre les apparitions de A et de B et celles de B et de C sont identiques, si la distance entre les emplacements de A et de B est plus grande que la distance entre B et C, la durée entre l'apparition de A et celle de B est perçue comme étant plus longue que celle concernant B et C. Cette influence de l'espace sur les jugements temporels est appelée l'« effet kappa » (Cohen, Hansel et Sylvester, 1953, 1955 ; Jones et Huang, 1982).

L'inverse est aussi vrai : les jugements portés sur la distance entre deux points dépendent du temps qui s'écoule entre la présentation de ces points. C'est ce que l'on nomme l'« effet tau ». Il est intéressant de noter que l'effet kappa ne s'applique pas qu'à des stimuli visuels, mais aussi à des stimuli tactiles. Suto (1955) mentionne cependant que l'effet ne s'applique pas à des sujets devenus aveugles tôt durant l'enfance. Ainsi, dans le mode sensoriel tactile, l'effet kappa ne serait possible que si les stimulations s'accompagnent d'une forme d'imagerie visuelle de ces stimulations. Enfin, soulignons qu'une forme d'effet kappa se rencontre aussi dans le domaine de l'audition (Cohen, Hansel et Sylvester, 1954).

exclusive. Elle vise d'abord à simplifier le présent exposé.

Dans l'approche cognitive de la perception temporelle, décrite à la section 17.4, les performances temporelles s'expliquent sans référence à un mécanisme interne de chronométrage, l'accent étant mis plutôt sur les caractéristiques cognitives ou environnementales de la tâche. Mais l'idée qu'il puisse exister une ou des horloges biologiques circule dans de nombreuses disciplines, telles la chronobiologie, la psychophysiologie et la psychologie expérimentale.

Dans le domaine plus particulier de la perception du temps, le concept de processeur temporel, ou horloge interne, est extrêmement important. De nombreux chercheurs intéressés par la durée, dans des domaines aussi variés que la psychologie animale, les neurosciences ou la psychophysique, se réfèrent à ce concept. La nature exacte du fonctionnement de ce mécanisme de chronométrage demeure objet de débat, mais une version classique décrite à la figure 17.3 est inspirée de l'approche basée sur le traitement de l'information.

Dans la perspective psychophysique, l'horloge interne est souvent décrite comme un ensemble comprenant un émetteur et un accumulateur. L'expérience temporelle serait fondée sur l'accumulation d'impulsions émises par cet émetteur. La source de ces impulsions et la fréquence de leur émission – stochastique ou déterministe – font l'objet d'hypothèses multiples (pour des revues de la question, voir Allan et Kristofferson, 1974, Killeen et Weiss, 1987, ou Grondin, 2001).

La description d'un mécanisme central de chronométrage, que l'on pourrait également appeler « processeur temporel », est aussi fondée sur le postulat de la participation d'autres structures, comme le montre la figure 17.3 (Gibbon et Church, 1984). En plus de l'horloge proprement dite, les jugements temporels utiliseraient aussi la mémoire de travail et la mémoire de référence de même qu'un comparateur pour estimer la durée relative d'intervalles.

Selon Treisman, Faulkner, Naish et Brogan (1990), l'émetteur décrit plus haut serait fait de deux composantes liées en séquence (voir la figure 17.4). La

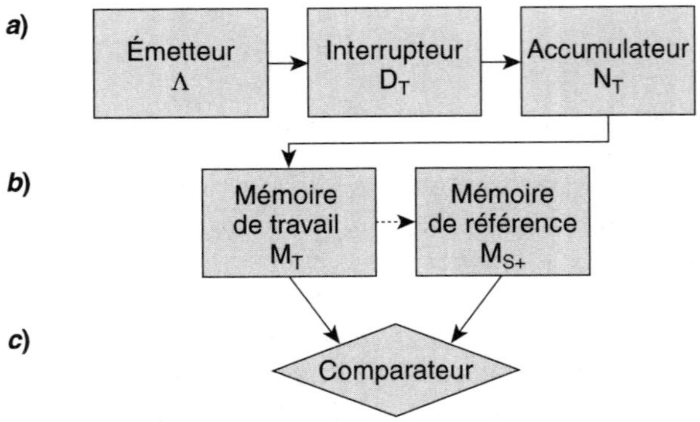

FIGURE 17.3 *Modèle d'horloge interne (processeur temporel) selon Gibbon et Church.* Ce modèle, inspiré d'une approche de traitement de l'information et élaboré à l'origine en psychologie animale, comprend le mécanisme d'horloge proprement dit (*a*), des processus de mémoire (*b*) et un processus de prise de décision (*c*). Λ est le taux moyen d'émission d'impulsions ; D_T est le taux moyen auquel se fait l'accumulation ; N_T est le nombre moyen d'impulsions accumulées ; M_T est la valeur en mémoire de travail pour un essai donné ; M_{S+} est la valeur entreposée en mémoire de référence. La mémoire de travail est parfois aussi appelée « mémoire à court terme » puisque sa capacité est limitée dans le temps et est restreinte quant à la quantité d'information retenue et traitée ; la mémoire de référence est pour sa part une mémoire dite « à long terme » en raison de sa capacité immense en matière de temps de rétention et de quantité d'éléments retenus. *Source :* Gibson et Church (1984, p. 468). Reproduit avec la permission de Lawrence Erlbaum Associates.

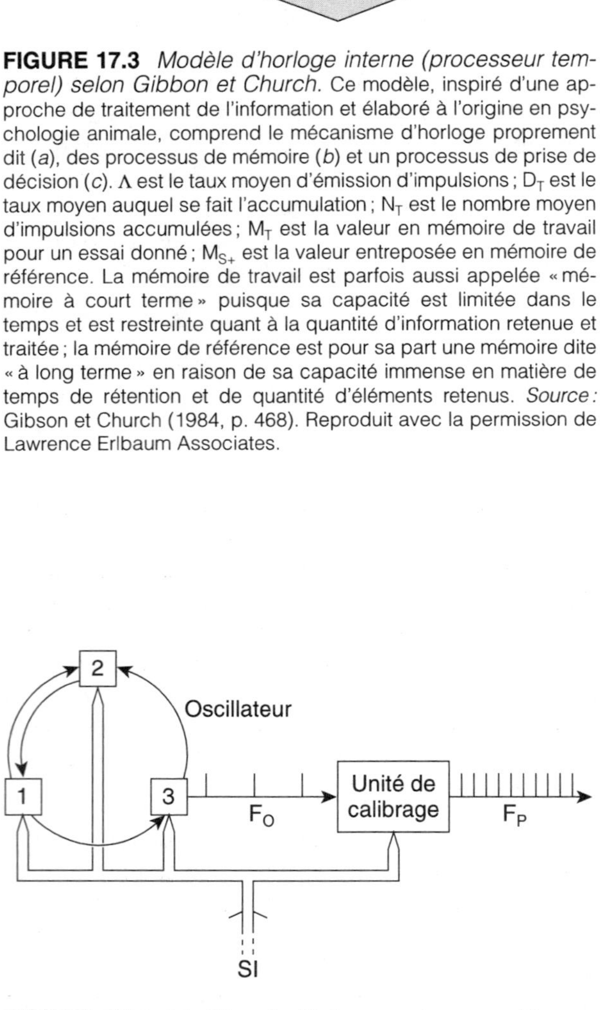

FIGURE 17.4 *Modèle de Treisman et ses collègues.* L'émetteur propre à l'« horloge interne » est fait de deux composantes, un oscillateur temporel et une unité de calibrage. L'oscillateur émet des impulsions selon une fréquence qui lui est propre (F_O), impulsions qui sont calibrées de manière à ce que le rythme d'émission ait une fréquence particulière (F_P) qui constitue l'information temporelle fondamentale transférée au compteur interne. *Source :* Treisman et autres (1990, p. 707).

première composante est l'*oscillateur temporel,* et c'est sa fréquence qui déterminerait une émission d'impulsions régulières. Ces impulsions seraient transmises à une unité de contrôle, l'*unité de calibrage,* qui, ultimement, déterminerait l'information que fournit l'émetteur en multipliant la fréquence initiale par un facteur de calibrage. Celui-ci serait relié à un niveau d'éveil physiologique donné, lui-même déterminé ou bien par quelque message de sources centrales, ou bien par des perturbations sensorielles suffisamment fortes. Cette distinction concernant le fonctionnement de l'émetteur relève en fait du besoin d'expliquer comment, en s'appuyant sur un seul mécanisme propre au temps, on peut obtenir un système qui contribue simultanément à diverses tâches ayant des exigences temporelles différentes, comme c'est souvent le cas dans la pratique du piano, par exemple.

17.2.4 L'horloge et l'attention

L'entrée des impulsions fournies par un émetteur dans l'accumulateur dépendrait d'un mécanisme appelé « interrupteur » (voir la figure 17.3). C'est la quantité d'attention allouée au temps qui déterminerait la quantité d'impulsions (base de temps) que laisserait passer l'interrupteur vers l'accumulateur. Un détournement de l'attention provoqué par les exigences d'une tâche non temporelle provoquerait une perte d'accumulation d'impulsions et se traduirait par une durée subjective plus courte. Ainsi, quand un sujet doit à la fois discriminer de courtes durées ainsi que l'intensité des signaux, visuels ou auditifs, servant à délimiter ces intervalles, la durée subjective et le niveau de discrimination sont influencés par la manière de répartir l'attention entre deux tâches (Grondin et Macar, 1992 ; Macar, Grondin et Casini, 1994). Par exemple, Grondin et Macar (1992) rapportent des données relatives à cet effet dans le mode auditif. Avant chaque essai, on a indiqué au sujet si un maximum d'attention devait être accordé à la durée et un minimum, à l'intensité d'un signal sonore continu ; si un maximum d'attention devait plutôt être attribué à l'intensité et un minimum, à la durée ; ou encore, si l'attention devait être répartie également entre ces deux aspects. Des essais contrôles permettaient aussi de connaître le niveau de performance lorsque le sujet ne devait fournir qu'une seule réponse, sur la durée ou sur l'intensité. La durée du signal sonore était courte ou longue et son intensité, faible ou forte. Ces degrés d'intensité et ces durées étaient ajustés de manière à ce que la discrimination soit assez difficile. Les résultats indiquent que plus on accorde d'attention au temps, moins il se fait d'erreurs de discrimination de la durée et que, généralement, on a tendance à percevoir la durée comme étant plus longue, pour une gamme de durées d'environ 0,5 s du moins, lorsqu'un minimum d'attention est accordé au temps. Ces résultats indiquent aussi qu'une baisse de l'attention dirigée vers l'intensité des sons diminue la capacité de discriminer ceux-ci.

Le rôle crucial de l'interrupteur dans la production d'intervalles temporels a aussi été mis en évidence par Rousseau, Picard et Pitre (1984). Ces derniers font état d'une expérience où des sujets doivent à la fois produire des intervalles et discriminer la fréquence de l'un de deux sons, aigu ou grave. Ce court son apparaît à différents moments durant l'intervalle en cours de production. Or, plus le son apparaît tardivement, plus longs sont les intervalles produits. Ces résultats sont considérés comme l'effet d'un partage de l'attention entre la tâche temporelle et la discrimination sonore. Plus le son arrive tardivement, plus longtemps l'attention est détournée de la source d'information temporelle. Ce détournement provoque une perte dans le processus d'accumulation d'impulsions. Ainsi, le temps de production doit être allongé afin que l'on obtienne un nombre suffisant d'impulsions, ce nombre devant correspondre à celui qui sert de critère pour désigner l'atteinte de l'intervalle cible.

Des données comme celles mentionnées ci-dessus quant à l'effet d'un partage de l'attention peuvent s'expliquer par l'hypothèse qu'un interrupteur formant une partie intégrante de l'horloge, comme l'illustre la figure 17.3 (page 416), serait sous l'influence des mécanismes d'attention (Grondin, 2001). D'autres parties du modèle décrit dans cette figure, bien que celui-ci ait été à l'origine élaboré pour décrire les comportements temporels chez l'animal, semblent aussi nécessaires pour décrire les sources de variabilité les plus importantes dans les jugements temporels chez l'être humain. On reconnaît ainsi l'importance que revêtent, pour le traitement de la durée par l'être humain, les manipulations de l'information en mémoire de travail (voir les travaux de Brown, 1997, décrits plus loin ; Fortin, Rousseau, Bourque et Kirouac, 1993 ; Wearden, 1993) ainsi que les mécanismes décisionnels (Wearden et Ferrara, 1995).

17.3 L'APPROCHE BIOLOGIQUE

L'horloge interne décrite plus haut permet d'expliquer un ensemble de données recueillies à l'aide de méthodes psychophysiques ainsi que le comportement d'un animal appelé à adapter sa conduite au temps. Or, ces explications ne sont pas à proprement parler biologiques. Il s'agit plutôt d'un modèle fonctionnel. L'utilisation du concept d'horloge dans les perspectives psychophysique ou comportementale ne vise pas à localiser cette dernière dans le cerveau ou à décrire ses substrats physiologiques. Cela dit, il existe des travaux sur la perception du temps dans lesquels des efforts en ce sens ont été déployés.

17.3.1 Le temps et les activités cycliques

De nombreuses fonctions corporelles sont fondées sur une activité cyclique, c'est-à-dire sur une activité réglée dans le temps, comme si elles dépendaient d'une horloge. Certaines activités périodiques ont une plus basse fréquence. C'est le cas notamment du cycle menstruel (qui est d'environ 28 jours) et des différents rythmes circadiens (qui durent une journée ; Campbell, 1990). Les autres activités cycliques ou périodiques les plus connues sont probablement les rythmes respiratoire et cardiaque, ainsi que l'activité électrique du cerveau. Par exemple, selon Holubar (1969), le rythme alpha de l'électroencéphalographie, qui présente une fréquence de 10 cycles par seconde, serait une référence fondamentale de l'organisme pour l'estimation du temps.

Il existe aussi des interprétations récentes, inspirées du courant connexionniste en vogue dans la psychologie scientifique des années 1980, pour décrire les mécanismes qui sont à la source de l'expérience temporelle. Dans cette optique, la base de temps serait faite de groupes de neurones organisés en réseaux, ces groupes constituant plus précisément des oscillateurs ayant différentes fréquences (Church et Broadbent, 1990 ; Miall, 1989).

17.3.2 La localisation de l'horloge

L'idée même qu'il puisse exister une horloge biologique à la base des jugements temporels fait surgir la question de la localisation cérébrale de cette horloge. Essentiellement, deux types de travaux nous renseignent sur cette question : ceux de la psychophysiologie où l'utilisation d'agents pharmacologiques précis, par leurs effets sur certains neurotransmetteurs, met en lumière le rôle de structures appelées à contribuer au chronométrage ; et ceux de la neuropsychologie où sont reliées lésions et fonctions.

Hicks (1992) offre une revue de différents effets pharmacologiques sur l'estimation temporelle. Il souligne notamment l'importance, pour l'estimation du temps, de l'activité dopaminergique dans le cortex frontal. Selon Meck (1996), l'horloge interne utilisée pour chronométrer des durées de quelques secondes à quelques minutes serait plutôt liée à l'activité dopaminergique au niveau des ganglions de la base, alors que la mémoire temporelle et les mécanismes d'attention seraient liés à l'activité de l'acétylcholine dans le cortex frontal.

Différents travaux, résumés dans Rammsayer et Grondin (2000), permettent de montrer que la gamme de durées à l'étude détermine la présence ou l'absence d'effets pharmacologiques sur l'estimation du temps (Rammsayer, 1995, 1997 ; Rammsayer et Vogel, 1992). Par exemple, une dose donnée d'éthanol n'interfère pas avec le traitement d'intervalles de 1 s, mais affecte le traitement d'intervalles de quelques millisecondes. À l'opposé, des drogues comme la mescaline ou le LSD, connues pour perturber l'estimation de durées assez longues, n'influent pas sur la discrimination d'intervalles de moins de 1 s. Ainsi, il pourrait exister deux modes de traitement de l'information temporelle ; un premier, propre au traitement de longs intervalles, lié aux fonctions de plus haut niveau du système nerveux ; et un second, propre aux intervalles courts, associé à un niveau sous-cortical.

Les dernières années ont aussi permis de mettre en relief le rôle critique du cervelet dans les activités de chronométrage. Les travaux d'Ivry et de Keele (Ivry, 1993 ; Ivry et Keele, 1989 ; Keele et Ivry, 1991) ont montré que des patients ayant subi des lésions diffuses ou focales du cervelet éprouvaient de sérieux problèmes à accomplir des tâches reliées au chronométrage, qu'elles soient perceptives ou motrices. Ainsi, il existe aussi une base neuropsychologique pour soutenir l'idée qu'un même processus de chronométrage sous-tendrait des tâches de production ou de discrimination d'intervalles. Des sujets atteints de lésions cérébrales pourraient ne pas avoir de difficulté à accomplir une tâche de discrimination entre des sons, mais avoir de la difficulté à discriminer des durées présentées sous le mode auditif. Ce serait en particulier la région latérale du cervelet qui présiderait aux activités de chronométrage. Notons que ce rôle du cervelet pourrait ne valoir que pour une gamme de durées allant de quelques millisecondes à quelques secondes.

17.3.3 Les effets de la latéralité

Parmi les travaux touchant les bases biologiques des mécanismes de chronométrage, et plus particulièrement ceux concernant la localisation cérébrale de l'horloge interne, il y a ceux qui touchent la spécialisation de l'un ou l'autre des hémisphères cérébraux utilisés pour réaliser des tâches d'estimation du temps. L'hypothèse d'un mécanisme de chronométrage situé dans l'hémisphère gauche est généralement celle qui est retenue. Cette hypothèse, qui n'est cependant pas exempte de critiques (Efron, 1990 ; Grondin, 1998), s'appuie généralement sur : 1) l'exécution de tâches de détection d'interruption d'un signal ; 2) des jugements ayant trait à l'ordre chronologique d'apparition de stimuli ; 3) des jugements quant à la simultanéité ou à la succession de stimuli (Brown et Nicholls, 1997 ; Nicholls, 1994, 1996).

Par exemple, on présente à des sujets humains deux signaux lumineux, l'un dans leur champ visuel gauche et l'autre dans leur champ visuel droit. Le signal présenté à droite est d'abord perçu par l'hémisphère gauche et celui présenté à gauche est d'abord perçu par l'hémisphère droit. Or, lorsque les sujets doivent dire lequel des deux signaux est apparu en premier, ils tendent à répondre que c'est celui qui a été présenté dans le champ visuel droit.

On interprète cette tendance en postulant que le mécanisme sous-jacent au traitement de l'ordre d'arrivée des signaux est situé dans l'hémisphère cérébral gauche. Ainsi, lorsqu'un signal est présenté dans le champ visuel gauche, il faut, parce qu'il est d'abord perçu dans l'hémisphère droit, un certain délai avant qu'il soit traité par l'hémisphère cérébral gauche (Efron, 1990).

17.3.4 Les effets de la température corporelle

Déjà dans les années 1920, François (1927) observait que le rythme de production de durées s'accélérait avec l'augmentation de la température corporelle. Dans la même optique, Hoagland (1933) rapportait qu'il avait demandé à sa femme, un jour où elle était fiévreuse, d'estimer la durée de 1 min. Il avait alors remarqué que, pour une température interne du corps très élevée (102 °F), une durée inférieure à 40 s apparaissait avoir duré 1 min.

Par ailleurs, une diminution de la température corporelle, après une immersion en eau froide, produit l'effet inverse sur la durée subjective : il faut 70 s, en temps réel, pour que le sujet ait l'impression qu'il s'est écoulé 1 min (Baddeley, 1966). L'ensemble de ces faits indique que le temps subjectif s'accélère en fonction de l'augmentation de la température corporelle. C'est en se basant sur de telles observations que Hoagland émettait l'hypothèse selon laquelle il pourrait exister dans le cerveau une horloge dite « chimique ».

L'ensemble des travaux portant sur la température corporelle et le temps subjectif a été résumé par Wearden et Penton-Voak (1995). Ces auteurs soutiennent que ces recherches confirment l'idée selon laquelle le temps psychologique découlerait d'une horloge interne. L'émetteur ou l'oscillateur à la base de cette dernière serait sensible à des variations de l'éveil physiologique (*arousal*), lesquelles pourraient être induites par ces changements de température. Notons enfin que le niveau de cet éveil pourrait être déterminé non seulement par des variations de température, mais aussi par des présentations répétées de stimuli (Penton-Voak, Edwards, Percival et Wearden, 1995 ; Treisman et autres, 1990) ou encore, comme le montrent les travaux portant sur l'animal, par des variations des rythmes de renforcement (Fetterman et Killeen, 1991 ; Killeen et Fetterman, 1988).

17.4 L'APPROCHE COGNITIVE

Comme il a été mentionné plus haut, on peut expliquer les performances reliées au temps en postulant l'existence d'un mécanisme interne, une horloge, fournissant de l'information temporelle. Toutefois, certains chercheurs ont adopté un point de vue différent, en laissant entendre notamment que les problèmes traités par les psychophysiciens relativement à la durée se limitaient trop souvent à des intervalles très courts. Affirmant que l'explication de l'expérience subjective du temps doit couvrir un éventail plus large de durées, ces chercheurs ont plutôt soutenu que l'expérience du temps peut s'expliquer par les seuls processus cognitifs à l'œuvre durant un intervalle donné, sans qu'on ait à se référer à quelque autre concept additionnel comme celui d'horloge interne.

17.4.1 Le stockage mémoriel

Différents modèles, élaborés dans le cadre d'une approche cognitive, ont servi à expliquer, sans référence au concept d'horloge interne, un ensemble de faits reliés à l'estimation du temps. Un premier modèle cognitif a été proposé par Ornstein (1969). Ce modèle attribue à la mémoire l'impression que le temps paraît court ou long. Pour Ornstein, la durée subjective est directement liée à l'espace de stockage qu'occupe l'information retenue en mémoire. L'étendue de cet espace dépend du nombre d'événements traités durant l'intervalle à estimer : plus il survient d'événements durant une période donnée, plus la durée de celle-ci semblera longue.

En plus du nombre d'événements survenus, la complexité de l'information traitée durant l'intervalle à estimer influe aussi sur la perception de la durée. Ornstein (1969) rapporte notamment l'expérience suivante concernant le rôle de la complexité des stimuli. Des observateurs qui ne savent pas qu'ils devront estimer des durées sont amenés dans une salle où leur sont présentés deux stimuli durant 30 s chacun. Ces stimuli sont illustrés à la figure 17.5. Pour chacun des cinq groupes de sujets, on présente d'abord le stimulus standard, suivi d'un stimulus de comparaison (stimuli 1 à 5 dans la figure, selon les groupes). Puis on demande à chaque sujet d'estimer une durée par rapport à l'autre. Il en résulte que c'est avec le stimulus de comparaison le plus simple (stimulus 1) que le ratio « durée du stimulus de comparaison / durée du stimulus standard » est le plus petit (0,81). Cette estimation se démarque significativement des ratios obtenus avec les stimuli de comparaison 2 à 5 (ratios respectifs de 0,92, de 0,99, de 0,96 et de 0,97).

Enfin, toujours selon Ornstein, outre la complexité de l'information traitée et le nombre d'événements survenus, l'aspect familier du stimulus est un facteur déterminant de l'expérience temporelle subjective. Cela peut tenir, par exemple, au fait que le sujet a été entraîné à une tâche. Le modèle d'Ornstein, fondé sur l'espace occupé en mémoire, s'est révélé pertinent, ultérieurement, pour rendre compte de ce qui détermine les jugements temporels rétrospectifs, mais non pour expliquer comment différents facteurs comme le nombre ou la complexité des événements survenus déterminent les jugements prospectifs (Hicks et autres, 1977). Ces auteurs mentionnent des cas où la durée subjective est plutôt inversement liée au nombre de stimuli traités durant un intervalle à estimer. Enfin, pour Poynter et Homa (1983), ce n'est pas simplement le nombre d'événements vécus par un sujet durant une période donnée qui détermine l'estimation de la durée, mais plutôt la quantité de changements de contexte provoquée par ces événements. Dans leur optique, l'organisation interne d'une séquence d'événements détermine par la suite l'impression de durée.

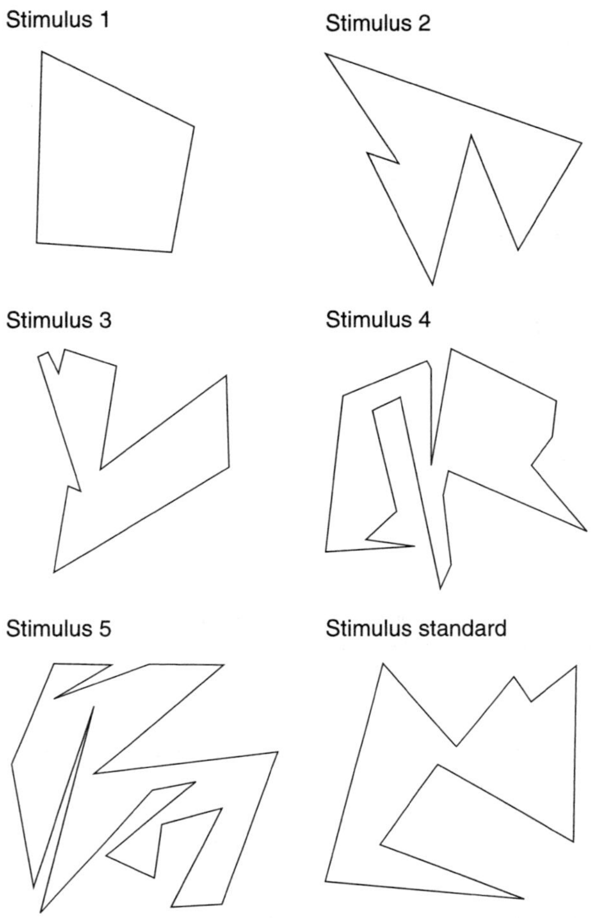

FIGURE 17.5 *Stimuli utilisés par Ornstein.* Ornstein a utilisé ces stimuli dans l'une de ses expériences montrant l'effet de la complexité des stimuli traités sur la durée subjective. *Source:* Ornstein (1969, p. 60).

17.4.2 Les facteurs attentionnels

L'idée voulant que la structure de séquences d'événements soit au cœur de l'estimation du temps a aussi été mise de l'avant par Jones et Boltz (1989). Ces auteurs ont élaboré un modèle fondé sur l'idée que l'environnement fournit ce qui est nécessaire pour estimer le temps qui s'écoule. Leur approche, dite de l' « attente dynamique » (*dynamic attending*), stipule que les événements naturels inhérents à l'environnement présentent une certaine cohérence quant à leur structure temporelle. La régularité avec laquelle des séries d'événements physiques se produisent permet de prévoir les événements qui devraient se produire ultérieurement. Cela contribue à mettre un observateur dans un état que les auteurs appellent un « mode d'attente orienté vers le futur ». Un exemple typique de cette régularité est constitué par les séquences de notes des compositions musicales. En l'absence d'une telle régularité, un observateur est plutôt forcé d'adopter une stratégie interne de jugement temporel appelée le « mode d'attente analytique ». Le modèle de Jones et Boltz s'applique non seulement aux situations de jugements prospectifs, mais aussi aux situations de jugements rétrospectifs, comme le souvenir temporel de mélodies (Boltz, 1989) ou de récits de films (Boltz, 1992).

D'autres modèles sont aussi fondés sur le rôle de l'attention, mais la perspective adoptée est différente de celle du modèle de Jones et Boltz. Pour prédire la durée subjective, ces modèles semblent plus adéquats que ceux fondés sur la mémoire. Le modèle de Thomas et Weaver (1975) stipule que la durée subjective est déterminée par ce sur quoi on porte son attention. Soit une période durant laquelle il se produit des événements nécessitant un traitement. Selon ce modèle, la durée subjective dépendra de la moyenne pondérée de la quantité d'information encodée par deux processeurs, l'un étant affecté au chronométrage et l'autre au traitement de l'information non temporelle. Plus grande est l'attention accordée à un processeur, plus l'information fournie par l'autre processeur se trouve à perdre en fiabilité.

Récemment, Brown (1997) a fait état d'une série d'expériences qui montrent le rôle critique joué par l'attribution des ressources attentionnelles sur l'efficacité du chronométrage. Dans ces expériences, un sujet devait exécuter, parallèlement à la production d'une série continue d'intervalles de 2 ou de 5 s, une tâche non temporelle susceptible de faire appel à des ressources en attention pour des opérations en mémoire de travail. On a testé les effets de trois types de tâches non temporelles: les tâches motrices (poursuite rotative), les tâches perceptives (recherche visuelle) et les tâches cognitives (opérations mathématiques). Le niveau de difficulté de ces tâches correspondait à une variable manipulée. Pour estimer la performance de chronométrage, Brown a utilisé différents indices de performance, notamment un coefficient de variation. Ce dernier consiste en une mesure de la variabilité (écart type) des productions d'un intervalle à l'autre, divisée par la durée moyenne des productions. Un score plus élevé indique une performance plus variable, donc moins bonne. Or, comme l'indique la figure 17.6, en comparaison avec une condition de contrôle où les productions temporelles sont effectuées en l'absence de tâches non temporelles parallèles, l'ajout d'une telle tâche, qu'elle soit facile ou difficile, affecte grandement la précision des productions d'intervalles. De plus, ces expériences montrent que la durée moyenne des productions temporelles augmente avec l'addition d'une tâche non temporelle, et ce, d'autant plus que la tâche non temporelle est difficile. Par ailleurs, parmi les performances non temporelles, seule celle associée aux opérations mathématiques a diminué lorsqu'elle était exécutée parallèlement à la tâche temporelle. Brown explique ces résultats sans se référer au concept d'horloge interne évoqué plus haut et conclut que le chronométrage est particulièrement sensible aux demandes en attention propres aux tâches cognitives.

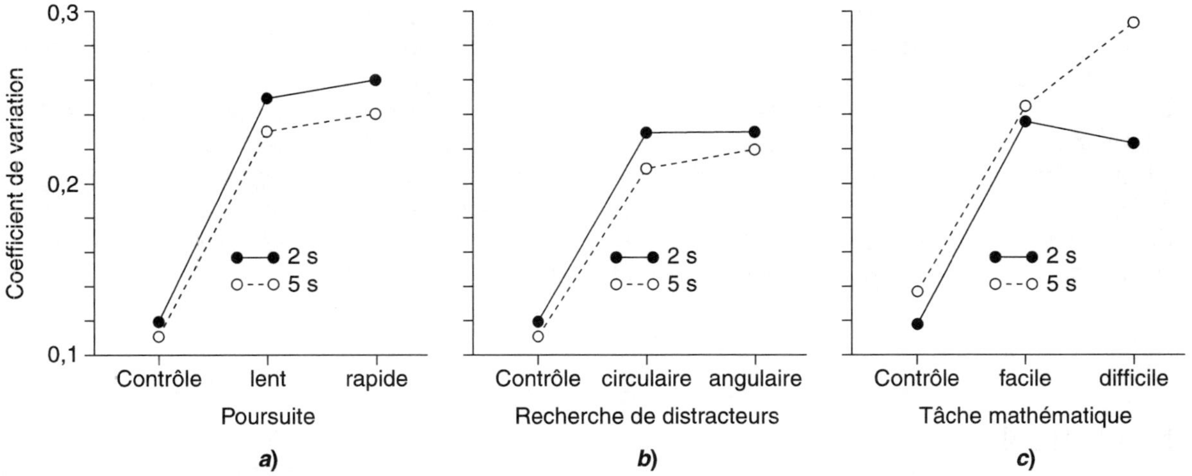

FIGURE 17.6 *Résultats de Brown illustrant l'effet de l'ajout d'une tâche non temporelle menée en parallèle dans une tâche de production d'intervalles.* La variable dépendante, sur l'axe des Y, est le coefficient de variation : plus celui-ci est élevé, plus la variabilité des productions est grande (et moins bonne est la performance). Les productions temporelles sont de 2 ou de 5 s. Ces résultats sont obtenus dans l'exécution d'une tâche non temporelle : *a)* motrice (poursuite rotative lente ou rapide) ; *b)* perceptive (recherche visuelle de distracteurs circulaires ou angulaires) ; *c)* cognitive (tâche mathématique facile ou difficile). *Source :* Brown (1997, p. 1124, 1127 et 1130). Reproduit avec la permission de Psychonomic Society Publications.

ENCADRÉ 17.2
Les limites de la durée perceptive

Outre les différents concepts et cadres d'interprétation évoqués plus haut, il existe de nombreuses autres notions classiques associées à l'étude du temps. L'une de ces notions, souvent mise en évidence dans les revues de question sur le temps psychologique, est celle de l'intervalle d'indifférence. Lorsque les intervalles d'une gamme donnée doivent être reproduits, les intervalles courts sont souvent surestimés alors qu'au contraire les intervalles longs sont sous-estimés. Or, il se trouve entre ces cas une étendue étroite pour laquelle la durée est reproduite correctement: c'est cette étendue qui constitue l'intervalle d'indifférence. La valeur exacte de cet intervalle dépendrait en fait des gammes d'intervalles à l'étude. On se réfère parfois à la loi de Vierordt pour traduire cet effet de l'intervalle d'indifférence.

Une autre question souvent soulevée à propos de l'étude du temps psychologique est celle de l'existence de différents modes d'expérimentation de la durée. Il y aurait, dans l'optique de nombreux chercheurs, au moins deux manières d'appréhender le temps. D'une part, un mécanisme serait propre au traitement des durées courtes et, d'autre part, un second mécanisme présiderait au traitement des durées longues. La transition entre ces durées courtes et longues marquerait le passage de la perception de la durée à l'estimation de la durée. La limite supérieure du premier mécanisme marquerait l'empan de ce qui est souvent appelé le « présent psychologique » ou le « présent subjectif ». Dans cette optique, tout ce qui se trouve à l'intérieur des limites du présent psychologique serait perçu comme faisant partie d'une unité. L'ennui, c'est que la valeur associée à cet empan varie considérablement, allant de 2 ou 3 s à parfois 5 s (Fraisse, 1984). Si cet empan est défini en fonction de l'étendue temporelle à partir de laquelle il y a une augmentation de la fraction de Weber dans des conditions où les sujets ne doivent pas compter, une valeur légèrement inférieure à 2 s devrait être acceptée. Cependant, si on veut définir ce passage en fonction des stratégies de chronométrage les plus efficaces, il importe de noter que l'adoption d'une stratégie de comptage explicite, dans le cas de la discrimination d'intervalles, améliore la performance dès que les intervalles en question sont de plus de 1,18 s (Grondin et autres, 1999). Ce débat sur le passage de la perception du temps à l'estimation du temps traduit peut-être le besoin de recourir à la notion d'horloge interne pour des durées courtes (perception) et à celle d'horloge cognitive pour des durées plus longues. Enfin, dans une gamme de durées beaucoup plus courtes, on recourt parfois aussi au concept de moment psychologique ou de moment perceptif. Ce concept, généralement attribué à Stroud (1955), évoque le fait que le traitement de l'information perceptive s'effectue sur la base d'intervalles discrets, appelés « moments », qui ont une valeur donnée. Il n'est pas sans rappeler l'hypothèse voulant que les jugements temporels se fassent sur la base d'unités discrètes appelées « quanta » (Kristofferson, 1980).

CONCLUSION

Il existe une grande variété d'expériences temporelles possibles. C'est la raison pour laquelle les méthodes utilisées dans le domaine de la perception du temps sont variées et mènent à diverses interprétations théoriques. Certains travaux sur la durée subjective, d'inspiration cognitive, offrent une gamme de résultats qui peuvent être interprétés sur la stricte base des processus en jeu, comme l'attention ou la mémoire. Des interprétations de ce type ne supposent pas l'existence d'une horloge interne, c'est-à-dire d'un mécanisme central affecté à la résolution d'un ensemble de traitements possibles du temps. Par contre, de nombreux autres spécialistes du temps psychologique, qu'ils s'intéressent, comme les psychophysiciens, aux propriétés de cette horloge ou, comme les neuropsychologues, aux substrats physiologiques de celle-ci, postulent l'existence d'un tel mécanisme central, sur lequel les mécanismes d'attention pourraient exercer une grande influence. Enfin, il n'est pas impossible qu'il existe plusieurs horloges, plutôt qu'une seule, lesquelles seraient affectées à l'exécution de tâches de chronométrage spécifiques. Dans cette optique, la gamme de durées à l'étude déterminerait quel mécanisme est le plus adéquat. Pour des durées plus courtes, des processus d'intégration sensorielle ou d'organisation des séquences d'événements survenus dans l'environnement seraient en cause. Pour des intervalles plus longs, on évoque le recours à des mécanismes d'analyse fondés sur des processus cognitifs. Cette vision simple et raisonnable rejoint celle de Jones et Boltz (1989) exposée plus haut. Dans le cas des intervalles plus courts, les questions théoriques déterminantes consistent à savoir si les processus d'intégration sensorielle ou d'organisation sont les mêmes, quels que soient les modes sensoriels concernés par la perception du temps. Aussi, il reste à mieux connaître comment se fait l'arrimage entre la fréquence des événements sensoriels et les rythmes, ou oscillations, inhérents aux organismes vivants.

Bref, les défis qui attendent les chercheurs dans le domaine de la perception du temps résident : 1) dans une meilleure description des mécanismes, biologiques ou cognitifs, qui sous-tendent les jugements temporels explicites ; 2) dans la compréhension de ce qui rend la dimension temporelle aussi fiable pour des tâches où le chronométrage est implicite.

LECTURES RECOMMANDÉES

BLOCK, R.A. (1990). Models of psychological time. Dans *Cognitive models of psychological time* (p. 1-35). Hillsdale, NJ : Lawrence Erlbaum.

FRAISSE, P. (1984). Perception and estimation of time. *Annual Review of Psychology, 35*, 1-36.

GIBBON, J., et ALLAN, L.G. (1984). *Annals of the New York Academy of Sciences : Vol. 423. Timing and time perception.* New York : New York Academy of Sciences.

GRONDIN, S. (2001). From physical time to the first and second moments of psychological time. *Psychological Bulletin, 127,* 22-44.

MACAR, F. (1980). *Le temps : perspectives psychophysiologiques.* Bruxelles : Mardaga.

MACAR, F., POUTHAS, V., et FRIEDMAN, W. (dir.) (1992). *Time, action, cognition : Towards bridging the gap.* Dordrecht : Kluwer Academic Publishers.

ROECKELEIN, J.E. (2000). *The concept of time in psychology : A resource book and annotated bibliography.* Westport, CT: Greenwood.

CHAPITRE 18 L'attention sélective

MARTIN ARGUIN

INTRODUCTION

Contrairement à bien d'autres notions importantes du domaine de la perception, le concept d'attention nous est familier et fait partie de notre vie quotidienne. En effet, nos conversations courantes attestent que nous considérons l'attention comme un élément essentiel au succès de nos entreprises. On dira, par exemple, qu'un enfant présente des difficultés scolaires parce qu'il ne prête pas attention en classe ; ou encore, que le succès particulier d'un joueur de baseball vient du fait qu'il garde toujours son attention sur la balle. Le fait que nous puissions parler de l'attention les uns avec les autres implique que chacun dispose d'une définition intuitive de ce dont il s'agit. Au-delà de cette définition intuitive, les chercheurs, dans leurs efforts visant à préciser la nature de l'attention et des mécanismes psychologiques qui la sous-tendent, en sont venus à proposer une définition de l'attention qui est multidimensionnelle. Plus précisément, ils soutiennent qu'il n'y a pas une seule forme d'attention, mais plusieurs qui sont nettement distinctes les unes des autres (voir l'encadré 18.1). Dans le présent chapitre, nous nous concentrerons sur une forme d'attention qui a été étudiée de façon intensive ces 45 dernières années et qui est sans contredit la plus pertinente dans le contexte de l'étude de la perception, soit l'attention sélective.

Le terme « attention sélective » réfère à un mécanisme interne agissant comme un filtre sur les données perceptives, qui auront conséquemment accès ou non à un système offrant une représentation détaillée de l'information, mais dont la capacité de traitement est limitée (Johnston et Dark, 1986). Un exemple typique de l'attention sélective est celui du cocktail, où se retrouvent un certain nombre de personnes rassemblées en petits groupes dont chacun tient sa propre conversation. Dans ce contexte, l'attention sélective permet de se concentrer sur une conversation en particulier et ainsi d'en suivre le sens et d'y participer, tout en se fermant plus ou moins aux autres conversations en cours, que le filtre attentionnel cherchera à bloquer. Une illustration plus immédiate de l'attention sélective est fournie par notre mode de progression à travers un texte. En effet, la lecture est

ENCADRÉ 18.1
Les formes d'attention

*Les psychologues distinguent explicitement différentes formes d'attention qui sont supposées être dépendantes de mécanismes cognitifs distincts. Une de ces formes est l'*attention sélective*, qui fait l'objet du présent chapitre et qui y est décrite en détail.*

*Une autre forme de l'attention est l'*effort mental*. Ce concept touche au degré de concentration qui devra être investi par un individu pour réaliser une tâche donnée et au degré de fatigue qui en résultera (Kahneman, 1973). Par exemple, l'effort mental déployé par un contrôleur aérien qui doit superviser simultanément la trajectoire d'une douzaine d'avions en voie d'atterrir est considérable. À l'opposé, l'exécution d'activités relativement automatisées comme de lacer ses chaussures ou de manger avec une fourchette n'exige habituellement qu'un effort mental minimal.*

*L'attention revêt aussi la forme du *contrôle mental*, qui intéresse l'organisation des activités cognitives effectuées en vue d'atteindre un but particulier (Norman et Shallice, 1996). Ainsi, la plupart des actions que l'on exécute impliquent un ensemble d'éléments comportementaux qui doivent être coordonnés correctement afin qu'on puisse atteindre l'objectif recherché. Par exemple, une personne qui est assise à table pour le repas et qui désire d'une part replacer le lait au réfrigérateur et d'autre part sortir la tarte du four doit d'abord se lever de table, prendre le pot à lait, se diriger vers le réfrigérateur, en ouvrir la porte, etc. Le contrôle mental concerne la définition correcte de ces éléments comportementaux, leur mise en séquence et leur exécution dans l'ordre. Si notre personne revient à table avec la tarte mais a laissé le lait sur la cuisinière, par exemple, on dira qu'elle a commis une erreur de contrôle mental puisque certaines des étapes qu'elle devait exécuter ont été omises.*

*Une autre forme d'attention est la *vigilance*, qui concerne, elle, la disponibilité psychologique de l'individu à traiter les signaux lui provenant de l'environnement et à y réagir de façon appropriée (Parasuraman, 1984). La vigilance est une qualité essentielle, par exemple, pour un gardien de but, afin qu'il soit en mesure d'arrêter les tirs de l'adversaire qui sont sporadiquement dirigés vers le but qu'il cherche à protéger. C'est cette même qualité qui fait défaut au conducteur automobile fatigué qui a tendance à s'endormir au volant.*

une activité de nature séquentielle, puisque nous lisons un mot après l'autre : il est impossible d'examiner une page de texte de façon globale et d'y lire tout ce qui s'y trouve simultanément. On dira donc que l'attention sélectionne les mots de façon séquentielle et qu'à travers cette sélection il nous est possible d'identifier le mot en question, de déterminer sa prononciation, son sens, etc. L'exemple de la lecture est toutefois compliqué par le fait que cette activité implique non seulement l'attention sélective, mais également les mouvements oculaires, qui ont comme fonction notamment de contrer les limites de notre acuité visuelle périphérique. Les données et les exemples qui seront fournis dans le présent chapitre devraient néanmoins suffire pour démontrer que le phénomène de l'attention sélective ne se limite pas au déplacement des récepteurs sensoriels et que son rôle déborde celui de compenser les limites de la sensibilité ou de l'acuité de ceux-ci.

Un point essentiel qu'établissent les exemples précédents et l'ensemble des démonstrations qui suivent concernant l'attention sélective est l'inexactitude des notions voulant que notre perception soit déterminée uniquement par la stimulation à laquelle nos récepteurs sensoriels sont exposés. Ainsi, l'existence de l'attention sélective et l'influence que celle-ci exerce sur la perception affirment le rôle actif de l'observateur dans le processus perceptif.

Cette constatation constitue l'une des contributions importantes des premiers psychologues ayant étudié l'attention vers la fin du XIXe et le début du XXe siècle (Ebbinghaus, 1910; Helmholtz, 1924; James, 1950 [1890]). Ainsi, contredisant la philosophie empiriste dominante à l'époque, qui voulait que l'individu soit entièrement passif face aux expériences auxquelles il est exposé James (1950 [1890]) soutient que « chacun de nous choisit littéralement, par sa façon de prêter attention aux choses, quelle sorte d'univers il lui semblera habiter » (p. 424). C'est à cette époque que plusieurs des concepts importants relatifs à l'attention sélective ont été ébauchés. L'approche de ces premiers psychologues intéressés à l'attention était cependant largement basée sur l'introspection plutôt que sur l'expérimentation. Par conséquent, leurs propositions n'ont su résister à la vague béhavioriste qui a pris naissance au cours des années 1920 et qui a banni de la psychologie l'étude de phénomènes non observables tels que l'attention. Ce n'est qu'environ 30 ans plus tard, dans les années 1950, que l'attention sélective redevint un sujet digne d'intérêt pour la psychologie, avec l'observation de phénomènes de sélectivité dans la perception, notamment par Cherry (1953), dont nous allons parler plus loin.

18.1 LES THÉORIES CONTEMPORAINES DE L'ATTENTION SÉLECTIVE

Le concept d'attention sélective s'apparente à celui d'un filtre déterminant quels stimuli recevront un traitement perceptif de haut niveau et dans quel ordre ces stimuli seront traités. Cette notion suppose une distinction entre deux grands stades perceptifs (Neisser, 1967). Un premier stade, dit « préattentif », permet de traiter simultanément un grand nombre de stimuli de façon efficace et sans effort particulier (voir, notamment, le chapitre 10 sur les travaux de Julesz concernant la discrimination de textures). Le second stade, dit « attentif », ne permet de traiter qu'un nombre limité de stimuli à la fois (sa capacité est limitée) et n'est axé que sur des stimuli sélectionnés par l'attention. Ce n'est qu'au stade attentif qu'une représentation consciente, riche et détaillée du stimulus peut être obtenue. L'essentiel du présent chapitre portera sur les fonctions respectives des traitements préattentif et attentif, sur ce qui les distingue, ainsi que sur les niveaux de représentation auxquels ils s'appliquent.

Dès les débuts de la recherche contemporaine sur l'attention sélective, une forte controverse a pris naissance quant à l'étendue du traitement effectué au stade préattentif et, donc, quant au niveau de représentation auquel agit le filtre de l'attention sélective.

18.1.1 La sélection précoce

La première théorie contemporaine concernant l'attention sélective est la théorie du filtre, élaborée par Broadbent (1958). D'après cette théorie, tous les stimuli auxquels notre système perceptif est exposé sont traités simultanément et sans limite de capacité, jusqu'à l'atteinte d'une représentation explicite de propriétés physiques élémentaires telles que la localisation, la hauteur et l'intensité d'une stimulation auditive. Par contre, Broadbent suppose que les mécanismes permettant d'identifier un stimulus (par exemple, un mot) et d'en dégager la signification ne peuvent traiter qu'un stimulus à la fois. Étant donné, dit-il, cette limite évidente de la capacité du processus d'identification, l'attention sélective doit être appliquée aux données relatives aux propriétés physiques élémentaires des stimuli, qui sont disponibles au stade préattentif, afin de pouvoir déterminer quels stimuli auront accès à un traitement plus avancé. Alors que les stimuli sélectionnés par l'attention pourront être identifiés, ceux qui sont bloqués par le filtre attentionnel ne seront représentés que sous la forme de leurs propriétés physiques élémentaires, et leur identité ne pourra être établie.

18.1.2
La sélection tardive

Peu de temps après que Broadbent a avancé sa théorie du filtre, Deutsch et Deutsch (1963) firent une contre-proposition radicale. Selon ces auteurs, le stade préattentif s'étend, de façon entièrement non sélective et sans limite de capacité, jusqu'aux processus permettant la reconnaissance d'objets familiers. Autrement dit, l'attention sélective n'aurait aucune pertinence pour l'identification des stimuli et leur traitement sémantique. Plus récemment, cette position a été défendue par Norman (1968) et Duncan (1980). En dépit du très haut niveau de traitement que peut atteindre le stade préattentif selon la théorie de la sélection tardive, les partisans de cette théorie n'en attribuent pas moins un rôle à l'attention dans le processus perceptif. Il est en effet proposé que la sélection attentionnelle d'un stimulus donné est requise pour nous permettre d'être conscients de celui-ci, de le conserver en mémoire et d'y réagir.

18.1.3
Deux questions fondamentales

Le débat entre les théories de la sélection précoce et de la sélection tardive est ancien mais demeure, dans une certaine mesure, toujours d'actualité. En effet, il n'existe actuellement aucune démonstration entièrement décisive, chacune des théories présentant certaines forces et certaines faiblesses quant à l'explication des données disponibles. Les observations rapportées plus bas fourniront toutefois certaines indications sur la plausibilité relative de chacune de ces théories.

Dans l'immédiat, il importe de constater que ce débat a fortement alimenté la recherche sur l'attention sélective et a donc contribué à enrichir nos connaissances sur le sujet. Deux questions fondamentales servant à distinguer les théories de la sélection précoce et de la sélection tardive ont ainsi fait l'objet de la majeure partie des travaux concernant l'attention sélective.

La première question

Quelles sont les propriétés de la stimulation sur lesquelles se fonde la sélection attentionnelle ? D'après la théorie de la sélection précoce, seule une information concernant les propriétés physiques élémentaires du stimulus est disponible au stade préattentif. Selon cette théorie, donc, la sélection attentionnelle ne peut être effectuée que sur la base de ces propriétés physiques. D'après la théorie de la sélection tardive, par contre, il devrait être possible de sélectionner efficacement les stimuli sur la base d'une information sémantique puisqu'une telle information est présumée disponible au stade préattentif.

La seconde question

Quelle est l'information disponible quant à la stimulation qui a été rejetée par le filtre attentionnel ? Tel qu'il a été indiqué précédemment, d'après la théorie de la sélection précoce, un stimulus qui n'a pas reçu un traitement attentif ne peut être représenté que sous ses attributs physiques élémentaires. Par contre, selon la théorie de la sélection tardive, nous devrions malgré tout avoir accès à la signification d'un stimulus qui a été bloqué par le filtre attentionnel.

Ce sont d'abord sur ces problématiques que nous allons nous pencher.

18.2
LES MODES DE SÉLECTIVITÉ

Les questions qui nous intéressent ici sont les suivantes : Quels sont les critères utilisés par le filtre attentionnel pour sélectionner les stimuli ? Ces critères sont-ils tous aussi efficaces ? Existe-t-il une hiérarchie entre eux, certains étant primaires et d'autres secondaires ? La majorité des premiers travaux qui ont tenté de répondre à ces questions concernent la modalité auditive Plus récemment, les études portant sur l'attention sélective se sont plutôt concentrées sur la modalité visuelle et ont augmenté le degré de précision de nos connaissances sur le sujet. Nous verrons néanmoins que les observations pertinentes à chacune de ces modalités sont très congruentes.

18.2.1 Dans la modalité auditive

Cherry (1953) a été un pionnier dans l'étude de l'attention sélective. La méthode qu'il a élaborée pour ses expériences est encore utilisée régulièrement et ses résultats demeurent d'actualité. La tâche élaborée par Cherry est appelée « tâche de filature » (*shadowing*). Elle consiste simplement dans la présentation auditive simultanée de deux messages (textes) à un sujet qui doit chercher à répéter aussi correctement que possible l'un de ces messages. Le critère par lequel le sujet peut distinguer entre les messages simultanés peut varier et détermine la propriété sur laquelle l'attention sélective doit agir afin de bloquer un des messages tout en permettant un traitement avancé de l'autre. La tâche de filature constitue un exemple d'une vaste classe de tâches expérimentales que l'on appelle le « paradigme de filtrage » (*filtering*), dont nous verrons d'autres exemples plus loin. Ce paradigme est caractérisé essentiellement par la présentation simultanée de deux ou plusieurs sources d'information à un sujet qui doit chercher à traiter seulement l'une de ces sources tout en ignorant les autres.

Dans une expérience de filature où les messages sont transmis à l'aide d'écouteurs, de façon dichotique, un message étant présenté à une oreille et l'autre, à l'autre oreille, Cherry observe une performance de filature excellente, c'est-à-dire que les sujets arrivent à répéter le message qu'ils doivent « filer » de façon presque parfaite. Ce résultat montre que l'oreille d'entrée du message est un critère tout à fait approprié pour la sélection attentionnelle. Il apparaît toutefois que le critère réel par lequel les sujets sélectionnent le message auquel ils doivent prêter attention dans une tâche d'écoute dichotique est la localisation subjective de la source sonore produisant le message plutôt que l'oreille d'entrée. En effet, lors de la stimulation dichotique, le son présenté à l'oreille droite semble provenir de la droite, et inversement pour le son présenté à l'oreille gauche.

Ainsi Treisman (1964a) a mené une expérience de filature dans laquelle deux messages ont été présentés à chaque oreille, mais avec une différence d'intensité interaurale suggérant des localisations spatiales distinctes pour les deux messages. La performance de filature, dans ce contexte, a été excellente, ce qui suggère que la sélection attentionnelle est très efficace lorsqu'elle est basée sur la localisation spatiale de la stimulation. D'autres expériences utilisant l'asynchronie interaurale (différence d'une oreille à l'autre dans le temps d'arrivée de la stimulation) pour manipuler la localisation apparente des sources sonores ont également fourni des observations conformes à cette conclusion (Scharf et Buus, 1986).

La hauteur sonore s'avère un autre critère de sélection efficace dans la modalité auditive. Ainsi, dans une tâche de filature, si les deux messages sont présentés aux deux oreilles avec des intensités égales, la performance demeure néanmoins relativement bonne (correcte à 74 %) si un message est produit par une voix féminine et l'autre par une voix masculine. Par contre, le niveau de performance diminue de moitié si chacun des messages est produit par la même voix (Treisman, 1964b ; voir également Underwood et Moray, 1971).

Ce dernier résultat, qui correspond à certaines observations originales de Cherry (1953), souligne la difficulté, dans une tâche de filature, de sélectionner un message sur la seule base de sa signification. En effet, lorsque les messages présentés ne se distinguent par aucune de leurs caractéristiques physiques, le seul moyen permettant de les distinguer demeure la signification de leur contenu. Or, comme le montre l'expérience de Treisman (1964b), la sélection fondée sur un critère sémantique est extrêmement difficile à réaliser.

18.2.2 Dans la modalité visuelle

Des tâches de filtrage ont également été élaborées pour la modalité visuelle, ce qui a permis d'évaluer l'efficacité relative de différents critères utilisés par l'attention pour sélectionner un stimulus visuel. Le raisonnement à la base du paradigme de filtrage visuel est exactement le même que celui appliqué au filtrage dans la modalité auditive. La tâche typique utilisée en modalité visuelle consiste à présenter plusieurs stimuli simultanément et à demander au sujet de rapporter le ou les stimuli présentant une caractéristique particulière telle qu'une localisation donnée, une couleur donnée, etc. Dans la modalité visuelle, les études examinant la sélection basée sur la localisation sont très nombreuses (voir, par exemple, les revues de Kinchla, 1992, et d'Egeth et Yantis, 1997). Relativement peu d'entre elles ont toutefois établi une comparaison directe pour l'efficacité de la sélection entre la localisation et d'autres critères.

Nos connaissances fondamentales sur les modes de sélection attentionnelle possibles en modalité visuelle sont probablement le mieux résumées par les travaux de Von Wright (1968, 1970), qui font appel à la tâche dite « du rapport partiel » (Averbach et Coriell, 1961 ; Sperling, 1960). Dans cette tâche, on présente brièvement un ensemble de plusieurs stimuli (habituellement des lettres ou des chiffres) qui peut être suivi d'un masque. Immédiatement ou très peu de temps après, on demande au sujet de rapporter les stimuli présentant un critère de sélection donné. Par exemple, si, au départ, on présente des lettres imprimées en vert et d'autres imprimées en rouge, on peut demander au sujet de rapporter, à certains essais, toutes les lettres vertes et à d'autres essais, celles qui sont rouges. Dans les expériences menées par Von Wright (1968, 1970), 8 lettres ou chiffres sont présentés, à chaque essai, en 2 rangées de 4 stimuli durant une période de 100 ms. Immédiatement après, on présente au sujet une tonalité grave ou aiguë et on lui demande de rapporter un sous-ensemble toujours composé de quatre stimuli. Dans une épreuve évaluant la sélection fondée sur la localisation, par exemple, la tonalité aiguë peut signaler au sujet de rapporter la rangée du haut et la tonalité grave, celle du bas. Alternativement, dans une autre expérience examinant la sélection fondée sur la couleur, quatre des stimuli présentés sont rouges alors que les autres sont verts, et la tonalité présentée ensuite signale aux sujets la couleur à utiliser pour sélectionner les stimuli à rapporter. Les résultats indiquent que la sélection reposant sur la localisation, la couleur, la taille ou la brillance donne lieu à des performances excellentes (taux d'erreur très bas), le critère de sélection permettant la meilleure performance étant la localisation. Toutefois, les performances sont nettement moins bonnes si le rapport partiel repose sur un critère de sélection comme la distinction chiffre *vs* lettre ou consonne *vs* voyelle, dont l'utilisation exige, de toute évidence, l'identification préalable des stimuli. Ces observations concordent avec celles rapportées précédemment par Sperling (1960), qui a comparé la sélection reposant sur la localisation avec celle reposant sur la distinction chiffre vs lettre.

Les observations de Von Wright (1968, 1970) vont dans le même sens que celles obtenues pour la modalité auditive : la sélection attentionnelle est très efficace si elle repose sur un attribut physique élémentaire de la stimulation, mais elle est très difficile à réaliser si elle exige l'identification préalable des stimuli. Au-delà de cette conclusion, toutefois, on peut se demander s'il n'existe pas une hiérarchie des critères de sélection attentionnelle. Ainsi, dans la modalité visuelle comme dans la modalité auditive, on note que les performances sont toujours meilleures lorsque la sélection repose sur la localisation plutôt que sur d'autres propriétés physiques élémentaires. La sélection attentionnelle basée sur la localisation posséderait-elle donc une forme de primauté ? Des données sont disponibles à cet égard pour la modalité visuelle.

La primauté de la sélection basée sur la localisation

La notion selon laquelle la localisation est un critère de sélection privilégié dominant tous les autres critères possibles, implique que la sélection attentionnelle d'un stimulus fondée sur un attribut autre que la localisation amènera néanmoins l'observateur à traiter l'information relative à l'endroit occupé par la cible. Cela a été confirmé dans le contexte d'expériences diverses utilisant la tâche de recherche visuelle. Cette tâche s'inscrit dans le paradigme d'attention partagée, où deux ou plusieurs stimuli sont présentés simultanément au sujet qui doit indiquer si une cible possédant une caractéristique prédéterminée est présente ou non. Le raisonnement qui sous-tend ce paradigme est que le sujet doit partager son attention à travers l'ensemble des stimuli présentés afin de détecter la cible. Nous reviendrons plus loin sur ce paradigme et les observations qui en découlent.

Si la localisation est un critère privilégié de sélection attentionnelle, la capacité d'un observateur à détecter la cible dans une tâche de recherche visuelle devrait prédire sa capacité à la localiser correctement. Cette interdépendance entre détection et localisation a été observée dans de nombreuses études où la détection de la cible reposait soit sur des attributs physiques simples autres que la localisation ou sur une information de haut niveau telle que l'identité de la cible (Graham, 1989 ; Green, 1992 ; Johnston et Pashler, 1991 ; Shiffrin et Gardner, 1972). Systématiquement, les résultats indiquent que si une cible est détectée, elle sera également localisée correctement. La seule exception à cette règle concerne des résultats rapportés par Treisman et Gelade (1980), qui suggèrent la possibilité que certains types de cibles puissent être détectés correctement sans que le sujet soit en mesure de les localiser. Il semble toutefois que ces résultats puissent en réalité s'expliquer par le fait que les sujets aient appliqué des stratégies subtiles leur permettant de deviner la présence ou l'absence de la cible (voir Johnston et Pashler, 1991).

D'autres observations provenant d'expériences utilisant le paradigme de filtrage vont plus loin et montrent que la sélection basée sur la localisation agit en fait comme un médiateur de la sélection basée sur d'autres attributs physiques élémentaires. Dans l'une des conditions d'une expérience rapportée par Snyder (1972), les sujets devaient identifier et ensuite localiser l'unique lettre rouge d'un ensemble de 12 lettres disposées en cercle qui étaient présentées pour une durée variant entre 150 et 200 ms. Pour 28 % des réponses erronées, les sujets ont rapporté l'identité d'une lettre qui était immédiatement voisine de celle qui était colorée en rouge. Ce pourcentage est près du double de celui prédit par une distribution spatiale des erreurs qui aurait été aléatoire. Ce résultat suggère que la sélection d'un stimulus sur la base de sa couleur implique deux stades. Le premier stade permet la localisation du stimulus rouge, alors que, au deuxième stade, cette localisation est utilisée comme critère de sélection pour l'identification de la cible[1]. Cette hypothèse permet d'expliquer la distribution spatiale des erreurs observées par Snyder (1972) et a été confirmée plus tard par Nissen (1985) dans le contexte d'une tâche similaire. Ainsi, Nissen a démontré qu'une cible se distinguant par sa couleur des autres stimuli, appelés « distracteurs », ne peut être identifiée correctement que si le sujet est également en mesure de la localiser.

18.3 LES LIMITES DU TRAITEMENT PRÉATTENTIF

Par rapport à l'observateur, la sélection attentionnelle crée une distinction entre deux classes de stimuli : 1) ceux qui ont été bloqués par le filtre attentionnel, et qui demeurent donc au stade préattentif ; 2) ceux qui ont été sélectionnés par l'attention. Voyons maintenant quelle qualité de représentation peut offrir le traitement préattentif.

18.3.1 Dans la modalité auditive

Quelle est la qualité de représentation dont dispose notre système perceptif des stimuli n'ayant pas (ou du moins pas encore) franchi le filtre attentionnel ? Des informations à cet égard étaient déjà disponibles à la suite des études initiales de Cherry (1953). Les expériences de filature auditive menées par ce chercheur montrent en effet que les sujets n'ont presque aucun souvenir du contenu du message qu'ils cherchent à ignorer. De plus, ils ont beaucoup de difficulté à remarquer le passage d'un texte donné en anglais (les sujets étaient anglophones) à un texte donné en allemand dans le message à ignorer. On observe aussi qu'ils éprouvent autant de difficulté lorsqu'il s'agit de remarquer que le texte donné en anglais, dans le

1. Des résultats similaires ont été rapportés par Snyder (1972) dans des conditions où la cible se distinguait des autres lettres présentées par le fait qu'elle était fragmentée ou inversée. Les conclusions avancées relativement à la sélection fondée sur la couleur semblent donc s'appliquer également à la sélection fondée sur la fragmentation et l'inversion.

message à ignorer, est présenté à rebours. Par contre, les sujets remarquent très facilement et spontanément le passage d'un narrateur à une narratrice, ou vice-versa, dans le message à ignorer ou encore si la stimulation verbale est remplacée par une tonalité. Il semble donc que les observateurs disposent d'une information fiable sur les caractéristiques physiques élémentaires des stimuli à ignorer, mais qu'ils ne possèdent pas d'information concernant l'identité ou la signification de ces stimuli.

Une tâche fréquemment utilisée pour étudier l'attention sélective dans la modalité auditive – et qui ressemble à la tâche de recherche visuelle (voir « La primauté de la sélection basée sur la localisation », en 18.2.2, ainsi que la sous-section 18.3.2) en ce que le sujet est tenu de partager son attention entre plusieurs stimuli – est celle du *monitoring* auditif. Dans cette tâche, une séquence de stimulations sonores est présentée au sujet qui doit détecter une cible prédéterminée parmi un nombre variable de sources. Par exemple, la stimulation peut n'être présentée qu'à une seule oreille ou de façon dichotique, chaque oreille étant exposée à une séquence de stimulations différentes.

Si la cible est définie par une propriété physique élémentaire (par exemple, la hauteur), celle-ci est détectée aussi facilement dans deux sources sonores que dans une seule (Pohlmann et Sorkin, 1976 ; Puelo et Pastore, 1978). Les résultats du *monitoring* auditif sont nettement différents si la performance de détection repose sur l'habileté du sujet à identifier la cible, tel que l'illustre une expérience de Ninio et Kahneman (1974). Ces auteurs ont présenté aux sujets, de façon dichotique, des listes de mots parmi lesquels ils devaient signaler l'occurrence d'un nom d'animal. Dans cette expérience, les conditions critiques sont celles où les sujets doivent focaliser leur attention sur la stimulation présentée à une seule oreille par opposition à celle où ils doivent partager leur attention entre les stimuli présentés aux deux oreilles. Dans la condition d'attention partagée, la fréquence d'omission de la cible et les temps de réponse requis pour signaler la cible augmentent de façon très marquée comparativement à la condition d'attention focalisée. Ces observations suggèrent que l'identité d'un mot auditif ne peut être établie au stade préattentif.

18.3.2
Dans la modalité visuelle

Les résultats disponibles quant au potentiel du traitement préattentif dans la modalité visuelle sont conformes à ceux relatifs à l'audition. Par exemple, dans une tâche rappelant celle de la filature auditive, Neisser et Becklen (1975) ont présenté à des observateurs deux séquences filmées superposées par transparence sur un même écran. Une de ces séquences présente les mains de deux personnes en interaction dans un jeu alors que l'autre présente des personnes vues au complet qui se lancent un ballon. La tâche consiste à signaler l'occurrence de certains événements particuliers qui sont susceptibles de se produire dans une seule des deux scènes (condition de filtrage) ou dans l'une ou l'autre (condition d'attention partagée). Les performances de détection sont excellentes dans la condition de filtrage, où les sujets n'ont à prêter attention qu'à l'une des deux scènes se déroulant devant leurs yeux. Par contre, si les sujets doivent partager leur attention entre les deux scènes parce que les événements à détecter peuvent se produire dans l'une ou l'autre, la performance de détection chute de façon marquée. De la même manière, en condition de filtrage, si un événement bizarre se produit dans la séquence à ignorer (par exemple, la disparition du ballon pendant que les sujets prêtent attention à la séquence des mains en interaction), il est très rare que les sujets le détectent.

Une expérience analogue a été rapportée par Rock et Guttman (1981). Dans une première phase de l'expérience, les sujets sont exposés à une séquence de paires de formes superposées, dont l'une est dessinée en rouge et l'autre en vert (voir la figure 18.1). Chaque paire de formes est présentée pendant 1 s et les sujets doivent ensuite produire un jugement esthétique pour la figure tracée en rouge. Dans ce contexte, il est présumé que les observateurs cherchent à prêter attention à la forme rouge, mais à ignorer celle qui est tracée en vert. Après avoir présenté 10 paires de formes colorées, on administre aux sujets un test surprise de reconnaissance où les formes présentées à la première phase sont tracées en noir et mélangées avec de nouvelles formes. La performance de reconnaissance est excellente pour les formes auxquelles les sujets ont prêté attention à la première phase et est presque aussi bonne que

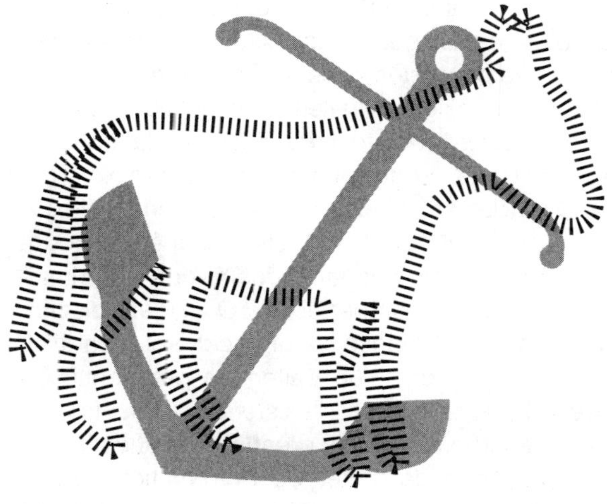

FIGURE 18.1 *Exemple de stimuli superposés du type utilisé par Rock et Guttman (1981).* Des textures différentes sont utilisées ici pour représenter les couleurs différentes dans lesquelles chacun des stimuli était présenté.

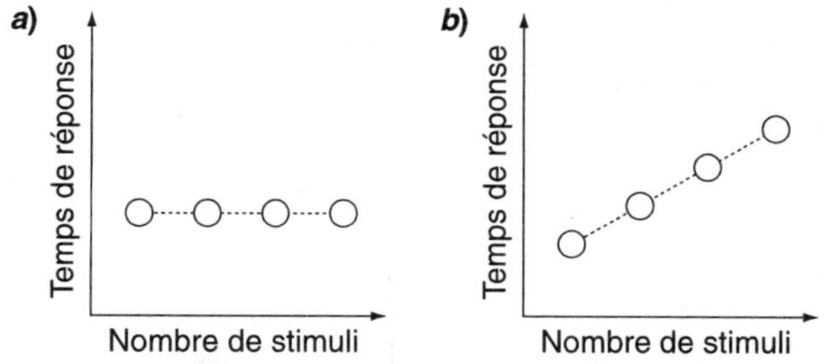

FIGURE 18.2 *a)* Le temps requis pour détecter la cible, dans la tâche de recherche visuelle, est indépendant du nombre de stimuli présentés, ce qui suppose un traitement parallèle de l'ensemble des stimuli. *b)* Le temps requis pour détecter la cible augmente de façon linéaire avec le nombre de stimuli présentés, ce qui suppose un traitement sériel.

dans une condition de contrôle où les mêmes formes sont présentées seules dans la première phase de l'expérience. Par contre, la performance de reconnaissance pour les formes à ignorer dans la phase initiale de l'expérience est très mauvaise, se situant tout juste au-dessus du niveau du hasard.

Une autre tâche qui a largement été utilisée pour l'étude du potentiel de traitement et des limites du stade préattentif est celle de la recherche visuelle, où le sujet doit indiquer si une cible prédéterminée est présente ou non parmi un nombre variable de stimuli présentés simultanément (voir « La primauté de la sélection basée sur la localisation », en 18.2.2). Dans le contexte de cette tâche, il est possible d'inférer si la détection de la cible s'effectue sur la base d'un traitement préattentif ou si elle exige un traitement attentif, et ce, en examinant l'effet du nombre total de stimuli présentés sur le temps requis pour détecter la cible. Si le temps nécessaire à la détection de la cible ne varie pas en fonction du nombre de stimuli présentés, on en conclut que la discrimination entre la cible et les autres stimuli, ou distracteurs, repose sur un traitement parallèle (voir la figure 18.2 ; voir aussi Snodgrass et Townsend, 1980, pour plus de détails). Autrement dit, le système visuel est en mesure d'effectuer la discrimination requise pour la détection de la cible par un examen simultané de l'ensemble des stimuli présentés. Tel qu'il a été indiqué au début de ce chapitre, il est généralement admis que ce type de traitement caractérise le stade préattentif. Par contre, si le temps requis pour la détection de la cible augmente de façon importante (et linéaire) avec le nombre total de stimuli présentés, on supposera l'existence d'un traitement sériel (voir la figure 18.2). Plus précisément, ce type d'effet produit par le nombre de stimuli sur les temps de réponse suggère que chacun des stimuli est sélectionné individuellement et séquentiellement par l'attention afin que le sujet puisse le traiter et déterminer s'il s'agit de la cible ou non.

Si la cible se distingue nettement des distracteurs par un attribut physique élémentaire (par exemple, la couleur, l'orientation, la brillance, la taille) et que les distracteurs sont homogènes (c'est-à-dire tous identiques), la cible est systématiquement détectée à l'aide d'un traitement parallèle (voir la figure 18.3 en *a*)), c'est-à-dire qu'on n'observe aucun effet notable du nombre de stimuli présentés sur les temps de réponse (voir notamment à cet égard les expériences menées par Treisman et ses collègues : Treisman, 1977, 1988 ; Treisman et Gelade, 1980 ; Treisman et Gormican, 1988 ; Treisman et Sato, 1990). Ce constat suggère la possibilité d'une représentation des attributs physiques élémentaires de la cible au stade préattentif. Toutefois, si la cible ne diffère que légèrement des distracteurs quant à un attribut physique élémentaire ou si les distracteurs sont hétérogènes (voir la figure 18.3), il arrive fréquemment que la détection de la cible exige un traitement sériel (voir, par

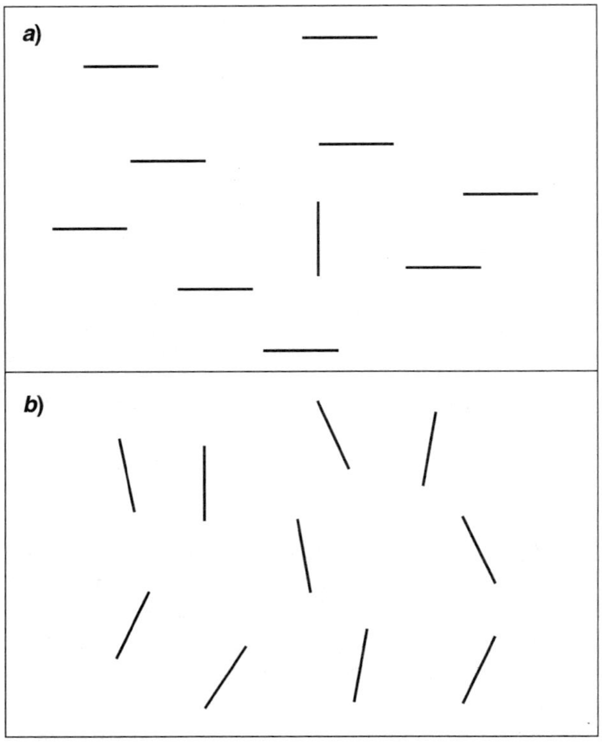

FIGURE 18.3 *a)* La cible est une barre verticale. Sa détection est facile et repose sur un traitement parallèle puisqu'elle est très distincte des distracteurs, qui, eux, sont homogènes. *b)* La cible est encore une barre verticale, mais sa détection exige un traitement sériel parce que les distracteurs lui sont semblables et que ces derniers sont hétérogènes.

exemple, Duncan et Humphreys, 1989; Treisman et Gormican, 1988; Wolfe, Friedman-Hill, Stewart et O'Connell, 1992). De tels résultats suggèrent la nécessité d'une sélection attentionnelle de stimuli individuels afin que le sujet puisse distinguer la cible des distracteurs. Il semble donc que le stade préattentif permette d'établir une représentation plus ou moins grossière des propriétés physiques des stimuli, mais qu'une représentation précise de ces propriétés exige un traitement attentif.

Un cas particulièrement intéressant quant à la représentation des propriétés physiques de la stimulation et quant à l'intervention ou à la non-intervention de l'attention concerne la représentation d'une conjonction d'attributs visuels. Au cours des années 1980, de nombreux travaux effectués par Treisman et ses collègues (Treisman, 1988 ; Treisman et Gelade, 1980 ; Treisman et Salo, 1990) ont montré que la détection de cibles se distinguant des distracteurs par une conjonction de propriétés visuelles (par exemple la forme *et* la couleur) exige un traitement sériel dont l'attention sélective est le médiateur. Par exemple, la recherche visuelle d'un X rouge présenté parmi des X verts et des O rouges est effectuée de façon sérielle. Fait remarquable, toutefois, la détection du même X rouge, présenté cette fois soit parmi des X verts (discrimination de couleur), soit parmi des O rouges (discrimination de forme) repose sur une recherche parallèle, ce qui évoque donc un traitement préattentif. Ces observations suggèrent l'existence d'une frontière très nette entre les stades préattentif et attentif quant à la possibilité de traiter de l'information visuelle. Alors que le stade préattentif permet de produire des représentations indépendantes des différents attributs constituant un stimulus visuel, une représentation de la combinaison particulière de ces attributs pour un stimulus donné exige un traitement attentif de celui-ci (Treisman et Gelade,1980).

Plus récemment, cette proposition a été remise en question par l'observation d'une performance de recherche visuelle n'étant pas affectée par le nombre de stimuli présentés avec la cible pour certains types de conjonctions d'attributs (McLeod, Driver et Crisp, 1988 ; Nakayama et Silverman, 1986 ; Steinman, 1987 ; Wolfe, Cave et Franzel, 1989). Par exemple, une cible se distinguant des distracteurs par une conjonction particulière d'orientation et de disparité binoculaire (par exemple, cible = barre verticale avec disparité binoculaire croisée ; distracteurs = barres verticales avec disparité binoculaire homonyme et barres horizontales avec disparité binoculaire croisée) peut être détectée à l'aide d'un traitement parallèle. L'interprétation à donner à ces observations n'est pas encore entièrement claire. S'agit-il de cas exceptionnels, c'est-à-dire d'anomalies qui ne remettent pas en question la théorie générale ? Ou encore s'agit-il d'observations fondamentales qui démontrent que le stade préattentif permet tout à fait de représenter la conjonction d'attributs visuels ? Wolfe et ses collègues (Wolfe, 1994 ; Wolfe et autres,1989) expliquent les cas de détention de conjonctions d'attributs visuels à l'aide d'un processus parallèle en maintenant le caractère essentiel du rôle joué par l'attention. Ces auteurs affirment ainsi que les processus préattentifs peuvent, dans certains cas, guider efficacement l'attention vers la cible, mais que la sélection attentionnelle est toujours requise pour que le sujet puisse percevoir correctement la conjonction des attributs constituant la cible.

Des observations plus anciennes effectuées par Egeth, Virzi et Garbart (1984) appuient la notion voulant que les processus préattentifs puissent guider la sélection attentionnelle dans une tâche de recherche visuelle. En effet, les résultats indiquent que la recherche visuelle d'une cible se distinguant des distracteurs par une conjonction forme-couleur particulière peut reposer exclusivement sur la sélection séquentielle des stimuli qui partagent soit la forme soit la couleur de la cible. Ainsi, pour un nombre total de stimuli présentés qui demeure fixe, il est possible de faire augmenter de façon linéaire le temps requis pour la détection de la cible avec une augmentation du nombre de stimuli qui partagent soit sa forme ou sa couleur.

D'autres tâches de recherche visuelle ont été menées où l'identification des stimuli présentés était requise, par exemple dans le cas où ceux-ci étaient des lettres ou des mots. Dans ce contexte, les résultats indiquent une augmentation des temps de réponse avec le nombre de stimuli présentés (Atkinson, Holmgren et Juola, 1969 ; Cavanagh et Chase, 1971). Ces résultats suggèrent une recherche visuelle sérielle où chaque stimulus est sélectionné séquentiellement par l'attention afin d'être identifié. Toutefois, un examen détaillé de l'effet produit par le nombre de stimuli présentés suggère qu'il serait possible d'identifier un nombre restreint de lettres (trois ou quatre) à l'aide d'un traitement parallèle (Egeth et Dagenbach, 1991 ; Pashler et Badgio, 1985 ; voir Pashler, 1996, pour une revue plus complète). Ce processus d'identification préattentive ne pourrait toutefois s'appliquer que sur des stimuli relativement simples puisqu'il ne semble aucunement disponible dans le contexte de tâches où des mots écrits sont présentés (Duncan, 1984 ; Karlin et Bower, 1976).

18.3.3 Des capacités étonnantes

L'ensemble des travaux revus jusqu'à maintenant suggère que le niveau de représentation permis par le traitement préattentif est nettement limité, ce qui concorde avec la théorie de la sélection précoce. En dépit de cette masse importante d'observations, d'autres résultats font état de capacités pour le moins étonnantes au stade préattentif. Certaines de ces observations, conformes à la théorie de la sélection tardive, sont très largement citées dans les textes portant sur la perception, mais elles font souvent l'objet d'une interprétation qui manque un peu de rigueur. Il importe donc ici d'examiner avec précaution certaines des études les plus souvent citées à l'appui de la thèse que constitue la théorie de la sélection attentionnelle tardive, et d'en évaluer la portée. Une autre expérience pertinente à la problématique, moins fréquemment citée mais qui est cruciale pour permettre d'arriver à une conclusion cohérente dans le domaine, sera rapportée ensuite.

Les résultats d'une étude ancienne réalisée par Moray (1959) ont constitué l'une des motivations principales pour la proposition de la théorie de la sélection tardive par Deutsch et Deutsch (1963). L'expérience de Moray compte certainement parmi celles qui sont les plus citées dans les textes de base sur l'attention sélective. Cette expérience consiste simplement en une tâche de filtrage auditif où les messages sont présentés de façon dichotique. L'élément original introduit dans l'étude consiste à présenter, à un moment donné, le nom du sujet dans le message à ignorer. Les résultats indiquent une tendance marquée des sujets à détecter ce stimulus dans le message ignoré. Cette observation est largement citée pour démontrer l'existence d'une sélection attentionnelle tardive, autrement dit, pour prouver que le stade préattentif permet au sujet d'identifier de façon fiable le contenu du message qu'il devait ignorer.

Comme le souligne cependant Loftus (1974), un examen détaillé des faits rapportés suggère une réalité différente. Les conditions principales que Moray a comparées dans son expérience sont les suivantes. Sans que les sujets en soient préalablement avertis, le message à ignorer renfermait soit la phrase « Vous pouvez arrêter maintenant », soit la phrase « John Smith [nom complet du sujet], vous pouvez arrêter maintenant ». Dans cette expérience, les sujets remarquent spontanément la première phrase dans 6 % des cas, alors que la seconde est détectée dans 33 % des cas. Manifestement, ils réagissent plus souvent à leur nom qu'à une phrase neutre. Cette réaction n'est toutefois observée que dans une minorité d'essais, ce qui suggère que, dans les deux tiers des essais, les sujets n'identifient pas leur propre nom dans le message à ignorer. Cette observation s'écarte quelque peu de la prédiction établie par la théorie de la sélection tardive, qui permettrait de s'attendre à une fréquence d'identification nettement plus élevée dans ce cas. De plus, il n'est pas entièrement évident, dans le contexte d'une tâche de filtrage, que les sujets arrivent à bloquer de façon totalement efficace le traitement des stimuli qu'ils cherchent à ignorer. Il est en effet très possible que l'efficacité du filtre attentionnel, dans le contexte d'une tâche de filature auditive, puisse fléchir occasionnellement au cours des quelques minutes pendant lesquelles la tâche est exécutée. Une telle réduction d'efficacité pourrait très bien expliquer un bon nombre de cas d'identification du contenu du message à ignorer. Donc, sans vouloir nier l'intérêt des observations rapportées par Moray (1959), force est d'admettre qu'elles ne constituent pas une démonstration concluante en faveur de la théorie de la sélection tardive, comme certains le prétendent.

Un autre phénomène occasionnellement utilisé pour appuyer la thèse de la théorie de la sélection tardive est constitué par l'effet Stroop (Stroop, 1935; voir MacLeod, 1991, pour une revue). Dans sa version classique, qui demeure la plus répandue, la tâche de Stroop consiste à présenter visuellement des noms de couleurs, qui sont eux-mêmes imprimés en couleur (voir la figure 14 dans les planches couleurs) à des sujets qui doivent nommer la couleur de l'encre aussi rapidement que possible. Les résultats révèlent que les temps de réponse sont nettement plus élevés si le nom de couleur ne concorde pas avec la couleur de l'encre (par exemple, si le mot « rouge » est imprimé en vert) que si ces deux dimensions de la stimulation sont congruentes. Cette différence de performance entre les conditions de congruence et d'incongruence constitue l'effet Stroop. La tâche de Stroop peut ainsi être conçue comme une tâche de filtrage, où le sujet doit sélectionner l'information concernant la couleur de l'encre pour pouvoir l'identifier, tout en cherchant à ignorer l'identité du mot écrit. L'effet d'interférence produit par l'information dite « ignorée » qui constitue l'effet Stroop démontre, pour certains, que la sélection attentionnelle n'est pas requise pour l'identification du stimulus. Toutefois, étant donné que la sélection attentionnelle, du moins dans la modalité visuelle, repose avant tout sur la localisation (voir « La primauté de la sélection basée sur la localisation », en 18.2.2), il devient difficile d'affirmer que l'information permettant l'identification du mot écrit est effectivement bloquée par le filtre attentionnel. Au contraire, puisque le mot écrit et la couleur de l'encre ont inévitablement la même localisation, il apparaît impossible d'effectuer une sélection attentionnelle d'une de ces informations tout en bloquant l'autre totalement. Dans le cas de la tâche décrite ici, donc, il apparaît improbable que le qualificatif « ignoré » s'applique à l'information permettant l'identification du mot écrit.

Un cas particulièrement intéressant, toutefois, est celui de l'expérience menée par Gatti et Egeth (1978), où un nom de couleur imprimé en noir est présenté, à une distance de 1 à 5° d'angle visuel d'une plage colorée, à un sujet qui doit la nommer. Bien que l'effet Stroop diminue avec l'augmentation de la distance séparant le nom de couleur et la plage colorée, les résultats indiquent une persistance de cet effet même lorsque la plage colorée se situe à 5° d'angle visuel du mot (voir également Eriksen et Hoffman, 1973, ainsi que Murphy et Eriksen, 1987, pour un phénomène apparenté appelé « effet de flanqueur » [*flanker effect*]). Manifestement, l'argument présenté plus haut quant au fait que le mot et la couleur partagent la même localisation dans la tâche classique de Stroop ne s'applique pas dans le contexte de l'expérience de Gatti et Egeth (1978). Devrait-on donc conclure à l'exactitude de la théorie de la sélection tardive à partir de cette expérience? Autrement dit, un mot qui est effectivement bloqué par le filtre attentionnel, comme cela semble être le cas dans l'étude de Gatti et Egeth, peut-il néanmoins être identifié de façon fiable? Une expérience plus récente menée par Kahneman et Chajczyk (1983) suggère qu'une telle conclusion serait prématurée.

Pour la théorie de la sélection tardive, le traitement préattentif est entièrement dénué de sélectivité, et, donc, tous les stimuli présentés dans le champ visuel sont identifiés par un traitement parallèle (à l'exclusion de l'effet de limites non reliées à l'attention, telle l'acuité visuelle). Ceci implique qu'une répétition de l'expérience de Gatti et Egeth (1978), où deux mots différents sont présentés, plutôt qu'un seul, ne devrait avoir aucune influence sur les résultats. Kahneman et Chajczyk (1983) ont testé cette prédiction dans une expérience où une plage colorée était présentée au centre du champ visuel alors que des mots écrits étaient présentés au-dessus et en dessous. L'effet Stroop habituellement produit par un nom de couleur (par exemple, « rouge ») ne concordant pas avec la couleur de la plage (par exemple, « vert ») dont les sujets doivent identifier la couleur est réduit de moitié si un autre mot est présenté simultanément, et ce, même si ce mot ne réfère aucunement à une couleur. Autrement dit, une augmentation du nombre de stimuli à ignorer réduit l'effet d'interférence que peut produire leur identité, possiblement parce que ce facteur réduit la probabilité que l'un des stimuli à ignorer soit sélectionné par l'attention par inadvertance. D'autres observations comparables sont rapportées relativement à l'effet de flanqueur (Johnston et Dark, 1985; Yantis et Johnston, 1990).

18.3.4
En résumé

L'ensemble des travaux relatifs aux limites du traitement disponible au stade préattentif fournissent un portrait plus complexe que celui prédit par les théories de la sélection précoce ou de la sélection tardive.

Il est clair qu'une information relative aux propriétés physiques élémentaires de la stimulation visuelle ou auditive est disponible au stade préattentif. Toutefois, comme le montrent certaines expériences de recherche visuelle citées plus haut, le degré de précision de cette information est limité et des discriminations perceptives fines exigent une sélection attentionnelle. De plus, bien qu'on ne puisse tirer de conclusion définitive à cet égard, il apparaît fort probable que le stade préattentif ne permet pas de représenter correctement la conjonction d'attributs visuels. L'existence de telles limites de traitement au stade préattentif apparaît incompatible avec la théorie de la sélection précoce de Broadbent (1958), qui laisse supposer la possibilité d'un traitement exhaustif des propriétés physiques du stimulus à ce stade de traitement.

En conformité avec cette théorie, toutefois, bon nombre de travaux suggèrent que les processus permettant l'identification ou le traitement sémantique des stimuli n'entrent pas en jeu au stade préattentif. Cependant, d'autres études ont produit des observations favorables à l'hypothèse d'une certaine capacité d'identification du stimulus à ce stade de traitement. Les résultats rapportés par Moray (1959) et par Gatti et Egeth (1978) sont compatibles avec cette notion, mais, tel qu'il a été indiqué plus haut, ils demeurent non concluants. Plus convaincantes sont les observations d'Egeth et Dagenbach (1991) et de Pashler et Badgio (1985), qui suggèrent qu'un nombre limité de lettres présentées visuellement peuvent être identifiées à l'aide d'un traitement parallèle. Si le traitement parallèle est assimilé au stade préattentif, comme c'est généralement le cas, on peut supposer l'existence d'une certaine capacité d'identification à ce stade. On demeure loin, par contre, de la notion de capacité d'identification illimitée qu'a postulée, pour le stade préattentif, la théorie de la sélection tardive avancée par Deutsch et Deutsch (1963).

Dans une certaine mesure, donc, les théories de l'attention sélective discutées jusqu'à maintenant, qui ont plus ou moins servi de moteur à la recherche dans le domaine au cours des quatre dernières décennies, semblent toutes deux insatisfaisantes. D'autres hypothèses peuvent donc être envisagées. Il n'existe pas, pour l'instant, de données concluantes relativement à ces différentes propositions, et une revue exhaustive des arguments pour ou contre chacune déborde les objectifs du présent chapitre.

L'une d'elles a été élaborée par Treisman (1960) dès les débuts de l'époque moderne d'étude de l'attention sélective. Cette théorie correspond essentiellement à celle de la sélection précoce, mais suggère que le filtre attentionnel atténue plutôt qu'il ne bloque le traitement des stimuli qui ne sont pas sélectionnés. Cette proposition admet la possibilité qu'un stimulus ignoré puisse être identifié puisqu'il pourrait, par erreur, accéder au stade attentif. Elle n'explique toutefois pas le fait que le stade préattentif ne permette pas une représentation détaillée des propriétés physiques du stimulus. Pour sa part, Pashler (1996) a émis l'hypothèse que le filtre attentionnel, situé à un stade de traitement précoce, puisse sélectionner plus d'un stimulus à la fois. Ceci peut expliquer pourquoi l'identification d'un nombre limité de lettres est possible à l'aide d'un traitement parallèle. Il semble cependant difficile d'expliquer par cette théorie l'effet de l'attention sélective sur la précision de la représentation des propriétés physiques du stimulus. Une autre hypothèse, qui apparaît plus prometteuse à cet égard, veut que notre système perceptif dispose en fait de plusieurs filtres attentionnels, chacun agissant à un stade de traitement et à un niveau de représentation spécifique (voir, par exemple, Duncan, 1996; LaBerge, 1995). Suivant cette hypothèse, on présume que la sélection attentionnelle peut s'exercer à différents stades de traitement (attributs physiques élémentaires, identité, etc.), selon les exigences de la tâche. Une telle hypothèse permet d'expliquer non seulement un ensemble important d'observations concernant l'attention sélective (voir notamment Duncan, 1996), mais également la variété des structures nerveuses qui semblent entrer en jeu dans la sélection attentionnelle (voir plus bas). La validité de cette hypothèse ne pourra cependant être établie que par les travaux ultérieurs.

18.4 LES EFFETS ET LES CARACTÉRISTIQUES DE LA SÉLECTION

Les limites du traitement préattentif qui ont été décrites dans la section précédente permettent de déterminer, par exclusion, les fonctions qu'offre le stade attentif. Notamment, c'est à ce stade qu'une information perceptive ferait l'objet d'un encodage mnésique stable qui permette de la récupérer plus tard. C'est également le stade attentif qui, d'une façon générale, serait à la base de notre capacité à identifier et à interpréter les stimuli auxquels nous sommes exposés Ce stade pourrait également contribuer à l'atteinte d'une représentation détaillée des propriétés physiques de ces stimuli. En particulier, la sélection attentionnelle semble requise pour la réalisation de discriminations perceptives fines et pour la représentation de la conjonction d'attributs visuels.

18.4.1 L'indiçage spatial

Au-delà de l'approche par exclusion, il existe une méthode plus directe pour évaluer l'effet de l'attention sur le traitement perceptif. Cette méthode consiste à donner à l'observateur une information préalable sur une certaine propriété d'une cible présentée ultérieurement, afin qu'il puisse orienter son filtre attentionnel de façon à présélectionner la cible avant même qu'elle soit présentée. Cette procédure est appelée « paradigme d'indiçage » et, dans la vaste majorité des études qui l'utilisent, l'attribut de la cible future dont le sujet est informé à l'avance est sa localisation. Nous allons ici nous concentrer sur ces travaux. Le lecteur intéressé à d'autres formes d'indiçage est invité à consulter les travaux de Davis, Kramer et Graham (1983), de Gilliom et Mills (1976), de Mondor et Bregman (1994) ainsi que de Sekuler et Ball (1977).

Dans la modalité auditive

Relativement peu d'études ont examiné les effets de l'indiçage spatial sur le traitement de stimuli auditifs. Une expérience menée par Driver et Spence (1994) présente une tâche de discrimination de fréquences auditives où la cible est précédée d'une tonalité de fréquence neutre donnant une information préalable sur la localisation du stimulus. Ainsi, une tonalité de 2000 Hz est présentée par un haut-parleur situé à la gauche ou à la droite du sujet, suivie ensuite d'une cible de 345 ou de 375 Hz. La tâche du sujet consiste à indiquer si la cible correspond à la tonalité aiguë ou à la tonalité grave. Dans 75 % des essais, la cible est présentée par le même haut-parleur que l'indice précédent (indice valide) et par l'autre haut-parleur dans le reste des essais (indice invalide). Les résultats indiquent des temps de réponse plus courts dans les cas où l'indice prédit correctement la localisation de la cible que dans ceux où l'indice est invalide.

Une expérience récente menée par Mondor et Zatorre (1995) et qui utilise une méthode comparable rapporte des observations conformes à celles de l'étude précédente. Ces auteurs ont également examiné l'effet de l'intervalle temporel séparant l'indice de la cible, qui variait entre 150 et 1500 ms. Les résultats obtenus à cet égard indiquent que l'effet de l'indiçage sur les temps de réponse s'accroît avec l'augmentation de l'intervalle indice-cible. Ceci indique que les déplacements de l'attention dans l'espace auditif ne sont pas immédiatement consécutifs à la présentation de l'indice, mais requièrent plutôt un certain temps pour être amorcés et/ou complétés.

Dans la modalité visuelle

Le paradigme d'indiçage spatial a été beaucoup utilisé dans l'étude de l'attention visuelle. Habituellement, l'indice spatial consiste en une flèche présentée au point de fixation (indice central) qui pointe vers l'un des endroits que la cible est susceptible d'occuper, ou encore en l'illumination d'un stimulus neutre à l'endroit qu'occupera la cible ultérieurement (indice périphérique). Comme pour l'indiçage spatial dans la modalité auditive, les indices utilisés peuvent prédire correctement (indice valide) ou incorrectement (indice invalide) la localisation de la cible. Dans certains cas, les auteurs utilisent également un indice neutre qui ne fournit aucune information préalable sur la localisation de la cible afin de permettre une analyse détaillée des bénéfices (réduction des temps de réponse ou des taux d'erreurs) produits par un indice valide ainsi que des coûts entraînés par un indice invalide. L'utilisation d'intervalles temporels variables entre la présentation de l'indice et celle de la cible est une autre variable qui est manipulée de façon relativement systématique dans l'étude des déplacements de l'attention à travers l'espace visuel.

Des bénéfices de l'indiçage spatial valide ont été observés dans une grande variété de tâches, ces bénéfices augmentant habituellement avec une augmentation de l'intervalle temporel séparant l'indice de la cible, et ce, jusqu'à un maximum situé entre 1000 et 1500 ms, au-delà duquel ils cessent de croître. La production d'un temps de réaction simple (par exemple, le fait de répondre aussi vite que possible dès l'apparition d'un point lumineux) est facilitée de façon importante lorsque l'indice prédit correctement la localisation de la cible (voir, par exemple, Posner, 1980, ainsi que Posner, Snyder et Davidson, 1980). Les temps de réponse obtenus dans le contexte de tâches demandant au sujet d'identifier la cible ou de déterminer si celle-ci est un chiffre ou une lettre, par exemple, sont également réduits lorsque l'indice est valide (McCann, Folk et Johnston, 1992; Posner et autres, 1980).

Les bénéfices d'un indiçage spatial valide ne se manifestent pas uniquement dans le contexte de tâches demandant une réponse rapide. Ainsi, les effets d'indiçage sont également présents dans les tâches où l'on s'intéresse plutôt à la fréquence des erreurs commises par les sujets qui doivent détecter des cibles présentées brièvement (Bashinski et Bacharach,1980; Hawkins et autres, 1990; Henderson, 1991). Enfin, et en conformité avec certaines données de recherche visuelle présentées dans la sous-section 18.3.2, qui suggèrent que l'attention puisse contribuer à un encodage détaillé des propriétés physiques élémentaires du stimulus, il a été observé que l'indiçage spatial valide facilite la détection de réseaux présentés au seuil (Davis et autres, 1983). En résumé, les observations disponibles sur l'indiçage spatial dans la modalité visuelle indiquent donc que l'orientation du filtre attentionnel vers l'endroit qu'occupera une cible accélère le traitement de celle-ci et améliore la sensibilité des mécanismes qui sous-tendent sa représentation perceptive[2].

18.4.2 Les déplacements volontaires et les déplacements automatiques de l'attention

Au-delà des effets de l'indiçage spatial sur le traitement de l'information perceptive, certains chercheurs se sont intéressés aux caractéristiques des déplacements de l'attention visuelle à travers l'espace (pour une revue détaillée, voir Egeth et Yantis, 1997).

L'une de ces caractéristiques concerne le mode de contrôle des déplacements de l'attention visuospatiale. Jonides (1981) a comparé l'effet d'un indice central (flèche présentée au point de fixation) et celui d'un indice périphérique (illumination d'un stimulus neutre à l'endroit que pourra occuper la cible) sur les déplacements de l'attention visuelle. Les résultats indiquent que ces déplacements se produisent sur une base volontaire dans le cas d'un indice central alors qu'ils sont automatiques (au sens de « sans effort » et d'« impossible à empêcher ») dans le cas d'un indice périphérique. Les conditions importantes que compare Jonides sont celles où la proportion

2. Ce dernier point concorde également avec d'autres observations indiquant que l'orientation spatiale de l'attention, pendant une phase d'adaptation à la direction du mouvement, a un effet modulateur sur la durée de l'effet consécutif ultérieur (Chaudhuri, 1990; Lankheet et Verstraten, 1995).

des essais précédés d'un indice valide est égale à 1/*n* par opposition à celles où cette proportion est supérieure *à* 1/*n*; où *n* égale le nombre de localisations potentielles de la cible. Dans le premier cas, l'indice ne fournit en réalité aucune information sur la localisation future de la cible alors qu'une telle information est effectivement offerte dans la seconde condition. Les résultats indiquent qu'un indice central n'affecte les performances que s'il est informatif. Par contre, les indices périphériques ont un effet sur la performance, qu'ils soient informatifs ou non. Autrement dit, les sujets ne peuvent s'empêcher de diriger leur attention vers l'endroit occupé par un indice périphérique même si ce dernier ne prédit aucunement la localisation future de la cible. En fait, des travaux plus récents menés par Remington, Johnston et Yantis (1992) démontrent que les sujets dirigent leur attention vers l'endroit occupé par un indice périphérique même s'ils sont informés au préalable du fait que la cible n'occupera *jamais* ce même endroit. Cette apparente capture automatique de l'attention spatiale par un indice périphérique a été attribuée au fait qu'un tel indice constitue un nouvel objet apparaissant brusquement dans le champ visuel et que l'attention visuospatiale est nécessairement attirée vers une telle stimulation (voir Yantis et Hillstrom, 1994; Yantis et Jonides, 1984, 1990).

18.4.3 La sélection attentionnelle et les déplacements des récepteurs sensoriels

La localisation est un critère important sur lequel repose la sélection attentionnelle et elle semble jouer un rôle primordial dans la modalité visuelle. Par ailleurs, il est évident que nous avons tendance à orienter nos récepteurs sensoriels (yeux et oreilles) vers l'endroit occupé par les stimuli auxquels nous prêtons attention. À cet égard, il apparaît légitime de s'interroger sur le rôle des déplacements des récepteurs sensoriels en direction de la stimulation présentée dans les divers exemples de sélection attentionnelle exposés jusqu'ici. En particulier, dans quelle mesure est-il possible de dissocier les phénomènes attentionnels de ceux liés aux mouvements de la tête et des yeux?

En ce qui concerne la modalité auditive, il est relativement facile de répondre à la question. En effet, la vaste majorité des travaux portant sur l'attention auditive concernent la présentation de stimuli à l'aide d'écouteurs, donc de stimuli provenant d'une source attachée à la tête du sujet. En ce sens, l'effet d'une sélection attentionnelle reposant sur la localisation apparente d'une source ne peut aucunement être contaminé par des mouvements de la tête qui ne changeraient aucunement la qualité ou la nature de la stimulation arrivant aux oreilles du sujet.

Il est difficile d'être aussi catégorique à l'égard des travaux portant sur la modalité visuelle. En effet, les mouvements oculaires peuvent être effectués très rapidement et plusieurs fois par seconde, et l'on pourrait facilement imaginer que ce sont avant tout ces mouvements plutôt que la sélection attentionnelle qui sont à la base de plusieurs effets décrits jusqu'ici. En réalité, bien que le rôle potentiel des mouvements oculaires ne puisse être entièrement exclu dans bon nombre d'expériences portant sur l'attention visuelle, il est bien démontré que les déplacements de l'attention à travers l'espace visuel sont dissociables des mouvements oculaires.

Un exemple de cette dissociation est offert par les expériences de rapport partiel menées par Sperling (1960; voir également Averbach et Coriell, 1961, et Von Wright, 1968, 1970). Dans les expériences menées par Sperling, les sujets sont exposés à un ensemble de lettres durant 50 ms et reçoivent ensuite un signal spécifiant la localisation du stimulus qu'ils doivent nommer. La performance obtenue dans cette tâche est excellente, ce qui traduit une sélection très efficace de la cible sur la base de sa localisation. Fait à souligner, le temps d'exposition des stimuli est si court qu'il est impossible que cette sélection soit fonction des mouvements oculaires. En procédant par élimination, on est donc amené à conclure qu'elle est plutôt fonction de l'attention, exclusivement.

Une autre expérience particulièrement convaincante est celle menée par Posner, Nissen et Ogden (1978), où l'on a enregistré les mouvements oculaires des sujets dans le contexte d'une tâche d'indiçage spatial. Les résultats indiquent des effets bénéfiques importants de l'indiçage spatial sur les temps de réponse même lorsque les essais au cours desquels les sujets ont déplacé les yeux sont éliminés. Finalement, d'autres observations rapportées par Eriksen et Collins (1969) ainsi que par Eriksen et Rohrbaugh (1970) illustrent l'importance des effets de l'indiçage spatial pour un intervalle de 50 ms entre l'indice et la cible. Tel qu'il a été indiqué précédemment, aucun mouvement oculaire en direction de la localisation indicée n'est possible à l'intérieur d'une période de temps si courte.

18.5 LA PHYSIOLOGIE ET LES DÉSORDRES TOUCHANT L'ATTENTION SÉLECTIVE

Il semble que les fonctions attentionnelles en général mettent en jeu un réseau complexe de structures nerveuses en interaction les unes avec les autres (Heilman, Watson et Valenstein, 1993 ; Mesulam, 1981 ; Posner et Petersen, 1990). En ce qui concerne spécifiquement l'attention sélective, nos connaissances sont relativement limitées quant à la modalité auditive étant donné que peu d'études portent sur le sujet. On dispose toutefois de connaissances plus détaillées pour la modalité visuelle. Ainsi, un grand nombre d'études, tant électrophysiologiques (Bushnell, Goldberg et Robinson, 1981 ; Rizzolatti et Camarda, 1987 ; Robinson, Goldberg et Stanton, 1978) que lésionnelles (Deuel, 1987) chez l'animal de même que les travaux d'imagerie cérébrale fonctionnelle chez l'humain (Corbetta, Miezin, Shulman et Petersen, 1993 ; LaBerge, 1990 ; Posner et Raichle, 1997) et ceux intéressant les patients cérébrolésés (Ferro, Kertesz et Black, 1987 ; Vallar et Perani, 1987) s'accordent pour distinguer quatre structures importantes dans l'attention sélective visuelle : le thalamus, le collicule supérieur, le lobe pariétal inférieur et l'aire oculomotrice frontale.

Les résultats d'études utilisant le paradigme d'indiçage visuospatial et concernant soit des sujets cérébrolésés ou encore des individus neurologiquement intacts dont on a enregistré l'activité cérébrale alors qu'ils effectuaient la tâche permettent de dégager des rôles propres à chacune de ces structures dans la sélection attentionnelle pour la modalité visuelle. Ainsi, selon les données disponibles, le collicule supérieur participerait particulièrement aux déplacements de l'attention visuelle d'une localisation spatiale à une autre (Rafal, Posner, Friedman, Inhoff et Bernstein, 1988) alors que le thalamus servirait plutôt à engager l'attention à une localisation donnée (Rafal et Posner, 1987). Le cortex pariétal, quant à lui, participerait au désengagement (retrait) de l'attention d'une localisation particulière (Posner, Walker, Friedrich et Rafal, 1984, 1987). Enfin, il semble que le cortex frontal soit plutôt à la base de l'amorce volontaire des déplacements attentionnels (Corbetta et autres, 1993).

Des lésions cérébrales affectant les structures mentionnées plus haut peuvent avoir sur le fonctionnement de l'attention sélective un effet important qui se manifeste par le syndrome d'héminégligence visuelle, également connu sous l'appellation d'« agnosie spatiale unilatérale » (voir, par exemple, Jeannerod, 1987, ainsi que Robertson et Marshall, 1993). Ce désordre est caractérisé par une grande variété de manifestations comportementales dont le commun dénominateur est l'incapacité à traiter et à appréhender des stimulations situées dans l'hémi-espace controlatéral (situé du côté opposé) à la lésion. Par exemple, un patient héminégligent pourra ignorer une personne qui s'adresse à lui si elle est située du côté controlatéral à la lésion. De façon similaire, le patient pourra se heurter aux obstacles qu'il rencontre ou encore être incapable de retrouver des objets qu'il cherche s'ils sont situés dans l'hémi-espace controlatéral. Le désordre peut également se manifester en lecture (voir, par exemple, Arguin et Bub, 1992, 1997 ; Siéroff, Pollatsek et Posner, 1988), où le patient aura tendance à ignorer la moitié controlatérale de la page ou encore la moitié controlatérale des mots (dyslexie de négligence).

Certaines épreuves ont été mises au point pour la détection et l'évaluation de l'héminégligence en situation clinique. Elles utilisent habituellement le paradigme de recherche visuelle, qui invite le sujet à détecter une cible particulière parmi un ensemble de distracteurs. Un exemple de ce type d'épreuve est le *test des cloches* (Gauthier, Dehaut et Joanette, 1989), où le patient doit encercler toutes les cloches qui sont reproduites sur une page et qui sont présentées parmi une variété d'autres formes d'objets servant de distracteurs. Dans un tel contexte, le patient héminégligent réussit très bien à encercler les cloches ipsilatérales à sa lésion mais omet de le faire pour plusieurs des cloches controlatérales. Le nombre d'omissions peut varier selon la gravité du désordre.

Même en l'absence d'un trouble clinique d'hémi-négligence, il est possible de mettre en évidence, chez certains individus cérébrolésés, des atteintes plus subtiles de l'attention sélective. Le paradigme d'indiçage visuospatial, notamment, a été utilisé pour mettre en évidence des atteintes diverses de l'attention qui n'étaient pas apparentes dans les résultats d'épreuves cliniques (Arguin, Cavanagh et Joanette, 1993; Morrow et Ratcliff, 1988; Posner et autres, 1984, 1987). Certainement la mieux connue est l'atteinte du processus de désengagement de l'attention sélective, par lequel l'attention se retire d'un stimulus particulier. Cette atteinte a été mise en évidence chez les individus souffrant d'une lésion du cortex pariétal et se manifeste par des temps de réponse excessivement élevés lorsqu'un indice invalide prédisant incorrectement une cible dans l'hémichamp ipsilatéral est suivi d'une cible controlatérale. Il semble que le sujet soit incapable de retirer son attention de la localisation ipsilatérale indicée si l'attention doit ensuite être dirigée vers l'hémichamp controlatéral (voir toutefois Arguin et Bub, 1993).

D'autres travaux menés auprès de personnes cérébrolésées présentant un déficit attentionnel sous-clinique ont contribué à l'étude des limites de la capacité de représentation de la stimulation visuelle au stade préattentif. Ainsi, il a été mis en évidence que des individus cérébrolésés présentant des difficultés à prêter attention à la stimulation controlatérale à leur lésion ont également des difficultés à se représenter la conjonction d'attributs visuels tels que la forme et la couleur (Arguin, Cavanagh et Joanette, 1994; Arguin, Joanette et Cavanagh, 1993). Ces observations concordent avec la notion discutée précédemment (voir la sous-section 18.3.2) selon laquelle la représentation de la conjonction d'attributs visuels exige la sélection attentionnelle du stimulus.

CONCLUSION

Il s'est avéré que les deux grandes théories à l'origine d'une forte proportion des travaux concernant l'attention sélective au cours des quatre dernières décennies ont été partiellement contredites par les résultats expérimentaux. Dans l'ensemble, comme l'indiquent les travaux revus aux sections 18.2 et 18.3, la balance penche plutôt en faveur de la théorie de la sélection précoce. Cependant, cette théorie explique difficilement le paradoxe qui existe entre, d'une part, l'incapacité apparente du traitement préattentif à offrir une représentation complète et détaillée des propriétés physiques du stimulus et, d'autre part, une certaine capacité d'identification de celui-ci au même stade de traitement (voir la sous-section 18.3.4). Un des objectifs importants de la recherche future sur l'attention sélective consistera sans aucun doute à résoudre ce paradoxe à travers une théorie unifiée.

D'autres travaux revus à la section 18.4 sont plus ou moins neutres à l'égard de la question du stade de traitement auquel s'effectue la sélection attentionnelle et cherchent plutôt à établir les effets de celle-ci ainsi que les caractéristiques spatio-temporelles de l'attention. Il a été montré notamment que la sélection attentionnelle accélère considérablement le traitement de l'information perceptive et que l'attention est un mécanisme dont les déplacements à travers l'espace perceptif ne sont pas instantanés mais exigent du temps. Les travaux futurs relatifs à ces questions devraient enrichir de façon importante nos connaissances sur l'attention sélective et sur la capacité des psychologues à appliquer leurs connaissances sur l'attention dans des contextes où l'optimisation des capacités perceptives limitées de l'être humain constitue un enjeu important.

Enfin, ce chapitre a présenté de façon succincte la question des bases physiologiques de l'attention sélective et des atteintes possibles de cette fonction à la suite d'un dommage cérébral. Des efforts importants restent à faire avant que l'on réussisse à mettre en lumière les rouages du fonctionnement du cerveau humain, et la question des bases physiologiques de l'attention sélective ne fait pas exception. Le maintien d'interactions interdisciplinaires telles celles existant maintenant entre la psychologie fondamentale, les neurosciences et la neuropsychologie est essentiel pour assurer la réussite d'une telle entreprise.

LECTURES RECOMMANDÉES

COQUERY, J.-M. (1994). Processus attentionnels. Dans M. Richelle, J. Requin et M. Robert (dir.), *Traité de psychologie expérimentale*, t. I, (p. 219-281). Paris : Presses Universitaires de France.

EGETH, H.E., et YANTIS, S. (1997). Visual attention : Control, representation, and time course. *Annual Review of Psychology, 48*, 269-297.

PARASURAMAN, R. (1998). *The attentive brain.* Cambridge, MA : MIT Press.

PASHLER, H. (1996). Structures, processes and the flow of information. Dans E. Bjork et R. Bjork (dir.), *Handbook of learning and memory* (p. 3-29). San Diego, CA : Academic Press.

SIÉROFF, E. (1994). Les mécanismes attentionnels. Dans X. Seron et M. Jeannerod (dir.), *Neuropsychologie humaine* (p. 127-151). Liège : Mardaga.

Bibliographie

ABDI, H. (1987). *Introduction au traitement statistique des données expérimentales*. Grenoble : Presses Universitaires de Grenoble.

ABDI, H., et VALENTIN, D. (1994). Modèles neuronaux, connexionnistes et numériques pour la mémoire des visages. *Psychologie française, 39*, 375-391.

ADOLPH, K.E. (1997). Learning in the development of infant locomotion. *Monographs of the Society for Research in Child Development, 62, I-VI*, 1-158.

AGGELTON, J.P., et MISHKIN, M. (1986). *The amygdala sensory gateway to emotion : Theory, research and experience : Vol. 3. Biological foundation of emotion*. Orlando : Academic Press.

AKERLUND, A., BENDE, M., et MURPHY, C. (1995). Olfactory threshold and nasal mucosal changes in experimentally induced common cold. *Acta Otolaryngologia* (Stockholm), *115*, 88-92.

ALAOUI-ISMAILI, O., VERNET-MAURY, E., DITTMAR, A., DELHOMME, G., et CHANEL, J. (1997). Odor hedonics : Connection with emotional response estimated by autonomic parameters. *Chemical Senses, 22*, 237-248.

ALLAN, L.G. (1979). The perception of time. *Perception and Psychophysics, 26*, 340-354.

ALLLAN, L.G, et KRISTOFFERSON, A.B. (1974). Psychophysical theories of duration discrimination. *Perception and Psychophysics, 16*, 26-34.

ALLPORT, F.H. (1955). *Theories of perception and the concept of structure*. New York : Wiley.

ALVES, L.F. (1988). Chemical ecology and the social behavior of animals. *Progress in the Chemistry of Organic Natural Products, 53*, 1-85.

ALVING, W.R., et KARDONG, K.V. (1996). The role of the vomeronasal organ in rattlesnake (*Crotalus viridis oreganus*) predatory behavior. *Brain Behavior and Evolution, 48*, 165-172.

AMBLARD, B. et CARBLANC, A. (1980). Role of foveal and peripheral visual information in maintenance of posture equilibrium in man. *Perceptual and motor skills, 51*, 903-912.

AMBLARD, B., et CRÉMIEUX, J. (1976). Rôle de l'information visuelle du mouvement dans le maintien de l'équilibre postural chez l'homme. *Agressologie, 17c*, 25-36.

AMBLARD, B, CRÉMIEUX, J., MARCHAND, A.R., et CARBLANC, A. (1985). Lateral orientation and stabilization of human stance : Static versus dynamic visual cues. *Experimental Brain Research, 61* (1), 21-37.

AMES, A. (1951). Visual perception and the rotating trapezoidal window. *Psychological Monographs, 65* (7), 324.

AMES, E.W., et SILFEN, C.K. (1965). *Methodological issues in the study of age differences in infant's attention to stimuli varying in movement and complexity*. Minneapolis : Society for Research in Child Development.

AMOORE, J.E. (1971). Olfactory genetics and anosmia. Dans L.M. Beidler (dir.), *Handbook of sensory physiology*. Berlin : Springer-Verlag, p. 245-256.

AMOORE, J.E., PELOSI, P., et FORRESTER, L.J. (1977). Specific anosmias to 5a-androst-16-en-3-one and w-pentadecaloctone : The urinous and musky primary odors. *Chemical Senses and Flavor, 2*, 401-425.

ANASTOPOULOS, D., HASLWANTER, T., BRONSTEIN, A., FETTER, M., et DICHGANS, J. (1997). Dissociation between the perception of body verticality and the visual vertical in acute peripheral vestibular disorder in humans. *Neuroscience Letters, 233*, 151-153.

ANDERSON, D.H., et FISHER, S.K. (1976). The photoreceptors of diurnal squirrels : Outer segment structure, disc shedding, and protein renewal. *Journal of Ultrastructural Research, 55*, 119-141.

ANDERSON, P.J., LAU, G.S., TAYLOR, W.R., et CRITCHLEY, J.A. (1996). Acute effects of the potent lacrimator o-chlorobenzylidene malononitrile (CS) tear gas. *Human Experimental Toxicology, 6*, 461-465.

ANDO, Y., et HATTORI, H. (1970). Effects of intense noise during fetal life upon postnatal adaptability. *Journal of the Acoustical Society of America, 47*, 1128-1130.

ANSTIS, S. (1978). Apparent movement. Dans R. Held, H. Leibowitz et H.L. Teuber (dir.), *Handbook of sensory physiology : Vol. 8. Perception* (p. 655-673). New York : Springer-Verlag.

ANSTIS, S., et GREGORY, R.L. (1965). The after-effect of seen motion : The role of retinal stimulation and of eye movements. *Quarterly Journal of Experimental Psychology, 17*, 173-174.

ANSTIS, S.M. (1974). A chart demonstrating variations in acuity with retinal positions. *Vision Research, 14*, 589-592.

APPELLE, S. (1972). Perception and discrimination as a function of stimulus orientation : The oblique effect in man and animals. *Psychological Bulletin, 78*, 266-278.

ARGUIN, M., et BUB, D.N. (1992). L'effet de supériorité du mot dans la dyslexie de négligence. *Revue de neuropsychologie, 2*, 51-84.

ARGUIN, M., et BUB, D.N. (1993). Evidence for an independent stimulus-centered spatial reference frame from a case of visual hemineglect. *Cortex, 29*, 349-357.

ARGUIN, M., et BUB, D.N. (1997). Lexical constraints on reading accuracy in neglect dyslexia. *Cognitive Neuropsychology, 14*, 765-800.

ARGUIN, M., CAVANAGH, P., et JOANETTE, Y. (1993). A lateralized alerting deficit in left brain-damaged patients. *Psychobiology, 21*, 307-323.

ARGUIN, M., CAVANAGH, P., et JOANETTE, Y. (1994). Visual feature integration with an attention deficit. *Brain and Cognition, 24*, 44-56.

ARGUIN, M., JOANETTE, Y., et CAVANAGH, P. (1993). Visual search for feature and conjunction targets with an attention deficit. *Journal of Cognitive Neuroscience, 5*, 436-452.

ARNHEIM, R. (1954). *Art and visual perception: The psychology of the creative eye.* Berkeley: University of California Press.

ARNHEIM, R. (1969). *Visual thinking.* Berkeley: California University Press.

ASCH, S.E., et WITKIN, H.A. (1948a). Studies in space orientation: I. Perception of the upright with displaced visual fields. *Journal of Experimental Psychology, 38*, 325-337.

ASCH, S.E., et WITKIN, H.A. (1948b). Studies in space orientation: II. Perception of the upright with displaced visual field and body tilted. *Journal of Experimental Psychology, 38*, 455-477.

ASLIN, R.N., ALBERTS, J.R., et PETERSON, M.R. (1981). *Development of perception: Psychobiological perspectives.* New York: Academic Press.

ASSAIANTE, C., et AMBLARD, B. (1989). La vision périphérique et le contrôle de l'équilibre dynamique chez les enfants de 5 à 12 ans (Peripheral vision and the control of dynamic equilibrium among children aged 5-12 years). *Psychologie française, 34* (1), 47-53.

ATKINSON, J. (1989). Development of basic visual functions. Dans A. Slater et G. Bremner (dir.), *Infant development* (p. 7-41). London: Lawrence Erlbaum Associates.

ATKINSON, J. (1996). Issues in infant vision screening and assessment. Dans F. Vital-Durand, J. Atkinson, et O.J. Braddick (dir.), *Infant vision.* Oxford: Oxford University Press.

ATKINSON, J., et BRADDICK, O. (1999). Research methods in infant vision. Dans R.H.S. Carpenter et J.G. Robson (dir.), *Vision research: A practical guide to laboratory methods* (p. 161-186). New York: Oxford University Press.

ATKINSON, R.C., HOLMGREN, J.E., et JUOLA, J.F. (1969). Processing time as influenced by the number of elements in a visual display. *Perception and Psychophysics, 6*, 321-326.

AVERBACH, E., et CORIELL, A.S. (1961). Short-term memory in vision. *Bell System Technical Journal, 40*, 309-328.

AXEL, R. (1995). De la molécule à l'odeur. *Pour la Science, 218*, 60-65.

AZUMA, R. (2001). *Recent advances in augmented reality.* Malibu, CA: IEEE.

BACH-Y-RITA, P. (1972). *Brain mechanisms in sensory substitution.* New York: Academic Press.

BACH-Y-RITA, P. (1997). Substitution sensorielle et qualia. Dans J. Proust (dir.), *Perception et intermodalité: approches actuelles de la question de Molyneux* (p. 81-100). Paris: Presses Universitaires de France.

BACHER, F. (1982). *Les enquêtes en psychologie.* Lille: Presses Universitaires de Lille.

BADCOCK, J.C., WHITWORTH, F.A., BADCOCK, D.R., et LOVERGROVE, W.J. (1990). Low frequency filtering and the processing of local-global stimuli. *Perception, 19*, 617-629.

BADDELEY, A. (1966). Time-estimation at reduced body-temperature. *American Journal of Psychology, 79*, 475-479.

BADDELY, A. (1993). *La mémoire humaine.* Grenoble: Presses Universitaires de Grenoble.

BAHRICK, L.E. (1987). Infants' intermodal perception of two levels of temporal structure in natural events. *Infant Behavior and Development, 10*, 387-416.

BAHRICK, L.E. (1992). Infants' perceptual differenciation of amodal and modality-specific audio-visual relations. *Journal of Experimental Child Psychology, 53*, 180-199.

BAHRICK, L.E., et WATSON, J.S. (1985). Detection of intermodal proprioceptive-visual contingency as a potential basis of self-perception in infancy. *Developmental Psychology, 21*, 963-973.

BAILLARGEON, R. (1993). The object concept revisited: New directions in the investigation of the infant's physical knowledge. Dans C.E. Grandrud (dir.), *Visual perception and cognition in infancy* (p. 265-315). Hillsdale, NJ: Lawrence Erlbaum Associates.

BAILLARGEON, R., SPELKE, E.S., et WASSERMAN, S. (1985). Object permanence in five-month-old infants. *Cognition, 20*, 191-208.

BAKER, C.L., et BRADDICK, O.J. (1985). Temporal properties of short range process in apparent motion. *Perception, 14*, 181-192.

BALDWIN, A.L. (1967). *Theories of child development.* New York: John Wiley and Sons.

BALL, W., et TRONICK, E. (1971). Infant response to impending collision: Optical and real. *Science, 171*, 818-820.

BALL, W.A., et VURPILLOT, E. (1976). La perception du mouvement en profondeur chez le nourrisson. *L'Année psychologique, 76*, 383-400.

BANKS, M.S. (1982). The development of spatial and temporal contrast sensitivity. *Current Eye Research, 2*, 191-198.

BANKS, M.S., et SALAPATEK, P. (1981). Infant pattern vision: A new approach based on the contrast sensitivity function. *Journal of Experimental Child Psychology, 31*, 1-45.

BARBET, V., BRESSE, P., GUICHARD, N., LECOQUIERRE, C., LEHU, J.M., et VAN HEEMS, R. (dir.) (1999). *Le marketing olfactif.* Paris: Presses du Management.

BARDY, B.G., BAUMBERGER, B., FLÜCKIGER, M., et LAURENT, M. (1992). On the role of global and local visual information in goal-directed walking. *Acta Psychologica, 81* (3), 199-210.

BARDY, B.G., et LAURENT, M. (1998). How is body orientation controlled during somersaulting? *Journal of Experimental Psychology: Human Perception and Performance, 24*, 963-977.

BARDY, B.G., MARIN, L., STOFFREGEN, T.A., et BOOTSMA, R.J. (1999). Postural coordination modes considered as emergent phenomena. *Journal of Experimental Psychology: Human Perception and Performance, 25*, 1284-1301.

BARDY, B.G., et WARREN, W.H. (1997). Visual control of braking in goal-directed action and sport. *Journal of Sport Sciences, 15*, 607-620.

BARDY, B.G., WARREN, W.H., et KAY, B.A. (1996). Motion parallax is used to control postural sway during walking. *Experimental Brain Research, 111*, 271-282.

BARDY, B.G., WARREN, W.H., et KAY, B.A. (1999). The role of central and peripheral vision in postural control during walking. *Perception and Psychophysics, 61*, 1356-1368.

BARLOW, H.B. (1972). Single units and sensation: A neuron doctrine for perceptual psychology? *Perception, 1*, 371-394.

BARLOW, H.B., BLAKEMORE, C., et PETTIGREW, J.D. (1967). The neural mechanism of binocular depth discrimination. *Journal of Physiology of London, 193*, 327-342.

BARLOW, H.B., et HILL, R.M. (1963). Evidence for a physiological explanation of the waterfall phenomenon and figural aftereffects. *Nature, 200*, 1345-1347.

BARTON, R.A., PURVIS, A., et HARVEY, P.H. (1995). Evolutionary radiation of visual and olfactory brain systems in primates, bats and insectivores. *Philosophical Transactions of the Royal Society of London, B: Biological Sciences, 348*, 381-392.

BARTOSHUK, L.M. (1974). Taste illusions: Some demonstrations. *Annals of the New York Academy of Sciences, 237*, 279-285.

BARTOSHUK, L.M., et BEAUCHAMP, G.K. (1994). Chemical senses. *Annual Review of Psychology, 45*, 419-449.

BASHINSKI, H.S., et BACHARACH, V.R. (1980). Enhancement of perceptual sensitivity as the result of selectively attending to spatial locations. *Perception and Psychophysics, 28*, 241-248.

BASSO, A., CAPITANI, E., LUZZATTI, C., SPINNLER, H., et ZANOBIO, M.E. (1985). Different basic components in the performance of Broca's and Wernicke's aphasics on the colour-figure matching test. *Neuropsychologia, 23*, 51-59.

BAUMBERGER, B. (1993). *La localisation spatiale dans un environnement visuel mobile*. Thèse de doctorat, n° 194, FPSE, Université de Genève.

BAUMBERGER, B., CHANDERLI, K., et FLÜCKIGER, M. (1994). Locomotor pointing to an «ever fleeing» target. Dans K. Taguchi, M. Igarashi et S. Mori (dir.), *Vestibular and neural front* (p. 91-94). Tokyo: Elsevier.

BAUMBERGER, B., et FLÜCKIGER, M. (1993). Bisection from different heights of observation in an optical flow. Dans S. Valenti et J. Pittenger (dir.), *Studies in perception and action*, II (p. 284-287). Hillsdale, NJ: Laurence Erlbaum Associates.

BAUMBERGER, B., FLÜCKIGER, M., et CHANDERLI, K. (1994). *Locomotor pointing to an «ever fleeing» target.* Dans K. Taguchi, M. Igarashi et S. Mori (dir.), *Vestibular and neural front* (p. 91-94). Tokyo: Elsevier.

BAUMBERGER, B., FLÜCKIGER, M., et MARTIN, M. (2000). Walking in an environment of moving ground texture. *Japanese Psychological Research, 42* (4), 237-249.

BAYLOR, D. (1992). Transduction in retinal photorecepteurs cells. Dans P. Corey et S.D. Roper (dir.), *Sensory transduction*. New York: Rockfeller University Press.

BEAR, M.F., CONNORS, B.W., et PARADISO, M.A. (1997). *Neurosciences: à la découverte du cerveau*. Paris: Pradel.

BEARDSWORTH, T., et BUCKNER, T. (1981). The ability to recognize oneself from a video recording of one's movements without seeing one's body. *Bulletin of the Psychonomic Society, 18*, 19-22.

BEARSE, M.A. Jr., et FREEMAN, R.D. (1994). Binocular summation in orientation discrimination depends on stimulus contrast and duration. *Vision Research, 34*, 19-29.

BEAUCHAMP, G.K., et PEARSON, P. (1991). Human development and umami taste. *Physiology and Behavior, 49*, 1009-1012.

BECK, J. (1972). *Surface coloration perception*. Ithaca: Cornell University Press.

BECK, J., PRAZDNY, K., et ROSENFELD, A. (1983). A theory of textural segmentation. Dans J. Beck, B. Hope et A. Rosenfeld (dir.), *Human and machine vision* (p. 1-38). New York: Academic Press.

BECK, J., SUTTER, A., et IVRY, R. (1987). Spatial frequency channels and perceptual grouping in texture segregation. *Computer, Vision, Graphics and Image Processing, 37*, 299-325.

BELLET, I. (1745). *Lettres sur le pouvoir de l'imagination des femmes enceintes*. Paris: Chez les Frères Guérin.

BELLISIMO, A., et TUNKS, E. (1984). *Chronic pain*. New York: Praeger.

BENEDETTI, F. (1986a). Spatial organization of the diplesthetic and nondiplesthetic areas of the fingers. *Perception, 15*, 285-301.

BENEDETTI, F. (1986b). Tactile diplopia (displesthesia) on the human fingers. *Perception, 15*, 83-91.

BENGUIGUI, N., RIPOLL, H., et BRODERICK, M. (sous presse). Intercepting accelerating objects. Dans K. Davids, G. Savelsbergh, S. Benett et J. Van Der Kamp (dir.), *Interceptive actions*. Londres: Taylor and Francis.

BENJAMIN, L.T.J. (2000). The psychology laboratory at the turn of the 20th century. *American Psychologist, 55* (3), 318-321.

BENSEL, C.K., et DZENDOLET, E. (1968). Power spectral density analysis of the standing sway of males. *Perception and Psychophysics, 4*, 285-288.

BENSON, A.J. (1982). The vestibular sensory system. Dans H.B. Barlow et J.D. Mollon (dir.), *The senses* (p. 333-368). Cambridge, R.-U. : Cambridge University Press.

BENSON, D.F., et GREENBERG, J.P. (1969). Visual form agnosia. *Archives of Neurology, 20*, 82-89.

BERGLUND, B., et ENGEN, T. (1993). A comparison of self-adaptation and cross-adaptation to odorants presented singly and in mixtures. *Perception, 22*, 103-111.

BERLIN, B., et KAY, P. (1969). *Basic color terms : Their universality and evolution.* Berkeley, CA : University of California Press.

BERLYNE, D.E. (1958). The influence of complexity and novelty in visual figures on orienting responses. *Journal of Experimental Psychology, 55*, 289-296.

BERNSTEIN, N. (1967). *The co-ordination and regulation of movement.* Elmsford, NY: Pergamon.

BERTENTHAL, B.I. (1993). Infant's perception of biomechanical motions : Intrinsic image and knowledge-based constraints. Dans C. Granrud (dir.), *Visual perception and cognition in infancy* (p. 175-214). Hillsdale, NJ : Lawrence Erlbaum Associates.

BERTENTHAL, B.I. (1996). Origins and early development of perception, action and representation. *Annual Review of Psychology, 47*, 431-459.

BERTENTHAL, B.I., et BAI, D.L. (1989). Infants' sensitivity to optical flow for controlling posture. *Developmental Psychology, 25*, 936-945.

BERTENTHAL, B.I., et DAVIS, P. (1988). *Dynamical pattern analysis predicts recognition and discrimination of biomechanical motions.* Conférence. Chicago, IL : Psychonomic Society.

BERTHENTAL, B.I., PROFFITT, D.I., et CUTTING, J.E. (1984). Infant sensitivity to figural coherence in biomechanical motions. *Journal of Experimental Child Psychology, 37*, 231-250.

BERTENTHAL, B.I., PROFITT, D.R., SPETNER, N.B., et THOMAS, M.A. (1985). The development of infant's sensitivity to biomechanical displays. *Child Development, 56*, 531-543.

BERTHOZ, A. (1978). Rôle de la proprioception dans le contrôle de la posture et du geste. Dans H. Hecaen et M. Jeannerod (dir.), *Du contrôle moteur à l'organisation du geste* (p. 187-224). Paris : Masson.

BERTHOZ, A. (1990). Reference frames for the perception and control of movement. Dans J. Paillard (dir.), *Brain and space.* New York : Oxford University Press.

BERTHOZ, A. (1991). Reference frames for the perception and control of movement. Dans J. Paillard, *Brain and space* (p. 81-110). Oxford : Oxford University Press.

BERTHOZ, A. (1997). *Le sens du mouvement.* Paris : Éditions Odile Jacob.

BERTHOZ, A. (2003). La perception visuelle est décision. Dans *La décision* (p. 177-198). Paris : Éditions Odile Jacob.

BERTHOZ, A., et DROULEZ, J. (1982). Linear self motion perception. Dans A.H. Wertheim, W.A. Wagehaar et H.W. Leibowitz (dir.), *Tutorial in motion perception.* London : Plenum Publishing Corporation.

BERTHOZ, A., PAVARD, B., et YOUNG, L.R. (1975). Perception of linear horizontal self motion induced by peripheral vision (linear vection) : Basic characteristics and visual-vestibular interactions. *Experimental Brain Research, 23*, 471-489.

BERTHOZ, A., et POZZO, T. (1988). Intermittent head stabilization during postural and locomotory tasks in humans. Dans B. Amblard et F. Clarac (dir.), *Posture and gait : Development, adaptation, and modulation* (p. 189-198). Amsterdam : Elsevier.

BERTHOZ, A., et POZZO, T. (1994). Head and body coordination during locomotion and complex movements. Dans S.P. Swinnen, H. Heuer, J. Massion et J. Casaer (dir.), *Interlimb coordination: Neural, dynamical, and cognitive constraints* (p. 147-165). New York : Academic Press.

BÉRUBÉ, J., FLÜCKIGER, M., et MAURER, R. (1980). *Développement d'un simulateur opticogéométrique de mouvement de grandes dimensions.* Rapport interne, Laboratoire de psychologie expérimentale, FPSE, Genève.

BIDEAUD, J., HOUDÉ, O., et PEDINELLI, J.-L. (1999 [1996]). *L'homme en développemen*, 4e éd. Paris : Presses Universitaires de France.

BIEDERMAN, I. (1987). Recognition by components : A theory of human image understanding. *Psychological Review, 94*, 115-147.

BIEDERMAN, I. (1995). Visual object recognition. Dans S. Kosslyn et D. Osherson (dir.), *Visual cognition* (p. 121-165). Cambridge, MA : MIT Press.

BIEDERMAN, I., et COOPER, E.E. (1991). Priming contour-deleted images : Evidence for intermediate representations in visual object recognition. *Cognitive Psychology, 23*, 393-419.

BIEDERMAN, I., et GERHARDSTEIN, P.C. (1993). Recognizing depth-rotated objects : Evidence and conditions for three-dimensional viewpoint invariance. *Journal of Experimental Psychology : Human Perception and Performance, 19*, 1162-1182.

BIEDERMAN, I., et JU, G. (1988). Surface versus edge-based determinants of visual recognition. *Cognitive Psychology, 20*, 38-64.

BIEDERMAN, I., MEZZANOTTE, R.J., et RABINOWITZ, J.C. (1982). Scene perception : Detecting and judging objects undergoing relational violations. *Cognitive Psychology, 14*, 143-177.

BINDRA, D., et WASKBERG, H. (1956). Methods and terminology in studies of time estimation. *Psychological Bulletin, 53*, 155-159.

BINET, A. (1895). La mesure des illusions visuelles chez les enfants. *Revue philosophique, 40*, 11-25.

BINET, A. (1909). *Idées modernes sur les enfants*. Paris: Flammarion.

BINGMAN, V.P., et BENVENUTI, S. (1996). Olfaction and the homing ability of pigeons in the southeastern United States. *Journal of Experimental Zoology, 276*, 186-192.

BIRCH, H.G., et BELMONT, L. (1964). Auditory-visual integration in brain-damaged and normal children. *Developmental Medicine and Child Neurology, 7*, 135-144.

BIRCH, H.G., et LEFFORD, A. (1963). Intersensory development in children. *Monographs of the Society for Research on Child Development, 28* (5), numéro de série 89.

BIRCH, J. (1993). *Diagnosis of defective colour vision*. Oxford: Oxford University Press.

BISDORFF, A.R., ANASTOPOULOS, D., BRONSTEIN, A.M., et GRESTY, M. (1995). Subjective postural vertical in peripheral and central vestibular disorders. *Acta Otolaryngologica, suppl. 520*, 68-71.

BISDORFF, A.R., WOLSLEY, C.J., ANASTOPOULOS, D., BRONSTEIN, A.M., et GRESTY, M. (1996). The perception of body verticality (subjective postural vertical) in peripheral and central vestibular disorders. *Brain, 119*, 1523-1534.

BISE, G. (1984). *Le livre de chasse de Gaston Phœbus, Comte de Foix*. Fribourg-Genève: Production Liber SA et Éditions Minerva SA.

BLAKE, R. (1993). Cats perceive biological motion. *Psychological Science, 4*, 54-57.

BLAKE, R., et FOX, R. (1973). The psychophysical inquiry into binocular summation. *Perception and Psychophysics, 14*, 161-185.

BLAKE, R., et HIRSCH, H.V.B. (1975). Deficits in binocular depth perception in cats following alternating monocular deprivation. *Science, 190*, 114-116.

BLAKE, R., SLOANE, M., et FOX, R. (1981). Further developments in binocular summation. *Perception and Psychophysics, 30*, 266-276.

BLAKEMORE, C., et COOPER, G.G. (1970). Development of the brain depends on the visual environment. *Nature, 228*, 477-478.

BLANCHET, A. (1985). *L'entretien dans les sciences sociales: l'écoute, la parole et le sens*. Paris: Dunod.

BLAUERT, J. (1997). *Spatial hearing: The psychophysics of human sound localization*. Cambridge, MA: MIT Press.

BLOCK, R.A. (1990). Models of psychological time. Dans R.A. Block (dir.), *Cognitive models of psychological time* (p. 1-35). Hillsdale, NJ: Lawrence Erlbaum.

BLOCK, R.A. (1992). Prospective and retrospective duration judgment: The role of information processing and memory. Dans F. Macar, V. Pouthas et W. Friedman (dir.), *Time, action, cognition: Towards bridging the gap* (p. 141-152). Dordrecht: Kluwer Academic Publishers.

BLOCK, R.A., et REED, M.A. (1978). Remembered duration: Evidence for a contextual-change hypothesis. *Journal of Experimental Psychology: Human Learning and Memory, 4*, 656-665.

BLOCK, R.A., et ZAKAY, D. (1997). Prospective and retrospective duration judgments: A meta-analytic review. *Psychonomic Bulletin and Review, 4*, 184-197.

BOCK, O. (1997). Effects of tilted visual background on human sensory-motor coordination. *Experimental Brain Research, 115*, 507-512.

BÖHMER, A., et RICKENMANN, J. (1995). The subjective visual vertical as a clinical parameter of vestibular function in peripheral vestibular diseases. *Journal of Vestibular Research, 5*, 35-45.

BOLANOWSKI, S.J. (1998). Tactile channels and their interactions. Dans S. Grondin et Y. Lacouture (dir.), *Fechner Day 98: Proceedings of the Fourteenth Annual Meeting of the International Society for Psychophysics* (p. 103-108). Québec: The International Society for Psychophysics.

BOLANOWSKI, S.J., GESCHEIDER, G.A., et VERRILLO, R.T. (1994). Expansions of the four-channel model for touch: Hairy skin. *Somatosensory and Motor Research, 11*, 279-290.

BOLANOWSKI, S.J., GESCHEIDER, G.A., VERRILLO, R.T., et CHECKOSKY, C.M. (1988). Four channels mediate the mechanical aspects of touch. *Journal of the Acoustical Society of America, 84*, 1680-1694.

BOLTZ, M. (1989). Time judgments of musical endings: Effects of expectancies on the «filled duration effect». *Perception and Psychophysics, 46*, 409-418.

BOLTZ, M. (1992). The incidental learning and remembering of event durations. Dans F. Macar, V. Pouthas et W. Friedman (dir.), *Time, action, cognition: Towards bridging the gap* (p. 153-163). Dordrecht: Kluwer Academic Publishers.

BONNET, A. (1984). *L'intelligence artificielle: promesses et réalité*. Paris: InterÉditions.

BONNET, C. (1986). *Manuel pratique de psychophysique*. Paris: Armand Colin.

BONNET, C. (1989). La perception visuelle des formes. Dans C. Bonnet, R. Ghiglione et J.-F. Richard, *Traité de psychologie cognitive* (p. 1-82). Paris: Dunod.

BONNET, C. (1994). Modèles de décision en perception. Dans R. Ghiglione et J.-F. Richard (dir.), *Cours de psychologie*, vol. 4 (p. 305-318). Paris: Dunod.

BONNET, C. (1998). La perception. Dans J.-L. Roulin (dir.), *Psychologie cognitive* (p. 72-136). Paris: Éditions Bréal, coll. «Grand Amphi Psychologie».

BONNET, C., BAYDAR, A., COSTANTINO, E., TONNEAU, M., et DECAZES, J.M. (1995). Psychometric functions of smell detection. Dans C. Possamai, (dir.), *Fechner Day 95*. Cassis: International Society for Psychophysics.

BONNET, C., et HOSSENLOPP, J. (dir.) (1996). Des goûts et des odeurs... *Psychologie française, 41* (3).

Bonnet, C., Zamora, M.C., Buratti, P., et Guirao, M. (1999). Group and individual gustatory reaction times and Piéron's law. *Physiology and Behavior, 66*, 549-558.

Boothe, R.G. (1996). Visual development following treatment of a unilateral infantile cataract. Dans F. Vital-Durand, J. Atkinson et O.J. Braddick (dir.), *Infant vision* (p. 401-412). New York: Oxford University Press.

Bootsma, R.J., Fayt, V., Zaal, F.T.J.M., et Laurent, M. (1997). On the information-based regulation of movement: What Wann (1996) may want to consider. *Journal of Experimental Psychology: Human Perception and Performance, 23*, 1282-1289.

Bootsma, R.J., et Oudejans, R.R.D. (1993). Visual information about time to collision between two objects. *Journal of Experimental Psychology: Human Perception and Performance, 19*, 1041-1052.

Boring, E.G. (1942). *Sensation and perception in the history in experimental psychology.* New York: Appleton-Century-Crofts.

Boring, E.G. (1950). *A history of experimental psychology*, 2e éd. New York: Appleton-Century-Crofts.

Boring, E.G. (1957). *A history of experimental psychology.* New York: Appleton-Century-Crofts.

Bornstein, M.H. (1973). Color vision and color naming: A psychophysiological hypothesis of cultural difference. *Psychological Bulletin, 80*, 257-285.

Botte, M.-C. (1989a). Audition. Dans C. Bonnet, R. Ghiglione et J.-F. Richard, *Traité de psychologie cognitive*, tome I (p. 86-127). Paris: Seuil.

Botte, M.-C. (1989b). Perception de l'intensité des sons. Dans M.-C. Botte, G. Canévet, L. Demany et C. Sorin, *Psychoacoustique et perception auditive* (p. 13-42). Paris: Éditions INSERM.

Boucart, M., Hénaff, M.-A., et Belin, C. (dir.) (1998). *Vision: aspects perceptifs et cognitifs.* Cahors: Solal.

Bourre, J.-M. (1990). *La diététique du cerveau: de l'intelligence et du plaisir.* Paris: Éditions Odile Jacob.

Bouvet, J.F., Delaleu, J.C., et Holley, A. (1987). Olfactory receptor cell function is affected by trigeminal nerve activity. *Neuroscience Letters, 77*, 181-186.

Bower, T.G.R. (1964). Discrimination of depth in premotor infants. *Psychonomic Science, 1*, 368.

Bower, T.G.R. (1966). The visual world of infants. *Scientific American, 215*, 81-92.

Bower, T.G.R. (1971). The object in the world of the infant. *Scientific American, 225*, 31-38.

Bower, T.G.R. (1972). Object perception in infants. *Perception, 1*, 15-30.

Bower, T.G.R. (1973). Perceptual functioning in early infancy. Dans L.J. Stone, H.T. Smith et L.B. Murphy (dir.), *The competent infant* (p. 694-702). New York: Basic Books, Inc. Publishers.

Bower, T.G.R. (1974). *Development in infancy.* San Francisco: Freeman.

Bower, T.G.R. (1977). Le développement de l'enfant: disparition et résurgence des aptitudes. *Pour la Science, 1*, 93-105.

Bower, T.G.R. (1978). *Le développement psychologique de la première enfance.* Bruxelles: Pierre Mardaga.

Bower, T.G.R., Broughton, J.M., et Moore, M.K. (1970). Infant responses to approaching objects: An indicator of response to distal variables. *Perception and Psychophysics, 7*, 193-196.

Bower, T.G.R., Broughton, J.M., et Moore, M.K. (1970). The coordination of visual and tactual input in infants. *Perception and Psychophysics, 8*, 51-53.

Boynton, R.M. (1979). *Human color vision.* New York: Holt, Rinehart and Winston.

Boynton, R.M., et Olson, C.X. (1990). Salience of chromatic basic color terms confirmed by three measures. *Vision Research, 30*, 1311-1317.

Braddick, O. (1995). The many faces of motion perception. Dans R. Gregory, J. Harris, P. Heard et D. Rose (dir.), *The artful eye* (p. 205-231). New York: Oxford University Press.

Bradley, B.S. (1991). *Des regards sur l'enfance.* Paris: Eshel.

Brandt, T., Dieterich, M., et Danek, A. (1994). Vestibular cortex lesions affect the perception of verticality. *Annals of Neurology, 35* (4), 403-412.

Brandt, T., Wenzel, D., et Dichgans, J. (1976). Die entwicklung der visuellen stabilisation des aufrechten standes beim kind: ein reifezeichen in kinderneurologie. *Archi. Psychiatrie und Nervenkrankheiten, 223*, 1-13.

Bregman, A.S. (1981). Asking the « what for » question in auditory perception. Dans M. Kubovy et J. Pomeranz (dir.), *Perceptual Organization* (p. 99-188). Hillsdale, NJ: Lawrence Erlbaum.

Bregman, A.S. (1990). *Auditory scene analysis: The perceptual organization of sound.* Cambridge, MA: MIT Press.

Bregman, A.S. (1994). L'analyse des scènes auditives: l'audition dans des environnements complexes. Dans S. McAdams et E. Bigand, *Penser les sons: psychologie cognitive de l'audition* (p. 10-39). Paris: Presses Universitaires de France.

Bregman, A.S., et Campbell, J. (1971). Primary auditory stream segregation and perception of order in rapid sequences of tones. *Journal of Experimental Psychology, 89*, 244-249.

Bregman, A.S., et Pinker, S. (1978). Auditory streaming and the building of timbre. *Canadian Journal of Psychology, 32*, 19-31.

Bresson, F., et Schonen, S. de (1977). À propos de la construction de l'espace et de l'objet: la prise de l'objet sur un support. *Bulletin de psychologie, 30*, 119-128.

Bridgeman, B. (1996). Extraretinal signals in visual orientation. Dans W. Prinz et B. Bridgeman (dir.), *Handbook of perception and action: Vol. 1. Perception* (p.191-223). New York: Academic Press.

BRIDGEMAN, B. (2000). Interactions between vision for perception and vision for behavior. Dans Y. Rossetti et A. Revonso (dir.), *Beyond dissociation: Interactions between dissociated implicit and explicit processes* (p. 17-40). New York: J. Benjamin Publ. Co.

BRINGMANN, W.G., et TWENEY, R.D. (dir.) (1980). *Wundt studies: A centennial collection*. Toronto, Ont.: C.J. Hogrefe.

BROADBENT, D.E. (1958). *Perception and communication*. Londres: Pergamon Press.

BROCA, P. (1888). *Mémoires d'anthropologie*. Paris: Reinwald.

BRONSTEIN, A.M. (1988). Evidence for a vestibular input contributing to dynamic head stabilization in man. *Acta Otolaryngology*, *105*, 1-6.

BROSSUT, R. (1996). *Phéromones: la communication chimique chez les animaux*. Paris: Éditions du CNRS.

BROWN, J.L. (1961). Orientation to the vertical during water immersion. *Aerospace Medicine*, *32*, 209-217.

BROWN, J.L. (1965). Afterimages. Dans C.H. Graham (dir.), *Vision and visual perception* (p. 479-503). New York: Wiley.

BROWN, P.K., et WALD, G. (1964). Visual pigments in single rods and cones in the human retina. *Science*, *144*, 45-52.

BROWN, S., et NICHOLLS, M.E.R. (1997). Hemispheric asymmetries for the temporal resolution of brief auditory intervals. *Perception and Psychophysics*, *59*, 442-447.

BROWN, S.W. (1997). Attentional resources in timing: Interference effects in concurrent temporal and nontemporal working memory tasks. *Perception and Psychophysics*, *59*, 1118-1140.

BRUCE, V., DOYLE, T., DENCH, N., et BURTON, M. (1991). Remembering facial configurations. *Cognition*, *38*, 109-114.

BRUCE, V., et GREEN, P. (1990). *Visual perception: Physiology, psychology, and ecology*. Hillsdale, NJ: Lawrence Erlbaum.

BRUCE, V., et GREEN, P. (1993). *La perception visuelle: physiologie, psychologie et écologie*. Grenoble: Presses Universitaires de Grenoble.

BRUCE, V., GREEN, P.R., et GEORGESON, M.A. (1996). *Visual perception: Physiology, psychology and ecology*. Hove (East Sussex), R.-U.: Psychology Press.

BRUCE, V., et VALENTINE, T. (1985). Identity priming in the recognition of familiar faces. *British Journal of Psychology*, *76*, 373-383.

BRUCE, V., et YOUNG, A.W. (1986). Understanding face recognition. *British Journal of Psychology*, *77*, 305-327.

BRUCE, V., et YOUNG, A.W. (1998). *In the eye of the beholder: The science of face perception*. Oxford: Oxford University Press.

BRUNER, J. (1988). Founding the Center for Cognitive Studies. Dans W. Hirst, *The making of cognitive science: Essays in honor of George A. Miller* (p. 90-99). New York: Cambridge University Press.

BRUNER, J.S. (1951). Personality dynamics and the process of perceiving. Dans R.R. Blake et J.V. Ramsey (dir.), *Perception: An approach to personality* (p. 148-169). New York: Ronald.

BRUNER, J.S., BRESSON, F., MORF, A., et PIAGET, J. (dir.) (1958). *Logique et perception*. Paris: Presses Universitaires de France.

BRUNER, J.S., et KOSLOWSKI, B. (1972). Visually preadapted constituents of manipulatory action. *Perception*, *1*, 3-14.

BRUNET, O., et LÉZINE, I. (1951). *Le développement psychologique de la première enfance*. Paris: Presses Universitaires de France.

BRUYER, R. (1987). *Les modèles de la reconnaissance des visages*. Grenoble: Presses Universitaires de Grenoble.

BRYANT, P.E. (1974). *Perception and understanding in young children*. Londres: Methuen and C°.

BUCK, L., et AXEL, R. (1991). A novel multigene family encode odorant receptors: A molecular basis for odor recognition. *Cell*, *65*, 175-187.

BUCK, L.B. (1996). Information coding in the vertebrate olfactory system. *Annual Review of Neuroscience*, *19*, 517-544.

BUFFON, G.L.L. (1971 [1749]). *De l'homme*. Paris: Maspero.

BULLA-HELLWIG, M., ETTLINGER, G., DOMMASCH, D., EBEL, E., et SKRECZECK, W. (1992). Impaired visual perceptual categorization in right brain damaged patients: Failure to replicate. *Cortex*, *28*, 261-272.

BULLIER, J. (1998). Architecture fonctionnelle du système visuel. Dans M. Boucart, M.-A. Hénaff et C. Belin (dir.), *Vision: aspects perceptifs et cognitifs* (p. 11-42). Cahors: Solal.

BULLINGER, A. (1977). Orientation de la tête du nouveau-né en présence d'un stimulus visuel. *L'Année psychologique*, *2*, 357-364.

BULLINGER, A. (1981). Cognitive elaboration of sensorimotor behavior. Dans G. Butterworth (dir.), *Infancy and epistemology: An evaluation of Piaget's theory* (p. 173-199). Brighton: The Harvest Press.

BULLINGER, A. (1987). Space, organism and objects, a piagetian approach. Dans P. Ellen et C. Thinus-Blanc (dir.), *Cognitive processes and spatial orientation in animal and man*, vol. 2 (p. 220-232). Dordrecht: Martinus Nijhoff.

BULLINGER, A. (1988). Espace du corps, espace de l'écriture et de la lecture. *Bulletin audiophonologique. Annales scientifiques*, *IV* (numéro spécial, 4-5, Université de Franche-Comté), 361-369.

BULLINGER, A. (1989). Espace corporel et espace visuel, leur coordination dans les débuts du développement. *Annales de réadaptation et de médecine physique*, *32*, 511-522.

BULLINGER, A., et ROCHAT, P. (1985). L'activité orale du nourrisson comme indice du comportement. Dans P.-M. Beaudonnière (dir.), *Étudier l'enfant de la naissance à trois ans* (p. 55 à 68). Paris: Éditions du CNRS.

BURDEA, G., et COIFFET, P. (1993). *La réalité virtuelle.* Paris: Hermès.

BURNHAM, R.W. (1953). Bezold's color-mixture effect. *American Journal of Psychology, 66*, 377-385.

BURNHAM, R.W., HANES, R.M., et BARTLESON, C.J. (1963). *Color: A guide to basic facts and concepts.* New York: Wiley.

BURTON, A., et VOKEY, R. (1998). The face-space typicality paradox: Understanding the face-space metaphor. *Quarterly Journal of Experimental Psychology, 51A*, 475-483.

BURTON, A.M., BRUCE, V., et JOHNSTON, R.A. (1990). Understanding face recognition with an interactive activation model. *British Journal of Psychology, 81*, 361-380.

BUSEY, T.A., et LOFTUS, G.R. (1998). Binocular information acquisition and visual memory. *Journal of Experimental Psychology: Human Perception and Performance, 24* (4), 1188-1214.

BUSHNELL, E.W. (1982). Visual-tactual knowledge in 8-, 9 1/2, and 11-month-old infants. *Infant Behavior and Development, 5*, 63-75.

BUSHNELL, M.C., GOLDBERG, M.E., et ROBINSON, D.L. (1981). Behavioral enhancement of visual responses in monkey cerebral cortex: I. Modulation in posterior parietal cortex related to selective visual attention. *Journal of Neurophysiology, 46*, 755-772.

BUTTERWORTH, G., et HARRIS, M. (1994). *Principles of developmental psychology.* Hove, R.-U.: Lawrence Erlbaum Associates.

BYRNE, A., et HILBERT, D.R. (dir.) (1997). *Readings on color: Vol. 2. The science of color.* Cambridge, MA: MIT Press.

CAIN, W.S. (1982). Odor identification by males and females: Predictions versus performance. *Chemical Senses, 7*, 129-142.

CAIN, W.S. (1988). Olfaction. Dans R. Atkinson, R. Herrenstein, G. Lindzey et R. Luce (dir.), *Stevens' handbook of experimental psychology.* New York: Wiley.

CAIN, W.S., et ENGEN, T. (1969). Olfactory adaptation and scaling of odor intensity. Dans C. Pfaffman (dir.), *Olfaction and taste*, III (p. 127-141). New York: Rockefeller University Press.

CAIRNS, R.B., et VALSINER, J. (1984). Child psychology. *Annual Review of Psychology, 35*, 553-577.

CAIVONO, J.L. (1994). Color and sound: Physical and psychophysical relations. *Color Research and Application, 19*, 126-133.

CAMPBELL, F.W., et MAFFEI, L. (1974). Contraste et fréquence spatiale. Dans C. Bonnet (dir.), *La perception visuelle* (p. 62-68). Paris: Pour la Science.

CAMPBELL, F.W., et ROBSON, J.G. (1968). Application of Fourier analysis to the visibility of gratings. *Journal of Physiology, 197*, 551-566.

CAMPBELL, S.S. (1990). Circadian rhythms and human temporal experience. Dans R.A. Block (dir.), *Cognitive models of psychological time* (p. 101-118). Hillsdale, NJ: Lawrence Erlbaum.

CAMPENHAUSEN, C. VON, et SCHRAMME, J. (1995). 100 years of Benham's top in colour science. *Perception, 24*, 695-717.

CAMPOS, J.J., HIATT, S., RAMSAY, D., HENDERSON, C., et SVEDJA, M. (1978). The emergence of fear on the visual cliff. Dans M. Lewis et L.A. Rosenblum (dir.), *The origins of affect.* New York: Plenum.

CAMUS, J.-F. (1996). *La psychologie cognitive de l'attention.* Paris: Armand Colin.

CANÉVET, G. (1989). Audition binaurale et localisation auditive: aspects physiques et psychoacoustiques. Dans M.-C. Botte, G. Canévet, L. Demany et C. Sorin (dir.), *Psychoacoustique et perception auditive* (p. 83-122). Paris: Éditions INSERM.

CAPOZZO, A. (1981). Analysis of the linear displacements of the head and trunk during walking at different speeds. *Journal of Biomechanics, 14*, 411-425.

CARAMAZZA, A., HILLIS, A.E., RAPP, B., et ROMANI, C. (1990). The multiple semantics hypothesis: Multiple confusions? *Cognitive Neuropsychology, 7*, 161-189.

CARDU, B., GILBERT, M., et STROBEL, M. (1971). The influence of spatial intervals and thickness of lines of stimulus patterns on stabilized images. *Vision Research, 11*, 671-677.

CARLSON, S. (1985). A double-bind test of astrology. *Nature, 318*, 419-425.

CARPENTER, R.H.S. (1988). *Movements of the eyes*, 2e éd. London: Pion.

CARR, H.S. (1910). The autokinetic sensation. *Psychological Review, 17*, 42-75.

CARR, W.E., GLEESON, R.A., et TRAPIDO-ROSENTHAL, H.G. (1990). The role of perireceptor events in chemosensory processes. *Trends in Neuroscience, 13*, 212-215.

CARROLL, J.J., et GIBSON, E.J. (1981). *Differentiation of an aperture from an obstacle under conditions of motion by three-month-old infants.* Texte présenté à la Society for Research in Child Development, Boston.

CATTELL, J.M. (1886). The time it takes to see and name objects. *Mind, 11*, 63-65.

CAVALLO, V., et LAURENT, M. (1988). Visual information and skill level in time-to-collision estimation. *Perception, 17*, 623-632.

CAVANAGH, P., et CHASE, W.G. (1971). The equivalence of target and nontarget processing in visual search. *Perception and Psychophysics, 9*, 493-495.

CAVANAGH, P., et MATHER, G. (1989). Motion: The long and short of it. *Spatial vision, 4*, 103-129.

CAVE, C., et KOSSLYN, S. (1993). The role of parts and spatial relations in object identification. *Perception, 22*, 229-248.

CAVERNI, J.-P., BASTIEN, C., MENDELSOHN, P., et TIBERGHIEN, G. (dir.) (1988). *Psychologie cognitive : modèles et méthodes.* Grenoble : Presses Universitaires de Grenoble.

CELLERIER, G., PAPERT, S., et VOYAT, G. (dir.) (1968). *Cybernétique et épistémologie : études d'épistémologie génétique.* Paris : Presses Universitaires de France.

CHANDERLI, K. (2002). *Stratégies de couplage action-perception lors du pointage locomoteur à l'approche d'une cible.* Thèse de doctorat, n° 300, FPSE, Université de Genève.

CHANDERLI, K., BAUMBERGER, B., et FLÜCKIGER, M. (1998). The use of time-dependent optical expansion pattern in locomotor pointing. Dans B. Bril, A. Ledebt, G. Dietrich et A. Roby-Brami (dir.), *Advances in perception-action coupling* (p. 95-100). Paris : EDK.

CHANGEUX, J.-P. (1983). *L'homme neuronal.* Paris : Fayard.

CHANGEUX, J.-P. (2001). *L'homme de vérité.* Paris : Éditions Odile Jacob.

CHANGEUX, P., et DANCHIN, A. (1976). Selective stabilization of developing synapses as a mechanism for the specialization of neural network. *Nature, 264*, 705-712.

CHANNOUF, A. (2000). *Les images subliminales.* Paris : Presses Universitaires de France.

CHAPMAN, P.R., et UNDERWOOD, G. (1998). Visual search of dynamic scenes : Event types and the role of experience in viewing driving situations. Dans G. Underwood, *Eye guidance in reading and scene perception* (p. 369-393). Amsterdam : Elsevier.

CHARNALLET, A., et CARBONNEL, S. (1995). Agnosie et déficits catégorie-spécifiques : confrontation des modèles symboliques et épisodiques. *Revue de neuropsychologie, 5*, 463-489.

CHARNALLET, A., CARBONNEL, S., et PELLAT, J. (1994). Integrative visual agnosia : A case study. (Communication au 12th European Workshop on Cognitive Neuropsychology, Bressanone, Italie.)

CHARNALLET, A., ROUSSET, S., CARBONNEL, S., et PELLAT, J. (1997). A case study of strong perceptual deficit without agnosia : Evidence against sequential perception and memory? *Brain and Cognition, 32*, 115-117.

CHAUDHURI, A. (1990). Modulation of the motion aftereffect by selective attention. *Nature, 34*, 60-62.

CHERRY, E.C. (1953). Some experiments on the recognition of speech, with one and with two ears. *Journal of the Acoustical Society of America, 25*, 975-979.

CHEVRIER, J., et DELORME, A. (1983). Depth perception in Pandora's box and size illusion : Evolution with age. *Perception, 12*, 177-185.

CHIRON, C., RAYNAUD, C., MAZIÈRE, B., ZILBOVIUS, M., LAFLAMME, L., MASURE, M.-C., DULAC, O., BOURGUIGNON, M., et SYROTA, A. (1992). Change in regional cerebral blood flow during brain maturation in children and adolescents. *The Journal of Nuclear Medicine, 33*, 696-703.

CHIVA, M. (1985). *Le doux et l'amer.* Paris : Presses Universitaires de France.

CHOLEWIAK, R.W., et COLLINS, A.A. (1997). Individual differences in the vibrotactile perception of a « simple » pattern set. *Perception and Psychophysics, 59*, 850-866.

CHUGANI, H.T., PHELPS, M.E., et MAZIOTTA, J.C. (1987). Positron emission tomography study of human brain functional development. *Annals of Neurology, 22*, 487-497.

CHURCH, R.M. (1984). Properties of the internal clock. Dans J. Gibbon et L.G. Allan (dir.), *Annals of the New York Academy of Sciences : Vol. 423. Timing and time perception* (p. 566-582). New York : New York Academy of Sciences.

CHURCH, R.M., et BROADBENT, H.A. (1990). Alternative representations of time, number, and rate. *Cognition, 37*, 55-81.

CHURCHLAND, P.M. (1999). *Le cerveau.* Bruxelles : De Boeck Université.

CHURCHLAND, P.S., et RAMACHANDRAN, V.S. (1996). Filling in : Why Dennett is wrong. Dans K. Atkins (dir.), *Perception* (p. 132-157). New York : Oxford University Press.

CLAPARÈDE, E. (1897). Les laboratoires de psychologie. *La Suisse Universitaire, 17*, 114-117.

CLARK, F.J., et HORCH, K.W. (1986). Kinesthesia. Dans K.R. Boff, L. Kaufman et J.P. Thomas (dir.), *Handbook of perception and human performance : I. Sensory processes and perception* (p. 13-1-13-62). Toronto : Wiley.

CLÉMENT, G., GURFINKEL, V.S., LESTIENNE, F., LIPSHITS, M.I., et POPOV, K.E. (1984). Adaptation of postural control to weightlessness. *Experimental Brain Research, 57*, 61-72.

CLIFTON, R., PERRIS, E., et BULLINGER, A. (1991). Infants' perception of auditory space. *Developmental Psychology, 27*, 187-197.

CLULOW, F.W. (1972). *Color : Its principles and their applications.* New York : Morgan and Morgan.

COELLO, Y., et HONORÉ, J. (2002). *Percevoir, s'orienter et agir dans l'espace : approche pluridisciplinaire des relations perception-action.* Marseille : Solal.

COHEN, J., et GORDON, D.A. (1949). The Prevost-Fechner-Benham subjective colors. *Psychological Bulletin, 46*, 97-133.

COHEN, J., HANSEL, C.E.M., et SYLVESTER, J.D. (1953). A new phenomenon in time judgment. *Nature, 172*, 910.

COHEN, J., HANSEL, C.E.M., et SYLVESTER, J.D. (1954). Interdependence of temporal and auditory judgments. *Nature, 174*, 642-644.

COHEN, J., HANSEL, C.E.M., et SYLVESTER, J.D. (1955). Interdependence in judgements of space, time and movement. *Acta Psychologica, 11*, 360-372.

COHEN, L.G., CELNICK, P., PASCUAL-LEONE, A., CORWELL, B., FAIZ, L., DAMBROSIA, J., HONDA, M., SADATO, N., GERLOFF, C., CATALA, M.D., et HALLETT, M. (1997). Functional relevance of cross-modal plasticity in blind humans. *Nature*, *389*, 180-183.

COLE, M., et COLE, S.R. (1993). *The development of children*. New York : Scientific American Books.

COLLEWIJN, H. (1999). Eye movement recording. Dans R.H.S. Carpenter et J.G. Robson (dir.), *Vision research : A practical guide to laboratory methods* (p. 245-285). New York : Oxford University Press.

COLLINGS, V.B. (1974). Human taste response as a function of locus of stimulation on the tongue and soft palate. *Perception and Psychophysics*, *16*, 169-174.

COMETTO-MUÑIZ, J.E., et CAIN, W.S. (1982). Perception of nasal pungency in smokers and nonsmokers. *Physiology and Behavior*, *29*, 727-731.

COMETTO-MUÑIZ, J.E., CAIN, W.S., et ABRAHAM, M.H. (1998). Nasal pungency and odor of homologous aldehydes and carboxylic acids. *Experimental Brain Research*, *118*, 180-188.

COMETTO-MUÑIZ, J.E., et NORIEGA, G. (1985). Gender differences in the perception of pungency. *Physiology and Behavior*, *34*, 385-389.

COOPER, E.E., et BIEDERMAN, I. (1993). Metric versus viewpoint-invariant shape differences in visual object recognition. *Investigative Ophtalmology and Visual Science*, *37*, 177.

COOPER, E.E., et WOJAN, T.J. (1996). Differences in the coding of spatial relations in faces and objects. *Investigative Ophtalmology and Visual Science*, *37*, 177.

COOPER, H.M., PARVOPASSU, F., HERBIN, M., et MAGNIN, M. (1994). Neuroanatomical pathways linking vision and olfaction in mammals. *Psychoneuroendocrinology*, *19*, 623-639.

COQUERY, J.-M. (1994). Processus attentionnels. Dans M. Richelle, J. Requin et M. Robert (dir.), *Traité de psychologie expérimentale*, t. I (p. 219-281). Paris : Presses Universitaires de France.

CORBALLIS, M.C. (1988). Recognition of disoriented shapes. *Psychological Review*, *95*, 115-123.

CORBETTA, M., MIEZIN, F.M., SHULMAN, G.L., et PETERSEN, S.E. (1993). A PET study of visuospatial attention. *Journal of Neuroscience*, *13*, 1202-1226.

COREN, S., et WARD, L.M. (1984). *Sensation and perception*. San Diego : Hartcourt Brace Jovanovich.

COREN, S., et WARD, L.M. (1989). *Sensation and perception*, 3e éd. San Diego : Hartcourt Brace Jovanovich.

COREN, S., WARD, L.M., et ENNS, J.T. (1994). *Sensation and perception*. New York : Harcourt Brace.

CORNSWEET, T.N. (1970). *Visual perception*. New York : Academic Press.

COWEY, A., et WEIKRANTZ, L. (1975). Demonstration of cross-modal matching in Rhesus monkeys (*Macaca Mulatta*). *Neuropsychologia*, *13*, 117-121.

CRAIG, J.C., et ROLLMAN, G.B. (1999). Somesthesia. *Annual Review of Psychology*, *50*, 305-331.

CRÉMIEUX, J., ISABLEU, B., BAUMBERGER, B., LUYAT, M., OHLMANN, T., et FLÜCKIGER, M. (1999). Difficulté de la tâche posturale, dépendance au champ visuel et déclenchement de cinétose. Dans M. Lacour (dir.), *Posture et équilibre : aspects développementaux, méthodologiques, perceptifs et cliniques* (p. 67-76). Montpellier : Sauramps Médical.

CRÉMIEUX, J., ISABLEU, B., MESURE, S., et OHLMANN, T. (1997). Y a-t-il un lien entre la performance posturale et le degré de dépendance perceptive à l'égard du champ visuel ? Dans M. Lacour, P.M. Gagey et B. Weber (dir.), *Posture et environnement* (p. 145-151). Montpellier : Sauramps Médical.

CRÉMIEUX, J., et MESURE, S. (1994). Differential sensitivity to static visual cues in the control of postural equilibrium in man. *Perceptual and Motor Skills*, *78*, 67-74.

CREWS, L., et HUNTER, D. (1994). Neurogenesis in the olfactory epithelium. *Perspectives in Developmental Neurobiology*, *2*, 151-161.

CRICK, F. (1994). *L'hypothèse stupéfiante : à la recherche scientifique de l'âme*. Paris : Plon.

CROMBIE, A.C. (1964). Early concepts of the senses and the mind. *Scientific American*, *210* (5), 108-116.

CROMMELINK, M., et GUITTON, D. (1994). Oculomotricité. Dans M. Richelle, J. Requin et M. Robert (dir.), *Traité de psychologie expérimentale*, vol. 1 (p. 657-728). Paris : Presses Universitaires de France.

CROWELL, J.A., et BANKS, M.S. (1993). Perceiving heading with different retinal regions and types of optic flow. *Perception and Psychophysics*, *53*, 325-337.

CURCIO, C.A., SLOAN, K.R., PACKER, O., HENDRICKSON, A.E., et KALINA, R.E. (1987). Distribution of cones in human and monkey retina : Individual variability and radial asymmetry. *Science*, *236*, 579-582.

CUTTING, J.E. (1978). Generation of synthetic male and female walkers through manipulation of a biomechanical invariant. *Perception*, *7*, 393-405.

CUTTING, J.E. (1986). *Perception with an eye for motion*. Boston : MIT Press.

CUTTING, J.E. (1991). Why our stimuli look as they do. Dans G.R. Lockhead et J.R. Pomerantz, *The perception of structure* (p. 41-52). Washington, DC : American Psychological Association.

CUTTING, J.E., et MILLARD, R.M. (1984). Three gradients and the perception of flat and curved surfaces. *Journal of Experimental Psychology : General*, *113*, 198-216.

CUTTING, J.E., PROFFITT, D.R., et KOZLOWSKI, L.T. (1978). A biomechanical invariant for gait perception. *Journal of Experimental Psychology : Human perception and Performance*, *4*, 357-372.

CUTTING, J.E., SPRINGER, K., BRAREN, P.A., et JOHNSON, S.H. (1992). Wayfinding on foot from information in retinal, not optical, flow. *Journal of Experimental Psychology : General*, *121*, 41-72.

CUTTING, J.E., et VISHTON, P.M. (1995). Perceiving layout and knowing distances: The integration, relative potency, and contextual use of different informations about depth. Dans W. Epstein et S. Rogers (dir.), *Perception of space and motion* (p. 71-117). New York: Academic Press.

CUTTING, J.E., VISHTON, P.M., FLÜCKIGER, M., BAUMBERGER, B., et GERNDT, J.D. (1997). Heading and path information from retinal flow in naturalistic environments. *Perception and Psychophysics*, *59* (3), 426-441.

CUTTING, J.E., WANG, R.F., BAUMBERGER, B., et FLÜCKIGER, M. (1999). Human heading judgments and object-based motion information. *Vision Research*, *39*, 1079-1105.

CYTOWIC, R.E. (1989). *Synaesthesia: A union of the senses.* New York: Springer-Verlag.

DA SILVA, J.A., et DOS SANTOS, R.A. (1982). Scaling apparent distance in a large open field: Presence of a standard does not increase the exponent of the power function. *Perceptual and Motor Skills*, *55*, 267-274.

DA SILVA, J.A., et FUKUSIMA, S.S. (1986). Stability of individual psychophysical functions of perceived distance in natural indoor and outdoor settings. *Perceptual and Motor Skills*, *63*, 891-902.

DAI, M.J., CURTHOYS, I.S., et HALMAGAYI, G.M. (1989). Linear acceleration perception in the roll plane before and after unilateral vestibular neurectomy. *Experimental Brain Research*, *77*, 315-328.

DARCHEVILLE, J.-C. (2002). Y a-t-il une place pour la contingence de renforcement dans le couple perception-action? Dans Y. Coello et J. Honoré (dir.), *Percevoir, s'orienter et agir dans l'espace* (p. 47-64). Marseille: Solal.

DASEN, P. (1969). Concentric and clinical method (annexe). Dans J. Piaget (dir.), *The mechanisms of perception* (p. 367-369). New York: Basic Books.

DAVENPORT, R.K., et ROGERS, C.M. (1970). Intermodal equivalence of stimuli in apes. *Science*, *168*, 279-280.

DAVIDOFF, J. (1991). *Cognition through color.* Cambridge: MIT Press.

DAVIDOFF, J., et OSTERGAARD, A.L. (1984). Colour anomia resulting from weakened short-term colour memory. *Brain*, *107*, 415-431.

DAVIES, I.R.L., SOWDEN, P.T., JERRETT, D.T., JERRETT, T., et CORBETT, G.G. (1998). A cross-cultural study of English and Setswana speakers on a colour triads task: A test of the Sapir-Whorf hypothesis. *British Journal of Psychology*, *89*, 1-15.

DAVIES, M.N.O., et GREEN, P.R. (1988). Head-bobbing during walking, running, and flying: Relative motion perception in the pigeon. *Journal of Experimental Biology*, *138*, 71-91.

DAVIS, E.T., KRAMER, P., et GRAHAM, N. (1983). Uncertainty about spatial frequency, spatial position, or contrast of patterns. *Perception and Psychophysics*, *33*, 20-28.

DAY, R.H. (1969). *Human perception.* Sydney: Wiley.

DAY, R.H., et STRELOW, E. (1971). Reduction or disappearance of visual aftereffect of movement in the absence of patterned surround. *Nature*, *230*, 55-56.

DE CASPER, A.J., et FIFER, W.P. (1980). Of human bonding: Newborns prefer their mothers' voice. *Science*, *208*, 1174-1176.

DE RENZI, E., FAGLIONI, P., SCOTTI, G., et SPINNLER, H. (1972). Impairment of color sorting behaviour after hemisphere damage: An experimental study with the Holmgren Skein Test. *Cortex*, *8*, 147-163.

DE RENZI, E., et LUCCHELLI, F. (1993). The fuzzy boundaries of apperceptive agnosia. *Cortex*, *29*, 187-215.

DE SINGLY, F. (1992). *L'enquête et ses méthodes: le questionnaire.* Paris: Nathan.

DE VALOIS, R.L., ABRAMOV, I., et JACOBS, G.H. (1966). Analysis of response patterns of LGN cells. *Journal of the Optical Society of America*, *56*, 966-977.

DE VALOIS, R.L., et DE VALOIS, K.K. (1975). Neural coding of color. Dans E.C. Carterette et M.P. Friedman (dir.), *Handbook of perception*, vol. V (p. 117-166). New York: Academic Press.

DE VALOIS, R.L., et DE VALOIS, K.K. (1993). A multi-stage color model. *Vision Research*, *33*, 1053-1065.

DE VRIES, H., et STUIVER, M. (1961). The absolute sensitivity of the human sense of smell. Dans W.A. Rosenblith (dir.), *Sensory communication.* New York: John Wiley and Sons.

DE WIJK, R.A. (1989). Temporal factors in human olfactory perception. Thèse de l'Université d'Utrecht.

DEEGENER, G. (1974). Dominance of a hemisphere and optical perception with tachistoscope examination. *Psychiatrie, Neurologie und Medizinische Psychologie*, *26* (4), 193-201.

DEHAENE, S. (1997). *Le cerveau en action.* Paris: Presses Universitaires de France.

DELAISI DE PARSEVAL, G., et BIGEARGEAL, J. (dir.) (1985). *Objectif bébé.* Paris: Autrement.

DELORME, A. (1982). *Psychologie de la perception.* Montréal: Éditions Études Vivantes.

DELORME, A. (1994). Dichoptically viewed colour after effects produced by monocular adaptation. *Perception*, *23*, 957-964.

DELORME, A. (1994). Mécanismes généraux de la perception. Dans M. Richelle, J. Requin et M. Robert (dir.), *Traité de psychologie expérimentale*, vol. 1 (p. 161-218). Paris: Presses Universitaires de France.

DELORME, A., et FRIGON, J.-Y. (1977). Influence of temporal frequency on perceived speed. *Perceptual and Motor Skills*, *45*, 39-50.

DELORME, A., FRIGON, J.-Y., et LAGACE, C. (1989). Infants' reactions to visual movement of the environment. *Perception*, *18*, 667-673.

DEMANY, L. (1982). Auditory stream segregation in infancy. *Infant Behavior and Development*, *5*, 261-276.

DEMANY, L. (1985). Perceptual learning in frequency discrimination. *Journal of the Acoustical Society of America*, *78*, 1118-1120.

Demany, L. (1989). Perception de la hauteur tonale. Dans M.-C. Botte, G. Canévet, L. Demany et C. Sorin (dir.), *Psychoacoustique et perception auditive* (p. 43-81). Paris : Éditions INSERM.

Demany, L., et Armand, F. (1984). The perceptual reality of tone chroma in early infancy. *Journal of the Acoustical Society of America, 76*, 57-66.

Dember, W.N., et Warm, J.S. (1979). *Psychology of perception*, 2e éd. New York : Holt, Rinehart and Winston.

Denis-Prinzhorn, M. (1960). Perception des distances et constance des grandeurs. *Archives de psychologie, 37*, 181-309.

Dennett, D. (1978). *Brainstorms*. Montgomery, VT : Bradford Books.

Deregowski, J.B. (1973). Illusion and culture. Dans R.L. Gregory et E.H. Gombrich (dir.), *Illusion in nature and art* (p. 161-192). Londres : Duckworth.

Descartes, R. (1953 [1637]). *La dioptrique*. Paris : Gallimard.

Desimone, R., Albright, T.D., Gross, C.G., et Bruce, C. (1984). Stimulus-selective properties of inferior temporal neurons in the macaque. *Journal of Neuroscience, 4*, 2051-2062.

Dessirier, J.-M., et Guinard, J.-X. (1996). Attention, ça pique… ! le troisième sens chimique. Dans C. Bonnet et J. Hossenlopp (dir.), Des goûts et des odeurs… *Psychologie française, 41* (3).

Deuel, R.K. (1987). Neural dysfunctions during hemineglect after cortical damage in two monkey models. Dans M. Jeannerod (dir.), *Neurophysiological and neuropsychological aspects of neglect* (p. 315-334). Amsterdam : North-Holland.

Deutsch, D. (1975). Musical illusions. *Scientific American, 233*, 92-104.

Deutsch, D. (1999). *The psychology of music*. New York : Academic Press.

Deutsch, J.A., et Deutsch, D. (1963). Attention : Some theoretical considerations. *Psychological Review, 70*, 80-90.

Devos, M., Patte, F., Rouault, J., Laffort, P., et Gemert, U. (1990). *Standardized human olfactory thresholds*. New York : Oxford University Press.

Dichgans, J., et Brandt, T. (1978). Visual-vestibular interaction : Effects on self-motion perception and postural control. Dans R. Held, H. Leibowitz et H.L. Teuber (dir.), *Handbook of sensory physiology*, vol. 8 (p. 756-804). Berlin : Springer.

Dietz, V. (1998). Evidence for a load receptor contribution to the control of posture and locomotion. *Neuroscience and Biobehavioral Reviews, 22*, 495-499.

Dijkstra, T.M.H., Gielen, C.C.A.M., et Melis, B.J.M. (1992). Postural responses to stationary and moving scenes as a function of distance to the scene. *Human Movement Science, 11*, 195-203.

Dijkstra, T.M.H., Schöner, G., et Gielen, C.C.A.M. (1994). Temporal stability of the action-perception cycle for postural control in a moving visual environment. *Experimental Brain Research, 97*, 477-486.

Ditchburn, R.W. (1955). Eye movements in relation to retinal action. *Optica Acta, 1* (387), 171-176.

Dixon, N.F. (1971). *Subliminal perception : The nature of a controversy*. London : McGraw-Hill.

Donders, F.C. (1868). *Over de snelheid van psychische processen, inderzoekingen gedaan in het physiologish*. Laoratorium der Utrechtsche Hoogeschool Tweede Reeks, II, 92-120 (traduction anglaise [1969], On the speed of mental processes. *Acta Psychologica, 30*, 412-431).

Doty, L.R. (1995). *Handbook of olfaction and gustation*. New York : Marcel Dekker.

Driver, J., et Spence, C.J. (1994). Spatial synergies between auditory and visual attention. Dans C. Umilta et M. Moscovitch (dir.), *Attention and performance : XV. Conscious and nonconscious information processing* (p. 311-331). Cambridge, MA : MIT Press.

Dubois, D., et Holley, A. (dir.) (1997). Olfaction, du linguistique au neurone. *Intellectica, 24*.

Duhamel, J.R., Colby, C.L., et Goldberg, M.E. (1992). The updating of the representation of visual space in parietal cortex by intended eye movements. *Science, 255*, 90-92.

Duncan, J. (1980). The demonstration of capacity limitation. *Cognitive Psychology, 12*, 75-96.

Duncan, J. (1984). Selective attention and the organization of visual information. *Journal of Experimental Psychology : General, 113*, 501- 517.

Duncan, J. (1996). Cooperating brain systems in selective perception and action. Dans T. Inui et J.L. McClelland (dir.), *Attention and performance*, XVI (p. 550-578). Cambridge, MA : MIT Press.

Duncan, J., et Humphreys, G.W. (1989). Visual search and stimulus similarity. *Psychological Review, 96*, 433-458.

Dupuy, J.-P. (1999). *Aux origines des sciences cognitives*. Paris : La Découverte et Syros.

Ebbinghaus, H. (1910). *Précis de psychologie*. Paris : Félix Alcan.

Edelman, G.M. (2000). *Biologie de la conscience*. Paris : Éditions Odile Jacob.

Edelman, M., et Tononi, G. (2001). *Comment la matière devient conscience*. Paris : Éditions Odile Jacob.

Edwards, A.S. (1946). Body sway and vision. *Journal of Experimental Psychology, 36*, 526-535.

Efron, R. (1969). What is perception ? Boston Studies. *The Philosophy of Science, 4*, 137-173.

Efron, R. (1990). *The decline and fall of hemispheric specialization*. Hillsdale, NJ : Lawrence Erlbaum.

Egeth, H., et Dagenbach, D. (1991). Parallel versus serial processing in visual search : Further evidence from subadditive effects of visual quality. *Journal of Experimental Psychology : Human Perception and Performance, 17*, 551-560.

EGETH, H.E., et YANTIS, S. (1997). Visual attention: Control, representation, and time course. *Annual Review of Psychology, 48*, 269-297.

EGETH, H.E.,VIRZI, R.A., et GARBART, H. (1984). Searching for conjunctively defined targets. *Journal of Experimental Psychology: Human Perception and Performance, 10*, 32-39.

EHRLICHMAN, H., et BASTONE, L. (1992). Olfaction and emotion. Dans K.L. Serby et M.J. Chobor (dir.), *Science of olfaction*. New York: Springer-Verlag.

EISLER, H. (1976). Experiments on subjective duration 1868-1975: A collection of power function exponents. *Psychological Bulletin, 83*, 1154-1171.

EISLER, H., et EISLER, A.D. (1992). Time perception: Effects of sex and sound intensity on scales of subjective duration. *Scandinavian Journal of Psychology, 33*, 339-358.

ELBERT, T., et ROCKSTROH, B. (1996). Une empreinte dans le cortex des violonistes. *La Recherche, 289*, 86-89.

ELLIS, A.W., YOUNG, A.W., FLUDE, B.M., et HAY, D.C. (1987). Repetition priming of face recognition. *Quarterly Journal of Experimental Psychology, 39A*, 193-210.

ELLIS, H.D. (1981). Theoretical aspects of face recognition. Dans G. Davies, H.D. Ellis et J.W. Shepherd (dir.), *Perceiving and remembering faces* (p. 170-198). London: Academic Press.

ENGEL, E. (1960). Binocular methods in psychological research. Dans F.P. Kilpatrick (dir.), *Explorations in transactional psychology* (p. 290-305). New York: New York University Press.

ENGEN, T. (1982). *The perception of odors*. New York: Academic Press.

ENGEN, T. (1991). *Odor sensation and memory*. New York: Praeger.

ENGEN, T., et ROSS, B.M. (1973). Long-term memory of odors with and without verbal descriptions. *Journal of Experimental Psychology, 100*, 221-227.

EPSTEIN, W. (1977). Historical introduction to the constancies. Dans W. Epstein (dir.), *Stability and constancy in visual perception: Mechanisms and processes* (p. 1-22). New York: Wiley.

ERB, M.B., et DALLENBACH, K.M. (1939). Subjective colors from line patterns. *American Journal of Psychology, 52*, 227-241.

ERICKSON, R.P. (1963). Sensory neural patterns and gustation. Dans Y. Zotterman (dir.), *Olfaction and taste*. Oxford: Pergamon.

ERIKSEN, C.W., et COLLINS, J.F. (1969). Temporal course of selective attention. *Journal of Experimental Psychology, 80*, 254-261.

ERIKSEN, C.W., et HOFFMAN, J.E. (1973). The extent of processing of noise elements during selective encoding from visual displays. *Perception and Psychophysics, 14*, 155-160.

ERIKSEN, C.W., et ROHRBAUGH, J.W. (1970). Some factors determining efficiency of selective attention. *American Journal of Psychology, 83*, 330-342.

EVANS, R.B. (2000). Psychological instruments at the turn of the century. *American Psychologist, 55* (3), 322-325.

FALMAGNE, J.-C. (1994). Mesurage, modèles mathématiques et psychophysique. Dans M. Richelle, J. Requin et M. Robert (dir.), *Traité de psychologie expérimentale*, vol. 1 (p. 79-141). Paris: Presses Universitaires de France.

FANTZ, R., FAGAN, J.F., et MIRANDA, S.B. (1975). Early visual selectivity. Dans L.B. Cohen et P. Salapatek (dir.), *Infant perception: From sensation to cognition*, vol. 1 (p. 249-345). New York: Academic Press.

FANTZ, R.L. (1958). Pattern vision in young infants. *Psychological Record, 8*, 43-47.

FANTZ, R.L. (1961). The origin of form perception. *Scientific American, 204*, 66-72.

FANTZ, R.L. (1963). Pattern vision in newborn infants. *Science, 140*, 296-297.

FANTZ, R.L. (1965). Ontogeny of perception. Dans A.M. Schrier, H.F. Harlow et F. Stollnitz (dir.), *Behavior of nonhuman primates*, vol. 1 (p. 365-403). New York: Academic Press.

FANTZ, R.L. (1970). Visual perception and experience in infancy: Issues and approaches. Dans F.A. Young et D.B. Lindsley (dir.), *Early experience and visual information processing in perceptual and reading disorders* (p. 351-381). Washington, DC: National Academy of Sciences.

FANTZ, R.L., et NEVIS, S. (1967). Pattern preferences and perceptual cognitive development. *Merrill-Palmer Quarterly, 13*, 77-108.

FARBMAN, A.I. (1990). Olfactory neurogenesis: Genetic or environmental controls? *Trends in Neuroscience, 13*, 362-365.

FAURION, A. (1996). Le goût, un défi intellectuel et scientifique. *Psychologie française, 41*, 217-226.

FECHNER, G. (1966 [1866]). *Elements of psychophysics*, vol. 1. New York: Holt, Rinehart and Winston.

FERRO, J.M., KERTESZ, A., et BLACK, S.E. (1987). Subcortical neglect: Quantitation, anatomy, and recovery. *Neurology, 37*, 1487-1492.

FERVEUR, J.F., et SUREAU, G. (1996). Simultaneous influence on male courtship of stimulatory and inhibitory pheromones produced by live sex-mosaic *Drosophila melanogaster. Proceedings of the Royal Society of London, B: Biological Sciences, 263*, 967-973.

FESTINGER, L., ALLYN, M.R., et WHITE, C.W. (1971). The perception of color with achromatic stimulation. *Vision Research, 11*, 591-612.

FETTERMAN, J.G., et KILLEEN, P.R. (1990). A componential analysis of pacemaker-counter timing systems. *Journal of Experimental Psychology: Human Perception and Performance, 16*, 766-780.

FETTERMAN, J.G., et KILLEEN, P.R. (1991). Adjusting the pacemaker. *Learning and Motivation, 22*, 226-252.

FETTERMAN, J.G., et KILLEEN, P.R. (1992). Time discrimination in columba livia and homo sapiens. *Journal of Experimental Psychology: Animal Behavior Processes*, *18*, 80-94.

FETTERMAN, J.G., et KILLEEN, P.R. (1995). Categorical scaling of time: Implications for clock-counter models. *Journal of Experimental Psychology: Animal Behavior Processes*, *21*, 43-63.

FINDLAY, J.M., WALKER, R., et KENTRIDGE, R.W. (1995). *Eye movement research, mechanisms, processes and applications*, vol. 6. Amsterdam: Elsevier.

FISCHLER, C. (1990). *L'homnivore*. Paris: Éditions Odile Jacob.

FLAVELL, J.H. (1985). *Cognitive development*. Englewood Cliffs, NJ: Prentice Hall.

FLÜCKIGER, M. (1974). Le trajet d'un projectile lancé par une fronde. Dans J. Piaget (dir.), *La prise de conscience* (p. 19-42). Paris: Presses Universitaires de France.

FLÜCKIGER, M. (1975). Comparaison de durées: psychogenèse des perceptions de séquences sonores. *Archives de psychologie*, *18* (170), 1-69.

FLÜCKIGER, M. (1983). Genèse de quelques procédures d'autoréglage. *Archives de psychologie*, *51*, 49-55.

FLÜCKIGER, M. (1984). *Age-dependent strategies in the discrimination of visual and auditory temporal patterns*. Texte présenté à la conférence européenne inaugurale sur la psychologie du développement, Groningen.

FLÜCKIGER, M. (1985). The effects of time pressure on duration discrimination. Dans J.A. Michon et J.L. Jackson (dir.), *Time, mind and behavior* (p. 131-139). Berlin: Springer-Verlag.

FLÜCKIGER, M. (1991). La perception d'objets lointains. Dans M. Flückiger et K. Klaue (dir.), *La perception de l'environnement: textes de base en psychologie* (p. 211-238). Paris: Delachaux et Niestlé.

FLÜCKIGER, M. (1994). Developmental changes in the use of optical flow during locomotion. Dans K. Tagushi, M. Igarashi et S. Mori (dir.), *Vestibular and neural front* (p. 91-94.). Amsterdam: Elsevier Science.

FLÜCKIGER, M. (1997). Posture et troubles de la perception visuelle. Dans A. Safran et A. Assimacopoulos (dir.), *Le handicap visuel: déficits ignorés et troubles associés* (p. 21-35). Paris: Masson.

FLÜCKIGER, M. (1997a). Posture et troubles de la perception visuelle. Dans A.B. Safran et A. Assimacopoulos (dir.), *Le handicap visuel* (p. 21-35). Paris: Masson.

FLÜCKIGER, M. (1997b). *Visual flow patterns of simulated locomotion and viewer's reproduction of path and layout*. IOVS, résumé 38, 4, S80. Fort Lauderdale, FL: ARVO.

FLÜCKIGER, M., et BAUMBERGER, B. (1988). The perception of an optical flow projected on the ground surface. *Perception*, *17*, 633-645.

FLÜCKIGER, M., BAUMBERGER, B., et FAVRE, C. (2001). Do different eye-heights improve object localization while moving in a virtual environment? *Perception*, *30*, 24c (résumé).

FLÜCKIGER, M., et FLÜCKIGER, I. (1977). Le mouvement d'un projectile suspendu. Dans J. Piaget (dir.), *Recherches sur l'abstraction réfléchissante* (p. 229-245). Paris: Presses Universitaires de France.

FLÜCKIGER, M., et FLÜCKIGER, I. (1992). Compositions and conservations of lenghts. Dans J. Piaget, G. Henriques et E. Ascher (dir.), *Morphisms and categories: Comparing and transforming* (p. 43-57). Hillsdale, NJ: Lawrence Erlbaum Associates.

FLÜCKIGER, M., et OSIEK, C. (1981). Interaction du nombre d'éléments et de leur durée relative dans une tâche de reproduction sonore. *Cahiers de psychologie cognitive*, *1* (3), 241-262.

FLÜCKIGER, M., et VALLADAO, E. (1978). Différenciation et intégrations en des effets mobiles de superposition ou moirés. Dans J. Piaget (dir.), *Recherches sur la généralisation* (p. 119-135). Paris: Presses Universitaires de France.

FODOR, J.A. (1983). *The modularity of mind: An essay on faculty psychology*. Cambridge, MA: MIT Press.

FORTIN, C., ROUSSEAU, R., BOURQUE, P., et KIROUAC, E. (1993). Time estimation and concurrent nontemporal processing: Specific interference from short-term memory demands. *Perception and Psychophysics*, *53*, 536-548.

FOWLER, C.A., et TURVEY, M.T. (1978). Skill acquisition: An event approach with special reference to searching for the optimum of a function of several variables. Dans G.E. Stelmach (dir.), *Information processing and motor control* (p. 1-40). New York: Academic Press.

FOX, R., et MCDANIEL, C. (1982). The perception of biological motion by human infants. *Science*, *218*, 486-487.

FRAISSE, P. (1956). *Les structures rythmiques*. Louvain: Publications Universitaires de Louvain.

FRAISSE, P. (1957). *Psychologie du temps*. Paris: Presses Universitaires de France.

FRAISSE, P. (1963). L'évolution de la psychologie expérimentale. Dans P. Fraisse et J. Piaget (dir.), *Traité de psychologie expérimentale*, vol. 1 (p. 1-70). Paris: Presses Universitaires de France.

FRAISSE, P. (1974). *Manuel pratique de psychologie expérimentale*. Paris: Presses Universitaires de France.

FRAISSE, P. (1978). Time and rhythm perception. Dans E. Carterette et M. Friedman (dir.), *Handbook of perception: Vol. 8. Perceptual coding* (p. 203-254). New York: Academic Press.

FRAISSE, P. (1984). Perception and estimation of time. *Annual Review of Psychology*, *35*, 1-36.

FRAISSE, P., EHRLICH, S., et VURPILLOT, E. (1956). Étude de la centration perceptive par la méthode tachistoscopique. *Archives de psychologie*, *31*, 325-368.

Fraisse, P., Halberg, H., Lejeune, H., Michon, J.A., Montangero, J., Nuttin, J., et Richelle, M. (1977). *Du temps biologique au temps psychologique : Symposium de l'APSLF* (Poitiers, 1977). Paris : Presses Universitaires de France.

Fraisse, P., et Rao, S. (1987). Réponses verbales et motrices à des mots et à des dessins. *L'Année psychologique, 87*, 207-216.

Francès, R. (1985). *Le développement perceptif*, 2e éd. Paris : Presses Universitaires de France.

François, M. (1927). Contribution à l'étude du sens du temps : la température interne comme facteur de variation de l'appréciation subjective des durées. *L'Année psychologique, 27*, 186-204.

Frauenfelder, U , et Nguyen, N. (2000). La reconnaissance des mots parlés. Dans J.-A. Rondal et X. Seron, *Troubles du langage : bases théoriques, diagnostic et rééducation* (p. 213-240). Bruxelles : Mardaga.

Freeman, R., Mallach, R., et Hartley, S. (1981). Responsivity of normal kitten striate cortex deteriorates after brief binocular deprivation. *Journal of Neurophysiology, 45*, 1074-1082.

Freud, S. (1891). *On aphasia : A critical study.* Londres : Imago.

Friederici, A.D., et Levelt, W. (1990). Spatial reference in weightlessness : Perceptual factors and mental representations. *Perception and Psychophysics, 47* (3), 253-266.

Friedman, M.B. (1975). How birds use their eyes. Dans P. Wright et autres (dir.), *Neural and endocrine aspects of behaviour in birds.* Amsterdam : Elsevier.

Friedmann, G. (1970). The judgement of the visual vertical and horizontal with peripheral and central vestibular lesions. *Brain, 93*, 313-328.

Friedmann, G. (1971). The influence of unilateral labyrinthectomy on orientation in space. *Acta Otolaryngologica, 71*, 289-298.

Frisby, J.P. (1980). *Seeing illusions, brain and mind.* Londres : Roxby and Lindsay Press.

Frisby, J.P. (1981). *De l'œil à la vision.* Paris : Fernand Nathan.

Frost, B.J. (1978). The optokinetic basis of head-bobbing in the pigeon. *Journal of Experimental Biology, 74*, 187-195.

Frost, B.J., et Nakayama, K. (1983). Single visual neurons code opposing motion independent of direction. *Science, 220*, 744-745.

Gachoud, J.P., Mounoud, P., Hauert, C.A., et Viviani, P. (1983). Motor strategies in lifting movements : A comparison of adults and children performances. *Journal of Motor Behavior, 15* (3), 202-216.

Galanter, E., et Galanter, P. (1973). Range estimates of distant visual stimuli. *Perception and Psychophysics, 14*, 301-306.

Garcia, J. (1989). Food for Tolman : Cognition and cathexis in concert. Dans T. Archer et L.G. Nilsson (dir.), *Aversion, avoidance and anxiety.* Hillsdale, NJ : Lawrence Erlbaum Associates.

Gardner, H. (1993). *Histoire de la révolution cognitive.* Paris : Payot.

Gatti, S.W., et Egeth, H. (1978). Failure of spatial selectivity in vision. *Bulletin of the Psychonomic Society, 11*, 181-184.

Gauthier, I., Anderson, A.W., Tarr, M.J., Skudlarski, P., et Gore, J.C. (1998). Levels of categorization in visual recognition studied with functional MRI. *Current Biology, 7*, 645-651.

Gauthier, I., et Tarr, M.J. (1997). Becoming a « Greeble » expert : Exploring mechanisms for face recognition. *Vision Research, 37*, 1673-1682.

Gauthier, L., Dehaut, F., et Joanette, Y. (1989). The bells test : A quantitative and qualitative test for visual neglect. *International Journal of Clinical Neuropsychology, 11*, 49-54.

Gazzaniga, M. (dir.) (1995). *The cognitive neurosciences.* Cambridge : MIT Press.

Geldard, F.A. (1972). *The human senses*, 2e éd. New York : Wiley.

Gelman, R., et Au, T. (1996). *Perceptual and cognitive development.* San Diego, CA : Academic Press.

Gentaz, E., et Hatwell, Y. (1998). The haptic oblique effect in the perception of rod orientation by blind adults. *Perception and Psychophysics, 60*, 157-167.

Gentaz, E., Luyat, M., Cian, C., Hatwell, Y., Barraud, P.-A., et Raphel, C. (2001). The perception of orientation in the visual, haptic and somato-vestibular systems : A study on the « oblique effect ». *The Quarterly Journal of Psychology, 54A* (2), 513-526.

Gesell, A., et Amatruda, C.S. (1945). *The embryology of behavior.* New York : Harper and Brothers.

Gesell, A., Illg, F.L., et Bullis, G.E. (1949). *Vision : Its development in infant and child.* New York : Paul B. Heober.

Ghiglione, R., et Richard, J.F. (dir.) (1993). *Cours de psychologie : bases, méthodes, épistémologie*, vol. II. Paris : Dunod.

Gibbon, J., et Allan, L.G. (1984). *Annals of the New York Academy of Sciences : Vol. 423. Timing and time perception.* New York : New York Academy of Sciences.

Gibbon, J., et Church, R.M. (1984). Sources of variance in an information processing theory of timing. Dans H.L. Roitblat, T.G. Bever et H.S. Terrace (dir.), *Animal cognition* (p. 465-488). Hillsdale, NJ : Erlbaum.

Gibbon, J., Church, R.M., et Meck, W.H. (1984). Scalar timing in memory. Dans J. Gibbon et L.G. Allan (dir.), *Annals of the New York Academy of Sciences : Vol. 423. Timing and time perception* (p. 52-77). New York : New York Academy of Sciences.

Gibbons, B. (1986). The intimate sense of smell. *National Geographic, 170* (3), 324-360.

Gibson, E.J. (1969). *Principles of perceptual development and learning.* New York : Appleton-Century-Crofts.

GIBSON, E.J. (1982). The concept of affordances in development: The renascence of functionalism. Dans W.A. Collins (dir.), *Minnesota symposia on child psychology*, vol. 15. Hillsdale, NJ: Lawrence Erlbaum Associates.

GIBSON, E.J. (1993). Ontogenesis of the perceived self. Dans U. Neisser (dir.), *The perceived self: Ecological and interpersonal sources of self-knowledge* (p. 25-42). Cambridge: University Press.

GIBSON, E.J., RICCIO, G., SCHMUCKLER, M.A., STOFFREGEN, T.A., ROSENBERG, D., et TAORMINA, J. (1987). Detection of the traversability of surfaces by crawling and walking infants. *Journal of Experimental Psychology, 13*, 533-544.

GIBSON, E.J., et SPELKE, E.S. (1983). The development of perception. Dans J.H. Flavell et E.M. Markman (dir.), *Handbook of child psychology: Cognitive development*, vol. 3. New York: Wiley.

GIBSON, E.J., et WALK, R.D. (1960). The «visual cliff». *Scientific American, 202* (4), 64-71.

GIBSON, E.J., et WALKER, A. (1984). Development of knowledge of visual-tactual affordances of substance. *Child Development, 55*, 453-460.

GIBSON, J.J. (1950). *The perception of the visual world.* Boston: Houghton Mifflin.

GIBSON, J.J. (1952). Étude des phénomènes perceptifs. Dans T.G. Andrews (dir.), *Méthodes de la psychologie*, vol. 1 (p. 191-227). Paris: Presses Universitaires de France.

GIBSON, J.J. (1958). Visually controlled locomotion and visual orientation in animals. *British Journal of Psychology, 49*, 182-194.

GIBSON, J.J. (1961). Ecological optics. *Vision Research, 1*, 253-262.

GIBSON, J.J. (1966). *The senses considered as perceptual systems.* Boston: Houghton Mifflin.

GIBSON, J.J. (1968). What gives rise to the perception of motion? *Psychological Review, 75*, 335-348.

GIBSON, J.J. (1979). *The ecological approach to visual perception.* Boston: Houghton Mifflin.

GIBSON, J.J. (1986 [1979]). *The ecological approach to visual perception.* Hillsdale, NJ: Lawrence Erlbaum.

GIBSON, J.J., et GIBSON., E.J. (1955). Perceptual learning: Differentiation or enrichment? *Psychological Review, 62*, 32-41.

GIBSON, J.J., KAPLAN, G.A., REYNOLDS, H.N., et WHEELER, K. (1969). The change from visible to invisible: A study of optical transition. *Perception and Psychophysics, 5*, 113-116.

GIBSON, J.J., OLUM, P., et ROSENBLATT, F. (1955). Parallax and perspective during aircraft landings. *American Journal of Psychology, 68*, 372-385.

GILBERT, A.N., et KARE, M.R. (1991). A consideration of some psychological and physiological mechanisms of odour perception. Dans P.M. Müller et D. Lamparsky (dir.), *Perfumes: Art, science and technology.* London: Elsevier Applied Science.

GILBERT, A.N., et WYSOCKI, C.I. (1987). The smell survey: Results. *National Geographic, 172* (4), 514-525.

GILDEN, D.L. (1991). On the origins of dynamical awareness. *Psychological Review, 98* (4), 554-568.

GILDEN, D.L., et PROFFITT, D.R. (1989). Understanding collision dynamics. *Journal of Experimental Psychology, 15* (2), 372-383.

GILLAM, B. (1980). Geometrical illusions. *Scientific American, 242* (1), 102-111.

GILLAM, B. (1981). False perspective. *Perception, 10* (3), 313-318.

GILLAM, B. (1995). The perception of spatial layout from static optical information. Dans W. Epstein et S. Rogers (dir.), *Perception of space and motion* (p. 23-67). New York: Academic Press.

GILLIOM, J.D., et MILLS, W.M. (1976). Information extraction from contralateral cues in the detection of signals of uncertain frequency. *Journal of the Acoustical Society of America, 59*, 1428-1433.

GILMORE, M.M., et MURPHY, C. (1989). Aging is associated with increased Weber ratios for caffeine, but not for sucrose. *Perception and Psychophysics, 46*, 555-559.

GINSBURG, A. (1986). Spatial filtering and visual form perception. Dans K. Boff, L. Kaufman et J. Thomas (dir.), *Handbook of perception and human performance*, vol. II (p. 1-41). New York: Wiley.

GLENDINNING, J. (1994). Is the bitter rejection response always adaptive? *Physiology and Behavior, 56*, 1217-1227.

GLIZE, D., et LAURENT, M. (1997). Controlling locomotion during the acceleration phase in sprinting and long jumping. *Journal of Sport Sciences, 15*, 181-189.

GODEFROID, J. (1993). *Les fondements de la psychologie.* Montréal: Éditions Études Vivantes.

GOGEL, W.C. (1976). An indirect method of measuring perceived distance from familiar size. *Perception and Psychophysics, 20*, 419-429.

GOGEL, W.C. (1982). Analysis of the perception of motion concomitant with lateral motion of the head. *Perception and Psychophysics, 32*, 241-250.

GOGEL, W.C. (1984). Le principe de proximité dans la perception visuelle. Dans C. Bonnet (dir.), *La perception visuelle* (p. 135-143). Paris: Pour la Science.

GOGEL, W.C. (1996). The organization of perceived space. Dans I. Rock (dir.), *Indirect perception* (p. 361-386). Cambridge, MA: MIT Press.

GOGEL, W.C., et DA SILVA, J.A. (1987). Familiar size and the theory of off-size perception. *Perception and Psychophysics, 41*, 318-328.

GOLDSTEIN, E.B. (1996). *Sensation and perception*, 4e éd. Pacific Grove, CA: Brooks/Cole.

GOLDSTEIN, E.B. (1999). *Sensation and perception*, 5e éd. New York: Brooks/Cole.

GOLDSTEIN, E.B. (2002). *Sensation and perception.* Pacific Grove, CA: Wadsworth.

GOMBRICH, E.H. (1998). *Histoire de l'art.* Paris: Gallimard.

GORDON, I.E. (1997 [1989]). *Theories of visual perception.* New York : Wiley and Sons.

GORMAN, J.J., COGAN, D.G., et GELLIS, S.S. (1957). An apparatus for grading the visual acuity of infants on the basis of optokinetic nystagmus. *Pediatrics, 19*, 1088-1092.

GOURAS, P. (dir.) (1991). *The perception of colour.* Boca Raton : CRC Press.

GRABOWSKA, A., NOWICKA, G., et KITTERLE, F. (1996). Visual-spatial-frequency model of cerebral asymmetry : A critical survey of behavioral and electrophysiological studies. *Psychological Bulletin, 120*, 434-449.

GRAHAM, C.H. (1965). Visual space perception. Dans C.H. Graham (dir.), *Vision and visual perception* (chap. 18). New York : Wiley.

GRAHAM, C.H., et BROWN, J.L. (1965). Color contrast and color appearances : Brightness constancy and color constancy. Dans C.H. Graham (dir.), *Vision and visual perception* (p. 452-478). New York : Wiley.

GRAHAM, N. (1989). *Visual pattern analyzers.* Oxford : Oxford University Press.

GRANRUD, C.E. et YONAS, A. (1984). Infants' perception of pictorially specified interposition. *Journal of Experimental Child Psychology, 37*, 500-511.

GRAZIANO, M., et GROSS, C. (1995). The representation of extrapersonal space : A possible role for bimodal, visual-tactile neurons. Dans M. Gazzaniga (dir.), *The cognitive neurosciences* (p. 1021-1034). Cambridge : MIT Press.

GRÉCO, P. (1967). Épistémologie de la psychologie. Dans J. Piaget (dir.), *Logique et connaissance scientifique* (p. 927-991). Paris : Gallimard.

GREEN, B.G., et SHAFFER, G.S. (1993). The sensory response to capsaicin during repeated topical exposures : Differential effects on sensations of itching and pungency. *Pain, 53*, 323-334.

GREEN, D.M., et SWETS, J.A. (1966). *Signal detection theory and psychophysics.* New York : Wiley.

GREEN, M. (1992). Visual search : Detection, identification, and localization. *Perception, 21*, 765-777.

GREGORY, R.L. (1966). *L'œil et le cerveau.* Paris : Hachette.

GREGORY, R.L. (1973). The confounded eye. Dans R.L. Gregory et E.H. Gombrich (dir.), *Illusion in nature and art* (p. 48-95). Londres : Duckworth.

GREGORY, R.L (1974). Choosing a paradigm for perception. Dans E.C. Carterette et M.P. Friedman (dir.), *Handbook of perception : Vol. 1. Historical and philosophical roots of perception.* New York : Academic Press.

GREGORY, R.L. (1980). Perceptions as hypotheses. *Philosophical Transactions of the Royal Society of London, B290*, 181-197.

GREGORY, R.L. (1997). *Eye and the brain : The psychology of seeing*, 5e éd. Princeton, NJ : Princeton Science Library.

GREGORY, R.L. (2000). *L'œil et le cerveau : la psychologie de la vision*, traduction de la 5e édition anglaise par Micheline M. Matthews-Hambrouck et G. Thénès. Paris : De Boeck Université.

GREGORY, R.L., et GOMBRICH, E.H. (dir.) (1973). *Illusion in nature and art.* Londres : Duckworth.

GREGORY, R.L., et WALLACE, J.G. (1963). Recovery from early blindness : A case study. *Monograph Supplement no 2, Experimental Psychological Society.* Cambridge : Heffers.

GREGORY, R.L., et ZANGWILL, O.L. (1963). The origin of the autokinetic effect. *Quarterly Journal of Experimental Psychology, 15*, 252-261.

GRESTY, M. (1987). Stability of the head : Studies in normal subjects and in patients with labyrinthine disease, head tremor, and dystonia. *Movement Disorders, 2*, 165-185.

GRONDIN, S. (1993). Duration discrimination of empty and filled intervals marked by auditory and visual signals. *Perception and Psychophysics, 54*, 383-394.

GRONDIN, S. (1996). Discriminating intermodal time intervals. Dans S. Masin (dir.), *Fechner Day 96 : Proceedings of the 12th Annual Meeting of the International Society for Psychophysics* (p. 275-280). Padoue : International Society for Psychophysics.

GRONDIN, S. (1998). Judgments of the duration of visually marked empty time intervals : Linking perceived duration and sensitivity. *Perception and Psychophysics, 60*, 319-330.

GRONDIN, S. (2001). From physical time to the first and second moments of psychological time. *Psychological Bulletin, 127*, 22-24.

GRONDIN, S. (2001). Time psychophysics and attention. *Psychologica, 28*, 177-191.

GRONDIN, S., et MACAR, F. (1992). Dividing attention between temporal and nontemporal tasks : A performance operating characteristic – POC – analysis. Dans F. Macar, V. Pouthas et W. Friedman (dir.), *Time, action, cognition : Towards bridging the gap* (p. 119-128). Dordrecht : Kluwer Academic Publishers.

GRONDIN, S., MEILLEUR-WELLS, G., et LACHANCE, R. (1999). When to start explicit counting in time-intervals discrimination task : A critical point in the timing process of humans. *Journal of Experimental Psychology : Human Perception and Performance, 25* (4), 993-1004.

GRONER, R., MCCONKIE, G., et MENZ, C. (1985). *Eye movements and human information processing.* Amsterdam, New York : Elsevier.

GROSVENOR, T. (1959). Eye movements and the autokinetic illusion. *American Journal of Optometry, 56*, 78-87.

GRÜSSER, O.-J. (1986). Interaction of efferent and afferent signals in visual perception : A history of ideas and experimental paradigms. *Acta Psychologica, 63*, 3-21.

GUÉRIT, J.-M. (1998). *Les potentiels évoqués*, 3e éd. Paris : Masson.

GUERRAZ, M., LUYAT, M., POQUIN, D., et OHLMANN, T. (2000). The effect of head tilts on the perception of the vertical in visual and haptic sensorial modalities. *Acta Otolaryngologica*, *120*, 735-738.

GUERRAZ, M., POQUIN, D., LUYAT, M., et OHLMANN, T. (1998). Head orientation involvement in the subjective vertical assessment in condition of whole body tilt. *Perceptual and Motor Skills*, *87*, 643-648.

GUERRAZ, M., POQUIN, D., et OHLMANN, T. (1998). The role of head centric reference with a static and kinetic visual disturbance. *Perception and Psychophysics*, *60*, 287-295.

GUILFORD, J.P., et DALLENBACH, K.M. (1928). A study of autokinetic sensation. *American Journal of Psychology*, *40*, 83-91.

GUILLAUME, P. (1979 [1937]). *La psychologie de la forme*. Paris : Flammarion.

GULDIN, W.O., et GRÜSSER, O.J. (1998). Is there a vestibular cortex ? *Trends in Neurosciences*, *21* (6), 254-259.

GUNDERSON, V.M., ROSE, S.A., et GRANT-WEBSTER, K.S. (1990). Cross-modal transfer in high- and low-risk infant pigtailed macaque monkeys. *Developmental Psychology*, *26*, 576-581.

GUYTON, A.C. (1989). *Anatomie et physiologie du système nerveux*. Montréal : Descarie.

GWIAZDA, J., THORN, F., et HELD, R. (1996). Using near retinoscopy to refract infants. Dans F. Vital-Durand, J. Atkinson et O.J. Braddick (dir.), *Infant vision* (p. 113- 133). Oxford : Oxford University Press.

GWIAZDA, J.E., BIRCH, E.E., et HELD, R. (1981). Le développement de la vision chez l'enfant. *La Recherche*, *12* (128), 1348-1353.

HABER, R. (1986). La simulation de vol. *Pour la Science*, *107*, 16-24.

HABIB, M. (1995). *Bases neurologiques des comportements*. Paris : Masson.

HADJIKHANI, N., et ROLAND, P.E. (1998). *Cross-modal transfer of information between the tactile and the visual representation in the human brain*. Epositron-Epositron Emission Tomographic Study.

HALE, G.A., et LEWIS, M. (1979). *Attention and cognitive development*. New York : Plenum Press.

HALL, D.E. (1991). *Musical acoustics*, 2e éd. Pacific Grove, CA : Brooks/Cole.

HARA, T.J. (1994). Olfaction and gustation in fish : An overview. *Acta Physiologica Scandinavia*, *152*, 207-217.

HARDIN, C.L., et MAFFI, L. (dir.) (1997). *Color categories in thought and language*. Cambridge : Cambridge University Press.

HARRIS, C.S. (1965). Perceptual adaptation to inverted, reversed and displaced vision. *Psychological Review*, *72*, 419-444.

HARRIS, L.R. (1994). Visual motion caused by movement of the eye head and body. Dans A.T. Smith et R.J. Snowden (dir.), *Visual detection and motion*. New York : Academic Press.

HATWELL, Y. (1966). *Privation sensorielle et intelligence*. Paris : Presses Universitaires de France.

HATWELL, Y. (1986). *Toucher l'espace*. Lille : Presses Universitaires de Lille.

HATWELL, Y. (1994). Transferts intermodaux et intégration intermodale. Dans M. Richelle, J. Requin et M. Robert (dir.), *Traité de psychologie expérimentale*, t. I (p. 543-584). Paris : Presses Universitaires de France.

HATWELL, Y., STRERI, A., et GENTAZ, E. (2000). *Toucher pour connaître : psychologie cognitive de la perception tactile*. Paris : Presses Universitaires de France.

HAUERT, C.A. (1980). Propriétés des objets et propriétés des actions chez l'enfant. *Archives de psychologie*, *48*, 68-95.

HAUNSTEIN, W., et MITTELSTAEDT, H. (1990). Evaluation of retinal orientation and gaze direction in the perception of the vertical. *Vision Research*, *30*, 255-262.

HÄUSLER, R., et WITZIG, E. (1982). Les effets auditifs aigus et chroniques du bruit. *Médecine sociale et préventive*, *27*, 77-84.

HAWKINS, H.L., HILLYARD, S.A., LUCK, S.J., MOULOUA, M., DOWNING, C.J., et WOODWARD, D.P. (1990). Visual attention modulates signal detectability. *Journal of Experimental Psychology : Human Perception and Performance*, *16*, 802-811.

HEBB, D.O. (1949). *The organisation of behavior*. New York : Wiley.

HEBB, D.O. (1958). *Psycho-physiologie du comportement*. Paris : Presses Universitaires de France.

HÉCAEN, H., et MARCIE, P. (1987). Les aphasies. Dans J. Piaget, P. Mounoud et J.-P. Bronckart, *Psychologie* (p. 1235-1276). Paris : Gallimard, coll. « Encyclopédie de la Pléiade ».

HEILMAN, K.M., WATSON, R.T., et VALENSTEIN, E. (1993). Neglect and related disorders. Dans K.M. Heilman et E. Valenstein (dir.), *Clinical Neuropsychology* (p. 279-331). New York : Oxford University Press.

HELD, R., et HEIN, A. (1963). Movement produced stimulation in the development of visually guided behavior. *Journal of Comparative and Physiological Psychology*, *56*, 872-876.

HELLEKANT, G., et NINOMIYA, Y. (1991). On the taste of umami in chimpanzee. *Physiology and Behavior*, *49*, 927-934.

HELLER, M.A. (1984). Active and passif touch : The influence of exploration time on form recognition. *Journal of General Psychology*, *110*, 243-249.

HELLER, M.A. (2001). Touch and blindness. *Psychologica*, *28*, 121-134.

HELLER, M.A., et SCHIFF, W. (dir.) (1991). *The psychology of touch*. Hillsdale, NJ : Lawrence Erlbaum.

HELLSTRÖM, A. (1985). The time-order error and its relatives : Mirrors of cognitive processes in comparing. *Psychological Bulletin*, *97*, 35-61.

HELMHOLTZ, H. VON (1867). *Optique physiologique*. Paris : Masson (traduction).

HELMHOLTZ, H. VON (1924). *Helmholtz's Treatise on Physiological Optics* (3e édition allemande, traduction de J.P.C. Southall [1962]). New York : Dover.

HELMHOLTZ, H. VON (1989 [1867]). *Optique physiologique.* Sceaux : Éditions Jacques Cabay.

HENDERSON, J.M. (1991). Stimulus discrimination following covert attentional orienting to an exogenous cue. *Journal of Experimental Psychology : Human Perception and Performance, 17*, 91-106.

HENDERSON, S.T. (1977). *Daylight and his spectrum*, 2e éd. New York : Wiley.

HENLE, M. (1984). Isomorphism : Setting the record straight. *Psychological Research, 46*, 317-327.

HENNING, H. (1915). Der Geruch, I. *Zeitschrift fur Psychologie, 74*, 203-219.

HENNING, H. (1916). *Der Geruch.* Leipzig : Barth.

HENRY, D., et FURNESS, T. (1993). Spatial perception in virtual environments : Evaluating an architectural application. *Dans IEEE Annual Virtual Reality International Symposium* (p. 33-40). NJ, É-U.

HÉRAULT, J., OLIVA, A., et GUÉRIN-DUGUÉ, A. (1997). Scene categorisation by curvilinear component analysis of low frequency spectra. Dans *Proceedings of the 5th European Symposium on Artificial Neural Network* (p. 91-96). Bruxelles : D facto publications.

HERSHENSON, M. (1964). Visual discrimination in the human newborn. *Journal of Comparative and Physiological Psychology, 58*, 270-276.

HERSHENSON, M. (1989). *The moon illusion.* Hillsdale, NJ : Lawrence Erlbaum Associates.

HERZ, R.S., et ENGEN, T. (1996). Odor memory : Review and analysis. *Psychonomic Bulletin and Review, 3*, 300-313.

HESPOS, S.J., et ROCHAT, P. (1997). Dynamic mental representation in infancy. *Cognition, 64* (2), 153-188.

HEYDT, R. VON DER, PETERHANS, E., et BAUMGARTNER, G. (1984). Illusory contours and cortical neurons responses. *Science, 224*, 1260-1262.

HICKS, R.E. (1992). Prospective and retrospective judgments of time : A neurobehavioral analysis. Dans F. Macar, V. Pouthas et W. Friedman (dir.), *Time, action, cognition : Towards bridging the gap* (p. 97-108). Dordrecht : Kluwer Academic Publishers.

HICKS, R.E., MILLER, G.W., GAES, W., et BIERMAN, K. (1977). Concurrent processing demands and the experience of time-in-passing. *American Journal of Psychology, 90*, 431-446.

HILDEBRAND, J G., et SHEPHERD, G.M. (1997). Mechanisms of olfactory discrimination : Converging evidence for common principles across phyla. *Annual Review of Neuroscience, 20*, 595-631.

HINTON, H.E. (1973). Natural deception. Dans R.L. Gregory et E.H. Gombrich (dir.), *Illusion in nature and art* (p. 97-159). Londres : Duckworth.

HINTZMAN, D.L. (1986). « Schema abstraction » in a multiple trace memory model. *Psychological Review, 93*, 411-428.

HOAGLAND, H. (1933). The physiological control of judgments of duration : Evidence for a chemical clock. *Journal of General Psychology, 9*, 267-287.

HOCHBERG, J., TRIEBEL, W., et SEAMAN, G. (1951). Color adaptation under conditions of homogeneous visual stimulation. *Journal of Experimental Psychology, 41*, 153-159.

HOCHBERG, J.E. (1962). Nativism and empiricism. Dans L. Postman (dir.), *Psychology in the making* (p. 255-330). New York : Alfred A. Knopf.

HOCHBERG, J.E. (1971). Perception. Dans J.W. Kling et L.A. Riggs (dir.), *Woodworth and Schossberg's experimental psychology* (p. 395-550). London : Methuen and Co.

HOCHBERG, J.E., et MCALISTER, E. (1953). A quantitative approach to figural « Goodness ». *Journal of Experimental Psychology, 46*, 361-364.

HODGES, J.R., PATTERSON, K., et TYLER, L. (1994). Loss of semantic memory : Implications for the modularity of mind. *Cognitive Neuropsychology, 11*, 505-542.

HOFSTEN, C. VON (1980). Predictive reaching for moving objects by human infants. *Journal of Experimental Child Psychology, 30*, 369-382.

HOFSTEN, C. VON (1982). Eye-hand coordination in the newborn. *Developmental Psychology, 18*, 450-461.

HOFSTEN, C. VON (1984). Developmental changes in the organization of pre-reaching movements. *Developmental Psychology, 20*, 378-388.

HOFSTEN, C. VON, et FAZEL-ZANDY, S. (1984). Development of visually guided hand orientation in reaching. *Journal of Experimental Child Psychology, 38*, 208-219.

HOFSTEN, C. VON, KELLMAN, P.J., et PUTAANSU, J. (1992). Young infants' sensitivity to motion parallax. *Infant Behavior and Development, 15*, 245-264.

HOFSTEN, C. VON, et RÖNNQVIST, L. (1988). *Preparation for grasping an object : A developmental study.* Document présenté au congrès de l'ICIS, à Washington, DC.

HOLDER, M.D., et GARCIA, J. (1987). Role of temporal order and odor intensity in taste potentiated odor aversion. *Behavioral Neuroscience, 101*, 158-163.

HOLLEY, A. (1994). Les récepteurs des odeurs et autres attraits du modèle olfactif. *Médecine Sciences, 10*, 1077-1078.

HOLLEY, A. (1999). *Éloge de l'odorat.* Paris : Éditions Odile Jacob.

HOLLEY, A., et MACLEOD, P. (1977). Transduction et codage des informations olfactives chez les vertébrés. *Journal de physiologie, 73*, 725-828.

HOLLEY, A., et SICARD, G. (1994). Les récepteurs olfactifs et le codage neuronal de l'odeur. *Médecine Sciences, 10*, 1091-1098.

HOLST, E. VON (1954). Relations between the central nervous system and peripheral organs. *British Journal of Animal Behaviour, 2*, 89-94.

HOLUBAR, J. (1969). *The sense of time.* Cambridge, MA : MIT Press.

HOLWAY, A.H., et BORING, E.G. (1941). Determinants of apparent visual size with distance variant. *American Journal of Psychology, 54*, 21-37.

HOOPEN, G. TEN, HARTSUIKER, R., SASAKI, T., NAKAJIMA, Y., TANAKA, M., et TSUMURA, T. (1995). Auditory isochrony: Time shrinking and temporal patterns. *Perception, 24*, 577-593.

HOOPEN, G. TEN, HILKHUYSEN, G., VIS, G., NAKAJIMA, Y., YAMAUCHI, F., et SASAKI, T. (1993). A new illusion of time perception, II. *Music Perception, 11*, 15-38.

HORNBOSTEL, E.M. VON (1931). The unity of the sens. Dans W.D. Ellis, *A source book of gestalt psychology.* New York: Humanities Press.

HOTHERSALL, D. (1984). *History of psychology.* New York: Random House.

HOUDÉ, O., KAYSER, D., KOENIG, O., PROUST, J., et RASTIER, F. (1998). *Vocabulaire de la psychologie cognitive.* Paris: Presses Universitaires de France.

HOUDÉ, O., MAZOYER, B., et TZOURIO-MAZOYER, N. (2002). *Cerveau et psychologie: introduction à l'imagerie cérébrale anatomique et fonctionnelle.* Paris: Presses Universitaires de France.

HOWARD, I.P. (1982). *Human visual orientation.* Londres: Wiley and Sons.

HOWARD, I.P., et HU, G. (2001). Visually induced reorientation illusions. *Perception, 30*, 583-600.

HSIA, Y., et GRAHAM, C.H. (1965). Color blindness. Dans C.H. Graham (dir.), *Vision and visual perception* (p. 395-413). New York: Wiley.

HU, S., GRANT, W.F., STERN, R.M., et KOCH, K.L. (1991). Motion sickness severity and physiological correlates during repeated exposures to a rotating optokinetic drum. *Aviation, Space, and Environmental Medicine, 62*, 308-314.

HUBEL, D. (1994). *L'œil, le cerveau et la vision: les étapes cérébrales du traitement visuel.* Paris: Belin.

HUBEL, D., et WIESEL, T.N. (1970). Cells sensitive to binocular area 18 of the macaque monkey cortex. *Nature, 225*, 41-42.

HUBEL, D.H. (1982). Exploration of the visual cortex, 1955-1978. *Nature, 299*, 515-524.

HUBEL, D.H. (1995). *Eye, brain, and vision.* New York: Scientific American Library.

HUBEL, D.H. (1996). *L'œil, le cerveau, la vision: les étapes cérébrales du traitement visuel.* Paris: Belin.

HUBEL, D.H., et WIESEL, T.N. (1959). Receptive fields of single neurons in the cat striate cortex. *Journal of Physiology, 148*, 574-591.

HUBEL, D.H., et WIESEL, T.N. (1963). Receptive fields of cells in striate cortex of very young, inexperienced kittens. *Journal of Neurophysiology, 26*, 994-1002.

HUBEL, D.H., et WIESEL, T.N. (1970). Cells sensitive to binocular depth in area 18 of the macaque monkey cortex. *Nature, 225*, 41-42.

HUGHES, H., NOZAWA, G., et KITTERLE, F. (1996). Global precedence, spatial frequency channels, and the statistics of the natural image. *Journal of Cognitive Neuroscience, 8*, 197-230.

HUGHES, H.C., FENDRICH, R., et REUTER-LORENTZ, P.A. (1990). Global versus local processing in the absence of low spatial frequencies. *Journal of Cognitive Neuroscience, 2*, 272-282.

HUMMEL, J., et BIEDERMAN, I. (1992). Dynamic binding in a neural network for shape recognition. *Psychological Review, 99*, 480-517.

HUMMEL, J., et STANKIEWICZ, B. (1998). Two roles for attention in shape perception: A structural description model of visual scrutiny. *Visual Cognition, 5*, 49-80.

HUMPHREYS, G.W., et RIDDOCH, M.J. (1984). Routes to object constancy: Implications from neurological impairments of object constancy. *Quarterly Journal of Experimental Psychology, 36A*, 385-415.

HUMPHREYS, G.W., et RIDDOCH, M.J. (1987a). The fractionation of visual agnosia. Dans G.W Humphreys et M.J. Riddoch (dir.), *Visual object processing: A cognitive neuropsychological approach* (p. 281-306). London: Lawrence Erlbaum Associates.

HUMPHREYS, G.W., et RIDDOCH, M.J. (1987b). *To see but not to see: A case study of visual agnosia.* London: Lawrence Erlbaum Associates.

HUMPHREYS, G.W., RIDDOCH, M.J., DONNELY, N., FREEMAN, T., BOUCART, M., et MULLER, H.M. (1994). Intermediate visual processing and visual agnosia. Dans M. Farah et G. Ratcliff (dir.), *The neuropsychology of high-level vision* (p. 63-101). London: Lawrence Erlbaum Associates.

HUNT, M. (1993). *The story of psychology.* New York: Anchor Books, Doubleday.

HURVICH, L.M. (1981). *Color vision.* Sunderland, MA: Sinauer Associates.

HURVICH, L.M., et JAMESON, D. (1957). An opponent-process theory of color vision. *Psychological Review, 64*, 384-404.

HUTNER, N., DUBOFF, J.M., OSCAR-BERMAN, M., et MUELLER, S. (1999). Comparing visual perception on conventional cabinet tachistoscopes and computer monitor tachistoscopes. *Behavior Research Methods, Instruments, and Computers, 31* (3), 400-409.

HYDE, R.J., et FELLER, R.P. (1981). Age and sex effects on taste of sucrose, NaCl, citric acid and caffeine. *Neurobiology of Aging, 2*, 315-318.

HYMAN, A. (1983). Influence of color on the taste perception of carbonated water preparations. *Bulletin of the Psychonomic Society, 21*, 145-148.

IMBERT, M., et SCHONEN, S. DE (1994). Vision. Dans M. Richelle, J. Requin et M. Robert (dir.), *Traité de psychologie expérimentale* (p. 345-432). Paris: Presses Universitaires de France.

INHELDER, B. (1987). Des structures aux processus. Dans J. Piaget, P. Mounoud et J.-P. Bronckart (dir.), *Psychologie* (p. 654-679). Paris: Gallimard.

INTRAUB, H. (1979). The role of implicit naming in pictorial encoding. *Journal of Experimental Psychology: Human Learning and Memory, 5*, 78-87.

ISABLEU, B., OHLMANN, T., AMBLARD, B., et CRÉMIEUX, J. (1997). Selection of spatial frame of reference and postural control variability. *Experimental Brain Research, 114*, 584-589.

ISABLEU, B., OHLMANN, T., CRÉMIEUX, J., et AMBLARD, B. (1998). How dynamic visual field dependence-independence interacts with the visual contribution to postural control. *Human Movement Science, 17*, 367-391.

ISHIHARA, S. (1960). *Tests for Colour-blindness*, 15e éd. London : H.K. Lewis and Co.

ITTELSON, W.H. (1960). *Visual space perception.* New York : Springer.

ITTELSON, W.H. (1962). Perception and transactional psychology. Dans S. Koch (dir.), *Psychology : A Study of Science*, vol. 4. New York : McGraw-Hill.

ITTELSON, W.H., et AMES, A. Jr. (1950). Accommodation, convergence and their relation to apparent distance. *Journal of Psychology, 30*, 43-67.

ITTELSON, W.H., et KILPATRICK, F.R. (1952). Experiments in perception. *Scientific American, 185*, 50-55.

IVRY, R., et ROBERTSON, L. (1998). *The two sides of perception.* Cambridge : MIT Press.

IVRY, R.B. (1993). Cerebellar involvement in the explicit representation of temporal information. Dans P. Tallal, A. Galaburda, R.R. Llinas et C. von Euler (dir.), *Temporal information processing in the nervous system : Special reference to dyslexia and dysphasia : Annals of the New York Academy of Sciences*, vol. 682 (p. 214-230). New York : New York Academy of Sciences.

IVRY, R.B., et HAZELTINE, R.E. (1995). The perception and production of temporal intervals across a range of durations : Evidence for a common timing mechanism. *Journal of Experimental Psychology : Human Perception and Performance, 21*, 3-18.

IVRY, R.B., et KEELE, S.W. (1989). Timing functions of the cerebellum. *Journal of Cognitive Neuroscience, 1*, 134-150.

JACKSON, J.C., KANTOWITZ, S.R., et GRAHAM, F.K. (1971). Can newborns show cardiac orienting ? *Child Development, 42*, 107-121.

JACOBY, L.L. (1983). Perceptual enhancement : Persistent effects on experience. *Journal of Experimental Psychology : Learning, Memory and Cognition, 9*, 21-38.

JAMES, C.E., LAING, D.G., et ORAM, N. (1997). A comparison of the ability of 8-9-year-old children and adults to detect taste stimuli. *Physiology and Behavior, 62*, 193-197.

JAMES, W. (1890). *The principles of psychology.* New York : Henry Holt.

JAMES, W. (1950 [1890]). *The principles of psychology*, vol. 2. New York : Dover.

JAMESON, D., et HURVICH, L.M. (1975). From contrast to assimilation : In art and in the eye. *Leonardo, 8*, 125-131.

JARVIS, J.R. (1977). On Fechner-Benham subjective color. *Vision Research, 17*, 445-451.

JEANNEROD, M. (1975). Déficit visuel persistant chez les aveugles-nés opérés : données cliniques et expérimentales. *L'Année psychologique, 75*, 169-196.

JEANNEROD, M. (1984). The timing of natural prehension movements. *Journal of Motor Behavior, 16*, 235-254.

JEANNEROD, M. (1986). The formation of the finger grip during prehension : A cortically-mediated visuomotor pattern. *Behavioural Brain Research, 19* (2), 99-116.

JEANNEROD, M. (1987). *Neurophysiological and neuropsychological aspects of neglect.* Amsterdam : North-Holland.

JEANNEROD, M. (1996a). *De la psychologie mentale : histoire des relations entre biologie et psychologie.* Paris : Éditions Odile Jacob.

JEANNEROD, M. (1996b). Voir dans le cerveau : un tremplin pour les sciences cognitives. *La Recherche, 289*, 22-25.

JEANNEROD, M., DECETY, J., et autres (1994). « Impairment of grasping movements following a bilateral posterior parietal lesion ». *Neuropsychologia, 32* (4), 369-380.

JEHL, C., ROYET, J.P., et HOLLEY, A. (1997). Role of verbal encoding in short- and long-term odor recognition. *Perception and Psychophysics, 59*, 100-110.

JENKINS, W.M., MERZENICH, M.M., et RECANZONE, G. (1990). Neocortical representational dynamics in adult primates : Implications for neuropsychology. *Neuropsychologia, 28*, 573-584.

JOHANSSON, G. (1950). *Configuration in event perception.* Uppsala, Suède : Almqvist and Wiksell.

JOHANSSON, G. (1975). Visual motion perception. *Scientific American, 232*, 76-89.

JOHANSSON, G. (1977). Studies on visual perception of locomotion. *Perception, 6*, 365-376.

JOHANSSON, G. (1978). Visual event perception. Dans R. Held, H. Leibowitz et H.L. Teuber (dir.), *Handbook of sensory physiology : Vol. 8. Perception* (p. 675-711). New York : Springer-Verlag.

JOHANSSON, R.S., et LA MOTTE, R.H. (1983). Tactile detection thresholds for a single asperity on an otherwise smooth surface. *Somatosensory Research, 1*, 21-31.

JOHNSON, M., et MORTON, J. (1991). *Biology and cognitive development : The case of face recognition.* Oxford : Blackwell.

JOHNSTON, I.R., WHITE, G.R., et CUMMING, R.W. (1973). The role of optical expansion patterns in locomotor control. *American Journal of Psychology, 86*, 311-324.

JOHNSTON, J.C., et PASHLER, H.E. (1991). Close binding of identity and location in visual feature perception. *Journal of Experimental Psychology : Human Perception and Performance, 16*, 843-856.

JOHNSTON, W.A., et DARK, V.J. (1985). Dissociable domains of semantic processing. Dans M.I. Posner et O.S.M. Marin (dir.), *Attention and performance X* (p. 567-584). Hillsdale, NJ : Lawrence Erlbaum.

JOHNSTON, W.A., et DARK, V.J. (1986). Selective attention. *Annual Review of Psychology, 37*, 43-75.

JOLICŒUR, P. (1985). The time to name disoriented natural objects. *Memory and Cognition, 13*, 289-303.

JONES, B., et CONNOLY, K. (1970). Memory effects in crossmodal matching. *British Journal of Psychology, 61*, 267-270.

JONES, B., et HUANG, Y.L. (1982). Space-time dependencies in psychophysical judgment of extent and duration: Algebraic models of the tau and kappa effects. *Psychological Bulletin, 91*, 128-142.

JONES, M.R., et BOLTZ, M. (1989). Dynamic attending and responses to time. *Psychological Review, 96*, 459-491.

JONES, M.R., et YEE, W. (1994). L'attention aux événements auditifs: le rôle de l'organisation temporelle. Dans S. McAdams et E. Bigand (dir.), *Penser les sons: psychologie cognitive de l'audition* (chap. IV). Paris: Presses Universitaires de France.

JONIDES, J. (1981). Voluntary versus automatic control over the mind's eye's movement. Dans J.A. Long et A.D. Baddeley (dir.), *Attention and performance, IX* (p. 187-203). Hillsdale, NJ: Lawrence Erlbaum.

JOUEN, F. (1988). Visual-proprioceptive control of posture in newborn infants. Dans B. Amblard, A. Berthoz et F. Clarac (dir.), *Posture and gait: Development, adaptation and modulation* (p. 59-65). Amsterdam: Elsevier.

JOUEN, F., LEPECQ, J.-C., et GAPENNE, O. (1993). Frames of reference underlying early movement coordination. Dans G.J.P. Savelsbergh (dir.), *The development of coordination in infancy*, vol. XIV (p. 237-263). Amsterdam: North-Holland / Elsevier Science Publishers.

JULESZ, B. (1965). Texture and visual perception. *Scientific American, 212*, 38-48.

JULESZ, B. (1971). *Foundations of cyclopean perception.* Chicago: University of Chicago Press.

JULESZ, B. (1978). Global stereopsis: Cooperative phenomena in stereoscopic depth perception. Dans R. Held, H. Leibowitz et H.L. Teuber (dir.), *Handbook of sensory physiology: Vol. 8. Perception* (p. 215-256). New York: Springer-Verlag.

JULESZ, B. (1980). Spatial nonlinearities in the instantaneous perception of textures with identical power spectra. *Philosophical Transactions of the Royal Society of London, B290*, 83-94.

JULESZ, B. (1986). Stereoscopic vision. *Visual Research, 26*, 1601-1612.

JUSCZYK, P. (1995). Language acquisition: Speech sounds and phonological development. Dans J.S. Miller et P.D. Eimas (dir.), *Speech, language and communication*, vol. 11 (p. 263-301). Orlando, FL: Academic Press.

JUSCZYK, P. (1997). *The discovery of spoken language.* Cambridge, MA: MIT Press.

KAHNEMAN, D. (1973). *Attention and effort.* New York: Prentice Hall.

KAHNEMAN, D., et CHAJCZYK, D. (1983). Tests of the automaticity of reading: Dilution of Stroop effects by color-irrelevant stimuli. *Journal of Experimental Psychology: Human Perception and Performance, 9*, 497-509.

KAISER, M.K., et MOWAFY, L. (1993). Optical specification of time-to-passage: Observers' sensitivity to global tau. *Journal of Experimental Psychology: Human Perception and Performance, 19*, 1028-1040.

KAISER, M.K., PROFFITT, D.R., et ANDERSON, K. (1985). Judgments of natural and anomalous trajectories in the presence and absence of motion. *Journal of Experimental Psychology: Learning, Memory and Cognition, 11* (1-4), 795-803.

KAISER, M.K., PROFFITT, D.R., WHELAN, S.M., et HECHT, H. (1992). Influence of animation on dynamical judgments. *Journal of Experimental Psychology: Human Perception and Performance, 18* (3), 669-689.

KAJIURA, H., COWART, B.J., et BEAUCHAMP, G.K. (1992). Early developmental change in bitter taste responses in human infants. *Developmental Psychobiology, 25*, 375-386.

KANIZSA, G. (dir.) (1984). *Fenomenologia sperimentale della visione.* Milano: Franco Angeli.

KANIZSA, G. (1997). *La grammaire du voir: essais sur la perception.* Paris: Diderot Éditeur, Arts et Sciences. (Traduit de l'italien: *Grammatica del vedere* [1980], par Antonin Chambolle. Bologna: Il Mulino.)

KANIZSA, G., et VICARIO, G. (dir.) (1968). *Ricerche sperimentali sulla percezione.* Trieste: Università degli studi.

KANO, C. (1991). Self-motion perception and visual information. *Japanese Psychological Review, 34* (2), 240-256.

KANWISHER, N., MCDERMOTT, J., et CHUN, M.M. (1997). The fusiform face area: A module in human extrastriate cortex specialized for face perception. *Journal of Neuroscience, 17*, 4302-4311.

KAPLAN, J.N., CUBICCIOTTI, D., et REDICAN, W.K. (1977). Olfactory discrimination of squirrel monkey mothers by their infants. *Developmental Psychobiology, 10*, 447-453.

KARLIN, M.B., et BOWER, G.H. (1976). Semantic category effects in visual word search. *Perception and Psychophysics, 19*, 417-424.

KARMEL, B.Z. (1969). The effect of age, complexity, and amount of control density on pattern preferences in human infants. *Journal of Experimental Child Psychology, 7*, 339-354.

KARNATH, H., et FETTER, M. (1995). Ocular space exploration in the dark and its relation to subjective and objective body orientation in neglect patients with parietal lesions. *Neuropsychologia, 33* (3), 371-377.

KAUFMAN, L. (1974). *Sight and mind: An introduction to visual perception.* New York: Oxford University Press.

KAUFMAN, L., et KAUFMAN, J.H. (2000). Explaining the moon illusion. *PNAS Online*, vol. 17 (1), 4 janv., 500-505.

KAUFMAN, L., et ROCK, I. (1962). The moon illusion. *Scientific American, 207* (1), 120-130.

KEELE, S.W., et IVRY, R.B. (1991). Does the cerebellum provide a common computation for diverse tasks? Dans A. Diamond (dir.), *The development and neural bases of higher cognitive functions. Annals of the New York Academy of Sciences*, vol. 608 (p. 179-211). New York : New York Academy of Sciences.

KEHRER, L., et MEINECKE, C. (1995). Perceptual organization of visual patterns : The segmentation of textures. Dans F. Prinz et B. Bridgeman (dir.), *Handbook of perception and action*, vol. 1 (chap. 1). New York : Academic Press.

KELLMAN, P.J. (1993). Kinematic foundations of perceptual development. Dans C. Granrud (dir.), *Visual perception and cognition in infancy* (p. 121-193). Hillsdale, NJ : Erlbaum.

KELLMAN, P.J. (1995). Ontogenesis of space and motion. Dans W. Epstein et S. Rogers (dir.), *Perception of space and motion* (p. 327-364). San Diego, CA : Academic Press.

KELLMAN, P.J., et SHIPLEY, T.F. (1991). A theory of visual interpolation in object perception. *Cognitive Psychology, 23*, 141-221.

KELLY, D.H., et MARTINEZ-URIEGAS, E. (1993). Measurements of chromatic and achromatic afterimages. *Journal of the Optical Society of America, 10*, 29-37.

KEMP, S.E., et GILBERT, A.N. (1997). Odor intensity and color lightness are correlated sensory dimensions. *American Journal of Psychology, 110*, 35-46.

KENNEDY, J.M. (1978). Haptics. Dans E.C. Carterette et M.P. Friedman (dir.), *Handbook of perception : Vol. VIII. Perceptual coding* (p. 289-318). New York : Academic Press.

KENSHALO, D.R. (1976). Correlations of temperature sensitivity in man and monkey, a first approximation. Dans Y. Zotterman (dir.), *Sensory functions of the skin in primates, with special reference to man* (p. 305-330). New York : Pergamon.

KENSHALO, D.R. (1979). *Sensory function of the skin of humans.* New York : Plenum Press.

KHALE, W., LEONHARDT, H., et PLATZER, W. (1981). *Anatomie : III. Système nerveux.* Édition française dirigée par C. Cabrol. Flammarion, Médecine Sciences, France.

KILLEEN, P.R., et FETTERMAN, J.G. (1988). A behavioral theory of timing. *Psychological Review, 95*, 274-295.

KILLEEN, P.R., FETTERMAN, J.G., et BIZO, L.A. (1997). Time causes. Dans C.M. Bradshaw et E. Szabadi (dir.), *Time and behavior : Psychological and neurobehavioral analyses* (p. 79-139). Amsterdam : Elsevier Science.

KILLEEN, P.R., et WEISS, N.A. (1987). Optimal timing and the Weber function. *Psychological Review, 94*, 455-468.

KIM, N.-G., TURVEY, M.T., et CARELLO, C. (1993). Optical severity of upcoming contacts. *Journal of Experimental Psychology : Human Perception and Performance, 19*, 179-193.

KIM, N.-G., TURVEY, M.T., et GROWNEY, R. (1996). Wayfinding and the sampling of optical flow by eye movements. *Journal of Experimental Psychology : Human Perception and Performance, 22*, 1314-1319.

KIMURA, M. (1968). Evolutionary rate at the molecular level. *Nature, 217*, 624.

KIMURA, M. (1980). La théorie neutraliste de l'évolution moléculaire. *Pour la Science, 27*, 48.

KINCHLA, R.A. (1974). Detecting target elements in multielement arrays : A confusability model. *Perception and Psychophysics, 15*, 148-158.

KINCHLA, R.A. (1992). Attention. *Annual Review of Psychology, 43*, 711-742.

KLASTKY, R.L., LEDERMAN, S.J., et REED, C. (1987). There's more to touch than meets the eye : The salience of objects attributes for haptics with and without vision. *Journal of Experimental Psychology : General, 11*, 356-369.

KLEINT, H. (1936). Versuche übe die Wahrnehmung. *Zeischrift für Psychologie, 138*, 1-34.

KLYMENKO, V., et WEISSTEIN, N. (1986). Spatial frequency differences can determine figure-ground organization. *Journal of Experimental Psychology : Human Perception and Performance, 12*, 324-330.

KOENDERINK, J.J. (1986). Optic flow. *Vision Research, 26*, 161-180.

KOENDERINK, J.J., VAN DOORN, A.J., et KAPPERS, A.M.L. (1994). On so-called paradoxical monocular stereoscopy. *Perception, 23*, 583-594.

KOENIG, O. (1989). Hemispheric asymmetry in the analysis of Stroop stimuli : A developmental approach. *Developmental Neuropsychology, 5*, 245-260.

KOENIG, O., REISS, L.P., et KOSSLYN, S.M. (1990). The development of spatial relation representations : Evidence from studies of cerebral lateralization. *Journal of Experimental Child Psychology, 50* (1), 119-130.

KOFFKA, K. (1924). *The growth of the mind : An introduction to child psychology* (Ogden, R.M., trad.), 2e éd. London : Kegan Paul, Trench, Trubner and Co.

KOFFKA, K. (1963 [1935]). *Principles of Gestalt psychology.* New York : Hartcourt, Brace and World.

KÖHLER, W. (1959 [1938]). *The place of value in a world of facts.* New York : Meridian Book.

KÖHLER, W. (1964). *Psychologie de la forme.* Paris : Gallimard.

KOSSLYN, S.M., et KOENIG, O. (1995). *Wet minds : The new cognitive neuroscience.* New York : The Free Press.

KOSSLYN, S.M., et OSHERSON, D.N. (dir.) (1995). *Visual cognition : An invitation to cognitive science*, vol. 2. Cambridge : MIT Press.

KOSSLYN, S.M., et ROSENBERG, R.S. (2001). *Psychology : The brain, the person, the world.* Needham Heights, MA : Allyn and Bacon. (Voir Kosslyn à www.abinteractive.com.)

KOSSLYN, S.M., et ROSENBERG, R.S. (2001). Sensation and perception: How the world enters the mind. Dans S.M. Kosslyn et R.S. Rosenberg (dir.), *Psychology* (chap. 3, p. 88-127). Needham Heights, MA: Allyn and Bacon.

KÖSTER, E.P. (1975). Adaptation, recovery and specificity of olfactory receptors. *Revue de laryngologie*, suppl. 86, 880-894.

KOUPERNIK, C., et DAILLY, R. (1976). *Le développement neuropsychique du nourrisson*. Paris: Presses Universitaires de France.

KOZAK, J.J., HANCOCK, P.A., ARTHUR, E.J., et CHRYSLER, S.T. (1993). Transfer of training from virtual reality. *Ergonomics, 36* (7), 777-784.

KRASTEL, H., et MORELAND, J.D. (1991). Colour vision deficiencies in ophthalmic diseases. Dans D.H. Foster (dir.), *Inherited and acquired colour vision deficiencies* (p. 115-172). Boca Raton: CRC Press.

KRECH, D., et CRUTCHFIELD, R.S. (1958). Elements of psychology. New York: Alfred A. Knopf.

KRISTOFFERSON, A.B. (1980). A quantal step function in duration discrimination. *Perception and Psychophysics, 27*, 300-306.

KROLL, J.F., et POTTER, M.C. (1984). Recognizing words, pictures, and concepts: A comparison of lexical, object, and reality decisions. *Journal of Verbal Learning and Verbal Behavior, 23*, 39-66.

KRUEGER, L.E. (dir.) (1996). *Handbook of perception and cognition: 7. Pain and touch*. San Diego, CA: Academic Press.

KRUGER, P.B., et POLA, J. (1985). Changing target size is a stimulus for accommodation. *Journal of the Optical Society of America, 2*, 1332-1835.

KUGLER, P.N., KELSO, J.A.S., et TURVEY, M.T. (1980). On the concept of coordinative structures as dissipative structures: I. Theoretical lines of convergence. Dans G.E. Stelmach et J. Requin (dir.), *Tutorial in motor behavior* (p. 3-47). Amsterdam: North-Holland.

KUGLER, P.N., et TURVEY, M.T. (1987). *Information, natural law, and the self-assembly of rhythmic movement*. Hillsdale, NJ: Erlbaum.

KUHL, P.K., et MELTZOFF, A.N. (1982). The bimodal perception of speech in infancy. *Science, 218*, 1138-1141.

KUHL, P.K., et MELTZOFF, A.N. (1984). The intermodal representation of speech in infants. *Infant Behavior and Development, 7*, 361-381.

KUHN, T.S. (1970). *The structure of scientific revolution*, 2e éd. Chicago: University Press.

KURBAT, M. (1994). Structural description theories: Is RBC/JIM a general-purpose theory of human entry-level object recognition? *Perception, 23*, 1339-1368.

LABERGE, D. (1990). Thalamic and cortical mechanisms of attention suggested by recent positron emission tomographic experiments. *Journal of Cognitive Neuroscience, 2*, 358-372.

LABERGE, D. (1995). *Attentional processing: The brain's art of mindfulness*. Cambridge, MA: Harvard University Press.

LABRECQUE, R. (1987). Le syndrome occipital. Dans M.I. Botez (dir.), *Neuropsychologie clinique et neurologie du comportement*. Montréal: Presses de l'Université de Montréal.

LACOUR, M., et DE WAELE, C. (1997). La compensation vestibulaire ou plasticité des fonctions vestibulaires. Dans J. Magnan, G. Freyss et C. Conraux (dir.), *Troubles de l'équilibre et vertiges* (p. 123-139). Paris: Société française ORL.

LAFFORT, P. (1969). A linear relationship between olfactory effectiveness and identified molecular characteristics, extended to fifty pure substances. Dans C. Pfaffmann (dir.), *Olfaction and Taste, III*. New York: Rockefeller University Press.

LAING, D.G. (1983). Natural sniffing gives optimum odor perception for humans. *Perception, 12*, 99-117.

LAMB, M.R., et YUND, E.W. (1993). The role of spatial frequency in the perception of hierarchically organized structure. *Perception and Psychophysics, 54*, 773-784.

LAMBERCIER, M. (1946). Recherches sur le développement des perceptions: VI. La constance des grandeurs en comparaisons sériales. *Archives de psychologie, 31*, 1-204.

LAND, E.H. (1959). Experiments in color vision. *Scientific American, 200*, 84-99.

LAND, E.H. (1978). La théorie des rétinex de la vision des couleurs. *Pour la Science, 4*, 74-91.

LAND, E.H. (1983). Recent advances in retinex theory and some implications for cortical computations: Color vision and the natural image. *Proceedings of the National Academy of Science, 80*, 5163-5169.

LAND, E.H., HUBEL, D.H., LIVINGSTONE, M.S., PERRY, S.H., et BURNS, M.M. (1983). Colour-generating interactions across the corpus callosum. *Science, 303*, 616-618.

LAND, E.H., et MCCANN, J.J. (1971). Lightness and retinex theory. *Journal of the Optical Society of America, 61*, 1-11.

LAND, M.F., et LEE, D.N. (1994). Where do we look when we steer?. *Nature, 369*, 742-744.

LANE, D.M., et PEARSON, D.A. (1982). The development of selective attention. *Merril-Palmer Quarterly, 28*, 317-337.

LANKHEET, M.J.M., et VERSTRATEN, F.A.J. (1995). Attention modulation of adaptation to two-component apparent motion. *Vision Research, 35*, 1401-1412.

LANTHONY, P. (1991). Dyschromatopsies et art pictural. *Journal Français d'Ophtalmologie, 14*, 510-519.

LANTHONY, P. (1997). Seurat's pointillism: Optical mixture and color texture. Dans M.F. Marmor et J.G. Ravin (dir.), *The eye of the artist* (p. 118-129). St. Louis: Mosby.

LARRIVA-SAHD, J., RONDÁN, A., OROZCO-ESTÉVEZ, H., et SÁNCHEZ-ROBLES, M.R. (1993). Evidence of a direct projection of the vomeronasal organ to the media preoptic nucleus and hypothalamus. *Neuroscience Letters, 163*, 45-49.

LASHLEY, K.S., CHOW, K.L., et SEMMES, J. (1951). An examination of the electrical field theory of cerebral integration. *Psychological Review, 58*, 123-136.

LAURENT, M. (1981). Problèmes posés par l'étude du pointage locomoteur d'une cible visuelle. *Cahiers de psychologie, 1*, 173-198.

LAWLESS, H.T. (1996). Flavor. Dans M.P. Friedman et E.C. Carterette (dir.), *Cognitive Ecology* (p. 325-379). New York: Academic Press.

LAWLESS, H.T., et CAIN, W.S. (1975). Recognition memory for odors. *Chemical Senses and Flavour, 1*, 331-337.

LAZORTHES, G. (1999). L'hallucination: une perception sans objet. *Science Humaines*, août-septembre.

LE MAGNEN, J. (1945-1946). Étude des facteurs dynamiques de l'excitation olfactive. *L'Année psychologique, 46*, 77-89.

LE MAGNEN, J. (1947). Étude d'une méthode d'analyse qualitative de l'olfaction. *L'Année psychologique, 43-44*, 249-264.

LEBIHAN, D. (1997). L'imagerie fonctionnelle par résonance magnétique. Dans S. Dehaene (dir.), *Le cerveau en action: imagerie cérébrale fonctionnelle en psychologie cognitive* (p. 57-70). Paris: Presses Universitaires de France.

LEBLANC, C., et AGRET, L. (2002). Les ordinateurs fous nous transportent au-delà du réel. *Science & Vie, 1015*, 44-57.

LECANUET, J.-P., FIFER, W.P., KRASNEGOR, N.E., et SMOTHERMAN, W.P. (dir.) (1995). *Fetal development: A psychobiological perspective.* Hillsdale, NJ: Lawrence Erlbaum.

LECANUET, J.-P., et GRANIER-DEFERRE, C. (1990). Les perceptions fœtales. Dans F. Jouen et A. Hénocq (dir.), *Du nouveau-né au nourrisson* (p. 7-31). Paris: Presses Universitaires de France.

LECANUET, J.-P., GRANIER-DEFERRE, C., et SCHAAL, B. (1993). Continuité sensorielle transnatale. Dans V. Pouthas et F. Jouen (dir.), *Les comportements du bébé: expression de son savoir?* (p. 33-51). Liège: Mardaga.

LÉCUYER, R. (1989). *Bébés astronomes, bébés psychologues: l'intelligence de la première année.* Liège, Bruxelles: Pierre Margada.

LÉCUYER, R. (1991). L'intelligence des bébés. *La Recherche*, octobre, 1161.

LÉCUYER, R., PÊCHEUX, M.-G., et STRERI, A. (1994). *Le développement cognitif du nourrisson*, t. 1. Paris: Nathan.

LEDERMAN, S.J., et KLATZKY, R.L. (1987). Hand movements: A window into haptic object recognition. *Cognitive Psychology, 19*, 342-368.

LEDERMAN, S.J., THORNE, G., et JONES, B. (1986). Perception of texture by touch: Multidimensionality and intersensory integration. *Journal of Experimental Psychology: Human Perception and Performance, 12*, 169-180.

LEE, D.N. (1974). Visual information during locomotion. Dans F.B. McLeod et H.L. Pick (dir.), *Perception: Essays in honor of James J. Gibson* (p. 250-267). Ithaca, NY: Cornell University Press.

LEE, D.N. (1976). A theory of visual control of braking based on information about time-to-collision. *Perception, 5*, 437-459.

LEE, D.N., et LISHMAN, R. (1975). Visual proprioceptive control of stance. *Journal of Human Movement Studies, 1*, 87-95.

LEE, D.N., LISHMAN, J., et THOMSON, J.A. (1982). Regulation of gait in long jumping. *Journal of Experimental Psychology: Human Perception and Performance, 8*, 448-459.

LEE, D.N., et REDDISH, P.E. (1981). Plummeting gannets: A paradigm of ecological optics. *Nature, 293*, 293-294.

LEE, D.N., et YOUNG, D.S. (1985). Visual timing of interceptive action. Dans D.J. Ingle, M. Jeannerod et D.N. Lee (dir.), *Brain mechanisms and spatial vision* (p. 1-30). Dordrecht: Martinus Nijhoff.

LEE, D.N., YOUNG, D.S., REDDISH, P.E., LOUGH, S., et CLAYTON, T.M.H. (1983). Visual timing in hitting an accelerating ball. *Quarterly Journal of Experimental Psychology, 35*, 333-346.

LEE, S.H., et BLAKE, R. (1999). Rival ideas about binocular rivalry. *Vision Research, 39*, 1447-1454.

LEEK, E.C. (1998). Effects of stimulus orientation on the recognition of common polyoriented objects. *Psychonomic Bulletin and Review, 5*, 650-658.

LEINBACH, M.D., et FAGOT, B.I. (1993). Categorical habituation to male and female faces: Gender schematic processing in infancy. *Infant behavior and development, 16*, 317-332.

LENAY, C., GAPENNE, O., HANNETON, S., MARQUE, C., et GENOUËLLE, C. (1999). Substitution sensorielle: limites et perspectives. Dans Y. Hatwell, A. Streri et E. Gentaz (dir.), *Toucher pour connaître: psychologie cognitive de la perception tactile* (p. 287-306). Paris: Presses Universitaires de France.

LENOIR, J. (1981). *Le nez du vin.* Carnous-en-Provence: Éditions Jean Lenoir.

LEPECQ, J.-C., GIANNOPULU, I., et BAUDONNIERE, P.-M. (1995). Cognitive effects on visually induced body motion in children.

LEPECQ, J.-C., JOUEN, F., et GAPENNE, O. (1995). Sensorimotor organization and cognition in infancy: Some francophone contributions. *Cahiers de psychologie cognitive / Current Psychology of Cognition, 14* (2), 121-150.

LESLIE, A.M., et KEEBLE, S. (1987). Do six-month old infants perceive causality? *Cognition, 25*, 265-288.

LESSARD, N., PARÉ, M., LEPORE, P., et LASSONDE, M. (1998). Early blind human subjects localise sound better than sighted subjects. *Nature, 395*, 278-280.

LESTIENNE, F., SOECHTING, J., et BERTHOZ, A. (1977). Postural readjustments induced by linear motion of visual scenes. *Experimental Brain Research, 28*, 363-384.

LEVAY, S., et VOIGT, T. (1988). Ocular dominance and disparity coding in cat visual cortex. *Visual Neuroscience, 1*, 395-414.

LEVIN, I., et ZAKAY, D. (1989). *Time and human cognition : A life span perspective.* Amsterdam : Elsevier / North-Holland.

LÉVY-SCHOEN, A. (1969). *L'étude des mouvements oculaires : revue des techniques et des connaissances*, vol. 9. Paris : Dunod.

LEWKOWICZ, D.J. (2000). The development of intersensory temporal perception: An epigenetic systems / limitations view. *Psychological Bulletin, 126*, 281-308.

LEWKOWICZ, D.J., et LICKLITER, R. (1994). *Development of intersensory perception : Comparatives perspectives.* Hillsdale, NJ : Lawrence Erlbaum Associates.

LINDSAY, P.H., et NORMAN, D.A. (1980). *Traitement de l'information et comportement humain : une introduction à la psychologie.* Montréal : Éditions Études Vivantes.

LIPSHITS, M., et MCINTYRE, J. (1999). Gravity affects the preferred vertical and horizontal in visual perception of orientation. *Neuroreport, 10*, 1085-1089.

LIPSITT, L., et EIMAS, P.D. (1972). Developmental psychology. *Annual Review of Psychology, 23*, 1-50.

LIPSITT, L.P. (1979). The pleasures and annoyances of infants : Approach and avoidance behavior. Dans E.B. Thoman (dir.), *Origins of the infant's social responsiveness* (p. 125-153). Hillsdale, NJ : Erlbaum.

LISSAUER, H. (1890). Ein Fall von seelenbleindheit nebst einem beitrag zur theorie derselben. *Archiv für Psychiatrie, 21*, 222-270. Traduit par M. Jackson (1988). A case of visual agnosia with a contribution to theory. *Cognitive Neuropsychology, 5*, 155-192.

LIVINGSTONE, M.S., et HUBEL, D.H. (1984). Anatomy and physiology of a color system in the primate visuel cortex. *Journal of Neuroscience, 4*, 309-356.

LIVINGSTONE, M.S., et HUBEL, D.H. (1987). Psychophysical evidence for separate channels for the perception of form, color, movement, and depth. *Journal of Neuroscience, 7*, 3416-3468.

LIVINGSTONE, M.S., et HUBEL, D.H. (1988). Psychophysical evidence for separate channels for the perception of form, color, movement, and depth. *Journal of Neuroscience, 7*, 3416-3468.

LIVINGSTONE, M.S., et HUBEL, D.H. (1995). Through the eyes of monkeys and men. Dans R. Gregory, J. Harris, P. Heard et D. Rose (dir.), *The artful eye* (p. 52-65). New York : Oxford.

LLEWELLYN, K.R. (1971). Visual guidance of locomotion. *Journal of Experimental Psychology, 91*, 245-261.

LOCKE, J. (1975 [1690]). *Essai philosophique sur l'entendement humain.* Paris : Vrin. (*An essay concerning human understanding.* Oxford : Oxford University Press.)

LOCKMAN, J.J. (1990). Perceptivomotor coordination in infancy. Dans C.A. Hauert (dir.), *Developmental Psychology* (p. 85-111). Amsterdam : North-Holland.

LOCKMAN, J.L., ASHMEAD, D.H., et BUSHNELL, E.W. (1984). The development of anticipatory hand orientation during infancy. *Journal of Experimental Child Psychology, 37*, 176-186.

LOFTUS, E.F. (1974). On reading fine print. *Quarterly Journal of Experimental Psychology, 26*, 324.

LONGUET-HIGGINS, H.C. (1984). The visual ambiguity of a moving plane. *Proceedings of the Royal Society of London, B223*, 165-175.

LONGUET-HIGGINS, H.C., et PRAZDNY, K. (1980). The interpretation of a moving retinal image. *Proceedings of the Royal Society of London, B208*, 385-397.

LOVEGROVE, W.J., et PEPPER, K. (1994). The influence of low-level processing in the global precedence effect. Dans S. Ballesteros (dir.), *Cognitive approaches to human perception* (p. 71-90). Hillsdale, NJ : Lawrence Erlbaum Associates.

LUECK, C.J., ZEKI, S., FRISTON, K.J., DEIBER, M.-P., COPE, P., CUNNINGHAM, V.J., LAMMERTSMA, A.A., KENNARD, C., et FRACKOWIAK, R.S.J. (1989). The colour centre in the cerebral cortex of man. *Nature, 340*, 386-389.

LUYAT, M. (1997). Verticale posturale *versus* verticale subjective : une note sur l'étude de la perception de la verticale. *L'Année psychologique, 97*, 433-447.

LUYAT, M., et GENTAZ, E. (2002). Body tilt effect on the reproduction of orientation : Studies on the visual oblique effect and subjective orientations. *Journal of Experimental Psychology : Human Perception and Performance, 28*, 1002-1011.

LUYAT, M., GENTAZ, E., REGIA CORTE, T., et GUERRAZ, M. (2001). Reference frames and haptic perception of orientations : Body and head tilt effects on the oblique effect. *Perception and Psychophysics, 63* (3), 541-554.

LUYAT, M., et OHLMANN, T. (1997). Effet d'un contexte visuel incliné : vers une explication en termes d'inclinaison du plan médian apparent. *L'Année psychologique, 97*, 267-292.

LUYAT, M., OHLMANN, T., et BARRAUD, P.-A. (1997). Subjective vertical and postural activity. *Acta Psychologica, 95*, 181-193.

LUYAT, M., POQUIN, D., ISABLEU, B., CRÉMIEUX, J., et OHLMANN, T. (1998). Existe-t-il des processus communs impliqués dans l'estimation de la verticalité et dans le contrôle de la posture ? *Posture et équilibre.* Dans M. Lacour (dir.), *Entrées sensorielles, méthodes d'exploration et applications* (p. 55-72). France : Sauramps Médical.

MACAR, F. (1980). *Le temps : perspectives psychophysiologiques.* Bruxelles : Mardaga.

MACAR, F., GRONDIN, S., et CASINI, L. (1994). Controlled attention sharing influences time estimation. *Memory and Cognition, 22*, 673-686.

MACAR, F., POUTHAS, V., et FRIEDMAN, W. (dir.) (1992). *Time, action, cognition : Towards bridging the gap.* Dordrecht : Kluwer Academic Publishers.

MACH, E. (1959 [1886]). *The analysis of sensations.* New York : Dover.

MACK, A., et ROCK, I. (1998). *Inattentional blindness.* Cambridge, MA : MIT Press.

MacKay, D.G. (1973). Visual stability and voluntary eye movement. Dans R. Jung (dir.), *Handbook of sensory physiology*, vol. 7 (p. 307-331). New York: Springer.

MacLeod, C.M. (1991). Half a century of research on the Stroop effect: An integrative review. *Psychological Bulletin, 109*, 163-203.

Manoil, A. (1938). *La psychologie expérimentale en Italie*. Paris: Librairie Félix Alcan.

Mansfield, R. (1974). Neural basis of orientation perception in primate vision. *Science, 186*, 1133-1135.

Marathos, O. (1973). *The origin and development of imitation in the first months of life*. University of Geneva.

Marcel, A.J. (1983). Conscious and unconscious perception: An approach to the relations between phenomenal experience and perceptual processes. *Cognitive Psychology, 15*, 238-300.

Marchand, S. (1998). *Le phénomène de la douleur*. Montréal: Chenelière.

Marendaz, C. (1991). *Interactions vision-posture et traitement de l'orientation en vision primitive et en reconnaissance de formes*. Rapport d'habilitation à diriger des recherches, Université Pierre Mendès France (Grenoble II).

Marks, W.B., Dobelle, W.H., et MacNichol, E.F. (1964). Visual pigments of single primate cones. *Science, 143*, 1181-1183.

Marmor, M.F., et Ravin, J.G. (1997). *The eye of the artist*. St. Louis: Mosby-Year Book.

Marr, D. (1982). *Vision: A computational investigation into the human representation and processing of visual information*. New York: W.H. Freeman.

Marr, D., et Nishihara, H.K. (1978). Representation and recognition of the spatial organisation of three-dimensional shapes. *Proceedings of the Royal Society of London, B207*, 187-217.

Marr, D., et Poggio, T. (1977). Cooperative computation of stereo disparity. *Science, 194*, 283-287.

Marroquin, J.L. (1976). Human visual perception of structure, mémoire de maîtrise, Department of Electrical Engineering and Computer Science, Massachusetts Institute of Technology.

Marshall, D.A., et Moulton, D.G. (1981). Olfactory sensitivity to alpha-ionone in humans and dogs. *Chemical Senses, 6*, 53-61.

Marshall, J.C., et Halligan, P.W. (1988). Blindsight and insight in visuo-spatial neglect. *Nature, 336*, 766-767.

Marucchi, C., et Gagey, P.M. (1987). Cécité posturale. *Agressologie, 28*, 947-949.

Massion, J., Fabre, J.-C., Mouchnino, L., et Obadia, A. (1995). Body orientation and regulation of the center of gravity during movement under water. *Journal of Vestibular Research, 5*, 211-221.

Mast, F., Berthoz, A., et Kosslyn, S. (2001). Mental imagery of visual motion modifies the perception of roll-vection stimulation. *Perception, 30*, 945-957.

Matalon, B. (1995). La méthode expérimentale. Dans M.-C. Lambotte (dir.), *La psychologie et ses méthodes*, vol. 521 (p. 89-141). Paris: Librairie générale française.

Matlin, M.W. (1988). *Sensation and perception*, 2e éd. Boston: Allyn and Bacon.

Maurer, D. (1975). Infant visual perception: Methods of study. Dans L.B. Cohen et P. Salapatek (dir.), *Infant perception: From sensation to cognition*, vol. 1 (p. 1-76). New York: Academic Press.

Maurer, D., Stager, C., et Mondloch, C. (1999). Cross-modal transfer of shape is difficult to demonstrate in one-month-olds. *Child Development, 70*, 1047-1057.

Mazoyer, B. (2001). *L'imagerie cérébrale fonctionnelle*. Qs n° 3628. Paris: Presses Universitaires de France.

McAdams, S. (1994). Audition: physiologie, perception et cognition. Dans M. Richelle, J. Requin et M. Robert, *Traité de psychologie expérimentale*. Paris: Presses Universitaires de France.

McBride, R. (1990). *The bliss point factor*. Melbourne: The Macmillan Company of Australia PTY LTD.

McCann, R.S., Folk, C.L., et Johnston, J.C. (1992). The role of spatial attention in visual word processing. *Journal of Experimental Psychology: Human Perception and Performance, 18*, 1015-1029.

McClelland, J.L. (1979). On the time relations of mental processes: An examination of systems of processes in cascade. *Psychological Review, 86*, 287-330.

McClelland, J.L., Rumelhart, D.E., et PDP Research Group (1986). *Parallel distributed processing: Explorations in the microstructure of cognition*, vol. 2. Cambridge, MA: MIT Press.

McCloskey, M. (1983). Intuitive physics. *Scientific American, 248* (4), 122-130.

McCulloch, W.S. (1995). Du cerveau comme calculateur. Dans A. Pélissier et A. Tête, *Sciences cognitives: textes fondateurs (1943-1950)* (p. 189-214). Paris: Presses Universitaires de France.

McDonald, J., et McGurk, H. (1978). Visual influences on speech perception processes. *Perception and Psychophysics, 24*, 253-257.

McGinnis, J.M. (1930). Eye movements and optic nystagmus in early infancy. *Genetic Psychology Monographs, 8*, 321-430.

McGurk, H., et Power, R.P. (1980). Intermodal coordination in young children: Vision and touch. *Developmental Psychology, 16*, 179-180.

McLeod, P., Driver, J., et Crisp, J. (1988). Visual search for a conjunction of movement and form is parallel. *Nature, 332*, 154-155.

McLeod, R.W., et Ross, H.A. (1983). Optic-flow and cognitive factors in time-to-collision estimates. *Perception, 12*, 417-423.

Meck, W.H. (1996). Neuropharmacology of timing and time perception. *Cognitive Brain Research, 3*, 227-242.

Mehler, J., et Dupoux, E. (1990). *Naître humain*. Paris: Éditions Odile Jacob.

MEHLER, J., JUSCZYK, P.W., LAMBERT, G., HALSTED, N., BERTONCINI, J., et AMIEL-TISON, C. (1988). A precursor of language acquisition in young infants. *Cognition, 29*, 143-178.

MEHTA, Z., NEWCOMBE, F., et DE HAAN, E. (1992). Selective loss of imagery in a case of visual agnosia. *Neuropsychologia, 30*, 645-655.

MEISELMAN, H.L. (1972). Human taste perception. *Critical Reviews in Food Technology, 3*, 89-119.

MELLET, E. (2002). La perception et l'imagerie mentale visuelles. Dans O. Houdé, B. Mazoyer et N. Tzourio-Mazoyer, *Cerveau et psychologie : introduction à l'imagerie cérébrale anatomique et fonctionnelle* (p. 403-435). Paris : Presses Universitaires de France.

MELLIER, D. (1991). La motilité chez le prématuré. Dans F. Jouen et A. Hénocq (dir.), *Du nouveau-né au nourrisson* (p. 33-45). Paris : Presses Universitaires de France.

MELLIER, D. (1993). Continuité ou discontinuité? Dans V. Pouthas et F. Jouen (dir.), *Les comportements du bébé : expression de son savoir?* (p. 53-58). Liège : Mardaga.

MELLIER, D., DUPONT, V., ROVIRA, K., et FESSARD, C. (1990). *Analysis of preterm newborn motility according to active tonic regulation : Assessment of visual pursuit activity.* Texte présenté à la IVe conférence européenne sur la psychologie du développement, Stirling.

MELTZOFF, A.N., et BORTON, R.W. (1979). Intermodal matching by human neonates. *Nature, 282*, 403-404.

MELTZOFF, A.N., et MOORE, M.K. (1977). Imitation of facial and manual gestures by human neonates. *Science, 212*, 685-687.

MELTZOFF, A.N., et MOORE, M.K. (1983). The origins of imitation in infancy : Paradigm, phenomena and theories. Dans L.P. Lipsitt (dir.), *Advances in infancy research*, vol. 1 (p. 265-301). Norwood, NJ : Ablex.

MELTZOFF, A.N., et MOORE, M.K. (1994). Imitation, memory, and the representation of persons. *Infant Behavior and Development, 17*, 83-99.

MELTZOFF, A.N., et MOORE, K.M. (1995). A theory of the role of imitation in the emergency of self. Dans P. Rochat (dir.), *The self in infancy : Theory and research* (p. 73-93). Amsterdam : Elsevier.

MELZACK, R. (1989). Phantom limbs, the self and the brain (The D.O. Hebb Memorial Lecture). *Canadian Psychology, 30*, 1-16.

MELZACK, R. (1998). Pain and stress : Clues toward understanding chronic pain. Dans M. Sabourin, F. Craik et M. Robert (dir.), *Advances in psychological science : 2. Biological and cognitive aspects* (p. 63-83). Hove, R.-U. : Psychology Press.

MELZACK, R., et KATZ, J. (1992). The McGill pain questionnaire : Appraisal and current status. Dans D.C. Turk et R. Melzack (dir.), *Handbook of pain assessment* (p. 152-168). New York : Guilford.

MELZACK, R., et WALL, P. (1965). Pain mechanisms : A new theory. *Science, 150*, 971-979.

MELZACK, R., et WALL, P. (1989). *Le défi de la douleur.* Paris : Vigot.

MEREDITH, M. (1991). Sensory processing in the main and accessory olfactory systems : Comparisons and contrasts. *Journal of Steroid Biochemistry and Molecular Biology, 39*, 601-614.

MESULAM, M.M. (1981). A cortical network for directed attention and unilateral neglect. *Annals of Neurology, 10*, 309-325.

METZGER, W. (1938). Beobachtungen über phänomenale Identität. *Psychologische forschung, XIX*, 1-60.

MIALL, C. (1989). The storage of time intervals using oscillating neurons. *Neural Computation, 1*, 359-371.

MICHAELS, C.F., et CARELLO, C. (1981). *Direct perception.* Englewood Cliffs, NJ : Prentice Hall.

MICHOTTE, A. (1946). *La perception de la causalité.* Louvain : Publications Universitaires de Louvain.

MICHOTTE, A. (1950). *Les signes régionaux : nouvelles recherches expérimentales sur la répartition de la sensibilité tactile dans les états d'attention et d'inattention.* Paris : Félix Alcan.

MICHOTTE, A. (1955). Rapport. Dans *La perception : Symposium de l'Association de psychologie scientifique de langue française* (p. 31-45). Symposium tenu à Louvain, en 1953. Paris : Presses Universitaires de France.

MICHOTTE, A., et THINÈS, G. (1963). La causalité perceptive. *Journal de psychologie normale et pathologique, 60*, 9-36.

MICHOTTE, A., THINÈS, G., et CRABBÉ, G. (1964). *Les compléments amodaux des structures perceptives.* Louvain : Publications Universitaires de Louvain.

MIKAMI, A., NEWSOME, W.T., et WURTZ, R.H. (1986). Motion selectivity in macaque visual cortex : II. Spatiotemporal range of directional interactions in MT and V1. *Journal of Neurophysiology, 55*, 1328-1339.

MILLER, E.F., FREGLY, A.R., et GRAYBIEL, A. (1968). Visual horizontal-perception in relation to otholith-function. *American Journal of Psychology, 81*, 488-496.

MILLER, I.J. Jr., et REEDY, F.E. Jr. (1990). Variations in human taste bud density and taste intensity perception. *Physiology and Behavior, 47*, 1213-1219.

MILLER, P.H. (1983). *Theories of developmental psychology.* San Francisco : W.H. Freeman.

MILNER, A.D., et GOODALE, M.A. (1995). *The visual brain in action.* New York : Oxford University Press.

MILNER, A.D., et HEYWOOD, C.A. (1989). A disorder of lightness discrimination in a case of visual form agnosia. *Cortex, 25*, 489-494.

MINAGAWA, N., et KASHU, K. (1989). Influence of cognitive style and interstimulus interval on the hemispheric processing of tactile stimuli. *Perceptual and Motor Skills, 68* (3, partie 2), 1031-1039.

MITTELSTAEDT, H. (1998). Origin and processing of postural information. *Neuroscience and Biobehavioral Review, 22* (4), 473-478.

MIYAOKA, Y., et PRITCHARD, T.C. (1996). Responses of primate cortical neurons to unitary and binary taste stimuli. *Journal of Neurophysiology, 75*, 396-411.

MONDOR, T.A., et BREGMAN, A.S. (1994). Allocating attention to frequency regions. *Perception and Psychophysics, 56*, 268-276.

MONDOR, T.A., et ZATORRE, R.J. (1995). Shifting and focusing auditory spatial attention. *Journal of Experimental Psychology: Human Perception and Performance, 21*, 387-409.

MONTAGNER, H (1988). *L'attachement: les débuts de la tendresse*. Paris: Éditions Odile Jacob.

MONTANGERO, J., et TRYPHON, A. (1991). *Psychologie génétique et sciences cognitives*. Genève: Cahiers de la Fondation Archives Jean Piaget.

MONTI-BLOCH, L., et GROSSER, B.I. (1991). Effect of putative pheromones on the electrical activity of the human vomeronasal organ and olfactory epithelium. *Journal of Steroid Biochemistry and Molecular Biology, 39*, 573-582.

MONTI-BLOCH, L., JENNINGS-WHITE, C., et BERLINER, D.L. (1999). The human vomeronasal system: A review. *Annals of the New York Academy of Sciences, 855*, 373-389.

MOORE, B.C.J. (1997). *An introduction to the psychology of hearing*, 4e éd. London: Academic Press.

MORAY, N. (1959). Attention in dichotic listening: Affective cues and the influence of instructions. *Quarterly Journal of Experimental Psychology, 11*, 56-60.

MORGAN, M.J. (1977). *Molyneux's question*. Cambridge: Cambridge University Press.

MORRONGIELLO, B., et ROCCA, P.T. (1986). *Age-related changes in reaching behavior.* Document présenté au congrès de l'ICIS, à Los Angeles.

MORROW, L.A., et RATCLIFF, G. (1988). The disengagement of covert attention and the neglect syndrome. *Psychobiology, 16*, 261-269.

MORTON, J , et JOHNSON, M. (1989). Four ways for faces to be special. Dans A.W. Young et H.D. Ellis (dir.), *Handbook of research on face processing* (p. 45-56). Oxford: North-Holland.

MOSCOVITCH, M., WINOCUR, G., et BEHRMANN, M. (1997). What is special about face recognition? Nineteen experiments on a person with visual object agnosia and dyslexia but normal face recognition. *Journal of Cognitive Neuroscience, 9*, 555-604.

MOUKHWAS, D., et PERROT, C. (1978). A new device for research on visual perception: The liquid crystals tachistoscope. *Ergonomics, 21* (4), 309-312.

MOULY, A.M., LITAUDON, P., CHABAUD, P., RAVEL, N., et GERVAIS, R. (1998). Spatiotemporal distribution of a late synchronized discharge in olfactory pathways following stimulation of the olfactory bulb. *European Journal of Neuroscience, 10*, 1128-1135.

MOUNOUD, P. (1973). Les conservations physiques chez le bébé. *Bulletin de psychologie, 27* (312), 722-728.

MOUNOUD, P. (1985). Similarities between developmental sequences at different age periods. Dans I. Levin (dir.), *Stage and structure* (p. 40-58). Norwood, NJ: Ablex Publications Corporation.

MOUNOUD, P. (dir.) (1995). *Dal pensiero all'azione.* Roma: La Nuova Italia Scientifica.

MOUNOUD, P., et BOWER, T.G.R. (1974). Conservation of weight in infants. *Cognition, 3* (1), 29-40.

MOUNOUD, P., et VINTER, A. (1981a). *La reconnaissance de son image chez l'enfant et l'animal.* Neuchâtel: Delachaux et Niestlé.

MOUNOUD, P., et VINTER, A. (1981b). Representation and sensori-motor development. Dans G. Butterworth (dir.), *Infancy and epistemology: An evaluation of Piaget's theory* (p. 200-235). Brighton, Sussex: Harvester Press.

MUELLER, C.G., et RUDOLPH, M. (1969). *L'œil et la lumière.* Paris: Éditions Time-Life. Le monde des sciences.

MÜLLER, J. (1965 [1838]). Johannes Müller on the specific energies of nerves. Dans R.J. Hernstein et E.G. Boring (dir.), *A source book in the history of psychology* (p. 26-33). Cambridge, MA: Harvard University Press.

MUNAKATA, Y., MCCLELLAND, J.L., JOHNSON, M.H., et SIEGLER, R.S. (1997). Rethinking infant knowledge: Toward an adaptative process account of success and failure in object permanence tasks. *Psychological Review, 104*, 686-713.

MÜNTE, T.F., KOHLMETZ, C., NAGER, W., et ALTENMÜLLER, E. (2001). Superior auditory spatial tuning in conductors, *Nature, 409*, 580.

MURPHY, T.D., et ERIKSEN, C.W. (1987). Temporal changes in the distribution of attention in the visual field in response to precues. *Perception and Psychophysics, 42*, 576-586.

MUSATTI, C. (1957). Les phénomènes d'égalisation entre surfaces chromatiques. Dans I. Meyerson (dir.), *Problèmes de la couleur* (p. 93-104). Paris: SEVPEN.

MUSSEN, P.H. (dir.) (1970). *Carmichael's manual of child psychology*, 3e éd. New York: Wiley and Sons.

MYORS, B. (1999). The PC tachistoscope has 240 pages. *Behavior Research Methods, Instruments, and Computers, 31* (2), 329-333.

NAKAJIMA, Y. (1987). A model of empty duration perception. *Perception, 16*, 485-520.

NAKAJIMA, Y., HOOPEN, G.H. TEN, et WILK, R.G.H. VAN DER (1991). A new illusion of time perception. *Music Perception, 8*, 431-448.

NAKAYAMA, K., et BAILLIET, R. (1977). Listing's law, eye position sense, and perception of the vertical. *Vision Research, 17*, 453-457.

NAKAYAMA, K., et SHIMOJO, S. (1990). Da Vinci stereopsis: Depth and subjective occluding contours from unpaired image points. *Vision Research, 30*, 1811-1825.

NAKAYAMA, K., et SILVERMAN, G.H. (1986). Serial and Parallel Processing of Visual Feature Conjunctions. *Nature, 320*, 264-265.

NATHANS, J. (1989). La génétique des couleurs. *Pour la Science, 138*, 32-39.

NAU, J.Y. (2002). Les neurosciences se lancent à l'assaut de la conscience. *Le Monde, 58*, 1782, 30.

NAVON, D. (1977). Forest before trees: The precedence of global features in visual perception. *Cognitive Psychology, 9*, 353-383.

NEISSER, U. (1967). *Cognitive psychology.* New York: Appleton-Century-Crofts.

NEISSER, U. (1976). *Cognition and reality. Principles and implications of cognitive psychology.* New York: W.H. Freeman.

NEISSER, U. (1993). *The perceived self: Ecological and interpersonal sources of self knowledge.* Cambridge: University Press.

NEISSER, U., et BECKLEN, R. (1975). Selective looking: Attending to visually specified events. *Cognitive Psychology, 7*, 480-494.

NELSON, J.G. (1968). Effect of water immersion and body position upon position of gravitational vertical. *Aerospace Medicine, 39*, 806-811.

NEVILLE, H., et BAVELIER, D. (1996). L'extension des aires visuelles chez les sourds. *La Recherche, 289*, 90-93.

NEWELL, A., et SIMON, H.A. (1956). The logic theory machine: A complex information processing system. *IRE Transactions on Information Theory, 2*(3), 61-79.

NEWELL, A., SHAW, J.C., et SIMON, H.A. (1958). Elements of a theory of human problem solving. *Psychological Review, 65*, 151-166.

NEWELL, K.M., et MCDONALD, P.V. (1992). Searching for solutions to the coordination function: Learning as exploratory behavior. Dans G.E. Stelmach et J. Requin (dir.), *Tutorials in motor behavior, II* (p. 517-532). Amsterdam: Elsevier Science.

NICHOLLS, M.E.R. (1994). Hemispheric asymmetries for temporal resolution: A signal detection analysis of threshold and bias. *Quarterly Journal of Experimental Psychology, 47A*, 291-310.

NICHOLLS, M.E.R. (1996). Temporal processing asymmetries between the cerebral hemispheres: Evidence and implications. *Laterality, 1*, 97-137.

NICOLAS, S. (1998). B. Bourdon: fondateur du laboratoire de psychologie et de linguistique expérimentales à l'Université de Rennes. *L'Année psychologique, 98*, 271-293.

NINIO, A., et KAHNEMAN, D. (1974). Reaction time in focused and in divided attention. *Journal of Experimental Psychology, 103*, 394-399.

NINIO, J. (1998). *La science des illusions.* Paris: Éditions Odile Jacob.

NISSEN, M.J. (1985). Accessing features and objets: Is location special? Dans M. Posner et O.S.M. Marin (dir.), *Attention and performance, XI* (p. 205-220). Hillsdale, NJ: Erlbaum.

NOBLE, A.C., ARNOLD, R.A., BUECHSENSTEIN, J., LEACH, E.J., SCHMIDT, J.O., et STERN, P.M. (1987). Modification of a standardized system of wine arome terminology. *American Journal of Enology and Viticulture, 38*, 143-146.

NORMAN, D.A. (1968). Toward a theory of memory and attention. *Psychological Review, 75*, 522-536.

NORMAN, D.A., et SHALLICE, T. (1986). Attention to action: Willed and automatic control of behavior. Dans R.J. Davidson, G.E. Schwartz et D. Shapiro (dir.), *Consciousness and self-regulation*, vol. 4. New York: Plenum.

O'CRAVEN, K.M., ROSEN, B.R., KWONG, K.K., TREISMAN, A., et SAVOY, R.L. (1997). Voluntary attention modulates fMRI activity in human MT-MST. *Neuron, 18*, 591-598. Copyright 1997, Cell Press.

O'MAHONY, M. (1979). Salt taste adaptation: The psychophysical effects of adapting solutions and residual stimuli from prior tastings on the taste of sodium chloride. *Perception, 8*, 441.

O'REGAN, J.K., et LEVY-SCHOEN, A. (1987). *Eye movements from physiology to cognition.* Amsterdam, New York: Elsevier.

O'REGAN, K., RENSIK, R., et CLARK, J. (1999). Blindness to scene changes caused by mudsplashes. *Nature, 398*, 34.

OHLMANN, T. (1995). Théorie neutraliste de l'évolution et dynamique des processus vicariants: une nécessaire convergence. Dans J. Lautrey (dir.), *Universel et différentiel en psychologie* (p. 77-105). Paris: Presses Universitaires de France.

OHLMANN, T. (sous presse). Groupes, types, styles et vicariances. Dans P.Y. Gilles (dir.), *La psychologie différentielle.* Paris: Éditions Bréal.

OHLMANN, T., et MARENDAZ, C. (1991). Vicarious processes involved in spatial perception. Dans S. Wapner et J. Demick (dir.), *Bio-Psycho-Social Factors in Cognitive Style* (p. 106-129). Hillsdale: Lawrence Erlbaum Associates.

OLDFIELD, R.C., et WINGFIELD, A. (1965). Response latencies in naming objects. *Quarterly Journal of Experimental Psychology, 17*, 273-281.

OLIVA, A., et SCHYNS, P. (1997). Coarse blobs or fine edges? Evidence that information diagnosticity changes the perception of complex visual stimuli. *Cognitive Psychology, 34*, 72-107.

ORAM, M.W., et PERRETT, D.I. (1992). Time course of neural responses discriminating different view of the face and head. *Journal of Neurophysiology, 68*, 70-84.

ORLIAGUET, J.-P. (1983). Reproduction de positions de bras chez l'enfant en situation intermodale visuelle et proprioceptive. *Cahiers de psychologie cognitive, 3*, 133-146.

ORLIAGUET, J.-P. (1985). Dominance visuelle ou proprioceptive lors de la perception de la position d'un bras chez l'enfant. *Cahiers de psychologie cognitive, 5*, 609-618.

ORLIAGUET, J.-P., et COELLO, Y. (1998). Le cerveau et le mouvement. *Science & Vie, 204*, 150-156.

ORNSTEIN, R. (1969). *On the experience of time.* New York : Penguin.

OSGOOD, C.E. (1953). *Method and theory in experimental psychology.* New York : Oxford University Press.

OSIEK, C. (1977) Interférence entre différentes propriétés de l'objet chez l'enfant. *Archives de psychologie, 45*, 279-325.

OSTERBERG, G. (1935). Topography of the layer of rods and cones in the human retina. *Acta Ophthalmogica, suppl. 6*, 1-103.

OWSLEY, C.J., SEKULER, R., et SIEMSEN, D. (1983). Contrast sensitivity throughout adulthood. *Vision Research, 23*, 689-699.

PACHERIE, E. (1997). Du problème de Molyneux au problème de Bach-y-Rita. Dans J. Proust (dir.), *Perception et intermodalité : Approches actuelles de la question de Molyneux* (p. 255-293). Paris : Presses Universitaires de France.

PAILHOUS, J., FERRANDEZ, A.M., FLÜCKIGER, M., et BAUMBERGER, B. (1990). Unintentional modulations of human gait by optical flow. *Behavioural Brain Research, 38*, 273-281.

PAILHOUS, J., et THINUS-BLANC, C. (1994). Locomotion et espace de déplacement. Dans M. Richelle, J. Requin et M. Robert (dir.), *Traité de psychologie expérimentale*, vol. 1 (p. 729-775). Paris : Presses Universitaires de France.

PAILLARD, J. (1971). Les déterminants moteurs de l'organisation spatiale. *Cahiers de psychologie cognitive, 14*, 261-316.

PAILLARD, J. (1980). Le corps identifié et le corps situé. *Revue médicale de la Suisse romande, 100*, 129-141.

PAILLARD, J. (1991). Knowing where and knowing how to get there. Dans J. Paillard (dir.), *Brain and Space* (p. 461-481). Oxford : Oxford University Press.

PAILLARD, J. (1994). La conscience. Dans M. Richelle, J. Requin et M. Robert (dir.), *Traité de psychologie expérimentale*, vol. 2 (p. 639-684). Paris : Presses Universitaires de France.

PALMER, S., et ROCK, I. (1994). Rethinking perceptual organization : The role of uniform connectedness. *Psychonomic Bulletin and Review, 1*, 29-55.

PALMER, S.E. (1993). Modern theories of gestalt perception. Dans G.W. Humphreys (dir.), *Understanding vision* (p. 39-70). Oxford : Blackwell.

PALMER, S.E. (1999). *Vision science : Photons to phenomenology.* Cambridge, MA : MIT Press.

PALMER, S.E., ROSCH, E., et CHASE, P. (1981). Canonical perspective and the perception of objects. Dans J. Long et A. Baddeley (dir.), *Attention and performance, IX* (p. 135-151). Hillsdale : Laurence Erlbaum Associates.

PAQUET, L. (1991). Prédominance du tout dans la reconnaissance d'objets : artefact ou règle du traitement ? *Canadian Journal of Psychology, 45*, 37-53.

PARASURAMAN, R. (1984). Sustained attention. Dans R. Parasuraman et D.R. Davies (dir.), *Varieties of attention* (p. 243-271). New York : Academic Press.

PARASURAMAN, R. (1998). *The attentive brain.* Cambridge, MA : MIT Press.

PARKER, D., LISHMAN, J., et HUGHES, J. (1992). Temporal integration of spatially filtered visual images. *Perception, 21*, 147-160.

PAROT, F. (1992). *Introduction à la psychologie : histoire et méthodes.* Paris : Presses Universitaires de France.

PASHLER, H. (1996). Structures, processes and the flow of information. Dans E. Bjork et R. Bjork (dir.), *Handbook of learning and memory* (p. 3-29). San Diego : Academic Press.

PASHLER, H., et BADGIO, P.C. (1985). Visual attention and stimulus identification. *Journal of Experimental psychology : Human Perception and Performance, 11*, 105-121.

PAULUS, W., STRAUBE, A., KRAFCZYK, S., et BRANDT, T. (1989). Differential effects of retinal target displacement, changing size and changing disparity in the control of anterior/posterior and lateral body sway. *Experimental Brain Research, 78*, 243-252.

PEACOCK, K. (1985). Synesthetic perception : Alexander Scriabin's color hearing. *Music Perception, 2*, 483-506.

PÊCHEUX, M.-G., et LÉCUYER, R. (1989). Les méthodes d'étude du nourrisson. Dans J.P. Rossi (dir.), *La méthode expérimentale en psychologie.* Paris : Dunod.

PELEG, G., et GOLDMAN, J.A. (1980). Fetal heart rate acceleration in response to light stimulation as a clinical measurement of well-being. *Journal of Perinatal Medicine, 8*, 38-41.

PENFIELD, W., et RASMUSSEN, T. (1950). *The cerebral cortex of man : A clinical study of localization of function.* New York : Macmillan.

PENFIELD, W., et ROBERTS, L. (1963). *Langage et mécanismes cérébraux.* Paris : Presses Universitaires de France.

PENTON-VOAK, I.S., EDWARDS, H., PERCIVAL, A., et WEARDEN, J.H. (1996). Speeding up an internal clock in humans : Effects of click trains on subjective duration. *Journal of Experimental Psychology : Animal Behavior Processes, 22*, 307-320.

PERNIER, J., et BERTRAND, O. (1997). L'électro- et la magnéto-encéphalographie. Dans S. Dehaene (dir.), *Le cerveau en action : imagerie cérébrale fonctionnelle en psychologie cognitive* (p. 71-95). Paris : Presses Universitaires de France.

PERU, A., MORO, V., AVESANI, R., et AGLIOTI, S. (1996). Overt and covert processing of left-side information in unilateral neglect investigated with chimeric drawings. *Journal of Clinical and Experimental Neuropsychology, 18*, 621-630.

PETERSON, M.A., et GIBSON, B.S. (1991). The initial identification of figure-ground relationships : Contributions from shape recognition processes. *Bulletin of the Psychonomic Society, 29*, 199-202.

PETRY, S., et MEYER, G.E. (dir.) (1987). *The perception of illusory contours.* New York : Springer-Verlag.

PETTIGREW, J.D. (1990). Is there a single, most efficient algorithm for stereopsis? *Vision : Coding and efficiency.* C. Blakemore, MA : Cambridge University Press.

PEYNAUD, E., et BLOUIN, J. (1996). *Le goût du vin,* 3ᵉ éd. Paris : Dunod.

PEYRIN, C., CHAUVIN, A., MARENDAZ, C., et CHOKRON, S. (sous-presse). Hemispheric specialization for spatial frequency processing in the analysis of natural scenes, *Brain and Cognition.*

PIAGET, J. (1952 [1935]). *La naissance de l'intelligence chez l'enfant.* Neuchâtel : Delachaux et Niestlé.

PIAGET, J. (1937). *La construction du réel chez l'enfant.* Neuchâtel : Delachaux et Niestlé.

PIAGET, J. (1961). *Les mécanismes perceptifs.* Paris : Presses Universitaires de France (trad. anglaise par G.N. Seagrim et P. Dasen [1969]. *The mechanisms of perception.* New York : Basic Books).

PIAGET, J. (1963). L'explication en psychologie et le parallélisme psychophysiologique. Dans P. Fraisse et J. Piaget (dir.), *Traité de psychologie expérimentale,* vol. 1 (p. 121-152). Paris : Presses Universitaires de France.

PIAGET, J. (1963). Le développement des perceptions en fonction de l'âge. Dans P. Fraisse et J. Piaget (dir.), *Traité de psychologie expérimentale* (fasc. VI : La perception, p. 1-62). Paris : Presses Universitaires de France.

PIAGET, J. (1965). *Sagesse et illusions de la philosophie.* Paris : Presses Universitaires de France.

PIAGET, J., BANG, V., et MATALON, B. (1958). Note on the law of the temporal maximum of some optico-geometric illusions : *American Journal of Psychology, 71,* 277-282.

PIAGET, J., et INHELDER, B. (1966). *La psychologie de l'enfant.* Paris : Presses Universitaires de France, coll. « Que sais-je ? », nᵒ 369.

PIAGET, J., LAMBERCIER, M., MAROUN, J., et WEINER, M. (1958). La causalité perceptive visuelle chez l'enfant et chez l'adulte. *Archives de psychologie, 36* (141-144), 77-252.

PIAGET, J., MAIRE, F., et PRIVAT, F. (1954). La résistance des bonnes formes à l'illusion de Müller-Lyer. *Archives de psychologie, 34,* 155-202.

PIAGET, J., RUTSCHMANN, J., et MATALON, B. (1959). Nouvelles mesures des effets de centration en présentation tachistoscopique. *Archives de psychologie, 37,* 140-165.

PIAGET, J., VINH BANG, et MATALON, B. (1958). The law of temporal maximum. *American Journal of Psychology, 71,* 277-282.

PIANTANIDA, T. (1991). Genetics of inherited colour vision deficiencies. Dans D.H. Foster (dir.), *Inherited and acquired colour vision deficiencies* (p. 88-114). Boca Raton : CRC Press.

PICK, A.D. (1979). *Perception and its development : A tribute to Eleanor J. Gibson.* Hillsdale, NJ : Lawrence Erlbaum Associates.

PICK, H.L., et PICK, A.D. (1970). Sensory and perceptual development. Dans P.H. Mussen (dir.), *Charmichael's manual of child psychology,* vol. I (p. 773-847). New York : John Wiley and Sons.

PIÉRON, H. (1955). *La sensation guide de vie,* 2ᵉ éd. Paris : Gallimard.

PITTENGER, J.B. (1991). Cognitive physics and event perception : Two approaches to the assessment of people's knowledge of physics. Dans R.R. Hoffman et D.S. Palermo (dir.), *Cognition and the Symbolic Processes : Applied and Ecological perspectives* (p. 233-254). Hillsdale, NJ : Erlbaum.

PLANT, G.T. (1991). Disorders of colour vision in diseases of the nervous system. Dans D.H Foster (dir.), *Inherited and acquired colour vision deficiencies* (p. 173-198). Boca Raton : CRC Press.

POHLMANN, L.D., et SORKIN, R.D. (1976). Simultaneous three-channel signal detection : Performance and criterion as a function of order of report. *Perception and Psychophysics, 20,* 179-186.

POMERANTZ, J.R., et KUBOVY, M. (dir.) (1981). Perceptual organization : An overview. Dans *Perceptual organization* (p. 423-456). Hillsdale, NJ : Lawrence Erlbaum.

POSNER, M.I. (1967). Characteristics of visual and kinesthetic memory. *Journal of Experimental Child Psychology, 75,* 103-107.

POSNER, M.I. (1980). Orienting of attention. *Quarterly Journal of Experimental Psychology, 32,* 3-25.

POSNER, M.I., NISSEN, M.J., et OGDEN, W.C. (1978). Attended and unattended processing modes : The role of set for spatial location. Dans H.I. Pick et I.J. Saltzmann (dir.), *Modes of perceiving and processing information* (p. 137-157). Hillsdale, NJ : Erlbaum.

POSNER, M.I., et PETERSEN, S.E. (1990). The attention system of the human brain. *Annual Review of Neuroscience, 13,* 25-42.

POSNER, M.I., et RAICHLE, M.E. (1997). *Images of mind.* New York : Scientific American.

POSNER, M.I., SNYDER, C.R.R., et DAVIDSON, B.J. (1980). Attention and the detection of signals. *Journal of Experimental Psychology : General, 109,* 160-174.

POSNER, M.I., WALKER, J.A., FRIEDRICH, F.J., et RAFAL, R.D. (1984). Effects of parietal injury on covert orienting of attention. *Journal of Neuroscience, 4,* 1863-1874.

POSNER, M.I., WALKER, J.A., FRIEDRICH, F.J., et RAFAL, R.D. (1987). How do the parietal lobes direct covert attention ? *Neuropsychologia, 25,* 135-145.

POSTMAN, L. (1951). Toward a general theory of cognition. Dans J.H. Rohrer et M. Sherif (dir.), *Social psychology at the crossroads* (p. 242-272). New York : Harper.

POSTMAN, L. (1968). *Psychology in the making.* New York : Alfred A. Knopf.

POTTER, M.C., et FAULCONER, B.A. (1975). Time to understand pictures and words. *Nature, 253,* 437-438.

POYNTER, D.G., et HOMA, D. (1983). Duration judgment and the experience of change. *Perception and Psychophysics*, *33*, 548-560.

POZZO, T., BERTHOZ, A., LEFORT, L., et VITTE, E. (1991). Head stabilization during various locomotor tasks in humans: II. Patients with bilateral peripheral vestibular deficits. *Experimental Brain Research*, *85*, 208-217.

PRABLANC, C., ECHALLIER, J.F., et autres. (1979). Optimal response of eye and motor systems in pointing at a visual target: I. Spatio-temporal characteristics of eye and hand movements and their relationships when varying the amount of visual information. *Biological Cybernetics*, *35*, 113-124.

PRAZDNY, K. (1980). Egomotion and relative depth map from optical flow. *Biological Cybernetics*, *36*, 87-102.

PRECHTL, H.F.R., et BEINTEMA, D.J. (1964). *The neurological examination of full-term newborn infant*, vol. 12. London: Heinmann.

PRENTICE, W.C.H. (1948). New observation of « binocular yellow ». *Journal of Experimental Psychology*, *38*, 284-288.

PRINZ, J.J. (2002). *Furnishing the mind: Concepts and their perceptual basis.* Cambridge, MA: MIT Press.

PRITCHARD, R.M. (1961). Stabilized images on the retina. Dans R. Held et W. Richards (dir.), *Perception: Mechanisms and models* (p. 176-182). San Francisco: Freeman; *Scientific American*, *204*, 72-78.

PROFFITT, D.R., et KAYSER, M.K. (1995). Perceving events. Dans W. Epstein et S. Rogers (dir.), *Perception of space and motion* (p. 227-261). New York: Academic Press.

PROUST, J. (1997). *Perception et intermodalité: approches actuelles de la question de Molyneux.* Paris: Presses Universitaires de France.

PUFALL, P.B., et DUNBAR, C. (1992). Perceiving whether or not the world affords stepping onto and over: A developmental study. *Ecological Psychology*, *4*, 17-38.

PUGNIÈRE, F. (1995). *Stabilisation de la tête et expertise en gymnastique.* Mémoire de DEA en Sciences et techniques des activités physiques et sportives. Marseille: Université de la Méditerranée.

PULASKI, P.D, ZEE, D.S., et ROBINSON, D.A. (1981). The behavior of the vestibulo-ocular reflex at high velocities of head rotation. *Brain Research*, *222*, 159-165.

PULEO, J.S., et PASTORE, R.E. (1978). Critical-band effects in two-channel auditory signal detection. *Journal of Experimental Psychology: Human Perception and Performance*, *4*, 153-163.

PUNTER, P.H. (1983). Measurement of human olfactory thresholds for several groups of structurally related compounds. *Chemical Senses*, *7*, 215-235.

RABIN, M.D., et CAIN, W.S. (1984). Odor recognition, familiarity, identifiability and encoding consistency. *Journal of Experimental Psychology: Learning, Memory et Cognition*, *10*, 316-325.

RABIN, M.D., et CAIN, W.S. (1986). Determinants of measured olfactory sensitivity. *Perception and Psychophysics*, *39*, 281-286.

RADEAU, M. (1997). Du ventriloque à l'embryon: une réponse à Molyneux. Dans J. Proust (dir.), *Perception et intermodalité: approches actuelles de la question de Molyneux* (p. 223-252). Paris: Presses Universitaires de France.

RAFAL, R., et ROBERTSON, L. (1995). The neurology of visual attention. Dans M. Gazzaniga (dir.), *The cognitive neurosciences* (p. 625-648). Cambridge: MIT Press.

RAFAL, R.D., et POSNER, M.I. (1987). Deficits in human visual spatial attention following thalamic lesions. *Proceedings of the National Academy of Sciences of the United States of America*, *84*, 7349-7353.

RAFAL, R.D., POSNER, M.I., FRIEDMAN, J.H., INHOFF, A.W., et BERNSTEIN, E. (1988). Orienting of visual attention in progressive supranuclear palsy. *Brain*, *111*, 267-280.

RAMACHANDRAN, V.S. (1987). Visual perception of surfaces: A biological theory. Dans S. Petry et G.E. Meyer (dir.), *The perception of illusory contours* (p. 93-108). New York: Springer-Verlag.

RAMACHANDRAN, V.S. (1995). 2-D or not 2-D – that is the question. Dans R.L. Gregory, J. Harris, P. Heard et D. Rose (dir.), *The artful eye* (p. 249-267). New York: Oxford University Press.

RAMACHANDRAN, V.S. et HIRSTEIN, W. (1998). The perception of phantom limbs. The D.O. Hebb lecture. *Brain*, *121*, 1603-1630.

RAMMSAYER, T.H. (1995). Extraversion and alcohol: Eysenck's drug postulate revisited. *Neuropsychobiology*, *32*, 197-207.

RAMMSAYER, T.H. (1997). Are there dissociable roles of the mesostriatal and mesolimbocortical dopamine systems on temporal information processing in humans. *Neuropsychobiology*, *35*, 36-45.

RAMMSAYER, T.H., et GRONDIN, S. (2000). Psychophysics of human timing. Dans R. Miller (dir.), *Time and brain: Conceptual advances in brain research* (p. 15-167). Reading, R.-U.: Harwood Academic Publishers.

RAMMSAYER, T.H., et VOGEL, W.H. (1992). Pharmacologic properties of the internal clock underlying time perception in humans. *Neuropsychobiology*, *26*, 71-80.

RANSON, S.W., et CLARK, S.L. (dir.) (1959). *The anatomy of the nervous system: Its development and function*, 10e éd. Philadelphie, PA: Saunders.

RATLIFF, F. (1976). On the psychophysiological bases of universal color terms. *Proceedings of the American Philosophical Society*, *120*, 311-330.

RATLIFF, F. (1992). *Paul Signac and color in neo-impressionism.* New York: Rockefeller University Press.

RAYLEIGH, LORD (1907). On our perception of sound direction. *Philosophical Magazine*, *13*, 214-232.

REED, E.S. (1982). An outline of a theory of action systems. *Journal of Motor Behavior*, *14*, 98-134.

REED, E.S. (1988). *J.J. Gibson and the psychology of perception*. New Haven, CT: Yale University Press.

REED, E.S. (1996). *Encountering the world*. New York: Oxford University Press.

REESE, H.W., et LIPSITT, L.P. (1970). *Experimental child psychology*. New York: Academic Press.

REGAN, D.M., et BEVERLEY, K.I. (1979). Binocular and monocular stimuli for motion-in-depth: Changing-disparity and changing-size inputs feed the same motion-in-depth stage. *Vision Research, 19*, 1331-1342.

REMINGTON, R.W., JOHNSTON, J.C., et YANTIS, S. (1992). Involuntary attentional capture by abrupt onsets. *Perception and Psychophysics, 51*, 279-290.

REPP, B.H. (1998a). The detectability of local deviations from a typical expressive timing pattern. *Music Perception, 15*, 265-289.

REPP, B.H. (1998b). Obligatory «expectations» of expressive timing induced by perception of musical structure. *Psychological Research, 61*, 33-43.

REPP, B.H. (1998c). Variations on a theme by Chopin: Relations between perception and production of timing in music. *Journal of Experimental Psychology: Human Perception and Performance, 24*, 791-811.

REPP, B.H. (1999). Control of expressive and metronomic timing in pianists. *Journal of Motor Behavior, 31*, 145-164.

REUCHLIN, M. (1962). *Les méthodes quantitatives en psychologie*. Paris: Presses Universitaires de France.

REUCHLIN, M. (1973). *Les méthodes en psychologie*, vol. 1359. Paris: Presses Universitaires de France.

REUCHLIN, M. (1974). *Histoire de la psychologie*, vol. 732. Paris: Presses Universitaires de France.

REUCHLIN, M. (1978). Processus vicariants et différences interindividuelles. *Journal de psychologie, 2*, 133-145.

REUCHLIN, M. (1990). *Psychologie*. Paris: Presses Universitaires de France.

REUCHLIN, M. (1992). *Introduction à la recherche en psychologie*. Paris: Nathan.

RICCIO, G.E. (1993). Information in movement variability about the qualitative dynamics of posture and orientation. Dans K.M. Newell et D.M. Corcos (dir.), *Variability and motor control* (p. 317-357). Champaign, IL: Human Kinetics Publishers.

RICCIO, G.E., MARTIN, E.J., et STOFFREGEN, T.A. (1992). The role of balance dynamics in the active perception of orientation. *Journal of Experimental Psychology: Human Perception and Performance, 18*, 624-644.

RICCIO, G.E., et STOFFREGEN, T.A. (1990). Gravito-inertial force versus the direction of balance in the perception and control of orientation. *Psychological Review, 97*, 135-137.

RICHARDS, J.E., et autres (1998). *Cognitive neuroscience of attention: A developmental perspective*. Mahwah, NJ: Erlbaum.

RICHARDS, J.E., et RADER, N. (1983). Affective, behavioral, and avoidance responses on the visual cliff: Effect of crawling onset age, crawling experience, and testing age. *Psychophysiology, 20*, 633-642.

RICHARDS, W. (1970). Stereopsis and stereoblindness. *Experimental Brain Research, 10*, 380-388.

RICHARDSON, J.T., et ZUCCO, G.M. (1989). Cognition and olfaction: A review. *Psychological Bulletin, 105*, 352-360.

RICHARDSON-KLAVEHN, A., et BJORK, R.A. (1988). Measures of memory. *Annual Review of Psychology, 39*, 475-543.

RICHELLE, M. (1991). Dans R. Doron et F. Parot, *Dictionnaire de la psychologie*, p. 479. Paris: Presses Universitaires de France.

RICHMOND PRODUCTS (1983). Pseudo-isochromatic plates for testing color perception.

RIDDOCH, M.J., et HUMPHREYS, G.W. (1987a). A case of integrative visual agnosia. *Brain, 110*, 1431-1462.

RIDDOCH, M.J., et HUMPHREYS, G.W. (1987b). Visual object processing in optic aphasia: A case of semantic access agnosia. *Cognitive Neuropsychology, 4*, 131-185.

RIEGER, J.H., et LAWTON, D.T. (1985). Processing differential image motion. *Journal of the Optical Society of America, A2*, 354-360.

RILEY, A.L., et TUCK, D.L. (1985). Conditioned taste aversions: A bibliography. *Annals of the New York Academy of Science, 443*, 381-437.

RISSET, J.C., et MATHEWS, M.V. (1969). Analysis of musical instrument tones. *Physics Today, 22* (2), 23-30.

RIZZOLATTI, G., et CAMARDA, R. (1987). Neural circuits for spatial attention and unilateral neglect. Dans M. Jeannerod (dir.), *Neurophysiological and neuropsychological aspects of neglect* (p. 289-313). Amsterdam: North-Holland.

ROBERT, M. (dir.) (1988). *Fondements et étapes de la recherche scientifique en psychologie*. Saint-Hyacinthe, Québec: Edisem.

ROBERT, M. (1994). Stratégies méthodologiques. Dans M. Richelle, J. Requin et M. Robert (dir.), *Traité de psychologie expérimentale*, vol. 1 (p. 43-77). Paris: Presses Universitaires de France.

ROBERTSON, I.H., et MARSHALL, J.C. (1993). *Unilateral neglect: Clinical and experimental studies*. Hove: Erlbaum.

ROBIN, L. (1963). *La pensée grecque*. Paris: Albin Michel.

ROBINSON, D.L., GOLDBERG, M.E., et STANTON, G.B. (1978). Parietal association cortex in the primate: Sensory mechanisms and behavioral modulations. *Journal of Neurophysiology, 41*, 910-932.

ROBINSON, D.L., et WURTZ, R. (1976). Use of an extraretinal signal by monkey superior colliculus neurons to distinguish real from self-induced stimulus movement. *Journal of Neurophysiology, 39*, 852-870.

ROBINSON, J.O. (1972). *The psychology of visual illusions*. London: Hutchinson.

ROBSON, J.G., et CARPENTER, R.H.S. (1999). *Vision research: A practical guide to laboratory methods.* New York: Oxford University Press.

ROCHAT, P. (1983). Oral touch in young infants: Responses to variation of nipple characteristics in the first months of life. *International Journal of Behavioral Development, 6*, 123-133.

ROCHAT, P. (1984). *Développement des relations entre la vision et le toucher dans la construction par l'enfant de certains paramètres spatiaux de l'objet.* Berne: Peter Lang Ed.

ROCHAT, P. (1995). *The self in infancy.* Amsterdam: Elsevier.

ROCHAT, P. (1998). Self-perception and action in infancy. *Experimental Brain Research, 123*, 102-109.

ROCHAT, P. (2001). *The infant's world.* Cambridge, MA: Harvard University Press.

ROCHAT, P., et HESPOS, S.J. (1996). Tracking and anticipation of invisible spatial transformation by 4-to-8-month-old-infants. *Cognitive Development, 11* (1), 3-17.

ROCHAT, P., et MORGAN, R. (1995). Spatial determinants in the perception of self-produced leg movements by 3-5 month-old infants. *Developmental Psychology, 31*, 626-636.

ROCHAT, P., et REED, E.S. (1989). Le concept d'affordance et les connaissances du nourrisson. *Psychologie française, 32* (1-2), 97-104.

ROCHAT, P., et SENDERS, S.J. (1991). Active touch in infancy: Actions systems in development. Dans M.J. Weiss et P.R. Zelazo (dir.), *Biological constraints and the influence of experience* (p. 412-442). Norwood, NJ: Ablex.

ROCHON-DUVIGNEAUD, A. (1943). *Les yeux et la vision des vertébrés.* Paris: Masson Éditeur.

ROCK, I. (1966). *The nature of perceptual adaptation.* New York: Basic Books.

ROCK, I. (1973). *Orientation and form.* New York: Academic Press.

ROCK, I. (1975). *An introduction to perception.* New York: Macmillan.

ROCK, I. (1983). *The logic of perception.* Cambridge, MA: Bradford Books / MIT Press.

ROCK, I. (1987). *The logic of perception*, 3e éd. Cambridge, MA: MIT Press.

ROCK, I. (1997). *Indirect perception.* Cambridge, MA: MIT Press.

ROCK, I., et GUTTMAN, D. (1981). The effect of inattention on form perception. *Journal of Experimental Psychology: Human Perception and Performance, 7*, 275-285.

ROCK, I., et HARRIS, C. (1967). Vision and touch. *Scientific American, 216*, 96-104.

ROCK, I., et PALMER, S. (1991). L'héritage du gestaltisme. *Pour la Science, 160*, 64-70.

ROCK, I., et VICTOR, J. (1964). Vision and touch: An experimentally created conflict between the senses. *Science, 143*, 594-596.

ROECKELEIN, J.E. (2000). *The concept of time in psychology: A resource book and annotated bibliography.* Westport, CT: Greenwood.

ROGERS, B., et GRAHAM, M. (1979). Motion parallax as an independent cue for depth perception. *Perception, 8*, 125-134.

ROGERS, S. (1995). Perceiving pictorial space. Dans W. Epstein et S. Rogers (dir.), *Perception of space and motion* (p. 119-163). New York: Academic Press.

ROIRE, J. (2000). Les noms des couleurs. *Pour la Science: La couleur,* avril (dossier hors série), 118-119.

ROLL, J.-P. (1994). Sensibilités cutanées et musculaires. Dans M. Richelle, J. Requin, et M. Robert (dir.), *Traité de psychologie expérimentale* (p. 483-542). Paris: Presses Universitaires de France.

ROLLMAN, G. (1977). Signal detection theory measurement of pain: A review and critique. *Pain, 3*, 187-211.

ROLLMAN, G. (1992). Cognitive effects in pain and pain judgments. Dans D. Algom (dir.), *Psychophysical approaches to cognition* (p. 515-574). Amsterdam: North-Holland.

ROLLS, E.T. (1999). The functions of orbitofrontal cortex. *Neurocase, 5*, 301-312.

RONDAL, J.-A., et ESPERET, E. (1999). *Manuel de psychologie de l'enfant.* Hayen: Pierre Mardaga.

ROSCH, E.H., MERVIS, C.B., GRAY, W.D., Johnson, D.M., et Boyes-Braem, P. (1976). Basic objects in natural categories. *Cognitive Psychology, 8*, 382-439.

ROSE, S.A., GOTTFRIED, A.W., et BRIDGER, W.H. (1981). Cross-modal transfer in 6-month-old infants. *Developmental Psychology, 17*, 661-669.

ROSENBERG, C.R., et SEJNOWSKI, T.J. (1987). Parallel networks that learn to pronounce English text. *Complex Systems, 1.*

ROSENZWEIG, M.R., et LEIMAN, A.L. (1991). *Psychophysiologie.* Paris: InterÉditions.

ROSENZWEIG, M.R., LEIMAN, A.L., et BREEDLOVE, S.M. (1996). *Biological Psychology.* Sunderland, MA: Sinauer Associates.

ROSENZWEIG, M.R., LEIMAN, A.L., et BREEDLOVE, S.M. (1998). *Psychobiologie.* Bruxelles: De Boek Université.

ROSS, H. (1974). *Behaviour and perception in strange environments.* Londres: Allen and Unwin.

ROSS, H.E., CRICKMAR, S.D., SILLS, N.V., et OWEN, E.P. (1969). Orientation to the vertical in free divers. *Aerospace Medicine, 40*, 728-732.

ROSS, M., et PLUG, C. (2002). *The mystery of the moon illusion. Exploring size perception.* New York: Oxford University Press.

ROSSI, J.-P. (1991). *La recherche en psychologie.* Paris: Dunod.

ROSSI, J.-P., Crombe, P., Lécuyer, R., Pêcheux, M.-G., et Tourrette, C. (1989). *La méthode expérimentale en psychologie.* Paris: Dunod.

ROUBY, C., SCHALL, B., DUBOIS, D., GERVAIS, R., ET HOLLEY, A. (dir.) (2002). *Olfaction, taste, and cognition.* Cambridge: Cambridge University Press.

ROUDNITSKA, E. (1990). *Le parfum*, 3e éd. Paris : Presses Universitaires de France, coll. « Que sais-je ? ».

ROUILLER, E. (1997). *Physiologie du système auditif central : enseignement plurifacultaire en neurosciences cognitives*, Université de Genève.

ROUSSEAU, R., PICARD, D., et PITRE, E. (1984). An adaptive counter model for time estimation. Dans J. Gibbon et L.G. Allan (dir.), *Annals of the New York Academy of Sciences : Vol. 423. Timing and time perception* (p. 639-642). New York : New York Academy of Sciences.

ROUSSET, S., CHARNALLET, A., DIEDERICHS, H., SCHREIBER, A.C., CARBONNEL, S., et PELLAT, J. (1996). Can semantic impairment be a consequence of autobiographical memory loss? (Communication à la 2nd International Conference on Memory, Abano Terme, Italie.)

ROUSSET, S., SCHREIBER, A.C., et WANG, S. (1988). *Modélisation et simulation connexionniste de l'identification des visages en contexte : le système FACENET.* Institut National Polytechnique de Grenoble, TIM3-IMAG Technical Report RR-742-17.

ROYDEN, C.S., BANKS, M.S., et CROWELL, J.A. (1992). The perception of heading during eye movements. *Nature, 360*, 583-585.

ROYET, J.P., DISTEL, H., HUDSON, R., et GERVAIS, R. (1998). A re-examination of the number of glomeruli and mitral cells in the olfactory bulb of rabbit. *Brain Research, 788*, 35-42.

RUBIN, E. (1958 [1915]). Figure and ground. Dans D.C. Beardslee et M. Wertheimer (dir.), *Readings in perception* (p. 194-203). New York : Van Nostrand.

RUFF, H.A., et KOHLER, C.J. (1978). Tactual-visual transfer in six-month-old infants. *Infant Behavior and Development, 1*, 259-264.

RUNESON, S. (1977). On visual perception of dynamic events. *Acta Universitatis Upsaliensis : Studia Psychologia Upsaliensis, Series 9.*

RUSHTON, W.A.H. (1962). Visual pigments in man. *Scientific American, 207*, 120-132.

RUSHTON, W.A.H. (1975). Visual pigments and color blindness. *Scientific American, 232*, 64-74.

SABOURIN, M. (1994). Problèmes d'éthique en recherche humaine et animale. Dans M. Richelle, J. Requin et M. Robert (dir.), *Traité de psychologie expérimentale*, vol. 1 (p. 143-158). Paris : Presses Universitaires de France.

SACKS, O. (1997). *L'île en noir et blanc.* Paris : Éditions du Seuil.

SACKS, O., et WASSERMAN, R. (1987). The case of the color blind painter. *The New York Review, 34* (18), 25-34.

SAFRAN, A.B., LANDIS, T. (1998). The vanishing of the Sun : A manifestation of plasticity in the visual cortex. *Survey of Ophtalmology, 42*, 449-452.

SALAPATEK, P. (1973). The visual investigation of geometric pattern by the one- and two-month-old infant. Dans L.J. Stone, H.T. Smith et L.B. Murphy (dir.), *The Competent Infant* (p. 631-636). New York : Basic Books, Inc. Publishers.

SALAPATEK, P. (1975). Pattern perception in early infancy. Dans L.B. Cohen et P. Salapatek (dir.), *Infant perception : From sensation to cognition*, vol. 1 (p. 133-248). New York : Academic Press.

SAMUELS, C.A., BUTTERWORTH, G., ROBERTS, T., GRAUPNER, L., et HOLE, G. (1994). Facial aesthetics : Babies prefer attractiveness to symmetry. *Perception, 23*, 823-831.

SARTORI, G., et JOB, R. (1988). The oyster with four legs : A neuropsychological study on the interaction of visual and semantic information. *Cognitive Neuropsychology, 5*, 105-132.

SATT, B.J. (1984). *An investigation into the acoustical induction of intra-uterine learning*, California School of Professional Psychology.

SAVELSBERGH, G.J.P., WHITING, H.T.A., et BOOTSMA, R.J. (1991). Grasping tau. *Journal of Experimental Psychology : Human Perception and Performance, 17*, 315-322.

SCHAAL, B. (1991). L'organisation de la perception olfactive au cours de la période périnatale. Dans F. Jouen et A. Hénocq (dir.), *Du nouveau-né au nourrisson* (p. 63-91). Paris : Presses Universitaires de France.

SCHAAL, B., MARLIER, L., et SOUSSIGNAN, R. (1995). Neonatal responsiveness to the odour of amniotic fluid. *Biology of the neonate, 67*, 397-406.

SCHAAL, B., MARLIER, L., SOUSSIGNAN, R., et JIANG, T. (1996). Le nez du nouveau-né : exploration des préférences olfactives initiales. Dans C. Bonnet et J. Hossenlopp (dir.), Des goûts et des odeurs... *Psychologie française, 41* (3).

SCHAAL, B., et PORTER, R.H. (1991). « Microsmatic humans » revisited : The generation and perception of chemical signals. *Advances in the study of behavior, 20*, 135-199.

SCHARF, B., et BUUS, S. (1986). Audition : I. Stimulus, physiology, thresholds. Dans K. Boff, L. Kaufman et J. Thomas (dir.), *Handbook of perception and performance*, vol. I (p. 14-1–14-71). New York : Wiley.

SCHARF, B., et HOUTSMA, A.J.M. (1986). Loudness, pitch, localization, aural distorsion, pathology. Dans K.R Boff, L. Kaufman et J.P. Thomas, *Handbook of perception and human performance* (p. 15.1-15.60). New York : John Wiley and Sons.

SCHIFF, W. (1965). Perception of impending collision : A study of visually directed avoidant behavior. *Psychological Monographs, 79* (11), nº 604.

SCHIFF, W., CAVINESS, J.A., et GIBSON, J.J. (1962). Persistent fear responses in rhesus monkeys to the optical stimulus of « looming ». *Science, 136*, 982-983.

SCHIFF, W., et DETWILER, M.L. (1979). Information used in judging impending collision. *Perception, 8*, 647-658.

SCHIFF, W., et OLDAK, R. (1990). Accuracy of judging time-to arrival: Effects of modality, trajectory, and gender. *Journal of Experimental Psychology: Human Perception and Performance*, *16*, 303-316.

SCHIFFMAN, H.R. (1967). Size-estimation of familiar objects under informative and reduced conditions of viewing. *American Journal of Psychology*, *80*, 229-235.

SCHIFFMAN, H.R. (1990). *Sensation and perception: An integrated approach.* New York: Wiley.

SCHIFFMAN, H.R. (1996). *Sensation and perception: An integrated approach*, 4e éd. New York: John Wiley.

SCHIFFMAN, S.S. (1998). Livestock odors: Implications for human health and well-being. *Journal of Animal Science*, *76*, 1343-1355.

SCHIFFMAN, S.S., et ERIKSON, R.P. (1971). A theoretical review: A psychophysical model for gustatory quality. *Physiology and Behavior*, *1*, 617-633.

SCHLAUG, G., JANCKE, L., HUANG, Y., et STEINMETZ, H. (1995). In vivo evidence of structural brain asymmetry in musicians. *Science*, *267*, 699-701.

SCHMIDT, R.A. (1975). A schema theory of discrete motor skill learning. *Psychological Review*, *82*, 225-260.

SCHMIDT, R.A. (1988). *Motor control and learning: A behavioral emphasis*, 2e éd. Champaign: Human Kinetics.

SCHMIDT, R.A., et MCCABE, J.F. (1976). Motor program utilization over extended practice. *Journal of Human Movement Studies*, *2*, 239-247.

SCHONEN, S. DE, et DERUELLE, C. (1993). Reconnaissance des formes et des visages et asymétries hémisphériques chez le nourrisson. Dans V. Pouthas et F. Jouen, *Les comportements du bébé: expression de son savoir?* (p. 71-94). Liège: Mardaga.

SCHÖNER, G. (1991). Dynamic theory of action-perception patterns: The « moving room » paradigm. *Biological Cybernetics*, *64*, 455-462.

SCHÖNER, G. (1994). Dynamic theory of action-perception patterns: The time-before-contact paradigm. *Human Movement Science*, *13*, 415-439.

SCHREIBER, A.C., ROUSSET, S., et TIBERGHIEN, G. (1991). Facenet: A connectionist model of face identification in context. Numéro spécial: Face recognition. *European Journal of Cognitive Psychology*, *3*, 177-198.

SCHUTZ, H.G., et PILGRIM, F.J. (1957). Differential sensitivity in gustation. *Journal of Experimental Psychology*, *54*, 41-48.

SCHWARTZ, R. (1994). *Vision: Variations on some berkeleian themes.* Oxford: Blackwell.

SCHYNS, P., et OLIVA, A. (1994). From blobs to boundary edges: Evidence for time- and spatial-scale-dependent scene recognition. *Psychological Science*, *5*, 195-200.

SCHYNS, P., et OLIVA, A. (1997). Flexible, diagnosticity-driven, rather than fixed, perceptually determined scale selection in scene and face recognition. *Perception*, *26*, 1027-1038.

SCOTTI, G., et SPINNLER, H. (1970). Colour imperception in unilateral hemisphere damaged patients. *Journal of Neurology, Neurosurgery, and Psychiatry*, *33*, 22-28.

SEDGWICK, H.A. (1986). Space perception. Dans K.R. Boff, L. Kaufman et J.P. Thomas (dir.), *Handbook of perception and human performance: Vol. 1. Sensory Processes* (p. 23.21-23.44). New York: Wiley.

SEKULER, R., et BALL, K. (1977). Mental set alters visibility of moving targets. *Science*, *198*, 60-62.

SEKULER, R., et BLAKE, R. (1990). *Perception*, 2e éd. New York: McGraw-Hill.

SELFRIDGE, O.G. (1959). Pandemonium: A paradigm of learning. Dans D.V. Blake et A.M. Uttley (dir.), *Proceedings of symposium on the mechanization of thought processes* (p. 523-526). London: H.M.S.O.

SENDEN, VON M. (1960). *Space and sight.* Glencoe, IL: The Free Press.

SÉRÉ, B., MARENDAZ, C., et HÉRAULT, J. (2000). Nonhomogeneous resolution of images of natural scenes. *Perception*, *29*, 1403-1412.

SERGENT, J. (1984). An investigation into component and configural processes underlying face perception. *British Journal of Psychology*, *75*, 221-242.

SERGENT, J. (1986). Prolegomena to the use of the tachistoscope in neuropsychological research. *Brain and Cognition*, *5* (2), 127-130.

SERON, X. (dir.) (1990). *Psychologie et cerveau.* Paris: Presses Universitaires de France.

SHAFFER, D.R. (2002). *Developmental Psychology.* Belmont, CA: Wadsworth.

SHAW, R., TURVEY, M.T., et MACE, W. (1982). Ecological psychology: The consequence of a commitment to realism. Dans W. Weimerd et D. Palermo (dir.), *Cognition and the symbolic process.* Hillsdale, NJ: Erlbaum.

SHAW, R.E., et ALLEY, J.R. (1985). How to draw learning curves: Their use and justification. Dans T.D. Johnston et A.T. Pietrewicz (dir.), *Issues in the ecological studies of learning* (p. 275-304). Hillsdale, NJ: Erlbaum.

SHAW, R.E., FLASCHER, O.M., et MACE, W.M. (1996). Dimensions of event perception. Dans W. Prinz et B. Bridgemen (dir.), *Handbook of perception and action: Vol. 1. Perception* (p. 345-395). New York: Academic Press.

SHEPARD, R.N. (1990). *Mind sights.* New York: Freeman.

SHEPHERD, G.M. (1987). A molecular vocabulary for olfaction. *Annals of the New York Academy of Science*, *510*, 98-103.

SHEPHERD, J.W., DAVIES, G.M., et ELLIS, H.D. (1981). Studies of cue saliency. Dans G.M. Davies, H.D. Ellis et J.W., Shepherd (dir.), *Perceiving and remembering faces* (p. 105-131). London: Academic Press.

SHERIDAN, J., et HUMPHREYS, G.W. (1993). A verbal semantic category-specific recognition impairment. *Cognitive Neuropsychology*, *10*, 143-184.

SHERIF, M. (1935). A study of some social factor in perception. *Archives of Psychology*, *187*, 1-60.

SHERRICK, C.E., et CHOLEWIAK, R.W. (1986). Cutaneous sensitivity. Dans K.R. Boff, L. Kaufman et J.P. Thomas (dir.), *Handbook of perception and human performance: 1. Sensory processes and perception* (p. 12-1-12-58). Toronto: Wiley.

SHERRINGTON, C.S. (1918). Observations on the sensual role of the proprioceptive nerve supply of the extrinsic muscles. *Brain, 41*, 332-343.

SHIFFRIN, R.M., et GARDNER, G.T. (1972). Visual processing capacity and attentional control. *Journal of Experimental Psychology, 93*, 78-82.

SHULMAN, V.L., Restaino-Baumannn, L.C.R., et Butler, L. (dir.) (1985). *The future of piagetian theory: The neopiagetians*. New York: Plenum Press.

SICARD, G., CHASTRETTE, M., et GODINOT, N. (1997). Des représentations de l'espace olfactif: des récepteurs à la perception. *Intellectica, 2*, 85-107.

SICARD, G., et HOLLEY, A. (1984). Receptor cell responses to odorants: Similarities and differences among odorants. *Brain Research, 292*, 283-296.

SIDAWAY, B., MCNITT-GRAY, J., et DAVIS, G. (1989). Visual timing of muscle preactivation in preparation for landing. *Ecological Psychology, 1*, 253-264.

SIEGLER, R.S. (1993). Commentary: Cheers and lamentations. Dans C. Granrud (dir.), *Visual perception and cognition in infancy* (p. 333-344). Hillsdale, NJ: Lawrence Erlbaum Associates.

SIÉROFF, E. (1994). Les mécanismes attentionnels. Dans X. Seron et M. Jeannerod (dir.), *Neuropsychologie humaine* (p. 127-151). Liège: Mardaga.

SIÉROFF, E., POLLATSEK, A., et POSNER, M.I. (1988). Recognition of visual letter strings following injury to the posterior visual spatial attention system. *Cognitive Neuropsychology, 5*, 427-449.

SILVERI, M.C., et GAINOTTI, G. (1988). Interaction between vision and language in category specific semantic impairment. *Cognitive Neuropsychology, 5*, 677-709.

SIMONS, D., et LEVIN, D. (1997). Change blindness. *Trends in Cognitive Sciences, 1*, 261-268.

SINGER, W., et GRAY, C. (1995). Visual feature integration and the temporal correlation hypothesis. *Annual Review of Neuroscience, 18*, 555-586.

SIQUELAND, E., et DE LUCIA, C.A. (1969). Visual reinforcement of non nutritive sucking in human infants. *Science, 165*, 1144-1146.

SIRIGU, A., DUHAMEL, J.R., et PONCET, M. (1991). The role of sensorimotor experience in object recognition: A case of multimodal agnosia. *Brain, 114*, 2555-2573.

SKINNER, B.F. (1989). The origins of cognitive thought. *American Psychologist, 44*, 13-18.

SLATER, A., MATTOCK, A., et BROWN, E. (1990). Size constancy at birth: Newborn infants' responses to retinal and real size. *Journal of Experimental and Child Psychology, 49*, 314-322.

SLATER, M., et USOH, M. (1994). Modeling in immersive virtual environments: A case for the science of VR. *Applications of virtual reality*. Rome: Leeds.

SNODGRASS, J.G., et TOWNSEND, J.T. (1980). Comparing parallel and serial models: Theory and implementation. *Journal of Experimental Psychology: Human Perception and Performance, 6*, 330-354.

SNOWDEN, J.S., NEARY, D., et MANN, D.M.A. (1996). *Fronto temporal lobar degeneration: Fronto temporal dementia, progressive aphasia, semantic dementia*. New York: Churchill Livingstone.

SNYDER, C.R.R. (1972). Selection, inspection and naming in visual search. *Journal of Experimental Psychology, 92*, 428-431.

SOLHKHAH, N., et ORBACH, J. (1969). Determinants of the magnitude of the moon illusion. *Perceptual and Motor Skills, 29*, 87-98.

SOLMS, M., KAPLAN-SOLMS, K., SALING, M., et MILLER, P. (1988). Inverted vision after frontal lobe damage. *Cortex, 24*, 499-509.

SOLOMON, S.G., WHITE, A.J.R., et MARTIN, P.R. (1999). Temporal contrast sensitivity in the lateral geniculate nucleus of a New World monkey, the marmoset Callithrix jacchus. *Journal of Physiology, 517* (3), 907-917.

SOLSO, R.L. (1991). *Cognitive Psychology*. Needham Heights, MA: Allyn and Bacon. (Voir Solso à www.abinteractive.com.)

SOMMERHALDER, J., BAGNOUD, M., SAFRAN, A.B., et PELLIZONE, M. (2000). Reading of 4-letter words in a stabilized area of the retina: Effects of pixelization and eccentricity, résumé n° 30748, ARVO Meeting, 2000.

SOUSSIGNAN, R., SCHAAL, B., MARLIER, L., et JIANG, T. (1997). Facial and autonomic responses to biological and artificial olfactory stimuli in human neonates: Reexamining early hedonic discrimination of odors. *Physiology and Behavior, 62*, 745-758.

SPELKE, E.S. (1976). Infant's intermodal perception of events. *Cognitive Psychology, 8*, 533-560.

SPELKE, E.S. (1979). Exploring audible and visible events in infancy. Dans A.D. Pick (dir.), *Perception and its development: A tribute to Eleanor J. Gibson* (p. 221-235). Hillsdale, NJ: Lawrence Erlbaum.

SPELKE, E.S. (1985). Perception of object unity, persistence and identity: Thoughts on infants conceptions of objects. Dans J. Mehler et R. Fox (dir.), *Neonate cognition: Beyond the blooming, buzzing confusion*. London: Erlbaum.

SPELKE, E.S. (1998). Nature, nurture and development. Dans J. Hochberg (dir.). *Perception and cognition at century's end* (p. 333-371). San Diego, CA: Academic Press.

SPERLING, G. (1960). The information available in brief visual presentations. *Psychological Monographs: General and Applied, 74*, 1-29.

SPERRY, R.W., et MINER, N. (1955). Pattern perception following insertion of mica into visual cortex. *Journal of Comparative and Physiological Psychology, 48*, 463-469.

SPILLMAN, L., et DRESP, B. (1995). Phenomena of illusory form: Can we bridge the gap between levels of explanation? *Perception, 24*, 1333-1364.

SPITZ, R.A., et Wolf, K.M. (1946). The smiling response: A contribution to the ontogenesis of social relations. *Genetic Psychology Monographs, 34*, 57-125.

STANLEY, G., et HOFFMAN, W.C. (1976). Orientation-specific color effects without adaptation. *Bulletin of the Psychonomic Society, 7*, 513-514.

STANLEY, G.B., LI, F.F., et DAN, Y. (1999). Reconstruction of natural scenes from ensemble responses in the lateral geniculate nucleus. *Journal of Neuroscience, 19* (18), 8036-8042.

STAPLES, R. (1932). The responses of infants to color. *Journal of Experimental Psychology, 15*, 119-141.

STAPPERS, P.J. (1992). *Scaling the visual consequences of active head movements: A study of active perceivers and spatial technology.* Delft: Proefschrift Technische Universiteit Delft.

STEIN, B.E., et MEREDITH, M.A. (1993). *The merging of the senses.* Cambridge, MA: MIT Press.

STEIN, B.E., MEREDITH, M.A., et WALLACE, M.T. (1994). Development and neural basis of multisensory integration. Dans D.J. Lewkowicz et R. Lickliter (dir.), *The development of intersensory perception: Comparative perspectives* (p. 81-105). Hillsdale, NJ: Lawrence Erlbaum Associates.

STEINMAN, S.B. (1987). Serial and parallel search in pattern vision. *Perception, 16*, 389-399.

STENGERS, I., et SCHLANGER, J. (1991). *Les concepts scientifiques.* Paris: Gallimard, p. 15.

STERNBERG, S. (1969). The discovery of processing stages: Extension of Donder's method. Dans W.G. Koster (dir.), Attention and Performance, II. *Acta Psychologica, 30*, 276-315.

STEVENS, J.C., et CHOO, K.K. (1996). Spatial acuity of the body surface over the life span. *Somatosensory and Motor Research, 13*, 153-166.

STEVENS, J.C., et CHOO, K.K. (1998). Temperature sensitivity of the body surface over the life span. *Somatosensory and Motor Research, 15*, 13-28.

STEVENS, J.C., FOULKE, E., et PATTERSON, M.Q. (1996). Tactile acuity, aging, and Braille reading in long-term blindness. *Journal of Experimental Psychology: Applied, 2*, 91-106.

STEVENS, J.C., PLANTINGA, A., et CAIN, W.S. (1982). Reduction of odor and nasal pungency associated with aging. *Neurobiology of Aging, 3*, 125-132.

STEVENS, J.K., EMERSON, R.C., GERSTEIN, G.L., KALLOS, T., NEUFELD, G.R., NICHOLS, C.W., et ROSENQUIST, A.C. (1976). Paralysis of the awake human: Visual perceptions. *Vision Research, 16*, 93-98.

STEVENS, K.A. (1983). Evidence relating subjective contours and interpretation involving interposition. *Perception, 12*, 491-500.

STOFFREGEN, T.A. (1985). Flow structure versus retinal location in the optical control of stance. *Journal of Experimental Psychology: Human Perception and Performance, 11* (5), 554-565.

STOFFREGEN, T.A. (1986). The role of optical velocity in the control of stance. *Perception and Psychophysics, 39* (5), 355-360.

STOFFREGEN, T.A., et BARDY, B.G. (2001). On specification and the senses. *Behavioral and Brain Sciences, 24*, 195-261.

STOFFREGEN, T.A., et RICCIO, G.E. (1988). An ecological theory of orientation and the vestibular system. *Psychological Review, 95*, 3-14.

STONE, H., et BOSLEY, J.J. (1965). Olfactory discrimination and Weber's law. *Perceptual and Motor Skills, 20*, 657-665.

STONER, G.E., et ALBRIGHT, T.D. (1994). Visual motion integration: A neurophysiological and psychophysical perspective. Dans A.T. Smith et R.J. Snowden (dir.), *Visual detection of motion* (p. 253-290). New York: Academic Press.

STRATTON, G. (1897). Vision without inversion of the retinal image. Dans P.C. Dodwell (dir.), *Perceptual learning and adaptation* (p. 334-342). Middlesex: Penguin.

STRERI, A. (1987). Tactile discrimination of shape and intermodal transfer in 2 to 3-month old infants. *British Journal of Developmental Psychology, 5*, 213-220.

STRERI, A. (1991). *Voir, atteindre, toucher: les relations entre la vision et le toucher chez le bébé.* Paris: Presses Universitaires de France.

STRERI, A. (1993). *Seeing, reaching, touching: The relations between vision and touch in infancy.* London: Harvester Wheatsheaf.

STRERI, A. (1996). La connaissance du monde physique. Dans R. Lécuyer, A. Streri et M.-G. Pêcheux, *Le développement cognitif du nourrisson*, t. 2 (p. 7-88). Paris: Nathan.

STRERI, A. (2003). Le dialogue des sens. *Pour la Science, 305*, 34-40.

STRERI, A., et GENTAZ, E. (2003). Cross-modal recognition of shape from hand to eyes in human newborns. *Somatosensory and Motor Research, 20* (1), 13-18.

STRERI, A., et LÉCUYER, R. (1998). Paradigmes expérimentaux et techniques d'étude du nourrisson. Dans J.-P. Rossi (dir.), *Les méthodes en psychologie expérimentale.* Paris: Dunod.

STRERI, A., et LÉCUYER, R. (1999). Paradigmes expérimentaux et techniques d'étude du nourrisson. Dans J.-P. Rossi (dir.), *Les méthodes en psychologie expérimentale* (p. 71-133). Paris: Dunod.

STRERI, A., LHOTE, M., et DUTILLEUL, S. (2000). Haptic perception in the newborn. *Developmental Science, 3*, 319-327.

STRERI, A., et MOLINA, M. (1993). Visual and tactual transfer between objects and pictures in 2-month-old infants. *Perception, 22*, 1299-1318.

STRERI, A., et MOLINA, M. (1994). Constraints on intermodal transfer between touch and vision in infancy. Dans D.J. Lewkowicz et R. Lickliter (dir.), *The development of intersensory perception: Comparative perspectives* (p. 285-308). Hillsdale, NJ: Lawrence Erlbaum Associates.

STRERI, A., et PÊCHEUX, M.-G. (1986). Cross-modal transfer of form in 5-months-old infants. *British Journal of Developmental Psychology, 4*, 161-167.

STRERI, A., et SPELKE, E.S. (1988). Haptic perception of objects in infancy. *Cognitive Psychology, 20*, 1-23.

STRERI, A., SPELKE, E.S., et RAMEIX, E. (1993). Specific and amodal mechanisms of object perception and exploration in infancy: The case of active touch. *Cognition, 47*, 251-279.

STROOP, J.R. (1935). Studies of interference in serial verbal reactions. *Journal of Experimental Psychology, 18*, 643-662.

STROUD, J.M. (1955). The fine structure of psychological time. Dans H. Quastler (dir.), *Information theory in psychology: Problems and methods* (p. 174-205). Glencoe, IL: The Free Press.

SUTO, Y. (1955). The effect of space on time estimation (S effect) in tactual space: II. The role of vision in the S effect upon skin. *Japanese Journal of Psychology, 26*, 94-99.

SVAETICHIN, G. (1956). Spectral response curves from single cones. *Acta Physiologica Scandinavica, 39, suppl. 134*, 17-47.

SYROTA, A. (1997). La tomographie par émission de positons. Dans S. Dehaene (dir.), *Le cerveau en action: imagerie cérébrale fonctionnelle en psychologie cognitive* (p. 9-54). Paris: Presses Universitaires de France.

SZTRYGLER, F. (dir.) (1990) (pour le compte de la Société scientifique d'hygiène alimentaire). *Évaluation sensorielle: manuel méthodologique*. Paris: Éditions Lavoisier.

TABAK, S., COLLEWIJN, H., et BOUMANS, J.J. (1997). Deviation of the subjective vertical in long-standing unilateral vestibular loss. *Acta Otolaryngologica, 117*, 1-16.

TALLON-BAUDRY, C., et BERTRAND, O. (1999). Oscillatory gamma activity in humans and its role in object representation. *Trends in Cognitive Sciences, 3*, 151-162.

TANAKA, J.W., et FARAH, M.J. (1993). Parts and wholes in face recognition. *Quarterly Journal of Experimental Psychology, 46A*, 225-245.

TANAKA, K. (1996). Inferotemporal cortex and object vision. *Annual Review of Neuroscience, 19*, 109-139.

TEES, R.C. (1994). Early stimulation history, the cortex, and intersensory functioning in infrahumans: Space and time. Dans D.J. Lewkowicz et R. Lickliter (dir.), *The development of intersensory perception: Comparative perspectives* (p. 285-308). Hillsdale, NJ: Lawrence Erlbaum Associates.

TEMPRADO, J.J., et MONTAGNE, G. (2001). Les coordinations perceptivo-motrices. Paris: Armand Colin.

THAN, T.T., DELAY, E.R., et MAIER, M.E. (1994). Sucrose threshold variation during the menstrual cycle. *Physiology and Behavior, 56*, 237-239.

THELEN, E. (1984). Learning to walk: Ecological demands and phylogenetic constraints. Dans L.P. Lippsitt et C. Rovee-Collier (dir.), *Advances in infancy research*, vol. III. Norwood, NJ: Ablex.

THIMBLEBY, H.W., INGLIS, S., et WITTEN, I.H. (1994). Displaying 3D images: Algorithms for single-image random-dot stereograms. *IEEE Computer, 7* (10), 38-48.

THOMAS, E.A.C., et WEAVER, W.B. (1975). Cognitive processing and time perception. *Perception and Psychophysics, 17*, 363-367.

THOMPSON, P. (1980). Margaret Thatcher: A new illusion. *Perception, 9*, 483-484.

THORN, F. (1996). Basic considerations when refracting infants. Dans F. Vital-Durand, J. Atkinson et O.J. Braddick (dir.), *Infant vision* (p. 97-112). Oxford: Oxford University Press.

THORPE, S. (1988). Mécanismes cérébraux de la perception d'une scène visuelle. Dans M. Boucart, M.-A. Hénaff et C. Belin (dir.), *Vision: aspects perceptifs et cognitifs* (p. 43-62). Cahors: Solal.

THORPE, S., FIZE, D., et MARLOT, C. (1996). Speed of processing in the human visual system. *Nature, 381*, 520-522.

THURSTONE, L.L. (1952). *Test des formes identiques*. Paris: Éditions du Centre de psychologie appliquée.

TILIKET, C., VENTRE-DOMINEY, J., VIGHETTO, A., et GROCHOWICKI, M. (1996). Room tilt illusion: A central otolithic dysfunction. *Archives of Neurology, 53*, 1259-1264.

TITCHENER, E.B. (1905). *Experimental psychology*, vol. 2. London: Macmillan.

TODD, J.T. (1995). The visual perception of three-dimensional structure from motion. Dans W. Epstein et S. Rogers (dir.), *Perception of space and motion* (p. 201-226). New York: Academic Press.

TOMKO, D.L., BARBARO, N.M., et ALI, F.N. (1981). Effect of body tilt on receptive field orientation of simple visual cortical neurones in unanaesthetized cats. *Experimental Brain Research, 43*, 309-314.

TON NU, C. (1996). Comment se forment les goûts alimentaires? Dans C. Bonnet et J. Hossenlopp (dir.), Des goûts et des odeurs... *Psychologie française, 41* (3), p. 261-270.

TORTORA, G.J., et GRABOWSKI, S.R. (dir.) (1994). *Principes d'anatomie et de physiologie*, 7e éd. Anjou: Centre éducatif et culturel.

TOULOUSE, E., et PIÉRON, H. (1911). *Technique de psychologie expérimentale*, 2 vol. Paris: O. Doin et Fils, éd.

TOURETTE, C., et GUIDETTI, M. (1998). *Introduction à la psychologie du développement: du bébé à l'adolescent*. Paris: Armand Colin.

TOVÉE, M.J. (1996). *An introduction to the visual system*. Cambridge: Cambridge University Press.

TRANEL, D., et DAMASIO, A.R. (1985). Knowledge without awareness: An autonomic index of facial recognition by prosopagnosics. *Science, 228*, 1453-1454.

TRAVIS, R.C. (1945). An experimental analysis of dynamic and static equilibrium. *Journal of Experimental Psychology, 35*, 216-234.

TREISMAN, A. (1960). Contextual cues in selective listening. *Quarterly Journal of Experimental Psychology, 12*, 242-248.

TREISMAN, A. (1964a). The effect of irrelevant material on the efficiency of selective listening. *American Journal of Psychology, 77*, 533-546.

TREISMAN, A. (1964b). Verbal cues, language and meaning in selective attention. *American Journal of Psychology, 77*, 206-219.

TREISMAN, A. (1977). Focused attention in the perception and retrieval of multidimensional stimuli. *Perception and Psychophysics, 22*, 1-11.

TREISMAN, A. (1988). Features and objects. *Quarterly Journal of Experimental Psychology, 40A*, 201-237.

TREISMAN, A., et GELADE, G. (1980). A feature integration theory of attention. *Cognitive Psychology, 12*, 97-136.

TREISMAN, A., et GORMICAN, S. (1988). Feature analysis in early vision: Evidence from search asymmetries. *Psychological Review, 95*, 15-48.

TREISMAN, A., et SATO, S. (1990). Conjunction search revisited. *Journal of Experimental Psychology: Human Perception and Performance, 16*, 459-478.

TREISMAN, M. (1963). Temporal discrimination and the indifference interval: Implications for a model of the «internal clock». *Psychological Monographs, 77* (576).

TREISMAN, M., FAULKNER, A., NAISH, P.L.N., et BROGAN, D. (1990). The internal clock: Evidence for a temporal oscillator underlying time perception with some estimates of its characteristic frequency. *Perception, 19*, 705-743.

TRESILIAN, J.R. (1991). Empirical and theoretical issues in the perception of time to contact. *Journal of Experimental Psychology: Human Perception and Performance, 17*, 865-876.

TRESILIAN, J.R. (1994). Approximative information sources and perceptual variables in intercepting timing. *Journal of Experimental Psychology: Human Perception and Performance, 20*, 154-173.

TRIBUKAIT, A. (1997). *The subjective visual horizontal in the diagnosis of vestibular disorders: Physiological and clinical considerations.* Thèse, hôpital de Karolinska, Stockholm, Suède.

TROTIER, D., et DVING, K. (1999). La détection des phéromones. *Pour la Science, 263*, 88-95.

TUCKER, P.H. (1995). *Claude Monet: Life and art.* New Haven: Yale University Press.

TULVING, E., et SCHACTER, D.L. (1990). Priming and human memory systems. *Science, 27*, 301-306.

TURVEY, M.T., SHAW, R.E., et MACE, W. (1978). Issues in the theory of action: Degrees of freedom, coordinative structures and coalitions. Dans J. Requin (dir.), *Attention and performance*, vol. 7 (p. 557-595). Hillsdale, NJ: Erlbaum.

TYLER, C.W. (1974). Stereopsis in dynamic visual noise. *Nature, 250*, 781-782.

TYLER, C.W. (1994). The birth of computer stereogram for unaided stereovision. Dans Shogakukan (dir.), *Stereogram* (p. 83-89). San Francisco: Cadence Books.

TYLER, C.W. (1997). Analysis of human receptor density. Dans V. Lakshminarayanan (dir.), *Basic and clinical applications of visual science* (p. 63-71). Norwell, MA: Kluwer Academic.

UHLRICH, D.J., ESSOCK, E.A., et LEHMKUHLE, S. (1981). Cross-species correspondance of spatial contrast sensitivity functions. *Behavioral Brain Research, 2*, 291-299.

UNDERWOOD, G. (1998). *Eye guidance in reading and scene perception.* Oxford: Elsevier.

UNDERWOOD, G., et MORAY, N. (1971). Shadowing and monitoring for selective attention. *Quarterly Journal of Experimental Psychology, 23*, 284-295.

UNGERLEIDER, L.G., et MISHKIN, M. (1982). Two cortical visual systems. Dans D.J. Ingle, M.A. Goodale et R.J. Mansfield (dir.), *Analysis of visual behavior* (p. 549-580). Cambridge, MA: MIT Press.

UTTAL, W.R. (1973). *The psychobiology of sensory coding.* New York: Harper and Row.

VALENTIN, D., ABDI, H., EDELMAN, B., et O'TOOLE, A.J. (1997). What represents a face: A computational approach for the integration of physiological and psychological data. *Perception, 26*, 1271-1288.

VALLAR, G. (1997). Spatial frames of reference and somatosensory processing: A neuropsychological perspective. *Philosophical Transactions of the Royal Society of London, B352*, 1401-1409.

VALLAR, G., et PERANI, D. (1987). The anatomy of spatial neglect in humans. Dans M. Jeannerod (dir.), *Neurophysiological and neuropsychological aspects of neglect* (p. 225-258). Amsterdam: North-Holland.

VALLBO, A.B., et JOHANSSON, R.S. (1984). Properties of cutaneous mechanoreceptors in the human hand related to touch sensation. *Human Neurobiology, 3*, 3-15.

VAN ESSEN, D.C., ANDERSON, C.H., et FELLEMAN, D.J. (1992). Information processing in the primate visual system: An integrated system perspective. *Science, 255*, 419-423.

VAUCLAIR, J. (1992). *L'intelligence de l'animal.* Paris: Éditions du Seuil.

VAUGHAN, D., ASBURY, T., et RIORDAN-EVA, P. (1992). *General ophtalmology.* London: Prentice Hall International.

VERFAILLIE, K. (1992). Variant points of view on viewpoint invariance. *Canadian Journal of Psychology, 46*, 215-235.

VERFAILLIE, K., et BOUTSEN, L. (1995). A corpus of 714 full-color images of depth-rotated objects. *Perception and Psychophysics, 57*, 925-961.

VERGNAUD, G. (dir.) (1991). *Les sciences cognitives en débat*. Paris : CNRS.

VIANIN, P. (1999). *L'estimation des distances dans un espace virtuel dynamique*. Thèse de doctorat, FPSE, n° 272, Université de Genève.

VIGHETTO, A. (1998). Troubles visuo-spatiaux. Dans M. Boucart, M.-A. Hénaff et C. Belin (dir.), *Vision : aspects perceptifs et cognitifs* (p. 89-100). Cahors : Solal.

VIGOUROUX, M., DUCHAMP-VIRET, P., et DUCHAMP, A. (1988). A wide concentration range olfactometer for delivery of short reproductible pulses. *Journal of Neuroscience Methods, 24*, 57-63.

VINCENT, J.-D. (1986). *Biologie des passions*. Paris : Éditions Odile Jacob.

VINH BANG (1966). La méthode clinique et la recherche en psychologie de l'enfant. Dans F. Bresson et M. Montmollin (dir.), *Psychologie et épistémologie génétiques : thèmes piagétiens* (p. 67-81). Paris : Dunod.

VITAL-DURAND, F. (1996). *Infant vision*, vol. II. Oxford : Oxford University Press.

VIVIANI, P. (1994). Les mouvements oculaires. Dans M. Richelle, J. Requin et M. Robert (dir.), *Traité de psychologie expérimentale*, vol. 1 (p. 1). Paris : Presses Universitaires de France.

VIVIANI, P., et STUCCHI, N. (1992). Biological movements look uniform : Evidence of motor perceptual interactions. *Journal of Experimental Psychology : Human Perception and Performance, 18* (3), 603-623.

VOGEL, J.M., et TEGHTSOONIAN, M. (1972). The effects of perspective alterations on apparent size and distance scales. *Perception and Psychophysics, 11*, 294-298.

VOLKMANN, F.C., RIGGS, L.A., et MOORE, R.K. (1980). Eyeblinks and visual suppression. *Science, 207*, 900-902.

VON WRIGHT, J.M. (1968). Selection in visual immediate memory. *Quarterly Journal of Experimenrtal Psychology, 20*, 62-68.

VON WRIGHT, J.M. (1970). On selection in visual immediate memory. *Acta Psychologica, 33*, 280-292.

VURPILLOT, E. (1959). La loi des centrations relatives de Piaget. *Bulletin de psychologie, 13*, 14-27.

VURPILLOT, E. (1963). *L'organisation perceptive, son rôle dans l'évolution des illusions optico-géométriques*. Paris : Vrin.

VURPILLOT, E. (1966). La distinction entre illusions primaires et secondaires se justifie-t-elle ? Dans F. Bresson et M. Montmollin (dir.), *Psychologie et épistémologie génétiques : thèmes piagétiens* (p. 285-297). Paris : Dunod.

VURPILLOT, E. (1972a). *Les perceptions du nourrisson*. Paris : Presses Universitaires de France.

VURPILLOT, E. (1972b). *Le monde visuel du jeune enfant*. Paris : Presses Universitaires France.

VURPILLOT, E. (1974). Les débuts de la construction de l'espace chez l'enfant. Dans F. Bresson, P.-H. Chombart de Lauwe, M. Cullen, G.-T. Guilbaud, J. Paillard, E. De Renzi et E. Vurpillot (dir.), *De l'espace corporel à l'espace écologique* (p. 89-132). Paris : Presses Universitaires de France.

WADE, N. (1977). A note on the discovery of subjective colours. *Vision Research, 17*, 671-672.

WADE, N.J. (1987). On the late invention of the stereoscope. *Perception, 16*, 785-818.

WADE, N.J. (1992). The representation of orientation in vision. *Australian Journal of Psychology, 44*, 139-145.

WADE, N.J., et SWANSTON, M. (1991). *Visual perception : An introduction*. New York : Routledge.

WAGEMANS, J.D. (1986). Direct theory of perception : An evaluation by representatives of indirect theories of perception. *L'Année psychologique, 86*, 261-273.

WAGNER, M., BAIRD, J.C., et BARBARESI, W. (1981). The locus of environmental attention. *Journal of Environmental Psychology, 1*, 195-201.

WALK, R.D., et GIBSON, E.J. (1961). A comparative and analytical study of visual depth perception. *Psychological Monographs, 75* (519), 44 p.

WALKER, B.H. (1978). The moon illusion : A review – Part 1. *Optical Spectra, 12* (1), 68-69.

WALKER-ANDREWS, A. (1986). Infant's perception of the affordances of expressive behaviors. Dans C. Rovee-Collier et L.P. Lipsitt (dir.), *Advances in infancy research*. Norwood, NJ : Ablex.

WALLACH, H. (1959). The perception of motion. Dans R. Held et W. Richards (dir.), *Perception : Mechanisms and Models*. San Francisco : Freeman.

WALLACH, H. (1982). Eye movement and motion perception. Dans A.H. Wertheim, W.A. Wagenaar et H.W. Leibowitz (dir.), *Tutorials on motion perception*. New York : Plenum Press.

WALLACH, H., et O'CONNELL, D.H. (1953). The kinetic depth effect. *Journal of Experimental Psychology, 45*, 205-217.

WALLACH, H., et O'LEARY, A. (1982). Slope of regard as a distance cue. *Perception and Psychophysics, 31*, 145-148.

WALLMAN, J., et PETTIGREW, J.D. (1985). Conjugate and disjunctive saccades in two avian species with contrasting oculomotor strategies. *Journal of Neuroscience, 5*, 1418-1428.

WANDELL, B.A. (1995). *Foundations of vision*. Sunderland, MA : Sinauer Associates.

WANN, J.P. (1996). Anticipating arrival : Is the tau-margin a specious theory ? *Journal of Experimental Psychology : Human Perception and Performance, 22*, 1031-1048.

WARREN, D.H., et PICK, H.L. (1970). Intermodality relations in localization in blind and sighted people. *Perception and Psychophysics, 8*, 430-432.

WARREN, W.H. (1988). Action modes and laws of control for the visual guidance of action. Dans O.G. Meijer et K. Roth (dir.), *Complex movement behaviour: « The » motor-action controversy* (p. 339-380). Amsterdam : North-Holland.

WARREN, W.H. (1995). Self-motion : Visual perception and visual control. Dans W. Epstein et S.J. Rogers (dir.), *Handbook of perception and cognition : Perception of space and motion* (p. 263-325). Orlando, FL : Academic Press.

WARREN, W.H., et HANNON, D.J. (1988). Direction of self-motion is perceived from optical flow. *Nature, 336*, 162-163.

WARREN, W.H., KAY, B., et YILMAZ, E. (1996). Visual control of posture during walking : Functional specificity. *Journal of Experimental Psychology : Human Perception and Performance, 22*, 818-838.

WARREN, W.H., KAY, B.A., ZOSH, W.D., DUCHON, A.P., et SAHUC, S. (2001). Optic flow is used to control human walking. *Nature Neuroscience, 4*, 213-216.

WARREN, W.H., MESTRE, D.R., BLACKWELL, A.W., et MORRIS, M.W. (1991). Perception of circular heading from optical flow. *Journal of Experimental Psychology : Human Perception and Performance, 17*, 28-43.

WARREN, W.H., MORRIS, M.W., et KALISH, M. (1988). Perception of translational heading from optical flow. *Journal of Experimental Psychology : Human Perception and Performance, 14*, 646-660.

WARREN, W.H., YOUNG, D.S., et LEE, D.N. (1986). Visual control of step length during running over irregular terrain. *Journal of Experimental Psychology : Human Perception and Performance, 12*, 259-266.

WARRINGTON, E.K. (1975). The selective impairment of semantic memory. *Quarterly Journal of Experimental Psychology, 27*, 635-657.

WARRINGTON, E.K., et JAMES, M. (1988). Visual apperceptive agnosia : A clinico-anatomical study of three cases. *Cortex, 24*, 13-32.

WARRINGTON, E.K., et TAYLOR, A.M. (1973). Contribution of the right parietal lobe to object recognition. *Cortex, 9*, 152-164.

WATSON, J.B. (1919). *Psychology from the standpoint of a behaviorist*. Philadelphia : Lippincott.

WATSON, J.B. (1930). *Behaviourism*. New York : W.W. Norton.

WATSON, R.I. (1963). *The great psychologists : From Aristotle to Freud*. New York : Lippincott.

WATTAM-BELL, J.R.B. (1996). Development of visual motion processing. Dans F. Vital-Durand, J. Atkinson et O.J. Braddick (dir.), *Infant vision* (p. 79-94). Oxford : Oxford University Press.

WAUGH, N.C., et NORMAN, D.A. (1965). Primary memory. *Psychological Review, 77*, 89-104

WEARDEN, J.H. (1993). Decision and memories in human timing. *Psychologica Belgica, 33*, 241-253.

WEARDEN, J.H., et FERRARA, A. (1995). Stimulus spacing effects in temporal bisection by humans. *Quarterly Journal of Experimental Psychology, 48B*, 289-310.

WEARDEN, J.H., et PENTON-VOAK, I.S. (1995). Feeling the heat : Body temperature and the rate of subjective time, revisited. *Quarterly Journal of Experimental Psychology, 48B*, 129-141.

WEDDING, D., et STALANS, L. (1985). Hemispheric differences in the perception of positive and negative faces. *International Journal of Neuroscience, 27* (3-4), 277-281.

WEERT, C.M.M. DE, et KRUYSBERGEN, A.W.H. VAN (1997). Assimilation : Central and peripheral effects. *Perception, 26*, 1217-1224.

WEINSTEIN, S. (1968). Intensive and extensive aspects of tactile sensitivity as a function of body part, sex and laterality. Dans D.R. Kenshalo (dir.), *The skin senses* (p. 195-222). Springfield, IL : Thomas.

WEISKRANTZ, L., WARRINGTON, E.K., SANDERS, M.D., et MARSHALL, J. (1974). Visual capacity in the hemianopic field following a restricted occipital ablation. *Brain, 97*, 709-728.

WELDON, P.J., et FERGUSON, M.W. (1993). Chemoreception in crocodilians : Anatomy, natural history, and empirical results. *Brain Behavior and Evolution, 41*, 239-245.

WELLNER, P., MACKAY, W., et GOLD, R. (1993). Computer-augmented environments : Back to the Real World. *Communications of the ACM, 26* (7).

WERNER, H. (1934). L'unité des sens. *Journal de psychologie normale et pathologique, 31*, 190-205.

WERTHEIM, A.H. (1990). Visual, vestibular, and oculomotor interactions in the perception of object motion during egomotion. Dans R. Warren et A.H. Wertheim (dir.), *Perception and control of self-motion* (p. 171-217). Hillsdale, NJ : Lawrence Erlbaum Associates.

WERTHEIMER, M. (1912). Experimentelle Studien ber das Sehen von Bewegung. *Zeitschrift für Psychologie und Physiologie der Sinnesorganen, 61*, 161-265.

WERTHEIMER, M. (1958 [1923]). Principles of perceptual organization. Dans D.C. Beardslee et M. Wertheimer (dir.), *Readings in perception* (p. 115-135). New York : Van Nostrand.

WEY, T.V., COOK, N.D., LANDIS, T., REGARD, M., et GRAVES, R.E. (1993). Lateralized lexical decisions and the effects of hemifield masks : A study of interhemispheric inhibition and release. *International Journal of Neuroscience, 71* (1-4), 37-44.

WHITE, B.W., SAUNDERS, F.A., SCADDEN, L., BACH-Y-RITA, P., et COLLINS, C.C. (1970). Seeing with the skin. *Perception and Psychophysics, 7*, 23-27.

WIESEL, T., et HUBEL, D. (1966). Spatial and chromatic interactions in the lateral geniculate body of the rhesus monkey. *Journal of Neurophysiology, 29*, 1115-1156.

WILSON, E.O. (1971). *The insect societies*. Cambridge, MA : Harvard University Press.

WILSON, H.R., LEVI, D., MAFFEI, L., ROVAMO, J., et DE VALOIS, R. (1990). The perception of form : Retina to striate cortex. Dans L. Spillmann et J.S. Werner (dir.), *Visual perception : The neurophysiological foundations* (p. 103-127). New York : Academic Press.

WIT, G. DE (1972). Optic versus vestibular and proprioceptive impulses, measured by posturometry. *Agressologie, 13, Suppl. B75-9, Suppl. B75-79.*

WITKIN, H.A., et ASCH, S.E. (1948a). Studies in space orientation : III. Perception of the upright in the absence of a visual field. *Journal of Experimental Psychology, 38*, 603-614.

WITKIN, H.A., et ASCH, S.E. (1948b). Studies in space orientation : IV. Further experiments on perception of the upright with displaced visual fields. *Journal of Experimental Psychology, 38*, 762-782.

WOLFE, J.M. (1994). Guided search 2.0 : A revised model of visual search. *Psychonomic Bulletin and Review, 1*, 202-238.

WOLFE, J.M., CAVE, K.R., et FRANZEL, S.L. (1989). Guided search : An alternative to the feature integration model for visual search. *Journal of Experimental Psychology : Human Perception and Performance, 15*, 419-433.

WOLFE, J.M., FRIEDMAN-HILL, S.R., STEWART, M.I., et O'CONNELL, K.M. (1992). The role of categorization in visual search for orientation. *Journal of Experimental Psychology : Human Perception and Performance, 18*, 34-49.

WOODWORTH, R.S. (1949). *Psychologie expérimentale.* Paris : Presses Universitaires de France (traduction de l'édition de 1945).

WRIGHT, R.H. (1964). *The science of smell.* Londres : George Allen and Unwin.

WYSZECKI, G., et STILES, W.S. (1982). *Color science : Concepts and methods, quantitative data and formulae,* 2e éd. New York : Wiley.

YAMAMOTO, T. (1984). Taste responses of cortical neurons. *Progress in Neurobiology, 23*, 273-315.

YANG, J.F., WINTER, D.A., et WELLS, R.P. (1990a). Postural dynamics in the standing human. *Biological Cybernetics, 62*, 309-320.

YANG, J.F., WINTER, D.A., et WELLS, R.P. (1990b). Postural dynamics of walking in humans. *Biological Cybernetics, 62*, 321-330.

YANTIS, S., et HILLSTROM, A.P. (1994). Stimulus-driven attentional capture : Evidence from equiluminant visual objects. *Journal of Experimental Psychology : Human Perception and Performance, 20*, 95-107.

YANTIS, S., et JOHNSTON, J.C. (1990). On the locus of visual selection : Evidence from focused attention tasks. *Journal of Experimental Psychology : Human Perception and Performance, 16*, 135-149.

YANTIS, S., et JONIDES, J. (1984). Abrupt visual onsets and selective attention : Evidence from visual search. *Journal of Experimental Psychology : Human Perception and Performance, 10*, 601-621.

YANTIS, S., et JONIDES, S. (1990). Abrupt visual onsets and selective attention : Evidence from visual search. *Journal of Experimental Psychology : Human Perception and Performance, 16*, 121-134.

YARBUS, A.L. (1967). *Eye movements and vision.* New York : Plenum Press.

YARDLEY, L. (1990). Contribution of somatosensory information to perception of the visual vertical with body tilt and rotating visual field. *Perception and Psychophysics, 48*, 131-134.

YATES, F.E., MARCH, D.J., et IBERALL, A.S. (1972). Integration of the whole organism : A foundation for a theoretical biology. Dans J.A. Behnke (dir.), *Challenging biological problems : Directions toward their solution* (p. 110-132). New York : Oxford University Press.

YONAS, A. (1981). Infant's responses to optical information for collision. Dans R.N. Aslin et J.R. Alberts (dir.), *Development of perception : Psychobiological perspectives.* New York : Academic Press.

YONAS, A., et GRANRUD, C.E. (1984). The development of sensitivity to kinetic, binocular and pictorial depth information in human infants. Dans D. Ingle, D. Lee et M. Jeannerod (dir.), *Brain mechanisms and spatial vision.* Amsterdam : Nijhoff.

YONEDA, S., et TOKUMASU, K. (1986). Frequency analysis of body sway in the upright posture. *Acta Otolaryngology, 102*, 87-92.

YOST, W.A. (1997). The cocktail party problem : Forty years later. Dans R.H. Gilkey et T.R. Anderson, *Binaural and spatial hearing in real and virtual environments* (p. 329-347). Mahwah, NJ : Lawrence Erlbaum Associates.

YOUNG, A.W., ELLIS, A.W., et FLUDE, B.M. (1988). Accessing stored information about familiar people. *Psychological Research, 50*, 111-115.

YOUNG, A.W., HELLAWELL, D., et HAY, D. (1987). Configurational information in face perception. *Perception, 16*, 747-759.

YOUNG, A.W., MCWEENY, K.H., HAY, D.C., et ELLIS, A.W. (1986). Access to identity-specific semantic codes from familiar faces. *Quarterly Journal of Experimental Psychology Human, 2*, 271-295.

YOUNG, D.S. (1988). Describing the information for action. Dans O.G. Meijer et K. Roth (dir.), *Complex movement behaviour : « The » motor-action controversy* (p. 419-437). Amsterdam : North-Holland.

YUODELIS, C., et HENDRICKSON, A. (1986). A qualitative analysis of the human fovea during development. *Vision Research, 26*, 847-855.

ZAKAY, D. (1990). The evasive art of subjective time measurement : Some methodological dilemmas. Dans R.A. Block (dir.), *Cognitive models of psychological time* (p. 59-84). Hillsdale, NJ : Erlbaum.

ZALD, D.H., et PARDO, J.V. (1997). Emotion, olfaction, and the human amygdala : Amygdala activation during aversive olfactory stimulation. *Proceedings of the National Academy of Science* (É.-U.), *94*, 4119-4124.

ZANONE, P.G., et HAUERT, C.A. (1987). For a cognitive conception of motor processes : A provocative standpoint. *European Bulletin of Cognitive Psychology, 7* (2), 109-129.

ZEKI, S. (1980). The representation of colours in the cerebral cortex. *Nature, 284*, 412-418.

ZEKI, S. (1993). *A vision of the brain.* Oxford : Blackwell Scientific Publications.

ZELLNER, D.A., BARTOLLI, A.M., et ECKARD, R. (1991). Influence of color on odor identification and liking ratings. *American Journal of Psychology, 104*, 547-561.

ZIHL, J., CRAMON, D. VON, et MAI, N. (1983). Selective disturbance of movement vision after bilateral brain damage. *Brain, 106*, 313-340.

ZRENNER, E. (2002). Will retinal implants restore vision ? *Science, 295*, 1022-1025.

ZUSNE, L. (1970). *Visual perception of form.* New York : Academic Press.

ZWAARDEMAKER, H. (1925). *L'odorat.* Paris : Octave Doin.

Index des auteurs

L

M

N

O

P

R

Index des sujets

D

G

H

N

O

Q

R

U

V